बृहद हिंन्दी पत्र-पत्रिका कोष

बृहद् हिन्दी पत्र-पत्रिका कोश

सूर्यप्रसाद दीक्षित

वाणी प्रकाशन

वाणी प्रकाशन

ज्ञान के विविध आयामों के प्रकाशक

वाणी प्रकाशन का 'लोगो' विख्यात चित्रकार मक़बूल फ़िदा हुसेन की कूची से

वाणी प्रकाशन, 4695, 21-ए, दरियागंज, नयी दिल्ली-110002
वाणी प्रकाशन, अशोक राजपथ (पटना कॉलेज के सामने), पटना (बिहार)

COMPREHENSIVE HINDI PATRA-PATRIKA KOSH

by Surya Prasad Dixit

Dictionary

ISBN : 81-7055-449-7

प्रथम संस्करण
द्वितीय संस्करण 2004
तृतीय संस्करण 2010
मूल्य : 450/-

वाणी प्रकाशन

फोन : 0091#11#23273167, 23275710

फैक्स : 0091#11#23275710

वेबसाइट : www.vaniprakashan.in

ई-मेल : vaniprakashan@gmail.com

vani_prakashan@yahoo.com

आर.टेक. ऑफसेट प्रिंटर्स द्वारा दिल्ली-110095 में मुद्रित

प्राक्कथन

मानव सभ्यता के विकास में पत्रकारिता का बहुत बड़ा योग रहा है। आज के लगभग डेढ़ हजार वर्ष पूर्व, जब पेकिंग में 'चिंगपाओ' नामक पत्र का आविष्कार हुआ था, तब यह अनुमान भी नहीं किया गया होगा कि ये पत्र-पत्रिकाएं एक दिन इतनी अनिवार्य हो जायेंगी। किन्तु आज स्थिति यही है। सम्प्रति, पत्र-पत्रिकाएं ही हमारे विश्वज्ञान, आत्ममनोरंजन, प्रचार-प्रसार तथा सम्पर्क-स्थापन के मूलाधार हैं। वस्तुत: विश्व की सारी व्यवस्था आज पत्रकारों में केन्द्रित दिखाई देती है। न्यायपालिका, कार्यपालिका और विधायिका के बाद पत्रकारिता ही 'फोर्थ स्टेट' है।

पत्रकारिता के इस अन्तरराष्ट्रीय विकासक्रम से प्रेरित या प्रभावित होकर हिन्दी में जिस प्रकार सहस्राधिक पत्र-पत्रिकाओं का प्रकाशन हुआ और उनसे हिन्दी पत्रकारिता की जिन प्रवृत्तियों को प्रश्रय मिला, उनका अध्ययन अत्यन्त विचारोत्तेजक है। प्राप्त प्रमाणों से सिद्ध होता है कि हिन्दी-पत्रकारिता का जन्म लगभग 1826 ई. के आस-पास हुआ है। उन दिनों यद्यपि अंग्रेज सरकार ने प्रेस सम्बन्धी कई कठोर नियम बना रखे थे, फिर भी अपने अनवरत प्रयत्न द्वारा श्री युगल किशोर शुक्ल ने कलकत्ता से एक हिन्दी साप्ताहिक प्रकाशित करने का लाइसेंस प्राप्त कर लिया और 30 मई, 1826 ई. को 'उदन्त मार्तण्ड' नामक पत्र का पहला अंक प्रकाशित किया। इसके पूर्व कलकत्ता में एक अंग्रेजी साप्ताहिक 'हिक्की गजट' (जनवरी 1780) और 1816 के आसपास प्रकाशित 'दि बंगाल गजट' (1816) नामक एक अंग्रेजी पत्र और 1821 के करीब 'संवाद कौमुदी' नामक बंगला पत्र प्रकाशित हो चुके थे। इस प्रकार स्पष्ट है कि कलकत्ता हिन्दी पत्रकारिता, बल्कि भारतीय पत्रकारिता की जन्मभूमि है। यद्यपि उन दिनों हिन्दी पत्रों को न ग्राहक मिलते थे और न पाठक, फिर भी धुन के धनी ये पत्रकार अपने इस अभियान में लगे रहे और धीरे-धीरे उन्होंने हिन्दी पत्रकारिता का एक स्वरूप निर्धारित कर लिया। पर्याप्त साधन-सुविधाएं न होने के कारण ये पत्र प्राय: अल्पकालिक होते थे। स्वयं 'उदन्त मार्तण्ड' लगभग डेढ़वर्ष तक ही जीवित रह सका और कुल 79 अंक निकालकर समाप्त हो गया। परन्तु इनका क्रम चलता रहा। 1845 में राजा शिवप्रसाद 'सितारे हिन्द' की प्रेरणा से 'बनारस अखबार' नामक एक पत्र का प्रकाशन हुआ, जिसे हिन्दी पत्रकारिता की मूल्यवान निधि कहा जायेगा। यह पत्र 1839 ई. में प्रकाशित बंगला के दैनिक 'संवाद प्रभाकर' के बाद प्रकाशित होने वाला महत्त्वपूर्ण हिन्दी पत्र है। कुछ विद्वानों ने 'समाचार सुधा वर्षण' को प्रथम हिन्दी दैनिक घोषित किया है। उसका प्रकाशन सन् 1854 में हुआ था।

इसके पश्चात् हिन्दी भाषा-भाषियों के बीच पत्र-सम्पादन की एक प्रतिस्पर्धा सी चल पड़ी। 1857 की गदरकालीन पृष्ठभूमि में राष्ट्रीय भावना से उत्प्रेरित होकर कई प्रबुद्ध भारतीयों ने पत्रकारिता को ही अपना उपकरण बनाया और इस प्रकार 19वीं शती के अन्त तक हिन्दी में पत्र-पत्रिकाओं की एक बाढ़ सी आ गई। बंगाल में राजा राममोहन राय की प्रेरणा से प्रकाशित 'बंगदूत' इन पत्रों का मार्ग-दर्शक बना। यह पत्र 10 मई, 1829 को चार भाषाओं में प्रकाशित हुआ और स्वातंत्र्य आन्दोलन का शंखनाद करने लगा। इसका अनुगमन करते हुए 'प्रजामित्र' (1834), सुधाकर, सदासुखलाल का 'बुद्धिप्रकाश' (11 जून 1846)

को साप्ताहिक 'मार्तण्ड', 1850 में श्री युगलकिशोर शुक्ल सम्पादित कलकत्ता का साप्ताहिक 'साम्यदत्त मार्तण्ड', 1849-50 में प्रकाशित 'जगद्दीपक भास्कर', कार्त्तिकप्रसाद खत्री का 'हिन्दी दीप्ति प्रकाश', 1867 में भारतेन्दु का 'कविवचन सुधा', 1871 में 'अल्मोड़ा अखबार', 1872 में 'बिहारबन्धु', 1874 में राजा लक्ष्मणप्रसाद का 'प्रजा हितैषी', भारतेन्दु का 'हरिश्चन्द्र मैगजीन' एवं 'हरिश्चन्द्र चन्द्रिका', 17 मई, 1878 को श्री छोटूलाल और दुर्गाप्रसाद मिश्र द्वारा प्रकाशित 'भारत मित्र', 13 जून 1879 को साप्ताहिक 'सार सुधा निधि', 7 अगस्त 1880 को 'उचित वक्ता', 1877 में बालकृष्ण भट्ट सम्पादित 'हिन्दी प्रदीप,' 1881 में प्रेमघन द्वारा सम्पादित 'नागरी नीरद' एवं 'आनन्द कादम्बिनी', 1883 में प्रतापनारायण मिश्र का 'ब्राह्मण', मालवीय जी द्वारा कालाकांकर राज्य से सम्पादित 'हिन्दोस्थान' (द्रष्टव्य धर्मयुग 26 दिसम्बर 1965), 1884 में 'भारत जीवन', 'बेंकटेश्वर समाचार, 1890 में 'हिन्दी बंगवासी' और 1895 में 'नागरी प्रचारिणी पत्रिका' जैसे कालजयी पत्र प्रकाशित हुए।

हिन्दी पत्रकारिता का यह पहला चरण कई दृष्टियों से महत्त्वपूर्ण है। इन पत्रों द्वारा एक ओर राष्ट्रीय चेतना का बीज-वपन किया गया और दूसरी ओर खड़ी बोली गद्य का निर्माण भी। ये पत्र तत्कालीन जन-जागृति के प्रतीक कहे जा सकते हैं। 1823 के प्रेस ऐक्ट द्वारा लगाए गए प्रतिबन्धों के अनुसार यद्यपि इनकी सामग्री को पूरी तरह 'सेंसर' कर दिया जाता था, फिर भी अंग्रेजों की अत्याचारी नीति को लेकर ये पत्र निरन्तर आग उगलते दिखाई देते हैं। बालमुकुन्द गुप्त सम्पादित 'भारत मित्र' जैसा तेजस्वी एवं निर्भीक पत्र प्रेस-स्वातंत्र्य के इस युग में भी सुलभ नहीं है। ये पत्रकार अपने देशकाल के प्रति सतत जागरूक दिखाई देते हैं। उनकी साहित्यिकता पलायनोन्मुखी न होकर जन-जीवन से जुड़ी हुई है। हिन्दी गद्य के स्वरूप-निर्धारण में भी ये पत्र निरन्तर संलग्न दिखाई देते हैं। वे ब्रज, अवधी जैसी जनपदीय बोलियों से भिन्न एक परिनिष्ठ हिन्दी शब्दावली, व्याकरण सम्मत वाक्य-संरचना और टकसाली हिन्दी (खड़ी बोली) के प्रयोग में प्रवृत्त रहे हैं। 'सितारे हिन्द' ने 'बनारस अखबार' द्वारा मिशनरियों (ईसाईपत्रों) का योजनाबद्ध विरोध करके एक जन-भाषा के रूप-गठन का जो दिशा-निर्देश दिया, वह आज भी अविस्मरणीय है। इसके साथ ही भारतेन्दु ने एक व्यापक आन्दोलन के रूप में हिन्दी की जिस 'नई चाल में ढाला' उसका सर्वाधिक श्रेय इन पत्रों को ही है। तात्पर्य यह कि विषय वस्तु और भाषा-शिल्प—इन दोनों क्षेत्रों में हिन्दी को सुसम्पन्न बनाने, अर्थात् हिन्दी साहित्यकारों को राष्ट्रीय जनजागरण, औद्योगीकरण, अन्तर्राष्ट्रीय सम्पर्क-स्थापन, साथ ही हिन्दी को विभिन्न भाषाओं के रूपान्तरण की ओर प्रेरित करने में इन पत्रों ने एक ऐतिहासिक भूमिका निभाई है।

हिन्दी पत्रकारिता का द्वितीय चरण 20वीं सती के आरम्भ से माना जा सकता है। साहित्य के इतिहास में इसे 'द्विवेदी-युग' की संज्ञा दी गई है। इस युग के पत्र परिणाम और स्तर—दोनों रूपों में विशिष्ट हैं। प्रमुख पत्र-पत्रिकाओं में 'सरस्वती' (1900), 'विशाल भारत' (1903), 'मर्यादा' (1910), 'प्रभा', 'प्रताप' (1913), 'सम्मेलन पत्रिका' (1913), 'कर्मवीर' (1919), 'आज', 'माधुरी' (1920), 'अभ्युदय', 'चाँद', 'मतवाला' (1923), 'सुधा', 'वीणा' (1926), 'सुकवि' (1926) 'हंस' (1930), 'कल्याण' (1932) आदि अग्रगण्य हैं। इनमें आचार्य महावीर प्रसाद द्विवेदी द्वारा सम्पादित 'सरस्वती' ने लगभग 20 वर्षों तक करीब 10 करोड़ हिन्दी भाषा-भाषियों का साहित्यिक नेतृत्व किया और ऐसी प्रतिष्ठा प्राप्त कर ली कि जो लेखक इसमें एक बार भी छप जाता, वह साहित्यकार रूप में

मान्यता प्राप्त कर लेता। इस पत्रिका ने भाषा परिष्कार का एक राष्ट्रव्यापी आन्दोलन चलाया, समस्यापूर्ति से भिन्न श्रेष्ठ खड़ीबोली-कविता की प्राण प्रतिष्ठा की, नवोदित प्रतिमाओं का सर्वेक्षण किया और सचित्र सर्वोपयोगी सामग्री द्वारा अपने पाठकों का भरण-पोषण किया। इस पत्रिका का शुभारम्भ काशी नागरी प्रचारिणी सभा के अवधान में डॉ. श्यामसुन्दरदास, रत्नाकरजी, राधाकृष्णदास, किशोरीलाल गोस्वामी एवं कार्तिकप्रसाद खत्री के सम्पादकत्व में हुआ था। कालान्तर में द्विवेदी जी ने इसे स्वायत्तस्वरूप प्रदान किया। इसके माध्यम से ही उन्होंने नए युग का प्रवर्तन किया और सम्पादक के विचार-स्वातंत्र्य का आदर्श प्रस्तुत किया। द्विवेदी जी की आत्मकथा इस तथ्य की साक्षी है कि सम्पादन हेतु कितनी न्यायनिष्ठा और उत्सर्गभाव की अपेक्षा होती है। इसके सम्पादकों में पदुमलाल पुन्नालाल बक्शी में 'मेरी अपनी कथा' नामक कृति में, देवीदत्त शुक्ल ने 'सम्पादक के पच्चीस वर्ष' में और पं. श्रीनारायण चतुर्वेदी ने 'सरस्वती हीरक जयन्ती विशेषांक' में जो विवरण दिए हैं, उनसे सिद्ध हो जाता है कि 'सरस्वती' हिन्दी पत्रकारिता का आलोक स्तम्भ है। इस पत्र की प्रतिस्पर्धा में 'विशाल भारत', 'सुधा', 'माधुरी', 'मर्यादा' आदि कितनी ही श्रेष्ठ पत्रिकाएं निकलीं। इसकी पारस्पकि प्रतिक्रियाओं, प्रतियोगिताओं और विवादी-लेखन की विभिन्न प्रवृत्तियों द्वारा हिन्दी का बड़ा उपकार हुआ है। अस्तु, पत्रकारिता का यह द्वितीय चरण सर्वथा सराहनीय है।

भारतेन्दु युग और द्विवेदी युग की पत्रकारिता व्यवसाय या व्यसन के रूप में न प्रचलित होकर एक 'मिशन' के रूप में विकसित हुई। प्राप्त तथ्यों से स्पष्ट हो जाता है कि ये पत्र संचालकों के लिए सदैव घाटे का सौदा रहे हैं। प्रसिद्ध पत्रकार पं. बनारसी दास चतुर्वेदी के संस्मरणों के अनुसार 'विशाल भारत' को कुल 25000 रु. का घाटा और 'हंस' को 200 रु. का मासिक घाटा सहना पड़ा था। भारतेन्दु जी तो इस व्यसन के पीछे राजा से रंक हो गए। ये पत्रकार प्रायः सुख-सुविधा वंचित और परिस्थितियों से पीड़ित रहे हैं। पं. रुद्रदत्त शर्मा जैसा पत्रकार जिसने 40 वर्ष में 12 पत्रों का सम्पादन किया, अन्न और औषधि के अभाव में मर गया। आगरा से प्रकाशित पत्र 'मुशाफिर' 17 नवम्बर, 1919 के अंक से प्राप्त सूचनानुसार एक कम्पोजीटर अपनी ओर से आटा देकर उनका भरण-पोषण करता था। बालकृष्ण भट्ट जैसे यशस्वी लेखक के घर घी, तेल तभी खरीदा जाता था, जब कहीं से 'हिन्दी प्रदीप' का 1 रु. 5 आना वार्षिक शुल्क आ जाता था। इन पत्रों ने बहुतों की बलि भी ली है। 'प्रताप' के सम्पादक गणेशशंकर विद्यार्थी तो अपने लेखों के कारण शहीद हुए ही, बालमुकुन्द गुप्त, बालकृष्ण भट्ट, प्रेमचन्द, माखनलाल चतुर्वेदी आदि को सरकारी नीति का विरोध करने के कारण नौकरी से वंचित होना पड़ा था। 'आज' के सम्पादक बाबूराव विष्णु पराड़कर जी को तो स्वातंत्र्य आन्दोलन के कारण जेल-यात्राएँ करनी पड़ी थीं, किन्तु अपने उद्यम से उन्होंने इसे हिन्दी पत्रकारिता की एक संस्था के रूप में परिणत कर दिया। 12 वर्षों तक सरकारी प्रतिबन्ध में रहने के बावजूद भी 'आज' स्वाधीनता-संग्राम का प्रतिनिधि बना रहा। उसके विशेषांक तो दस्तावेज की तरह सुरक्षणीय हैं। यह भी ज्ञातव्य है कि 'आज' टेलीप्रिन्टर का प्रयोग करने वाला प्रथम हिन्दी दैनिक है।

इस युग की कुछ और विशेषताएँ उल्लेखनीय हैं—एक तो इस अवधि में प्रकाशित अधिकांश प्रतिनिधि पत्र अहिन्दी भाषियों द्वारा संचालित हुए हैं, जैसे—बाबू चिन्तामणि घोष द्वारा 'सरस्वती', श्रीरामानन्द चट्टोपाध्याय द्वारा 'विशालभारत' और श्री पराड़कर द्वारा 'आज'। दूसरे इस युग के सम्पादकों ने स्वयं अपने पाठक जटाए हैं। आचार्य रामचन्द्र शुक्ल लिखित

'हिन्दी साहित्य का इतिहास' और पं. अम्बिकाप्रसाद वाजपेयी लिखित 'समाचार पत्रों का इतिहास' जैसे ग्रन्थों से विदित होता है कि बाबू कार्तिक प्रसाद खत्री घर-घर जाकर ये पत्र बाँचते थे और पं. दुर्गाप्रसाद मिश्र 'भारत मित्र' के ग्राहक सेठों की गद्दियों पर जाकर समाचार सुना जाते थे। धीरे-धीरे इन पत्रों का इतना प्रचलन हो गया कि सब पाठकों को प्रतियां नहीं सुलभ हो पायीं। द्विवेदी युगीन पत्र, प्रवृत्ति से समाजवादी थे। वे जनसाधारण को सस्ते मूल्य में और राजाओं-रईसों को महँगी कीमत पर मिलते थे। इनकी भाषा आज जैसे सुगठित नहीं थी, दोहों और पुराने मुद्रण चिह्नों के कारण इनकी साज-सज्जा भी इतनी आकर्षक नहीं थी, पर इनकी सामग्री निस्संदेह बड़ी सुसंयोजित थी। इनकी पुरानी फाइलें आज भी बड़ी उपयोगी हैं। इनके माध्यम से इस शताब्दी की विकसनशील विचारधारा का इतिहास और खड़ी बोली के निर्माणोन्मुख स्वरूप का पूर्वाभास प्राप्त किया जा सकता है। द्विवेदी युग में पराड़कर जी और पं. अम्बिका प्रसाद वाजपेयी के सम्पादन में 'रणभेरी' नामक एक ऐसा भी पत्र प्रकाशित हुआ जो गुप्त पैम्फलेट की तरह वितरित होता था। इससे उन विद्वानों के मत की स्वतः पुष्टि हो जाती है जो यह मानते रहे हैं कि समाचार पत्रों का उदय पैम्फलेट से हुआ है। इस प्रकार सिद्ध है कि स्वातंत्र्यपूर्व हिन्दी पत्रों ने राष्ट्रीय जीवन में लगभग वही कार्य किया है, जो फ्रांस की राज्यक्रांति में वहाँ के पत्रों ने सम्पन्न किया था।

हिन्दी पत्रकारिता का तृतीय चरण स्वातन्त्र्योत्तर भारत में राष्ट्रीय प्रेस की स्थापना के पश्चात् 16 मई, 1952 से माना जा सकता है। प्रेस आयोग की रिपोर्ट और भारतीय संविधान के अनुच्छेद 19 खण्ड 3 में प्राप्त वाक् स्वातंत्र्य की व्यवस्था के परिणामस्वरूप हिन्दी में हजारों पत्र प्रकाशित हुए। प्रेस रजिस्ट्रार के वार्षिक प्रतिवेदन 1979 के अनुसार आज भारत में लगभग 7000 पत्र पंजीकृत हैं, जबकि मुझे अपने सर्वेक्षण द्वारा लगभग 13000 पत्र-पत्रिकाएँ मिली हैं। यह संख्या अंग्रेजी सहित हर भाषा की तुलना में सर्वाधिक है। विभिन्न राज्यों की स्थिति को देखते हुए यह कहा जा सकता है कि उत्तरप्रदेश, राजस्थान, दिल्ली, मध्यप्रदेश, महाराष्ट्र, बिहार, बंगाल, हरियाणा, पंजाब, हिमाचल प्रदेश आदि में हजारों नियमित हिन्दी पत्र हैं। यहां तक कि विदेशों, जैसे—फिजी, मारीशस और ब्रिटेन तक में हिन्दी पत्रों को प्रश्रय मिला है। दक्षिण भारत और अहिन्दी प्रदेशों में इनकी संख्या कम अवश्य है, पर उनके कुछ प्रकाशन बहुत लोक प्रचलित हैं या रहे हैं—जैसे मद्रास का 'चन्द्रामामा' महाराष्ट्र से प्रकाशित टाइम्स ऑफ इण्डिया प्रेस के हिन्दी पत्र (धर्मयुग, सारिका, माधुरी आदि) हैदराबाद की मासिक 'कल्पना' इत्यादि।

ये पत्र विषय और वर्ग के अनुसार कई श्रेणियों में विभाजित किए जा सकते हैं। समाचार पत्रों, साहित्यिक और विविध विषयों से युक्त पत्रों के अतिरिक्त सम्प्रति विज्ञान, तकनीक चिकित्साशास्त्र, कृषि, वाणिज्य आदि से सम्बन्धित पत्रों की संख्या 1200 के निकट है। हिन्दी में धार्मिक और जातीय पत्रों (कम्युनिस्टी पेपर्स) की भी बहुलता है, साथ ही फिल्मी एवं पारिवारिक पत्रों की भी। अवस्थानुसार ये बाल-समुदाय, युवा वर्ग, महिलासमाज तथा प्रौढ़ वर्ग से संबंधित हैं। अनेक पत्र राजनीतिक दलों, विभिन्न संस्थाओं, प्रतिष्ठानों तथा वर्गों (जैसे-छात्र, कृषक, मजदूर वर्ग आदि) के मुखपत्र रूप में प्रकाशित होते हैं। साहित्यिक पत्र प्रायः स्वतन्त्र विधाओं से जुड़े दिखते हैं, जैसे—कविता प्रधान, कथाप्रधान, आलोचना प्रधान, नाटक रंगमंच प्रधान और युगचिन्तन प्रधान पत्र। सम्प्रति, कहानी जैसी विधा पर लगभग 30 स्वतंत्र पत्रिकाएं प्रकाशित हो रही हैं। इसी प्रकार एक-एक कवि या कृति पर

अनेकानेक स्वतंत्र पत्रिकाएं प्राप्य हैं, यथा—तुलसी और उनके 'मानस' पर आधारित 5 पत्र इन दिनों प्रकाशित हो रहे हैं। आज के कुछ पत्रों के नाम भी बड़े विचित्र हैं, जैसे—एक पत्र का नाम है 'न'। इसी प्रकार 'मैं और तू', 'एकतारा बोला' 'ठेगें से', 'डरो मत' आदि नाम भी चौंकाने वाले हैं। इनमें साप्ताहिक तथा पाक्षिक पत्रों की संख्या सर्वाधिक है। आज लगभग 2000 नई पत्रिकाएँ प्रतिवर्ष निकलती हैं। इनमें से कुछ ही पंजीयित होती है, 'शेष' 'साहित्यिक या वैज्ञानिक' के नाम पर 'अनरजिस्टर्ड' चलती रहती हैं। ये पत्र प्रायः अल्पकालिक या अनियतकालिक होते हैं। चुनाव के मौसम में इनकी भरमार दिखाई देती है। इनमें और सुव्यवस्थित पत्रों में भी कुछ पत्र तो सनसनीसेख और आतंककारी वृत्त छापकर 'ब्लेकमेल' करते रहना ही अपना ध्येय बना बैठे हैं। स्वस्थ सम्पादन कला और सामाजिक न्याय निष्ठा से रहित ये चीथड़े हिन्दी पत्रकारिता के नाम पर कलंक हैं। फिर भी अधिकांश पत्र विकासोन्मुख दिखते हैं। दुर्भाग्यवश प्रतिनिधि पत्रों पर उद्योगपतियों का स्वाम्य हो जाने के कारण जनवादी नीति की उपेक्षा और सत्ताधारियों की प्रशस्ति आज अधिक होने लगी है। निजी स्वामित्व सम्प्रति लगभग 65 प्रतिशत है। सरकारी विज्ञापन, कागज-कोटा एवं अन्य प्रलोभनों के कारण इनकी निष्पक्षता जब तब बाधित हो जाती है। कभी-कभी सस्ती लोकप्रियता के लोभवश ये मात्र स्कैण्डल, स्कूप, व्यावसायिक वृत्ति, अश्लीलतापूर्ण उत्तेजना सामयिकता आदि की शरण ले लेते हैं। समाचार एजेन्सीज के सीमित साधनों के कारण ये पत्र अंग्रेजी पत्रों के समकक्ष तो नहीं आ पाए हैं, पर भारतीय पत्रों में इन्होंने अपना स्थान सुरक्षित कर लिया है। विभिन्न सर्वेक्षणों के अनुसार **नवभारत टाइम्स, अमर उजाला, हिन्दुस्तान, आज, धर्मयुग, दिनमान, सरिता, सत्यकथा** और कुछ **फिल्मीपत्र** सर्वाधिक बिक्री वाले पत्र हैं। मासिक पत्रों में 'कल्याण' की संख्या देश में सर्वाधिक है। हिन्दी के ये पत्र आज पुस्तकाकार, फोल्डर, पैम्फलेट, पोस्टकार्ड साइज, डाइजेस्ट और टेबलोयड—इन कई रूपों में प्रकाशित दिखाई देते हैं। इनमें लघुपत्रों की संख्या सर्वोपरि है। इधर सम्पादन कला के व्यवस्थित प्रशिक्षण, पी. टी. आई., समाचार भारती और अन्य एजेन्सीज के सुसंचालन की दिशा में गम्भीर प्रयत्न किए जा रहे हैं, जिनसे हिन्दी पत्रकारिता के एक समुज्ज्वल भविष्य की अनेक संभावनाएँ उभर रही हैं।

प्रस्तुत पत्रपत्रिका कोश हिन्दी पत्रकारिता का एक समेकित इतिहास उपस्थित करने के उद्देश्य से तैयार किया गया है। इसमें हिन्दी पत्रकारिता के डेढ़ सौ वर्षों का लेखा-जोखा है।

सन्दर्भ ग्रन्थों/कोशों का निर्माण बड़ा कष्टकारक होता है, क्योंकि आधारभूत सामग्री विधिवत उपलब्ध नहीं पो जाती। पत्र-पत्रिकाएँ तो प्रायः सुरक्षित नहीं रखी जातीं। चौबीस घण्टे बाद वे रद्दी के भाव बेच दी जाती हैं या फेंक दी जाती हैं और फिर एक-एक सूचना प्राप्त करने के लिए शून्य में भटकना होता है। एक पत्र में, कब किस अंक से सम्पादक-प्रकाशक बदले? कब आकार-प्रकार में परिवर्तन हुए? कब कौन युगान्तरकारी रचना छपी? इन सूचनाओं के लिए उसकी आद्योपांत फाइल चाहिए। किन्तु दुरवस्था यह कि अधिकतर पत्र काल-कवलित हो गए हैं। उनके अवशेष तक सुलभ नहीं। उनके यत्किंचित् विवरण कहीं-कहीं इतिहास ग्रन्थों में, संपादकों के जीवन-वृत्तान्तों में या समकालीन पत्रों के विज्ञापन स्तम्भों में रह गए हैं, शेष सूचनाएँ लुप्त हो गयी हैं। सम्प्रति जो लघु स्तरीय, अल्पकालिक एवं क्षेत्रीय पत्र प्रकाशित हो रहे हैं, वे भी सर्व सुलभ नहीं होते। किन्तु दूसरी

ओर इनको नगण्य कहकर उपेक्षित भी नहीं किया जा सकता। पता नहीं कब किसकी ऐतिहासिक भूमिका सिद्ध हो जाए?

अस्तु, हिन्दी में सन्दर्भ-ग्रन्थों की आपूर्ति के उद्देश्य से इस कोश-रचना में प्रवृत्त होने पर ऐसी अनेक कठिनाइयाँ आईं। काफी समय राष्ट्रीय पुस्तकालय कलकत्ता, नागरी प्रचारिणी सभा काशी, सम्मेलन पुस्तकालय प्रयाग आदि के पुराने भण्डारों की सीढ़ियों में लटके-लटके बीता। कई व्यक्तिगत संग्रहालयों और वाचनालयों की शरण ली। विश्वविद्यालय अनुदान आयोग नई दिल्ली ने कुछ कृपा कर दी। यद्यपि विषम विभागाध्यक्षीय व्यवस्था के कारण बाधा-निवारण में काफी शक्ति क्षय हुई, फिर भी यह कार्य पूरा हो गया और इसलिए मैं इन सबका आभारी हूँ। श्री वेंकट ओझा (हैदराबाद) ने इस दिशा में एक पहल की थी। अभी पूर्णाहुति नहीं हुई है। मैं अनुगृहीत हूंगा, यदि अवशिष्ट सूचनाओं और त्रुटियों से अवगत कराया जाऊँगा।

ग्रन्थ की प्रकाशन-व्यवस्था वाणी प्रकाशन की अनुकंपा का परिणाम है। मैं श्री अरुण कुमार माहेश्वरी के प्रति कृतज्ञ हूँ। सन्दर्भ ग्रन्थ में शतप्रतिशत शुद्धता का दावा करना दम्भ होगा। बहुत से तथ्य अपुष्ट होते हैं। कुछ अनर्थ मुद्रण के कारण हो जाते हैं। मैं इन सबके प्रति क्षमा प्रार्थी हूँ।

ग्रन्थारम्भ में संकेताक्षर सूची दी गई है। उसके सहारे ग्रन्थ-पारायण सुकर होगा, अन्यथा दुष्कर और भ्रमोत्पादक।

इस कोश के प्रकाशित होते-होते हजारों नए पत्र प्रकाश में आ चुके होंगे। निरन्तर आते भी रहेंगे। उन्हें आगामी संस्करण/संस्करणों में समाविष्ट करने का यत्न करूँगा। मेरी प्रबल इच्छा थी कि इसे आद्यन्त बना डालूँ, पर वर्तमान तक पहुँचते-पहुँचते ग्रन्थ फिर अतीत से जुड़ जाता है और वर्तमान होता ही कहाँ है?

मुझे विश्वास है यह सन्दर्भ ग्रन्थ अपनी उपयोगिता सिद्ध करेगा और प्रबुद्ध पाठकों का प्रोत्साहन भी मुझे प्राप्त होगा।

साभिवादन,

—सूर्य प्रसाद दीक्षित
रीडर, हिन्दी विभाग,
लखनऊ विश्वविद्यालय

'साहित्यिकी'
डी 54, निरालानगर
लखनऊ

संकेत

1. **पत्र-पत्रिका का नाम** (अकारादि क्रम से) नामा. (नामान्तर)
2. **विषय—** समा. (समाचार पत्र) वि. (विविध) सा. (साहित्यिक) राज. (राजनीतिक) शै. (शैक्षिक) धा. (धार्मिक) कला (कलाविषयक) व्या. (व्यापारिक) औ. (औद्योगिक) क्री. (क्रीड़ा विषयक) फि. (फिल्मी) शो. (शोधपत्र) सामा. (सामाजिक-सामुदायिक) जा. (जासूसी) कथा (कथा प्रधान) म. (महिलोपयोगी) बा (बालोपयोगी) विधि (विधि संबंधी) वै. (वैज्ञानिक तकनीकी) चि. (चिकित्सा) कृ. (कृषि सम्बन्धी) सह (सहकारिता विषयक) जाती. (जातीय) सर. (सरकारी) सां. (सांस्कृतिक) आ. (आर्थिक) ज्यो. (ज्योतिष)।
3. **अवधि—** दै. (दैनिक) द्वि. (द्विदिवसीय) अर्द्धसाप्ता. (अर्द्धसाप्ताहिक) साप्ता. (साप्ताहिक) पा. (पाक्षिक) मा. (मासिक) द्विमा. (द्विमासिक) त्रै. (त्रैमासिक) चा. (चातुर्मासिक) अर्द्धवा. (अर्द्धवार्षिक) वा. (वार्षिक) अनि. (अनियतकालिक)

   भाषिकता—द्विभा. (द्विभाषी) त्रिभा. (त्रिभाषी) बहुभा. (बहुभाषी) हि. अं. (हिन्दी अंग्रेजी) बं. (बंगाली) म. (मराठी) सं. (संस्कृत)
   उ. (उर्दू) अ. (अरबी) फा. (फारसी) गु. (गुजराती)
   पं. (पंजाबी) रा. (राजस्थानी) त. (तमिल) मल. (मलयालम)
   ते. (तेलुगु) क. (कन्नड़) को. (कोंकणी) अस. (असमिया)
   भो. (भोजपुरी) मै. (मैथिली) ओ. (ओडिया) क. (कश्मीरी)
4. **संपादक/सम्पादक मण्डल/संचालक/संस्थापक/स्वामी/विशिष्ट परामर्शक**
   संपा (संपादक) संस्था (संस्थापक) संचा (संचालक) प्रका (प्रकाशक) सह (सहयोगी)।
5. **सम्पर्क सूत्र–प्रकाशन–वितरण-स्थल**
   (..........)
6. **प्रकाशनारंभ तिथि/प्रकाशनांततिथि (..................)**
   प्रकाशनारंभ-तिथि अज्ञात (– –) प्रकाशन जारी (प्रच.) प्रकाशनांत–तिथि अज्ञात (..........) सं. वि. (विक्रमीय संवत्) पुन: (पुनरारंभ तिथि) लग. (लगभग) स्वा. (स्वातंत्र्य)
7. **मूल्य, आकार, आकल्पन**
8. **टिप्पणी**—महत्त्व, भाषा, विचारधारा और संपादनकला की दृष्टि से मूल्यांकन नामांतर-रूपांतर (यदि कोई हुआ हो)

   स्फुट— न. भा. टा. (नवभारत टाइम्स) ना. प्र. स. (नागरी प्रचारिणी सभा) विशे विशेष।

अंकन : 1. सा. 2. त्रै. 3. लक्ष्मीकान्त सरस, बालसौरि रेड्डी, घनश्याम रंजन, नीरद आदि 4. नेताजी सुभाष रोड, मिण्ट स्ट्रीट, मद्रास 5. अक्टू. 1867 7. अधुनातन साहित्य का श्रेष्ठ लघुपत्र। तमिल विवाद और हिन्दी विरोध के कारण बाधा। वि. महिला कथाकार विशेषांक।

अंकुश : 1. समा 2. साप्ता. 3. कृष्णदेवप्रसाद गौड़ आदि 4. छोटी पियरी, वाराणसी/लालमणि प्रेस, फर्रुखाबाद 5. 1947.

अंकुश : 1.समा. 2. साप्ता. 3. रामकृष्ण पालीवाल 4. जनविजय प्रेस, दतिया/शाहबाजार, बुरहानपुर, बेतिया 5. 1934.

अंगजा : 1. म. 2. मा. 3. शीला झुनझुनवाला 4. हनुमान रोड, करोल बाग, नई दिल्ली 5. 1968-72.

अँगड़ाई : 2. मा., द्वि. 4. पीपलमण्डी, आगरा 5. 1967-69.

अंगद : 1. जा. 4. आर्य प्रतिनिधि सभा, हैदराबाद 5. 1940 (लगभग) 7. निजाम शासन के प्रतिबन्धवश यह शोलापुर में मुद्रित एवं नागपुर से प्रकाशित।

अंगना : 2. (बहु.) 4. रिलीफ रोड, अहमदाबाद।

अंगमाधुरी : 1. सा. 2. मा. 3. नरेश पाण्डेय 'चकोर' 4. शेखर प्रकाशन, बोरिंग रोड, पटना 5. 1967-71 7. अंगिका बोली का पत्र।

अंगार : 1. समा. 2. साप्ता., पा. 3. कमला सिंह 4. मोहल्ला अग्रवाल अगरवा, पो. मोतीहारी, चंपारन (बिहार) 5. 1952-59.

अंगारवाला : 1. धा. 2. साप्ता. 4. भारी माता रोड, भुसावल 5. 1957.

अंगारा : 3. लाला जगदलपुर 4. जगदलपुर/धर्म टोला, गया 5. 1968.

अंगारा : 1. समा. 2. साप्ता. 3. रामचन्द्र सक्सेना 4. पो. बा. 239, कानपुर।

अंगारे : 1. समा. 2. साप्ता. 3. वंशीधर पुरोहित 4. जोधपुर।

अंचरा : 1. समा. 2. पा. 4. सीसामऊ, कानपुर 5. 1971.

अंजन : 1. सा. 2. वा. 3. विजयकुमार सेवक 4. महात्मा गाँधी रोड, कलकत्ता 5. 1959.

अंजना : 1. सा. 2. वा. 4. महात्मा गाँधी रोड, कलकत्ता 5. 1959-66.

अंजलि : 3. महेशचन्द्र गर्ग 4. प्रयाग 5. 1880 वि.।

अंजलि : 3. गयाप्रसाद नीरस 4. साहित्य परिषद, टोवरी सागर।

अंजाम : 1. समा. 2. साप्ता. 3. राजाराम श्रीवास्तव 4. जनविजय प्रेस, दतिया 5. 1966.

अंजोर : 3. नर्मदेश्वर सहाय 4. पटना 5. 1960.

अन्टक : 1. समा. 2. साप्ता. 3. रोशनलाल 4. सूरजपोल, उदयपुर 5. 1970.

अंटार्कटिका : 1. सा. 2. अनि. 3. राजा दुबे 4. 14-11-792 फीलखाना, शाहइनायतगंज, हैदराबाद 5. 1969 7. साहसिक अभियान का क्रांतिकारी पोस्टरनुमा पत्र।

अण्डमान : 1.समा.2.साप्ता.3. भँवरलाल 4. भीलवाड़ा 5. 1966.

अन्ततः 4. मजहरी डेरी, टोलवाली मस्जिद रोड, भोपाल।

अन्तर : 3. श्यामनारायण, कृष्णदत्त त्रिवेदी, 4. जे-18, विष्णु गार्डन, नई दिल्ली।

अन्तरज्वाला: 1. समा. 2. साप्ता. 4. नजीबाबाद 5. 1964.

अन्तरभारती: 1. सा. 2. पा. (बहु.) 3. आनंदवन, बरोत, चाँदा (महा.) 5. 1969-70

अन्तरभारती: 1. सा. 2. मा. 4, शनिवार प्रेस, पूना, 5. 1970.

अन्तरराष्ट्रीय कहानियाँ: 1.कथा 2.मा. 3. रामनारायण त्रिपाठी 4. दिल्ली/हलवासिया बाजार, हजरतगंज, लखनऊ 5. 1968, 69.

अन्तरात्मा की पुकार: 1. समा. 2. पा. 3.काशीराम 4. डी-19, ए. मीरामार्ग, बेनीपार्क , जयपुर 5. 1970.

अन्तराल: 1. सा. 2. मा. 3. रमेश रंजक, नचिकेता 4. फ्रेंड्स फार्मेसी, पटना/शिवा मेडिकल हाल, कंकड़बाग रोड, पटना, बाबू बाजार, आरा, पटना 5. 1972 (अल्पायु) 7. नवगीत का प्रेरक लघुपत्र।

अन्तराल: 1.सा. 2.मा. 3.गोवर्धन सिंह, गोपाल जैन 4. लक्ष्मणगढ़, सीकर 5. जून 1973 (अल्पायु) 7. नवलेखन का लघुपत्र।

अन्तरिक्ष इक्सप्रेस: 1. समा. 2.पा. 3. हरिशंकर उपाध्याय 4. जगदीश मार्ग, उदयपुर 5.1970.

अन्तर्द्वन्द्व : 1. समा. 2. साप्ता. 3.कल्याण जैन 4. छोटा सर्राफ, उज्जैन 5. 1969.

अन्तर्मन: 1. सा. 2. मा. 4.चौड़ा रास्ता, जयपुर 5. 1970.

अन्तर्लोक: 1. समा. 2.दै. 4.बलिया।

अन्तर्वेद: 3. शिवगोपाल मिश्र 4. फतेहपुर 5. 1958 7. विशेष—निराला स्मृति अंक।

अन्तश्चेतना: 1. समा. 2.साप्ता. 3. तोताराम शर्मा 4. जयपुर।

अन्त्योदय: 1. जा. 2. मा. 3. कांतिलाल 4.हरिजन सेवक संघ, इन्दौर 5. 1959.

अन्दाज: 1.समा. 2. साप्ता. 3. सी.डी. जोशी 4. इतवारी, नागपुर 5.1956.

अन्धा युग: 1. समा. 2. पा. 3. आर.एल जोशी 4. नजरबाग, लखनऊ 5.1969.

अन्धेर नगरी: 1. समा. 2. पा. 3. भगवानदास 4. हॉस्पिटल रोड, आसनसोल 5. 1970.

अन्धेर या इन्साफ: 1. समा. 2.पा. 3. श्यामलाल अलबेला 4. पन्नालाल रोड, झाँसी 5.1970.

अँधेरा उजाला: 1. धा. 2.साप्ता. 4. पाँड़ेबाजार, आजमगढ़/मथुरा 5. 1959-60, 70.

अँधेरी दुनिया: 1. कथा. 2. मा. 3. नियमामत कुरेशी 4. हरगंगा महता, दादर, बम्बई 5.1969.

अन्नदाता: 1. समा. 2. पा. (हि.,अं.) 4. देवनगर मिशन, मेरठ 5. 1960.

अम्बर: 1. सा. 2. मा. 3. ब्रह्म मिश्र, संतोषकुमार 'निर्मल' 4. लालगंज, रायबरेली 5.1976.

अम्बर: 1. व्या. 2. मा. 3. अरविंद पाण्ड्या 4. हरिजन आश्रम, अहमदाबाद 5.1956-60.

अम्बालिका : 1. सा. 2. मा. 4. सन्तपुरा, यमुनानगर, अम्बाला 5.1962-63.

अम्बिका: 1. सा., शि. 2.मा., त्रै. 3. सरला भार्गव 4. जोरबाग, नयी दिल्ली 5. 1970.

अन्यथा: 1. सा. 2. अनि. 3. अलखनारायण 4. हरिशंकर लेन, कलकत्ता/मुजफ्फरपुर 5. अक्टूबर 1965 7. शिल्प और साहित्य संकलन का लघुपत्र।

अन्विता: 1. सा. 2. मा. 3. रविनाथ सिंह, अक्षय जैन, सोहन शर्मा, विजयकुमार 4. बोरा बाजार स्ट्रीट, बम्बई 5. अक्टूबर 1970 (अल्पायु) 7. लघुपत्र।

अन्वेषण: 1. सा. शा. 2. त्रै. 3. कृष्णचन्द्र शास्त्री 4. भटियानी, चौहट्टी, उदयपुर 5. 1968.

अंशु: 2. मा. 4. सिविल लाइन्स, उन्नाव, 5. 1964-70.

'अ': 1. सा. 2. अनि. 3. अलखनारायण 4. कलकत्ता 5. 1969.

अकथ: 1. सा. 2. मा. 3. हरिदत्त, रमाशंकर, मणिमधुकर, 4. मिर्जा इस्माइल रोड, जयपुर 5. जनवरी 1968 (अल्पायु) 7. नवलेखन का लघुपत्र।

अकविता: 1. सा. 2. मा. 3. जगदीश चतुर्वेदी 4. अकविता प्रकाशन, पटेलनगर, नयी दिल्ली, 5. 1960 (लग.) 7. नवयुगबोध का पत्र।

अकादमी पत्रिका: 1. सा. 4. बिहार हिन्दी ग्रन्थ अकादमी, पटना 5. 1975.

अकारज : 1. समा. 2. सासा. 3. मोहनसिंह बंदा 4. बरेली।

अकेला: 1. सा., जा. 2. सासा. 3. विश्वनाथप्रसाद गुप्त, श्रीनारायण शर्मा 4. तिनसुकिया (असम)/62, बालीगंज, सरकुलर रोड, कलकत्ता 5. 1942 7. पूर्वोत्तर भारत का प्रथम हिन्दी पत्र।

अक्रीत: 3. देशकुमार मैनी, परामर्श-आदित्यप्रताप सिंह आदि 4. विंध्यप्रदेश 5. 1976.

अक्लियत: 1. समा. 2. सासा. (हि., उ.) 4. नवाबगंज, दिल्ली 5. 1966-69.

अखण्ड ज्योति: 1. धा., दा. 2. मा. 3. भगवतीदेवी शर्मा, श्रीराम शर्मा, रामचरण महेन्द्र 4. अखण्ड ज्योति संस्थान, घियामण्डी, मथुरा 5. 1939-40 7. गायत्री यज्ञ को विशेष प्रश्रय।

अखण्ड दर्शन: 1. धा. 2. त्रै. 4. कोयल घाटी, ऋषीकेश 5. 1970.

अखण्ड प्रभा: 1. धा. 2. मा. 3. ब्रह्मानंद 4. स्वरूपनगर, कानपुर 5. 1959-62.

अखण्ड प्रभात: 1. धा. 2. मा. 3. लक्ष्मीकांत मिश्र 4. स्वरूपनगर, कानपुर 5. 1959.

अखण्ड भारत: 1. सामा. 2. दै., सासा. 3. ब्रजलाल 'ब्रजेन्द्र', टेकचंद 4. बम्बई, देहरादून, लखनऊ 5. 1955, 56.

अखण्ड हिन्दुस्तान: 1. समा. 2. सासा. 4. स्टेशन रोड, इटावा 5. 1867-71.

अखबार-ग्वालियर: 2. सासा. 3. मुंशी लक्ष्मनदास भटनागर 4. ग्वालियर 5. 1801-1861.

अखबारे चुनार: 3. बालमुकुन्द गुप्त 4. चुनार, मिर्जापुर 5. 1886.

अगरबन्धु: 1. सा. 2. मा. 3. प्रकाशचन्द्र बंशल 4. कैसरबाग बाजार, आगरा 5. 1963.

अगला कदम: 1. समा. 2. सासा. 3. टी.एस. आनन्द 4. झण्डा मोहल्ला 5. 1961, 1969-71.

अगली कविता: 1. सा. 2. त्रै. 3. ओमानन्द सारस्वत 4. बल्लभ विद्यानगर, आणन्द (गुज.) 5. 1970.

अगाधि क्षेत्र: 1. समा. 2. सासा 4. गाजीपुर।

अगीत: 1. सा. 2. त्रै. 3. रंगनाथ मिश्र 'सत्य' 4. कूचए मीरजान, नयागाँव, लखनऊ 5. 1967.

अग्नि अग्रणी: 1. समा. 2. सासा. 3. दिगम्बर जैन मंदिर रोड, कलकत्ता 5. 1971.

अग्निपुंज: 1. समा. 2. मा. 4. रतनगढ़ (राज.) 5. 1963-65.

अग्निपुत्र: 1. समा. 2. दै., सासा. 3. रमेश शर्मा 4. मण्डल मार्केट, रतलाम।

अग्नि संदेश: 1. धा. 2. सासा. 4. ब्रह्मानन्द प्रेस, शामली 5. 1966-69.

अग्निशखा: 1. धा., दा. 2. मा. 3. रवीन्द्र 4. अरविन्द आश्रम, पाण्डिचेरी/सिंहभूम 5. 1970 7. अरविंद दर्शन की प्रेरक-प्रचारक पत्रिका।

अग्रगामी: 1. सा. 2. मा., सासा., दै. 3. राधाकिशन, शचीन्द्रनाथ, रामरतन 'नीरव' 4. जौहरी बाजार, जयपुर/काशी/हल्द्वानी 5. 1954, 55, 70.

अग्रघोषक : 1. धा. 2. मा. 3. विलियम सन 4. मोतीझील, मुजफ्फरनगर 5. 1960.

अग्रज्योति संदेश: 1. जा. 2. मा. 4. ज्वालानगर, शाहदरा, दिल्ली 5. 1966-68.

अग्रदूत: 1. सा. 2. मा. 3. केशवप्रसाद पाण्डेय, गणेशीराम 4. बेनीपार्क, जयपुर 5. 1945, 51.

अग्रदूत: 1. समा. 2. सासा. 3. काशीप्रसाद सिन्हा/वर्मा 4. भारत प्रेस, मालवीय रोड, रायपुर 5. 1942.

अग्रदूत: 3. कृष्णमोहन वर्मा 4. आरा 5. 1939.

अग्रनीति: 1. समा. 2. साप्ता 4. मथुरा 5. 1964-67.

अग्रवाणी: 1. जा. 2. मा. 3. नन्दकिशोर अग्रवाल।

अग्रवाल: 1. जा. 2. मा. 3. गंगाराम 4. अजमेर 5. 1906.

अग्रवाल: 1. जा. 2. मा. 3. ज्योतिस्वरूप शर्मा 4. अलीगढ़ 5. 1922.

अग्रवाल: 1. जा. 2. मा. 3. मोतीलाल, रतनचन्द, गंगाप्रसाद आदि 4. कलकत्ता 5. 1919.

अग्रवाल: 1. जा. 2. मा. 3. भद्रसेन गुप्त 4. क्लाइव स्क्वायर, नयी दिल्ली 5. 1946.

अग्रवाल उपकारक : 1. जा. 2. मा. 3. लाला किशनलाल 4. आगरा 5. 1889.

अग्रवाल कलकत्ता मार्केट रिपोर्टर : 1. समा. 2. साप्ता 3. पुरुषोत्तमदास अग्रवाल 4. वकस स्ट्रीट, बड़ा बाजार, कलकत्ता।

अग्रवाल जगत : 1. जा. 2. साप्ता 3. कसारीडीह, दुर्ग (म.प्र.) 5. 1966-68.

अग्रवाल जागृति : 2. मा 3. ता. इ. अग्रवाल 4. बम्बई 5. 1966.

अग्रवाल जातीय बुलेटिन : 1. जा. 3. इन्दुप्रसाद गुप्त 4. काशी 5. जनवरी 1941.

अग्रवाल पत्रिका : 1. जा. 2. मा. 3. मनोहरलाल गर्ग, गंगाशरण 4. हाथरस, कलकत्ता 5. 1948.

अग्रवाल प्रकाश : 1. जा 2. मा 3. मनोहरलाल अग्रवाल 4. कोठी नं. 1071, सेक्टर 27 बी, चण्डीगढ़ 5. 1970.

अग्रवाल बन्धु : 1. जा. 2. मा. 3. परमेश्वरी सहाय 4. आगरा 5. 1919-24.

अग्रवाल मेटल : 1. समा. 2. साप्ता 3. धन्नामल जैन 4. भारतीय प्रेस, गोकुल बाजार, रेवाड़ी, गुड़गाँव 5. 1953.

अग्रवाल (लोहिया) हितैषी : 1. जा. 2. मा. 3. जमुनादास, पूर्णचन्द्र 4. हींग की मण्डी, आगरा 5. 1977 वि.।

अग्रवाल संग्राम : 1. जा. 2. मा. 4. कटनी 5. 1959-61.

अग्रवाल सन्देश : 1. जा. 2. मा. 3. कांतिस्वरूप गोविल 4. लेखराज नगर, अलीगढ़ 5. 1961.

अग्रवाल समाचार (समाज) : 1. जा. 2. वा., साप्ता. 3. हरिकृष्ण अग्रवाल 4. धर्मप्रेस, नागपुर 5. 1952.

अग्रवाल समाचार (समाज) : 1. जा. 2. मा. 3. दुल्लीचन्द्र शास्त्री 4. हिन्दनगर, हैदराबाद 5. 1963.

अग्रवाल सेवक : 1. जा. 2. मा. 4. गया. 5. 1913.

अग्रवाल स्नेही : 1. सा. 2. मा. 4. अग्रवाल समाज, जोधपुर।

अग्रवाही : 1. सा. 2. मा. 3. वेदप्रताप वैदिक 4. जावरा कम्पाउण्ड, इन्दौर 5. 1963.

अग्रसर : 1. समा. 2. साप्ता. 3. प्रका. अभिन्न हरि 4. भगीरथ पैलेस, दिल्ली 5. 1938.

अग्रसर : 1. समा. 2. साप्ता. 4. बीकापुर, मुंगेर 5. 1971.

अग्रसर : 2. त्रै. 3. कैलाशचंद्र 4. करनाल 5. 1954.

अग्रसर : 1. समा. 2. सा.सा. 4. कलकत्ता।

अग्रसेन पुष्पांजलि : 2. मा. 3. नरेन्द्रकुमार अग्रवाल 3. इमली बाजार, इन्दौर 5. 1969.

अग्रसेन वाणी : 1. जा. 2. मा. 3. बाबूलाल गुप्त 4. गंगापुर सिटी (राज.) 5. 1970.

अग्रसेन संदेश : 1. जा. 2. सासा. 4. सदर, नागपुर 5. 1964-69.

अग्रहरि वैश्य बन्धु : 1. जा. 2. मा. 3. विष्णुसहाय गुप्त 4. फतेहपुर 5. 1881.

अग्रहरि समाज : 1. जा. 2. मा. 3. शिवप्रसाद 3. मेंदा बाजार, जे. के. पुरी, कानपुर 5. 1966.

अग्रहायण : 1. ज्यो. 2. मा. 3. भास्करनन्द लोहानी 4. केशरबाग, लखनऊ 6. 1965

अग्रो एशियाई संदेश : 1. समा. 2. साप्ता 3. साधूराम शुक्ल 4. लखीमपुर।

अग्रोदय : 1. जा. 2. पा. 3. सूरजमल जिन्दल 4. किशनपोल, जयपुर 5. 1966.

अग्रोत्कर्ष : 1. धा. 2. मा. (हि., अं.) 4. संत तुकाराम रोड, बम्बई 5. 1971.

अग्रोहा तीर्थ : 1. धा. 2. मा. 3. बालकृष्ण 4. जुग्गी वाड़ा, नई सड़क, दिल्ली 5. 1968.

अग्रोहा दर्शन : 1. जा. 2. त्रै. 3. मुरारीलाल अग्रवाल 4. छत्ताबाजार, गली भीखचन्द, मथुरा 5. 1966.

अचानक : 1. समा. 2. सासा. 3. रामराज वर्मा, धीरजसिंह 4. जी. टी. रोड, फतेहपुर 5. 1970.

अच्युत : 3. मूलशंकर शास्त्री 4. वाराणसी 5. 2001 वि.।

अछूत : 2. सासा. 3. हरिहर स्वामी 4. इटावा 5. 1924.

अछूत (पवित्र) प्राचीन हिन्दू : 3. हरिहर स्वामी 4. दिल्ली 5. 1923.

अजन्तता : 1. सा. 2. मा. (1949), सासा. (1963) 3. भानचन्द शर्मा, रामाधार शर्मा, वंशीधर विद्यालंकार कौशिक, श्रीराम शर्मा, हरिकृष्ण पुरोहित, गयाप्रसाद शास्त्री, श्यामू संन्यासी 4. आन्ध्र हिन्दी प्रचार सभा, हाईकोर्ट रोड, हैदराबाद 5. 1949-63 (प्रच.) 7. सभा का मुखपत्र।

अजगर : 1. सा., हास्य 2. पा. 4. त्रिलोचन, बनारस 4. 1947-56.

अग्रोहा ज्योति : 1. जा. 3. निरंजनलाल गौतम 4. ज्वालानगर, शाहदरा, दिल्ली 5. 1968.

अजमेर सन्देश : 1. समा. 2. सासा. 3. जी. एस. नंदा 4. अलवर गेट, अजमेर 5. 1968.

अजय : 3. दत्तात्रेय 4. अजमेर।

अजय दुर्ग : 1. समा. 2. सासा. 3. गयाप्रसाद गोपाल 4. अतर्रा, बाँदा 5. 1970.

अजयपाल : 1. समा. 2. सासा. 3. भँवरलाल शर्मा 4. लोढ़ा भवन, गंजा, अजमेर 5. 1961.

अजेय : 1. समा. 2. सासा. 3. रामनारायण शुक्ल 4. सदर बाजार, प्रतापगढ़ (उ. प्र.) 5. 1964, 65-67.

अजय राष्ट्र : 1. समा. 2. सासा. 4. बहारिया, भिण्ड (म. प्र.) 5. 1966.

अजातशत्रु : 1. समा. 2. सासा. 4. नटवर भवन, अहीरी टोला स्ट्रीट, कलकत्ता 5. 1960-61.

अटल : 1. सा. 2. मा. 4. टिब्बाबाजार, बटाला, गुरदासपुर 5. 1964-66.

अटल तपस्वी : 2. मा. 3. अशोककुमार सुन्दरवाल 4. सुनार वाली गली, पुराना गणेशगंज, लखनऊ 5. 1967.

अटल तथ्य : 1. समा. 2. पा. 4. नयी बस्ती, लखीमपुर खीरी 5. 1971.

अटल प्रथा : 1. सा. 2. त्रै. 4. आर. एन. मुकर्जी रोड, कलकत्ता 5. 1971.

अड़गड़ा : 4. हुसैनगंज, लखनऊ 5. 1970.

अणिमा : 1. सा. (कथा) 2. त्रै. (1965–70), मा. 3. शरद देवड़ा 4. ए. 41, तारादत्त स्ट्रीट, प्रताप घोष लेन, कलकत्ता 5. 1965–70.

अणिमा : 1. समा. 2. साप्ता. 3. शरद देवड़ा 4. पुलिस स्मारक के पास, जयपुर 5. 1965–72.

अणु : 1. धा. 2. मा. (हि., अं.) 4. मेरीन ड्राइब, बम्बई 5. 1968.

अणुबम : 1. साप्ता. 4. पावरहाउस रोड, टोंक (राज.) 5. 1971.

अणुव्रत : 1. धा. 2. साप्ता, पा. 4. मोर्चगीज स्ट्रीट, कलकत्ता 5. 1950–55.

अणुव्रत : 1. समा. 2. पा. 4. राजसमंद, उदयपुर 5. 1955–65.

अणुव्रत : 1. धा. 2. पा., मा. 3. रिषभदेव राँका, देवेन्द्रकुमार, सत्यनारायण मिश्र 4. छतरपुर रोड, महरौली/25 सेण्ट्रल लेन, नयी दिल्ली 5. 1955–प्रच. 7. आचार्य तुलसी के अणुव्रत आन्दोलन का मुखपत्र। द्रष्टव्य–साधना विशेषांक (1970)।

अतरौली टाइम्स : 1. समा. 2. साप्ता. 4. अतरौली, अलीगढ़।

अतिथि : 4. हरद्वार।

अतिमर्श : 1. सा. 2. त्रै. 3. डॉ. नरेन्द्र कोहली 4. एस. 362, ग्रेटर कैलाश प्रथम, नई दिल्ली 5. 1948, पुन: जून 1978 (अल्पायु) 6. 5 रु. वा. 7. नवलेखन का लघुपत्र।

अतिरिक्त : 1. सा. 3. भगीरथ 4. सी. 3 बी–59, रावत भाटा, वाया कोटा (राज.)।

अतीत : 1. कथा 2. मा. 3. देवीदास शर्मा 'निर्भय' 4. अतीतमहल, हाथरस, 5. नवम्बर 1947–56. 7. पद्यात्मक कहानी प्रधान पत्र।

अतुल : 1. समा. 2. साप्ता. 3. रामकरन सिंह 4. प्रतापगढ़ (उ. प्र.) 5. 1961.

अत्याचार : 1. समा. 2. साप्ता. 3. कैलाश दीक्षित 4. शान्तिनगर, सीसामऊ, कानपुर 5. 1963–70.

अथवा : 1. सा. 2. अनि. 3. सौमित्र मोहन 4. के. 117/ए–63 कीर्तिनगर, नई दिल्ली–15, 5. अगस्त 1972–73 7. युवालेखन का लघुपत्र।

अदल : 1. समा. 2. पा. 3. ईश्वरसिंह आजाद 4. झज्झर रोड, रोहतक 5. 1969.

अदालत : 1. समा. 2. साप्ता. 3. चाँदपोल, अकधर के पास, जयपुर 5. 1963–64.

अदिति : 1. दा., धा. 2. त्रै. 3. अभय देव (देव शर्मा), डॉ. इन्द्रसेन, केशव देव 4. पो. बा. 85, नयी दिल्ली (1942)/ अरविंद आश्रम, पाण्डिचेरी 5. 1942–65 7. अरविंद दर्शन का संवाहक पत्र।

अदिति सह भारतमाता : 1. धा., दा. 4. पाण्डिचेरी 7. लगभग 20 वर्ष तक प्रचलित। अरविंद दर्शन के पत्र 'अदिति' (पाण्डिचेरी), 'माता' (कलकत्ता), 'भारतमाता' (बम्बई) को मिलाकर इसका प्रकाशन। इसमें अरविन्द साहित्य के अनुवाद छपे।

अद्‌भुत मित्र : 2. मा. 3. रामचन्द्र गणेश 4. कसीराबाद 5. 1907.

अद्भुत मित्र : 2. मा. 4. कुण्डा 5. 1914.

अद्भुत संदेश : 1. समा. 2. मा. 4. बीकानेर 5. 1963-64.

अद्वल : 1. समा. 2. सात्ता 3. गिरधर जोशी 4. चारभुजा रोड, उदयपुर 5. 1966.

अद्वैत : 1. धा., दा. 2. मा. 3. स्वामी शुद्ध आत्मानन्द 4. राजयोग मन्दिर, रघुवीरपुरा, गाँधीनगर, दिल्ली 5. 1967.

अधिकरण : 4. चीनाकोठी, बुद्धमार्ग, पटना।

अधिकार : 1. समा. 2. दै. अनि. 3. विष्णु शर्मा 'अरुणेश' 4. इलाहीबक्स रोड, डी. बी. गुप्ता रोड, करोलबाग नयी दिल्ली 5. 1968 7. लघुपत्र।

अधिकार : 1. समा. 2. दै., सात्ता. 3. विष्णु शर्मा 'अरुणेश' 4. हल्दियों का रास्ता, जयपुर 5. 1955-65.

अधिकार : 1. समा. 2. दै., सात्ता. 3. सोहनलाल द्विवेदी, रा. र. खाडिलकर, प्रका. लक्ष्मीदास (1946) 4. 22 केसरबाग, लखनऊ 5. 1938, 42, 49.

अधिकार : 1. समा. 2. दै., सात्ता. 4. घण्टाघर, कोटा (राज.)

अधिकार : 1. समा. 2. सात्ता. 4. नयागंज, कानपुर 5. 1956-58.

अधिकार : 1. समा. 2. सात्ता. 4. सलेमपुर, छपरा, सारन 5. 1953-61.

अधिकार भारती : 1. समा. 2. सात्ता. 3. मेहरसिंह 4. धामपुरी, बिजनौर 5. 1969-72.

अधिकार युग : 2. सात्ता. 3. अमरनाथ पाण्डेय 4. ओदारी, रायबरेली।

अधिकार सत्य : 1. समा. 2. सात्ता. 4. देशबन्धु गुप्त रोड, दिल्ली 5. 1965-70.

अधिकारी : 1. समा. 2. सात्ता. 4. कर्नलगंज, फतेहगढ़ 5. 1949-59.

अधिनायक : 1. समा. 2. सात्ता. 4. रमाशंकर श्रीवास्तव 5. श्रीनगर, कानपुर 5. 1966.

अधिनायक : 1. समा. 4. पन्नालाल पार्क, लखनऊ 5. 1966.

अधिवेत्ता : 1. समा. 2. सात्ता. 3. रामलुभाया 4. दुर्गियाना, अमृतसर 5. 1967.

अधीनस्थ संघ सन्देश : 1. समा. 2. मा. 3. पी. एन. शर्मा. 4. त्रिपोलिया, जयपुर 5. 1970.

अधुना : 1. सा. 2. त्रै. 3. अचल राजपूत 4. वी. 2 वी. 34, जनकपुरी, नई दिल्ली 5. 1969, 7. लघुपत्र।

अध्ययन भारती : 1. समा. 2. सात्ता. 3. एम. एल. जैन 4. वाई 13, मानापुर रोड, वर्धा 5. 1967.

अध्यात्म : 1. धा. 2. मा. 3. विष्णु ब्रह्मचारी 4. सच्चा आश्रम, पो. अरैल, इलाहाबाद 5. 1963.

अध्यात्म ज्योति : 1. धा. 2. मा. 3. गोकुलविहारी वर्मा 4. विष्णुपुरी, कानपुर 5. 1966-71 (प्रच.) 7. थियोसोफिकल सोसाइटी का पत्र।

अध्यात्म धारा : 1. धा., दा. 2. मा. 3. अखिलेशकुमार 4. तलैया जैन, फतेहगढ़ 5. 1969.

अध्यात्म प्रकाश : 1. धा. 2. मा. 4. हाइनरसीपुर (कर्णा.) 5. 1956-57 (लग.)।

अध्यात्म शिक्षा : 1. धा. 2. त्रै. 4. अध्यात्म मेला, खजुहा, लखनऊ 5. 1963-67.

अध्यात्म सरोज : 1. धा. 2. त्रै. 4. सरदार पटेल मार्ग, नई दिल्ली 5. 1966-69.

अध्यापक : 1. शि. 2. पा. 3. कुंजविहारीलाल 4. मुरादाबाद 5. 1962 वि.।

अध्यापक : 2. मा. 3 आनन्दीप्रसाद मिश्र 4. बाराबंकी 5. 1924.

अध्यापक आलोक : 1. शि. 2. मा. 4. प्रदर्शनी रोड, वाराणसी 5. 1960-65.

अध्यापक जगत : 1. शि. 2. मा. 3. दुलहिनजी रोड, वाराणसी 5. 1960-65.

अध्यापक जगत : 1. शि. 2. मा. 4. आर्यसमाज रोड,नवांशहर, लुधियाना 5. 1969-70.

अध्यापक जागरण : 1. शि., समा. 2. साप्ता. 4. वेरियाँ मुहल्ला, बटाला, गुरदासपुर (पंजाब) 5. 1963.

अध्यापक संसार : 1. साप्ता. 3. उदयग्राम, आगरा 5. 1951-65.

अध्यापक समाज : 1. शि. 2. त्रैमा. (हि., अं., पं.) 4. मालवा हाउस, हीरोमहल, नाभा (पंजाब) 5. 1965-69.

अध्येय : 1. सा. 2. मा. 3. दादेप्रसाद, स. वेंकटराव 4. आन्ध्रप्रदेश, हिन्दी प्रचार समिति, सिकन्दराबाद 5. 1949-69 7. वि.-'दिनकर' विशेषांक (मई 1971), विश्वनाथ सत्यनारायण विशेषांक (1971), भगवतीचरण वर्मा विशेषांक (1972).

अनकही : 1. समा. 2. पा. 4. उमादास लेन, कलकत्ता 5. 1970.

अनचाहा : 1. समा. 2. साप्ता. 3. महेन्द्रसिंह अनचाहा 4. रोहतास नगर, शाहदरा, दिल्ली 5. 1970.

अनन्त : 4. भिलाई नगर।

अनन्त विजय : 1. समा. 2. साप्ता. 4. घंटाकरन, पिथौरागढ़ 5. 1966-71.

अनमोल रतन : 2. मा. 4. तरनतारन (पंजाब) 5. 1966-61.

अनल : 1. समा. 2. साप्ता. 4. दिल्लू गली, वाराणसी 5. 1956-71.

अनागता : 1. सा. 2. अनि. 3. शलभ श्रीरामसिंह 4. कलकत्ता 5. 1963.

अनाड़ी : 1. समा. 2. दै. 3. एस. टी. तावडे 4. बम्बई 5. 1960.

अनाथ बन्धु : 1. समा. 2. साप्ता. (हि., उ.) 3. चावड़ी बाजार, बटाला, गुरदारसपुर 5. 1967-70.

अनाथ रक्षक : 1. धा., दा. 3. माँगीलाल, कविकिंकर, पदमसिंह शर्मा (1908) 4. अजमेर 5. 1902 7. स्वामी दयानन्द सरस्वती की प्रेरणा से प्रकाशित।

अनाम : 3. श्रीगोपाल माहेश्वरी 4. जलपाइगुड़ी 5. फरवरी 1968.

अनामिका : 1. सा. 3. आलोक शुक्ल 4. हिन्दी प्रचार समिति, लखनऊ विश्वविद्यालय, लखनऊ।

अनास्था : 1. सा. 3 देवेन्द्र उपाध्याय 4. शक्तिनगर, दिल्ली 5. 1967 7. पैंसठोत्तरी पीढ़ी का पत्र।

अनाहूत : 1. सा. 2. त्रै. 4. ललित शुक्ल 4. बी. 70/21/59 न्यू राजेन्द्रनगर, बी-2/34 जनकपुरी, नई दिल्ली 7. नए साहित्य का लघुपत्र।

अनाहूत : 3. सी. मधुबल 4. बी. 20/55 भेलूपुर, वाराणसी।

अनिता (अनीता) *:* 1. सा., सां. 2. मा. 3. शान्तिप्रकाश गेरा 4. पुराना बाजार, प. पटेलनगर, नई दिल्ली 5. 1967.

अनिर्वाण : 2. द्विमा. (बहु.) 3. नन्दकिशोर गुप्त 4. डाबर लेन, कलकत्ता 5. 1960.

अनु : 2. मा. 3. एन. ह्वी. कैलाश 4. बम्बई 5. 1968

अनुगामिनी : 1. समा. 2. साप्ता. 3. रणधीर 4. सागरदत्त लेन, कलकत्ता 5. जुलाई 1971.

अनुगूँज : 2. मा. 3. अरुणकुमार जोशी 4. अरुण रेडियो श्रोता संघ, गोरपुरा, सोजन (राज.) 5. फरवरी 1974.

अनुग्रह : 2. मा. (बहु.) 3. सी. एम. काँटावाला 4. देसाईशेरी, बड़ौदा 5. 1940.

अनुज : 1. समा. 2. साप्ता. 4. सिविल लाइन्स, मुजफ्फरनगर 5. 1963-70.

अनुजा : 1. सा. 2. मा. 4. पास्तालेन कोलावा, बम्बई 3. 1961-63.

अनुनय : 1. सा. 2. त्रै. 2. श्रीपतिकुमार गुप्ता, नरनारायण राम 4. पूर्णिया 5. जुलाई 1975 7. लघुपत्र।

अनुपम : 1. समा. 2. साप्ता. 3. कमलाकर पाण्ड्या 4. बैलजलीगंज, मिर्जापुर 5. 1969.

अनुपम : 1. फि. 3. राज चौपड़ा 4. दिल्ली 5. 1950.

अनुपम : 2. मा. 3. ओमप्रकाश सिंह 4. लक्ष्मीपुर मुसल, जबलपुर 5. 1956-61.

अनुपम : 4. सिकन्दराबाद 5. 1902.

अनुपमा : 3. रामकुमार शर्मा 4. इलाहाबाद 5. दिसम्बर 1967.

अनुभव : 1. सा. द्विभा. (हि., बं.) 3. जयन्तकुमार 4. 5 बी., मुक्ताराम बाबू स्ट्रीट, कलकत्ता 7. प्रगतिशील कविताओं की पत्रिका।

अनुभूति योग माला : 1. चि. 2. पा., मा. 3. रूपेन्द्रनाथ शास्त्री, विश्वेश्वरदयाल 4. ब्रह्मालोकपुर, इटावा 5. 1922-23

अनुमान : 2. साप्ता. 4. रेलवे रोड, सहारनपुर।

अनुरंजिका : 1. सा. 2. मा. 3. सेवक वात्सायमन 4. हटिया, कानपुर 5. 1969.

अनुराग : 3. कन्हैयालाल मिश्र प्रभाकर 4. बुढ़ाना गेट, मेरठ 5. 1935.

अनुराग : 1. सा. 2. त्रै. 3. अभिमन्यु 'अनत', सोमदत्त बखौरी 4. 9, सेण्ट जेम्स स्ट्रीट, पोर्टलुई, मारिशस 5. 1969 (प्रच.) 7. हिन्दी परिषद् का मुखपत्र।

अनुराग : 1. समा. 2. साप्ता. 4. बरेली रोड, हल्द्वानी 5. 1964-71.

अनुवाद : 1. शो. 2. त्रै. (हि., अं.) 3. डॉ. भोलानाथ तिवारी 4. भारतीय अनुवाद परिषद्, कूचा पतिराम, दिल्ली 5. 1964. 7. अनुवाद कला से सम्बन्धित प्रथम हिन्दी पत्र। स्रोतस्विनी तथा द्वाभा स्तम्भों में भारतीय भाषाओं की पारस्परिक अनूदित सामग्री।

अनुशीलन : 1. शो. 2. वा. 3. डॉ. विश्वनाथ अय्यर 4. हिन्दी विभाग, कोचीन विश्वविद्यालय, कोचीन 5. 1971.

अनुशीलन : 1. सा. 2. मा. 3. बाबूसिंह चौहान 4. मिस्त्री बाजार, पटियाला 5. 1957-60.

अनुसंधान : 1. शो. 2. त्रै. 3. कृष्णदत्त अवस्थी, यतीन्द्र तिवारी, रामगोपाल, चंद्रिकाप्रसाद दीक्षित 4. तुलसी पद्माकर शोध संस्थान, बाँदा (उ. प्र.) 5. मार्च 1972 (अल्पायु) 7. शोध निबन्धों का प्रतिनिधि पत्र।

अनुसंधान पत्रिका : 1. शो. 2. त्रै. 3. डॉ. महावीर गेलडा, रमेश जैन 4. जैन विश्व भारतीय, लाडनूँ (राज.) 5. जनवरी 1973.

अनुसूचित : 1. समा. 2. साप्ता. 4. जवाहरनगर, कानपुर 5. 1963-65.

अनुस्वा : 2. त्रै. 3. डॉ. हीरालाल बाछौलिया 4. आर्यपुरा, बैतूल।

अनूप ज्योति : 1. सा. 2. मा. (हि., अं.) 4. बजाजखाना, कोटा 5. 1966.

अनेकान्त : 1. जा., धा. 2. मा., द्विमा. 3. जुगलकिशोर मुख्तार, डॉ. ए. एन. उपाध्याय,

परमानन्द शास्त्री 4. वीर सेवा मंदिर, 21 दरियागंज, समंत भद्राश्रम, करोलबाग, दिल्ली/सरसावा, सहारनपुर 5. 1932, 1962 (प्रच.) 7. जैन दर्शन का पत्र।

अनेकान्त पथ : 1. समा. 2. साप्ता., मा. 3. एस. सी. जैन. 4. सर्राफा बाजार, जबलपुर 5. 1969.

अनोखा : 1. समा. 2. साप्ता. 4. रनजीत पुरवा, कानपुर 5. 1966-71.

अनोखा सन्देश : 1. सा. 2. मा. 3. डॉ. राधिकाप्रसाद खरे, बलदेव 4. चौक उरई (जालौन) 5. 1967.

अनोखा संसार : 1. कथा. 2. मा. 3. आर. के. नैयर 4. बाहरखान स्ट्रीट, दिल्ली 5. 1966.

अपना अकोला : 1. समा. 2. साप्ता. 3. सोहनलाल पुरोहित 4. अकोला (महा.)।

अपना अधिकार : 1. समा. 2. साप्ता. 4. ओखला रोड, नई दिल्ली 5. 1967-69.

अपना देश : 1. धा., दा. 2. साप्ता. 3. एम. सी. स्टेफन 4. कैथोलिक मिशन प्रेस, कोट्टायम (केरल) 5. 1950.

अपना देश : 1. समा. 2. साप्ता. 3. बी. एफ. डी. सोजा 4. प्रचार निदेशालय, वी ब्लॉक, कर्जन रोड, नई दिल्ली 5. 1970.

अपना देश : 1. समा. 2. साप्ता., मा. 3. नरसिंहराम शुक्ल 5. सजनी प्रेस, प्रयाग 5. 1947.

अपना देश : 2. साप्ता. 4. स्टेशन रोड, गडग 5. 1951-59.

अपना देश : 1. समा. 2. साप्ता. 4. नवजीवन प्रेस, हिसार 5. 1956.

अपना नेता : 1. समा. 2. साप्ता. 3. बाबूराम गर्ग 4. सहारनपुर 5. 1966.

अपना पत्र : 1. कृ. 2. मा. 3. पी. एन. माथुर, डी. के. व्यास 4. कृषि विश्वविद्यालय, उदयपुर 5. 1969-70.

अपना बिहार : 1. समा. 2. साप्ता. 4. छपरा (बिहार)।

अपना भारत : 1. समा. 2. पा. 3. रामगोपाल 4. देवबन्द (उ. प्र.) 5. 1966.

अपना राज : 2. अर्द्धसाप्ता. 4. इन्दौर 5. 1950.

अपना राष्ट्र : 2. मा., पा. 3. ए. एच. दुबे 4. नेहरूनगर, कुर्ला, बम्बई 5. 1969.

अपना विकास : 1. समा. 2. साप्ता (हि., अं.) 4. अशोकनगर, कानपुर 5. 1965-69.

अपना श्रमिक : 1. समा. 2. पा. 3. कम्पनी बाग, गाजियाबाद 5. 1966-71.

अपना संदेश : 1. धा. 2. मा. 4. लेक रोड, राँची 5. 1971.

अपना साथी : 2. मा. 4. एनी बीसेण्ट रोड, पटना 5. 1971.

अपना साहित्य : 1. सा. 2. मा. 3. नन्दकुमार तिवारी 4. शिक्षक सदन, शहडोल 5. 1970.

अपना हरियाणा : 1. समा. 2. पा. 3. परमानन्द शर्मा 4. बिचला बाजार, भिवानी 5. 1966.

अपना हिन्दुस्तान : 4. लश्कर, ग्वालियर 5. 1948.

अपनी-अपनी सूझ : 1. समा. 2. साप्ता. 3. रघुवीरसिंह ठाकुर 4. राइट टाउन, जबलपुर 5. 1969.

अपनी दुनिया : 1. समा. 3. राकेशकुमार वर्मा 4. भक्तहार पल्टन, इन्दौर 5. 1968.

अपनी धरती : 1. समा. 2. साप्ता. 4. धनबाद, बिहार।

अपनी बात : 2. मा. 3. एम. के. ई. ओ. तारापुरे 4. बम्बई 5. 1960.

अपनी बात : 1. समा. 2. पा. 4. राज प्रिंटिंग प्रेस, बिजनौर 5. 1956 (लग.)।

अपने लोग : 1. समा. 2. साप्ता. 3. दर्शन सिंह 4. कनखल, हरिद्वार 5. 1969.

अपरम्परा : 1. सा. 4. पटना 5. 1956-61.

अपना : 1. सा. 2. मा. 3. शिवगोपाल मिश्र 4. अतरसुइया, इलाहाबाद 5. अगस्त 1966-68.

अपराइट : 1. समा. 2. पा. (हि., अं.) 3. सूरजभानु 4. साउथ एवेन्यू, नई दिल्ली 5. 1970.

अपराजिता : 1. समा. 2. साप्ता. 4. 89, सिविल लाइन्स, उज्जैन।

अपराजेय : 1. सा. 2. मा. 3. सुधीर जोशी 4. बल्लभनगर 5. 1964.

अपराध जगत : 2. मा. 4. कोतवाली मोहल्ला, अम्बाला छावनी 5. 1971 (अल्पायु)।

अपराध समाचार : 1. कथा. 2. साप्ता. (हि., अं.) 4. चाँदनी चौक, दिल्ली 5. 1971.

अपराधी और दण्ड : 1. वि. 2. द्विमा. 3. चन्द्रभानु विद्यार्थी 4. बिहारी निवास, कानपुर 5. 1961.

अपर्णा : 1. सा. 2. मा., पा. 3. रामप्रीति उपाध्याय 4. बोसतल्ला स्ट्रीट, कलकत्ता 5. 1966.

अपक्ष : 2. साप्ता. 3. बी. आर. काखारे 4. रानी लक्ष्मी नगर, नागपुर 5. 1968.

अपेक्षा : 1. समा. 4. सी. 44 यशपथ, तिलकनगर, जयपुर।

अपोजीशन : 1. समा. 2. साप्ता. (हि., उ.) 4. लाल कुर्ती, मेरठ 5. 1967.

अपोलो जासूस : 1. कथा. 2. मा. 3. सुमतप्रसाद जैन 4. हरीनगर, मेरठ 5. 1970.

अप्रत्याशित : 1. सा. 2. मा., अनि. 3. अक्षय उपाध्याय, शलभ श्रीराम सिंह आदि 4. खादी भवन, महात्मा गांधी रोड, कालेज स्ट्रीट, कलकत्ता 5. अक्टूबर 1967-68. 7. लेखक सहकार पर आधारित नई पीढ़ी का विचारशील लघुपत्र।

अप्रस्तुत : 1. सा. 2. अनि. 3. नवल, उर्मिला 4. बी 32, कर्नल विश्वास रोड, कलकत्ता 5. 1965 7. खण्डशः प्रकाशित नवकाव्य संकलन।

अप्रैल : 3. धर्मशील चतुर्वेदी 4. बनारस 5. 1966.

अप्सरा : 1. सा. 3. पद्मनारायण आचार्य 4. बनारस 5. 1946.

अप्सरा : 2. मा. 4. भारती प्रेस, एटा 5. 1956-57.

अब : 1. सा. 2. मा. 3. राजेश्वर सिंह, राघवेन्द्रप्रताप सिंह 4. विकल्प कार्यालय, बालार्क प्रिंटिंग प्रेस, बहराइच (यू. पी.) 5. 1971.

अब : 1. सा. 2. अनि. 3. शंकर अभय 4. गोरक्षिणी पथ, सासाराम (बिहार) 5. 1972-75 (अल्पायु) 7. प्रगतिशील विचारधारा का पोषक लघुपत्र।

अबला हितकारक : 1. म. 2. मा. 4. बिजनौर 5. 1915-17.

अबला हितकारक : 2. मा. 4. बरेली।

अबला हितकारक : 1. म. 2. मा. 3. श्रोतिय शंकरलाल बिजनौरी 4. मुरादाबाद 5. 1904, 1959 वि.।

अबला हितकारक : 1. म. 2. पा., मा. 4. अमेरिकन मिशन, लखनऊ 5. 188/3-84.

अबला हितैषी : 1. म. 3. मुंशी शिवनारायण 4. जयपुर।

अबुआ (अबुझा) झारखण्ड : 1. समा. 2. पा. 3. सीताराम 4. खड्गपुर, मिदनापुर (बंग) 5. 1970.

अभय : 3. हरिनारायण चौधरी 4. कमच्छा, वाराणसी 5. 1930.

अभय : 1. धा. 2. सासा. 3. स्वामी विचारानन्द 4. देहरादून 5. 1924.

अभय घोष : 1. समा. 2. सासा. 3. मूलचन्द्र आर्य 4. गूजरग्वारी, अजमेर 5. 1963-69.

अभयदीप : 1. समा. 2. सासा. 3. पन्नालाल चौहान 4. बाईजी का तालाब, जोधपुर 5. 1971-72.

अभयदूत : 1. समा. 2. सासा. 3. श्रीपाल सिंधी 4. हाई कोर्ट रोड, जोधपुर।

अभय संदेश : 1. समा. 2. सासा. 4. चौक बीकानेर 5. 1955-60.

अभिकल्प : 1. सा. 3. शम्भुबादल 4. रवीन्द्र शिखर मोराबाड़ी, राँची 5. 1976. 7. कविता अंक (1976)।

अभिजगत : 1. समा. 2. सासा. 3. करणाशंकर श्रीवास्तव 4. जगतगंज, रामकटोरा, वाराणसी 5. 1968-69,

अभिधा : 1. सा. 2. मा. 3. यमुनाप्रसाद द्विवेदी 4. बड़ौदा ठाकुर लेन, कलकत्ता 5. 1966.

अभिनय : 1. फि. 2. मा. 3. कुमार विश्वनाथ बूबना, रणधीर 4. बड़तल्ला मार्ग/वासक दीघो लेन, शिव ठाकुर लेन, कलकत्ता 5. अगस्त 1938-66.

अभिनय : 3. वृन्दावनलाल वर्मा 4. बाग मुजफ्फर खाँ, आगरा 5. 1956.

अभिनय मंच : 2. मा. 4. शास्त्रीनगर, कानपुर 5. 1971.

अभिनय संसार: 1. फि. 2. पा. 3. गुरुनारायण श्रीवास्तव 4. बाबू गुरुदयाल का हाता, सराय माली खाँ, चौक, लखनऊ 5. 1969-71.

अभिनव भारती : 1. शो. 2. त्रै. 3. हरवंशलाल शर्मा 4. हिन्दी विभाग, अलीगढ़ विश्वविद्यालय, अलीगढ़ 5. 1959-62.

अभिनय ज्ञान भारती : 1. सा. 2. मा. 4. दक्षिण टी. टी. नगर, भोपाल 5. 1968-71.

अभिनेत्री : 1. फि. 2. मा. 3. लक्ष्मीनारायण स्ट्रीट, लुधियाना 5. 1970.

अभिमान : 1. समा. 2. सासा. 3. शम्भुशरण प्रसाद 4. साहू रोड, महीपाल, (महापात्र) गली, मुजफ्फरपुर 5. 1969.

अभियन्ता : 1. तक. 2. मा. 3. नवल सिंह 4. कुंभानगर/चित्तौड़गढ़ 5. 1970.

अभियाचिक : 1. समा. 2. सासा. 3. आजाद शर्मा 4. बाड़ी, धौलपुर (राज) 5. 1969.

अभियान : 3. गणेशशंकर सिंह 4. वाराणसी 5. 1965.

अभियान : 2. मा. 3. दैंकशाली भवन, मद्रा, अहमदाबाद 5. 1960-63.

अभियान भारती : 1. सा. 2. मा. 3. राधेश्याम चतुर्वेदी 4. बापूनगर, जयपुर 5. 1966.

अभिलाषा : 2. मा. 4 बी. के. पाल एवेन्यू, कलकत्ता 5. 1963-68.

अभिव्यंजना : 1. सा. 3. मीरा सिन्हा 4. जी. टी. रोड, हवड़ा।

अभिव्यक्ति: 1. सा. 2. अनि., त्रै. 3. गोविन्द देवलिया, श्रीनाथ शर्मा, अरुण मिश्र, सुरेश आच्चार्य 4. बल्लभनगर इतवारी हिल्स, सागर विश्वविद्यालय, सागर 5. 1972 (अल्पायु)।

अभिशाप : 1. फि. 2. पा. 3. जगदीशप्रसाद मंगल 4. धौलपुर (राज) 5. 1968.

अभिसारिक : 1. सा. 2. सासा. 4. आनंदबाग, कानपुर 5. 1961-65.

अभिज्ञान : 1. सा. 2. आर्द्ध 4. हिन्दी साहित्य सम्मेलन, रीवाँ।

अभीक : 1. हास्य 2. त्रै. 3. डॉ. बालेन्दुशेखर तिवारी 4. लोहानीपुर, नया टोला, पटना 5. 1973.

अभ्युदय : 1. समा. 2. दै., अर्ध्द साप्ता., साप्ता. 3. पं. मदनमोहन मालवीय (संस्थापक), पद्मकांत मालवीय (संचालक), कृष्णकांत मालवीय (1908), पुरुषोत्तमदास टण्डन, गणेशशंकर विद्यार्थी, वेंकटेश्वरनारायण तिवारी (1917) अनंतप्रसाद विद्यार्थी, बनारसीदास, भगवानदास, मधुकर, मोहनसिंह सेंगर, रमाशंकर अवस्थी, श्रीनाथ सिंह (1931) 4. इलाहाबाद 5. 1907 6. 10) पा. 7. निर्भीक, क्रांतिकारी एवं राष्ट्रीय पत्र। बिडला पर प्रहार करने के अभियोग में 5000/- की डिग्री, हिन्दी लेखकों को मानदेय देने की इसमें विशिष्ट व्यवस्था।

अभ्युदय : 1. कथा 2. साप्ता. 3. नरोत्तमप्रसाद नागर 4. प्रयाग 5. 1942.

अभ्युदय : 1. समा. 2. साप्ता. 4. अलीगढ़ 5. 1956.

अभ्युदय : 1. समा. 2. साप्ता. 4. सिविल लाइन्स, मुरादाबाद 5. 1952-64.

अमन : 1. फि., 2. पा., साप्ता. 3. फतेहलाल जैन 5. दिल्ली गेट के भीतर, उदयपुर, 5. 1966-69.

अमर अयोध्या : 1. धा., दा. 2. मा. 3. रामजनम आचार्य 4. सिंगार हाट, अयोध्या, फैजाबाद 5. 1965.

अमर इण्डिया : 1. समा. 2. पा. 3. जानकीलाल शर्मा 4. केसर बाजार, सवाई माधोपुर 5. 1958.

अमर उजाला : 1. समा. 2. साप्ता (1948), दै. (1958) 3. डोरीलाल अग्रवाल, मुरारीलाल, आनन्द 4. नेशनल ला जनरल्स प्रेस, बेलनगंज, सिटी स्टेशन, आगरा/बरेली (1967) 5. 1948 (प्रच.) 7. प्रेस रजिस्ट्रार की रिपोर्ट, 1972 के अनुसार बिक्री की दृष्टि से हिन्दी पत्रों में इसका सातवाँ स्थान। लगभग 50,000 प्रतियाँ प्रसारित। पश्चिमी उत्तर प्रदेश का सर्वप्रमुख पत्र। इसके अवधान में दिशा भारती साप्ता. का प्रकाशन।

अमर उजाला : 4. लखनऊ।

अमर कहानियाँ : 1. बा. 2. मा. 3. ओमप्रकाश गुप्त 4. लाहौरी गेट, दिल्ली 5. 1949-65 7. पर्याप्त लोकप्रिय पत्रिका। 1963 में लगभग 6 हजार प्रतियाँ प्रसारित।

अमर खून : 1. समा. 2. साप्ता. 4. काजी पाड़ा, अलीगढ़ 5. 1971.

अमर घोषणा : 2. साप्ता 4. 10, अशोक मार्ग, लखनऊ 5. 1971.

अमर जगत : 1. समा. 2. साप्ता. 3. गोवर्द्धनदास जैन 4. गुदड़ी मंसूर खाँ, आगरा 5. 1964.

अमर जवाहर : 1. समा. 2. साप्ता. 3. डॉ. रमेशचन्द्र 4. फीरोजाबाद 5. 1964-70.

अमर जागरण : 1. समा. 2. साप्ता. 3. भगवतीप्रसाद दुबे, 4. छिबरामऊ, फर्रुखाबाद 5. 1970.

अमर जागृति : 1. समा. 2. साप्ता., पा. 4. कोतवाली के पीछे, मुरैना 5. 1958-65.

अमर ज्योति : 2. मा. 3. रामरिख, साहीराम जौहर 4. विशनोई मन्दिर, हिसार 5.1950.

अमर ज्योति : 1. समा. 2. साप्ता. 3. श्रीनारायण चतुर्वेदी, रामकरण जोशी, वीरेन्द्रसिंह चौहान

4. किशोर निवास, त्रिपोलिया बाजार, चौड़ा रास्ता, जयपुर 5. 30 अगस्त, 1948.

अमर ज्योति : 1. राज. 2. मा. 3. सूर्यवंश मिश्र, ललित श्रीवास्तव, राधेकृष्ण, भँवरलाल 4. सूटरगंज, कानपुर 5. 1948/49–56 7. गाँधीवादी काँग्रेसी पत्र।

अमर ज्योति : 1. धा. 2. अर्द्धवा. 3. भगवानदास भाटिया 4. रोहतक 5. 1958.

अमर तेज : 1. समा. 2. दै. 4. दिल्ली 7. लघुपत्र।

अमर दिवाकर : 1. समा. 2. साप्ता. 4. बेलनगंज, आगरा 5. 1967–71.

अमर दीप : 1. समा. 2. साप्ता. 3. जगदीश, एम. कौशल 4. लन्दन 5. लगभग 1970 (प्रच.) 7. प्रवासी भारतीयों का प्रिय पत्र।

अमर दूत : 1. समा. 2. साप्ता. 3. शहडोल 5. 1963–65.

अमर नवीन : 1. समा. 2. साप्ता. 4. कैलाशपुरी, बाँदा 5. 1958–68.

अमर पथिक : 1. समा. 2. साप्ता. 3. राधाकृष्ण मालवीय 4. नामदारपुरा, जीवाजीगंज, उज्जैन 5. 1969.

अमर पत्रिका : 1. समा. 2. साप्ता. 4. मन्जर रोड, रोहतक 5. 1958–60.

अमर प्रकाश : 1. समा. 2. साप्ता. 4. जयगंज, अलीगढ़ 5. 1965.

अमर भारत : 1. समा. 2. दै., साप्ता. 3. मदनमोहन कूजा, गोस्वामी गणेशदत्त, पुरुषोत्तम कुमार 4. प्रह्लाद मार्केट, दरियागंज, दिल्ली 5. 1948, 55–69.

अमर भारत : 1. समा. 2. साप्ता., द्विमा. (हि. पं.) 3. मदनमोहन 4. माडल हाउस, जालन्धर 5. 1958–68.

अमर भारती : 2. दै. 3. सत्यदेव विद्यालंकार 4. दिल्ली।

अमर युग : 1. समा. 2. साप्ता. 3. रामचन्द्र अग्रवाल 4. रामगंज बाजार, जयपुर 5. 1968.

अमर राजस्थान : 1. समा. 2. दै. 3. भँवर शर्मा 4. सवाई मानसिंह हाईवे, जयपुर, 5. 1960–1975.

अमर राष्ट्र : 1. समा. 2. पा. 3. नारायणप्रसाद गुप्त 4. शामली, मुजफ्फरनगर।

अमर रोशनी : 1. समा. 2. साप्ता. 4. शीतलागली, आगरा 5. 1971.

अमर वाणी : 1. मा. 4. रामचूर (कर्णा.) 5. 1956 (लगभग)।

अमर वाणी : 1. समा. 2. पा. (हि., सं.) 3. श्रीगंगानगर (राज.) 5. 1956–61.

अमर विजय : 1. समा. 2. पा. 3. अमरनाथ गौड़ 4. अजमेर।

अमर विभूति : 1. धा. 2. मा. (हि., सं.) 3. सुग्रीवानन्द 4. ब्रह्मचारी आश्रम, वी. नारी. चलोला, ऊना (हिमा.) 5. 1961–69.

अमर सपूत : 1. समा. 2. साप्ता. 3. बाँकेलाल मधु 4. अलीगढ़ 5. 1970.

अमर सहयोगी : 1. समा. 2. साप्ता. 3. रमेशचन्द्र शास्त्री 4. नौरंगाबाद, अलीगढ़ 5. 1961–71.

अमर सैनिक : 1. समा. 2. साप्ता. 3. मजदूर प्रेस, मुरैना 5. 1969.

अमर हिन्दुस्तान : 1. समा. 2. साप्ता. 4. शिवाजी मार्केट, आगरा 5. 1963–65.

अमर हिमाचल (हिमालय) : 1. समा. 2. साप्ता. 3. केशव शर्मा 4. लक्कड़ बाजार, शिमला 5. 1970.

अमरावती : 1. समा. 2. साप्ता. 3. जी. ए. बंग 4. अमरावती 5. 1965.

अमरेश : 1. समा. 2. साप्ता. 3. सुरेशकुमार शर्मा 4. बरेली 5. 1969.

अमरोहा समाचार : 1. समा. 2. साप्ता. 3. कृष्ण गुप्त 4. कटरा रोड, अमरोहा 5. 1965.

अमिता : 1. सा., वि. 2. मा. 3. कुमारमनोचा 4. 23, हजरतगंज, लखनऊ 5. जनवरी 1962. 7. युवालेखन का लघुपत्र।

अमिताभ : 1. समा. 2. साप्ता. 3. अशोक चौधरी 4. भीलवाड़ा (राज.)।

अमीर समाचार : 3. केदारनाथ रोहन 4. शिकोहाबाद 5. 1918.

अमूल्य समाचार : 4. रामपुर।

अमेरिकन रिपोर्टर 1. राज. 2. पा., साप्ता. 3. फ्रैंक ईकिन जू./डेनिस डी. 4. संयुक्त राष्ट्र सूचना केन्द्र, बहावलपुर हाउस, सिकन्दरा रोड, नयी दिल्ली 5. 1951-72.

अमोध : 1. समा. 2. साप्ता. 3. एच. एल. बेदी 4. गाँधीनगर, कानपुर 5. 1969.

अमृत : 2. मा. 3. महेन्द्र नारायण सिंहा 4. बिहार हरिजन सेवक संघ, एनी बेसंट रोड, पटना 5. 1951.

अमृत : 2. मा. 4. आन्ध्र हिन्दी प्रचार सभा, हैदराबाद 7. अल्पायु।

अमृत : 4. पंजाब 5. 20वीं शती का आरम्भ काल।

अमृत पत्रिका : 1. समा. 2. साप्ता. 3. बालकृष्ण दीक्षित 5. फर्रूखाबाद 6. 1965.

अमृत पत्रिका : 4. इलाहाबाद 7. दृ-कुम्भ विशेषांक।

अमृत सिन्धु : 2. मा. 3. भवानीदयाल सन्यासी 4. नैटाल (द. अफ्रीका) 5. 1910.

अयन : 1. सा. 3. भूपाल सूद, राममिलन मिश्र, 4. साधनाश्रम, महरौली, नयी दिल्ली।

अयोध्यावासी बन्धु : 2. त्रै. 4. सत्यकूवा, जबलपुर 5. 1953-63.

अरविन्द : 1. सा. 2. मा. 3. एन. के. उनियाल, कृष्ण किशोर, इब्राहिम, जी. सी. रंजनदास 4. बैंक रोड, कोल्लम (क्विलोन) जि. अलेंप्पी (केरल) 5. 1951-52/1968.

अरविन्द : 4. अहमदाबाद 5. 1960.

अरविन्द कर्मधारा : 2. मा. 4. अरविन्द मार्ग, नयी दिल्ली।

अरावली : 1. सा. 3. योगेशचन्द्र 'पराग' 4. हिन्द परिषद्, अलवर (राज.) 5. 1945.

अरावली : 1. समा. 2. साप्ता. 3. गिरधारीलाल शर्मा 4. दिल्ली दरवाजा, उदयपुर 5. 1953.

अरिमर्दन : 1. समा. 2. साप्ता. 4. मातवरगंज, आजमगढ़ 5. 1971.

अरुण : 1. कथा 2. मा. 3. श्रीपृथ्वीराज सिंह मिश्र, अशोक मिश्र 4. सिविल लाइन्स, मुरादाबाद 5. मई 1932/33.

अरुण : 2. मा. 4. बिरहाना, लखनऊ 5. 1944-56.

अरुणजोत (ज्योति) : 1. समा. 2. पा. 3. विष्णुदत्त शर्मा 4. मीतल स्ट्रीट, करनाल 5. 1970.

अरुण भारत : 1. समा. 2. साप्ता. 3. बी. डी. चौरसिया 4. किदवई पार्क रोड, राजामण्डी, आगरा 5. 1962.

अरुणाचल : 1. समा. 2. पा. 4. नयी आबादी, अबोहर, फिरोजाबाद 5. 1964-66.

अरुणिमा : 3. श्याम विजयवर्गीय 4. इन्दौर 5. 1965.

अरुणोदय : 3. शिवप्रसाद सिंह 4. वाराणसी 5. 1935.

अरुणोदय : 2. पा. 3. चौधरी शिवनन्दन सिंह 4. बासलीगंज, मिर्जापुर 5. 1823.

अरुणोदय : 1. समा., राज. 2. साप्ता. 3. आदित्यकुमार बाजपेयी 4. हिन्दूराष्ट्र पब्लिकेशन, गनहीपुरा, इटावा 5. 1935-40 7. हिन्दू महासभा नीति का पोषक।

अरुणोदय : 2. मा. 4. आलमबाग, लखनऊ 5. 1949.

अरोड़वंश मिलाप (सुधारक) : 1. जा. 2. मा. 3. सन्तराम बी. ए. 4. लाहौर 5. 1919.

अरोड़वंश सेवक : 1. जा. 2. मा. 3. गरूरीलाल जयसिंह 4. नसीराबाद 5. 1922.

अरोड़ा खत्री वरुण सन्देश : 1. जा. 2. मा. 3. हिम्मतसिंह अरोड़ा 4. कंसारी स्ट्रीट, उदयपुर 5. 1968.

अरोड़ा वंश शाखा (सखा) संदेश : 1. जा. 2. मा. 3. मिश्रीलाल अरोड़ा 4. कावर (राज.) 5.1938.

अर्घ्य : 1. सा. 2. त्रै. 3. ईश्वरीप्रसाद गुप्त, आशु प्रसाद 4. मोतीहारी 5. 1961-67.

अर्घ्य : 1. समा. 2. पा. 4. खुर्जा 5. 1952-53 (लगभग)।

अर्चना : 1. सा. 2. मा. 3. देवदत्त चौधरी 4. भारतीय साहित्य सदन, नवाबगंज 5. 1956.

अर्चना : 3. चन्द्रपाल गुप्त 4. बम्बई।

अर्जक : 1. समा., राज. 2. साप्ता. 3. रामस्वरूप वर्मा 4. बँगला-3, लखनऊ 5. 1969.

अर्जक शक्ति : 1. राज. 2. साप्ता. 4. नयी आबादी, हापुड़ 5. 1971.

अर्जुन : 1. समा. 2. दै., साप्ता. 3. प्रो. इन्द्र वाचस्पति (नारद), रामगोपाल, भीमसेन विद्यालंकार, सत्यकाम विद्यालंकार, गणपतिचन्द्र केला 4. नया बाजार, दिल्ली 5. 1923 7. नामान्तर 'वीर अर्जुन'। दिल्ली का अत्यन्त प्राचीन और 4 प्रमुख दैनिक पत्रों में गण्यमान पत्र। आरम्भ में 'शुद्धि सभा' का प्रचारक। नारद के व्यंग्य अत्यन्त चुटीले। कालान्तर में इसका स्वामित्व इन्द्रजी को प्राप्त। 'हिन्दू संसार' से स्पर्धा। ध्येय वाक्य-'न दैन्यं न पलायनम्'। विशेष स्तम्भ-वीणा की झंकार, गाण्डीव का तीर। मुख्यत: काँग्रेसी नीति का पोषक। कई बार शासकीय दण्ड। 1935 के क्वेटा भूकंप का समाचार छापने के अभियोग में 6000/- की जमानत। कुछ वर्षों के बाद जमानत वापस लेने के लिए नाम परिवर्तन (दे. वीर अर्जुन)। इसमें प्रकाशित 'वीणा की झंकार' स्तम्भ के अन्तर्गत इन्द्रजी के लेख अत्यन्त रोचक।

अर्थ : 1. सा. 2. अनि. 3. शरद शेषमणि 4. नवभारत प्रेस नादानमहल रोड, लखनऊ 5. 1971. (अल्पायु) 7. नवलेखन का लघुपत्र। कालान्तर में 'अर्थ विशिष्ट' नाम से प्रकाशित।

अर्थ और समाज : 2. साप्ता (बहु.) वाकर अली लेन, आसनसोल 5. 1968.

अर्थ ज्योति: 2. मा. 3. टी एन. वर्मा (शर्मा) 4. श्रीकृष्णनगर, वोटावली, पूर्वी बम्बई 5. 1967.

अर्थतंत्र : 1. सा. 2. मा. 3. महेशनारायण बाजपेई 4. आनन्द बाग, कानपुर 5. 1969.

अर्थयुग : 1. समा. 2. साप्ता. 4. सर्राफा, झाँसी।

अर्थशास्त्री : 2. मा. 3. शिवहरित 4. गुरुद्वारा रोड, करौलबाग, नयी दिल्ली 5. 1942 : 1963-69.

अर्थ संदेश : 1. टेक्नि. 2. त्रै. 3. भगवतशरण अधोलिया, दयाशंकर, पन्नालाल बल्दुआ 4. सेकसरिया कामर्स कालेज, दिल्ली/जबलपुर/वर्धा 5. फरवरी 1947. 7. अर्थशास्त्रीय पत्र।

अर्थात् : 1. सा. 2. अनि. 3. अक्षय उपाध्याय 4. खादीभवन, महात्मागाँधी रोड, कलकत्ता 5. अल्पायु 7. जनवादी लघुपत्र।

अर्बुद संदेश : 1. समा. 2. साप्ता. 3. प्रकाशराज लोढ़ा 4. जुहारगंज, चौक शिकगंज (राज.) 5. 1968.

अशंटिका : 1. धा. 2. मा. 4. छेट्टा बारुमल, सहारनपुर 5. 1958-61.

अर्हत : 1. धा. 2. त्रै. 4. आदर्श पुस्तकालय, जेबर, बुलन्दशहर 5. 1969-70.

अर्हत व्यापार पत्रिका : 2. साप्ता. 4. रमेशनगर, नई दिल्ली 5. 1965.

अलंकार : 3. अभयदेव शर्मा 4. गुरुकुल काँगड़ी, हरिद्वार 5. 1930.

अलंकार : 2. मा. 4. पंजाब।

अल अरब : 1. राज 2. पा. 3. मोहम्मद वाही 4. अरब स्टेट मिशन, सरदार पटेल मार्ग, नई दिल्ली 5.1961.

अलकनन्दा : 1. समा. 2. मा. 3. स्वरूप दौढियाल 4. सी-3/241 लोधी कालोनी, नई दिल्ली 5. 1973-74.

अलका : 1. सा. 2. मा. 3. एस. एन. गुप्त 4. कोठी नं० 8, शंकरनगर, दिल्ली 5. 1968.

अलका : 1. कथा 2. मा. 3. कल्याणी देवी, इलाहाबाद 5. 1959-65.

अलकावली : 1. सा. 2. अनि. 3. पद्माकर मिश्र 4. कलकत्ता 7. नई पीढ़ी का प्रिय पत्र। कई विशेषांक, अल्पायु।

अलख निरंजन : 1. धा. 2. साप्ता. पा. 3. बद्रीप्रसाद गौड़ 4. बजरिया, छराहा, इटावा 5. 1954-64.

अलगा : 4. महात्मा गाँधी मार्ग, कानपुर।

अलबेला : 1. सा. (हास्य) 2. मा. 3. कान्ताप्रसाद चोंच 4. बरेली।

अलबेला : 2. मा. 3. आलोक शीशोदिया 4. स्वंभाटा लेन, बम्बई 5. 1959-61.

अलमस्त : 3. मथुराप्रसाद जोशी, भवानीशंकर शर्मा 4. कलकत्ता 5. 1946.

अलवर पत्रिका : 1. समा. 2. साप्ता 3. कन्हैयालाल मिश्र 'प्रभाकर', श्री मोदीकुंजबिहारी लाल गुप्त 4. सहारनपुर।

अलवर राज : 5. 1943, 1954-66 7. स्वातंत्र्य संग्राम की पोषक, मत्सयराज्य की राष्ट्रीय पत्रिका।

अलार्म : 1. समा. 2. साप्ता 4. गाँधीनगर, कोंच।

अलीगढ़ की पुकार : 1. समा. 3. अफजल कुरेशी 4. अलीगढ़।

अलीगढ़ के शिशु : 1. बा. 2. मा. 3. सुरेन्द्र कपिल 4. रघुवीरपुरी, अलीगढ़ 5. 1965-72.

अलीगढ़ गजट : 1. समा. 2. साप्ता. 3. डॉ. रघुराज स्वरूप 4. रघुवीरपुरी, अलीगढ़ 5. 1967-71.

अलीगढ़ मेल : 1. समा. 2. साप्ता. 3. के. एस. गुप्त 4. विष्णुपुरी, अलीगढ़ 5. 1967.

अलीगढ़ मोर्चा : 2. साप्ता. 4 तनतनपाड़ा, अलीगढ़ 5. 1971.

अलीगढ़ समाचार : 1. समा. 2. पा. 4. सत्यदेव शर्मा 4. बावड़ी मण्डी, अलीगढ़ 5. 1964-71.

अलीगढ़ हेराल्ड : 1. समा. 2. साप्ता. (हिं., अं.) 4. द्वारकापुरी, अलीगढ़ 5. 1939-69.

अल्गिन पत्रिका : 1. व्या. 2. पा. 3. बालकृष्ण गर्ग 4. अल्गिन मिल्स, कानपुर।

अल्टीमेटम : 1. समा. 2. पा. 3. यज्ञराम शुक्ल 4. कमलापुर, सीतापुर, 5. 1959-63.

अलमोड़ा अखबार : 1. समा. 2. साप्ता., पा., द्विमा. 3. पं. बुद्धिबल्लभ पन्त, इम्तियाज अली, लीलानन्द जोशी, सदानन्द सन्याल (सनवाल), पं. विष्णुदत्त जोशी, पं. बद्रीदत्त पाण्डेय 4. गढ़वाल 5. अप्रैल 1871-1906 6. रु. 6.75 वा. 7. लीथो में मुद्रित पर्वतीय अंचल का प्रथम एवं अत्यन्त महत्त्वपूर्ण पत्र। मुख्य विषय जैसे-आँचलिक समस्याएँ-बेगार, कुलीउतार, बन व्यवस्था, बालशिक्षा, मद्यनिषेध, नारी स्वातंत्र्य आदि। पर्वतीय साहित्यिक प्रतिभाओं को प्रोत्साहन। अंग्रेजी शासन के प्रतिबन्ध के कारण प्रकाशन समाप्त। आरंभिक अंकों में सुमित्रानंदन पंत जी की कई कविताएँ प्रकाशित।

अलमोड़ा जिला : 1. समा. 2. पा. 4. पौरी गढ़वाल।

अल्लटप : 1. समा. 2. साप्ता. 4. पक्की सराय, अलीगढ़ 5. 1957-69.

अल्लाह दे : 1. सा. (हास्य) 2. मा. 3. नरोत्तमनागर जोशी 4. लखनऊ 5. 1938 7. नामान्तर —'चकल्लस'।

अलौकिक: 1. समा. 2. साप्ता. 4. लाल दरवाजा, मथुरा।

अयुधा : 2. मा. 3. शिव ठाकुर लेन, कलकत्ता 5. 1966-68.

अवन्तिका : 1. सा. 2. मा. 3. लक्ष्मीनारायण 'सुधांशु' 4. नयाटोला, पो. बॉ. 48, पटना 5. 1952.

अवकाश : 2. मा. 3. सुशील राकेश 4. रिन्गो प्रकाशन 170, बाई का बाग, इलाहाबाद/ ज्ञानमण्डल, वाराणसी।

अवतार : 2. मा. 3. रामचन्द्र 4. मद्रास 5. 1924.

अवतार : 2. पा. 4. शक्ति, विलासपुर 5. 1959-61.

अवतार : 1. धा. 2. अनि. 4. कलकत्ता 5. 1921.

अवध : 1. समा. 2. साप्ता. 3. राजेश्वर सहाय, गीतार्थी जी, विश्वंभरनाथ, पशुपतिनाथ, उदितनारायण शुक्ल, रामप्रताप सिंह, श्यामसुन्दर शुक्ल, शिवनाथ सिंह, 4. अवध प्रेस, बाबागंज, प्रतापगढ़ 5. 1932 6. 6वा. 7. प्रसिद्ध प्राचीन पत्र।

अवध अखबार : 1. समा. 2. साप्ता., दै. 3. मुंशी नवलकिशोर 4. नवलकिशोर प्रेस, लखनऊ 5. 1900-1925 7. लोकप्रिय पत्र। प्रसार संख्या लगभग 12000. राष्ट्रीय चेतना का प्रेरक।

अवध अर्चना : 1. समा. 2. साप्ता. 4. फैजाबाद।

अवध केसरी : 1. समा. 2. मा. 3. अक्षयवटे मिश्र, विप्रचंद्र 4. टांडा, फैजाबाद 5. 1914.

अवध टाइम्स : 1. समा. 2. पा. 3. बोधशंकर 4. गंगानाथ गासो, उन्नाव 5. 1969.

अवध पंच : 3. बालमुकुन्द गुप्त।

अवध प्रकाश : 1. समा. 2. मा. 3. स्वदेशेन्दु, रामस्वरूप दास 4. अयोध्या 5. 1918-20 (1974 वि.)।

अवध भारती : 3. उपनेद्रनाथ राय, गौरीशंकर 4. फैजाबाद 5. 1956.

अवध वाणी : 1. समा. 2. पा., साप्ता. 4. महानगर, लखनऊ 5. 1968.

अवध वाणी : 2. मा. 4. जिला आयोजन कार्यालय, फैजाबाद 5. 1957-63.

अवधवासी : 3. शिवबिहारीलाल बाजपेयी 4. लखनऊ 5. 1914-21.

अवध विश्वविद्यालय न्यूज बुलेटिन : 1. समा. 2. मा. 3. देवीप्रसाद दीक्षित 4. अवध विश्वविद्यालय, फैजाबाद 5. 2 अक्टूबर, 1976.

अवध सन्देश : 1. धा., दा. 2. मा. 3. राममोहन पाण्डेय, सीताराम शर्मा 4. लक्ष्मण किला, अयोध्या, फैजाबाद 5. 1957-58.

अवध समाचार : 1. सा. 3. ज्ञानसिंह 4. लखनऊ 5. 1901.

अवधी : 1. सा. 2. त्रै. 3. डॉ. सूर्यप्रसाद दीक्षित एवं अन्य 4. हिन्दी विभाग अवधी परिषद्, लखनऊ 5. 1978-81.

अवलोकन : 2. मा. 4. मो. सोहनलाल, गाजियाबाद 5. 1960-65.

अवशेष : 1. सा. 2. वा. 4. राजेरघुजी नगर, नागपुर 5. 1963-69.

अवज्ञा : 1. समा. 2. पा. 3. भवचन्द पाण्डेय 'भानु' 4. मॉडल टाउन, गाजियाबाद 5. 1969.

अवाम मित्र : 4. सुथारो का वास, रतलाम।

अविचल : 1. समा. 2. साप्ता. 3. रामवरण मिश्र 4. खुशीमल, पीलीभीत 5. 1969.

अविधा : 1. सा. 2. मा. 4. पथरियाघाट स्ट्रीट, कलकत्ता 5. अगस्त 1966.

अविनय : 1. फि. 2. मा. 3. विश्वनाथ बाबू, रणधीर 4. बड़ातल्ला स्ट्रीट, कलकत्ता 5. 1938 6.6 वा.

अव्यक्त : 2. मा. 4. बाग बाजार स्ट्रीट, कलकत्ता 5. 1973.

अशरफ : 1. समा. 2. साप्ता. (हि., उ.) 3. बाजिहुद्दीन 4. सुलतानपुर (उ. प्र.)/ शाहगंज 5. 1942.

अशोक : 1. सा. 2. मा. 4. अशोक पुस्तकालय, जलपाईगुडी 5. 1956-58 7. (लगभग)।

अशोक : 2. मा. 3. सुधीर भारद्वाज 4. मोरीगेट, दिल्ली 5. 1947.

अशोक : 2. साप्ता 4. अजमेर 5. 1956-57. लग.।

अशोक चक्र : 1. सा. 2. मा. 3. आशानन्द आनन्द 4. सोनीपत, रोहतक 5. 1964.

अशोक पथ : 1. समा. 2. साप्ता. 4. वाकरगंज, फतेहपुर 5. 1962-65.

अशोक भविष्य : 1. ज्यो. 2. त्रै. 4. जटाम्बर बंगालीवाड़ा, वाराणसी 5. 1965-67.

अशोक महान : 1. समा. 2. साप्ता. 4. सदरबाजार, गुड़गाँव 5. 1971.

अशोक स्तम्भ : 1. समा. 2. साप्ता. 3. नत्थूप्रसाद अग्रवाल 4. पुराना बाजार, मुजफ्फरपुर 5. 1965.

अश्रुधारा : 1. समा. 2. साप्ता. 3. छेदालाल पाठक 4. अमरजेस, फतेहपुर 5. 1965.

अष्टांग : 1. चि. 3. शम्भुनाथ पाण्डेय 4. कानपुर।

अष्टावक्र : 4. विलासी टाउन, देवधर (बिहार)।

असम भूमि : 1. सा. 3. कान्तेश्वर उपाध्याय 4. तिनसुखिया (असम) 7. अल्पायु।

असलियत : 1. समा. 2. साप्ता. (द्विभा.) 3. डॉ. शंकरप्रसाद शुक्ल 4. गाँधीनगर, कानपुर 5. 1966.

असाम्प्रदायिक : 1. साम. 2. साप्ता. 4. प्रतापगढ़ 5. 1959-62.

असीम : 1. समा. 2. साप्ता. 4. बड़ा सर्राफा, इन्दौर 5. 1964-68.

अस्ति : 1. साम. 2. मा. 3. सदाविजय आर्य 4. कलायोग, चाँदपावड़ी, अजमेर 5. 1974 7. वैचारिक एवं रचनात्मक लघुपत्र।

अस्तित्व : 1. सा. 2. मा. 3. एस.आर. वर्मा 4. वामन जी रोड पुल, दालमण्डी, सहारनपुर 5. 1970.

अस्तित्व : 3. गजेन्द्र तिवारी 4. प्रमुखपद, रामपुर।

अस्पताल कर्मचारी : 2. मा. 3. गिरीशचन्द्र शुक्ल 4. डफरिन अस्पताल, लखनऊ 5. 1968.

अस्वीकार : 1. सा. 2. अनि. 3. जयनारायण 4. पिकनिक गार्डेन रोड, कलकत्ता 5 1970 7. युवा लेखन का लघुपत्र। मात्र दो अंक प्रकाशित।

अहमदाबाद व्यापार समाचार : 1. व्या. 2. साप्ता. 3. मोहन सिंह 4. नवामधुपुरा, अहमदाबाद 5. 1965.

अहसास : 1. शि. 3. गोपाल वी शरण श्रीवास्तव 4. सी-84, रामदास मार्ग, तिलकपुर, जयपुर 7. छात्रोपयोगी।

अहिल्याबन्धु : 1. सा. 2. मा. (हि., अं.) 3. कृष्ण लाल पाल 4. लादू घाटी, पहाड़गंज, नई दिल्ली 5. 1968.

अहिंसक जीवन : 2. मा. 4. अहिंसा प्रचार कार्यालय, राँची 5. 1959-63.

अहिंसा : 1. धा. 2. पा. 3. रामेश्वर प्रसाद 4. गया 5. फरवरी 1950.

अहिंसा : 1. धा. 2. पा. 3. इन्द्रलाल शास्त्री 4. बोरडी का रास्ता, जयपुर 5. 1971 7. जैनी पत्र।

अहिंसा प्रचारक : 3. दुर्गाप्रसाद 4. अजमेर 5. 1980.

अहिंसा वाणी : 1. दा., धा. 2. मा. 3. कामताप्रसाद जैन, महेन्द्रकुमार, डी. पी. जैन, राजकुमार शास्त्री, 4. जैन मिशन, अलीगढ़/एटा 5. 1950-53 (प्रच.)।

अहिंसा किरण : 2. साप्ता. 3. किशनपोल, जयपुर 4. 1971.

अहिंसा की शक्ति : 3. डब्लू.एस.बेदी 4. तिलक बाजार, हिसार।

अहिंसा पथ : 2. त्रै. 4. लेडी हार्डिंग रोड, नई दिल्ली 5. 1959-61.

अहिंसा सन्देश : 1. जा., धा. 2. मा. 3. हरीशचन्द्र अग्रवाल, सिद्धेश 4. बी.के. पात एवेन्यू, कलकत्ता 5. 1961.

अहिंसा समाचार : 4. काशी 5. 1920.

अक्षत : 1. सा. 2. पा. 3. बाँकेबिहारी भटनागर 4. सी.-13/ए ग्रीन पार्क, नई दिल्ली 5. 1969.

अक्षत ज्योति : 1. समा. 2. साप्ता. 3. विष्णुदत्त 'निर्भय' 4. बुलन्दशहर 5. 1970.

अक्षय भैया : 1. बा. 2. मा. 3. रामकिशोर मनोज 4. इलाहाबाद 5. 1934-38.

अक्षर : 1. सा. 2. अनि. 3. मानिक बच्छावत 4. बालमुकुन्द मक्कर रोड, कलकत्ता 5. 1965 (अल्पायु) 7. कविता संकलन का लघुपत्र।

आँख मिचौली : 2. मा. 4. आसफअली रोड, नई दिल्ली 5. 1963-65.

आँगन : 1. सा. 2. मा. 4. वृन्दावन रोड, लुधियाना 5. 1961-63.

आँचल : 1. म. 2. मा. 3. ज्ञान अस्थाना, आशा, कैलाशकुमारी अग्रवाल 4. पो.बा. 340, नई दिल्ली 5. जनवरी 1944-56.

आन्तर भारती : 1. सा. 2. मा., पा. 3. एम.डी. आमले, बाई. डी. धत्ती 4. आनन्दवन आरोरा, जिला चारा (महा.) शनिवार पेठ, पूना 5. 1966 7. राष्ट्रीय भावात्मक एकता का प्रेरक लघुपत्र।

आन्दोलन : 1. सा., राज. 2. साप्ता. 4. पीपलमण्डी रोड, आगरा 5. 1967-69 7. वाममार्गी पत्र।

आन्दोलन : 1. समा. 2. साप्ता. 4. आन्दोलन हाउस, करनाल 5. 1959-61.

आँधी पानी : 1. हास्य 3. राजाराम पाण्डेय 'विक्षिप्त', प्रेमशंकर मिश्र 4. गाँधीनगर, कानपुर 6. 6 रु. वा.।

आंध्र पोस्ट : 2. मा. 4. काचिगुड़ा, हैदराबाद 5. 1959-68.

आन्ध्र प्रदेश : 1. वि. 2. मा. 3. श्रीमती श्रीराज्यम सिन्हा, कृष्णमूर्ति 4. आन्ध्र प्रदेश शासन, हैदराबाद 5. 1960-62.

आन्ध्र वीणा : 1. सा. 2. मा. 3. वेदभूषण 4. ज्ञानगंगा, सुलतान बाजार, हैदराबाद 5. 1962.

आन्ध्र समाचार : 1. व्या. 2. पा. 3. राधाकृष्णमूर्ति 4. नल्लाकुटा, हैदराबाद 5. 1973.

आइना : 1. सा. 2. साप्ता., मा. 3. राजेन्द्रप्रसाद सिंह 4. रामबाग, साहू रोड, मुजफ्फरपुर, 5. सितम्बर 1973 (अल्पायु) 7. अग्रतन लेखन का पोषक।

आइना और सूरत : 1. समा. 2. साप्ता. 4. बड़ाबाजार, हरिद्वार 5. 1971.

आओ कुछ करें : 2. साप्ता. 4. चित्तोड़गढ़ 5. 1966-69.

आकण्ठ : 1. सा. 2. अनि. 3. हरिशंकर अग्रवाल, वंशी माहेश्वरी, अरुणा तिवारी 4. 467, पंचमढ़ी रोड, पिपरिया (म.प्र.) 5. 1969-70 7. लघुपत्र। नामान्तर —'तनाव'।

आकर्षण : 1. समा. 2. साप्ता. 3. जगतबन्धु द्विवेदी 4. फतलार्ड, महोबा, हमीरपुर 5. 1959-60.

आकार : 1. सा. 2. अनि. 3. इन्द्रदेव सिंह 4. कलकत्ता 5. 1961.

आकाश : 2. साप्ता. 3. निरंजन पब्लिकेशन्स, रायबरेली 4. 1926.

आकाशवाणी : 2. पा., मा. 3. जगदम्बाप्रसाद हितैषी, गोपाललाल खन्ना 4. लखनऊ 5. 1940 7. बुखारी कालीन आकाशवाणी की उर्दूपरकता का विरोधी पत्र।

आकाशवाणी : 2. साप्ता. 3. देशराज, जगतनारायण 4. लाहौर 5. 1922.

आकाशवाणी : 1. सा. 2. पा., साप्ता. 3. आर.एस. शर्मा, परमानन्द भाई 4. प्रकाशन विभाग, पुराना सचिवालय, महानिदेशक, आकाशवाणी, नई दिल्ली 5. 1936.

आकाशवाणी प्रसारिका : 2. त्रै. 4. प्रकाशन विभाग, पुराना सचिवालय, दिल्ली 5. 1953-59.

आकृति : 1. कला 2. मा. (हि., अं.) 4. ललित कला आकादमी, जयपुर 5. 1966.

आक्रोश : 1. सा. 3. गुरुचरण सिंह, सुरेन्द्रमोहन, हेमन्त कपिल 4. ब्लू हेल, 9, लिंक रोड, मॉडल टाउन 4. जालन्धर 7. युवा लेखन का लघुपत्र।

आक्रोश : 1. समा. 2. साप्ता. 3. प्रेमचन्द्र जैन 4. राजनादगाँव (म.प्र.)।

आक्रोश : 1. समा. 2. पा. 4. विष्णुगढ़, झुँझुनू (राज.) 5. 1962-64.

आक्सीजन न्यूज : 1. दे. 2. मा. 4. डायमण्ड हारवर रोड, कलकत्ता 5. 1963.

आग : 1. समा. 2. द्वि., पा. 3. आजित सिंह 'मधुकर' 4. छावनी, कोटा 5. 1959-67.

आग : 2. सासा. 3. बंशीधर पुरोहित 4. जोधपुर।

आग और ज्वाला : 1. समा. 2. सासा. 4. बड़ा तेलीबाड़ा, उज्जैन 5. 1971.

आग का दरिया : 1. समा. 2. सासा., पा. 3. शौकत खलील 4. मनसुख लहरिया सराय, दरभंगा 5. 1970.

आगमपथ : 3. विनोदकुमार जैन 4. दिल्ली 5. 1974 7. विशेष—'तीर्थंकर महावीर निर्वाण' अंक।

आगर बन्धु : 2. मा. 4. कसेरठ बाजार, आगरा 5. 1963.

आगरा : 1. समा. 2. दै. 3. महेन्द्र 4. आगरा 5. 1934-40.

आगरा अखबार : 1. समा. 3. यूसुफ अली 4. आगरा 5. 1970.

आगरा आयरन मार्केट रिपोर्ट : 3. बालमुकुन्द 5. 1926.

आगरा एजुकेशनल गजट : 3. यूसुफ अली 5. 1 जून, 1969.

आगरा ज्योति सन्देश : 2. मा. 4. शाहदरा, दिल्ली 5. 1966-68.

आगरा टाइम्स : 1. समा. 2. सासा. 4. बेलनगंज, आगरा 5. 1964-65.

आगरा महापालिका समाचार : 1. समा., विधि. 2. पा. 4. नगरपालिका, आगरा 5.1960-71.

आगरा समाचार : 3. प्रेमनारायण शर्मा 4. आगरा 5. 1927.

आगरा साप्ताहिक : 4. आगरा 5. 1956 (लगभग)।

आगामी कल : 1. समा. 2. मा., सासा. (15 अगस्त 47, इन्दौर) 3. प्रभागचन्द्र शर्मा 4. महात्मागाँधी रोड, इन्दौर/खण्डवा 5. 1941, 42.

आगामी कल : 1. समा. 2. सासा. 4. इतवारी, सागर 5. 1964.

आगामी कल : 3. विपिन कुमार 4. इटारसी।

आगे की बात : 1. समा. 2. सासा. 4. महादेवपुर, वर्धा 5. 1965.

आगे बढ़ो : 1. समा. 2. सासा. 4. लखीमपुर खीरी 5. 1966-71.

आग्रहायण : 1. धा. 2. मा. 3. भाष्करानन्द 4. कैसरबाग, लखनऊ 5.1966.

आचरण : 1. समा. 2. सासा., दै. 3. काशीनाथ चतुर्वेदी, एच.कुरैशी 4. जिन्सीनाला, लश्कर, ग्वालियर 5. 1970-75.

आचरण : 1. समा. 2. सासा., मा. 4. पी. रोड, कानपुर 5. 1959, 61-63.

आचार : 2. मा. 3. त्रिलोचन, वाराणसी 4. 1959-61.

आचार्य : 1. धा. 2. सासा. 3. राधवानन्द 4. रामानुज सम्प्रदाय, आचार्य पीठ कँवरपुर, बरेली 5. 1950, 1951-71 7. वैष्णव धर्म का प्रमुख पत्र।

आचार्य : 2. मा. 3. मस्तराम 4. लाहौर 5. 1914-22.

आचार्य : 4. वृन्दावन 5. 1914.

आचार्य : 3. रामनारायणाचार्य 4. अमरोहा 5. 1979 वि.।

आज : 1. समा. 2. दै. (1920), सासा. (1938) 3. शिवप्रसाद गुप्त (संस्था.) डॉ. भगवानदास, श्रीप्रकाश, बाबूराव विष्णुराव पराड़कर (1920), डॉ. सम्पूर्णानन्द, स.र. खाडिलकर. मुकुन्दीलाल श्रीवास्तव, शिवनाथ, राजबल्लभ सराय,

कमलापति त्रिपाठी, बलदेवप्रसाद मिश्र, लक्ष्मीशंकर व्यास, श्रीकान्त ठाकुर, पाण्डेय बेचन शर्मा 'उग्र', न.चि.जोगलेकर (1942), विद्या भास्कर, शिवकुमार गुप्त, सत्येन्द्रकुमार गुप्त, चन्द्रकुमार आदि 4. के. 63/140, कबीर चौरा, ज्ञानमण्डल, वाराणसी-1 5. 5 सितम्बर, 1920 से अद्यावधि 6. 15पै. दै., 6 रु. वा. (साहा. संस्करण) 7. महात्मा गाँधी और लोकमान्य तिलक की प्रेरणा से प्रकाशित स्वतंत्रता संग्राम का प्रतिनिधि पत्र। प्रेस रिपोर्ट के अनुसार यह हिन्दी पत्रकारिता की संस्था। टेलीप्रिण्टर का प्रयोग करने वाला प्रथम हिन्दी पत्र। आरम्भ से ही सम्वाददाताओं की उत्कृष्ट व्यवस्था। अस्तु, निर्भीक समाचार प्रकाशित करने में सर्वोपरि। इसी कारण इसके सम्पादक पराड़कर जी को 1925 में जेल। 1930 से 1942 के बीच सरकारी प्रतिबन्ध में छपता रहा। विरोधस्वरूप सम्पादकीय निरस्त।

प्रति सोमवार विशिष्ट संस्करण। लगभग 3 लाख दैनिक पाठक। पूर्वोत्तर भारत का सर्वाग्रणी पत्र। प्रसार संख्या की दृष्टि से आठवाँ स्थान। विशेषांक- हिन्देशिया अंक, साहित्य सम्मेलनांक, स्वाधीनता विशेषांक, कांग्रेस स्वर्ण जयन्ती अंक, शिक्षा अंक, शिवप्रसाद गुप्त स्मृति अंक, होली विशेषांक,शहीद अंक, मालवीय श्राद्ध अंक, हीरक विशेषांक आदि। 'ऊटपटाँग' शीर्षक से भारतीय (उग्रजी) के हास्य छींटे अत्यन्त लोकप्रिय। घरहरे 'बेढब' जी का स्तंभ 'आरबी न फारसी', 'भंग की तरंग' आदि विशेष रुचिकर। भाषा के प्रचलन में विशिष्ट। 'मिस्टर' का 'श्री', 'मेसर्स' का 'सर्वश्री', 'राष्ट्रपति' आदि शब्द पराड़कर जी द्वारा प्रचारित। 'को', 'में' का नया व्याकरण। मुख्य उद्देश्य भारत की गौरव वृद्धि और उसकी राजनीतिक समृद्धि। 19 जुलाई, 1946 से इसका नामान्तर 'समाज'। सम्पा.—आचार्य नरेन्द्र देव।

आज : 1. समा. 2. सान्ध्य दै. 4. दिल्ली 5. विभाजनकालीन 7. शरणार्थियों में लोकप्रिय, पर अल्पायु।

आजकल : 1. साम.,सां. 2. मा., पा. 3. अनन्तमराल शास्त्री, करुणाशंकर पाण्डया, देवेन्द्र सत्यार्थी, केशवगोपाल निगम, मन्मथनाथ गुप्त, 4. प्रकाशन विभाग, पुराना सचिवालय, नयी दिल्ली 5. मार्च 1945-मई 54 (प्रच.) 7. प्रतिनिधि राजकीय पत्र। विशेषांक - 'गाँधी अंक', 'नवर्षांक' आदि।

आज का अदब : 1. सा. 2. मा. (हि., अं.) 3. अमरनाथ 4. पंजाबी पुस्तक भण्डार, दरियागंज, दिल्ली 5. 1959.

आज का कृषक : 4. नयी दिल्ली।

आज का चीन : 2. साप्ता. 4. चीनी दूतावास 5. 1957-63.

आज का ताजा खबर : 1. समा. 2. साप्ता. 3. बाबूलाल शाक्य 4. भरतपुर रोड, लोहामण्डी, आगरा 5. 1968.

आज का देश : 1. समा. 2. साप्ता. 3. रामशंकर गुप्त, जमुनाप्रसाद दीक्षित 4. नवाबगंज, कानपुर 5. 1963.

आज का नारा : 2. साप्ता. 3. खरनीधर, भरतपुर 4. 1971.

आज का प्रकाशन : 1. व्या. 2. मा. (हि., अं.) 4. हॉस्पिटल रोड, आगरा 5. 1963-69.

आज का भारत : 4. सिविल लाइन, कोटा।

आज का भीम : 1. समा. 2. साप्ता. 3. कँवल सिंह 4. दयाराम की छावनी, नौरंगाबाद, अलीगढ़ 5. 1966.

आज का युग : 1. समा. 2. पा. 3. कु. सुशीला गाँधी 4. गली डॉ. मुरारीलाल, भिवानी, हिसार 5. 1969.

आज का युग : 1. समा. 2. साप्ता. 4. बेलनगंज, आगरा 5. 1962-70.

आज का राजस्थान : 1. समा. 2. दै. 3. भगीरथ गुप्त, अर्जुनलाल सेठी 4. बी 36/148 जनता कालोनी, जयपुर 5. 1970.

आज का संसार : 1. समा. 2. साप्ता. 3. विश्वनाथ उपाध्याय 4. शिलांग (असम)।

आज का समाचार : 1. समा. 2. साप्ता. 3. कोमल जैन 4. स्नेहलतागंज, इन्दौर 5. 1969.

आज का साहित्य : 2. मा. 4. कनाट सर्कस, नई दिल्ली 5. 1962-64.

आज का सिपाही : 2. साप्ता. 4. तिलक रोड, औरंगाबाद 5. 1971.

आज का हंगामा : 1. समा. 2. साप्ता. 3. गौरीशंकर अग्रवाल 4. पथवारी, बेलनगंज, आगरा 5. 1960.

आज का हलधर : 1. समा. 2. साप्ता. 3. हरिशंकर शर्मा 4. कटरा स्ट्रीट, अलीगढ़ 5. 1970.

आज का हिन्दुस्तान : 1. समा. 2. साप्ता. (हि., उ.) 4. सराय बहलीय, मेरठ 5. 1959-70.

आज की आवाज : 1. समा. 2. दै. 3. रामभरोसेलाल राठौर 4. मोतीलाल नेहरू रोड, आगरा 5. 1968.

आज की आवाज : 3. इन्दुशेखर मिश्र 4. गोहाटी 7. अल्पायु।

आज की खेती : 1. कृ. 2. मा. 3. चन्द्रमोहन 4. करोलबाग, नयी दिल्ली 5. 1971.

आज की डाक : 1. समा. 2. साप्ता., दै. 3. शिवकुमार रस्तोगी 4. ब्रह्मपुरी, मेरठ 5. 1971.

आज की ताजा खबर : 1. समा. 2. साप्ता. 4. लोहामण्डी, आगरा 5. 1969.

आज की दुनिया : 1. समा. 2. साप्ता. 4. चक्रघाट, सागर 5. 1966-68.

आज की दुनिया : 1. समा. 2. साप्ता. 4. नयी आबादी, बाँसबाड़ा 5. 1967-69.

आज की बात : 1. समा. 2. दै. 3. विजयपाल 4. सदरबाजार, गुड़गाँव 5. 1969.

आज की बात : 2. साप्ता. 3. एम.बी. खुरसंगी 4. वर्धा 5. 1965.

आज की हकीकत : 3. रमेशचन्द्र शर्मा 4. विजयनगर, हाथरस।

आज की हालत : 1. समा. 2. साप्ता. 3. लाखीराम पंसारी 4. चन्द्रकला भवन, धोबी तालाब, भिवासी 5. 1969.

आज पढ़ो कल देखो : 2. साप्ता. 4. मुरादाबाद।

आजमगढ़ : 1. समा. 2. साप्ता. 3. रामकुमार राय 4. आजमगढ़ 5. 1958-63.

आजाद : 1. समा. 2. साप्ता. 3. घीसूलाल पाण्ड्या, पृथ्वीराज शर्मा 4. अजमेर 5. 1949.

आजाद : 1. समा. 2. साप्ता. 4. रामबाग, कानपुर।

आजाद कानपुर : 1. समा. 2. साप्ता. 4. रामबाग, कानपुर 5. 1971.

आजाद गर्जना : 2. साप्ता. 3. केसरअली, 4. लश्कर, ग्वालियर 5. 1963-70.

आजाद ज्योति : 1. समा. 2. साप्ता. 4. सिरकीमोहाल, कानपुर 5. 1871.

आजाद निशान : 1. समा. 2. साप्ता. 3. श्याम आर्य 4. गुरुनानकपुरा, राजापार्क, जयपुर 5. 1969.

आजाद मजदूर : 1. श्रम. 2. साप्ता. 3. गंगाप्रसाद कौशल 4. स्टेशन रोड, जुसालाई, जमशेदपुर 5. 1952-53.

आजाद लोक : 1. समा. 2. साप्ता. 4. पीपलमण्डी, आगरा 5. 1964-69 5. यौनविज्ञानपरक पत्र।

आजाद सन्देश : 1. समा. 2. साप्ता. 3. किशन सिंह 4. चाँदपोल, जयपुर 5. 1966-71.

आजाद हरियाणा : 1. समा. 2. पा. 4. बावरा मुहल्ला, रोहतक 5. 1965-69.

आजाद हिन्द : 3. शिवसागर मिश्र, मथुराप्रसाद मिश्र 4. पटना।

आजाद हिन्द : 1. समा. 2. साप्ता. 4. माधवनगर, उज्जैन 5. 1938-68.

आजाद हिन्द : 1. समा. 2. साप्ता. 3. डॉ. कैलाश, जी.पी. शारवाल 4. मंगलवाडी गिरगाँव, बम्बई 5. 1947.

आजाद का सपना : 1. समा. 2. साप्ता. 4. बरोई कोटला, देवबंद 5. 1971.

आजान : 3. अख्तावर सिंह 4. शाहजहाँपुर 5. 1877.

आढ़त व्यापार पत्रिका : 1. व्या. 2. सा. 3. के.डी. दीवान 4. नई बाजार, रमेशनगर, नई दिल्ली 5. 1965.

आतंक : 1. समा. 2. साप्ता. 4. उदयपुर।

आतंक : 1. समा. 2. साप्ता. 4. मुजफ्फरपुर।

आतिशबाजी : 2. साप्ता. 4. आर्यसमाज रोड, दिल्ली 4. 1962-63.

आत्मकथा : 1. समा. 2. दै., साप्ता. 4. इक्जीविशन रोड, पटना 5. 1975.

आत्मचिन्तन : 1. समा. 2. पा. 3. पुष्पा स्वामी 4. मोती डूँगरी, जयपुर 5. 1970.

आत्मजगत : 2. मा. 3. चंदनबाड़ी बिल्डिंग, शाहदरा, दिल्ली 4. 1966-68.

आत्मजागृति : 1. धा. 2. मा. 4. स्टेनले रोड, इलाहाबाद 5. 1944-71.

आत्मज्योति : 1. धा. 2. त्रै. (बहु.) 3. वेंकटेश्वर 4. पुराना बापूनगर, अहमदाबाद 5. 1967.

आत्मदर्शन : 1. धा. 2. मा. (बहु.) 4. नवाब की बेरा, अजमेर 5. 1954.

आत्मधर्म : 2. मा. 3. श्रीराम चन्द्र 4. मोदा आंकड़िया, काठियावाड़ 5. 1945.

आत्मप्रकाश : 1. धा. 2. त्रै. (हि., अं.) 3. प्रमोदकुमार 4. एन.के. 256, चरणचीत, जालंधर 5. 1970.

आत्मरश्मि : 2. मा. 3. तिलकदास शर्मा 4. जैन स्थानक, गली रूपा मिस्त्री, लुधियाना 5. 1970.

आत्मविद्या : 2. मा. 3. शिवशंकर सहाय, गोकुलानन्द वर्मा 4. बाँकीपुर, पटना भागलपुर 5. अक्टूबर 1911.

आत्मशक्ति : 1. धा. 2. मा. 4. मोहद्दीपुर, गोरखपुर 5. 1967-71.

आत्मसन्देश : 1. पा. 2. मा. 3. श्यामलाल आर्य 4. कस्बा पेठ, पूना 5. 1968.

आत्मा : 1. समा. 2. साप्ता. 3. आत्मानन्द सिंह 4. बोरिंग कैनाल रोड, पटना 5. 1961.

आत्मा की पुकार : 1. समा. 2. साप्ता. 4. गंगापुर, बीकानेर।

आत्मानन्द : 1. धा. 2. मा. 4. जैन ट्रस्ट सोसाइटी, अम्बाला 5. 1930.

आदमी और इन्सान : 1. समा. 2. पा. 3. सुन्दर चौधरी 4. जतन स्ट्रीट, करनाल 5. 1970.

आदर्श : 1. सा. (कथा.) 2. मा. 3. रामचन्द्र शर्मा 4. हरिद्वार 5. 1933.

आदर्श : 2. मा. 3. जवाहर चौधरी 4. पीपल महादेव, दिल्ली 5. अप्रैल 1948.

आदर्श : 1. सा. 2. मा., साप्ता. 3. शिवपूजन सहाय, अवधकिशोर सिंह, विश्वनाथ, हरिशंकर, रामपाल, रघुनाथ आदि 4. मुक्ताराय बाबू स्ट्रीट, कार्नवालिस स्ट्रीट, पथरियाघाट स्ट्रीट, कलकत्ता 5. नवम्बर 1922, 1940-1946, 1955.

आदर्श : 1. समा. 2. दै. 3. कस्तूरीनारायण, रामचन्द्र शर्मा, भोला दत्त 4. कानपुर 5. 1921.

आदर्श : 1. सा. 2. मा. 3. मंकेश्वर प्रिंटिंग प्रेस', बम्बई, 5. 1948.

आदर्श किसान : 1. समा. 2. साप्ता. 4. दहियावाँ टोला, छपरा 5. 1953-68.

आदर्श चिकित्सा : 1. वि. 2. मा. 4. रोटी गोदाम, कानपुर 5. 1952-66.

आदर्श टाइम्स : 1. समा. 2. साप्ता. 4. शामली, मुजफ्फरनगर 5. 1962-70.

आदर्श पंजाब : 1. समा. 2. साप्ता. (हिं., उ.) 4. घासमण्डी, लुधियाना 5. 1965.

आदर्श पथ : 1. समा. 2. साप्ता. 3. मनफूल सिंह विद्यार्थी 4. गंजाबाग, झाँसी, हिसार 5. 1970.

आदर्श परिवार : 1. चि. 2. मा. 4. स्वास्थ्य सेवा निदेशालय, इन्दौर 5. 1966.

आदर्श बाल पत्रिका : 1. बा. 2. द्विभा. 3. प्रकाशचन्द्र जैन 5. 1955.

आदर्श बाल सखा : 1. बा. 2. मा. 3. रामपरवेश चौबे 4. खजुरी, वाराणसी 5. 1977.

आदर्श भारत : 3. रघुनन्दन शास्त्री 4. लाहौर 5. अप्रैल 1934.

आदर्श भारत : 2. मा. 3. धनराज 4. भिवान, हिसार, 5. 1957-60.

आदर्श मास्टर जी : 1. समा. 2. मा. 3. जगदीशकुमार दीक्षित 4. एलनगंज, इलाहाबाद 5. 1965.

आदर्श युवक : 2. मा. 4. सरस्वती मंदिर, बलिया, 5. 1956-57 लगभग।

आदर्श युवक : 2. मा. 4. आदर्श कालेज, नयी बस्ती, होशियारपुर 5. 1971.

आदर्श रचना : 2. मा. 4. राजेन्द्रनगर, नयी दिल्ली 5. 1971.

आदर्श वाणी : 1. समा. 2. साप्ता. 3. कैलाशचन्द्र अग्रवाल 4. स्टेशन रोड, विलासपुर/पीलीभीत 5. 1966.

आदर्श व्यापार : 2. मा. 4. बाजार कृष्ण सुदामा, फिरोजपुर 5. 1952-65.

आदर्श समाज : 1. समा. 2. साप्ता. 4. बजरिया, गाजियाबाद 5. 1959-61.

आदर्श हिन्दू : 1. धा. 2. मा. 3. प्रभुदयाल मीतल 4. अग्रवाल भवन, मथुरा 5. 1926.

आदर्श हिन्दू : 1. समा. 2. साप्ता. 4. विराटनगर, जयपुर 5. 1957-65.

आदित्य केतु : 1. समा. 2. साप्ता. 3. सूरजप्रसाद सैनी 4. स्टेशन रोड, अजमेर 5. 1957-65.

आदिवासी : 2. साप्ता. 4. फंसामार्ग, झाँसी।

आदिवासी : 1. समा. 2. साप्ता. 3. राधाकृष्ण 4. जनसम्पर्क विभाग, बिहार सरकार, पटना/राँची 5. 1946-47.

आदिवासी गर्जना : 1. समा. 2. साप्ता. (हि., सं.) 3. एस.जी.जुमले 4. चमर नाला, नागपुर 5. 1967.

आदिवासी जागृति : 1. समा. 2. सासा. 4. भगवानगंज, अजमेर 5. 1970.

आदिवासी ललकार : 2. मा. 3. नेनपुरमाडला (म.प्र.) 4. 1964-68.

आदि हिन्दू : 2. पा. 3. स्वामी हरिहर 4. इटावा।

आदेश : 1. धा. 2. साप्ता. 3. मदनगोपाल सिंहल 4. वणश्रिम स्वराज्य संघ, मेरठ 5. 1932.

आद्यन्त : 2. सा. 3. कार्तिकनाथ, गौरीनाथ ठाकुर 4. शिवगंगा लेन, बैद्यनाथ धाम, देवधर (बिहार)।

आधार : 1. कला. 2. त्रै. 3. रामावतार चेतन 4. हिन्दी भवन, रानीमण्डी, इलाहाबाद/598, शान्तिनगर, चेम्बूर, बम्बई 5. 1954-61.

आधुनिक उजाला : 1. समा. 2. सासा. 4. शाहजहाँनाबाद, भोपाल।

आधुनिक कहानियाँ : 1. कथा 2. मा. 3. रामस्वरुप 4. ए 16, रामकतई अधिकारी लेन, कलकत्ता-12 5. 1958-63.

आधुनिक चिकित्सक : 1. चि. 2. मा. (हि., अं.) 3. डॉ. शेर सिंह 4. सी 3/4 रोहतक रोड, करोलबाग, नई दिल्ली 5. 1968.

आधुनिक धन्वन्तति : 1. चि. 3. मा. 3. डॉ. एल.एन. सिन्हा 4. काउन्टमेरी एसोसिएशन, कानपुर 5. 1924-25.

आधुनिक युग : 2. सासा. 3. किल्लापाड़ा, राजनादगाँव, दुर्ग (म.प्र.) 4. 1967-69.

आधुनिक शिल्पकार : 1. समा. 3. सासा. (हि., म.) 3. एस.एम. दाण्डेकर, एच.एम. दाडीकर 4. बरोरा, चन्द्रपुर (महा.) 5. 1967.

आधुनिक शिक्षा : 1. शि. 3. त्रै. (हि., पं.) 4. सेक्टर 20डी, चण्डीगढ़ 5. 1966.

आधुनिका : 1. सा. 3. अनि. 3. परमेश 4. कलकत्ता 5. 1961-62.

आधे : 2. सा. 3. हिन्दी प्रचार सभा, सिकन्दराबाद 4. 1969.

आनन्द : 1. सा. 2. मा. 3. कैलाशनाथ प्रियदर्शी 4. उरई, जालौन 5. अक्टूबर 1940-41.

आनन्द : 1. सा. 2. सासा., दै. (1917) 3. शिवनाथ शर्मा, महेशनाथ शर्मा, विश्वनाथ शर्मा, योगेन्द्रनाथ शर्मा 'मधुप' 4. चौक, लखनऊ 5. 1905-1909 7. स्वातंत्र्य आन्दोलन का प्रेरक पत्र। सम्पादकों को कई बार जेलयात्राएँ।

आनन्द : 1. धा. 2. मा. 3. वैष्णवदास त्रिवेदी शास्त्री 4. विशिष्टाद्वैत संप्रदाय, वृन्दावन 5. 1940.

आनन्द : 2. धा. 3. देवी मेहता, केशवचन्द्र, रामचन्द्र शुक्ल 4. शियोसाफिकल सोसाइटी, बनारस 5. 1950.

आनन्द कादम्बिनी : 1. सा. 2. मा. 3. बदरीनारायण 'प्रेमधन' 4. मीरजापुर (मिर्जापुर) 5. 1881-1941 7. धार्मिक, सामाजिक, राजनैतिक विद्या और साहित्य संबंधी विविध विषय 'वारिविन्दु भरित बलाहकावली', क्रम-माला (वर्ष) मेघ (अंक)। भारतेन्दु युग का अग्रणी पत्र। सूक्तियाँ—हरिमाथ आरजवंश छिति अरु ताप कुमातिन को टरे। आनन्द कादम्बिनी भारत छाय जयमंगल करे।। "विश्वनिदेव सवितुर्दुरितानि परासुव यद् भद्र तन्न द्रआसुव।" मुख्य स्तम्भ—सम्पत्ति समीर (सम्पादकीय), हास्य हरितांकुर, विज्ञापनवीर-बहूटियाँ, समालोचना सीकर (पुस्तक समीक्षा) आदि। सर्वप्रथम पुस्तक समीक्षा प्रकाशित करने का

श्रेय। कुल लगभग 26 ग्रन्थों पर समीक्षाएँ छपीं। प्रथम समीक्षा 'संयोगिता स्वयंवर'। आरंभ में प्रेमधन की स्वरचित कविताओं का बाहुल्य। भारतेन्दु द्वारा प्रबोध, फिर कई लेखकों का योग। भाषा—"आनन्दकंद नंदनन्दन और श्री वृषभानु नन्दिनी की कृपा से...। धनधान्य उस परब्रह्म सच्चिदानन्द धन को कि जिसकी कृपा वारि बिन्दु वर्षा से आनन्द प्रमत्त हो अचानक आज फिर मन मयूर नवीन उत्साह अवलम्बन कर आनन्द कादम्बिनी के आनन्दविस्तार लालसा से थिरकने लगा" (प्रेमधन सर्वस्व, पृ. 483)। स्थानिक समाचार—"दिव्य देवी श्री महाराणी बड़हर लाख झंझट झेल और चिरकाल पर्यन्त बड़े बड़े उद्योगों और मेल से दुख के दिन सकेल अचल कोर्ड का पहाड़ ढकेल फिर गद्दी पर बैठ गयीं। ईश्वर का भी क्या खेल है कि कभी तो मनुष्य पर दुख की रेलापेल और कभी उस पर सुख की कुलेल है।" (चैत्र, 1842).

आर्थिक क्षति के कारण समाप्त। उर्दू, अंग्रेजी पत्रों से सात्विक स्पर्धा। अनेक-रूपता का प्रयत्न। उर्दू बीवी (बेगम) की 'नाक काटने' की प्रतिज्ञा और "जहाँ तक हो सके अनूठेपन को काम में ल्याऊँ" का संकल्प। (द्र. प्रेमधन सर्वस्व भाग 2, पृ. 464)

आनन्द कुटीर : 1. समा. 2. साप्ता. 3. रामगोपाल गुप्त 4. विस्मिल मार्ग, शाहजहाँपुर 5. 1970.

आनन्द घर : 1. त्रै. 4. रतन हास्पिटल, शाहदरा, दिल्ली 5. 1950-56.

आनन्ददूत : 1. दा. 2. त्रै. 3. रामतनुक 5. लालदरवाजा, मुंगेर, पटना 5. 1956, 70.

आनन्द निकेतन : 1. धा. 2. मा. 3. रामसरिस मिश्र 4. आनन्दनिकेतन, पो. नाकाटिया (बरेली) 5. 1966.

आनन्द पुष्प : 2. मा. 3. श्रीराम शर्मा 'आशिक' 4. गली 2, नयी बस्ती, भटिण्डा 5. 1968-71.

आनन्द प्रचारक : 1. समा. 2. साप्ता. 4. मथुरा 5. 1918.

आनन्द भूमि : 1. समा. 2. साप्ता. 3. रामकुमार गुप्त 4. हिसार 5. 1956, 69.

आनन्द मंगल : 1. समा. 2. साप्ता. 4. कमलानगर, दिल्ली 5. 1967-70.

आनन्द लहरी : 1. सा. 3. धीरज शास्त्री 4. वाराणसी।

आनन्द लोक : 2. द्विमा. 3. श्रद्धानन्द अवधूत 4. पाटलीपुत्र कालोनी, पटना 5. 1968.

आनन्द लोक : 1. धा., सा. 2. मा. 3. नन्दा अवधूत 4. सी. 14, एन. डी. एस. ई., नई दिल्ली 5. 1967.

आनन्द वन : 2. मा. 3. चौथी सड़क, खार, बम्बई 4. 1958-60.

आनन्द वार्ता : 1. धा., दा. 2. त्रै. (हि., अं.) 3. के. बोस 4. माँ आनन्दमयी, आश्रम, भदैनी, वाराणसी 5. 1952-62.

आनन्द संगीत पत्रिका : 1. सं. 2. अनि. 3. प्रतिभा देवी 4. कलकत्ता 5. 1913-14.

आनन्द सन्देश : 1. धा. 2. मा. 3. महात्मा बूदानन्द 4. आनन्दपुर तहसील, अशोकनगर, गुना (म. प्र.) 5. 1953.

आपका स्वास्थ्य : 1. चि. 2. मा. 3. कौशलपति त्रिपाठी 4. चेतगंज, वाराणसी 5. 1953 (प्रच.)।

आपका हितैषी : 1. समा. 2. पा. 3. जगदम्बालाल 4. लक्ष्मीपुरा, जालन्धर सिटी 5. 1967-71.

आपकी आवाज : 1. समा. 2. साप्ता. 3. राधा त्रिवेदी 4. ब्रह्मपुरी, हजारी क्षेत्र, जोधपुर 5. 1966.

आपकी आवाज : 1. समा. 2. साप्ता. 4. फैंसी बाजार, गोहाटी 5. 1959-64.

आपकी पसन्द : 1. कथा 2. मा. 3. सुशील, रामचन्द्र जायसवाल 4. केशव घाट, पटना 5. 1969.

आपके विचार : 2. बुध प्रकाशन, 2267, गली अनार दरीबा, दिल्ली-6.

आपबीती : 1. समा. (कथा) 2.. मा. 3. सत्यकाम विद्यालंकार, श्यामसुन्दर, श्रीकृष्णप्रसाद सेठ 5. रहमान बिल्डिंग, चर्च गेट स्ट्रीट, बम्बई 7. 1946.

आपरेशन : 1. समा. 2. साप्ता. 4. कन्नौज, फर्रूखाबाद 5. 1969.

आफताब : 1. समा. 2. साप्ता. 3. राजबहादुर सक्सेना 4. अलीगढ़/मुरादाबाद 5. 1966-68.

आफताब : 1. समा. 2. साप्ता. 4. उन्नाव 5. 1956-59.

आबादी : 2. पा. 3. प्रफुल्लचन्द्र रोड, कलकत्ता 4. 1965-68.

आभा : 1. धा. 2. मा. (हि., अं.) 3. नाथूलाल 4. धर्ममण्डी रोड, लश्कर, ग्वालियर 5. 1959.

आभा : 1. सा. 2. त्रै. 4. भारती साहित्य संघ, त्रू. ओ. वीश रोड, मारिशस 5. 1971 7. नये सृजनशील लेखकों का पत्र।

आभीर समाचार : 4. शिकोहाबाद 7. द्विवेदी- युगीन पत्र।

आम गौड़ टाइम्स : 1. समा. 2. साप्ता. 3. बी.बी.शहरे 4. मौण्डीय।

आमुख : 2. सा. 3. कंचनकुमार 4. नारायणनगर, डी 17/12, भूतेश्वर, वाराणसी 5. 7वाँ दशक 7. लघुपत्र।

आयकर : 2. मा. 3. सत्यनारायण 4. महाजन पट्टी रोड, साहिबगंज (बिहार) 5. 1968.

आयकर : 1. विधि 2. मा. 3. जी.एस. ग्नानम् 4. पटेल मार्ग, नई दिल्ली 5. 1965.

आयकर टाइम्स : 1. विधि 2. त्रै. 3. के.एम.बक्सी (बक्षी) 4. हमाम स्ट्रीट, फोर्ट, बम्बई, 5. 1967.

आयकर निर्णय : 1. विधि 2. मा. 3. शंकरलाल शर्मा 4. फैंसी बाजार, गोहाटी 5. 1959 (अल्पायु)।

आयाम : 1. सा. 2. अनि. 3. रमण, डॉ. ओमानन्द सारस्वत, अरुण 4. शोपकम फलैट्स 3-4 सेक्टर, 11सी चण्डीगढ़ 5. दिसम्बर 1972 (अल्पायु) 7. आधुनिक भावबोध का लघुपत्र।

आयु : 1. चि. 2. त्रै. (बहु.) 4. धन्वंतरि मंदिर, जामनगर 5. 1963.

आयुधर्म : 1. चि. 2. मा. (बहु.) 4. डी.एन. रोड, बम्बई 5. 1965-69

आयुर्विज्ञान पत्रिका : 1. चि., शो. 2. अर्द्धवा. 3. डॉ. पी. एन.वाही, डॉ. रघुनाथप्रसाद आदि 4. केन्द्रीय हिन्दी निदेशालय, नयी दिल्ली 7. शरीर क्रिया विज्ञान, जीव, भौतिक, भैषज गुण, विकृति विज्ञान,सूक्ष्म जीव विज्ञान, निरोधक चिकित्सा, काय चिकित्सा, मनोविकार, रतिरोग, शल्य चिकित्सा, प्रसूति आदि।

आयुर्वेद : 1. चि. 2. त्रै. 3. केदारनाथ शर्मा सारस्वत 4. श्यामसुन्दर रसायनशाला, काशी 5. 1947.

आयुर्वेद : 1. चि. 2. मा. 4. दक्षिण कनारा (कर्णा.) 5. 1959 लगभग।

आयुर्वेद : 1. चि. 2. साप्ता. 4. धर्मपैठ, नागपुर 5. 1956.

आयुर्वेद : 1. चि. 3. बाबूराम शर्मा 4. जलालाबाद 5. 1910.

आयुर्वेद अनुसन्धान पत्रिका : 1. चि., शो. 2. मा. (हि., उ.) 3. डॉ. प्रभाकर मिश्र 4. ए.वी.एम. रिसर्च इन्सटीट्यूट, हापुड़ (यू.पी.) 5. 1960.

आयुर्वेद केसरी : 1. चि. 2. मा., साप्ता. 3. सत्यनारायण मिश्र, इन्द्रदत्त शर्मा, लक्ष्मीकांत त्रिपाठी 4. कानपुर 5. 1925.

आयुर्वेद गौरव : 1. चि. 2. मा. 3. प्रकाशचन्द्र गुप्त, माधवप्रसाद शास्त्री 4. पथरिया घाट स्ट्रीट, कलकत्ता 5. 1953.

आयुर्वेद दूत : 4. धमानी मार्केट, जयपुर।

आयुर्वेद प्रचारक : 1. चि. 2. मा. 3. शाण्डिल्य त्रिवेदी 4. काशी 5. 1927.

आयुर्वेद प्रदीप : 1. चि. 2. मा. 3. शिवचन्द्र मिश्र 4. मुजफ्फरपुर 5. 1921.

आयुर्वेद प्रदीप : 1. चि. 2. अर्द्धवा. 3. श्रीहरिशंकर शर्मा 4. श्री एम.एन.आयुर्वेदिक कॉलेज, अस्थाल बोहार, रोहतक 5. 1965.

आयुर्वेद भारती : 1. चि. 2. अर्द्धवा. 3. बागलकुमार मजूमदार 4. महात्मा गाँधी रोड, कलकत्ता-9 5. 1961.

आयुर्वेद भास्कर : 1. चि. 2. पा. 3. असरफलाल शुक्ल 4. स्वामीटोला, इटावा 5. 1965.

आयुर्वेद महासम्मेलन पत्रिका : 1. चि. 2. मा. (बहु.) 3. कविराज स्वामी चेतनानन्द, गौरीलाल चानना, आशुतोष मजूमदार 4. पंजाबी बाग, चाँदनी चौक, दिल्ली 5. 1913.

आयुर्वेद मार्तण्ड : 1. चि. 3. किशोरीबल्लभ शर्मा 4. बम्बई 5. 1911.

आयुर्वेद रहस्य : 1. चि. 2. द्विमा. 3. मणिशंकर गोविन्द जी 4. जामनगर 5. 1917.

आयुर्वेद लोक : 1. चि. 3. बी.एम. द्विवेदी 4. जामनगर 5. 1963.

आयुर्वेद वाणी : 1. चि. 2. मा. 4. विजयगढ़, अलीगढ़ 5. 1949-56.

आयुर्वेद विकास : 1. चि. 2. मा. 3. शम्भुनाथ, विष्णुदत्त शुक्ल 4. रासबिहारी एवेन्यू/ प्यारेमोहन पाल लेन, कलकत्ता/नई दिल्ली (1970) 5. 1961-70.

आयुर्वेद विकास : 1. चि. 2. मा. 4. बजरिया चौराहा, इटावा 5. 1970.

आयुर्वेद विकास : 1. चि. 2. मा. 4. मथुरा रोड, फरीदाबाद 5. 1959-71.

आयुर्वेद विमर्ष : 1. चि. 2. मा. 4. हरिद्वार 5. 1970.

आयुर्वेद विज्ञान : 1. चि. 2. मा. 3. हरिशरणजी वैद्य 4. अकाली मार्केट, अमृतसर, 5. 1931-53.

आयुर्वेद विज्ञान : 1. चि. 2. मा. 4. खारी बावली, दिल्ली 5. 1953-66.

आयुर्वेद विज्ञान प्रकाश : 1. चि. 2. त्रै. 4. माधवनगर, उज्जैन 5. 1960-61.

आयुर्वेद व्यापार समीक्षा (समाचार) : 1. व्या. 2. मा. 3. मधुदत्त शर्मा 4. काकीनाड़ (आन्ध्र) 5. 1964.

आयुर्वेद सन्देश : 1. चि. 2. मा. 3. नगेनद्रनाथ दीक्षित, सुरेन्द्रनाथ दीक्षित 4. त्रिवेणीगंज, नौबस्ता, लखनऊ 5. 1954 , 1957-64.

आयुर्वेद संसार : 1. चि. 2. मा. 3. श्रीकृष्ण दयाल 4. अमृतसर 5. 1936 7. विशेष 'कामविज्ञानांक'।

आयुर्वेद समाचार : 1. चि. 2. मा. 3. नारायणदत्त शर्मा 4. मेरठ 5. 1925.

आयुर्वेद सेवक : 1. चि. 2. मा. 3. गुलराज शर्मा, शिवकरण शर्मा, छंगाणी 4. नयी शुकवारी, नागपुर 5. 1948.

आयुर्वैदिक मार्केट रिपोर्टर : 1. चि., व्या. 2. मा. 3. डॉ. रामशेर दिलवानी 4. आजादनगर, स्टेशन नं. 2, पुतलीगढ़, अमृतसर 5. 1969.

आयुर्वैदिक रिपोर्टर : 2. मा. (हि., पं.)4. कटरा काननसिंह, मालीसड़क, अमृतसर 5. 1955-69.

आयुर्वैदिक विकास : 1. चि. 2. मा. 3. वीरेन्द्रविक्रम त्रिपाठी, बजरिया चौराहा, इटावा 5. 1970.

आयुर्वैदिक समाचार : 1. चि., व्या. 2. मा. 4. बाजार बकखाना, मोहन सिंह गली, अमृतसर 5. 1953-61.

आयुर्वेदोद्धारक : 1. चि. 3. मथुरादत्त चौबे 5. 1887.

आरम्भ : 1. सा. 2. पा. 3. विनोदकुमार भारद्वाज 4. अ. 10 सिंगारनगर, आलमबाग, लखनऊ 5. 1967.

आरती : 1. विविध 2. मा. 3. भगवतीप्रसाद बाजपेयी, लक्ष्मीचन्द्र 4. शालीमार बिल्डिंग, रेलवे बाजार, स्वरूपनगर, कानपुर 5. 1952-59.

आरती : 1. सा. 2. मा. 4. चौड़ा बाजार, लुधियाना 5. 1961-65.

आरती : 1. म. 2. मा. 3. रोशन उत्पल, अशोक 4. महारानी रोड, इन्दौर 5. 1968.

आरती : 3. अज्ञेय, 3. प्रफुल्लचन्द्र ओझा 'मुक्त' 4. पटना 5. अगस्त 1940.

आरती : 1. कथा. 2. मा. 4. धरमपेठ, नागपुर 5. 1957-59.

आरती : 1. सा. 2. मा. 4. बॉकरटाउन, सिकन्दराबाद 5. 1959-64.

आरन : 1. समा. 2. पा. 4. बाबूपाड़ा, दुमका, संथाल परगना 5. 1960-63.

आरवी टाइम्स : 1. समा. 2. साप्ता. (हि., म.) 3. एम.डी.राठी 4. गाँधी चौक, अरवी (वर्धा) 5. 1970.

आरवी समाचार : 1. समा. 2. साप्ता. 3. एम.बी.पालीवाल 4. खाइकपुरा वार्ड, आरवी 5. 1962.

आराधना : 1. सा. 2. मा. 3. सावित्री सिंह, अशोक, कृपाशंकर वकील 4. गाजीपुर 5. जनवरी, 1948.

आरोग्य : 1. चि. 2. मा. 4. इन्दौर 5. 1933.

आरोग्य : 1. चि. 2. मा. 3. रामदेव त्रिपाठी 4. कानपुर 5. 1924.

आरोग्य : 1. चि. 2. मा. 3. बिठ्ठलदास मोदी 4. आरोग्य मन्दिर गोरखपुर 5. जुलाई 1947 (प्रच.) 7. पर्याप्त लोकप्रिय पत्र।

आरोग्य जीवन : 1. चि. 2. मा. 3. गजानन हर्ष 4. प्रयाग/लखनऊ 5. 1889.

आरोग्य जीवन : 1. चि. 2. मा. 4. ऋषिकेश, हरिद्वार।

आरोग्य दर्पण : 1. चि. 2. मा. 3. गोपीनाथ गुप्त 4. गाँधी रोड, अहमदाबाद 5. 1929.

आरोग्य दर्पण : 1. चि. 2. मा. 3. जगन्नाथ शर्मा 4. प्रयाग 5. 1881-96.

आरोग्य मन्दिर : 1. चि. 2. मा. 3. डॉ. निर्मलचन्द जैन 4. सब्जीमण्डी, इटावा 5. 1967.

आरोग्य मन्दिर : 1. मा. 3. सदर बाजार, दिल्ली 4. 1956-57 (लगभग)।

आरोग्य मित्र: 2. चि. 2. मा. 3. मार्तण्ड दामोदर 4. लश्कर, ग्वालियर।

आरोग्य विज्ञान : 1. चि. 2. मा. 3. श्यामसुन्दर श्रीवास्तव, ख्यालीराम द्विवेदी 4. इलाहाबाद 5. अक्टूबर 1932.

आरोग्य विज्ञान : 1. चि. 2. मा. 4. विभावानी, इन्दौर 5. 1932-59-61.

आरोग्य सन्देश : 1. चि. 2. मा. 3. एन.जी. श्रीवास्तव 4. निदेशक केन्द्रीय शिक्षा केन्द्र, कोटला रोड, मन्दिर लेन, नई दिल्ली 5. 1965.

आरोग्य सन्निधि : 1. चि. 2. अनि. 4. कलकत्ता 5. 1901.

आरोग्य सिन्धु : 1. चि. 3. लक्ष्मीनारायण वैद्य 4. फीरोजाबाद, आगरा 5. अगस्त 1908.

आरोग्य सिन्धु : 1. चि. 2. मा. 3. राधाबल्लभ 4. अलीगढ़ 5. 1913.

आरोग्य सुखी जीवन : 1. चि. 2. मा. 4. चितनी कवर, दरियागंज, दिल्ली 5. 1960-63.

आरोग्य सुधाकर : 1. चि. 3. मुरलीधर शर्मा 4. मुजफ्फरनगर 5. 1889.

आधुनिक चिकित्सक : 1. चि. 2. मा. 3. डॉ. शेर सिंह 4. सी 3/4 रोहतक रोड, करौलबाग, नई दिल्ली 5. 1968.

आर्त्तनाद : 1. सा. 3. देवीराम चौधरी 4. बंशीधर मलिक लेन, कलकत्ता 7. युवालेखन का लघुपत्र।

आर्त्तनाद : 4. रायबरेली।

आर्त्तपुकार : 1. समा. 2. साप्ता. 4. पन्नालाल चौक, सतना 5. 1971 7. युवालेखन का लघुपत्र।

आर्थिक खेती : 1. व्या. 2. त्रै. 3. श्रीमती जानी स्वामी 4. बम्बई 5. 1957.

आर्थिक चेतना : 1. व्या. 2. मा. 3. लादूलाल आच्छा 4. एक्स 45, ग्रीन पार्क, नई दिल्ली 5. 1968 (प्रच.)।

आर्थिक जगत : 1. व्या. 2. साप्ता. 3. प्रेम बाजपेयी, नरेश बाजपेयी, प्रतापनारायण बाजपेयी 4. इण्डिया इक्सचेंज प्लेस रोड, कलकत्ता 5. 1955, 57 (प्रच.) 7. अर्थशास्त्र का प्रमुख पत्र।

आर्थिक टाइम्स : 1. समा. 2. साप्ता. 3. वी.डी.सिंधवी, न.प.देसाई 4. कालवा देवी रोड, बम्बई 5. 1968.

आर्थिक मोर्चा : 1. समा. 2. पा. 4. तिलकनगर, जयपुर 5. 1971.

आर्थिक संघर्ष : 1. समा. 2. साप्ता. 4. मुरादाबाद।

आर्थिक समाचार : 1. समा. 2. पा. 3. शिवप्रसाद 4. आनन्द सिनेमा के पास, जोधपुर 5. 1966, 70.

आर्थिक समीक्षा : 1. व्या. 2. पा. 3. एन.सी.जैन 4. अखिल भारतीय काँग्रेस कमेटी, जन्तरमन्तर रोड, नई दिल्ली 6. 1951-71.

आर्थिकी : 1. व्या. , शो.2. त्रै. 4. अर्थशास्त्र विभाग, काशी विद्यापीठ, वाराणसी 5. 1964.

आर्य : 1. धा. 2. साप्ता., मा. 3. चमूपति, अवनीन्द्रकुमार विद्यालंकार (1928-30) 4. गुरुदत्त भवन, आर्य प्रतिनिधि सभा, अमृत प्रेस, लाहौर 5. 1914-19 7. आर्यसमाजी पत्र, दयानंदाब्द का प्रयोग।

आर्य : 1. धा. 2. साप्ता. 3. शीतलाप्रसाद विद्यार्थी, क्षेमचन्द्र 'सुमन' 4. सहारनपुर 5. 1936-37 (अल्पायु)।

आर्यम् : 1. त्रै. (बं., हि.) 3. सुनारपुरा, वाराणसी 4. 1958.

आर्यकुमार : 2. साप्ता., द्विमा., मा. 3. डॉ.केशवदेव शास्त्री, विश्वम्भर सहाय प्रेमी (मेरठ), युद्धवीर सिंह (दिल्ली) 4. सहारनपुर/दिल्ली 4. स्वतंत्रतापूर्व 7. आर्यकुमार परिषद का पत्र।

आर्यकुमार : 1. धा. 2. द्विमा. 4. लखनऊ 5. 1917.

आर्यकुमार : 1. धा. 2. साप्ता. 3. मथुराप्रसाद 4. फतेहपुर 5. 1919.

आर्य केशरी : 1. समा. 2. पा. (हि, उ.) 4. दयानंद मॉडल स्कूल, करनाल 5. 1967.

आर्य कैरली : 2. (हि., मल.) 4. एरणाकुलम् 5. जुलाई 1957 (अल्पायु)।

आर्यगजट : 1. धा. 2. साप्ता. 3. खुशहाल चंद (आनंद स्वामी), चन्द्रदेव शर्मा, देवदत्त शाहजी, परमानन्द शर्मा 4. आर्य प्रतिनिधि सभा लाहौर 5. 1923-24.

आर्य जगत : 1. धा. 2. साप्ता. 4. आर्य प्रादेशिक प्रतिनिधि सभा, मन्दिर मार्ग, नयी दिल्ली 5. 1948.

आर्य जगत : 1. धा. 2. साप्ता. 3. हंसराज, तिलकचन्द्र शास्त्री 4. महात्मा हंसराज भवन, जालंधर 5. 1939, 48-72.

आर्यजीवन : 1. चि. 2. मा. 3. पं. नरेन्द्र, गजानन राव 4. सुलतानबाजार, हैदराबाद 5. 1889-1963.

आर्यजीवन : 3. जयदेव शर्मा 4. कलकत्ता 5. 1924.

आर्य ज्योति : 1. धा. 2. साप्ता. 3. हरिशंकर वेदालंकार, वीरेन्द्र 4. ऋषिकुंज, पक्का बाग, जालंधर 5. 1960, 61-67 7. पंजाब, आर्य प्रतिनिधि सभा का पत्र।

आर्य ज्योति : 1. धा. 3. श्रीकृष्ण शर्मा 4. आर्यसमाज, राजकोट।

आर्य दर्पण : 3. जगन्नाथ 4. प्रयाग 5. 1892.

आर्य दर्पण : 2. साप्ता. 3. प्रेरक-दयानन्द सरस्वती, संपा. मुंशी बख्तावर सिंह 4. शाहजहाँपुर (उ.प्र.) 5. 1870-1906 7. प्रथम आर्यसमाजी पत्र।

आर्यदूत : 1. धा. 2. साप्ता., पा. 3. देवीदयाल 4. माडलटाउन, सोनीपत 5. 1969-72.

आर्यन फेडरेशन : 1. धा. 2. मा. 4. पटपड़गंज, दिल्ली 5. 1971.

आर्य निकेतन : 1. समा. 2. साप्ता. 3. छेदीलाल सक्सेना 4. इटावा।

आर्यपथ : 1. धा. 2. मा. 4. रातानाड़ा, जोधपुर 5. 1959-60.

आर्यपुत्र : 2. मा. 3. पूरणमल, गंगादीन 4. बरेली 5. 1884-95 7. आर्यसमाजी पत्र।

आर्यपत्र (पत्रिका) : 1. समा. 3. काशीनाथ 4. मारिशस 7. आर्यसमाजी पत्र।

आर्य पत्रिका : 2. मा., साप्ता., मा. 4. मिर्जापुर/काशी।

आर्यप्रकाश : 1. धा. 2. साप्ता., मा. 3. आर.एन.सरय्या 4. बम्बई 5. 1867-1986 7 आर्य प्रतिनिधि सभा का मुखपत्र।

आर्यप्रभा : 2. मा., साप्ता. (1918) 3. संतराम बी.ए. 4. लाहौर 5. 1814-18.

आर्यप्राण : 2. मा. 4. बड़ा बाजार, मुंगेर 5. 1964-66.

आर्यप्रेमी : 2. मा. 4. अजमेर 5. 1958.

आर्यबनिता : 2. साप्ता. 4. जबलपुर 5. 1902.

आर्यबाल हितैषी : 1. बा. 4. मुजफ्फरनगर/इलाहाबाद 5. 1902.

आर्यभानु : 1. जा. 2. साप्ता. 3. सतीश विद्यालंकार, रामचन्द्र राव, विनायक राव विद्यालंकार, कृष्णदत्त 4. आर्य प्रतिनिधि सभा, जामबाग, हैदराबाद 5. 1940-46 7. निजाम शासन के प्रतिबन्ध के कारण शोलापुर से मुद्रित एवं नागपुर से प्रकाशित।

आर्य भारती : 2. मा. (बहु.) 4. मुडेनकायु, चेन्गानूर (केरल) 5. 1966.

आर्य भास्कर : 4. रिवाड़ी 5. 1896.

आर्यभास्कर : 1. धा. 3. सूरजप्रसाद 4. लखीमपुर खीरी 5. 1896 7. आर्यसमाजी पत्र।

आर्यभूमि : 1. धा. 2. मा. 4. रामेश्वर, वाराणसी 5. 1967-69.

आर्यभूषण: 2. मा. 3. बख्तावर सिंह 4. शहजहाँपुर 5. 1876-77.

आर्य मर्यादा : 1. समा. 3. साप्ता. 3. जगदेवसिंह सिद्धान्ती, वीरेन्द्र 4. किशनपुर चौक (पंजाब)।

आर्य मर्यादा : 1. धा. 2. साप्ता. 4. हनुमान रोड, नयी दिल्ली 4. 1968 7. आर्य प्रतिनिधि सभा का पत्र।

आर्य मस्तिष्क : 1. धा. 3. नारायण देवी, कालीप्रसाद शास्त्री आदि 4. भारत धर्म महामण्डल, बनारस 5. 1983 वि.।

आर्य महिला : 1.धा. 2. त्रै., मा. 3. सूरजकुमारी देवी, काली (काशी) प्रसाद शास्त्री, बनारसीदास भोजपुरी, नारायणी देवी, सुन्दरीबाई, लीलाधर शर्मा, 4. भारत धर्म महामण्डल, जगतगंज, वाराणसी 5. 1918 (प्रच.) 6. 6) वा. 7. सनातन धर्म समर्थक पत्र। विशेषांक, सती अंक, परलोकांक, धर्मांक आदि।

आर्य मा : 1. सा., सां. 2. त्रै. (हि., बं.) 3. जे.भट्टाचार्य 4.बी. 13/197 सोनारपुरा, वाराणसी 5. 1968.

आर्यमार्तण्ड : 1. समा., जा. 2. मा., पा., साप्ता. 3. ओमभक्त बानप्रस्थ, रामसहाय आर्योपदेशक, सूर्यदेव शर्मा 4. दयानन्द आश्रम, केसरगंज 5. 1895, 1923, 1960 (प्रच.) 6. 2 वा. 7. आर्य प्रतिनिधि सभा का पत्र।

आर्यमार्तण्ड : 1. धा. 2. साप्ता., मा. 4. किशनपोल, जयपुर 5. 1955-61.

आर्यमित्र : 1. धा. 2. मा. 3. भूतनाथ मुकर्जी 4. काशी 5. 1878-1920 6. 12आने प्रति 7. सनातन धर्म का पोषक युग प्रतिनिधि पत्र।

आर्यमित्र : 1. धा., समा. 2. साप्ता., अर्द्धसाप्ता., दै. 3. रुद्रदत्त शर्मा, नन्दकुमार देव शर्मा (1908), ऋषिदेव, रामशंकर व्यास, हरिशंकर शर्मा, लक्ष्मीधर बाजपेयी (1913-16), सर्वदानन्द बनारसीदास चतुर्वेदी, मधुसूदन चतुर्वेदी, सत्येन्द्र, 'चन्द्र' भवानी सिंह, मधुसूदन धर्मपाल, धर्मेन्द्रनाथ शास्त्री, जयदेव, गोपाल दत्त, सच्चिदानन्द आदि 4. मीराबाई मार्ग, लखनऊ (1898)/बाग मुजफ्फरखाँ, आगरा (1910-21) 5. 1908 6. 20 पैसे प्रति 7. अत्यन्त लोकप्रिय स्वातंत्र्यकामी पत्र।

आर्यमित्र : 2. पा. 4. दादरी, बुलंशहर।

आर्यरक्त : 1. सां 2. मा. 3. घनश्याम यादव 4. गोविन्दनगर, कानपुर 5. 1967–71.

आर्यवाणी : 1. धा. 2. साप्ता. 4. सिकन्दराबाद (आन्ध्र)।

आर्य विजय : 1. धा. 2. मा. 3. सुश्री सुमित्रा अमीन, जयकिशन परमान 4. बम्बई 5. 1966–71.

आर्य विजय : 1. धा. 2. पा. 3. पं. रुद्रदत्त शर्मा, बद्रीदत्त जोशी 4. आर्यसमाज, मुरादाबाद/सहारनपुर 5. 1884 7. आर्यसमाजी पत्र। 7. पर्याप्त प्रचलित पत्र। सूत्र—"शत्रोरपि गुणावाच्या दोषो वाच्या गुरौरपि"।

आर्यवीर : 1. धा. 2. साप्ता. 4. अड्डा होशियारपुर, जालंधर 5. 1928–63.

आर्यवीर : 1. धा. 2. मा. (हि., अं.) 4. मियानी स्ट्रीट, बम्बई 5. 1971.

आर्यवीर जागृति : 2. लक्ष्मणदत्त 3. फर्कुतार स्ट्रीट, पोर्टलुइस मारिशस।

आर्यशक्ति : 2. मा. 4. बोरा बाजार, बम्बई 5. 1953.

आर्य सन्देश : 1. धा. 2. साप्ता. 3. हरिशंकर शर्मा, स्वामी परमानन्द (संरक्षक) 4. आगरा 5. 1939 (अल्पायु 6 मास)।

आर्य सन्देश : 3. त्रिलोकीनाथ शास्त्री, रामदेव 4. प्रतिनिधि सभा, शोलापुर 5. 1837–38 7. निजाम विरोधी हिन्दुत्व पोषक पत्र। मुख्य नारा— "उठ बाँध कमर क्यों डरता है, फिर देख प्रभु क्या करता है।"

आर्य सन्देश : 1. धा. 2. द्विमा. (हि., मु.) 3. राजेन्द्र पण्डित 4. बड़ौदा।

आर्य संसार : 1. धा. 2. मा. 3. उमाकान्त, राजकीय उपाध्याय 4. आर्यसमाज 19, कार्नवालिस स्ट्रीट, कलकत्ता 5. 1958.

आर्यसंस्कार : 1. धा. 2. साप्ता. 3. नरेन्द्रकुमार जैन 4. मण्डीबाग, खजांचियाँ, लुधियाना 5. 1968.

आर्य समाचार : 1. समा. 2. साप्ता., मा. 3. नारायण दत्त, घासीराम शर्मा, गंगा सहाय, कल्याण राम 4. मेरठ 5. सितम्बर 1882, 85–1925.

आर्य समाचार : 1. धा. 3. बदरीदत्त शर्मा 4. कानपुर।

आर्यसमाज : 1. धा. 2. साप्ता. 3. प्रकाशवीर शास्त्री 4. पटौदी हाउस, दरियागंज, दिल्ली 5. 1958–59.

आर्य सिद्धान्त : 1. धा. 2. मा. 3. भीमसेन शर्मा 4. इटावा 5. 1887, 90 6. 1.25वा. 7. आर्य समाजी पत्र। कालान्तर में भीमसेन शर्मा सनातनी हो गये और 'ब्राह्मण सर्वस्व' प्रकाशित करने लगे।

आर्य सुधानिधि : 2. मा. 3. श्रीनारायण शर्मा 4. कलकत्ता।

आर्यसेवक : 1. धा. 2. मा., पा. 3. जी.बी.अग्रवाल, विश्वम्भर शर्मा, गणेशप्रसाद शर्मा आदि 4. दयानन्द भवन, सदरबाजार, नागपुर 5. 1900.

आर्य सेवक : 1. जा. 2. पा. 3. शेरसिंह, इन्द्रदेव सिंह 4. अकोला, बरार 5. 1906.

आर्यादर्श : 3. शिवकुमार 4. हरिपुर 5. 1920.

आर्यावर्त्त : 1. धा., समा. 2. साप्ता. (1887), दै. 3. रुद्रदत्त शर्मा (10 वर्ष) दिनेशदत्त झा,

जयकांत मिश्र, बालकृष्ण सहाय, ब्रजनन्दन 'आजाद', श्रीकांत ठाकुर, पारसनाथ सिंह, क्षेत्रपाल शर्मा (1891) 4. कलकत्ता (1887-1922)/राँची (1897)/ पटना (1898)/भागलपुर (1911)/इण्डियन नेशन प्रेस, दानापुर, पटना (1898, 1940) 5. 1887 7. यह सम्प्रति बिहार का प्रमुख हिन्दी दैनिक। आरम्भ में कलकत्ता, राँची, भागलपुर से प्रकाशित आर्यसमाजी पत्र। स्वामित्व—मिथिला नरेश।

आर्यावर्त्त : 1. समा. 2. सान्ध्य दै. 3. लालचन्द्र हितैषी 4. आर्यसमाज, दिल्ली 7. विभाजन के दिनों का लोकप्रिय पत्र।

आर्यावर्त्त : 1. समा. 2. साप्ता. 3. पशुपाल 4. इन्दौर 5. 1946.

आर्यावर्त्ततत्व वारिधि : 3. गोविन्द्रचन्द्र मिश्र 4. लखनऊ 5. 1894.

आर्योदय : 1. धा. 2. साप्ता. 3. भारतेन्द्रनाथ साहित्यालंकार 4. हनुमान रोड, नई दिल्ली 5. 1959-67 7. आर्य प्रतिनिधि सभा का पत्र।

आर्योदय : 1. समा., धा., सां. 2. पा. 4. आर्यसमाज, पोर्टलुई, मारिशस 4. पर्याप्त प्राचीन एवं प्रचलित पत्र। प्रति अंक औसत 16 पृष्ठ।

आर्योदय : 1. धा. 2. साप्ता. 4. आर्य प्रतिनिधि सभा, जालंधर 5. 1959-63.

आर्य ग्रन्थावली : 3. राजाराम शर्मा 4. लाहौर 5. 1904-05.

आर्यज्योति : 2. मा. 3. प्रियरत्न 4. काशी 5. स्वा. पर्व 6. 3 वा.

आल इण्डिया सारस्वत : 1. जा. 2. त्रै. 3. जी.वी. मुदेश्वर 5. 1919.

आल पत्रिका : 1. समा. 2. साप्ता. 3. छोटेलाल कटियार 4. चूनामिल, नरकासा, फर्रुखाबाद 5. 1970.

आलोक : 2. मा. 4. कानपुर 5. 1952.

आलोक : 2. साप्ता. 3. विश्वनाथ सिंह 4. बैकुंठपुर (कोरियास्टेट)।

आलोक : 1. समा. 2. दै. 3. के. पी. नारायण 4. नवभारत भवन, तलैया, जहाँगीराबाद, भोपाल 5. 1955.

आलोक : 1. चि. 2. मा. 3. कविरत्न कालीप्रसाद शास्त्री (शर्मा) 4. एलनगंज, प्रयाग 5. 1882-1903 वि.।

आलोक : 1. ब्रेल पत्रिका 2. त्रै. (1957), मा. (अक्टूबर 1968) 3. ठाकुर विश्वनारायण सिंह 4. सेण्ट्रल ब्रेल प्रेस, शिक्षा तथा समाज कल्याण मंत्रालय, भारत सरकार दिल्ली/ मुद्रण राजपुर मार्ग, देहरादून 5. नवम्बर 1957 (प्रच.) 7. नामान्तर 'नयनरश्मि' भारत की सर्वप्रथम ब्रेल पत्रिका। नेत्रहीनों के लिये उभरे हुए बिन्दुओं के सहारे (स्पर्श लिपि) पर आधारित पत्र। सम्प्रति 'नयनरश्मि' (मा.) रूप में प्रकाशित। मुख्य स्तम्भ—बाल जगत, नारीलोक, कुछ जानने योग्य बातें, नई लेखनी आदि। पत्र के मुक पृष्ठ पर 'त्रिनेत्रधारी शिव' का प्रतीकात्मक चित्र। इसमें श्रेष्ठ कविताएँ, कहानियाँ एवं सर्वांगसम्पन्न लेख प्रकाशित।

आलोक : 1. संस्था पत्र 2. बहु. 3. कु. आर. शारदामणि देवी 4. केन्द्रीय शिक्षा संस्थान, विद्यार्थी संघ, 33 क्षत्र मार्ग, दिल्ली 5. 1948.

आलोक : 1. धा., 2. साप्ता. 3. जी.डी. अग्रवाल, रतनकुमार जैन, विश्वम्भरप्रसाद शर्मा, हरिनारायण शर्मा 4. गीता ग्राउण्ड, सीताबाड़ी, नागपुर 5. 1936, 47-1959-69.

आलोक : 2. पा. 3. भुवनेश्वर मिश्र 4. अर्जुनलाल प्रेस, लाइन बाजार, पूर्णिया 5. 1935-53.

आलोक : 1. सा. 2. मा. 3. शुभकरण शर्मा, श्रीकांत ठाकुर 4. महात्मा गाँधी रोड, कलकत्ता 5. नवम्बर 1948-55.

आलोक : 1. समा. 2. पा. 4. जिला आयोजन कार्यालय, नैनीताल 5. 1954-68.

आलोक दर्शन : 1. समा. 2. साप्ता. 4. सराय चौधरियान, बुलंदशहर 5. 1969-70.

आलोकन : 1. समा. 2. दै. 3. रामगोपाल गाँधी 4. न्यू रोड, रतलाम 5. 1970.

आलोक भारती : 1. समा. 2. साप्ता. 3. लल्लनप्रसाद व्यास 4. के. 15 ग्रीन पार्क, नयी दिल्ली 5. 1972.

आलोक रीवा : 1. समा. 2. दै. 4. चुनार, रीवाँ 5. 1975.

आलोचना : 1. सा. 2. त्रै. 3. नन्ददुलारे बाजपेयी, धर्मवीर भारती, डॉ. शिवदान सिंह, डॉ. नामवरसिंह (1951), शीला सन्धू 4. राजकमल प्रकाशन प्रा. लि., नेताजी सुभाष मार्ग, दरियागंज, फैज बाजार, दिल्ली 5. 1951 (प्रच) 7. साहित्यिक समालोचना का प्रतिनिधि पत्र। द्रष्टव्य—उपन्यास अंक, काव्यालोचन, स्वातंत्र्योत्तर साहित्य, 'मुक्तिबोध, धूमिल विशेषांक' आदि। संवाद शैली का पत्र।

आलोचना : 2. मा. 4. सतसंग, देवगढ़ 5. 1956-58 लगभग।

आवाज : 3. रामेश्वर 4. मालिया फर्स्ट, बाई लेन, हावड़ा।

आवाज : 1. समा. 2. साप्ता. 4. देहरादून 5. 1954-56.

आवाज : 1. समा. 2. साप्ता. 3. बार्ड 4. बालाघाट (म.प्र.) 5. 1956-67.

आवाज : 1. समा. 2. साप्ता. 3. अनिलकुमार वर्मा, तुलसीराम मित्तल, 4. निकट कोतवाली भरतपुर/सवाई माधोपुर (राज.) 5. 1952-60.

आवाज : 1. समा. 2. साप्ता. 3. हरिलाल यादव 4. गाँधी मार्केट, इटावा 5. 1934.

आवाज : 1. समा. 2. साप्ता. 3. ब्रह्मदेव शर्मा 4. आजाद प्रेस, धनबाद 5. 1947-62.

आवाज : 1. समा. 2. साप्ता. 3. रामप्रताप शुक्ल 4. बम्बई 5. 20वीं शती का पूर्वार्द्ध।

आवाज-ए-खलक : 1. समा. 2. पा. 4. गौदौलिया, वाराणसी 5. 1902.

आवाज-ए-हिमाचल : 1. समा. 2. साप्ता. 3. एम.पी. भार्गव 4. पो. भुण्टूरकुलू 5. 1968.

आवारा जासूस : 2. मा. 3. महेन्द्रप्रताप गर्ग 4. रंगमहल कार्यालय, लाहौरी गेट, दिल्ली 5. 1965.

आवास : 3. र.ना. पाण्डेय 4. उत्तर प्रदेश आवास एवं विकास परिषद्, महात्मा गाँधी मार्ग, लखनऊ 5. 1973.

आवाहान : 1. सा. 2. त्रै. 4. दूदार स्ट्रीट, कलकत्ता 5. 1956-65 (लगभग)।

आविष्कार : 1. विज्ञान 2. मा. 3. बदीउद्दीन खाँ, देवेन्द्र भटनागर 4. राष्ट्रीय अनुसंधान विकास निगम आविष्कार संवर्द्धन मण्डल, रिंग रोड, नयी दिल्ली 5. 1971 (प्रच.) 7. आविष्कारों की उपयोगी जानकारी।

आवेग : 1. सा. 2. त्रै. 3. प्रसन्नकुमार ओझा, नरेन्द्र गुप्त, हरेन्द्र 4. 18/10 श्रीमाली मोहल्ला, 'सत्य निकेतन', नजरबाग, बिहारीलाल मार्ग, बैंक कालोनी, रतनलाम 5. 1970 7. प्रगातिशील लघुपत्र।

आवेश : 1. सा. 2. वा. 3. अचला शर्मा, रमेश बक्षी 4. एफ 41 ग्रीन पार्क, नयी दिल्ली 5. 1972 7. नवलेखन का पुस्तकाकार लघुपत्र।

आशा : 1. समा. 2. सात्ता. 4. मूंड, बरेली 5. 1967-70.

आशा : 3. सुधाकर शर्मा 4. बरेली 5. जनवरी 1927.

आशा: 2. मा. 3. विशुद्धानंद, भुवनेश्वर मिश्र 4. सरस्वती विद्यालय, कलकत्ता 5. 1924.

आशा : 2. मा. 4. जहानाबाद (बिहार) 5. 1956 (लगभग)।

आशा : 2. मा. 3. आर.सी. त्रिपाठी 4. मुट्ठीगंज, इलाहाबाद 5. 1952.

आशा : 3. राजेन्द्र रंजन 4. सासनी (अलीगढ़) 7. विशेष—'लोकशास्त्र' अंक।

आशा दीप : 2. मा. 3. देवीचन्द्र 4. मोहल्ला कानूगो, जीन्द 5. 1969.

आशा दीप : 2. मा. 4. कमला मार्केट, नई दिल्ली 5. 1956.

आशिष : 2. वा. 3. पी. पुरोहित 4. नागरपुर 5. 1963.

आशीर्वाद : 1. सा. 3. उमाकांत बाजपेयी, महेन्द्र कार्तिकिय, मीना सिंह 4. पटना 5. 1968-69 7. नवलेखन का लघुपत्र।

आशीर्वाद : 1. सा. 2. अर्द्धवा. 3. विजयवीर त्यागी 5. गाडोदिया नगर, घाटकोपर 5. 1965-69.

आशीसिनेकी कली : 1. फि. 2. सात्ता. 4. गोलीवार, चौक, नागपुर 5. 1965-68.

आश्रम पत्रिका : 2. मा. 3. विचित्रनारायण शर्मा 4. गाँधी आश्रम, मेरठ/गाँधी आश्रम, शाहनजफ रोड, लखनऊ 5. 1939-60.

आश्रम पत्रिका : 2. मा. 3. विचित्रनारायण शर्मा 4. गाँधी आश्रम, बुलानाला, वाराणसी 5. 1959.

आश्रम सन्देश : 2. मा. (हि., अं.) 3. एन.डी. अग्रवाल 4. ईश्वरशरण आश्रम, इलाहाबाद 5. 1954-60

आश्वासन : 1. समा. 2. सात्ता. 3. फतेहलाल मेनारिया 4. जोनीरेट, उदयपुर 5. 1968.

आसंगिनी : 1. सा., सां. 2. मा. 4. सीकर (राज.)।

आसनसोल समाचार : 1. समा. 2. पा. 3. कपिल देव 4. पक्का बाजार, आसनसोल 5. 1965.

आसपास : 1. फि. 2. सात्ता. 4. इण्डियन एक्सप्रेस, नई दिल्ली।

आसपास : 1. फि., सां. 2. सात्ता. 3. प्रभात जोशी 4. दिल्ली 5. 1975.

आसमान की खबरें : 1. समा. 2. सात्ता. 3. मोहम्मद शरीफ 4. हाथरस 5. 1970.

आसामी : 1. समा. 2. सात्ता. 4. हिबरूगढ़ 5. 1922.

आस्था : 2. त्रै. 3. परमेश्वरदयाल स्ट्रीट, कलकत्ता।

आहुति : 1. समा. 2. सात्ता. 4. गंगानगर (राज.) 5. 1957.

आह्लाद : 1. सा. 2. मा. 4. हुमायूँ बाग, कानपुर 5. 1965-69.

आह्वान : 1. समा. 2. सात्ता. 3. उपेन्द्रनारायण 4. लालबाग, दरभंगा 5. 1968.

आज्ञा : 1. समा. 2. सात्ता. 3. राजकुमार 4. बुलानाला, वाराणसी 5. 1968-69.

इन्क्लाब : 1. समा. 2. पा., सात्ता. 3. श्यामलाल, राजाराम पाण्डेय 'विक्षिप्त' 4. रानी बाजार, सहारनपुर, गाँधीनगर, कानपुर 5. 1953.

इन्क्लाबी वसूल : 1. समा. 2. सासा. 4. शोभाराम वासक स्ट्रीट, कलकत्ता 5. 1967–69.

इंगित : 1. समा. 2. सासा. 3. कमलेश्वर 4. कमलानगर, दिल्ली 5. 1965–67.

इंजीनियरी : 1.तकनीकी 2. त्रै. 3. उत्तर प्रदेश ग्रन्थ अकादमी, लखनऊ 5. 1974.

इंटरनेशनल जासूस : 2. मा. 3. जगदीश कुमार 4. गोलकुआँ, शोराब गेट, मेरठ 5. 1969.

इण्टरनेशनल नीर : 4. हाथरस 5. 1974.

इण्डस्ट्रियल गजट : 1. व्या. 2. सासा. 3. राजकिशोर सिंह, महनचंद वर्मन 4. मछुआ बाजार स्ट्रीट, कलकत्ता 5. 1932–44.

इण्डस्ट्रियल समाचार : 2. मा. 4. प. विस्तार क्षेत्र, नई दिल्ली 5. 1963–66.

इण्डियन ओपीनियन : 1. समा. (बहु.) 2. सासा. 3. मोहनदास कर्मचन्द गाँधी, मनसुखलाल, नाजरभवानी दयाल संन्यासी, मदनजीत 4. डरबननगर फीनिक्स, नेटाल (दक्षिण अफ्रीका) 5. 4 जून, 1903 से 1914 6. 12–5 शिलिंग 7. नेटाल इण्डियन काँग्रेस और ब्रिटिश उपनिवेश विरोधी आन्दोलन में इसकी मुख्य भूमिका। इसमें मुख्यत: 6 कालम। इस पत्र से गिरमिटिया कुलियों की जागृति। इस पत्र का मूल ध्येय सत्याग्रह। पत्र की नीति—"इस महाद्वीप में भारतीयों के हित को संसार के सामने उपस्थित करना है...।" इसने विज्ञापन न लेने की नीति अपनाई क्योंकि अधिकांश विज्ञापन मिथ्या एवं सर्वोदय में बाधक। आर्थिक संकट और ट्रस्ट की ढील के कारण समाप्त।

इण्डियन कंज्यूमर : 2. मा. (हि., अं.) 4. कन्ज्यूमर कौंसिल इन्द्रप्रस्थ एस्टेट, नयी दिल्ली 5. 1968.

इण्डियन कौंसिल आफ बेसिक एजुकेशन बुलेटिन : 1. शि. 2. द्विभा. 4. विलेपोर्ल, बम्बई 5. 1965.

इण्डियन टाइम्स : 2. मा. 3. श्रीराम सिंह 4. इण्डियन टाइम्स प्रेस, पो. बा. 341, सूवा पोर्ट लुई, मारिशस 5. 1912 7. विदेश से प्रकाशित प्रमुख पत्र।

इण्डियन भूमि : 1. समा. 2. सासा. 4. डिप्टी का पड़ाव, कानपुर 5. 1960-61.

इण्डियन मार्केट : 1. व्या. 2. मा. 4. लाहोरी गेट, दिल्ली 5. 1958-60.

इण्डियन मिनिरल्स : 1. तक. 2. त्रै. 3. एस.के. मुकर्जी 4. प्रकाशन व्यस्थापक, सिविल लाइन्स, दिल्ली 5. 1947.

इण्डियन म्यूजिक : 1. मा. (बहु.) 4. फायर ब्रिगेड लेन, नयी दिल्ली।

इण्डियन रिपोर्टर : 1. समा. 2. सासा. 4. लालकुर्ती, मेरठ 5. 1959-69.

इण्डियन सटेलर : 2. मा. 3. डॉ. मणिलाल, बाबूराम सिंह 4. सुवा (फीजी) 5. 1917-30.

इण्डिया : 1. समा. 2. साप्ता. (हि., अं) 3. डॉ. वेदप्रकाश शर्मा 4. 12-ए वाटिका, विक्टोरिया पार्क, मेरठ 5. 1961.

इण्डिया समाज : 1. समा. 2. सासा. 4. शाहजहानाबाद, भोपाल 5. 1962-65.

इण्डीकेट-सिण्डीकेट : 3. सुरेन्द्रकुमार मित्तल 4. केशरगंज, मेरठ/अजमेर 5. 1970.

इन्तकाम : 1. समा. 2. सासा. 4. रामगंज बाजार, जयपुर 5. 1971.

इन्दीवर : 1. समा. 3. रघुनाथप्रसाद घोष 4. भारतीय छात्रावास, मुन्दीचक, भागलपुर।

इन्दु : 1. सा. 2. मा. 3. अम्बिकाप्रसाद गुप्त, रूपनारायण पाण्डेय, पुनर्मुद्रण रत्नशंकर प्रसाद द्वारा 1960 में 4. गोवर्द्धन सराय, वाराणसी 5. श्रावण शुक्ल द्वितीया सं. 1966 (1909) सित. 1915 तक नियमित प्रकाशन फिर 10 वर्ष बंद। पुनः 1927 में समाप्त 6. 2 रुपये वा. 6. क्रम कला (वर्ष) किरण (अंक), प्रसिद्ध साहित्यिक पत्र। प्रसादसाहित्य और छायावादी काव्यान्दोलन का वाहक। सूक्ति—"काव्य महोदधि ते प्रगट्यो रस रीति कला युत पूरन इन्दुवै।" अपने युग का प्रतिनिधि पत्र। इसके आवरण पृष्ठ पर 'इन्दुशेखराय नमः', उसके नीचे 'उच्चकोटि का साहित्यिक मासिक पत्र" "रस रीतिकलायुक्त' और प्रसाद रचित यह छन्द प्रकाशित—

सज्जन चित्त चकोरन को हुलवासन भावन पूरो अनिन्दु है।
मोहन काव्य के प्रेमिन के हित साँच सुधारस को बलि बिन्दु है।
ज्ञान प्रकाश प्रसारि हियबीच ऐसो जो मूरखता तम बिन्दु है।
काव्य महोदधि ते प्रगट्यो रस रीति कला युत पूरन इन्दु है।"

आरंभ में प्रसाद जी की कृतियाँ इसमें 'साहु' उपनाम से प्रकाशित। आश्विन 1966 वि. के अंक से नई सूक्ति प्रकाशित—

'सुखद शीतल राशि बरसि सुधाशिव भाल ते।
चहुँ दिशि कला प्रकाश, 'इन्दु' सकल मंगल करै।'

इसे 'बाबू जयशंकर प्रसाद जी साहब रईस (सुघनी साहु) के अतिरिक्त 9 साहब बहादुर महाराजाओं का संरक्षण प्राप्त। मुख्य स्तंभ—विविध प्रसंग, पुस्तक परिचय, मस्तराम के मन्तव्य, कसौटी, मिस्टर लतखीरीलाल, मासिक संवाद, जीवविज्ञान, मकरन्द बिन्दु, चित्रचर्चा, आलोचना प्रत्यालोचना, मोती के दाने, पुष्पचयन, सामायिक प्रसंग आदि। आरम्भ में सचित्र। साहित्य के गम्भीर ज्ञान के लिए प्रतिबद्ध।

इन्दु : 1. सा. 2. मा. 3. सीताराम 4. इन्दौर 5. 1910-12.

इन्दु : 1. सा. 2. साप्ता., मा. 3. ज्वालाप्रसाद 4. लाहौर 6. 1884-94 7. प्रतिनिधिं प्राचीन पत्र।

इन्दुमती : 1. फि. 2. मा. 4. दरियागंज, दिल्ली 5. 1959-62.

इन्दौर जिला सहकारी विकास : 1. व्या. 2. मा. 4. महरानी रोड, इन्दौर 5. 1963-69.

इन्दौर दर्शन : 1. समा. 2. सान्ध्य दै. 3. पुरषोत्तम 4. इन्दौर 5. 26 जनवरी 1973. 7. अल्पायु।

इन्दौर बैंक सन्देश : 1. व्या. 2. मा. 3. कांति लाला 4. स्टेट बैंक आफ इन्दौर, आगरा रोड, इन्दौर 5. 1969.

इन्दौर मार्केट रिपोर्टर : 1. व्या. 2. साप्ता. 3. कन्हैयालाल 4. मुराई मुहल्ला, मेन रोड, इन्दौर 5. 1968.

इन्दौर व्यापार रिपोर्ट : 1. व्या. 2. साप्ता. 4. संयोगतागंज, इन्दौर 5. 1961-65.

इन्दौर समाचार : 1. समा. 2. दै. 3. पुरुषोत्तम विजय जैन, लक्ष्मीचंद नानेरिया, कमलाकांत मोदी 4. गैस हाउस रोड, गाँधी मार्ग, इन्दौर 5. 22 मार्च 1944, 46 7. प्रमुख दैनिक, व्यवस्थित पत्र। 250 पूँजी से आरंभ। आरम्भिक मूल्य मात्र दो पैसे। 1971 से सुरेश सेठ का स्वामित्व।

इन्द्रजाल कामिक्स : 1.बा.2.पा.3. महावीर अधिकारी 4. टाइम्स आफ इण्डिया प्रेस, बम्बई 5. 1964 (प्रच.) 7. विदेशी अनूदित चित्र कथाओं से युक्त अत्यंत प्रचलित पत्र।

इन्द्रदूत : 2. लश्कर, ग्वालियर।

इन्द्रधनुष : 3. हजारीलाल श्रीवास्तव, अशोक 4. नागपुर।

इन्द्रधनुष : 2. मा. 4. कूचा सेठ, दरीबा, दिल्ली 5. 1955.

इन्द्रनील : 1. सा. 2. मा. 3. जनक अरविन्द 4. दुर्गाचरन रोड, अम्बाला 5. 1960-65.

इन्द्रप्रभा : 1. शि. 2. मा. 4. उत्तम नगर, नयी दिल्ली 5. 1963-66.

इन्द्रप्रस्थ आयुर्वेद सम्मेलन पत्रिका : 1. चि. 2. मा. 3. बृहस्पतिदेव त्रिगुण 4. राजवैद्य शीतलप्रसाद एण्ड सन्स, चाँदनी चौक, दिल्ली 5. 1970.

इन्द्रप्रस्थ प्रकाश : 1. समा. 2. साप्ता. 3. रुद्रदत्त शर्मा (11 वर्ष), जयंतीप्रसाद शर्मा 4. दिल्ली 5. 1883 6. 2-50 वा.।

इम्पार्शियल : 1. समा. 2. साप्ता. 4. चट्टी बजरिया, गाजियाबाद 5. 1967-71.

इन्सान : 4. विजयवाड़ा कृष्णा (आंध्र) 5. 1957-64.

इन्सान जाग उठा : 1. समा. 2. साप्ता. (उ., हिं.) 4. मुरादाबाद 5. 1962.

इंसान : 1. समा. 2. पा. (हिं., उ.) 4. नया दरवाजा, गाजियाबाद 5. 1956.

इन्सान : 1. समा. 2. साप्ता. 4. किला रोड, जोधपुर 5. 1959-65.

इन्सानियत: 1. समा. 2. साप्ता. 3. गिरिवरलाल बंसल 4. शिकारबाड़ी, स्ट्रीट, मुरैना (म.प्र.) 5. 1962.

इन्सानी हुकूक: 1. समा. 2. साप्ता. 3. परशुराम शांडिल्य 4. सवलगढ़, मुरैना 5. 1964.

इंसाफ : 2. मा. 4. चण्डीगढ 5. 1970.

इंसाफ का मुक्का : 2. साप्ता. 4. पुराना बाजार, वकीलां, लुधियाना 5. 1970.

इन्साफ की तोप : 1. समा. 2. साप्ता. 4. डाकबँगला रोड, कोटा 5. 1967-71.

इन्सपैक्टर : 2. मा. 3. जर्नादनप्रसाद जायसवाल 4. कटघर, मुट्ठीगंज, इलाहाबाद 5. 1963.

इकतारा : 1. समा. 2. साप्ता. 4. मेजरगंज, सुल्तानपुर 5. 1971.

इकाई : 1. व्या. 2. अनि. 3. जगदीश 4. कलकत्ता 5. 1959-60 5. सुरुचिपूर्ण पत्रिका।

इकाई : 2. मा. 4. के. 103 कीर्तिनगर, रामकृष्णपुरम, दिल्ली 5. 1967-68.

इक्सप्रेस नारद : 1. समा. 2. साप्ता. 3. तुमुल विजय 4. बिसौली (उ.प्र.) 5. 1970.

इक्कीसवीं सदी : 1. सा. 2. मा. 4. जटोगबाजार, शिमला 5. 1971.

इच्छा : 1. समा. 2. साप्ता. 3. महेन्द्रपाल 'मुकुल' 5. 1967.

इटावा : 1. समा. 2. पा. 4. कटरा बाल सिंह, इटावा 5. 1960-65.

इटावा कर्मवीर : 1. समा. 2. साप्ता. 3. कृष्णलाल जैन 4. बजरिया चौराहा, इटावा 5. 1965.

इटावा समाचार : 1. समा. 2. साप्ता. 4. स्वामी टोला, इटावा 5. 1960-61.

इतिहास : 2. मा. 3. विशनस्वरूप 4. कटरा बडियान, दिल्ली 5. 15 अगस्त, 1948.

इतिहास : 1. शा. 2. त्रै. 3. डॉ. राधेशरण 4. दक्षिण तात्या टोपे मार्ग, भोपाल 5. 1967.

इतिहास : 2. मा. 3. गंगाप्रसाद गुप्त 4. काशी 5. 1905 6. 10 वा.

इत्तिहाद (इत्तेहाद) : 1. समा. 2. साप्ता. (हि., म.) 3. के.एम.ए. पुथावला मुजफ्फर 4. जे.जे. गली, अहमद नगर (महा.) 5. 1964.

इत्तेहाद : 2. पा. 3. मुंशी फजलुलरहीम सिद्दीकी 4. सागर 5. 1922.

इबादत : 2. सासा. 3. गुरुबक्स राय 4. गंगानगर (राज.)।

इबारत : 4. बगड़ों का वास, रतलाम।

इनकम टेक्स : 1. व्या. 2. सासा. 4. तेलीपुरा, आगरा 5. 1963-65.

इयत्ता : 3. नन्दकिशोर तिवारी 4. बिजली शहीद, सासाराम (बिहार)।

इलाज : 2. मा. 3. लक्ष्मीनारायण श्रीवास्तव 4. प्रयाग 5. 1923.

इलाज : 1. समा. 2. सासा. (हि., उ.) 4. मुरादाबाद 5. 1962.

इलाहाबाद : 1. समा. 2. सासा. 3. आर.आर. श्रीवास्तव 4. मुम्फोर्डगंज, इलाहाबाद 5. 1965.

इलाहाबाद यूनिवर्सिटी हिन्दी मैग्जीन : 3. धीरेन्द्र वर्मा 4. प्रयाग 5. 1965.

इलाहाबाद ला टाइम्स : 1. विधि. 2. मा. (हि., अं.) 4. चण्डीगढ़ 5. 1923.

इलेक्शन : 1. समा. 2. सासा. 4. प्रतापगढ़ 5. 1964-71.

इसलिए : 1. सा. 2. त्रै. 3. वेणु गोपाल 4. मारवाड़ी रोड, बैंक स्ट्रीट, भोपाल 5. स्वातंत्र्योत्तर 7. प्रगतिशील लघुपत्र।

इस्पात विहंगम : 1. व्या. 2. पा. 3. एफ.एम. ताहिरमानी 4. भिलाई 5. 1970.

इस्लाम : 1. धा. 3. काजी आबिद अली 4. कानपुर 5. 1934.

इस्लामी साहित्य : 1. धा. 2. मा. 4. बालमण्डी, काशी 5. 1947-56.

ईख समाचार : 1. कृ. 2. मा. 3. सी. ठाकुर 4. बिहार ईख अनुसंधान केन्द्र, पूसा (बिहार) 5. 1947.

ईख समाचार : 1. कृ 2. मा. 4. आसफ अली रोड, नई दिल्ली 5. 1957-58.

ईश आराधना : 2. मा. 4. स्ट्रीट क्यू, सेक्टर 7 ए, चण्डीगढ़ 5. 1961-65.

ईश्वर प्राप्ति : 1. धा. 2. मा. 3. रामकुमार सहगल 4. हरिनाम संकीर्तन महामण्डल, बाग रामानन्द, अमृतसर 5. 1948-61.

ईश्वरीय संविधान : 1. धा. 2. मा. 4. बेउर, बदायूँ 5. 1963-71.

उन्नत कृषि : 1. कृ. 2. मा. 3. बी.पी. चतुर्वेदी 4. निदेशक प्रसार (कार्य सूचना) भातीय कृषि अनुसंधान परिषद् यूनिट, डॉ. राजेन्द्र प्रसाद मार्ग, शास्त्री भवन, नई दिल्ली 5. 1953 7. पूर्व नाम 'धरती के लाल'।

उन्नत खेती : 1. कृ. 2. द्विमा. 3. परमिन्दर सिंह 4. कृषि विश्वविद्यालय, लुधियाना 5. 1965.

उन्नत राजस्थान : 1. समा. 2. साप्ता. 4. सी स्कीम, जयपुर 5. 1971.

उन्नाव टाइम्स : 1. समा. 2. दै. 3. स्वतंत्रकुमार शुक्ल 4. जगन्नाथगंज, उन्नाव (यू.पी.) 5. 1961.

उन्नाव वाणी : 1. समा. 2. सासा. 4. उन्नाव 5. 1962-65.

उन्नाव सन्देश : 1. समा. 2. सासा. 4. जरघुत, उन्नाव 5. 1963-65.

उन्मेष : 1. सा. 2. अनि. 3. विनोदकुमार भारद्वाज, ललित गुप्त 4. बाबूपुरवा कानपुर/एस/83ए स्लीपर ग्राउन्ड, आलमबाग, लखनऊ 5. 7 वाँ दशक 7. लघुपत्र।

उगता सूरज : 1. समा. 2. सासा. 4. बल्लभगढ़ (हरि.) 5. 1967.

उग्र : 1. समा. 2. दै. (सान्ध्य) 3. पाण्डेय बेचन शर्मा 'उग्र' 4. दिल्ली (दै.)/ काशी 5. 1921-38 7. मात्र 24 अंक प्रकाशित पाकेट पत्र। अपनी, सूझबूझ एवं साहित्यिकता के कारण महत्वपूर्ण। काशी से हस्तलिखित रूप में प्रकाशित।

उचित वक्ता : 1. समा. 2. साप्ता. 3. पं. दुर्गाप्रसाद मिश्र, व्यवस्थापक-कालीप्रसाद मिश्र 4. 65 नम्बर सूनापट्टी, बड़ा बाजार, कलकत्ता (कुछ वर्षों तक खड्ग विलास प्रेस, पटना से प्रकाशित) 5. 7 अगस्त 1880-फरवरी 1887। पुन: 10 मार्च 1889 7. 1881 से उचित वक्ता प्रेस की व्यवस्था। स्वामी—दुर्गाप्रसाद मिश्र। स्वाधीनता का पोषक। लगभग 1500 ग्राहक। 12 मई 1883 को पत्रकारों को उद्बोधन—"देशी सम्पादको, सावधान। कहीं, जेल का नाम सुनकर कर्त्तव्यविमूढ़ न हो जाना। धर्म की रक्षा करते हुए यदि गवर्नमेण्ट को सत्परामर्श देते हुए जेल जाना पड़े तो क्या चिन्ता है। इससे मानहानि नहीं होती है। हाकिमों के अन्यायान्य आचरणों से गवर्नमेण्ट पर सर्वसाधारण की अश्रद्धा हो सकती है। उनका यथार्थ प्रतिवाद करने में जेल तो क्या द्वीपान्तरित भी होना पड़े तो क्या बड़ी बात है।" सर्वांशत: युग प्रतिनिधि पत्र।

उचित वक्ता : 2. मा. 4. जबलपुर 7. आर्यसमाज का प्रचारक पत्र।

उच्च न्यायालय निर्णय पत्रिका : 1. विधि 2. मा. 3. रामनाथ शर्मा, वेदव्यास, डॉ. लक्ष्मीमल सिंघवी, शम्भुनाथ चतुर्वेदी 4. इण्डियन ला इन्सटीट्यूट भवन, भगवानदास रोड, विधि और न्याय मंत्रालय (विधायी), नई दिल्ली-1 5. जनवरी 1969 (प्रच.) 7. प्रमुख निर्णयों के हिन्दी रूपान्तर।

उच्चतम न्यायालय निर्णय पत्रिका : 1. विधि 2. मा. 3. शम्भुनाथ चतुर्वेदी, वेदव्यास, गोपीनाथ दीक्षित, बालकृष्ण 4. विधि और न्याय मंत्रालय (विधायी), भगवानदास रोड, नयी दिल्ली-1 5. अप्रैल 1968 (प्रच.)।

उच्छृंखल : 1. सा. 2. मा. 4. काशी 5. 1938-39 7. छायावादी काव्यान्दोलन का विरोधी लघुपत्र। विशेष 'भाभी अंक' (जैनेन्द्रीय कथापात्रों की पैरोडी) सुकवि किंकर (महावीरप्रसाद द्विवेदी), पं. रामचन्द्र शुक्ल आदि के सहयोग से छायावाद की भर्त्सना का अभियान। शुक्ल जी की 'पाखण्ड परिच्छेद' कविता "हाँक दो न धूमधूम खेती काव्य की चरे" इसमें प्रकाशित।

उजागर : 1. समा. 2. साप्ता., पा. 3. अभय गुप्त 4. दातामण्डी, मेरठ 5. 1966.

उजाला : 1. समा. 2. साप्ता. (बहु.) 3. प्रेमलताबाई 4. बाई 2, युपुलगाँव (वर्धा) 5. 1949.

उजाला : 1. समा. 2. पा. 4. पड़ाव रोड, अजमेर 5. 1960-64.

उजाला : 1. समा. 2. दै. 3. संस्था.—गणपतिचन्द्र केला, डोरीलाल अग्रवाल (1945) 4. उजाला प्रेस, आगरा, 5. 1932-40 7. आज का प्रतिनिधि पत्र।

उजाला : 1. सा. 2. मा. 3. ई.सी.शॉ, एस.जे. मुकुन्द्र 4. साक्षरता निकेतन, सिंगारनगर, आलमबाग, लखनऊ 5. 1954-58.

उजाला : 1. समा., राज. 2. साप्ता. 3. गुरुप्रसाद उत्पल 4. उजाला प्रेस, पटना 5. 1951.

उजाले की ओर : 1. समा. 2. साप्ता. 3. गणेशकुमार 4. स्टेशन रोड, चित्तौड़गढ़ 5. 1966, 67.

उजास : 1. समा. 2. साप्ता. 3. कृष्णचन्द्र पराग 4. दिल्ली गेट के भीतर, अलवर 5. 1967.

उजास : 2. पा. 4. प्रौढ़ शिक्षण समिति, बीकानेर।

उज्जैन टाइम्स : 1. समा. 2. साप्ता. 3. भार्या यादव 4. बेगमपुरा, उज्जैन 5. 1961-65, 1966-70.

उज्जैन रिपोर्टर : 2. सासा. 4. बेताल रोड, फ्रीगंज, उज्जैन 5. 1965-66.

उज्जैन हेराल्ड : 1. सामा. 2. सासा. 3. सुरेन्द्र भटनागर 4. मदारगेट, उज्जैन 5. 1964-65, 1970.

उज्ज्वल : 2. मा. 3. श्रीराम अद्रावलकार, चां. ग. चौधरी 4. जिल्हापेठ, जलगाँव पूर्वखानदेश 5. दिसम्बर 1947.

उझानी सेवक : 1. समा. 2. सासा. 4. उझानी, बाँदा 5. 1964-68.

उठता हरियाणा : 1. समा. 2. सासा. 4. स्वामीवाड़ा, रेवाड़ी 5. 1967.

उठते कदम : 1. समा. 2. सासा. 4. आबूलेन, मेरठ 5. 1964-65.

उठो जवानो : 1. समा. 2. सासा. 4. 12, स्टेशन रोड, लखनऊ 5. 1965-71.

उड़ती चिनगारी : 1. समा. 2. सासा. 4. पुरवियान हिल्स, सागर 5. 1965-66.

उड़ान : 1. सा. 2. मा. 4. छोटा रास्ता, जयपुर 5. 1961-65.

उत्कर्ष : 1. सा. 2. मा. 3. देवीप्रसाद दीक्षित, सूर्यप्रसाद दीक्षित, गोपाल उपाध्याय, घनानन्द उपाध्याय आदि 4. 26, स्टेशन रोड, 102/36 तालाब गगनी सुकुल, लखनऊ 5. 1960-71 7. नवलेखन का लघुपत्र। द्रष्टव्य—कहानी विशेषांक (1966), जवाहर स्मृति (1965), उपन्यास अंक, आचार्य नरेन्द्र देव स्मृति अंक, आधुनिक असमिया साहित्य विशेषांक, कविता विशेषांक, समीक्षा विशेषांक बाँगला देश विशेषांक (1971) आदि।

उत्कर्ष : 3. लक्ष्मणस्वरूप मैत्रेय, हरिप्रसाद शास्त्री 4. गाजियाबाद।

उत्क्रान्त भारत : 1. सा. 2. मा. 3. कृष्ण शर्मा 4. भोमिया मार्ग, जयपुर 5. 1968.

उत्तम बुलेटिन : 1. शि. 2. मा. 4. सिविल लाइन्स, मुजफ्फरनगर 5. 1971.

उत्तर : 2. पा. 4. चन्दमहल, ठाकुर द्वारा, बम्बई 5. 1851.

उत्तर केरल सभा मित्रम : 2. मा. (हि., अं., मल.) 2. मा. 4. शोरानूर, पालघटा (केरल) 5. 1953.

उत्तर केशरी : 1. समा. 2. सासा. 3. उमेदसिंह मेहता 4. नई पोखरखली, अलमोड़ 5. 1965.

उत्तर दर्शन : 1. समा. 2. पा. 3. राजनारायण सिंह 4. सिंह सदन, सींदमहाल फरीदानगर, भाण्डुष, बम्बई 5. 1971.

उत्तर प्रदेश : 1. समा., सां. 2. मा. 3. ठाकुरप्रसाद सिंह, चन्द्रमोहन शर्मा 4. सूचना विभाग (उ.प्र.) लखनऊ 5. 1972 (प्रच.) 7. उच्चस्तरीय सरकारी पत्र। द्रष्टव्य—तुलसी मानस विशेषांक (1974), पत्रकारिता विशेषांक (1976), गणतंत्रअंक आदि।

उत्तर प्रदेश कृषि विश्वविद्यालय पत्रिका : 1. कृ. 2. मा. 3. शंकरदत्त जोशी 4. कृषि विश्वविद्यालय, पंतनगर (नैनीताल) 5. 1967.

उत्तर प्रदेश पंचायती राज : 1. समा. 2. मा., पा., सासा. 3. काशीनाथ उपाध्याय 4. सूचना निदेशालय, उत्तर प्रदेश, लखनऊ 5. 1951, 66-68.

उत्तर प्रदेश पुलिस सूचना पत्र : 1. समा. 2. मा. 3. हरप्रसाद शुक्ल 4. पुलिस ट्रेनिंग कालेज, मुरादाबाद 5. 1970.

उत्तर प्रदेश स्थानीय निकाय समाचार पत्रिका : 1. समा. 2. मा. 3. रामजी द्विवेदी 4. कृष्णनगर, इलाहाबाद 5. 1969.

उत्तर बिहार : 1. समा. 2. साप्ता. 3. महेशप्रसाद सिन्हा, रामरीझन, राममोहन रसूलपुरी 4. बुद्ध मार्ग, पटना 5. 1951-53 7. उत्तर बिहार का लोकप्रिय पत्र।

उत्तर भारत : 1. समा. 2. साप्ता. 3. रामशरण सिंह, 4. नयागंज, सब्जीमंडी, कानपुर 5. 1964-70.

उत्तर भारत : 1. समा. 2. पा., साप्ता. (1979) 3. भुवनेश्वरनाथ 4. विश्वेश्वरनाथ रोड, लखनऊ 5. 1969.

उत्तर भारत : 1. पा. 3. अनुसूयाप्रसाद बहुगुणा (संचा.) 4. नंदप्रयाग, गढ़वाल।

उत्तर भारत टाइम्स : 1. समा. 2. साप्ता. 3. नेपालसिंह आर्य 4. भाटन स्ट्रीट, बिजनौर 5. 1969.

उत्तर रेल : 2. मा. 3. बी.एस. मिश्र 4. जनसम्पर्क कार्यालय उत्तर रेलवे, नई दिल्ली 5. 1952.

उत्तर शती : 1. सा. 2. मा. 4. सोहबतिया बाग, इलाहाबाद 5. 1965.

उत्तरा : 1. सा. 2. मा. 3. भगवतीचरण वर्मा 4. 37 विश्वेश्वरनाथ रोड, लखनऊ, 1952.

उत्तरांचल दीप : 1. समा. 4. हलद्वानी।

उत्तरांचल वीकली (साप्ताहिक) : 1. समा. 2. साप्ता. 3. सँवरीलाल उनियाल 4. 32 चकराता रोड, देहरादून 5. 1970.

उत्तराखण्ड : 1. समा. 2. साप्ता. 3. हीरालाल बदोला 4. मुनि की रेती, टेहरी, गढ़वाल 5. 1955.

उत्तराखण्ड आबजर्वर : 1. समा. 2. साप्ता. 3. धनंजय भाटी 4. गोपेश्वर, चमोली 5. 1967.

उत्तराखण्ड ज्योति : 1. समा. 2. साप्ता. 4. तहसील रोड, पिथौरागढ़ 5. 1960-61.

उत्तराखण्ड टाइम्स : 1. समा. 2. साप्ता. 3. मुरारीलाल, एम.एल. जिंदल 4. कुन्दनपुरी, मुजफ्फरनगर 5. 1962.

उत्तराखण्ड भारती : 1. सा. 2. त्रै. 3. नन्दकिशोर भगत, बटरोही (डॉ. लक्ष्मण सिंह विष्ट) 4. दीना कॉटेज, मल्लीताल, नैनीताल/मिर्जापुर 5. 1972 7. उत्तरांचल की सांस्कृतिक चेतना से युक्त। द्रष्टव्य – 'भूगोल विशेषांक'।

उत्तराखण्ड समाचार : 1. समा. 2. पा. 4. देहरादून 5. 1956 (लगभग)।

उत्तरार्द्ध : 1. सा. 2. त्रै. 3. ब्रजेन्द्र कौशिक, सव्यसाची, राजमणि चतुर्वेदी 4. आनन्द सदन, रामपुरा, कोटा/2164 डम्पीयर, मथुरा 5. 1972 (अल्पायु) 7. सी.पी.एम. का पोषित जनवादी पत्र।

उत्तरायण : 1. सामा. 2. साप्ता. 4. पिथौरागढ़, हलद्वानी, नैनीताल 5. 1971.

उत्तेजक : 1. सा. 2. मा. 3. हर्षदराय पारीक 4. दक्षिण टोड़ा, इन्दौर 5. 1970.

उत्थान : 2. साप्ता. 3. मातादीन भगेरिया 4. राजस्थान प्रिंटिंग, जयपुर 5. 14 फरवरी 1948.

उत्थान : 2. मा. 3. सुन्दरलाल त्रिपाठी 4. डिस्ट्रिक्ट काउन्सिल, रायपुर 5. 1936.

उत्थान : 1. समा. 2. साप्ता. 4. रामपुरा बाजार, कोटा 5. 1958-65.

उत्थान : 2. मा. 4. व्यावर (राज.) 5. 1956.

उत्थान : 2. मा. 4. अम्बेदकर भवन, रानी झाँसी रोड, नयी दिल्ली 5. 1950-62.

उत्थान : 1. समा. 2. साप्ता. 4. छपेठी, इटावा 5. 1957-60.

उत्थान : 1. समा. 2. साप्ता. 4. झाँसी 5. 1956.

उत्थान : 1. समा. 2. पा. 4. हाथीपुर, लखीमपुर-खीरी 5. 1967-69.

उत्थान : 1. समा. 2. साप्ता. 3. वीरेन्द्र पाण्डे, गिरधारीलाल 4. हजरतगंज, लखनऊ 5. 1950.

उत्थान : 1. धा. (आर्यसमाजी) 3. ईश्वरदयाल आर्य, सर्वानन्द 4. रघुवरदयाल लेन, नरही, लखनऊ 5. 1954.

उत्पादकता : 1. वा. 2. मा. 3. डी.पी. उपाध्याय 4. गोल्फ लिंक्स, नई दिल्ली 5. 1967 (प्रच.) 7. राष्ट्रीय उत्पादकता परिषद् का पत्र।

उत्सद् : 2. त्रै. 3. कृष्णदास खन्ना 4. क्लाइव स्ट्रीट, कलकत्ता 5. 1989 वि.।

उत्साह : 1. सा. 2. अर्द्ध साप्ता. 3. रघुनाथ विधायक धुलेकर, रामेश्वरप्रसाद शर्मा 4. उरई, झाँसी 5. 1918-21.

उत्साह : 1. धा. 2. मा. 3. महादेव गोविंद कानिदकर 4. काशी 5. 1924.

उदय : 3. विष्णुदत्त मिश्र 4. तरंगी न्यूज पब्लिकेशन, नयाकटरा, दिल्ली 5. जून, 1943-46.

उदय : 3. काशीबहादुर श्रेष्ठ 4. काशी 5. 1937.

उदय : 1. समा. 2. साप्ता. 3. प्रबोधनारायण सिंह 4. बी 19 नरेन्द्र सेन स्क्वायर, कलकत्ता 5. 1951.

उदय : 1. समा. 2. साप्ता. 3. राधेलाल शर्मा 'हिमांशु' 4. शांतिप्रेस, नरसिंहपुर 5. 1948-59.

उदय : 1. धा. 2. मा. 3. वियोगी विश्वेश्वर 4. उदयसंकीर्तन सभा, उदयपुर 5. 1969 7. निम्बार्क सम्प्रदाय का पत्र।

उदय टाइम्स : 1. समा. 2. साप्ता. 4. कृष्णवार्ड, नरसिंहपुर (म.प्र.) 5. 1962-65.

उदयगान : 1. समा. 2. साप्ता. 4. रतलाम 5. 1971.

उदयपुर एक्सप्रेस : 1. समा. 2. साप्ता. (1974) 3. ब्रजेन्द्र राही 4. मार्केट अशोक नगर, उदयपुर 5. 1970 (लगभग)।

उदयपुर गजट : 1. समा. 4. उदयपुर 5. 1868, 69 7. नामान्तर 'सज्जन कीर्ति सुधाकर' (1879)। पर्याप्त प्राचीन पत्र। मात्र हिन्दी में प्रकाशित प्रथम राजकीय गजट। विविध विषय प्रकाशित।

उदयपुर टाइम्स : 1. समा. 2. साप्ता. 3. हनुमानप्रसाद 4. अशोकनगर, उदयपुर 5. 1961.

उदयपुर साप्ताहिक : 1. समा. 2. साप्ता. 3. शांतिलाल जैन 4. हाथीपोल के बाहर, उदयपुर 5. 1960-62.

उदयभानु : 1. समा. 2. दै., साप्ता. 3. वेदीसिंह चौहान 4. धूतकोट, धौलपुर, भरतपुर 5. 1961-63.

उदयाचल : 3. भगवानसिंह वर्मा 4. हाथरस।

उदयाचल टाइम्स : 1. समा. 2. साप्ता. 4. रामनगर, नैनीताल 5. 1966-71.

उदाहरण : 3. रघुराज सिंह 4. रामपुर, फर्रुखाबाद 5. जन. 1977.

उदित भानु : 1. सा. 2. मा. 3. डॉ. रामचन्द्र जायसवाल 4. नई बाजार, लखीमपुर खीरी 5. 1968-71.

उद्गार : 2. साप्ता. 3. साधना सदन, भिण्ड (म.प्र.) 1961-69.

उद्गार : 1. समा. 2. साप्ता. 4. नई सड़क, लश्कर, ग्वालियर 5. 1961-65.

उद्गीथ : 1. धा., दा.2. त्रै. (हि., अं.) 3. जी.एल. चन्द्रत्रिया 4. ओमराम, योग संगम, डी.डी.ए. फ्लैट नं. 47, भगवानदास रोड, नयी दिल्ली 5. 1967.

उद्धत पीढ़ी : 3. कल्पना बालूपुरी 4. विदेश मंत्रालय, नयी दिल्ली।

उद्धारक : 3. डॉ. सत्येन्द्र।

उद्बोधक : 1. समा. 2. साप्ता. 3. अर्जुनसिंह राठौड़ 4. रोड़ा, नोखा (राज.) 5. 1968.

उद्बोधन : 1. समा. 2. पा. 3. मसीन खाँ 4. नोहर, श्रीगंगानगर (राज.) 5. 1965.

उद्भव : 1. धा., सा. 2. मा. 3. आशुकवि जगमोहननाथ अवस्थी 4. राजेन्द्रनगर मार्ग-2, लखनऊ 5. 1972.

उद्यम : 3. देवीदीन जायसवाल 4. झाँसी 5. फरवरी 1922.

उद्यम : 1. व्या. 2. मा. 3. वि.ना. बाड़े गाँवकर, बी.एम.बागगाँकर 4. धर्मपेठ, नागपुर 5. 1918, 1945 7. महत्वपूर्ण हिन्दी वाणिज्य पत्र। विशेषांक—'कृषि अंक, फोटोग्राफी अंक।

उद्यान : 1. कृ. 2. मा. 4. कैथल (हरि.) 5. 1974.

उद्योग : 1. व्या. 2. मा. 4. उद्योग विभाग, उ.प्र. शासन, कानपुर 5. 1959-68.

उद्योग : 1. व्या. 2. बी.डी. मुकर्जी 4. नवभारत प्रकाशन, दारागंज, प्रयाग 5. मार्च 1949.

उद्योग : 1. व्या. 2. मा., अनि. 3. विजयानन्द त्रिपाठी 4. कलकत्ता/पटना 5. 1921.

उद्योग : 1. व्या. 2. त्रैमा. 3. नरसिंहदयाल त्रिवेदी 4. गया (बिहार)।

उद्योग किरण : 1. समा. 2. साप्ता. 3. सत्येन्द्रकुमार 4. अजमेरी गेट, जयपुर 5. 1965.

उद्योग दर्शन : 2. पा. (हि., उ.) 4. स्पोर्ट्स कालोनी, मेरठ 5. 1964-69.

उद्योग धन्धा : 1. मा. 2. व्या. 3. भोलानाथ वर्मन 4. सरकार लेन, कलकत्ता 5. 1931-32.

उद्योग नीति : 1. व्या. 2. पा. 4. सी.-10, हलवासिया रोड, कलकत्ता 5. 1964-66.

उद्योग परिचय : 2. साप्ता. 4. यार्क होटल, नयी दिल्ली 5. 1956-58.

उद्योग पत्रिका : 1. व्या. 2. मा. (हि., अं.) 3. आर.सी.वर्मा 4. उद्योग निदेशालय, भोपाल 5. 1960-64.

उद्योग प्रगति : 1. समा. 2. साप्ता. 3. महादेव त्रिपाठी 5. जनरलगंज, कानपुर 5. 1965.

उद्योग भारती : 1. व्या. 2. मा. 3. सी.पी. श्रीवास्तव 4. महात्मा गाँधी/हरिसन रोड, कलकत्ता 5. 1950, 51-65.

उद्योग भूमि : 1. समा. 2. साप्ता. 4. राजेन्द्र पथ, पटना 5. 1960-65.

उद्योग युग : 1. व्या. 2. मा. 3. मीर सैय्यद हसन अब्बास 4. कर्नलगंज, कानपुर 5. 1965.

उद्योग विकास : 1. व्या. 2. मा. 3. बाबूलाल पाठक 4. आर. के. नगर, कानपुर 5. 1955.

उद्योग व्यापार पत्रिका : 1. वा. 2. मा. 3. निदेशक 4. वाणिज्य उद्योग मंत्रालय, भारत सरकार, उद्योग भवन, नई दिल्ली 5. 1953-70.

उद्योग शिक्षा : 2. मा. 4. कृष्णनगर, दिल्ली 5. 1962-64.

उद्योग सखा : 1. समा. 2. पा. 4. मोतिया गली, कचहरी गेट, आगरा, 5. 1961-65.

उद्योग समीक्षा : 1. वा. 2. मा. (हि., अं.) 3. हरिविलास गुप्त 4. रमताराम रोड, गाजियाबाद 5. 1970.

उद्योग सेवा : 1. समा. 2. साप्ता. 4. सीसामऊ, कानपुर 5. 1971.

उद्योग समाचार : 1. व्या. 2. मा. 4. अंगूरा हौजरी मिल्स, लुधियाना 5. 1959-60.

उदन्त मार्तण्ड : 1. समा. 2. साप्ता (प्रति मंगलवार) 'हर सतवारे' 3. युगलकिशोर शुक्ल। सहायक—माना ठाकुर 4. प्लुहु (कोल्हू) टोला, अमडातल्ला गली, हवेली नं. 37। मुद्रणालय मार्तण्ड छापा, कलकत्ता 5. फरवरी 1826 को प्रकाशन आज्ञा प्राप्त। प्रारम्भ तिथि ज्येष्ठ वदि 9 सं. 1883 / "30 मे 1826 साल भौम। समाप्ति तिथि-मिली पौष वदि। भौम सं. 1884, तारीख 4 दिसम्बर 1827 ई. (कुल 79 अंक) (1 वर्ष 7 माह की आयु) 6. 2 मा.। अंकदर-आठ आना। कुल पृष्ठ फुलस्केप। आकार 20×13 अंगुल (पुस्तकाकार)। 7. हिन्दी का द्वितीय पत्र। सम्पादक के अनुसार यह उदंत मार्तण्ड पहले पहल हिन्दुस्तानियों के हित के हेतु जो आज तक किसी ने नहीं चलाया (हि.पत्र. डॉ. कृष्णबिहारी मिश्र) संस्थापक, संपा. कलकत्ता निवासी, कनौजिया युगलकिशोर जो पहले अदालत में प्रोसीडिंग रीडर क्लर्क थे, फिर वकील और अन्त में पत्रकार। अंतिम अंक में प्रकाशित एक श्लोक के अनुसार—'युगल किशोर: कथयति धीर: सविनयमेतत शुकुल जर्वश:। उदिते दिनकृत सति मार्तण्डे तदवत् बिलवति पोक उदन्ते।' सूक्ति—'दिनकर कर प्रगटत दिनहि, यह प्रकाश अठयाम। उत कमलनि विगसित करत, बढ़त चाव चित बाम। नाम लेत या पत्र को होत हर्ष अरु काम...।' मुखपृष्ठ का वाक्य "दिवाकान्ति कांति बिना ध्वान्तान्त न चाप्नोति तद्‌दृज्जगत्यज्ञ लोक:। समाचार सेवामृते ज्ञत्वमाप्तुं, न शक्नोति तमाकरोगीते यत्न:।" मध्यदेशीय भाषा (खड़ी बोली, ब्रज, अवधी मिश्रित शब्दावली) 1 वर्ष 7 माह बाद पत्र समाप्त। अन्तिम अंक 4 दिसम्बर 1927 में रोष व्यक्त हुआ—"आज दिवस लौं, उग युक्यो मार्तण्ड उदन्त। अस्ताचल को जात है दिनकर दिन अब अन्त। यह मूरख को मानज्ञानचर्चा को बूझें। हमारे कहे सुने का मन में न लाइये। जो देव और मूधर, मेरी अन्तर व्यथा और इस गुण को विचार सुधि करेंगे तो मेरे ही है···" इस पत्र में अर्थवती स्तम्भ के दो पृष्ठों में बाजार-भाव प्रकाशित, जैसे सोना दरभरी 16॥।) (प्रथमांक)। इसमें विज्ञापनों का अभाव। कभी इश्तहार प्रकाशित। यदा कदा सरकारी गजट (अधिकारियों की नियुक्ति, अदलाबदली), जहाजों के आने-जाने का विवरण, ज्ञानवर्धन तत्व, चुटकुले आदि प्रकाशित। भाषा मध्यदेशीय (खड़ी बोली)। सम्पादकीय टिप्पणियाँ आवश्यकतानुसार। इस सुसंपादित पत्र का ऐतिहासिक महत्व असन्दिग्ध।

उपन्यास : 1. सा. 2. मा. 3. किशोरीलाल गोस्वामी 4. काशी 5. 1889, 1901-18 6.2) = वा. 7. प्रसिद्ध प्राचीन पत्र। इसके माध्यम से कई पुस्तकाकार, धारावाहिक उपन्यास प्रकाशित।

उपन्यास कुसुमांजलि : 1. सा. 4. गया 5. 20वीं शती का प्रथम चरण 7. धारावाहिक, पुस्तकाकार।

उपन्यास तरंग : 1. सा. 2. मा. 3. शिवपूजन सहाय, हरिकृष्ण जौहर 4. कलकत्ता/काशी 5. 1925.

उपन्यास प्रचारक : 2. मा. 4. वृन्दावन।

उपन्यास बहार : 1. सा. 2. मा. 3. जयरामदास गुप्त 4. काशी 5. 1907-20 7. बंगला और अंग्रेजी के पुस्तकाकार रूपान्तर।

उपन्यास रत्नमाला : 4. बिजनौर 5. 1914.

उपन्यास सागर : 1. सा. 2. पा. 3. रामलाल वर्मा, शंकरदयाल श्रीवास्तव 4. कलकत्ता/नेपाली खपरा, काशी 5. 1902-10.

उपन्यास लहरी : 2. मा. 3. किशोरीलाल गोस्वामी 4. काशी 5. 1902.

उपकार : 1. समा. 4. नगीना (यू.पी.) 5. 1906.

उपकारक : 2. मा. 3. देवीप्रसाद दीक्षित 4. आगरा 5. 1894.

उपग्रह : 1. समा. 2. साप्ता. 4. गांस बाजार, रतलाम 5. 1956-65.

उपज : 1. समा. 2. पा. 3. भुवनेश्वरनाथ श्रीवास्तव 5 लखनऊ 5. 1969.

उपज : 1. कृ 2. मा. 4. भागलपुर 5. 1956 (लग.)।

उपदेश पुष्पावली : 2. मा. 4. प्रयाग 5. 1882.

उपदेश रूपरेखाएँ : 1. दा. 2. मा. 4. कैथोलिक प्रेस, राँची 5. 1949.

उपनिषद : 2. मा. 3. गोपाल दीन 4. प्रयाग 5. 1989.

उपभोक्ता सन्देश : 1. पा. 2. मा. 3. रामनरेश सिंह 4. नया कदम कुआँ, पटना-3 5. 1969.

उपभोक्ता समाचार (सहकार) : 1. समा. 2. पा. 3. गजेन्द्रकुमार जैन 4. एडवर्ड स्मारक भवन, स्टेशन, रोड, अजमेर 5. 1967-71.

उपमा : 1. समा. 2. मा. 3. शील 4. उपमा प्रकाशन 24/2, महात्मा गाँधी मार्ग, कानपुर 5. 1962 7. विशेष- 'राहुल स्मृति विशेषांक' (1963)।

उपरमल सन्देश : 1. समा. 2. साप्ता. 3. कन्हैयालाल सोमानी 4. सिंगली, ममीरगढ़ (राज.) 5. 1966.

उपलब्धि : 1. सां., सा. 2. मा. 3. वीरेन्द्र त्रिपाठी 4. दरियागंज, दिल्ली 5. 1968.

उपवन : 1. सा. 2. मा. 3. अब्दुल हामिद खाँ 4. श्रीनाथ रोड, उदयपुर 5. 1970.

उपासक : 1. समा. 2. साप्ता. 4. दरीबा, मैनपुरी 5. 1967-71.

उपासक जीवन : 1. धा. 2. पा. 4. कम्पनी बाग, गाजियाबाद 5. 1963-68.

उपेक्षित आवाज : 1. समा. 2. साप्ता. 4. काहीधिया तपोस्थान, पटना 5. 1971.

उभरती किरण (किरणें) : 1. समा. 2. साप्ता. 4. मिर्जामुस्ताक अली बेग 5. लखीमपुर खीरी 5. 1969.

उमड़ते आँकड़े : 1. समा. 2. साप्ता. 3. ओम शर्मा 4. भार्गव स्ट्रीट, घियामण्डी, मथुरा 5. 1966.

उरतंत्र : 1. सां., सा. 2. मा. 3. रत्नलाल महावर 4. अमरतल्ला स्ट्रीट, कलकत्ता 5. 1970.

उर्ज : 1. वि. 2. मा. 3. रमेश उपाध्याय 4. श्रीनगर रोड, अजमेर 5. 1969.

उर्दू साहित्य : 1. सा. 2. मा. 3. अग्रवाल 4. शिवचरणलाल रोड, इलाहाबाद 5. 1960-64.

उर्मिला : 1. सा. 2. मा. 3. ब्रजेन्द्रनाथ गौड़, वासुदेव महरोत्रा, हजारी भानुप्रकाशा 4. टेढ़ी नीम, बनारस 5. फरवरी 1951.

उर्वरक सन्देश : 1. कृ. 2. द्विभा. 3. बलदेव सहाय 4. एफ 43, साउथ एक्सटेंशन भाग 1, रिंग रोड, नई दिल्ली 5. 1964.

उर्वरक समाचार : 1. वा. 2. मा. (हि., अं.) 3. सुरेशचन्द्र 4. जनसम्पर्क कार्यालय, पो. फर्टलाइजर फैक्ट्री, गोरखपुर 5. 1968.

उर्वशी : 1. फि. 2. सासा. 3. रामराज नाहटा 4. लेमिंग्टन रोड, बम्बई 5. 1959.

उर्वशी : 2. मा. 4. कानपुर 5. 1948.

उलटफेर : 1. समा. 2. सासा. 3. गुलामहादी खाँ 4. कोतवाली रोड, बरेली/मथुरा 5. 1970.

उल्का : 2. मा. 4. महानगर, लखनऊ 5. 1960-65.

उल्था : 1. सा. 2. मा. 3. जयंत कुमार 4. चितरंजन एवेन्यू, कलकत्ता 5. 1972, 73. 7. हिन्दी बंगला रूपान्तर से सम्बन्धित।

उल्लास टाइम्स : 2. मा. 3. युगलकिशोर सिरीन 4. उल्लास नगर (महा.) 5. 1967.

उषा : 1. सा. 2. मा. 3. संतराम बी.ए. (1915-17) धर्मपाल, मणिलाल 4. लाहौर, जालंधर (1914) 5. 1909-22 7. 'जाति पाँति तोड़क मण्डल' का पत्र। विशेष उपलब्धि 'पत्रकार अंक'।

उषा (काल) : 1. समा. 2. सासा., मा. 4. भगतसिंह पार्क रोड/मोटा बाजार, जालंधर 5. 1961, 65-68.

उषा : 3. भगवंतकिशोर, लीलावती, जीवनलाल, ब्रजभूषणलाल, लाखन सिंह 4. नई सड़क, दिल्ली 5. 1926 6. 2.50वा. 7. विशेष 'कायस्थ विशेषांक' (1932).

उषा : 1. म. 2. मा. 4. जम्मू 5. लगभग 1930-40 6. 6 वा.।

उषा : 1. म. 4. कन्या गुरुकुल, कनखल, हरिद्वार 5. 1938.

उषा : 1. समा. 2. सासा. 3. शरदानन्दन पाण्डेय, 'हंसकुमार तिवारी, पन्नालाल महतो 'हृदय' 4. उषा कार्यालय, पो. बा. 26, गया 5. 1942, 43-57.

उषा : 1. मा. 2. मा. 3. आनन्दकुमार जैन 4. जवाहरनगर, इन्दौर 5. 1951-52.

उषा : 2. मा. 3. गोकुलबिहारी वर्मा 4. ग्वालियर 5. 1920-21.

उषाकाल : 1. समा. 2. सासा. 4. गेट बाजार, जबलपुर 5. 1948.

उषा चरितमाला : 1. सा. 2. मा. 4. मुरार (म.प्र.) 5. 1918-80 अल्पायु।

उषा राग : 1. सा. 2. मा. 4. साकची, जमशेदपुर 5. 1959-60.

उषा समाचार : 1. समा. 2. वा., सासा. 3. जितेन्द्र बनर्जी 4. प्रिंस अनवर शाह रोड, कलकत्ता 5. 1965.

उषा सिविंग क्लब : 1. पा. 2. मा., द्विभा. 4. जी. माथुर 4. 1830, प्रिंस अनवर शाह रोड, कलकत्ता 5. 1954, 65-67 7. नामान्तर 'उषाकली' (1967).

उष्मा : 1. सा. 2. मा. 3. एस.के. महेश 4. नया मोहल्ला, लुधियाना 5. 1969.

उस्ताद : 2. मा. 4. खरड, अम्बाला 5. 1956-57 (लग.)।

ऊँचनीच : 1. समा. 2. सासा. 3. अवनीशशरण शर्मा 4. कानूनगोयान स्ट्रीट, अलीगढ़ 5. 1970.

ऊर्जा : 1. वि. 2. मा. 3. श्रीनगर, 4. अजमेर 5. 1969-71.

ऊपरमल सन्देश : 1. जा. 2. मा. 3. कन्हैयालाल सोमानी 4. भीलवाड़ा (राज.) 5. 1975.

ऊर्मि : 2. मा. 3. रामलाल पाहवा 4. ठठेरी बाजार, इलाहाबाद 5. 1961

एम्प्लायमेण्ट न्यूज डायजेस्ट : 1. समा., व्या. 2. पा. 4. रुड़की विश्वविद्यालय, रुड़की 5. 1967.

एक आवाज : 1. समा. 2. साप्ता. 4. नया बाजार, भीलवाड़ा 5. 1966-69.

एकता : 1. समा. 2. साप्ता. 3. प्रह्लाद काकानी 4. ढाबा रोड, उज्जैन 5. 1948.

एकता : 1. समा. 2. साप्ता. 3. मुरलीधर दिनैदिया, रुद्रमल 4. हिन्दी प्रचारिणी सभा, भिवानी, हिसार (पंजाब) 5. 1942.

एक जोट : 1. समा. 2. साप्ता. (हि., उ.) 4. सुभाष गेट, करनाल 5. 1967-70.

एकतारा बोला : 1. समा. 2. साप्ता. 3. डॉ. पुष्पकुमार मांगी 4. पोलो विकट्री सिनेमा के पीछे, जयपुर 5. 1970.

एकता सन्देश : 1. समा., सा., सां. 2. साप्ता. 3. प्रेमचन्द्र वर्मा 5. कुन्देवालान, अजमेरी गेट, दिल्ली 5. 1963.

एक दिन : 1. सा. 2. मा. 3. महावीर शर्मा 4. राजकीय प्रेस रोड, नई दिल्ली 5. 1969.

एक नजर : 2. साप्ता. 3. निरंकारी कालोनी, दिल्ली 5. 1973.

एक नजर : 1. समा. 2. साप्ता. 4. मुहल्ला झंडा, रामपुर 5. 1967-71.

एक रास्ता : 1. समा. 2. साप्ता. 3. शिवशंकर मिश्र 4. लालगंज, रायबरेली 5. 1974.

एकान्त : 1. सा. 2. मा. 3. श्यामनारायण बैजल 4. पार्वती प्रकाशन, मंदारी गेट, बरेली 5. 1964.

एकात्म : 1. समा. 2. साप्ता. 3. गजेन्द्रसिंह सोलंकी 4. पुरानी धानमण्डी, कोटा 5. 1969.

एकादशी : 1. जा. 2. मा. 3. हेमराज भार्गव 4. माती जी का मन्दिर, ओसियाँ, जोधपुर 5. 1970.

एकीकरण : 1. सा., सां. 2. मा. 3. धर्मवीर 4. धर्मवीर प्रकाशन, सराय रोहिल्ला, नई दिल्ली 5. 1966.

एक्सप्रेस इण्डिया : 1. समा. 2. साप्ता. 4. नवाबगंज, कानपुर 5. 1967-69.

एक्सप्रेस नारद : 1. समा. 2. साप्ता. 4. निसाली (उ.प्र.) 5. 1970.

एच.एन.जी. पत्रिका : 2. मा. 3. अरविन्दनाथ मिश्रा 4. एच.एन.जी. मन्युफैक्चरिंग कं. लिमि. रोहतक रोड, बहादुरगढ़ 5. 1969.

एजूकेशनल गजट : 1. शि. 2. मा. 3. यूसुफ अली, आले अलीन, रामप्रसाद तिवारी, रामदयाल अग्रवाल 4. प्रयाग/आगरा 5. 1930 6. 1.75 वा. 7. हिन्दी-अंग्रेजी युक्त पत्र।

एटम : 3. किशन सिंह 4. सुभाष मार्ग, इन्दौर 5. 1974.

एटम : 1. समा. 2. साप्ता. 4. जवाहरगंज, जबलपुर 5. 1957.

एटलस सन्देश : 1. व्या. 2. मा. 4. कनाट प्लेस, नई दिल्ली 5. 1958-62.

एटा इक्सप्रेस : 1. समा. 2. साप्ता. (हि.अं.) 3. विश्वनाथ 'प्रसून' 4. अकबर भवन, कचहरी रोड, एटा 5. 1966.

एटा समाचार : 1. समा. 2. साप्ता. 4. अमापुर, एटा 5. 1970.

एडवाइजर : 1. समा. 2. पा. 3. शंकरप्रसाद शर्मा 4. पुरानी नजहाई, झाँसी 5. 1967.

एडवाइजरी ब्यूरो : 2. मा. 4. चुन्नीगंज, कानपुर 4. 1971.

एडवेन्चर : 2. मा. 3. आनन्द कमल 4. पानदरीबा, इलाहाबाद 5. 1965 7. जासूसी पत्र।

एडवोकेट : 1. समा., विधि. 2. पा. 4. दुर्गियाना, अमृतसर 5. 1963-69.

एडीटर : 1. समा. 2. मा. (हि., अं.) 3. रमाशंकर 4. रामबाग, कानपुर 5. 1969.

एन.एस.सी. बुलेटिन : 1. कृ. 2. मा. 4. नेशनल सीड्स कॉरपोरेशन, नई दिल्ली 5. 1965-66.

एफ.ए.ओ. पत्रिका : 1. कृ. 2. मा. 4. संघीय खाद्य कृषि संगठन, नई दिल्ली 5. 1955-58.

एफ्रो एशियाई संदेश : 1. समा. 2. साप्ता. 3. संकटादेवी, लखीमपुर खीरी 5. 1968.

एमिटी : 1. राज. 2. मा. (हि., अं.) 4. भारत सोवियत संस्कृति संघ, नई दिल्ली 5. 1963-71.

एम.पी. रिपोर्टर : 2. पा. 3. कन्हैयालाल शर्मा 4. 376, व्योहार बाग, जबलपुर 5. 1969.

एम.पी. हेराल्ड : 1. समा. 2. साप्ता. 3. हुकुमचन्द्र 4. लोहिया बाजार , ग्वालियर 5. 1966.

एलकट्रोनिक सेवा : 1. व्या. 2. मा. 3. बी. बंसल 4. रानी बाजार, सहारनपुर 5. 1970.

एलगा : 1. समा. 2. साप्ता. 3. प्रकाशगुप्त 4. महात्मा गाँधी मार्ग, कानपुर 5. 1972.

एलान : 1. समा. 2. पा. 4. गुदड़ी मोहल्ला, अजमेर 5. 1959-65.

एशियन आबजर्वर : 1. समा. 2. साप्ता. 4. गोलघर, गोरखपुर 5. 1967-71.

एशियाई मजदूर : 1. श्रम. 2. मा. 3. बी.एस. माथुर 4.पो. 20 ग्रीनपार्क, इक्सटेंशन, नई दिल्ली 5. 1958.

ए.सी.सी.आई. रिपोर्टर (समाचार) : 1. राज. 3. ए.सी.मिश्र 4. स्टैण्ड रोड, चौरंगी, कलकत्ता 5. 1959-60.

ऐण्टीबाइटिक्स : 1. समा., चि. 2. मा., द्विभा 3. पी.सी. गुप्त 4. ऐण्टीबाइटिक प्लांट, वीरभद्र, ऋषिकेश 5. 1969.

ऐटम : 1. समा. 2. साप्ता. 4. जीवनदास गुप्त 4. जवाहरगंज, जबलपुर 5. 1957-74.

ऐतिहासिक फलक : 2. मा. 4. काशी 5. 1901 5. 2 वा.

ऐरावत : 1. समा., राज. 2. साप्ता. 4. जनसंघ कार्यालय, बिजनौर 5. 1967-70.

ओज : 2. साप्ता. 3. किशन सुकुल 4. चौधरा, हल्सी रोड, कानपुर 5. 1970.

ओटो भारती : 1. व्या. 2. पा. (हि., अं.) 4. गाँधीनगर, दिल्ली 5. 1970.

ओइछा टाइम्स : 1. समा. 2. साप्ता. 4. टीकमगढ़।

ओड़िया साहित्य : 1. सा. 2. मा. (हि., ओ.) 3. जयंतकुमार 4. हरिपुर रोड, कटक 5. 1974 7. हिन्दी/उर्दू के रूपान्तरित साहित्य का पत्र।

ओम : 1. धा. 3. सुदर्शन सिंह 'चक्र' 4. कलकत्ता।

ओमर वैश्य शुभचिन्तक : 1. जा. 2. मा. 3. महादेवप्रसाद गुप्त 4. कानपुर 5. 1921.

ओमराजधर्म : 1. सा. 2. साप्ता., पा. 3. स्वामी अग्निवेश 4. आर्यसमाज मन्दिर मार्ग, नई दिल्ली, झज्झर रोड, रोहतक 5. 1968-71.

ओमी जासूस : 2. मा. 3. राजेन्द्रनाथ शर्मा 3. कोठापर्च, इलाहाबाद 5. 1970.

ओर : 1. सा. 2. त्रै. 3. विजेन्द्र 4. कुमारविला, मुहल्ला कोडियान/सिविल लाइन्स, भरतपुर 5. 7वाँ दशक, (अल्पायु) 7. नव दिशाबोध का लघुपत्र।

ओरंग उटांग : 4. वी. 3,4, टीचर्स हॉस्टल, विक्रम विश्वविद्यालय, उज्जैन 5. स्वातंत्र्योत्तर।

ओराजा : 1. बा. 2. पा. 3. त्रिलोक सिंह 4. सारथा कालोनी, इन्दौर 5. 1977.

ओरियन्ट गजट : 4. मारिशस 5. 1912-13.

ओरियन्टल मैगजीन : 3. लक्ष्मणस्वरुप 4. लाहौर 5. 1923.

ओलमों : 1. समा. 2. साप्ता. 4. रतनगढ़।

ओसवाल : 1. जा. 2. मा., पा. 3. ऋषभदास, मूलचन्द्र वोहरा 4. राशन मोहल्ला, आगरा 5. 1921, 34.

ओसवाल : 1. जा. 2. मा. 3. प्रकाशचन्द्र शर्मा 4. अखिल भारतीय ओसवाल प्रचारक 5. 1918.

ओसवाल : 1. जा. 2. मा. 3. मानमल जैन 4. कडक्का चौक, अजमेर 5. 1954.

ओसवाल जैन : 3. सुखसम्पत्ति राय भण्डारी 4. अजमेर।

ओसवाल मारवाड़ी जैन विकास : 1. जा. 3. श्रीनाथ मोदी 4. सोजती गेट, जोधपुर।

ओसवाल युवक सन्देश : 1. जा. 2. मा. 3. लालचन्द पुनीत 4. खरादियों का वास, जोधपुर 5. 1969.

ओसवाल समाज : 1. जा. 3. माणकचन्द्र चोडिया 4. लखनकोठारी, अजमेर 5. 1964.

ओसवाल हितैषी : 1. जा. 3. फतहसिंह कोठारी 4. त्रिपोलिया, जोधपुर 5. 1969.

ओसाका : 1. समा. 2. साप्ता. 4. बुढ़ाना गेट, मेरठ 5. 1971.

औघड़ : 1. वि. 2. मा. 3. शिवशेखर द्विवेदी, अ. सिह 4. हरिसन रोड 195/1, कलकत्ता 5. सितम्बर 1937-39 6. 2) वार्षिक 7. मतवाला की शैली का हास्यव्यंग्यपरक पत्र। छायावादी कवियों को विशेष प्रश्रय। निर्भीक टिप्पणियाँ और स्तरीय सामग्री से युक्त श्रेष्ठ साहित्यिक पत्र।

औदीच्य : 1. जा. 2. मा. 4. नीलकंठ कालोनी, इन्दौर 5. 1928.

औदीच्य ब्राह्मण : 1. जा. 2. मा. 4. दिल्ली 5. 1924.

औदीच्य ब्राह्मण : 1. जा. 2. मा. 3. श्याम सन्यासी 4. नीलकंठ कालोनी, इन्दौर 5. 1966.

औदम्बूर : 1. सामा. 2. मा. 3. हरिभाऊ उपाध्याय 4. बनारस 5. 1911-15.

औद्योगिक संगठन : 1. वा. 2. मा. 3. हजारीमल जैन 4. मालवीयनगर, भोपाल 5. 1965.

औरैया एक्सप्रेस : 1. समा. 2. साप्ता. पा. 4. औरैया, इटावा 5. 1961, 69-71.

औरैया टाइम्स : 1. समा. 2. साप्ता. 4. औरैया, इटावा, 5. 1960-65.

औषध व्यापार : 1. व्या. 2. मा. 4. बुलानाला, वाराणसी 5. 1970.

कंक : 1. सा. 2. द्विभा. 3. रमेश शर्मा, निर्मल शर्मा 5. दयानन्द मार्ग, धानमण्डी, रतलाम 5. 1971 7. उच्चस्तरीय लघुपत्र। द्र.—'नाराज कविता' अंक, कहानी अंक।

कंचन प्रभा : 1. सा. 2. मा. 3. योगेन्द्र मोहन 4. जागरण प्रेस, कानपुर 5. 1974 (प्रच.) 7. जागरण पत्र-प्रतिष्ठान का पत्र। पर्याप्त लोकप्रिय।

कण्ट्रीब्यूटर : 1. समा. 2. साप्ता. 4. लश्कर, ग्वालियर 5. 1971.

कण्ट्रीलाइट : 2. साप्ता. 3. के.के. पोद्दार 4. कलकत्ता।

कण्ट्रेक्टर व्यूज : 2. पा. (हि.अं.) 4. भिवानी 5. 1970.

कण्ट्रोलर : 1. समा. 2. साप्ता. 3. सिंधी 4. सोजती गेट, घोडों का चौक, जोधपुर 5. 1970.

कंठहार : 1. समा. 2. दै., साप्ता. 3. चन्द्रकान्त गुप्त 4. श्रीनगर, कानपुर 5. 1969.

कण्वभूमि : 1. समा. 2. साप्ता., दै. 3. रामकुमार वैद्य 4. शंकर औषधालय, बिजनौर 5. 1962.

कन्नौज एक्सप्रेस : 1. समा. 2. पा. 3. ब्रजेन्द्रकुमार त्रिपाठी 4. मोहनप्रेस, कन्नौज 5. 1969.

कन्नौज टाइम्स : 1. समा. 2. पा. 3. कमलप्रकाश मिश्र 4. सराय फर्रुखाबाद 5. 1967.

कन्नौज समाचार : 1. समा. 2. मा. 3. गंगादयाल त्रिवेदी, अनीमुल रहमान 4. कन्नौज 5. 1938.

कन्या : 1. सा., बा. 3. केशवप्रकाश विद्यार्थी 4. मालवा प्रेस, मन्दसौर 5. 1940-52.

कन्या : 2. मा. 3. केशवप्रकाश विद्यार्थी, अशोक 4. नारायणगढ़ (म.प्र.) 5. 1944.

कन्या कौमुदी : 1. म. 3. मुंशी बैजनाथ सहाय 4. गाजीपुर 5. 1878.

कन्या चिकित्सा : 1. म., चि. 3. यशोदा देवी 4. प्रयाग 5. 1929.

कन्या बोधिनी : 1. म. 4. प्रयाग।

कन्या मनोरंजन : 1. म. 3. ओंकारनाथ बाजपेयी 4. प्रयाग 5. 1913-14.

कन्या सर्वस्व : 1. म. 3. यशोदा देवी 4. प्रयाग 5. 1913-14.

कम्पोजीटर बन्धु : 1. श्रम. 2. मा. 4. ग्वालियर 5. 1925.

कम्युनिस्ट संदेश : 1. राज. 2. मा. 4. लंगरटोली, पटना 5. 1971 7. भा. कम्यु. पार्टी का पत्र।

कम्युनिस्ट समाचार : 1. राज. 2. मा. 4. यतीनप्रेस, पटना 5. 1958-61.

कन्हैया : 2. मा. 4. पटना 5. 1965.

क : 1. समा. 2. दै. 4. बलिया 5. प्रचलित।

क ख ग : 1. सा. 2. त्रै. 3. डॉ. रघुवंश 4. रानी मण्डी, एलनगंज, इलाहाबाद 5. 1963-64 7. उच्चस्तरीय लघुपत्र।

कछवाहा क्षत्रिय संदेश : 1. जा. 2. मा. 4. फ्रीगंज रोड, आगरा 5. 1966-71.

कजरा : 1. फि. 2. मा. 3. महेन्द्र सिंह 4. पी. रोड गाँधीपुरा, कानपुर 5. 1964-68.

कजरारी : 2. त्रै. 3. श्रीमती बाला शर्मा 4. त्रिनगर, गणेशपुरा, दिल्ली 5. 1971.

कटनी ज्योति : 1. समा. 2. साप्ता. 3. हरिश्चन्द्र वर्मा 4. गाँधीगंज, पाठक गली, कटनी 5. 1969.

कटनी टाइम्स : 1. समा. 2. साप्ता. 3. रामानुजप्रसाद शर्मा 4. बल्लभदास अग्रवाल, बाई कटनी 5. 1967.

कटनी व्यापार सन्देश : 1. बा., समा. 2. मा. 3. प्रेमदास 4. पो.बा. कटनी 5. 1950.

कटारी : 1. समा. 2. साप्ता. 3. जुम्मन 4. राय का ताजिया, झाँसी 5. 1967.

कटाक्ष : 1. सा. 2. मा. 3. वागीश शास्त्री 4. किदवईनगर, कानपुर 5. 1966.

कटुवाणी : 1. समा. 2. पा. 3. हनुमानसहाय वर्मा 4. संसारचन्द्र रोड, जयपुर 5. 1970.

कटूक्ति : 1. राज. 2. अनि. 3. शिवनारायण बोहिदार 4. सम्बलपुर 5. स्वातंत्र्योत्तर।

कड़क बिजली : 1. समा. 2. दै., साप्ता. 3. संतोषकुमार अस्थाना 4. बबेरू, बाँदा 5. 1967.

कड़वा घूँट : 2. समा. 2. साप्ता. 4. निहालगंज, धौलपुर 5. 1964-69.

कताई मण्डल पत्रिका : 2. पा. 4. सेवाश्रम, वर्धा 5. 1951.

कथाकलि : 1. कला. 2. त्रै. (हि., अं.) 3. केरला वर्मा 4. कथाकलि अन्तर्राष्ट्रीय केन्द्र, राजेन्द्र नगर, नई दिल्ली 5. 1961-72.

कथा : 1. सा. 2. त्रै., मा. 3. मार्कण्डेय 4. डी. मिण्टो रोड, इलाहाबाद-2 5. 1972 (अल्पायु) 7. प्रगतिशीलता का पोषक, कहानी विधा का मुखपत्र। आर्थिक संकट के कारण समाप्त।

कथान्तर : 1. कथा 3. प्रताप सिंह, सुरेश पाण्डेय 4. कथ्य प्रकाशन, भरतपुर/सिमली, पटना 5. युवा कथाकारों का लघुपत्र।

कथान्तर : 4. वासलीगंज, मीरजापुर।

कथा कहानी : 1. सा. 2. मा. 4. कीर्तिनगर, दिल्ली 5. 1959-65.

कथा कहानी : 1. सा. 2. मा. 3. मधुकर सिंह 4. धरहरा पकड़ी, आरा/भोजपुर 5. 1972 7. कहानी प्रधान लघुपत्र। 'सेठाश्रय' शब्द की प्रथम प्रयोक्ता पत्रिका।

कथानिका : 2. मा. 4. दरयाप्रेस, पटना 5. 1965.

कथा प्रिया : 1. सा. 2. मा. 3. ऋषिदेव राय 4. लखमेन्प्यू रोड, माटुंगा, बम्बई 5. 1948-70.

कथा भारती : 1. सा. 2. मा. 3. श्रीशंकर, न.प. अदानी 4. लेडी हार्डिंग रोड, महिम, बम्बई 5. 1968-71.

कथामुखी : 1. कथा 3. बिन्दु ब्रह्मचारी 4. अयोध्या 5. 1977/97 वि.।

कथामुखी : 1. कथा. 2. पा. 4. अलीगढ़ 5. 1919.

कथायन : 1. सा. 2. मा. 3. डॉ. ओमानन्द सारस्वत 4. पिलानी 5. 1970.

कथायुग : 1. सा. 2. मा. 3. राजेन्द्र तृषित 4. रामबाग, कानपुर।

कथालोक : 1. कथा. 2. मा. 3. नाथूलाल जैन 4. रास्ता अजायबघर, जयपुर 5. 1968.

कथालोक : 1. सा. 2. मा. 3. श्रीहर्षचन्द्र 4. सुभाषमार्ग, दरियागंज, दिल्ली 5. 1968 7. कहानी प्रधान पत्र। द्र.- 'संस्मरण विशेषांक' (1973).

कथास्वर : 1. सा. 2. द्विभा. 3. अशोक टण्डन 4. धारारोड, फैजाबाद 5. 1973 7. द्रष्टव्य 'कथालेखिका अंक'।

कथ्य : 1. सा. 2. त्रै., अनि. 3. राणाप्रताप सिंह, सुरेश पाण्डेय 4. गिरधर भवन, मुर्चारोड, बेगमपुर, भरतपुर, सिमली माल/पटना 5. जनवरी 1972 (अल्पायु) 7. जागरूक लेखन से प्रतिबद्ध लघुपत्र।

कथ्य परिवेश : 1. सा. (कवितापरक) 4. विधान सभा के सामने, श्याम भवन, जयपुर 4. पोस्ट कार्ड आकार।

कनंवदिया : 1. जा. 4. कानपुर 5. 1906.

कपट सभा/सखा : 2. मा. 4. कानपुर 5. 1922.

कपिल टाइम्स : 1. समा. 2. दै. 3. अशोक कपिल 4. मेरठ 5. 1969 प्रच.।

कपोल : 1. समा. 2. साप्ता., मा. 4. माल एवेन्यू, लखनऊ 5. 1968-69.

कफन : 2. साप्ता. 3. जयकिशोर सिंह।

कबीन्द्र : 1. सा. 3. नारायणनन्द सरस्वती, अनूप शर्मा 4. कानपुर 5. 1924.

कबीन्द्र वाटिका : 1. सा. 3. विश्वेश्वर नाथ 4. प्रयाग 5. 1947.

कबीर चंद्रोदय सन्देश : 1. धा., सा. 2. मा. 3. उदयशंकर शास्त्री, हंसदास 4. हरक, बाराबंकी 5. 1928.

कबीर पंथी : 1. सा., धा. 2. मा. 4. रायपुर 5. 1914.

कबीर पथ : 1. धा. 2. मा. 3. भगवानदास 4. जमालपुर, मुँगेर/दिल्ली 5. 1968.

कबीर संदेश : 1. धा., जा. 2. मा. 4. आजाद मार्केट, ग्वालियर 5. 1966-69.

कबीर सिद्धान्त : 1. धा. 2. मा. 4. कबीर आश्रम, संस्कृत विद्यालय, वाराणसी 5. 1962-65.

कमल : 1. समा. 2. दै. 3. अक्षयकुमार सिंह 4. बजरिया, अलीगंज, फतेहगढ़ 5. 1957.

कमल : 1. फि. 2. मा. 3. चन्द्रशेखर शर्मा 4. वकीलपुरा, दिल्ली 5. 1945-46.

कमल : 2. मा. 4. संगरुर 5. 1956-57 (लगभग)।

कमल : 1. बा. 2. मा. 3. संतराम 'विचित्र' 4. लाहौर 5. 1934 (लगभग)।

कमल दीप : 1. सा. 2. मा. 4. शामनगर, नयी दिल्ली 5. 1971.

कमल जासूस : 1. कथा. 2. मा. 3. के.डी.जैन 4. जट्टीवाड़ा, मेरठ कैन्ट 5. 1965.

कमलनद (नाद) : 1. समा. 2. पा. 3. राजकुमार पाण्डेय 4. उबरी पारागंज, रायपुर 5. 1968.

कमला : 1. म. 2. मा. 3. बाबूराव विष्णु पराड़कर, शांतिप्रिय द्विवेदी 4. बनारस 5. 1929-37 6. 4.50 वा. 7. युग की श्रेष्ठ पत्रिका। स्व. कमला नेहरू की स्मृति में प्रकाशित।

कमला : 1. सा. 2. मा. 3. हरिसन रोड, कलकत्ता 5. 1907-9 6. 3 वा.।

कमला : 1. सा. 2. मा. 3. जीवानन्द शर्मा 'काव्यतीर्थ' 4. भागलपुर 5. 1908 जन. 1916-18 7. 3 वा.

कमला : 2. मा. 4. माल रोड, कानपुर 5. 1952-56.

कमलिनी : 1. म. 2. मा. 3. ज्योतिर्मयी ठाकुर 4. प्रयाग 5. 1933-34.

कमाओ : 2. साप्ता. 4. रोहतक 5. 1957-61.

कमाणु : 2. साप्ता. 4. वेस्ट पटेलनगर, नई दिल्ली 5. 1971.

कमाल : 1. फि. 2. मा. 3. चन्द्रशेखर शर्मा 4. शंकर निवास, चाँदनी चौक, दिल्ली-6 5. 1946.

कमाले मशरिक : 1. समा. 2. पा. (हि., उ.) 4. बुसावनगंज, अमरोहा, मुरादाबाद 5. 1970.

कयामत : 1. समा. 2. साप्ता. 3. कमाण्डर उमरावमल 4. आनन्द सिनेमा के पीछे, जोधपुर।

कर और करदाता पत्रिका : 1. विधि 2. मा. 3. महादेवचन्द्र मेहता 4. गोविन्दप्पा नाइक स्ट्रीट, मद्रास 5. 1964-70.

कर और करदाता पत्रिका : 1. वि. 2. पा. 4. पाली (राज.) 5. 1964-66.

करणकेतु : 2. मा. 3. एच.एल.लक्ष्मण 4. अकोला (महा.) 5. 1966.

करनाल टाइम्स : 1. समा. 2. साप्ता. (हि.,उ.) 4. पतवारगली, करनाल 4. 1958.

करनाल दर्शन : 1. समा. 2. साप्ता. 4. सदरबाजार, करनाल 5. 1971.

कर निर्देशिका : 2. मा. 4. बाँसमण्डी, मुरादाबाद 5. 1971.

करप्शन : 1. समा. 2. साप्ता. 3. सुरेश भार्गव 4. विवेकानन्द मार्ग, ग्वालियर 5. 1967

करम केसरी : 1. समा. 2. साप्ता. 4. रेलवे रोड, करनाल 5. 1967-69.

करमलोक : 1. समा. 2. दै. 3. के.निर्मल 4. उन्नाव गेट, झाँसी 5. 1961.

करयुग : 2. मा. (हि., उ.) 4. सब्जी मार्केट, रोहतक 5. 1970.

कर विज्ञान : 1. विधि. 2. मा. 3. श्रीपाल जैन 4. मोतीकटरा, जती कटरा, आगरा 5. 1969.

कराल : 1. सा. 2. मा. 3. एस. अतिबल 4. के. 20/15 राजमन्दिर, वाराणसी 5. 1970.

करुण : 3. कृष्णनन्दन प्रसाद 4. इलाहाबाद 5. 1941.

करुणा : 1. समा. 2. दै., साप्ता. 3. राजेन्द्रप्रकाश अग्रवाल 4. इण्डिया जवाहरनगर, मेरठ 5. 1962.

करुणा दीप : 1. समा. 2. पा. 3. दयाप्रकाश जैन 4. सर्वज्ञान, एटा 5. 1968.

करुणावतन : 1. समा. 2. त्रै. 3. त्रिवेणीप्रसाद पाण्डेय, दिनेश सिंह 4. अमेठी, सुलतानपुर 5. 1976.

करेला : 1. सा. (हास्य) 2. पा. 3. बेढव बनारसी, गोविन्दप्रसाद केजरीवल 4. बनारस 7. अल्पायु।

करोड़पति : 1. वा. 2. साप्ता. 3. श्यामबाबू खण्डेलवाल 4. बेलनगंज, आगरा 5. 1958.

कर्णधार : 2. मा. 4. खत्रयाना, झाँसी 5. 1947-67.

कर्णधार : 2. मा. 4. निकलसन रोड, दिल्ली 5. 1949-56.

कर्णवती : 1. सा. 2. त्रै. 3. यतीन्द्र तिवारी 4. कटरा बाँदा 5. 1972.

कर्णवीर : 1. समा. 2. साप्ता. 3. मांगूलाल मेहता 4. नीम चौक, जाबरा (म.प्र.) 5. 1966-68.

कर्त्तव्य : 1. समा. 2. अर्द्धसाप्ता. 3. ब्रह्मदेव मिश्र, आचार्य मोहन मिश्र 4. कला मंदिर, सब्जी मण्डी, इटावा 5. 1923-48.

कर्त्तव्य : 2. मा. 3. ब्रजनाथ शर्मा 4. आगरा 5. 1921.

कर्त्तव्य : 1. समा. 2. साप्ता. 3. प्रेमप्रकाश 'दीपक' 4. नयाबाजार, दमोह (म.प्र.) 5. 1948-64.

कर्त्तव्यदान : 1. समा. 2. साप्ता. 4. नरयाली नाका, सागर 5. 1953-65.

कर्त्तव्यपथ : 1. समा. 2. साप्ता. 4. अछनेरा, आगरा 5. 1963-65.

कर्मकेतु : 1. समा. 2. पा. 3. शिवकुमार मिश्र 4. कैंपर रोड, लालबाग, लखनऊ 5. 1968.

कर्मचारी : 1. समा. 2. पा. 3. मानकचन्द 'सेवक' 4. सैक्टर 15-ए, चण्डीगढ़, 5. 1966.

कर्मचारी सन्देश : 1. श्रम. 2. मा. 4. हनुमानगढ़, श्रीगंगानगर 5. 1957-69.

कर्मज्योति : 1. समा. 2. पा. 3. दौलतकँवर पाण्डेय 4. गाँधीनगर, जयपुर 5. 1966.

कर्मठ किसान : 1. समा. 2. दै. 3. लक्खाराम लबानिया 4. सादाबाद, मथुरा 5. 1964.

कर्मपथ : 1. समा. 2. साप्ता. 4. रेजीडेन्सी, जयपुर 5. 1962-67.

कर्मभूमि : 1. समा. 2. दै, साप्ता. 3. श्रीभक्त दर्शन, ललिताप्रसाद नैथानी, भैरोदत्त धूलिया 4. बदरीनाथ मार्ग, लैंसडाउन (गढ़वाल) 5. 19 फरवरी, 1938, 39-1942, 1946 7. मुक्तियज्ञ में महत्वपूर्ण भूमिका। 1942 में सेंसर के कारण समाप्त।

कर्मभूमि : 3. साँवलप्रसाद चतुर्वेदी 4. भरतपुर।

कर्मयुग : 1. समा. 2. मा. (द्विभा.) 3. रोशनलाल कुमार 4. बी-3, 1121 पुरानी सब्जी मण्डी, रोहतक 5. 1970.

कर्मयोग : 1. धा. 2. मा. 3. हरिशंकर शर्मा 'कविरत्न', धर्मदेव शास्त्री 4. सिकन्दरा, आगरा 5. 1946-56.

कर्मयोगी : 1. समा., रा. 2. साप्ता. 3. पं. सुन्दरलाल 4. प्रयाग 5. 1909 7. ब्रिटिश नौकरशाही का विरोधी क्रान्तिकारी राष्ट्रीय दल का पत्र। सरकार ने इसे राष्ट्रद्रोह का अपराध लगाकर बन्द करा दिया।

कर्मयोगी (साप्ताहिक) : 1. समा. 2. साप्ता. 3. ज्योतिस्वरूप सिंह 4. पाण्डेयबाजार, आजमगढ़ 5. 1953-65.

कर्मलोक : 1. समा. 2. साप्ता. 4. झाँसी/ललितपुर 5. 1961-65.

कर्मलोक : 1. समा. 2. साप्ता. 4. गणेशगंज, लखनऊ 5. 1961-68.

कर्मवाणी : 1. समा. 2. साप्ता. 4. राजा की मण्डी स्टेशन, आगरा 5. 1967-71.

कर्मवीर : 1. समा. 2. साप्ता. 3. माखनलाल चतुर्वेदी (1919), माधवराव सप्रे, छेदी लाल, रामबृक्ष बेनीपुरी (1934), अभिन्नहरि, विपिन कुमार, वी.एन.चतुर्वेदी, विनय मोहन शर्मा, रामेश्वर शुक्ल 'अंचल' 4. कर्मवीर कार्यालय, जवाहरगंज, खण्डवा 5. 1916 (25-) 1936 6. 5 रु. वा. 7. राष्ट्रभाषा का प्राणप्रेरक और प्राणपूरक निर्भीक पत्र। राष्ट्रीयता प्रेरक उद्‌गार जैसे "स्वराज्य ध्येय है और बलि उसका पथ है ···। अन्नदाता किसानों की करुणवाणी नहीं, आवाज है, बेबसी नहीं बल है। कराह नहीं हुंकार है ···। यह रियासतों में सड़ने वाली जनता की भुजा है जो अन्याय के खिलाफ महलों को हिलाती और सिंहासनों को कम्पित करती है –।"

कर्मवीर : 1. समा. 2. साप्ता. 4. रतलाम 5. 1925-64.

कर्मवीर : 1. समा. 2. साप्ता. 4. सहारनपुर 5. 1928.

कर्मशर्पित : 2. मा. 2. करियापाथर, जबलपुर 4. 1956-59.

कर्मशील : 1. समा. 2. दै. 3. बाबूलाल पाठक 4. रामकृष्णनगर, किदवईनगर, कानपुर 5. 1962.

कर्मक्षेत्र : 2. मा. 4. कचहरी रोड, हिसार 5. 1962-63.

कलकत्ता इण्डस्ट्रीयल गजट : 1. व्या. 2. अनि. 3. नन्दलाल 'अटल' 4. द्वारका प्रेस, कलकत्ता 5. 1988 वि.।

कलकत्ता कामर्शियल न्यूज : 1. व्या., समा. 2. साप्ता. 3. हनुमानप्रसाद सिंहानिया 4. वासक स्ट्रीट, कलकत्ता 5. 1956-59.

कलकत्ता क्लाथ मार्केट रिपोर्ट : 1. व्या. 2. पा. 3. चिरंजीलाल पोद्‌दार 4. नूरमल लोहिया लेन, कलकत्ता 5. 1959.

कलकत्ता टाइम्स : 1. समा. 2. साप्ता. 3. रामाधीन शर्मा, अरुणप्रकाश अवस्थी 4. बाबूलाल लेन, तुलापट्टी, कलकत्ता 5. 1972.

कलकत्ता टेलीफोन : 2. मा. 3. सरोजेश मुकर्जी 4. गणेशचन्द्र एवेन्यू, कलकत्ता 5. 1958.

कलकत्ता बारदाना मार्केट वीकली रिपोर्ट : 1. व्या. 2. साप्ता., द्विभा. 4. अमर टोला स्ट्रीट, कलकत्ता-1 5. 1959.

कलकत्ता वीकली मार्केट रिपोर्ट : 1. व्या. 2. समा. 3. त्रिलोकीनाथ मिश्र 4. बड़ौताठाकुर लेन, कलकत्ता 5. स्वातंत्र्योत्तर।

कलकत्ता समाचार : 1. समा. 2. दै., साप्ता., मा. 3. कन्हैयालाल, झाँवरमल शर्मा (1914-23) अमृतलाल चक्रवर्ती, इलाचन्द्र जोशी, गणेश सिंह (1921), लल्लीप्रसाद पाण्डेय 4. चीना पट्टी, नारायण बाबू लेन, कलकत्ता 5. 1914-65 7. स्वातंत्र्यप्रिय पत्र। 'भारत मित्र' से विवाद।

कल की दुनिया : 1. समा. 2. साप्ता. 3. गणेशचन्द्र जोशी 4. जालोरी गेट, जोधपुर 5. 1940,46.

कल की बात : 3. शिवकुमार त्रिपाठी 4. सुलतानपुर।

कलम : 1. समा. 2. दै. 3. ललितकुमार आजाद 4. कोटेगेट, बीकानेर 5. 1966.

कलम की आवाज : 1. समा. 2. दै., साप्ता. 3. गौरीशंकर पाण्डेय 4. चौधियाना, मैनपुरी 5. 1966.

कलयुग : 1. समा. 2. दै. 3. अजयकुमार 4. सराय हकीम, अलीगढ़ 5. 1956.

कलयुग : 2. मा. 3. हातारामभोहन, कानपुर 4. 1956–58 (लगभग)।

कलरव : 1. बा. 2. मा. 3. रमेशकुमार राणा 4. चाँदनगर, नई दिल्ली 5. 1977.

कलवार केशरी : 1. जा. 2. पा. 3. चन्द्रिकाप्रसाद 'जिज्ञासु' 4. सआदतगंज रोड, लखनऊ 5. 1969 (लगभग)।

कलवार गजट : 1. जा. 2. मा. 3. काशीप्रसाद 4. मिर्जापुर 5. 1906.

कलवार (क्षत्रिय) मित्र : 1. जा. 2. मा. 3. रघुनाथ प्रसाद, प्रेमीनाथ, बाँकेलाल 4. प्रयाग 5. 1905 6. 4वा.।

कलश : 1. सा. 2. मा. 3. रामप्रताप दुबे 4. प्राणकृष्ण मुकर्जी रोड, कलकत्ता 5. 1959.

कला : 1. सा. 3. रामकुमार भारतीय 'पागल', बागमल गोलछा 4. कला मन्दिर, नागपुर 5. फरवरी 1949.

कला : 2. त्रै. 3. कृष्णनारायण कक्कड़ 4. राज्य ललित कला अकादमी (उ.प्र.), लखनऊ 5. जनवरी 1975 (प्रच.)।

कला : 2. मा. 3. श्रीराम बोहरा 4. जोधपुर।

कला : 3. गुरुराम विश्वकर्मा 4. बनारस 5. 1988 वि.।

कला : 1. सा. 2. मा. 3. कमलाशंकर सिंह 4. दारागंज, प्रयाग 7. उ.प्र. शासन द्वारा प्रेरित।

कला अनुसंधान पत्रिका : 2. त्रै. (हि., अं.) 4. संगीत भारती, बीकानेर 5. 1968.

कला कुशल : 3. रामनारायण सिंह 4. दारागंज, इलाहाबाद 5. 1904 वि.।

कला कौशल : 1. वि. 2. मा. 3. भगवतीप्रसाद त्रिवेदी 4. सुरजूपुर, रायबरेली 5. 1956–58–60.

कला कौशल : 3. गणपतिसिंह वर्मा 4. दिल्ली 5. 1949.

कला कौशल : 2. मा. 3. भौमदत्त दीक्षित 4. कानपुर 5. 1925.

कला दर्पण : 1. सा. 2. मा., त्रै. 3. तारासिंह वियोगी 4. लोहिया बाजार, लश्कर, ग्वालियर 5. 1964–71.

कलादीप : 2. मा. 4. एम.बी. कला केन्द्र, पिंजौर, हरियाणा 5. 1974.

कलाधर : 1. सा. 2. मा. 3. मूलचन्द्र भट्ट, माधवेश 4. मारवाड़पाली, जोधपुर 5. 1947.

कलानिधि : 1. सा., सां. 2. त्रै. 3. मोतीचन्द्र, रविशंकर रावत, ब्रजमोहन व्यास, रामकृष्ण दास, माधव गौड़, महादेवी वर्मा, मैथिलीशरण गुप्त, वासुदेवशरण अग्रवाल 4. शांति कुटीर, भारत कला भवन, वाराणसी 5. 1947 7. सचित्र कला संबंधी पत्र। बड़ा आकार।

कलानुसंधान पत्रिका : 1. शो. 2. त्रै. 3. डॉ. मुरारी शर्मा 4. श्रीसंगीत भारती, रानी बाजार, बीकानेर 5. 1968 6. 2.50 वा.।

कला शिक्षक : 2. मा. 3. बी.एस. नाथ चौहान 4. वनखेड़ी 5. 1925.

कला संसार : 1. सां., फि. 2. साप्ता. 3. रणधीरकुमार सिंह 4. सागरदत्त लेन, कलकत्ता 5. 1957.

कलास्वर : 3. अशोक टण्डन 4. देहली दरवाजा, फैजाबाद।

कलियाँ : 1. बा. 2. मा. 3. शमीम अनहोनवी 4. लखनऊ 5. 1954-80

कलौधन मित्र : 1. जा. 2. मा. 4. पौड़ी 5. द्विवेदीयुगीन।

कल्कि निष्कलंकी : 1. समा. 2. साप्ता. 4. भ्रष्ट विचार निरोधक भवन, खैराबाद 5. 1966-69.

कल्प : 1. सा. 2. पा. 3. जैनेन्द्र 4. दरियागंज, दिल्ली 5. 1970.

कल्पतरु : 3. रामेश्वरप्रसाद तिवारी 4. हरदा।

कल्पना : 1. सा. 2. मा. (द्विभा.) 3. आर्येन्द्र शर्मा, मधुसूदन चतुर्वेदी, रंजन, बदरीविशाल पिन्ती, मुनीन्द्र, जगदीश गौतम राव, कान्ता, आलम खुदमीरो, ओम प्रकाश 'निर्मल' 4. मारवाड़ी बाजार 516, सुलतान बाजार, हैदराबाद 5. अगस्त 1949 (प्रच.) 7. वर्तमान साहित्यिक पत्रों में अग्रणी।

कल्पना : 1. पि. 2. मा. 3. बच्चन श्रीवास्तव 4. दरियागंज, दिल्ली 5. 1950.

कल्पना : 2. मा. 3. आनन्द, चन्द्रभूषण 4. मेरठ 5. अप्रैल 1948.

कल्पना : 1. सा. 2. मा. 4. जीरो रोड, प्रयाग 5. 1949-51.

कल्पना ज्योतिष वीकली : 1. ज्यो. समा. 2. साप्ता. 3. आर.एन. दुबे 4. अम्बागेट, अमरावती (महा.) 5. 1969.

कल्पराज : 1. धा. 2. मा. 4. मल्हारगंज, इन्दौर 5. 1952.

कल्पवृक्ष : 1. धा. 2. मा. 3. दुर्गाशंकर नागर 4. उज्जैन 5. 1952-66.

कल्पान्त : 1. समा. 2. पा. 3. मुरारीलाल त्यागी 4. नयी दिल्ली 5. 1975.

कल्याण : 1. धा., दा. 2. मा. 3. हनुमानप्रसाद पोद्दार, भुवनेश्वर माधव, पं. लक्ष्मण नारायण गर्दे, चिम्मनलाल, गौरीशंकर द्विवेदी, शिवनाथ दुबे, जानकीनाथ शर्मा, शांतनु द्विवेदी, अखण्डानंद सरस्वती, रामसुखदास, रामनारायण दत्त शास्त्री, सुदर्शन सिंह 'चक्र', बाबा राधवदास 4. वेंकटेश्वर स्टीम प्रेस में मुद्रित। 'सत्संग भवन' बम्बई से प्रथमांक प्रकाशित। फिर गीता प्रेस, गोरखपुर से 5. श्रावण 1883 वि. (अगस्त 1926)—(प्रच.) 6. 10 वा. 7. नैतिक आदर्शों से परिपूर्ण। भारत में सर्वाधिक बिक्री वाला हिन्दी मासिक। प्रसार संख्या लगभग 175000। विशिष्ट सचित्र विशेषांक— भगवन्नामांक-1928, भक्तांक-1929, श्री रामायणांक-1930, परिशिष्टांक-1931, श्री कृष्णांक-1932, ईश्वरांक-1932, परिशिष्ट शिवांक-1933-भक्ति अंक-1934-योगांक-1935, वेदांतांक-1936, संत अंक-1937, मानसांक-1938, गीता तत्वांक-1939, साधनांक-1940, भगवतांक-1941, संक्षिप्त महाभारतांक-1942, महाभारत अंक-1942, रामायणांक-1943, पद्मपुराणांक 1944, गोअंक-1945, मार्कण्डेय पुराण, ब्रह्मपुराण-1947, नारी अंक-1948, उपनिषद् अंक-1949, हिन्दु संस्कृति अंक, परिशिष्टांक-1950, स्कन्दपुराणांक-1951, भक्तचरितांक-1952, बालक अंक-1953, विष्णुपुराणांक-1954, संतवाणी अंक-1955, सत्य कथा अंक-1956, तीर्थांक-1957, भक्ति अंक-1958, मानवतांक-1959, योगवाशिष्ठ अंक-1961, संक्षिप्त शिवपुराणांक-1962, संक्षिप्त ब्रह्म वैवर्तपुराणांक-1963, कृष्णवचनामृतांक-1964, भगवन्नाममहिमांक-1965,

धर्मांक-1966, श्रीराम वचनामृतांक-1967, उपासनांक परिशिष्टांक-1968, परलोक-पुनर्जन्मांक-1969, अग्निपुराणांक-1970, नृसिंह पुराणांक-1971, रामांक-1972, श्रीविष्णु अंक-1973, हनुमानाकं-1975 आदि। सितम्बर 1941 में पूरी भागवत। मानसांक में सम्पूर्ण रामचरित मानस प्रकाशित।

इसमें विज्ञापन वर्जित। मुख्यत: विवादनिरपेक्ष आध्यात्मिक सामग्री। पोद्दार जी ने गोहत्या, हिन्दू कोड बिल आदि पर योजनाबद्ध लेख छापे। इसमें प्रमुख धर्माचार्यों, सन्तों, महात्माओं एवं विद्वानों को प्रश्रय। अद्यावधि इसके 50 विशेषांक अपने क्षेत्र के कीर्तिस्तम्भ। कई विशेषांकों के पुनर्मुद्रण हुए, यथा नारी अंक, संत अंक, संतवाणी अंक, योगांक आदि। गर्देजी कई विशेषांकों के संपादक। धार्मिक पत्रकारिता में यह अभूतपूर्व एवं सर्वोपरि।

कल्याण : 1. व्या., वा. 2. वा., त्रै., मा., अनि. (हिं., बं., अं.) 3. आर. दयाल 4. लालचन्द्र एण्ड कम्पनी, ग्रांटलेन गार्डन रीच रोड, कलकत्ता /डी.एस. पूर्व रेलवे, आसनसोल 5. 1939-55-56 7. परिवहन विषयक।

कल्याण कल्पतरु : 1. धा. 2. मा. 3. भुवनेश्वर माधव (11 वर्ष) 4. गोरखपुर 5. 1932-42.

कल्याण मार्ग : 1. धा. 2. मा. 4. कुईकलाँ, हिसार 5. 1955-60.

कल्याणमार्ग का पथिक : 2. धा. 3. महात्मा मुंशीराम (श्रद्धानन्द) 4. नया बाजार (श्रद्धानन्द बाजार) 5. 1917 7. संदर्भ प्रचारक का रूपान्तरण।

कल्याणी : 1. मा. 2. मा. 3. चन्द्रमुखी ओझा 4. कानपुर 5. 1948.

कवच : 1. समा. 2. साप्ता. 3. माँगूलाल मेहता 4. रतलामी गेट, स्टेशन रोड, जाबरा (म.प्र.) 5. 1969.

कवच : 1. समा. 2. साप्ता. 3. सोदपुर पिट्स, कौलियरी, आसनवाणी, वर्दबान 5. 1965-66.

कवि : 1. सा. 2. मा. 3. रामनारायण रावत, गयाप्रसाद शुक्ल 'सनेही' 'त्रिशूल' 4. फीलखाना, कानपुर/पी.पी. गंज, कानपुर 5. 1979-81 वि. 6. 3 वा. 7. अत्यंत प्रसिद्ध एवं लोकप्रिय पत्र।

कवि : 1. सा. 2. मा. 4. कालभैरव, वाराणसी 5. 1957-59.

कवि और समालोचना (श्री) : 1. सा. 2. द्विमा. 3. सुजान 4. हल्दी, बलिया 5. 1892.

कवि कुल कंज दिवाकर : 1. समा. 2. मा. 3. रामनाथ शुक्ल 4. बस्ती 5. 1884.

कवि कौमुदी : 1. सा. 3. रामनरेश त्रिपाठी 4. हिन्दी मंदिर, प्रयाग 5. 1924.

कविता : 1. सा. 2. त्रै., अर्द्धवा., अनि., वा. 3. भगीरथ भार्गव, जयसिंह, नीरज श्री गोपाल जुगमंदिर तायल 4. 'कृष्णायन' (दारुकूटा) कविता प्रकाशन, 89 आर्यनगर, अलवर (राजस्थान) 5. 1961-(प्रच.) 7. नवलेखन का पुस्तकाकार कविता संकलन रूप में प्रकाशित लघुपत्र।

कविता : 1. सा. 2. द्विमा., त्रै. 3. नलिनविलोचन शर्मा 4. भारतीय काव्य संसद, पटना 5. 1954 (लगभग)।

कविता : 1. सा. 2. त्रै. 4. तलवाया दूत, झाँसी 5. 1965-69.

कविताएँ : 1. सा. 2. वा. 3. चन्द्रदेव सिंह, सुरेन्द्र चतुर्वेदी, रामबहादुर 'मुक्त' 4. भारतीय पुस्तक मंदिर, कलकत्ता 5. 1957.

कविता श्री : 1. सा. 2. मा. 3. नलिनीकांत 4. अण्डाल, वर्दवान 5. 1965.

कवितांजलि : 1. सा. 4. प्रसाद प्रकाशन, 882 सुंदर विलास, अजमेर।

कवितेन्दु : 1. सा. 2. मा. 4. महाराष्ट्र 5. 1881 7. कवितापरक पत्र।

कविता प्रचारक : 1. सा. 2. मा. 4. लगभग 1950 वि.।

कवि भारती : 1. सा. 3. डॉ. बालकृष्ण राव 5. 1953.

कवि मण्डल पत्रिका : 1. सा. 4. काशी।

कविराज : 1. चि. 2. मा. 3. निवारणचन्द्र 4. दिल्ली 5. 1921.

कवि व चित्रकार : 1. सा. 2. त्रै. 3. सुन्दरलाल 4. फतेहगढ़ 5. 1891.

कवि समाज : 1. सा. 4. काशी।

कवि वचन सुधा : 1. सा. 2. मा. (1867), पा. (1868), साप्ता. (1875) 3. भारतेन्दु हरिश्चन्द्र, रामशंकर व्यास (1867-85), प्रकाशक-पं. चिन्तामणि 4. मोहल्ला चौखम्भा, लाइटप्रेस, दशाश्वमेध, बनारस 5. 1867-1885 (सं. 1924). 6. 2.25 वा. पेशगी, 6 वा., चार, आने प्रति, हरिशन्द्र चंद्रिका सहित - 10 वा.। कुल लगभग 16 पृष्ठ 7. प्राचीन कविता-प्रधान पत्र। द्विभाषी (हिन्दी, अंग्रेजी)। गार्सा दतासी द्वारा प्रशंसित। सहयोगी लेखक—ईश्वरचन्द्र विद्यासागर, दयानन्द सरस्वती आदि। मुख्य सूत्र- "खल, जनन ते सज्जन दुखी मत होंहि हरि पद मत रहें। अपधर्म छूटै सत्वनिज भारतगहै का दुख वहै। बुध तजहिं मत्सर नारि नरतम होहि जग आनंद लहैं। तजि ग्राम कविता सुकवि जन की अमृत बानी सब गहैं।" विभिन्न विषयों से संबंधित रचनाएँ जैसे 'शब्द में प्रेरक शक्ति', 'भूकम्प', 'युवराज का आगमन', समालोचना स्वप्न आदि। सरकार द्वारा प्रति अंक 100 प्रतियाँ खरीदी जाती रहीं, पर 'पद्र्याथ्य' नामक मरसिया कविता का 'जूतों से पीटना' जैसे अर्थान्तर की दुष्टों द्वारा चुगली किए जाने पर शासन रुष्ट, सहायता बंद, फलतः मानद मजिस्ट्रेट पद से भारतेन्दु का त्यागपत्र। 1880 से पत्र का दूना आकार (दो शीट डिमाई) पत्र आत्मनिर्भर। आरम्भ में कई पुस्तकें प्रकाशित, यथा-देव कृत 'अष्टयाम' दीनदयाल गिरि का-'अनुराग बाग', चंद का 'रासौ', जायसीकृत 'पद्मावत', कबीर की साखियाँ, बिहारी के दोहे, गिरिधर दास कृत 'नहुष', 'गुलिस्ता' का अनुवाद एवं कालान्तर में गद्य का भी समावेश।

मूल्य संबंधी घोषणा -

"षद् मुद्रा पहिले दिये बरस बिताये सात। साथ चन्द्रिका के लिए दस में दोउ मिलि जात। बरन गये बारह लगत दो के दो महसूल। अलग चन्द्रिका साथ षट् बचन सुधा सम तूल।" "दो आना एक पत्र को टका पोस्टेज साथ। सारध आना आठ दै लहत चन्द्रिका हाथ। प्रति पंगति आना जुगुल जो कोउ नोटिस देह। जो विशेष जानन चहै पूछि सबै कुछ लेह।"

प्रथम पृष्ठ का आरम्भ श्रीगोपी जनबल्लभायनमः से। गद्य रचनाओं का श्रीगणेश। आधुनिक विषयों-राजनीति, समाजनीति आदि पर लेख। पाठकों में अत्यन्त लोकप्रिय। काँग्रेस के स्वदेशी आन्दोलन और 'बंग भंग' के पूर्व 'कवि वचन

सुधा' ने 23 मार्च, 1974 का विदेशी वस्त्रों के बहिष्कार हेतु प्रतिज्ञा पत्र प्रकाशित किया था। 'समाचारावली' स्तम्भ अत्यन्त लोकप्रिय।

अर्थाभाव के कारण इस पत्र का प्रकाशन-दायित्व 'धड़फल्ले' जी द्वारा, किन्तु इससे भारतेन्दु जी का सम्बन्ध समाप्त। भारतेन्दु जी के निधन पर इस पत्र ने श्रद्धांजलि (शोक-संदेश) तक न प्रकाशित की। निष्कर्षत: यह 'भारतेन्दु युग का निर्माता', दिशा-दर्शक' पत्र।

कवीन्द्र : 2. मा. 3. स्वामी नारायणनन्द सरस्वती 'अख्तर', अनूप शर्मा 4. कानपुर 5. अप्रैल 1924 7. कवितापरक पत्र। 'सनेही' जी की प्रिय पत्रिका। सूक्ति – ''जैसे लोक प्रसिद्ध हैं श्री टैगोर रवीन्द्र। शंकर वैसा ही बने मासिक पत्र कबीन्द्र॥''

कवीन्द्र : 1. सा. 2. मा. 4. मानिक चौक, झाँसी 5. 1960-65.

कवीन्द्र वाटिका (श्री) : 1. सा. 2. मा. 3. विश्वेश्वरनाथ शर्मा आग्नि होली।

कवीन्द्र सभा : 4. प्रयाग 5. 1904-15.

कश्यप (टाइम्स) : 1. जा. 2. मा. 3. बाबूलाल तोमर 4. पुरवा बुढ़ाना गेट, मेरठ 5. 1965-67-70.

कश्यप : 1. जा. 2. मा. 3. काशीनाथ दर 4. हिन्दी साहित्य सम्मेलन, श्रीनगर (काश्मीर) 5. अगस्त 1961-63.

कसक : 1. समा. 2. पा. 4. बड़ा बाजार, सिकन्दराबाद/बुलंदशहर 5. 1962-65.

कसौटी : 1. समा. 2. साप्ता. 3. बाबूसिंह चौहान 4. बिजनौर 5. 1952.

कसौटी : 2. मा. 4. बड़ा डाकखाना, इटावा 5. 1959-62, 1963-69.

कसौधन जागृति : 1. जा. 2. मा. 3. रामगुलाम गुप्त 4. बाजारकिला, बरेली 5. 1960.

कसौधन मित्र हितैषी : 1. जा. 2. मा. 3. गंगाप्रसाद गुप्त 4. भागलपुर 5. 1924.

कस्तूरबा दर्शन : 1. म. 2. त्रै., मा. 3. मानकचन्द्र कलेरिया 4. कस्तूरबाग्राम, इन्दौर 5. 1949 6. नि:शुल्क।

कस्तूरी : 1. वि. 2. साप्ता. 4. हिताशी (श), पो. बॉ. 11, सहारनपुर 5. 1970 7. युवावर्ग से सम्बद्ध।

कहाँ क्या : 2. मा. 3. महावीरप्रसाद जैन 4. त्रिनगर, दिल्ली 5. 1972 7. लोकोपयोगी पत्र।

कहानियाँ : 1. सा. (कथा) 2. अनि. 3. मृत्युञ्जय उपाध्याय, विमल वर्मा 4. साहालेन, कलकत्ता 5. 1960-61.

कहानियाँ : 2. मा., पा. 2. गुरुप्रसाद उप्पल 3. संत प्रकाशन, कदमकुआँ, पटना 5. 1946.

कहानियाँ : 1. सा. 2. मा. 3. फूलचन्द्र 'मानव' 4. एफ. 185/11 चण्डीगढ़ 5. 1968 7. लोकप्रिय कहानियों की पत्रिका।

कहानी : 1. सा. (कथा.) 2. मा. 3. राधाकृष्ण, श्रीपत राय, सतीश जामाली, कमलेश्वर, शमशेर (1940) 4. सरदार पटेल मार्ग, इलाहाबाद 5. 1940-51 (प्रच.) 7. पर्याप्त लोकप्रिय पत्र।

कहानीकार : 1. सा. (कथा.) 2. मा., द्विमा., अर्द्धवा. 3. कमल गुप्त 4. अरविन्द कुटीर, भैरवनाथ, वाराणसी 5. 1967 (प्रच.) 7. लोकप्रिय कहानियों का प्रतिनिधि पत्र।

कहानीकार : 2. त्रै. 4. राजजादागान, मेरठ 5. 1959–61.

कहानी संगकवि : 1. सा. 2. मा. 4. रायगंज, अयोध्या, फैजाबाद 5. 1963–67.

काँगेस : 1. धा. 2. साप्ता. 4. मारिशस 7. आर्यसमाज का पोषक पत्र।

काँग्रेस : 1. समा. 2. साप्ता. 4. भोगीपुरा, आगरा 5. 1947.

काँग्रेस : 3. हरिश्चन्द्र आर्य 4. नजीबाबाद (यू.पी.) 5. 1932.

काँग्रेस : 1. समा. 2. साप्ता. 4. जिला काँग्रेस समिति 5. 1957–63.

काँग्रेस जन : 1. राज. 2. साप्ता. 4. नौरंगाबाद, इटावा 5. 1957–61.

काँग्रेस दर्शन : 1. राज. 2. साप्ता. 4. झाँसी।

काँग्रेस पत्रिका : 1. राज. 2. मा. 3. प्रेमप्रकाश शर्मा 4. अखिल भारतीय काँग्रेस कमेटी, जंतरमंतर रोड, नई दिल्ली 5. 1956.

काँग्रेस पत्रिका : 1. राज. 2. साप्ता., पा. 3. ओंकार सिंह 4. राजप्रदेश, काँग्रेस, जयपुर 5. 1964–65.

काँग्रेस बिगुल : 1. समा., राज. 2. साप्ता. 3. एस.के. पारीक 4. अजमेरी गेट, जयपुर 5. 1966.

काँग्रेस बुलेटिन : 1. राज. 4. नई दिल्ली 5. 1947.

काँग्रेस राज्य : 1. राज. 2. मा. 4. गली बाड़ा भाई, आगरा 5. 1966–69.

काँग्रेस वाणी : 1. समा., राज. 2. दै. 3. बालाभ्यासी शर्मा 4. सरयू सदन, इटावा 5. 1966.

काँग्रेस सन्देश : 1. राज. 2. साप्ता. 3. श्रीकांत व्यास 4. मजदूर प्रिंटिंग, इन्दौर 5. 1956–62.

काँग्रेस संदेश : 1. समा., राज. 2. साप्ता. 4. लादूपुरा, कोटा/जयपुर 5. 1956 (लगभग)।

काँग्रेस सेवादल पत्रिका : 1. राज. 2. मा. 3. बी.सी. नायक 4. काँग्रेस भवन, पटेल मार्ग, बम्बई 5. 1948.

कांतयुग : 2. द्विभा., अर्द्धसाप्ता. 4. रोहतक 5. 1960.

कांति : 1. समा. 2. मा. 4. रामपुर 5. 1958–69.

कान्फ्रेंस प्रकाश : 1. जा. 2. मा. 3. लल्लूभाई जौहरी 4. बम्बई/अजमेर 5. 1924–25 7. स्थानकवासी जैन कान्फ्रेंस, बम्बई का मुखपत्र।

कादम्बिनी : 1. सा., सां. 2. मा. 3. बालकृष्ण राव, रामानन्द दोषी, राजेन्द्र अवस्थी (1972) 4. लीडररोड, इलाहाबाद/हिन्दुस्तान टाइम्स प्रेस, सी सर्कस, नई दिल्ली (1963) 5. नवंबर 1960 7. लोकप्रिय पारिवारिक पत्र। प्रसार संख्या 34, 398। मूलत: प्रयाग से प्रकाशित, फिर दिल्ली स्थानान्तरित।

कानन : 2. त्रै. (हि., अं.) 4. बनविभाग, राँची 5. 1970.

कानपुर एक्सप्रेस (दैनिक कानपुर) : 1. समा. 2. साप्ता. 4. सीसामऊ, नौधरा, कानपुर 5. 1966–71.

कानपुर गजट : 1. समा. 2. दै. 4. कानपुर 5. 1913.

कान्यकुब्ज : 1. जा. 2. मा. 3. चन्द्रमौलि सुकुल मंजुल, 'रसाल', रमाशंकर मिश्र, श्रीधर मिश्र 4. हुसैनगंज / 15 हीवेट रोड, लखनऊ 5. 1898–1905 7. इसके जुलाई 1936 के अंक में आचार्य महावीरप्रसाद द्विवेदी द्वारा पोष्य पुत्री के विवाह का विज्ञापन और जातीय सुधार का आह्वान।

कान्यकुब्ज : 1. जा. 2. मा. 3. देवीप्रसाद शुक्ल, लालमणि, जगन्नारायण मिश्र 4. फर्रुखाबाद 5. 1905.

कान्यकुब्ज : 1. जा. 2. मा. 3. देवीदीन तिवारी 4. कुसुम निवास, घोडबंदर रोड, जोगेश्वरी, बम्बई-42 5. 1955.

कान्यकुब्ज (नायक) : 1. जा. 2. मा. 3. रविशंकर शुक्ल, रघुवरप्रसाद द्विवेदी, मातादीन सुकुल 4. रायपुर/जबलपुर 5. 1919.

कान्यकुब्ज ज्योति : 1. जा. 2. सापा. 4. नंदानगर, इन्दौर 5. 1959-65.

कान्यकुब्ज प्रकाश : 1. जा. 2. मा. 4. लखनऊ 5. 1884 7. प्रसिद्ध प्राचीन पत्र।

कान्यकुब्ज बन्धु : 1. जा. 2. अनि. 4. कलकत्ता 5. 1909.

कान्यकुब्ज संदेश : 1. जा. 2. सापा. 4. यशवंतगंज, इन्दौर 5. 1959-60.

कान्यकुब्ज समाज : 1. जा. 2. मा. 3. ऋषिशंकर दीक्षित 4. प्यारेमोहन पाल लेन, कलकत्ता 5. 1964.

कान्यकुब्ज हितकारी (श्री) : 1. जा. 2. मा. 3. मुरारीलाल दीक्षित, गौरीशंकर, मनोहरलाल मिश्र, देवीप्रसाद द्विवेदी 4. इण्डियन प्रेस, कानपुर 5. 1898 7. उद्बोधनमूलक पत्र। मुख्य सूत्र "उहु उठहु बहुसोय के देखहु नैन उघार। कान्यकुब्ज हितकारि का पढ़हु खूब ललकार। कान्यकुब्ज हितकारि को भाई अब हाथ गहौ। बंशोन्नति को बीड़ा ले जो सुख आप चहौ। जाति हितैषी पत्रन को जिनन उठायो भार। ऐसे कानउज वासिन का है बार-बार धिक्कार। " स्तंभ—समालोचना (रिव्यू), सुचालशिक्षा (मॉरल एजूकेशन)।

कान्यकुब्ज हितकारी : 1. जा. 2. मा. 3. गुरुदयाल त्रिपाठी 4. रायबरेली।

कान्यकुब्ज (कान्यकुब्ज हितकारी) : 1. जा. 2. पा. 4. डॉ. रमाशंकर शुक्ल 'रसाल', पं. ब्रजलाल शुक्ल 4. प्रयाग 5. 1889-1902.

का आंचलिक : 1. समा. 2. दै. 3. काशीप्रसाद 'उमेश' 4. बलिया 5. 1969.

कागज के फूल : 2. मा. 4. रेलवे रोड, जालंधर 5. 1959-65.

काटेज इण्डस्ट्रीज : 1. व्या. 2. मा. 4. खारी बावड़ी, दिल्ली 5. 1967-69.

कातुक्य (हिन्दी-उड़िया) : 1. सापा. 4. मोहन्ती पाड़ा, संभलपुर 5. 1971.

कात्यायनी : 1. सा. 2. मा. 3. अश्विनीकुमार द्विवेदी 4. शिवाजी मार्ग, लखनऊ 5. 1968 (प्रच.) 7. लोकप्रिय कहानियों की लघुपत्रिका।

कादम्बरी : 1. सा. 2. मा., द्विमा. 3. रामाज्ञा द्विवेदी 'समीर' 4. कानपुर 5. 1927-28 7. अंक क्रम-कूक, राय देवीप्रसाद 'पूर्ण' की स्मृति में प्रकाशित पत्र।

कानपुर गजट : 1. समा. 2. दै. 4. कानपुर 5. 1913.

कानपुर टाइम्स : 1. समा. 2. पा. 3. कैलाशचन्द्र निगम 4. दुर्गादेवी रोड, गाँधीनगर, कानपुर 5. 1961-71.

कानपुर दर्पण : 1. समा. 2. सापा. 4. धनकुट्टी, कानपुर 5. 1962-69.

कानपुर मेल : 1. समा. 2. सापा. 4. हल्सी रोड, कानपुर 5. 1969-71.

कानपुर वाणी : 1. समा. 2. दै. 3. अजयभारती सिंह 4. ट्रान्सपोर्टनगर, कानपुर 5. 1968.

कानपुर संदेश : 1. समा. 2. साप्ता. 4. अशोकनगर, कानपुर 5. 1960-65.

कानपुर समाचार : 1. समा. 2. साप्ता. 3. रामाधार, बी. अवस्थी, शिवकिशोर मिश्र 5. गाँधी नगर, कानपुर 5. 1918-47.

कानपुर सुगर मार्केट टोन : 1. वा. 2. साप्ता. 3. बाबूराम गुप्त 4. मोती बिल्डिंग, शक्कर पथ, कानपुर 5. 1962.

काना जासूस : 1. कथा 2. मा. 3. सुशीला बहल 4. नई बस्ती, कीड़गंज, इलाहाबाद 5. 1965.

कानूनवाला जासूसी : 1. जासूसी. 2. त्रै. 3. इन्द्रमोहन 4. डी.एस. कालेज के पीछे, करनाल 5. 1969.

कानून सर्विस : 1. विधि 2. पा. (हि., अं.) 4. सोजती गेट, जोधपुर 5. 1970.

कानूनी दुनिया : 2. मा. 3. अजहर हुसैन 4. तुर्कमान गेट, दिल्ली 5. 1969.

कानूनी पंजा : 1. विधि 2. मा. 3. मोहम्मद अख्तार 4. दरियागंज, शोराब गेट, मेरठ 5. 1969.

कानूनी विकास : 1. विधि. 2. मा. 3. धनीराम गौड़ 4. गोविंदनगर, कानपुर 5. 1966.

काफी मजदूर सहकारी : 1. श्रम. 2. त्रै. 3. श्यामसिंह नेगी 4. यू.बी. बंगला रोड, जवाहर रोड, दिल्ली 5. 1968.

काबुली वाला : 1. वा. 2. मा. 3. सुरजीतकिरन माली 4. अजीतनगर, अमृतसर 5. 1966.

कामगार : 1. श्रम 2. पा. 4. गुरुद्वारा रोड, नई दिल्ली 5. 1954-58.

कामगार : 1. श्रम 2. साप्ता. 4. चाँदनीचौक, जमशेदपुर 5. 1968-69.

कामगार : 2. पा. 4. अमर मुद्रणालय, 5. 1956 (लगभग)।

कामगार : 2. पा. 4. सरफिरोजशाह मेहता रोड, बम्बई 5. 1956 (लगभग)।

कामनगर पत्रक : 1. श्रम. 2. त्रै. (बहु.) 3. वि.पि. पवार 4. गाँधीनगर, नासिक 5. 1968.

कामगारमित्र : 1. समा. 2. साप्ता. 3. रामदयाल यादव 4. टाटा लाइन्स कैम्प-1, भिलाई 5. 1966-68.

कामगार शिक्षा : 1. श्रम. 2. मा. 4. इन्द्रप्रस्थ मार्ग, नई दिल्ली 5. 1965-68.

कामगार सन्देश : 2. साप्ता. 4. लिटनिस मार्ग, महाल, नागपुर 5. 1971.

कामद क्रान्ति : 3. डॉ. कृष्णदत्त अवस्थी 4. बाँदा (उ.प्र.) 5. 1974 (अल्पायु)।

कामदगिरि : 1. समा. 2. साप्ता. 4. स्टेशन रोड, बाँदा 5. 1971.

कामधेनु : 1. समा. 2. पा. 3. भँवरलाल शर्मा 4. डागा बिल्डिंग, खेरारोड बीकानेर 5. 1969.

कामधेनु : 1. धा. 2. मा., पा. 3. लाला हरदेव सहाय 4. सदरथाना रोड, दिल्ली 5. 1956-63.

कामधेनु : 1. वि. 2. अनि. 3. बहुकदेव शर्मा 4. कामधेनु कार्यालय, कलकत्ता 5. फरवरी 1936 7. गोरक्षा विषयक पत्र।

कामना : 1. सा. 2. द्विभा. 3. विजय मिश्र 'अमर'. निर्मल, राजेन्द्र सक्सेना पलायनवादी 4. कोटा (राज.) 5. अप्रैल 1947.

कामना : 1. सा. 2. मा. 4. न्यू राजेन्द्रनगर, नयी दिल्ली 5. 1959-60.

कामना : 1. सा. 2. अर्द्धवा. 3. जे.के. गोयल 4. जमुनास्ट्रीट, सिरसा, हरियाणा 5. 1969.

कामयाब : 2. पा. (हि., उ.) 4. रामबाग, अमृतसर 5. 1970.

कामरेड : 3. मौलाना मुहम्मद अली 4. दिल्ली 7. गोखले के नेतृत्व में स्वाधीनता आन्दोलन का समर्थक पत्र।

कामर्शियल : 1. वा. 2. पा. 3. कश्मीरीलाल सचदेव 4. अनाजमण्डी, पिपली, थाणेश्वर (करनाल) 5. 1969.

कामांजलि : 1. वै. 2. मा. 3. श्रीयुत प्रभात 4. सिवनी 5. 15 अगस्त 1948.

कामिनी : 1. कथा 2. मा. 4. नई बस्ती, कीड़गंज, इलाहाबाद 5. 1957-60.

कायदा कानून : 1. विधि 2. मा. 3. दयाप्रकाश जैन 4. सरबगिया, एटा 5. 1969.

कायस्थ : 1. जा. 2. मा. (हिं., अं.) 3. आर.सी. श्रीवास्तव 4. बी. फैजबाजार, दरियागंज, दिल्ली 5. 1960.

कायस्थ उपकारक : 1. जा. 3. नारायणप्रसाद 4. आगरा 5. 1883.

कायस्थ उपदेश : 1. जा. 2. मा. 4. लखनऊ 5. 1889.

कायस्थ कान्फ्रेंस (गजट) : 1. समा., जा. 4. कानपुर।

कायस्थ कौमुदी : 1. जा. 4. मुजफ्फरपुर 5. 19 वीं. शती का अन्त्यकाल।

कायस्थ पंच : 1. जा. 4. प्रयाग 5. 1890.

कायस्थ पत्रिका : 1. जा. 2. मा. 3. देवीप्रसाद 4. लखनऊ 5. 1889.

कायस्थ पत्रिका : 1. जा. 2. वा. 3. सुधीरकुमार मित्र 4. राधानाथ मलिक लेन, कलकत्ता 5. 1901.

कायस्थ महिला हितैषी : 1. जा., म. 3. श्रीमती भटनागर 4. फैजाबाद 5. 1975 वि.

कायस्थ व्यवहार : 1. जा. 4. फतेहपुर (राज.) 5. 1884.

कायस्थ समाचार : 1. जा. 2. पा., मा. 4. प्रयाग 5. 1878-80 7. युग प्रतिनिधि पत्र। प्रथम जातीय पत्र।

कायस्थ समाज : 1. जा. 2. वा. 3. उपेन्द्रचन्द्र शास्त्री 4. सलकिया 127 त्रिपुरा रायलेन, हावड़ा 5. 1919.

कायस्थ हितकारी : 1. जा. 2. पा. 3. कांतिप्रसाद 4. आगरा 5. 1894.

काया : 1. समा. 2. पा. (हिं., पं.), मा. 4. माडल टाउन, जालंधर 5. 1963, 1966, 69.

कायाकल्प : 2. मा. 4. रफदों (हरि.)।

कायाकल्प : 1. चि. 2. मा. 4. मालदास स्ट्रीट, उदयपुर 5. 1967-71.

कायाकल्प : 3. पार्वतीप्रसाद 4. लश्कर, ग्वालियर 5. सितम्बर 1940.

कारण : 1. समा. 2. साप्ता. 4. जटवाड़ा, गाजियाबाद 5. 1971.

कारबारी : 3. ठाकुरप्रसाद खत्री 4. काशी।

कारिका : 1. सां., सा. 2. मा. 3. जगन्नाथराम 4. सरस्वतीभवन, जी.टी.रोड, शाक्तिनगर, दिल्ली 5. 1968.

कारीगर : 2. मा. (हि., गु.) 4. मेरवान जी स्ट्रीट, बम्बई 5. 1959-61.

कारोबार : 1. समा. 2. साप्ता. 3. मानलकरनपुरिया 4. सियागंज, तेलगली, जवाहर मार्ग, इन्दौर 5. 1967.

कार्टून : 1. समा. 2. दै. 4. एच.टी.रोड, बम्बई 5. 1968.

कार्यकर्ता : 1. समा. 2. साप्ता. 3. रामप्रसाद भार्गव 4. सिन्धी मन्दिर, सुजानगढ़ (राज.) 5. 1970.

काल : 1. सां. 2. त्रै. 3. श्रीनिवास, श्रीकांत 4. आंकतुड प्लेस, जखू/शिमला 5. 1969-72.

काल और परख : 1. समा. 2. दै., साप्ता. 3. दयाशंकर मिश्र 4. के. 7/18 गायघाट/अस्सी, वाराणसी 5. 1969.

कालक्रम : 1. सा. 2. साप्ता. 3. वीरेन्द्रप्रताप सिंह 4. सी 27/911 जगतगंज, वाराणसी 5. 1971.

कालचक्र : 1. समा. 2. दै. 3. डॉ. अंजनीकुमार मिश्र 4. जी.टी. रोड, फतेहपुर 5. 1938.

कालचोरी : 2. मा. 4. कीडगंज, इलाहाबाद 5. 1952-64.

कालध्वनि : 1. समा. 2. दै. 3. भुवनेन्द्रस्वरूप 4. अपरकोट, अलीगढ़ 5. 1969.

कालपृष्ठ : 1. समा. 2. पा. 3. वीरेन्द्र सिंह 4. मोहनलालगंज, लखनऊ 5. 1970.

कालज्ञ : 1. समा. 2. साप्ता. 4. चौक रोड, वार्ड नं. 2, गया 5. 1962-65.

कालान्तर : 4. मुजफ्फरपुर।

कालाचश्मा : 2. मा. 3. वासुदेवप्रसाद जायसवाल 4. क्रास्थवेट रोड, इलाहाबाद 5. 1965.

कालाधन : 3. गुलाबराय 4. कानपुर।

कालाबाजार : 1. व्या., समा. 2. पा., मा. 4. जोड़ा फाटक, धनसार, धनवाद 5. 1960-65.

कालिन्दी : 3. महेशदत्त शर्मा 4. रामनगर, काशी 5. 1975 वि.।

कालिज गर्ल : 2. मा. 4. वीहट-टाउन, सहारनपुर 5. 1962-65.

कालिदास : 2. मा. 4. तिलक पथ, उज्जैन 5. 1961-65.

कालीरातें : 1. समा. 2. साप्ता. 4. गाँधीनगर, कानपुर 5. 1962.

काव्यकलाधर : 1. सा. 2. मा. 3. रमाकांत त्रिपाठी, सिद्धनाथ शुक्ल 4. हरीसन रोड, कलकत्ता 5. 1935 6. 3) वा. 7. उच्चस्तरीय पत्र।

काव्यकला निधि : 1. सा. 2. पा. 3. महावीरप्रसाद मालवीय 4. कोण, मिर्जापुर 5. 1899-1907 6. 1.50 वा. 7. श्रेष्ठ पत्रिका।

काव्य कुंज : 1. सा. 4. लखीमपुर 5. लगभग 1921 7. कविता-प्रधान अल्पायु, लघुपत्र।

काव्य चन्द्रोदय : 1. सा. 4. पंजाब 5. 1876.

काव्य दृष्टि : 1. सा. 2. त्रै. 3. रामेश्वर संगीत 4. वारामहल, भोपाल, 5. 1970.

काव्यधारा : 1. सा. 3. आत्माराम एण्ड सन्स, कश्मीरीगेट 4. दिल्ली 5. 1955-58.

काव्यलोक : 1. सा. 2. मा. 4. कायमगंज, फर्रुखाबाद 5. 1960-62.

काव्यसुधाकर : 1. सा. 2. त्रै. 3. देवीदत्त त्रिपाठी 'दत्त द्विजेन्द्र' 4. कवि मण्डल, बिसवाँ, सीतापुर 5. 1905 7. समस्यापूर्ति का लोकप्रिय पत्र।

काव्य सुधानिधि : 1. सा. 2. मा. 3. रामभरोसे शर्मा चतुर्वेदी 4. जबलपुर/प्रयाग 5. 1900-1904-6 7. पर्याप्त सफल काव्य पत्रिका।

काव्यामृत वर्षिणी : 1. सा. 2. मा. 3. शिवदत्त मिश्र 4. लखनऊ 5. 1885-88 7. कविता. प्रधान पत्र।

काव्यांजलि : 1. सा. 3. विपिन 4. कनोर (राज.)

काशिका : 1. समा. 2. पा. 3. काशिकेय 4. ईश्वरगंज, वाराणसी 5. 1969.

काशीपंच : 4. काशी 5. 1880.

काशी पत्रिका : 1. समा. 2. मा., साप्ता. 3. प्रेरक भारतेन्दु हरिश्चन्द्र, संपा.—बालेश्वरप्रसाद,

लक्ष्मीशंकर मिश्र 4. काशी 5. 1875-96 7. युग प्रतिनिधि पत्र। सत्य हरिश्चंद्र, कर्पूर मंजरी इसी में प्रकाशित। सरकारी सहायता से स्कूली पत्रिका। हिंदी-उर्दू मिश्रित भाषा।

काशी वैभव : 2. मा. 4. काशी 5. 1896.

काशी समाचार : 1. समा. 2. साप्त. 3. देवनारायण द्विवेदी, बिहारी सिंह 4. काशी 5. 1883-1940 (लग.) 7. प्रतिनिधि पत्र।

काशी हिन्दू विश्वविद्यालय समाचार : 1. समा. 2. पा. 3. एस.पी. त्रिपाठी 4. बी.एच.यू., वाराणसी 5. 1968.

काश्मीर दर्पण : 2. मा. 3. तेजबहादुर सप्रू 4. प्रयाग 5. 1969 वि.।

कासगंज समाचार : 1. समा. 2. दै. 3. एस.वी. शास्त्री 4. कासगंज, एटा 5. 1963.

किताब महल पत्रिका : 1. व्या. 2. मा. 4. जीरोरोड, इलाहाबाद 5. 1959-60.

किताबवाला : 2. पा. (हि., उ.) 4. तुर्कमानगेट, दिल्ली 5. 1971.

किताबिस्तान : 1. व्या., शि. 2. मा. (हि., उ.) 3. डॉ. जफर रजा 4. कमला नेहरू रोड, इलाहाबाद 5. 1970.

किताबी दुनिया : 2. मा. 3. बदायूँ 5. 1956 (लग.)।

किताबें और किताबें : 1. व्या. 2. मा. (हि., अं.) 3. राजेन्द्र शर्मा 4. नेताजी सुभाष मार्ग, दिल्ली 5. 1970.

किरण : 3. दीनबन्धु पाठक 4. श्रीरघुनाथ साहित्य कुटीर, 140 शाहराराबाग, प्रयाग 7. स्वा. पूर्व।

किरण : 1. समा. 2. साप्त. 4. कासगंज, एटा 5. 1956-58.

किरण पुंज : 1. समा. 2. साप्त. 4. नेहरूनगर, कानपुर 5. 1966-71.

किरन केतु : 1. सा. 2. मा. (हि., म.) 4. तिलकरोड, अकोला 5. 1966-69.

किरायादार समाचार : 1. समा. 2. पा. 3. डॉ. जे.एस. जिन्दल 4. छीपी टैंक, बेगमब्रिज रोड, मेरठ 5. 1970.

किलकारी : 1. बा. 2. मा. 3. दीपचन्द छंगाणी 4. नरसिंह दड़ा, जोधपुर 5. मार्च 1948.

किशोर : 1. बा. 2. मा. 3. हंसकुमार तिवारी, रघुवंश पाण्डेय, देवकुमार मिश्र, गिरधारी लाल, रामदहिन मिश्र (संस्थापक) 4. बाल शिक्षा समिति, बाँकीपुर/भीखना पहाड़ी, पटना 5. अप्रैल 1932-38-48-74 7. पर्याप्त प्रचलित पत्र। 1974 में 4124 प्रतियाँ प्रकाशित। विशेष—उपकथांक, रवीन्द्र अंक, विक्रमांक, कालिदासांक, गाँधी अंक आदि।

किशोर भारती : 1. पा. 2. मा. 4. शिवचरण लाल रोड, प्रयाग 5. 1949-56.

किशोर भारती : 2. मा. 3. गोविन्द्र मित्र रोड, पटना 5. 1962-68.

किशोर मिलिन्द : 1. बा. 2. मा. 3. शशिप्रभा अग्रवाल 4. अंसारी रोड, दरियागंज, नई दिल्ली 5. 1973

किशोर शिक्षा : 1. शि. 2. मा. 3. सच्चिदानन्द सिंह 4. साइन्स बुक डिपो, चौक बाजार, मुंगेर 5. 1965.

किसमिस : 1. सा. 2. मा. 3. बागीश शास्त्री 4. कानपुर 5. 1948 7. हास्य प्रधान। द्रष्टव्य—रमई काका विशेषांक (फरवरी, 1953)। विशेष लेखक—देहाती, भुशुण्डि, बंशीधर शुक्ल आदि। मुख्यत: अवधी कविताएँ प्रकाशित।

किसान : 1. कृ. 2. पा., दै. (1941-43) 3. सुखसम्पतिराम भण्डारी 4. इन्दौर 5. नवम्बर 1928-50·7. मध्य भारत का प्राचीन पत्र। फाइलें शासन द्वारा जब्त।

किसान : 1. समा. 2. साप्ता. 3. श्री भटनागर 4. रकाबगंज, फैजाबाद 5. 1920.

किसान : 1. कृ. 2. साप्ता. 4. वाराणसी 5. 1956.

किसान : 1. कृ. 2. साप्ता. 4. निमाई, शासनी, अलीगढ़ 5. 1956-62.

किसान : 1. कृ. 2. त्रै. 3. डी.आर. सेठी, वी.पी. अखौरी, नरेन्द्रनारायण 4. कृषि परिषद् खगोल रोग, पटना 5. 1932.

किसान : 2. मा. 3. प्रयागनारायण 4. उन्नाव 5. 1920.

किसान : 1. कृ. 2. मा. 3. सुरेश सिंह, जगन्नाथ सिंह 4. कालाकाँकर, अवध 5. 1949 6. 6) वा.।

किसान : 1. कृ. 2. साप्ता. 3. इन्द्रनारायण द्विवेदी 4. संयुक्त, प्रान्तीय किसान सभा, प्रयाग 5. 1921.

किसान : 3. नन्दकिशोर 4. जिला किसान सभा, फतेहपुर 5. 1919.

किसान : 1. कृ. 2. पा., साप्ता. 3. राजाराम शास्त्री, कृष्णबिहारी अवस्थी, कमलदेव शर्मा, रघुवरदयाल मिश्र 4. कानपुर 5. 1924-47.

किसान और सहकारी समाचार : 4. नागपुर 5. 1904.

किसान का बेटा : 1. समा. 2. साप्ता. 4. मदकखाना, झाँसी 5. 1967-71.

किसान जगत : 1. कृ. 2. मा. 4. कनाट सर्कस, नयी दिल्ली।

किसान क्रान्ति : 1. श्रम 2. पा. 4. किरानी घाट, गया 5. 1970

किसान पंचायत : 1. समा. 2. साप्ता. 3. बी.एन.दुबे 4. पंचायतप्रेस, सीधी (म.प्र.) 5. 1960-66.

किसान परिवार : 1. समा. 2. साप्ता. 4. गंगापुर सिटी (राज.) 5. 1971.

किसान फीचर्स : 4. नई दिल्ली।

किसान भारती : 1. कृ. 2. मा. 3. रमेशदत्त शर्मा, देवेन मेवाड़ी 4. कृषि विश्वविद्यालय, पंतनगर (नैनीताल) 5. 1969 7. प्रमुख कृषि वैज्ञानिक पत्र।

किसान मजदूर : 1. कृ., मा. 2. साप्ता. 4. बेतिया (बिहार) 5. 1956 (लग.)।

किसान मजदूर पुकार : 1. समा. 2. पा. 4. बेलौन, बुलंदशहर 5. 1958.

किसानमित्र : 1. कृ. समा. 2. साप्ता., मा. 3. रामवृक्ष बेनीपुरी, गणेश दीक्षित 4. पटना 5. 1911-22.

किसान राज्य : 1. समा. 2. साप्ता. 4. शहजहाँनाबाद, भोपाल 5. 1960-66.

किसान संघ पत्रिका : 1. समा. 2. पा. 3. भानुप्रताप सिंह 4. सी. 50 रायल होटल, लखनऊ 5. 1970-71.

किसान सन्देश : 1. समा. 2. साप्ता. 3. शिवदयाल राजावत, रूपकिशोर सिंह, चन्द्रकिशोर सिंह, रामदयाल 4. लाडूपुरा, कोटा 5. 1942-46 (प्रच.)।

किसान सेवक : 3. रामधारीप्रसाद विशारद 4. मोतीहारी 5. 1939.

किसान सेवक : 1. धा. 2. साप्ता. 3, सत्यवती स्नातिका 4. मेरठ 7. आर्यसमाजी पत्र।

किसान समाचार (नामा. कृषक हितकारी) : 2. साप्ता. 3. स्वामी विद्यानन्द 4. मुहम्मदपुर, मुजफ्फरपुर 5. 1920.

किसान साथी : 1. समा. 2. साप्ता. 4. केडलगंज, अलवर 5. 1956 (लग.)।

किसानी माता : 1. समा. 2. मा. 4. देशसेवक प्रेस, नागपुर 5. 1909.

किसानी समाचार : 1. कृ. 2. मा. 3. डी.डी. गुप्त 4. संचालनालय, भोपाल/इन्दौर/ रीवा 5. 1957.

किसानी समाचार : 1. कृ. 2. मा. 4. कृषि विभाग, नागपुर 5. 1948.

किसानोत्थान : 1. कृ. 2. मा. 3. सन्तन बडथ्वाल, छोटेलाल 4. उत्तर प्रदेश सहकारी संघ, केसर रोड, लखनऊ 5. 1971.

किसानोपकारक : 1. कृ. 2. मा. 3. द्वारकाप्रसाद तिवारी, श्यामनारायण, चारुचन्द्र सानियाल 4. मुहकमा कागजात देही व कृषि विभाग, कालाकाँकर हाउस, लखनऊ 5. 1914-15.

किस्मत : 1. धा. 2. मा. 3. उषाकान्त पाण्डेय 4. महालक्ष्मी पुल के नीचे, बम्बई 5. 1970.

कीर्तन : 1. धा. 2. मा. 3. पूरनचन्द्र शर्मा 4. भवानीमण्डी, झालावाड़ (राज.) 5. 1959.

कीर्ति : 1. समा. 2. साप्ता. 3. सदानन्द शर्मा 4. हरिद्वार 5. 1959.

कीर्तिमान : 1. समा. 2. दै. 3. रामप्रसाद भारद्वाज 4. कालिदास, मार्ग, मंदसौर 5. 1968.

क्रीड़ांचल : 1. क्री. 2. मा. 4. राजरंगों की गली, बीकानेर।

कुंकुम : 1. सा. 2. मा. 3. श्रीनिधि द्विवेदी 4. खाँडेराय बाड़ी, बम्बई 5. 1938-48-61.

कुंज गली : 1. सा. 2. मा. 4. बामा चौक, मोतीहारी, चंपारन 5. 1962-64.

कुचरासन : 1. समा. 2. पा. 4. रानीखेत, अल्मोड़ा 5. 1971.

कुकहास मित्र : 1. जा. 2. मा. 3. मुन्नीलाल विश्वकर्मा 4. मकबूलगंज, लखनऊ 5. 1922 7. विश्वकर्मा ब्राहमणों का संस्थापत्र।

कुक्कू : 1. बा. 2. साप्ता. 3. पूरनचन्द्र अग्रवाल 4. समीप जवाहरलाल बाग, अम्बाला 5. 1958-59.

कुछ लिखे पढ़े : 1. शि. 2. साप्ता. 4. मारवाड़ीगंज, बरेली 5. 1966-71.

कुछ लिखे पढ़े : 2. मा. 4. ओल्ड दालानवाला, देहरादून 5. 1966-69.

कुटज : 1. समा. 2. साप्ता. 3. महादेवप्रसाद 4. चिन्तू पाण्डेय मार्ग, बलिया 5. 1963.

कुटीर चिकित्सा : 1. चि. 2. मा. 4. कचौरा बाजार, बेलनगंज, आगरा 5. 1963-68.

कुटुम्ब सहायक : 1. समा. 2. मा. 4. सहकारी कुटुम्ब सहायक संस्था, कच्छी मोहल्ला, इन्दौर 5. 1926.

कुमायूँ राजपूत : 1. समा. 2. साप्ता. 4. व्यारा भवन, अल्मोड़ा 5. 1948-63.

कुमायूँ समाचार : 1. समा. 2. साप्ता. 3. कृष्णकुमार गुप्त 4. कालाचुंगी रोड, हल्द्वानी 5. 1963.

कुमार : 1. बा. 2. मा. 3. सुरेश सिंह 4. कालाकाँकर, अवध (उ.प्र.) 5. जुलाई 1932-39 6. वा. 3) 7. (विशेष विवरण द्र.—धर्मयुग 26-12-65, पृष्ठ 1-19) इसमें पंत जी की कई रचनाएँ प्रकाशित।

कुमार : 1. समा. 2. पा. 4. गढ़वारी टोला, वाराणसी 5. 1960-63.

कुमार : 2. मा. 4. कोठी दमदमा, मुरादाबाद 5. 1954-56.

कुमार : 1. बा. 2. मा. 4. कुमार प्रेस, इन्दौर 5. 1956 (लगभग)।

कुमार : 1. समा. 3. लक्ष्मीनारायण 'सुधांशु' 4. पूर्णिया (बिहार)।

कुमार : 1. बा. 2. मा. 3. राजाराम लोढ़ा 4. ग्वालियर/मन्दसौर (म.प्र.) 5. 1944-46 6. 3) वा.।

कुमारतनया : 1. धा., जा. 2. मा. 3. डॉ. रामेश्वरप्रसाद कुमार 4. मो. बजाज, फैजाबाद 5. 1966.

कुमार सन्देश : 2. मा. 4. टिकटगंज, बदायूँ 5. 1954-61.

कुमारिल : 2. मा. 3. युवा छात्र 4. ई. 37, महानगर, लखनऊ 5. 1973.

कुमारी : 1. म. 2. (हि., अं.) 4. अजमेरी गेट, ब्यावर 5. 1967-70.

कुमावत खत्री : 1. जा. 2. मा. 3. आशुतोष 4. बालनिवास, चौपड़, जयपुर 5. 1966.

कुमुदिनी : 2. मा. 4. प्रेमनगर, बरेली 5. 1966-71.

कुरबानी : 1. समा. 2. साप्ता. (बहु.) 4. अजमेर 5. 1951.

कुरुद केसरी : 1. समा. 2. पा. 4. मालवीय रोड, रायपुर 5. 1964-65.

कुरुक्षेत्र : 1. सा., कृ. 2. मा. 3. के.जी. रामकृष्ण, एम.पी. सिंह 4. प्रकाशन विभाग, सूचनाप्रसारण मंत्रालय, नई दिल्ली 5. 1950-55 (प्रच.)।

कुरुक्षेत्र टाइम्स : 1. समा. 2. साप्ता. 4. कुरुक्षेत्र विश्वविद्यालय 5. 1974.

कुर्मी संदेश : 1. जा. 3. हरदेवगंज, कन्नौज, फर्रुखाबाद 5. 1971.

कुर्मी समाचार : 1. जा. 3. देवदत्त शर्मा 4. फर्रुखाबाद।

कुर्मी हितैषी : 1. जा. 2. मा. 5. 1914.

कुललक्ष्मी : 1. म. 2. मा. 3. निर्मला जोशी 4. खण्डेराव बाड़ी, दादी सेठ अग्यारी लेन, बम्बई 5. 1971.

कुलश्रेष्ठ : 2. मा. 4. अलीगढ़।

कुलश्रेष्ठ समाचार : 1. समा. 4. मथुरा 5. 1884.

कुलांत पीठ : 1. समा. 2. पा. 4. रायसोन कुल्लू काँगड़ा 5. 1963-65.

कुलीन : 4. देवबंद, सहारनपुर।

कुवल ज्योति : 2. द्विभा. 3. भगवानदास भाटिया 4. रोहतक 5. 1959.

कुशल समाचार : 1. समा. 2. साप्ता. 4. शुजालपुर मण्डी, राजापुर (म.प्र.) 5. 1963-68.

कुशवाहा : 1. जा. 2. मा. 4. कदमकुआँ, पटना 5. 1959-61.

कुशवाहा संदेश : 1. जा. 2. मा. 4. सूरतगंज मधुबनी, दरभंगा 5. 1968.

कुशवाहा क्षत्रिय बन्धु : 1. जा. 2. मा. 3. विश्वनाथ सिंह, राजमल लोढ़ा, मदन कुमार 4. हितैषी प्रिंटिंग वर्क्स, नीची बाग, वाराणसी 5. 1938-39.

कुशवाहा क्षत्रिय मित्र : 1. जा. 2. मा., अनि. 3. जे.पी. चौधरी 4. धूपमण्डी बनारस/ कलकत्ता 5. 1913.

कुष्ट पत्रिका : 1. सर्वोदयी 4. कुष्टनिवारक संघ, वर्धा।

कुसुम : 2. मा. 3. वासुदेवप्रसाद 'जायसवाल' 4. सम्मेलनमार्ग, इलाहाबाद 5. 1956.

कुसुमांजलि : 1. सा. 3. बटुकप्रसाद वर्मा 4. काशी 5. नवम्बर 1895 7. अंक क्रम-गुच्छ, कुसुम।

कुसुमांजलि : 2. मा. 4. मोतीहारी (बिहार) 5. 1918.

कुसुमाकर : 1. सा. 2. मा. 4. एल्फिस्टनगंज, जौनपुर 5. 1966-68.

कूक : 2. साप्ता. 4. जयपुर।

कूर्मांचल : 2. त्रै. 3. के. एन. पंत. 4. गोपनिवास, बाटलीवाला रोड, बम्बई 5. 1966.

कूर्मांचल : 1. सा. 2. त्रै. 3. देवेन्द्र उपाध्याय 4. गलीदरोगा, जोगीबाड़ा, दिल्ली 5. 1968.

कूर्मांचल केसरी : 2. साप्ता. 4. कलकत्ता 5. 1911.

कूर्मांचल दीप : 1. समा. 2. पा. 3. लक्ष्मीनारायण 4. काशीपुर, नैनीताल 5. 1969-71.

कूर्मांचल मित्र : 2. साप्ता. 3. देवीदत्त तिवाड़ी 4. अल्मोड़ा 5. 1924.

कूर्म (कूर्मि) क्षत्रिय दिवाकर : 1. जा. 2. मा. 3. शिवराम सिंह 4. चुप्पेपुर, बनारस कैण्ट 5. 1925.

कूर्म क्षत्रिय हितैषी : 1. जा. 2. मा. 3. दीपनारायण सिंह वर्मा 4. पन्नागर, चुनार 5. 1907. 6. 2 वा।

कूर्म सन्देश : 1. जा. 2. मा. 3. राजेन्द्रकुमार 4. हरदेवगंज, कन्नौज 5. 1951.

कूर्म क्षत्रिय जागरण : 1. जा. 2. मा. 4. सी 41, डायमण्ड रोड, कलकत्ता 5. 1961.

कूर्म क्षत्रिय प्रभाकर : 1. जा. 3. संकटाप्रसाद सिंह 4. बनारस 5. 1948.

कूर्मोदय : 1. जा. 2. मा. 4. हिमाचल प्रेस, पटना 5. 1971.

केन्द्र : 1. जा. 2. मा. 3. योगेन्द्र भल्ला 4. दरियागंज 5. 1964-65.

केकड़ी पत्रिका : 2. साप्ता 4. केकड़ी, अजमेर 5. 1964.

केडेट : 2. त्रै. (हि., अ.) 4. रामकृष्णपुरम्, नई दिल्ली 5. 1949.

केदारघाटी : 1. धा., समा. 2. मा. 3. प्रसारप्रसाद घोटल 4. एन. आई. टी. फरीदाबाद 5. 1968.

केदारभूमि : 1. सा. 2. मा. 3. दिनेशकाला 4. थाणा (महा.) 5. 1967-69.

केपीटल न्यूज : 1. समा. 2. साप्ता. 4. डाकघर, जयपुर 5. 1968.

केमिकल पत्रिका : 2. साप्ता. 4. दिल्ली क्लॉथ मिल, केमिकल वर्क्स, नजफगढ़ रोड, नई दिल्ली 5. 1960.

केमिस्ट न्यूज : 1. समा., व्या. 2. साप्ता. 3. सुरेशचन्द्र दीक्षित 4. झाँसी।

केरल ज्योति : 1. सां. 2. मा. 3. डॉ. भास्करन नायर, के. जी. बालकृष्ण पिल्ले आदि 4. केरल हिन्दी प्रसार सभा, त्रिवेन्द्रम (केरल) 5. 1966 7. सांस्कृतिक जागरण का वाहक, हिन्दी का प्रतिनिधि लघुपत्र। क्रम-पुष्प (वर्ष), दल (अंक)।

केरल पत्रिका : 1. समा. 2. पा. (हि., मल.) 3. पी. जी. वासुदेव 4. पुटेनचन्थायी, त्रिवेन्द्रम 5.1961-63-69.

केरल भारती : 1. सा. 2. द्विमा, मा. (हि., मल.) 3. एन. वेंकटेश्वरन, के. आर. विश्वनाथन्, सी. गोपालकृष्णन्, पं नारायण देव, सी. आर. नागप्पा, पी. नारायण 4. केरल हिन्दी प्रचार सभा, एर्णाकुलम् 5. 1957-58. 7. हिन्दी, मलयालम की सांस्कृतिक एवं साहित्यिक गतिविधि की परिचायिका। श्रेष्ठ द्विभाषी, अनुवादपरक पत्र।

केवट : 1. समा. 2. साप्ता. 3. मुजीबुल रहमान 4. प्रतानगर, कौंच, जालौन 5. 1963.

केवल सत्य : 1. समा. 2. साप्ता. 3. ओमप्रकाश वर्मा 4. ब्रह्मपुरी, मेरठ 5. 1966

केशरवानी समाचार : 1. जा., समा. 3. केदारनाथ गुप्त 4. प्रयाग 5. 1925.

केशरी : 3. श्रीनाथ पालित 4. गया 5. 1993 वि.।

केशरी सन्देश : 3. सुखदेव केशरी 4. रेपुरा लालगंज, वैशाली 5. 1969 7. बज्जिका पत्र।

केसर वाणी : 1. जा. 2. वा. 3. राज केसरवानी, वीरेन्द्र केसरवानी 4. केसरवानी वैश्य युवक सभा, सदर बाजार, सागर / उपरैन गंज, दीक्षितपुरा, जबलपुर 5. 1972.

केसरवानी : 1. जा. 2. मा. 4. चौक रोड, गया 6. 1963-67.

केसरवानी मार्गदर्शक : 1. जा. 2. मा. 3. कन्हैयालाल शिवरत्न 4. सागर 5. 1922-23.

केसरी : 1. समा. 2. दै. 3. राधारमण पाण्डेय, विश्वम्भरनाथ जिज्जा, श्रीनाथ पालित 4. सरकार लेन, कलकत्ता 5. 1929 (लगभग)

केसरी : 4. बाँदा 5. 1956 (लगभग)

केहरी पत्रिका : 1. समा. 2. साप्ता . 3. सुमनचन्द्र जैन 4. अजमेर 5. 1964.

कैंची : 1. समा. 2. दै. 3. लक्ष्मीनारायण चौरसिया 4. बालखण्डी नाका, बाँदा 5.1968.

कैन्टोमेन्ट समाचार : 1. समा. 2. मा., द्विभा. 3. जे. डी. बक्शी 4. कालीवाड़ी, सदर बाजार, अम्बाला कैन्ट 5. 1969.

कैक्टस : 1. सा. 2. मा. 3. राहीशंकर, श्याम श्रेष्ठ 4. डॉ. एच. के चाटर्जी लेन, हावड़ा 5. 1966-67 7. नये साहित्य का लघुपत्र। प्रति अंक एक रचनाकार।

कैमर : 1. सा 2. मा. 3. प्रियदर्शी राजेश 4. रोजारोड, सहसराम, रोहतास (बिहार) 5. 1973 (अल्पायु) 7. युवालेखन का लघुपत्र।

कैलाश : 1. समा. 2. साप्ता, मा. (1980 वि.) 3. ज्वालादत्त शर्मा, ब्रह्मदत्त शर्मा, प्रवासीलाल वर्मा, मालवीय 5. मुरादाबाद 5. 1924.

कैलाश ज्योति : 2. मा. 4. गली टोकरियाँवाली, अमृतसर 5. 1965-70.

कैवर्त्त कौमुदी : 3. अनूपलाल मण्डल 4. भागलपुर (बिहार)।

कोकस मित्र : 1. जा. 2. मा. 3. हृदयनारायण, महेशचरण 4. ककुहास पांचाल ब्राह्मण महासभा, कानपुर/लखनऊ 5. 1920-21 7. नामान्तर 'कुकहास ब्राह्मण समाचार'।

कोकिल : 1. सा. 3. भगवतप्रसाद शुक्ल 4. कनखल 5. 1940 7. अंक क्रम—कूक।

कोटा समाचार : 1. समा. 2. साप्ता. 3. समुद्र सिंह 'हर्ष' 4. नयापुरा 5. 1968.

कोटा स्टेट गजट : 1. समा. 2. पा. (हि., अं.) 3. धूजटी प्रसाद , स्पेशल सेक्रेटी हरिश्चन्द्र, क्षेमचन्द्र 4. महकमा खास, कोटा 5. 1938 7. राजाज्ञा प्रधान पत्र।

कोठारी : 2. त्रै. (हि., अं., बं.) 4. इण्डिया एक्सचेंज प्लेस, कलकत्ता 5. 1964.

कोमा : 1. सा. 2. त्रै. 3. रणधीरप्रसाद श्रीवास्तव 4. डी. किदवईनगर, कानपुर 5. 1967-68.

कोयना : 1. समा. 2. मा., साप्ता (हि., अं.) 3. एम. वी. पाटिल, ज्योति, कैलाश 4. मराठा कोलसेवाड़ी कल्याण, थाणा 5. 1968.

कोयना : 2. साप्ता. 3. द. ह. पेगवार 4. नागपुर 5. 1968.

कोयल : 1. सा. 2. मा. 4. चौक, इलाहाबाद 5. 1956 लगभग।

कोरी आलोक : 1. जा. 2. मा. 3. हुकुमचन्द्र 4. कम्पूरोड, लश्कर, ग्वालियर 5. 1970.

कोल फील्ड एक्सप्रेस : 1. समा. 2. साप्ता. 4. काटरास बाजार, धनबाद 5. 1966-69.

कोलऋषि : 1. जा. 2. पा. 3. नानकचन्द्र कोली 4. रामगली, बस्ती नानकचन्द्र, कोटला/मुबारकपुरा, नई दिल्ली 5. 1969

कोलाहल : 1. समा. 2. साप्ता 3. कृष्णमोहन 4. भूतमहल, उदयपुर 6. 1955.

कोली कल्प : 1. जा. 2. मा. 3. जुगलकिशोर कोली 4. कोटला, मुबारकपुर, नई दिल्ली 5. 1969.

कोली राजपूत : 1. जा. 2. मा. 3. एम. आर. तँवर 4. अजमेर 5. 1940.

कोली समाज संदेश : 1. जा. 2. मा. 3. रामलाल पंक्षी 4. आजाद मार्केट, भोपाल 5. 1969.

कोशा : 1. सा. 2. मा. 3. विजय अमरेश 4. एल. एफ. 6, श्रीकृष्णपुरी, बोरिंग रोड, पटना।

कोशिश : 1. समा. 2. साप्ता. 4. स्टेशन नं. 2, जेल रोड, इन्दौर 5. 1969.

कोषा : 2. मा. 4. एल. एफ. 6, श्रीकृष्णपुरी, बोरिंग रोड, पटना 5. 1970.

कोषागार : 2. मा. 3. चन्द्रसेन मिश्र 4. चौक, लखनऊ 5. 1968.

कोसल : 1. शो. 2. अर्द्धवा. (द्विभा.) 3. डॉ. जे. पी. सिन्हा एवं अन्य 4. द इण्डियन रिसर्च सोसायटी आफ अवध, दिल्ली दरवाजा, फैजाबाद 5. 1979.

कोहरी हितचिन्तक : 1. जा. 2. मा. 4. आरा 5. 1913.

कोहरी हितचिंतक : 1. जा. 2. मा. 3. जे. पी. चौधरी 4. काशी 5. 1914.

कोहीनूर : 1. समा. 2. साप्ता. 3. के. डी. हर्ष 4. मोहतों का चौक, बीकानेर।

कोहीनूर अखबार : 1. समा. 2. द्वै. 4. त्रिनिडाड।

कोहेनून : 3. बालमुकुन्द गुप्त 4. लाहौर 5. 1888.

कौंच टाइम्स : 1. समा. 2. साप्ता 3. मुकुन्दीलाल अग्रवाल 4. प्रतापनगर, कौंच, जालौन 5. 1968.

कौटिल्य : 1. समा. 2. दै. 3. श्यामसुन्दर गुप्त 4. उरई, जालौन, झाँसी 5. 1961-69.

कौतूहल : 1. समा. 2. साप्ता. 4. किशनपोल, जयपुर 5. 1970.

कौम : 1. समा. 2. दै. 3. प्यारेलाल शर्मा 4. मेरठ 5. 1922.

कौमी बोली : 3. नागार्जुन, देवदत्त शर्मा, गौरीशंकर द्विवेदी 'यात्री' 4. हैदराबाद 5. 1944.

कौमी संघर्ष : 1. समा. 2. साप्ता. (हि., उ.) 4. जोगीपुरा, बदायूँ 5. 1971.

कौमी दर्द : 2. पा. (हि., अं.) 4. हाइवे, जयपुर 5. 1969.

कौंच : 1. समा. 2. पा. 3. राधेश्याम शर्मा 4. केजनेवालों का रास्ता, जयपुर 5. 1970.

कौमुदी : 1. फि. 3. रामबल्लभ हल्दिया 4. चाँदनी चौक, दिल्ली 5.1941.

कौमुदी : 1. सा. 2. वा. 4. हिनै परिषद्, प्रयाग विश्वविद्यालय, प्रयाग।

क्यों : 1. समा. 2. त्रै. 3. स्वयंप्रकाश मोहन श्रेत्रिय 4. सेवड़ा रोड, भीनमाल, व्यावर (राजस्थान) 5. 7वाँ दशक 7. प्रतिबद्ध साहित्य की श्रमजीवी जनवादी पत्रिका।

कृतयुग : 2. पा. 3. आद्यानाथ वर्मा 4. ववसीपुर, गोरछापुर 5. 1965.

कृत संकल्प : 1. सा. 2. मा. 3. वाल्टर मेंगरा 'तरुण' 4. गोलघर, पटना 5. 1971.

कृति : 1. सा. 2. मा. 4. नार्थ एवेन्यू, नई दिल्ली 5. 1958-63.

कृति परिचय : 1. सा. 2. मा. 3. ललितकुमार श्रीवास्तव, श्याममोहन दुबे 4. व्योहार बाग, जबलपुर 5. 1967.

कृपाओ की माता : 1. धा. 2. मा. 3. फ्रीडेरिक डी. सोजा 4. चर्च स्ट्रीट, मेरठ कैंट 5. 1958.

क्रम काल : 4. सरगुजा।

क्रिश्चियन काल : 1. जा., धा. 2. पा. (हि., अं.) 4. सी. स्कीम, जयपुर 5. 1970.

कृषक : 1. कृ. 2. साप्ता. 4. बक्सर, शाहाबाद 5. 1937.

कृषक : 1. समा. 2. साप्ता. 3. बी. एल. वर्मा 4. लोहारबाग, सीतापुर 5. 1957.

कृषक : 2. मा. 3. ब्रजेन्द्रनाथ गौड़ 4. बम्बई।

कृषक उद्योग श्रमिक : 1. समा. 2. साप्ता. 3. देवीचरण सिंह 4. मौलामऊ सचेदी, कानपुर 5. 1970.

कृषक क्रान्ति : 1. समा. 2. साप्ता. 3. राजेन्द्रसिंह सोलंकी 4. खुरजा 5. 1970.

कृषक जगत : 1. कृ. 2. साप्ता., मा. 3. मानकचन्द्र बोन्दिया, सुरेश अगराई 4. नागपुर (1946) /पो. बा. नं. 3, लखोरापुरा, भोपाल (1957) 5. 1846-57 7. श्री बोन्दिया हिन्दी के सर्वश्रेष्ठ कृषि पत्रकार। भारतीय कृषि पत्रकार संघ के 1972 में अध्यक्ष।

कृषक जीवन : 1. समा. 2. पा. 4. जामा मस्जिद, भरतपुर 5. 1963-69.

कृषक बन्धु : 1. समा., कृ. 2. साप्ता., मा. 3. महादेव राय 4. लोहिया मार्ग, जौनपुर 5. 1959-61-63.

कृषक भारत : 4. रीवां।

कृषक मंच : 4. सागर।

कृषक वाणी : 1. कृ. 2. मा. 3. भुवनदेव 4. रायल होटल, लखनऊ 5. 1958.

कृषक विचार : 1. कृ. 3. मा. 3. रघुनाथसिंह त्योगी 4. गाँधीनगर, मेरठ 5. 1965.

कृषक समाचार : 1. कृ. 2. मा. 3. डॉ. डी. ए. भेले 4. ए-1, निजामुद्दीन, वेस्ट नई दिल्ली 5. 1957 (प्रच.) 7. भारत कृषक समाज का पत्र।

कृषक समाज : 1. कृ. 2. मा. 3. कृषि अधिकारी 4. सारन, छपरा 5. 1956-64.

कृषि : 1. कृ. 2. पा. 4. आगरा 5. 1918.

कृषि : 1. कृ. 2. मा. 3. गोरेलाल अग्निभोज 4. धर्मपेठ, नागपुर 5. जनवरी 1946.

कृषि : 1. कृ. 2. मा. 4. भोपाल 5. 1956 (लगभग)

कृषि आन्दोलन : 1. कृ. 2. मा. 3. रामस्वरूप गाँधी 4. जी. टी. रोड, करनाल 5. 1968.

कृषि आन्दोलन : 1. कृ. 2. मा. 4. गीता कालोनी, दिल्ली 5. 1968-69.

कृषि उपज मण्डी समाचार : 1. व्या. 2. मा. 3. चिरंजीलाल गुप्त 4. लक्ष्मीनगर, इन्दौर 5. 1964.

कृषि और पशुपालन : 1. कृ. 2. मा. 3. शेरसिंह 4. कृषि विभाग (उ. प्र.), छोटी छतर मंजिल, लखनऊ 5. 1949, 50.

कृषि कारक (क्षेत्रकरी) : 1. कृ. 2. मा. 3. गणेशनारायण घोटपड़े, सखाराम चिमणाजी गोले, अनु. रामकृष्ण वर्मा 4. खेती सुधारक मण्डल, अमरावती 5. 1890-94 6. 3) वा. 7. सम्भवत: किसी मराठी पत्र का हिन्दी भाषान्तर।

कृषि चयनिका : 1. कृ. 2. त्रै. 4. भारतीय कृषि अनुसंधान परिषद्, नई दिल्ली 5. स्वातंत्र्योत्तर।

कृषि प्रगति : 1. कृ. 2. पा. 3. महेश तिवारी 4. धनकुट्टी, कानपुर 6. 1970.

कृषि बुलेटिन : 1. कृ. 2. मा. 3. हरमीत सिंह 4. तेलीबाड़ा, शाहदरा, दिल्ली 5. 1970.

कृषि यंत्र एवं खाद समाचार : 1. समा. 2. मा. 4. कॅंकेरबाग कालोनी, पटना 5. 1970.

कृषि युग : 1. कृ. 2. त्रै. 4. खजानेवालों का रास्ता, जयपुर 5. 1971.

कृषि लोक : 1. कृ. 2. मा. 3. श्रीपाल सिंह 4. अमोलक सदन, सरदारपुरा, जोधपुर।

कृषि विकास : 1. कृ. 2. मा. 3. अयोध्याप्रसाद शर्मा 4. कालिदास मार्ग, जयपुर 5. 1969.

कृषि वीर : 1. कृ. 2. मा. 3. आर. पी. शाह. 4. डिधाघाट, पामा. 5. 1957.

कृषि संदेश : 1. कृ. 2. मा. 4. बीकानेर, पटना 5. 1956 (लगभग)

कृषि संसार : 1. कृ. 2. मा. 3. शिवकुमार शर्मा 4. किसान सस्ता साहित्य प्रकाशन समिति, बिजनौर 5. मार्च 1947-48 7. द्रष्टव्य—कम्पोस्ट विशेषांक, गन्ना विशेषांक।

कृषि समाचार : 1. कृ. 2. मा. 4. कृषि सूचना ब्यूरो, छोटी छतर मंजिल, उ. प्र. शासन, लखनऊ 5. 1949-56-67.

कृषि समीक्षा : 1. कृ. 2. मा. 4. कृषि भवन, नई दिल्ली 5. 1972.

कृषि सुधार : 1. कृ. 2. मा. 3. जीवालाल दुबे, बंशीधर तिवारी 4. मैनपुरी/ आगरा 5. 1912-14 6. 1) वा. 7. हिन्दी का प्रथम कृषि संबंधी पत्र।

कृषि क्षेत्रपाल संदेश : 1. कृ. 2. मा. 3. लक्ष्मण सिंह 4. शिवमार्ग, रानी पार्क, जयपुर 5. 1969.

कृषि ज्ञान : 1. कृ. 2. पा. 4. गणेशनगर मार्केट, तिलकनगर, नई दिल्ली 5. 1971.

कृष्णा : 1. सा. 2. मा. 3. रूपनारायण पाण्डेय 4. संचा.—राजासाहब, देव (बिहार) 5. 20वीं शती का आरंभ काल।

कृष्णानंद संदेश : 1. धा. 2. मा. 4. शाहदरा, दिल्ली 5. 1971.

क्रांति : 1. समा 2. दै 3. कालिकाप्रसाद दीक्षित 'कुसुमाकर' 4. इन्दौर 5. 2 अक्टूबर, 1946-अप्रैल 1947.

क्रान्ति : 1. समा. 2. साप्ता. 3. श्याम वर्धवान 4. गया।

क्रांति : 1. धा. 2. साप्ता 3. कोसर यज्ञदानी 4. सुईवालान, शिवाला किशनगंज, बाड़ा हिन्दूराव, दिल्ली 5. 1928-68 7. 'उलडल माए हिन्द' तथा दावत ट्रस्ट का पत्र। संस्कृतनिष्ठ हिन्दी में इस्लामी संस्कृति की विवेचना।

क्रांति : 4. कानपुर 5. 1955 (लगभग)।

क्रांति : 1. समा. 2. साप्ता. 4. सवाईमाधोपुर (राज.) 5. 1956.

क्रांति : 1. समा. 4. उदयपुर।

क्रांति का बिगुल : 1. समा. 3. पा., मा. 4. समाज सेवा आश्रम, रोहतक 5. 1965-66-71.

क्रांतिकारी : 1. समा. 2. साप्ता. 4. अलवर 5. 1956-59.

क्रांतिकाल : 1. समा. 2. साप्ता. 3. रामनारायण मौर्य 4. जोगियापुर, जौनपुर 5. 1969.

क्रांतिगढ़ : 1. समा. 2. साप्ता. 4. बासनगेट, भरतपुर 5. 1971.

क्रांति घोष : 1. समा. 2. साप्ता. 3. बाबूलाल गुप्त 4. लोहिया बाजार, ग्वालियर 5. 1967-70.

क्रांति चित्र : 1. समा. 2. साप्ता. 4. विष्णुपुरी, अलीगढ़ 5. 1971.

क्रांति चेता : 1. समा. 2. साप्ता. 3. के. जी. सिंह प्रणत 4. लाजपतनगर, कानपुर 5. 1970.

क्रांति दल : 1. समा. 2. साप्ता. 3. जगदीशप्रसाद आर्य 4. सुभाष मार्ग, नागदा (म. प्र.) 5. 1967.

क्रांतिदर्शी : 1. समा. 2. साप्ता. 3. ब्रजनन्दन सिंह 4. सीताराम घोष स्ट्रीट, शिवनारायण दास लेन, कलकत्ता 5. 1969.

क्रांति दूत : 2. मा. 4. जमालपुर 5. 1956 (लगभग)।

क्रांतिदूत : 1. समा. 2. साप्ता. 4. बीकानेर 5. 1952-66.

क्रांतिदूत : 1. समा. 2. दै., साप्ता. 4. हैदराबाद 7. अल्पायु।

क्रांतिनायक : 1. समा. 2. साप्ता. 4. कानपुर 5. 1971.

क्रांति पथ : 1. समा. 2. साप्ता. 3. रमेशचन्द्र गौतम 4. पड़ाव दुबे, अलीगढ़ 5. 1965.

क्रांति प्रहरी : 1. समा. 2. साप्ता. 4. बारूदखाना, लखनऊ 5. 1966-71.

क्रांति मार्ग : 4. भीलवाड़ा (राज.)।

क्रांति युग : 1. समा. 2. साप्ता. 3. केशवप्रसाद शर्मा 4. दर्शनपुरवा, कानपुर 5. 1961.

क्रांति युग : 4. इलाहाबाद।

क्रांति वीर : 1. सा. 2. मा. 3. कैलाशसिंह चौहान 4. आलमपुरा, इटावा 5. 1964.

क्रांति संग्राम : 1. समा. 2. साप्ता. 4. बाजार बकीला, हिसार 5. 1964-65.

क्रांति संघर्ष : 1. समा. 2. साप्ता. 4. वत्सगंज, सीतापुर 5. 1971.

क्रांति संदेश : 1. समा. 2. पा. 3. रामनारायण शर्मा 4. बीकानेर 5. 1963.

क्रांति समीक्षा (समीरण) : 2. मा. 3. यमुना प्रसाद 4. ज्येता, फर्रुखाबाद 5. 1967.

क्रांति स्वर : 1. समा. 2. साप्ता. 3. महावीर प्रसाद 4. कोतवाली रोड, चौक, फतेहपुर 5. 1965.

क्राइम रिपोर्टर : 1. जासूसी 2. मा. 3. महेन्द्रप्रताप गर्ग 4. 475 लाहौरी गेट, रंगमहल कार्यालय, दिल्ली 5. 1962.

क्रिटिक रिपोर्ट : 2. साप्ता. 4. कालपी रोड, कानपुर 5. 1970.

क्रिया : 1. सा. 3. रमेश वर्मा, 'सरस' 4. सरदार पटेल मार्ग, मुगेली, रायपुर, विलासपुर (म. प्र.) 5. स्वातंत्र्योत्तर 7. जागरूक लेखन का लघुपत्र।

क्रिस्चियन सहायक : 1. धा. 2. साप्ता. 3. डब्ल्यू. बी. एलेग्जेण्डर 4. जबलपुर 5. 1905.

क्रिस्चियन सेवक : 1. धा. 2. साप्ता. 4. जबलपुर 5. 1899.

क्रीड़ांचल : 1. क्री. 2. मा. 4. बीकानेर।

क्रीड़ा जगत : 1. क्री. 2. पा. 4. जयपुर 5. 1966.

क्रीड़ा युग : 1. क्री. 2. त्रै. 4. बखीपुर, गोरखपुर 5. 1965.

खंजर : 3. कोलियाँ 4. चिब्रो।

खण्डहर : 1. समा. 2. साप्ता. 3. जे. आर. शर्मा 5. धामपुर, बिजनौर 5. 1967.

खण्डेलवाल जैन : 1. जा. 2. पा. 3. शिखरचन्द जैन, नाथूलाल जैन शास्त्री, मोहनलाल बोहरा 4. रंगमहल, इन्दौर 5. 1918-24 7. नामान्तर—खण्डेलवाल जैन हितेच्छु।

खण्डेलवाल जैन हितेच्छु : 1. जा. 2. पा. 3. नेमिचन्द बाल थोवाल 4. मदन किशनगढ़, अजमेर 5. 1929.

खण्डेलवाल जैन हितैषी : 1. जा. 3. पा. 4. शोलापुर 5. 1924, 25.

खण्डेलवाल बन्धु : 1. जा. 2. मा. 3. गोपीनाथ 4. मदार दरवाजा, बेलनगंज, आगरा 5. 1962.

खण्डेलवाल (जैन) हितैषी : 1. जा. 2. पा., मा. 3. राधाबल्लभ जसौदिया 4. आगरा 5. 1915, 22.

खण्डेलवाल महासभा बन्धु : 2. जा. 3. विश्वम्भरनाथ खण्डेलवाल 4. आगरा 5. 1933.

खण्डेलवाल संदेश : 2. जा. 3. हरीराम गुप्त 4. मथुरा 5. 1939.

खण्डेलवाल समाचार : 1. जा. 2. मा. 3. मनालाल ताबों 4. माहेश्वरी देवेन्द्र रोड, कलकत्ता 5. 1960.

खण्डेलवाल सेवक : 1. जा. 2. मा. 3. सूरजमल 4. गंगा मंदिर, स्टेशन रोड, 5. 1961.

खण्डेलवाल हितेच्छु (हितेश) : 1. जा. 2. मा. 3. पद्मलाल सोनी 4. अं. दिगम्बर जैन खण्डेलवाल महासभा, बम्बई 5. 1921.

खन्दार : 1. समा. 2. साप्ता. 3. जनकराम शर्मा 4. पंजाबी कालोनी, धामपुर, बिजनौर 5. 1967.

खजांची : 1. समा. 2. मा. 3. मुकुन्दलाल अग्रवाल 4. मौरानीपुर, झाँसी 5. 1957.

खतरनाक : 1. समा 2. साप्ता. 4. इतवारीगंज, झाँसी 5. 1967-71.

खद्दर(धारी) : 2. मा. 3. देवब्रत शर्मा 4. कानपुर 5. 1925.

खद्योत : 4. अमृतसर 5. 1895.

खबर : 3. रामकृष्ण रघुनाथ खडिलकार 5. 1942.

खबर नवीस : 2. पा. 4. चौड़ा रास्ता, जयपुर 5. 1870.

खबरवाला : 1. समा. 2. साप्ता. 3. रमेश सैलानी 4. 8/142, भैरो बाजार, आगरा 5. 1979 (प्रच.)।

खबर संसार : 1. समा. 2. साप्ता. 3. ओमप्रकाश आर्य 4. 21 बरेली रोड, हल्द्वानी 5. 1966.

खरी आवाज : 1. समा. 2. साप्ता. 4. बेलनगंज, आगरा 5. 1961-71.

खरी बात : 1. आर्यसमाजी 2. साप्ता., मा. 3. दुर्गादास भास्कर 4. लाहौर 5. 1936.

खलीलाबाद टाइम्स : 2. साप्ता. 3. रवीन्द्र श्रीवास्तव 4. खलीलाबाद, बस्ती 5. 1968.

खत्री अधिकारी : 1. जा. 2. मा. 4. मथुरा 5. 1884.

खत्री संसार : 1. जा. 2. मा. 3. प्रकाशचन्द्र बेदी 4. बंशीलाल व्यास मार्ग, हैदराबाद।

खत्री समाज : 1. जा. 2. मा. 3. कृष्णचन्द्र टण्डन 4. पार्वती घोष लेन, कलकत्ता 5. 1907-69.

खत्री सेवक : 2. पा. 4. दिल्ली 5. 1918.

खत्री हितकारी : 1. जा. 2. मा. 3. बालमुकुन्द वर्मा 4. काशी 5. 1906.

खत्री हितकारी : 1. जा. 3. रामनारायण 4. मथुरा/आगरा 5. 1888.

खत्री हितैषी : 1. जा. 2. मा. 3. हरेकृष्ण धवन (1936-41), प्रेमनारायण टण्डन (1936-41), विश्वनाथ टण्डन, लक्ष्मीनारायण टण्डन, गोपाललाल खन्ना, प्रभुदयाल मेहरोत्रा, रामचरण महेन्द्र 4. केसर मंजिल, 23 गौतम बुद्ध मार्ग, लखनऊ 5. 1935, 37.

खत्री हितैषी : 1. जा. 4. पटना 5. 19वीं शती का अन्त्यकाल।

खाद पत्रिका : 1. कृ. 2. मा. 3. पी. सी. पाठक 4. 85, सुन्दरनगर, नई दिल्ली 5. 1960.

खादी ग्रामोद्योग (पत्रिका) : 1. व्या. 2. मा. 3. जे. एन. वर्मा 4. खादी कमीशन, ग्रामोदय, एरला रोड विलेपार्ले, बम्बई 5. 1954, 62-69.

खादी जगत : 1. त्रै. 3. आशा देवी, कृष्णदास गाँधी 4. सेवा ग्राम, वर्धा 5. 25 जुलाई 1941 6.6) वा.।

खादी जीवन : 2. मा. 4. उज्जैन 5. 1934.

खादी पत्रिका : 2. मा. 4. जौहरी बाजार, जयपुर 5. 1957-65.

खादी सेवक : 3. कामेश्वर शर्मा 4. मधुवनी, दरभंगा 5. 1938-41.

खादी हितकारी : 2. मा. 3. शिवनारायण राठी 4. नागपुर 5. 1924.

खाद्य पेय विक्रेता : 1. समा. 2. साप्ता. (हि., म.) 3. मोहनलाल 4. वीरवामनराव जोशी रोड, अकोला 5. 1966.

खाद्य प्रदर्शन : 4. कृषि मंत्रालय, पा. 3547, नई दिल्ली।

खाद्य विज्ञान : 1. कृ. 2. त्रै. 4. बी. एल. अमला 4. केन्द्रीय खाद्य शोध संस्थान, मैसूर 5. 1957.

खान मजदूर : 1. श्रम 2. साप्ता. 3. सुधेन्द्रदास गुप्त 4. कटरास रोड , धनवाद (बिहार) 5. 1956-58.

खिचड़ी समाचार : 1. समा. 2. साप्ता. 3. माधव प्रसाद, धवन खत्री, रामनारायण 4. मिर्जापुर 5. 1888.6.9।।) वा.

खिलौना : 1. बा. 2. मा. 3. रघुनन्दन शर्मा, रामजीलाल शर्मा 4. नया कटरा, प्रयाग 5. फरवरी 1927.

खिलौना : 1. बा. 2. मा. 4. पो. बॉ. 66, जमशेदपुर 5. सितम्बर 1951.

खिलौना : 1. बा. 2. मा. 4. लश्कर, ग्वालियर 5. 1927-61.

खीरी टाइम्स : 1. समा. 2. साप्ता. 4. लखीमपुर खीरी 5. 1962-65.

खीरी समाचार : 1. समा. 2. साप्ता. 3. कृपाशंकर जौहरी 4. मुख्य मार्ग, लखीमपुर खीरी 5. 1966.

खुदा की राह (पर) : 1. हास्य 2. पा., मा. 3. पुरुषोत्तम देवऋषि, पाण्डेय बेचन शर्मा 'उग्र,' बेढव बनारसी 4. बनारस 5. 1935 7. हास्यपरक उर्दू पत्र। 'अल्लाह दे' पत्र की स्पर्धा में प्रकाशित। होलिकांक 1932 (संपा. 'उग्र') महत्त्वपूर्ण। भाषा-शैली के क्षेत्र में विशिष्ट योग। 'खैराती खाँ की झोली से,' 'बनारसी बैठक' आदि स्तम्भ बहुत लोकप्रिय।

खुफिया : 2. मा. 3. जगदीशप्रसाद अग्रवाल 4. जीरो रोड, इलाहाबाद 5. 1966.

खुराफात : 1. समा. 2. साप्ता. 3. मोहनलाल तिवारी 4. परकोटा, सागर 5. 1970.

खुर्राट : 1. समा. 2. साप्ता. 3. छक्कूलाल वर्मा 4. तिरबागंज, फर्रुखाबाद 5. 1966.

खुलनावासी : 4. खुलना।

खुला खत : 1. समा. 2. पा. 3. गोविन्द श्रीमाली 4. ब्रह्मपुरी, जोधपुर 5. 1966.

खुला न्याय : 1. समा. 2. साप्ता. 4. मेरठ 5. 1966-71.

खुला सन्देश : 1. समा. 2. पा. 4. तोशम रोड, भिवानी 5. 1971.

खून और पसीना : 1. समा. 2. साप्ता. 3. सोहनसिंह राठौड़ 4. झीनी रोड, उदयपुर 5. 1967.

खेती : 1. कृ. 2. मा. 3. रामगोपाल चतुर्वेदी, रमेश दत्त शर्मा 4. भारतीय कृषि अनुसंधान परिषद्, कृषि भवन, नई दिल्ली 5. 1946-48 (समाप्त)

खेती किसानी : 4. फैजाबाद।

खेती बाड़ी : 1. कृ. 2. मा. 4. निदेशक, कृषि निदेशालय, लुधियाना 5. 1950-62.

खेती बाड़ी समाचार : 2. मा. 4. इन्दौर 5. 1924.

खेलकूद : 1. क्री. 2. पा. 4. झालानियों का रास्ता, जयपुर 5. 1959-65.

खेल-खिलाड़ी : 1. क्री. 2. मा. 3. मोहेन्द्र सिंह, मनोहर सिंह 4. वी. 197, वेस्ट पटेलनगर, नई दिल्ली 5. 1969 (प्रच.) 7. हिन्दी की प्रथम क्रीड़ा पत्रिका।.

खेल ज्योति : 1. क्री. 2. मा. 4. गजनेर रोड, बीकानेर 5. 1972.

खेल टाइम्स : 1. पा. 4. सलीमपुर, कदमकुआँ, पटना 5. 1963-65.

खेलतली मार्केट रिपोर्ट : 1. बा. 2. साप्ता. 3. राजेन्द्र प्रसाद 4. धनकुट्टी, कानपुर 5. 1970.

खेल दर्पण : 1. क्री. 2. मा. 4. बीकानेर 5. 1970.

खेल युग : 1. क्री. 2. मा. 3. सुशीलकुमार दोषी 4. इन्दौर 5. फरवरी 1972 (अल्पायु) 7. द्रष्टव्य क्रिकेट विशेषांक।

खेल समाचार : 1. क्री. 2. मा. 3. राजीव सक्सेना 4. आगरा 7. स्वातंत्र्योत्तर (अल्पायु)

खेल सम्राट : 1. क्री. 2. मा. 7. पर्याप्त लोकप्रिय पत्र।

खोजदूत : 4. सीकर।

ख्रीस्त राजा : 1. धा., जा. 2. मा. 4. वेशी कॉलेज, डिडी गुल्ल (तमिल) 5. 1954-62.

गंग धारा : 1. समा. 2. साप्ता. 4. सिविल लाइन्स, बरेली 5. 1967-71.

गंगा : 1. सा. 2. मा. 3. कृष्णानन्द सिंह बहादुर, शिवपूजन सहाय (1930-अप्रैल 1932), राम गोविन्द त्रिवेदी, पं. गौरीनाथ झा, नरेन्द्रदेव, राहुल सांकृत्यायन, अच्युतानंद सिंह, शशिनाथ चौधरी 4. कृष्णगढ़, सुलतानगंज, भागलपुर 5. नवम्बर 1930-31 (अल्पजीवी पत्र) 7. संरक्षक-कुमार कृष्णानंद सिंह कनैली। विशेषांक-गंगाकं (मई 1931) वेदांक (जनवरी 1932) चरिताकं (फाल्गुन सं. 1991) पुराक्तत्वांक (1934), विज्ञान अंक (जनवरी 1930 सपा. फुलदेव), मुख्य स्तम्भ—विनोद बिन्दु, विज्ञान बिन्दु, विज्ञान विभव, विचित्र बल्लरी, मंतव्य (संपादकीय), काव्यकुंज, कविता कल्लोलिनी, साहित्य सरिता, चारुचयन, चित्र चित्रण, ऊर्मिमाला आदि। अपने युग का श्रेष्ठ पत्र।

गंगा की आवाज : 2. पा. 4. सर्वसेवा संघ, वाराणसी।

गंगाधर : 4. चौक, वाराणसी 5. 1974.

गंगानगर टाइम्स : 1. समा. 3. गुरुवक्श राय 4. गंगानगर (राज.)।

गंगानगर पत्रिका : 1. समा. 2. साप्ता. 3. हरिस्वामी शिल्पी 4. गोलबाजार, गंगानगर, जयपुर 5. 1964-69.

गंगानगर ज्योति : 1. समा. 2. साप्ता. (हि., अं.) 4. जयपुर/श्रीगंगानगर 5. 1970.

गंगानगर समाचार : 1. समा. 2. दै. 3. हरिस्वामी शिल्पी 4. बाबा सीताराम का आश्रम, पब्लिक पार्क, गंगानगर (राज.) 5. 1970.

गंगोत्री : 1. धा. 2. मा. 3. सारथी 4. डब्ल्यू 9, राजोरी गार्डन, नई दिल्ली 5. 1959.

गन्तव्य : 1. सा. 2. मा. 3. अखिलेश्वर झा, परामर्श संपा.—अज्ञेय 4. एफ. 10/14 मॉडल टाउन, दिल्ली 5. 1972 (अल्पायु) 7. श्रेष्ठ लघुपत्र।

गन्ना : 1. कृ. 2. मा. 3. गोपालदत्त उपाध्याय 4. उत्तर प्रदेश सहकारी गन्ना यूनियन फेडरेशन लि., 12 राणाप्रताप मार्ग, लखनऊ 5. 1957.

गऊ वन्दना : 1. धा., दा. 2. मा. 3. गोस्वामी सुरेशचन्द्र 'विद्रोही' 4. विजय प्रेस, बल्लीगंज, वृंदावन 5. 1967.

गगन : 1. समा. 2. साप्ता. 3. ईशदत्त ओझा 4. महात्मा गाँधी रोड, कलकत्ता 5. 1961-65.

गगन घोष : 1. समा. 2. साप्ता. 3. ईश्वरलाल पालीवाल 4. त्रिवेणी, न्यू रोड, रतलाम 5. 1964, 66.

गगन ज्योति : 1. समा. 2. साप्ता. 3. परमालाल 4. अलवर 5. 1966.

गगन विहार : 2. पा. (हि, अं.) 4. खातीवाड़ा, जयपुर 5. 1967-70

गजरा : 1. मा. 2. मा. 3. कु. सु. ग. ठाकुर 4. एफ. एस. मेहता रोड, बम्बई 5. 1962-69.

गजराज : 1. मा. (हि.,मल.) 4. सुदक्षिणा, मुंडक्कल किवला, (केरल) 4. 1968.

गजल : 1. सा. 2. मा. (हि., उ.) 4. उर्दू बाजार, दिल्ली 5. 1968.

गढ़ केसरी : 1. समा. 2. साप्ता. 4. ऋषिकेश 5. 1968-69.

गढ़देश : 1. समा. 2. साप्ता. 3. कृपाराम मिश्र 4. मुनी की रेती, टेहरी, गढ़वाल 5. 1928-61. 7. स्वातंत्र्य आन्दोलन में इसका विशेष योगदान।

गढ़वाल टाइम्स : 1. समा. 2. साप्ता. 4. पौढ़ी, गढ़वाल 5. 1966-71.

गढ़वाल समाचार : 1. समा. 2. साप्ता., मा. 3. गिरिजादत्त नैथाणी 4. दुगड्डा, कोटद्वार, गढ़वाल 5. 1901-03 6. 1.25) वा. 7. अल्पायु।

गढ़वाली : 1. समा. 2. साप्ता., मा. 3. विश्वम्भरदत्त चेंदोला, ताराचन्द, गैरीजा 4. गढ़वाली यूनियन, देहरादून 5. 1905-57.

गणतंत्र मोर्चा : 1. राज. 2. मा. 3. शिवशंकर पुरोहित 4. दुजरी मोहल्ला, बीकोनेर 5. 1965.

गणतंत्रीय समाचार : 1. समा. 2. साप्ता. 4. रेलवे रोड, फर्रुखाबाद 5. 1966-71.

गणदेवता : 1. समा. 2. दै. 3. राधेश्याम कौशिक 4. वासन गेट, भरतपुर 5. 1969.

गणमित्रम् : 1. समा. 2. साप्ता. 3. वासुदेव मिश्र 4. खेता सराय, जौनपुर 5. 1966.

गणराज्य : 1. समा. 2. साप्ता. 4. बीकानेर/जयपुर 5. 1954-71-74.

गणेश : 1. समा. 2. दै., साप्ता. 3. हरि, तारकेश्वर शर्मा 4. बंगाली मुहल्ला, कानपुर/आगरा 5. 1961-64 7. कोटा के राजकोप के कारण समाप्त। रियासती भ्रष्टाचार का विरोधी पत्र।

गदर : 1. समा. 2. साप्ता. 3. दयाशंकर दीक्षित 4. बागकूँचा, फर्रुखाबाद/फिरोज़ाबाद 5. 1959.

गदरो रिसाला : 1. समा. 4. सेन फ्रान्सिस्कों (अमेरीका) 5. 1917 7. भारतीय स्वाधीनता सेनानियों की गदर पार्टी के मुख्यालय से तथा सम्पादक 'हिन्दोस्तान' गदर के प्रबन्ध में प्रकाशित। इसमें अंग्रेजी राज्य का कच्चा चिट्ठा जैसे "अंग्रेज हर साल 50 करोड़ रुपया खींचकर इंगलिस्तान ले जाते हैं।" गरीबी, अकाल, महामारी, कर, भेदनीति, भ्रष्टाचार, पक्षपात आदि का भण्डाफोड़। द्रष्टव्य—नवभारत टाइम्स दिल्ली, 10 अगस्त 1975)

गद्दार : 1. समा. 2. साप्ता. 3. दयाशंकर दीक्षित 4. फर्रुखाबाद।

गया बुलेटिन : 1. समा. 2. साप्ता. 3. राजेश्वर प्रसाद 4. सुभाष प्रेस, धामी टोला, गया 5. 1968.

गया वाणी : 1. समा. 2. साप्ता. 3. इन्द्रजीत गुलाटी 4. लहरिया टोला, गया 5. 1969.

गया समाचार : 1. समा. 2. साप्ता. 4. जी. बी. रोड. गया 5. 1902-71.

गरम खून : 1. समा. 2. साप्ता. 4. जुनारदेव, हिन्दवाड़ा (म.प्र.) 5. 1963-65.

गरीब : 1. मा. 3. श्याम वर्णवार 4. गया 5. 1946.

गरीब : 1. समा. 4. सीतापुर 5. 1956 (लगभग)।

गरीब : 1. समा. 2. साप्ता. 4. घोघर, रीवा 5. 1955-68.

गरीब : 1. समा. 2. साप्ता. 3. महावीर 4. बिजनौर 5. 1924.

गरीब : 1. समा. 2. पा. 4. अजय प्रेस, कालपी, जालौन 5. 1968.

गरीब की आह : 1. समा. 2. साप्ता. 3. चन्द्रबल कौशिक 4. जैकबपुर, गुड़गाँव 5. 1970.

गरीब के आँसू : 1. समा. 2. साप्ता. 4. ताज टेनरी, आगरा 5. 1967-69.

गरीब जनता : 1. समा. 2. साप्ता. 3. मदनगोपाल शर्मा 4. विरला मंदिर चौक, कुरुक्षेत्र 5. 1967.

गरीब निर्माण : 1. साप्ता. 4. झज्जर रोड, आर्य बाजार, रोहतक 5. 1963-64.

गरीब प्रचार : 1. समा. 2. साप्ता. 4. अजमेर 5. 1971.

गरीब साथी : 3. मनोहर घोघर 4. जोधपुर।

गरीबी गदा : 1. धा. 2. द्विमा 3. जोगेन्द्र सिंह 4. फरीदाबाद 5. 1960.

गरीबों की पुकार : 1. समा. 2. साप्ता. 3. मूलचन्द्र शर्मा 4. कुम्भेर, भरतपुर 5. 1967.

गर्जन : 1. वा. 2. मा 3. लोधीप्रसाद मित्तल 4. बारी, धौलपुर (राज.) 5. 1968.

गल्प पत्रिका (गल्पमाला) : 1. कथा. 2. मा. 3. श्यामलाल मांडवीय 4. मुरार, ग्वालियर 5. 1918 7. अल्पायु।

गल्प भारती : 1. कथा. 2. मा. 3. आर. सी. सिंह, मार्कण्डेय सिंह, अशोककुमार 4. कालेज स्ट्रीट, कलकत्ता 5. 1951-56 (प्रच.) 7. युवालेखन का प्रचलित पत्र।

गवर्नमेण्ट गजट : 1. मा. 4. ईस्ट इंडिया कम्पनी (भारत सरकार), कलकत्ता 5. 1850.

गवेषणा : 1. शो. 2. अर्द्धवा., त्रै. 3. बजेश्वर वर्मा, राजगोपालन, जागन्नाथन 4. हिन्दी शिक्षणमण्डल, केन्द्रीय हिन्दी संस्थान, आगरा 5. 1962 6. 6)वा. 7. हिन्दी भाषा विश्लेषण का श्रेष्ठ पत्र।

गवेषणा : 1. धा. 2. पा., त्रै. 3. जे. पी. अत्रे. 4. मुरादाबाद 5. 1964.

गहमर : 3. गोपालराम गहमरी 4. गहमर (उ. प्र.) 5. स्वातन्त्र्य पूर्व।

गहराई : 1. राज. 2. मा. 3. सीताराम चोपाल 4. सी स्कीम, जयपुर 5. 1970.

गहोई ज्योति : 1. जा. 2. मा. 4. छोटा फुहारा, जबलपुर 5. 1971.

गहोई बन्धु : 1. जा. 2. मा. 4. कोतवाली वार्ड, जबलपुर 5. 1961-65.

गहोई वैश्य पताका : 1. जा. 2. मा. 3. राजाराम नोखर 4. नागपुर 5. 1977.

गहोई वैश्य पत्रिका : 1. जा. 2. मा. 3. नाथूराम नेजा 4. नरसिंहपुर (म. प्र.) 5. 1973 वि.।

गहोई वैश्य बन्धु : 1. जा. 2. मा. 3. मुक्ताप्रसाद गुप्त 4. हलसी रोड, कानपुर 5. 1969.

गहोई वैश्य हितकारी : 1. जा. 2. मा. 3. कोदलप्रसाद गागिल 4. मुरार, ग्वालियर 5. 1922.

गहोई समाचार : 1. जा. 2. मा., साप्ता. 3. रामदास गुप्त 4. चिरगाँव, झाँसी 5. 1956–58.

गाण्डीव : 1. समा. 2. दै. 3. भगवानदास अरोड़ा, 4. सी. के. 58/1, आस (अश्क) भैरव, वाराणसी 5. 1950 (प्रच.) 7. प्रमुख प्रचलित पत्र।

गाँधी : 1. समा. 2. साप्ता. 3. चोखेलाल, सत्यपाल 5. कटियाहोला, शाहजहाँपुर 5. 1948, 68.

गाँधी जी : 3. कमलापति त्रिपाठी, के. एस. सुन्दरम् 4. काशी विद्यापीठ गाँधी गरीब संघ, वाराणसी 5. 1948–56.

गाँधी का सन्देश : 2. मा. 3. कन्हैयालाल भारतीय 4. चौक, भोपाल 5. 1970.

गाँधी के पथ पर : 2. मा. 3. राजेन्द्रसिंह चौहान 4. सेवापुरी, वाराणसी 5. 1959.

गाँधी के सपने : 2. साप्ता. 4. भरतपुर 5. 1970.

गाँधी ग्राम पत्रिका : 3. सतीशचन्द्र गुप्त 4. लखनऊ।

गाँधी देश : 1. समा. 2. साप्ता. 3. माधवप्रसाद पण्डोरिया 4. दरजी मोहल्ला, बालाघाट (म. प्र.) 5. 1970.

गाँधी धाम समाचार (टाइम्स) : 1. समा. 2. साप्ता. (हि., अं., सिं.) 3. एच. दुख्वल 4. अदीपुर गाँधीधाम, कच्छ (गुज.) 5. 1965, 68.

गाँधी मार्ग : 1. त्रै, द्विभा. (हि., अं.) 3. श्रीमन्नारायण, भवानीप्रसाद मिश्र।

गाँधी शान्ति प्रतिष्ठान : 4. 221/223 राउज एवेन्यू, दीनदयाल उपाध्याय मार्ग, नई दिल्ली 5. 1956, 57 (प्रच.) 7. आरंभ में गाँधी स्मारक निधि बम्बई से हिन्दी–अंग्रेजी में प्रकाशित श्रेष्ठ विचारवान पत्र।

गाँधी युग : 1. समा. 2. मा. (हि., अं.) 3. कमलकुमारी 4. जीरो रोड, इलाहाबाद 5. 1964.

गाँधी लेखमाला : 2. मा. 4. हलदौन, बिजनौर 5. 1920.

गाँधी सन्देश : 1. सा. 2. मा. 3. ए. बी. गुरुदेव 4. सिकन्दर पारा स्ट्रीट, कलकत्ता 5. 1959.

गाँधी सन्देश : 2. मा. (हि., अं.) 3. ए. बी. गुरुदेव 4. खरखरी, भीमगोड़ा, हरिद्वार 5. 1962.

गाँधी शताब्दी न्यूज लेटर : 2. मा. 4. राजघाट कालोनी, नई दिल्ली 5. 1968–70.

गाँधी क्षेत्र : 4. गाजीपुर 5. 1974.

गाँव : 1. कृ., सह. 2. मा. 3. जगदीशप्रसाद, जोगेश्वर मण्डल, अखौरी नारायण सिंह 4. राज्य सहकारी संघ, पटना 5. 1917, 39.

गाँव की आवाज : 1. समा. 2. पा. 3. राममूर्ति 4. सर्व सेवा संघ प्रकाशन, राजघाट, वाराणसी 5. 1969.

गाँव की पुकार : 2. मा. 4. जिला आयोजन कार्यालय, गोरखपुर 5. 1961.

गाँव की पुकार : 1. समा. 2. मा. 4. मानकपुर, गोण्डा 5. 1959–65.

गाँव की पुकार : 1. समा. 2. पा. 3. जगन्नाथ मिश्र 4. आर्यकुमार रोड, पटना 5. 1968.

गाँव की बात : 1. सां. 2. पा. 3. सालिकराम पथिक 4. 7 मोतीलाल नेहरू रोड, प्रयाग 5. 1947–56. 7. देहाती जीवन की सामग्री। लोकप्रिय लोककथा आदि से युक्त।

गाँव घर : 1. समा. 2. साप्ता. 4. वाराणसी 5. 1966–69.

गाइड : 1. समा. 3. हरिशंकर शुक्ल 4. पुरानी बस्ती, रायपुर 5. 1964.

गाजियाबाद टाइम्स : 1. समा. 2. साप्ता, पा. 4. नया गेट, गाजियाबाद 5. 1960-61.

गाजियाबाद दर्शन : 1. समा. 2. पा. 3. हंसराज सिंघल 4. सावित्री सदन, रामनगर, गाजियाबाद 5. 1962-64.

गाजियाबाद मिलन : 1. समा. 2. दै. 4. 68, चन्दपुरी, गाजियाबाद 5. 1973.

गाजियाबाद समाचार : 1. समा. 2. साप्ता. 3. मोहनस्वामी 4. दिल्ली गेट, गाजियाबाद 5. 1960.

गाजी पर्दाफास : 1. समा. 2. पा. 3. सुरेन्द्रनाथ त्रिपाठी 4. साथी मस्जिद, गाजीपुर 5. 1964.

गाजीपुर समाचार : 1. समा. 2. साप्ता. 3. विजय कुमार 4. मिश्री बाजार, गाजीपुर 5. 1967.

गानविद्या : 1. सं. 2. मा. 4. हाथरस।

गायत्री : 1. धा. 2. मा. 4. गायत्री मंदिर, हाथरस 5. 1955-56.

गायत्री : 1. धा. 2. मा. 4. गायत्री विद्या भवन, ग्वालियर 5. 1965-68.

गायत्री ज्योति : 1. धा. 2. पा. 3. भगवानदास जायसवाल 4. हीरागंज, कटनी 5. 1970.

गायत्री परिवार पत्रिका : 1. धा. 2. मा. 4. तपोभूमि, मथुरा 5. 1958-61.

गायत्री सन्देश : 1. धा. 2. मा. 3. डॉ. उषालता रावत 4. कोलागढ़, सीमेंट रोड, देहरादून 5. 1966-71.

गिरि द्वार : 1. समा. 2. साप्ता. 4. रावर्ट्सगंज, मिर्जापुर 5. 1962-71.

गिरिवनवासी : 1. समा. 2. पा. 3. केश्वरसिंह प्रताप 4. साथीपारा, अम्बिकापुर, सरगुजा (म.प्र.) 5. 1970.

गिलहरी : 1. सा. 2. मा. 4. हजरतगंज, लखनऊ 5. 1961-69.

गीत : 1. फि. 2. मा. 4. रेलवे रोड, गाजियाबाद, मेरठ/दिल्ली 5. 1965-68.

गीता अनुशीलन : 1. धा. 3. गणेश चन्द 4. गढ़ा फाटक, जबलपुर 5. 1977 वि.।

गीता उपदेश : 1. धा. 2. साप्ता. 3. ए. आर. रतन 4. सत्संग भवन, अम्बाला सिटी 5. 1962.

गीता ज्योति : 1. धा. 2. पा. 3. देवीदयाल 4. कुरुक्षेत्र 5. 1970.

गीता धर्म : 1. धा. 2. मा. 3. पद्मनारायण, स्वामी विद्यानन्द आचार्य, रामनन्द संन्यासी, ब्रह्मचारी भवानन्द जी, राजबलि त्रिपाठी, 4. मिश्रा पोखरा, साक्षी विनायक, वाराणसी 5. 1936, 53 7. श्रेष्ठ विशेषांक।

गीता परिवार : 1. धा. 2. पा. 4. गीता आश्रम, दिल्ली छावनी 5. 1969-71.

गीता वैश्य पताका : 1. धा. 4. नागपुर 5. 1918.

गीता संगीत : 1. कला. 4. महाजनी टोला, इलाहाबाद 5. 1973.

गीता सन्देश : 1. धा. 2. मा. 4. अपोलो स्ट्रीट, फोर्ट, बम्बई 5. 1957-62.

गीता सन्देश : 1. धा. 2. मा. 4. यमुना बाजार, दिल्ली 5. 1956.

गीता सन्देश : 1. धा. 2. मा. 3. मदनमोहन, सोमप्रकाश शाडिल्य 4. स्वर्गाश्रम ऋषिकेश 5. 1955, 56 7. 4) वा.

गीता समाचार : 1. धा. 2. साप्ता. 4. नौघाट, मथुरा 5. 1961-62.

गीता सन्देश : 1. धा. 2. मा. 3. सत्यमित्र ब्रह्मचारी 4. गीता भवन, ऋषिकेश/गौघाट, मथुरा 5. 1951, 55-59.

गीतेन्द्र : 2. मा. 4. बेवर, मैनपुरी 5. 1950-65.

गुजरात मित्र : 1. समा. 3. याज्ञवल्क्य, सदानन्द अग्निहोत्री 4. सूरत 5. 1940 (लगभग)।

गुजराती पत्रिका : 4. काशी 5. 1885.

गुड़िया : 1. बा. 2. मा. 3. श्रीमती विजया 4. धनलक्ष्मी कालोनी, मद्रास 5. अगस्त 1973 (प्रच.) 7. चन्दामामा की प्रेरणा से प्रकाशित। अत्यंत लोकप्रचलित। 1980 में 37191 प्रतियाँ प्रसारित।

गुप्त कथा : 1. जासूसी 2. मा. 3. गोपालराम गहमरी 4. श्री वेंकटेश्वर प्रेस, बम्बई/मेरठ 5. 1904 7. प्रथम हिन्दी जासूसी पत्र।

गुप्तचर : 1. जा. 2. मा. 3. किशोरीलाल गोस्वामी 4. मथुरा 5. 1906.

गुप्ताचार : 1. जा. 2. मा. 3. चंद्रिकाप्रसाद टंडन 4. जी. टी. रोड, इलाहाबाद 5. 1962.

गुमराह : 1. समा. 2. साप्ता., पा. 4. शहपाड़ा, अलीगढ़ 5. 1964-71.

गुर्जर समाचार : 1. जा. 2. मा. 4. मथुरा 5. 1887.

गुरुकुंज : 3. ग. द. निकम 4. अमरावती 5. 1944.

गुरुकुल पत्रिका : 1. सा. 2. मा. 3. सुखदेव, रमेश बेदी, भगवतदत्त विद्यालंकार 4. गुरुकुल काँगड़ी, हरिद्वार 5. 1949.

गुरुकुल समाचार : 2. मा. 3. श्यामलाल शर्मा 4. सिकन्दराबाद 5. 1910-11.

गुरु घण्टाल : 1. समा. 2. पा. 4. कंकरखेड़ा, मेरठ 5. 1956-69.

गुरु घण्टाल : 1. समा. 2. साप्ता. 4. बाग मुजफ्फर खाँ, आगरा/जालंधर 5. 1963 7. अश्कजी ने जीविकोपार्जन हेतु इसमें 1 रु. में एक कहानी लिखी।

गुरुचेला : 1. बा. 2. मा. 3. उषाकुमारी 4. चौक, पहाड़गंड, दिल्ली 5. 1973.

गुरुजन : 1. धा. 2. मा. 4. धौलपुर (राज) 5. 1968.

गुरु जासूस : 1. मा. 3. सुरेन्द्रकुमार अग्रवाल 4. 999, कटरा, इलाहाबाद 5. 1959.

गुरुदर्शन : 1. धा. 2. साप्ता. (हि., म.) 4. तिरौरा, गोदिया (महा.) 5. 1971.

गुरुदेव : 2. पा. 4. लक्ष्मी प्रेस, सागर 5. 1958-59.

गुरुदेव : 1. समा. 2. दै. 3. बंशीधर शर्मा 4. हाथरस 5. 1958.

गुरु प्रताप सूरज पत्रिका : 1. सा. 2. मा. 3. हरिराम सिंह 4. नहरबाग, फैजाबाद 5. 1966-70.

गुरुप्रसाद : 1. धा. 2. मा. 3. एस. एन. त्रिपाठी, श्रीमती जे. के. कौल 4. गीता आश्रम, सदर बाजार, दिल्ली कैंट 5. 1960 (प्रच.)

गुरुवाणी : 1. समा. 2. पा. 3. गुरुदत्त 4. भरतपुर गेट, मथुरा 5. 1964.

गुरुवाणी : 1. धा. 2. वा. 4. वेंकटरमण मंदिर, मँगलूर 5. 1966-71.

गुलदस्ता : 1. सा. 2. मा. 3. बूलचन्द बी, राजापाल 4. पीपलमण्डी, आगरा 5. 1950-57 6. 10) वा. 7. डाइजेस्ट। द्रष्टव्य—सिनेमा अंक।

गुलनार : 2. मा. 3. रामजी सहगल 4. मुट्ठीगंज, इलाहाबाद 5. 1964.

गुलबाल : 1. वा. 2. मा. 3. वीरेन्द्र ग्रोवर 4. सुभाषनगर, बरेली 5. 1965-71.

गुलमोहर : 1. समा. 2. अर्द्धवा., द्विभा. 3. हीरासिंह 4. यमुना नगर (हरियाणा) 5. 1970.

गुलहरे वैश्यहितकारी : 1. जा. 2. मा. 3. शिवगुलाम 4. श्री गुलहरे वैश्य सम्मेलन, कानपुर 5. 1923.

गुलाब : 4. जम्मू 5. 1930-40 (लगभग)

गूँजती आवाज : 2. साप्ता. 4. पुलवाई, मोहल्ला, गडा, जबलपुर 5. 1971.

गूजर गौड़ सन्देश : 1. जा. 2. मा. 3. भँवरलाल शर्मा 4. शाह मार्केट, व्यावर (राज.) 5. 1958.

गूजर गौड़ हितैषी : 1. जा. 2. मा. 3. वंशीधर चौधरी 4. सोहापुर, म. प्र. 5. 1978 वि.

गूजर हितकारी : 1. जा. 2. मा. 3. के. एस. वर्मा. 4. गूजर क्षत्रिय महासभा, सहारनपुर 5. 1914.

गेलाई : 1. समा. 2. साप्ता. 3. सतीशचन्द्र जैन 4. कुँवर मण्डली, इन्दौर 5. 1970.

गोखरू : 3. नरेन्द्र 4. भीलवाड़ा।

गोड़वाड़ टाइम्स : 1. समा. 2. साप्ता. 3. हिम्मत महिमा 4. फालना (राज.) 5. 1970.

गोड़वाना: 2. पा. (हि., म.) 4. आदिवासी कार्यालय, चाँदा (महा.) 5. 1961-62.

गोड़वाना टाइम्स : 1. समा. 2. साप्ता. 3. कृष्णकुमार जायसवाल 4. कोठी बाजार, बेतुल 5. 1967.

गोदिया टाइम्स : 1. समा. 2. पा., साप्ता. 3. बाबूलाल कन्ने 4. चिचगाँव, भण्डारा, गोड़िया (महा.) 5. 1970.

गोदर्शन : 1. धा. 2. मा. (हि., अ., बं.) 4. कलाकार स्ट्रीट, कलकत्ता 5. 1969.

गोदावरी : 2. मा. 4. नान्देड (आँध्र.) 5. 1953.

गोदावरी (टाइम्स) : 1. समा. 2. मा. 4. नाडियाड, बम्बई 5. 1956.

गोधन : 1. धा. 2. मा., साप्ता. 3. लाला हरदेव सहाय, विश्वम्भरप्रसाद शर्मा 4. भारत गो सेवा समाज, सदर थाना रोड, दिल्ली 5. 1955, 56-63 7. द्रष्टव्य-गोरक्षा अंक, सेठ गोविन्ददास अंक, हनुमान पोद्दार अंक।

गोधर्म प्रकाश : 2. मा. 3. हरदयाल, हरिप्रसाद शर्मा 4. फर्रुखाबाद/कानपुर (1890) 5. 1885-92.

गोधूलि : 2. मा. 4. ईश्वरगंगी, वाराणसी 5. 1952-53.

गोधूलि : 1. त्रै. 3. हृषीकेश श्रीवास्तव 4. पूर्वी लोहानीपुर, पटना 5. 1975.

गोपाल : 1. समा., धा. 2. साप्ता. 3. देवरत्न शुक्ल, बोधराम शर्मा, फतहचन्द शर्मा 'आराधक' 4. 4404, गली शहदरा, अजमेरी गेट दिल्ली-6 5. 1922, 50 7. प्रेरक महामना मालवीय जी आजीवन इसके संरक्षक। द्रष्टव्य-कुंभ अंक, गोरक्षा अंक, सनातन धर्म अंक आदि।

गोपालन : 2. मा. 4. दरभंगा 5. 1936 7. गोरक्षा विषयक पत्र।

गोपालन : 2. साप्ता. 4. किनारी बाजार, दिल्ली 5. 1950.

गोरखपुर गजट : 1. समा. 2. साप्ता. 3. ईश्वरचन्द्र 4. मोहल्ला बंसतपुर, गोरखपुर 5. 1930-62.

गोरखपुर टाइम्स : 1. समा. 2. साप्ता., पा. 4. कोतवाली रोड, गोरखपुर 5. 1964-67, 71.

गोरखपुर डायरी : 1. समा. 2. मा. 3. श्रीमती स्वामिप्रिया 4. कल्याणपुर, गोरखपुर 5. 1965.

गोरखाली सुधार सभा समाचार पत्रिका : 1. जा. 2. पा. (बहु.) 4. गढ़हे, देहरादून 5. 1966-70.

गोरक्षण : 1. सा. 2. मा. 3. चुन्नीलाल मालवीय, गोपालकृष्ण शर्मा, महेशदत्त शर्मा 4. रामनगर, वाराणसी 5. 1920, जनवरी 1956.

गोरक्षा : 2. मा. 3. शिवदयाल शुक्ल, शिवचरण लाल 4. गोरक्षक सभा, नागपुर 5. 1891-1906.

गोरक्षा : 1. धा. 2. साप्ता. 3. नारायण जगन्नाथ बेढ़ 4. कलकत्ता 5. 1920.

गोरक्षा अथवा कृषि जीवन : 2. मा. 4. बम्बई 5. 1920.

गोरा बादल : 1. समा. 2. पा. 3. रूपकुमारी मेहता 4. मोती चौहट्टा, उदयपुर 5. 1965.

गोरी : 1. म. 2. मा. 4. तुल्लोच रोड, बम्बई 5. 1957-65.

गोलगप्पा : 1. बा. 2. मा. 3. महेन्द्रप्रताप गर्ग 4. रंग मण्डल कार्यालय, लाहौरी गेट, दिल्ली 5. 1970 7. हास्य-व्यंग्यपरक।

गोलमाल : 1. हास्य 2. मा. 3. रामवृक्ष बेनीपुरी, दीनानाथ सिगतिया 4. पटना/कलकत्ता 5. 1925.

गोला पूर्व जैन : 1. जा. 2. मा. 3. मुन्नालाल, राधेश्याम 4. मण्डी कटरा, सागर 5. 1920.

गोल्डन (साप्ताहिक) : 1. समा. 2. साप्ता. 4. अनारदाना चौक, पटियाला 5. 1966-69.

गोवंदना : 1. धा. 2. मा. 4. बालीगंज, वृन्दावन 5. 1967.

गोवंश समाचार : 1. समा. 2. साप्ता. 4. शामली 5. 1962-64.

गोवनवर्कर : 2. साप्ता. (बहु.) 4. वास्को डे गामा, गोवा 5. 1967-71.

गोशुभचिन्तक : 2. पा. 3. खेदहरण शर्मा, गोवर्द्धनलाल गुप्त 4. गया 5. 1942 7. गोशुभचिन्तक मण्डल का मुखपत्र।

गोसम्वर्द्धन : 1. कृ. (पशुपालन) 2. मा. 3. भगवतप्रसाद चतुर्वेदी 4. भारतीय कृषि अनुसंधान परिषद्, 2 राजेन्द्र प्रसाद मार्ग, शास्त्री भवन, नई दिल्ली 5. 1957.

गोसेवक : 1. धा. 2. साप्ता. 3. जगतनारायण 4. प्रयाग/काशी 5. 1892-94. 7. निर्भीक एवं तेजस्वी पत्र। अंग्रेजी नीति के कारण गोहत्या को लेकर कलह। इस पत्र द्वारा निन्दा, शासन द्वारा सम्पादक का प्रांत से निष्कासन, अत: बम्बई से इसका प्रकाशन।

गोसेवक : 1. समा. 2. मा. 3. शुकदेव शास्त्री 4. चौमू, जयपुर 5. 1847.

गोसेवक : 1. समा. 2. साप्ता. 4. गार्डन रोड, आगरा 5. 1962-65.

गोस्वामी नवनाद : 1. धा. 2. मा. 4. अचलपुरी, अचलेश्वर मन्दिर, काठबाजार, जोधपुर 5. 1968.

गोस्वामी पत्रिका : 3. गोस्वामी लाल गीर (लाल गिर) 4. हैदराबाद (दक्षिण) 5. स्वातन्त्र्य पूर्व 7. हैदराबाद से प्रकाशित पहला हिन्दी पत्र।

गोस्वामी समाज : 1. जा. 2. मा. 4. चाओ मण्डी, रुड़की 5. 1971.

गोस्वामी ज्ञानदीप : 1. धा. 2. मा. (हि., म.) 3. के.वी. गिरी 4. इतवारी, नागपुर 5. 1959-69.

गौड़ कायस्थ : 3. बाबू लाल 4. प्रयाग 5. 1884, 85.

गौड़ सन्देश : 2. मा. 4. रातानाड़ा, जोधपुर 5. 1952.

गौड़ समाचार : 1. जा. 2. साप्ता. 3. नारायण दत्त गौड़ 4. मैनपुरी 5. 1919.

गौड़ हितकारक : 1. जा. 2. मा. 3. बलदेव प्रसाद, गोविन्द प्रसाद 4. मुरादाबाद 5. 1896, 98.

गौड़ हितकारी (श्री) : 1. जा. 2. मा. 3. रामप्रताप, शिवनारायण उपाध्याय 4. उज्जैन 5. 1922, 23.

गौड़ हितकारी : 1. जा. 2. मा. 3. नारायणप्रसाद गौड़ 4. मैनपुरी 5. 1913.

गौड़ हितकारी : 1. जा. 2. मा. 3. गणेशदत्त शर्मा 'इन्द्र' 4. मथुरा 5. 1924.

गौड़ीय : 1. धा., जा. 2. मा. 3. सच्चिदानन्द दास, नारायण दास ब्रह्मचारी 4. (श्री) गौड़ीय मठ, ए 29, चेतनला, सेण्ट्रल रोड, 50 बी, नेपाल भट्टाचार्य प्रथम गली, कलकत्ता 5. 1959.

गौतमवाणी : 1. जा. 2. मा. 3. जितेन्द्रकुमार 4. गुरु भवन, कैथल 5. 1959-61.

गौतम सखा : 1. जा. 2. मा. 3. जगदीशप्रसाद त्रिपाठी 4. पंसारी बाजार, व्यावर 5. 1941.

गौतम हितैषी : 1. जा. 2. मा. 3. उत्सवलाल तिवारी 4. खरीपाड़ी, देवास (म.प्र.) 5. 1968.

गोधर्म प्रकाश : 1. धा. 2. मा. 3. हरदयाल शर्मा 4. फर्रुखाबाद /कानपुर 5. 1885-90.

गौरव : 2. मा. 3. भगवानसिंह वर्मा 4. हाथरस 5. (लगभग) 1946-56.

गौरव : 3. अशोक 4. नागपुर।

गौरव : 1. धा. 2. साप्ता. 3. श्याम स्वामी नारदानंद, सौनिक ब्रह्मचारी, रामप्यारे त्रिवेदी 4. टैगोर मार्ग, डालीगंज, लखनऊ 5. 1959.

गौरक्षक : 2. साप्ता. 3. भगवान दास 4. दिल्ली /हरिद्वार 5. 1923.

गौरक्षक : 3. रामजीलाल मोदी 4. श्रीकृष्ण भण्डार, चौक, कानपुर 5. 2005 वि.।

गौरी : 1. म. 2. मा. 3. आर.एस. विरले 4. शान्ति निवास, जनपद मार्ग, नई दिल्ली 5. 1960-69.

गोहितैषी : 1. धा. 2. मा. 3. पं. धैर्यप्रकाश गौतम (धीरजलाल शर्मा) 4. दिल्ली 5. 1930-41 7. गौरक्षा विषयक।

ग्रन्थालय : 1. तक. 2. मा. 3. मुरारीलाल नागर 4. विश्वविद्यालय ग्रन्थालय, दिल्ली 5. नवम्बर 1948-56.

ग्रन्थालय : 2. मा. 4. हैदराबाद 5. 1955.

ग्रन्थालय विज्ञान : 1. तक. 2. अर्द्धवा., त्रै. 3. शारदा रंगनाथन 4. ग्रन्थालय संस्थान, सी. 1, काशी हिन्दू विश्वविद्यालय, काशी 5. 1969.

ग्रन्थालोक : 1. मा. 2. द्विभा. (म., हि.) 3. पी.के. केशव नायर, डॉ. भास्करनाथ, एन. चन्द्रशेखरन नायर, श्रीमती शान्ती कुमारी आदि 4. केरल ग्रन्थशाला संघ, केरल 5. जनवरी 1962 दिसम्बर 1962 7. इसमें हिन्दी अनुभाग के अन्तर्गत साहित्यिक रचनाएँ प्रकाशित।

गृहलक्ष्मी : 1. म. 2. मा. 3. मंजुल सुदर्शनाचार्य, अनंतप्रसाद विद्यार्थी, श्रीनाथसिंह (1924) 4. प्रयाग 5. 1909.

ग्रहवाणी : 1. ज्यो. 2. पा. 3. गिरिजादत्त 'गिरीश' 4. इलाहाबाद 5. 1950.

गृहसन्देश : 1. धा. 2. मा. 3. पी. एन. कुरीन 4. ग्रीन पार्क एक्सटेंशन, नई दिल्ली 5. 1968-71.

गृहस्थ : 2. मा., सासा. 3. रामानुग्रहप्रसाद सिंह, लक्ष्मीनारायण लाल 4. गौतम बुद्ध रोड, गया 5. 1915, 16-64.

गृहस्थ : 2. मा. 3. गोविन्द शास्त्री दुगवेकर 4. रामघाट, काशी 5. 1939 7. विशेष— 'झब्बूशाही' व्यंग्यपूर्ण लेखमाला।

गृहस्थ जीवन : 2. मा. 3. नाथूराम शर्मा शास्त्री 4. झाँसी 5. 1923.

गृहस्थी : 1. म. 2. मा. 4. गाँधी ग्राउण्ड, सीतावर्डी, नागपुर 5. 1948.

गृहिणी : 1. म. 2. मा. 3. राधा देवी, शारदा देवी, विश्वम्भरप्रसाद शर्मा, शकुन्तलादेवी खरे 4. आलोक प्रेस, नागपुर 5. जनवरी 1948.

ग्राम आत्मा : 1. समा. 2. सासा. 4. शिवपुरी, मेरठ 5. 1958-71.

ग्राम उद्योग : 1. व्या. 2. सासा. 3. मोहनलाल 4. उदय प्रेस, वेदवाड़ा, दिल्ली 5. 1947 7. विशेष—वृक्ष अंक, वृक्षोपरोपण अंक, स्वाधीनता अंक, दशहरा अंक, दीपावली अंक आदि।

ग्राम गुरु : 2. मा. 3. थामस छाइट 4. पो. 2 पुरलिया रोड, राँची 5. 1946.

ग्राम जीवन : 1. समा. 2. सासा. 4. नारखी, आगरा 5. 1948-56.

ग्राम दर्शन : 2. मा. 4. सिविल लाइन्स, रायपुर 5. 1960-65.

ग्रामदूत : 2. मा. 4. मातृभूमि प्रेस, बाराबंकी 5. 1956 (लगभग)।

ग्रामदूत : 1. समा. 2. पा. 4. राँची 5. 1956 (लगभग)।

ग्रामदूत : 4. बस्ती 5. 1974.

ग्रामदूत : 4. रियांत, मेरठ 5. 1959-60.

ग्राम निर्माण : 1. समा. 2. सासा. 3. महेन्द्रप्रसाद सिंह, रामचरित्र सिंह 4. निर्वाण आश्रम, हिनू, राँची 5. 1851.

ग्राम निर्माता : 2. मा. 4. नया टोला, पटना 5. 1964-65.

ग्राम पंचायत (पत्रिका) : 1. समा. 2. पा. 3. रामनाथ पाठक, 4. आरा 5. 1960 (लगभग)।

ग्राम पत्रिका : 2. मा. 4. सूचना कार्यालय, पौड़ी, गढ़वाल 5. 1956-58 (लगभग)।

ग्राम भावना : 2. मा. 3. जगदीशचन्द्र 'जौहर' 4. पंजाब स्टेट गाँधी स्मारक निधि, पट्टी काल्यान, करनाल 5. 1964 7. सर्वोदयी पत्र।

ग्राम भूमि : 1. कृ. 2. मा. 4. चन्द्रभानु सिंह 4. दिलखुशा, नया कटरा, इलाहाबाद 5. 1965-66.

ग्राममित्र : 1. समा. 2. सासा. 4. गुरुद्वारा रोड, मेरठ 5. 1962-63.

ग्रामयात्री : 1. धा. 2. सासा. 4. सिधौली, सीतापुर 5. 1964-65-69.

ग्रामयुग : 2. सासा. 4. वासन गेट, भरतपुर 5. 1961-68.

ग्राम युवक : 1. सा. , सां. 2. मा. 3. जी.पी. जैन 4. कृषि भवन दरियागंज, दिल्ली 5. 1956-70.

ग्रामराज : 1. समा. 2. सासा. 3. उदय, जवाहरलाल जैन 4. त्रिपोलिया, जयपुर 5. 1952-61.

ग्रामराज : 4. जिला आयोजन कार्यालय, आगरा 5. 1956-62.

ग्रामराय : 1. समा. 2. सासा. 4. सहारनपुर 5. 1971.

ग्रामवाणी : 2. पा. 3. रामनारायण उपाध्याय 4. हरीगंज, खण्डवा 5. 15 फरवरी 1948 7. विशेष—गाँधी स्मृति अंक, स्वतंत्रता अंक, लोक साहित्यांक, सर्वोदय अंक।

ग्रामवाणी : 2. साप्ता. 4. हिण्डोन (राज.) 5. 1951-65.

ग्रामवासी : 4. जगन्नाथगंज, उन्नाव 5. 1959-64.

ग्रामवासी : 4. गणेशगंज, मिर्जापुर 5. 1923.

ग्रामवासी : 1. समा. 2. साप्ता., पा. 3. ब्रजभूषण मिश्र 4. गोपीगंज, काशी 5. 1923 7. भारतीय ग्रामोत्थान का प्रचारक।

ग्राम विकास : 2. मा. 4. सरोजिनी मार्ग, जयपुर।

ग्राम श्री : 2. म. 3. सुरेन्द्र मिश्र 4. ग्रामोद्योग संघ, गाँधी मैदान, पटना 5. 1959.

ग्राम संदेश : 2. मा. 4. ग्राम संदेश प्रेस, मुंगेर 5. 1956 (लगभग)।

ग्राम संदेश : 1. सा. 2. मा. 3. आशुकवि जगमोहननाथ अवस्थी 4. रायबरेली (उ.प्र.) 5. 1937.

ग्राम संदेश : 2. साप्ता. 4. श्रीगंगानगर (राज.) 5. 1954-61.

ग्राम संसार : 1. समा. 2. अर्द्धसाप्ता. 3. अशोक जी. पं. कमलापति त्रिपाठी 4. गायघाट, वाराणसी 5. 15 जून 1948.

ग्राम समाचार : 1. कृ. 2. पा. 4. निदेशालय कृषि भवन, नई दिल्ली 5. 1959.

ग्राम समाज : 1. समा. 2. साप्ता. 3. दलचन्द बोर्डिया 4. गाँधी बाजार, भीलवाड़ा (राज.) 5. 1961-65.

ग्रामसहयोगी : 1. समा. 2. द्वि. भा., साप्ता. 3. दीनानाथ सिद्धांतालंकार 4. लक्ष्मण बाग, फरीदाबाद, गुड़गाँव 5. 1960-62.

ग्रामसुधार : 2. समा. 2. पा., साप्ता. 3. बिहारीलाल गौड़ 4. नारायण प्रेस, मैनपुरी 5. 1925-35.

ग्रामसुधार : 1. समा. 2. साप्ता. 3. मुन्तजिम बहादुर 4. ग्राम विकास विभाग, इन्दौर 5. 1939.

ग्रामसुधार : 2. साप्ता. 4. सूचना विभाग, ग्वालियर 5. 1940-69.

ग्रामसेवक : 2. मा. 4. ग्राम सेवा मण्डल, हिसार 5. 1936.

ग्रामसेवक : 1. साप्ता. 4. सवाई माधोपुर (राज.) 5. 1956-58.

ग्रामसेवक : 2. मा. 4. प्रका. विभाग, पुराना सचिवालय, दिल्ली 5. 1956-62.

ग्रामसेवक : 2. मा. 4. कदमकुआँ, पटना 5. 1952-69.

ग्रामसेवा संगम : 1. द्विमा. 3. सालिगराम पाठक 4. ए 23, कैलाश कालोनी, नई दिल्ली 5. 1960.

ग्राम स्वराज्य : 1. समा. 2. साप्ता., पा. 3. शिवदास त्रिपाठी 4. अदालत के पास, देवरिया 5. 1958-62.

ग्राम हित : 2. मा. 3. फतहचन्द महात्मा 4. पृथ्वीराज मार्ग, अजमेर 5. 1967.

ग्रामीण : 1. समा. 2. पा. 3. नरेन्द्रकुमार भार्गव 4. आर्यसमाज रोड, कोटा 5. 1970, 73.

ग्रामीण जनता : 2. पा. 3. नरेन्द्र गोयल 4. रुड़की 5. लगभग. 1973.

ग्रामीण दुनिया : 1. समा., कृ. 2. पा. 3. मदनमोहन गुप्त, कु. रीता अग्रवाल 4. राजेन्द्रनगर, नई दिल्ली / अमनौर, सारण (बिहार) 5. 1973 (प्रच) 7. उत्तम मुद्रण। श्रेष्ठ सामग्री, ग्रामोपयोगी।

ग्रामीण भारती (भारत) : 1. समा. 2. साप्ता. (हि., म.) 3. आर.आर. सेंगर 4. रास्ता पेठ, पूना 5. 1969-71.

ग्रामोत्कर्ष : 2. त्रै. 3. डी.एन. रोड फोर्ट, बम्बई 5. 1963-69.

ग्रामोत्थान : 2. मा. 4. जिला आयोजन अधिकारी, उरई, जालौन 5. 1956-68.

ग्रामोत्थान पत्रिका : 2. मा. 4. साँगानगर (राज.) 5. 1952-61.

ग्रामोदय : 2. मा. 4. विकास प्रेस, प्रतापगढ़ 5. 1956.

ग्रामोदय : 1. समा. 2. मा. 4. भरतपुर 5. 1953-56.

ग्रामोदय : 1. साप्ता. 3. सच्चिदानन्द 4. ग्रामोदय प्रकाशन समिति, कदमकुआँ, पटना 5. 1963.

ग्रामोदय की ओर : 2. मा. 4. सिविल लाइन्स, कानपुर 5. 1958-64.

ग्रामोदय की ओर : 2. मा. 4. हिंदी भवन, कनाट प्लेस, नई दिल्ली 5. 1958-62.

ग्रामोद्योग : 1. बा. 2. मा. 3. कुँवरबहादुर कुदेशिया 4. उत्तरप्रदेश और ग्राम उद्योग बोर्ड, तिलकनगर, कानपुर 5. 1962.

ग्रामोद्योग पत्रिका : 2. मा. 3. जे.सी. कुमारप्पा, देवेन्द्रकुमार गुप्त 4. मगनवाड़ी, वर्धा 5. 1935-48-58 7. अत्याचार का विरोधी गाँधीवादी पत्र।

ग्रामोद्धार : 2. साप्ता. 4. इन्दौर 5. 1939.

ग्राम्य जीवन : 1. समा. 2. साप्ता. 3. रामस्वरूप भारतीय 4. नारखी, आगरा 5. फरवरी 1948.

ग्राम्य जीवन : 2. मा. 4. चर्च कम्पाउण्ड, राँची 5. 1956-57 (लगभग)।

ग्राम्य जीवन : 2. मा. 4. बापू तीर्थ, जायप, सारन 5. 1952-59.

ग्राम्य शिक्षक बोधक : 2. मा. 3. पादरी जे. डब्ल्यू. रिचर्ड्स 4. क्रिश्चियन टैक्स्ट एण्ड बुक सोसायटी प्रयाग 5. 1925.

गाम्या : 1. समा. 2. साप्ता. 4. सूचना निदेशालय, लखनऊ 5. 1959-61.

ग्रेनमार्केट रिव्यू : 1. समा. 2. दै. 3. बसंतलाल 4. इतवारी, अनाज बाजार, नागपुर-2 5. 1970.

ग्वाल बाल : 1. बा. 2. मा. 3. वीरेन्दनाथ 4. ईश्वरी भवन, सुभाषनगर, बरेली 5. 1965.

ग्वालियर गजट : 1. समा. 2. साप्ता. (हि., फा., उ.) 3. मुंशी लछमनदास भटनागर (1904), श्रीलाल बी.ए., संपा.—नियाजी प्रताप, मुंशी कामताप्रसाद, उमानाथ, मुंशी ब्रजमोहन लाल (1973) 4. ग्वालियर सरकार, ग्वालियर 5. 1844/1861, 1896 से उर्दू, हिन्दी में अलग-अलग मुद्रित 6. 8) वा. 7. ग्वालियर अखबार, 'ग्वालियर स्टेट गजट' (1905 से)। उर्दवी भाषा, फारसी लिपि-नागरी लिपि मिश्रित, विज्ञापन नोटिस युक्त सरकारी पत्र। आकार (26×20).

ग्वालियर गौरव : 1. समा. 2. साप्ता. 4. मोचीदूली, लश्कर, ग्वालियर 5. 1971.

ग्वालियर दर्पण : 3. के. खान 4. लश्कर, ग्वालियर 6. 10 पै.1

ग्वालियर समाचार : 1. समा. 2. दै. 3. एस.एम. भार्गव 4. चौबे हाउस, पाटाकर बाजार, ग्वालियर 5. 1960.

घटक : 1. समा. 2. साप्ता. 3. सुशीला कर्णवाल 4. हाता बुलाकीदास, कुण्डरी रकाबगंज, लखनऊ 5. 1970.

घनचक्कर : 2. मा. 4. पटना 5. 1922.

घर आँगन : 1. सा. 2. मा. 3. कमला पन्त 4. डी. 1/90, लाजपतनगर, नई दिल्ली 5. 1970.

घरनी : 1. म. 2. मा. 3. टी.सी.राय 4. भारतीय कृषि अनुसंधान परिषद्, राजेन्द्रप्रसाद मार्ग, शास्त्री भवन, नई दिल्ली 5. 1965.

घर बन्धु : 2. पा., मा. (हि.,अं.) 4. चर्च कम्पाउण्ड 5. 1907-56-69.

घरेलू व्यापार पत्रिका : 1. व्या. 2. मा. 3. रामप्रसाद जैन 4. कचौड़ा बाजार, बेलनगंज, आगरा 5. 1962.

घाटा : 2. मा. 3. सुरेन्द्र 4. कचहरी घाट, आगरा 5. 1965.

घुटाला : 4. पटवारान, झाँसी 5. 1961-63.

घुमक्कड़ : 1. समा. 2. साप्ता. 3. सोहनलाल तलवार 4. राजा पार्क, जयपुर 5. 1968.

घुसपैठिया : 1. समा. 2. पा. 3. विजयप्रताप सिंह 4. देवनगर, कानपुर 5. 1964-67-69.

घोष और आवाज : 1. समा. 2. साप्ता. (उ., हि.) 4. बदायूँ 5. 1971.

घोषवती : 1. सा. 2. त्रै. (अनि.) 3. दुर्गादत्त शास्त्री 4. युवा हिन्दी लेखक संघ, जम्मू 5. जनवरी 1974 (प्रच.) 7. लघुपत्र।

चंचल छाया : 1. फि. 2. पा. 4. नेहरूनगर, कानपुर 5. 1965-70.

चंचल धारा : 1. समा. 2. साप्ता. 4. रामसरन 4. कोटला, मेरठ 5. 1962.

चंडी : 1. धा., दा. 2. मा. 4. राना जंगबहादुर, शिवनाथ काटजू,, रामदत्त शुका 4. कटरा, इलाहाबाद 5. 1941-42 7. शक्त सम्मेलन का मुखपत्र।

चंडीगढ़ प्रेट्रो : 2. मा. (बहु.) 4. चंडीगढ़ 5. 1970.

चंदामामा : 1. बा. 2. मा. 3. चक्रपाणि आरिगपुडि। संचा.—नागिरेड्डी 4. आरकोट रोड, बेद पालानी, मद्रास 5. 1949 (प्रच.) 7. अनेक भारतीय भाषाओं में प्रकाशित, अति आधुनिकता से सुरक्षित, हिन्दी के प्रचार-प्रसार में सहायक। पर्याप्त लोकप्रिय। 1980 में प्रति अंक 15 हजार प्रतियाँ प्रकाशित। स्टीरियो में ढला, बहुरंगे चित्रों, धार्मिक कथाओं से युक्त यह पत्र बुजुर्गों के लिए भी पठनीय।

चन्देरी चंदर : 2. साप्ता. (हि., म.) 4. बसंत टॉकीज, अमरावती 5. 1966-69.

चंदेल : 2. मा. 4. बीकापुर, पटना 5. 1956-57 (लगभग)।

चंदौसी टाइम्स : 1. समा. 4. चन्दौसी।

चन्दौसी वाणी : 4. सुन्दर मोहल्ला, चन्दौसी।

चन्द्र खिलौना : 1. बा. 2. मा. 3. मुरलीप्रसाद सिंह 4. डुमरा रोड, सीतामढ़ी, मुजफ्फरपुर 5. 1969.

चन्द्रदूत : 1. समा. 2. साप्ता. 3. मनीराम त्यागी 4. बिहारीनगर, गाजियाबाद 5. 1970.

चन्द्रप्रकाश : 2. मा. 4. बम्बई 5. 1907.

चन्द्रप्रभा : 3. गणेशदत्त शर्मा 'इन्द्र' 4. सनावद, नीमाड (म.प्र.) 5. 1918.

चन्द्रप्रभा : 2. मा. 4. अहमदाबाद।

चन्द्रबंशी खाती हितकारी : 1. जा. 2. मा. 4. दानापुर (बिहार) 5. 1914-18.

चन्द्रिका : 2. मा. 3. विक्रम सिंह 4. साहित्य संगम, राणाप्रताप सागर, अणुशक्ति परियोजना, रावतभाटा, बाया कोटा (राज.) 5. 1972 7. नामान्तर— 'संवाद'।

चन्द्रिका : 2. मा. 3. हजारीलाल 4. लखनऊ 5. 19 सितम्बर 1897.

चन्द्रोदय : 1. सा. 2. त्रै., मा. 3. अक्षयचन्द्र शर्मा, सतीशचन्द्र शर्मा 4. भारत केमिकल प्रेस, बाबूलाल लेन, कलकत्ता 5. 1936, 66-71.

चन्द्रोदय : 5. 1939 7. कश्मीर से प्रकाशित प्रारम्भिक पत्र।

चन्द्रोदय : 1. चि. 2. मा. 3. मस्तराम शास्त्री 4. आयुर्वेद रसायनशाला, रावलपिण्डी 5. 1926.

चंपक : 1. बा. 2. मा. (1968), पा. 3. विश्वनाथ 4. सरिता प्रकाशन, दिल्ली प्रेस, कनाट सर्कस ई /3, झण्डेवालान स्टेट, नई दिल्ली 5. 1968, 72 6. सवा रुपया प्रति 7. छोटे आयुवर्ग हेतु रंग-बिरंगा-पत्र। पशु-कथाओं का बाहुल्य। उद्देश्य व्यावसायिक। सम्प्रति लगभग 1 लाख प्रतियाँ प्रसारित।

चंपा : 1. फि. 2. मा. 4. नेहरूनगर, कानपुर 5. 1965-67.

चंपारन चन्द्रिका : 1. समा. 2. साप्ता. 3. भुवनेश्वर मिश्र, ब्रजबंसलाल मिश्र 4.बेतिया, चम्पारन 5. 1890, 94.

चंपारन टाइम्स : 1. समा. 2. पा. 4. रक्सौल, चंपारन 5. 1962-64.

चंपारन संदेश : 1. समा. 2. पा. 4. बेतिया (बिहार) 5. 1956-58 लगभग।

चम्पारन हितकारी : 1. मा., पा. 3. पं. शक्तिनाथ झा 4. बेतिया (चम्पारन) 5. 1884-94 6. 3) वा.।

चम्पारन न्यूज : 1. समा. 2. साप्ता. 3. फुलेनाप्रसाद, सारंग पुरी 4. राजा बाजार, मोतीहारी, चंपारन 5. 1961-66.

चम्बल : 1. समा. 2. दै., साप्ता. 3. शिवदयाल राजावत, चन्द्रवीर सिंह राजावत 4. लादूपुरा, कोटा (राज.) 5. 1954.

चम्बल की आन : 1. समा. 2. साप्ता. 4. गौशाला के पास, भिण्ड।

चम्बल की वाणी : 1. समा. 2. साप्ता. 4. लश्कर, ग्वालियर।

चम्बल घाटी : 1. समा. 2. साप्ता. 4. मुरैना (म.प्र.) 5. 1962-65.

चकल्लस : 1. सा. (हास्य) 2. साप्ता. 3. अमृतलाल नागर, नरोत्तम नागर 4. लखनऊ 5. 1938 7. कुल 33 अंक प्रकाशित। इसमें धारावाहिक रुप में छपा नवाबी मसनद, 'तसलीम लखनवी' उपनाम से, नगर द्वारा। द्रष्टव्य-'फूल अंक'। 'गुस्ताखीनामा' एवं 'कुकुडूकूँ' आदि स्तम्भ महत्वपूर्ण।

चकल्लस : 1. सा. 2. मा. 4. किदवईनगर, कानपुर 5. 1971.

चक विकास : 2. मा. 4. कुली बाजार, कानपुर 5. 1969-71.

चक हितैषी : 2. मा. 4. छपट्टी चकगली, मैनपुरी 5. 1961-64.

चक्र : 1. समा. 2. पा. 3. रामनारायण सिंह 4. बजरिया पण्डाल, मोतीहारी, चम्पारन 5. 1960-64.

चक्रपाणि : 1. समा. 2. पा. 3. जगन्मोहन शर्मा 4. लाल हाथी का मंदिर, नाहर रोड, जयपुर 5. 1963-66.

चक्रवती : 1. मा. 3. विश्वम्भर दयाल, नन्दकिशोर लाल 4. गुरु रघुनाथदास जी की हवेली, बड़ी अयोध्या 5. 1918.

चक्रवात : 1. समा. 2. साप्ता. 3. विश्वमोहन मौर्य 5. मुगल रोड, विन्दकी, फतेहपुर (उ. प्र.) 5. 1969.

चक्रव्यूह : 1. सा. 2. मा. 4. जोतीपुरा, हिसार 5. 1964-69.

चटपटा : 1. हास्य 2. साप्ता. 3. राजकमल जैन 4. एल. एफ. कालोनी, रोहतक 5. 1968-72.

चट्टान : 1. समा. 2. साप्ता., पा. 3. रामनारायण दुबे 4. खजाना स्ट्रीट, फर्रुखाबाद 5. 1958-59.

चट्टान : 1. पा. 4. राजमहल, कुरुक्षेत्र 3. 1970.

चतुर सेन : 2. त्रै. 4. ज्ञानधाम, शाहदरा, दिल्ली 5. 1955.

चतुर्भज : 1. सा. 2. मा. 4. कुलदीपनारायण राय 'झड़प' 4. राजगुरु मठ, शिवालाघाट, वाराणसी 5. 1962. 7. विशेष-पद्मसिंह शर्मा विशेषांक (1974)।

चतुर्मुख : 2. त्रै. 4. विद्या मंदिर प्रेस, बलिया 5. 1963-68.

चतुर्वंश : 2. मा. 4. डूँगरपुर (राज.) 5. 1960-62.

चतुर्वेद (पत्रिका) : 1. जा. 2. सा., मा. 3. हीरालाल, लुकमानीदास मिश्र, सत्यनारायण, अयोध्याप्रसाद पाठक, विश्वेश्वरदयाल, आनन्दीप्रसाद 4. गुड़गाँव, आगरा 5. 1895, 1915.

चतुर्वेदी : 1. जा. 2. मा. 3. लक्ष्मणकुमार 4. बाई का बाग, इलाहाबाद 5. 1913.

चतुर्वेदी किराना मार्केट : 1. वा. 2. साप्ता. 3. जी. डी. चतुर्वेदी 4. सैमुअल स्ट्रीट, बम्बई 5. 1957.

चतुर्वेदी सन्देश : 1. जा. 2. त्रै. 3. चुन्नीलाल चतुर्वेदी 4. श्रीनगर सकूर बस्ती, दिल्ली 5. 1968.

चतुर्श्रेणी : 2. मा. 3. रमेशचन्द्र 4. खुर्जा, बुलंदशहर 5. 1960 6. 3) वा.।

चपलकला : 2. मा. 3. बी. ए. ओझा 4. नारायण पेठ, पूना 5. 1956.

चपला : 2. मा. 4. कनाट सरकस, नई दिल्ली 5. 1963-64.

चमकता भारत : 1. समा. 2. साप्ता. 4. ब्रह्मपुरी, मेरठ 5. 1971.

चमकते सितारे : 1. बा. 2. मा. 3. ब्रजेश्वर मल्लिक 4. 90, श्रीकृष्णानगर, पटना 5. 1966-75.

चमचम : 1. बा. 2. मा. 3. विश्वप्रकाश, श्रीप्रकाश, विमलेश, गंगाप्रसाद उपाध्याय 4. कला प्रेस, प्रयाग 5. 1933.

चमन जासूस : 1. जासूसी 2. मा. 4. नूर अहमद देहलवी 4. फाटक हब्स खाँ, तिलक बाजार, दिल्ली 5. 1963.

चमाचम : 1. बा. 2. मा. 3. घनश्याम रंजन 4. कैंट रोड, उदयगंज, अशोक मार्ग, लखनऊ 5. 1971-72 7. विशेष-'बाल रचनाकार विशेषांक।'

चयन : 3. राजन प्रकाशन, चन्द्रनगर, लखनऊ।

चरक : 1. चि. 2. मा. 4. पटियाला आयुर्वेदिक फार्मेसी सरहिंद।

चरक चिकित्सा : 1. चि. 2. मा. 4. विष्णुपुरी, अलीगढ़ 5. 1971.

चरणादि चन्द्रिका : 1. समा., धा. 2. साप्ता. 3. जयराम 4. काशी 5. 1873. 7. युग प्रतिनिधि पत्र।

चरितमाला : 2. मा. 3. श्यामलाल पांडवीय 4. मुरार, ग्वालियर 5. 1921.

चरित्र : 1. चि. 2. मा. 4. उदयपुर 5. 1960-63.

चरित्तर : 2. मा. 4. कोठी, भटिण्डा 5. 1965-70.

चरित्र निर्माण : 1. धा 2. मा. 4. ऋषिकेश 5. 1953-67.

चरैवेति : 1. राज. 2. पा. 3. कैलाशनारायण 4. जनसंघ कार्यालय, मुकर्जी चौक, भोपाल 5. 1969.

चर्चाए हरम : 1. समा. 2. साप्ता. 3. अजहर 4. सबरी मंजिल, देवबन्द, सहारनपुर 5. 1970.

चलचित्र : 1. फि. 3. रामरख सहगल 4. चाँद कार्यालय, चन्द्रलोक, प्रयाग 5. 1922.

चलचित्र : 1. फि. 2. मा. 3. आर. एस. शर्मा 4. 56, वेंटिक स्ट्रीट, कलकत्ता 5. 1948.

चलचित्र आवाज : 1. फि., समा. 2. साप्ता. 4. द्वारिकापुरी, अलीगढ़ 5. 1971.

चलता चिन्तन : 1. ज्यो. 2. प:. 4. सब्जीमण्डी, मुजफ्फरनगर 5. 1971.

चलती गाड़ी : 2. मा. 4. ग्राम रेंडी, गेठवाड़ा, प्रतापगढ़ 5. 1960-68.

चलती दुनिया : 1. समा. 2. साप्ता. 3. सैयद हुसैन 4. नई सड़क, मुरादाबाद 5. 1961.

चलो देहात : 1. समा. 2. पा. 3. जयंतीप्रसाद 4. सादाबाद, मथुरा 5. 1966.

चहक : 1. समा. 2. साप्ता. 3. चन्द्रकुमार शर्मा 4. जयपुर 5. स्वातंत्र्योत्तर।

चाँद : 1. सा., म. 2. साप्ता. (1920), मा. (1922) 3. रामरख सहगल 4. भुवनेश्वर माधव, चण्डीप्रसाद 'हृदयेश,' नन्दकिशोर तिवारी, किशोरीदास बाजपेयी, त्रिवेणीप्रसाद, नन्द गोपाल सहगल, महादेवी वर्मा (1935), धनीराम, मुंशी नवजादिक लाल श्रीवास्तव, सत्यभक्त, निरंजनलाल शर्मा 5. चाँद प्रेस लि., चन्द्रलोक, इलाहाबाद 5. 1922, 23-38 6. साप्ता. का 4) वा., मा. का 6.50) वा, राजसंस्करण-11) प्रति 7. विशिष्ट उपलब्धि—सचित्र विशेषांक। प्रत्येक की पृष्ठ संख्या 400-500। विशेषांक-गल्पांक (दिस. 1922) संपा. प्रेमचंद, महिलांक (दिसं. 1923), संपा. महादेवी वर्मा, शिशु अंक (1924) गृह संरक्षण संबंधी विशेषांक विधवांक (अप्रैल 1923), प्रवासी अंक (जन. 1926) संपा. बनारसीदास चतुर्वेदी, प्रवेशांक (नवम्बर 1936) सतीअंक (सित. 1926) संपा. चण्डीप्रसाद हृदयेश, कनौजिया अंक, (मई 1930) संपा. विश्वंभरनाथ कौशिक, मारवाड़ी विशेषांक, (नव. 1929) संपा. चतुरसेन शास्त्री, नववर्षांक, (नव. 1936) भारतवर्षांक, (दिस. 1929), वेश्यांक (1925), अछूतांक (मई 1927), पत्रांक (मई 1928), (1929), फाँसी अंक (नव. 1928), 400 पृष्ठ, संपा. चतुरसेन। समाज अंक (1937), गाँधी अंक राजपूतानांक (1932) स्वातंत्र्य अंक, नारी आंदोलन अंक (1934), विदुषी अंक (नवंबर 1935) संपा. महादेवी एवं डॉ. मथुरालाल शर्मा। लगभग 56 स्तम्भ जैसे विनोद वाटिका, लतखोरी लाल. गृह विज्ञान, स्मृतिकुंज, चन्द्रसर, रंगभूमि, विविध विषय, विश्ववीणा, शिल्पकुंज, साहित्य संसार आदि। प्रत्येक अंक में भावपूर्ण, काव्योक्तिमय सुन्दर चित्र। समग्रत: अपने युग का उत्कृष्ट पत्र।

चाँद : 2. मा. 3. चरणदास 4. लाहौर 5. 1908-16.

चाँद की दुनिया : 1. समा. 2. साप्ता. 4. फौजदारों का मुहल्ला, दोनोंवाली लश्कर, ग्वालियर 5. 1971.

चाँदनी : 1. सा. 4. जयपुर।

चाँदनी चौक : 1. फि. 2. मा. 3. नारायणप्रसाद बाबू लेन, कलकत्ता 5. 1961-68.

चाँदनी रात : 1. सा. 2. मा. 4. कमली बाजार, सम्बलपुर (उड़ीसा) 5. 1966-70.

चाँदी की झंकार : 1. समा. 2. साप्ता. 4. बेलनगंज, आगरा, 5. 1971.

चाँदी के सिक्के : 1. समा. 2. साप्ता. 4. मोरान, फर्रुखाबाद 5. 1967-71.

चाचा नेहरू : 1. समा. 2. पा. 4. मॉडल टाउन, रोहतक 5. 1964-65.

चाणक्य : 1. हास्य 2. मा., साप्ता. 3. बी. ठाकुर ब्रजकिशोर नारायण, विश्नन्दन सांकृत्यायन, सुरेन्द्र कौडिल्य 4. न्यू मार्केट, बुद्ध मार्ग, पटना 5. 1953-55-69. 7. पुस्तकाकार। विशेष स्तंभ—कौमुदी महोत्सव, राक्षस-मान-मर्दन, शकटार-दर्प-दलन आदि।

चाणक्य : 2. मा. 4. चाँदपोल, जयपुर 5. 1959-61.

चाणक्य नीति : 1. समा. 2. साप्ता. 4. हजरतगंज, लखनऊ।

चातक : 2. समा., साप्ता. 3. लाल त्रिभुवन सिंह 'प्रवासी', हरिवंश सिंह 4. खैरागढ़, राज्य प्रतापगढ़ (अवध) 5. 1940, 41 7. अंक, क्रम निदाघ, रट।

चातुरवर्गम् (चातुर्वर्ण) : 1. समा. 2. साप्ता 3. प्यारेलाल शर्मा 4. घोमनपुरा, शामली, मुजफ्फरनगर 5. 1970.

चाबी : 2. मा. 4. दारूमाडल, झाँसी 5. 1967-71.

चाबुक : 1. सा. (हास्य) 3. बच्चन सिंह 4. मदन चटर्जी लेन, कलकत्ता 5. 1947.

चार आँगन : 4. दिल्ली 5. 1965.

चारण : 1. जा. 2. त्रै. 3. ईश्वरदान आसियाँ, बद्रीदान आसियाँ, देवीदान रतनू 4. मोती निवास, उदय मन्दिर, जोधपुर 5. 1948.

चारण : 1. जा. 2. त्रै., मा. 3. ईश्वरदान, शुभकरण, किशोर सिंह 4. कलोल (गुज.) 5. 1985 वि.।

चार पन्ने : 1. समा. 2. पा. 3. बाँकेबिहारी भटनागर 4. पत्रकारिता संस्थान, सी-13/ए, ग्रीन पार्क, नई दिल्ली 5. 1967.

चावल समाचार : 1. कृ. 2. त्रै. 4. कृषि भवन, नई दिल्ली 5. 1953-59.

चिन्तक : 1. समा. 2. साप्ता. 3. रामचन्द गुप्त 4. सरस्वती प्रिंटिंग प्रेस, स्टेशन रोड, दुर्ग (म. प्र.) 5. 1965.

चिन्तक : 2. मा. 3. शंकर चन्द्राकर 4. चिन्तक साहित्य समिति, पिथौरा, रायपुर / उज्जैन 5. 1961-63.

चिन्तना : 3. सत्यनारायण श्रीवास्तव 4. मोतीझील, वासली रोड, मुजफ्फरपुर।

चिन्मय किरण : 1. समा. 2. साप्ता. 3. अजीतसिंह गुलेरी 4. भण्डारी कानसिक, जयपुर 5. 1968.

चिन्मय प्रदीप : 1. समा. 4. वर्ली, बम्बई 5. 1965-68.

चिकित्सक : 1. चि. 2. वा. (बहु.) 4. खाडिलकर रोड, गिरगाँव, बम्बई 5. 1971.

चिकित्सक : 2. मा. 4. धौलपुर 5. 1956 (लगभग)

चिकित्सक : 1. चि. 2. मा. 3. किशोरीदत्त शस्त्री 4. जगद्भास्कर औषधालय, कानपुर 5. 1917-74.

चिकित्सक : 1. चि. 2. मा. 3. सत्यपाल मेहता 4. कुतुब रोड, दिल्ली 5. 1959.

चिकित्सा : 2. वा. 3. डी. पी. देशपाण्डे 4. महा. 5. 1966.

चिकित्सा नवनीत : 1. चि. 2. मा., त्रै. 3. डॉ. हरनारायण 4. न्यू रोहतक रोड, नई दिल्ली 5. 1968, 70.

चिकित्सा रहस्य : 1. चि. 2. मा. 3. रामेश्वर दयाल अग्रवाल 4. पंकज फार्मेसी, मामू-भांजा, अलीगढ़।

चिकित्सा लोक : 1. चि. 2. मा. 4. कबीर चौरी, वाराणसी 5. 1956 (लगभग)।

चिकित्सा समाचार : 1. चि. 2. मा. 3. भोलानाथ टण्डन, उदयचन्द वैद्य 4. मदनमोहन चटर्जी लेन, कलकत्ता 5. 1927, 30.

चिकित्सा सेवा पत्रिका : 1. शो. चि. (पैरामेडिकल) 2. अर्द्धवा. 3. डॉ. बी. एन. टण्डन, डॉ. रघुनाथ प्रसाद आदि 4. मई 1975. 7. डाईजेस्ट, सचित्र। खाद्य अपमिश्रण, मलेरिया-उन्मूलन, देखभाल, रंग-वर्गीकरण, दंत-संरक्षण आदि का परिचायक शोधपरक पत्र।

चिकित्सा सोपान : 1. चि. 2. मा. 3. राम शास्त्री 4. कलकत्ता 5. 1898 वि.।

चितरंजन : 1. समा. 2. पा. 3. योगेश उदयपुरी 4. लालबहादुर शास्त्री मार्ग, सूरजपोल, उदयपुर 5. 1965.

चिति : 1. समा. 2. साप्ता. (1971) 3. सानमल वासोटिया, नंदकिशोर आचार्य 4. बाला किला के भीतर, नवलगढ़/सुथारों की बड़ी गुबाड़, बीकानेर 5. 1964-सितम्बर 1971. 7. नये साहित्य का लघुपत्र।

चित्तेर कलियाँ : 1. समा. 2. पा. 3. सैयद मोहम्मद 3. नवाब मंजिल, नवगँवा, मुरादाबाद 5.1967.

चित्तौड़ टाइम्स : 1. समा. 4. निम्बोहरा (राज.)।

चित्तौड़ संदेश : 1. समा. 2. साप्ता. 3. कस्तूरचंद 4. सदर बाजार, चित्तौड़गढ़ 5. 1968.

चित्तौड़ समाज : 1. जा. 4. ब्रजराजपुरा, कोटा।

चित्रम् : 1. कला. 1. त्रै. 3. हरस्वरूप चौबे 4. अस्सी, वाराणसी 4. मार्च-मई 1974 7. चित्रकला की सचित्र पत्रिका।

चित्रक : 1. समा. 2. साप्ता. 4. गाँधीनगर, मुरादाबाद 5. 1971.

चित्रकार : 1. फि. 2. साप्ता. 4. कमला मार्केट, नई दिल्ली 4. 1948-59 7. बृहत् आकार, आरम्भ में पर्याप्त प्रचलित।

चित्रकिरण : 1. फि. 2. साप्ता. 4. बम्बई 5. 1970.

चित्रकूट आश्रम : 1. समा. 2. पा. 3. गोदीन शर्मा 4. कटरा, बाँदा 5. 1968.

चित्रकूट समाचार : 1. समा. 2. साप्ता. 3. तमन्ना 4. सारमदी, मो. छावनी, बाँदा 5.1963.

चित्रकूट समाचार : 1. समा. 2. साप्ता. 4. 148 बी, महानगर, लखनऊ 5. 1971.

चित्रगुप्त : 2. मा. 3. गयाप्रसाद 4. फतुहा 5. 1924.

चित्रगुप्त : 2. मा. 4. मथुरा 5. लगभग 1956.

चित्रगुप्त दर्शन : 1. सा., जा. 2. मा., साप्ता. 3. रमेशकुमार पुष्कर 4. कूचा ताराचाँद, दरियागंज, दिल्ली 5.1970-71.

चित्रगुप्त मार्गदर्शिका : 1. ज्यो. 2. मा. 3. एच. एस. अम्बर 4. सेवरी, बम्बई 5. 1969.

चित्रगुप्त संकेत : 1. जा., धा. 2. त्रै. 4. मुट्ठीगंज, इलाहाबाद 5. 1971.

चित्रगुप्त समाचार : 1. जा. 2. मा. 4. सागर 5. 1956-57.

चित्र छाया : 1. फि. 2. मा. 4. थामसन रोड, नई दिल्ली 5. 1959-61.

चित्र दर्शन : 2. मा. 4. कलकत्ता।

चित्रपट : 1. फि. 2. मा. ,सासा. 3. गोपालसिंह, ऋषभचरण जैन, गोपालसिंह नेपाली, सत्येन्द्र श्याम 4. दरियागंज, दिल्ली 5. 1933, 36.

चित्रप्रकाश : 1. फि.. 2. सासा. 3. लाखन सिंह, करुणाशंकर 4. चाँदनी चौक, दिल्ली 7. द्वितीय विश्वयुद्ध कालीन।

चित्रभारती : 1. फि. 2. सासा., मा. 3. रामकिशोर पोद्दार, कलाकार सूरज 4. वेंटिक स्ट्रीट, सुखलाल जौहरी लेन, कलकत्ता 5. 1955-69.

चित्रभूमि : 1. समा. 2. पा., मा. 3. फतहलाल 4. बापू बाजार, उदयपुर 5. 1965-68.

चित्रमिलन : 1. फि., सासा. 3. निर्मलकुमार अग्रवाल 4. नलिया बाखल, इन्दौर 5. 1969-70.

चित्रमेला : 1. कथा. 2. मा. 4. स्टेनो हाउस एजेन्सो, अमृतसर 5. 1952-59.

चित्रलेखा : 1. फि. 2. मा. 3. धर्मराज केसरी 4. ए. 5, जयहिन्द बिल्डिंग, भगीरथ पैलेस, चाँदनी चौक, दिल्ली 5. 1948 (प्रच.)

चित्रलेखा : 2. मा. 4. साहूकारा, बरेली 5. 1958 (लगभग)।

चित्रलोक : 1. फि. 2. मा. 4. हंसमुकुर, पहली लेन, कलकत्ता 5. 1961.

चित्रलोक : 1. फि. 2. मा. 4. मात्त रोड, दिल्ली 5. 1968-70.

चित्रवाणी : 1. फि. 2. सासा. 4. सिकरोल, वाराणसी 5. 1962-67.

चित्रशाला : 1. फि., 2. मा. 3. बी. पी. रस्तोगी 4. ए 5/25, दरियागंज, दिल्ली 5. 1958.

चित्रसंवाद : 2. सासा. 4. जौहरी बाजार, जयपुर 5. 1964-66.

चित्रसंसार : 1. फि. 2. मा. 4. चाँदनी चौक, दिल्ली 5. 1959-62.

चित्रा : 1. फि. 2. मा. 4. बी. पी. पुरी 4. भगीरथ पैलेस, चाँदनी चौक, दिल्ली 5. 1963. 7. चित्रा (उर्दू) का हिन्दी रूपान्तर।

चित्रा : 1. फि. 2. मा. 3. शिवनारायण शर्मा 4. चितरंजन एवेन्यू, वाराणसी/घोष स्ट्रीट, कलकत्ता 5. 1949-56.

चित्रांकन : 1. समा. 2. सासा. 4. जगदीश विकट 4. मदीनाथ रोड, बरेली 5. 1968.

चित्रांगण : 2. पा. 4. सूरजपोल, उदयपुर 5. 1965.

चित्राधार : 1. सां. 2. मा. 4. कालेज स्ट्रीट, पद्मपुकुर रोड, कलकत्ता 5. नवम्बर 5. 1964-66, 69.

चित्रावली : 1. फि. 2. सासा., पा., मा. 3. निहाल सिंह 4. केनगर, अन्धेरी, बम्बई 5. 1959-70.

चित्रीकरण : 1. फि. 2. सासा. 3. एस. मल्लिक 4. ए. 15, आनन्दनगर, फोर्जेट स्ट्रीट, बम्बई 5. 1970.

चित्रेतना : 1. सा. 2. मा. 3. केसरीकुमार, केदारनाथ कलाधर, श्रीमती जयन्ती रागड़ 4. डी 10, राजेन्द्रनगर, पटना 5. 1973 (अल्पायु) 7. सुसज्जित लघुपत्र।

चिदम्बरा : 1. सा. 2. मा. 3. अनूपचन्द जैन, सोलंकी 4. भारतेन्दु समिति, लादूपुर, कोटा 5. 1969 7. पूर्वनाम-'हाड़ौतीवाणी'।

चिनगारी : 1. समा. 2. सासा., दै. (1969) 3. बाबूसिंह चौहान, मुनीश्वरानन्द त्यागी 4. सिविल लाइन्स, बिजनौर 5. 1950. 7. निर्भीक पत्र। कई मुकदमे और प्रतिबन्ध।

चिनगारी : 2. मा. 3. जयंत कुशवाहाकांत 4. बनारस/मिर्जापुर 5. 1946, 48.

चिनगारी : 1. समा. 2. सासा. 3. श्याम वर्थवार, श्रीनाथ पालित 4. गया 5. 1938.

चिह्न : 1. सा. 3. कमल मित्र, फूलकुमारी 4. पुराना कटरा, इलाहाबाद 6. स्वातंत्र्योत्तर।

चिराग : 1. सा., सां, समा. 2. मा. 3. महावीरप्रसाद लाठ 4. कसबा, पूर्णिया।

चिरागे हरम : 1. समा. 2. सासा. 4. देवबंद, सहारनपुर 5. 1970.

चीख : 1. समा. 2. सासा. 3. अमरनारायण माथुर 4. खजानेवालों का रास्ता, जयपुर 5. 1970.

चीख पुकार : 1. समा. 2. मा. , पा., सासा. 3. महावीर सिंह 4. खन्दक स्ट्रीट, प्रहलादनगर, मेरठ 5. 1966, 71.

चीतल : 1. सा. 3. ए. ओसवाल्ड 4. एस्ट्ले रोड, देहरादून 5. 1918-58.

चीन के समाचार : 1. समा. 2. सासा. 4. चीनी दूतावास, नई दिल्ली 5. 1968.

चीन सचित्र : 2. मा. 4. आसफ अली रोड , नई दिल्ली 5. 1956.

चुवती : 1. समा. 2. सासा. 4. बी. एल. नं. 5, पो. किनारा, चौबीस परगना 5. 1968.

चुटकी : 2. सासा. 3. जी. एन. पागल 4. बी. एल. नं. पो. काकीनाडा, चौबीस परगना (बंगाल) 5. 1968.

चुनाव : 2. सासा. 4. देशबन्धु गुप्त मार्केट, नई दिल्ली 5. 1966-68.

चुन्नू मुन्नू : 1. बा. 2. मा. 3. जयनाथ मिश्र, रामवृक्ष बेनीपुरी 4. अजंता प्रेस, नया टोला, पटना 5. 1950-65 7. विशेष—जीवजन्तु विशेषांक (1960)। पर्याप्त लोकप्रिय। 1962 में इसकी 20000 प्रतियाँ प्रकाशित।

चुलबुला : 1. हास्य 2. मा. 3. मिश्रीलाल, जैन तरंगित 4. सरदारपुरा, जोधपुर 5. अगस्त 1970 7. स्तम्भ— 'चुटकुले की चाट' आदि।

चूरू एक्सप्रेस : 1. समा. 2. पा., सासा. 4. चुरू/बीकानेर 5. 1961-70.

चूरू पत्रिका : 2. पा. 4. मैंगी लेन, कलकत्ता 5. 1971.

चेतक : 1. समा. 2. सासा. 3. रामेश्वरप्रसाद अग्रवाल 4. झरवारनगंज, लखीमपुर खीरी (उ. प्र.) 5. 1958-67.

चेतक : 4. शाहजहाँपुर।

चेतन धारा : 1. समा. 2. सासा. 3. खिवराज कछवाहा 4. अजंता प्रिन्टर्स, जोधपुर 5. 1966.

चेतन प्रहरी : 1. सा. 2. मा. 3. के . केसरीमल 4. अन्तर्प्रान्तीय कुमारसाहित्य परिषद्, बाड़मेर 5. 1966, 67.

चेतना : 1. समा. 2. सासा. 3. गोविन्द पाठक 4. सावितगंज, इटावा 5. 1956.

चेतना : 2. मा. 3. विकास गर्ग 4. कैलाशपुरी, अलख सागर, बीकानेर 5. 1972.

चेतना : 1. सा. 2. मा. 3. परमेश्वर बगड़का 4. गायकवाड़ी, बम्बई 5. 15 अगस्त 1948.

चेतना : 1. समा. 2. सासा. 3. देवव्रत वशिष्ठ 4. भिवानी (हिसार) 5. 1957.

चेतना : 1. समा. 2. सासा. 4. मालवीयगंज, बदायूँ 5. 1955.

चेतना : 1. सा. 2. मा. 3. शिवाधार पाण्डेय 4. इलाहाबाद 6. द्विवेदीयुगीन पत्र।

चेतना : 1. समा. 2. साप्ता. 3. पद्मनाथ तेलंग 4. लोहा बाजार, भोपाल 5. 1947.

चेतना : 2. साप्ता. 3. राजाराम द्रविड 4. आस भैरव, काशी 5. 1948-56 7. हिन्दू राष्ट्रवाद का प्रेरक पत्र।

चेतना : 1. सा 3. साप्ता. 3. विपिनबिहारी ठाकुर 4. राष्ट्र भाषा समिति, रोसड़ा, दरभंगा (बिहार)।

चेतावनी : 1. समा. 2. साप्ता. 3. सुरेन्द्र प्रकाश गर्ग 4. चौक बाजार, बुलन्दशहर/ गाजियाबाद 5. 1954.

चेतावनी : 1. समा. 2. साप्ता. 4. देहरादून 5. 1952.

चेतावनी : 2. मा. 4. जमालपुर, मुंगेर 5. 1954-61.

चेतो : 1. समा. 2. पा. 3. जगदीशचन्द्र शर्मा 4. स्टेशन रोड, रतनगढ़ (राज.) 5. 1965.

चैम्पियन : 1. समा. 2. दै. 3. एस. टी. तावड़े 4. बम्बई 5. 1959.

चैतन्य : 1. समा. 2. साप्ता. 4. मोरीपाड़ा, मेरठ 5. 1961-64.

चैतन्य चन्दिका : 2. मा. 3. कृष्ण चैतन्य गोस्वामी 4. गायघाट, गुलजार बाग, पटना, 5. 1977 वि.।

चैलेन्ज : 1. समा. 2. साप्ता. 4. बाजेवाली गली, भोपाल 5. 1960-63.

चौकसी : 1. समा. 2. साप्ता. 3. विजयकुमार जैन 4. किशोरगंज, पन्ना (म. प्र.) 5. 1967.

चौखम्भा : 1. सा. 2. साप्ता. 4. सीताराम पेठ, हैदराबाद 5. 1957-62.

चौखम्भा : 1. समा. 2. साप्ता. 4. जेल रोड, इन्दौर 5. 1957-66.

चौधरी चरण : 1. समा. 2. साप्ता. 3. कामताप्रसाद वर्मा 4. कौंच, जालौन 5. 1969.

चौधरी दर्शन : 1. समा. 2. साप्ता 4. कौंच/जालौन 5. 1971.

चौपड़ा : 1. समा. 2. साप्ता. 4. बाड़मेर।

चौपाल : 2. मा. 3. राजेन्द्रमोहन शर्मा, रमेशचन्द्र मिश्र 4. श्याम बाग, हाथरस 5. 1947 7. ग्रामोपयोगी पत्र।

चौबुर्जा : 1. समा. 2. साप्ता. 3. पूरनचन्द्र माथुर 4. मोहल्ला मोबी, चारबाग, भरतपुर 5. 1960, 69.

चौरंगी वार्ता : 1. राज. 2. समा. 3. शिवरतन आचार्य 4. क्रिक लेन, कलकत्ता-14 / काटन स्ट्रीट, कलकत्ता-7 5. 1968.

चौरसिया : 1. मा. 4. चौरसिया ब्राह्मण महासभा, कानपुर 5. 1977 वि.।

चौरसिया प्रभात : 1. समा., जा. 2. पा. 4. झाँसी 5. 1956-58 लगभग।

चौरसिया ब्राह्मण : 1. जा. 2. मा. 3. प्रहलाद 5. रेवाड़ी 5. 1933.

चौरसिय्रा ब्रह्मण संदेश : 3. ब्रह्मदत्त शर्मा 3. हैदरकुली, दिल्ली 5. 1930.

चौरसिया संदेश : 1. जा. 2. मा. 3. रामआधार चौरसिया, कन्हैयालाल गुप्त 4. चन्दमारी रोड/ 43 डी., आचार्य प्रफुल्ल रोड, हावड़ा, कलकत्ता 5. 1960.

चौरासी खम्भा (वीकली) : 1. समा. 2. साप्ता. 3. रामगोपाल विद्यार्थी 4. सदर बाजार, कमान, भरतपुर 5. 1961.

चौराहा : 2. सा. 3. महाप्रकाश 4. सुपौल, सहरसा (बिहार) 5. 1975.

चौहान संदेश : 2. मा. 4. लोया बाद, बाँसजोड़ा, धनबाद 5. 1958-59.

छतरपुर समाचार : 1. समा. 2. साप्ता. 4. समीप चित्रगुप्त मंदिर, छतरपुर 5. 1966-69.

छत्तीसगढ़ : 1. समा. 3. रावल मुनि जैन 4. छत्तीसगढ़ प्रिंटिंग प्रेस, दुर्ग (म. प्र.) 5. 1966.

छत्तीसगढ़ : 1. समा. 2. मा. 3. मनोहरप्रसाद मिश्र 4. शान्ति सदन, रायपुर, रायगढ़ 5. 1980 वि. 6. 3) वा.।

छत्तीगढ़ केसरी : 1. समा. 2. त्रै. 3. विमलकुमार पाठक 4. नन्दिनी रोड, भिलाई 5. 1967.

छत्तीसगढ़ केसरी : 1. समा., राज. 2. साप्ता. 3. नंदकुमार दानी, दीपचंद अगा 4. रायपुर 5. 1948 7. काँग्रेस कमेटी का मुखपत्र।

छत्तीसगढ़ गौरव : 1. समा. 2. साप्ता., मा. 3. मदनलाल शुक्ल 4. श्रीराम प्रेस, विलासपुर 5. 1961-65.

छत्तीसगढ़ मित्र : 1. सा., सां. 2. मा. 3. माधवराव सप्रे, रामराव चिंचोलकर, प्रका.—वामन बलीराम लाखे, मुद्रक—कय्यूमो प्रेस, रायपुर/देश सेवक प्रेस, नागपुर/ 4. पेंड्रा, विलासपुर (म. प्र.) 5. 1899-1902 (अल्पायु) 7. द्विवेदी युग का अन्यतम हिन्दी मासिक/कई पत्रों का प्रेरक, निर्भीक एवं सर्वांगीण पत्र।

छत्तीसगढ़ सहकार संदेश : 2. मा. 3. चन्द्रप्रकाश तिवारी 4. सहकारिता कार्यालय, विलासपुर 5. 1960.

छत्तीसगढ़ सहयोगी : 2. मा. 3. रामनारायण तिरहुत 4. स्टेशन रोड, दुर्ग (म. प्र.) 5. 1963.

छत्तीसगढ़ सेवक : 1. समा. 2. पा. 3. नरेन्द्रकुमार दुबे 4. प्रगतिशील फेडरेशन शाखा, माधौ पारा, रामपुर 5. 1964.

छत्तीसगढ़ी : 1. सा. 2. मा. 4. शोध संस्थान, सदर, रामपुर 5. 1955.

छपाई कला : 1. तक. 2. मा. 3. वेंकटलाल ओझा 4. नारायण पेठ, पूना 5. 1956-67.

छवि : 2. मा. 4. कचहरी रोड, देहरादून 5. 1963-69.

छब्बीस जनवरी : 1. समा. 3. ब्रजेन्द्रकुमार 4. देवगढ़, मदारिया, उदयपुर 5. 1969.

छत्रसाल : 1. समा. 2. साप्ता. 4. नारायणी, बाँदा 5. 1971.

छाया : 1. सा. (कथा.) 2. मा. 3. पदुमलाल पुन्नालाल बक्शी, शम्भुरत्न मिश्र, नरसिंह राम 4. जार्ज टाउन, इलाहाबाद 5. 1941-56.

छाया : 1. फि. 2. साप्ता., मा. 3. विनोदशंकर व्यास, संपतलाल पुरोहित 4. स्वास्थ्य सदन. दिल्ली 5. 1934.

छाया : 1. फि. 2. पा. 4. के. बी. चटर्जी रोड, सुल्तानपुर 5. 1956-58 (लगभग)।

छायाकार : 1. फि. 2. मा. 3. रमेश गुप्त 4. गुलियाँ स्ट्रीट, दिल्ली 5. 1967.

छायालोक : 1. फि. 2. मा. 3. विष्णु भगवान गुप्त 4. गोविन्द रजियों का रास्ता, जयपुर 5. 1967.

छायावाद : 1. सा. 2. मा. 3. छायावाद प्रतिवाद परिषद्, काशी 4. बसंत पंचमी 1966 वि. (लगभग 7 अंक) 7. छायावाद विरोधी विध्वंसक पत्र। द्रष्टव्य—'अनामिका सार्थवती वभूव' नामक कटु, निन्दापरक रचना। 'यामा का हंगामा' आदि छायावाद की भागीरथी में पनाला, 'किंकविता' छायावादी समीक्षकों को 'किंसमालोचक'

घोषित। 'छाया गुरु' द्वारा प्रवेशांक में 'अथ छायावाद मंत्रानुष्ठान' दूरवीक्षण प्रकाशित।

छात्र : 2. सासा., पा. 4. कंकड़बाग, भँवर पोखर, पटना 5. 1970.

छात्र अभियान : 3. भँवरलाल चोपड़ा 5. 1950.

छात्र चेतना : 1. शि. 2. पा. 4. केशरबाग, लखनऊ 5. 1962–65.

छात्रबन्धु : 2. मा. 3. विष्णुकांत शास्त्री 4. बलराम डे स्ट्रीट, कलकत्ता 5. 1951.

छात्रबन्धु : 2. मा. 3. प्रवीणचन्द्र सिन्हा 4. मोह आनन्द्रम, पटना 5. 1950.

छात्रमित्र : 2. मा. 4. मातृमंदिर, वाराणसी 5. 1956–60.

छात्रयुग : 2. मा. 4. ब्रज दुलाल स्ट्रीट, कलकत्ता 5. 1958–61.

छात्रवाणी : 2. त्रै. (द्विभा.) 3. मदनलाल गुप्त 5. अम्बाला कैण्ट 5. 1953.

छात्रशक्ति : 1. सा., सां. 2. मा. 3. रामनारायण शास्त्री 4. नार्थ विजयनगर कालोनी, आगरा 5. 1966.

छात्रसंघ : 2. सासा. 4. नेता जी सुभाष मार्ग, इन्दौर 5. 1965–67.

छात्र सहोदर : 1. शि. 2. मा. 3. नरसिंह दास अग्रवाल (संचा.), मातादीन सुकुल, अंचल, श्री कुमार चटर्जी 4. जबलपुर 5. 1920 6. 2.50) 7. युग प्रतिनिधि पत्र।

छात्र हितैषी : 3. विनोदबिहारी राय 4. मेरठ/काशी 5. 1911–16.

छात्र हितैषी : 2. मा. 3. शिवचरण लाल, ज्योतिस्वरूप शर्मा 4. अलीगढ़ 5. 1906.

छात्र हितैषी : 1. शि., बा. 2. मा. 3. मनमेल जैन, सीताराम 4. करका चौक, अजमेर 5. 1967–70.

छिब्रामऊ (छिबड़ामऊ.) : 1. समा. 2. पा. 3. आदेश नारायण 4. तिवारियाँ, छिब्रामऊ, फर्रुखाबाद 5. 1970.

छिब्रामऊ वीकली : 1. समा. 2. सासा. 4. फर्रुखाबाद 5. 1972.

छोटा नागपुर इक्सप्रेस : 1. समा. 2. साप्ता. 3. कन्हैयालाल गुप्त 4. बड़ा बाजार, हजारीबाग 5. 1964.

छोटा नागपुर दर्पण : 1. समा. 2. सासा. 4. हजारीबाग 5. 1942–65.

छोटा नागपुर दूत पत्रिका : 2. मा. 3. भोलानाथ 5. सितम्बर 1896.

छोटा नागपुर संदेश : 1. समा. 2. सासा. 4. स्टेशन रोड, टाटानगर 5. 1965–68.

छोटा नागपुर संवाद : 1. समा. 3. सुबोध मिश्र।

छोटा नागपुर साकन : 1. समा. 2. पा. 4. राँची 5. 1956.

जंगजू : 1. समा. 2. पा. 3. विजयकुमार 4. खुटिया गली, चित्तौड़गढ़ 5. 1969.

जंगम : 1. सा., सां. 2. त्रै (बहु.) 3. पुष्पिता मुखोपाध्याय 4. सियालदह, इ. आर., कलकत्ता 5. 1959.

जंगल : 1. बा. 2. मा. 3. आनन्दकमल 4. पानदरीबा, इलाहाबाद 5. 1970.

जगविलास : 4. बस्ती।

जंगोअमन : 2. सासा. 3. नाज सिद्दीकी 4. टोली का लान, सहारनपुर 5. 1964.

जन्मभूमि : 1. समा. 2. दै. 3. धर्मेन्द्र शास्त्री, चन्द्रगुप्त विद्यालंकार, निरंजन देव 4. लाहौर 5. मार्च 1930 7. पंजाब का प्रतिनिधि पत्र।

जन्मभूमि : 1. समा. 2. साप्ता. 4. कलकूरगंज, कानपुर 5. 1966-69.

जन्मभूमि : 1. धा. 2. सास्ता. 3. उर्मिला शास्त्री 4. मेरठ 7. आर्यसमाजी पत्र।

जन्मभूमि : 1. सा. 4. बिहार 5. 1932 (अल्पायु)।

जम्मू गजट : 5. 1884.

जम्मू प्रकाश : 3. दुर्गाप्रसाद मिश्र 4. जम्मू/कलकत्ता 5. 1886.

जम्हूरी समाज : 1. समा. 2. सासा. 4. राव मोहम्मद इकबाल 4. मोहल्ला सट्टी, रुड़की 5. 1970.

जगजीवन : 1. समा. 2. सासा. 3. श्याम बाबू बाल्मीकि 4. मो. कोट, बरेली 5. 1968.

जगत : 1. सां. 2. मा. 3. प्रेमचन्द वर्मा 4. कुन्देवालान, अजमेरी गेट, दिल्ली 5. 1958.

जगत आशना : 4. लाहौर 5. 1875.

जगत इन्सान : 2. सासा. 4. रविदासनगर, रोहतक 5. 1968.

जगत टाइम्स : 1. समा. 2. सासा. 3. मुरारीलाल अग्रवाल 4. छाता बाजार, मथुरा 5. 1966.

जगत नेत्र : 1. समा. 2. सासा. 3. हरगोपाल शर्मा 4. काठमण्डी, रोहतक 5. 1959-61, 68.

जगत प्राण : 1. समा. 2. सासा. 4. हिसार 5. 1956-58 (लगभग)।

जगत बन्धु : 1. समा. 2. सासा. 3. ओमप्रकाश त्रिपाठी 4. हींग की मण्डी, सेठगली , आगरा 5. 1963.

जगत माता : 1. धा. 2. मा. 3. शंकरानन्दन जी 4. दर्शन भवन, शाहदरा , दिल्ली 5. 1969.

जगत मित्र : 4. कलकत्ता 5. 1879.

जगत मित्र : 2. मा. 3. क्षेत्रपाल शर्मा 4. मथुरा 5. 1891, 94.

जगत समाचार : 1. समा. 2. सासा. 4. आगरा 5. 1869 7. युग प्रतिनिधि पत्र।

जगत सुधार : 1. समा. 2. सासा. 4. फीरोजाबाद 5. 1966-71.

जगत हितैषी : 2. मा. 3. प्यारेलाल शर्मा 4. कलकत्ता 5. 1980 वि.।

जगदानन्द : 3. ठाकुर सिंह 4. आगरा 5. 15 जनवरी 1869.

जगदी ज्योति : 1. धा. 2. सासा. (हि., प.) 4. न्यू साहिबपुरा, नई दिल्ली 5. 1971.

जगदीश समाचार : 2. सासा. 4. पुरी 5. 1906.

जगद्‌गुरु : 1. धा. 2. मा. 3. वीरेन्द्रनाथ शर्मा 4. धर्मतल्ला स्ट्रीट, कलकत्ता 5. 1928.

जगद्‌गुरु : 1. सा. 2. मा. 4. हितैषी प्रेस, छपरा 5. 1956-61.

जगद्‌गुरु : 1. धा. 2. पा. 4. चिड़ावा (राज.) 5. 1963-65.

जगद्दीपक भास्कर : 2. (हि., बं.) 4. कलकत्ता 5. 1849. 7. अत्यन्त प्राचीन पत्र।

जगन्नियंता : 1. समा. 2. सासा., पा. 4. गढ़ा कोतवाली वार्ड, गढ़ा, जबलपुर 5. 1966-71.

जगमग : 2. मा. 4. रूपनगर, दिल्ली 5. 1968-69.

जगमग तारे : 1. सा. 2. मा. 3. के. एम. इकबाल खाँ 4. पुल बनजारन, सहारनपुर 5. 1964-71.

जय मिलाप : 1. समा. 2. सासा., पा. (हि., उ.) 4. लाल कुर्ती, मेरठ 5. 1966-69.

जगलाभ चिन्तक : 1. धा. 2. मा. 4. सोहनलाल, अयोध्या प्रसाद 4. अजमेर 5. 1861. 7. राजस्थान का परम प्राचीन पत्र। उर्दू के 'खैरख्वाहे खलाहक' का हिन्दी रूपान्तर ताँसी के अनुसार यह राजस्थान का प्रथम पत्र।

जगलीला : 1. समा. 2. साप्ता. 4. चतुर्भुज गुप्त 4. अनंत भवन, पलके की गोट, लश्कर, ग्वालियर/महाजनी वार्ड, नरसिंहपुरा 5. 1966.

जगलीला : 1. समा. 2. साप्ता. 4. पलके की गोट, ग्वालियर 5. 1966.

जगवाणी : 4. जोधपुर।

जगवाणी : 2. साप्ता. 4. कोतवाली, जबलपुर 5. 1966.

जगविलास : 2. मा. 3. विंध्याचल प्रसाद 4. मुज़फ्फरपुर 5. 1883 5. 9.25 वा.।

जगहितकारक : 1. धा. 2. साप्ता. 4. अजमेर 5. 1861 7. भारतीय दृष्टिकोण से विभिन्न समस्याओं पर विचार।

जगाधरी समाचार : 1. समा. 2. साप्ता. 4. जगाधरी, यमुनानगर 5. 1966-68.

जटिलता : 1. समा. 2. साप्ता. 3. महावीर शर्मा 4. शार्दूलपुर, चूरू 5. 1966.

जती सन्देश : 2. मा. 4. नयी बस्ती, उदयगंज, लखनऊ 5. (लगभग) 1956-58.

जन : 1. समा. 2. मा. 3. बालकृष्ण गुप्त 4. यूनाइटेड, कामर्शियल प्रेस, कलकत्ता 6. 1958.

जन : 1. समा., राज., 2. मा. 3. संस्था.—डॉ. राममनोहर लोहिया, ओमप्रकाश दीपक 4. गुरुद्वारा, रकाबगंज, नई दिल्ली 5. 1958-72 7. समाजवादी दल का पत्र। अल्पायु आरम्भ में कलकत्ता से प्रकाशित, फिर दिल्ली से।

जन अदालत : 1. समा. 2. पा. 4. दहिवायाँ टोला, छपरा 5. 1970.

जन अधिकार : 1. समा. 2. साप्ता. 3. जितेन्द्र गुप्त 4. सदनपुरी, काँकरखेरा, सदर, मेरठ 5. 1959-67.

जन-अभियोग : 1. समा. 2. साप्ता. 3. चोतमल 4. शाहपुरा, जयपुर 5. 1967.

जन-अभिव्यक्ति : 1. समा. 2. पा. 3. विजयकुमार चौरसिया, विमलकुमार 4. नेताजी सुभाष रोड, कलकत्ता 5. मई 1971.

जन-आन्दोलन : 1. समा. 2. पा. 4. कैलाशपुरी, बाँदा 5. 1967-69.

जन-आन्दोलन : 1. समा. 2. साप्ता (हि., म.) 4. पंचशील बिल्डिंग, नागपुर 5. 1966-71.

जन आकांक्षा : 1. समा. 2. साप्ता. 3. महेश महदेल 4. व्योहार बाग, जबलपुर 5. 1966-70.

जन-आयुर्वेद : 2. मा. 4. अलवर 5. 1961-64.

जन आह्वान : 1. समा. 2. साप्ता. 3. शशिकांत मेहता 4. नागर वास, रतलाम 5. 1967.

जन इन्कलाब : 4. इन्दौर।

जन इच्छा : 1. समा. 2. साप्ता. 3. सत्यपाल सिंह 4. सिविल लाइन्स, मेरठ 5. 1970.

जन उत्थान : 1. समा. 2. साप्ता. 3. जमुनालाल शर्मा 4. पाटनकर बाजार, लश्कर, ग्वालियर 5. 1970.

जन उद्देश्य : 2. पा. 4. मोरी गेट, दिल्ली 5. 1971.

जन उद्योग : 2. व्या. 3. शशिभूषण, प्रेमनाथ 4. दिल्ली।

जन उद्योग : 2. मा. 3. राजेन्द्रप्रसाद रोड, नयी दिल्ली 5. 1972.

जन उद्योगी : 1. समा. 2. साप्ता. 4. पटवारान, झाँसी 5. 1964-68.

जन एकता : 1. समा. 2. मा. 3. मोहम्मद शकीर अब्बासी 4. शेरवैयापुरा, बहराइच 5. 1970.

जन कल्याण : 1. बीमा 2. त्रै. (हि., अं.) 3. श्रीमती ए. राय 4. जीवन बीमा निगम, लक्ष्मी भवन, आसफअली रोड, नई दिल्ली 5. 1957.

जन कॉंग्रेस : 1. समा. 2. सासा. 4. नौघरा, कानपुर 5. 1967-71.

जनक्रांति : 1. राज. 4. लखनऊ 7. भारतीय क्रांति दल का पोषक पत्र।

जनक्रांति : 1. समा. 2. सासा. 4. राममोहन का हाता, कानपुर 5. 1965-68.

जनक्रांति : 2. सासा. 4. भरत प्रेस, श्रीगंगानगर 5. 1954-62.

जनगंगा : 1. समा. 2. सासा. 4. अचल मार्ग, अलीगढ़ 5. 1965-71.

जनगण : 1. समा. 2. दै., साप्ता. 3. मानक मेहता 4. आनन्द सिनेमा के पीछे, जोधपुर 5. 1956.

जनगणमन : 3. गौरीशंकर नागदंश 4. अंबालिका, नवाब रोड, चन्दवारा, मुजफ्फरपुर।

जनगर्जन : 1. समा. 2. सासा. 4. महेश गली, हरदोई 5. 1966-71.

जन गाजु : 3. विजयकुमार खुटिया 4. चित्तौड़गढ़।

जनघोष : 1. समा. 2. सासा. 4. डिप्टी का पड़ाव, कानपुर 5. 1963-65.

जनचेतना : 1. समा. 2. पा., सासा. 4. रामगोपाल सिसौदिया 4. ग्रा. पो. बादली, दिल्ली 5. 1967-71.

जन चैतन्य : 1. हास्य 2. सासा. 4. मण्डी शालिनी रोड, देवास (म. प्र.) 5. 1956-65.

जनजगत : 1. समा. 2. सासा. 3. रामानन्द 4. अजमेर 5. 1966.

जन जन : 1. समा. 2. सासा. 3. हरि लाल आचार्य 4. गोलचों का मुहल्ला, बीकानेर 5. 1969.

जनजागरण : 1. समा. 2. सासा. 3. आनन्दप्रकाश मिश्र 4. पंचायत प्रेस, सीधी (म. प्र.) 5. 1966.

जनजागरण : 3. कृष्णा शर्मा 4. राजकोट (गुज.) 5. 1958/67.

जनजागृति : 3. जगदीश चन्द्र 'हिमकर' 4. सलकिया, हावड़ा 5. 1936.

जनजागृति : 1. समा. 2. सासा. 4. काशीपुर, नैनीताल 5. 1956.

जनजागृति : 2. मा. 4. स्नेहलतागंज, इन्दौर 5. 1956.

जनजीवन : 1. समा. 2. सासा. 4. वै. ए. एरिया, नई दिल्ली 5. 1960-61.

जनजीवन : 1. समा. 2. सासा. 3. वासुदेवनारायण, आलोक, ब्रजनारायण किशोर 4. समाज शिक्षा बोर्ड, बिहार, पटना 5. 1953.

जनजीवन : 1. समा. 2. दै. 3. बाबूसिंह चौहान 4. भटिण्डा 5. 1952.

जनज्योति : 2. त्रै. 4. समाज शिक्षा प्रशिक्षण केन्द्र, उदयपुर 5. 1961-64.

जनतंत्र : 1. समा. 2. सासा. 3. बलभद्रप्रसाद मिश्र 4. सदर बाजार, राजनादगाँव (म. प्र.) 5. 1951.

जनतंत्र : 1. समा. 2. सासा. 4. रामबाग, मैनपुरी 5. 1950-62.

जनतंत्र : 1. समा. 2. सासा. 4. महाराजगंज, गोण्डा 5. 1981.

जनता : 1. समा. 2. सासा., दै. (1951-52) 3. रामवृक्ष वेनीपुरी, हवलदार त्रिपाठी, सहजानन्द सरस्वती, गंगाशरण सिंह, अशरफी मिश्र, उमाशंकर बहादुर 4. कदम कुआँ, बाँकीपुर, पटना 5. 1936-38-64. 7. बिहार सोसलिस्ट पार्टी एवं 'जन-साहित्य संघ' का मुखपत्र। किसान आन्दोलन का उत्प्रेरक।

जनता : 1. समा. 2. सासा. 3. चिरंजीलाल अग्रवाल 4. नाटनियों का रास्ता, जयपुर 5. 1 अगस्त 1948.

जनता : 1. समा. 2. त्रै. 3. शिखरचन्द्र जैन 5. इन्दौर 5. 1948.

जनता : 1. समा. 2. साप्ता. 4. अलीगढ़ 5. 1957.

जनता : 1. समा. 2. साप्ता., अर्द्धसाप्ता., दै. 3. संचा.—शिवसागर रामगुलाम, श्री बद्री आदि 4. पोर्टलुई, मारिशस 5. 1950 के बाद (प्रच.) 7. प्रमुख पत्र।

जनता : 1. समा. 2. साप्ता. 3. सनाउल्लाह सिद्दीकी 4. घंटाघर, मिर्जापुर 5. 1948–51.

जनता : 1. समा. 2. साप्ता. 4. श्रमजीवी प्रेस, हल्द्वानी 5. 1955 (लगभग)

जनता इक्सप्रेस : 1. समा. 2. साप्ता., दै. 3. ऋषिदेव स्वामी 4. कचहरी रोड, मेरठ 5. 1964–71.

जनता इक्सप्रेस : 1. समा. 2. साप्ता. 3. सत्यदेव स्वामी 4. नेशनल रोड, देहरादून 5. 1967.

जनता एकता : 4. तीर्थराज, बहराइच।

जनता एक्सरे : 4. खामगाँव।

जनता की आवाज : 1. समा. 2. साप्ता. 3. मेघराज साहनी, डॉ. बोधराज 4. रामपुरा, कोटा (राज.) 5. 1966 7. काँग्रेसी पत्र।

जनता की आवाज : 1. समा. 2. साप्ता. 4. रामपुरा, कोटा 5. 1956.

जनता की पुकार : 1. समा. 2. साप्ता. 3. नरदेव शास्त्री 4. मोवाना, मेरठ 5. 1964.

जनता की बात : 1. समा. 2. साप्ता. 3. माणिकचन्द तिवारी 4. आर्यपुरा, बरेली 5. 1969.

जनता की बात : 1. समा. 2. पा. 4. इटावा 5. 1961–65.

जनता की बात : 1. समा. 2. साप्ता. 4. आर्यपुरा बरखेड़ी, भोपाल 5. 1969.

जनता की माँग : 2. मा. 4. अनाजमण्डी, रोहतक 5. 1962–63.

जनता की ललकार : 1. समा. 2. साप्ता. (हि., अं.) 4. त्रिपोलिया, जयपुर 5. 1961–71.

जनता गजट : 1. समा. 2. साप्ता. 3. आनन्दीलाल अग्रवाल 4. घंटाघर के पास, अलवर 5. 1966.

जनता जनार्दन : 1. समा. 2. साप्ता. 3. रोहनलाल 4. बच्चा तोबा, होशियारपुर 5. 1962.

जनता जागी : 2. साप्ता. (हि., पं.) 4. तिलकनगर, नई दिल्ली 5. 1971.

जनता जागे : 1. समा. 2. साप्ता. 3. ललितपुर 4. झाँसी 5. 1961–65.

जनता टाइम्स : 1. समा. 2. साप्ता. 4. भगवत शुक्ल 4. पाली (राज.) 5. 1967.

जनता धुन : 2. मा. 4. अच्छेज, झज्जर, रोहतक 5. 1966–68.

जनता मेल : 1. समा. 2. साप्ता. (हि., अं.) 4. मॉडल टाउन, रिवाड़ी 5. 1964–66.

जनता युग : 1. समा. 2. दै. 4. अलीगढ़।

जनता राज : 1. समा. 2. साप्ता. 3. मदनमोहन मिश्र 4. स्टेशन रोड, रायबरेली 5. 1950.

जनता वीर : 1. समा. 2. साप्ता. 4. बाजार सर्राफा, अम्बाला 5. 1962–70.

जन दान : 1. समा. 2. पा. 4. मिश्री बाजार, कानपुर 5. 1971.

जनदीप : 1. समा. 2. साप्ता. 4. चौधियाना, मैनपुरी 5. लगभग 1955.

जनदीप : 1. समा. 2. साप्ता. 3. जगन्नाथ यादव 4. मदार गेट, अजमेर 5. 1970.

जनदीप : 1. समा. 2. साप्ता., पा. 3. रामाचार्य पाण्डेय 4. आचार्य रघुवीरनगर, विधायक निवास, लखनऊ 5. 1965–68.

जनदूत : 1. समा. 2. साप्ता. 4. आगरा 5. 1964-71.

जनदृष्टि : 1. समा. 2. साप्ता. 3. कमलेश्वरप्रसाद 4. कल्याण चौक, मुजफ्फरपुर 5. 1963-68.

जननाद : 1. समा. 2. साप्ता. 3. शम्भुसिंह तोमर 4. तिलक मार्ग, नरसिंहगढ़ (म. प्र.) 5. 1954.

जननाद : 1. समा. 2. साप्ता. 4. मुरादाबाद 5. 1949 (लगभग)

जननायक : 1. समा. 2. दै. 4. कोटा 5. 1973.

जननायक : 1. समा. 2. साप्ता. 4. स्वराज्य कतली, भिवानी 5. 1958-59.

जननी : 3. शची रानी गुर्टू 4. इलाहाबाद 5. 1995 वि.।

जननी : 2. मा. 3. कुमुदवाला देवी 4. कलकत्ता 5. 1917.

जनपथ : 1. समा. 2. पा. 4. चमन स्टेट, झाँसी 5. 1958-59.

जनपथ : 1. समा. 2. साप्ता. 4. चौपासनी रोड, जोधपुर 5. 1970.

जनपथ : 1. समा. 2. साप्ता. 3. देवेन्द्रकुमार 4. बड़ा तल्ला स्ट्रीट, कलकत्ता 5. 1948 7. अछूतोद्धार विषयक पत्र। द्रष्टव्य—काँग्रेस अंक। (संपा. रामस्वरूप गर्ग)।

जनपथ : 1. समा. 2. सा. 4. चमन स्टेट, मसूरी 5. 1958-62.

जनपद : 1. समा. 2. साप्ता., पा. 3. नन्दकुमार शास्त्री 4. छोटी चौपड़, जयपुर 5. 1965-67-68.

जनपद : 2. त्रै. 3. बनारसीदास चतुर्वेदी 4. हिन्दू विश्वविद्यालय, काशी 5. 1952-56.

जनपक्ष : 1. समा. 2. साप्ता. 4. आर्यनगर, सीतापुर 5. 1966-71.

जनपुकार (जनजन पुकार) : 1. समा. 2. साप्ता. 3. भेलानाथ, पुरोहित 4. सागर।

जनपुकार : 1. समा. 2. साप्ता. 3. ब्रजबिहार तिवारी 4. बालाघाट (म. प्र.) 5. 1954.

जनप्रदीप : 1. समा. 2. दै., ज्ञानेन्द्र 4. जी. टी. रोड, जालन्धर 5. 1968 (समाप्त)।

जनप्रवाह : 1. समा. 2. दै. 3. ज्ञानप्रकाश मतोली 4. ललिता निवास, जनकगंज, लश्कर 5. 1960.

जनप्रहरी : 1. समा. 2. साप्ता. 3. सुरेन्द्रसिंह लोढ़ा 4. ए रोड, सरदारपुरा, जोधपुर 5. 1964, 66.

जनप्रिय : 1. समा. 2. साप्ता. 3. डॉ. हुकमचन्द्र 4. सिविल लाइन्स, ललितपुर 5. 1966.

जनप्रिय लेखक : 2. मा. 3. नरेन्द्रकुमार शर्मा 4. कागजी बाजार, मेरठ 5. 1965.

जनबन्धु : 1. समा. 2. साप्ता. 4. पुराना बाजार, हापुड़ 5. 1962-65

जनबल : 1. समा. 2. साप्ता. 3. बी. टी. शर्मा 4. त्रिपोलिया, जयपुर 5. 1961.

जनबोध : 1. समा. 2. साप्ता. 4. शहडोल 5. 1975.

जनभारती : 1. सा., शो. 2. त्रै. 3. ललिताप्रसाद सुकुल, बलदेवप्रसाद मिश्र, निर्मल तलवार आदि 4. बंगीय हिन्दी परिषद्, बंकिम चटर्जी स्ट्रीट, कलकत्ता 5. 1952.

जनभारती : 1. समा. 2. साप्ता. 3. ब्रजेन्द्र श्रीवास्तव 4. रुद्रनगर, सुल्तानपुर 5. 1969.

जनभारती : 3. मुकुन्द डाँगरे 4. नई दिल्ली 5. 1947.

जन्मभूमि : 3. राजेश्वर प्रसाद, नारायण सिंह 4. भरती भवन, पटना 5. 1938.

जन्मभूमि : 3. प्रताप त्रिवेदी 4. कानपुर।

जनमंगल : 1. समा. 2. साप्ता. 3. कृष्णकुमार वशिष्ठ, जनार्दन नागर 4. अमल का काँटा, राज. विद्यापीठ, उदयपुर 5. 1962.

जनमंच : 3. शांतिलाल काला 4. सुराणा भवन, क्षत्री चौक, उज्जैन 5. 1963-67-70.

जनमत : 1. समा. 2. साप्ता. 4. पड़ाव रोड, खँडवा 5. 1957-63.

जनमत : 1. समा. 2. पा. 4. यमुनानगर (हरि.) 5. 1970.

जनमत : 1. समा. 2. दै. 3. गणेशचन्द्र जोशी 4. जालोरी रोट, जोधपुर।

जनमत : 1. समा. 2. साप्ता. 4. बलिया।

जनमत : 1. समा. 2. साप्ता. 4. बड़ौत, मेरठ 5. 1955 (लगभग)

जनमत : 1. समा. 2. साप्ता. 4. इटावा 5. 1955-57.

जनमत : 1. जा. 2. मा. 3. मदनलाल 4. कटरा मोतीराम, अमृतसर 5. 1969.

जनमत : 1. समा. 2. साप्ता. 3. ए. के. बर्मन 4. कलकत्ता 5. 25 जुलाई 1936.

जनमत : 1. समा. 2. साप्ता. 4. बरेली 5. 1955. (लगभग)।

जनमत : 1. समा. 2. साप्ता. 4. सुल्तानपुर 5. 1957 (लगभग)।

जनमत : 1. समा. 2. साप्ता., पा. 3. बी. डी. लाल 4. धनवाड़ बाजार, मैनाइतण्ड रोड, धनबाद 5. 1958.

जनमत : 1. समा. 2. साप्ता. 3. रामपाल सिंह, कुँवर मृदुल, रामेश्वर मेहरोत्रा, मन्मनाथ गुप्त, श्रीचन्द्र अग्निहोत्री 4. शाहजहाँपुर 5. (लगभग) 1950.

जनमत : 1. समा. 2. साप्ता. 4. पो. बा. 123, लखनऊ 5. 1935-71.

जनमत : 1. समा 2. साप्ता. 4. काशी 5. 1955 (लगभग)।

जनमत : 1. समा. 2. साप्ता. 3. श्रीधर सिंह 5. सागर।

जनमत : 1. समा. 2. साप्ता 4. अजमेर 5. 1956-58 (लगभग)।

जनमानस : 1. समा. 2. साप्ता. 4. केशव भवन, बिजनौर 5. 1971.

जनमार्ग : 1. समा. 2. साप्ता. 4. श्रीगंगानगर (राज.) 5. 1958-59.

जनमित्र : 1. समा. 2. साप्ता. 4. गणेशपुरा झाँसी 5. 1963-69.

जनमुक्ति : 1. समा. 2. साप्ता. 4. श्रीगंगानगर (राज.) 5. 1961-64.

जनमुख : 1. समा. 2. पा. 4. इण्डियन मिरर स्ट्रीट, कलकत्ता 5. 1956-65 (लगभग)।

जनमूर्ति : 1. समा. 2. पा. 4. चौड़ा रास्ता, जयपुर 5. 1965.

जनमेजय : 1. समा. 2. साप्ता. 3. अभयराज 4. नागदा (म.प्र.) 5. 1970.

जनमेक्त : 1. समा. 2. साप्ता. 3. नारायणदास दीक्षित 4. जोशियाना, जालौन 5. 1970.

जनमोर्चा : 1. समा. 2. दै. 3. शीतला सिंह 4. प्रकाशन सहकारी समिति, लखनऊ/बजाजा, फीरोजाबाद 5. 1958 7. साम्यवादी दल का प्रचलित श्रमजीवी पत्र।

जनयुग : 3. प्रहलादचन्द्र जोशी 4. जोधपुर।

जनयुग : 1. सामा. 2. साप्ता. 3. बी. एम. कौल 4. सैंडहर्स्ट मार्ग, बम्बई 5. 1942 7. नामान्तर—'लोकयुद्ध'।

जनयुग : 1. समा. 2. साप्ता. (1942-46), दै. (1974) 3. हरिकृष्ण व्यास (दै.) 4. पीपुल्स पब्लिशिंग हाउस, झाँसी रोड, नई दिल्ली/लखनऊ (1942) 5. 1942-74 7. सी. पी. आई. का मुखपत्र। दलीय प्रतिबद्धता, अतः अधिक लोकप्रिय नहीं। मुद्रण-सज्जा श्रेष्ठ। वैचारिक लेख और भ्रष्टाचार सम्बन्धी समाचारों को विशेष स्थान।

जनयुद्ध :1. समा. 2. सासा., पा. 4. चूरू (राज.) 5. 1965-69.

जनयुद्ध :1. सामा. 2. सासा. 4. चौराहा, कानपुर 5. 1966-71.

जनरल नालेज :1. समा. 2. मा. 3. वैकुण्ठ 4. अंसारी बाजार, दरियागंज, दिल्ली 5. 1955.

जनरल रिव्यू एण्ड न्यूज सर्विस :1. समा. 2. पा. (हि., अं.) 4. मोती बाजार, देहरादून 5. 1970.

जनरक्षक : 4. जयपुर।

जनरक्षक :1. समा. 2. सासा. 4. बुलन्दशहर 5. लगभग 1955.

जनराय :1. समा. 2. पा., सासा. 3. एम. एस. रजनीकर 4. एन. आई. टी., फरीदाबाद 5. 1968-69.

जनराज्य :2. सासा. 4. चाँदनी चौक, दिल्ली 5. 1961-62.

जनरुचि :2. मा. 3. अवनीन्द्रकुमार विद्यालंकार, विजयकुमार, चन्द्रशेखर पाण्डेय 4. थामसन रोड, नई दिल्ली।

जनलहर :1. समा. 2. सासा. 3. सी. एम. लेखेरा 4. नरदेव शास्त्री मार्ग, देहरादून 5. 1966.

जनवाणी :1. समा. 2. सासा. 3. इन्द्रदत्त स्वाधीन (1953) 4. पो. 31, कोटा (राज.) 5. 1942 (प्रच.)।

जनवाणी :1. समा. 2. सासा. 3. स्वरूपचन्द्र जैन 4. 192, कोतवाली, जबलपुर 5. 1966.

जनवाणी :1. समा. 2. सासा. 3. जमील अहमद 4. सुभाषनगर, छोपी तालाब, मेरठ 5. 1955.

जनवाणी :1. राज. 3. आचार्य नरेन्द्रदेव, राजाराम शास्त्री, बैजनाथ सिंह 'विनोद', रामवृक्ष बेनीपुरी, रघुकुल तिलक, मुकुटबिहारी लाल, गंगाशरण सिंह 4. काशी विद्यापीठ, गोदौलिया, वाराणसी 5. जनवरी 1946, 47.

जनवाणी :1. समा. 2. सासा. 4. पटना 5. 1956 (लगभग)।

जनवाणी :1. समा. 2. सासा. 4. व्यावर (राज.) 5. 1956-57.

जनवाणी :1. समा. 2. सासा. 3. शिवप्रसाद 4. पो. बा. 26, शिमला।

जनवाणी :1. समा. 2. सासा. 4. गीराकुण्ड, इन्दौर 5. 1949.

जनवाणी :1. समा. 2. सासा. 3. बाबूसिंह चौहान, चन्द्रशेखर शर्मा 4. बिजनौर 5. 1962.

जनवाणी :2. मा. 4. जनसाहित्य मण्डल, पानदरीबा, लखनऊ 5. 1946-58.

जनवाद :3. अशोक चक्रवर्ती 4. दिल्ली / जयपुर।

जनवाद :1. समा. 2. सासा. 4. अलवर (राज.) 5. 1962-65.

जनवादी :1. समा. 2. मा. 4. न्यू एज प्रिंटिंग प्रेस, बम्बई 5. 1949.

जनवादी :1. समा. 2. सासा. 4. आजमगढ़ 5. 1959-60.

जनवार्त्ता :1. समा. 2. दै. 3. ईश्वरदत्त मिश्र 4. वाराणसी 5. 1973.

जन विक्रान्त :1. समा. 2. सासा. 3. अमरेन्द्रकुमार 4. कम्पनी सराय खाँ, सासाराम 5. 1967.

जन विद्रोह :1. समा. 2. सासा. (हि., बं.) 3. सत्यनारायण चौधरी 4. उपेन्द्र बाबू स्ट्रीट, पुरूलिया (बंगाल) 5. 1968.

जनशक्ति :1. समा. 2. राज. 4. सासा., मा. (1956-61), सासा., दै. (1967) 4. गिरिजा कुमार सिन्हा, कृष्णचन्द्र चौधरी 7. बिहार साम्यवादी दल कार्यालय, यतीन प्रेस, लंगर टोली, पटना-4 5. 1942-60 (अल्पायु) 6. 25 रु. वा.।

जनशक्ति :2. मा. 4. सिलहट 5. 1922.

जनशक्ति :1. समा. 2. साप्ता. 4. उदयपुर 5. 1956-65.

जनशक्ति :1. समा. 2. साप्ता. 4. भीलवाड़ा (राज.) 5. 1951-65.

जनशक्ति :3. विपिन, सुकुमार पगोर 4. राष्ट्रीय प्रेस,-इटारसी।

जनशक्ति :1. समा. 2. साप्ता. 4. रँगरेज गली, महू (म.प्र.) 5. 1956-66.

जनशिक्षण :1. शि. 2. मा. 3. डॉ. कालूलाल श्रीमाली, डॉ. सच्चिदानन्द डोडियाल 4. विद्या भवन सोसाइटी, उदयपुर 5. 1936-38.

जनशक्षा :1. समा. 2. पा. 4. गंगाप्रसाद रोड, लखनऊ 5. 1965-69.

जनसंकल्प :2. पा. 4. अजमल खाँ रोड, दिल्ली 5. 1971.

जनसंग्राम :1. समा. 2. साप्ता. 3. भगवानप्रसाद 4. वार्ड 6, वर्धा 5. 1956.

जनसंग्राम :1. समा. 2. पा. 4. खेतीवाड़ी, मेन रोड, बम्बई 5. 1956.

जनसंघ :1. समा. 2. साप्ता. 4. इलाहाबाद 5. लगभग 1955.

जनसंघ गतिविधि : 1. समा. राज. 2. पा. 3. जगदीशप्रसाद माथुर 4. भारतीय जनसंघ केन्द्रीय कार्यालय विट्ठल भाई पटेल भवन, रफी मार्ग, दिल्ली 5. 1970.

जनसंघ संदेश : 1. राज. 2. साप्ता. 4. मानकपुरा, इन्दौर 5. 1961-62.

जनसंघर्ष : 1. समा. 2. साप्ता, 4. महात्मा गाँधी रोड, इन्दौर 5. 1960-65.

जन संदेश : 2. पा. 3. कालवा देवी रोड, बम्बई 5. 1956 (लगभग)।

जन संदेश : 4. पटोन, दरभंगा।

जन सन्देश : 1. समा. 2. साप्ता. 4. इटावा 5. 1959-61.

जन संदेश : 2. समा. 2. साप्ता 4. चौहट्टा, उदयपुर 5. 1966-69.

जन सम्पर्क : 1. समा. 2. पा. 4. मोहदा खेड़ा, बुलंदशहर 5. 1965-69.

जन संयोग : 2. साप्ता 3. एम. आर. गावड़े 4. वर्धा 5. 1968.

जनसंवाद : 4. पटना.

जन संसार : 1. समा. 2. साप्ता. 3. गीतेश शर्मा, विश्वम्भर नेवर 5. ब्रजलाल स्ट्रीट, कलकत्ता. 5. 1967-68. 7. युवा लेखन का लघुपत्र.

जन संस्कृति : 1. समा. 2. पा. 3. सीताराम मृगेन्द्र 4. ताल बेहटा, झाँसी. 5. 1951

जनसंख्या : 2. मा. 3. लाल मोहम्मद. 4. मडरा, गंगानगर. 5. 1969.

जनसंख्या : 2. मा. 4. सहारनपुर. 5. 1951-56.

जनसत्ता : 1. समा. 2. दै. 3. प्रो. इन्द्र वाचस्पति, वेंकटेशनारायण तिवारी. 4. मोरी गेट, दिल्ली 7. इण्डियन इक्सप्रेस द्वारा प्रकाशित। घाटा घोषित करके समाप्त। स्पष्टभाषी पत्र। सत्ता-विरोध के कारण प्रो. इन्द्र निष्कासित।

जनसत्ता : 1. समा. 2. साप्ता. 3. जगदीशप्रसाद जोखेटिया. 4. नजीराबाद, बिजनौर. 5. 1956.

जनसत्ता : 1. समा. 2. साप्ता. 4. कोतवाली वार्ड, जबलपुर. 5. 1958-70.

जन सप्ताह : 1. समा. 2. साप्ता. 3. जगदीशप्रसाद उपाध्याय. 4. खिटोला बाजार, सिहोरा, जबलपुर/शहडोल 5. 1970.

जनसभा : 3. बसंतकुमार 4. रामपुर।

जन समाचार : 1. समा. 2. साप्ता. 3. आर. एस. त्रिपाठी 4. इलाहाबाद।

जन समाजार : 1. समा. 2. साप्ता. 3. आर. एस. त्रिपाठी 4. इलाइट बिल्डिंग, झाँसी 5. 1961.

जन समुदाय : 1. समा. 2. साप्ता. 4. रामगंज बाजार, जयपुर. 5. 1964-65.

जन सहकार : 2. मा. 3. दामोदर जी व्यास 4. जिला सहकारी संघ, छिंदवाड़ा. 5. 1968.

जन सहयोग : 1. समा. 2. साप्ता. (हि.,म.) 3. एम. आर. गवाण्डे 4. हवलदारपुरा, वार्ड 14, वर्धा 5. 1968.

जन सहयोग : 2. मा. 4. मलियानी, मेरठ 5. 1956 (लगभग)।

जनसाहित्य : 2. मा. 4. हिन्दी विभाग, पंजाब सरकार, पटियाला 5. 1962.

जनसाहित्य : 1. सा. 2. मा. 3. डॉ. शारदा रंजन, दीनानाथ शर्मा, डॉ. परनानन्द 4. भाषा विभाग, हरियाणा, सेक्टर 18 डी, चण्डीगढ़. 5. 1962-66.

जनसाहित्य : 1. सा. 2. द्विमा. 3. भगवान सिंह 'विमल', कन्हैयालाल चंचरी 4. हाथरस (उ.प्र.)।

जनसुधा : 1. सा. 2. मा., त्रै. 3. रामपाल शर्मा. 4. ए-5, जवाहरनगर, दिल्ली 5. 1964-66.

जनसेवक : 1. मा. 4. छत्ता बाजार, मथुरा 5. 1948-56.

जनसेवक : 1. त्रै. 4. ओटरम रोड, लखनऊ 5. 1948.

जनसेवक : 1. समा. 2. साप्ता. 3. द्वारकाप्रसाद मौर्य,वंशीधर मिश्र 4. लखीमपुर खीरी 5. 1954.

जनसेवक : 2. मा. 3. उदयनारायण शुक्ल 4. मेरठ/बुलन्दशहर 5. 1946-48-61.

जनसेवा की शिक्षा : 4. विद्यापीठ रोड, काशी 5. दिस. 1946.

जनसेवा संघ विचार पत्रिका : 1. वि. 3. साप्ता. 4. सोहाबल, फैजाबाद 5. 1967-1970.

जनसेवी : 1. समा. 2. साप्ता. 3. आर. जी. मित्तल 4. आजादगंज, सिपरी बाजार, झाँसी 5. 1960.

जन सैनिक : 1. समा. 2. साप्ता. 3. गंगासरन साहनी. 5. सिकन्दराबाद, बुलंदशहर 5. 1965-69.

जन स्नेही : 1. समा. 2. साप्ता. 4. शामली, मुजफ्फरनगर 5. 1971.

जनसृष्टि : 1. समा. 2. पा. 4. नमक बाजार, रामनगर, वाराणसी 5. 1964-70.

जनस्त्रोत : 2. साप्ता. 4. किशनगंज, दिल्ली 5. 1964-69

जनस्वर : 4. गोरखपुर 5. 1973.

जनस्वास्थ्य : 1. चि. 2. मा. 3. ओंकारनाथ पाण्डेय 4. अखिल भारतीय आयुर्वेद विज्ञान सम्मेलन, ईसोपुर, भागलपुर 5. 1968.

जनस्वास्थ्य : 1. समा. 2. पा. 4. सूरजपोल, उदयपुर 5. 1958-65.

जनहित : 1. समा. 2. साप्ता. 4. उन्नाव 5. 1960-69.

जनहित कल्याण : 4. फतेहपुर।

जनहित टाइम्स : 1. समा. 2. साप्ता. 3. एच. डी. राठी 3. जगन्नाथ बुधवारी, नागपुर/ गाँधी चौक, आरबी, वर्धा 5. 1963-68.

जन ज्ञान : 1. धा. 2. मा. 3. राकेश रानी 4. हरध्यान सिंह रोड, करोलबाग, नई दिल्ली 5. 1960-69 7. श्री गुरुदत्त का सन्देशवाहक।

जनार्दन :1. समा. 2. दै. 3. भागचंद सकलेचा 4. राजा बड़ा चौक, इन्दौर 5. 1961.

जनार्दन :1. समा. 2. साप्ता. 4. मथुरा 5. लगभग 1965.

जनावृत्ति :4. किराना मण्डी, पीलीभीत।

जनोदय :1. समा. 2. पा. 3. आर. पी. गौड़ 4.हाता प्रताप सिंह, दिल्ली, 5. 1967.

जबलपुरजागरण :1. समा. 2. साप्ता. 3. नरेशकुमार बाजपेयी 4. उपेनगंज, जबलपुर 5. 1966.

जबलपुर टाइम्स :1. समा. 2. साप्ता. 3. महाजनी वार्ड, नरसिंहपुरा (म.प्र.) 5. 1963-65.

जबलपुर दर्शन :1. समा. 2. साप्ता. 3. लालसाहब श्रीवास्तव 4. फटाताल ग्राउण्ड, जबलपुर 5. 1969.

जबलपुर रिपोर्टर : 1. समा. 2. साप्ता. 3. ताराचंद चौरसिया 4. जबलपुर 5. 1963-65.

जबलपुर समाचार :1. समा. 2. दै., मा. 3. नित्यगोपाल तिवारी, श्याम अग्रवाल 4. कृष्णाराव 5. गाँधीनगर, जबलपुर 7. मार्च 1973.

जमाना :1. समा. 2. साप्ता. 3. पी. एल. शर्मा 4. गुलजारपुरा, अकोला (महा.) 5. 1955.

जमाना ए खलक :1. समा. 2. साप्ता. 4. खतिफ अन्सारी 4. नासिक 5. 1967.

जमाना :2. पा. 4. मारिशस।

जमीदार :2. मा. 3. ठाकुर प्रसाद 4. काशी 5. 1911.

जमीदार :2. मा. 3. आशुकवि जगमोहननाथ अवस्थी 4. रायबरेली 5. 1935.

जमीदार व कृषिकार :2. मा. 3. कुमार हणवंत सिंह 4. आगरा।

जमीन :1. सा. 2. अनि. 3. डॉ. पवनकुमार मिश्र 4. एफ 5/3, विश्वविद्यालय, उज्जैन 5. 1976 7. नये साहित्य से सम्बद्ध महत्वपूर्ण लघुपत्र।

जमीन की पुकार :1. समा. 2. पा. 4. भेलसा (म.प्र.) 5. 1953.

जमीन के तारे :1. समा. 2. साप्ता. 4. दीपनगर, अलीगढ़ 5. 1961-69.

जमीरफरोश :2. समा. 2. द्विमा., मा. (हि., अं.) 3. रतनलाल वैद 4. गुरुद्वारा बाजार, करनाल 5. 1967.

जमुना :1. समा. 2. साप्ता. 3. प. ल. शर्मा 4. अकोला (महा.) 5. 1955 (प्रच.)।

जमुना किनारे :1. समा. 2. साप्ता. 3. प्रताप सिंह 4. न्यू रोड, देहारदून 5. 1970.

जय अम्बे :1. समा. 2. पा. 4. हजरतगंज, लखनऊ 5. 1966-71.

जय करणी :2. साप्ता. 4. बीकानेर 5. 1971.

जय किसान :4. बक्सर 5. 1965.

जय खण्डेलवान :1. जा. 2. मा. 3. सत्यनारायण 4. स्टेशन रोड, जोधपुर 5. 1969.

जयगढ़ :2. साप्ता. 3. चाँदपोल, जयपुर 5. 1964-65.

जय गान :1. समा. 2. पा. 4. गोहान, रोहतक 5. 1968.

जय गुरुदेव :1. धा. 2. मा. 4. शाकाहारी बालसंघ, मॉडल हाउसेज, लखनऊ 5. 1972.

जय गुरुदेव :1. धा. 2. साप्ता. 3. श्रीकृष्ण शर्मा 4. ब्रह्मपुरी, जयपुर 5. 1966.

जय घोष :1. समा. 2. साप्ता. 3. मनोहर कृष्णाराव 4. भगत सिंह मार्ग, इन्दौर 5. 1970-71.

जय जगदम्बे :1. समा. 2. साप्ता. 4. मेरठ।

जय जगद्गुरु :1. धा. 2. त्रै. 3. रामचन्द्र शर्मा 'चंद' 4. गुड़ की मण्डी, पटना 5. 1968.

जय जनता जनार्दन :1. समा. 2. सासा. 3. जयनारायण उपाध्याय 4. वी. 126, अस्सीघाट, वाराणसी 5. 1967.

जय जननी :1. समा. 2. सासा. 4. जोधपुर 5. 1966.

जय जय (जग) मुक्ति सन्देश :1. समा. 2. सासा., दै. 3. शिवदत्त ओझा, कृष्ण मुरारी 4. गोपालगंज, पटेलनगर, उरई, जालौन 5. 1965, 66.

जय जवाहर :2. सासा. 4. वेस्ट पटेलनगर, दिल्ली 5. 1966.

जय जिनेन्द्र :1. जा., धा. 2. मा. (बहु.) 4. हिन्दीनगर, वर्धा 5. 1963-69.

जय झारखण्ड : 1. सां., समा. 2. सासा., त्रै. 4. डाल्टनगंज, बिहार 5. 1972.

जय तेगम् : 1. धा. 2. मा. 3. जसवंत सिंह 4. मोरी गेट, दिल्ली 5. 1969-71.

जयदेव : 2. सासा. 3. जीवनप्रसाद गुप्त 4. अलीगढ़।

जय देश : 1. मा. 4. मॉडल टाउन, दिल्ली 5. 1965-67.

जय ध्वनि : 1. समा. 2. सासा. 3. सूर्यनारायण चतुर्वेदी, लाडलीनारायण गोयल 4. जयपुर 5. 1942 7. राजघराने की सहायता से प्रकाशित।

जय परिवार : 1. वा. 2. सासा. 3. सुकोमल चन्द्रधर 4. ऊषा फैन इण्डस्ट्रीज, कलकत्ता / रायनगर वंसद्रोणी, 24 परगना (पं. बंगाल) 5. 1964, 65.

जयपुर अनाज किराणा मर्चेन्ट रिपोर्टर : 1. व्या. 2. पा. 3. रामेश्वर खण्डेलवाल 4. जौहरी बाजार, जयपुर 5. 1970.

जयपुर एक्सप्रेस :1. समा. 2. सासा. 3. भँवरलाल शर्मा 4. विष्णुमार्ग , जयपुर 5. 1965.

जयपुर क्रानिकल :2. पा. 4. किशनपोल बाजार, जयपुर 5. 1971.

जयपुर गजट : 1. समा. 2. सासा. (त्रिभाषी अं., हि., उ.), अर्द्धसासा. 3. महेन्द्रनाथ सेन 4. जयपुर सरकार 5. 1878, 79 (1884 डॉ. सहल) (सवाईराजा मानसिंह जी का शासनकाल) देखा दिं. 1925 6. सवा पन्द्रह रु. या 20) वा., 5) सालाना, फीपरचा चार आने 7. रायल छः पेजी लीथों मुद्रण पत्र में शासनादेश और प्राय: जन्म-मृत्यु विवरण प्रकाशित। प्रेस स्वातंत्र्य का अभाव। आरम्भ में लोकप्रिय, फिर अप्रचलित।

जयपुर व्यापार समाचार :1. वा. 2. पा. 3. सत्यनारायण अग्रवाल 4. अनाज मण्डी, जयपुर 5. 1963.

जयपुर सन्देश : 1. समा. 2. सासा. 3. गजानन्द गुप्त 4. जयपुर 5. 1966.

जयपुर समाचार : 1. समा. 2. सासा., दै. (28 अक्टू. 1943) 3. श्यामलाल वर्मा, अमर नारायण माथुर 4. जयपुर 5. 1890 7. हिन्दी दू हिन्दुस्तान की भावना से युक्त। 1943 में प्रतिबन्ध। वर्मा जी को कारावास और देश-निष्कासन। कालान्तर में प्रतिबन्ध समाप्त।

जय प्रजय : 1. समा. 2. सासा. 3. आनन्दसिंह राठौर 4. चाँदपोल, जयपुर 5. 1968.

जय प्रजा : 1. समा. 2. सासा. 3. रामनारायण त्रिपाठी 4. मेस्टन रोड, कानपुर 5. 1960.

जय प्रजातंत्र :1. समा. 2. सासा. 3. दुर्गाप्रसाद तिवारी 4. दयानन्दनगर, गंजी कम्पाउण्ड, इन्दौर 5. 1967.

जय पवर : 2. सासा. 4. कलकत्ता।

जय फीजी : 1. समा. 2. सासा. 3. कमलाप्रसाद मिश्र 4. फीजी 5. लगभग 1959 से (प्रच.)।

जय विदर्भ : 2. सासा. 4. हिंगाघाट (महा.)।

जय भारत : 1. समा. 2. दै., सासा. 3. पुत्तनलाल शुक्ल 4. नई चानमण्डी, कानपुर 5. 1951.

जय भारत : 1. समा. 2. दै. 3. भालचन्द जोशी, राहुल बारपुते 4. इन्दौर 5. 23 मार्च 1947–22 मार्च 1948.

जय भारती : 1. सा. 2. मा. 3. पढरीनाथ, मुकुन्द डोंगरे 4. महाराष्ट्र राष्ट्रभाषा प्रचार समिति, सदाशिव लक्ष्मी मार्ग, प्रो. 558, पूना–2 5. दिसम्बर 1947 – 1962–63 7. हिन्दी देवनागरी का प्रचारक पत्र। द्रष्टव्य–'हिन्दी साहित्य सम्मेलन' विशेषांक, व्याकरण विशेषांक राष्ट्रभाषा प्रचार सम्मेलन विशेषांक आदि।

जय भीम : 1. समा. 2. सासा. 4. कलकत्ता हाउस, बूँदी 5. 1963–64.

जय भूमि : 1. समा. 2. पा. (1940), सासा. (1943), दै. (1946) 3. गुलाबचन्द काला, अमरनारायण माथुर 4. मणिहारों का रास्ता, जयपुर 5. 1940 7. पत्रकारों का दीक्षा स्थल। राष्ट्रीय विचारों से ओतप्रोत।

जय भैरों : 1. धा. 2. मा. 4. भरतपुर 5. 1971.

जय महाकाल : 1. समा. 2. सासा. 3. गौरीशंकर तिवारी 4. परकेटा, सागर 5. 1964.

जय माता वैष्णों : : 1. समा. 2. सासा. (हि., उ.) 4. जैमाता छवील छाव, वैष्णों देवी, लुधियाना 5. 1968.

जय मेवाड़ : 1. समा. 2. सासा. 3. चाँदमल 4. सदर, चित्तौड़गढ़ 5. 1967.

जय राजस्थान : 1. समा. 2. दै. 4. उदयपुर 5. 1972.

जय राष्ट्र : 1. समा. 2. सासा. 3. उमाशंकर जोशी 4. जवाहर मार्ग, रतलाम 5. 1970.

जय वन खण्डेश्वर : 1. समा. 2. पा. 3. शिवचरणलाल शर्मा 4. वन खण्डेश्वर रोड, भिण्ड 5. 1966.

जय वाणी : 1. समा. 2. सासा. 4. न्यू रोड, उज्जैन 5. 1960–63.

जय विश्वकर्मा : 1. धा. 2. पा. 3. कांता जांगिड 4. स्टेशन रोड, जयपुर 5. 1970.

जय वैष्णों : 1. समा. 2. सासा. 4. नेहरूनगर, कालेज रोड, पठानकोट 5. 1971.

जय शृंग : 1. धा. 2. मा. 3. कुँवरलाल शर्मा 4. राधाविलास, कोटा 5. 1969.

जय सन्देश : 2. मा. 3. कल्याण सिंह 4. घसीटी, अजमेर 5. 1966.

जय सन्देश : 1. समा. 2. सासा. 4. गौतम बुद्ध मार्ग, कानपुर 5. 1970.

जय सिन्धु : 1. जा. 2. सासा. 3. बासुमल, उदेरनानी 4. भीलवाड़ा (राज.) 5. 1966.

जय स्वतंत्र भारत : 1. समा. 2. सासा. 3. कालकाप्रसाद शिवने 4. न्यू रोड, लश्कर, ग्वालियर 5. 1965.

जय स्वदेश : 1. समा. 2. सासा. 3. पुत्तीलाल यादव 4. गौतम बुद्ध मार्ग, कानपुर 5. 1967.

जय स्वदेश : 1. समा. 2. मा. 4. चौक, फैजाबाद 5. 1960–67.

जय हाड़ौती : 1. समा. 2. पा. 3. केशवदत्त 4. बूँदी (राज.) 5. 1968.

जय हिन्द : 1. समा. 2. सासा. 3. बाबूलाल जैन 'वीर', हीरालाल जैन, मोतीलाल जैन 4. राज. प्र., सो.पा. कोटा 5. 1947.

जय हिन्द :1. समा. 2. दै. 3. विद्याभास्कर, कालिकाप्रसाद दीक्षित 'कुसुमाकर' 4. जबलपुर 5. 1949 (9 वर्ष तक) 7. कालान्तर में 'नवभारत' में समाविष्ट। प्रचण्ड राष्ट्रीय पत्र।

जयहिन्द :1. समा. 2. साप्ता. 4. देहरादून 5. (लगभग) 1956.

जय हिन्द :1. समा. 2. साप्ता. 4. उरई, जालौन 5. लगभग 1955.

जय क्षेत्र धर्म :1. समा. 2. साप्ता. 3. रामलालसिंह चौहान 4. रबरपुरी, मैनपुरी 5. 1965.

जय ज्ञानी :1. समा. 2. साप्ता. 3. वीरेन्द्र देवबस्ती, पदम मेहता 4. जोधपुर 5. 1965.

जयानी प्रताप :1. समा. 2. साप्ता. (1905) (त्रिभाषी), दै. (1916), अर्द्धसाप्ता. (1947) 3. श्रीलाल, रुद्रदत्त, युधिष्ठिर भार्गव, रामचन्द्र गुप्त, भगवानदास, रामकिशोर वर्मा, कृष्णकुमार कौल, शम्भुनाथ सक्सेना, सूर्यकुमार 4. लश्कर, ग्वालियर 5. 11 जनवरी 1905 7. 3) वा. 7. प्रसिद्ध रियासती पत्र। ग्वालियर सरकार द्वारा संचालित वैविध्यपूर्ण सामग्री। 1949 से नामान्तर – 'मध्यभारत सन्देश'।

जरमन सन्देश : 4. नई दिल्ली 5. स्वातंत्र्योत्तर 7. पूर्वी जर्मनी, दूतावास का पत्र।

जरमन (जर्मन) समाचार :1. राज. 2. पा., साप्ता. 3. हरमन जिआंक 4. जर्मन दूतावास, शान्ति पथ, चाणक्यपुरी, नई दिल्ली 5. 1966, 69-70.

जरनल आफ जेम इण्डस्ट्री : 2. द्विमा. 4. जयपुर।

जरनल आफ दि इन्सटीट्यूट आफ इन्जीनियर्स : 2. तक. 3. देवकुमार घोष 4. गोखले रोड, कलकत्ता 5. 1966.

जरनल आफ दि प्राइवेट मेडिकल प्रैक्टिशनर्स :1. चि. 2. मा. (हि., अं.) 3. डॉ. राजेन्द्र वर्मा 4. कृष्णा मेडिकल हाल, रानीगंज, लखनऊ 5. 1970.

जरूरत :1. समा. 2. साप्ता. 3. महेशचन्द्र सिंहल 4. कैराना, मुजफ्फरनगर 5. 1935.

जलगाँव टाइम्स :1. समा. 2. पा. (हि., म.) 3. ए. आर. जलगाँवी, सैयद कासिम हाजी, सैयद हुसैन 4. शिवाजी रोड, जलगाँव 5. 1967-71.

जलतरंग :1. समा. 2. पा. 3. सुरेशचन्द्र दीक्षित 4. कटरा रोड, झाँसी 5. 1968.

जलती मशाल :1. समा. 2. साप्ता. 3. मोहनलाल गोमाल 4. कैलाश भवन, निकास, उज्जैन 5. 1963-65-66.

जलते अंगारे :1. समा. 2. पा. 3. श्यामलाल गुप्त 4. श्रीगंगानगर (राज.) 5. 1966.

जलते चिराग : 3. कृष्णचन्द्र भारती 4. फर्रुखाबाद।

जलते टील :1. समा. 2. साप्ता. 3. हजारीमल शरण 4. सरदारशहर, चूरू 6. 1969.

जलते दीप :1. समा. 2. दै., पा. 3. नानक मेहता 4. सर्राफा बाजार, जोधपुर 5. 1958, 71.

जलते दीप :1. समा. 2. साप्ता. 4. ब्यावर (राज.) 5. 1958, 64.

जलम योग : 2. मा. 4. कोट गेट, बीकानेर 5. 1967 7. राजस्थानी पत्र।

जलविद सखा : 2. मा. 3. संतराम बी. ए. 4. कन्या विद्यालय, जालंधर 5. 1922.

जल विद्युत सन्देश :1. समा. 2. पा. 4. कानूनगोयान, मुरादाबाद।

जवान और किसान :1. बा. 2. मा. (हि., म.) 4. सइयाकालोनी, कोल्हापुर 5. 1971.

जवान भारत :1. समा. 2. साप्ता. 4. सतना।

जवानी दीवानी :1. सा. 2. मा. 3. ए. वसित 4. कलामहल, दिल्ली 5. 1970.

जवानों की पुकार :2. मा. 2. सी. स्कीम, जयपुर 5. 1967.

जवानों की पुकार :1. मा. 3. सैयद हुसैन 4. सी. स्कीम, चौनू हाउस, जयपुर 5. 1967.

जवाहर के लाल :1. समा. 2. दै., साप्ता. 3. प्रेमचन्द्र जैन 4. माधौगंज, लश्कर, ग्वालियर 5. 1966.

जवाहर ज्वाला :1. समा. 2. साप्ता. 3. मेडीबाजार, बेलगाँव, रायपुर 5. 1956-57, 1965-66.

जहर : 2. मा. 3. नवल किशोर 4. लोअर आर्यपुरी, रातू पथ, राँची 5. जून 1972 (अल्पायु) 7. जवान आवाजों का प्रतिनिधि लघुपत्र।

जांगिडा समाचार : 2. मा., पा. 3. जयकृष्ण 4. अजमेर/दिल्ली 5. 1914, 22.

जाँबाज :1. समा. 2. साप्ता. 4. रामलाल भाटिया 4. मोती दंगी रोड, जयपुर 5. 1969.

जाग उठो :1. समा. 2. साप्ता. 4. जालौर (राज.) 5. 1956-61.

जागता किसान :2. पा. 4. रोहतक 5. 1971.

जागता हरियाणा :1. समा. 2. साप्ता. 4. रोहतक 5. 1967, 70.

जागती जोत : 2. त्रै. 4. बीकानेर / जयपुर।

जागते रहो :1. समा. 2. साप्ता. 4. सट्टी बाजार, रायपुर 5. 1961-63.

जागते रहो :1. समा. 2. पा. 4. फालना, पाली (राज.) 5. 1959-62.

जागती जनता :1. समा. 2. साप्ता. 4. इण्डिया एक्सचेंज प्लेस, कलकत्ता 5. 1970.

जागरण :1. सा. 2. पा. (1932), साप्ता. (6 माह बाद) 3. शिवपूजन सहाय (1932), प्रेमचन्द (22-8-32 से 29-5-34), डॉ. सम्पूर्णानन्द, विनोदशंकर व्यास (संस्थापक) 4. सर्वोदय नगर, सरस्वती प्रेस, पुस्तक मन्दिर, काशी 5. 11 फरवरी 1932-35 6. 3) वा. 7. छायावाद का पक्षधर पत्र। इसमें शिवपूजन जी ने द्विवेदी अभिनन्दन का प्रस्ताव प्रकाशित किया था। शुद्ध साहित्यिक समालोचना-प्रधान पत्र। नामकरण 'प्रसाद' द्वारा। अपनी कोटि का विशिष्ट पत्र, किंतु आर्थिक दृष्टि से असफल। इसका क्षोभ सम्पादकीय में व्यक्त-"जिमि नूतन पट पहिरि कै नर परिहरै पुराग ।" मुख्य स्तम्भ-साहित्य समीक्षा (ग्रन्थ समीक्षा), क्षणभर (हास्य-व्यंग्य), मधुसंचय (पत्र-पत्रिकाओं की चुनी हुई सामग्री), साहित्य संसार, समाचार संकलन, रंगमंच आदि। इसके प्रकाशन में प्रेमचंद और व्यासजी को हजारों का घाटा। प्रेमचंद के छद्मनाम-विजयानंद, तीसमारखाँ, अनगढ़, अजीमावादी, भूतनाथ, परखू आदि।

जागरण :1. समा. 2. साप्ता. 4. मेरठ 5. 1956-65.

जागरण :1. समा. 4. हल्द्वानी (यू.पी.) 5. 1955.

जागरण :1. समा. 2. साप्ता. 4. करा का चौक, अजमेर 5. 1958.

जागरण :1. समा. 2. साप्ता. 4. बाबूलाल लेन, कलकत्ता।

जागरण :1. समा. 2. दै. 3. जी. एस. गुप्त 4. कसौटी हाउस, बेकंट रोड, रीवा (म.प्र. 1953), भोपाल (1956) 5. 1953 7. संस्थापक—ज्ञानस्वरूप गुप्ता, जागरण पब्लिकेशन, भोपाल।

जागरण :1. समा. 2. साप्ता. 4. रतनगढ़ (राज.) 5. 1956.

जागरण : 1. समा. 2. साप्ता. 3. उमाशंकर शुक्ल 4. वर्धा 5. 1952, 54.

जागरण : 1. समा. 2. दै. 3. राजेन्द्र गुप्त, श्यामाप्रसाद दीक्षित, रामसेवक रावत, पूर्णचन्द्र गुप्त (प्रका.) 4. 362, सिविल लाइन्स, झाँसी 5. 1942 (प्रच.) 7. बुन्देलखण्ड का प्रतिनिधि पत्र।

जागरण : 1. समा. 2. दै. 3. पूर्णचन्द गुप्त, रामशंकर अग्निहोत्री, नरेन्द्र मोहन 4. कस्तूरबा मार्ग, सर्वोदयनगर, कानपुर/गोरखपुर। लखनऊ 4. 1932/47/ 49 (प्रच.) 7. प्रेस रजिस्ट्रार रिपोर्ट 1972 के अनुसार प्रसार संख्या की दृष्टि से पाँचवाँ स्थान।

जागरण: 1. समा. 2. साप्ता. 3. परमानन्द सहाय, श्रीराम स्वरूप शर्मा 4. शिलांग 7. अल्पायु।

जागरण : 1. समा. 2. साप्ता., अर्द्धसाप्ता. 3. शरदकुमार मिश्र 4. चौताला, सहारनपुर 5. 1954.

जागरण : 1. समा. 2. दै. 4. स्नेहलतागंज, जवाहर मार्ग, इन्दौर 5. 26 जनवरी 1948 (प्रच.) 5. मध्य भारत का प्रमुख दैनिक। मजदूरों, में बहुत लोकप्रिय।

जागरण : 1. समा. 2. दै. 3. गुरुदेव गुप्त 4. नूरमहल बारादर, भोपाल 5. 1956.

जागरण पथ : 1. समा. 2. साप्ता. 3. वासुदेव विजयवर्गीय 4. झूमरमल भुवनेद्र की बगीची, पार्क रोड, जयपुर 5. 1965–66.

जागरण संदेश : 1. समा. 2. साप्ता. 3. सीवली बाड़ी कुमकारवनी, धनवाद 5. 1963–65.

जागरूक : 1. समा. 2. मा. 4. इन्दौर 5. 1971.

जागरूक जनमत : 1. समा. 2. साप्ता. 3. अवधेश शर्मा 4. एम. एल. ए. रेस्ट हाउस, भोपाल 5. 1966.

जागो और जगाओ : 1. समा. 2. साप्ता. 3. राजेश्वरीप्रसाद भटनागर 4. कायस्थ बाड़ा, सिकन्दराबाद/बुलन्दशहर 5. 1970.

जागो एक बार : 1. समा. 2. साप्ता. 3. अजय व्यास 4. पैलेस रोड, रतलाम 5. 1969.

जागो औरजगाओ : 1. समा. 2. साप्ता. 4. सिकन्दराबाद 5. 1970.

जाग्रत जगत : 1. समा. 2. साप्ता. 4. गाँधीनगर, फीरोजाबाद 5. 1966–67.

जाग्रत जनता : 1. समा. 2. साप्ता. 3. पीताम्बर पाण्डेय 4. टनकपुर रोड, हल्द्वानी (यू. पी.) 5. 1939.

जाग्रत जनमत : 1. समा. 2. साप्ता., पा. 4. महात्मा गाँधी रोड, बीकानेर 5. 1957–65.

जाग्रत महात्मा : 3. हरिचरणलाल शर्मा 4. प्रयाग 5. 1935.

जाग्रत महिला : 1. म. 3. मा. 3. सुश्री सत्यवाला तायल 4. दक्षिण अम्बाझारी मार्ग, सीता बल्दी, नागपुर 5. 1961–65.

जाग्रत महिला : 1. म. 2. मा. 3. शलम उत्सवलाल शर्मा 4. महिला मण्डल, उदयपुर 5. कस्तूरबा स्मृति दिवस, फरवरी 1948.

जाग्रत युवक : 2. मा. 4. गाँधी मार्ग, अलमोड़ा 5. 1964–66.

जाग्रत राजस्थानी : 2. मा. 3. रामविलास मोदाणी 4. हैदराबाद 5. 1968.

जाग्रत श्रमिक : 1. समा. 2. पा. 4. रानीबाजार, बीकानेर 5. 1963–69.

जाग्रत समाज : 1. समा. 2. साप्ता. 3. रतनसिंह आचर 4. हालू, भिवानी 5. 1965.

जाग्रत हरियाणा : 2. साप्ता. 4. करौल बाग, दिल्ली 5. 1963–68.

जाग्रत हिन्द : 2. त्रै. 4. महात्मा गाँधी रोड, कलकत्ता 5. 1971.

जागृति : 1. सा. 2. मा. 3. फूलचन्द मानव, अजीतकुमार, कुन्दनलाल धवन 4. लोक सम्पर्क विभाग (पंजाब), 166/11ए, चण्डीगढ़ 5. 1954 (प्रच.)

जागृति : 4. बर्मा।

जागृति : 1. सा. 3. मदनमोहन गोस्वामी 4. अम्बाला 5. 1948.

जागृति : 1. सा. 2. मा. 3. जगदीशप्रसाद चतुर्वेदी, युगल चतुर्वेदी 4. मथुरा 5. 1945.

जागृति : 1. समा. 2. पा., साप्ता. 3. जे. एन. वर्मा. 4. ग्रामोदय मार्ग, विले पार्ले, बम्बई 5. 1963, 65.

जागृति : 1. समा. 2. साप्ता. 3. श्यामनारायण सक्सेना 4. कोटा (राज.) 5. 1956-65, 74.

जागृति : 1. समा. 2. साप्ता. 3. मुंशी नवजादिकलाल श्रीवास्तव, मेहरचन्द्र धीमान, जगदीश चन्द्र 'हिमकर', महावीरप्रसाद शर्मा 4. एप्लेनेड ईस्ट, कलकत्ता/बनारस मार्ग, सलकिया, हावड़ा 5. 1933-37-65.

जागृति : 1. समा. 2. साप्ता. 3. राघवानन्द शर्मा 4. नान्दी, सूबा फीजी 5. जनवरी 1940 (प्रच.) 6. 15 सेण्ट।

जागृति : 2. साप्ता. 4. सैहोर (म. प्र.) 5. 1956-57 (लगभग)

जागृति : 1. समा. 2. दै. 3. रामकान्त त्रिपाठी 4. हावड़ा, बनारस रोड, सलकिया 5. 1936-37.

जागृति : 2. साप्ता., पा. 3. श्यामनारायण, कल्याणसिंह त्यागी 4. शाहशीरी, बिजनौर (यू. पी.) 5. 1950, 60.

जागृति : 3. रामावतार यादव 4. प्रयाग।

जागृति : 3. करतारसिंह नारंग 4. किशनपोल बाजार, जयपुर 5. 1947.

जटिबंधु : 1. जा. 2. मा. 4. नौबस्ता, आगरा 5. 1966-70.

जाटव : 1. जा. 2. मा. 3. हेतराम 4. आगरा 5. 1922.

जाटवीर : 1. समा. 2. साप्ता. 3. कुँवर हुकुम सिंह 4. आगरा 5. 1925.

जाटवीर : 1. समा. 2. साप्ता., पा. 4. नौगजा, मथुरा/अलीगढ़/1956-58, 1963.

जाट समाचार : 1. जा. 2. मा. 3. कन्हैयालाल सिंह 4. गुड़गाँव 5. 1889.

जाट सेवक : 1. जा. 3. सूरजभान सिंह 4. एन. वी. सी. रोड, जयपुर 5. 1968.

जाट हितकारी : 2. मा. 3. होतीलाल 4. आगरा 5. 1901.

जात पाँत तोड़क : 3. कृष्णचन्द्र कविराज 4. काशी 5. 1929.

जात पाँत तोड़क (मण्डल) : 2. मा. 3. सन्तराम बी. ए. 4. जात पाँत तोड़क मण्डल, लाहौर 5. 1925.

जाति प्रबोधक : 2. मा. 3. दयाचन्द गोहलीय 4. लखनऊ 5. 1916.

जाति प्रबोधक : 2. मा. 3. विश्वम्भरदास गार्गीय 4. झाँसी 5. 1921.

जाति प्रबोधक : 4. आगरा 5. 1928.

जाति सुधार : 4. खण्डवा।

जातीय संदेश : 2. त्रै. 4. उदयगंज, लखनऊ 5. 1956-58.

जादू जगत : 2. त्रै. 3. लक्ष्मीनारायम दास 4. श्रीनाथ मुकर्जी लेन, कलकत्ता 5. 1968.

जायसवाल जैन : 1. जा. 2. मा. 3. डॉ. शिवचरण लाल जैन 4. एम. 91, लोदी रोड, नई दिल्ली 5. 1917.

जायसवाल प्रहरी : 1. जा. 2. मा. एम्हर्स्ट रोड, कलकत्ता 5. 1971.

जायसवाल युवक : 1. जा. 3. राजेन्द्र जायसवाल, बैजनाथ सिंह, विश्वनाथ सिंह 4. लखनऊ 5. 1939.

जायसवाल युवक : 1. जा. 2. मा. 3. ज्ञानेद्रकुमार सिंह 4. फाइन प्रिंटिंग वर्क्स, कलकत्ता 5. 1934.

जायसवाल संसार पत्रिका : 1. जा. 2. मा. 4. गिरीश पार्क, नार्थ, कलकत्ता 5. 1970.

जायसवाल समाज : 1. जा. 2. मा. 3. बी. रामचन्द 4. रवीन्द्र सारिणी 22, ताराचन्द दत्त स्ट्रीट, कलकत्ता 5. 1955, 56.

जालान : 3. विजयमोहन जोशी 4. जावरा (म. प्र.)।

जालिम : 1. समा. 2. साप्ता. 4. गाँधी प्रिंटिंग प्रेस, अजमेर 5. 1965.

जालौन टाइम्स : 3. बाबूराम त्रिवेदी 4. जालौन।

जासूस : 1. जासूसी 2. मा. 3. गोपालराम गहमरी 4. गहमर, गाजीपुर (यू. पी.) 5. 1900–28 7. इसमें प्रतिमास एक जासूसी उपन्यास, कुल लगभग 200 उपन्यास प्रकाशित।

जासूस एजेन्ट : 2. मा. 3. अजहर हुसैन 4. मोहल्ला कब्रिस्तान, तुर्कमान गेट, दिल्ली 5. 1969.

जासूस केसरी : 2. मा. 3. शारदानन्द 4. ए 56/1, सरकुलर रोड, शाहदरा, दिल्ली 5. 1970.

जासूस महल : 1. जा. 2. मा. 4. चौक, इलाहाबाद 5. जनवरी 1950.

जासूसी आँख : 2. मा. 3. रामलाल पहवा 4. ठठेरी बाजार, इलाहाबाद 5. 1961 7. नामान्तर— 'जासूसी उपन्यास', 'जासूसी चक्कर।'

जासूसी इण्डिया : 2. मा. 3. ओमप्रकाश रावत 4. चूड़ीवालान, दिल्ली 5. 1968.

जासूसी इन्द्रजाल : 2. मा. 3. जनार्दनप्रसाद जायसवाल 4. कटघर, मुट्ठीगंज, इलाहाबाद 5. 1965.

जासूसी खोज : 2. मा. 3. तिलकचन्द जैन 4. हरीनगर, मेरठ 5. 1966.

जासूसी चट्टान : 2. मा. 3. देवीदयाल गम्भीर 4. अशोक पब्लिकेशन, शोहराब, मेरठ 5. 1965.

जासूसी चमत्कार : 2. मा. 4. हरफूल बिल्डिंग, मलकागंज, दिल्ली 5. 1965.

जासूसी चिनगारी : 2. मा. 3. नरेन्द्र गुगलानी 4. माल रोड, किंग्सवे, दिल्ली 5. 1965.

जासूसी डायरी : 2. मा. 3. आर. डी. अग्रवाल 4. जमबेरीतला, इलाहाबाद 5. 1965.

जासूसी दरीचे : 2. मा. 3. सरवर हुसैनी 4. शाहगंज, इलाहाबाद 5. 1964.

जासूसी दुनिया : 2. मा. 3. एस. अब्बास हुसैनो 4. कोल्हान टोला स्ट्रीट, इलाहाबाद 5. 1953.

जासूसी पंजा : 2. मा. 3. दयानन्द वर्मा 4. दरीबा कला, दिल्ली 5. 1959.

जासूसी फन्दा : 2. नरेन्द्र कुमार 3. दरीबा कला, दिल्ली 5. 1959.

जासूसी फरिश्ता : 2. मा. 3. मनोहर सिंह 4. वाई–2, वेस्ट पटेलनगर, नई दिल्ली 5. 1968.

जासूसी फितना : 2. मा. 3. अनीस देहलवी 4. तुर्कमान गेट, दिल्ली 5. 1965.

जासूसी मंजिल : 2. मा. 3. प्रेम दीपक 4. सुभाषनगर, नई दिल्ली 5. 1968.

जासूसी मीनार : 2. मा. 3. केवलकृष्ण गाँधी 4. भोलानाथ नगर, दिल्ली 5. 1968.

जासूसी रचना : 2. मा. 3. नाजिर सैयद 4. उर्दू बाजार, दिल्ली 5. 1968.

जासूसी रहस्य : 2. मा. 3. मनोहर सिंह 4. बी/2, वेस्ट पटेलनगर, नई दिल्ली 5. 1968.

जासूसी राज : 2. मा. 3. मोहिन्दर सिंह 4. बी.- 197, वेस्ट पटेलनगर, नई दिल्ली 5. 1962.

जासूसी शतरंज : 2. मा. 3. मनोहर सिंह 4. वी. 202, वेस्ट पटेलनगर, नई दिल्ली 5. 1969.

जासूसी शिकंजा : 2. मा. 3. मोहिन्दर सिंह 4. बी./197, वेस्ट पटेलनगर, नई दिल्ली 5. 1964.

जासूसी संसार : 2. सा. 3. श्रीचंद जैन 4. किनारी बाजार, दिल्ली 5. 1967.

जासूसी सदी : 2. मा. 3. नाजिर सैयद 4. उर्दू बाजार, दिल्ली 5. 1966.

जासूसी साया : 2. मा. 3. सुभाषचन्द्र बेदी 4. 29/18, मोदीनगर, नई दिल्ली-15 5. 1966.

जासूसी हंगाम : 2. मा. 3. सुशीलकुमार जैन 4. हरीनगर, मेरठ 5. 1970.

जासूसी क्षेत्र : 2. मा. 3. जनार्दन प्रसाद 4. अतर सुइया, इलाहाबाद 5. 1966.

जाह्नवी: 1. वि. 2. मा. 4. श्रीकांत उपासनी 4. चुनार 5. 1908.

जाह्नवी : 2. मा. 4. मन्दिर झण्डेवाला, नयी दिल्ली 5. 1966.

जिन्दगी और व्यापार : 2. मा. 4. जमालपुर, मुंगेर 5. 1961.

जिन्दाबाद : 1. समा. 2. पा. 3. जयपालसिंह कश्यप 4. महात्मा गाँधी मार्ग, इलाहाबाद 5. 1970.

जिजीविषा : 1. सा. 2. त्रै. 3. ब्रजनन्दनलाल शर्मा, महेन्द्र चौधरी, सुशील शर्मा 4. खजानेवालों का रास्ता, बी 5, ध्रुव मार्ग, तिलकनगर, जयपुर 5. 1969. (अल्पायु) 7. नवीन साहित्य का लघुपत्र।

जिन वाणी : 1. जा., धा. 2. मा. 3. केशरीकिशोर 'केशव', शान्ता भानावत, फूलचन्द जैन 'सारंग' 4. तिलकनगर, जयपुर/भूपालगढ़ 5. 1942, 43.

जिन वाणी : 1. धा. 2. मा. 4. बिहार अहिंसा धर्म परिषद्, कलकत्ता।

जियालाल प्रकाश : 1. जा. 2. साप्ता. 3. जियालाल 4. फारुखनगर, गुड़गाँव, दिल्ली (1890-91) 5. 1987-94.

जिला की बातें : 2. पा. 4. गया. 5. 1956 लगभग।

जिला गजट : 2. मा. 4. बाँदा 5. 1922.

जिला गजट : 2. मा. 4. मिर्जापुर।

जिला समाचार संदेश : 1. समा. 2. साप्ता. 3. गिरधारीलाल 4. निम्भाड़ा, चित्तौड़गढ़ 5. 1970-71.

जिष्णु : 1. समा. 2. साप्ता. 3. रमेशचन्द मिश्र 4. नयागंज, फतेहपुर 5. 1969.

जिज्ञासा : 2. त्रै. 4. रीवां 5. 1955.

जिज्ञासु : 3. स्वामी अभयानन्द 4. हनुमान रोड, बम्बई 5. 1998. वि.।

जिज्ञासु : 2. मा. 3. हरनारायण शर्मा 4. वेदरत्न विद्यालय, दानापुर 5. 1922.

जीत : 2. मा. 4. वेस्ट पटेलनगर, नई दिल्ली 5. 1964-65.

जीत हमारी : 2. मा. 4. सोनीपत (हरि.) 5. 1966-69.

जीता संसार : 1. समा. 3. साप्ता. 3. डॉ. हरिसेवक द्विवेदी 4. लश्कर, ग्वालियर 5. जून 1945, 46 7. समाजवादी पत्र।

जीना सीखो : 1. सां. 2. मा. 3. ए. बी. गुरुदेव 4. सिकन्दरपारा स्ट्रीट, कलकत्ता 5. 1959.

जीवदया (जीव दया बन्धु) : 1. सा. 2. मा. 3. श्यामलाल पाण्डवीय 4. मुरार, ग्वालियर 5. 1975 वि.।

जीवदया : 2. मा. 4. दरभंगा 5. 1936 7. गोरक्षा आन्दोलन का प्रेरक पत्र।

जीवदया धर्मामृत : 1. धा. 2. मा. 4. बम्बई 5. 1914.

जीवन : 2. साप्ता. 3. गणेशदत्त शर्मा 'इन्द्र', प्यारेलाल गौड़, अनन्तबिहारी माथुर 4. मथुरा 5. 1923-25.

जीवन : 1. समा. 2. साप्ता. 3. सिवमंगल गाँधी 4. गोरखपुर 5. स्वातंत्र्य पूर्व 7. निर्भीक राष्ट्रीय पत्र।

जीवन : 1. समा. 2. साप्ता. 3. रामप्रसाद मिश्र 4. कानपुर 5. 1911/13-14.

जीवन : 1. सां. 2. मा. 3. विष्णुकुमार शुक्ल, बनवारीलाल वर्मा, मधुसूदन चतुर्वेदी 4. गुप्ता लेन, जोड़ा सांकू, 16, वाराणसी घोष स्ट्रीट, कलकत्ता 5. 1947.

जीवन : 2. साप्ता. 3. जगन्नाथप्रसाद मिलिन्द, काशीनाथ चतुर्वेदी, विष्णुप्रसाद व्यास 4. लश्कर, ग्वालियर 5. 1940-41 (प्रच.)।

जीवन अमृत : 1. धा. 2. मा. 4. बाबरा चौक, रोहतक 5. 1966-69.

जीवन और समाज : 1. सा. 2. साप्ता., वा. 3. ए. दास गुप्त 4. ए 21, वालीगंज, स्टेशन रोड, कलकत्ता 5. 1963.

जीवन का पानी : 2. मा. 4. स्वरूपनगर, कानपुर 5. 1956-57. (लगभग)।

जीवन कल्याण : 2. वा. (बहु.) 4. शुगर मिल्स, ववादा, कोल्हापुर 5. 1961.

जीवनगंगा : 3. स्वतंत्रप्रभाकर यादव 4. देशबन्धु प्रेस, छत्तरपुर 7. स्वातंत्र्योत्तर।

जीवन जागृति : 1. समा. 2. साप्ता. 4. गुड़गाँव 5. 1964-69.

जीवन ज्योति : 1. समा. 2. साप्ता. 3. सदाराम लोदी 4. बड़ा बाजार, बरेली 5. 1964.

जीवन ज्योति : 3. विद्यावती कोकिल, अनन्तप्रसाद विद्यार्थी 4. बहादुरगंज, इलाहाबाद 5. 1938.

जीवन ज्योति : 4. सैलाना (म. प्र.) 5. 1939-40.

जीवन तरंग : 1. समा. 2. साप्ता. 4. अलगीरीगंज, बरेली 5. 1961-71.

जीवन दीप : 1. धा., दा. 2. मा. 3. जुलियस साफत 4. स्वरूपनगर, कानपुर 5. 1957.

जीवनधारा : 1. चि. 2. मा. 3. रामबल्लभ 4. जरियों का रास्ता, 1688, तिलसाली भवन, जयपुर, 5. 1966.

जीवनध्येय : 1. समा. 2. साप्ता. 3. राजकिशोर शुक्ल 4. द्वारा-मुन्नालाल पंसारी, सतना 5. 1968.

जीवनपथ : 1. चि. 2. मा. 3. विकास देव 4. सेक्टर 21/डी., चण्डीगढ़ 5. 1968.

जीवनपथ : 2. मा. 3. शिवनारायण अग्निहोत्री 4. देवसमाज प्रधान कार्यालय, मोगा (पंजाब) 5. 1951-69.

जीवनप्रभा : 3. भूदेव झा 'अमर' 4. झाँसी।

जीवन प्रभात : 1. समा. 2. द्विमा. 3. एस. (एच.) एन. मिश्र 4. कैलाश भवन, बम्बई 5. 1968.

जीवन प्रभात : 2. मा. 3. केदारनाथ सिंह रोड, मुजफ्फरपुर 5. 1959-62.

जीवन मार्ग : 1. व्या. 2. पा., मा. 3. के. के. दास 4. गवर्नमेण्ट प्लेस, हयात खाँ लेन, पूर्वी कलकत्ता 5. 1947–78 7. परिवहन विषयक पत्र।

जीवन यज्ञ : 1. समा. 2. पा. 4. वृंदावन रोड, मथुरा 5. 1959–61, 71.

जीवन योग : 1. धा., दा. 2. मा. 3. हरिभक्त चैतन्य 4. इब्राहीम रोड, कलकत्ता 5. 1958–63.

जीवन विज्ञान : 2. मा. 3. चन्द्रराज भण्डारी 4. भानुपुरा, इन्दौर 5. अप्रैल 1946, 48.

जीवन विज्ञान : 3. पैडा हरिवक्ष जोशी 4. कलकत्ता 5. 1963 वि.।

जीवन शिक्षा : 1. बा. 2. मा. 3. तरुण भाई 4. सर्वोदय साहित्य प्रकाशन, गोलघर, बुलानाना, वाराणसी 5. 1957–77 7. पर्याप्त लोकप्रिय। 1977 में लगभग सोलह हजार प्रतियाँ प्रकाशित।

जीवन शिक्षा : 7. हरियाणा सरकार का पत्र।

जीवन संघर्ष : 1. समा. 2. साप्ता 4. नुन्हाई, आगरा 5. 1964–71.

जीवन सन्देश : 1. समा. 2. साप्ता. 4. खेजड़ी मार्ग, जयपुर 5. 1970. 7. 'लोकवाणी' (जयपुर) से प्रकाशित–अल्पायु पत्र।

जीवन सखा : 1. चि. 2. मा. 3. विट्ठलदास मोदी, डॉ. बालेश्वरप्रसाद 4. लूकरगंज, प्रयाग 5. 1936–39 7. प्राकृतिक चिकित्सा का पत्र।

जीवन सखा : 2. मा. 3. अर्जुनदेव बर्म्मन 4. कलकत्ता 5. अगस्त 1937.

जीवन सरिता : 3. भारतभूषण 4. नई दिल्ली।

जीवनसार : 1. सां. 2. मा. 3. शिवनारायण शर्मा 4. प्रेम गली, गौशाला रोड, सहारनपुर 5. 1968.

जीवन साहित्य : 1. अहिंसक नव रचना का प्रतिनिधि प्राकृतिक चिकित्सा का प्रचारक 2. मा. 3. हरिभाऊ उपाध्याय, महावीरप्रसाद पोद्दार, विट्ठलदास, मोदी, बनारसीदास चतुर्वेदी, यशपाल जैन, डॉ. सुधीन्द्र 4. सस्ता साहित्य मण्डल, नई दिल्ली 5. अगस्त 1940 7. विशेष–जमुना लाल स्मृति अंक (1942), हरिभाई श्रद्धांजलि अंक (1972)।

जीवन साहित्य : 2. मा. 3. भानुकुमार जैन, पद्मसिंह शर्मा 'कमलेश' 4. हिन्दी विद्यापीठ, साधना मन्दिर, बम्बई 5. 1939, 40.

जीवन सुधा : 1. चि. 2. मा. 3. शान्तिप्रसाद जैन, यशपाल जैन 4. औषध भण्डार, चाँदनी चौक, दिल्ली 5. 1930–69.

जीवन सुधा : 3. जानकीशरण शर्मा 4. प्रयाग 5. 1948 (लगभग)।

जीवन स्त्रोत : 1. धा. 2. मा. 4. क्लेफाइण्ड, शिमला 5. 1967.

जीवन हितैषी : 2. मा. 3. अतिलकुमार मित्तल 4. न्यू ब्लॉक, शिवपुरी (म. प्र.) 5. 1970.

जीवनी : 1. धा. 2. मा. 3. चम्पालाल कर्णावट 4. जौहरी बाजार, जयपुर 5. 1941.

जीविकाधिकार : 3. भगीरथ पाण्ड्या 4. बीकानेर 5. 1973.

जीवोद्धार : 2. मा. 4. बम्बई 5. 1918.

जगत : 2. मा. 4. उदयपुर 5. 1956–58.

जुगाली : 1. वा. 2. मा. 3. आनंदकमल जगदीश 4. जीरो रोड, इलाहाबाद 5. 1964.

जुगुनू : 1. समा. 2. पा. 4. खाईदोश, अलीगढ़ 5. 1971.

जुझौतिया दर्शन : 1. जा. 2. मा. 4. कमल दीक्षित 4. गोविन्दपुरा, भोपाल 5. 1969.

जुझौतिया प्रभा : 1. जा. 2. मा. 4. मऊरानीपुर (झाँसी) 5. 1920.

जुझौतिया बन्धु : 1. जा. 2. मा. 3. कान्ताप्रसाद बावले 4. उन्नाव गेट, झाँसी 5. 1970.

जुझौतिया मार्तण्ड : 1. जा. 3. सुन्दरलाल द्विवेदी 4. बड़ा गाँव गेट, झाँसी 5. 1969.

जुही : 2. मा. 3. शम्भुनाथ अग्रवाल 4. लीडर प्रेस रोड, इलाहाबाद 5. 1960.

जून : 2. अर्द्धवा. (हि., अं., क.) 4. राजकीय महिला कालेज, नव कदल, श्रीनगर 5. 1967.

जे. के. पत्रिका : 2. मा. 3. राममूर्ति महरोत्रा 4. कमला टावर, कानपुर 5. 1960 7. प्रतिष्ठान पत्र।

जेब्रा : 1. समा. 2. दै. 3. एम. आर. थारअनी 4. बम्बई 5. 1965.

जेबालय : 2. मा. 3. नूरपपुर, काँगड़ा 5. 1966.

जैकाल : 3. पद्मकांत गुप्त 4. कानपुर।

जैन : 2. सापा. 4. अहमदाबाद।

जैन : 1. धा. 3. जवाहरलाल जैन 4. जयपुर।

जैन : 1. जा., धा. 2. सापा. 4. प्रयाग।

जैन (साप्ताहिक) : 1. जा. 2. साप्ता. 3. जीयालाल 4. फर्रूखनगर (गुड़गाँव) 5. 1884-94.

जैन : 2. सापा. 3. देवचन्द दास 4. भावनगर 5. 1902 6. 5.50) वा.

जैन उद्योग : 1. व्या. 2. पा. 3. बी. सी. जैन 4. गंगा-जमुना मार्ग, नागपुर 5. 21 अप्रैल 1948, 58.

जैन कल्याण : 1. धा. 2. मा. 4. अजमेर 5. 1954-61.

जैन कान्फ्रेन्स प्रकाश : 2. सापा. 4. अजमेर 5. 1915.

जैन केसरी : 1. धा., जा. 2. सापा. 3. सुदर्शनलाल जैन 4. हाथरस 5. 1926.

जैन गजट : 1. जा., धा. 2. सापा., पा. 4. रघुनाथ सरैना, घासीराम, मुन्नालाल 4. मथुरा 5. 1895-1918.

जैन गजट : 1. धा. 4. अलीगढ़ 5. 1906-15.

जैन गजट : 1. धा., जा. 2. सापा. 3. बंशीधर शास्त्री 4. नई सड़क, दिल्ली 5. 1895.

जैन गजट : 2. सापा. 3. जवाहरलाल शास्त्री 4. खुरीया, सागर 5. 1910.

जैन गजट : 2. सापा 4. इन्दौर 5. 1938.

जैन गजट : 1. जा. 2. सापा., दै. 3. अजितकुमार शास्त्री, रघुनाथ दास, लीलाराम शास्त्री 5. दिगम्बर जैन महासभा, कलकत्ता 5. 1886, 24, 25 6. रु. 3.50.

जैन गजट : 1. धा. 2. फा. 4. आरा. 5. 1901.

जैन गजट : 1. जा. 2. सापा. 4. देवबन्द, सहारनपुर 5. 1896.

जैन गजट : 1. जा., धा. 2. मा., सापा. 3. वर्धमान पार्श्वनाथ शास्त्री 4. दिगम्बर जैन सभा, अजमेर 5. 1895-1925 (प्रच.) 7. राजस्थान का सबसे पुराना प्रचलित पत्र।

जैन जगत : 1. जा. 2. मा. 3. रिषभदास राँका, चन्दनलाल 'चाँद' 4. भारत जैन महामण्डल, 15 ए, हार्निमल सर्कल, बम्बई 5. 1947. (प्रच.) 7. द्रष्टव्य-आहार विशेषांक।

जैन जगत : 1. जा. 3. कपूरचन्द पाटणी 4. अजमेर 5. 1925.

जैन जगत : 1. धा. 2. मा. 4. गुलटेकड़ी, पूना 5. 1947.
जैन जगत : 1. जा. 2. मा. 3. हीराराव चावड़े 4. भारत जैन महामण्डल, वर्धा 5. 1947.
जैन जागरण : 1. जा., धा. 2. मा. 4. फीरोजाबाद, आगरा 5. 1961-68.
जैन जीवन : 1. धा., जा. 2. पा. 4. भारतनगर, बम्बई 5. 1957-58.
जैन दर्पण : 1. जा. 2. मा. 3. प्रेमचंद जैन 4. कटियारी भवन, हाई वे, जयपुर 5. 1970.
जैन दर्शन : 1. जा. 2. साप्ता. 3. निर्मलकुमार जैन 4. प्रताप गली, गाँधीनगर, दिल्ली 5. 1949.
जैन दर्शन : 1. जा., धा. 2. साप्ता. 4. तुकीगंज, इन्दौर 5. 1960, 49-69.
जैन दर्शन : 4. बेलनगंज, आगरा।
जैन दर्शन : 1. जा., धा. 2. मा., वा. 3. बंशीधर 4. साहित्य परिषद् मंगलवार पेठ, शोलापुर 5. 1949-59.
जैन दिवाकर : 2. मा. 3. रतनलाल बघेलवाल जैन 4. नन्दबाई, इन्दौर 5. 1920.
जैन ध्वज : 1. जा., धा. 2. मा. 4. उज्जैन 5. 1936.
जैन नारी हितकारी : 1. म. 2. मा. 3. ज्योतिप्रसाद 4. देवबन्द, सहारनपुर 5. 1911.
जैन पताका : 1. धा., जा. 2. मा. 4. कलकत्ता 5. 1908.
जैन पथप्रदर्शक : 1. जा., धा. 2. मा. 3. वीरभक्त 4. मानपाड़ा, आगरा 5. 1917, 18.
जैन परिवार : 1. जा. 2. मा. 4. कलकत्ता।
जैन पत्रिका : 1. धा. 2. मा. 4. प्रयाग 5. 1900.
जैन पत्रिका : 1. धा. 2. मा. 3. चुन्नीलाल, मुकुन्दराम 4. मुरादाबाद 5. 1881.
जैन पत्रिका : 1. धा. 2. मा. 3. ज्ञानचंद 4. लाहौर 5. स्वातंत्र्य पूर्व।
जैन धर्मप्रकाश : 1. धा. 2. मा. 3. बकराम रोड़े 4. वर्धा 5. 1893.
जैन प्रकाश : 1. जा., धा. 2. साप्ता. 3. शानीलाल (शान्तिलाल) बनमाली, आनंदराज सुराना 4. जैन कॉन्फ्रेन्स, 12, शहीद भगतसिंह मार्ग, नई दिल्ली 5. 1912-13 7. प्रसार संख्या 1386 (लगभग)
जैन प्रकाश : 1. जा., धा. 2. द्विभा (हि., उ.) 3. जियालाल 4. फारूखनगर (हरियाणा) 5. 14 नवम्बर 1884 7. हरियाणा का प्रथम पत्र।
जैन प्रकाश : 1. धा., जा. 2. पा., साप्ता. 3. जौहरी मूरजमल, लल्लूभाई 4. भाँगवाड़ी, बम्बई 5. 1923.
जैन प्रकाशक : 2. मा. 3. सूरजभान 4. देवबन्द, सहारनपुर।
जैन प्रचारक : 1. जा. 2. मा. 3. मथुरादास जैन, राजेन्द्र कुमार, चिंतामणि 4. दरियागंज, दिल्ली 5. 1909, 11.
जैन प्रभाकर : 1. धा. 2. मा. 3. पं. गोपीनाथ 4. लाहौर 5. 1891.
जैन प्रभाकर : 1. धा. 3. छोगालाल, बिलाला 4. अजमेर।
जैन प्रभात : 1. जा., धा. 3. पन्नालाल, मुन्नालाल 4. सागर 5. अगस्त 1947.
जैन प्रभादर्श : 1. धा. 2. मा. 4. शोलापुर।
जैन बन्धु : 1. जा. 3. श्रीप्रकाश जैन 4. जयपुर/दिल्ली 5. 1920.
जैन बोधक : 1. जा. 2. पा. 3. रावजी सखाराम दोशी, वर्द्धमान पार्श्वनाथ शास्त्री 4. शोलापुर 5. 1884.

जैन भारती : 1. धा., जा. 2. साप्ता., मा. 3. बी. सी. भंसाली, सुमेरमल सुराणा, श्रीचन्द्र रामपुरिया, बच्छराज संचेती, मोहन लाल बठिया 4. जैन श्वेताम्बर, तेरापंथी महासभा, पुर्तगीज चर्चस्ट्रीट, हरिसन रोड, कलकत्ता-6, 5. 1939-52.

जैन भास्कर : 1. धा. 2. मा. 4. फारुखनगर 5. 1897.

जैन मत : 1. जा., धा. 2. मा. 4. कटरा मोतीराम, अमृतसर 5. 1969.

जैन मत पोषक : 3. जवाहिर लाल जैन 4. जयपुर।

जैन महिलादर्श (दर्शन) : 1. म. 2. मा. 3. एम. के. कपाड़िया, पण्डिता चन्द्रावती (चंदाबाई) 4. गाँधी चौक, सूरत/बम्बई 5. 1922.

जैन मार्तण्ड : 2. मा. 3. मिश्रीलाल सौगानी 4. हाथरस 5. 1916.

जैन मिलन समाचार : 1. जा. 2. मा. 3. नेमीचन्द्र जैन 4. अजीतप्रसाद मार्ग, देहरादून 5. 1969.

जैन मित्र : 1. जा. 2. साप्ता. 3. मूलचन्द, किशनदास, गोपालदास कपाड़िया, शीतलाप्रसाद, परमेष्ठीदास, नाथूराम आदि 4. बम्बई दिगम्बर जैन प्रान्तिक सभा, गाँधी चौक, सूरत। 5. 1899, 1905-16, 20 6. 10) वा. 7. प्रसिद्ध प्राचीन पत्र।

जैन युग : 1. जा., धा. 2. मा. 4. नेता जी सुभाष रोड, कलकत्ता 5. 1968-69.

जैन वाणी : 1. जा., धा. 3. फूलचन्द जैन, चम्पालाल कर्णावट 4. सम्यक् ज्ञान प्रचार मण्डल, जोधपुर/भोपालगढ़ 5. 1948.

जैन विजय : 1. जा. 2. मा. 3. मानमल काशलीवाल 4. जिगम्बर जैन युवक समिति, कलकत्ता 5. 1921.

जैन विनती : 1. धा. 3. पन्नालाल 4. मुरादाबाद 5. 1893.

जैन वीर : 1. धा. 2. मा. 4. नागपुर।

जैन श्वेताम्बर कान्फ्रेन्स होल्ड : 1. धा. 2. मा. 4. बम्बई 5. 1915.

जैन शासन : 3. शान्तिलाल सिंधी 4. घोड़ों का चौक, जोधपुर 5. 1970.

जैन शासन : 1. जा. 2. साप्ता. 4. भावनागर 5. 1916.

जैनशिक्षण सन्देश : 1. धा. 3. शोभाचन्द भारिल्ल 4. व्यावर 5. 1936.

जैन संगम : 1. जा. 2. मा. 3. महावीरप्रसाद 4. जौहरी बाजार, जयपुर 5. 1963.

जैन सन्देश : 1. जा. 2. साप्ता. 3. नेमीचन्द्र जैन 4. चौरासी, मथुरा 5. 1951.

जैन सन्देश : 1. जा. 3. बलभद्र जैन 4. मोती कटरा, आगरा 5. 1936.

जैन संसार : 1. धा. 2. मा. 3. नेमोचन्द कोठारी 4. बरार/बम्बई 5. 1917 (वीर . सं. 2442,43)

जैन समाचार : 1. जा., धा. 2. मा. 3. कन्हैयालाल 4. लखनऊ 5.1895.

जैन समाज सुधार लेखमाला : 1. धा. 2. मा. 3. मुनि परमानन्द जैन 4. जैनसुधारक मण्डल, मद्रास 5. 1981.

जैन साहित्य संशोधन : 1. त्रै, मा. 3. श्रीजिनविजय 4. पूना 5. 1922 (वीर. सं. 2446)।

जैन सिद्धान्त : 1. जा. 2. मा. 3. प्रेमचन्द जैन 4. नसीराबाद (राज.)। 5. 1969.

जैन सिद्धान्त : 1. जा. 2. मा. 3. बंशीधर शास्त्री 4. पूना 5. 1920.

जैन सिद्धान्त भास्कर : 1. जा., दा., शो. 2. त्रै. (1933), अर्द्धवा. (1940) 3. नेमिचन्द जैन, ए. एन. उपध्ये. खुशालचंद, पद्मराज, रानीवाला, कामताप्रसाद जैन, हीरालाल 4. आरा 5. 1913.

जैन सिद्धान्त भास्कर : 1. जा., वा. 2. त्रै. 3. पद्मराज 4. कलकत्ता 5. 1918.

जैन सुधार लेखमाला : 1. जा. 2. मा. 3. मुनि परमानन्द 4. सेण्ट थामस माउंट, मद्रास 5. 1924.

जैन हितैषी : 2. मा. 3. पन्नालाल बाकलीवाल 4. मुरादाबाद।

जैन हितैषी : 3. जुगुलकिशोर, मुख्तार पन्नालाल 4. जैन ग्रन्थ रत्नाकर कार्यालय, कालबा देवी, बम्बई 5. 1900, 15 (वीर. सं. 2430)।

जैन हितेच्छु : 1. जा. 2. त्रै., मा. 4. बम्बई 5. 1915.

जैनहितोपदेशक : 1. जा. 4. सहारनपुर 5. 1898.

जैनी : 1. जा. 2. मा. 3. बच्चूलाल 4. प्रयाग 5. 1899 6. 2.25) वा.

जैनोदय : 1. जा., धा. 2. सासा. (अ. हि. गु.) 3. जगजीवन चूतरचाल, समीप ट्राली स्टेशन, सुरेन्द्रनगर (गुज.) 5. 1964.

जैमिनी : 1. सा 2. सासा., त्रै., अर्द्धवा 3. ऋषि जैमिनी, कौशिक बरुआ 4. 121, माधोभवन, महात्मा गाँधी रोड, कलकत्ता 5. 1964, 67.

जैसवाल जैन : 1. जा. 2. मा. 3. महेन्द्र 4. सिविल लाइन्स, आगरा 5. 1918-24.

जोकर : 1. हास्य. 2. मा. 3. नरेन्द्र, सत्येन्द्र चतुर्वेदी 4. मथुरा 7. मुख्य स्तम्भ-चकल्लस (ब्रज भाषा हास्य), खट्टा-मीठा-चरपरा (टिप्पणी), पुस्तक-एक्सरे (समीक्षा) आदि।

जोरदार : 1. व्यंग्य 2. सासा. 3. पन्नालाल त्रिपाठी 4. मिंट स्ट्रीट, जी. टी., मद्रास 5. 1960-62.

जोश : 1. समा. 2. सासा. 4. नेहरू बाजार, कानपुर 5. 1962-72.

जोश : 1. समा. 2. सासा. 4. चोपड़ा प्रिंटिंग प्रेस, जालंधर 5. 1956 (लगभग)।

जौनपुर समाचार : 1. समा. 2. दै. 4. जौनपुर।

जौनी रिपोर्टर : 1. फि. 2. पा. 4. कूचा सेठ, दरीबा कलां, दिल्ली 5. 1971.

जौहर : 1. समा. 2. सासा. 3. पुरुषोत्तमदास टण्डन 5. भरतपुर 5. 1966.

जौहरी : 1. समा. 2. सासा. 3. रामप्रकाश शर्मा 4. कसुहीनगर गली, फीरोजपुर सिटी 5. 1967.

ज्योति : 1. सासा. 2. मा. 3. विद्यावती सेठ 4. लायलपुर, लाहौर 5. 1977 वि. 1920.

ज्योति : 2. मा. 4. त्रिनिडाड।

ज्योति : 1. समा. 2. पा., मा. 4. स्वतंत्र भारत प्रेस, पो. 66, आगरा 5. 1950 (लगभग)-56.

ज्योति : 2. मा. 4. काल्का गली, वाराणसी 5. 1950-58.

ज्योति : 2. मा., द्विभा. (हि., उ.) 3. दुर्गाप्रसाद काचरू 4. कश्मीर 5. अप्रैल 1947 7. लीथो पर मुद्रित यह पत्र लगभग पाँच-छह वर्षों तक प्रचलित रहा।

ज्योति : 2. वा. 4. अर्थशास्त्र परिषद्, प्रयाग विश्वविद्यालय, प्रयाग।

ज्योति : 2. वा. 4. गिरगाँव रोड, बम्बई 5. 1953.

ज्योति : 1. समा. 2. सासा. 4. रणछोड़दास गट्टाणी 4. जोधपुर।

ज्योति : 1. सा. 3. सत्येन्द्र 4. जयपुर।

ज्योति : 2. सासा. 3. भवानीदत्त जोशी 4. अलमोड़ा।

ज्योति : 2. मा. 3. पारसचन्द सरस्वती, विष्णुनारायण शर्मा 4. कलकत्ता 5. फरवरी 1937.

ज्योति कलश : 1. सा. 2. मा. 4. भूतेश्वर, बम्बई 5. 1962-66.

ज्योति किरण :1. समा. 2. साप्ता. 3. प्रेमदास, जे. एम. मैके 4. रसालपुर प्रेस, महू (म.प्र.)/ नीमच 5. 1915, 24.

ज्योति किरण : 2. साप्ता. 4. जबलपुर 5. 1914.

ज्योति चरण : 2. मा. 3. डूँगरगढ़, चूरू 5. 1965-67.

ज्योतिमाद : 1. दा. 2. मा. 3. सुरेन्द्र सिंह 4. कुन्दनपुरी, सिविल लाइन्स, लुधियाना 5. 1969.

ज्योति पुष्प : 2. पा. 4. केंदुइया बाजार, पो. कुलो धर्मपुर (बंगाल) 5. 1965-69.

ज्योति प्रभा : 2. मा. 3. भगवानदास बरमन 4. होसंगाबाद।

ज्योति माला : 1. समा. 2. मा. (हि., अं.) 3. जगपति सिंह 4. सुन्दर बाग, लखनऊ 5. 1969.

ज्योति रहस्य : 2. साप्ता. 4. बिजनौर।

ज्योति विज्ञान : 2. मा. 4. महू (म.प्र.) 5. 1947.

ज्योति विज्ञान : 1. ज्यो. 2. मा. 3. मूलचन्द शर्मा 5. महू (म.प्र.) 5. 1948.

ज्योति शिखा : 1. धा. 2. त्रै. 3. एम.एम. भण्डारे 5. इम्पायर बिल्डिंग, अर्ग्रेयल फोर्ट, बम्बई 5. 1966.

ज्योतिष : 3. कृष्णमुरारीलाल शर्मा 4. लखनऊ।

ज्योतिष : 2. मा. 4. फतेहपुरी, दिल्ली 5. 1958-59.

ज्योतिष एवं आयुर्वेद : 1. ज्यो. 2. मा. 3. रामनाथ शर्मा 4. मोती कटरा, आगरा 5. 1964.

ज्योतिष करिश्मा : 1. ज्यो. 2. मा. 4. जोधपुर 5. 1964-65.

ज्योतिष कल्प : 1. ज्यो. 2. मा. 3. कृष्णमुरारी मिश्र 4. अष्टभुजा मार्ग, अमीनाबाद रोड, लखनऊ 5. 1969.

ज्योतिष टाइम्स : 1. ज्यो. 2. मा. 4. पूर्वी पटेलनगर, नयी दिल्ली 5. 1973.

ज्योतिष बोध : 1. ज्यो. 2. मा. 3. राधेश्याम कौशिक 4. अंसारी रोड, मुजफ्फरनगर 5. 1970.

ज्योतिष बोध : 1. ज्यो. 2. मा. 3. राधेश्याम कौशिक 4. म्यूनिसिपिल कॉलोनी, सहारनपुर।

ज्योतिष्मती : 1. ज्यो. 2. त्रै., पा. 3. हरदेवं शर्मा त्रिवेदी 4. सोलन, शिमला (हिमा.) 5. 1956-57 (प्रच.)।

ज्योतिष्मती : 1. ज्यो. 2. त्रै. 4. कटरा खुशहाल राय, दिल्ली 4. 1957-59.

ज्योतिष मार्तण्ड : 1. ज्यो. 2. मा. (हि., सं.) 4. हरिजन गेट, जालंधर 5. 1956.

ज्योतिष मार्तण्ड : 1. ज्यो. 2. मा., त्रै. (हि., अं.) 3. राजरानी, देवला 4. गणेश मार्ग, बापूनगर, जयपुर 5. 1969.

ज्योतिष मार्तण्ड : 1. ज्यो. 2. मा. 4. फारूखनगर, गुड़गाँव, दिल्ली।

ज्योतिष विज्ञान : 1. ज्यो. 2. मा., त्रै. 3. ताराचंद शास्त्री 4. गोविन्द बनर्जी लेन, सलकिया, हवड़ा।

ज्योतिष विज्ञान : 2. मा. 2. गुरुद्वारा रोड, करोल बाग, नई दिल्ली 5. 1959-65.

ज्योतिष समाचार : 2. ज्यो. 2. मा. 3. प्रह्लाददत्त शर्मा 4. रेवाड़ी 5. 1928.

ज्योति संकेत : 3. लक्ष्मीकांत शुक्ल 4. भोपाल।

ज्योत्स्ना : 3. डा. परमानन्द गुप्त 4. बंगलोर।

ज्योत्स्ना : 1. सा. 2. वा. 3. डॉ. सरयूप्रसाद अग्रवाल 4. हिन्दी विभाग, लखनऊ विश्वविद्यालय 5. 1968.

ज्योत्स्ना :1. सा. 2. मा. 3. शिवेन्द्रनारायण 4. एन. पी. कॉलोनी, बुधु कुटी रोड, पटना 5. 1947.

ज्योत्स्ना :3. शिवशंकर शुक्ल 4. ईश्वरगंगी, काशी 5. 1942.

ज्वलन्त :2. सासा. 3. आर. एस. श्रीवत्स 4. अकोला (महा.) 4. 1968.

ज्वलंत :2. मा. 3. गली नक्कारचिया, दिल्ली 5. 1960-61.

ज्वाला :1. समा. 2. सासा. 3. बंशीधर पन्नालाल पुरोहित 4. एम. एल. रोड, सोजती गेट, जोधपुर / जयपुर 5. 1952-56.

ज्वालामुखी :1. समा. 2. सासा. 3. परदेशीराम, कृष्णकुमार 4. पंचशीलनगर, दुर्ग 5. 1958.

ज्वालामुखी :1. सा. 2. मा. 4. सिविल लाइन्स, नागपुर 5. 1952-61.

झंकार :1. सा. 3. ललितप्रसाद गुप्त 'मकरंद' 4. लखनऊ 5. 1945 (लगभग)।

झंकार :1. फि. 2. सासा. 3. सुदर्शन सिंह, न.प. देशमुख 4. गोकुल पेठ, नागपुर 5. 1951.

झंकार :2. पा. 4. बालाघाट (म.प्र.) 5. 1957-59.

झंकार :1. सा. 2. त्रै. 4. गोपाल नगर, मजीठ रोड, अमृतसर 5. 1960-62.

झंझावात : 1. समा. 2. सासा. 3. रमेशचन्द्र 4. भोपालगंज, भीलवाड़ा 5. 1963.

झकझक :1. समा. 2. सासा. 3. ओमप्रकाश शर्मा 4. आर्यनगर, सूरज रोड, मेरठ 5. 1967, 68.

झटपट :1. समा. 2. सासा. 3. श्रीनिवास त्यागी 4. काँकखेरा (यू.पी.)।

झरना :3. माधवी माधव 4. काशी 5. 1939.

झरना :2. मा. (हि., अं.) 3. श्रीमती एस. सुव्वारायन 4. दिल्ली पब्लिक स्कूल, नई दिल्ली 5. 1970.

झरना :1. बा. 2. मा. 3. नेमिचन्द जैन 'भावुक' 4. जोधपुर 5. नवम्बर 1947.

झलक :1. समा. 2. सासा. 4. जयपुर 5. 1956-57.

झाँकता तूफान मेल :1. समा. 2. सासा. 3. बाबूलाल माहेश्वरी 4. गज्जू कार्यालय, परदेशीपुरा, इन्दौर 5. 1969.

झाँकी राजस्थान की :2. सासा. 4. बाई बाग, भरतपुर 5. 1971.

झाँझरकों :2. पा. 4. प्रौढ़ शिक्षण समिति, बीकानेर।

झाँसी आबजर्बर :1. समा. 2. पा., सासा. 4. प्रेमनगर, झाँसी 5. 1967, 1969-71.

झाँसी टाइम्स :1. समा. 2. सासा. 4. दतिया गेट के भीतर, झाँसी 5. 1959-60.

झाँसी डाक :2. मा. 4. डाक-तार विभाग कर्मचारी संघ, झाँसी 5. 1954-56.

झाँसी न्यूज :1. समा. 2. सासा. 4. गोसाईपुरा, झाँसी 5. 1955-61.

झाँसी रिपोर्टर :1. समा. 2. सासा., 4. पुरानी पसरहट्ट, झाँसी 5. 1965-68.

झाँसी विकास :1. समा. 2. द्विमा. 3. योजना अधिकारी 4. जिला आयोजन कार्यालय, झाँसी 5. 1960.

झाँसी समाचार :1. समा. 2. सासा., पा. 3. अवधविहारी नायक 4. पुरानी कोतवाली, झाँसी 5. 1922, 61-65.

झाडू :2. मा. 4. सहरसा, बिहार 5. 1954.

झारखण्ड टाइम्स : 1. समा. 2. सासा. 4. हीरो क्लब रोड, राँची 5. 1970.

झालखण्ड : 2. साप्ता. 4. चौड़ा रास्ता., जयपुर 5. 1956 (लग.)।

झालावाड़ टाइम्स :1. समा. 2. साप्ता. 4. मंगीलाल दाधीच 4. जालपा, खानपुर, झालावाड़ (राज.) 5. 1968.

झिरिया संदेश :1. समा. 2. साप्ता. 4. छोटेलाल द्विवेदी 5. रीवां।

झुंझुनू समाचार :1. समा. 2. साप्ता. 4. श्यामसुन्दर पोद्दार 4. गाँधी चौक, झुझुनूँ (राज.) 5. 1967.

झुनझुना :3. कपूरचन्द जैन 4. महावीर, आगरा 5. 1938.

झोपड़ी की आवाज :1. समा. 2. साप्ता. 3. खजेलीदास हर्ष 4. बहाती चौक, बीकानेर 5. 1969.

टंकार :1 समा. 2. दै. 3. रामदुलारे त्रिवेदी 4. अशोकनगर, कानपुर 5. 1957.

टंकार :1. समा. 2. साप्ता. 4. चाँदियाना, फतेहपुर 5. 1952-65.

टंकारा पत्रिका :2. मा. 4. शिवाजी रोड, बड़ौदा 5. 1959-68.

टटका :2. मा. 4. अहिल्यापुर, जमशेदपुर 5. 1968.

टाइम एण्ड टाइड :1. समा. 2. साप्ता. 4. डूँगरपुर (राज.) 5. 1967.

टाइम बाँब :1. समा. 2. साप्ता. 3. पी.के. जैन, आर. एन. राठौड़ 4. टेल टोल गाढ़िया (महा.) 5. 1966.

टाइम्स आफ नेशन :2. पा. 4. सूरजपोल, उदयपुर 5. 1970.

टाइम्स आव राजस्थान :1. समा. 2. साप्ता. 3. अभयप्रकाश 4. के.ई. एम. रोड, बीकानेर 5. 1958-62.

टाउन एरिया समाचार :1. समा. 2. साप्ता. 4. विजयगढ़, अलीगढ़ 5. 1966-69.

टास्क :2. मा. (हि., अं.) 4. चैम्बूर, बम्बई 5. 1962-71.

टिपटाप :1. फि. 2. मा. 4. चाँदीवाली गली, पहाड़गंज, दिल्ली 5. 1967-69.

टिस्कों समाचार :2. पा. (1950), मा. (1960), त्रै. (1954) 4. टाटा आयरन एण्ड स्टील कं. जमशेदपुर 5. 1950-60.

टी.के. टाइम्स :1. समा. 2. साप्ता. 3. तेलकुमार भार्गव 4. बादशाही मण्डी, इलाहाबाद-3 5. 1969.

टी. टी. देवस्थानम जर्नल :1. समा., धा. 2. मा. 4. तिरुपति 5. 1950.

टुडे लाइट :1. समा. 2. साप्ता. 4. सर हुकुमचंद मार्ग, इन्दौर 5. 1965-66.

टूटी :1. समा. 2. पा. 3. राधेश्याम शांति 4. केदारनाथ लेन, कलकत्ता-6 5. 1966.

टम्परेंस मैगजीन :4. पंजाब 5. 20वीं शती का आरम्भ काल।

टेम्पों :2. साप्ता. 4. नदी गेट, सिंधी किचवाड़ी, ग्वालियर 5. 1971.

टेक्नीशियन :1. तक. 2. पा. 4. गली भगवानदास, दिल्ली 5. 1956 (लगभग)।

टेलीमैन : 2. मा. (हि., अं.) 4. बेयर्ड रोड, नई हिल्ली 5. 1963-71.

टेली लाइन :2. मा. 4. पटेलनगर, शादीपुरा, नई दिल्ली 5. 1955-68.

टेली वर्क्स पत्रिका :1. व्या. 2. अनि., त्रिभा. 3. रोविन्दकुमार विश्वास 4. काउन्सिल हाउस स्ट्रीट, कलकत्ता 5. 1953.

टेली सर्विस :2. त्रै. 4. सिविल लाइन्स, जालंधर 5. 1966-69.

टैक्स टाइम्स :2. मा. 4. सर्राफा, झाँसी 5. 1962-69.

टैक्स व्यापार :1. वि. 2. मा. 3. पी.सी. पारीक 4. भूपेन्द्र कोट रोड, राजकोट 5. 1969.

टैक्स रिपोर्टर :2. मा. 4. जयपुर 5. 1967.

टैक्स पड़ताल :1. विधि. 2. मा. 4. मिलरगंज, लुधियाना 5. 1971.

टैक्सी मैन :2. मा. (बहु.) 4. बम्बई 5. 1965-69.

टैगोर :1. सा. 2. मा. 3. एस. एस. मुर्दिया 4. माल्दस स्ट्रीट, उदयपुर 5. 1970.

टोंक वाणी :1. समा. 2. साप्ता. 4. तखता, टोंक (राज.) 5. 1969.

टोंक संदेश :1. समा. 2. साप्ता. 3. रहीम आबिद 4. टोंक (राज.) 5. 1969.

ट्रक ट्रांसपोर्ट पत्रिका :1. समा., व्या. 2. पा. 3. ओमप्रकाश अवस्थी 4. किदवईनगर, कानपुर 5. 1963-69.

ट्रांसपोर्ट रिव्यू :1. समा., व्या. 2. पा. 3. मैथिलीशरण मिश्र 4. चतुरयान, झाँसी 5. 1970.

ट्रिपल जासूस : 2. मा. 3. सुशीलकुमार जैन 4. हरीनगर, मेरठ 5. 1970.

ट्रेड एण्ड टेनेंट :1. व्या. 2. मा. (हि., अं.) 4. कोट गेट, बीकानेर 5. 1968.

ट्रेड एण्ड ट्रांसपोर्ट बुलेटिन :1. समा., व्या. 2. पा. 3. देवीप्रसाद गुप्ता. 4. ट्रांसपोर्टनगर, कानपुर 5. 1970.

ट्रेड बूस्टर :1. समा, व्या. 2. पा. 3. एस.के. दीक्षित 4. रेल बाजार, कानपुर 5. 1969.

ट्रेड फेयर :2. मा. (बहु.) 4. मॉडल टाउन, दिल्ली 5. 1970.

ठहरो :1. समा. 2. साप्ता. 3. भूपेन्द्रसिंह नेगी 4. कोटद्वारा, गढ़वाल 5. 1969.

ठिठोली :1. सां., हास्य 2. साप्ता., वा. 3. रतनलाल बंसल, श्यामसुन्दर गर्ग, कुमुदकान्त कश्यप 4. क्वीन्स रोड, दिल्ली 5. 1968 (प्रच.)।

ठेगेंसे :3. अरुण रंजन 4. अक्षय प्रकाशन, न्यू एशिया, पटना।

ठोकर :1. समा. 2. साप्ता. 4. शारदा चौक, रायपुर 5. 1959-62.

ठोस आवाज :1. समा. 2. मा. 3. बलदेवराज कौशल 4. बाजार फीरोजपुर कैण्ट 5. 1970.

डंका :1. समा. 2. साप्ता. 4. पीपरिया, रायपुर 5. 1956 (लगभग)।

डगर :1. डाइजेस्ट 2. मा. 3. अनिलकुमार, जाफर रजा 4. महात्मा गाँधी मार्ग, इलाहाबाद 5. 1965-66.

डनलप डीलर :1. व्या. 2. त्रै. 4. फ्री स्कूल स्ट्रीट, कलकत्ता 5. 1967.

डबरा टाइम्स :1. समा. 2. साप्ता. 3. जगदीश धींगड़ा 4. डबरा।

डबल जासूस :2. मा. 3. गौरीशंकर गुप्त 4. वकीलपुरा, बाजार गुलिया, दिल्ली 5. 1968.

डरोमत :1. समा. 2. साप्ता. 3. छेदीलाल अटल 4. मेघू रोड, हाथरस 5. 1970.

डरक (बि.) :1. समा. 2. दै. 3. श्रीमती शकुन्तला मानराव 4. सेक्टर 22 डी, चण्डीगढ़ 5. 1968.

डाकतार :2. मा. 3. हरिनारायण वर्मा 4. पार्लियामेण्ट स्ट्रीट, नई दिल्ली 5. 1956.

डाकतार कर्मचारी :1. मा. 4. गाँधी चौक, नागपुर 5. 1958-61.

डाकतार ज्योति :2. मा. 4. विधाननगर, इन्दौर 5. 1971.

डाकतार भाई :1. श्रम. 2. मा. 3. डॉ. ए.एल. वर्मा 4. दीनापुर कैण्ट, पटना 5. 1935.

डाक समाचार :1. समा. 2. साप्ता. 4. लखनऊ/झाँसी 5. 1956, 67-71.

डाकल :1. समा. 2. साप्ता., पा. 4. बूँदी (राज.) 5. 1961-66.

डाकिया :1. समा. 2. पा., मा. 4. निझाई बाजार, झाँसी 5. 1957, 70.

डाकिया :2. मा. 4. बलदाऊ चौक, उरई, जालौन 5. 1957-60.

डाक्टर :1. चि. 2. मा. 3. डॉ. राधाबल्लभ पाठक 4. पाठक कम्पनी, मथुरा 5. 1915.

डाक्टर :2. मा. 3. डॉ. बिहारी गुप्त 4. बरेली 5. 1925.

डाक्टर प्रभाकर :2. मा. 4. बम्बई।

डाक्टर भाई :2. मा. 4. ईदगाह, लखीमपुर खीरी 5. 1971.

डार्कनाइट :1. समा. 2. साप्ता. 3. प्रभुदयाल कश्यप 4. लालभाटी, जबलपुर 5. 1969.

डालमिया उद्योग पत्रिका :1. व्या. 2. मा. 4. सिंधिया हाउस, नई दिल्ली 5. 1953.

डालर :1. ज्यो. 2. साप्ता. (हि. अं.) 4. कलीना, बम्बई 5. 1969.

डिक्टैटर :1. समा. 2. साप्ता. 3. कृष्ण भारद्वाज 4. नरसिंह स्ट्रीट, ब्यावर/सदर बाजार, बाड़मेर (राज.) 5. 1965 (प्रच.)।

डिप्लोमेट :1. समा. 2. पा. 4. न्यू हैदराबाद, लखनऊ 5. 1967-69.

डिफेन्स वर्कर्स बुलेटिन :2. मा. (हि., अं.) 4. देवनगर, नई दिल्ली 5. 1965.

डी.बी.सी. समाचार :1. व्या. 2. द्विभा. 3. अमित राय 4. ऐडरसन हाउस, दामोदर बेली कॉर्पोरेशन, कलकत्ता-27 5. 1967.

डुग्गर समाचार :1. समा., सा. 2. पा. 3. मन्साराम 'चंचल' 4. फील्ड सर्वे संगठन मण्डी, मुबारक, जम्मू 5. 1966-76 7. द्रष्टव्य— 'रजत जयंती विशेषांक' (1972).

डेरी समाचार : 2. मा. 4. करनाल 5. 1971.

डेराबाल पत्रिका :1. जा. 2. मा. 4. कीर्तिनगर, नई दिल्ली 5. 1962.

डेलही जूनियर (दिल्ली जूनियर) :1. वि. 2. त्रै. 3. राजाराम 4. दिल्ली प्रशासन, शिक्षा निदेशालय, पुराना सचिवालय, दिल्ली 5. 1955.

डोगरा समाचार :1. समा. 2. साप्ता. 4. धर्मशाला काँगड़ा 5. 1956 (लगभग)।

ड्राईक्लीन पत्रिका :1. व्या. 2. मा. 4. चूड़ीवालान, दिल्ली 5. 1969.

ड्रामा एण्ड फिल्म :1. फि. 2. मा. 4. जामा मस्जिद, डिस्पेन्सरी, दिल्ली 5. 1959-61.

ढाका प्रकाश :1. समा. 2. साप्ता. 4. ढाका 5. 1869.

ढाल :1. समा. 2. साप्ता. 3. रामेश्वर सिंह 5. झाँसी मोहल्ला, भिण्ड (म.प्र.) 5. 1966.

ढाल तलवार :1. समा. 2. पा. 4. देवास (म.प्र.) 5. 1971.

ढोल की पोल :1. समा. 2. साप्ता. 4. बरेली 5. 1967-69.

तंतुवाय जगत :1. जा. 2. मा. 4. तोपखाना, मुंगेर 5. 1970.

तम्बाकू :1. कृ. 2. त्रै. 4. भारतीय कृषि अनुसंधान परिषद्, 5-एल्डम्स रोड, मद्रास 5. 1956-69.

तंत्र प्रभाकर :2. मा. 3. कन्हैयालाल, बलदेवप्रसाद मिश्र 4. म. प्र. 5. 1918.

तंत्र विहार :2. वा. 3. एल. ए. एच. दुभाषी 4. बम्बई 5. 1967.

तकनीकी समाचार : 2. साप्ता. 4. कोटा.

तटस्थ :1. सा. 2. त्रै. 4. कृष्णबिहारी सहल 4. सहल सदन, पिलानी/स्टेशन रोड, सीकर (राज.) 5. 1969.

तड़पता मानव : 1. समा. 2. साप्ता. (हि.,अं.) 4. शिवपुरी, बुलंदशहर 5. 1970.

तत्काल :3. राजकुमार 4. कवैया पथ, लखीम सराय।

तत्त्व चिन्तन :1. दा. 2. त्रै. 3. चाँदमल शर्मा 4. सी रोड, सरदारपुरा, जोधपुर 5. 1968.

तत्त्वदर्शी :3. अभिगवदाचार्य 4. लहेरीपुरा, बडौदा 5. 1922 ई.।

तत्त्व दीप : 1. धा. 2. मा. 3. जी. ए. ठक्कर 4. पारेख स्ट्रीट, बम्बई 5. 1968.

तत्त्वबोधिनी पत्रिका :1. धा. 3. गुलाबशंकर 4. बरेली 5. 1865 7. युग प्रतिनिधि पत्र।

तत्त्वज्ञ :1. समा. 2. साप्ता. 4. हापुड़ 5. 1971.

तत्त्वोदय :1. चि. 2. मा. 3. चन्द्रसेन जैन वैद्य 4. इटावा 5. 1918.

तथ्य :1. सा. 2. त्रै. 3. बालमुकुन्द मिश्र 4. तिलक बाजार, दिल्ली 5. 1969.

तनाव :1. सा. 2. त्रै. 3. हरिशंकर अग्रवाल, बंशी माहेश्वरी 4. 467, पंचमढ़ी रोड, पिपरिया (म.प्र.) 7. अल्पायु/पूर्वनाम 'आकण्ठ'। नवलेखन का वैचारिक लघुपत्र।

तनूजा :1. सा. 2. मा. 4. बजाज वार्ड, गोंदिया 5. 1966-69.

तपेश भारतीय :1. समा. 2. साप्ता. 3. जगदीश शरण 4. छोटी वामनपुरी, बरेली 5. 1970.

तब और अब :1. समा. 2. साप्ता. 4. मोदीनगर, मेरठ 5. 1967-71.

तपोभूमि :1. धा. 2. मा., साप्ता. 3. विश्वम्भरसहाय 'प्रेमी' 4. मेरठ 5. 1923 7. आर्यसमाजी पत्र। मेरठ का प्रथम साप्ता.। सरकारी हस्तक्षेप के कारण बंद।

तपोभूमि :1. सा. 2. मा. 3. ईश्वरीप्रसाद 'प्रेम' 4. वृन्दावन मार्ग, मथुरा 5. 1954.

तमसा :1. सामा. 2. साप्ता. 3. कालिका तिवारी 4. चौक, आजमगढ़ 5. 1967.

तमाचा :1. समा. 2. साप्ता. 4. अनन्तराम टण्डन 4. हिन्दू सभा कार्यालय, भिन्ड (म.प्र.) 5. 1965.

तम्बाकू :2. त्रै. 4. मद्रास।

तरंग :2. मा. 3. दुर्गादत्त जोशी 4. कनखल (हरिद्वार) 5. 1925.

तरंग :3. डॉ. मधुकर 4. राउत रोड, बम्बई।

तरंग :1. हास्य 2. साप्ता., पा. 3. कृष्णदेवप्रसाद गौड़' बेढव बनारसी, ' अशोक जी 4. सराय गोबर्धन, बनारस 5. 1939.

तरंगिणी :2. मा. 4. श्री अरविंद रोड, सलकिया, हावड़ा 4. 1960.

तरंगिणी :1. सा. 2. मा. 3. बसंतराम व्यास 4. जगतगंज, बनारस 5. जून 1915 7. 'सरस्वती' से स्पर्धा में प्रकाशित श्रेष्ठ पत्रिका।

तरंगिणी :1. सा. 2. मा. 3. वैद्यनाथ सिंह कपिल 4. श्री अरविन्द रोड, सलकिया, हावड़ा/162/12, लेक गार्डेन, कलकत्ता 5. 1960-67 7. प्रगातिशील लघुपत्र।

तरकश :1. समा. 2. साप्ता. 4. पी. रोड, कानपुर 5. 1962-71.

तराई गजट :1. समा. 2. साप्ता. 3. लखपतराम टेकचन्द 4. जसपुर (तराई) 5. 1899.

तराई टाइम्स :1. समा. 2. साप्ता. 3. रणजीत सिंह 4. रुद्रपुर, नैनीताल 5. 1966.

तराना :1. सा. 2. मा. 3. ए. एस. आजाद 4. होशियारपुर रोड, जालंधर सिटी 5. 1965.

तरुण :2. मा. 3. कृष्णनन्दन प्रसाद 4. तरुण कार्यालय, इलाहाबाद 5. 1940.

तरुण :1. सा. 2. मा. 3. रवीन्द्रसिंह भण्डारी 4. रत्तू सरकार लेन, कलकत्ता 5. 1949-53-59.

तरुण :2. त्रै. 3. मथुराप्रसाद दीक्षित, मदन श्रीवास्तव 4. पटना/मोतीहारी।

तरुण कुमायूँ :1. साप्ता. 3. मुकुन्दीलाल 4. देहरादून 5. 1922. 7. कुली बेगार आन्दोलन का प्रेरक पत्र।

तरुण गाथा :1. समा. 2. साप्ता. 3. शिवकुमार पाण्डेय 4. लोकमान मोहाल, कानपुर 5. 1970.

तरुण चेतना :1. समा. 2. साप्ता. 3. सुमेरमल कोठारी 4. महात्मा गाँधी रोड, कलकत्ता 5. 1966-67.

तरुण जैन :1. जा. 3. फतेहसिंह जैन 4. त्रिपोलिया बाजार, जोधपुर 5. 1953.

तरुण जैन :1. जा., धा. 2. मा. 3. भुँवरलाल सिंधी, चाँदमल भुतेड़िया 4. कॉमर्शियल बिल्डिंग, कलकत्ता 5. 1944.

तरुण जैन पत्रिका :1. धा., जा. 2. मा. 4. मल्हारगढ़, गुना (म.प्र.) 5. 1952-61.

तरुण ज्योति :1. सा. 2. मा. 3. जगदीश चौपड़ा 4. तरुण ज्योति, सिरसा, हिसार 5. 1970.

तरुण दीप :1. सा. 2. मा. 3. नरेन्द्र सहगल 4. गुरु मन्दिर के पीछे, सोनीपत 5. 1968.

तरुण दूत :2. साप्ता. 4. चण्डी गढ़ 5. 1970.

तरुण प्रहरी :1. समा. 2. मा. 4. राजेन्द्रनगर मार्ग, लखनऊ 5. 1970.

तरुण भारत :1. समा. 2. दै. 3. लल्लनप्रसाद व्यास 4. गौतम बुद्ध मार्ग, लखनऊ 5. 1961 7. जनसंघ दल द्वारा पोषित।

तरुण भारत :1. समा. 2. साप्ता. 3. नागेश्वरप्रसाद सिंह शर्मा, रामवृक्ष बेनीपुरी, मथुराप्रसाद शर्मा, बटुकदेव शर्मा, नन्दकिशोर लाल, शशिनाथ चौधरी (1922), गणेश पाण्डेय 4. पटना 5. 1921.

तरुण मंजूषा :1. समा. 2. मा. 3. वीरेन्द्र विवेक 4. सराय सुलतानी, अलीगढ़ 5. 1970.

तरुण मन :1. सा., सां. 2. मा. (हि., अं.) 3. नारायण देसाई, रामभूषण, श्याम बहादुर 'नम्र', कुमारप्रशांत 4. अ.भा. शान्ति सेवा मंडल, राजघाट, वाराणसी 5. 1970, 72 7. युवा पीढ़ी का लघुपत्र।

तरुण युग :1. बा. 2. मा. 3. सुदेश बिजलानी 4. देव समाज रोड, भटिण्डा 5. 1964-65.

तरुण राजस्थान :1. समा. 2. साप्ता., दै. 3. संचा.—'पथिक', संपा.—शोभालाल गुप्त, मणिलाल कोठरी, जयनारायण व्यास (1928), हरिभाऊ उपाध्याय (1931), ऋषिदत्त मेहता, देवनारायण व्यास, लक्ष्मीदेवी व्यास (1969) 4. अजमेर/जे. एन. व्यास मार्ग, जोधपुर 5. 1823 7. 'नवीन राजस्थान' का नामान्तर।

तरुण राष्ट्र :1. समा. 2. साप्ता. 3. कृष्णकुमार चंचल 4. गणेशगंज, लखनऊ 5. 1971.

तरुण समाज :2. मा. 3. नाजिर सैयद 4. सपना प्रकाशन, पहाड़ी भोजला, दिल्ली 5. 1969.

तरुण स्त्रियों की मसीही सभा का त्रैमासिक पत्र :1. जा., धा. 2. त्रै. 3. अरचर अमेरिकन 4. जबलपुर 5. 1909.

तरुण हरियाणा :1. समा. 2. साप्ता. 3. रेलवे रोड, रोहतक 5. 1966-69.

तरुणिमा :2. मा. 4. क्रास्थवेट रोड, इलाहाबाद 5. 1962-65.

तरुणोत्कर्ष :1. सा. 2. त्रै. 3. सतीश सक्सेना, ऋषिकेश गुप्त 4. गणपतिनगर, जयपुर 5. 1969.

तलाश :1. समा. 2. साप्ता., मा. 3. मुस्ताक अहमद रिजवी 4. सब्जीमण्डी, बिसातखाना, झाँसी 5. 1964-67, 70.

तलाशे राष्ट्र :1. समा. 2. पा. 4. देहरादून 5. 1953, 64-69.

तवान :1. समा. 2. साप्ता. 3. नानकप्रसाद अस्थाना 4. मलखाना मण्डीसा, हरदोई 5. 1936.

तस्क :2. मा. 3. एच. बी. शेख 4. बम्बई 5. 1962.

तहरीक :1. समा. 2. पा. 4. जी. एस. चौधरी 4. मॉडल टाउन, दिल्ली रोड, रोहतक 5. 1966.

ताण्डव :1. समा. 2. पा. 3. शैलेन्द्रकुमार पाठक 4. चित्रा प्रिण्टर्स, 11 दरियागंज, दिल्ली 5. 1966.

ताण्डव : 1. समा. 2. साप्ता. 4. जौनपुर 5. 1954-67.

ताज गाइड :2. मा. (हि., अं.) 4. कुर्ला, बम्बई, 5. 1966-68.

ताज टाइम्स :1. समा. 2. साप्ता. 4. पथवारी, आगरा 5. 1964.

ताजा तार (समाचार) :1. समा. 2. साप्ता., दै. 3. राजेन्द्रकुमार, श्यामसुन्दर लाल, राजेश दीक्षित 4. बेलनगंज, आगरा 5. 1941-57-59 6. 4.50वा.।

ताड़गुड़ खबर :1. व्या. 2. मा. 4. कृषि मत्रांलय, नई दिल्ली 5. 1949-56.

ताड़गुड़ सन्देश :1. वा. 2. मा. 3. भवानीसिंह परिहार 4. सहकारी फेडरेशन लि., उज्जैन 5. 1962.

ताड़गुड़ समाचार :1. व्या. 2. मा. 4. ढहानू (महा.) 5. 1957-62.

ताजी सूझ :1. समा. 2. साप्ता. 3. नेमिचंद सेठी 4. पारसी मोहल्ला, इन्दौर 5. 1968.

ताप्ती विजय :3. शिवचरण लाल मालवीय 4. खण्डवा 5. 1929.

तावीर :1. समा. 2. साप्ता. (हि., उ.) 3. एस. के. रमजान 4. जनता मार्ग, गोलीपुरा, अकोला 5. 1951-59.

तारण तरण :3. रजनी अवस्थी 4. अंधेरदेव, जबलपुर 5. 1941.

तरणबन्धु :1. धा., जा. 3. मा. 3. बाबूलाल डेरिया 4. इटारसी 5. 1933, 46.

तारनहार :1. समा. 2. साप्ता. 3. दाल चन्द 4. मुख्य मार्ग, छिन्दवाड़ा (म.प्र.) 5. 1965.

तार समाचार :1. समा. 2. दै. 3. अशोक बाजपेयी 4. इटावा (उ.प्र.) 5. 1955.

तारा :1. फि., म. 2. मा. 3. नरेन्द्रकुमार, धर्मपाल गुप्त 4. कुंजस स्ट्रीट/कूँचा सेठ, दरीबांकला, दिल्ली 5. 1948, 64.

तारा :1. सा., पा. 2. मा. (1942) 3. ज्ञानीदास 4. नसीन, सूबा फीजी 5. 1942 6. 12 शिलिंग 7. महत्वपूर्ण विदेशी पत्र। आरम्भ में लीथो मुद्रण।

तारिका :1. सा. 2. मा. 3. महावीरप्रसाद जैन 4. गली चौधरिया, कैथल (हरि.) 5. 1972 7. पूर्वानाम 'रूपाम्बरा'।

तारिका फिल्मी धमाका :1. फि. 2. मा. 3. सुन्दर चौधरी 4. दयाल सिंह कॉलोनी, करनाल 5. 1968-72.

तारेश :5. 1973.

ताल :1. समा. 2. साप्ता. 4. ब्राह्मण वास, रतलाम 5. 1963-67.

तिजारत :1. व्या. 2. मा. 4. मेल ट्रेडिंग ऑफिस, दिल्ली 5. 1922.

तिजारत : 2. मा. 3. बाँकिलाल अख्तर 4. शाहजहाँपुर 5. 1923.

तिजारत :1. व्या. 2. साप्ता. 3. सीतानंदन सिंह 4. पो.बॉ. 53, बाँकीपुर, पटना 5. 1947.

तितली :1. बा. 2. मा. 4. व्यथित हृदय 4. कटरा, इलाहाबाद 5. 1940, 46.

तितली :1. बा. 2. त्रै. 4. तिलकगली, कश्मीरी गेट, दिल्ली 5. 1959-65.

तिथि प्रदीप : 2. मा. 4. प्रयाग 5. 1879.

तिनका :1. समा. 2. साप्ता. 4. अब्दुल रहीम 5. मौधापुरा, रामपुर 5. 1970.

तिमिर नाशक : 2. साप्ता. 3. कृपाराम 4. तिमिरनाशक प्रेस, काशी 5. 1890.

तिरंगा :1. समा. 2. साप्ता. 4. साउथ गाँधीनगर, दिल्ली 5. 1965-67.

तिरुहुत वाणी :1. समा. 2. साप्ता. 3. गयाप्रसाद नवीन 4. गुलाब बड़ा, दरभंगा 5. 1965-68.

तिरहुत समाचार :1. समा. 2. साप्ता. 3. योगानन्दकुमार, भुवनेश्वर मिश्र, महेश्वरप्रसाद 'मंसूर', मोहनलाल गुप्त, रामरीझत 4. मुजफ्फरपुर 5. 1908, 9-59.

तिरोडा टाइम्स :1. समा. 2. साप्ता. (हि., म.) 3. आर.एम. तिवारी. 4. मुख्य मार्ग, तिरोडा, गोंदिया 5. 1966.

तिलक : 2. मा. 3. नारायणदत्त शर्मा 'कश्यप' 4. आगरा 5. 1978 वि.।

तिलक : 2. साप्ता. 3. शोभानन्द राहत 4. हिन्दुस्तानी सेवादल, साहकार पेठ, मद्रास 5. 1921 (अल्पायु)।

तिलक :1. समा. 2. दै., साप्ता., अर्द्धसाप्ता. 3. रामचरणलाल शर्मा, ताजुद्दीन, मातादीन सुकुल, रामेश्वर शुक्ल 'अंचल', रामेश्वरप्रसाद अग्निहोत्री 4. नेशनल लिटरेचर कम्पनी, जबलपुर 5. 1921.

तिलक : 2. मा. 4. लोकमान्य संस्कृत पुस्तकालय, मुजफ्फरपुर 5. 1922.

तिलक :1. समा. 2. साप्ता. 4. जौनपुर (यू.पी.) 5. 1959.

तिलस्मी जासूस : 2. मा. 3. एम. एल. पाण्डेय 4. कोफ्त गिरान, इलाहाबाद 5. 1960.

तिसको समाचार :1. समा. 2. पा. 3. कमल जोशी 4. टाटा आयरन कं., जमशेदपुर 5. 1950.

तीन पत्ती : 2. मा. 3. पी. एस. कुमार 4. गज्जू कार्यालय, परदेशीपुरा, इन्दौर 5. 1969.

तीन लोक : 2. साप्ता. (बहु.) 4. चण्डीगढ़ 5. 1970.

तीव्र गति :1. समा. 2. साप्ता. 3. सुभाषचन्द्र 4. परदेशीपुरा, इन्दौर 5. 1969.

तीर :1. समा. 2. मा. 4. एन्टप विलेज, बडाना, बम्बई 5. 1970.

तीर तुक्का :1. समा. 2. साप्ता. 3. सुरेन्द्र 4. परदेशीपुरा, इन्दौर 5. 1968.

तारहर :1. समा. 2. पा. 3. गयाप्रसाद शास्त्री 4. छोटवींपुर रोड, लखनऊ 5. 1968-71.

तीर्थंकर :1. जा., धा. 2. मा. 3. डॉ. नेमिचन्द जैन 4. भोपाल कम्पाउण्ड, स्टेशन रोड, इन्दौर 5. 1971.

तीर्थराज :1. धा. 3. श्यामदेव शर्मा 4. मुट्ठीगंज, प्रयाग 5. 1925.

तीर्थ सन्देश : 2. मा. 4. पुरोहित महासभा, अपर रोड, हरिद्वार 5. लगभग 1956-58.

तीसमार खाँ : 2. मा. 3. रामजीत सहगल 4. मुट्ठीगंज, इलाहाबाद 5. 1963.

तीसरी शक्ति : 1. सा. 2. पा. 3. राम शर्मा 4. आजाद नगरी रंजही, जबलपुर 5. 1970, 71.

तुग शृंग :2. मा. 4. जीरो रोड, इलाहाबाद 5. 1957-61.

तुमहीद :1. समा. 2. साप्ता. 4. करनाल 5. 1961.

तुमुल नाद :1. समा. 2. साप्ता. 3. कैलाश अवस्थी 4. 32, गोपाल निखरा, झाँसी 5. 1969.

तुरही :2. मा. 3. शिवानन्द लाल 4. डॉ. बैजनाथ मार्ग, बाल्दा कॉलोनी, लखनऊ 5. 1969.

तुलसी ग्रन्थमाला :2. मा. 3. शोभाराम धनुसेवक 4. लखनादौन/प्रयाग 5. 1922.

तुलसीदल :1. सा.,धा. 2. मा. 4. डॉ. ब्रजवासीलाल श्रीवास्तव, अनिरुद्धप्रसाद शुक्ल 4. इब्राहिमपुरा, भोपाल 5. 1960.

तुलसी प्रज्ञा :1. शो., जा. 2. त्रै. 3. महावीरराज गेलड़ा 4. जैन विश्वभारती, लाडनू (राज.)।

तुला :1. सामा. 2. साप्ता. 4. नार्थ विक्टोरिया पार्क, वाराणसी 5. 1966-68

तूती :1. सा., सां. 2. साप्ता. 3. राधेश्याम शान्ति 4. केदारनाथ दल लेन, कलकत्ता 5. 1966, 67.

तूफान :1. समा. 2. साप्ता. 4. डॉ. रामगोविन्द पथ, डिहरी, ओनसोन, शाहाबाद 5. 1955, 56.

तूफान :1. व्या. 2. साप्ता. 3. पन्नालाल 4. बेलनगंज, आगरा 5. 1956.

तूफान :2. साप्ता. 3. राघवेन्द्रनगर, विलासपुर 5. 1953-62.

तूफान :1. समा. 2. साप्ता. 3. पूरनमल 4. गदड़ीबाजार, चूरू (राज.) 5. 1956.

तूफान :3. राधाकृष्ण शुक्ल 4. बम्बई 5. 20 वीं शती का पूर्वार्द्ध।

तूफानी एक्सप्रेस :1. समा. 2. साप्ता. 3. चन्द्रदेवनारायण सिन्हा 4. मोहल्ला भगवानदास, दरभंगा 5. 1967.

तूफान से पहले :1. समा. 2. पा. 4. विधुना, इटावा 5. 1969-71.

तूफान मेल :1. समा. 2. साप्ता. 3. एस. एन. बोड़ा 4. उदयपुरिया बाजार, पाली (राज.) 5. 1967.

तूफान हिन्दी टाइम्स :1. समा. 2. दै., साप्ता. 3. पी.एल. किसनानी 4. भवानी पेठ, पूना 5. 1968, 69-70.

तूफानी दुनिया :2. मा. 3. पद्मावती जैन 4. नूंनिया, मेरठ कैंट 5. 1967.

तूलिका :2. सा. 2. मा. 4. उदयपुर 5. 1958-60.

तेज :1. समा. 2. साप्ता., दै. 3. रामप्रताप 4. कटवा भवन, मिर्जा इस्माइल रोड, जयपुर/हनुमानगढ़ (गंगानगर) 5. 1963 (प्रच.)।

तेज दूत :1. समा. 2. साप्ता. 3. भगवानसिंह शर्मा 4. वारइ स्ट्रीट, अलीगढ़ 5. 1864.

तेजस्वी :1. समा. 2. पा. 3. कैलाश शर्मा 4. मोहनपुरा (म.प्र.) 5. 1970.

तेवर :1. सा. 3. गोविन्द द्विवेदी 4. युवक कल्याण एवं सांस्कृतिक विभाग, सागर विश्वविद्यालय, सागर 5. 1973 7. उच्चस्तरीय, अजिल्द, पोथीनुमा, जनवादी पत्र।

तैलिक वैश्य बन्धु :1. जा. 3. कमलाकांत कमल 4. बाँकीपुर, पटना 5. 1939.

तैलिक सन्देश :1. जा. 2. पा. 3. चिरौंजीलाल 4. बावरपाड़ा, श्रीपुरा, कोटा 5. 1966-68.

तैली समाचार : 1. जा. 2. मा. 4. कालीप्रसाद दास 4. काशी/बाढ़, पटना 5. 1911, 12.

त्यागभूमि : 1. राष्ट्रीय प्रधान सर्वोदयी पत्र 2. मा., साप्ता. 3. हरिभाऊ उपाध्याय, सरस वियोगी, रामनाथ सुमन, हरिकृष्ण प्रेमी (1948) 4. सस्ता साहित्य मण्डल, अजमेर 5. विजया दशमी 1927-30, 32, पुन: 1948 7. पूर्वनाम-'मालवमयूर' युग प्रतिनिधि पत्र। भाषा-शैली की दृष्टि से महत्वपूर्ण। दे. 'मालवमयूर'।

त्यागी (ब्राह्मण) : 1. जा. 2. मा. 3. शिवनाथसिंह शांडिल्य, रामचन्द्र शर्मा 4. माछरा, मेरठ 5. 1908, 19.

थाथैया : 1. सां. 2. त्रै. 4. दिल्ली 5. 1969.

थार ज्योति : 1. समा. 2. दै. 3. श्रीगोपाल पुरोहित 4. जूरीवाल भवन, रामलाल जी का रास्ता जयपुर 5. 1970.

थिएटर इम्पैक्ट : 1. नाट्यकला 2. अर्द्धसाप्ता. (हि., अं.) 3. इब्राहीम अल्काजी 4. राष्ट्रीय नाट्य विद्यालय, रवीन्द्र भवन, नई दिल्ली 5. 1967.

दण्डकारण्य समाचार : 1. समा. 2. साप्ता. (बहु.) 3. तुषारकांति बोस 4. अजदलपुर, बस्तर 5. 1959.

दम्पति : 2. मा. 3. सिरस 4. काशी।

दंभ : 1. सा. 2. अनि. 3. सूर्यदेव शास्त्री, अलखनारायण, छेदीलाल गुप्त 4. कलकत्ता 5. 1971.

दंश : 3. सूर्यदेव शास्त्री 3. ए. 6, शम्भु चटर्जी स्ट्रीट, कलकत्ता।

दकाल : 1. समा. 2. साप्ता. 3. घनश्याम ताड़ला 4. बूँदी, कोटा 5. 1966, 72 7. जनवादी पत्र।

दकिया : 1. समा. 2. पा. 4. झाँसी।

दक्खिनी हिन्द : 1. सां. 2. मा. 3. रामानन्द शर्मा, र. शरणपाणि, रामानुज श्रीवास्तव 4. सूचना विभाग, फोर्ट सेण्ट जार्ज, मद्रास 5. जनवरी 1947–53 7. हिन्दी प्रचार में इसकी महत्वपूर्ण भूमिका। भाषा आलंकारिक।

दधिमती : 1. जा. 2. मा. 3. गोविन्दनारायण शर्मा, जगदीशचन्द्र शर्मा, डॉ. एस. एन. आसोपा 4. मुखिया भवन, जाट के कुबे का रास्ता, पुरानी बस्ती, जयपुर/जोधपुर/स्टेशन रोड, बीकानेर/ अजमेर 5. 1911, 31, 40 7. दाधीच, दाहिमा ब्राह्मण सभा का मुखपत्र।

दमन : 1. समा. 2. दै., साप्ता. 3. एस. बी. पाटिल 4. तिलक रोड, बीदर, मैसूर 5. 1968–71.

दमन विरोध : 1. समा. 2. साप्ता. 4. ब्रह्मपुरी, मेरठ 5. 1971.

दमामा : 1. समा. 2. दै. 3. सोहन सिंह 4. बारलीगंज, मसूरी, देहरादून 5. 1968.

दमोह सन्देश : 1. समा. 2. साप्ता. 3. उमानाथ अग्रवाल 4. नया बाजार, दमोह (म. प्र.) 5. 1969.

दया : 1. मा. 2. दा. 3. बसंतप्रसाद मिश्र, रमाकांत मिश्र, माताप्रसाद मिश्र, शान्तू पटेल 4. प्रेमाश्रम, पियरी, वाराणसी 5. 1934–35.

दयानन्द पत्रिका : 1. धा. 2. मा. 3. तुलसीराम स्वामी, मुत्तसादीराम 4. मेरठ 5. 1907.

दयानन्द प्रकाश : 1. धा. 2. मा. 4. दिल्ली 5. 1923.

दयानन्द सन्देश : 1. धा. 2. मा. 3. राजेन्द्रनाथ शास्त्री, देवबन्धु शर्मा 4. वेद विद्यालय, कमलानगर, दिल्ली 5. 1938, 40–70 7. आर्यसमाजी पत्र।

दरबार : 1. समा. 2. साप्ता. 3. एम. एम. लाल गुप्त 4. डिग्गी बाजार, खैजूर, अजमेर 5. 1927, 29.

दरबार (सचित्र) : 1. फि. 2. मा., साप्ता. 3. ऋषभचरण जैन, चन्द्रधर 4. दरियागंज, दिल्ली 5. 1937 7. नरेशों की स्तुति करनेवाला पत्र।

दरबार रोजनामचा : 4. बूँदी (राज.) 5. 1818-20 7. कुछ विद्वानों के अनुसार यह हिन्दी का प्रथम पत्र। द्रष्टव्य—'हिन्दी पत्रकारिता : विविध आयाम' पृ. 78.

दरभंगा समाचार : 1. समा. 2. साप्ता. 3. भगवतप्रसाद 4. मुहल्ला बलभद्रपुर, लहरिया सराय, दरभंगा 5. 1958.

दरवेश : 1. समा. 2. हिं., उ. 3. मोहनलाल बजाज 4. बाजार नकाशाखानी, सहारनपुर 5. 1958.

दरिद्र नारायण : 1. समा. 2. साप्ता. 4. बेला, झाँसी 5. 1967-70.

दरिद्र नारायण : 1. समा. 2. साप्ता. 3. राजा अवधेशसिंह 'बचनेश' 4. कालाकाँकर 5. 1931-34.

दर्दे वतन : 1. समा. 2. साप्ता. 3. उमाशंकर पाठक 4. नागपुर।

दर्दे हरियाणा : 1. समा. 2. साप्ता. 3. बिहारीलाल 4. बरूला चौक, अम्बाला सिटी 5. 1970.

दर्पण : 1. सा. 2. मा. 4. मोहनलाल भटनागर 4. लाहौर 5. 1922.

दर्पण : 1. सा. 2. त्रै. 3. ब्रजलाल, रामदीन 4. हिन्दी अध्यापक संघ, लिओले, मारिशस 6. 6) वा.।

दर्पण : 1. सा. 2. मा., अनि. 3. श्याम श्रेष्ठ, राही शंकर, डॉ. मोहश्वर 4. काली तल्ला लेन सलकिया, एच. के चटर्जी लेन, हावड़ा/ वी. सर्कस एवेन्यू ताजमैन्शन, कलकत्ता 5. 1965-67 (अल्पायु) 7. द्रष्टव्य-राजकमल चौधरी विशेषांक। नवलेखन का प्रगतिशील लघुपत्र।

दर्पण : 1. समा. 2. साप्ता. 4. सहारनपुर 5. 1958-71.

दर्शक : 1. समा. 2. दै. 3. जगदीशदत्त भारद्वाज 4. गाजियाबाद 5. 1964.

दर्शन समीक्षा : 1. दा., शो. 3. यशदेव शल्य 4. राजस्थान हिन्दी ग्रन्थ अकादमी विद्यालय मार्ग, तिलकनगर, जयपुर 7. स्वातंत्र्योत्तर।

दलपत्र : 2. मा. 4. कैसरबाग, लखनऊ 5. 1963-67.

दलपाती : 1. समा. 2. साप्ता. 4. उर्दू बाजार, गोरखपुर 5. 1966-71.

दल समाचार : 1. राज. 2. मा. 3. लक्ष्मीनारायण गौड़, एस. बी. 4. इमानदार 5. अखिल भारतीय काँग्रेस कमेटी, सेवादल, जंतरमंतर रोड, नई दिल्ली 5. 1947.

दलित आवाज : 1. समा. 2. पा. 3. नरसिंह देव 4. बागर चौक, जोधपुर 5. 1962, 63.

दलित जाति सेवक : 2. पा. 3. देवीदास जाटव 4. दिल्ली 5. 1923.

दलित नवयुवक : 2. मा. 3. धीरेन्द्रनाथ दास 4. जगदल, कलकत्ता 5. 1944 5. अछूतोद्धार विषयक।

दलित प्रकाश : 1. समा. 2. साप्ता. 3. ललितप्रसाद श्रीवास्तव, लक्ष्मीचन्द बाजपेयी 5. लाटूस रोड, आर्यनगर, कानपुर 5. 12 नवम्बर 1947.

दलित सेवक : 1. पा. (हि., म.) 4. धूली 5. 1956-59.

दलितोत्थान समाचार पत्रिका : 2. मा. 3. पाठकवार्ड, कटनी 5. 1969-71.

दलित मित्र : 1. समा. 2. साप्ता. 3. जगदीश मिश्र 4. बीकापुर, मुंगेर 5. 1949.

दशमेश : 2. मा. 4. धनकुट्टी, कानपुर 5. 1950-56 (लगभग)

दशमेश बालक : 1. धा. 2. त्रै. 3. गुरुबक्श सिंह सेखों 4. सेक्टर 27, चण्डीगढ़ 5. 1966.

दशा दिशा : 1. समा. 2. दै. 4. अशोक राजपथ, पटना 5. 7वाँ दशक।

दशा दिशा : 1. समा. 2. साप्ता. 4. माडल टाउन, दिल्ली 5. 1971.

दशानन : 1. समा. 2. दै. 3. प्रद्युम्नकुमार 4. काशीपुर, नैनीताल 5. 1961.

दशाश्वमेध : 1. समा. 2. साप्ता. 3. धर्मपाल आर्य 4. रुड़की।

दस नया पैसा : 2. मा. 4. हीरालाल रोड, मवाना, मेरठ 5. 1964-67.

दस बजे : 1. समा. 2. पा. 4. सरकारी जुबली स्कूल के सामने, गोरखपुर 5. 1970.

दस मई : 1. समा. 2. साप्ता. 3. दुर्गाप्रसाद दिवाकर 4. भवानी गेट, नवलगढ़ (राज.) 5. 1967.

दस्तकार : 1. कला. 2. मा. (हि., उ., म.) 4. लुधियाना 5. 1940-62.

दस्तावेज : 1. सा. 2. त्रै. 3. अमरजीत चन्दन, अकुलेश परिहार 4. हिमालय होटल, रानीखेत/अल्मोड़ा 7. आक्रोश और क्रांति का वाहक लघुपत्र।

दस्तावेज : 1. सा. 2. त्रैमा. 3. विश्वनाथ तिवारी 4. बेतियाहाता, गोरखपुर 5. 1978.

दहशत : 1. समा. 2. साप्ता. (हि., अं.) 4. करनाल 5. 1967-70.

दक्षिण दर्शन : 4. मथाल नारायणन स्ट्रीट, मद्रास 5. 1960-64.

दक्षिण भारत : 1. सा. 2. मा. (1938), त्रै. (1939) 3. काका साहब कालेलकर, पट्टाभिसीतारमैया, संजीव कामत, ए. रामप्यारे, अवध नन्दन, ए. सुन्दरय्यर, आर. आर. दिवाकर, सत्यनारायण भालचन्द आप्टे, रमेश चौधरी, अरिगपुड्डि 4. दक्षिण भारत हिन्दी प्रचार सभा, त्यागराजनगर, मद्रास 5. 1938-40, पुन: 1952-69. 7. हिन्दी प्रचार-प्रसार का पत्र। आर्थिक कठिनाइयों के कारण अप्रचलित। अन्तत: 'हिन्दी प्रचारक समाचार' में समाहार। सज्जा आकर्षक। प्रचार-प्रसार व्यापक। विविध स्तम्भ। दक्षिणी भारत के ज्ञानकोश रूप में समादृत।

दक्षिण भारती : 1. सा. 2. मा. 3. महेन्द्र भटनागर, बेमुरि आंजनेय 4. अफजलगंज, हैदराबाद 5. 1951-62.

दक्षिण राजस्थानी : 1. जा., सा. 2. मा. 3. लक्ष्मीचंद मेहता, हीराचंद सियाल, धर्मचंद नाहर, गुलाबचंद जैन, इन्दर राजवैद, डॉ. आशा वागड़ी 4. मद्रास 5. 1972 7. राजस्थानी जैन समाज का मुखपत्र। पर्याप्त प्रचलित।

दाँगी मित्र : 1. जा. 2. मा. 3. रामदेवप्रसाद सिंह 4. गया 5. 1923.

दादरी दर्शन : 1. समा. 2. साप्ता., पा. 3. जयभगवान गोयल 4. बुलन्दशहर 5. 1971.

दादू सेवक : 1. धा., जा. 2. मा. (हि., गु.) 4. पीतलियों का चौक, जौहरी बाजार, जयपुर।

दाधीच : 1. जा. 2. मा. 3. गोविन्द प्रशान्त 4. नाहरगढ़, जयपुर 5. 1965.

दाबी : 1. सा. 2. मा. 4. अलीपुर द्वार, जलपाईगुड़ी 5. 1971.

दारुल सल्तनत : 1. पा. (हि., उ.) 4. गाँधीमहल, दिल्ली 5. 1965.

दार्जिलिंग मिशन की मासिक समाचार पत्रिका : 1. धा. 2. मा. 4. दार्जिलिंग 5. 1888.

दार्शनिक : 1. दा. 2. त्रै. 3. यशदेव शल्य 4. बापू बाजार, जयपुर 5. 1955.

दार्शनिक : 1. दा. 2. त्रै. 4. लाइन बाजार, फरीदकोट, भटिण्डा 5. 1954-68.

दास : 1. समा. 2. साप्ता. 3. डोंगरदास 4. श्रीगंगानगर (राज.)

दिगम्बर जैन : 1. जा., धा. 2. मा. (हि., गु.) 3. मूलचन्द्र, किशनदास कपाड़िया 4. गाँधी चौक, सूरत 5. 1915, 20-61.

दिग्गज : 1. समा. 2. साप्ता. 3. श्यामसुन्दर वर्मा 4. जवाहर नगर, हाथरस 5. 1970.

दिग्जैन : 3. सेठमली 4. आरा।

दिग्दर्शक : 1. सामा. 2. साप्ता. 3. हर्षधर त्रिवेदी 4. स्टेशन रोड, देवरिया 5. 1971.

दिग्दर्शन : 1. मा. (हि., बं.) 3. विलियम कूरी महोदय एवं दिल्ली के कुछ पण्डित 4. श्री रामपुर वैपटिस्ट मिशनरी केन्द्र, हुगली 5. 1818 7. हिन्दी का प्रथम पत्र। उद्देश्य—मिशनरी धर्म प्रचार और शिक्षा प्रसार। प्रायः शिक्षाप्रद लेख ! मनोरंजन सामग्री। ऐतिहासिक अनुसंधान। प्राप्त प्रमाणों के अनुसार इसके प्रथम 3 अंक बंगला के साथ हिन्दी तथा देवनागरी लिपि में प्रकाशित। द्रष्टव्य—'राष्ट्रभारती' जुलाई 1959, 'सरस्वती' जनवरी 1960, 'साप्ताहिक हिन्दुस्तान' जुलाई 1976, 'धर्मयुग' 30 मई—5 जून 1976.

दिग्विजय : 1. समा. 2. साप्ता. 3. मन्नीलाल श्रीवास्तव 5. रामनगर, उरई, जालौन 5. 1950.

दिग्विजय (दैनिक) : 1. समा. 2. दै. 4. आर्य प्रतिनिधि सभा, हैदराबाद/लखनऊ 7. निजाम शासन के प्रतिबन्ध के कारण यह पत्र शोलापुर में मुद्रित एवं नागपुर से प्रकाशित।

दिनकर : 1. समा. 2. साप्ता. 3. प्रह्लाद सिंह 4. पानीबाग, भरतपुर 5. 1967.

दिनकर प्रकाश : 2. मा. 3. रामदास वर्मा 4. लखनऊ 5. 1 मार्च 1883/87-88 6. 1 रु. 10 आना 7. प्रगतिशील सामाजिक पत्र।

दिनचर्या : 1. धा. 2. मा. 4. मोहनलाल विष्णुलाल पांड्या 4. नाथद्वारा (राज.) 5. 1894.

दिनमान : 1. समा. 2. साप्ता. 4. अज्ञेय (1964-70), रघुवीर सहाय (1970), जितेन्द्र गुप्त 4. टाइम्स ऑफ इण्डिया प्रेस, बहादुरशाह जफर मार्ग, दिल्ली 7. उच्चस्तरीय लोकप्रिय पत्र। 'टाइम्स न्यूजवीक' का प्रतिस्पर्धी। सम्पादकीय विभाग में प्रबुद्ध कार्यकर्त्ता। बौद्धिक वर्ग में बहुचर्चित। अपनी कोटि का विशिष्ट पत्र। हिन्दी शब्द-शैली के गठन तथा निर्माण में नेतृत्व। भाषा, साहित्य, राजनीति, कला, व्यापार, संस्कृति, उद्योग-व्यापार से सम्बन्धित।

दिनरात : 1. समा. 2. साप्ता., पा. 3. किरण चतुर्वेदी, अवधेश अवस्थी 4. टैगोर टाउन, इलाहाबाद-2 5. 1966-71.

दिनवीर: 4. कृष्णनगर, उरई।

दिनर्स : 2. त्रै. (बहु.) 4. सेक्टर 18, चण्डीगढ़ 5. 1968.

दिनोदय (दीनोदय) : 2. समा. 2. साप्ता. 3. रामदत्त तिवारी 4. हम्मीरपुर 5. 1971.

दि ब्लैकमेलर : 1. समा. 2. साप्ता. 4. ओम् भारती विल्डिंग, यमुनानगर, पठानकोट 5. 1965-67

दियासलाई : 1. समा. 2. पा. 4. चौक बाजार, बाँदा 5. 1971.

दिल और पत्थर : 1. सामा. 2. साप्ता. 3. फूलचन्द पाटक 4. सदर रोड, चम्पा, विलासपुर 5. 1969.

दिलावर : 1. समा. 2. साप्ता. (हि., उ.) 4. पटवान स्ट्रीट, करनाल 5. 1965-69.

दिल्ली : 2. मा. 4. जनसम्पर्क निदेशालय, पुराना सचिवालय, दिल्ली 5. 1971 7. सरकारी पत्र।

दिल्ली अखबार : 1. समा. 4. इन्दौर 5. 1852.

दिल्ली क्लॉथ मिल पत्रिका : 1. व्या. 2. साप्ता., पा. 4. दिल्ली क्लॉथ मिल, दिल्ली 5. 1931.

दिल्ली केसरी : 2. पा. 4. शोरा कोठी, दिल्ली 5. 1964-66.

दिल्ली खाद पत्रिका : 1. कृ. 2. मा. 4. खादी ग्रामोद्योग, नरेला, दिल्ली 5. 1964-69.

दिल्ली ग्राम : 1. कृ. 2. मा. 3. मदन विरक्त 4. शक्तिनगर, दिल्ली 5. 1966.

दिल्ली जूनियर्स : 1. त्रै. 4. रेडक्रास, दिल्ली प्रशासन, नई दिल्ली 5. 1953.

दिल्ली दर्शन : 1. समा. 2. साप्ता. 3. तेजपाल चौहान 4. यू. ए. जवाहरनगर, दिल्ली 5. 1965-71.

दिल्ली दूर नहीं : 2. साप्ता. 4. गली गुलियान, दिल्ली 5. 1968-69.

दिल्ली पुलिस समाचार : 7. दिल्ली शासन का पत्र।

दिल्ली मेल : 1. समा. 2. पा. 4. हवेलीर हैदर कुली, चाँदनी चौक, दिल्ली 5. 1956-66.

दिल्ली शिक्षा : 2. त्रै. (हिं., अं.) 4. पुराना सचिवालय, दिल्ली 5. 1967-69.

दिल्ली संदेश : 1. त्रै. 4. पुराना सचिवालय, दिल्ली 5. 1964-69.

दिल्ली समाचार : 1. सामा. 2. पा. 3. रामचन्द्र शर्मा 4. दीवान हॉल, दिल्ली 5. 1959-67.

दिल्ली सेवक : 1. समा. 2. साप्ता. 4. सनलाइट कॉलोनी, दिल्ली 5. 1971.

दिवाकर : 3. मधुसूदनदास चतुर्वेदी 'मधु' 4. आर्य प्रतिनिधि सभा, हैदराबाद 5. लगभग 1940 7. निजाम शासन के प्रतिबन्ध के कारण यह पत्र शोलापुर से मुद्रित एवं नागपुर से प्रकाशित।

दिवाकर : 1. धा. 3. श्रीशचन्द्र शुक्ल, विष्णुदत्त कपूर, हरिदत्त शास्त्री, नरदेव शास्त्री 4. आगरा 5. द्रष्टव्य-वेदांक।

दिव्य आनन्द : 1. धा. 2. त्रै. 4. निर्वाणकुटी, देवास 5. 1967.

दिव्य चक्षु : 1. समा. 2. साप्ता. 3. भारतसिंह गगन, 4. घोड़ों का चौक, जोधपुर 5. 1969.

दिव्य जीवन : 1. धा. 2. मा. 3. शिवानन्द सरस्वती 4. दिव्य जीवन सेवासंघ, लाहौर/ऋषिकेश 5. 1938 (1995 वि.) 7. इसके प्रवेशांक में पूर्ण स्वातंत्र्य का प्रतिज्ञा-पत्र प्रकाशित।

दिव्य ज्योति : 1. धा. 2. मा (हि., सं.) 4. जाखू एरिया, शिमला 5. 1956-57.

दिव्य दर्पण : 1. पा. 4. जवाहरनगर, दिल्ली 5. 1971.

दिव्य दर्शन : 1. धा. 2. त्रै. 4. सैयद अली लेन, कलकत्ता 5. 1956-57 (लगभग)।

दिव्य दृष्टि : 1. समा. 2. साप्ता. 3. जे. ए. डोंगरे, ब. अ. डोंगरे 4. मिलिन्द प्रकाशन, गोंदिया भण्डारा (महा.) 5. 1967-68.

दिव्य ध्वनि : 1. धा. 2. मा. 4. गाँधीनगर, दिल्ली 5. 1965-69.

दिव्य वाणी : 1. धा. 2. मा. 4. हमीरपुर 5. 1959-61.

दिव्य संकेत : 1. धा. 2. मा. 4. लांसर्स रोड, सिविल लाइन्स, दिल्ली 5. 1961-63.

दिव्य सन्देश : 1. ज्यो. 2. मा. 4. कालवा देवी रोड, बम्बई 5. 1955-65.

दिव्य सृष्टि : 4. बाजार मोतीलाल, बरेली 5. 1964-66.

दिव्यांजलि : 1. सा. 2. मा. 3. सुशीलकुमार तिवारी, हरदीप सिंह 4. अमृतनगर, रायबरेली 5. 1971.

दिव्यादर्श : 1. धा. 2. द्विभा. 3. कंठमणि शास्त्री 4. काँकरोली (राज.) 5. 1977 वि.।

दिव्यानन्द : 1. धा. 2. त्रै. 3. स्वामी शिवोडहंतीर्थ 4. संन्यास आश्रम, नारायण कुटी, देवास (म.प्र.) 5. 1967.

दिव्यालोक : 2. त्रै. 4. दारागंज, प्रयाग 5. 1953-56.

दिशा : 1. सा. 2. मा. 4. राणाप्रतापबाग, दिल्ली 5. 1962-65.

दिशान्तर : 1. सा. 2. ललन भाँवर 4. क्वारटर, एस. के. 4, 127, शहरपुरा, पो. सिन्दरी, धनबाद (बिहार)।

दिशाकाल : 1. समा. 2. साप्ता. 3. राजेश्वर ठाकुर 4. राजेन्द्रनगर, नई दिल्ली 5. 1974.

दिशा भारती : 1. समा. 2. साप्ता. 3. रतनसेन वर्मा, रमेश वर्मा, डोरीलाल 4. अंसल भवन 16, कस्तूरबा गाँधी मार्ग/तानसेन मार्ग, नई दिल्ली 5. 1971 (प्रच.) 7. पर्वतीय (उत्तरीय) अंचल में विशेष लोकप्रिय। 'अमर उजाला' आगरा से मुद्रित।

दिशावाहक : 2. त्रै. 3. रवीन्द्रकुमार कुलश्रेष्ठ, मनोरमा कुलश्रेष्ठ 4. कश्मीरी मोहल्ला क्रॉसिंग, लखनऊ 5. 1974.

दिशेरा : 1. समा. 2. पा. 4. सीसामऊ, कानपुर 5. 1971.

दीदी : 1. म. 2. मा. 3. श्रीनाथ सिंह (1940), यशोमती तिवारी 4. सजनी प्रेस, इलाहाबाद 5. 1939.

दीदी : 1. म. 2. मा. 3. उल्लास शर्मा 4. कोठी न. 5, कृष्ण निवास, अंसारी रोड, दिल्ली-6 5. 1940.

दीदी : 2. मा. 3. बाबूसिंह चौहान 4. पटियाला 5. 1958.

दीदी : 1. म. 2. मा. 4. पी. रोड, कानपुर 5. 1964-68.

दीदी : 1. बा. 2. मा. 4. अंसारी रोड, दरियागंज, दिल्ली 5. 1940.

दीन की आवाज : 1. समा. 2. साप्ता. 3. जीवनलाल 5. बड़ा तेलीवाड़ा, तिलक मार्ग, उज्जैन 5. 1969.

दीनबन्धु : 3. देवदत्त शर्मा 4. फर्रुखाबाद (उ. प्र.) 5. 1914.

दीनबन्धु : 1. समा. 2. साप्ता. 3. नाथूलाल जैन 'वीर', राजेन्द्रकुमार 'अजेय' 4. कोटा (राज.) 7. रियासत विरोधी सामग्री प्रकाशित करने के कारण शासकों का प्रहार, फलतः पत्र समाप्त।

दीनबन्धु : 2. मा. 4. हरिजन आश्रम, रोहतक 5. 1962-69.

दानवीर : 1. समा. 2. दै. 3. आनन्दस्वरूप 4. कृष्णनगर, उरई (उ. प्र.) 5. 1963.

दीनों की पुकार : 2. त्रै. 4. डिप्टीगंज, बुलंदशहर 5. 1971.

दीप : 1. सा. 2. त्रै. 3. हंस अरोड़ा 4. एफ. गरचा सेकेण्ड लेन, कलकत्ता 5. 1969 7. नवलेखन का लघुपत्र।

दीपक : 1. शि. 2. मा. 4. तेजराम, भवानीशंकर शर्मा 4. साहित्य सदन, अबोहर (पंजाब) 5. 1935.

दीपक : 1. ज्यो. 2. मा. 4. इन्दौर 5. 1949.

दीपक : 1. समा. 2. दै. 3. राजेश्वर शुक्ल 4. हॉस्पिटल रोड, लखीमपुर खीरी 5. 1952.

दीपक : 4. कश्मीर 5. लगभग 1940.

दीपक : 3. राजबल्लभ ओझा 4. इलाहाबाद।

दीपक : 1. समा. 2. साप्ता. 4. कोंच, जालौन 5. 1957-60.

दीपगृह : 1. समा. 2. साप्ता. 4. सुभाषनगर, पठानकोट 5. 1962-63.

दीपन : 2. मा. 3. रमेश मालवीय 4. मिर्जापुर रोड, कटनी (म. प्र.)।

दीपमालिका : 4. अजमेर 5. 1968.

दीपवाणी : 1. सा. 2. त्रै. 4. पोर्ट ब्लेयर, अण्डमान 5. 1962-65.

दीपशिखा : 1. वि. 2. मा. 3. कृष्ण अरोड़ा 4. गली चौधरियाँ, कैथल 5. 1973 7. फोल्डर आकार।

दीपशिखा : 1. फि. 2. मा. 3. देवेन्द्र 4. गर्दनी बाग, पटना।

दीपशिखा : 2. मा. 4. हापुड़/स्वराज्य पथ, मेरठ।

दीपावली : 2. वा. 4. कैनेडी ब्रिज, बम्बई 5. 1953-65.

दीपिका : 2. मा. 3. चन्द्रशेखरधर मिश्र 4. चम्पारन 5. 1888-94.

दीर्घा : 1. सा. 2. त्रै. 3. विनय, नरेन्द्र वशिष्ठ 4. कमलानगर, दिल्ली 5. 1977.

दीर्घायु : 1. चि. 2. मा. 3. देवीशंकर दाधीच 4. मातृभूमि प्रेस, जयपुर 5. 1966.

दीर्घायु : 1. चि. 2. मा. 4. देशबन्धु गुप्ता रोड, नई दिल्ली 5. 1961-63.

दीवानखाना : 1. समा. 2. साप्ता. 4. पुल चमेली, अम्बाला 5. 1964-69.

दीवाना : 1. धा. 2. सात्ता. 3. जसपालसिंह फक्कड़ 4. एम. बी. कालेज के सामने, उदयपुर 5. 1968.

दीवाना : 1. वि. 2. साप्ता. 3. आर. एन. चतुर्वेदी 4. दीवाना कार्यालय, कलकत्ता 5. 7 मई 1938.

दीवाना : 1. समा. 2. साप्ता. 3. विश्वबन्धु गुप्त 4. बहादुरशाह जफर मार्ग, नई दिल्ली 5. 1964.

दीवाना तेज : 1. हास्य 2. साप्ता. 3. विश्वबन्धु गुप्त 4. नया बाजार, दिल्ली 5. 1965.

दीवाना जासूस : 1. जासूसी 2. मा. 3. श्रीमती कान्तादेवी 4. रूपनगर, दिल्ली 5. 1970.

दीवानी : 2. मा. 3. युगीश अग्रवाल 4. पान दरीबा, इलाहाबाद 5. 1963.

दीवार : 1. समा. 2. साप्ता., दै. 4. देहरादून 5. 1970.

दीवालिया : 1. धा. 2. मा. 3. पूरनचन्द शर्मा 4. मन्दिर ठाकुर रामगोपाल जी, श्री वैष्णव दरबार, दमतल धाम, तहसील नूरपुर, जिला काँगड़ा (हिमा.) 5. 1966.

दीक्षा : 1. समा. 2. पा. 3. मदनपाल सिंह 4. नयी बस्ती, भगवानपुरा हाउस, बुलंदशहर 5. 1965.

दुखियों की आवाज : 2. मा. 4. पुरवाडोला, विधूना, इटावा 5. 1963-69.

दुखी किसान : 1. समा. 2. साप्ता. 4. चौधराना, उन्नाव 5. 1959-60.

दुग्ध उत्पादन : 2. मा. 4. दुग्ध सहकारी संघ, रामघाट रोड, अलीगढ़ 5. 1971.

दुग्ध धारा : 2. वा. 3. श्रीमती सत्या कौर 4. दिल्ली दूध योजना, वेस्ट पटेलनगर, दिल्ली 5. 1967.

दुधारा : 1. समा. 2. साप्ता. 3. हरिशंकर चंचल 4. नाजमंडी, हाथरस 5. 1964.

दुनाली : 1. समा. 2. साप्ता. 4. जालौन 5. 1971.

दुनिया : 3. नानकचंद टण्डन, श्री भारतीय, जीवन वर्मा 4. शारदा प्रेस, इलाहाबाद 5. 1940-41.

दुनिया का पैगाम : 1. समा. 2. साप्ता. 4. रायबरेली 5. 1971.

दुनिया की सैर : 1. समा. 2. साप्ता. 4. अलीगढ़ 5. 1971.

दुनिया की सैर : 1. वि. 2. साप्ता. 3. गौरीशंकर अग्रवाल 4. तिकोनिया, बेलनगंज, आगरा 5. 1967.

दुर्गेशनन्दिनी : 1. समा. 2. साप्ता. 3. आर. एन. वासुदेव 4. गाँधीनगर, टपरा, झाँसी 5. 1968.

दुनिया बदलो : 2. साप्ता. 4. बड़ा बाजार, उदयपुर 5. 1960-63.

दुर्वासा दर्शन : 1. समा. 2. साप्ता. 3. जगदीश चतुर्वेदी 4. रामजी का घेरा, चाँदी की टकसाल, जयपुर 5. 1971-74.

दुष्ट दमन : 1. समा. 2. दै. 3. विश्वेश्वरदयालु शर्मा 4. विजयनगर, उरई 5. 1969.

दूध पानी : 1. समा. 2. साप्ता., पा. 4. अमरौधा/कानपुर 5. 1963-69.

दूध बताशा : 2. मा. 3. आदित्यकुमार मिश्र।

दूध समाचार : 2. साप्ता. 3. माधौप्रसाद 4. मिर्जापुर 5. 1902.

दून आलोक : 3. ज्ञानशंकर शुक्ल 4. देहरादून।

दून गार्ड : 1. समा. 2. साप्ता. 3. सुखवीर विश्वकर्मा 4. मालवीय रोड, देहरादून 5. 1970.

दून घाटी : 1. समा. 2. पा. 4. ब्रजभूषण चन्द्र 4. कचहरी रोड, देहरादून 5. 1961.

दून दर्पण : 1. समा. 2. दै. 3. एस. वसु. 4. राजपुर रोड, देहरादून 5. 1961-69.

दून धरती : 1. समा. 2. पा. 4. पल्टन बाजार 4. देहरादून 5. 1970.

दून पोस्ट : 1. समा. 2. पा. 4. भण्डारी चौक, देहरादून 5. 1971.

दून भारती : 1. समा. 2. पा. 3. टी. एस. आनन्द 4. पल्टन बाजार, देहरादून 5. 1970.

दून रिपोर्टर : 1. समा. 2. साप्ता., पा. 3. नेमचंद जैन 4. अजितप्रसाद मार्ग, देहरादून 5. 1967-69.

दून वर्कर : 4. देहरादून।

दून वैली मनोरंजन : 1. समा. 2. साप्ता (हि., अं.) 3. भगतराम शर्मा 4. रामपुर रोड, देहरादून 5. 1968.

दून समाचार : 1. समा. 2. साप्ता. 4. काँग्रेस कमेटी, देहरादून 5. 1958.

दून सरोवर : 1. समा. 2. साप्ता. 3. विजयकुमार शर्मा 4. तिलक रोड, देहरादून 5. 1964.

दूरंदेश : 1. समा. 2. सांध्य दै. 3. जे. के. जैन 4. दिल्ली।

दूर की आवाज : 1. समा. 2. पा. 4. माईथान, आगरा 5. 1966-69.

दूर दृष्टि : 1. चि. 2. मा. 4. डावर मेमिकल दानापुर, पटना 5. 1971.

दूरसंचार : 2. मा. 4. पी एण्ड टी. हाउस, भोपाल 5. 1963.

दूरसंचार : 2. मा. 4. गाँधी चौक, नागपुर 5. 1963-65.

दूर समाचार : 2. मा. 3. एस. एस. परिहार 4. कमला पार्क के पीछे, भोपाल 5. 1963.

दूर्वादल : 1. सा. 2. मा. 3. परमात्मा द्विवेदी 4. बस्ती 5. 1921.

दूसरा देश : 1. समा. 2. पा. (हि., उ.) 4. गाँधीनगर, गाजियाबाद 5. 1968-71.

देखरेख : 1. समा. 2. साप्ता., दै. 3. लक्ष्मण सिंह 4. संसारचन्द रोड, जयपुर 5. 1966-69.

देना ज्योति : 1. व्या. 2. मा. (बहु.) 3. म. रा. रणदेरिया 4. देना बैंक, मिंट रोड, बम्बई 5. 1954.

देवगर्जन : 1. समा. 2. साप्ता. 4. बागपत गेट, मेरठ 5. 1961-65.

देवछाया : 1. बा. 2. मा. 3. मनमोहन सहगल 4. छावनी जालंधर 5. 1975.

देवदर्शन : 2. साप्ता. 4. प्रयाग 5. 1922.

देवदर्शन : 4. बम्बई।

देवदर्शन : 1. धा. 2. मा. (हि., पं.) 4. समीप डाकघर, समाना मण्डी 5. 1967.

देवदूत : 1. समा. 2. साप्ता., पा. (हि.,अं.) 4. पूर्व पटेलनगर/दरियागंज, दिल्ली 5. 1968-72.

देवदूत : 1. समा. 2. साप्ता. 4. दीक्षितपुरा, जबलपुर 5. 1960-66.

देवदीप : 2. साप्ता. 3. कपिल पाण्डेय 4. साधना तेलंग क्रास रोड, माटुंगा, बम्बई।

देवधर्म : 1. धा. 3. विश्वनाथ शर्मा 4. चूरू (राज.)।

देवध्वनि : 1. समा. 2. पा. 3. एम. पी. भार्गव 4. कटरैन, कुल्लू 5. 1965-66.

देवनागर : 2. मा. 3. उमापतिदत्त शर्मा, यशोदानन्दन अखौरो, शारदाचरण मित्र (जज हाईकोर्ट) 4. एक लिपि विस्तार परिषद्, कलकत्ता 5. कल्यब्द 5009 वत्सर, मई 1907 ई. 6. 3॥) वा. 7. दीर्घाकार, बहुभाषायी। नागरी लिपि को राष्ट्रलिपि बनाने को कृत संकल्प। भावात्मक एकता का प्रेरक प्रयोग। मुद्रक की कठिनाई, आर्थिक अव्यवस्था, और किसी एक भाषा से सम्बद्ध न होने के कारण व्यापक उपेक्षा, फलतः अल्पायु में समाप्त। लिप्यन्तर का अभूतपूर्व प्रयोग और द्विविधाग्रस्त अक्षरान्तर की पद्धति का व्यावहारिक समाधान। इसी की पुष्टि नवभारत टाइम्स, दिल्ली के नागरीवाणी संगम द्वारा (1976)। हिन्दी भाषा की राष्ट्रीय महत्ता के उद्घाटन में इस पत्र की विशिष्ट भूमिका।

देवनागर : 2. मा. 4. मेरठ नागरी प्रचारिणी सभा, मेरठ 5. 1914.

देवानागर : 2. त्रै. 4. संसदीय हिन्दी परिषद् सफदरगंज, नई दिल्ली 5. 1952-61.

देवनागरी गजट : 2. मा. 3. पं. गौरीदत्त 4. देवनागरी प्रचारिणी सभा, मेरठ 5. 1888 7. मेरठ का पहला हिन्दी पत्र।

देवनागरी प्रचारक : 2. मा. 3. पं. गोरीदत्त 3. देवनागरी प्रचारिणी सभा, मेरठ 5. 1881, 82 6. 12 आना वा. 7. प्रतिनिधि पत्र। भाषालिपि में विशेष योग।

देवभूमि : 1. समा. 2. साप्ता. 3. जयदेव गोयल 4. कोर्ट रोड, जीन्द 5. 1968.

देवभूमि : 1. समा. 2. साप्ता. 3. रामप्रसाद बहुगुणा 4. नन्दप्रयाग, चमोली 5. 1953.

देवयानी : 2. मा. 4. रास्ता गोविन्द राजा, जयपुर 5. 1962-64.

देवरिया गजट : 1. समा. 2. पा. 4. आदर्श प्रेस, देवरिया 5. 1954-60.

देवल : 1. समा. 2. दै. 4. आजमगढ़ 5. 1970..

देवलोक : 2. मा. 3. भरतराम शर्मा 4. सांताक्रुज, बम्बई 5. 1968-69.

देववाणी: 1. धा. 2. मा. (हि., उ.) 4. सिविल लाइन्स, लुधियाना 5. 1958.

देवसन्देश : 1. धा. 2. मा. 4. चौक चौरस्ता अटारी बाजार, जालधर 5. 1965-69.

देवज्ञदृष्टि : 1. ज्यो. 2. पा. 4. बाजार मोतीलाल, बरेली 5. 1964-67.

देवज्ञान : 1. समा. 2. साप्ता. 3. वर्धमान मूणत 4. चौमुखी पोल, रतलाम 5. 1970.

देवास टाइम्स : 1. समा. 2. पा. 3. लीलाशंकर महाजन 4. सुभाष चौक, देवास 5. 1964.

देवास दर्पण : 2. मा. 4. देवास (म. प्र.) 5. 1971.

देवास दूत : 1. समा. 2. साप्ता., वा. 4. बालागढ़, देवास 5. 1964-67.

देवेन्द्र : 1. सा. 3. अजीतप्रसाद 4. लखनऊ 5. 1922.

देश : 1. समा. 2. साप्ता. 3. डॉ. राजेन्द्रप्रसाद, बदरीनाथ वर्मा, मथुराप्रसाद दीक्षित, मृत्युंजयप्रसाद, सुरेश्वर पाठक 4. बिहार जनरल्स लिमि., पटना 5. 1919,20 6. 3.75 रु. वा. 7. गाँधीदर्शन, स्वाधीनता आन्दोलन एवं जनजागरण का अग्रणी पत्र। इसका स्वामित्व बिहार जनरल्स लिमि. ने मात्र एक रुपये में डॉ. राजेन्द्रप्रसाद के हाथ बेचा था। आरम्भ में इसे हिन्दी सर्चलाइट के नाम से जाना जाता था।

देश और समाज : 1. समा. 2. अर्द्धसाप्ता., द्विमा., त्रै. 3. डी. एन. शर्मा. 4. ए 8/1, सरकार वाई लेन, कलकत्ता 5. 1965,66.

देश की धरती : 4. लादूपुरा, कोटा।

देश की बात : 1. समा. 2. साप्ता. 3. उमाशंकर मिश्र 4. लायन्स (लुइस) रेन्ज, कलकत्ता-1 5. नवम्बर 1968-69.

देशदर्पण : 2. मा. 4. बगीचा गनपतराय, मोंगा (पंजाब) 5. 1961-65.

देशदर्शन : 1. भूगोल 2. मा. 3. रामनारायण मिश्र 4. भूगोल कार्यालय, इलाहाबाद 5. 1939.

देशदर्शन : 2. मा. 4. कमलानगर, दिल्ली 5. 1967-69.

देशदीप: 1. समा. 2. साप्ता. 4. सिधौली, सीतापुर 5. 1964.

देशदीपक : 1. समा. 2. साप्ता. 4. नाभा गेट रोड, पटियाला 5. 1956 (लगभग)।

देशदूत : 1. समा. 2. साप्ता. 3. श्रीनाथ सिंह (1939), ज्योतिप्रसाद मिश्र 'निर्मल', अनंतप्रसाद विद्यार्थी 4. इण्डियन प्रेस, टण्डन रोड, इलाहाबाद 5. 1915. 7. पर्याप्त प्रसिद्धिप्राप्त पत्र।

देशदूत : 1. समा. 2. दै., साप्ता. 4. काशी 5. 1921-24.

देशदूत : 1. समा. 2. साप्ता. 4. चौड़ा रास्ता, जयपुर 5. 1960-62.

देशधर्म : 1. समा. 2. दै. 3. विद्याराम वर्मा 5. शाबितगंज, इटावा (उ. प्र.) 5. 1967

देशधूलि : 1. समा. 2. साप्ता. 3. ओमप्रकाश अग्रवाल 4. सेतपुरिया स्ट्रीट, बरेली 5. 1968-71.

देशनायक : 1. समा. 2. साप्ता. 4. बीकापुर, मुंगेर 5. 1971.

देश प्रदेश के समाचार : 1. समा. 2. साप्ता. 4. सहारनपुर 5. 1971.

देशप्रेम : 1. समा. 2. साप्ता. 3. हर्षदकुमार नथवाणी 4. न्यू रोड, उज्जैन 5. 1970.

देशबन्धु : 2. मा. 3. प्रभुदयाल मीतल 4. देशबन्धु पुस्तकालय, मथुरा 5. 1951–56 (लगभग)।

देशबन्धु : 3. शीतला सहाय, बुद्धिघन शर्मा, श्रीनाथ सिंह (1926) 4. कलकत्ता 5. 1924,25.

देशबन्धु : 3. मायाराम सुरजन 4. गाँधी मार्ग, जबलपुर, नाहरवाड़ा रायपुर/भोपाल (1975) 5. 1950 (प्रच.)

देशबन्धु : 1. समा. 2. पा. 4. भरतपुर 5. 1956–57.

देशभक्त : 1. समा. 2. साप्ता. 4. पाटनपोल, कोटा 5. 1956–62.

देशभक्त : 1. समा. 2. साप्ता. 3. राधेश्याम शर्मा 4. पीलीभीत 5. 1951.

देशभक्त : 1. समा. 3. महताबसिंह वर्मा 4. आगरा/मैनपुरी 5. 1923,24.

देशभक्त (सचित्र) : 1. समा. 2. पा. 4. शामली, मुजफ्फरनगर 5. 1956–58.

देशभूमि : 1. समा. 2. दै. 3. सतीशकुमार 4. कर्नलगंज, इलाहाबाद 5. 1970.

देशभूमि : 1. समा. 2. साप्ता. 4. चमोली (यू. पी.) 5. 1975.

देशमित्र : 1. समा. 2. साप्ता. 3. जगदीश गुप्त 4. लोहामण्डी, ग्वालियर 5. 1959.

देशमित्र : 1. समा. 2. साप्ता. 4. बलिया (यू. पी.) 5. 1935 7. 'संसार' तथा 'बलिया गजट' का रूपान्तर।

देशरत्न : 1. समा. 2. साप्ता. 3. हरिशंकर वार्ष्णेय 4. हौजखास, नई दिल्ली 5. 1962.

देशरत्न : 1. समा. 2. साप्ता. 4. राजा की मण्डी, आगरा 5. 1962.

देशराज : 1. समा. 2. साप्ता. 3. रामपालसिंह कुशवाहा 4. विवेकानन्द मार्ग, भिण्ड (म. प्र.) 5. 1968.

देशवाणी : 1. समा. 2. साप्ता. 3. टी. डी. कौशिक 4. स्टेशन रोड, बुध बाजार, चन्दौसी, मुरादाबाद 5. 1957.

देशवार्ता : 1. समा. 2. साप्ता. 3. महेशचन्द्र उपाध्याय 4. गणेशमड़िया, झाँसी 5. 1969.

देश विदेश : 1. समा. 2. मा., साप्ता. 3. बी. बी. शर्मा 4. कच्चा महाजनी, चाँदनी चौक, दिल्ली 5. 1962–69.

देशवीर : 1. समा. 2. साप्ता. 4. बलकेश्वर कॉलोनी, आगरा 5. 1966–71.

देशवृत्ति : 1. वि. 2. मा. 4. ए 60, केशवचन्द सेन स्ट्रीट, कलकत्ता 5. 1968–69.

देश समाचार : 2. पा. (बहु.) 3. बिहार सरकार।

देश सिपाही : 1. समा. 2. पा. (हि., उ., पं.) 4. सिविल लाइन्स, मोंगा 5. 1969–71.

देशसेवक : 4. मुंगेर।

देशसेवक : 4. नागपुर 5. लगभग 1908 7. सम्पादक-प्रकाशक को राजद्रोह अभियोग में कारावास।

देशहित : 1. समा. 2. साप्ता. 4. उमाशंकर मिश्र 5. गोहाटी।

देशहितकारी : 2. मा. 4. मेरठ 5. 1899.

देशहितैषी : 2. मा. 4. अजमेर 5. 1882–94.

देशहितैषी : 2. साप्ता. 2. मेलाराम वैश्य 4. हिसार।

देशी डॉक्टर : 1. चि. 2. मा. 3. डॉ. डी. सी. शर्मा 4. ग्वालियर 5. 1915.

देशी राज्य व संयुक्त भारत : 2. साप्ता. 3. सत्यभक्त 4. प्रयाग 5. 1920.

देशी व्यापारी : 3. राधाकृष्ण गुप्त 4. कलकत्ता 5. 1884–94.

देशोपकारक : 2. पा. 3. ठाकुरदत्त शर्मा 4. अमृतधारा कार्यालय, लाहौर 5. 1883, 1910.

देशोपकारक : 2. मा. 4. मुरादाबाद 5. 1915.

देहरा पत्रिका : 1. समा. 2. साप्ता., पा. 4. टेकचन्द गुप्त 4. झण्डा बाजार, देहरादून 5. 1964–71.

देहरा समाचार : 3. टेकचन्द गुप्त 4. देहरादून 5. 1958.

देहात : 1. समा. 2. दै. 4. राजरूपसिंह वर्मा 4. सरवती गेट, साँवल रोड, मुजफ्फरनगर (उ. प्र.) 5. 1936, 62.

देहात : 2. मा. 3. सुदर्शनाचार्य, विनोदकुमार 4. लखनऊ 5. 1934.

देहात : 2. मा. 3. कन्हैयालाल सहगल, गंगाप्रसाद शारदा, नित्यानंद सारस्वत, चन्द्रकांता, बल्लभदास 4. पिलानी, जयपुर 5. 1948.

देहात : 4. सहारनपुर 5. 1958–61.

देहात की आवाज : 1. समा. 2. मा. 3. रघुवीरसिंह यादव 4. अर्जुननगर, नई दिल्ली 5. 1967.

देहात की ललकार : 1. समा. 2. साप्ता. 4. गोपाल मिश्र 4. लखीमपुर 5. 1982.

देहात टाइम्स : 1. समा. 2. साप्ता. 4. अमीलाल 4. हरसौली, अलवर (राज.) 5. 1965.

देहात भारती : 1. समा. 2. साप्ता. 4. रामकिशोर खण्डेलवाल 4. अलवर (राज.) 5. 1966.

देहाती : 1. समा. 2. साप्ता. 3. सियारामसिंह फौजदार, रमेश 4. गुड़ की मंडी, आगरा 5. 1948–59.

देहाती : 3. मुंशी गुलाबचन्द 4. बनारस 5. 1909 वि.–1914 ई.।

देहाती : 2. मा. 4. उरई (उ. प्र.) 5. 1913.

देहाती : 2. पा. 3. ब्रजबिहारी मेहरोत्रा 4. कालपी (उ. प्र.) 5. 1924.

देहाती दुनिया : 1. समा. 2. साप्ता. 4. अब्दुल गनी 4. भारत प्रेस, कटराबाजार, सागर 5. 1937.

देहाती सज्जन : 1. समा. 2. पा. 4. काब, राजीपुर, पटना 5. 1963–64.

देहातों का राजा : 1. समा. 2. साप्ता. 4. न्यायालय के सामने, रतलाम 5. 1971.

दैनिक आकोला बाजार समाचार : 1. व्या. 2. दै. 4. टी. एल. शाह 4. पंचशील कार्यालय, रजूस्कर बिल्डिंग, आकोला (महा.) 5. 1960.

दैनिक अजय : 1. समा. 2. दै. 3. केदारनाथ पाठक 4. बजूरिया वार्ड 2, दमोह (म. प्र.) 5. 1970.

दैनिक अमर प्रभात : 1. समा. 2. दै. 3. अभय गुप्त 4. मेरठ 5. 1974.

दैनिक अवन्तिका : 1. समा. 2. दै. 3. गोवर्धनलाल मेहता 4. नइं सड़क, उज्जैन 5. 1968.

दैनिक अवरोध : 1. समा. 2. दै., साप्ता. 3. हरिओम अग्रवाल 4. स्टेशन रोड, मुरादाबाद 5. 1970, 75.

दैनिक कविता : 1. सा. 3. चंद्रिकाप्रसाद मिश्र 4. बलराम डे स्ट्रीट, कलकत्ता।

दैनिक गढ़वाल : 1. समा. 2. साप्ता. 3. ओ. पी. राजन 4. कैलाश गेट, मुनि की रेती, टेहरी, गढ़वाल 5. 1967.

दैनिक गाथा : 1. समा. 2. दै. 3. काशीनाथ पाण्डेय 4. चमगगंज, कानपुर 5. 1970.

दैनिक जन-जन पुकार : 1. समा. 2. दै. 3. भोलानाथ पुकार 4. बड़ाघाट, सागर 5. 1967.

दैनिक बड़ा बाजार (गजट) : 1. समा., व्या. 2. दै., साप्ता. 3. पन्नालाल गुजराती, रामलाल वर्मा 4. काटन स्ट्रीट, बड़ा बाजार, कलकत्ता 5. 19 मार्च, अप्रैल 1970.

दैनिक भास्कर : 1. समा. 2. दै. 3. ठाकुर एस. पी. सिंह 4. फ्रीगंज, उज्जैन 5. 1958.

दैनिक मध्यदेश : 1. समा. 2. दै. 3. इन्द्रनारायण दुबे 4. कायस्थपुरा, भोपाल 5. 1966.

दैनिक मध्यदेश : 1. समा. 2. दै. 3. विश्वनाथ शर्मा 4. दाल बाजार, ग्वालियर/झाँसी 5. 1970.

दैनिक रामराज्य : 1. समा. 2. दै. 3. मदनगोपाल सिंहल, विश्वप्रसाद दीक्षित 'बटुक' 4. मेरठ

दैनिक राही: 1. समा. 2. दै. 3. घनश्यामदास पंकज 4. मनोहरनगर वार्ड, परकोटा, सागर 5. 1959.

दैनिक शिवालिक टाइम्स : 1. समा. 2. दै. 3. टेकचन्द गुप्त 4. देहरादून।

दो अक्टूबर : 1. समा. 2. साप्ता. 3. जीवनसिंह चौधरी 4. अजमेरी गेट, जयपुर/भीलवाड़ा 5. 1939.

दोआबा संदेश : 1. समा. 2. साप्ता. 4. दारानगर, इलाहाबाद 5. 1971.

दो टूक : 3. श्यामलाल 4. मुज्जफरपुर।

दोषी : 1. सा. 2. मा. 4. शमा कार्यालय, 13/14 आसफ अली रोड, नई दिल्ली 5. 1966.

दोहरा जासूस : 2. मा. 3. श्रीचन्द्र जैन 4. किनारी बाजार, दिल्ली 5. 1969. 7. जासूसी पत्र।

दोहरा पुल : 2. पा. (हि., उ., पं) 4. जी. टी. रोड, दीनानगर, गुरदासपुर 5. 1970.

दौराला गन्ना मिल पत्रिका : 1. वा. 2. पा, मा. 3. श्यामलाल गुप्त 4. दौराला, मेरठ 5. 1960, 68.

दौलतदार : 1. समा. 2. साप्ता. 4. शिकारपुर 5. 1920.

द्रढोमर : 2. मा. (1982), पा. (1924) 3. रामगोविन्द मिश्र, मंगलीप्रसाद गुप्त 4. श्री द्रढोमर वैश्य महासभा, कालपी 5. 1924-25.

दृष्टि : 1. सा. 2. त्रै. (1960), मा. (1962) 3. कृष्णमोहन 'मधुकर' 4. कला भारती, सराय सैयद अली, मीठापुर, मुजफ्फरपुर 5. 1960-64.

दृष्टि : 2. दा. 3. चाँदमल शर्मा 4. सी रोड, सरदारपुरा, जोधपुर।

दृष्टिकोण : 1. सा. 2. त्रै. (1941), मा. (1953) 3. नालिनविचोलन शर्मा, शिवचन्द शर्मा, राहुल सांकृत्यायन, रामविलास शर्मा, नगेन्द्र, जगन्नाथ शर्मा, देवेन्द्र शर्मा 4. बाँकीपुर, चीना कोठी, बुद्ध मार्ग, पटना 4. फरवरी 1941-53 7. उच्चस्तरीय समालोचना-पत्र।

दृष्टिकोण : 1. समा. 2. पा. 4. उदयपुर 5. 1971.

दृष्टिकोण : 4. चन्द्रिकाशिखर जी रोड, मेरठ 5. 1963-67.

द्रोणघाटी : 3. ब्रजमोहन शर्मा 4. देहरादून।

द्रोणाचल प्रहरी : 1. समा. 2. पा. 3. विपिनचन्द्र त्रिपाठी 4. दाराहाट, अलमोड़ा 5. 1970.

द्रौपदी : 2. त्रै. 3. मुरसान गेट, हाथरस 4. 1971.

द्वाबा टाइम्स : 3. ठाकुरदास चंचल 4. मुजफ्फरनगर 5. 1974.

द्वाभा : 1. सा. 3. रामेश्वर प्रशान्त 4. नया टोला, गढ़हरा, मुंगेर।

द्वारा : 3. सुरेश सलिल 4. जी. 20, शान्तिनगर, कानपुर।

द्विज : 1. जा. 2. मा. 3. रामदीन सिंह 4. खडवा विलास प्रेस, बाँकीपुर (पटना) 5. 1891. 7. नामान्तर—'द्विज पत्रिका।'

द्विज पत्रिका : 1. जा. 2. मा. 4. अलीगढ़ 5. 1989.

द्विजरात : 2. मा. 3. डॉ. इन्द्रदेवप्रसाद चतुर्वेदी 4. सरयूपारीण ब्राह्मण सभा, प्रयाग 5. 1912, 14-21.

द्विजराज पत्रिका : 1. जा. 2. साप्ता. 4. हरिकृष्ण जौहर 4. कलकत्ता 5. 1894.

द्विवेदी के तीर : 1. समा. 2. साप्ता., पा. 4. लोहामण्डी, ग्वालियर 5. 1963-66.

द्वैत संदेश : 1. दा. 2. मा. 4. जुनाह, बिलासपुर 5. 1970.

धन्वन्तरि : 1. समा., चि. 2. साप्ता. 4. रायपुर 5. 1974.

धनवन्तरि : 1. चि. 2. मा. 4. वैद्य बाँकेलाल गुप्त, राधाबल्लभ, देवीशरण गर्ग, गणपतिचन्द्र केला 4. विजयगढ़ (अलीगढ़) 5. 1923, 25-43. ई. 7. आयुर्वेद का प्रसिद्ध पत्र। विशेष—रक्तरोगांक, नारी अंक, सिद्धयोगांक, शल्य चिकित्सा (सुश्रुत विशेषांक), वनौषधि विशेषांक आदि।

धड़कन : 1. समा. 2. साप्ता. 4. पुरवा शेखताल, मेरठ 5. 1960-65.

धड़ल्लेदार : 1. समा. 2. दै., मा. 3. ज्ञानचन्द्र शारदा 4. अदनपुर, उरई, जालौन 5. 1925-65.

धन का कटोरा : 1. समा. 2. पा. 3. विनयकुमार पाठक 4. पचरी घाट, जूना, विलासपुर 5. 1969.

धनयुग : 1. समा. 2. पा. 4. विश्वेश्वरगंज, काशी 5. 1951-56 (लगभग)।

धनवान : 2. पा. 4. ब्रुधान रोड, दादर, बम्बई 5. 1951.

धनुर्धर : 1. समा. 2. साप्ता. 3. भूपेन्द्रनाथ त्रिवेदी 4. झीनी रेट, उदयपुर, बासवाड़ा (राज.) 5. 1962 7. सामन्तशाही का विरोधी पत्र।

धरती : 1. समा. 2. साप्ता. 4. पूर्णिया 5. 1956 (लगभग)।

धरती : 1. समा. 2. साप्ता. 4. गोपालगंज, सागर 5. 1972.

धरती : 2. मा. 4. खुरजा 5. 1959.

धरती और आकाश : 1. समा. 2. साप्ता. 4. सट्टा बाजार, गिद्दवाहा, फिरोजपुर 5. 1962-65.

धरती का बेटा : 1. समा. 2. साप्ता. 3. हुकुमसिंह खीची 4. विजय रोड, देवास (म. प्र.) 5. 1970.

धरती का लाल : 1. समा. 2. साप्ता. 4. विदिशा, गुना, अशोकनगर, ग्वालियर 5. 1964-68.

धरती करे पुकार : 1. समा. 2. दै., पा. 4. आर्यसमाज रोड, कोटा 5. 1970.

धरती की गोद : 1. समा. 2. साप्ता. 4. हापुड़, मेरठ 5. 1971.

धरती की पुकार : 1. समा. 4. कोटा 5. 1975.

धरती की लाज : 1. समा. 2. साप्ता. 3. गोविन्दनारायण शर्मा 4. दीनानाथ का रास्ता, जयपुर 5. 1970.

धरती के लाल : 1. समा. 2. साप्ता. 3. बाबूलाल 'इन्दु' 4. चाँदी की टकसाल, जयपुर (1970)/ कोटा (1954) 5. 1953-70 7. पूर्वनाम 'अधिकार', 'निर्भीक'।

धरती के लाल : 1. समा. 2. साप्ता. 3. बाबूलाल इन्दु चन्देरी 4. विदिशा, अशोकनगर, गुना (म. प्र.) तलैया, भोपाल 5. 1964 (प्रच.)।

धरती के लाल : 1. कृ. 2. मा. 4. विस्तार निदेशालय, शास्त्री भवन, नई दिल्ली 5. 1953.

धरती माँ : 2. सा. 2. मा. 3. पी. एन. शर्मा. 4. न्यू कविनगर, गाजियाबाद 5. 1967.

धरमवीर : 2. साप्ता. 3. देवकीनन्दन मिश्र 4. पो. 174, स्टेशन जिलाल, मुरादाबाद 5. 1959.

धरातल : 1. सा. 2. मा. 4. नारायणी, ब्रेवार्न रोड, कलकत्ता 5. 1958-59.

धरातल : 1. समा. 2. पा. 4. गाँधीनगर, जयपुर 5. 1965-67.

धर्मकुसुमाकर : 1. धा. 2. मा. 3. रायदेवीप्रसाद 'पूर्ण' 4. श्री ब्रह्मवर्त सनातन महामण्डल, कानपुर 5. 1911-14.

धर्मचक्र : 1. धा. 2. मा. (बहु.) 4. खार, बम्बई 5. 1948-61.

धर्मचर्चा : 1. समा. 2. पा. 3. बिहारीलाल टाटिया 4. श्रीगंगानगर (राज.) 5. 1970-(प्रच.)।

धर्मज्योति : 1. धा. 2. मा. 3. रामावतार पाण्डेय 4. अ. भा. धर्मवीर दल, भुनही इमली, बनारस 5. 2006 वि. (1950).

धर्मदत्त : 1. दा., धा. 2. मा. 3. भिक्खु धर्मरक्षित 4. महाबोधि सोसाइटी, सारनाथ, वाराणसी 5. 1936.

धर्म दिवाकर : 1. धा. 2. मा. 3. देवीसहाय (प्रसाद), गोविन्दनारायण मिश्र 4. धर्मसभा, कलकत्ता 5. 1895 (1940 वि.-43)।

धर्म दिवाकर : 1. धा. 2. मा. 3. पुत्तूलाल 4. आगरा 5. 1909.

धर्म दीपिका : 1. धा. 3. चन्द्रशेखर मिश्र 4. चम्पारन 5. 1888.

धर्मदूत : 1. धा. 2. मा. 3. धर्मज्योति, धर्मरत्न त्रिपिटकार्य सुमन वात्स्यायन, भिक्षु धर्मरक्षित 4. महाबोधि सभा, सारनाथ, काशी 5. मई 1935-59. (प्रच.) 7. बौद्ध धर्म का प्रचारक पत्र।

धर्मनीति तत्त्व : 1. धा. 2. मा. 3. हसन अली 4. बाँकीपुर, पटना 5.1880.

धर्मपंच : 1. घा. 2. मा. 4. सनातनधर्न सभा, मेरठ 5. 1904.

धर्मपथ : 2. मा. 4. राज प्रिंटर्स, कानपुर 5. 1956 (लगभग)।

धर्मपथ : 2. मा. 4. केसरबाग मण्डी, लखनऊ 5. 1964-68.

धर्मपुत्र : 5. 1877

धर्मपालक : 1. समा. 2. साप्ता., मा. 3. इन्दरदत्त 4. हज्जतनगर, बरेली 5. 1969-74.

धर्मपुत्र : 1. समा. 2. साप्ता. 3. जगदीश कमल 4. दिल्ली/मसूरी मार्ग, मुजफ्फरनगर 5. 1967.

धर्मप्रकाश : 2. मा. 3. मनसुखराम 4. अहमदाबाद 5. 1859, 77. 7. पुनरारम्भ आगरा से 1967. नामान्तर—'सर्वोपकारक'।

धर्मप्रकाश : 3. यमुनादत्त 4. धर्मरक्षिणी सभा, रुड़की (यू. पी.) 5. 1890.

धर्मप्रकाश : 2. मा. 4. कोंच (जालौन) 5. 1913.

धर्मप्रकाश : 2. मा. 3. शंकरप्रसाद भार्गव, गंगाविष्णु, तारामोहन 4. सनातन धर्म महामण्डल, कानपुर 5. 1921.

धर्मप्रकाश : 3. देवनारायण उपाध्याय 4. सनातन धर्म सभा, गाजीपुर।

धर्मप्रकाश : 1. समा. 2. साप्ता. 3. ज्वालाप्रसाद 4. आगरा 5. 1967 7. सनातन धर्म सभा का मुखपत्र। हिन्दी, संस्कृत में प्रकाशित।

धर्मप्रचारक : 1. त्रा., धा. 2. दिृभा., मा. 3. श्रीकृष्ण परसन्नु (प्रसन्न) सेन, राधाकृष्णदास 4. काशी 5. 1884,85-94.

धर्मप्रचारक : 2. मा. 4. मुंगेर 5. 1990.

धर्मप्रचारक (पत्र) : 1. धा. 4. बुटाना सनातन धर्म सभा, मुजफ्फरपुर 6. चार आने प्रति 7. पर्याप्त प्रसिद्ध प्राचीन पत्र।

धर्मप्रभा : 2. त्रै. 4. बैंकर्स स्ट्रीट, सदर, मेरठ 5. 1961-65.

धर्मप्रभाकर : 2. मा. 3. विद्याभूषण, दीनानाथ शर्मा 4. एलिचपुर, बरार 5. 1914.

धर्मप्रेरणा : 2. मा. 3. एच.एम. गहनकमी जैन 4. बम्बई 5. 1968.

धर्मप्रेरणा : 1. धा. 2. मा. 3. बी. एन. महाकारकर 4. इतवारी, नागपुर 5. 1968-69.

धर्मभूमि : 2. मा. 4. कटरा शमशेर खाँ, इटावा 5. 1963-65.

धर्ममार्ग : 1. धा., सा. 2. मा. 3. विद्यासागर शर्मा 4. धर्मार्थ ट्रस्ट, जम्मू 5. 1967-72.

धर्ममेध : 2. साप्ता. 4. मुजफ्फरनगर 5. 1971, 75.

धर्मयुग : 1. वि. 2. साप्ता. 3. इलाचन्द्र जोशी, हेमचन्द्र जोशी, सत्यकाम विद्यालंकार, डॉ. धर्मवीर भारती 4. टाइम्स ऑफ इण्डिया प्रेस, बम्बई 5. 1950 7. सर्वाधिक बिक्रीवाला साप्ताहिक हिंदी पत्र। स्वामित्व प्यारेलाल शाह, बैनेट कालमेन एण्ड कं. लिमि.। कुल प्रसार सं. 22123 प्रति अंक। हिन्दी जगत में अत्यन्त लोकप्रिय। मुख्य स्तम्भ—'बैठे ठाले' (हास्य-व्यंग्य)। व्यावसायिक पत्रकारिता की दृष्टि से सफल।

धर्मरक्षक : 2. साप्ता. 3. शिवदयाल शर्मा 4. श्री सनातन धर्मावलम्बीय अग्रवाल सभा, कलकत्ता 5. 1925.

धर्मराज : 1. धा. 2. मा. 3. रामगोपाल अग्रवाल 4. संकटादेवी, लखीमपुर खीरी 5. 1968.

धर्मलोक : 4. दिल्ली 5. 1971.

धर्मवाणी : 2. मा. 4. चौक, लखनऊ 5. 1965-69.

धर्मवीर : 1. समा. 2. साप्ता. 3. स्वामी भावानीदयाल संन्यासी 4. डरबन (द. अफ्रीका) 5. 1912, 18-22 (अल्पायु) 6. 12) वा. 7. विदेशों में हिंदुत्व का प्रचारक अत्यंत उपयोगी पत्र।

धर्मवीर : 1. समा. 2. साप्ता. 4. मुरादाबाद 5. 1956, 59.

धर्मवीर : 2. साप्ता. 3. गोविन्दप्रसाद चौरसिया 4. दिल्ली 5. 1921.

धर्मवीर : 1. धा. 3. मा. 3. चन्द्रमाराय शर्मा 4. धर्मवीर कं. लि. मधुवनी, दरभंगा 5. 1925 (अल्पायु)।

धर्मशिक्षक : 1. धा. 3. साप्ता. 3. बद्रीदास पुरोहित 4. कलकत्ता 5. 1990 वि.।

धर्मसंघ समाचार : 1. धा. 2. पा. 3. सूरजमल शर्मा 4. किरणाबाजार, अकोला (महा.) 5. 1950 (प्रच.) 6. मुफ्त।

धर्मसंदेश : 2. मा. 3. डॉ. नन्दकिशोर, रविशरण 4. नवाबगंज, कानपुर/बनारस, 5. 1936-56 लगभग।

धर्मसखा : 1. धा. 2. मा. 3. गोस्वामी यदुकुलभूषण, मुकुलभूषण शास्त्री 4. रावलपिण्डी 5. 1922, 25.

धर्मसत्ता : 3. बी. एल. पालीवाल 4. जंजागीर (म.प्र.)।

धर्मसभा अखबार : 2. साप्ता. 3. पं. हरिशंकर 4. लखनऊ 5. 1887.

धर्मसभा पत्र : 2. मा. 3. गौरीशंकर वैद्य 4. फर्रुखाबाद 5. 1888-94.

धर्मसभा पत्रिका : 2. ना. 3. अम्बिकाचरण घोष 4. पटना 5. 1881.

धर्मसुधा वर्षण : 1. धा. 2. मा. 3. कुलयशस्वी शास्त्री 4. काशी 5. 1889 6. 1) वा. 7. प्रसिद्ध धार्मिक पत्र।

धर्मसूर्य : 2. मा. 3. जयंत 4. विजयनगर कालोनी, लालधारी, भोपाल।

धर्मसेवक : 2. मा. 3. गणपति जानकीराम 4. बाँकीपुर, पटना 5. 1917.

धर्मसेवक : 2. मा. 3. भास्कर रामचन्द्र, भोलेराव 4. म. भा. थियोसाफिकल फेडरेशन सोसाइटी, ग्वालियर 5. 1917-20.

धर्मक्षेत्र : 1. समा. 2. साप्ता. 4. कुरुक्षेत्र।

धर्मक्षेत्र कुरुक्षेत्र : 1. धा. 2. मा. 3. एम. सम्पूर्णानन्द जी 4. शक्तिनगर, दिल्ली/प्रेमनगर, ज्वालापुर, हरिद्वार 5. 1967-70.

धर्माभ्युदय : 1. बा. 2. मा. 3. ईश्वरीप्रसाद शर्मा, मोहनलाल वैद्य, जी. एस. पथिक, प्रवासीलाल वर्मा 4. आगरा 5. 1918, 19.

धर्मामृत : 1. धा. 2. मा. 3. जगतनारायण 4. बम्बई 5. 1897 7. 'गोसेवक' संपादक ने अपने प्रान्त से निष्कासित हो जाने पर यह पत्र आरम्भ किया।

धर्मालय दीपिका : 2. मा. 4. हरिद्वार 5. 1909.

धर्मालोक : 2. मा. 4. रोहतासनगर, दिल्ली 5. 1960-61.

धर्मोदय : 1. धा. 2. मा. 3. गोपालचन्द महोपदेशक, कन्हैयालाल 4. सनातनधर्म मण्डल, मेरठ 5. 1916, 17.

धर्मोदय : 1. धा. 2. मा. 4. हिसार 5. 1969-71.

धर्मोपदेश : 1. धा. 2. मा. 4. लाहौर 5. 1882 7. आर्यसमाजी पत्र।

धर्मोपदेशक : 2. मा. 3. रामनारायण 4. बरेली 6. एक आना।

धाकड़ : 1. समा. 2. साप्ता. 4. स्टेशन रोड, आगरा 5. 1970.

धाकड़बन्धु : 1. जा. 2. मा. 3. रामेश्वर खालिया 4. सावरकर बाजार, इन्दौर 5. 1963.

धारअभ्युदय : 2. मा. 3. मोहनलाल वैद्य 4. आगरा 5. 1919.

धार साइकिल समाचार : 1. व्या. 2. मा. 3. लालचन्द 4. बख्तावर मार्ग, धार (म.प्र.) 5. 1967.

धाराप्रवह : 1. समा. 2. साप्ता. 4. जगतगंज, वाराणसी 5. 1973.

धारा प्रवाह : 2. मा. 4. सिविल लाइन्स, सुल्तानपुर 5. 1968-70.

धीमान ब्राह्मण : 1. जा. 2. मा. 3. डॉ. फूलचन्द शर्मा 4. सरधना (यू.पी.) 5. 1922.

धीर (वीकली) : 1. समा. 2. साप्ता. 3. धीरेन्द्रकुमार सिंधी 4. बी. के. आयंगर रोड, बंगलौर-53 5. 1970-76.

धीरज : 1. सा. 2. मा. 3. रामहर्ष तिवारी 4. प्रफुल्लचन्द्र रोड/अपसरकुल रोड, कलकत्ता 5. अक्टूबर 1965-68.

धीवरोदय : 2. मा. 4. खंदक स्ट्रीट, मेरठ 5. 1966-69.

धुरी : 1. समा. 2. साप्ता. 4. सीकर (राज.) 5. 1971.

धुवाँधार : 1. समा. 2. साप्ता. 3. रामकिशन शर्मा 4. बेलनगंज, तिकोनिया, आगरा 5. 1957.

धूप : 2. मा. 4. कमलानगर, दिल्ली 5. 1967.

धूप : 1. सा. 2. साप्ता. 3. ताजवार समरी 4. ए-1, विश्वनगर, शाहदरा, दिल्ली 5. 1966-67.

धूपछाँव : 1. सा. 2. मा. 4. हैदया रोड, बरनाला 5. 1963-65.

धूपछाँह : 1. कथा. 2. मा. 3. बालमुकुन्द गुप्त, सोमनाथ शुक्ल, रमाकांत दीक्षित, रत्नप्रकाश हजेला 4. मनीराम की बगिया, कानपुर 5. जुलाई 1948 (कुल ढाई वर्ष)।

धूमकेतु : 1. सा. 2. मा. 3. प्रो. सेवक वात्स्यायन 4. ए 141, किदवईनगर, कानपुर 5. 1972.

धूमकेतु : 1. सा. 2. मा. 3. शिवशेखर द्विवेदी 4. राजस्थान प्रेस, कलकत्ता 5. जून 1939.

धूमधाम : 2. साप्ता. 4. स्टेशन रोड, रतलाम 5. 1959-61.

धूर्तपंच : 2. मा. 3. दामोदरप्रसाद शर्मा 4. कलकत्ता 5. 1891-94.

धूरि : 2. साप्ता. 3. मदनलाल अजमेरी 4. सीकर (राज.) 5. 1974, 75.

धूल उड़ गयी : 1. समा. 2. साप्ता. 4. मुरादाबाद 5. 1975.

धौलपुर (गजट) पत्रिका : 1. समा. 2. साप्ता., मा. 3. डॉ. बहादुर सिंह 4. काँग्रेस कमेटी, कोठी धौलपुर, भरतपुर 5. 1965-66.

धौलपुल टाइम्स : 1. समा. 2. साप्ता., मा. 3. रामभरोसेलाल गोयल, महेशकुमार भार्गव 4. कोठी धौलपुर (भरतपुर) 5. 1914 6. नौ आने वा. 7. रियासती पत्र। नामान्तर—धौलपुर स्टेट गजट।

ध्रुव : 1. समा. 2. साप्ता. 4. नवलपुरा, मुरादाबाद 5. 1967-69.

ध्रुव सन्देश : 2. मा. 4. करनाल 5. 1967-69.

ध्येयदीप : 1. समा. 2. पा. 4. नीलवाली गली, कानपुर 5. 1959-61.

ध्वज : 1. समा. 2. दै. 3. राजमल लोढ़ा, मदनकुमार चौबे 4. धानमण्डी, मन्दसौर, ग्वालियर 5. 1936.

नन्दन : 1. बा. 2. मा. 3. राजेन्द्र अवस्थी (1964), जयप्रकाश भारती, 4. दि हिन्दुस्तान टाइम्स लि. कनाटसर्कस, नई दिल्ली 5. 1964 (प्रच.) 7. बालपत्रों में स्तर और बिक्री की दृष्टि से सर्वाधिक लोकप्रिय। प्रसार संख्या लगभग दो लाख। साज - सज्जा हेतु राष्ट्रीय पुरस्कार प्राप्त।

नन्दवाना : 1. जा. 2. मा. 3. भैरव नन्दवाना 4. पलैथा, कोटा 5. 1966.

नन्दिनी : 2. मा. 4. सदाकत आश्रम, पटना 5. 1947.

नन्हा राही : 1. बा. 2. मा. 3. बद्रीविशाल 4. कटरा, बाँदा 5. 1972.

नन्ही दुनिया : 1. बा. 2. मा. 3. प्रोफेसर लेखराज उल्फत 4. इन्दर रोड, देहरादून 5. 1951-80.

नन्ही कलियाँ : 2. मा. 4. सुभाषनगर, नई दिल्ली 5. 1971.

नन्हे मुन्ने : 1. बा. 4. तहरियासराय (बिहार)।

नन्हे मुन्ने : 1. बा. 2. मा. 3. उमेश मलहोत्रा 4. माडल टाउन, जालंधर 5. 1958-60.

न : 2. सा. 3. सुशीलकुमार 4. टकखाना, लखनऊ 5. 1969.

नक्कारा : 1. समा. 2. साप्ता. 3. विद्याभूषण कश्यप 4. मीटूलाल खटौली, मुजफ्फरनगर, 5. 1960.

नगमा : 2. मा. 3. आबिद रिजवी 4. मीरपुर, इलाहाबाद 5. 1966.

नगर ज्योति : 1. समा. 2. साप्ता. 4. महावीर मार्ग, सतना 5. 1970.

नगर दर्शन : 1. समा. 2. पा., साप्ता. 3. केशवसिंह 4. रानीबाग, शकूर बस्ती, दिल्ली 5. 1966-68.

नगर संदेश : 1. समा. 2. पा. 4. नगर निगम, जबलपुर 5. 1958-62.

नगर सेवक : 2. पा. 3. आर.सी. बेन्द्रे 4. अकोला महा. 5. 1958.

नगर सेवा : 1. चि. 2. तै. 4. म्यू. कार्यालय, बुरहानपुर (म.प्र.) 5. 1961-64.

नगर स्वराज्य : 1. समा. 2. पा. 4. आर. 1, मोतीलाल नेहरू मार्ग, इलाहाबाद 5. 1970 (लगभग)।

नजराना : 1. फि. 2. पा. 4. उत्तरी विजयनगर, आगरा 5. 1960-65.

नजराना : 1. फि. 2. पा., मा. 4. इस्साजी स्ट्रीट, बम्बई 5. 1963-66,67.

नटखट : 1. बा. 4. अल्मोड़ा।

नटखट : 1. बा. 2. मा. 3. अशोककुमार विश्वकर्मा 4. पश्चिमी धामापुर, जबलपुर 5. 1967-71.

नटरंग : 1. सा., सां. 2. त्रै. 3. डॉ. नेमिचन्द्र जैन 4. एफ. आई. 14, जंगपुरा एक्सटेंशन, नई दिल्ली 5. 1965 (प्रच.) 7. भारतीय नाटक एवं रंगमंच का प्रतिनिधि पत्र।

नम : 1. समा. 2. साप्ता. 4. बुधवारा, रायपुर 5. 1963-64.

नमस्कार : 2. पा. (हि., उ.) 4. अलीपुर रोड, दिल्ली 5. 1967-68.

नयन : 2. मा. 4. कलीथान, कटरा, इलाहाबाद 5. 1961-71.

नयनतारा : 1. सा. 2. मा. 3. बन्धुशा 4. नन्दमलिक लेन, कलकत्ता 5. 1956-62 (लगभग)।

नयना : 1. धा. 2. मा. 3. डॉ. केशवर 4. बी. 180, राजपुर, देहरादून 5. 1970.

नया : 1. सा. 2. त्रै. 3. मंजुलासिंह, मधुकर गंगाधर 4. न्यू राजेन्द्रनगर, पटना 5. 1970, 71 7. नवबोध का लघुपत्र।

नया कदम : 2. मा. 3. राजनारायण, श्रीकांत शास्त्री 4. बल्ली मारान, दिल्ली 5. 1948.

नया कदम : 1. समा. 2. पा. 4. स्टेशन रोड, रामपुर 5. 1957-61.

नया किराणा सन्देश : 1. बा. 2. साप्ता. 3. ए. के. ठाकुर 4. बर्शीनाथ खडक बाजार, बम्बई 5. 1965.

नया खून : 1. समा. 2. साप्ता. 3. स्वामी कृष्णानन्द सोख्ता, मुक्तिबोध 5. जुम्मातालाब रोड, नागपुर 5. 1949-63.

नया खून : 1. श्रम. 2. मा. 3. एस. के. कपूर 4. म्यूनिसिपल कॉलोनी, आजादपुर, दिल्ली 5. 1968.

नया चंपारन : 1. समा. 2. साप्ता. 4. बेतिया (बिहार) 5. 1956-59 (लगभग)।

नयाचीन : 2. मा. 4. वाराणसी 5. 1956 (लगभग)।

नया जमाना : 1. समा. 2. साप्ता. 3. बालमुकुन्द गुप्त, राधाकृष्ण कुकरेती 4. देहरादून 5. 1955 7. साम्यवादी विचारधारा का पत्र।

नया जमाना : 1. समा. 2. दै. 3. हरेन्द्रनाथ शर्मा (संचा.), पाण्डेय बेचन शर्मा 'उग्र' 4. इन्दौर 5. 12 अप्रैल 1947, पुनराम्भ 23 दिसम्बर 1948 7. अल्पायु।

नया जासूस : 1. कथा. 2. मा. 4. कुबेराइण्टर प्राइज, पो. बा. 1519, मद्रास 5. 1955.

नया जीवन : 1. सा. 2. मा. 3. कन्हैयालाल मिश्र 'प्रभाकर' 4. रेलवे रोड, सहारनपुर 5. 1940.

नया जीवन : 1. समा. 2. साप्ता. 4. मेरठ 5. 1956.

नया तूफान : 1. समा. 2. साप्ता. 3. एन. आर. काले 4. तिलकनगर, विलासपुर 5. 1961.

नया दिन : 1. समा. 2. साप्ता. 3. रामइकबाल सिंह 4. मोतीहारी, चम्पारन 5. 1969.

नया देश : 1. समा. 2. साप्ता. 4. लालकुर्ती, मेरठ 5. 1955.

नया देहाती : 2. मा. 4. कैन्टोन रोड, लखनऊ 5. 1940-59.

नया नारा : 1. समा. 2. साप्ता. 4. प्रोफेसर कॉलोनी, भोपाल 5. 1971.

नया नेपाल : 1. समा. 2. साप्ता. 4. पटना 5. 1956 (लगभग) 7. नेपाली जनता हेतु प्रकाशित पत्र।

नया पथ : 1. सा. 2. मा. 3. शिव शर्मा, 4. केशरबाग, लखनऊ 5. 1952-60.

नया पथ : 1. समा. 2. साप्ता. 4. रेलवे रोड, हिसार 5. 1962.

नया पैगाम : 4. इटारसी।

नया प्रतीक : 1. सा. 2. मा. 3. स. ही. वात्स्यापन 'अज्ञेय' प्रका.—इला डालमिया 4. राउज ए., नई दिल्ली 5. दिसम्बर 1973 (प्रच.) 7. सर्जना एवं चिन्तना का प्रतिनिधि/ उच्चस्तरीय सामग्री। 'प्रतीक' का नवीनीकरण।

नया बिहार : 1. समा. 2. साप्ता. 3. दिनेशप्रसाद सिंह 4. ज्ञानपीठ लि., पटना 5. 1969.

नया बिहार : 2. पा. 4. सारन 5. 1958-60.

नया भारत :1. समा., राज. 2. साप्ता. 3. जगन्नाथप्रसाद रावत, अधीर दुबे यू. पी. सी. सी. 4. 19 केशरबाग, लखनऊ 5. 1951.

नया मजदूर :1. समा. 2. साप्ता. 4. मथुरा 5. 1956-58.

नया मार्ग :1. समा. 2. साप्ता. 4. राजमहल, कुरुक्षेत्र 5. 1958-59.

नया मालवा :2. साप्ता. 4. इन्दौर 5. 1949.

नया मालवा :1. समा. 2. साप्ता. 4. जीवनगंज, मंदसौर 5. 1965-66.

नया मिलाप :1. सामा. 2. साप्ता. 4. टी. टी. नगर, भोपाल 5. 1971.

नया युग :1. समा. 2. साप्ता. 4. फर्रुखाबाद 5. 1947-57.

नया युवक : 1. वि. 2. मा. 3. रवीन्द्रकुमार राजेश 4. कालाकाँकर हाउस, लखनऊ 5. 1956.

नया रजतपट :1. फि. 2. पा. 4. स्टेशन रोड, मऊ 5. 1956-57.

नया राजस्थान :1. समा. 2. साप्ता. 4. मिर्जा इस्मा. रोड, जयपुर 5.1954.

नया राज्य :1. समा. 2. साप्ता. 4. सरदारपुरा, जोधपुर 5. 1958-61.

नया रास्ता :2. साप्ता. 3. दुर्योधन पण्डा 4. जमशेदपुर/मनोहरपुर (उड़ीसा)।

नया रास्ता :1. समा. 2. साप्ता. 4. मधुबाजार, छाईबासा (बिहार) 5. 1956-65.

नया रास्ता :1. समा. 2. साप्ता. 4. जेल रोड, नागपुर 5. 1956.

नया रास्ता :2. पा. 4. मुकुमपुरा, दिल्ली 5. 1956-58.

नया शिल्प :2. मा. 4. नयी बस्ती, कीड़गंज, इलाहाबाद 5. 1960-65.

नया शिक्षक :1. शि. 2. अर्द्धवा., त्रै., द्विभा. 3. रणजीत सिंह 4. शिक्षा निदेशक, बीकानेर 5. 1957 (प्रच.)।

नया संदेश :1. समा. 2. पा. 4. कैथल, करनाल 5. 1971.

नया संसार :1. समा. 2. साप्ता. 3. कविराज सुदर्शनलाल जैन, बृह्मनाथ 'बन्धु' 4. प्रेमपुरी, मुजफ्फरपुर 5. 1950, 64.

नया संसार :1. समा. 2. साप्ता. 4. आगरा।

नया संसार :1. समा. 2. साप्ता. 4. बेस्टस्ट्रीट, पूना 5. 1956 (लगभग)।

नया सबेरा :4. भागलपुर।

नया सबेरा :1. समा. 2. साप्ता. 4. नेहरूनगर, कानपुर 5. 1959, 63.

नया समाज :1. समा. 2. मा. 3. मोहनसिंह सेंगर 4. नेताजी सुभाष रोड, रायल एक्सचेंज पैलेस, कलकत्ता-1 5. 1940, 49/1938-59 6. 10) वा.।

नया समाज :1. समा. 4. बुलन्दशहर 5. 1956-58.

नया समाज :1. समा. 2. साप्ता. 4. इब्राहिमपुरा, भोपाल 5. 1956-58 (लगभग)।

नया साहित्य :1. सा. 2. मा. 3. रामविलास शर्मा, प्रकाशचन्द गुप्त, यशपाल, रमेश सिन्हा, रमाप्रसाद थिडियाल 'पहाड़ी', शमशेर (1945) 4. नया कटरा, प्रयाग। जनप्रकाशन गृह, बम्बई 5. 1942 7. प्रगतिशीलता का पोषक लघुपत्र।

नया साहित्य :1. व्या. 2. मा. 3. विश्वनाथ 4. राजपाल एण्ड सन्स, दिल्ली 5. 1955-56.

नया सिपाही :1. पा. 4. घंटाघर, कटनी 5. 1959-60.

नया सुल्तानपुर :1. समा. 2. साप्ता. 4. सुल्तानपुर 5. 1961–65.

नया हरियाणा :1. समा. 2. पा. 4. झज्जर रोड, रोहतक 5. 1957–60.

नया हिन्द : 2. मा. 3. पं. सुन्दरलाल 4. हिन्दुस्तानी कलचर सोसायटी मुट्ठीगंज, प्रयाग 5. 1946–56.

नया हिन्द :1. समा. 2. दै. 3. भारतभूषण विजयगोविन्द 4. उज्जैन, ग्वालियर 5. 1945.

नया हिन्दुस्तान :2. साप्ता. 3. शम्भुनाथ, शिवदानसिंह चौहान 4. जगतगंज, बनारस कैण्ट 5. 1947–48.

नयी आवाज :1. समा. 2. साप्ता., पा. 4. क्रिश्चियन क्वारटर, बेतिया, मोतीहारी, चम्पारन 5. 1959–63/65.

नयी उमंग :1. समा. 2. साप्ता. 4. भैरों बाजार, आगरा 5. 1956–57.

नयी उमर की नयी फसल :1. समा. 2. साप्ता., पा. 3. चन्द्रमणि रघुवंशी 4. बिजनौर 5. 1969–70 7. युवावर्ग का पत्र।

नयी उम्र :1. समा. 2. साप्ता. 3. जगदीश गुरु 4. साधना प्रेस, भोपाल 5. 1970.

नयी कविता :2. सा. 2. अर्द्धवा. 3. जगदीश गुप्त, विजयदेवनारायण साही 4. कविता प्रकाशन/लोकभारती, इलाहाबाद 5. 1954–58 7. नयी कविता का उन्नायक लघुपत्र।

नयी कविता :1. सा. 2. अर्द्धवा. 4. राजकमल प्रकाशन, दरियागंज, दिल्ली 5. 1954.

नयी कहानियाँ :1. सा. 2. मा. 3. सत्यभक्त, भीष्म साहनी, अमृतराय, प्रमोद सिन्हा, कमलेश्वर (1962–64), 4. 28, एडमान्सटन रोड, इलाहाबाद/'हंस प्रकाशन' 18, हेस्टिंग्स रोड, इलाहाबाद 5. 1939, 58, 60 – (प्रच.) 7. कहानी विधा का प्रतिनिधि पत्र।

नयी किताबें :1. व्या. 2. मा. 4. खेतवाड़ी, मेन रोड, बम्बई 5. 1953.

नयी किरण :3. गजाधरसिंह 4. हाथरस।

नयी चेतना : 3. शिवदानसिंह चौहान 4. बीकानेर 5. 1950.

नयी जमीन :4. इन्दौर।

नयी जिन्दगी :1. सां. 2. मा., त्रै. (1958, 65) 4. मनोहर मालवीय, सावित्री सहाय, सूर्यदेव उपाध्याय, राजेन्द्र भारती 4. विवेकानन्द रोड, शिवटोला लेन बेलियाघाट, कलकत्ता-6 5. 1949–58, 65.

नयी जिन्दगी :1. पा. 4. इंदर रोड, देहरादून 5. 1960–65.

नयी तालीम : 1. शि. 2. मा. 4. आशादेवी आर्यनायकम्, मार्जरी साइक्स 4. हिन्दुस्तानी तालीमी संघ, सेवाग्राम, वर्धा (पटना) 5. मार्च 1939–सितम्बर 1942, पुनः 1947–64 7. सर्वोदयी पत्र। सुरुचिसम्पन्न सज्जा एवं भाषा गाँधी जी की कल्पना के अनुसार। शैक्षिक क्रान्ति का संवाहक यह पत्र अपने युग का आदर्श।

नयी तालीम :2. मा. 4. सर्वसेवासंघ, राजघाट, वाराणसी 5. 1952.

नयी दिशा :1. समा. 2. त्रै. 4. बिलासपुर 7. 2 अंक मात्र।

नयी दिशा :2. पा. 3. हरिचरण जोशी 4. दिल्ली 5. नवम्बर 1973.

नयी दिशा : 1. समा., सा. 2. साप्ता., मा. 4. ज्ञानोदय प्रेस, नीमच (म.प्र.) 5. 1952-59.

नयी दुनिया : 3. रघुबीरशरण दिवाकर 4. सत्याश्रम, वर्धा 5. 1941.

नयी दुनिया : 1. समा. 2. दै., (सांध्य) दै. 3. राहुल बारपुते, अभय छजलानी, कृष्णचन्द मुद्गल, कृष्णकांत व्यास, प्रेमचन्द मोदी, रामचन्द्र नीमा 4. कड़ावघाट, केशरबाग रोड, इन्दौर 5. 5 जून 1947 (प्रच.) 7. मध्य प्रदेश बनने के बाद 1959 में इसके रामपुर, जबलपुर संस्करण निकले। राष्ट्र का प्रमुख दैनिक। संस्था.—लाभचन्द छजलानी तथा अन्य। साझेदार—लाभचन्द छजलानी, बसंतीलाल सेठी, नरेन्द्र तिवारी।

नयी दुनिया : 1. समा. 2. दै. 3. मायाराम सुरजन 5. प. सदर, रायपुर 5. 1952-71.

नयी दुनिया : 1. समा. 2. दै. 3. सुंदर शर्मा 4. द. सिविल लाइन्स, जबलपुर 5. 1969.

नयी दुनिया : 1. समा. 2. साप्ता. 4. गया।

नयी धारा : 1. सा. 2. मा. 3. रामबृक्ष बेनीपुरी, उदयराज सिंह, राजा राधिकारमण सिंह 4. अशोक प्रेस, महेन्द्रू, पटना-6 5. 1950 (प्रच.) 7. उच्चस्तरीय पत्र। विशेष—'राजा राधिकारमणप्रसाद सिंह अंक', 'समकालीन कहानियाँ अंक' (1966), 'हिन्दी लघुकथा अंक' (संपा. कमलेश्वर)।

नयी पीढ़ी : 1. समा. 2. साप्ता., मा. 4. विरानपुर, फतेहपुर 5. 1963-69.

नयी फसल : 1. समा. 2. साप्ता. 3. बलराम गौतम 4. परकोटा, सागर 5. 1966.

नयी बात : 1. समा. 2. साप्ता. 4. दानीपाड़ा, रामगढ़ 5. 1956-65.

नयी मशाल : 1. समा. 2. साप्ता. 3. काशीप्रसाद 4. तोपखाना बाजार, मुंगेर 5. 1970.

नयी राह : 1. समा. 2. साप्ता. 4. इंदौर 5. 1955.

नयी राह : 1. समा. 2. साप्ता. 4. मीरा की बगिया, इतवारी, भोपाल 5. 1956-57.

नयी लकीर : 2. मा. 4. फुलवार, रामपुर 5. 1961-65.

नयी विद्या : 1. सामा. 2. साप्ता. 4. नीमच (म.प्र.) 5. 1971.

नयी शिक्षा : 1. शि. 2. मा. 3. के. एस. भारद्वाज 4. तहसीलदारों का रास्ता, जयपुर 5. 1951.

नयी सदी : 1. सा. 2. मा. 3. सन्तोष बन्सल 4. ए-267, डिफेन्स कालोनी, नई दिल्ली 5. 1961-71.

नयी सुबह : 2. मा. 4. बड़ा बाजार, सागर 5. 1956-57.

नयी सूचना : 2. मा. 4. गणेशगंज, लखनऊ 5. 1961-69.

नये फूल : 2. मा. 3. उमाकांत मालवीय (1958).

नये रंग : 1. सा., सां. 2. त्रै. 4. दिल्ली 5. 1965.

नये विज्ञापन : 2. मा. 3. रावी 4. नयानगर, पोस्ट कैलाश, आगरा 5. 1962.

नर : 1. सां. 2. साप्ता. 4. मलिक स्ट्रीट, कलकत्ता 5. 1968 7. 1 अंक प्रकाशित।

नर केसरी : 1. समा. 2. साप्ता. 4. कानपुर 5. 1970.

नर केसरी : 1. समा. 2. साप्ता. 4. रेलवे रोड, सोनीपत 5. 1965.

नर-नारी : 2. मा. 3. वीरेन्द वात्स्यायन 4. नरबारी प्रकाशन, अशोक पथ, पटना 5. 1959 7. परिवार कल्याण एवं काम कला विषयक।

नररूप : 1. शि. 2. मा. 3. कल्पना जोशी 4. खाँड़ा फलसा, जोधपुर 5. 1969.

नरसिंहपुर समाचार : 1. समा. 2. सासा. 3. सीताराम गुप्त 4. शिवाजी वार्ड, नरसिंहपुर (म.प्र.) 5. 1968.

नरसिंहपुरा दिगंबर जैन ज्योति : 1. धा. 2. त्रै. 4. डूँगरपुर (राज.) 5. 1971.

नर्गिस : 1. सा., सां. 2. मा. 3. टी.सी. मित्तल 4. कोठी न. 1144, सेक्टर सी, चण्डीगढ़ 5. 1948, 68.

नर्मदा के स्वर : 1. समा. 2. पा. 3. ओंकार त्रिवेदी 4. श्रीनाथ की तलैया, जबलपुर 5. 1969.

नर्मदा ज्योति : 1. समा. 2. दै. 3. कृपाशंकर शुक्ल 4. सुभाष पथ, जबलपुर 5. 1968.

नर्सिंग लाइट : 1. चि. 2. त्रै. (हिं, अं.) 3. आर.के. मेहता 4. दिल्ली नर्सेज एसोसिएशन, 3 ए टेनेमेण्ट्स, सफदरजंग, टी.बी. अस्पताल, दिल्ली 5. 1968.

नव आयाम : 1. समा. 2. मा., त्रै. 3. सुरेशचन्द्र शुक्ल 4. विद्यानगर, विलासपुर 5. 1967.

नव आलोक : 2. मा. 4. जवाहरनगर, दिल्ली 5. 1956-58.

नवकथा : 1. कथा. 2. मा. 4. पी. एस. रोड, बम्बई 5. 1958-60.

नवकल्प : 1. धा. 2. पा. 4. निगमबोध घाट, दिल्ली 5. 1967.

नवकेसरी : 1. समा. 2. सासा. 3. रामदुलारे मिश्र 4. रामपुर, पो. फतेहपुर रोशनाई, जिला-कानपुर 5. 1970.

नवक्रान्ति : 1. समा. 2. सासा. 4. लखनऊ 5. 1971.

नवगर्जना : 1. वा. 2. सासा. 3. रामस्वरूप मित्तल 4. भैरों बाजार, आगरा 5. 1956.

नवगर्जना और चीख : 1. समा. 2. सासा. 3. बाबूलाल मेहता 4. परदेशीपुरा, इन्दौर 5. 1969.

नवचिन्तन : 1. सा. 3. राजा राकेश 4. सी. 47, शिवार्ड एरिया, बापूनगर, जयपुर 5. स्वातंत्र्योत्तर 7. युवा पीढ़ी का प्रतिनिधि पत्र।

नवचित्रपट : 1. फि. 2. मा. 3. सत्येन्द्रश्याम, लज्जारानी 4. दरियागंज, दिल्ली 5. 1932, 47 7. हिन्दी की आरम्भिक फिल्मी पत्रिका।

नव चेतना : 1. समा. 2. सासा. 3. राजेन्द्रकुमार रस्तोगी 4. स्वामीपारा, मेरठ 5. 1970.

नवचेतना : 4. पटना।

नवजाग्रत किसान : 1. समा. 2. सासा. 3. ए. जैटल 4. काशीपुर, नैनीताल 5. 1970.

नवजागृति : 1. समा. 2. सासा. 3. पन्नालाल, सत्यनारायण शर्मा 4. डिब्रूगढ़ (असम) 5. स्वातंत्र्योत्तर।

नवजीवन : 1. मा., पा., सासा. 3. पं. केशवदेव शास्त्री, चन्द्रशेखर बाजपेयी 4. आर्यकुमार परिषद, काशी 5. 1910 से जून 1914/19 7. कालान्तर में यह इन्दौर से प्रकाशित।

नवजीवन : 1. समा., मा. (1915) 2. दै. (1939) 3. द्वारकाप्रसाद 'सेवक', पुरुषोत्तम विजय 4. सरस्वती सदन, इन्दौर 5. मार्च 1915-17, 1939-41 7. मध्य प्रदेश का प्रथम दैनिक पत्र। आर्थिक कष्ट के कारण समाप्त। इसी पत्र से प्रेरित होकर गाँधी जी ने अपने पत्र का नाम 'नवजीवन' रखा।

नवजीवन : 2. मौ. 4. प्रयाग 5. 1917-19.

नवजीवन : 1. समा. 2. सासा. 3. कनक मणिधर, हरिभाऊ उपाध्याय, मधुकर 4. अजमेर/

सूरजपोल, उदयपुर (1944) 5. 1939 7. राजद्रोह के अपराध में संपादक को जेल।

नवजीवन : 1. समा. 2. दै. 3. सत्येदव शर्मा, लक्ष्मणनारायण गर्दे, रा.र. खड़िलकर, भगवतीचरण वर्मा , कृष्णकुमार मिश्र 4. एसोसिएटेड प्रेस, केसरबाग, लखनऊ 5. 1947 (प्रच.) 7. उत्तरभारत का लोकप्रिय दैनिक।

नवजीवन : 1. समा. 2. साप्ता. 4. पटना 5. 1956-57 (लगभग)।

नवजीवन पथ : 1. समा. 2. साप्ता., पा. 3. गुलजारीलाल नन्दा, डॉ. महोदेवप्रसाद, अमृता भारती, चन्द्रभानु शर्मा 4. थियेटर कम्युनिकेशन बिल्डिंग, कनाट प्लेस, नई दिल्ली 5. 1967-70 7. समयचेतना का वैचारिक पत्र।

नवजीवन संदेश : 2. साप्ता. 4. हाईवे, जयपुर 5. 1954-66.

नवज्योति : 4. बनारस स्टार कैम्प, वाराणसी 5. 1930.

नवज्योति : 1. शि. 2. त्रै. 3. डी.एन. पाण्डेय 4. पद्मपूकुर रोड, भवानीपुर, कलकत्ता 5. 1950.

नवज्योति : 1. समा. 2. दै., साप्ता. 3. सुन्दरलाल गर्ग, दुर्गाप्रसाद चौधरी, पन्नालाल गुप्त 4. कैसरगंज, अजमेर (1936)/जाबनरबाग, स्टेशन रोड, जयपुर (1960) 5. 1935-36 7. सम्प्रति—राजस्थान का सबसे पुराना दैनिक/अंग्रेज सरकार विरोधी।

नवज्योति : 1. व्या. 3. एम.आर. सेन 4. जीवन बीमा निगम, एम. जी. रोड, कानपुर 5. 1960.

नवज्योति : 1. समा. 2. पा. 4. पिथौरागढ़, अलमोड़ा 5. 1950-59.

नवझंकार : 2. मा. 4. भागलपुर 5. 1956 (लगभग)।

नवता : 1. बा. 2. पा. 3. बी. विश्वनाथ रेड्डी 4. मद्रास 4. अप्रैल 1960 (अल्पायु) 7. विदेशी प्रतिष्ठान द्वारा प्रकाशित।

नवनिर्माण : 1. समा. 2. पा. 4. योजना विभाग, बदायूँ 5. 1951-67.

नवनिर्माण : 1. समा. 2. साप्ता. 4. मैनपुरी 5. 1953-61.

नवनिर्माण : 1. सा. 2. त्रै. 3. नेमिचंद जैन 'भावुक' 4. कुमार साहित्य परिषद्, जोधपुर 5. 1953.

नवनिर्माण : 2. साप्ता. 4. कानपुर।

नवनिर्माण : 1. सा. 2. मा. 3. शिखरचंद जैन, भालचंद्र जोशी 4. गौराकुण्ड, इन्दौर 5. 1943.

नवनिर्माण : 1. समा. 2. साप्ता. 4. मण्डी, भरतपुर 5. 1956-60.

नवनीत : 1. धा., रा. 2. मा. (गुटका आकार) 3. लक्ष्मणनारायण गर्दे 4. ग्रन्थ प्रकाशन समिति, काशी 5. 1970 वि. (1913-17) 7. लगभग 150) की लागत से पत्र आरंभ। इसमें श्री पराड़कर, प्रो. चिन्तामणि, मन्नन द्विवेदी, डॉ. सम्पूर्णानन्द आदि की प्रेरक रचनाएँ।

नवनीत : 1. सा., सां. 2. मा. 3. हरिप्रसाद नेवटिया, सत्यकाम विद्यालंकार, रमेश सिन्हा, रामचन्द, ओंकारनाथ, रतनलाल जोशी, विद्याभूषण, काशीनाथ मिश्र, श्रीगोपाल

नेवटिया, नारायणदत्त 4. ताड़देव, बम्बई 5. 1952 (प्रच.) 7. लोकप्रिय डाइजेस्ट। विविध विषययुक्त व्यावसायिक एवं पारिवारिक पत्रिका।

नवपथ :1. समा. 2. पा. 4. बरनूला यादगार, सहारनपुर 5. 1956-58.

नवपत्रिका :1. समा. 2. पा. 4. आखाड़ा बाजार, कुल्लू 5. 1965-68.

नवप्रकाश :2. पा. (हि., गु.) 4. खंभालिया, हलाड़ (महा.) 5. 1956-60.

नवप्रभात :2. साप्ता. 4. सीतावर्डी, नागपुर 5. 1947.

नवप्रभात :1. सा. 2. वा. 4. देवधर, बिहार 5. 1956 (लगभग)।

नवप्रभात :1. समा. 2. दै. 3. आर.एन. बागड़, नंदकिशोर 4. किशोर प्रेस, हिन्दुस्तान जर्नल्स, प्रा. लि. इंदौर, मेवाती, मोहल्ला इन्दौर/नागपुर (1943)/भोपाल चौक, उज्जैन/जयेन्द्रगंज, लश्कर, ग्वालियर (1948)/आगरा (1954), इन्दौर (1950), भोपाल (1953), उज्जैन (1957) 5. 1947-51 प्रच. 7. मध्य भारत में अत्यंत लोकप्रिय।

नवप्रभात टाइम्स :1. समा. 2. दै. 3. नन्दकिशोर 4. लक्ष्मी निवास, यूनानी सफ़ाखाना, भोपाल 5. 1958.

नवबिहार :1. समा. 2. साप्ता. 4. ज्ञानपीठ एम.लि., पटना 5. 1969.

नवभारत :2. साप्ता. 3. ठाकुरचन्द्र सिंह 4. देहरादून 5. 1922.

नवभारत :2. साप्ता. 3. टी.वी. केशवदास 4. बेल्लारी (तमिल.) 7. राष्ट्रीय पत्र।

नवभारत :1. समा. 2. दै. 3. नंदकिशोर, शिवनारायण द्विवेदी, रामगोपाल माहेश्वरी, कालिकाप्रसाद दीक्षित, मायाराम, टी. यादव, आर.एन. बागड़, जी.एल. बोरा, विश्वम्भर शर्मा, अवनीन्द्रकुमार 4. (i) सीताबल्दी, काटनबाजार, नागपुर (1939), (ii) रानी की कोठी, जबलपुर (1950), (iii) जेल रोड, जहाँगीराबाद, भोपाल, (1956), (iv) उषागंज, इन्दौर (1960), (v) रामसागरपुरा, रायपुर (1959) 5. 1938-(प्रच.) 7. यह पत्र नागपुर (1947), जबलपुर (1950), भोपाल (1956), इन्दौर, रायपुर (1959) से प्रकाशित। संस्था.—रामगोपाल माहेश्वरी। प्रेस रजिस्ट्रार की वार्षिक विज्ञप्ति के अनुसार बिक्री की दृष्टि से हिन्दी पत्रों में इसका तृतीय स्थान। दैनिक प्रसार संख्या -लगभग 82000।

नवभारत टाइम्स :1. समा. 2. दै. 3. स्वामी-श्री डालमिया, सत्येदव विद्यालंकार, श्रीवास्तव चन्द्रशेखर शास्त्री, मातादीन भगोरिया, अवनींद्रकुमार (1947), रामगोपाल विद्यालंकार, अक्षयकुमार जैन, सच्चिदानंद वात्स्यायन 'अज्ञेय' 4. बहादुरशाह जफर मार्ग, नई दिल्ली 5. 4 अप्रैल 1947 (प्रच.) 7. पूर्वनाम - 'नवभारत'। सर्वाधिक प्रमाणित बिक्री का हिन्दी पत्र। प्रसार सं. - 246614 (1972)। मुख्य स्तम्भ—'दिल्ली जो एक शहर था' (हास्य), (मुख्य लेखक रामावतार त्यागी), 'नजर अपनी अपनी' (पाठकीय पत्र), 'नागरी संगम' (भाषा-लिपि ऐक्यसूचक) (1975-76), 'विज्ञान और जीवन' (हरीश अग्रवाल), 'युवा जगत'। साप्ताहिक विशेषांक—मनोरंजन, खेतखलिहान, नारी अंक आदि से सम्बन्धित। नेशनल जरनल लिमि. को और न्यूज क्राविकल के

लाइसेंस को खरीदकर यह पत्र आरंभ। देश विभाजन एवं गाँधी हत्याकांड के दौरान विशेष लोकप्रिय। मुद्रण, सज्जा एवं सम्पादन में सम्प्रति सर्वोपरि। 'रविभारत' नाम से प्रथम साप्ताहिक संस्करण। वार्षिक विशेषांक महत्वपूर्ण। द्रष्टव्य—'पराविद्या के रहस्य अंक' (1976)। समाचार कला तथा पत्रकारिता के लिए यह पत्र उदाहरण।

नवभारत टाइम्स : 1. समा. 2. दै. 3. हरिशंकर द्विवेदी, महावीर अधिकारी (आवासी सम्पादक) 4. टाइम्स आफ इण्डिया, बम्बई 5. 1950-(प्रच.) 7. महाराष्ट्र एवं दक्षिण भारत का सर्वप्रचलित पत्र।

नवभारत टाइम्स : 1. समा. 2. दै. 4. कलकत्ता 5. 1950-1 सितम्बर 1953.

नवभारती : 2. मा. 4. चर्चलेन, कलकत्ता 5. 1950.

नवमत (नवामत) : 1. समा. 2. साप्ता. 3. नत्थूलाल टाक 4. महादेवपुरा, वर्धा 5. 1961, 62.

नवमार्ग : 1. समा. 2. साप्ता. 4. राजेन्द्रनगर रोड, पटना 5. 1967-70.

नवयत्न : 1. समा. 2. पा. 4. जयपुर 5. 1958-66.

नवयातना : 1. समा. 2. साप्ता., मा. 3. युधिष्ठिरराज मार्ग 4. नोहर (राज.) 7. 1958.

नवयुग : 1. समा. 2. दै., साप्ता. 3. सत्यकाम विद्यालंकार, अवनीन्द्रकुमार (1945-47), रामसिंह, गोपालकृष्ण कौल, इन्द्रनारायण गुर्टू 4. नेशनल जर्नल लि. कं., दिल्ली 5. दिसम्बर 1933 7. 2 पैसे प्रति (आरंभिक मूल्य) 7. दिल्ली का प्रथम दैनिक। 'न्यूयार्क टाइम्स' का जैसा ढंग। 8 पृष्ठों का पत्र। शीर्षक आकर्षक। रोटरी पर मुद्रण। संचालक—श्री कोहली, जे.एन. साहनी। आर्थिक समस्या के कारण साप्ताहिक हो गया। संपादक बने रामसिंह।

नवयुग : 1. समा. 2. दै. 3. राधामोहन गोकुल 4. आगरा 5. 1923.

नवयुग : 1. दै. 3. देवकीनन्दन विभव 4. अमरोहा (यू.पी.) 5. 1923.

नवयुग : 1. समा. 2. दै. 3. गौरीशंकर मिश्र 4. प्रयाग 5. 1923.

नवयुग : 1. समा. 2. अर्द्ध साप्ता. 3. गंगाप्रसाद गुप्त 4. कानपुर 5. 1924, 25.

नवयुग : 1. सां. 2. मा. 3. सत्यदेव विद्यालंकार 4. स्टैण्ड रोड, कलकत्ता 5. सितम्बर 1928.

नवयुग : 1. समा. 2. पा., दै. (21 फरवरी 1955) 3. चिरंजीव जोशी 4. चामू हाउस, रेजीडेन्सी रोड, जयपुर 5. 1955, 67.

नवयुग पथिक : 1. समा. 2. साप्ता. 3. अशोककुमार 4. रेलवे रोड, हापुड़ 5. 1970.

नवयुग क्रान्ति अभियान : 2. मा. 4. जयपुर 5. 1971.

नवयुग सन्देश : 1. समा. 2. साप्ता. 3. साँवलप्रसाद चतुर्वेदी, युगलकिशोर चतुर्वेदी, काशीनाथ गुप्त 4. वासन गेट, भरतपुर 5. 1944, 45.

नवयुवक : 1. पा., मा. 3. राधामोहन गुप्त, रामजीलाल सहाय 4. जनरलगंज, कानपुर 5. 1952-59.

नवयुवक : 3. मथुराप्रसाद दीक्षित, मोहनलाल गुप्त 4. मुजफ्फरपुर 5. 1938.

नवयुवक : 1. समा. 2. पा. 4. कालाकाँकर हाउस, लखनऊ 5. 1956-59.

नवयुवक टाइम्स : 1. समा 4. कोटा।

नवयुवक मारवाड़ी :2. साप्ता. 3. मोतीलाल लाठ 4. कलकत्ता 5. 1924.

नवयुवक संघर्ष :1. समा. 2. साप्ता. 3. ओमप्रकाश तिवारी 4. पं. श्रीनाथ पथ, मेन रोड, इन्दौर 5. 1969.

नवयुवक सन्देश :2. त्रै. 4. वस्कीखुर्द, दारागंज, इलाहाबाद 5. 1964–69.

नवरंग :1. समा. 2. साप्ता. 3. बाबूसिंह चौहान, विजयवीर 4. बिजनौर 5. 1960–65.

नवरतन :1. समा. 2. साप्ता. (हि., अं.) 3. प्रेमदत्त शर्मा 4. शिवाजीनगर, मेरठ 5. 1970.

नवरत्न :1. सा. 2. मा. 3. नरेन्द्रकुमार अरोड़ा 4. विवेकानन्द रोड, कलकत्ता 5. 1961–65.

नवरस :1. सा. 2. मा. 3. रघुवंश पाण्डेय 'मुनीश', देवकुमार मिश्र 4. मिखना पहाड़ी, बाँकीपुर, पटना/इन्दौर 5. 1947.

नवराजस्थान :1. समा. 2. मा. 3. सत्यदेव विद्यालंकार, रामनाथ 'सुमन', ब्रजलाल वियानी 4. राइफल रेज, अकोला 5. 1925 6. 4) वा. 7. गाँधीवादी पत्र। द्रष्टव्य—'दीपमालिका अंक' (1936).

नवराष्ट्र :1. समा. 2. दै. 3. देवब्रत शास्त्री, सुंमगल प्रकाश, विजयकिशोर, भालचंद ओझा 4. बैंक रोड, पटना-1 5. 1947 7. पर्याप्त लोकप्रिय, साहसिक और प्रखर पत्र।

नवराष्ट्र :1. समा. 2. दै. 3. प्रो. इन्द्र 4. बम्बई 5. 1939.

नवराष्ट्र :1. समा. 2. साप्ता. 3. शिवकुमार शर्मा, मुरारी सिंह 4. बिजनौर 5. 1948.

नवराष्ट्र :1. समा. 2. साप्ता. 4. जोरापाड़ा, रामपुर 5. 1950–51.

नवरीता :2. मा. 4. घेर असगरान, फिरोजाबाद 5. 1959–67.

नवलिका :2. मा. 4. नाई का बाग, इलाहाबाद 5. 1962–70.

नवलेखन :1. सा. 3. रवीन्द्र शशांक 4. क्यू 18 ई, पक्का बाग, जालन्धर 5. स्वातंत्र्योत्तर।

नवलोक समाज :1. समा. 2. साप्ता. 3. वनवारीलाल शर्मा 4. मोतीकटरा, आगरा 5. 1966.

नववतन :2. पा. 4. नोहर (राज.) 5. 1966–71.

नववर्ष पत्रिका :1. समा. 2. साप्ता. 4. अखाड़ा बाजार, कुलू 5. 1965–69.

नवविकास :2. मा. 3. जिला नियोजन अधिकारी 4. जिला पंचायत ऑफिस, पीलीभीत 5. 1954.

नवविहान :2. मा. 3. मदनमोहन सहाय 4. नया डाकबँगला, पटना/गया 5. फरवरी 1948.

नवविज्ञान :1. वि. 2. पा. 4. हुसेनगंज, लखनऊ 5. 1960–63.

नवशक्ति :3. शुकदेवप्रसाद तिवारी 4. होसंगाबाद, बम्बई।

नवशक्ति :1. समा. 2. साप्ता., दै (1936, अल्पायु) 3. देवब्रत शास्त्री, सच्चिदानन्द सिंह, युगलकिशोर सिंह 4. बुद्धमार्ग, पटना 5. 1930, 34–65 7. गाँधीवादी पत्र।

नवसन्देश :1. समा. 2. साप्ता. 4. चौधरी मुहल्ला, गुना (म.प्र.) 5. 1956–65 (लगभग)।

नवसन्देश :1. समा. 2. साप्ता. 4. सिक्कानगर, देशमुख लेन, बम्बई 5. 1954–60.

नवसन्देश :1. समा. 2. साप्ता. 4. टाँका भवन, नागपुर 5. 1947.

नवसन्देश :1. समा. 2. साप्ता. (हि., अं.) 4. विजयसिंह 'पथिक' 4. जगदलपुर, बस्तर 5. 1970.

नवसन्देश :4. रतनगढ़, बीकानेर।

नवसन्देश :1. समा. 2. साप्ता. 4. बलिया 5. 1956, 57.

नवसन्देश :2. मा. 4. मालीबाड़ा, दिल्ली 5. 1956 (लगभग)।

नव समाचार पत्रिका :1. समा. 2. साप्ता. 4. सरायहाकिम, अलीगढ़ 5. 1956-57.

नव सर्जन : 1. समा. 2. साप्ता. 3. राजेन्द्रकुमार दीक्षित 'सुमन' 4. कचहरी रोड, उन्नाव 5. 1970.

नव हिन्दुस्तान :3. अवनींद्र कुमार (1936-44) 4. कनाट सर्कस, नई दिल्ली।

नवागत : 1. सा. 2. मा. 3. नीलम श्रीवास्तव 4. ए 6, जी.टी. रोड, कोन्नगर, हुगली 5. 1976.

नवागत :2. पा. 4. सिलीगुड़ी, दार्जलिंग 5. 1960-61.

नवाधा :1. बा. 2. पा. 4. आरकाट रोड, बेदपालनी, मद्रास 5. 1968 (अल्पायु)।

नवीन :2. मा. 4. किनारी बाजार, आगरा 5. 1954-59.

नवीन :1. समा. 2. साप्ता. 4. लखेड़ापुरा, भोपाल 5. 1953-59.

नवीन अध्यापक :1. समा. 2. पा. 4. हरिलो 7. लघुपत्र।

नवीन आशुलिपि पत्रिका :2. मा. 4. करोल बाग, दिल्ली 5. 1970.

नवीन दुनिया :1. समा. 2. दै. 3. सुंदर शर्मा 4. दक्षिण सिविल लाइन्स, रामपुर/जबलपुर (1960) 7. पूर्वनाम 'नयी दुनिया'।

नवीन बिहार :1. समा. 2. साप्ता. 4. बोरिंग रोड, पटना 5. 1963-65.

नवीन भारत :1. समा. 2. दै. 3. जगतनारायण लाल, कृष्णमोहन वर्मा 4. कदमकुआँ, पटना 5. 1947 (अल्पायु) 7. काँग्रेसी नीति का समर्थक पत्र।

नवीन भारत :1. समा. 2. साप्ता. 3. कालीचरण अग्रवाल 4. कासगंज, एटा 5. 1937-61 7. विशेष 'तुलसी अंक'।

नवीन भारत :3. सुखसम्पतिराय भण्डारी 4. अजमेर 5. 1923 (लगभग)।

नवीन राजस्थान : 1. समा. 2. साप्ता. 4. संचा.—'पथिक' शुकदेवप्रसाद तिवारी, किशोरसिंह वर्मा 4. राज. सेवा संघ, अजमेर 5. 1919, 22-68 6. 3) वा. 7. नामान्तर— 'तरुण राजस्थान'। 'राजस्थान केसरी' के संपादक मण्डल ने वर्धा से स्थानान्तरित होकर इसका प्रकाशनारम्भ किया। प्रकाशित होते ही इसके मेवाड़ प्रवेश पर प्रतिबन्ध। फिर हर रियासत में रोक। इसका मूल सूत्र 'यश वैभव की चाह नहीं, परवाह नही जीवन न रहे, यदि इच्छा है तो यह, जग में स्वेच्छाचार दमन न रहे।' निषेधाज्ञा से बचने हेतु 'तरुण राजस्थान' रूप में नामान्तर।

नवीन वाचक :4. गोंडा 5. 1881.

नवीन वीकली :1. समा. 2. साप्ता. 4. लन्दन।

नवीन समाज :3. नवाब सिंह रघुवंश 4. शिलांग 7. अल्पायु।

नवेली :2. मा. 4. खार, बम्बई 5. 1961-63.

नवोदय :2. मा. 3. अजितकुमार ऋषि 4. बाहेरी (बरेली) 5. 1963.

नवोदिता :3. भारतेन्दु 4. वाराणसी 5. 1884 7. मात्र 2, 3 अंक प्रकाशित। दे. नवभारत टाइम्स 11 सितम्बर 75 में फतेहचन्द शर्मा 'आराधक' का लेख।

नव्यतन :1. समा. 2. साप्ता. 4. नटनियों का रास्ता, जयपुर 5. 1948-64.

नशाबन्दी संदेश : 2. मा. (हि., अं.) 4. कनाट सर्कस, नई दिल्ली 5. 1965.

नशीहत : 4. मुजफ्फरनगर।

नश्तर : 1. समा. 2. पा. 3. सीतादेवी 4. भगवाननगर, छोटीबालां, लुधियाना 5. 1969.

नसीबदार : 1. समा. 2. साप्ता. 3. राजमल गुप्त 4. गौतमपुरा, इन्दौर 5. 1969.

नक्षत्र : 4. गोहाटी।

नाई ब्राह्मण : 1. जा. 3. इन्द्रदेव शर्मा 4. बनारस 5. 1980 वि.।

नाई ब्राह्मण : 2. मा. 3. रेवतीप्रसाद शर्मा 4. कानपुर 5. 1921.

नाई मित्र : 2. जा. 2. पा. 3. 'एक जाति हितैषी' 4. मोठ, झाँसी 5. 1978 वि.।

नाकारा : 1. समा. 2. साप्ता. 4. खतौली, मुजफ्फरनगर 5. 1960.

नाखुदा : 1. समा. 2. पा. 3. इशाचरण 4. पंजाब लाइन, गाजियाबाद 5. 1970.

नागदा टाइम्स : 1. समा. 2. पा., मा. 3. दामोदर उपाध्याय 4. सुभाष मार्ग, उज्जैन 5. 1967–69.

नागदूत : 1. समा. 2. त्रै., मा. (हि.,म.) 3. आर.एच. नानमरे 4. शुमालबाड़ा, नागपुर 5. 1968–71.

नागपुर गजट : 1. समा. 2. (बहु.) 4. प्रादेशिक शिक्षा समिति, नागपुर 5. 1870.

नागपुर टाइम्स : 1. समा. 2. दै. 3. रामकृष्ण रघुनाथ खाडिलकर, अनन्तगोपाल शेवड़े 4. नागपुर 5. 1953 7. अंग्रेजी पत्र 'नागपुर टाइम्स' में एक चौथाई पृष्ठ में हिन्दी 'नागुपर टाइम्स' का प्रकाशन।

नागपुर संदेश : 1. समा. 2. साप्ता. 3. यू. डी. निमजे 4. कड़वा चौक, महाल, नागपुर 5. 1968.

नागपुर समाचार : 1. समा. 2. साप्ता. (हि.,म.) 3. एल. एन. राव. 4. गाँधी चौक, महाल, नागपुर 5. 1956–68.

नागपुर डायरी : 1. समा. 2. साप्ता. (हि., अं.) 3. श्रीमती के. संगवार 4. न्यू सोमवारी पेठ, नागपुर 5. 1968.

नागपुर बुलेटिन : 1. समा. 2. पा. 3. जी. बी. गोयनका 4. अभयंकर रोड, नागपुर 5. 1968–70.

नागफनी : 1. सा. 2. त्रै., मा. 3. सुरेन्द्र तिवारी, हृदयेश पाण्डेय, महादेवलाल मल्लिक 4. डी. 2/1, टाइन एण्ड रोड / 12, बिहारी डाक्टर रोड, भवानीपुर/24/2, ग्रीस मुकर्जी रोड, कलकत्ता-25 5. 1967, 68 7. नवलेखन का लघुपत्र।

नागर ज्योति : 1. समा. 2. साप्ता. 3. मिठाईलाल चौरसिया 4. महावीर मार्ग, सतना 5. 1970.

नागरविजय : 2. साप्ता. 4. अहमदाबाद।

नागरा : 4. खलौली।

नागराज : 1. समा. 2. साप्ता. 4. अल्मोड़ा 5. 1962–67.

नागरिक : 2. साप्ता. 4. जेल रोड, आरा 5. 1950–61.

नागरिक : 2. मा., त्रै. 4. म्यूनिसिपल बोर्ड, भोपाल 5. 1957–61, 65.

नागरिक : 1. समा. 2. दै. 3. तोताराम शर्मा, देवीदास शर्मा 4. हाथरस 5. 1947, 56–58.

नागरिक :1. समा. 2. साप्ता. 3. सुरेश मेहता 4. पो. 188, कानपुर 5. 1942.

नागरिक :1. समा. 2. पा. 3. महेन्द्र त्रिवेदी, कमलाकांत मोदी 4. नगरपालिका निगम, इन्दौर 5. 1953, 54 (प्रच.)।

नागरिक :1. समा. 4. सहारनपुर 5. 1955-61.

नागरिक मोर्चा :1. समा. 2. साप्ता. 4. सरायहाकिम, अलीगढ़ 5. 1968-71.

नागरिका :4. आरा।

नागरी :1. सा. 3. गुलेरी चन्द्रधर शर्मा 7. अत्यंत प्रसिद्ध प्राचीन पत्र।

नागरी नीरद :1. सा. 2. साप्ता. 3. चौधरी बद्रीनारायण 'प्रेमधन' 4. मिर्जापुर 5. 1893 7. पर्याप्त प्रसिद्ध पत्र। भाषा—'उस त्रिगुणातीत त्रिगुणात्मक त्रिकालवर्ती, वेदत्रयधारी, त्रिशूलपाणि, त्रिपुरारि, त्रिलोचन, त्रिविद्यादि, त्रिमूर्तिमय, त्रिलोकनाथ को बारम्बार अभिवादन।'

नागरी पत्रिका :1. सा. 2. मा. 3. सदासुखलाल, सुधाकर पाण्डेय 4. काशी नागरी प्रचारिणी सभा, वाराणसी 5. 1877, 1966.

नागरी प्रकाश :2. मा. 4. मेरठ 5. 1874.

नागरी प्रचारक :1. सा. 2. मा. 3. गोपाललाल खत्री, रूपनारायण पाण्डेय 4. लखनऊ 5. 1907 6. 1) वा. 7. प्रसिद्ध प्राचीन पत्र।

नागरी प्रचारिणी पत्रिका : 1. शो. 2. मा. (1905-20), त्रै. (1976 वि.) 3. डॉ. श्यामसुन्दर दास (1905-8), कालिदास कपूर, किशोरीलाल गोस्वामी (1990 वि., 1906), सम्पूर्णानन्द, रामचन्द्र शुक्ल (1909), शिवनाथ, मुंशी देवीप्रसाद गुलेरी (1918), रामचन्द्र वर्मा (1915), बेनीप्रसाद (1917), माधवप्रसाद पाठक, कालीदास, राधाकृष्णदास, गौरीशंकर ओझा (1976 वि.), सुधाकर द्विवेदी (1920), कृष्णदेव गौड़ (1920-23, 1993 वि.), केशवप्रसाद मिश्र (1998 वि.), जयचन्द नारंग, लकीप्रसाद पाण्डेय, वासुदेवशरण अग्रवाल (2001 वि. विक्रमांक), विश्वनाथ मिश्र (2002 वि.), पुरुषोत्तमलाल (2007 वि.), कृष्ण नन्द (2006 वि.), मंगलदेव शास्त्री, पद्मनारायण, आचार्य जगन्नाथ शर्मा (2018 वि.), सुधाकर पाण्डेय, करुणापति त्रिपाठी, बच्चन सिंह 4. काशी नागरी प्रचारिणी सभा, वाराणसी 5. जून 1896 6. 1.50 रु. वा. 7. हिन्दी का अत्यन्त प्राचीन शोधपत्र। आकार 8'× 5'। कई पुस्तकाकार प्रकाशन।

नागरी प्रबर्द्धिनी पत्रिका : 1. सा. 2. मा. 4. प्रयाग नागरी प्रचारिणी सभा, प्रयाग 5. 1911.

नागरी प्रबोध :5. 1915.

नागरी हितैषिणी (हितैषी) पत्रिका : 1. सा. 2. त्रै., मा. 3. पं. सकलनारायण शर्मा, जैनेन्द्र किशोर, बृजनन्दन सहाय 'बृजबल्लभ' 4. नागरी प्रचारिणी सभा, आरा (बिहार) 5. 1903-10.

नागिन : 2. मा. 4. वाराणसी 5. 1956 (लगभग)।

नाचरंग : 1. कला. 4. बाजार सीताराम, दिल्ली 5. 1964-66.

नाटक : 2. मा. 4. अम्बाला कैंट 5. 1966-68.

नाटक : 1. समा. 2. साप्ता 4. काशी।

नाटक प्रकाश : 4. प्रयाग 5. 1974-82.

नाट्य दर्पण : 1. सा. 2. मा. 3. सोहनलाल शर्मा 4. मुजफ्फरनगर 5. नवम्बर 1933 7. उच्च कोटि का सचित्र नाट्य संबन्धी पत्र। सूक्ति—"सतपथ पर निशिदिन रहे सतब्रत मन में धार, ध्येय सदा अपना रहे नाट्य कला उद्धार।"

नाट्य पत्र : 2. मा. 4. विद्यावर्धिनी सभा, प्रयाग 5. 1894.

नाटिकी : 2. मा. 3. महावीरप्रसाद गैरोला 4. टेहरी (गढ़वाल) 5. 1966.

नाद ज्योति : 1. कला. 2. मा. 3. कन्हैयालाल 'मधुकर' 4. भगवानगंज, अजमेर 5. 1970 7. संगीतकलापरक।

नार्दन रेलवे मैगजीन : 2. मा. (हि., अ.) 4. स्टेट एण्ट्री रोड, नई दिल्ली 5. 1952-70

नानक संदेश : 1. धा. 2. साप्ता (बहु.) 4. एम. सी. कॉलोनी, आजादपुरा, दिल्ली 5. 1969.

नामदेव : 2. मा. 3. एच. एल. वर्मा 4. दरियागंज, दिल्ली 5. 1968.

नामदेव प्रदीप : 1. धा. 2. मा. 4. दादर, बम्बई 5. 1970-71.

नामदेव बन्धु : 1. जा. 2. त्रै 4. नहर मुहल्ला, अजमेर 5. 1962-64.

नामदेव समाज पत्रिका : 1. जा. 2. त्रै. 3. डॉ. महादेवलाल 4. रास्ता जाट का कुआँ, जयपुर 5. 1967.

नाम माहात्म्य : 1. धा. 2. मा. 3. इन्द्र ब्रह्मचारी, दानबिहारीलाल शर्मा 4. भजनाश्रम वृन्दावन, मथुरा 5. 1995 वि. (1938) 7. विशेष—'श्री ब्रजांक'।

नाम सन्देश : 1. धा. 2. मा., त्रै. (बहु.) 3. ईश्वर आर. बालानी 4. बी 2, मार्क्वीस स्ट्रीट, चौरंगी लेन, कलकत्ता 5. 1960, 68.

नायक : 1. समा. 2. साप्ता 3. गयाप्रसाद शुक्ल 4. लालगंज, रायबरेली 5. 1965, 71.

नायिका : 1. फि. 2. मा. 4. विश्वनाथ मोतीलाल लेन, कलकत्ता 5. 1962-65.

नारद : 2. मा. 4. खुर्जा 5. 1922.

नारद (श्री) : 1. समा. 2. मा., साप्ता. 3. गोविन्दप्रसाद शर्मा, लक्ष्मीनारायण सारनी श्रीवास्तव, सतीशचन्द शर्मा, प्रेमकुमार, लालगिरि, कार्तिकेयचरण कौशल 4. छपरा, सारन (बिहार) 5. 1903.

नारदमुनि : 2. मा. 4. मेरठ 5. 1888.

नारनौल पत्रिका : 1. समा. 2. साप्ता. 3. भोलाराम शर्मा 4. नारनौल (हरि.) 5. 1960-61.

नारा : 1. समा. 2. साप्ता. 3. रामबलीप्रसाद देहाती 4. मल्लिक स्ट्रीट, कलकत्ता 5. 1968.

नारायण : 2. अनि. 3. नरोत्तम व्यास 4. नारायण प्रिंटिंग प्रेस, कलकत्ता 5. 1983 वि. 7. क्रम-दर्शन, पट।

नारायण उपदेश : 1. धा. 2. मा. 4. धारा साहिब, अमृतसर 5. 1970.

नारी : 1. म. 2. मा. 3. आत्मानन्दप्रसाद सिंह 4. विकास मन्दिर, कमच्छा, वाराणसी 5. 1948-56 (लगभग)।

नारी : 1. म. 2. मा. 4. हाईवे, जयपुर 5. 1953.

नारी : 2. मा. 3. पृथ्वीराज पथ, पटना 5. 1955-60.

नारी कल्याण : 1. म. 2. मा. 3. चन्द्रप्रभु शर्मा 4. पलवल (हरि.) 5. 1960-63.

नारी गौरव : 1. म. 2. मा. 3. यशोदा देवी 4. वैदिक प्रेस, कलकत्ता 5. जुलाई 1931.

नारी जगत : 1. म. 2. मा. 3. सरला रोहतगी 4. बैंक रोड, पटना 5. 1964, 65.

नारी जीवन : 1. समा. 2. साप्ता. 4. झाँसी 5. 1967-69.

नारी जीवन : 1. म. 2. साप्ता (1967), पा. (1969) 4. सीपरी बाजार, झाँसी 5. 1967-71.

नारी ज्योति : 1. म. 2. मा. 3. श्रीमती आर. एम. वर्मा 4. कुली बाजार, कानपुर 5. 1966.

नारी मंगल : 1. म. 2. त्रै., मा. 3. लक्ष्मीनारायण शर्मा, शकुन्तला वर्मा 4. महिलाश्रम, भीलवाड़ा/गणेश मार्ग, बापूनगर, जयपुर 5. 1966.

नारी सन्देश : 1. म. 2. मा. 4. कोटा।

नारी समाज : 1. म. 2. साप्ता, मा. 4. कनाट सर्कस, लोदी कॉलोनी, नई दिल्ली 5. 1958-65, 68.

नारी समस्या : 1. म. 2. साप्ता. 4. रंगमहल, उज्जैन 5. 1971.

नार्थ ईस्टर्न रेलवे मैगजीन : 2. मा. 3. बी. के. चौबे 4. कानवेंट लेन, कलकत्ता 5. स्वातंत्र्योत्तर।

नार्थ ईस्टर्न रेलवे मैगजीन : 2. मा. (हि., अं.) 3. एस. एन. शर्मा 4. जनसम्पर्क अधिकारी, गोरखपुर 5. 1952.

नालन्दा : 1. सा. 2. मा. 3. रत्नचन्द्र क्षत्रपति 4. बिहार सरीफ/नालंदा, पटना 5. 1935-36, 55.

नालन्दा दर्पण : 1. सा. 2. मा. 3. स्वर्ण किरण 4. किसान कॉलेज, सोहसराय, नालन्दा 5. 1974.

नाशक : 1. समा. 2. पा. 4. अर्दली बाजार, बाँदा 5. 1971.

निम्बार्क (श्री) : 1. धा., दा. 2. पा. 3. गोविन्ददास संत 4. निम्बार्क कोट, पृथ्वीराज मार्ग, अजमेर/घीवालों का रास्ता, जयपुर 5. 1967-70.

निकष : 1. सा. 2. अनि. 3. जगदीश 'नलिन', प्रहलाद पटेल, कुमार गुप्त 4. पूरनचन्द लेन, कल्याणी, मुजफ्फरपुर 5. 1973 (अल्पायु) 7. प्रगतिशील लघुपत्र।

निकष : 1. सा. 4. साहित्य भवन, प्रा. लि., प्रयाग 5. 1955-56.

निकाय : 1. सा. 2. वा. 3. डॉ. त्रिभुवन सिंह, नरेन्द्र मोहन 4. नगर छात्र निकाय, काशी हिन्दू विश्वविद्यालय, वाराणसी 5. स्वातंत्र्योत्तर 7. द्रष्टव्य-'मानस चतुश्शती' अंक (1973)।

निकुंज : 1. सा. 2. साप्ता. 3. बैजपाल सिंह बिसारिया 4. मेमियातोला, बरेली 5. 1959, 69.

निकेत : 1. सा. 2. द्विभा. 3. धर्मेन्द्र गुप्त 4. एल. 56, कीर्तिनगर, नई दिल्ली 5. 1971. 7. प्रगतिशीलता का पोषक लघुपत्र। इसके प्रवेशांक में प्रतिबद्ध साहित्य का घोषणा पत्र प्रकाशित। इसमें समसामयिक यथार्थ का संकल्प।

निगम समाचार : 1. समा. 2. मा. (हि., अं.) 3. सत्यनारायण पुण्डित 4. हवेली हैदर कुली, चाँदनी चौक, दिल्ली 5. 1967-70.

निगमागम चन्द्रिका : 1. धा. 2. मा. 3. अमृतलाल चक्रवर्ती, गोविंदशास्त्री दुग्वेकर, रूपनारायण पाण्डेय, कपिलदेवनारायण, प्रभुदत्त ब्रह्मचारी 4. सनातन धर्म मण्डल, जगतगंज, बनारस 5. 1974 6.3) वा. 7. अँग्रेजी में 'महामण्डल मैगजीन' का नामान्तर।

निगमागम चन्द्रिका : 2. धा. 3. ठाकुरप्रसाद शर्मा 4. स्वामीघाट, मथुरा 5. 1900-07.

निगमागम पत्रिका : 2. मा. 3. विधु बाबू 4. मेरठ 5. 1890.

निजामाबाद व्यापार समाचार : 1. व्या. 2. साप्ता. 4. निजामाबाद 5. 1951.

निडर : 1. समा. 2. साप्ता. 4. सरायहाकिम, अलीगढ़ 5. 1964-70, 71.

निडर सैनिक : 1. समा. 2. साप्ता. 3. हबीब अहमद 4. रघुनाथपुरा, देवास (म. प्र.) 5. 1969.

निपुण व्यापारी : 1. व्या. 2. मा. 3. दुलीचन्द गोविल्ला 4. दिल्ली 5. 1925.

निबन्धमाला : 1. सा., सां. 2. मा. 3. अधिकारी जगन्नाथ दास 4. भरतपुर 5. 1915 7. पुरातत्त्व एवं प्राचीन ग्रन्थों पर यथेष्ट सामग्री।

निमाड़ : 1. समा. 2. पा., साप्ता. 4. तिलक पथ, मण्डलेश्वर, खारखोन (म. प्र.) 5. 1950-65.

नियोजन समाचार : 2. मा. 4. गुरुद्वारा रोड, नई दिल्ली 5. 1957-59.

नियोजित परिवार : 2. त्रै. 4. लता प्रेस, अजमेर रोड, आगरा 5. 1965-69.

नियति : 2. मा. 4. धनटोली, नागपुर 5. 1962-65.

निरंजन : 1. समा. 2. दै. 3. शम्भुनाथ सक्सेना 4. नर्मदा भवन, लश्कर, ग्वालियर 5. 1964.

निरंजन ज्योति : 1. समा. 2. साप्ता 3. रामदत्त दुबे 4. पटेल वार्ड, कन्डेली, नरसिंहपुर (म. प्र.) 5. 1969.

निरन्तर : 1. सा. 2. त्रै. 3. नरेशचन्द्र चतुर्वेदी 4. अशोकनगर, कानपुर 5. जुलाई 1982 7. उच्चस्तरीय अल्पायु पत्र।

निरामय : 1. चि. 2. मा. 4. तखतपुर (म. प्र.) 5. 1962-64.

निराला : 1. सा. 2. मा. 3. सत्यनारायण शर्मा, 'शलभ' श्रीराम सिंह 4. जगमोहन मलिक लेन, कलकत्ता 5. 1959-65 7. निराला मण्डल का मुखपत्र।

निराला : 1. सा. 2. साप्ता, मा. 3. पं. हरिशंकर शर्मा 4. निराला प्रेस, आगरा 5. अगस्त 1948.

निराला जोगी : 2. मा. 3. हरिचन्द 4. पानीपत, करनाल 5. 1963.

निराला राजस्थान : 1. समा. 2. साप्ता. 3. गोपालविजय गीतेश 4. पठाला पाड़ा, हिण्डौन सिटी (राज.) 5. 1969.

निराला समाज : 1. त्रै. 4. जयपुर 5. 1970.

निराली दुनिया : 1. समा. 2. साप्ता. 3. चमललाल चावला 4. शामली, मुजफ्फरनगर 5. 1961.

निर्झर : 2. मा. 4. गुरुद्वारा रोड, सहारनपुर 5. 1956-58 (लगभग)।

निर्झर : 1. समा. 2. साप्ता. 4. राँची 5. 1956 (लगभग)

निर्झरिणी : 2. मा. 3. डॉ. प्रवीण नायक 4. शासकीय महाविद्यालय, छिंदवाड़ा।

निर्णय : 1. समा. 2. पा. 4. जोधपुर 5. 1966.

निर्देशक : 1. समा. 2. साप्ता. 3. रामेश्वरदयालु त्रिपाठी 4. परवारा, झाँसी 5. 1964.

निर्द्वन्द्व क्रान्ति : 1. समा. 2. साप्ता. 4. सराय लावरिया, अलीगढ़ 5. 1971.

निर्जल मित्र : 2. साप्ता. 3. राजा महेन्द्रप्रताप 4. देहरादून।

निर्बल सेवक : 1. समा. 2. साप्ता. 3. नरोत्तम व्यास 4. बिजनौर 5. 1917.

निर्भय : 1. साप्ता. 4. कोंच 5. 1922.

निर्भय : 2. साप्ता. 3. अमरनाथ ओदीच्य वैद्यशास्त्री 4. देहरादून 5. 1912.

निर्भय : 1. समा. 2. साप्ता 4. चरखी, दादरी (हरि.) 5. 1966-70.

निर्भय : 2. पा. 4. बिंडसर प्लेस, नई दिल्ली 5. 1955-59.

निर्भय न्यूज टाइम्स : 1. समा. 2. साप्ता. 4. जहाँगीराबाद, बुलंदशहर 5. 1967-69.

निर्भय संदेश : 2. मा. 4. जहाँगीराबाद, बुलंदशहर 5. 1961-68.

निर्भीक : 1. समा. 2. पा. 3. उमाशंकर तिवारी 4. बगिया मनीराम, कानपुर 5. 1948-57.

निर्भीक : 1. समा. 2. साप्ता 4. मोतीहारी (बिहार) 5. 1921.

निर्भीक : 1. समा. 2. साप्ता. 3. लक्ष्मीनारायण, भेखचन्द्र शर्मा, नवनीतदास, बाबूलाल 'इन्दु', रवीन्द्रकुमार वर्मा 4. धानमण्डी, कोटा 5. 31 जनवरी 1948.

निर्भीक टाइम्स : 1. समा. 2. साप्ता. 4. ललितपुर, झाँसी 5. 1963-65.

निर्भीक नागरिक : 1. समा. 2. साप्ता. 4. उन्नाव 5. 1960-61.

निर्भीक राजदूत : 1. समा. 2. साप्ता. 4. बाजपुर, नैनीताल 5. 1971.

निर्मल : 4. देहरादून 7. अल्पायु।

निर्मल धारा : 1. सा. 2. त्रै. 3. चौधरी करण सिंह 4. शक्तिनगर, दिल्ली 5. 1970.

निर्मला : 1. सं. 2. मा. 3. पी. आर. दास, विश्वनाथ शर्मा, पन्नालाल त्रिपाठी, विश्वनाथ केडिया 5. लिंगी चेट्टी स्ट्रीट, मद्रास 5. अगस्त 1957-60, 62 7. अच्छी सज्जा, वैविध्यपूर्ण सामग्री। उत्तर-दक्षिण भारत के साहित्य में सामंजस्य का यत्न। तमिल पाठ का प्रकाशन।

निर्माण : 1. समा. 2. मा., पा. 3. रमाकांत मिश्र 4. जिला पंचायत अधिकारी, मोहसीन बाग बिल्डिंग, मैनपुरी 5. 1956-61.

निर्माण : 3. वारिद 4. भागलपुर 5. 1950.

निर्माण : 1. समा. 2. साप्ता. 4. रघुनाथपुर (बिहार) 5. 1956 (लगभग)।

निर्माण : 1. समा. 2. पा. 4. चमड़िया बाजार, कटिहार, पूर्णियां 5. 1950.

निर्माण : 2. साप्ता. 4. कानपुर।

निर्माण : 2. मा. 4. ज़िला आयोजना अधिकारी, हरदोई 5. 1956-69.

निर्माण : 2. मा. 4. विष्णुपुरी, अलीगढ़ 5. 1953-56.

निर्माण : 1. समा. 2. मा. 4. म्युनिसिपल रोड, देहरादून 5. 1955-56.

निर्माण मजदूर : 1. समा. 2. साप्ता. 4. जयपुर।

निर्मोही : 1. समा. 2. साप्ता. 3. कोकसिंह कुशवाहा 4. भिंड (म. प्र.) 5. 1963.

निर्याम : 1. समा. 2. साप्ता. 4. रतनगढ़, चूरू 5. 1955-63.

निवेदिका : 1. सां. 2. मा. 3. जगदीश मिश्रा 4. रेल बाजार, कानपुर 5. 1964.

निवेदिका : 2. मा. 4. बकरी मुहल्ला, लालकुर्ती, मेरठ 5. 1929-61.

निशंक शिवाजी : 2. पा. 4. कौलिन स्ट्रीट, कलकत्ता 4. 1960-61.

नेशनल रेलवे मजदूर यूनियन : 2. मा. 4. परेल, बम्बई 5. 1970.

निशान : 1. समा., राज. 2. साप्ता., पा. 3. सनतकुमार त्रिपाठी 4. थामसन गंज, सीतापुर 5. 1962-66, 70.

निशान : 3. रामखेलावन पाण्डेय 4. मुजफ्फरपुर, बिहार।

निश्चेतक : 1. समा. 2. मा. 3. इन्दुकुमार जैन 4. श्री महालक्ष्मी मार्केट, चाँदनी चौक, दिल्ली 5. 1970.

निषाद : 1. सा. 3. देवदास मित्र (मैत्र) 4. टी. एन. चटर्जी स्ट्रीट, कलकत्ता 7. युवा लेखन का लघुपत्र।

निष्कर्ष : 1. सा. 2. अनि., त्रै. 3. गिरीशचन्द्र श्रीवास्तव, अशोक वशिष्ठ 4. बुद्धसिंह कॉलोनी, सुलतानपुर (यू. पी.) 5. 1973 (अल्पायु) 7. नवलेखन का लघुपत्र। अनेक विशेषांक प्रकाशित।

निष्कलंक : 1. घा. 2. मा. 3. टप्पू 4. कर्बला टैंक रोड, राँची 5. 1921.

निष्काम : 3. मदन मोहन 4. निष्काम प्रेस, मेरठ।

निष्काम : 2. मा. 3. रत्नांबरदत्त चंदोला, नेत्रपाल बन्धु 4. निष्काम साहित्य मण्डल, पूना 5. 1951

निष्ठा : 1. सा. 2. त्रै. 3. त्रिलोकी प्रसाद 4. एम. एन. एस. का रास्ता, पो. 123, जयपुर 5. 1960 7. द्रष्टव्य—'रांगेय राघव संस्मरण अंक'।

निस्तन्द्र : 1. सा. 2. बलनील देवम 4. भारत टैंट हाउस, निकट वीमेन कॉलेज, परेड ग्राउण्ड, जम्मू तवी 5. 1974 (प्रच.)।

नीता : 1. चि. 2. मा. 4. सब्जीमण्डी, पटियाला 5. 1963-64.

नीति केसरी : 1. समा. 2. साप्ता. 4. शिवरामपुर, कानपुर 5. 1971.

नीति पथ : 2. पा. (हि., अ.) 4. मोतीनगर, नई दिल्ली 5. 1970.

नीति प्रकाश : 3. कन्हैयालाल 4. लुधियाना 5. 1875.

नीतिमान : 1. समा. 2. साप्ता. 3. उमा राजन 4. बापूनगर, जयपुर 5. 1970.

नीति राज : 4. भिण्ड।

नीना : 1. समा. 2. पा. 3. हर्षनगर, कानपुर 4. 1965-66.

नीमाड़ : 2. पा. 4. इन्दौर 5. 1951-57.

नीमाड़ की आवाज : 4. मोतीबाग, सिन्धव/बदावनी।

नीमा समाचार पत्रिका : 2. मा. 4. गणेश चौक, भोपाल 5. 1963-66.

नीख : 2. मा. 4. उज्जैन 5. 1951.

नीरक्षीर : 1. सा. 2. साप्ता. 3. मधुकान्त झा 4. नीरक्षीरनगर, कानपुर 5. 1965-69 7. द्रष्टव्य—अमृतलाल नागर अंक (अगस्त 1966)।

नीरा : 1. सा. 2. त्रै 3. बसंत वसु, सुभाष नाहर 4. राजेन्द्रनगर, जयपुर/मोती भवन, भीलवाड़ा 5. 1968.

नीरोग : 4. दरभंगा।

नीलपत्र : 1. सा. 2. मा. 3. नरेन्द्र 4. गली अनार, किनारी बाजार, दिल्ली 5. जनवरी 1971 (अल्पायु) 7. सा. चेतना युगक्रान्ति का वाहक लघुपत्र।

नीलम : 1. फि. 2. मा. 3. चाँदनी चौक, दिल्ली 4. 1960-69.

नीलम जासूस : 2. मा. 3. सत्यपाल 4. चाँदनी चौक, दिल्ली 5. 1959.

नीलांजना : 1. सा. 2. मा. 3. सत्येन्द्र 4. शिवाजी स्ट्रीट, कुरुक्षेत्र 5. 1973-74 7. पारिवारिक पत्र।

नींव के पत्थर : 1. समा. 2. साप्ता. 3. शम्भुदयालु शुक्ल 4. रंगसाजान, फतेहगढ़ 5. 1969.

नीहारिका : 1. कथा. 2. मा. 3. डॉ. बालकृष्ण राव, राम मेहरा 4. अस्पताल मार्ग, आगरा 5. 1962 (प्रच.) 7. पर्याप्त प्रचालित घरेलू पत्र।

नुक्कड़ : 1. समा. 2. साप्ता. 4. जी. टी. रोड, फतेहपुर 5. 1971.

नूतन : 1. सा. 2. त्रै. 4. कटराक रोड, बड़ाला, बम्बई 5. 1960-64.

नूतन आलोक : 2. साप्ता 3. रामकिशोर कौशिक 4. कौशिक पुस्तक भण्डार, अलवर (राज.)।

नूतन कहानियाँ : 1. कथा. 3. कृष्णकुमार भार्गव 4. शादीपुरा, करोल बाग, नई दिल्ली 7. पर्याप्त लोकप्रिय पत्र।

नूतन कृषि : 1. कृ. 2. पा. 3. अब्दुल हमीद 4. मोहल्ला हसन खाँ, हाजीपुर, मुजफ्फरपुर 5. 1969.

नूतन गोदावरी टाइम्स : 1. समा. 2. साप्ता. 4. सुभाष रोड, नादेड़ 5. 1970.

नूतन भारत : 1. समा. 2. साप्ता. 4. नेहरू रोड, रायपुर 5. 1971.

नूतन व्यापारी : 1. व्या. 2. मा. 3. बद्रीप्रसाद 4. मेरठ 5. 1901.

नूरुल बसर : 2. मा. 4. प्रयाग 5. 1876.

नेता : 1. समा. 2. त्रै. 3. सरस वियोगी 4. अजमेर।

नेता : 1. समा. 2. साप्ता. 4. बापू बाजार, उदयपुर 5. 1958-65.

नेताजी : 1. समा. 2. दै. 3. लेखराम, संचा.—लाला शंकरलाल 4. ट्रापिकल बिल्डिंग, कनाट सर्कस, नई दिल्ली 5. 1947 7. अल्पायु।

नेपाल : 1. समा. 2. दै. 4. काठमाण्डू, नेपाल।

नेपाल आह्वान : 1. समा. 2. साप्ता. 4. रुस्तमजी स्ट्रीट, कलकत्ता 5. 1961, 68

नेपाल भारत टाइम्स : 1. समा. 2. पा. 4. बहराइच 5. 1960-61.

नेपाल संदेश : 1. समा. 2. अर्द्धसाप्ता. 3. दुर्गाप्रसाद 4. फ्रेसर रोड, पटना 5. 1954.

नेपाली रतलाम टाइम्स : 5. 1935.

नेमा युवक संदेश : 1. जा. 2. मा. 3. शंभुदयालु नेमा 4. 808, बाई का बगीचा, जबलपुर 5. 1968.

नेशन : 1. समा. 2. पा. 4. जी. सेक्टर 22 बी, चण्डीगढ़ 5. 1962-66.

नेशनल गजट : 2. मा. 3. सूरतसिंह शर्मा 4. भारत आर्ट कॉलेज, सोनीपत 5. 1965-66.

नेशनल मर्क्सिस्ट : 2. मा. 4. ग्रेटर कैलाश, नई दिल्ली 5. 1963.

नेशनल यूनिटी : 2. मा. 4. तेजराम स्ट्रीट, सब्जी मण्डी, नई दिल्ली 5. 1965-66.

नेहरू गजट : 4. मोतीहारी।

नेहरू वाणी : 1. समा. 2. साप्ता 4. सदर, मेरठ 5. 1966-69.

नेहरू युग : 1. समा. 2. साप्ता. 4. न्यू रोड, उज्जैन 5. 1959-65.

नेत्रहीन कल्याण : 2. मा. 3. आर. जी. शर्मा 4. ए 14, उग्रसेन मार्केट, संतपुरा, तिलकनगर, नई दिल्ली 5. 1969.

नैतिक जागृति : 1. समा. 2. पा. 4. बुलंदशहर 5. 1971.

नैतिकी : 2. मा. 3. आलोक प्रभाकर एवं गैटीला 4. रतुड़ी सदन, टेहरी, गढ़वाल 5. 1966.

नैनीताल टाइम्स : 1. समा. 2. पा. 3. एन. बी. तिवारी 4. रिचमंड बिला, नैनीताल 5. 1966, 69.

नोंकझोंक : 1. हास्य. 2. मा. 3. केदारनाथ भट्ट, रामप्रकाश पण्डित, दयाभानु 'अलख', विजयकिशोर, श्यामशरण अग्रवाल 4. बाग मुजफ्फर खाँ, अशोकनगर, आगरा 5. जनवरी 1937, 38-62 7. हास्यव्यंग्यपरक लोकप्रिय पत्र।

नौका : 1. सां., सा. 2. मा. (हि., अं.) 3. श्रीमती चंचल बरेलवी 4. एम 20 बी., मालवीय नगर, नई दिल्ली 5. 1967-70.

नौका जगहित : 2. मा. 3. बंशीधर 4. प्रयाग 5. 1899.

नौजवान : 2. मा. 4. खजांची रोड, पटना 5. 1953.

नौ ननकाना : 1. शि. 2. त्रै. (हि., अं., पं.) 4. जिला शिक्षा कार्यालय, कपूरथला 5. 1968-71.

न्याय : 1. समा. 2. साप्ता 3. रामेश्वरप्रसाद शर्मा 4. झाँसी 5. 1923.

न्याय : 2. मा. 3. विद्यावर्धिनी सभा, प्रयाग 4. 1894.

न्याय : 1. समा. 2. साप्ता. 4. पी. रोड, कानपुर 5. 1954-67.

न्याय : 1. समा. 2. साप्ता, दै. (2 अक्टूबर 1966) 3. विश्वदेव शर्मा 4 .पो. 150, बाबू मोहल्ला, अजमेर 5. 1953, 66 (प्रच.)।

न्याय : 2. मा. 3. सत्यवादी 4. नयी सड़क, दिल्ली 5. 1950-52, 56.

न्याय की आवाज : 4. आगरा।

न्याय की तुला : 1. समा. 2. साप्ता. 3. मोतीलाल शर्मा 4. तेबवाड़ा, उदयपुर 5. 1969.

न्याय तंत्र : 1. समा. 2. साप्ता 3. डॉ. आलोक प्रभु 4. रतनगढ़ (राज.) 5. 1967.

न्याय दृष्टान्त : 1. विधि. 2. मा. 3. विनोदशंकर शर्मा 4. सूरजपोल, उदयपुर 5. 1967

न्याय घोष : 1. विधि. 2. मा. 3. नरहरि बलवंत चांदुलकार 4. तिलक मार्ग, नागपुर 5. 1947-59 7. धारा सभा के अधिनियमों से समृद्ध।

न्यायरत्न : 2. साप्ता. (द्विभा.) 4. जबलपुर/छिन्दवाड़ा 5. 1955.

न्यायरत्न : 2. मा. 4. नागपुर।

न्यायसुधा : 2. मा. 3. नारायणराव खरे 4. हरदा (होशंगाबाद) 5. 1889.

न्यूज फ्राम बल्गारिया : 1. राज. 2. वा. 4. गोल्फ लिंक एरिया, नई दिल्ली 5. 1958-67.

न्यूज बुलोटिन : 1. समा. 3. वेदवाल 4. नयों का बार, जोधपुर 5. 1967.

न्यूज़रील : 1. समा. 2. पा. 4. आगरा 5. 1963-68.

न्यूज वीक : 1. समा. 2. साप्ता. 4. हजरतगंज, लखनऊ 5. 1967-69.

न्यू राकेट टाइम्स : 1. समा. 2. साप्ता. 3. बावलसिंह ठाकुर 4. बरिया घाट, सागर 5. 1964-65.

न्यू वर्ड : 2. त्रै. 3. मनजीतसिंह भाटिया 4. हुसैनपुरा, पूर्वी अमृतसर 5. 1967-71.

न्यू वे : 2. त्रै. (हि., अं.) 4. ब्रह्मपुरी, लुधियाना 5. 1967-69.

नृत्य पत्र : 1. कला. 2. मा. 3. देवकीनन्दन 4. प्रयाग 5. 1899.

नृत्यशाला : 1. कला. 2. मा. 3. सुधाकर 4. संगीत कार्यालय, हाथरस 5. 1948.

नृसिंह : 1. राज. 2. मा., साप्ता. 3. पं. अम्बिकाप्रसाद बाजपेयी, सहयोग—गोविन्दनारायण मिश्र, पं. दुर्गाप्रसाद मिश्र 4. 72/3, पासा घोषापाड़ा स्ट्रीट, कलकत्ता, जोड़ासाखी 5. विजयादशमी 1907-1908 6. 2 वा. 7. प्रथम राजनीतिक एवं क्रान्तिकारी पत्र। गरम दलवाली काँग्रेस का समर्थक। राष्ट्रभाषा एवं राष्ट्र जागरण का प्रेरक। अंग्रेजी-शासन का विरोधी। निर्भीक तथा निष्पक्ष समाचारों का संवाहक। अल्पायु, मात्र 1वर्ष का जीवन। सीमित प्रसारण—केवल 200 प्रतियाँ। प्रतिदिन 50) व्यय, 15) आय। आकार-डिमाई 8 पृष्ठ। स्वराज्य का पोषक।

नृसिंह : 2. साप्ता. 3. भैयालाल शर्मा 4. नरसिंहपुर (म. प्र.) 5. 1923.

नृसिंह प्रिया : 1. धा. 2. मा. 3. श्रीनिवास राघवन, राघवाचार्य 4. पुटकोटमिची, बरेली/मद्रास 5. 1942.

पंकज : 2. मा. 3. श्रीराम शर्मा 4. चावड़ी बाजार, दिल्ली 5. 1948.

पंच : 1. समा. 2. साप्ता. 3. गोपीनाथ गुप्त 4. निकट पोलो विक्ट्री, जयपुर 5. 1960.

पंच : 1. समा. 2. साप्ता. 3. गोपेश्वर मेहरा, हजारीलाल प्रेमी 4. आगरा 5. 1923.

पंच अक्षर : 4. गाँधी चौक, निजामाबाद 5. 1967.

पंच जगत : 1. सामा. 2. मा. 3. जयानन्द शर्मा 4. पंचायत विभाग, हिमाचल प्रदेश, शिमला 5. 1962-66.

पंच ज्योति : 1. समा. 2. साप्ता. 3. कैलाश अग्रवाल 4. लोहाई रोड, फर्रुखाबाद 5. 1966.

पंच ज्योति : 1. समा. 2. साप्ता. 4. उन्नाव 5. लगभग 1955.

पंचदीर्घा : 2. त्रै. 3. शालिगराम गोयल 4. काजीपुरा, भोपाल 5. 1971.

पंचदूत : 2. मा. 3. रामचन्द्र अग्निहोत्री 4. फतेहपुर 5. 1949-64.

पंचदूत : 1. समा. 2. पा., मा. 4. सुदर्शन प्रेस, एटा 5. 1951-71.

पंचदूत : 1. समा. 2. पा. 4. नयागंज, बान बाजार, कानपुर 5. 1956-57 (लगभग)।

पंच परमेश्वर : 2. पा. 3. लक्ष्मीनारायण टण्डन 4. लखनऊ 5. 1940.

पंच परमेश्वर : 2. पा. 4. इण्डस्ट्रियल आर्ट प्रिंटरी, कानपुर 5. 1956 (लगभग)।

पंचपुष्प : 2. मा. 4. पंचायत कार्यालय, फर्रुखाबाद 5. 1958-64.

पंच प्रकाश : 2. मा,. 4. जिला योजना अधिकारी, गोंडा 5. 1956-59 (लगभग)।

पंच फैसला : 1. समा. 2. मा., साप्ता. (हि., अं.) 3. सुलतानसिंह सोहलर 4. सुलखा, रिवाड़ी 5. 1967-69।

पंचमत : 1. समा. 2. साप्ता 4. ग्वालियर 5. 1965.

पंच मित्र : 1. समा. 2. साप्ता. 4. शाबगंज, फैजाबाद 5. 1971.

पंचमुख : 1. समा. 2. साप्ता. 4. बस्ती 5. 1956.

पंचयज्ञ : 1. समा. 2. साप्ता 4. लखनऊ 5. 1956.

पंचयुग : 2. पा. 3. आर. के. चौबे 4. दौलतगंज, लश्कर, ग्वालियर 5. 1961.

पंचरत्न : 3. राधेश्याम यादव 4. फर्रुखाबाद 5. 1967.

पंचराज : 2. त्रै., मा. 3. छोटेलाल शुक्ल, शुकदेवप्रसाद तिवारी, माधवप्रसाद शर्मा 4. नासिक 5. 1915.

पंचलोक : 2. मा. 4. आयोजनाधिकारी, फतेहपुर 5. 1957-59.
पंचवाणी : 3. शिवपाल सिंह 4. जिला पंचायतराज कार्यालय, मथुरा 5. 1951
पंचवाणी : 1. समा. 2. साप्ता. 4. जौनपुर 5. 1956.
पंचशर : 1. सा. 2. मा. 4. टी. टी. नगर, भोपाल 5. 1966-69.
पंचशील : 2. पा. 4. सीमेंट मजदूर यूनियन, खलारी, राँची 5. 1956 लगभग।
पंचशील : 1. समा. 2. साप्ता. 4. गूजर पपड़ी, भोपाल 5. 1956-58 लगभग।
पंचशील रत्न : 2. मा. 4. मिश्रीलाल लेन, रिसूलदार पार्क, लखनऊ 5. 1966-69
पंचसंदेश : 1. समा. 2. साप्ता., मा. 3. जिला पंचायत अधिकारी 4. मुजफ्फरनगर 5. 1951-71.
पंचामृत : 2. मा. 4. अशोकनगर, कानपुर 5. 1962-63.
पंचायत : 1. समा. 2. साप्ता. 3. विनोदकुमार 4. वेंकट रोड, रीवाँ 5. 1954.
पंचायत : 1. समा. 2. साप्ता., मा. 4. बाराबंकी 5. 1911-56 (लगभग)।
पंचायत : 1. समा. 2. साप्ता. 4. इतवारिया, भोपाल 5. 1959.
पंचायत : 2. मा. 4. जयपुर 5. 1954-60.
पंचायत : 2. पा. 3. चन्द्रदेव नारायण 4. स्टेशन रोड, मोतीहारी (बिहार) 5. 1952-69.
पंचायत : 1. समा. 3. पा. 4. हुसेनीआलम, हैदराबाद 5. 1953.
पंचायत : 3. यशवंत सिंह 4. पंचायत कार्यालय, 4. ग्वालियर 5. 1965.
पंचायत आर्गन : 2. मा. 4. रिक्लेमेशन विभाग (उ. प्र.), लखनऊ 5. 1942.
पंचायत आलोक : 2. साप्ता. 4. एजूकेशन प्रेस, राँची 5. 1954-63.
पंचायत और इन्सान : 2. समा., मा. 3. गिरिधारीलाल पुरी 4. अ. भा. पंचायत परिषद्, नई दिल्ली 5. 1969.
पंचायत गजट : 2. मा. 4. मॉडल टाउन, जालंधर 5. 1953-70.
पंचायत निर्णय : 2. मा. 4. श्रीकांत प्रेस, रीवाँ 5. 1958-65.
पंचायत प्रकाश : 2. मा. 4. ज्ञान भण्डार, ला रोड, चौक, गया 5. 1959-65.
पंचायत मार्ग : 1. विधि. 2. मा. 3. सोहन प्रकाश 4. झाँझरोली (राज.) 5. 1952.
पंचायतराज : 3. कुलानन्द 4. बिहार 5. 1950-51.
पंचायतराज : 1. समा. 2. साप्ता. 4. इंसाफ प्रेस, रायबरेली 5. 1941-56.
पंचायतराज : 1. समा. 2. साप्ता. 4. वामनिया (म. प्र.) 5. 1948-60.
पंचायतराज : 1. समा. 2. साप्ता. 4. इब्राहिमपुरा, भोपाल 5. 1957-65.
पंचायतराज गजट : 4. आगरा 5. 1951.
पंचायतराज (पंजाब) : 2. मा. 4. जनसंपर्क निदेशालय, पंजाब, चण्डीगढ़ 5. 1962.
पंचायतराज प्रगति : 2. मा. 4. काकरोली (राज.) 5. 1962-69.
पंचायतराज हरियाणा : 1. समा. 2. मा. 4. आई. ई. एन. चौहान 4. जनसम्पर्क विभाग, हरियाणा शासन, चण्डीगढ़ 5. 1967.
पंचायत रिपोर्टर : 1. समा. 2. मा. 3. चमनलाल 4. मोहनपुरा, जोधपुर 5. 1959.
पंचायत संदेश : 2. मा. 4. कदमकुआँ, पटना 5. 1955-58, 1959-61.

पंचायत संदेश : 2. मा. 4. जोधपुर 5. 1956–57.

पंचायत संदेश : 2. मा. 4. कैलाश कॉलोनी, नई दिल्ली 5. 1961–68.

पंचायत समाचार : 1. समा. 2. साप्ता., मा., त्रै. 4. लालबाग, लखनऊ 5. 1956–58, 1964–68.

पंचायती कानून : 1. विधि. 2. मा. 3. कृष्णदास 4. पंचायतराज, शिक्षा प्रसार उ. प्र. शासन, इलाहाबाद 5. 1953–54.

पंचायतीराज : 4. पंचायत समिति, आमेर, जयपुर।

पंचायतीराज : 2. मा. 4. जनसम्पर्क एवं पयर्टन निदेशालय, पंजाब सरकार, चण्डीगढ़ 5. 1962.

पंचायतीराज : 1. समा. 2. साप्ता. 3. विश्वभर सहाय 'प्रेमी' 4. सुभाष बाजार, मेरठ 5. 1947–48.

पंचायतीराज : 1. समा. 2. साप्ता 4. अलीगढ़ 5. 1949.

पंचायतीराज : 3. रामस्वरूप चतुर्वेदी 4. बुलन्दशहर 5. 1950.

पंचायतीसमाज : 1. समा. 2. साप्ता. 3. सूरजप्रकाश पापा 4. आतिश मार्केट के पीछे, जयपुर 5. 1973.

पंछी : 1. सा. 2. मा. 3. सुबोधकुमार अग्रवाल, बनश्री काकपाली 4. प्रणय नीड़, चूरू (राज.) 5. 1946.

पंजाब केसरी : 1. समा. 2. साप्ता. (1929), दै. 3. संस्था.—लाला लाजपत राय। संचा.—राजर्षि टण्डन, संपा.—भीमसेन विद्यालंकार, अमरनाथ, जगतनारायण, रमेशचन्द्र आदि 4. जालंधर सिटी 5. 1965-(प्रच.)।

पंजाब सन्देश : 1. समा. 2. साप्ता 4. घण्टाघर के समीप, लुधियाना 5. 1958–61.

पंजाब सर्वोदय पत्रिका : 2. साप्ता., मा. 3. सोमदत्त वेदालंकार 4. पानीपत, करनाल 5. 1960.

पंजाबी अखबार : 1. समा. 4. लाहौर 5. 1872.

पंजाबी सायरन : 1. समा. 2. पा. 4. वैदिकनगर, सिकन्दराबाद 5. 1971.

पण्डित : 2. मा., साप्ता. 3. गोविन्दलाल वणवे 4. बम्बई/पूना 5. 1891–94.

पण्डित पत्रिका : 1. धा. 2. मा., साप्ता. 3. बालकृष्ण शास्त्री, लक्ष्मंण शास्त्री द्रविड, रघुनन्दनप्रसाद शुक्ल 'अटल', रामनरेश उपाध्याय 4. वर्णाश्रम स्वराज्य संघ, काशी पण्डित समाज, काशी 5. जनवरी 1898 6. दो आने प्रति 7. सनातन धर्म के अनुयायियों पर प्राय: कटु प्रहार। पर्याप्त प्रसिद्ध पत्र।

पण्डितराज : 4. लाहौर 5. 1890.

पण्डिताश्रम (पत्रिका) : 1. ज्यो. 2. मा. 3. पं. रघुनाथ शास्त्री बेलणकर, संकर्षण व्यास 4. नयी सड़क, उज्जैन 5. 1930–936.

पंतनगर न्यूज : 1. कृ. 2. मा. 4. कृषि विश्वविद्यालय, पंतनगर, नैनीताल।

पन्द्रह अगस्त : 1. समा. 2. साप्ता 3. गोपीनाथ गुप्त, चन्द्रेश व्यास 4. गाँधी मार्ग, उदयपुर 5. 1951.

पन्द्रह अगस्त : 1. समा. 2. साप्ता. 4. ओल्ड चाह्ना बाजार, कलकत्ता 5. 1969, 71.

पन्द्रह अगस्त : 1. समा. 2. साप्ता. 3. सी. व्यास 4. गुजरियापोल, शाहपुर, अहमदाबाद 5. 1963.

पकड़ : 1. समा. 2. साप्ता 4. सदर बाजार, झाँसी 5. 1970.

पखवाड़ा : 1. समा. 2. पा. 3. इकबाल कृष्ण शर्मा 4. हरसरन निवास, रेलवे रोड, दिल्ली 5. 1968.

पटना टाइम्स : 1. समा. 2. साप्ता. 3. बृजमोहन सहाय 4. चिरैयाताल, काँकरबाग, पटना 5. 1963-66.

पटनामी समाचार : 2. मा. 3. पं. श्यामशंकर 4. कमलिया, मिंट गोमरी 5. 1820.

पतझर : 2. सा. 3. नरेन्द्र घायल 4. बी. राजेन्द्रनगर, पटना 5. स्वातंत्र्योत्तर 7. लघुपत्र।

पतवार : 2. मा. 3. बदरीनारायणप्रसाद 4. निशादनगर, खलासी लाइन, कानपुर 5. 1966

पतित बन्धु : 1. समा. 3. वियोगी हरि 4. पन्ना (म. प्र.) 5. 1931 7. हरिजनोद्धार का प्रेरक पत्र।

पतिव्रता : 2. मा. 4. कलकत्ता 5. 1820 7. प्रकाशन काल सन्दिग्ध, यों पर्याप्त प्राचीन पत्र।

पथ : 4. प्रगतिशील लेखक संघ, बिहार शाखा, बिहार 5. साठोत्तर 7. क्रान्तिकारी।

पथगामिनी : 2. मा. 3. सुरेशचन्द्र सक्सेना 4. सी. 862, महानगर, लखनऊ 5. 1970

पथप्रदर्शक : 2. मा. 3. वैद्यराज, धर्मदेव 4. लाहौर 5. 1925.

पथप्रदर्शक : 1. समा. 2. साप्ता 4. झज्जर, रोहतक 5. 1965-70.

पथप्रेरक : 2. साप्ता. 4. बाँदीकुई (राज.) 5. 1968.

पथिक : 1. साप्ता. 2. मा., साप्ता. 3. जगदीशप्रसाद त्रिवेदी, श्रीराम 'मधुकार' 4. चौक सर्राफा, कानपुर 5. 1967.

पथिक : 1. समा. 2. साप्ता. 3. पवन राकेश 4. कैंट, नैनीताल 5. 7वाँ दशक।

पथिक : 2. मा. 4. गया 5. 1956 (लगभग)।

पथिक : 1. समा. 2. साप्ता. 4. क्लाथ मार्केट, इन्दौर 5. 1951 (लगभग)।

पथिक : 1. सा. 2., साप्ता. 3. आशुकवि जगमोहननाथ अवस्थो, सुखव्रत सिंह 4. रायबरेली 5. 1942.

पथिक : 1. समा. 2. साप्ता. 4. उन्नाव 5. 1971.

पथिक : 1. समा. 2. साप्ता. 4. दीन बाजार, जलपाईगुड़ी 5. 1959-63.

पदचाप : 3. मदन सोनी 4. चमेली चौक, सागर।

पद्म : 1. समा. 2. साप्ता. 4. बटुकनाथ पाठक 4. भदोही, वाराणसी 5. 1970.

पद्मावती (पुरवाल) : 1. जा. 2. मा. 3. गजाधर न्यायतीर्थ 4. पद्मावती परिषद्, 153, नेताजी सुभाष रोड, कलकत्ता 5. 1963-66.

पनघट : 2. पा. 4. सरदारशहर, चूरू 5. 1961-62.

पपीहा : 2. मा. 4. शिउनी (म. प्र.) 5. 1950.

पब्लिक : 1. समा. 2. साप्ता. 3. राजगुरु 4. मेरठ 5. 1967.

पब्लिक एडवाइजर : 1. समा. 2. साप्ता. 4. मेरठ 5. 1966.

पब्लिक ओपीनियन : 1. समा. 2. साप्ता. 4. एन. आई. टी., फरीदाबाद 5. 1966.

पब्लिसर्स मंथली : 2. मा. (हि. अं.) 4. रामचंदर, नई दिल्ली 5. 1959.

पब्लिसिटी : 2. पा. (बहु.) 4. किंग्सवे रोड, दिल्ली 5. 1967-69.

पयस्विनी : 3. संरक्षक—श्री शंकराचार्य 4. अलोपीबाग, प्रयाग।

पयस्विनी : 1. समा. 2. साप्ता. 4. टोंक (राज.) 5. 1970.

पयामे आजादी : 1. समा. 2. अनि. 3. प्रका.—अजीमुल्ला खाँ शाहजफर के पौत्र बेदार बख्त 4. दिल्ली 5. 1857 7. यह पहले उर्दू में फिर हिन्दी में प्रकाशित। राष्ट्र प्रेम सम्बन्धी विस्फोटक सामग्री से युक्त। अत: विदेशी शासन का कोपभाजन और समाप्त। प्रकाशक को फाँसी। द्रष्टव्य साप्ताहिक हिन्दुस्तान (23 मई 1976, पृष्ठ 10)।

परम्परा : 1. शो. 2. त्रै. 3. डॉ. नारायणसिंह भाटी 4. राजस्थानी शोध संस्थान, चौपासनी, जोधपुर 5. 1960 लगभग (पच.) 7. विशेष—राजस्थानी साहित्य के कई दुर्लभ ग्रन्थों का पुस्तकाकार सम्पादन-प्रकाशन।

परम्परा : 1. सा. 2. साप्ता., पा., मा. 3. ओमप्रकाश, पवनकुमार 'शलभ' 4. इण्डिया इक्सचेंज प्लेस, धरमतल्ला स्ट्रीट, विश्वनाथ मोतीलाल लेन, कलकत्ता 5. 1961, 66-70.

परख : 1. सा. 2. मा. 4. ए 49, स्ट्राण्ड रोड, कलकत्ता 5. 1960-65.

परख प्रकाश : 1. घा. 2. त्रै. 4. ब्लाक ओ, न्यू अलीपुर, कलकत्ता 5. 1971.

परम प्रकाश : 1. दा. 2. त्रै. 3. त्रिवेणीप्रसाद, लालमणि दुबे 4. खेड़ गली, बम्बई 5. 1966.

परम प्रतापी : 1. सभा. 2. साप्ता. 4. श्रीनगर, कानपुर 5. 1971.

परम हंस : 1. धा. 2. साप्ता. 3. सालिगराम पथिक 4. मोतीलाल नेहरू मार्ग, प्रयाग 5. 1948-56.

परम ज्ञान प्रकाश : 1. धा. 2. मा. 4. रायपुर चौरा, शाहाबाद 5. 1971.

परमात्मा : 1. धा. 2. मा. 4. हरिनगर, दिल्ली 5. 1971.

प्रमान : 1. समा. 2. सासा. 3. राजेन्द्रपाल मेहता 4. बाजार वकीलान, होशियारपुर (पंजाब) 5. 1970.

परममानी समाचार : 1. समा. 2. सासा. 4. सुभाष रोड, परमनी 5. 1958.

परमानंद : 1. धा. 2. मा. 3. प्रो. सुशीलकुमार बाजपेयी, राजकुमार मानसिंह 4. ओल्डकोर्ट हाउस रोड, कलकत्ता 5. 1959-(प्रच.)।

परमानंद : 4. सिविललाइन्स, कानपुर 5. 1959-64.

परमानंद सन्देश : 1. धा. 2. मा. 4. सूर्यचौक, वाराणसी 5. 1960-69.

परमानी समाचार : 1. समा. 2. सासा. 3. हेमराज जैन 4. सुभाष रोड, परमानी (आन्ध्र) 5. 1958-59.

परमार बन्धु : 1. जा. (जैनी) 2. मा. 3. दरबारीलाल जैन 4. जबलपुर 5. 1923.

परमार्थ : 1. धा. 2. मा. 3. स्वामी सदानन्द सरस्वती, रामस्वरूप गुप्त 'मंजुल', रामावतार पाण्डेय, सुदर्शन सिंह 'चक्र' 4. दैवी सम्पद मण्डल कुमुक्षु आश्रम, शाहजहाँपुर (यू.पी.) 5. 1949-50-(प्रच.)।

परमार्थ : 3. रामावतार पाण्डेय 4. शाहजहाँपुर 5. 1949.

परमार्थ मंडल : 1. धा. 2. मा. 3. अमरचन्द 4. पंजाब सिंध क्षेत्र, ऋषिकेश 5. 1957-59 (प्रच.)।

परमार्थ ज्ञान चन्द्रिका **:**3. प्रेमचन्द 4. काशी 5. सितम्बर 1880.

परलोक **:**1. धा. 2. मा. 3. केदारनाथ शर्मा 4. ब्रह्मचर्याश्रम, भिवानी (पंजाब) 5. 1933.

परवार **:**2. मा. 3. कस्तूरचन्द्र वकील 4. सिवनी (म.प्र.) 5. 1920.

परवार बन्धु **:**2. मा. 3. तुलसीराम 4. दिल्ली 5. 1922.

परवार हितैषी **:**2. मा. 3. दुलीचन्द परवार 4. दिल्ली 5. 1918.

परशुराम **:**1. समा. 2. साप्ता. 3. ब्रजमोहन गौड़ 4. शामली (मुजफ्फरनगर) 5. 1970.

परसियाना **:**1. धा. 2. मा. (बहु.) 4. ग्रांट रोड, बम्बई 5. 1964.

परांगव **:**1. सा. 3. डॉ. ओ. पी. त्यागी 4. चण्डी रोड, हापुड़ (उ.प्र.)।

पराक्रम **:**1. समा. 2. साप्ता. 3. रामकृष्ण पाण्डेय 4. लक्ष्मण प्रेस, चाँटापारा, बिलासपुर 5. 1941–65.

पराक्रम **:**1. समा. 2. साप्ता. 4. मानिकचौक, अलीगढ़ 5. 1965–71.

पराग **:** 1. बा. 2. मा. 3. सत्यकाम विद्यालंकर (1958), आनन्दप्रकाश जैन (1960), कन्हैयालाल 'नन्दन', सर्वेश्वरदयाल सक्सेना 4. टाइम्स आफ इण्डिया प्रेस, बम्बई/दिल्ली 5. मार्च 1958 (प्रच.) 7. सर्वाधिक प्रचलित किशोरोपयोगी हिन्दी पत्र। सम्प्रति प्रतिअंक लगभग 14 लाख प्रतियाँ प्रकाशित।

पराग **:**2. मा. 3. मथुराप्रसाद दुबे 4. आगरा 5. सितं. 1948.

परिकथा **:**2. कथा. 4. नई बस्ती, क्रीड़गंज, इलाहाबाद।

परिकल्पना **:**1. सा. 2. पा. 3. रमाकांत पाण्डेय 4. अरुणोदय भवन, मोतीहारी, चम्पारन (बिहार) 5. 1969.

परिचय **:**2. मा. 3. ललितकुमार श्रीवास्तव 4. व्योहारबाग, जबलपुर 5. स्वातंत्र्योत्तर।

परिचय **:**2. मा., त्रै. 3. रंजनगुप्त 'प्रद्योत' 4. जस्टिस चन्द्रमाधव रोड, भवानीपुर, कलकत्ता 5. 1956.

परिचय **:**2. मा. 3. पी.आर. गुप्त 4. बम्बई 5. 1956.

परिचय पारिजात **:**2. मा. 3. दुर्गानारायण, सुरेशचन्द्र 4. केवलारी, पथरिया, सागर।

परिणय **:**2. मा. 3. वीरेन्द्र 4. भूड़, बरेली 5. 1966.

परिदृश्य **:**1. सा. 2. अनि. 3. चंद्रिकाप्रसाद मिश्र 4. बलराम डे स्ट्रीट, कलकत्ता 5. 1967 7. युवालेखन का प्रिय पत्र।

परिधि **:** 1. सा. 3. डॉ. कृष्णबिहारी सहल, होतीलाल भारद्वाज 4. पिलानी (राज.) 5. स्वातंत्र्योत्तर।

परिपत्र **:**4. सुन्दरनगर, आलमबाग, लखनऊ।

परिप्रश्न **:**1. समा. 2. साप्ता. 4. भरतपुर (राज.) 5. 1970.

परिब्रस्ट **:**2. साप्ता. 4. हैदराबाद।

परिभाषा **:**1. सा. 2. मा. 3. घनश्यामदास 4. भाजीमण्डी, इतवारी, नागपुर 5. 1968–71.

परिभाषा **:**2. मा. 3. न.ग. भुत्ता 4. बम्बई 5. 1968.

परिभाषा **:**1. सा. 2. अनि. 3. देवेन्द्र उपाध्याय, सतीश वशिष्ट 4. डी. 168, कमलानगर, दिल्ली 5. 1960 (लगभग) 7. नवलेखन का लघुपत्र।

परिमण्डल संदेश : 1. श्रम. 2. मा. (हि., अं.) 4. पुरानी बस्ती, जयपुर 5. 1964.

परिवर्तन : 2. मा. 3. प्रो. रामशंकर शुक्ल 4. ग्वालियर।

परिवर्तन : 2. समा. 3. साप्ता. 4. गाजीपुर 5. 1948-56.

परिवर्तन : 2. साप्ता. 3. गणेशशंकर चैनपुरी 4. हाजीपुर, मुजफ्फरपुर 5. 1956-61.

परिवर्तन : 1. समा. 2. साप्ता. 3. रमेशचन्द रस्तोगी 4. बदायूँ 5. 1933.

परिवर्तन : 2. साप्ता., अर्द्धसाप्ता. 3. रामलाल हकीम 4. कानपुर 5. 1922.

परिवर्तन : 1. सा. 2. मा. 3. मूलचन्द्र भट्ट 4. जयपुर।

परिवहन : 2. मा. (हि., अं.) 4. मालवीयनगर, नई दिल्ली 5. 1967-69.

परिवहन दर्पण : 1. समा. 2. पा. 3. सुरेन्द्रकुमार 4. बसस्टैण्ड, मोतीहारी, चम्पारन (बिहार) 5. 1969.

परिवार कल्याण : 2. त्रै. 3. सतीशचन्द्र 4. परिवार नियोजन संघ, हनुमान रोड, नई दिल्ली 5. 1963.

परिवार चेतना : 1. समा. 2. साप्ता. 4. बेगमबाग, मेरठ 5. 1970.

परिवार ज्योति : 1. धा. 2. मा. 3. के. बी. कोशे 4. गॉस्पल सेक्टर, ग्रीन पार्क, एक्सटेंशन, नई दिल्ली 5. 1962.

परिवार नियोजन : 2. त्रै., द्विभा. 3. भँवरमल सिंधी 4. चितरंजन एवेन्यू, कलकत्ता 5. 1956-62 (लगभग)।

परिवेश : 1. सा. 2. अनि. 3. कीर्तिनारायण मिश्र 4. कलकत्ता 5. 1963.

परिवेश : 1. सा. 3. काशीनाथ सिंह, प्रभुनारायण झिंगरन 5. हिन्दी विभाग, काशी हिन्दू विश्वविद्यालय, वाराणसी 6. 7 वाँ दशक 7. युवाचिन्तन का पत्र

परिवेश : 1. सा. 3. कृष्णकुमार शर्मा 4. डी. 3, पटेल मार्ग, गाजियाबाद (यू.पी.) 5. स्वातंत्र्योत्तर 7. सामयिक लेखन का लघुपत्र।

परिवृत्त : 1. समा. 2. साप्ता. 4. सिकन्दराबाद 5. 1960-62.

परिशीलन : 2. मा. (अं., हि.) 4. अहिल्यापुरा, इन्दौर 5. 1971.

परिशोध : 1. शो. 2. त्रै. 3. डॉ. इन्द्रनाथ मदान 4. हिन्दी विभाग, पंजाब विश्वविद्यालय, चण्डीगढ़ 5. 1960 7. उच्चस्तरीय शोधपत्र।

परिषद् कर्मचारी : 1. समा. 2. पा. 4. जिला परिषद्, बदायूँ 5. 1966-69.

परिषद् पत्रिका : 1. शो. 2. त्रै. 3. डॉ. कुमार विमल 4. बिहार राष्ट्रभाषा परिषद्, कदमकुआँ, राजेन्द्रनगर, पटना 5. 1961.

परिषद् पत्रिका : 1. सा. 2. मा. 3. के. वी. मानप्पा, बी. वीरप्पा, राम संजीववप्पा 4. कर्नाटक 5. 1970 (कुल 21 अंक प्रकाशित)।

परिषद् प्रसून : 1. सा. 2. त्रै. 4. बिहारशरीफ, पटना, 5. 1951.

परिसर : 4. पत्रकारिता विभाग, काशी हिन्दू विश्वविद्यालय, वाराणसी 7. प्रशिक्षार्थी वर्ग द्वारा सम्पादित, व्यावहारिक सम्पादन की सूचक पत्रिका।

परिस्थिति : 1. सा. 2. अनि. 3. विश्वनाथप्रसाद तिवारी 4. वितियाहाता, गोरखपुर 5. 1970 (लगभग) 7. पोस्टर पत्रिका, अल्पायु किंतु प्रयोगशील पत्र।

परिहास **:**1. सा. 2. मा. 4. रामजस रोड, नई दिल्ली 5. 1960-63.

परीक्षित **:** 1. सा. 2. साप्ता., पा. 3. श्यामसुन्दर 4. राधाबाजार स्ट्रीट/महेन्द्र गोसाई लेन कलकत्ता-6 5. 1958-63, 64, 65-70.

परोपकार **:**1. समा. 2. पा. 3. लक्ष्मीदेवी शर्मा 4. बी. आर. प्रिण्टर्स, कोटला मुबारकपुर, नई दिल्ली 5. 1969.

परोपकारी **:** 1. धा. 2. मा. 3. पद्मसिंह शर्मा (1908), मानकराम सारदा, भवानीलाल भारतीय 4. वैदिक मंत्रालय, केशरगंज, अजमेर 5. 1890-1901-14, 59 7. स्वामी दयानंद सरस्वती की प्रेरणा से प्रकाशित परोपकारिणी सभा का पत्र।

पर्दाफाश **:**3. रामकृष्ण गुप्त 4. पड़ाव दुबे, अलीगढ़ 5. 1964, 69.

पर्दाफाश **:**1. समा. 2. साप्ता. 4. गाजीपुर।

पर्याय **:**1. सा. 2. त्रै. 3. वीरेन्द्र पार्थ 4. नयायारपुर, पटना 5. 1969 7. नवसाहित्य का लघुपत्र।

पर्वत टाइम्स **:**1. सामा. 2. पा. 3. ओंकार सिंह 4. चूड़ीवालान, चावड़ीबाजार, दिल्ली 5. 1967-70.

पर्वत पीयूष **:**4. पिथौरागढ़।

पर्वतराज टाइम्स **:**1. समा. 3. सुशीलकुमार निरंजन 4. अद्वैतानंद रोड, ऋषिकेश 5. 1967.

पर्वतालय **:**1. समा. 2. साप्ता. 3. एस.के. बागे 4. हिनू, राँची 5. 1970.

पर्वतीय **:**1. समा. 2. साप्ता., दै. 3. विष्णुदत्त उनियाल 4. पंत मार्ग, नैनीताल 5. 1953-71 7. नामान्तर—दैनिक पर्वतीय।

पर्वतीय इतिहास परिषद् **:**2. शो. 3. डॉ. मदनचन्द्र भट्ट 4. राजकीय महाविद्यालय, पौड़ी-गढ़वाल 5. 1973.

पर्वतीय जन **:**1. समा. 2. साप्ता., मा. 3. कँवरसिंह रावत 4. आसफअली रोड/गुरुद्वारा रोड, कोटला मुबारकपुर, नई दिल्ली 5. 1959 (लगभग)।

पर्वतीय संस्कृति **:**2. मा. 4. चकरात रोड, देहरादून 5. 1960-63.

पर्सनैलिटी **:**1. समा. 2. पा. (हि., अं.) 3. गोविन्दपुर, भालू, बिजनौर 4. 1968-70.

पालामू दर्पण **:**4. डाल्टनगंज (बिहार)।

पल्लव **:**1. बा. 2. त्रै. 3. श्रीमती माधुरी शहा, मोहम्मद शमीम 4. महापालिका रोड, बम्बई 5. 1965-69.

पवनपुत्र **:** 1. समा. 2. साप्ता. 3. अशोक कुमार 4. बड़ा महादेव, चन्दौसी (यू.पी.) 5. 1968.

पवित्र हृदय संदेश **:**1. धा. 2. मा. 3. आर.पी. शाह 4. दीपाघाट, पटना 5. 1950.

पशु निधि **:**1. पा. 4. रोशनपुर, गुड़गाँव 5. 1971.

पशुपालक **:**1. कृ. 2. मा. 4. राष्ट्रीय पशु विकास अनुसंधान, काशीपुर 5. 1958.

पशुपालन **:**4. भारतीय कृषि अनुसंधान परिषद्, नई दिल्ली 5. 1950-66 (समाप्त)।

पशु सेवक **:**2. मा. 4. पशु रक्षा सम्मेलन, गार्डन रोड, आगरा 5. 1947-56.

पश्चिम रेलवे समाचार पत्रिका **:**2. मा. 3. रघुवीर सिंह 4. चर्चगेट, बम्बई 5. 1952.

पश्चिमी एशिया समाचार :2. सासा. 3. सुजान सिंह पार्क, नई दिल्ली 4. 1971.

पश्यंती :1. सा. 2. त्रै. 3. प्रणवकुमार बंद्योपाध्याय 4. ए 2/4, प्रिंसेज रोड, माडल टाउन, दिल्ली 5. अप्रैल 1974 7. श्रेष्ठ लघुपत्र।

पसीने की आवाज :1. समा. 2. मा. 3. रमजान खाँ 'आजाद' 4. भील कालोनी, जयपुर 5. 1959-69.

पहचान :1. समा. 2. पा. 3. पी.एल. स्वामी 4. बजाजाबाजार, अलवर 5. 1961/67.

पहचान :1. समा. 2. पा. (हि., उ.) 3. के. एल. साहनी 4. 8958-ए, मुल्तानी धंधा, पहाड़गंज, दिल्ली 5. 1968.

पहचान :1. सा. 2. अनि., पा. (हि., उ.) 3. अशोक बाजपेयी 4. चौहत्तर बँगले, भोपाल। वितरक—राधाकृष्ण प्रकाशन, दिल्ली/लोक चेतना प्रकाशन, जबलपुर 5. 1968-70 7. समकालीन युवालेखन की पुस्तकाकार सीरीज।

पहरेदार :1. समा. 2. सासा. 4. पुरानीहाट, जालौन 5. 1971.

पहल :1. सा. 2. त्रै. 4. ज्ञानरंजन, कमला पाण्डेय 4. अग्रवाल कॉलोनी, जयपुर 5. 7 वाँ दशक 7. मा. कम्युनिस्ट पार्टी का पोषित।

पहाड़ी :2. मा. 4. स्क्रिप्टन बिला, शिमला 5. 1957-64.

पहिया :1. यातायात 2. मा. (हि., अं.) 3. वीरेन्द्र गुप्त 4. चर्च रोड, कश्मीरी गेट, दिल्ली 5. 1969.

पहेली :2. बा. 3. वीरेन्द्र 5. 1940.

पहेली मित्र :1. समा. 2. सासा. 4. लखनऊ 5. 1969-71.

पहेली हिन्दी उर्दू :3. जे. सरन. 4. बरेली 5. 1934.

पक्ष :1. सा. 3. श्रीराम तिवारी 4. कोलेबिरा, राँची/प्रखण्ड गुमला, छोटा नागपुर।

पत्र :3. रुद्र 4. आर्य प्रतिनिधि सभा, हैदराबाद 5. 1940 (लगभग) 7. निजाम शासन के प्रतिबन्ध के कारण यह शोलापुर में मुद्रित एवं नागपुर से प्रकाशित।

पत्रकार :1. समा. 2. पा. 4. कूचामहाजन, चाँदनीचौक, दिल्ली 5. 1962-64.

पत्र-पत्री :1. वि. 2. मा. 3. अरविन्द घोष 4. 18 बाबू रामशील लेन, कलकत्ता-12 5. 1958.

पत्र-मित्र :1. सा., सां. 2. मा. 3. राधारमण 4. थिएटर कम्यूनिकेशन, बिल्डिंग, कनाटसर्कस, नई दिल्ली 5. 1959, 69.

पत्रिका :3. संयुक्त राष्ट्र खाद संस्था 4. कम्यूनिकेशन बिल्डिंग, नई दिल्ली 5. 1952.

पत्रिका :2. मा. 4. वड़वानी (इन्दौर)।

पत्रिका :3. लक्ष्मण खन्ना 4. पड़रौना, देवरिया 5. 1950.

पाञ्चजन्य :1. समा. 2. सासा. 3. के. आर. मलकानी, ज्ञानेन्द्र, राजीवलोचन 4. राष्ट्रीय धर्म प्रका., ऋद्धानंद बाजार, दिल्ली, मंदिर झण्डेवालान संस्कृति पार्क, नई दिल्ली/राष्ट्र धर्म प्रकाशन, सदरबाजार, लखनऊ 5. 1947 7. राष्ट्रीय स्वयं सेवक संघ तथा जनसंघ नीति का पोषक पत्र। आपात स्थिति के बीच बंद।

पाञ्चजन्य :2. समा. 3. सासा. 4. इन्दौर 5. 1947.

पांचाल :2. मा. 3. साहबगंज, फैजाबाद 4. 1960-65.

पांचाल पण्डिता **:** 1. म. 2. मा. (बहु. अं, हि. आदि में) 3. लाला देवराज 4. कन्या महाविद्यालय, जालंधर 5. 1901–13 6. 2) वा. 7. साहित्यिक आन्दोलन, हिन्दी भाषा, देवनागरी लिपि के विकास, राष्ट्रीय जागरण मुख्यतः नारी उद्धार का प्रतिनिधि पत्र। भाषा सुबोध। समाचारों का भी स्तम्भ। नामान्तर–सुकुमारी।

पांचाल भूमि **:** 1. समा. 2. साप्ता. 3. रामगोपाल शर्मा 4. हास्टल रोड, बरेली 5. 1965–71.

पांचाली **:** 1. सा. 2. अर्द्धवा. 4. भगवानशरण भारद्वाज 'प्रदीप' 4. पुरानी घी मण्डी, आलमगीरीगंज, बरेली 6. जून 1976.

पाकड़ **:** 3. सतीशचन्द पाण्डेय 4. सदरबाजार, झाँसी 5. 1970.

पाखंड खण्डिनी पताका **:** 3. जे. पी. चौधरी, चन्द्रदरा त्रिपाठी, धर्मपाल 4. खुलानाला, बनारस 5. 1936.

पागल **:** 1. सा. 2. मा., पा. 3. फौजदार सहाय 4. महेन्द्र गोसाई लेन/वाटर लू स्ट्रीट, कलकत्ता 5. 1949, 65–67–69.

पाटन केशरी **:** 1. समा. 2. साप्ता. 3. सरसचन्द्र झरिया 4. पाटन, जबतापुर 5. 1969.

पाटल **:** 1. सा. 2. मा. 3. रामदयाल पाण्डेय, शिवचरण शर्मा 4. मोहन प्रेस, कदमकुआँ, पटना 5. 1952–54.

पाटिलपुत्र **:** 1. समा. 2. साप्ता., मा. 3. काशीप्रसाद जायसवाल (1914), सोना सिंह, ईश्वरीप्रसाद शर्मा, रामानंद द्विवेदी, यशोदानंदन आखौरी, सुखसम्पतिराम भण्डारी (1915), पारसनाथ त्रिपाठी (1938, 39) 4. अलीश्याम पथ, बाँकीपुर, पटना, आरा (1938) 5. 1914–21, 1938–39, 1960–63 7. राष्ट्रीय भावना का उद्घोषक प्रसिद्ध पत्र।

पाट समाचार **:** 1. व्या. 2. पा. 4. इण्डिया एक्सचेंज प्लेस, कलकत्ता 5. 1956 (लगभग)।

पाटीदार **:** 1. लोक 2. मा. 4. बयाना, नीमच 5. 1952–58.

पाद और आयुर्वेद ग्रन्थमाला **:** 2. मा. 3. रस वैद्य जीवाराम कालीदास 4. गोंडल (काठियाबाड़) 5. 1919.

पानवाला **:** 2. साप्ता. 4. राणाप्रतापबाग, दिल्ली 5. 1971.

पानीपत टाइम्स **:** 1. समा. 2. साप्ता. (हि., उ.) 4. पानीपत, करनाल 5. 1963–70.

पापमोचन **:** 2. (हि., उ.) 3. श्रीकृष्ण 4. आगरा 5. 1869.

पापी दुनिया **:** 1. समा. 2. साप्ता. 4. रास्ता मुहल्ला, जालंधर 5. 1965–70.

पामान **:** 1. समा. 2. साप्ता. (हि., उ.) 4. बाजार वकीलां, होशियापुर 5. 1970.

पायल **:** 2. मा. 3. सी. एल. पहवा 4. एफ 56, गफ्फार मार्केट रोड, करोलबाग, नई दिल्ली 5. 1956.

पायलट **:** 1. समा. 2. साप्ता. 3. मोहनकृष्ण 4. पुराना सट्टाबाजार, भटिण्डा 5. 1965.

पारख प्रकाश **:** 1. धा. 2. त्रै. 3. अभिलाष सिंह 4. ब्लाक ओ, न्यू अलीपुर, कलकत्ता 5. 2027 वि. (सत्कवीशब्द 577).

पारखी **:** 2. पा. 3. नारायणप्रसाद कौशिक 4. रतनगढ़ (राज.) 5. 1968.

पारदर्शिका **:** 2. मा. 4. सिंधियाहाउस, नई दिल्ली 5. 1969–70

पारपथ :1. सा., सां. 2. मा. 3. विष्णुदत्त द्विवेदी 4. ए 24, थिएटर कम्यूनिकेशन बिल्डिंग, कनाट सर्कस, नई दिल्ली 6. 1967.

पारमिता :4. धानमण्डी, फड़ बाजार, बीकानेर।

पारस :1. समा. 2. साप्ता. 3. सुभाष प्रभाकर 4. तोपचीवाला, मेरठ 5. 1954–71.

पारस ज्योति :1. चि. 2. मा. (हि., अं.) 3. विमल भाई 4. पहाड़ी धीरज, दिल्ली 5. 1968.

पारिजात :1. सा. 2. द्विमा., त्रै. 3. विश्वमोहन सिन्हा, रघुवंश पाण्डेय 'मुनीश', रामखेलावन पाण्डेय, देवकुमार मिश्र, रामदहिन मिश्र 4. ग्रन्थमाला कार्यालय, बाँकीपुर, पटना 5. 1945.

पारिख संदेश :2. मा. 4. नालाबाजार, अजमेर 5. 1960–62.

पारिवारिका :1. बा. 2. त्रै. 3. आर. के. जैन 4. बापूनगर, जयपुर 5. 1963.

पारीक :1. जा. 2. मा. 3. धरणीधर शास्त्री, रामदेव शास्त्री 4. पारीक महासभा, अजमेर 5. 1924, 31.

पारीक :1. जा. 2. मा. 3. रूपनारायण, नंदकिशोर 4. जयपुर 5. 1945.

पारीक प्रकाश :1. जा. 2. मा. 3. घासीराम पारीक 4. दरियागंज, दिल्ली 5. 1920–25.

पारीक पारिजात :1. जा. 2. त्रै. 4. जवाहरमार्ग, इन्दौर 5. 1964–69.

पार्टी सन्देश :1. राज. 2. मा. 4. स्टेशन रोड, जयपुर 5. 1964–69.

पार्थ सारथी :1. समा. 2. साप्ता (हि., म.) 4. वार्ड 1, हिंगनघाट (महा.) 5. 1964–67.

पार्शियन :2. मा. 3. पी. वी. वार्दीन 4. बम्बई 5. 1964.

पार्लियामेन्ट्री टाइम्स :1. समा. 2. साप्ता. (हि., अं.) 3. बी. बी. सक्सेना 4. लोदी रोड, जौरबाग मार्केट, नई दिल्ली-3 5. 1957.

पार्श्व :1. समा. 2. साप्ता. 3. ओमप्रकाश शर्मा 4. श्रीनगर कॉलोनी, दिल्ली 5. 1968–72.

पालकी :1. फि. 2. मा. 3. अनिल नरेन्द्र 4. बहादुरशाह जफर मार्ग, दिल्ली 5. 1973 (प्रच.)।

पाल क्षत्रिय जागरण :1. जा. 2. मा. 3. बिजेन्द्रपाल सिंह 4. तिलपुरवा, हुसैनगंज, लखनऊ 5. 1966.

पाल क्षत्रिय समाचार :1. जा. 2. मा. (हि., अं.) 3. रामअजोरलाल 4. हैवट रोड, लखनऊ 5. 1913.

पाल क्षत्रिय समाचार :1. जा. 2. मा. 3. जी. विद्यार्थी 4. मुट्ठीगंज, इलाहाबाद 5. 1942.

पालामऊ समाचार :1. समा. 2. साप्ता. 4. डाल्टनगंज, पालामऊ (बिहार) 5. 1960–64.

पालिका समाचार :1. समा. 3. श्यामसुन्दर शर्मा 4. नगरपालिका, नई दिल्ली।

पॉलिटिक्स :1. राज. 2. मा. 4. छोटी बह्मपुरी, उदयपुर 5. 1963–64.

पालीवाल पत्रिका :1. जा. 2. मा. 3. गौरीशंकर, लालचन्द्र शर्मा 4. छिब्रामऊ, फतेहगढ़ 5. 1911–14.

पालीवाल ब्रह्मोदय :1. जा. 2. मा. 3. जीवराम शर्मा 4. पालीवाल ब्राह्मण महासभा, आगरा 5. 1915.

पालीवाल ब्रह्मोदय :1. जा. 2. मा. 3. अलीगढ़।

पालीवाल संदेश : 1. जा. 2. मा. 3. बाबूराम पालीवाल, अमरचन्द्र, हरिदत्त पालीवाल 'निर्भय' 4. पालीवाली संघ, आगरा 5. 1939/69.

पावन प्रभात : 3. पारसराम वर्मा 4. दतियागेट, झाँसी 5. 1959.

पावरमैन : 2. साप्ता. 4. पंचवटी, आगरा रोड, नासिक 5. 1968-69.

पावस : 1. सा. 2. मा. 3. साँवरमल नेमानी, प्रहलाद राय 4. हिन्दी सेवा संघ, धर्मशाला मार्ग, सिलीगुड़ी 5. जनवरी 1968.

पासवाँ पत्र : 1. जा., धा. 2. द्विभा. 3. आई बेनवेट 4. कार्नवालिस स्ट्रीट, कलकत्ता 5. 1961.

पासी मित्र : 1. जा. 2. मा. 4. किदवईनगर, कानपुर 5. 1971.

पाक्षिक गल्पमाला : 1. कथा. 2. पा. 3. पं. बंशीलाल व्यास, पं. मोहनाचार्य मेवाड़ी 4. सिकन्दराबाद 7. बिना राजाज्ञा के प्रकाशित। अत: कुछ ही अंकों बाद प्रकाशन बंद।

पिक्चर गोअर : 1. फि. 2. मा. (हि., अं.) 4. दरियागंज, दिल्ली 5. 1940.

पिछड़ा संसार : 1. समा. 2. साप्ता. 4. कोसली, रोहतक 5. 1963-66.

पीड़ित मानव : 1. समा. 2. साप्ता. 4. शेखसराय, बुलंदशहर 5. 1964-71.

प्रिया : 2. पा. 4. दयालबंद, विलासपुर 5. 1971.

पीपा क्षत्रिय संदेश : 1. जा. 4. जोधपुर 5. 1974.

पीपुल्स जर्नल : 1. समा. 2. साप्ता. (हि., अं.) 4. सहारनपुर 5. 1964-69.

पीपुल्स रिलीफ : 1. समा. 2. सा. 3. बनारसीदास सेठी 4. डी. 10/9, मॉडल टाउन, दिल्ली 5. 1970-71.

पीयूष : 3. हरिशंकर शास्त्री 4. नडियार (गुज.) 5. द्रष्ट्रव्य—'सुभाष अंक' (1945) 'दर्शनांक'।

पीयूष : 1. चि. 2. मा. 4. पथकौली, सदर, आजमगढ़ 5. 1958-59.

पीयूष प्रवाह : 1. धा., सा. 2. मा. 3. पं. अम्बिकादत्त व्यास, कालीशंकर व्यास 4. हरिप्रकाशनालय, बनारस (1883)/भागलपुर (1884)/ नेपाली खपरा, वाराणसी / जौनपुर / भागलपुर 5. 1882-84 6. प्रति आठ आने, 3) वा. 7. समस्यापूर्तिपरक विशिष्ट साहित्यिक पत्र। पूर्वरूप— 'वैष्णवपत्रिका'।

पीयूष वर्षिणी : 1. चि. 2. मा. 3. गौरीशंकर 4. फर्रुखाबाद 6. 1890.

पीलीभीत गजट : 1. समा. 2. साप्ता. 3. मुन्नीलाल पटेल 4. मोहल्ला गोपाल सिंह, पीलीभीत 5. 1964.

पीलीभीत पत्रिका : 1. समा. 2. साप्ता. 3. के. के. मिश्र 4. मो. मोहततीराय, पीलीभीत 5. 1962-63.

पीलीभीत समाचार : 1. समा. 2. पा. 4. किरानामण्डी, पीलीभीत 5. 1971.

पुण्यभूमि : 1. समा. 2. साप्ता. (हि., बं.) 4. तारकेश्वर मठ, तारकेश्वर, हुबली, कलकत्ता 5. 1957.

पुण्यभूमि : 1. समा. 3. कर्मवीर 4. जवाहर मार्ग, इन्दौर 5. 1967-71.

पुण्यलोक : 1. धा. 2. सासा., मा. 4. वैदिक संस्थान, नजीबाबाद, बिजनौर 5. 1965-69-71.

पुण्य संदेश : 1. समा. 2. सासा. 4. शाहनाथान, मेरठ 5. 1971.

पुकार : 1. समा. 2. सासा. 3. कुंजबिहारी आचार्य 4. उदयपुर 5. 1956.

पुकार : 1. समा. 2. दै. 4. इन्दौर 5. 1947.

पुकार : 1. समा. 2. सासा. 4. अलीगढ़ 5. 1956-58.

पुकार टाइम्स : 1. धा. 2. मा. 4. कोठीबाजार, बेतूल 5. 1968.

पुट स्फुट : 1. बा. 2. मा. 4. दिल्ली 5. 1968.

पुनरागमन : 1. धा. 2. मा. 4. एल ब्लाक, हरिनगर, नई दिल्ली 5. 1971.

पुनीता : 1. समा. 2. सासा. 3. राजेन्द्रप्रसाद अग्रवाल 4. विवेकानन्द रोड, घोष लेन, कलकत्ता 5. नवम्बर 1971.

पुरजोर धमाके : 1. समा. 2. सासा. (हि., उ.) 4. देशबन्धु गुप्ता रोड, नई दिल्ली 5. 1965-69.

पुरवार जाति हितैषी : 1. जा. 2. मा. 3. जगन्नाथ पुरवार 4. अमरावती 5. 1922.

पुरस्कार : 1. ज्यो. 2. सासा. 3. एम.के. सुतीखाल 4. दण्डेल स्टेशन, उत्तर डोंगरी, बम्बई 5. 1967.

पुरस्कार : 1. समा. 2. पा. 4. लंका, वाराणसी 5. 1952-56.

पुरस्कार विजेता : 2. मा. 4. मुकेरीपुरा, इन्दौर 5. 1951.

पुराकल्प : 1. शो. 2. मा. 3. डॉ. शम्भुनाथ सिंह, विजयनारायण सिंह 4. बी.-2, सत्याग्रह मार्ग, वाराणसी 5. सितं. 1973 (अल्पायु)।

पुराण : 1. धा., दा. 2. त्रै. (हि., सं.) 4. रामनगर, वाराणसी 5. 1960.

पुराण भारत : 1. समा. 2. सासा. 4. हाता, दमोह (म.प्र) 5. 1970.

पुराना मधुप : 2. पा. 4. कोफ्तगिरान, इलाहाबाद 5. 1956-58 (लगभग)।

पुरानी प्रीत : 2. मा. (हि., उ.) 4. लाजपतपुरी, जवाहरनगर, मेरठ 5. 1964-68.

पुरानी यादें : 1. समा. 2. साप्ता. 4. सैनीपुरा, रोहतक 5. 1969.

पुरुष : 1. सा. 2. मा. 3. विजयकांत 4. हिमेशिया प्रकाशन, कालीकोठी, पो. बा. 62, मुजफ्फरपुर 7. जनवादी लघुपत्र।

पुरुषार्थ : 2. मा. 3. गिरिजादत्त नैथाणी, तारादत्त गैरोला 4. देहरादून (1907)/बिजनौर 5. 1907, 18 7. अपने युग का प्रभावी पत्र।

पुरोधा : 1. धा., दा. 2. मा. 3. रवीन्द्र 4. श्री अरविंद, सोसायटी पांडिचेरी 5. 1961-66 (प्रच.) 7. अरविन्ददर्शन सम्बन्धी पत्रिका।

पुरोहित : 1. धा., दा. 2. पा. 3. रमेशकुमार अमर 4. ज्वालापुर, हरिद्वार 5. 1962.

पुष्कर प्रदीप : 1. धा. 4. पुष्कर, अजमेर 5. 1890.

पुष्करण ब्राह्मण : 1. जा. 2. पा. 3. बदरीदास पुरोहित 4. कलकत्ता 5. 1920.

पुष्करण ब्राह्मणोपकारक : 1. जा. 2. मा. 4. पुष्करण ब्राह्मण महासभा, जोधपुर 5. 1919.

पुष्करण संदेश : 1. जा. 2. मा. 3. सरदारभक्त थानबी 4. अरुणोदय, पाल रोड, जोधपुर 5. 1966/67.

पुष्टिकर :1. जा. 2. साप्ता. 4. उरई, जालौन 5. 1920.

पुष्पद बन्धु :1. जा. 2. पा., त्रै. 3. मुरलीधर पाण्डेय 4. अलीगढ़ 5. 1957.

पुष्पवाटिका :1. सा. 2. अर्द्धवा. 3. एच.बी. शर्मा 4. कस्बापेठ, पूना 5. 1967.

पुष्पहार :1. समा. 2. साप्ता. 3. हरिप्रसाद औधिया 4. बुद्धपाड़ा, रायपुर 5. 1968.

पुष्पी :2. मा. 3. सुरेन्द्रकुमार अग्रवाल 4. कटरा, इलाहाबाद 5. 1957.

पुस्तक जगत :2. मा. 4. ज्ञानपीठ लि., खजांची रोड, पटना 5. 1958-64.

पुस्तक परिचय :1. व्या. 2. मा. 3. सुरेन्द्र मलिक 4. नेशनल पब्लिशिंग हाउस, अंसारी रोड, दरियागंज, दिल्ली 5. 1968 (प्रच.)।

पुस्तक पत्रिका :1. व्या. 2. मा. 4. हिन्दी पुस्तक भण्डार, हीराबाग सी. पी. टैंक, बम्बई 7. अल्पायु।

पुस्तकालय :1. व्या. 2. मा. 3. जे. पी. मिश्र 4. सिन्हा लाइब्रेरी रोड, पटना 5. 1956-58.

पुस्तकालय संदेश :2. त्रै. 3. जी. डी. भार्गव 4. इंदौर संभाग पुस्तकालय, खातीपुरा रोड, इन्दौर 5. 1968.

पुस्तकालय संदेश :2. मा. 3. श्रीकृष्ण खण्डेलवाल 4. विश्वविद्यालय, पटना 5. 1951-52.

पूँजी :2. व्या. 3. रामस्वरूप मालेरिया, रामेश्वरप्रसाद मेहरोत्रा 4. ताराचन्द दत्त स्ट्रीट, कलकत्ता 5. 1 अप्रैल 1948.

पूजा के फूल :3. सतीशकुमार जैन 4. कुँवर मजुली, इन्दौर 5. 1970.

पूत सपूत :1. वा. 2. मा. 3. देवकीनन्दन शर्मा 4. एफ 3/7, कृष्णनगर, दिल्ली 5. 1968.

पूनम :2. मा. 4. रेलवे रोड, गाजियाबाद 5. 1962-64.

पूनम की रात :1. फि. 2. साप्ता. 3. गोविन्द गोस्वामी 4. ईस्ट निबाड़गंज, जबलपुर 5. 1970.

पूनी बेला :2. मा. 3. रामजी सहगल 4. मुट्ठीगंज, इलाहाबाद 5. 1962.

पूर्ण भारत :3. भगवतीचरण चौबे 4. हाटा, दमोह (म.प्र.) 5. 1970.

पूर्णेन्दु :2. मा. 3. रमाकांत त्रिपाठी 4. प्रतापगढ़ 5. 1983 वि.।

पूर्णिमा :1. सा. 2. मा. 3. सत्यानंद, 'शलभ' श्रीराम सिंह 4. सी 160, चित्तरंजन एवेन्यू, कलकत्ता 5. 1952-65.

पूर्व और पश्चिम :1. समा. 2. साप्ता. 3. बद्रीप्रताप दीक्षित 4. नयागंज, फतेहपुर 5. 1966.

पूर्व (पूरब) पश्चिम :2. (हि., अं.) 4. स्टेशन रोड, सहारनपुर 5. 1970.

पूर्वग्रह :1. सा. 2. मा. 3. अशोक बाजपेयी, श्रीकांत शर्मा, नेमिचन्द जैन आदि 4. भोपाल 5. 1975 7. म. प्र. शासन का प्रतिनिधि पत्र।

पूर्व ज्योति :1. समा. 2. मा. (1950), साप्ता. (1956) 3. छगनलाल जैन, देवेन्द्रनाथ, प्रशान्त 4. गोहाटी 5. 1950, 56 (प्रच.)।

पूर्वा :2. मा. 3. कमलेश भारतीय 4. शारदा मोहल्ला, नवाशहर दोआबा (पंजाब)।

पूर्वांचल :1. समा. 2. साप्ता. 3. दूधनाथ सिंह 4. अंसारी रोड, देवरिया 5. 1967-70.

पूर्वांचल :1. सा. 4. हिन्दीप्रचारक संस्थान, वाराणसी।

पूर्वी आवाज : 1. समा. 2. साप्ता. 3. एस. एच. नकबी 4. सुमरे सागर, गोरखपुर 5. 1966–70.

पूर्वी जिले : 1. समा. 2. साप्ता., पा. 3. श्यामलाल 4. गाँधीनगर, बस्ती 5. 1964–61.

पूर्वी टाइम्स : 1. समा. 2. साप्ता. 4. गोसाईं तालाब, मिर्जापुर 5. 1965–71.

पूर्वी देश : 1. समा. 2. साप्ता. 4. सिविललाइन्स, गोरखपुर 5. 1966–71.

पूर्वी पंजाब : 1. समा. 2. साप्ता. 3. रामकिशन गुप्त 4. भिवानी, हिसार 5. 1960.

पूर्वी राजस्थान : 1. समा. 2. दै. 3. शिवचरणलाल गुप्त 4. प्रकाश मुद्रणालय, भरतपुर 5. 1970.

पूर्वी सन्देश : 1. समा. 2. साप्ता. 3. मोहम्मद जकी 4. बक्शीपुर, गोलघर, गोरखपुर 5. 1967.

पूर्वोत्तर रेलवे पत्रिका : 2. मा. 3. जनसंपर्क अधिकारी 4. पूर्वोत्तर रेलवे, गोरखपुर 5. 1952–70.

पूर्वोदय : 1. समा. 2. साप्ता., पा. 3. फकीरचंद जैन 4. नई कॉलोनी, जयपुर 5. 1965–67.

पूर्वोदय प्रकाशन : 1. व्या. 2. मा. 4. दरियागंज, दिल्ली 5. 1971.

पेन्शन : 2. मा. 4. भारत पेन्शनर समाज, ईश्वरशरण आश्रम, इलाहाबाद 5. 1960.

पेन्सनर : 1. श्रम. 2. मा. (हि., अं.) 3. जी. पी. गोविल 4. टोडरमल लेन, नई दिल्ली 5. 1960.

पेट्रिएट साप्ताहिक : 1. समा. 2. साप्ता. 4. लिंक हाउस, बहादुरशाह जफर मार्ग, दिल्ली 5. 1968–69.

पेट्रोलियम मजदूर : 2. मा. 4. सेवड़ी बम्बई 5. 1959–64.

पैगाम : 1. समा. 2. साप्ता., पा. 3. भँवरलाल सेठ 5. मनियारों का रास्ता, जयपुर 5. 1960, 69.

पैगामेवतन : 1. समा. 2. साप्ता. 3. रूपलाल मेहता 4. पलवल (हरि.) 5. 1960–72.

पैमामेहकीकत : 4. शहबाजिया मंजिल, जोधपुर 5. 1971.

पैरेण्टस एण्ड चिल्ड्रन : 1. बा., शै. 2. त्रै. (हि., अं) 3. अनूपकुमार साहनी 4. सी–1/25–26, मलकागंज, दिल्ली 5. 1963.

पैसा : 2. मा. 3. मोहन शर्मा 4. बनखेड़ी 5. 1933.

पोटरी न्यूज : 2. पा. 4. रमेशनगर, नई दिल्ली 5. 1970.

पोपट : 1. हास्य. 2. मा. 4. दुर्गावती वार्ड, जबलपुर 5. 1972.

पोरवाल संदेश : 1. ज्ञा. 2. मा., त्रै. 3. बी. एन. रतनवत 4. इमलीबाजार, इंदौर 5. 1958.

पोर्ट समाचार : 1. व्या., समा. 2. मा. 4. स्ट्राण्ड रोड, कलकत्ता 5. 1958–59 7. नामान्तर—'बंदरगाह समाचार'।

पोलखाता : 1. समा. 2. साप्ता. 3. राजकुमार कपूर 4. फीलखाना, गाँधीनगर, कानपुर 5. 1969.

पोलिश फैक्ट्स आन प्वाइब्त : 1. राज. 2. त्रै. 4. पोलैण्ड दूतावास, नई दिल्ली।

पोलिटिक्स : 1. समा. 2. पा. 3. विष्णु शर्मा 4. छोटी बृह्मपुरी, उदयपुर 5. 1963, 69.

पोस्टमार्टम : 1. समा. 2. मा. (हि.अं.) 4. मटियानी चौहट्टा, उदयपुर 5. 1965.

पोस्टर :1. सा. 2. पा. 3. अक्षय जैन 4. मेडोज स्ट्रीट, बम्बई।

पोस्टल डाक :1. श्रम. 2. मा. (हि., अं.) 3. एन. सी. अंबलाबनन 4. पटेल रोड, नई दिल्ली 5. 1956.

पौड़ी टाइम्स :1. समा. 2. साप्ता. 3. सखासत्यम, नरेन्द्रसिंह भण्डारी 4. सिविल लाइन्स, पौरी गढ़वाल 5. 1938, 69.

पौरुष :1. समा. 2. साप्ता. 3. रमेशदत्त दुबे 4. दुलहिनी जी रोड, चेतगंज, वाराणसी 5. 1966.

पौल्ट्री गाइड :2. मा. 4. त्यागराज मार्केट, नई दिल्ली 5. 1969.

प्यार मोहब्बत :1. फि. 2. मा. 4. धरमपुरा, दिल्ली 5. 1971.

प्यारा बुलबुल :1. बा. 2. मा. 3. ए. ए. अनन्त 4. बापूनगर, जयपुर 5. 1974.

प्यारी पत्रिका :2. मा. 3. रामदेवी बाई 4. दिल्ली 5. 1925.

प्रकर :1. सा. 2. मा. 3. विद्यासागर विद्यालंकार 4. ए/42, राणाप्रतापबाग, दिल्ली 5. 1969 (प्रच.) 7. अहिन्दी भाषियों का हिन्दी साहित्य एवं भारतीय साहित्य पर विशेषांक। पुस्तक समीक्षा का प्रतिनिधि पत्र।

प्रकाश :1. शै. 2. मा., पा. 3. डॉ. रामकुमार वर्मा, इन्द्रबहादुर खरे, जीवननायक भोसीकर, शरच्चन्द्र, मुक्तिबोध 4. शिक्षा विभाग, नागपुर 5. 2 अक्टू. 1948, 49.

प्रकाश :2. साप्ता. 4. सूरिनाम।

प्रकाश :1. सा. 2. मा. 3. रमाकांत मिश्र, लक्ष्मीनारायण टण्डन 4. लखनऊ प्रिंटिंग हाउस, अमीनाबाद, लखनऊ 5. 1948, 49-56.

प्रकाश :1. जा. 2. मा. 3. राधामोहन लाल 4. अग्रवाल वैश्य राजवंश सभा, मेरठ 5. 1925.

प्रकाश :1. सा. 2. मा. 3. कमला माथुर 4. किशनपोल, जयपुर 7. स्वातंत्र्यपूर्व।

प्रकाश :1. समा. 2. साप्ता. 4. जौनपुर 5. 1952, 59.

प्रकाश :1. समा. 2. साप्ता. 3. लक्ष्मीधर बाजपेयी, तेजबहादुर सिंह 4. कल्याण प्रेस, कानपुर 5. 1952.

प्रकाश :1. धा. 2. पा. 3. शिवकृष्ण रैना 4. ब्राह्मण महामण्डल, काश्मीर 5. 5 मार्च 1962.

प्रकाश :1. समा. 2. साप्ता. 3. रामनारायण शर्मा 4. न्यू रोड, कन्थल, उज्जैन 5. 1955-65, पुन: 1970.

प्रकाश :2. साप्ता. 4. नागदा (म.प्र.) 5. 1946.

प्रकाश :1. समा. 2. दै, साप्ता. (1966-69) 3. प्रेमवती देवी 4. सराय हकीम, अलीगढ़ 5. 1952-69.

प्रकाश :1. समा. 2. साप्ता. 3. विश्वेश्वरदत्त शर्मा 4. डिबरूगढ़ (असम) 5. 1919.

प्रकाश :1. समा. 2. साप्ता. 3. श्रीप्रताप साहित्यालंकार 4. बैद्यनाथ धाम, देवधर, पटना 5. 1948.

प्रकाश :4. लाहौर 5. 1925.

प्रकाश :1. समा. 2. पा., साप्ता. 3. अर्जुनसिंह 4. रीवाँ राज्य (म.प.) 5. 1931 7. विशेष— 'विक्रमांक', 'विंध्यप्रदेशांक', 'विजयदशमी अंक'।

प्रकाश :1. समा. 2. दै. 3. बलदेवप्रसाद 4. सागर 5. 1926.

प्रकाश :1. धा. 2. मा. 4. गास मेमोरियल सेण्टर, रायपुर 5. 1956-58.

प्रकाश :1. समा. 2. दै. 3. जी. सी. केला 4. कन्थैरा बाजार, आगरा 5. 1942.

प्रकाश :1. समा. 2. साप्ता. 3. शांतिचन्द जैन, ऋषिदेव विद्यालंकार 4. बिजनौर।

प्रकाश :2. पा. 4. गाजीपुर 5. 1956 (लगभग)।

प्रकाश :1. समा. 2. साप्ता., मा. 4. कायस्थान, सहारनपुर 5. 1955-59, 61.

प्रकाश :1. वा., व्या. 2. मा. 3. एल. सी. हितैषी 4. मॉडल टाउन, जालंधर 5. 1948-70.

प्रकाश :1. समा., सा. 2. साप्ता., मा., दै. (1922) 3. पारसनाथ सिंह (1922), क्षमाशंकर द्विवेदी (1957), श्यामसुन्दर (1970), तारकेश्वरनाथ शुक्ल (1960) 4. पी. 21/22, राधाबाजार स्ट्रीट/49 ए, स्ट्रैण्ड रोड, 55 अरविंद मन्दिर, हावड़ा, सलकिया/कलकत्ता 5. 1922-70 7. पर्याप्त प्रचलित पत्र।

प्रकाश :2. मा. 4. बस्ती (यू.पी.) 5. 1927.

प्रकाश ज्योति :2. साप्ता. 4. चौहट्टा, उदयपुर 5. 1968-71.

प्रकाश प्रहरी :1. म. 2. मा. 3. गुणवंती पुरोहित 4. चौपासनी रोड, जोधपुर 5. 1968.

प्रकाशन समाचार :1. व्या. 2. मा. 3. शीला सन्धू 4. राजकमल प्रकाशन, फैजबाजार, दिल्ली 5. 1971.

प्रकाशित किरणें :1. समा. 2. साप्ता. 3. डी. एम. लाल 4. सिविल लाइन्स, शाकानबाग, झाँसी 5. 1967.

प्रकाशित मन :1. सा. 2. मा. 3. दयानन्द वर्मा 4. चाबड़ी बाजार, दरीबाकलाँ, दिल्ली 5. 1974 7. निबन्ध प्रधान पत्रिका।

प्रकृति :1. चि. 2. मा. 3. पृथ्वीनाथ शर्मा 4. लश्कर, ग्वालियर 5. 1950 7. प्राकृतिक चिकित्सा का प्रेरक पत्र।

प्रकृति वाणी :1. चि. 2. मा. 3. सरदार जसवंतसिंह 4. गुइन रोड, लखनऊ 5. 1970.

प्रक्रिया :1. सा. 2. अनि. 3. निर्मला जैन, दुर्गा माहेश्वरी 4. हिन्दी विभाग, कलकत्ता विश्वविद्यालय, कलकत्ता 5. 1963.

प्रक्रिया :1. सा. 2. त्रै. 3. सुधा श्रीवास्तव 4. गोवर्द्धन पार्क, वाइज रोड, अहमदाबाद 5. 1976 .

प्रखर :1. सा. 3. रसिकलाल परमार 'दर्द' 4. बागबहरा, रायपुर (म.प्र.) 5. 7 वाँ दशक 7. लघुपत्र।

प्रगति :1. सा. 2. साप्ता. 3. दुर्गेश जोशी 4. नदियों की तलाई, उदयपुर 5. 1956.

प्रगति :4. जयपुर।

प्रगति :3. गोपालचन्द्र पाण्डेय, अयोध्याप्रसाद झा 4. भागलपुर।

प्रगति :2. पा. 4. आलमगोरीगंज, बरेली 5. 1953-56.

प्रगति :1. सा. 2. साप्ता. 3. चन्द्रभूषण, गणेशशंकर चैनपुरी 4. इमली चट्टी, मुजफ्फरपुर 5. 1963.

प्रगति :1. सा. 2. अनि. 3. महेश्वरी 4. बृजराजनगर (उड़ीसा)।

प्रगति :2. मा. 4. सूचना प्रचार निदेशालय, भोपाल 5. 1947-64.

प्रगति :2. मा. 4. नागपुर 5. 1956.

*प्रगति :*2. मा. 4. जिला आयोजनाधिकारी, बहराइच 5. 1958-61.

*प्रगति :*2. मा. 4. जिलायोजनाधिकारी, बिजनौर 5. 1958-64.

*प्रगति :*1. समा. 2. साप्ता. 4. पुरलिया (बंगाल) 5. 1956-57 (लगभग)।

*प्रगति :*1. सा. 3. विजेन्द्र अनिल 4. बगेन, शाहाबाद, आरा।

*प्रगति :*1. समा. 2. पा. 4. सुल्तानबाजार, हैदराबाद 5. 1955.

*प्रगति के मार्ग पर :*2. मा. 4. डिप्टीगंज, बुलंदशहर 5. 1971.

*प्रगतिमार्गी :*2. मा. 4. मोतीकटरा, आगरा 5. 1962.

*प्रगतिशील :*2. मा. 3. मोतीलाल मिश्र, आनन्दमोहन 4. जुहू बीच, बम्बई 5. 1965.

*प्रगतिशील :*2. पा. 3. हरिनारायण मैणवाल 4. पुरानी बस्ती, जयपुर।

*प्रगतिशील :*1. समा. 2. साप्ता. 4. कचहरी रोड, रायबरेली 5. 1957-60.

*प्रगतिशील समाज :*1. सा. 2. मा. 3. हंसराज 4. टेकारी रोड, पटना 5. 1970 (लगभग)।

*प्रगतिशील हरियाणा :*1. समा. 2. साप्ता. 4. बाजार वकीलां, हिसार 5. 1964-65.

*प्रचण्ड :*2. साप्ता. 3. बी. एम. भण्डारी 4. गाँस बाजार, रतलाम 5. 1963.

*प्रचार :*1. समा. 2. साप्ता. 3. प्रियतमलाल कामदार, बासुदेव शर्मा 4. जयपुर 5. लगभग 1941.

*प्रचार विज्ञान :*1. समा. 2. साप्ता. 3. हीरालाल जैन 4. रामलक्ष्मण बाजार, इंदौर 5. 1963.

*प्रचार संदेश :*1. समा. 2. साप्ता. 4. भीड़ों का रास्ता, जयपुर 5. 1971.

*प्रचारिणी :*2. मा. (हि.,बं.) 3. एन. एन. मुकर्जी 4. रसटोला, बाँकुरा (बंगाल) 5. 1968.

*प्रचेता :*1. सा. 2. मा. 3. डॉ. सुरेन्द्रनाथ तिवारी 4. के. 5/11, मॉडल टाउन, नई दिल्ली 5. 1971 (अल्पायु) 7. विचार क्रांति का समवेत लघुपत्र।

*प्रजा :*1. सा. 2. अनि. 3. 'शलभ' श्रीराम सिंह 4. कलकत्ता 5. 1969 (अल्पायु)।

*प्रजा :*3. धनुषधारी दास 4. दरभंगा 5. 1937, 38.

*प्रजा :*1. समा. 2. साप्ता., मा. 4. शहडोल (म.प्र.) 5. 1958-66.

*प्रजा :*1. समा. 2. साप्ता. 4. चाँदनीचौक, दिल्ली।

*प्रजाजन :*1. समा. 2. साप्ता. 4. गंगापुर सिटी (राज.) 5. 1971.

*प्रजा जीवन :*1. समा. 3. राजेन्द्र सिंधवी 4. बाईजी का तालाब, जोधपुर 5. 1970.

*प्रचातंत्र :*2. समा. 3. साप्ता. 4. कोटद्वारा, गढ़वाल 5. 1955-60.

*प्रजातंत्र रक्षक :*2. पा. 3. रबसेलव धोरपाड़े 4. खासीबावड़ी, देवास (म.प्र.) 5. 1969.

*प्रजादूत :*1. समा. 2. दै., साप्ता. 3. प्रेमनारायण पण्डित 4. मान मार्ग, उज्जैन 5. 1953-67.

*प्रजादूत :*1. समा. 2. दै. 3. प्रेमनारायण 4. इंदौर 5. 1977.

*प्रजानीति :*1. समा. 2. साप्ता. 3. प्रफुल्लचन्द्र ओझा 'मुक्त' 4. इण्डियन एक्सप्रेस प्रेस, दिल्ली 5. 1974 7. जयप्रकाश समर्थक पत्र, आपातकाल में समाप्त।

*प्रजापति (बन्धु) :*1. जा. 2. द्विभा., मा. 3. डी. एन. पहाड़ी, हीरालाल, रामदेव 4. शहीद सुमेरनगर, पटना 5. 1950, 65.

*प्रजापति समाचार :*1. जा., धा. 2. द्विभा. 4. पुरुवाल्दी, कृष्णनगर, इलाहाबाद 5. 1971.

प्रजापुकार : 1. समा. 2. साप्ता. 3. विश्वम्भरनाथ शुक्ल, भवानीप्रसाद तिवारी 4. शंकरनगर, रायपुर 5. 1966.

प्रजापुकार :1. सासा. 2. समा. 3. विष्णुप्रसाद व्यास, त्र्यम्बकसदाशिव गोखले, श्यामलाल पांडवीय 4. लश्कर, ग्वालियर 5. 1946.

प्रजाबन्धु :1. समा. 2. सासा. 3. जीवानंद शर्मा 4. पटना 5. 1977 वि.।

प्रजाबन्धु :1. समा. 2. सासा. 4. सीकर (राज.) 5. 1942-65.

प्रजाबन्धु :3. चिदानंद सरस्वती 4. दिल्ली 5. 1940.

प्रजाबन्धु :4. मथुरा 5. 1910.

प्रजामण्डल :1. समा. 2. सासा. 4. गढ़रिया मुहाल, कानपुर 5. 1962-67.

प्रजामण्डल पत्रिका :2. सासा. 4. इंदौर 5. स्वातंत्र्यपूर्व।

प्रजामंत्री :1. समा. 2. सासा. 4. न्यू शाहदरा, दिल्ली 5. 1966-68.

प्रजामित्र :1. समा. 2. सासा. 3. ब्रजेन्द्रनाथ बंद्योपाध्याय 4. कलकत्ता 5. जून 1834 7. हिन्दी का अत्यंत प्राचीन पत्र। डॉ. रामरतन भटनागर के अनुसार इसका प्रकाशन सन्दिग्ध (द्रष्टव्य—'द राइज एण्ड ग्रोथ आफ हिन्दी जनर्लिज्म'-70).

प्रजामित्र :1. समा. 2. पा. 3. हरिप्रसाद सुमन, विद्याधर 4. चम्बा (हिमा.) 5. 1945, 47.

प्रजामित्र :1. समा. 2. सासा. 3. तारानाथ रावत 4. बीकानेर 5. 1946.

प्रजामित्र :1. समा. 2. सासा. 4. बालविहार, भोपाल 5. 1961-68.

प्रजायुग :1. समा. 2. सासा. 3. राजबिहारी 4. आर्यसमाज मार्ग, आदर्शनगर, जयपुर 5. 1970.

प्रजासेवक :1. समा., राज. 2. सासा. 3. मामा अचलेश्वरप्रसाद शर्मा, प्रहलादचन्द्र जोशी 4. सरदारपुरा, जोधपुर 5. 1940 7. संपादक को एक गुप्त योजना का भण्डाफोड़ करने के अपराध में डेढ़ वर्ष की सज़ा। राज्यतंत्र पर सरल भाषा में प्रहार करने वाला अद्यावधि प्रचलित पत्र। विशेष—'गाँधीजयंती अंक', 'युद्धांक', 'आजाद हिन्द अंक', 'देशी राज्य अंक' आदि।

प्रजासेवक :1. समा. 2. सासा. 4. हुसंगाबाद 5. 1924.

प्रजासोसलिस्ट :1. समा. 2. पा. 4. सुलतानपुर 5. 1959-63.

प्रजा सोशलिस्ट पार्टी :1. समा. 2. सासा. 3. एम. एल. ए. रेस्ट हाउस, भोपाल 5. 1963-65.

प्रजा सोशलिस्ट पार्टी :2. मा. 4. ठाकुरद्वार, बम्बई 5. 1956 लगभग।

प्रजाहित :2. पा. 3. हकीम जवाहरलाल 4. सिकन्दारा, इटावा 5. 1861.

प्रजाजीवन :1. समा. 2. सासा. 4. बाई जी का तालाब, जोधपुर 5. 1970.

प्रजाहितैषी :2. मा. 4. जबलपुर 5. 1889.

प्रजाहितैषी :4. राजनादगाँव 5. 1890.

प्रजाहितैषी :1. सा. 3. राजा लक्ष्मणप्रसाद सिंह (डिप्टी कलेक्टर) 4. आगरा 5. 1855-57, पुनरारम्भ 1861 (इतिहास, गार्सादताँसी) 7. बनारस अखबार की हिन्दुस्तानी नीति के विरोध में पण्डिताऊ हिन्दी में प्रकाशित युग प्रतिनिधि पत्र।

प्रज्वलंत :1. समा. 2. सासा. (हि., अं.) 3. बी. एन. सावरकर 4. मुंजे मार्ग, सीताबुलाड़ी, नागपुर 5. 1968.

प्रणय पत्रिका :1. सा. 2. पा., मा. 4. प. पटेलनगर, दिल्ली 5. 1968-69.

प्रणव **:**1. सा. 2. मा. 4. लोकपत्र प्रेस, पटना 5. 1967-69.

प्रणवीर **:** 1. समा. 2. अर्द्धसाप्ता., दै. (1924) 3. रामगोपाल, सत्यदेव, सत्यभक्त, भैयादास, राधामोहन, गोकुलजी, सतीदास, बाबूलाल, मायाशंकर दुबे, प्रंका. —सतीदास मून्दड़ा 4. नागपुर 5. 1920-25.

प्रणवीर **:**1. समा. 2. साप्ता., पा. 3. रामदत्त दीक्षित 4. जयपुर 5. 1959-66.

प्रणवीर प्रताप **:**1. समा. 2. साप्ता. 4. छिबरामऊ, फर्रुखाबाद 5. 1971.

प्रणमी धर्म पत्रिका **:** 1. धा. 2. मा. (हि., मु.) 4. खिजदा मन्दिर, जामनगर (गुज.) 5. 1930.

प्रताप **:**1. समा. 2. साप्ता. (1913), दै. (23 नवम्बर 1920 से) 3. गणेशशंकर विद्यार्थी, अमृतलाल चक्रवर्ती, कृष्णदत्त पालीवाल, प्रकाशननारायण, शिरोमणि, बालकृष्ण शर्मा 'नवीन' (1923), दशरथ द्विवेदी, परमेश्वर सिंह, राजाराम, माखनलाल चतुर्वेदी (अक्टू. 1923-24), सुरेशचन्द्र भट्टाचार्य, रामदुलारे त्रिवेदी, हरिशंकर विद्यार्थी 5. 9 नवंबर 1913 (देवोत्थानी) 1959 6. 2) शहर में, 2.50 रु. बाहर, दै. 16), आकार 13 × 10, पृष्ठ 16 से 40 7. दैनिक प्रताप पौष शुक्ल 4 सं. 1977 (13 जून 1921) के सम्पादकीय 'डायरशाही और ओडयरशाही' पर विद्यार्थी जी को 1000) दण्ड और 6 महीने की कैद। इसमें मुंशीगंज (रायबरेली) गोलीकाण्ड की भर्त्सना की गई थी। पीड़ित प्रजा के उद्धार हेतु लेखनी में बिजली की गति भरकर विद्यार्थी जी ने राजनीतिक जागृति पैदा की। इस पत्र पर वीरपाल सिंह द्वारा मुकदमा। इसी पत्र से भगतसिंह को प्रेरणा प्राप्त।

'प्रताप' मात्र पत्र न होकर क्रान्तिकारियों का अड्डा सिद्ध हुआ। इसकी प्रेरणा सरस्वती, भविष्य (सुन्दरलाल), अभ्युदय (मालवीयजी) से प्राप्त। पं. माखनलाल चतुर्वेदी और श्री पराड़कर जी से विशिष्ट योग। नयी पीढ़ी का बहुश: मार्गदर्शन। अत्यन्त निर्भीक राष्ट्रीय पत्र। इसके पोषित उद्देश्य—राष्ट्रीय एकता, सुव्यवस्थित सार्वजनिक व सर्वांगपूर्ण शिक्षा का प्रचार, प्रजा का हित और भला करनेवाली सुप्रबन्ध और सुशासन की शुद्ध नीति का राजकार्यों में प्रयोग, सामाजिक कुरीतियों का निवारण तथा आत्मावलम्बन और आत्मशासन में दृढ़ निष्ठा। संकल्प— ''किसी की प्रसन्नता या अप्रसन्नता, किसी की घुड़की या धमकी हमें अपने सुमार्ग से विचलित न कर सकेगी'' (प्रथम अंक)।

'प्रताप' अपने युग का परम प्रचलित पत्र, अत: अर्थसंकट काल में 'प्रताप सहायता कोश' की स्थापना। इसके संपादकों को कई बार जेल यात्रा। हजारों की जमानत। स्वतंत्रता संग्राम में आद्यन्त सक्रिय। सुरुचिपूर्ण प्रेरक सामग्री, अत: शहरों और गाँवों में अत्यन्त लोकप्रिय। अंक मिलने पर प्राय: सामुदायिक पाठ। पाठक निरन्तर प्रतीक्षारत। विद्यार्थी जी के शहीद हो जाने पर उनकी स्मृति में, 'प्रताप' का पुन: प्रकाशन। दैनिक संस्करण का सम्पादन सुरेशचन्द्र और साप्ता. संस्करण का रामदुलारे त्रिवेदी द्वारा। वस्तुत: 'प्रताप' हिन्दी का शीर्षस्थ राष्ट्रीय पत्र।

प्रताप **:**1. समा. 2. साप्ता. 3. निरंजन शर्मा 'अनिल' 4. उदयपुर 5. 1956-64.

प्रताप **:**2. साप्ता. 3. ज्वालाप्रसाद 4. अलीगढ़ 5. 1896.

प्रताप :3. विश्वनाथ मल्लय्या 4. कोचीन 5. 1951.

प्रतापगढ़ पत्रिका :1. समा. 2. साप्ता. 4. बिलायत लाज, प्रतापगढ़ 5. 1961.

प्रतापी जासूस :2. मा. 3. ओमप्रकाश 4. ए-114, सुभद्रा कॉलोनी, सरायरोहिल्ला, दिल्ली 5. 1969.

प्रति :2. मा. 3. किशनसिंह वर्मा 4. दिल्ली 5. 1939.

प्रतिकल्पा :1. सा., समा. 2. त्रै., साप्ता. 3. डॉ. महेन्द्र भटनागार 4. उज्जैन 5. 1970 7. त्रै. के मात्र 3 अंक प्रकाशित।

प्रतिक्रिया :1. समा. 2. साप्ता. 4. सिघौली, बरेली 5. 1968-71.

प्रतिदिन :1. सांध्य समा. 2. दै. 3. सुरेशचंद्र द्विवेदी 4. लखनऊ 5. 1982.

प्रतिनिधि :1. सा., सां. 2. त्रै., अनि. 3. शिवदान सिंह 4. ब्लाक ए, बाँगर एवेन्यू, कलकत्ता 5. 1971 7. युवालेखन का लघुपत्र।

प्रतिपदा :1. समा. 2. पा. 3. शिवशंकर प्रसाद 4. सर्वोदय आश्रम, एटा 5. 1965.

प्रतिपक्ष :1. समा. 2. साप्ता. 3. जार्ज फर्नांडिस, कमलेश 4. सिद्दकी बिल्डिंग, बाड़ा हिन्दुराव, दिल्ली 5. 1972-75 7. भारतीय लोकदल का पोषक। अत्यंत प्रखर पत्र। इसके सम्पादकीय एवं लेख अत्यन्त विवादग्रस्त। संसद द्वारा भर्त्सना।

प्रतिबद्ध :1. सा. 2. वा. 3. स्वामी अमर ज्योति 4. तुल्लानगर, पूना 5. 1969.

प्रतिभा :3. सीताराम चतुर्वेदी 4. हिन्द किताब्स, बम्बई 5. 1946.

प्रतिभा :1. सा. 2. त्रै. 4. मीनाबाजार स्ट्रीट, कलकत्ता 5. 1956 (लगभग)।

प्रतिभा :1. सा. (कथा.) 2. मा. 3. ज्वालादत्त शर्मा 4. मुरादाबाद 5. 1974 वि.-1977 (1917-22).

प्रतिभा :1. सा. 3. दुर्गादत्त शास्त्री 4. हिन्दी साहित्य मण्डल, जम्मू 5. प्रच.।

प्रतिभा :2. मा. 3. नरेन्द्र 4. वर्धा रोड, नागपुर 5. 1953.

प्रतिभा :2. मा. 4. कानपुर 5. 1948.

प्रतिमा :2. वा. 4. हिन्दी संघ, फतेह मैदान, हैदराबाद 5. 1954.

प्रतिमान :1. सा. 2. अनि. 3. डॉ. श्यामसुंदर घोष 4. गोड्डा, संताल परगना (बिहार) 5. 1971 (अल्पायु) 7. प्रगातिशील लघुपत्र।

प्रतिमान :1. सा. 2. मा. 4. पानदरीबा, इलाहाबाद।

प्रतियोगिताएँ व सेवाएँ :1. समा. 2. मा. 3. जगदीश देव 4. प्रेमपुरी, रेलवे रोड, मेरठ 5. 1965.

प्रतियोगितासार :2. मा. 4. नया बाजार, जबलपुर 5. 1971.

प्रतियोगिता स्वप्न :2. मा. 4. बड़ा सराफा, इन्दौर 5. 1951.

प्रतिशोध :1. सा. 2. साप्ता. 4. कमलानगर, दिल्ली 5. 1965-67.

प्रतिष्ठान :1. सा. 2. मा. 3. जयकिशोरनारायण सिंह 4. सीतामढ़ी, मुजफ्फरपुर 5. 1954-55 7. प्रगातिवादी विचारधारा का लघुपत्र।

प्रतिश्रुति :1. सा. 2. अनि. 3. मृत्युंजय उपाध्याय 4. कलकत्ता 5. 1966.

प्रतिज्ञा :1. समा. 2. साप्ता. 4. दिल्ली रोड, मेरठ 5. 1963-67.

प्रतीक :1. सा. 2. मा. 4. रघुनाथ स्ट्रीट, बम्बई 5. 1961-62.

प्रतीक : 1. सा. 2. द्विमा. (जून 1947), मा. (जून 1951) 3. स. ही. वात्सायायन अज्ञेय, सत्येन्द्र शरत, नगेन्द्र, सियारामशरण गुप्त, श्रीपत राय 4. 14 हेस्टिंग्स रोड, इलाहाबाद/14 डी, फिरोजशाह मार्ग, नई दिल्ली 5. 1946 7. प्रयोगवाद का प्रवर्तक पत्र। षडऋतु के अनुसार प्रतिवर्ष छह अंक शरद, शिशिर, हेमन्त, बसंतांक, ग्रीष्मांक, पावस अंक। नवीन रूपान्तर—नया प्रतीक (नई दिल्ली)। काव्य समीक्षा क्षेत्र में इस पत्र की श्रेष्ठ भूमिका।

प्रतीति : 1. सा. 3. हरिकृष्ण श्रीवास्तव रसिक 4. बाग बहरा, रायपुर (म.प्र.) 5. 1971.

प्रतीष : 1. समा. 2. साप्ता. 4. तिलकनगर, कानपुर 5. 1966-69.

प्रतीक्षा : 1. समा. 2. साप्ता. 3. पृथ्वीराज वर्मा 4. मिथवारा, बाराबंकी 5. 1968.

प्रत्यंचा : 1. समा. 2. साप्ता. 3. अमरेश मिश्र 4. चिन्तामन चौराहा, भोपाल 5. 1970.

प्रत्यक्ष : 1. सा. 3. जितेन्द्रसिंह राठौर 4. शोध संस्थान, श्री वैद्यनाथ भवन, पोस्टल पार्क, पटना 5. 7 वाँ दशक 7. युवा चिंतन का लघुपत्र।

प्रत्यक्ष कर : 1. व्या. 2. मा. 3. रामावतार 4. बासतल्ला लेन, कलकत्ता 5. 1967, 68.

प्रत्याशी : 1. समा. 2. साप्ता. 4. गाँधीनगर, कानपुर 5. 1971.

प्रत्युत : 1. सा. 3. अमरेन्द्रकुमार, बालेंदु शेखर 4. जनविक्रांत, गाँधीपत्र, सहसराम (बिहार) 5. 7 वाँ दशक 7. समस्तरीय लघुपत्र।

प्रत्येक : 1. धा. 2. मा. 4. रामबाग रोड, अम्बाला 5. 1968-69.

प्रथु प्रभा : 1. जा. 2. द्विभा. 3. डॉ. छगनलाल शास्त्री 4. औसोगेट के बाहर, बीकानेर 5. 1969.

पृथ्वी : 4. कलकत्ता।

पृथ्वी का पुत्र : 1. समा. 2. साप्ता. 4. बागरचौक, जोधपुर 5. 1961-65.

प्रदर्शक : 1. समा. 2. साप्ता. 3. रामदयाल भार्गव 4. बरेली 5. 1967-69.

प्रदर्शक : 2. मा. 4. कोलाबा, काजवे, बम्बई 5. 1952.

प्रदीप : 2. मा. 3. जगदीश लक्ष्मण त्रिपाठी, भारती 4. मुरादाबाद 5. 1939.

प्रदीप : 1. समा. 2. साप्ता. 4. मसालागंज, रामपुर 5. 1955-68.

प्रदीप : 1. सा. 2. मा., पा. 3. लाजपतराय नागर, वीरेन्द्र, राजेन्द्र, मदनमोहन गोस्वामी 4. पंजाब सरकार प्रचार प्रकाशन विभाग, शिमला-2 5. 15 मई 1948.

प्रदीप : 1. समा. 2. दै., साप्ता. (1956-59) 3. राधेश्याम, विश्वमोहन सिन्हा 4. बुधमार्ग, पटना 5. 15 अगस्त 1947 7. बिड़ला समूह का प्रसिद्ध पत्र। बिहार में सर्वाधिक लोकप्रिय।

प्रदीप : 1. समा. 2. दै. 3. मोहन सिन्हा, कुंजबिहारी पाठक 4. राइट टाउन. जबलपुर/रायपुर 5. 1950.

प्रदेश पत्रिका : 1. समा. 2. साप्ता. 3. राजनारायण 4. रावगली, मुरादाबाद 5. 1962.

प्रनानी धर्म पत्रिका : 1. धा. 2. मा. 3. पी. उपाध्याय 4. खिजदा मन्दिर, जामनगर, गुजरात 5. 1930.

प्रबुद्ध अम्बेदकर : 1. जा. 2. मा. 3. रामस्वरूप 4. भगवानगंज, अजमेर 5. 1969.

प्रबुद्ध चिन्तन : 1. सा. 2. मा. 3. वीरेन्द्रकुमार शुक्ल 4. जवाहर मार्ग, राज मोहल्ला, इंदौर 5. 1970.

प्रबुद्ध नागरिक : 1. समा. 2. साप्ता. 3. राजेन्द्रप्रसाद दुबे 4. गंगानगरगढ़, जबलपुर 5. 1970.

प्रबुद्ध भारत : 2. त्रै., मा. 4. मायावती, अल्मोड़ा 5. 1897.

प्रबुद्ध भारत : 1. समा. 2. साप्ता. 4. मारिसा रोड, अलीगढ़ 5. 1959-62.

प्रबुद्ध मानव : 2. मा. 4. बुधवार पेठ, पूना 5. 1949.

प्रभा : 1. सा. 2. मा. 3. कालूराम, गंगरीडे, कृष्णदत्त पालीवाल, गणेशशंकर विद्यार्थी, देवदत्त शर्मा, माखनलाल चतुर्वेदी (1913-17), शिवनारायण मिश्र, शिवदान सिंह, बालकृष्ण शर्मा 'नवीन' (अक्टू. 1923-25) 4. खण्डवा/प्रताप प्रेस, कानपुर 5. अप्रैल 1913 6. 3) वा. 7. राष्ट्रीय भावधारा का प्रेरक पत्र। सूक्ति — 'या निशा सर्वभूतानां...'। 'उठो भाइयो नींद को छोड़ दो, जगो जाल आलस्य का तोड़ दो। मिटे सर्वदा को अविद्या निशा, प्रभापूर्ण हो जाए प्राची दिशा।' आरंभ में आकार 10 × 6, मूल्य 3 रु वा.। आरंभिक घोषणानुसार यह ''विविध विषय सम्पन्न सचित्र राजनीतिक मासिक पत्रिका'' थी। मुख्य स्तम्भ-संसार की प्रगति, विज्ञान संसार, सामयिक साहित्यावलोकन आदि। प्रमुख विशेषांक—पंजाब हत्याकांड, रायबरेली हत्याकांड, अकाली सत्याग्रह, लोकमान्य तिलक की स्मृति, राष्ट्रीय अंक, झण्डा अंक, बेलगाँव काँग्रेस अंक आदि। झण्डा विशेषांक स्वाधीनता संग्राम का वायसकोप। निर्भीक, निष्पक्ष गवेषणापूर्ण सामग्री। 'प्रभा' द्वारा गीतकाव्य और राष्ट्रीय काव्य को प्रश्रय। स्वातंत्र्य संग्राम में इसका विशिष्ट योगदान। इसमें राष्ट्रीय, अन्तरराष्ट्रीय गातिविधियों पर लेख और सचित्र लेखमालाएँ प्रकाशित। 1917 के पूर्व यह साहित्यिक पत्र, पश्चात् राजनीतिक। 'प्रभा' में प्रकाशित 'भावों की भिड़न्त' लेख द्वारा 'निराला' पर टैगोर के प्रभाव का ऐतिहासिक प्रवाद। सारांशत: साहित्य और राजनीति दोनों क्षेत्रों का यह प्रतिनिधि पत्र।

प्रभा : 2. मा. (बहु.) 3. रमेन्द्रनाथ सरकार 4. ई. 85, राजा दिनेन्द्र स्ट्रीट, कलकत्ता 5. 1950.

प्रभा : 3. रामप्रताप शुक्ल 4. महा.।

प्रभा : 2. मा. 4. जोधपुर 5. 1956-58.

प्रभाकर : 2. मा. 4. हिन्दी ट्रान्सलेटिंग कम्पनी, कलकत्ता 5. 1965 वि.।

प्रभाकर : 2. मा. 3. गौरीशंकर मिश्र 4. विशनपुर, गोरखपुर 5. 1973.

प्रभाकर : 2. साप्ता. 3. हरीशंकर शर्मा 4. आगरा/मथुरा 5. 'आर्य मित्र' से पृथक होकर कामेश्वरनाथ इसे मथुरा ले गए।

प्रभाकर : 1. समा., सा. 2. मा. 3. मदनमोहन पाण्डेय, सुरेश्वर पाठक 4. मुंगेर/बेगूसराय, पटना 5. 1936-39, 47.

प्रभाकर : 1. समा. 2. दै. 3. मंगलानंद 4. बम्बई/दिल्ली 5. 1894.

प्रभाकर : 2. मा. 4. लखनऊ।

प्रभाकर : 2. मा. 4. बहराइच।

प्रभाकर : 2. पा. 4. मानिकचौक, झाँसी 5. 1958, 65.

प्रभात : 1. समा. 2. मा., दै. 3. भानुज्जय सहाय 4. परेड, कानपुर 5. 1916.

प्रभात (दैनिक प्रभात) : 1. समा. 2. साप्ता., दै. (1936) 3. यज्ञदत्त, कृष्णजी, वीरेन्द्र, छैलबिहारी 'कंटक' 4. लाहौर 5. 1936 (अल्पायु) 7. सरकार द्वारा समाप्त।

प्रभात : 1. समा. 2. साप्ता (1944), दै. (1947) 3. विश्वम्भरसहाय 'विनोद', धर्मेन्द्रनाथ शास्त्री 4. मेरठ 5. 1944 7. आर्यसमाज का समर्थक पत्र।

प्रभात : 1. समा. 2. साप्ता. 3. लाड़लीनारायण गोयल, सत्यदेव विद्यालंकार, नृसिंहदास (1950) 4. मनोरंजन प्रेस, जयपुर 5. 1933.

प्रभात : 1. समा. 2. दै. 3. सरयाचरण शास्त्री, कृष्णमहाशय, करुणशंकर, आर. के. शर्मा 4. नई सड़क, दिल्ली 5. 1941, 47.

प्रभात : 4. असम 7. श्रमिकों का मुख्यपत्र।

प्रभात : 1. समा. 2. साप्ता. 4. आर्य मुहल्ला, लुधियाना 5. 1971.

प्रभात : 1. सा. 2. मा. 4. नवरतनहाट, पूर्णिया।

प्रभात : 2. साप्ता. 4. साठाँबाजार, इंदौर।

प्रभात : 1. समा. 2. साप्ता. 4. औरंगाबाद, बनारस 5. 1949-56 (लगभग) 7. प्रगतिशील पत्र।

प्रभात : 1. समा. 2. साप्ता. 3. नेपालसिंह 4. काजीपुर, बिजनौर 5. 1956-65.

प्रभात : 2. मा. 4. झाँसी 5. 1956-69 (लगभग)।

प्रभात : 1. समा. 2. पा. 4. लक्ष्मी प्रेस, सागर 5. 1958-59.

प्रभात किरण : 1. समा. 2. साप्ता. 3. किशोरीलाल शर्मा 4. रजबाड़ा चौक, इंदौर 5. 1967, 70.

प्रभात पुष्पावली : 2. मा. 3. एम. एन. पाण्डेय 4. नं. 1 कोफ्तगिराँ टोला, इलाहाबाद-3 5. 1967.

प्रभाती : 1. सा. 2. मा. 4. हिन्दी साहित्य सभा, वाह, आगरा, 5. 1954-56.

प्रभाती : 1. सा. 2. पा., मा. 4. भट्टाचार्य रोड, पटना/पूर्णिया 5. 1955 लगभग।

प्रभायन : 2. मा. 3. ललित भारद्वाज 4. पी. 84, 419 गाँधीनगर, मुरादाबाद 5. 1973.

प्रभाव : 1. समा. 2. साप्ता. (हि., अं., त.) 3. योगेश सैलानी 4. मिंट स्ट्रीट, मद्रास 5. 1969-70.

प्रभु आश्रम : 1. समा. 2. साप्ता. 3. गुरुदत्तराम 4. गुरुद्वारा रोड, सहारनपुर 5. 1966.

प्रभास : 1. वि. 2. मा. 3. डॉ. राजेन्द्रकुमार एवम् अन्य 4. छोटा चाँदगंज, लखनऊ, 5. 1979.

प्रमुख : 1. समा. 2. साप्ता. 3. विमल कुशवाहा 4. जी. टी. रोड, छिबरामऊ, फर्रुखाबाद 5. 1966.

प्रयाग : 1. धा. 2. मा. 4. डलहौजी रोड, पठानकोट 5. 1957-60.

प्रयागदूत : 4. प्रयाग 5. 1871.

प्रयाग पत्रिका : 1. समा. 2. दै. 3. राधाकृष्ण शर्मा 4. कटरा, इलाहाबाद 5. 1959.

प्रयाग धर्म पत्रिका : 4. प्रयाग 5. 1875.

प्रयाग धर्म प्रकाश : 2. मा., पा. 3. शिवसखन 4. प्रयाग 5. 1875-87.

प्रयाग मित्र : 2. पा. 3. साधुराम जगन्नाथ वैद्य 4. प्रयाग 5. 1887, 90 7. पर्याप्त प्रसिद्ध प्राचीन पत्र।

प्रयाग विधि पत्रिका : 2. मा. 4. हिन्दी साहित्य सम्मेलन, प्रयाग 5. 1963-64.

प्रयाग समाचार : 1. समा. 2. साप्ता. 3. देवकीनन्दन त्रिपाठी (तिवारी), अमृतलाल चक्रवर्ती, जगन्नाथप्रसाद शुक्ल 4. इलाहाबाद 5. 1881, 82, 1905 7. पर्याप्त प्राचीन प्रसिद्ध पत्र। देवकीनंदन जी स्वतंत्र चिंतन-लेखन करके अपना पत्र स्वयं छापकर कंधे पर लादकर बेचते थे। साधनहीनतावश समाप्त।

प्रयास :2. मा. 3. कमलेश भारतीय 4. शारदा मोहल्ला, नवाशहर, दोआबा, पंजाब।

प्रयास :2. मा. 4. जिला आयोजन अधिकारी, बाराबंकी 5. 1956-62.

प्रलय :1. समा. 2. साप्ता. 3. प्रतापसिंह चौहान 4. पुलकहारान, इटावा 5. 1965.

प्रलयंकर :1. समा. 2. साप्ता. 3. तेलूराम कम्बोज 4. कविनगर, गाजियाबाद 5. 1964.

प्रवर्त्तक :2. साप्ता. 3. बालेश्वरप्रसाद अग्रवाल 4. पटना 5. 1949.

प्रवाद :1. समा. 2. साप्ता. 4. तमोलीपुर, अलीगढ़ 5. 1963-71.

प्रवासिनी :1. सा. 2. त्रै. 3. धर्मेन्द्र गौतम 4. लन्दन 5. स्वातंत्र्योत्तर, समाप्त।

प्रवासी :1. सा. 2. मा. 3. भवानीदयाल सन्यासी 4. आदर्शनगर, अजमेर 5. 1912, 47 7. प्रवासी भारतीयों की समस्याओं से संबद्ध पत्र।

प्रवासी मैथिली :1. जा. 2. मा. 3. सी. एल. झा 4. नयागंज, गाजियाबाद 5. 1967.

प्रवासी राजस्थान :2. मा. 4. हार्डीकरबाग, हैदराबाद 5. 1963-68.

प्रवाह :1. सा. 2. मा. 3. गोविन्द व्यास, विनयकुमार, श्रीराम शर्मा, ब्रजलाल वियाणी 4. अकोला, बरार 5. अप्रैल 1948.

प्रवाह :1. समा. 2. साप्ता., मा. 4. मुहल्ला चाँद, कमलानगर, गाँधीनगर, दिल्ली 5. 1958-63.

पृष्ठभूमि :1. विचारपरक 2. पा. 3. कृष्णकुमार 'चंचल' 4. त्रिभुज प्रकाशन, मालवीयनगर, लखनऊ 5. 1975 7. लीथो में मुद्रित लघुपत्र।

प्रश्नोत्तर :3. भीकारीशरण 4. काशी 5. 1895.

प्रसाद :1. सा. 2. मा. 3. बेढब बनारसी 4. बड़ी पियरी, वाराणसी 5. 1960.

प्रसाद :2. मा. 3. नागर 4. भारत प्रेस, लखनऊ 5. 1953, 56-62 (3 अंक मात्र)।

प्रसाद :1. समा. 2. साप्ता. 4. नाहरपुरा, रतलाम 5. 1968-71.

प्रसार :3. बेढब 4. काशी 5. 1953.

प्रसार :1. समा. 2. साप्ता. 4. कचहरीबाजार, झाँसी 5. 1963-67.

प्रसारण :1. समा. 2. साप्ता. 3. नथमल उपाध्याय 4. धानमण्डी, रतलाम 5. 1970.

प्रसारदीप :2. मा. 4. अजमेर 5. 1956-57.

प्रस्तुत :1. सा. 2. मा. 3. कमलेशकुमार भारतीय, मुकेश 4. शारदा मुहल्ला, नवाशहर, दोआबा (पंजाब) 5. जनवरी 1973 (अल्पायु) 7. लघुपत्र।

प्रस्तार :1. समा. 2. साप्ता. 4. पो. बा. 8, बरनाला, संगरूर 5. 1965-68.

प्रस्तुति :1. सा., सं. 2. त्रै. 3. सदाशिव द्विवेदी 4. कलकत्ता 5. 1971.

प्रस्तो :1. समा. 2. पा. 3. मधुमोहन भास्कर 4. बी. टी. डब्ल्यू, फीरोजपुर 5. 1967.

प्रहरी :1. समा., राज. 2. साप्ता. 3. भवानीप्रसाद तिवारी, नर्मदाप्रसाद खरे, प्रणेता-रामेश्वर प्रसाद गुरु 4. सुभद्रानगर, जबलपुर 5. 1948-66 7. राजनीति और साहित्य का प्रमुख पत्र।

प्रहरी :1. समा. 2. सासा. 4. दरियावाँ, छपरा 5. 1958-60.

प्रहरी :1. समा. 2. साप्ता. 4. सिडनी (म.प्र.) 5. 1971.

प्रहरी दुर्ग :1. धा. 2. मा. 3. गोल्डमैन 4. नयातेली, राँची 5. 1966.

प्रहार :3. गणेशशंकर मिश्र 4. डिपुटी का पड़ाव, कानपुर 5. 1960.

प्रह्लाद :2. साप्ता. 3. पी. गोवर्द्धन जी 4. दिल्ली 5. 1915, 23 7. दैनिक पत्र का आकार।

प्रह्लाद :2. पा. 4. काशी 5. 1919.

प्रह्लाद भूमि :2. मा. 3. जानकीनाथ वाही 4. मिर्जाजन, गाजियाबाद 5. 1968.

प्रज्ञा :1. सा. 3. 'शलभ' श्रीराम सिंह 4. रासबिहारी ऐवेन्यू, कलकत्ता 7. संकलनधर्मा लघुपत्र।

प्रज्ञापथ टाइम्स :1 समा. 2. सासा. 4. लेडीज पार्क, मेरठ 5. 1971.

प्रान्तीय समाचार :1. समा. 2. मा. 3. ओंकारप्रसाद शर्मा 4. ब्राह्मण स्ट्रीट, हापुड़ 5. 1968.

प्रान्तीय हलचल :1. समा. 2. पा. 4. कालपी रोड, कानपुर 5.1967-69.

प्राउड :1. समा. 2. दै., पा., मा. (हि., अं.) 3. आचार्य संतोषानन्द अवधूत 4. डी. 41, साउथ एक्सटेंशन, दिल्ली-49 5. 1966-70.

प्राकृतिक जीवन :1. चि. 2. मा. 3. डॉ. खुशीराम दिलकश, गंगाप्रसाद गौड़ 4. सुन्दरबाग, लखनऊ 5. 1948-58.

प्राची :1. सा. 2. मा. 3. कपिल 4. नेकापुर, मुंगेर 5. 1950.

प्राची :2. सासा. 3. चौरंगी स्क्वयार, कलकत्ता 5. 1953.

प्राची ज्योति :2. शो. 4. प्राच्यविद्या संस्थान, कुरुक्षेत्र विश्वविद्यालय 5. 1963 7. डाइजेस्ट ऑफ इण्डोलाजिकल स्टडीज।

प्राची प्रकाश :1. समा. 2. दै. 4. रंगून (बर्मा) 7. विदेश में प्रकाशित यह दैनिक पत्र हिन्दी पत्रकारिता का गौरव-प्रतीक।

प्राची प्रकाश :1. समा. 2. पा. 4. चकराता रोड, देहरादून 5. 1966-69.

प्राचीन भारत :1. शो. (इतिहास) 2. मा. 3. सकलनारायण शर्मा 4. इण्डियन रिसर्च इन्सटीट्यूट, मानिकतला स्ट्रीट, कलकत्ता 5. 1940.

प्राच्य भारती :2. मा. 3. आनन्दशंकर माधवन।

प्राण रक्षा :1. साप्ता. 3. नटवरलाल चतुर्वेदी 4. मथुरा 5. 1925.

प्राणाचार्य :1. चि. 2. मा. 3. बैद्य बाँकेलाल गुप्त 4. विजयगढ़, अलीगढ़ 5. फरवरी 1947, 49 7. आयुर्वेद पत्र।

प्राणिलोक :1. वि. 4. माडल टाउन, दिल्ली 5. 1973.

प्राणिशास्त्र :1. शो. 2. त्रै., मा. 3. देवीशंकर मिश्र 4. भारतीय प्राणिशास्त्र परिषद्, हुसैनगंज, लखनऊ 5. 1948-56 7. उच्चस्तरीय शोध सामग्री और सुरुचि सम्पन्न सज्जा से युक्त श्रेष्ठ पत्र।

प्राथमिक शिक्षक उत्तर प्रदेश :2. मा. 3. शान्तीदेवी 4. दिल्ली रोड, सादिर, मेरठ 1965.

प्रारम्भ :1. सा. 2. मा. 3. भैरवप्रसाद गुप्त 4. लूकरगंज, इलाहाबाद 7. वामपंथी जनवादी अल्पायु लघुपत्र।

प्रारब्ध : 1. ज्यो. 2. मा. 4. सीताबर्ड़ी, नागपुर 5. 1962-63.

प्रारूप : 1. सा. 3. संतोष मिश्र 4. जेल रोड, आरा।

प्रार्थना : 2. मा. 3. साधन मिश्र, हरभजन लाल 4. नेमिषारण्य, सीतापुर (उ.प्र.) 5. 1946.

प्रार्थना : 1. धा. 2. मा. 3. श्रीरामकुमार त्रिपाठी 4. नेहरूनगर, कानपुर 5. 1947.

प्रार्थना : 2. मा. 3. खुशीराम बेदी 4. शौनक, बराठा 5. 1952.

प्रार्या : 1. समा. 2. साप्ता. 3. नन्दकुमार पाण्डेय 4. चौरंगी स्क्वायर, कलकत्ता 6. 1953.

प्रावदा : 3. महेशचन्द 4. तमोलीपाड़ा, अलीगढ़ 5. 1963.

प्राविन्शियल प्रेस व्यूरो : 2. साप्ता. 4. संयुक्त प्रदेश आगरा व अवध सरकार, प्रयाग 5. 1918.

प्रासंगिक : 4. 389, जी. टी. रोड, हबड़ा -6.

प्रियंवद : 3. महावीरप्रसाद मालवीय 4. पुरानी गोदाम, गया 5. 1909 वि.।

प्रियंवदा : 2. मा. 3. राजभारती 4. आजाद मोहल्ला, झाँसी 5. 1967-69.

प्रियम्वदा : 2. मा. 3. महावीरप्रसाद वैद्य (मालवीय) 4. गोपीपुरा, मिर्जापुर 5. 1913.

प्रियम्वदा : 4. काशी।

प्रियनेता : 1. समा. 3. पवनगुप्त 4. बी. एम. एस. 12/30, जफरनबाज, सहारनपुर 5. 1968.

प्रिया : 1. फि. 2. मा. 3. सत्येन्द्र श्याम 4. दरियागंज, दिल्ली 5. 1962.

प्रियाहितकारक : 2. साप्ता. 4. आगरा 5. 1890.

प्रीचर : 1. समा. 2. पा. 4. बालौद, रोहतक 5. 1964-66.

प्रीत : 1. फि. 2. मा. 4. जोधपुर 5. 1959-61.

प्रीतम : 1. फि. 2. मा. 4. हर्षनगर, कानपुर 5. 1962-64.

प्रीतम जोत : 1. धा. (हि., पं.) 4. गोपालनगर, जालंधर 5. 1970.

प्रीति लड़ी : 1. सा. 2. मा. (हि., उ., पं.) 3. गुरुवक्श सिंह 4. प्रीतिनगर, अमृतसर 5. 1938.

प्रीति वाणी : 1. समा. 2. पा. 3. प्रेमचन्द कसला 4. मोहल्ला शिवदत्त, गुलावठी, बुलन्दशहर 5. 1969.

प्रीति सिपाही : 1. समा. 2. पा. 4. काशी धरिया लाइन, झाँसी 5. 1971.

प्रीमियर जगत : 2. मा. 3. एस.एस. गुप्त 4. बम्बई 5. 1960.

प्रेत : 1. समा. 2. दै. 4. लखनऊ 5. 1924.

प्रेम : 1. दा. 2. साप्ता. 3. आसूदामन्न, टेकचंद, भिडवाणी, राजा महेन्द्रप्रताप, गंगाप्रसाद भार्गव, भगवानदास केला, रुद्रदत्त शर्मा 4. प्रेम महाविद्यालय, वृन्दावन 5. 1920.

प्रेम : 2. साप्ता. 4. दुरगियाना, अमृतसर 5. 1858-61.

प्रेम कहानियाँ : 1. कथा. 2. मा. 4. बतलान स्ट्रीट, मोरीगेट, दिल्ली 5. 1966-68.

प्रेम ज्योति : 1. समा. 2. साप्ता. 4. रेलवे रोड, रोहतक 5. 1962-63.

प्रेमदूत : 1. धा. 2. मा. 4. नंदानगर, इंदौर 5. 1957-59.

प्रेमपथ : 1. समा. 2. साप्ता. 4. पास सिटी पुलिस, रिवाड़ी 5. 1962-68.

प्रेम प्रचारक :1. धा., दा. 2. साप्ता. 3. बालकृष्ण सक्सेना 4. दयालबाग, आगरा 5. 1926.

प्रेमपत्र :2. पा. 3. रुदद्रत शर्मा, 4. आगरा 5. 1872–94 6.6) वा.।

प्रेमपत्र :3. गिरिजादत्त शुक्ल 'गिरीश' 5. 1933.

प्रेमपत्रिका :2. मा. 3. मनोहरलाल मिश्र 4. कानपुर 5. 1898.

प्रेमपुष्प :1. समा. 2. साप्ता. 3. गोस्वामी रसिकमोहन 4. कलकत्ता 5. 1918–20.

प्रेम प्रभाकर :1. धा. 2. त्रै., पा. (हि., अं.) 3. हुकुमराज 4. आध्यात्मिक नगर, गाजियाबाद 5. 1952–59, 70.

प्रेमभक्ति :3. गोकुलानन्द वर्मा 4. भागलपुर 7. 20 वीं शती का आरम्भ काल।

प्रेमविलास :2. मा. 3. स्वामी मित्रसेन 4. गुजरानवाला, स्यालकोट 5. 1908.

प्रेमविलासिनी :2. मा., साप्ता. 3. कार्त्तिकप्रसाद खत्री 4. कलकत्ता 5. 1871.

प्रेम संदेश :1. धा. 2. मा. 3. दानबिहारीलाल शर्मा, गोस्वामी बिन्दुजी, प्रभुदत्त ब्रह्मचारी इन्दु लल्लन, नम्रजी, कवीन्द्र जी, 4. प्रेमधाम, वृंदावन 5. 1941, 42, 56 7. सनातनधर्मी पत्र।

प्रेमा :1. समा. 2. मा. 3. श्रीरामानुजलाल श्रीवास्तव, परिपूर्णानन्द, नर्मदाप्रसाद खरे 4. जबलपुर 5. अक्टूबर 1930–33 7. महत्वपूर्ण पत्र। नई प्रतिभाओं को प्रश्रय। द्रष्टव्य—हास्य, शान्त, शृंगार, करुण रस के विशेषांक।

प्रेमाभक्ति प्रचारक :1. सा., धा. 2. मा. 3. बृजनंदन सहाय (बल्लभ), अवध बिहारीशरण 4. अमाँवा (बिहार) 5. 1986 वि.।

प्रेमालाप :1. सा. 2. मा. 3. पदमसेन पंकज 4. गाँधी ग्राउंड, भटिण्डा 5. 1970.

प्रेमी :1. समा. 2. साप्ता. 4. मालवा स्टीम प्रेस, मोंगा, जालंधर 5. 1956 (लगभग)।

प्रेमी जासूस :2. मा. 3. शशि 4. बाड़ा मोरीसराय, दिल्ली 5. 1968.

प्रेमी दुनिया :2. मा. 4. मुहल्ला करार खाँ, जालंधर 5. 1969–63.

प्रेरणा :1. सा. 2. मा. 3. देवनारायण व्यास, कोमल कोठारी 4. जसबंत सराय, हास्पिटल रोड, सोजती गेट, जोधपुर 5. 1953, 66–71 7. प्रगतिशील विचारधारा का पत्र।

प्रेरणा :3. रघुनाथ वैश्य 4. फैजाबाद 5. 1952.

प्रेरणा सूचक :1. समा. 2. साप्ता. 3. रमेश पाण्डेय 4. सदर, फैजाबाद 5. 1975.

प्रेरिका :2. मा. 4. आदर्शनगर, जयपुर 5. 1970.

प्रेस (मासिक) :2. पा., मा. 4. न्यू स्ट्रीट, लक्कड़बाजार, लुधियाना 5. 1971.

प्रेस बन्धु :1. सा. 2. मा. 3. शिवनारायण मिश्र 4. कानपुर 5. 1925.

प्रेस मजदूर :2. साप्ता. 4. खासपुरा, रिवाड़ी 5. 1970.

प्रेस्टो :2. पा. 4. बी.टी. डब्ल्यू., फिरोजपुर 5. 1967.

प्रेक्षक :1. समा. 2. साप्ता. 4. अजतपुर, जालंधर 5. 1967–70.

प्रोग्राम :2. पा. 4. गुप्ता कॉलोनी, दिल्ली 5. 1968–69.

प्रोगेसिव यूथ :1. समा. 2. मा. (हि., अं.) 3. यशपाल शर्मा 4. कोलापुर रोड, जवाहरनगर, दिल्ली 5. 1969–71.

प्रोत्साहन **:**1. सा. 2. त्रै. 3. जीवितराम सेतपाल 'सिन्धु' 4. शींव, बम्बई-22 5. 14 सितं. 1968 7. द्रष्टव्य— 'कहानी विशेषांक', 'माथेरान विशेषांक'।

प्रो. पोप राकेट **:**2. साप्ता. 3. रामप्रसाद (प्रो. पोप) 4. भण्डारी रोड, इन्दौर 5. 1969.

पौढ़ शिक्षा **:**1. शि. 2. मा. 3. कुल्सुम सैयानी, जगदीशचन्द्र माथुर, विमला दत्ता 4. भारतीय प्रौढ़ शिक्षा संघ, 17 बी., इन्द्रप्रस्थ मार्ग, नई दिल्ली 5. 1956-57.

प्रौढ़ समाज **:**2. मा. 4. मोतीलाल नेहरू रोड, आगरा 5. 1962-64.

प्लीडर **:** 1. समा. 2. दै., साप्ता. (हि., अं.) 3. गजेन्द्र त्रिवेदी 4. हाता उदयपुर 5. 1965-68.

फक्कड़ **:**1. समा. 2. दै., साप्ता. 3. वेदनारायण बाजपेयी 4. पटकापुर, कानपुर 5. 1921-53, 63 6. 3.50 रु.

फक्कड़ **:**2. साप्ता. 4. कलकत्ता।

फटकार **:**1. समा. 2. पा. 3. शारदाप्रसाद द्विवेदी 4. घंटाघर के पास, उदयपुर 5. 1962.

फड़कती दुनिया **:**1. समा. 2. साप्ता. (हि., अं.) 4. गोंडवे की गोठ, ग्वालियर 5. 1971.

फतहपुर टाइम्स **:**1. समा. 2. दै. 3. विजयकुमार शुक्ल 4. फतेहपुर (उ.प्र.) 5. 1970.

फतहपुर पैगाम **:**1. समा. 2. साप्ता. 4. कलेक्टरगंज, चौक, फतेहपुर 5. 1968-71.

फरार **:**2. मा. 3. आबिद रिजवी 4. पटेलनगर, मिर्जापुर/इलाहाबाद 5. 1966.

फरियाद **:**1. समा. 2. पा. (हि., उ.) 3. आत्मासिंह हमदर्द 4. गणेशपुरा, त्रिनगर, दिल्ली 5. 1968.

फरिश्ता **:**1. समा. 2. पा. 4. खण्डवा (म.प्र.) 5. 1909.

फरिश्ता **:**1. समा. 2. साप्ता. 4. फीलखाना, कानपुर 5. 1964-65.

फरीदा टाइम्स **:**2. साप्ता. 3. दर्शनसिंह 4. फरीदाबाद।

फरेब **:**1. समा. 2. साप्ता. 4. बीकानेर 5. 1971.

फरेबी दुनिया **:**1. जासूसी 2. मा. 3. गौरीशंकर गुप्ता 4. वकीलपुरा बाजार, गुलियाँ, दिल्ली 5. 1967.

फर्क **:**1. सा. 3. कमलेश 4. ईस्ट पटेलनगर, नई दिल्ली 7. लघुपत्र।

फर्ज **:**1. समा. 2. साप्ता. (हि., सिं.) 4. सिंधी कॉलोनी, भोपाल 5. 1970.

फर्रुखाबाद एक्सप्रेस **:** 1. समा. 2. साप्ता. 3. कृष्णावतार शुक्ल 4. फजल इमाम, फर्रुखाबाद 5. 1970-71.

फर्रुखाबाद की शान **:**1. समा. 2. साप्ता. 4. सिविललाइन्स, फतेहगढ़ 5. 1969.

फल सब्जी **:**1. कृ. 2. मा. 4. सब्जीमण्डी, दिल्ली 5. 1963-65.

फारवर्ड टाइम्स **:**1. समा. 2. साप्ता. 3. चतुर्भुज गहलोत 4. आनन्द सिनेमा के पीछे, जोधपुर 5. 1962-68.

फार्म प्रगति **:**1. कृ. 2. त्रै. 3. के. जयरायन 4. माउण्ड रोड, मद्रास 5. 1962.

फार्मेसी समाचार **:**1. चि., व्या. 2. मा. 3. अमरदास भाटिया 4. पिण्डी स्ट्रीट, लुधियाना 5. 1959.

फाल्कन **:**1. बा. 2. पा. 4. अरकाट रोड, वेदपालनी, मद्रास 5. अप्रैल 1968-69 7. विदेशी पत्र प्रतिष्ठान द्वारा संचालित।

फिर : 1. सा. 2. त्रै. 3. मोहन सपरा 4. सुभाष गली, नकोदर, पंजाब।

फिरोजाबाद संदेश : 1. समा. 2. साप्ता. 4. फिरोजाबाद, आगरा 5. 1963-69.

फिलहाल : 2. पा. 3. वीरभारत तलवार 4. पानी टंकी के पास, रोड नं. 1, राजेन्द्रनगर, पटना 5. 1971.

फिल्ट्ज : 2. साप्ता. 3. प्रभाशंकर भटनागर 4. सिविललाइंस, रुड़की 5. 1970.

फिल्म : 1. फि. 2. पा. 4. छोटी आमती, जबलपुर 5. 1958-59.

फिल्म अप्सरा : 1. फि. 2. मा. 3. सत्यपाल वार्ष्णेय 4. चाँदनीचौक, दिल्ली 5. 1964.

फिल्म अभिनेत्री : 1. फि. 2. मा. 3. रूपचन्द जैन 4. केशरगंज, मेरठ 5. 1970.

फिल्म एडवाइजर : 2. बहु. 5. जग्गीपुरा, बदायूँ 5. 1971.

फिल्म कमल : 1. फि. 2. मा. 3. अरुणकुमार जैन 4. कूचा नील, मेरठ 5. 1970.

फिल्म कला : 1. फि. 2. मा. 3. प्रमोद 'सुधाकर' 4. मकान 6632, ब्लाक 9, स्ट्रीट 6, देवनगर, नई दिल्ली 5. 1967.

फिल्म चित्र : 1. फि. 3. ब्रजमोहन 4. दिल्ली 5. 1947.

फिल्म टाइम्स : 1. फि. 2. पा. 4. डिप्टीगंज, सदरबाजार, दिल्ली 5. 1963-65.

फिल्म टीम : 1. फि. 2. मा. 4. दिल्ली 5. 1966.

फिल्म डायजेस्ट : 1. फि. 4. अंसारी रोड, दरियागंज, दिल्ली 5. 1958-59.

फिल्म दीप : 1. फि. 2. मा., पा. 3. प्रेमप्रकाश 4. जी-42, कालकाजी, नई दिल्ली 5. 1966-69.

फिल्म दीप : 1. फि. 2. मा. 4. स्टेशन रोड, जोधपुर 5. 1966-71.

फिल्म पोस्ट : 1. फि. 2. मा. 3. महेन्द्रप्रताप गर्ग 4. रंगमहल कार्यालय, 475 लाहोरी गेट, दिल्ली 5. 1966.

फिल्म प्रभा : 1. फि. 2. मा. 4. बाजारवकीलां, हिसार 5. 1961-66.

फिल्म फ्लैश : 1. फि. 2. साप्ता. 4. मूलेश्वर, बम्बई 5. 1963-66.

फिल्म महिमा : 1. फि. 2. पा., मा. 4. जुहूतारा, बम्बई 5. 1968-69.

फिल्म राज : 1. फि. 2. साप्ता. 4. लोकगेट रोड, कलकत्ता 5. 1967-69.

फिल्म राज : 2. मा. 4. उदयपुर 5. 1960-61.

फिल्म रेखा : 1. फि. 2. मा. 3. धर्मपाल गुप्त, बच्चन श्रीवास्तव 4. अंसारी रोड, दिल्ली 5. 1967, 68.

फिल्मलता : 1. फि. 2. मा. 4. राणाप्रतापबाग, दिल्ली 5. 1971.

फिल्म लाइट : 1. फि. 2. पा. 3. एम. एल. सिरपौल 4. खत्री गली, बाग मुजफ्फर खाँ, आगरा 5. 1963.

फिल्म शृंगार : 1. फि. 2. पा. 3. जनक अरविन्द 4. रामजस रोड, नई दिल्ली 5. 1970.

फिल्म श्री : 1. फि. 2. मा. 4. त्रिभुवन रोड, बम्बई 5. 1966-69.

फिल्म संगीत : 1. फि. 2. मा. 3. लक्ष्मीनारायण गर्ग 4. संगीत कार्यालय, हाथरस (अलीगढ़) 5. 1959.

फिल्म संगीत बहार : 1. फि. 2. मा. 4. चीराखाना, दिल्ली 5. 1971.

फिल्म संसार :1. फि. 2. मा. 3. धर्मेन्द्रकुमार जैन, अरुणकुमार जैन 4. हरीनगर, गाँधी मार्ग, मेरठ 5. 1969-70.

फिल्म समाचार :1. फि. 2. पा. 4. पटना 5. 1956, 57 (लगभग)।

फिल्म साउण्ड :1. फि. 2. मा. 4. बेलाई एस्टेट, बम्बई 5. 1971.

फिल्म सागर :1. फि. 2. मा. 4. अंसारी रोड, दिल्ली 5. 1968-69.

फिल्म स्टार :1. फि. 2. पा. 4. एम. एम. रोड, नई दिल्ली 5. 1967-69.

फिल्म स्टूडियो :1. फि. 2. मा. 4. तेलीवाड़ा, दिल्ली 5. 1967-69.

फिल्मांकन :1. फि. 2. साप्ता. पा. 3. कपिलकुमार 4. गुरुमुखसागर रोड, बान्द्रा, बम्बई 5. 1969.

फिल्मांजलि :1. फि. 2. मा. 3. विनयप्रकाश 4. अंसारी रोड, दरियागंज, दिल्ली 5. 1971-72.

फिल्मायन :1. मा. 3. देशमुख लेन, बम्बई 5. 1959-60.

फिल्मिस्तान :1. फि. 2. मा. 3. सुदेशकुमार वर्मा 4. चौक दिल्ली गेट, फिरोजपुर 5. 1958-63.

फ़िल्मिस्तान :1. फि. 2. पा. 4. मुक्ताबाबू स्ट्रीट, कलकत्ता 5. 1956 लगभग।

फिल्मिस्तान :2. मा. 4. रेलवे रोड, सोनीपत 5. 1965-69.

फिल्मी कलियाँ :1. फि. 2. मा. 3. विजय दीवान 4. पाईवालान जामा मस्जिद/ सुभाषनगर, नई दिल्ली 5. 1965, 68 7. लोकप्रिय फिल्मी पत्र।

फिल्मी किरण :1. फि. 2. सा., पा. 4. अंधेरदेव, जबलपुर 5. 1959-62.

फिल्मी चमत्कार :1. फि. 2. मा. 4. छोटा छीपीवाड़ा, दिल्ली 5. 1964-66.

फिल्मी जागृति :2. मा. 4. गाँधीनगर, मुरादाबाद 5. 1971.

फिल्मी ड्रामे :1. फि. 2. मा. 4. घंटाघर, सब्जीमण्डी, दिल्ली 5. 1964-67.

फिल्मी दुनिया :1. फि. 2. मा. 3. नरेन्द्रकुमार 4. दरियागंज, दिल्ली 5. 1958-61 7. सर्वाधिक बिक्रीवाला फिल्मी मासिक।

फिल्मी धमाका :1. फि. 2. मा. 4. मॉडल टाउन, करनाल 5. 1968-71.

फिल्मी परियाँ :1. फि. 2. मा. 3. विजय शर्मा 4. ज्ञानप्रकाशन मण्डी, कानपुर रोड, लखनऊ 5. 1970.

फिल्मी फनकार :1. फि. 2. पा. 3. झँवरलाल आचार्य 4. आचार्यों का चौक, बीकानेर 5. 1967.

फिल्मी सफर :1. फि. 2. मा. 4. न्यू कालोनी, जी.टी. रोड, धारीवाल, गुरदासपुर (पंजाब) 5. 1971.

फिल्मोदय :1. फि. 2. साप्ता. 4. शोरामोठी, दिल्ली 5. 1966-69.

फीजी संदेश :3. विवेकानन्द शर्मा 4. फीजी।

फीजी समाचार :1. समा. 2. साप्ता. 3. चन्द्रदेव सिंह, एस. एम. विदेशी, एम. डी. विदेशी, रामखिलावन शर्मा 4. मार्क्स स्ट्रीट, वैमनु रोड, सूबा, फीजी 5. लगभग 1926 (प्रच.) 6. 10 शिलिंग/15 सेण्ट 7. विविध विषयपूर्ण विदेशी पत्र।

फुटपाथ :1. समा. 2. साप्ता. 4. बापूबाजार, उदयपुर 5. 1971.

*फुलवारी :*2. मा. 4. फील्ड सर्वे संगठन, जम्मू 5. 1966.

*फुलवारी :*1. बा. 2. मा. 4. कासिमजान स्ट्रीट, दिल्ली 5. 1956 लगभग।

*फूडक्राप :*1. बा. 2. त्रै. (हि., अं.) 3. एस. के. जैन 4. भारतीय खाद्य निगम, बहादुरशाह जफर मार्ग, नई दिल्ली 5. 1970.

*फूल और काँटे :*1. समा. 2. साप्ता. 4. जगदीश कॉलोनी, रोहतक 5. 1966-80.

*फूल और फल :*2. मा. 3. तुकाराम 4. कोठीबाजार, बेतुल (म.प्र.) 5. 1968.

*फूलों का हार :*2. बा. 4. ओरफन प्रेस, मिर्जापुर 5. 1850.

*फूहड़ :*2. त्रै. 4. दालमंडी, सदर, मेरठ 5. 1971.

*फेमिली बीकन :*1. बा. 2. मा. 4. फोर्ड, बम्बई 5. 1959-62.

*फैशन :*1. फि. 2. साप्ता., मा. 4. सुखलाल जौहरी, कलकत्ता 5. 1963-66, 69.

*फौजी अखबार :*2. साप्ता. 3. रामसहाय मुंशी 4. गुलाब सिंह एण्ड संस, लाहौर 5. 1919.

फौजी अखबार : 2. साप्ता. 3. मलखान सिंह 4. रक्षा सचिवालय, कनाट सर्कस, नई दिल्ली 5. 1952.

*फौजी समाचार :*2. साप्ता. 4. शिमला।

*फौजदार :*2. साप्ता. 4. ताड़देव, बम्बई 5. 1956.

*फौलादी कदम :*1. समा. 2. साप्ता. 3. ए. खान 4. हींगनकटरा, झाँसी 5. 1966-69.

फौलादी पंजा : 1. समा. 2. पा. 3. बी. एम. पुरोहित 4. ताराचंद स्ट्रीट, कलकत्ता 5. 1968, 70.

*फ्रण्टियर टाइम्स :*1. समा. 2. साप्ता., पा. 3. मेघराज सोनकरा 4. गोगा गेट, बीकानेर 5. 1966-70.

*फ्रण्टियर मेल :*1. समा. 2. साप्ता. 3. ए. सी. बम्बवाल 4. अजमल खाँ रोड, देहरादून।

*फ्रान्सीसी समाचार :*1. राज. 2. मा. 3. जीन फ्रान्सोइस 4. फ्रेंच दूतावास, औरंगजेब रोड, नई दिल्ली 5. 1955.

*फ्रेण्ड्स सरकिल :*2. मा. 4. जोधपुर 5. 1970.

*फ्रॉड :*2. मा. 3. विजयकुमार 4. प्रेमपुरी, मेरठ 5. 1968.

*बंकर :*1. समा. 2. साप्ता. 4. राया, मथुरा 5. 1964-70.

*बंग साहित्य :*1. मा. 2. काशी 5. 1923.

*बंगाल मेल :*1. समा. 2. साप्ता. 3. एन. दूबे 4. कचहरी रोड, जगतदल, चौबीस परगना, जोरा दूकुर स्क्वायर लेन, कलकत्ता 5. 1969, 70

*बन्द दरवाजा :*3. ओमप्रकाश अग्रवाल 4. लश्कर, ग्वालियर।

*बंद पंच :*1. समा. 2. मा. 4. जिला नियोजन कार्यालय, बाँदा 5. 1959.

*बन्दा बैरागी :*1. धा. 2. मा. 3. नाथूराम वर्मा 4. चौक कटरा, परजा, अमृतसर 5. 1970.

*बन्धक :*3. शिवपूजन सहाय।

*बन्धन :*1. समा. 2. साप्ता. 3. एस. एस. त्यागी 4. मूड, बरेली 5. 1963.

*बन्धु :*1. धा. 2. मा. 4. जगदीशपुर, रामपुर (म.प्र.) 5. 1941-65.

*बन्धु :*2. मा. 3. श्यामलाल पाड़वीय 4. मुंगेर 5. 1920.

बंधनमुक्त : 4. दूधिया, इन्दौर 5. 1965-60.

बम्बई उपनगर काँग्रेस पत्रिका : 1. समा. 2. मा. 4. मिलिट्री स्क्वायर लेन, बम्बई 5. 1958-61.

बम्बई गजट : 1. समा. 2. साप्ता. 4. बम्बई 5. 1991 वि.।

बम्बई ग्रामोद्योग मण्डल मासिक पत्रिका : 2. मा. 4. मनोहरदास स्ट्रीट, बम्बई 5. 1958-59.

बम्बई व्यापार सिंधु : 1. व्या. 2. साप्ता. 3. काशीप्रसाद अवस्थी 4. बम्बई 6. 1893-94.

बम्बार्ड : 1. समा. 2. साप्ता. 3. चन्द्रबली सिंह 4. अलीगंज, बाँदा 5. 1970.

बगराम : 1. बा. 2. मा. 3. प्रदीपशंकर 4. ग्रेटर कैलाश, नई दिल्ली 5. 1972.

बगला भगत : 2. साप्ता. (बहु.) 4. पंजाबी बाग, दिल्ली 5. 1966-69.

बगावत : 1. समा. 2. साप्ता. 4. हाथीपोल, उदयपुर 5. 1962-63.

बघेल : 1. समा. 2. पा. 3. जी. डी. सिंह 4. पश्चिमी लोहनीपुर, कदमकुआँ, पटना 5. 1969.

बचत : 2. मा. 4. प्रेमपुरी, मुजफ्फरनगर 5. 1971.

बच्चे और हम : 1. बा. 2. मा. 3. डॉ. मस्तराम कपूर उर्मिल 4. खन्ना मार्केट, लोदी रोड, नई दिल्ली 5. 1972.

बच्चों का अखबार : 1. बा. 2. साप्ता. 3. महेन्द्र जोशी 4. पो.बा. 100, इन्दौर 5. 1967 7. अल्पायु किंतु श्रेष्ठ बालपत्र।

बच्चों का खेल-खिलौना : 1. बा. 2. मा. 4. खरड़, अम्बाला 5. 1958-65.

बच्चों का भारत : 1. बा. 2. मा. 4. गाँधी चौक, गुड़गाँव 5. 1961-62.

बच्चों की दुनिया : 1. बा. 2. मा., साप्ता. 3. मास्टर बलदेवप्रसाद, जहूरबख्श 4. सागर/भोपाल/इंदौर 5. 1940.

बच्चों की पुकार : 1. बा. 2. मा. 3. एस. अब्दुल कादिर 4. मेन रोड, लखीमपुर खीरी 5. 1968.

बज उठी रणभेरी : 1. समा. 2. साप्ता. 4. सूचना विभाग उ.प्र., लखनऊ 5. 1962-65.

बजरंग बाण : 1. समा. 2. साप्ता. 3. सीताराम शर्मा 4. धानमण्डी, रामगढ़ बाजार, म. 302, जयपुर 5. 1966.

बजरंगी समाचार : 1. समा. 2. मा. 3. आर. जी. राय 4. कारखाना नमक, बजरंगी 5. 1907.

ब्रजघोष : 1. समा. 2. साप्ता. 3. ज्वालाप्रसाद मिश्र 4. खजुरी, सुधाकर रोड, वाराणसी 5. 1966.

बज्रनाद : 1. समा. 2. मा. 3. सूरजमल जुहारी 4. विदिशा (म.प्र.) 5. 1964-66.

बज्रप्रहार : 1. सा. 4. बाड़ी, धौलपुर (राज.) 6. 7 वाँ दशक 7. लघुपत्र।

बज्रांग : 1. धा. 2. पा. 3. रामचन्द्र वीर, धर्मेन्द्र शर्मा 4. विराटनगर, जयपुर 5. 1956.

बज्जिका साहित्य : 2. त्रै. 3. रमण शाण्डिल्य 4. नेफाकेन्टिन, पो. आलोंग, जिला सियांग (अरुणा.) 5. स्वातंत्र्योत्तर।

बटोही : 1. सा. 2. वा. 3. एस. पी. पाण्डेय 4. बान्द्रा, बम्बई 5. 1970.

बढ़ता कारवाँ : 4. इन्दौर।

बढ़ते कदम : 1. समा. 2. मा. 3. बाबूलाल दोषी 4. शादीपुरा, नई दिल्ली 5. 1968.

बढ़ते कदम : 2. मा. 3. रमेश बन्ना 4. मॉडल टाउन, करनाल।

बढ़ते कदम : 1. समा. 2. साप्ता., पा. 4. ओल्ड कस्टम हाउस, बम्बई 5. 1958-61.

बढ़ते चरण : 1. समा. 2. पा. 4. चौपासनी रोड, जोधपुर 5. 1966.

बढ़ते चलें : 2. साप्ता. 4. शक्तिनगर, दिल्ली 5. 1959-60.

बढ़ते चलें (चलो) : 1. समा. 2. साप्ता. 3. आदित्य कुशवाहा (1971) 4. पानपोस, राउरकेला (उड़ीसा) 5. 1972 7. उड़ीसा का एक स्तरीय हिंदी पत्र।

बढ़ते चलें : 1. समा. 2. साप्ता. 4. रामसागर पाड़ा, रामपुर 5. 1963-66.

बदनाम : 1. समा. 2. साप्ता. 4. नादिर मुहल्ला, भरतपुर 5. 1971.

बदरीनाथ : 4. रानीखेत 5. 1973.

बदलता किसान : 1. कृ. 2. त्रै. (हि., अं., उ.) 4. कृषि निदेशालय, जम्मू-काश्मीर, श्रीनगर।

बदलता जमाना : 2. साप्ता. 3. भवरलाल सहाय 4. बापूनगर, जयपुर/उदयपुर 5. 1974.

बदलता युग : 1. समा. 2. पा. 3. अमृतलाल शर्मा निर्दोष 4. ई/172, रघुवीरनगर, नई दिल्ली 5. 1970.

बदलता राजस्थान : 1 समा. 2. साप्ता. 3. शंकरलाल शर्मा 4. सूरजपोल, उदयपुर 5. 1967.

बदलता समाज : 1. समा. 2. साप्ता. 4. पटेल मार्ग, सहारनपुर 5. 1963-71.

बदलता हिन्दुस्तान : 1. समा. 2. पा. 3. चन्द्रप्रकाश शर्मा 4. भूपालपुरा रोड, उदयपुर 5. 1970.

बदलती दुनिया : 1. समा. 2. पा. 3. हरिशंकर उपाध्याय 4. गड़ियादेवरा, उदयपुर 5. 1968.

बदलती पुकार : 1. समा. 2. साप्ता. 3. चन्द्रशेखर भट्ट 4. मुगलपुर जाबरा, खलाम 5. 1970.

बदलती राहें : 1. सा. 2. मा. 3. नरबदेश्वर आजाद 4. इस्माइलपुर, गोरखपुर 5. 1968.

बदलते रंग : 1. समा. 2. हि., उ. 4. सहारनपुर 5. 1964-70.

बदला हुआ जमाना : 2. साप्ता. 4. जयपुर।

बदायूँ एक्सप्रेस : 1. समा. 2. साप्ता. 3. अनन्त चैतन्य 4. सिविल लाइन्स, बदायूँ 5. 1967.

बदायूँ चैलेन्ज : 1. समा. 2. साप्ता. 3. जगदीशचन्द गुप्त 4. सहसवान, बदायूँ।

बदायूँ संदेश : 1. समा. 2. साप्ता. 3. निहालचन्द्र शर्मा 4. रेलवे रोड, बदायूँ 5. 1965.

बद्रीकेदार : 2. साप्ता. 4. जराधर, देहरादून।

बद्रीनाथ : 1. सामा. 2. साप्ता. 3. चन्दन करगेती 4. अलमोड़ा 5. 1970.

बनजारा संदेश : 3. मदनसिंह चौहान 4. पृथ्वीराज मार्ग, अजमेर 5. 1967.

बन शोभा : 2. मा. 3. जोसेफ जोन 4. महात्मा गाँधी रोड, बम्बई।

बनारस : 1. समा. 2. दै. 4. बनारस 5. 1951.

बनारस अखबार : 1. समा. 2. साप्ता. 3. स्वामी-राजा शिवप्रसाद 'सितारे हिन्द', गोविन्द रघुनाथ थत्ते, राजेश्वरप्रसाद 4. बनारस अखबार प्रेस, काशी 5. जनवरी 1845 7. हिन्दी प्रदेश का प्रथम समाचारपत्र। मुख्यत: हिन्दुस्तानी भाषा नीति, उर्दू शैली का पोषक और मिशनरियों का विरोधी। सरकारी कूटनीति के अनुसार शुद्ध हिन्दी का प्रतिवाद।

सूक्ति- ''सुबनारस अखबार यह शिवप्रसाद आधार। बुध विवेक जन निपुन को चितहित बारम्बार। गिरजापति नगरी जहाँ गंग अमल जलधार। नेत सुभासुभ मुकुर को लखौ विचार-विचार।'' पं. अम्बिकाप्रसाद बाजपेयी के मतानुसार इसने 'सितारेहिन्द' के षड्यंत्र से व्याकरणिक त्रुटियों द्वारा सप्रयास हिन्दी भाषा बिगाड़ी (स.प.3-107)। फारसीदां उर्दू का पोषक पत्र। लीथो प्रिण्ट। साधारण कागज पर मुद्रित। लगभग 44) मा. आय। हिन्दी पत्रकारिता के इतिहास में इसका विशिष्ट महत्व। बायपेयीजी के अनुसार यह हिन्दी का प्रथम पत्र। मुख्य विषय-स्थानीय समाचार। अन्य पत्रों में प्रकाशित सामग्री के उद्धरण, संस्कृत अनुवाद, न्याय एवं विधि विषयक ग्रन्थों के उल्लेख आदि के कारण पर्याप्त जनप्रिय।

बनिता हितैषी : 1. म. 2. मा. 3. भाग्यवती देवी, ठाकुराइन गहलोल 4. पल्टन नं. 16, छावनी अलीपुर, सचेड़ी, कानपुर 5. 1963 6. बारह आने वा. 7. पर्याप्त लोकप्रिय पत्र।

बबीता : 1. फि. 2. मा. 3. ओ. पी. रस्तोगी 4. गाँधी क्लाथ मार्केट, चाँदनी चौक, दिल्ली 5. 1967.

बमुक्त बुखारा : 1. समा. 2. साप्ता. 4. अतर्रा, बाँदा 5. 1965-67.

बब्बर वीकली : 1. समा. 2. साप्ता.(बहु.) 4. किंग्सवे कैंप, दिल्ली 5. 1967.

बमबम : 1. समा. 2. दै. 3. डॉ. प्रेमनाथ मिश्र 4. ए. 104/204, रानीबाग, कानपुर 5. 1961.

बयार : 1. समा. 2. साप्ता. 3. किशोरीमोहन त्रिपाठी 4. सदरबाजार, रायगढ़ 5. 1969.

बरकत : 1. ज्यो. 2. साप्ता. 3. जारीवाला 4. लिमड़ा चौक, सूरत 5. 1968.

बरनवाल चंद्रिका : 1. जा. 2. मा. 3. कुंजबिहारीलाल, त्रिवेणीप्रसाद 4. काशी/मुरादाबाद 5. 1948-55.

बरण टाइम्स: 1. मा. 2. साप्ता. 3. रामकरन शर्मा 4. कोटा।

बरसात : 2. मा. 3. जनार्दन जायसवाल 4. कटघर, मुट्ठीगंज, इलाहाबाद 5. 1963.

बरेली गजट: 1. समा 2. साप्ता. 3. कृष्णकुमार शर्मा 4. मजूजान टोला, बरेली 5. 1967.

बरेली पत्र : 1. समा. 2. साप्ता. 3. हरिश्चन्द 4. मदारगेट, दर्जी चौक, बरेली 5. 1968-71.

बरेली मेल : 1. समा. 2. साप्ता. 3. आनन्दनाथ मिश्र 4. प्रेमनगर, बरेली 5. 1967-71.

बरेली रिपोर्टर : 1. समा. 2. साप्ता. 3. आर.के. यादव 4. गोढ़िया, बरेली 5. 1967-71.

बरौनी संदेश : 1. समा. 2. साप्ता. 4. बेगूसराय टाउन, मुंगेर 5. 1971.

बरौनी समाचार : 1. समा. 2. साप्ता. 3. हरिशंकर सहाय 4. बेगूसराय (बिहार) 5. 1970.

बर्म्मन समाचार : 1. चि., व्या. 2. मा. 3. डॉ. एस. के. बर्म्मन 4. कलकत्ता 5. 1910.

बर्मी समाचार : 1. समा. 2. साप्ता. 3. ऋषिदेव मिश्र 4. लाठिया 5. 1923.

बल दर्पण : 1. क्री. (व्यायाम) 2. मा. 4. प्रयाग 5. 1882.

बलदाऊ टाइम्स: 1. समा. 2. साप्ता. 4. मथुरा 5. 1966-71.

बलदेना : 1. समा. 2. साप्ता. 4. मण्डी, आदमपुर 5. 1971.

बलदेव : 7. आर्यसमाजी पत्र, प्रका. काल 1885 (लगभग)।

बल पौरुष : 2. मा. 3. डॉ. सदानंद त्यागी 4. मुक्ताराम बाबू स्ट्रीट, खेलत घोष लेन, कलकत्ता 5. 1948, 49.

बलसांग : 2. सासा. 4. सी. सी. कॉलोनी, दिल्ली 5. 1971-72.

बलिया गजट: 1. समा. 2. सासा. 4. बलिया 5. 1925 7. नामान्तर—देशमित्र।

बलिया टाइम्स : 1. समा. 2. सासा. 3. बच्छ सिंह 4. स्टेशन रोड, बलिया 5. 1970.

बलिया समाचार : 1. समा. 2. सासा. 3. गौरीशंकर पाण्डेय 4. स्टेशन रोड, बलिया 5. 1965.

बलि वेदी : 1. समा. 2. सासा. 4. हापुड़ (उ.प्र.) 5. 1964-67.

बवण्डर : 1. समा. 2. सासा. 4. राघवेन्द्रनगर, विलासपुर 5. 1962-63.

बस्तर : 1. समा. 2. सासा. 3. बसंतलाल झा 4. प्रवीर वार्ड, जगदलपुर (म.प्र.) 5. 1967.

बहराइच समाचार : 1. समा. 2. सासा. 4. गुदड़ी, बहराइच 5. 1964-66.

बहाई समाचार पत्र: 1. जा., दा. 2. मा. 4. केनिंग रोड, नई दिल्ली 5. 1966.

बहादुर : 1. समा. 3. माँगीलाल महेश्वरी 4. शिकवाई पुस्तक भण्डार, मंदसौर 5. 1966.

बहार : 1. सा. 2. मा. 4. साहित्य सदन महतबानपुर, महोबा, हमीरपुर (उ.प्र.) 5. 1971.

बहार: 2. मा. 4. इलाहाबाद 5. 1956.

बहारे काश्मीर : 2. मा. 3. कमलावती बकावा 4. लाहौर 5. 1923.

बहुजन : 1. समा. 2. पा. 3. छेदीलाल साथी 4. कंधारी बाजार, लखनऊ 5. 1960, 67.

बहुरंगी : 2. मा. 3. जितेन्द्र अग्रवाल 4. हवेली हैदरकुली, दिल्ली 5. 1966.

बहुरूपिया : 1. समा. 2. सासा. 3. के. एन. शर्मा 4. बी. 17, सी. सी. कॉलोनी, दिल्ली 5. 1970-72.

बाँदा कृषक: 1. समा. 2. सासा. 3. पुरुषोत्तमप्रसाद 4. कैलाशपुरी, बाँदा 5. 1966.

बाँदा जीवन: 1. समा. 2. सासा. 4. महेश्वरीदेवी रोड, बाँदा 5. 1966-71.

बाँदा टाइम्स: 1. समा. 2. सासा. 4. बाँदादेवी रोड, बाँदा 5. 1964-71.

बाँदा दर्पण : 1. समा. 2. सासा. 3. राजा भैया गुप्त 4. महेश्वरीदेवी रोड, बाँदा 5. 1965-66, 1967-71.

बाँदा पंच : 1. समा. 2. पा. 4. बाँदा 5. 1956-60 (लगभग)।

बाँदा पंच : 2. मा. 4. जिलायोजना कार्यालय, बाँदा 5. 1956.

बाँदा पथ : 1. समा. 2. सासा. 3. रविकरन 4. महेश्वरीदेवी रोड, बाँदा 5. 1965.

बाँदा समाचार : 1. समा. 3. एन. एल. कुशवाहा 4. बाँदा।

बान्धव: 2. मा. 3. केशवप्रसाद चतुर्वेदी, यादवेन्द्र सिंह, सूर्यबली सिंह 4. रीवाँ 5. 1942-45.

बाँधवीय समाचार : 2. सासा. 3. कला मन्दिर रोड, रीवाँ 5. 1971.

बाम्बे किराणा बाजार : 1. व्या. 2. सासा. 3. एच. पी. अग्रवाल 4. बी. 80, जवेरी बाजार, पटवाचाल, बम्बई 5. 1965.

बाम्बे हार्डवेयर रिपोर्ट: 1. व्या. 2. मा. 3. जयचंद भूपचंद 4. मस्जिद बन्दर रोड, बम्बई 5. 1952.

बाँसवाड़ा समाचार : 2. सासा. 4. कँवारबाड़ी, बाँसवाड़ा 5. 1961-63.

बाँसुरी : 1. सा. 2. मा. 3. कार्तिकेयचरण मुखोपाध्याय 4. कलकत्ता-99 5. 1888 वि.।

बागड़ गौरव: 1. जा. 2. मा. 3. रघुनाथ पटेल 4. पिपली चौक, सगवाड़ा, डूँगरपुर (राज.) 5. 1966.

बागड़ चेतना : 1. जा. 2. साप्ता. 4. सगवाड़ा 5. 1971.

बागड़दूत : 1. सा., जा. 2. मा. 3. किशनलाल गुप्त 4. उदय बाजार, डूँगरगढ़ 5. 1962.

बागड़नाल संदेश : 1. जा. 2. मा. 3. राजेन्द्रकुमार जैन 4. धानमण्डी, कोटा 5. 1966.

बागड़वाणी : 1. जा. 2. पा. 3. मानकलाल जैन 4. डूँगरपुर 5. 1966.

बागड़ विकास (सन्देश) : 1. जा. 2. साप्ता. 4. सगवाड़ा 5. 1968.

बागड़ विकास : 1. समा. 2. मा. 3. नारायणलाल गुप्त 4. सगबाड़ा, डूँगरपुर 5. 1962.

बागड़ संदेश : 1. जा. 2. मा. 3. तायबअली 4. संगवाड़ा, डूँगरपुर 5. 1968.

बागड़ समाचार : 1. समा. 2. मा. 3. हर्षलाल बागड़िया 4. डूँगरपुर 5. 1968.

बागवान: 1. कृ. 2. त्रै. 3. के.सी. शुक्ल 4. सबूर सिटी, बिहार 5. 1964.

बागी : 1. समा. 2. पा. 4. श्रीगंगानगर (राज.) 5. 1963-64.

बाजार पत्रिका : 1. व्या. 2. मा. (हि., उ.) 3. धर्मपाल 4. कटरा, खारी बावली, दिल्ली 5. 1968.

बाजार समाचार : 1. द्विभा. 2. साप्ता. 3. सी. एल. सराफ 4. कलकत्ता 5. अगस्त 1937.

बाटा विचित्र : 1. व्या. 2. मा. 3. दिलीपकुमार गुप्त 4. थियेटर रोड, कलकत्ता 5. 1962.

बाड़मेर टाइम्स : 2. साप्ता. 4. बाड़मेर।

बातचीत : 1. सा. 2. अनि. 3. भरतप्रसाद सागर, माहेश्वर 4. स्टडी सेण्टर, श्रवण बाजार, मुंगेर 5. 1973 7. युवासंकल्पों का आक्रोशी अल्पायु लघुपत्र।

बाथम दर्पण : 1. धा. 2. मा. 3. रामनाथ गुप्ता 4. हरीनगर, कन्नौज, फर्रुखाबाद 5. 1969.

बाथम बैश्य बन्धु : 1. जा. 2. मा. 3. रामनाथ गुप्त 4. अनवरगंज, खटकान, कानपुर 5. 1963.

बादशाह : 1. समा. 2. साप्ता. 3. सुरेन्द्रकुमार जैन 4. मुराई मोहल्ला, इन्दौर 5. 1969.

बापू का सपना : 2. पा. 4. विधायक निवास, भोपाल 5. 1971.

बापू जी : 2. साप्ता. 3. चन्द्रभानु यादव 'भानु' 4. हैदराबाद 5. 1948.

बापू राज उपदेश : 2. पा. 4. जयपुर 5. 1966.

बापू राज पत्रिका : 2. मा. 4. गढ़वाल 5. 1952-56.

बापू वाणी : 1. समा. 2. साप्ता. 4. हाता गंगल खाँ, फर्रुखाबाद 5. 1971.

बाबी : 1. फि. 2. मा. 3. हरिश्चन्द्र 4. बान्द्रा, पूर्व बम्बई 5. 1974.

बारदाना रिपोर्टर : 1. बा. 2. पा. 3. सुभाषचन्द्र मलिक 4. ओल्ड गुप्ता कॉलोनी, दिल्ली 5. 1970.

बारबा संजय : 2. त्रै. (हि., अं.) 4. पंजाबी विश्वविद्यालय, पटियाला 5. 1968.

बारहसेनी : 1. जा. 2. मा. 3. प्यारेलाल ज्ञानेश 4. विष्णुपुरी, अलीगढ़ 5. 1919, 21.

बारी मित्र : 1. जा. 2. मा. 3. जे. एल. बारी 4. अलोपीबाग, इलाहाबाद 5. 1929.

बाल : 1. बा. 2. मा. 3. रतनलाल जोशी 4. कलकत्ता।

बाल अभ्युदय : 1. सा. 2. मा. 3. हरिप्रसाद 'सुमन' 4. शिमला 5. 1914 (अल्पायु) 7. हिमांचल का सर्वप्राचीन हिन्दी पत्र।

बाल आश्रम : 1. धा. 2. मा. 3. किशोरीलाल शर्मा 4. जैन बालाश्रम, हस्तिनापुर, मेरठ 5. 1966.

बाल उपहार : 1. बा. 2. मा. 3. पद्मप्रभाकर 4. सेण्ट्रल डाउन, जालंधर 5. 1963-65.

बालक : 1 बा. 2. मा. 3. रामलोचनशरण बिहारी, एस. एस. सिंह, रामवृक्ष बेनीपुरी (1926), शिवपूजन सहाय (1934), अच्युतानंद दत्त, रामदयाल पाण्डेय, ललितप्रसाद पाण्डेय,सीताशरण, राधाकृष्णप्रसाद, सोहनलाल द्विवेदी, हबलदार त्रिपाठी 4. पुस्तक भण्डार, लहरिया सराय, गोविन्द मित्र, बाँकीपुर, पटना-4 5. 1925,26 से प्रच. 6. 3) वा. 7. उच्चस्तरीय बालोपयोगी पत्र। बाल साहित्य का प्रवर्तन। विशेषांक—भारतेन्दु अंक (जून 1935), बालकांक, चरितांक, नववर्षांक, चित्रांक, बीरांक, ऐड्रजांक, साहित्यांक, होलिकांक आदि। मुख्य स्तंभ-सूझबूझ, पूछताछ, हँसी-खुशी, बच्चों की फुलवारी, बालचर आदि। 1980 में इसकी लगभग 18000 प्रतियाँ प्रकाशित।

बालक : 1. बा. 2. मा. (हि., अं.) 4. जयपुर 5. 1953-68.

बालक मन्दिर : 1. बा. 2. मा. 3. एच. बी. मराठे 4. बम्बई 5. 1963.

बाल कामिक्स : 1. बा. 3. मनोहर सिंह 4. खेल-खिलाड़ी कार्यालय, दिल्ली।

बालकुंज : 1 बा. 2. मा. 3. रमेशकुमार 4. गोशाला भवन, गली रूपा मिस्त्री, वेटगंज, लुधियाना 5. 1968-70.

बाल कथा : 1. बा. 2. मा. 4. चिरगाँव रोड, बम्बई 5. 1949.

बाल केसरी : 1. बा. 2. मा. 3. बनारसीप्रसाद भोजपुरी 4. सरस्वती प्रकाशन मंदिर, आरा 5. 3 वर्ष।

बाल गोपाल : 1. बा. 2. मा. 3. दीवान मोहल्ला, नौजर कटरा, पटना 4. 1954.

बाल गोपाल : 1. बा. 2. मा. 4. काटन मार्केट, नागपुर 5. 1954.

बाल गोपाल : 1. बा. 2. मा. 4. दरीबा कलां, दिल्ली 5. 1956-58 (लगभग)।

बालघाट समाचार : 2. मा. 4. बालघाट।

बालचर दर्शन : 2. पा. 3. दुर्गेशनारायण शुक्ल 4. नबाबगंज, कानपुर 5. 1964.

बाल जगत : 2. मा. 3. राधारमण पाठक 4. पिलानी, जयपुर 5. 1949.

बाल जगत : 1. बा. 2. मा. 3. के.पी. गुप्त 4. डी. 12/4, राजेन्द्रनगर/रविरबैंक, लखनऊ 5. 1967.

बाल जगत : 1. बा. 2. मा. 4. लश्कर, ग्वालियर 5. 1956-59.

बाल जासूस : 1. जा. 2. मा. 3. सरोजेश गाजीपुरी 4. जेपलिंग मार्ट, नजीराबाद, लखनऊ 5. 1970.

बाल जीवन : 1. बा. 2. मा. 3. भगवानदास 4. सदर बाजार, करनाल 5. 1960-62.

बाल दर्पण : 1. बा. 2. मा. 5. 1882 7. हिन्दी का प्रथम बालोपयोगी पत्र।

बाल दर्शन : 1. बा. 2. मा., त्रै. 4. हरिजन कॉलोनी, नई दिल्ली 5. 1966-68-70.

बाल दर्शन : 1. बा. 2. मा. 3. नरेशचन्द्र सक्सेना 4. शिवाजीनगर, कानपुर 5. 1975.

बाल दुनिया : 1. बा. 2. मा. 3. प्रदीपकुमार अरोरा 4. नया बांस, दिल्ली 5. 1962-63.

बाल निबन्धमाला : 1. बा. 2. मा. 3. गणेशदत्त शर्मा, गौड़ 'इन्द्र' 4. आगर, मालवा।

बालपताका : 1. बा. 3. जयव्रत चटर्जी 4. कुशक गली, मथुरा 5. 1978.

बाल प्रभाकर : 1. बा. 2. मा. 3. सिद्धेश्वर शर्मा, किशोरीलाल गोस्वामी 5. सिद्धेश्वर प्रेस, काशी 5. 1905-10-14.

बाल प्रभात : 1. बा. 2. मा. 3. प्रकाश जैन 4. लक्ष्मी निवास, मीठापुर, पटना 5. 1966.

बाल फुलबाड़ी : 2. बा. 4. मानिक चौक, अलीगढ़ 5. 1971.

बाल फुलबाड़ी : 2. बा. 2. मा. 3. गुरुचरणसिंह 4. बाजार गुरु की सराय, अमृतसर 5. 1959-69.

बालबन्धु : 1. बा. 2. मा. 3. मुश्ताक परदेशी 4. विधानसभा मार्ग, लखनऊ 5. 1973.

बालबन्धु : 1. बा. 2. मा. 3. शान्तिप्रसाद दीक्षित 4. पटपड़ सराय, मुरादाबाद 5. 1958-65.

बाल बटिका : 1. बा. 2. मा. 3. पी. एस. पाण्डेय 4. लश्करी, रकाबगंज, इलाहाबाद 5. 1962-65.

बालबोध: 1. बा. 2. मा. 3. श्रीनाथ सिंह 4. कटरा, इलहाबाद 5. 1944-58 7. मुख्य स्तंभ-वानरसेना, प्रश्नपिटारी, आदि।

बालबोध : 1. बा. 2. मा. 3. ललितादेवी हरिहर 4. वाराणसी 5. 1915.

बालभवन समाचार : 1. मा. (हि., अं.) 4. राष्ट्रीय बाल संग्रहालय, कोटला रोड, नई दिल्ली 5. 1965-69.

बाल भारती : 1. बा. 2. मा. 3. रमेशचन्द्र 'भाई साहब' (प्रयाग), मन्मथनाथ गुप्त, प्रयाग नारायण त्रिपाठी, द्रोणवीर कोहली, वी. भट्टाचार्य, श्रीमती सावित्रीदेवी वर्मा, सूर्यनारायण सक्सेना 5. प्रकाशन विभाग, भारत सरकार, पटियाला हाउस, नई दिल्ली 5. 1947 (प्रच.) 7. द्रष्टव्य—खेलकूद, हावी अंक, होली अंक, दीवाली अंक, एशियाड अंक आदि। पर्याप्त लोकप्रिय सरकारी पत्र। सम्प्रति प्रतिअंक लगभग 38 हजार प्रतियाँ प्रकाशित।

बालमंच : 1. बा. 2. मा. 4. साउथ एक्सटेंशन, नई दिल्ली 5. 1967-70.

बाल मनोरंजन : 1. बा. 2. मा. 3. गणेशदत्त शर्मा 'इन्द्र' 4. आगर (मालवा) 5. 1914-15 6. 1.50 7. सरकारी हस्तक्षेप के कारण नामान्तर 'हिन्दी सर्वस्व'। पर 1 वर्ष बाद उस पर भी प्रतिबन्ध।

बाल मानस : 1. बा. 2. मा. 4. दीनदयाल शोध संस्थान, झण्डेवालान, नई दिल्ली 5. अक्टू. 1974.

बाल मित्र : 2. साप्ता. 4. राजपुरा, देहरादून 5. 1957-68.

बाल मित्र : 1. बा. 2. मा. 3. सूर्यदेव अनुरागी 4. हेस्टिंग्स रोड, कलकत्ता 5. 1946.

बाल मित्र: 1. बा. 2. अर्द्धवा. 3. लक्ष्मण सिंह 4. बम्बई 5. 1957.

बाल मित्र : 1. बा. 2. मा. 3. लक्ष्मीचंद 4. कनाट प्लेस, नई दिल्ली 5. 1954.

बालरंगभूमि : 1. बा. 2. मा. 3. धर्मपाल गुप्त, सत्येन के. गुप्त 4. अंसारी रोड, दरियागंज, दिल्ली 5. 1970-71 7. डाइजेस्ट रूप। अधिकांशत: कहानियाँ प्रकाशित।

बालरवि: 1. बा. 3. जीवाराम 4. मुरादाबाद।

बालरुचि : 1. बा. 2. मा. 3. रवीन्द्र श्रीवास्तव 4. आलमबाग, लखनऊ 5. 1975.

बाललीला : 1. बा. 2. मा. 4. कालेज रोड, लुधियाना 5. 1959-71.

बाललोक : 1. बा. 2. मा. 3. वंशीलाल 4. जीन्द हाउस, अम्बाला 5. 1961–65.

बाल वार्षिकी : 1. बा. 2. वा. 3. मनोहर वर्मा 4. अजमेर।

बाल विकास : 1. व्या. 2. पा. 4. नयी शुक्रवारी, नागपुर 5. 1956–58

बाल विकास : 1. बा. 2. मा. 4. नासिक 5. 1957 (लगभग)।

बाल विनोद : 1. बा. 2. मा. 3. सावित्री, दुलारेलाल भार्गव, ज्योतिलाल, सरस्वती डालमिया 4. गंगा पुस्तकमाला, 36 लाटूस रोड, लखनऊ 5. 1933–42.

बाल विनोद : 1. बा. 2. मा. 4. तेलीवाड़ा, दिल्ली 5. 1954–56.

बाल विनोद : 1. बा. 2. मा. 3. रमाशंकर जैतली 4. मुरादाबाद/कालान्तर में लखनऊ 5. 1956.

बाल विनोद : 1. बा. 3. रामनाथलाल 'सुमन', मनोरंजनप्रसाद श्रीवास्तव झारखण्ड 4. टानापुर, पटना कैंट 5. 1980.

बाल संसार : 1. बा. 2. मा. 3. रामनारायण लाल 4. भूगोल कार्यालय, इलाहाबाद 5. 1933.

बाल-संदेश : 1. बा. 2. पा. 3. संरक्षक—उमा नेहरू, लोकेश्वरनाथ 4. नयी सड़क, दिल्ली 7. अल्पायु।

बालसखा : 1. बा. 2. मा. 3. पं. बद्रीनाथ भट्ट, पदुमलाल पुन्नालाल बख्शी, कामताप्रसाद गुरु, श्रीनाथ सिंह, देवीदत्त शुक्ल, लल्लीप्रसाद पाण्डेय, देवीदयाल चतुर्वेदी, 'मस्त', सोहनलाल द्विवेदी, गिरिजादत्त 'गिरीश', अनंतप्रसाद विद्यार्थी 4. इण्डियन प्रेस, इलाहाबाद 5. जनवरी 1917 से 1969 7. श्रेष्ठ बालोपयोगी पत्र। कई विशेषांक। प्रसार संख्या लगभग 13 हजार प्रति अंक।

बाल साथी : 1. बा. 2. साप्ता., मा. 4. अपरचित रोड, कलकत्ता 5. 1958–59, 61.

बाल सुमन : 1. बा. 2. मा. 4. ताड़देव, बम्बई 5. 1958–60.

बाल सेवा : 1. पा. 2. मा. 3. लोकेश्वर नाथ सक्सेना 'बालमित्र' 4. गाँधीनगर, कानपुर 5. जून 1948–56.

बाल स्पुतनिक : 1. बा. 2. मा. 3. बी. आर. कुलाण्डे 4. सोवियत संघ दूतावास, बाराखम्भा रोड, नई दिल्ली 5. 1965 7. अनूदित उपयोगी वैज्ञानिक सामग्री।

बालहित : 1. बा. 2. मा. 3. कालूलाल श्रीमाली, जनार्दनराय नागर 4. विद्याभवन समिति, उदयपुर 5. जनवरी 1932–47 7. बाल मनोविज्ञान विषयक पत्र।

बाल हितकर : 1. बा. 4. लखनऊ 5. 1891 7. अल्पायु।

बाल हितैषी : 1. बा. 2. मा. 3. विनोदविहारी विद्यार्थी 4. मेरठ / काशी 5. 1911–16.

बालाघाट टाइम्स : 1. समा. 2. साप्ता. 3. शंकरलाल 4. बैहर रोड, बालाघाट (म.प्र.) 5. 1962.

बालाघाट समाचार : 1. समा. 2. दै. 4. काली मन्दिर रोड, रीवाँ 5. 1975.

बालाबोधिनी : 1. म. 2. मा. 3. भारतेन्दु हरिश्चन्द (श्री हरिश्चन्द सम्पादिता) 4. काशी 5. 1 जनवरी 1874–78 (पौष बृहस्पतिवार सं. 1931) 7. रजिस्टर्ड नं. 40, आकार डिमाई, आठ पृष्ठ, स्त्रीजनों की प्यारी हिन्दी भाषा में सुधारी। सूक्ति— "सीता अनुसूया सती अरुन्धती अनुहारि। शील लाज विद्यादि गुण लहौ सकल जग नारि।" प्रथम महिलोपयोगी हिन्दी पत्र। आरम्भ में इसकी 100 प्रतियाँ सरकार द्वारा क्रय।

इसी पत्र में 'मुद्राराक्षस' नाटक का प्रकाशन। शासन के असहयोग के कारण 4 वर्षों बाद पत्र समाप्त। विशेष विवरण हेतु द्रष्टव्य—साप्ता. हिन्दुस्तान 12 अक्टू. 1975।

बालिका: 1. बा. 2. मा. 3. रसिकेश 4. सती चौतरा, बनारस 5. 1929.

बालेश : 1. बा. 2. मा. 3. विश्वदीप 4. आर. के. पुरम, दिल्ली 5. 1975.

बाल्मीकि जगत : 1. जा. 2. मा. 3. हीरासिंह 4. चिकलोद रोड, जहाँगीराबाद, भोपाल 5. 1970.

बाल्मीकि जागरण : 3. बी. एल. कदम 4. लश्कर, ग्वालियर।

बाल्मीकि प्रेस : 1. जा. 2. मा. 3. नानकसिंह समर 4. भंगी बस्ती, गाजियाबाद।

बाहुलबल : 2. साप्ता. 4. तिलकनगर, जयपुर 5. 1970.

बाह्य समाचार पत्र: 1. धा. 3. के. एच. बजदी 4. 25, कैनिंग रोड, नई दिल्ली 5. 1966.

बिन्द समाज: 1. जा. 2. मा. 3. लक्ष्मीनारायण 4. लक्ष्मीकुंड, लक्खा रोड, वाराणसी 5. 1966.

बिन्दु : 1. सा. 2. त्रै. 3. नन्द चतुर्वेदी, नेमनारायण जोशी, प्रकाश आतुर, नवलकिशोर, विपिन जारोली 4. ग्राम विद्यापीठ, उदयपुर 5. 1967 7. आधुनिक युगबोध का अल्पायु किन्तु उच्चस्तरीय लघुपत्र।

बिम्ब : 1. सा. 3. कृष्णरंजन, रवि श्रीवास्तव 4. बिम्बसाहित्य समिति, राजिम (म.प्र.) 5. स्वातंत्र्योत्तर।

बिगुल : 1. समा. 2. साप्ता. 3. जगदीशचन्द्र 4. काशीपुर, नैनीताल 5. 1959.

बिच्छू: 2. मा. 4. बम्बई 5. 1977.

बिच्छू: 4. कोटा।

बिजनेस गाइड : 1. वा. 2. मा. 3. चम्पालाल बाकना 4. प्रभु मार्ग, तिलकनगर, जयपुर 5. 1968.

बिजनेस जाब्स : 3. बालचन्द्र अस्थाना 4. काशी 5. 1924.

बिजनेस लाइट : 1. व्या. 2. साप्ता. 3. मंगलप्रसाद 4. बाजार सहेकला, अमृतसर 5. 1959.

बिजनौर कालेजियन : 1. समा. 2. साप्ता. 4. बभ्रु भवन, बिजनौर 5. 1966-68.

बिजनौर खबर : 1. समा. 2. साप्ता. 3. ओमप्रकाश, महावीर सिंह 4. जतन स्ट्रीट, बिजनौर 5. 1969.

बिजनौर टाइम्स : 1. समा. 2. दै. 3. राजेन्द्रपाल सिंह, बाबूसिंह चौहान, जलील अहमद आदि 4. सिनेमा रोड, बिजनौर 5. 1 नवम्बर 1963.

बिजनौर दर्शन : 1. समा. 2. साप्ता. 4. सिविल लाइन्स, बिजनौर 5. 1969.

बिजनौर दीपक : 1. समा. 2. साप्ता. 4. धामपुर, बिजनौर 5. 1967.

बिजली : 2. पा. 3. 'अज्ञेय', भालचन्द्र ओझा, हंसकुमार तिवारी, रामदयाल त्रिवेदी 'प्रवीण' 4. पटना/पद्मा हजारीबाग (बिहार) 5. 1936 (लगभग)।

बिजली : 2. मा. 3. शिवनारायण वर्मा, उदयनारायण बाजपेयी, पारसनाथ सरस्वती आदि 4. इटावा 5. 1919.

बिजली मार्केट: 1. व्या. 2. मा. (हि., अं.) 4. भागीरथ पैलेस, दिल्ली 5. 1968.

बिलारी टाइम्स : 1. समा. 2. साप्ता. 4. बिलारी, मुरादाबाद 5. 1969-71.

बिलारी मेल : 1. समा. 2. साप्ता. 4. मु. ठाकुरान, बिलारी 5. 1971.

बिलासपुर टाइम्स : 1. समा. 2. साप्ता., दै (1975) 3. डी. प्रसाद, कमलेश ठाकुर 4. जूनी लाईन, बिलासपुर 5. 1964.

बिल्बदल: 1. धा. 2. त्रै. 4. रामतनु बोस लेन, कलकत्ता 5. 1963-69.

बिश्नोई साप्ताहिक : 1. जा. 2. साप्ता. 3. शीतलाप्रसाद बिश्नोई 5. 1925.

बिहार : 1. समा. 2. मा. 3. नंदकिशोर तिवारी, भालचंद ओझा 4. जनसम्पर्क विभाग, बिहार सरकार, पटना 5. 1927-नवम्बर 1947.

बिहार : 3. मोहनलाल महतो 'वियोगी' 4. गया 5. 1938.

बिहार आयुर्वेदिक यूनानी परिषद् पत्रिका : 1. चि. 2. उर्दू 4. राज्य परिषद्, पटना 5. 1967.

बिहार काँग्रेस : 1. रा. 2. मा. 3. श्यामसुन्दर दास 4. सदाकत आश्रम, दीघा, पटना 5. 1948.

बिहार खादी ग्रामोद्योग : 1. व्या. 2. मा. 4. खा. ग्रामो. बोर्ड, पटना 5. 1959.

बिहार दर्पण : 1. समा. 2. साप्ता. 4. मुजफ्फरपुर 5. 1922.

बिहार पत्रिका : 1. मा. 4. छपरा 5. 1922.

बिहार बन्धु : 1. सा., समा., राज., धा. 2. द्विभा.। 7 जनवरी 1880 से 'मंशीर बिहार' को मिलाकर हिन्दी-उर्दू में प्रकाशित, फिर केवल हिन्दी में। साप्ता. (प्रति मंगलवार), मा. (1893), 1880 से प्रति बुधवार। पा. (1902) 3. प्रवर्तक—मदनमोहन भट्ट, दामोदर शास्त्री, पं. केशवराम भट्ट, मुंशी हसनअली, डॉ. विश्वेश्वरदत्त मिश्र, प्रमोदशरण शर्मा, नन्दकुमार शर्मा, माधौराम भट्ट, शिवनन्दन त्रिपाठी (1903), महावीरप्रसाद गहमरी, गोवर्द्धनलाल, कमलाप्रसाद वर्मा, रामचन्द वर्मा आदि 4. 125 वा 79, माणिकतल्ला स्ट्रीट, कलकत्ता; फिर बिहार बन्धु मंत्रालय चौहट्टर, बाँकीपुर, पटना (1874) 5. (i) मार्च 1872 से 19 वीं शती के अन्त तक (ii) 21 मार्च 1922 से 1923-24 तक। आरंभकर्ता-संचालक—विश्वेश्वरदत्त मिश्र, पाठक प्रमोदशरण शर्मा (पटना) 6. 3) वा. (1883)। आकार—रायल 4 पेजी अठपेजी। 7. बिहार का पहला हिन्दी पत्र। 1884-75 से इसका अपना मुद्रणालय कल्पलता प्रेस। डॉ. ग्रियर्सन से प्रोत्साहन। देवनागरी और हिन्दी के प्रचार हेतु कृत संकल्प। साम्प्रदायिक सौहार्द-वृद्धि में इसका विशिष्ट योग। न्यायालय में उर्दू के स्थान पर हिन्दी को प्रचलित कराने का श्रेय। सरकारी विरोध एवं आर्थिक क्षति के कारण समाप्त। हिन्दी भाषा को जनसाधारण में परिव्याप्त कराने में यह पत्र निरन्तर यत्नशील रहा। कलकत्ता में प्रकाशित होने के कारण आरम्भिक अंकों में वर्तनी की अशुद्धियाँ। अत: अपना प्रेस स्थापित किया। मुद्रक – माधौराम भट्ट, लाला यदुनाथ राम। केशवराम भट्ट और उनके परिजन स्वयं कम्पोजिंग तथा मुद्रण कार्य करते थे। निजी प्रेस से मुद्रणारम्भ 9 फरवरी 1875 से। 'बिहार बन्धु' अपने युग का राष्ट्रव्यापी प्रतिनिधि पत्र। आरंभ में इसे दरभंगा राज्य डुमराव आदि से सहयोग, फिर अनेक उतार-चढ़ाव। कभी सत्यसुधाकर प्रेस चौक (पटना) से मुद्रित, कभी कल्पलता प्रेस से और कभी इसका प्रकाशन फतुहा (निकट पटना) से। पाठक

प्रमोदशरण शर्मा के जेल चले जाने से इसका प्रकाशन समाप्त। लगभग 50 वर्षों का जीवन।

'बिहार बन्धु' की भाषा सहज और सजीव। यथा—'हे सारे जहाँ के मालिक छोटे को बड़ा करने वाले। कमअकल को अकल देने वाले। सब बातों को जानने वाले ! तुमसे हमारी यही प्रार्थना है कि जिस तरह से हम तेरी कृपा की लाठी को थेगते हुए बराबर एक वर्ष तक चले आए, वैसे ही आगे भी चलें। अपने काम को नेकनीयती के साथ करें और पढ़ने वालों के काम आवें।' (1 मार्च 1874, जिल्द 2, नंबर 1, पृष्ठ 6)। इसके कुछ अंक राष्ट्रीय पुस्तकालय, कलकत्ता में द्रष्टव्य। 'बिहार बन्धु' अपने युग का सशक्त राजनीतिक पत्र। कभी-कभी उग्र टिप्पणियाँ जैसे-''हम लोग राजभक्त हैं खुशामदी नहीं। ···जो हमारे मुल्क का दोस्त है, वह हमारा भी दोस्त है और जो हमारे मुल्क का दुश्मन है वह बेशक हमारा भी दुश्मन है'' (9 फरवरी 1878)। बिहार की कचहरियों में हिन्दी जारी करने का सफल आन्दोलन। 1882 में इसके प्रकाशन मार्ग में संकट, अत: शुभचिन्तकों के प्रयास से बिहार बन्धु प्रबन्धकारिणी सभा का गठन। 1885 में पुन: पुरानी व्यवस्था।

यह मुख्यत: सनातनी पत्र। 1888 के अंकों में पं. रुद्रदत्त शर्मा (आर्यसमाजी) एवं पं. अम्बिकादत्त व्यास (सनातनी) के शास्त्रार्थ प्रकाशित।

1886, 92 में हिन्दी व्याकरण, विशेषत: विभक्तियों का विवाद। 1915 में आर्थिक संकट। रुपयों की नालिश (डिग्री) के कारण प्रेस नीलाम। बिहार के साहित्यिक, सामाजिक, राजनीतिक एवं सांस्कृतिक उन्नयन की दिशा में 43 वर्षों तक इस पत्र का अतुलनीय योगदान।

विशेष विवरण के लिए द्रष्टव्य—'बिहार बन्धु' 3 जनवरी 1909 (भाग 38 अंक 4) तथा 'सम्बोधि' (मगध विश्वविद्यालय, बोधगया) प्रवेशांक 1973।

बिहारमेल : 1. सा. 2. साप्ता. 3. उमेशचन्द्र अलख 4. पुरानी धर्मशाला चौक, मुजफ्फरपुर 5. 1969.

बिहार वाणी: 1 समा. 2. पा. 3. सुधीरकुमार राय, शैलबाला 4. रामपथ, देवघर (बिहार), वैद्यनाथ 5. 1964 प्रच.।

बिहार शिक्षक : 1. शै. 2. त्रै. 3. एस. एस. वर्मा. एम. बर्नाड, राधाकृष्णप्रसाद 4. बिहार शिक्षक संघ, पटना 5. 1953, 57.

बिहार समाचार : 1. समा. 2. मा., पा., साप्ता. 3. भुवनेश्वर द्विवेदी 4. जनसम्पर्क विभाग, बिहार, पटना 5. 1953.

बिहार समाज कल्याण : 1. मा. 2. एस. एन. भिखना 3. भीखना पहाड़ी, पटना 4. 1959.

बीकाणा संदेश : 1. समा. 2. साप्ता., पा. 3. श्रीलाल दम्माणी 4. स्टेशन रोड, बीकानेर 5. 1968.

बीकानेर एक्सप्रेस : 1 समा. 2. साप्ता. 4. मुराणां, बीकानेर 5. 1962-64.

बीकानेर टाइम्स : 1. साप्ता. 4. गंगाशहर रोड, बीकानेर 5. 1963-66.

बीकानेर समाचार : 2. मा. 3. राम एन. थोलाल 4. बीकानेर 5. 1943-49.

बीच का आदमी : 1. सा. 2. त्रै., मा. 3. हरिप्रसाद उपाध्याय 'प्रेमी' 4. रवीन्द्र सरणि/हजारा पथरिया घाट स्ट्रीट, कलकत्ता 5. 1963-66, 71.

बीज सुधार : 1. कृ. 2. मा. 4. सब्जीमण्डी, जयपुर 5. 1962-63.

बीमा और वाणिज्य : 1 व्या. 2. मा. 3. बालचन्द 4. नाहरा, कलकत्ता 5. नवं. 1936.

बीड़ी बुलेटिन : 1. व्या. 2. मा. (बहु.) 4. रेम्पाट रोड, फोर्ट, बम्बई 5. 1971.

बीरबल : 1. बा. 2. मा. (बहु.) 4. तिलकनगर, नागपुर 5. 1970.

बीसवीं सदी : 2. मा. 3. तारकेश्वरप्रसाद, माहेश्वरी सिंह, सत्येन्द्रनारायण अग्रवाल 4. भागलपुर 5. 1938.

बुन्देलखण्ड : 1. समा. 2. साप्ता., पा. 3. राममनोहर, मनीराम कंचन 4. गोसाईंपुरा, झाँसी 5. 1949, 69.

बुन्देलखण्ड अखबार : 1. समा. 3. मीर पन्ना अली 4. ललितपुर 5. 1871.

बुन्देलखण्ड टाइम्स : 1. समा. 2. साप्ता. 4. सिविल लाइन्स, झाँसी 5. 1959-60.

बुंदेलखण्ड दर्शन : 2. साप्ता. 4. गोपालगंज, सागर 5. 1970.

बुन्देलखण्ड पंच : 1. समा. 2. साप्ता. 4. झाँसी 5. 1894.

बुन्देलखण्ड सन्देश : 1. समा. 2. साप्ता. 3. डॉ. रामनारायण श्रीवास्तव 4. गोपालगंज, सागर 5. 1969-71.

बुंदेलखण्ड संभाग : 1. समा. 2. साप्ता. 4. झाँसी 5. 1969.

बुंदेलबन्धु : 1. समा. 2. साप्ता. 4. रागौल, हमीरपुर 5. 1971.

बुन्देलवाणी : 1. समा. 2. साप्ता. 4. सीपरीबाज़ार, झाँसी 5. 1968-71.

बुन्देला : 1. समा. 2. साप्ता. 3. शिवानंद मिश्र 4. झाँसी रोड, उरई 5. 1960.

बुंदेलाम्बर : 4. उरई।

बुन्देली गर्जना : 1. समा. 2. साप्ता. 3. डॉ. एम. डी. ककड़ा 4. नया बाजार, दमोह (म.प्र.) 5. 1969.

बुन्देल वार्त्ता : 1. समा. 2. पा. 3. कन्हैयालाल शर्मा 4. पुरासराँय, झाँसी 5. 1962.

बुद्धघोष : 1. सा. 2. मा. 4. आर्यनगर, पहाड़गंज, नई दिल्ली 5. 1968-70.

बुद्धमार्ग : 1. धा. 4. हटिया, कानपुर 5. 1960-62.

बुद्धिजीवी : 1. समा. 2. साप्ता. 3. तमकुमार बोझा 4. जोहर, गंगानगर (राज.) 5. 1969.

बुद्धिप्रकाश : 1. समा. 2. साप्ता. (प्रति बुधवार) 3. मुंशी सदासुखलाल मुहतमिम 4. 'नरूलबसार' छापाखाना, मोतीकटरा, आगरा 5. 1852 6. 1) महीना, सालानह पेशगी 6) और छमाही 4॥) पेशगी 7. नगरों के वर्गीकृत समाचार। रजिस्टर आकार का, दो कालम वाला पत्र। इसकी भाषा आचार्य रामचन्द्र शुक्ल एवं अम्बिकाप्रसाद बाजपेयी द्वारा प्रशंसित। लीथों में मुद्रण। किशोरीलाल गोस्वामी के अनुसार यह प्रथम हिन्दी पत्र। (दे. संस्मरण-44) सरकार द्वारा इसकी 200 प्रतियाँ खरीदी जाती थीं। प्रसार संख्या 17। स्कूलों में सूचनाएँ प्रसारित करने का मुख्य ध्येय। इतिहास, भूगोल, गणित आदि पर लेख।

बुद्धिप्रकाश : 1. पा., मा. 4. चन्द्रशेखर गौड़ 4. लखनऊ 5. 1888.

बुद्धिमान : 2. पा. 4. दादर, बम्बई 5. 1956 (लगभग)।

बुद्धिमान जासूस : 1. जासूसी 2. मा. 3. सी. एल. पहवा 4. एफ. 56, गफ्फार मार्केट, करोल बाग, नई दिल्ली 5. 1954.

बुद्धिविलास : 2. मा. 4. अहमदाबाद 5. 1923.

बुद्धिविलास : 2. मा. 4. जम्मू 5. 1870.

बुनियादी शिक्षक : 2. मा. 4. गूँगे नवाब का फाटक, लखनऊ 5. 1963-65.

बुनियादी शिक्षा : 1. शै. 2. मा. 3. द्वारिका सिंह 4. महेन्द्रू, पटना 5. 1952.

बुरहानपुर संदेश : 1. समा. 2. मा. 3. रतीलाल मोदी 4. चौक बाजार, बुरहानपुर (म.प्र.) 5. 1968.

बुरहानपुर समाचार : 1. पा. 4. जनता मुद्रणालय, बुरहानपुर 5. 1956-61.

बुलन्द : 2. पा. 4. आचार्यों का चौक, बीकानेर 5. 1971.

बुलन्द आवाज : 1. समा. 2. साप्ता. 4. राइट टाउन, जबलपुर 5. 1969.

बुलन्दशहर टाइम्स : 1. समा. 2. साप्ता. (हि., उ.) 3. राजेन्द्रकुमार 4. बुलन्दशहर 5. 1969.

बुलंदशहर समाचार : 1. समा. 3. साप्ता. 4. सहकारी भवन, बुलंदशहर 5. 1965-70, 71.

बुलेट : 2. मा. (हि., अं.) 4. पूसा रोड, नई दिल्ली 5. 1968.

बूटी प्रचार (दर्पण) : 1. चि. 2. मा. 3. उमाशंकर, सरस्वतीप्रसाद त्रिपाठी 4. लाहौर 5. 1923-32.

बूढ़ा भारत : 1. समा. 2. पा. 3. संकटादेवी, लखीमपुर खीरी 4. 1969-71.

बूँद और मोती : 1. समा. 2. साप्ता. 4. कलबानी भगवान ताराचंद 4. ईदगाह, बिलासपुर 5. 1968.

बूँदी संदेश : 1. समा. 2. पा. 3. सत्यनारायण जैन 4. बूँदी।

बेकार सखा : 1. व्या. 2. मा. 3. देशभक्त, पी.सी. मिश्र 4. बेकारसखा नगर, शिकोहाबाद, मैनपुरी 5. 1937-50 7. विशेष—रोजगारपरक पत्र, द्रष्टव्य—कारखाना अंक, साबुन, साजी अंक, योरुपीय शिल्पांक।

बेखम्भ : 3. राजकुमार सिंह 4. चाँदपोल, जोधपुर।

बेचारा मजदूर : 1. समा. 2. साप्ता. 4. भोला, मेरठ 5. 1950-71.

बेजुबान : 1. समा. 2. साप्ता. 3. मुन्नूसिंह 4. झोकनबाग, झाँसी 4. 1967.

बेढव : 1. सा. (हास्य.) 2. मा., पा. 3. बेढव बनारसी 4. बड़ी पियरी, वाराणसी 5. 1964.

बेढव : 1. समा. 2. मा., साप्ता. 3. किशोर वर्मा 'श्रीश' 4. नयागंज, हाथरस 5. 1959-61.

बेताल : 1. समा. 2. साप्ता. 3. श्रीमती प्रभा रतना 4. मुर्गीबाजार, जहाँगीराबाद, भोपाल 5. 1967.

बेतुलमित्र : 1. समा. 2. साप्ता. 3. प्रह्लाद पाण्डेय 4. मेन रोड, कोठी बाजार, बेतुल (म.प्र.) 5. 1968.

बेतुल वार्ता : 1. समा. 2. साप्ता. 4. कोठीबाजार, बेतुल (म.प्र.) 5. 1961-65.

बेधड़क आवाज : 1. समा. 2. साप्ता. 3. सरिता गौड़ 4. शहर डाकघर, भरतपुर/गौतम मार्ग, सी. स्कीम, जयपुर 5. 1963-65.

बेनकाब : 1. समा. 2. सासा. 4. उन्नाव (यू.पी.) 5. 1965-67.

बेनगंगा दर्शन : 2. धा. 3. अनुप कुमार परिहार 4. गोन्दिया।

बेफिक्र : 2. पा. (हि., उ.) 4. पटवान, करनाल 5. 1968.

बेबी मंजुला : 2. मा. 3. कमलकुमार तिवारी 4. स्नेहलतागंज, इन्दौर 5. 1969.

बेरोजगार : 1. समा. 2. सासा. 3. शिवप्रसाद सिंह 4. न्यू मार्केट, कदमकुआँ, पटना 5. 1969.

बेरोजगारटाइम्स : 4. भोपाल।

बेला : 1. सा. 3. आचार्य जानकीबल्लभ 4. निराला निकेतन, मुजफ्फरपुर।

बेला : 1. कथा. 2. मा. 4. त्रिवेणी रोड, इलाहाबाद 5. 1959-61.

बेसिक बाल शिक्षा : 1. बा. 2. सा. 4. प्रमिला भार्गव, प्रेमनारायण भार्गव, गोपालनारायण भार्गव 4. गोलागंज, लखनऊ 5. 1961 7. पर्याप्त लोकप्रिय। 1973 में इसकी 105000 प्रतियाँ प्रकाशित।

बेसिक शिक्षा : 1. शै. 2. त्रै. 3. अंथोनी एल. जी. मित्रम्. 4. बम्बई 5. 1960.

बेस्ट न्यूज : 1. समा. 2. त्रै. 3. एस. आर. परंजवे 4. पो. बॉ. 192, फोर्ट, बम्बई 5. 1956.

बेस्ट समाचार : 1. समा. 2. विनय चंगुलानी 4. नागपुर 5. 1971.

बैंक कर्मचारी : 2. मा. 4. बिरहाना रोड, कानपुर 5. 1963-68.

बैंक कर्मचारी ललकार : 1. व्या. 2. पा. 3. चेतनकुमार जैन 4. हनुमान जी का रास्ता, त्रिपोलिया, जयपुर 5. 1970.

बैंक कर्मचारी सन्देश : 1. व्या. 2. पा. 3. रामलाल खण्डेलवाल 4. घीवाला रास्ता, जौहरी बाजार, जयपुर 5. 1966.

बैखा सन्देश : 1. समा. 2. नाथूराम धवन 3. कबीर मार्ग, बेनी पार्क, जयपुर 5. 1969.

बैतागढ़ (बैताल) : 1. समा. 2. सासा. 4. जहाँगीराबाद, भोपाल 5. 1967-73.

बैपारी : 3. ठाकुरप्रसाद खत्री 5. 1935 (लगभग)।

बैसवारा टाइम्स : 1. समा. 2. दै., सासा. 3. भगवतीप्रसाद दीक्षित, युगेश्वर सिंह 4. नई बाजार, लालगंज, रायबरेली (उ.प्र.) 5. 1965.

बोधगीत : 1. सा. 2. मा. 3. शारदाबक्स सिंह 4. कटरा बेग अली, बिरहाना, लखनऊ 5. 1972.

बोध समाचार : 5. 1872.

बोधित जन: 1. समा. 2. सासा. 4. कोतमा, शहडोल (म.प्र.) 5. 1971.

बोल : 1. समा. 2. सासा. 4. भिण्ड (म.प्र.) 5. 1965-68.

बौछार : 1. समा. 2. सासा. 4. गंज, शहडोल (म.प्र.) 5. 1961-65.

ब्यावर इक्सप्रेस : 1. समा. 2. मा. 3. नारायणदास सिंधी 4. महावीरगंज, ब्यावर (राज.) 5. 1969.

ब्रजकांता : 4. डिब्बावाली गली, हाथरस।

ब्रज केसरी : 1. समा. 2. सासा. 4. गढ़ैया बाजार, मथुरा 5. 1964-68.

ब्रज चौरसी मण्डल : 1. समा. 2. मा. 3. गोपालप्रसाद पंचारी 4. मौजीराय, पुराने डाकघर के पास, भरतपुर 5. 1967.

ब्रजदर्शन : 4. मीरागंज स्ट्रीट, मथुरा 5. 1961-68.

ब्रज दीप : 1. समा. 2. सासा. 4. छत्ता बाजार, मथुरा 5. 1965-71.

ब्रजप्रदेश : 1. समा. 2. दै. 3. दाऊ भारद्वाज 4. तिलकद्वार, मथुरा 5. 1970.

ब्रजभारती : 1. सा. 2. त्रै. 3. वृंदावनदास, रामस्वरूप शर्मा, जवाहरलाल चतुर्वेदी, सत्येन्द्र, वियोगी हरि, गुलाबराय, कृष्णदत्त बाजपेयी, जगदीशप्रसाद चतुर्वेदी 4. अ.भा. ब्रज साहित्य मण्डल, मथुरा 5. 1841, 46-58 7. ब्रज संस्कृति का प्रतिनिधि पत्र।

ब्रजमण्डल : 1. समा. 2. सासा. 3. रमेशचन्द्र गर्ग 4. गाँधी मार्ग, मथुरा 5. 1965.

ब्रजरज : 2. मा. 4. मथुरा 5. 1890.

ब्रजलोक : 4. हाथरस।

ब्रजवास : 1. समा. 2. सासा. 4. कृष्णापुरी, मथुरा 5. 1916-59.

ब्रजवासी : 1. सा., धा. 2. मा., पा., सासा. 3. गोस्वामी गोरधनलाल, लक्ष्मणप्रसाद गुप्त, आर. एस. बर्मन 4. कृष्णापुरी, मथुरा/वृन्दावन 5. 1892.

ब्रजवाणी : 3. नवीनचन्द शर्मा 4. बरगढ़ (उड़ीसा)।

ब्रजवाणी : 1. समा. 2. सासा., पा. 4. प्रपंच, मथुरा 5. 1959-61, 62-65.

ब्रज विनोद : 2. मा. 4. मथुरा 5. 1889.

ब्रजविहार : 1. समा. 2. सासा. 4. गली हाली, हाथरस 5. 1971.

ब्रज समाचार : 1. समा. 2. सासा. 3. शिवचरण लाल शर्मा 4. सासनी गेट, हाथरस 5. 1965.

ब्रज सहकारिता : 1. पा. 4. जिला सहकारी बैंक, डैम्पियरनगर, मथुरा 5. 1961-71.

ब्रज सुषमा : 3. सरोजिनी कुलश्रेष्ठ, उर्मिला माथुर 4. नया बाजार, मथुरा 5. 1967 7. द्रष्टव्य-संग्रहालय शताब्दी अंक।

ब्रटिश दृश्यपट : 2. पा. 4. ब्रटिश उच्चायोग, नई दिल्ली 5. 1965-67.

ब्रदरहुड : 1. धा. 2. मा. 4. जयपुर 5. 1962.

ब्रह्मचारी : 2. मा. 3. मोहनलाल गौड़ 4. देहरादून 5. 1923.

ब्रह्मचारी : 2. मा. 4. जबलपुर।

ब्रह्मचारी : 2. मा. 3. हरिबल्लभ एम. ए. 4. आगरा 5. 1921, 22.

ब्रह्मचारी : 2. मा. 4. जयपुर 5. 1919.

ब्रह्मचारी : 2. मा. 3. गिरिधर शर्मा चतुर्वेदी, केदार शर्मा, 4. ऋषिकुल ब्रह्मचर्याश्रम, हरिद्वार 5. 1914-21.

ब्रह्मचारी : 1. धा. 2. मा. 3. आजोमित्र शास्त्री 4. अयोध्या 5. 2009 वि.।

ब्रह्मजा : 1. धा. 2. पा. 3. विश्वम्भरदयाल मिश्र 4. गणेशनगर, कानपुर 5. 1967.

ब्रह्मज्योति : 1. जा. 2. मा. 3. हरेन्द्रनाथ पाण्डेय 4. सी. के. 20/24, ताखी चौंतरा, वाराणसी 5. 1970.

ब्रह्मभट्ट पताका : 1. जा. 2. मा. 3. श्रीकृष्ण शर्मा, बैजनाथ सहाय 4. हतौरा, उरई 5. 1918, 19.

ब्रह्मभट्ट विजय : 2. मा. 3. रामसेवक शर्मा 4. उरई (जालौन) 5. 1920.

ब्रह्मभट्ट हितैषी : 1. जा. 2. मा. 3. मुरलीधर शर्मा, रघुबरदयाल 4. कानपुर 5. 1923.

ब्रह्मभट्ट हितैषी : 1. समा. 2. सासा. 4. छिन्दवाड़ा 5. 1923.

ब्रह्मभूमि : 2. मा. 4. बर्मा।

ब्रह्मऋषि : 1. समा. 2. दै. 4. पटना 5. 1923.

ब्रह्मऋषि : 1. समा. 2. सासा. 4. स्वामी छुट्टनलाल 4. मेरठ 5. 1918.

ब्रह्मलोक : 1. धा. 2. मा. 3. पं. चन्दमणि पाण्डेय कुशल 4. बछरावाँ, रायबरेली (उ.प्र.) 5. 1970 (लगभग) 7. विशेष—'भारतांक'।

ब्रह्मवाणी : 1. धा. 2. मा. 4. शीदीपुरा, नई दिल्ली 5. 1959-69.

ब्रह्मविद्या : 1. धा. 2. त्रै. 4. थियोसाफिकल सोसाइटी, ओडियार (तमिल) 5. 1929.

ब्रह्मविद्या प्रचारक : 1. धा. 2. पा. 3. सूर्यभान बी. ए. 4. लाहौर 5. 1896.

ब्रह्मशक्ति: 1. धा. 2. मा. 3. हरिप्रसाद वैद्य 4. बरियारपुर, काशी 5. 1918.

ब्रह्मसंदेश : 1. पा. 4. दयालपुरा, करनाल 5. 1967.

ब्रह्मज्ञान प्रकाश : 1. धा. 3. केशवचन्द्र 4. बरेली 5. 1869.

ब्रह्मावर्त : 1. समा. 2. मा., सासा. 3. रामनारायण बाजपेयी 4. राजेन्द्रनगर, बिठूर, कानपुर 5. 1961-65.

ब्रह्मवर्त : 1. समा. 2. कृपाराम 4. काशी 5. 1890.

ब्रह्मास्त्र : 1. धा. 2. मा. 4. नाऊपाड़ा, बहराइच 5. 1961-62.

ब्राह्मण : 1. समा., सा. एवं 'विविध विषयक' 2. मा. 3. पं. प्रतापनारायण मिश्र, मंगलदत्त मिश्र (1903), संचा.—रामदीनसिंह (1887) 4. हरवंश मोहाल, कानपुर, प्रथमांक-नामी प्रेस, कानपुर से (लीथो में)। कालान्तर में हरिप्रकाश यंत्रालय, बनारस, खड्ग विलास प्रेस, बाँकीपुर, पटना आदि द्वारा 5. 15 मार्च 1883-94 पुन: 1955-63 6. प्रति अंक 'दो आना', वा. 1) पश्चात् 2), "डाक व्यय किसी से न लिया जावेगा। नमूने के वास्ते हमें एक आना भेजना चाहिए और ग्राहक होने से फिर 13 आना मात्र देना होगा।" विज्ञापन छपाई प्रति पंक्ति एक आना 7. सूक्तियाँ—प्रेम एव परो धर्म:।" "शत्रोरपि गुणावाच्या दोषा वाच्या गुरोरपि" "निन्दन्ति नीति निपुणा यदि वा स्तुवन्तु ....(भर्तृहरि)।" "नीति निपुण नर धीर वीर कुछ सुजस कहो किन।" अथवा "निन्दा कोटि करों दुर्जन छिन ही छिन।" अपने युग का प्रतिनिधि निर्भीक पत्र। अभिजात्यहीन बेतकल्लुफ बातचीत से युक्त। जनसामान्य का पत्र। बोलचाल की भाषा, जैसे-"पड़े पथ्थर समझ पर"। मुहावरेदानी की अति। हिन्दी गद्य के विकास में विशिष्ट योग। भाषा समस्यापरक लेख— 'हिम्मत राखौ एक दिन नागरी का प्रचार होगा ही।' फुदकती शैली जैसे—'हो. ओ. ओ. ली है।' कूटी सहै आँजी न सहैं'। मरे को मारैं साहमदार। अवधी का प्रभाव। आकार—रायल अठपेजी, 12 पृष्ठ।

स्तम्भ—'कानपुर समाचार', 'विविध समाचार,' 'पुस्तक आलोचना', 'प्रहसन', 'संवाद लेख', 'कविताएँ', 'टिप्पणियाँ', आदि। मुख्य लेखक—प्रतापनारायण मिश्र, (स्वयं) श्रीधर पाठक, हरिश्चन्द्र, हरिऔध, बालकृष्ण भट्ट, रायकृष्ण दास आदि। अर्थसंकटवश आल्हा छंद एवं लोकगीत शैली में ग्राहकों से बारम्बार निवेदन-'दादा जजमान! प्यारे पाठक! अनुग्राहक ग्राहक! चार महीने हो चुके

ब्राह्मण की सुध लेब। गंगा माई जै करै हमै दक्षिणा देब। जौ बिन माँगें दीजिए चहुँदिस होय अनंद। तुम को निचंत हम करै माँगन को सौगंध। स्वराज की कगार पर जितने होय निसान। हितै वर्ष सुख सुज सजुत जियत रहौ जजमान'' (ब्राह्मण, खण्ड - 3, अंक 5)।

शुल्क न मिलने पर क्षोभवश लिखा—'खुशी रहौ जजमान नैन ये दोनों फूटें। राह चलत गिरि पड़ो दाँत बत्तीसो टूटें'। ताकि तकादा पत्र पढ़ने और लज्जावश दाँत निकालने, खीस निपोरने का कष्ट न उठाना पड़े। यदा-कदा हरगंगा शीर्षक कविता —''आठ मास बीते जजमान अब तो करो दक्षिना दान। हरगंगा...। आजु काठिन्ह जो रुपिया देब। मानों कोटि जज्ञ करि लेब। हरगंगा ...। माँगत हमका लागै लाज, पै रुपिया बिन चलै न काज हरगंगा...। हँसी-खुशी ते रुपिया देब, दूध पूत तै हम ते लेब। हरगंगा। अत्यन्त लोकप्रिय पत्र। व्यंग्यात्मक गद्यशैली और अक्खड़ कथन, जैसे—'' हजरत नादिहंद साहब अब तक तो हम समझे थे कि थोड़ी बात पर क्यों रंजिश हो, खैर जनवरी में हम आपकी ईमानदारी, जमामारी और मान की ख्वारी करेंगे।

'गपशप' स्तम्भ अत्यन्त लोकप्रिय। सामाजिक संचेतना और राजनीतिक जागरूकता की दृष्टि से अग्रणी पत्र। 'सरकार से कोई पूछे', 'बेगार' जैसे लेख इसके प्रमाण। आर्थिक दुरवस्था के कारण पत्र बंद। अपनी बात में सम्पादक ने लिखा—''यह पत्र हमने रुपया जोड़ने को न चलाया था। सम्पादक लक्षाधीस नहीं है। अब ब्राह्मण की दशा बहुत बुरी है।'' पत्र को बंद करते हुए मिश्र जी ने लिखा-''ब्राह्मण को बंद करते हुए परमेश्वर साक्षी है कि हमें पुत्र शोक से कम शोक नहीं होगा। पर हत्यारे नाद हिन्दी ने हमें लाचार कर दिया है।'' (खण्ड 4 सं. 11)। अंतिम संभाषण में लिखा-''खुश रहो अहले वतन हम तो सफर करते हैं। यहाँ के हिन्दी समुदाय में अपनी भाषा और भाव का ममत्व विधाता को रुचा ही नहीं। अत: छाती पर पत्थर रख के विदा होते हैं...चलते-चलते कहे जाते हैं— ''चहहु जो संचहु निज कल्यान तो सब मिल भारत संतान। जपो निरंतर एक जबान। हिन्दी हिन्दू हिन्दुस्तान।''

ब्राह्मण : 1. जा. 2. मा. 3. एस. एल. शर्मा 4. कलकत्ता 5. 1921.

ब्राह्मण: 1. जा. 2. मा. 3. छबीलेलाल गोस्वामी, जगन्नाथ कौशल 4. अम्बाला 5. 1926.

ब्राह्मण : 1. जा. 2. मा. 3. बंशीलाल गौड़ 4. अकोला (बरार) 5. 1924.

ब्राह्मण : 3. देवदत्त शास्त्री, संतकुमार 4. चरखेवालान, दिल्ली 5. जनवरी 1945.

ब्राह्मण कुलचन्द्रिका : 2. मा. 4. कानपुर 5. 1906.

ब्राह्मण गजट : 1. दा., धा. 2. मा. (हि. उ.) 3. बक्शी अमरनाथ 4. सिविल लाइन्स, मेरठ 5. 1966, 67.

ब्राह्मण गजट : 2. मा. 3. रावलपिण्डी।

ब्राह्मण गौरव : 1. जा. 2. मा. 3. शम्भुनाथ कौशिक 4. मोतीकटरा, आगरा 5. 1965.

ब्राह्मण समाचार : 1. जा. 2. मा. 3. नारायणप्रसाद गौड़, घुट्टनलाल 4. मेरठ 5. 1901, 06.

ब्राह्मण समाचार : 2. जा. 3. उमादत्त शर्मा 4. जगाधरी (हरियाणा)।

ब्राह्मण समाचार : 2. जा. 4. हरदोई (उ.प्र.) 5. 1895.

ब्राह्मण समाज : 1. धा. 2. मा. 3. जगदीशराम शारदा 4. जोशी रोड, नई दिल्ली 6. 1964.

ब्राह्मण सर्वस्व : 1. जा., धा. 2. मा. 3. भीमसेन शर्मा, प्रबन्धक—सत्यदेव शर्मा, किशोरीलाल गोस्वामी, ब्रह्मदेव शास्त्री 4 इटावा 5. 1902, 05, 45 6. 2.25 रु. वा. 7. आर्यसमाज विरोधी कर्मकाण्ड का पोषक पत्र। सूक्ति—"उत्तिष्ठत् जाग्रत प्राप्यबरान्न बोधत्।"

ब्राह्मण हितकारी : 1. जा. 3. कृपाराम 4. काशी 5. 1962.

ब्राह्मण हितैषी : 1. जा. 2. पा. 3. बिहारीलाल गौड़ 4. मैनपुरी 5. 1924-25.

ब्लड थिरैपी जर्नल : 1. चि. 2. द्विमा. (हि., अं.) 4. डॉ. बी.बी. लाल 4. पूसा रोड, नई दिल्ली 5. 1965 6. 2.50 रु.

ब्रिगेडियर : 1. समा. 2. साप्ता. 3. आर. के. जैन 4. न्यू रोड, उज्जैन 5. 1963.

ब्रेबेड़ो : 1. समा. 2. साप्ता. (हि., अं.) 4. मानक चौक, जोधपुर 5. 1964.

ब्लास्ट : 1. समा. 2. साप्ता. 4. पंजाबी बाजार (हरि.) 5. 1971.

भंगिमा : 1. सा. 2. मा., अनि. 3. डॉ. लालबहादुर वर्मा 4. रामदत्तपुर, गोरखपुर 5. 1972 (अल्पायु) 7. प्रगतिशील (जनवादी) लघुपत्र।

भण्डारा टाइम्स : 1. समा. 2. साप्ता. (बहु.) 4. गाँधी चौक, भण्डारा (महा.) 5. 1964.

भण्डारा सन्देश (दर्शन) : 1. समा. 2. साप्ता. 3. आर. सी. दुबे 4. अंसारी बोर्ड, भण्डारा 5. 1962.

भँवर : 2. मा. 4. पंतनगर, सीतापुर 5. 1966-69.

भँवरा : 1. सा. 2. मा. 3. सुरेन्द्र अग्रवाल 4. महावापुर, इलाहाबाद 5. 1960.

भक्त भारत : 1. धा. 2. मा. 3. रामदेव (रामदास) शास्त्री 4. चार सम्प्रदाय आश्रम, रतन प्रेस, आसखंभा, वृंदावन 5. 1946-50-66 (प्रच.) 7. अ.भा. वैष्णव सम्मेलन तथा श्री रामकृष्ण संकीर्तनमण्डल का पत्र।

भक्तराज : 1. समा. 2. दै. 3. सी. के. पाण्डेय 4. बम्बई 5. 1968.

भक्तामर : 1. व्या. 2. वा. 3. माणिकचन्द नाहर 4. मइलापुर, मद्रास 5. 1972.

भक्ति : 1. धा., दा. 2. मा., साप्ता. 3. सूरजदेवी प्रभाकर, कृष्णानंद, भूमानन्द, गोदावरी देवी, चिरंजीलाल, प्रभुदत्त, ब्रह्मचारी 4. गोकुल बाजार, रेवाड़ी 5. 1926-40, 1958-64.

भक्ति : 1. धा. 2. मा. 3. माधवप्रसाद गुजरी 4. कलकत्ता 5. 1964.

भक्ति प्रचार : 1. धा. 2. मा. 3. गोकुलप्रसाद शर्मा 4. भागलपुर 5. 1926.

भक्ति प्रचारक : 1. धा. 2. मा. 3. वैदेहीशरण, सुरेन्द्रप्रसाद 4. गोगरी (बिहार) 5. 1914.

भक्ति भागीरथ : 1. धा. 2. मा. (हि., गु.) 3. बी.बी. सारण 4. रणछोड़ जी का मंदिर, असर्याचकल, अहमदाबाद 5. 1961.

भक्तियोग : 1. धा. 2. मा. 3. स्वामी योगानंद 4. श्रीमान मंदिर ओड़ी राम सागर, आमेर, जयपुर 5. 1968.

भक्ति संजीवन : 1. धा. 2. मा. 3. सत्यदेव विद्यालय, गड़ग (कर्णा.) 5. 1956-58 (लगभग)।

भगत : 1. धा. 2. पा. 3. रामकिशोर गुप्त 4. हाथरस।

भगवत् झाँकी : 1. धा. 2. पा. 3. जयप्रकाश अग्रवाल 4. मुंशीपाड़ा, बुलन्दशहर 5. 1968.

भगवत दर्शन : 1. धा. 2. मा. 3. डॉ. रवीन्द्रप्रताप राव 4. राधा दामोदर मंदिर, सेवाकुंज, वृन्दावन 5. 1967 7. अन्तरराष्ट्रीय श्रीकृष्ण भवन संघ का मुखपत्र। 'हरे कृष्ण' आन्दोलन का प्रेरक।

भगवद्भक्ति : 4. काशी।

भगवान संदेश : 1. धा. 2. मा. 4. आर. 63, ग्रेटर कैलाश, नई दिल्ली, 5. 1971.

भगीरथ : 1. कृ. 2. त्रै. 4. प्रकाशन विभाग, भारत सरकार, नई दिल्ली 5. 1974.

भट्ट प्रदीप : 1. जा. 2. मा. 3. नारायण भट्ट 4. नया गणेशगंज, लखनऊ 5. 1969.

भट्ट भास्कर : 1. जा. 2. मा. 3. गौरीशंकर भट्ट, रामलाल भट्ट 4. कानपुर 5. 1893, 1924.

भदावरकहेरी : 1. समा., जा. 2. साप्ता. 3. बटेश्वरदयाल शर्मा 4. पुरानी बस्ती, भिण्ड (म.प्र.) 5. 1965.

भदावर भारती : 1. जा. 3. रामगोपाल शर्मा 'दिनेश' 4. भदावर विद्या मंदिर, आगरा 5. 1947.

भभक : 1. समा. 2. पा. 3. कृष्णगोपाल गुप्त 4. पालबिचला, अजमेर 5. 1969.

भयंकर जासूस : 1. मा. 3. शारदाप्रसाद जायसवाल 4. सम्मेलन मार्ग, इलाहाबाद 5. 1952.

भयंकर भेदिया : 1. मा. 3. शारदाप्रसाद जायसवाल 4. सम्मेलन मार्ग, इलाहाबाद 5. 1951.

भयानक दुनिया : 2. मा. 3. देवीदयाल गम्भीर 4. अशोक पब्लिकेशन, शोहराब गेट, मेरठ 5. 1966.

भरतकूप समाचार : 1. समा. 2. साप्ता. 3. सहादत बक्शी 4. अतर्रा (बाँदा) 5. 1969.

भरतखण्ड : 1. समा. 2. साप्ता. 3. बाबूराम 4. खुमरान, सहारनपुर 5. 1967.

भरत खण्डामृत : 1. समा. 2. मा. 3. बंशीधर 4. आगरा 5. 1864.

भरतपुर की आवाज : 1. समा. 3. मिश्रीलाल गुप्त 4. भरतपुर।

भरतपुर गजट : 1. समा. 2. साप्ता. 3. ताराचन्द बक्शी 4. कुम्हेर गेट, भरतपुर 5. 1911, 66.

भरत पत्रिका : 1. समा. 2. साप्ता. 4. भरतपुर 5. 1960-65.

भरपुरा टाइम्स: 1. समा. 3. रायपुर।

भरहुत समाचार : 1. समा. 2. साप्ता. 4. मकदूम बक्श गली, सतना 5. 1965.

भवन्तो : 2. द्विभा. (हि., ते.) 4. दक्षिण भारत हिन्दी प्रचार सभा, हैदराबाद 5. सम्प्रति तेलुगु में प्रकाशित।

भवनवाणी : 2. सा. 4. पिलानी।

भवसागर : 2. पा. 4. खारी बावली, दिल्ली 5. 1965-67.

भवसार केसरी : 2. मा. 4. हैदराबाद।

भविष्य : 1. समा. 2. साप्ता. , दै. 3. रामरतन द्विवदी, गिरिजाशंकर मिश्र 4. कानपुर 5. 1924-25.

भविष्य : 1. ज्यो. 2. साप्ता. 4. इन्दौर 5. 1949-65.

भविष्य : 1. समा. 2. साप्ता. (1918), दै. (1919) 3. पं. सुन्दरलाल, पं. मोतीलाल, भुवनेश्वरमाधव सहगल 4. चाँद कार्यालय, इलाहाबाद 5. 1918, 19, 30 7. लोकप्रिय राष्ट्रीय पत्र।

भविष्य : 1. ज्यो. 2. मा. 3. श्रीकृष्ण मोर 4. जोगीबाड़ा, चीड़ाखाना, नयी सड़क, दिल्ली 5. 1946–58 7. मारवाड़ी समाज का मुखपत्र। विशेष—मारवाड़ी सम्मेलनांक।

भविष्य दर्पण : 1. ज्यो. 2. मा. 4. कटरा, मैनपुरी 5. 1947–67.

भविष्य प्रकाश : 1. ज्यो. 2. मा. 3. नानकचन्द, लखन कोठारी 4. लाखनकोठरी, अजमेर 5. 1961.

भविष्यफल: 1. ज्यो. 2. मा. 3. राममोहन त्रिवेदी, चन्द्रकला त्रिवेदी 4. कटरा, बाराबंकी 5. 1969, 70.

भविष्य वक्ता: 1. ज्यो. 2. मा. 3. पं. बालमुकुन्द शास्त्री 4. अड्डा मन्दिर, उरई (जालौन) 5. 1968.

भविष्यवाणी : 1. ज्यो. 2. मा. 4. रामनगर, वर्धा 5. 1941–62.

भव्य आलोकन : 1. समा. 2. दै. 3. रामगोपाल गाँधी 4. लोक्कड़ बिठा, रतलाम 5. 1963.

भव्य भारत : 2. मा. 3. विक्रमादित्य मार्ग, सहारनपुर 5. 1954–57.

भाँड़ : 1. हास्य. 2. सा. 3. रामप्रसाद पाण्डेय 4. काशी।

भाईचारा : 1. समा. 2. पा. 4. मु. केसरी, शाहदरा, दिल्ली 5. 1963–65.

भाई बहन : 1. सा. 2. मा. 3. विमला देवी 4. रघुनाथ टोला, अनिसाबाद, पटना 5. 1968.

भाई बहन : 2. मा. 4. जयपुर 5. 1946–56.

भागलपुर समाचार : 1. समा. 2. पा. 4. भागलपुर 5. 1958 (लगभग)।

भागवत झाँकी: 1. पा. 4. मुंशीपाड़ा, बुलन्दशहर 5. 1968.

भागवत विलास: 1. धा. 2. मा. 4. प्रयाग 5. 1881.

भागीरथ : 1. कृ. 2. त्रै.।

भाग्यरानी : 1. समा. 2. साप्ता. (हि.,म.) 4. अम्बिकानगर, अमरावती 5. 1970.

भाग्यरेखा : 1. ज्यो. 2. साप्ता. 3. एस. के. सारंग 4. इमली बाजार, इन्दौर 5. 1969.

भाग्यलक्ष्मी : 1. साप्ता. 3. मदनसिंह वर्मा 4. लालमती, धामपुर, जबलपुर 5. 1968.

भाग्यलक्ष्मी : 2. पा. 4. शिवपुरी, लखनऊ 5. 1951–57.

भाग्यशाली : 2. साप्ता. 3. अशोककुमार 4. स्नेहलतागंज, इन्दौर 5. 1969.

भाग्योदय : 2. मा. 3. अर्जुनप्रसाद मिश्र 'कण्टक' 4. हैदराबाद 5. 1931 (अल्पायु) 7. जनता के असहयोग और निजाम शासन के नियंत्रण के कारण समाप्त।

भाग्योदय: 1. बा., ज्यो. 2. पा., मा. 3. टी. कृष्णास्वामी 4. गोल बाजार, जबलपुर 5. 1948.

भाग्योदय : 1. ज्यो. 2. साप्ता. 4. तुलसीपाइप रोड, बम्बई 5. 1952.

भानु : 3. शान्तिप्रसाद 4. मेरठ।

भानूदय : 1. धा. 2. मा. 3. जोनाथन राय 4. बाइबल प्रचार शिक्षा, बंगलोर (कर्णा.) 5. 1856–58.

भानूदय : 1. धा. 2. मा. 3. पी.डी. सुखनन्दन, जोनाथन राव 4. मिशन प्रेस, जबलपुर 5. 1922–59 7. ईसाई धर्म का प्रचारक पत्र।

भायल: 1. जा. 2. पा. 3. हरवंशलाल 4. झुंझुनू (राज.) 5. 1966–71.

भारत (दैनिक): 1. समा., सा. 2. अर्द्ध. साप्ता., मा. दै. 3. संस्था.—सी. बाई. चिन्तामणि, नन्ददुलारे बाजपेयी, डॉ. मुकुन्ददेव शास्त्री, शांतिप्रिय द्विवेदी, बलभद्रप्रसाद मिश्र, राधेश्याम शर्मा, एम. डी. शर्मा, राजबल्लभ ओझा, केशवदेव, विश्वंभरनाथ जिजना, ज्योति 'निर्मल', इलाचन्द्र जोशी 4. लीडर प्रेस, इलीपुर रोड, इलाहाबाद 5. 1931, 33 7. अपने समय का श्रेष्ठ पत्र। विशेष—टण्डन अभिनंदन ग्रन्थ (1960).

भारत : 3. मथुराप्रसाद दीक्षित 4. पटना।

भारत : 1. सा. 2. साप्ता. 3. सेठ गजानन मोदी, वेंकटेशनारायण तिवारी 4. बम्बई 5. 1908–12.

भारत : 1. समा. 2. दै. 4. इन्दौर 5. 1949.

भारत : 1. समा. 2. साप्ता. 4. छिंदवाड़ा 5. 1956 (लगभग)

भारत : 4. गुजरानवाला (पंजाब)।

भारत का दुलारा : 1. समा. 2. मा., पा., त्रै. 3. के. एन. शर्मा 4. बी. 17, सी. सी. कॉलोनी. दिल्ली 5. 1968–71.

भारत की आवाज: 2. पा. 4. महिला कॉलोनी, गाँधीनगर, दिल्ली 5. 1968.

भारत केसरी : 1. समा. 2. साप्ता. 4. सरदार बाजार, राजनंदगाँव (म.प्र.) 5. 1959-62.

भारत खंडामृत : 3. वंशीधर 4. आगरा 5. 1864.

भारत गणनायक : 1. समा. 2. साप्ता. 3. रामचन्द्र त्यागी 4. कोतवाली रोड, गंगानगर (राज.) 5. 1964.

भारत गौरव : 3. इन्द्रचन्द्र नाहटा, अद्‌भुत शास्त्री 4. जयपुर/कलकत्ता।

भारत गौरव : 1. समा. 2. साप्ता. 3. विश्वनाथ पूर्णिया 4. पुरविया टोला, इटावा 5. 1966–71.

भारत गौ हितैषी : 1. समा. 2. साप्ता. 4. श्रीभाधव 4. दिल्ली 5. 1922.

भारत चन्द्रोदय : 2. मा. 3. गुरुबख्श सिंह 4. बिठूर, कानपुर 5. 1885–94.

भारत चिन्तन : 1. सा. 2. मा. 4. देवनगर, नई दिल्ली 5. 1971.

भारत जन : 1. समा. 2. साप्ता. 3. करणीदान सिंह 4. धर्मशाला, सूरतगढ़।

भारत जननी : 1. म. 2. मा. 3. शान्ति महरोत्रा, कालिकाप्रसाद 4. हिवेट रोड, प्रयाग 5. 1945–56.

भारत जीवन : 1. समा. 2. दै., साप्ता. (प्रति सोमवार) 3. बाबू रामकृष्ण वर्मा, बलवीर, रामचन्द्र वर्मा, गंगा सिंह, कार्तिकप्रसाद खत्री, दुर्गाप्रसाद खत्री (1913), गंगा प्रसाद गुप्त (1904), हरिकृष्ण जौहर, विजयानन्द त्रिपाठी 4. काशी/कलकत्ता 5. मार्च 1884 6. 1.50 रु. वा. (अग्रिम डाक सहित) 7. अत्यन्त लोकप्रिय प्राचीन पत्र। 1950 में प्रसार संख्या 1750.

भारत ज्योति : 1. बा. 2. मा. 3. सुदेश शर्मा 4. लक्ष्मीपुरा, जालंधर 5. 1957–71 7. पर्याप्त लोकप्रिय पत्र।

भारत टाइम्स: 1. समा. 2. साप्ता. 4. जवाहरगंज, सहारनपुर 5. 1957.

भारत टेक: 1. समा. 2. पा., साप्ता. 3. दामेश्वरनन्दन 4. झझ्झर रोड, रोहतक 5. 1940–71.

भारत तंत्र : 1. समा. 2. साप्ता. 3. प्रेमकुमार गुप्त 4. रेलवे रोड, रोहतक 5. 1967.

भारत तिलक: 1. समा. 2. साप्ता. 3. क्षेमानन्द राहत 4. मद्रास 5. 1922 ई. 7. राष्ट्रीयता प्रेरक पत्र। दक्षिण भारत का प्रथम हिन्दी पत्र।

भारत दर्पण : 1. समा. 2. साप्ता. 3. आर. एल. सिंह 4. कचहरी रोड, मेरठ 5. 1956.

भारत दर्पण : 1. समा. 2. साप्ता. 3. विश्वनाथ ब्रह्मचारी 4. कलकत्ता 5. 1888-94.

भारत दर्शन : 1. समा. 2. साप्ता., पा. 3. भीमसेन वर्मा 4. सैयदवाड़ा, पलवल (पंजाब) 5. 1961-64.

भारत दर्शन : 1. समा. 2. मा. 4. मार्ग 2, चामराज पेठ, बँगलूर 5. 1956-57 लगभग।

भारत दर्शन : 1. समा. 2. साप्ता. 4. आर्यसमाज लेन, कोटा 5. 1956-59.

भारत दर्शन : 1. धा. 2. मा. 4. कनाट सर्कस, नई दिल्ली 5. 1959-62.

भारत दीपिका : 4. लखनऊ 5. 1877, 81.

भारत दुर्दशा मर्दक : 2. मा. 3. गणेशीप्रसाद 4. फर्रुखाबाद 5. 1879 7. कुछ अंकों के बाद स्वामी दयानन्द सरस्वती द्वारा इसका नामान्तर हुआ 'भारत सुदशा प्रवर्त्तक'।

भारत दूत : 1. समा. 2. दै. 3. बाबूलाल व्यास 4. गंगाशहर, बीकानेर 5. 1969.

भारत धर्म : 1. समा. 2. साप्ता. 3. गोविन्द शास्त्री दुगबेकर 4. काशी 5. 1980 वि.।

भारत धर्म : 2. मा. (हि., म., गु.) 3. शंकरदास शास्त्री 4. बम्बई 5. 1901-12.

भारत धर्म नेता : 1. धा. 2. पा. 3. धर्मदत्त वेदशास्त्री 4. काशी 5. 1922.

भारत धर्मामृत : 4. पूर्णिया (बिहार) 5. 1890.

भारत नारी : 1. म. 2. मा. 3. कमलादेवी 4. पुरानी अदालत गली, कलकत्ता 5. 1967.

भारत नारी हितकारी : 1. म. 2. मा. 3. जिनेश्वरदास वैद्य 4. पल्लीबाल, मैनपुरी 5. 1913.

भारत निधि : 1. व्या. समा. 2. साप्ता. (हि., बं.) 3. शंकरलाल गुप्त 4. बेंटिंग स्ट्रीट, कलकत्ता 5. 1967.

भारत निर्माण : 2. द्विभा. 3. रामप्रकाश शर्मा 4. रोहतक 5. 1958.

भारत पंचामृत : 2. मा. 3. बालगोविन्द सिंह 4. भागलपुर 5. 1884-94 7. पर्याप्त प्रसिद्ध प्राचीन पत्र।

भारत पंचायत ला रिपोर्टर : 1. वि. 2. मा. 3. साधुशरण 4. श्रीकृष्णपुरी, पटना 5. 1959.

भारत पत्रिका : 4. लखनऊ 5. 1873.

भारत पुत्र : 2. पा. 3. छैलबिहारीलाल बजाज 4. हाथरस 5. 1925.

भारत पुत्र : 2. मा. 3. रे. ए. डब्ल्यू. मैकमिलन 4. सूबा (फीजी)।

भारत प्रकाश : 2. द्विभा. 3. बनवारीलाल मिश्र 4. मुरादाबाद 5. 1985-90.

भारत प्रताप : 2. मा. 3. बालमुकुन्द गुप्त, पं. प्रतापकृष्ण आगा 4. मुरादाबाद 5. 1893.

भारत प्रहरी : 1. समा. 2. साप्ता. 3. मेबलराम 4. सब्जीमण्डी, कोठा 5. 1970.

भारत बन्धु : 1. समा. 2. साप्ता. 3. बाबू तोताराम वर्मा, सीताराम, भूदेव शर्मा 4. अलीगढ़ 5. 1874-94 6. 7.50 रु. वा. 7. युग प्रतिनिधि पत्र।

भारत बन्धु : 1. समा. 2. साप्ता. 3. भगवानदास हालना 4. हाथरस 5. 1917-23.

भारत बन्धु : 1. समा. 2. साप्ता. 4. कलकत्ता 5. 1908.

भारत भगिनी : 1. म. 2. मा., पा. 3. श्रीमती महादेवी वर्मा 4. प्रयाग 5. 1888-1906 7. आर्यसमाजी पत्र। अल्पायु।

भारत भगिनी : 1. म. 3. भीमसेन शर्मा 4. लाहौर 5. 1888-89 6. 1रु. वा. 7. ब्राह्म समाज का सम्पोषक।

भारत भानु : 2. मा. 3. पं. गणेशगोपाल रागण 4. हरिपुरा, हरदा (उ.प्र.) 5. 1907 6. 1.25 रु. वा.।

भारत भानु : 2. मा. 3. भगवानदास जैन 4. लखनऊ 5. 1891-93 6. 1.50 रु. वा.।

भारत भाल : 2. साप्ता. 3. ठाकुर प्रतापसिंह नेगी 4. देहरादून।

भारत भूमि : 1. समा. 2. दै. 3. कुँवरसिंह 4. कुँवर प्रिंटिंग प्रेस, गोरासी, लश्कर, ग्वालियर 5. 1952.

भारत भूमि : 2. मा. 3. ऋषिराम शास्त्री 4. मुरादाबाद 5. 1907.

भारत भूषण : 2. साप्ता. 4. काशी (वाराणसी)।

भारत भूषण : 2. मा. 4. कानपुर 5. 1884.

भारत भूषण : 2. साप्ता., मा. 3. गोपालराम गहमरी 4. बम्बई 5. 1892-93 7. जीवनचरित प्रधान पत्र।

भारत भ्राता : 1. समा. 2. साप्ता. 3. महाराजकुमार, परम विद्यानुरागी, श्रीलाल, बलदेव सिंह, भगवान सिंह 4. रीवाँ रियासत (म.प्र.) 5. 1887-1992 7. हिन्दी का प्रथम राष्ट्रीय समाचार पत्र। काँग्रेस का समर्थक।

भारत महिमा : 1. म. 2. मा. 3. रघुबीरशरण दुबलिश 4. मेरठ 5. 1913.

भारत महिला : 1. म. 4. ठट्ठा (सिंध) 5. 1913.

भारत माता : 1. मा. 4. श्यामसुन्दर झुनझुनवाला, बम्बई 5. 1950 7. अरविन्द दर्शन का प्रेरक पत्र

भारत मार्त्तण्ड : 1. सा., धा. 2. मा., साप्ता. 3. रामकरण शर्मा श्याम 4. जोधपुर/जयपुर 5. 1898 6. 2.30 रु. 7. प्रसिद्ध प्राचीन पत्र।

भारत मित्र : 1. राज., समा., सा., सां. 2. पा. (11 मई 1878, 26 जन. 1911-12), साप्ता. (10 अंक बाद) प्रति बृहस्पतिवार, दै. (1897-98, मार्च 1912-78, 1927-35) 3. प्रबन्ध—डा. एस. के बर्मन, संपा. संस्था,—पं. छोटेलाल मिश्र (1878-83), पं. दुर्गाप्रसाद मिश्र (1898-1907), अमृतलाल चक्रवर्ती (1910), रुद्रदत्त शर्मा, जगन्नाथ चतुर्वेदी (1887), बाबूलाल विष्णु पराड़कर (1910-15), रामदास वर्मा (12 मार्च 1891), राधाकृष्ण चतुर्वेदी, लक्ष्मणनारायण गर्दे (जन. 1890), बालमुकुन्द गुप्त (16 जन. 1899), प्यारेलाल शुक्ल, ब्रह्मानंद, भुवनेश्वर, अंबिकाप्रसाद बाजपेयी (1911), हरमुकुन्द शास्त्री, शिवनारायण सिंह (1910-26 जून 1911), कृष्णनारायण सिंह, आदित्य मिश्र 'कुमार' (1912) 4. 60, को स्ट्रीट, बड़ा बाजार, (सूता पट्टी) शालग्राम खन्ना कं. कलकत्ता। 5. 1857 (शीघ्र समाप्त), 17 मई 1878-। 26 जनवरी 1911 में दिल्ली

दरबार के अवसर पर पुनः प्रकाशित। 1935 तक चला। 19 मार्च 1912 में दैनिक रूप में फिर प्रकाशित। 1935 तक चला (कुल 57 वर्ष) 6. दै. 'दो पयस' प्रति अंक से लेकर 12) वा.। सासा. 1।।) से 2) वा.। पा. ।।।) 7. बंगला पत्र 'सोमप्रकाश' से प्रेरित। राजनीति प्रधान निर्भीक पत्र। 11 अप्रैल 1903 में 'शिवशम्भु का चिट्ठा बनाम लार्ड कर्जन' छपा। 'शाइस्तार खाँ के खत' द्वारा व्यवस्था पर प्रहार। इसमें उर्दू बनाम नागरी का विवाद वर्षों तक चलता रहा। 11 नवंबर 1905 ई. के अंक से आचार्य म. प्र. द्विवेदी के लेख 'भाषा और व्याकरण' को लेकर मुख्यत: 'अनथिरता' शब्द को लक्ष्य करके राष्ट्रव्यापी विवाद को जन्म दिया। 1900 में 'शेष' शब्द पर 'वेंकटेश्वर समाचार' से विवाद चलाया। खरी पुस्तक समीक्षाएँ प्रकाशित कीं।

वस्तुतः अपने युग का सर्वाधिक विचारोत्तेजक पत्र। हिन्दी पत्रों के व्यवस्थित इतिहास का प्रयत्न इसी ने आरम्भ किया (दे. बालमुकुंद गुप्त निबन्धावली-427)। सम्पादकीय नीति की साक्षी सूक्ति—'जयोदस्तु सत्यनिष्ठानां येषां सर्वेमनोरथाः'। सरकार विरोधी लेख छापने पर गुप्त जी हटाए गये। यह 'पत्रकार इतिहास की पहली घटना'। विशेष विवरण हेतु द्रष्टव्य—बालमुकुन्द गुप्त स्मारक ग्रन्थ (पृ. 226)। 15 वीं संख्या से नयी सूक्ति—"सगुणखनित्र विचित्र अति खोले सबेके चित्र। शोधे नर चारित्र्य यह 'भारत मित्र' पवित्र।" आरम्भ में 500 प्रतियाँ फिर प्रति संस्करण 40000 प्रतियों का। रायल शीट 2 पृष्ठ। प्रथम वर्ष (1878) में 24 अंक। 1879 से निजी प्रेस। घटते-बढ़ते हुए विभिन्न आकार सचित्र। कभी-कभी कवरयुक्त, डबल सुपर रायल। विज्ञापनों की भरमार, अतः 'इश्तहार पत्र' होने का आरोप। बालमुकुन्द गुप्त इसके सर्वाधिक सम्मानित सम्पादक। इस पत्र ने 1884 से हिन्दी आन्दोलन चलाया, जुआ का विरोध किया, रात का भुगतान बन्द कराया। अपने समय में इतना लोकप्रिय कि पंजाब में इसकी पुनर्मुद्रित प्रतियाँ (रिप्रिण्टस) वितरित की जाती थीं। इसमें 1906 में हिन्दी संवाद पत्रों का इतिहास प्रकाशित। साहित्यकारों की श्राद्ध परम्परा का श्रीगणेश। भाषा के उन्नायकों पर स्वतंत्र लेख। लिपि की समस्या पर मौलिक चिन्तन।

भारत मेल : 1. समा. 2. सासा. 3. रामचन्द्रप्रसाद, सिद्धेश्वर चौधरी 4. बुद्ध मार्ग, पटना 5. 1965.

भारत युग : 1. समा. 2. सासा. (हि., अं.) 4. थाना रोड, सिरसा, हिसार 5. 1962, 65.

भारतरत्न : 1. समा. 3. रुद्रदत्त शर्मा (2 वर्ष) 4. पटना 5. 1900, 01.

भारत राष्ट्र महान् : 1. समा. 2. सासा. 4. न्यू रोड, रतलाम 5. 1971.

भारतवर्ष : 2. मा. 3. दीनदयालु श्रीवास्तव 4. रथावरी, झाँसी।

भारतवर्ष : 1. समा. 2. दै. 3. रामगोपाल विद्यालंकर 4. दिल्ली गेट, दिल्ली 5. 1948 7. हिन्दू राष्ट्रवादी नीति का पोषक पत्र।

भारतवर्ष : 1. मा. 3. रामनारायण बाजपेयी 4. बिठूर (यू.पी.) 5. 1888-94.

भारतवर्ष : 1. समा. 2. सासा. 4. खैरनगर, मेरठ 5. 1956-58.

भारतवाणी : 2. मा., द्विभा. (हि., कन्नड़) 3. के. सी. सारणमठ, पी. एन. भट्टतिरी, सिद्धनाथ पंत, एस. श्री कंठमूर्ति, रा. पुरानिक 4. कर्नाटक हिन्दी प्रचार सभा, पो. बॉ. 12, धारवाड़ (कर्नाटक) 5. 1955, 56.

भारतवार्ता : 1. समा. 2. साप्ता. 4. झाँसी 5. 1966-69.

भारतवासी : 1. समा. 2. दै., साप्ता. 3. इन्द्रनारायण द्विवेदी 4. प्रयाग 5. 1908-14 6. 1.25 रु. (1914).

भारतवासी : 3. ब.त. गजरा 4. बम्बई 5. 1952.

भारतविजय : 3. रामेश्वरप्रसाद तिवारी 4. हरदा (उ.प्र.)।

भारतवीर : 1. समा. 4. भरतपुर 7. राजनीतिक चेतना और सामाजिक सुधार सामग्री से युक्त।

भारत व्यापार पत्रिका : 1. व्या. 2. मा. (हि., अं.) 3. सेठ केदारनाथ 4. पो. बॉ. 49, राज दरवाजा, वाराणसी 5. 1960.

भारत श्री : 3. रामनाथ पाठक 'प्रणयी' 4. वाराणसी।

भारत श्रेष्ठ : 1. वा. 2. मा. 4. पुराना सट्टा बाजार, भटिण्डा 5. 1958-70.

भारतसंदेश : 1. धा. 2. त्रै. 4. भारत साधु समाज, माल्वा मार्ग, नई दिल्ली 5. 1959-65.

भारत साहित्य : 2. सा. 3. वेदब्रत शास्त्री 4. कासगंज, एटा 5. 1938.

भारत सुदशा प्रवर्तक : 2. धा., समा. 3. प्रेरक—स्वामी दयानन्द, संपा.—गणेशप्रसाद शर्मा 4. फर्रुखाबाद 5. 1878-79 7. आर्यसमाजी, युगप्रतिनिधि पत्र।

भारत सेवक : 1. समा. 2. साप्ता. 4. म्यूजियम मार्ग, जयपुर 5. 1961-65.

भारत सेवक : 2. मा. 4. थिएटर कम्यु. बिल्डिंग, नई दिल्ली 5. 1922, 53-69.

भारत सेवक : 1. समा. 2. साप्ता. 4. सिविल लाइन्स, गोरखपुर 5. 1963-64.

भारत सेवक : 2. मा. 4. बुधपुरा, रामपुर 5. 1956-61.

भारत सेवक समाचार : 2. मा. 4. सदरमंजिल, भोपाल 5. 1959-60.

भारतसेवा : 3. सर्वोदयी पत्र 4. दिल्ली।

भारत सोवियत संदेश : 1. राज. 2. साप्ता. 3. शान्तिस्वरूप त्रिपाठी 4. लखीमपुर खीरी 5. 1967-69.

भारत स्नेह बर्द्धिनी : 1. सा. 2. मा. (हि., अं.) 3. श्रीनाम जोशी, मीरा संत 4. पो. बॉ. 566, पूना 5. 1947-60.

भारत हितैषी : 3. देवदत्त शर्मा 4. फर्रुखाबाद 5. 1892.

भारत हितैषी : 4. लाहौर 5. 1882.

भारत हितैषी : 2. मा. 4. नवगाँव 5. 1877-84.

भारत हितैषी : 2. मा. 4. बम्बई 5. 1896.

भारत हितैषी : 2. त्रै., मा. 3. गुलशन जैन 4. देहरादून 5. 1913.

भारत हितैषिणी : 4. बम्बई।

भारत हितोपदेश : 3. जगदम्बा सहाय 4. बिहार।

भारत हितोपदेशक मित्र : 2. पा. 4. बहरामघाट, बाराबंकी 5. 1971.

भारती : 1. सा. 2. मा., पा. 3. गिरीश माथुर 4. भारतीय विद्या भवन, चौपाटी, बम्बई 5. 1950, 56-66.

भारती : 2. मा. 3. ऋषिकेश शर्मा 4. नागपुर 5. 1950-51.

भारती : 2. त्रै. (हि., गु.) 4. आर्यकन्या गुरुकुल, पो. बॉ. 1, पोरबंदर (गुज.) 5. 1957-60.

भारती : 1. सा. 2. मा. 4. बड़ा बाजार, कटिहार, पूर्णिया 5. 1952.

भारती : 1. सा. 2. मा. 3. हरिकृष्ण प्रेमी (1934) 4. हिन्दी साहित्य मण्डल लि., हॉस्पिटल रोड, लाहौर 5. जनवरी 1934, 36 7. उच्चकोटि का साहित्यिक पत्र। केवल 8 अंक प्रकाशित। द्रष्टव्य—'प्रसाद के नाम पत्र'-पृ. 37.

भारती : 2. मा. 3. शांताकुमारी 4. जम्मू (काश्मीर) 5. 1940-47.

भारती : 2. मा. 3. नागेश्वर, ब्रजदेवी, जगदीशचन्द्र विद्रोही 4. साधना कुटीर, करोल बाग, दिल्ली 5. जून 1947-48.

भारती : 2. बा. 3. मा. 3. डॉ. धनरानी कुँवर, महिपाल सिंह 4. ऐबट रोड, लखनऊ 5. अगस्त 1947.

भारती : 2. त्रै. 3. कृष्णगोपाल माथुर, विश्वम्भरनाथ तिवारी 4. सोवाराम वासक स्ट्रीट, कलकत्ता 5. 1957.

भारती : 2. मा. 3. लक्ष्मण त्रिपाठी 4. काशी 5. 1908.

भारती : 1. सा. 2. मा. 3. संतराम 4. कन्या महाविद्यालय, जालंधर 5. 1920.

भारती : 1. सा. 2. मा. 4. चौड़ा रास्ता, जयपुर 5. 1959.

भारती : 2. मा. 4. सराफा, ग्वालियर 5. 1954-61.

भारती : 1. शै. 2. मा. 4. बम्बई विद्यापीठ, पीताम्बर लेन माहिम, बम्बई 5. 1950.

भारती : 2. मा. 4. पो. बॉ. 268, कानपुर 5. 1954.

भारती : 1. समा. 2. साप्ता., दै. 3. संतोषकुमार अग्रवाल 4. मालवीयगंज, कटनी 5. 1957, 69.

भारती : 1. समा. 2. साप्ता. 3. पन्नालाल धूसर 4. लक्ष्मणगंज, झाँसी 5. 1956.

भारती नन्दन : 1. सा. 2. मा. 4. भरतपुर 5. 1967.

भारतीय : 2. मा. 3. कन्हैयालाल गुप्त, रामरतन बाजपेयी 4. लखनऊ 5. 1918 6. 2.25 रु. वा.

भारतीय : 2. मा. 3. जगन्नाथ मालवीय, रामेश्वर भट्ट 4. खुशहाल पर्वत, इलाहाबाद 5. अगस्त 1947.

भारतीय आदर्श : 2. साप्ता. 3. द्वारकाप्रसाद सेवक 4. इन्दौर 5. 1923-24 7. आर्थिक कष्ट के कारण अल्पायु।

भारतीय एकता : 1. धा. 2. मा. 4. बिहारीपुर, बरेली 5. 1962-63.

भारतीय करदाता पत्रिका : 1. वि. 2. मा. (हि., अं.) 3. श्यामकुमार गुप्त 4. नयागंज, कानपुर 5. 1970.

भारतीय किसान : 1. समा. 2. साप्ता. 3. रामकिशन आजाद 4. डूँगर मोहल्ला, शाहदरा, दिल्ली 5. 1967.

भारतीय कुश्ती : 2. क्री. 3. रतन पाटोदी 4. इन्दौर 5. 7 वाँ दशक।

भारतीय कृषक : 1. समा. 2. साप्ता. 3. लक्ष्मीनारायण चतुर्वेदी 4. मोहल्ला कटरा, बाँदा 5. 1956, 66.

भारतीय चिन्तन : 1. सा. 2. मा. 3. मोहनलाल मधुकर 4. चौबुंर्जा, भरतपुर 5. 1965–71.

भारतीय जगत : 3. परमानंद रस्तोगी 4. तालीखाना, लखनऊ।

भारतीय जड़ी-बूटी : 1. चि. 2. मा. 4. यशवंत प्लेस, नई दिल्ली 5. 1971.

भारतीय जीवन : 1. सा. 2. मा. 3. हरिवंश शास्त्री 4. ए 177, चितरंजन एवेन्यू, कलकत्ता 5. 1949.

भारतीय ज्योतिष : 1. ज्यो. 2. मा. 3. ओमप्रकाश शर्मा 4. शक्तिनगर, दिल्ली 5. 1970.

भारतीय ज्योतिष चन्द्रोदय : 4. बम्बई 5. 1922.

भारतीय तम्बाकू : 1. कृ., व्या. 2. त्रै. 4. तम्बाकू विकास निदेशालय, एल्डम्स रोड, मद्रास 5. 1971.

भारतीय धर्म : 1. धा. 2. मा. 3. पुरुषोत्तम शर्मा चतुर्वेदी, संपतकुमार मिश्र 4. पाजरापोल रोड, बम्बई/गुलाबवाड़ी अजमेर 5. 1941–43.

भारतीय पंचायत राज्य : 1. समा. 2. साप्ता. 3. नवनीतदास वैष्णव 4. झालावाड़ (राज.) 5. 1963.

भारतीय पंचायत ला रिपोर्टर : 1. विधि. 2. मा. 4. श्रीकृष्णपुरी, पटना 5. 1959–70.

भारतीय प्रकाशन : 1. व्या. 2. मा. 3. आर. एस. बंसल 4. के. 30, नवीन शाहदरा, दिल्ली 7. पुस्तक प्रकाशन व्यवसाय का मासिक।

भारतीय प्रवासी : 2. पा. (बहु.) 4. सदाशिव पेठ, पूना 5. 1959–69.

भारतीय बालक : 2. बा. 3. मुरारीलाल शर्मा 'बालबन्धु' 4. मेरठ।

भारतीय मजदूर : 2. पा. 4. जी. वी. रोड, दिल्ली 5. 1966–68.

भारतीय रेल : 2. मा. 3. एम. जी. मेनन 4. हमाय स्ट्रीट, बम्बई 5. 1961.

भारतीय रेल : 2. मा. 3. रामचन्द्र तिवारी 4. रेल भवन, नई दिल्ली 5. 1960.

भारतीय लोकतंत्र : 2. साप्ता. 4. कटनी (म.प्र.) 5. 1967–70.

भारतीय लोकमत : 1. समा. 2. साप्ता. 3. मन्नीलाल पाण्डेय, बंजबिहारी मेहरोत्रा 4. उरई (यू.पी.) 5. 1923.

भारतीय लोकमत : 1. समा. 2. साप्ता. 4. बुलंदशहर 5. 1948–65.

भारतीय लोकमत : 1. सां. 2. त्रै. (हि., अं., बं.) 4. आशुतोष मुकर्जी रोड, कलकत्ता 5. 1963.

भारतीय विद्या (पत्रिका) : 1. शो. 2. त्रै. (हि., गु.) 3. कन्हैयालाल माणिकलाल मुंशी, सीताराम चतुर्वेदी 4. भारतीय विद्याभवन, हार्बेरोड, चौपाटी, बम्बई -7 5. 1939 (1898 वि.) 7. भारतीय संस्कृति का उच्चस्तरीय पत्र।

भारतीय शिक्षा : 1. शै. 2. मा. 3. कालिदास कपूर 4. हरदोई मार्ग, नंदन प्रकाशन, रानी कटरा, लखनऊ 5. 1965.

भारतीय शिक्षा और शिक्षक : 1. शै. 2. मा. (हि., अं.) 4. बंकिम चटर्जी स्ट्रीट, कलकत्ता 5. 1967.

भारतीय श्रमिक : 1. समा. 2. पा. 3. कमलदेव कपिल 4. फरीदाबाद (हरि.) 5. 1966.

भारतीय श्रमिक : 1. समा. 2. साप्ता. 4. जनपथ, नई दिल्ली 5. 1956–59.

भारतीय संदेश : 1. समा. 2. साप्ता. 3. ज्ञानेन्द्र वर्मा 4. ब्रज मार्केट, मुजफ्फनगर 5. 1970.

भारतीय संस्कृति : 1. सां. 2. त्रै. 3. प्रभाकर माचवे 4. संस्कृति सदन, रतलाम 5. 1947.

भारतीय संस्कृति : 1. सा. 2. त्रै. 3. इन्द्रविद्या वाचस्पति, केदारनाथ शर्मा, 4. भारतीय संस्कृति सम्मेलन, दिल्ली 5. 1952, 53-60.

भारतीय समष्टि धर्म राष्ट्रीय धर्म : 1. सां. 2. मा. 3. एच. शिवाल 4. खामगाँव (महा.) 5. 1966.

भारतीय समाचार : 1. समा. 2. पा. 3. सोमेश्वर दयाल, ए. एस. आयंगर 4. सूचना विभाग, रायसीना मार्ग, नई दिल्ली 5. 1 मई 1940-68 7. सरकारी गतिविधि की विवरणिका।

भारतीय समाज : 1. सा. 2. मा. 3. मेघराज 4. लाडनू (राज.) 5. 1968.

भारतीय साहित्य : 1. सा. 2. मा. 3. एस. लक्ष्मण शास्त्री 4. नाईवाला गली, करोल बाग, एच. 32 88 नारायण, नई दिल्ली 5. 1959-64.

भारतीय साहित्य : 1. सा., शो. 2. त्रै. 4. के. एस. इन्स्टीट्यूट विश्वविद्यालय, आगरा 5. 1956 7. उच्चस्तरीय, अल्पायु पत्र।

भारतीय स्थानिक स्वराज्य : 1. वि. 2. त्रै. 3. पी. एन. पाण्डेय, एम. एन. शहा 4. स्वायत्त प्रशासन संस्थान, हार्नीमेन सर्किल, फोर्ट, बम्बई 5. 1953-63.

भारतीय हिन्दी विद्यापीठ : 2. मा. 3. बी. एम. भट्ट 4. रायपुर दरवाजा टावर के निकट, अहमदाबाद 5. 1959.

भारती विलास : 1. समा. 2. मा., साप्ता. 3. दुर्गाप्रसाद मिश्र, जमुनादास (1881) 4. आगरा 5. 1886-90 7. आर्यसमाजी विचारों का पत्र।

भारतेन्दु : 1. सा. 2. मा., द्विभा. 3. राधाकृष्ण दास, राधाचरण गोस्वामी 4. इन्दौर 5. दिसम्बर 1882, 92.

भारतेन्दु : 1. सा. 2. त्रै. 3. इन्द्रदत्त स्वाधीन, हरिवल्लभ 4. भारतेन्दु समिति, कोटा (राज.) 5. 1948.

भारतेन्दु : 1. सा. 2. पा., मा. (1891) 3. किशोरीलाल गोस्वामी, राधाचरण गोस्वामी (1883-90), ज्वालाप्रसाद गोस्वामी (पा. 1882) 4. वृंदावन/लाहौर (1892) 5. 22 अप्रैल 1882-जन. 1883 पुन:, 1883-92 7. अपने युग में इसकी काफी धूम। हास्य प्रधान पत्र। समाचारों पर व्यंग्य। कई रोचक स्तम्भ। वस्तुत: प्रतिनिधि पत्र।

भारतेन्दु : 1. सा. 2. मा. 3. ज्योतिप्रसाद मिश्र 'निर्मल' 4. भारतेन्दु कार्यालय, कटरा, इलाहाबाद 5. 1905.

भारतेन्दु : 3. शिवप्रसाद गुप्त 4. अग्रवाल स्पोर्ट्स क्लब, काशी 5. 1805.

भारतेन्दु नेशलिस्ट वीकली : 1. समा. 2. साप्ता. 4. मेन रोड, मोतीहारी, चंपारन 5. 1962-66.

भारतोदय : 1. समा. 2. दै. 3. सीताराम शर्मा 4. कानपुर 5. 1885 6. 10) वा. 7. अत्यन्त प्राचीन पत्र। अल्पायु (1 वर्ष का जीवन)।

भारतोदय : 1. समा., सा. 2. मा., साप्ता. 3. हरिशंकर शर्मा, पद्मसिंह शर्मा, नरदेव शास्त्री, प्रेमचन्द्र शास्त्री, हरिदत्त शास्त्री 4. गुरुकुल महाविद्यालय ज्वालापुर, मुरादाबाद 5. 1909–21 6. 1.50 रु. वा. 7. अपने युग का उच्चस्तरीय एवं लोकप्रिय पत्र। अनेक साहित्यकारों को प्रश्रय। सम्प्रति संस्कृत–हिन्दी में प्रकाशित।

भारतोद्धारक : 1. धा. 2. मा. 3. मुन्नालाल शर्मा 4. अजमेर 5. 1885–94 6. 1.25 रु.

भारतोद्धारक : 1. धा. 2. मा. 3. ब्रह्मानंद रामानंद सरस्वती 4. मेरठ।

भार्गव : 1. जा. 2. मा. 3. गौरीशंकर भार्गव, के. जी. भार्गव 4. अजमेर/जयपुर 5. 1897–98 6. 2.50 रु.

भार्गव पत्रिका : 1. जा. 2. मा. 3. प्यारेलाल भार्गव 4. लखनऊ 5. 1920 लगभग 6. 3.50 रु. 7. इस पत्र की साहित्यिकता से प्रसन्न होकर श्री गोपालनारायण ने शुद्ध साहित्यिक पत्र 'माधुरी' का शुभारम्भ किया।

भारद्वाज : 1. समा. 2. साप्ता. 4. रामकृष्णनगर, कानपुर 5. 1964–65.

भार्गव ब्राह्मण हितैषी : 2. जा. 3. पन्नालाल द्विवेदी 4. दिनारा (म.प्र.) 5. 1912.

भार्गव समाचार दर्शक : 1. जा. 2. मा. 3. नवीनचन्द्र भार्गव 4. राधेगंज, चाबड़ी बाजार, दिल्ली 5. 1970.

भाला : 3. भोषटकर 4. महाराष्ट्र 5. 1905 7. राष्ट्रप्रेमयुक्त ओजस्वी रचनाओं से पूर्ण पत्र।

भालू : 2. दै. 3. छेदीलाल अटल 4. मालिनवाली गली, हाथरस 5. 1968.

भाव और रूप : 3. पी. जी. वासुदेव 4. त्रिवेन्द्रम 5. 1961.

भाव केसरी : 2. साप्ता. 4. सुसनेर (म.प्र.) 5. 1946.

भावना : 1. सा. 2. पा., द्विभा. 3. संसारचन्द्र महाजन 4. डोगरा बाजार, चम्बा टाउन (हिमा.) 5. 1952 7. क्षेत्र प्रतिनिधि पत्र।

भावनालोक : 1. सा. 2. त्रै. 3. सुखसागर साह 4. ए 47, रवीन्द्र सरणि, हाजरा रोड, कलकत्ता 5. 1970.

भावलोक : 1. सा. 2. मा. 4. पिपली रोड, कुरुक्षेत्र 5. 1966–69.

भावसार केसरी : 2. मा. 3. रामदास सोलंकी 4. सुसनेर, उज्जैन 5. 1947–67.

भावी रुख : 2. मा. 4. कालबा देवी रोड, बम्बई।

भाषण : 1. समा. 2. साप्ता. 4. पुरदिलपुर, गोरखपुर 5. 1966–71.

भाषा : 1. शो. 2. त्रै. 3. रामप्रवेश जायसवाल, डॉ. व. ल. उपाध्याय, श्रीमती तारा तिक्कू, रामकिशोर शर्मा, नरेन्द्र 4. केन्द्रीय हिन्दी निदेशालय शिक्षा तथा समाज कल्याण मंत्रालय, वेस्ट ब्लाक, रामकृष्णपुरम, नई दिल्ली 5 1961 (प्रच.) 7. भाषाशास्त्र का परिनिष्ठ पत्र।

भाषा चन्द्रिका : 3. श्रीहरेकृष्ण दास 4. काशी।

भाषा ज्योति : 1. सा. 2. मा., त्रै. 3. चन्द्रगुप्त आर्य, जिवतपाल, शेतपाल 4. संत तुकाराम रोड, खार, बम्बई 5. 1965, 68–71.

भाषा परिचय : 1. शो. 2. त्रै. 3. सत्यप्रसन्न भण्डारी, ललिता व्यास, महेन्द्र सिंह, कलानाथ शास्त्री 4. भाषा विभाग, राजशासन, जयपुर 5. मई 1972 प्रच. 7. द्रष्टव्य—'राज-भाषा विशेषांक', 'हिन्दी दिवस विशेषांक' (1973).

भाषा प्रकाश : 2. मा. 4. खड्गविलास प्रेस, पटना 5. 1883.

भाषा भारती : 2. त्रै. (हि., अं., बं.) 4. अपरसरकुलर रोड, कलकत्ता 5. 1959.

भाषाभूषण : 3. गोपालराम गहमरी 4. बम्बई 5. 1893 7. महाराष्ट्र का प्रथम हिन्दी पत्र।

भास्कर : 1. धा. 2. मा. 3. रघुवीरशरण दुब्लिश 4. मेरठ 5. 1911 7. आर्यसमाजी पत्र।

भास्कर : 4. देहरादून 7. अल्पायु पत्र।

भास्कर : 1. समा. 2. दै. 3. रमेशचन्द्र अग्रवाल, काशीनाथ चतुर्वेदी 4. रानीमहल, झाँसी, ग्वालियर 5. 1958, 68.

भास्कर : 1. समा. 2. साप्ता. 3. एस. एस. पाटिल 4. रीवाँ 5. 1946.

भास्कर संदेश : 1. समा. 2. साप्ता. 3. भगवतीप्रसाद 4. नेहरू बाजार, जयपुर 5. 1963, 70.

भास्कर ज्ञान गंगा : 2. मा. 4. कुशलपोल, उदयपुर 5. 1965-69.

भाष्य : 1. सां. 2. द्विमा. (हि., अं.) 3. एस. के. त्रिपाठी 4. के. 17, कीर्तिनगर, नई दिल्ली 5. 1969.

भिण्ड टाइम्स : 1. समा. 2. साप्ता. 3. रमेशचन्द्र जौहरी 4. जगदम्बा प्रेस, भिण्ड (म.प्र.) 5. 1959-63.

भिण्ड वाणी : 1. समा. 2. साप्ता. 4. भिण्ड (म.प्र.) 5. 1956-64 लगभग।

भिण्ड सहकारी संदेश : 2. मा. 4. जिला सहकारिता संघ, भिण्ड 5. 1964-70.

भिनसार : 1. सामा. 2. साप्ता. 4. पुराना कानपुर 5. 1966-71.

भिरहुत समाचार : 1. समा. 2. साप्ता. 3. अब्दुल खालिक 4. सनातन प्रेस, बोकारी चौक, सतना 5. 1965.

भिलाई ज्योति : 1. समा. 2. साप्ता. 3. के.के. मिश्र 4. मार्केट, भिलाई नगर 5. 1970.

भिलाई समाचार : 1. समा. 2. साप्ता. 3. जे.बी. भाकड़ 4. भिलाई।

भिवानी की आवाज : 1. समा. 2. पा. 3. दीनदयाल 4. भिवानी।

भिवानी पत्रिका : 1. समा. 2. पा. 4. रेलवे रोड, भिवानी 5. 1970.

भिषक : 1. वि. 2. मा. 3. जगदीश झा 'विमल', बिद्धर गौड़ शास्त्री 4. असरगंज (मुंगेर)।

भीम पत्रिका : 1. समा. 2. पा. (हि., अं.) 3. एल. आर. बहल 4. दारूराम बिल्डिंग, नकोदर रोड, जालन्धर 5. 1965-69.

भीम पुकार : 2. मा. 4. गोहाना अड्डा, रोहतक 5. 1966-69.

भीम सन्देश : 1. समा. 2. मा. 3. निहान सिंह 4. ग्राम भलस्वा, पो. बध, दिल्ली 5. 1964.

भीलवाड़ा सन्देश : 1. समा. 2. साप्ता. 3. बंशीलाल राठी 4. गाँधी मुद्रणालय, भीलवाड़ा (राज.) 5. 1959.

भीलवाड़ा समाचार : 1. समा. 2. साप्ता. 3. गयाप्रसाद गुप्त 4. भीलवाड़ा (राज.) 5. 1959-69.

भीष्म : 1. धा., समा. 2. दै. 3. स्वामी प्रकाशानन्द, मेलाराम बफा, प्रेरक-गणेशदत्त गोस्वामी 4. लाहौर 5. सनातन धर्म का प्रचारक पत्र।

भीष्म प्रतिज्ञा : 1. समा. 2. साप्ता. 4. बाबड़ीमण्डी, अलीगढ़ 5. 1971.

भुजंग : 1. समा. 2. साप्ता. 4. मिट्टू कूचा, फर्रुखाबाद 5. 1964-69.

भुवन जासूस : 2. मा. 3. विश्वम्भरसहाय जैन 4. हरीनगर, मेरठ 5. 1966.

भुवन भूषण : 2. पा. 4. मोदीनगर (यू. पी.)

भुवन श्री : 2. साप्ता., मा. (हि., उड़िया) 4. सम्बलपुर (उड़ीसा) 5. 1968.

भूकम्प : 1. समा. 2. साप्ता. 4. जनता आयुर्वेदिक यूनानी फार्मेसी, जालंधर 5. 1960–61.

भूगोल : 2. मा. 3. राजनारायण मिश्र 4. मेरठ 5. 1924.

भूगोल : 2. मा. 3. रामनारायण मिश्र 4. ककरहाघाट, प्रयाग 5. 1924, 43 7. विशेषांक— 'हैदराबाद अंक', 'देशी राज्य अंक' आदि। अपने विषय का अकेला पत्र।

भूचाल : 2. साप्ता. 3. उपेन्द्रनाथ अश्क 4. जालंधर 5. 1933.

भूचाल : 4. काशीपुर, नैनीताल।

भूत : 2. साप्ता., 3. पाण्डेय बेचन शर्मा 'उग्र', बालचन्द अस्थाना 4. वाराणसी 5. 1924 7. हास्यव्यंग्यपरक।

भूदर्शन : 2. त्रै. 4. उदयपुर।

भूदान यज्ञ (नामान्तर सर्वोदय) : 2. साप्ता. 3. श्रीकृष्णदत्त भट्ट, राममूर्ति, प्रभाष जोशी, भवानीप्रसाद मिश्र 4. सर्वसेवासंघ, राजघाट, वाराणसी (1954)/सर्वसेवा संघ, राजघाट कॉलोनी, गाँधी स्मारक निधि, नई दिल्ली (1957) 5. 1954, 57 (समाप्त) 7. सर्वोदयी पत्र। जे. पी. आन्दोलन से व्याप्त सर्वसेवासंघ के मतभेद के कारण यह मुखपत्र बन्द।

भूदान यज्ञ : 1. समा. 2. साप्ता. 4. मुणपुर, गया 5. 1954.

भूनिधि : 1. सा. 2. अर्द्धवा. (हि., अं.) 3. के. सचदेव 4. सोलन (हिमा.) 5. 1966.

भूभारती : 1. पा. 4. सरिता परिवार, दिल्ली प्रेस, नई दिल्ली 5. 1976 7. ग्रामीण नवजागरण की लोकप्रिय पत्रिका।

भूमिकेतु : 1. मा. 2. सा., दा. 3. सेवक वात्स्यायन 4. अकादमिका लितरेरिया, एन-141, किदवई नगर, कानपुर 5. 1971 7. लघुपत्र।

भूमिक्रान्ति : 1. समा. 2. साप्ता. 4. काशीनाथ त्रिवेदी 5. इंदौर 6. 1959–68.

भूमिजा : 1. सां. 2. मा. 3. अक्षयकुमार सिंह 4. बजरिया, अलीगंज (फतेहगढ़) 5. 1962.

भूमिहार ब्राह्मण पत्रिका : 1. जा. 2. मा. 3. कामेश्वरनारायण सिंह, युगेश्वर सिंह 4. मुजफ्फरपुर, छपरा 5. 1899–1914.

भूमिहार ब्राह्मण : 1. जा. 2. मा. 3. श्यामनारायण शर्मा 4. काशी 5. 1915–16.

भूमिहीन : 1. समा. 2. साप्ता. 3. ओमप्रकाश 4. मॉडल टाउन, गाजियाबाद 5. 1964.

भूला : 1. फि. 2. मा. 4. चितरंजन एवेन्यू, कलकत्ता 5. 1961–69.

भू विज्ञान : 2. त्रै. (हि., अं.) 4. भूविज्ञान परिषद्, दिल्ली विश्वविद्यालय, दिल्ली 5. 1971.

भूषण : 2. मा. (हि., अं. मल.) 4. शिवाजीभवन, एर्नाकुलम 5. 1967–70.

भेंट : 1. समा. 2. साप्ता. 3. जटाधर बाजपेयी, रेवाशंकर त्रिवेदी 4. महात्मा गाँधी मार्ग, कानपुर 5. 1963.

भेदभरी पत्रिका : 2. मा. 3. मनहर चौहान 4. ए. 34, कीर्तिनगर, नई दिल्ली 5. 1971.

भेदिया : 1. जासूसी 2. मा. 3. रामकृष्ण शर्मा 4. सर हरीराम गोयनका स्ट्रीट, कलकत्ता।

भेदी त्रिशूल : 1. समा. 2. मा., साप्ता., पा. 3. बाबूराम ओझा 4. मोहल्ला कटरा शमशेर खाँ, इटावा 5. 1959-65.

भेषजायन : 1. चि. 2. त्रै. 4. हिन्दू यूनिवर्सिटी, वाराणसी 5. 1958-60.

भेषजी पत्रिका : 1. चि. 2. मा. 3. गोरखप्रसाद श्रीवास्तव 4. लोअर राइन स्ट्रीट, कलकत्ता 5. 1949-53.

भैरवी : 1. धा. 2. मा. 3. स्वामी अक्षोभ्यानंद (संचा.) 4. काशी 5. 1964 7. शाक्त सम्प्रदाय का पत्र।

भोजपुर : 1. समा. 2. साप्ता. 3. रघुवंशनारायण सिंह 4. तिलक रोड, इलाहाबाद 5. 1959-64.

भोजपुर भूमि : 1. समा. 2. मा. 4. चौक, बक्सर, शाहाबाद 5. 1963-64.

भोजपुरी : 1. सा. 2. मा. 4. बाल हिन्दी पुस्ताकालय, आरा 5. 1952-69.

भोजपुरी इक्सप्रेस : 2. पा. 3. जगदीश राय 4. बिहटा, बिहार।

भोजपुरी कहानियाँ : 1. सा. 2. मा. 3. गिरिरेश, रामबली पाण्डेय 4. सी-27/118, जगतगंज /जे 12/120 धूमचण्डी, वाराणसी 5. 1964-72 7. भोजपुरी बोली में प्रकाशित।

भोजपुरी जनपद : 1. धा. 2. मा. 4. जगतगंज, वाराणसी 5. 1971.

भोजपुरी समाज : 2. सा. 4. पसिया, छिन्दवाड़ा 5. 1969.

भोजाली (छत्तीसगढ़ी) : 2. त्रै. 4. जूना, बिलासपुर 5. 1969.

भोपाल रिपोर्टर : 1. समा. 2. साप्ता. 3. राजेन्द्रसिंह कश्यप 4. इब्राहिमपुर, भोपाल 5. 1968.

भोपाल व्यापार पत्रिका : 1. व्या. 2. साप्ता. 3. लक्ष्मीचंद 4. हनुमानगंज, भोपाल 5. 1969.

भोपाल समाचार : 1. समा. 2. मा. 3. गोबर्द्धनदास मेहता 4. विकास विभाग, भोपाल 5. 1953-55.

भोमत संदेश : 1. समा. 2. मा. 3. अब्दुल अजीज 4. झरिया की आवल, उदयपुर 5. 1967.

भोला इन्सान : 1. समा. 2. पा. 3. भरतसिंह पवार 4. टैगोर मार्ग, रोहतक 5. 1959.

भृगु : 2. मा. 3. महेशदत्त शर्मा 4. सागर (म.प्र.)।

भृगु : 2. मा. 3. लक्ष्मीप्रसाद पाठक 4. जबलपुर 5. 1979 वि.।

भृगु : 2. मा. 3. नेपियर टाउन, भोपाल 5. 1963-65.

भृगु : 1. सा. 2. मा (हि., अं.) 3. पारसराम छिब्बर 4. बी. 145, अमर कॉलोनी, नई दिल्ली 5. 1970.

भृगु क्षेत्र : 1. समा. 2. साप्ता. 4. बलिया (यू.पी.) 5. प्रचलित।

भृगु संहिता : 1. ज्यो. 3. रामेश्वरदत्त शास्त्री 4. हिसार 5. 1956.

भृगु क्षेत्र : 1. समा. 2. साप्ता. 4. बलिया (यू.पी.) 5. 1969.

भ्रमर : 1. विविध विषय विभूषित 2. मा. 3. गोपीवल्लभ उपाध्याय, रामनारायण पाठक, सतीशकुमार, प्यारेलाल 4. राधेश्याम प्रेस, बरेली 5. अक्टू. 1922, 23-कार्तिक 1997 वि.।

भ्रष्टतंत्र : 2. साप्ता. 4. रेलवे रोड, रोहतक 5. 1967.

भ्रष्टाचार : 1. समा. 2. साप्ता. 4. राइट टाउन, जबलपुर 5. 1960-60.

भृष्टचार निरोध : 1. समा. 2. पा. 3. यदुनंदन साहित्यालंकार, रघुनाथशरण शुक्ल 4. रामकृष्ण एवेन्यू, पटना 5. 1968.

भ्रष्टाचार निवारण : 2. पा. 4. कुतुब रोड, दिल्ली 5. 1965–68.

मंगल : 1. धा. 2. मा. 4. श्वेताम्बर संघ, इंदौर 5. 1942.

मंगलम् : 1. समा. 2. साप्ता. 4. गाँधी पार्क, गोण्डा 5. 1959–62.

मंगल तारा : 2. मा. 3. कमला गुप्त 4. नेहरूनगर, कानपुर 5. 1959.

मंगल दीप : 1. सा. 2. वा. 3. रामरिख मनहर 4. कालीकट फोर्ट, 44 खतरबली लेन, बम्बई 5. 1963.

मंगल प्रभात : 1. समा. 2. साप्ता. 3. शांतिचन्द्र 4. ग्राम भारती, जनेन्द्रगंज, ग्वालियर, मुरार 5. 1940, 41, 65.

मंगल प्रभात : 1. मा., पा., साप्ता. 3. हिन्दुस्तानी साहित्य सभा, सान्निधि राजघाट, नई दिल्ली 4. 1950–59.

मंगल प्रभात : 1. सां. 2. मा., पा., साप्ता. (प्रति मंगल) 3. काका साहब कालेलकर 4. हिन्दुस्तानी प्रचार सभा, वर्धा 5. 1950 (प्रच.)।

मंगल मिलन : 4. दिल्ली 5. 1973.

मंगल युग : 1. समा. 2. साप्ता. 3. डॉ. एन. एम. श्रीवास्तव 4. नैनीताल रोड, बरेली 5. 1970.

मंगाल विहान : 1. समा. 2. साप्ता. 3. कृष्णबिहारी बाजपेयी 4. कुँडरी रकाबगंज, लखनऊ 5. 1970–71.

मंगल समाचार : 2. मा. 3. गिरिप्रसाद सिंह 4. अलीगढ़/मेरठ 5. 1869.

मंगला : 2. मा. 3. अशोक 4. नयी बस्ती, नागपुर 5. 1953.

मंच : 1. फि. 2. मा., अनि. 4. संयोगितागंज, इंदौर 5. 1931–32 6. 1.25 रु. वा. 7. हिन्दी की पहली सिने पत्रिका।

मंच : 1. सा. 2. मा. 3. राकेश वत्स 4. सरस्वती कालेज, अम्बाला 5. 1975 7. नवलेखन का लघुपत्र। विशेष— 'पैसठोत्तरी युवालेखन' (1971)।

मंच : 1. सा. 2. अनि. 3. डॉ. ब्रजेन्द्र अवस्थी 4. मनोरमा, कविनगर, बदायूँ 5. 1979.

मंजरी : 1. सा. 2. मा. 3. देवीदयाल चतुर्वेदी 'मस्त' 4. इण्डियन प्रेस, प्रयाग 5. जनवरी 1948–56 (लगभग)।

मंजिल : 2. पा. 3. मोतीलाल शर्मा 'सुमन' 4. मारवाड़ी समाज, रघुनाथपुर, मानभूम, बिहार 5. 1948.

मंजीत संदेश : 2. मा. 4. बी. एन. प्रेस, इटावा 5. 1966.

मंजु : 1. कथा 2. मा. 3. श्रीमती पद्मावती जैन 4. नूनिया, मेरठ कैंट 5. 1967.

मंजु किरण : 2. मा. 3. नरेन्द्र सिंह 4. परेदेशीपुरा, इंदौर 5. 1949.

मंजुभाषिणी : 2. मा. 4. काँजीबरम (तमिलनाडु)।

मंजुला पब्लिकेशन किरण : 2. मा. 3. बाबूलाल जैन 4. स्नेहलतागंज, इंदौर 5. 1969–70 7. नामांकन—'मंजु भारती'।

मंजुशाला : 2. मा. 3. एस. के. विसानी 4. परदेशीपुरा, इंदौर 5. 1969.

मंजु श्री : 1. फि. 2. साप्ता. 4. लाजपतनगर, कानपुर 5. 1966–68.

मण्डस : 2. मा. 3. रमेश शर्मा 4. देवछाया, महात्मा गाँधी मार्ग, बम्बई 5. 1969.

मण्डल : 1. दा., धा. 2. मा. (हिं, उ.) 3. दीवान श्रीराम 4. बहादुरगढ़ रोड, दिल्ली 5. 1958.

मण्डी रिपोर्टर 1. व्या. 2. साप्ता. 4. दशमेशपुरा, करोलबाग, नई दिल्ली 5. 1967.

मन्तव्य : 1. सा. 2. मा., त्रै. 3. विमलादेवी जैन 4. छोटा बाजार, छिन्दवाड़ा (म.प्र.) 5. 1966.

मन्तव्य : 1. सा. 2. त्रै. 3. अनवर शिकारी 4. तोपखाना बाजार, मुंगेर।

मंथली सरकुलर : 2. मा. 4. लाहौर 5. 1904-29.

मंदसौर टाइम्स : 2. साप्ता. 4. कालिदास मार्ग, मंदसौर 5. 1965-69.

मंदाकिनी : 1. सा. 2. मा. 4. कसौली, शिमला 5. 1962-64.

मंदिर से : 2. पा. 3. बी. एन. प्रेस, इटावा 5. 1956 (लगभग)।

मंसूबे : 2. मा. 3. वीरेन्द्रकुमार 4. नजीबाबाद, बिजनौर 5. 1952 7. पहेली पत्र।

मंत्रणा : 1. समा. 2. साप्ता. 4. पानदरीबा, लखनऊ 5. 1966-71.

मकरन्द : 1. सा. 2. मा. 3. कपीन्द्रजी 4. कोर्ट लेन, दिल्ली 5. 1955.

मखना : 2. पा. 4. चम्बा गॉउन (हिमा.) 5. 1952.

मगनघोष : 1. समा. 2. साप्ता. 4. त्रिवेणी, रतलाम 5. 1964-67.

मजदूर : 2. पा. 4. बैंकशैल स्ट्रीट, कलकत्ता 5. 1956-57.

मजदूर (सचित्र) : 1. सामा. 2. साप्ता. 4. पड़ाव रोड, खँडवा (म.प्र.) 5. 1954-67.

मजदूर : 1. समा. 2. साप्ता. 4. जेल रोड, इंदौर 5. 1962-65.

मजदूर : 1. श्रम. 3. सुखदेव भाई 4. असम।

मजदूर : 1. श्रम. 2. पा. 3. श्यामसुंदर 4. शकोली, बान्द्रा (बम्बई) 5. 1956-59.

मज़दूर : 3. अयोध्याप्रसाद अचल 4. पटना।

मजदूर आवाज : 1. समा. 2. पा. 3. जयप्रकाशनारायण, स्वामीनाथ बालचन्द 4. ओडियन बिल्डिंग, कनाट प्लेस, नई दिल्ली 5. 4 अप्रैल 1948.

मजदूर आवाज : 3. बनारस चौधरी अमर 4. जमशेदपुर।

मजदूर और किसान मित्र : 2. पा. 4. चंदाभेटा परसिया, छिंदवाड़ा 5. 1959-63.

मजदूर एकता : 1. श्रम. 2. पा. 4. पुतलीघर, अमृतसर 5. 1963-65.

मजदूर एक्सप्रेस : 1. समा. 2. साप्ता., पा. 3. मदन सिंह 4. छबीली घाटी, के. ई. एम. रोड, बीकानेर 5. 1965-68, 72.

मजदूर कानून पत्रिका : 1. विधि. 2. मा. 3. के. एल. गौड़ 4. रूपनगर, दिल्ली 5. 1968.

मजदूर की चाह : 1. श्रम. 2. मा. 3. आर. पी. श्रीवास्तव 4. बाजार सीताराम, दिल्ली 5. 1969.

मजदूर किसान क्रान्ति : 4. कानपुर।

मजदूर क्रान्ति : 1. समा. 2. पा. 3. ओमप्रकाश शर्मा 4. मोहल्ला ब्राह्मण मण्डी, रोहतक 5. 1968.

मजदूर घोष : 1. समा. 2. साप्ता. 3. एल. एन. पाण्डेय 4. प्रकाश टाकीज रोड, एटा 5. 1969.

मजदूर चेतना : 3. कोटा।

मजदूर जगत : 2. मा. 4. श्रम मंत्रालय, नई दिल्ली 5. 1951-56.

मजदूर जनता : 2. साप्ता. 4. किशनगंज, दिल्ली 5. 1958-61.

मजदूर दुनिया : 1. समा. 2. पा. 4. साकची, जमशेदपुर 5. 1956 लगभग।

मजदूर पताका : 1. समा. 2. साप्ता. 4. मोदीनगर, मेरठ।

मजदूर भाई : 3. सेनदास निझाबान 4. पुरानी मंडी, करनाल 5. 1968.

मजदूर मित्र : 4. गोंदिया (महा.)।

मजदूर मेल : 4. सहारनपुर।

मजदूर ललकार : 1. समा. 2. साप्ता. 4. नागोर मूडँवा, डीडवाना (राज.) 5. 1962-66.

मजदूर वादा : 1. समा. 2. साप्ता. 4. मोतीराम रोड, शाहदरा, दिल्ली 5. 1967-69.

मजदूर संदेश : 2. साप्ता. 3. जवाहरलाल राठौड़, लाडलीप्रसाद सेठी, रत्नेश कुसुमाकर, श्रीराम आगार 4. स्नेहलतागंज, इंदौर 5. 1946-51 7. 'इण्टक' का मुखपत्र।

मजदूर संघर्ष : 2. मा. 4. जेल रोड, इंदौर 5. 1963-68.

मजदूर संसार : 1. समा. 2. साप्ता. 3. भालचन्द्र ओझा, रामसेवक झा 'विह्वल' 4. महेन्द्रू, पटना 5. 1947.

मजदूर संसार : 2. मा. (हि., उ.) 4. खजूर रोड, करोल बाग, नई दिल्ली 5. 1956-59.

मजदूर समाचार : 1. श्रम 2. मा. साप्ता. 3. अंजन अरोरा ५. पो. सिविल लाइन, कानपुर 5. 1924, 51.

मजदूर समाचार : 1. समा. 2. दै. 3. अग्निहरि 4. दिल्ली/कोटा 5. 1934 7. अल्पायु।

मजदूर समाचार : 1. समा., श्रम. 2. साप्ता. 4. गंजपुरा, जबलपुर 5. 1958-59.

मजदूर समाज : 2. पा. 4. श्रमिक बंधु प्रेस, पीलीभीत 5. 1955 (लगभग)।

मजदूर हेराल्ड : 2. पा. 4. मिर्जामण्डी चौक, लखनऊ 5. 1965-71.

मजलूम : 1. समा. 2. साप्ता. 4. अंदरुन बाजार, पठानकोट 5. 1956-58.

मजलूम : 1. समा. 2. साप्ता. 3. हबीब अहमद 4. सीपरी बाजार, झाँसी 5. 1970.

मजहरुल सरूर : 1. समा. 2. द्विभा. (उर्दू, हिन्दी), मा. 4. भरतपुर सरकार 5. 1949-52 7. राजस्थान का प्राचीन पत्र।

मछलीशहर टाइम्स : 1. समा. 2. साप्ता. 3. अंजनीनंदन वर्मा 4. मछलीशहर, जौनपुर 5. 1970.

मटका : 1. समा. 2. दै. 3. सी. के. पाण्डेय 4. बम्बई 5. 1964.

मटका तूफान मेल : 3. बाबूलाल जैन 4. स्नेहलतागंज, इंदौर 5. 1968.

मठाधीश : 1. समा. 2. दै. 3. जे. के. आचार्य 4. आचार्य का चौक, बीकानेर 5. 1970.

मणिपुर क्वापरेटिव : 2. मा. (बहु.) 3. एच. दिमाई सिंह 4. पुलिस लाइन, इम्फाल 5. 1963.

मणि पुण्पक : 2. पा. 4. आर्यनगर, कानपुर 5. 1971.

मणिमय : 2. सा. 3. त्रै. 3. राधामोहन गिरि, रामव्यास पाण्डेय, श्रीनिवास शर्मा 4. सिकंदर पाड़ा लेन/शिवठाकुर लेन, कलकत्ता 5. 1969.

मतदान : 2. मा. 4. खुरजा, बुलंदशहर 5. 1966-69.

मतलएअनवर : 5. 1872.

मतवाला : 1. सा., समा. युग सचेत स्वच्छन्द राष्ट्रीय पत्र (बँगला के हास्य-व्यंग्यपरक पत्र

'अवतार' की प्रेरणा से प्रारम्भ) 2. सासा. (आकार 13×9) 4. बाबू महादेवप्रसाद सेठ, सहयोगी संपादक–सूर्यकांत त्रिपाठी 'निराला', नवजादिकलाल श्रीवास्तव, बाबू शिवपूजन सहाय (1923–26) तथा कालान्तर में पाण्डेय बेचन शर्मा 'उग्र' 4. बालकृष्ण प्रेस, 'मतवाला' कार्यालय, 23 शंकर घोष लेन, कलकत्ता 5. 26 अगस्त 1923 (श्रावणी पूर्णिमा, शनिवार) नामकरण—शिवपूजन सहाय द्वारा (21 अगस्त 1923) 6. 2) वा. (वार्षिक बोतल 2 रु. पेशगी, प्रथम वर्ष 1000 प्रतियाँ। प्रति प्याला 2 पैसा) 7. सूक्ति—"अमिय गरल शशि शीकर रविकर राग विराग भरा प्याला। पीते हैं जो साधन उनका प्यारा है यह मतवाला॥" सम्पादकीय टिप्पणी (पृष्ठ 2) के ऊपर सूक्ति—"खीचो न कमानों को न तलवार निकालो। जब तोप मुकाबिल है, अखबार निकालो।" मुख्य स्तम्भ—मतवाले की बहक, चलती चक्की, हथियार, कसौटी, मतवाले का 'चाबुक', मतवाला पर मतवालों के विचार, चण्डूखाने की गप्प, रगंरूटों की फौज (हास्य) आदि। कविता-समालोचना-सम्पादक 'निराला', उनके छद्मनाम—गरगज सिंह वर्मा, साहित्य शार्दूल, शौहर, जनाब आली आदि। निराला जी की उक्त आलोचनाएँ 'चाबुक' में संकलित। भाषाचार्य रूप में उनकी धाक। मतवाला के लिए उसी तुकान्त रूप में 'निराला' उपनाम की खोज। 'निराला' को साहित्य क्षेत्र में प्रतिष्ठित एवं प्रगतिशील करने वाला छायावाद और अन्य प्रयोगों का प्रेरक पत्र। दै. 'अनामिका' का समर्पण। प्रेस व्यवस्थापक—मुंशी नवजादिकलाल। मुख्य लेखक—हरिऔध, प्रसाद, प्रेमचंद, चतुरसेन शास्त्री आदि। डॉ. श्यामसुन्दर दास, हरिऔध, शंकर, गणेशशंकर विद्यार्थी, सुमित्रानन्दन पन्त आदि के परिचय। महावीरप्रसाद द्विवेदी पर श्रीमती श्रद्धांजलि देवी का लेख। इस पत्र की प्रवृत्ति से असहमत एवं क्षुब्ध होकर द्विवेदी जी ने एक अंक को बुरी तरह संशोधित करके भेजा। समकालीन प्रतिनिधि पत्रों—प्रभा, माधुरी, सरस्वती, भारतमित्र, हिन्दीकेशरी, आदि से 'मतवाला' का प्रायः विवाद (दे.-अलक्षित निराला, पृ. 20–21)। भाषा में 'मतवाला' का विशिष्ट योग। कुछ उदाहरण— 'असहयोग शक्ति की कमर टूट गयी है, चरखा सिर धुन रहा है, खद्दर का दम घुट रहा है, दाढ़ी और चुटिया में गाँठ पड़ गयी है, एकता रँड़ापा झेल रही है (दै. हि. प. 323)। भाषा का चुलबुलापन 'मेरा पिनल कोड' में द्रष्टव्य। यथा—"प्रतिशनिवार शनेश्चर की तलाश में मैं बाहर निकला करूँगा।" (अर्थात् प्रतिशनिवार प्रकाशित)। "जो लोग दो रुपये डाक व्यय सहित सालाना सालामी मेरे पण्डे के पास भेज देंगे, उनके घर ठीक समय पर बिना रोक-टोक सीधे पहुँच जाऊँगा।" नकदान कद का पक्षपाती होने के कारण वी.पी. की अपेक्षा मनीआर्डर द्वारा वार्षिक दक्षिणा सेवा ही मुझे अधिक पसंद है। हास्यव्यंग्यपूर्ण सामग्री के कारण अत्यन्त लोकप्रिय। अस्तु, इसकी ग्राहक संख्या 10,000 के लगभग। इसकी प्रकाशन तिथि को प्रेस में ग्राहकों की भीड़। रचनात्मक साहित्य, विशेषत: हास्य का सर्वश्रेष्ठ पत्र।

मतवाला : 3. शैलेन्द्रकुमार पाठक 4. चाबड़ी बाजार, दिल्ली।

मतवाला : 1. हास्य-व्यंग्य 2. मा. 3. हरिगोविंद सेठ (आत्मज—महादेव सेठ), पाण्डेय बेचन शर्मा 'उग्र' 4. बसवी सदी प्रिंटिंग प्रेस, मिर्जापुर 5. 1948 7. कलकत्ता से प्रकाशित प्रसिद्ध पत्र 'मतवाला' का पुनरारम्भ।

मतवाला : 1. हास्य-व्यंग्य 2. सा. 4. जोधपुर 5. 1939.

मतवाला : 2. मा. 3. श्रीचन्द्र शर्मा 4. पंजाब।

मतान्तर : 1. सा., सां. 2. त्रै. 3. राजकुमार शर्मा 4. मॉडल टाउन, दिल्ली 5. 1970.

मताधिकार : 1. समा. 2. साप्ता. 4. सदर बाजार, भिण्ड (म.प्र.) 5. 1971.

मथुरा अखबार : 2. मा. 3. दीनदयालु शर्मा 4. वृन्दावन, मथुरा/रोहतक 5. 1885.

मथुरा गजट : 1. समा. 2. साप्ता. 4. मथुरा 5. 1818, 21.

मथुरा टाइम्स : 1. समा. 2. साप्ता. 4. सदर बाजार, मथुरा 5. 1959-61.

मथुरा समाचार : 2. साप्ता. 3. सतीशचन्द्र गुप्त 4. मथुरा 5. 1884 -1916.

मदहोश : 2. मा. 4. पीपलमण्डी, आगरा 5. 1957-69.

मदारी : 1. सा. (हास्य.) 2. साप्ता. 3. मंजुला, एम. पी. श्रीवास्तव 4. इलाहाबाद 5. 1917 6. "फी तमाशा दो पैसे" 7. प्रसिद्ध व्यंग्यपरक पत्र। सूक्ति—"सोटा लेकर नए ठाट का सदा मदारी आएगा। जो भारत का अहित करेंगे उनको पकड़ नचायेगा"। भैया जी बनारसी (मोहनलाल गुप्त) की अनेक व्यंग्यपरक कविताएँ इसमें प्रकाशित।

मदालसा : 2. सां. 3. राजकुमार 4. छीपीवार्ड, मेरठ 5. 1969-70.

मद्य निषेध : 4. दिल्ली 7. सर्वोदयी पत्र।

मधुकर : 1. सा., सां. 2. मा. 3. पं. बनारसीदास चतुर्वेदी (1940), जगदीशप्रसाद चतुर्वेदी, यशपाल जैन 4. 'वीरेन्द्र केशव साहित्य परिषद्', टीकमगढ़ (म.प्र.) 5. अक्टूबर 1940-46 7. बुन्देलखण्ड की लोकसंस्कृति का संवाहक पत्र। दृष्टव्य—'जनपद विशेषांक'।

मधुकर : 1. सा. 2. मा. 4. गाँधीनगर, दिल्ली 5. 1957-59.

मधुकलश : 1. कथा. 2. मा. 3. जनार्दनप्रसाद जायसवाल 4. कटघर, मुट्ठीगंज, इलाहाबाद 5. 1962.

मधुकामिनी : 1. सा. 2. मा., त्रै. 3. कन्हैयालाल शर्मा 4. व्योहारबाग, जबलपुर 5. 1968.

मधुधरमित्र : 1. समा. 2. साप्ता. 4. अजमेर।

मधुप : 1. कथा. 2. साप्ता. 3. एस. एल. पाण्डेय 4. कोल्फगिरा, इलाहाबाद 5. 13 अप्रैल 1947.

मधुपर्क : 1. चि. 2. मा. 3. जनार्दनप्रसाद शर्मा 4. बड़तल्ला स्ट्रीट, कलकत्ता 5. 1965.

मधुबाला : 1. फि. 2. मा. 3. जयप्रकाश गुप्त 4. अंसारी रोड, दरियागंज, दिल्ली 5. 1960.

मधु बेला : 1. सा. 2. त्रै. 4. चरकमान, हैदराबाद (आंध्र) 5. 1964-68.

मधुमक्खी पालन : 1. श्रम. 2. मा. 4. आदमपुरा, दोआबा, अमृतसर 5. 1962-70.

मधुमती : 1. सा. 2. त्रै. (अप्रैल 1960-मार्च 1965), मा. (अप्रैल 1965) 3. जनार्दन नागर, मंगल सक्सैना, शांतिलाल भारद्वाज, पुरुषोत्तम मेनारिया, राजेन्द्र शर्मा, मनोहर

वर्मा, जुगमन्दिर तायल, नवलकिशोर, नेमनारायण जोशी 4. राजस्थान साहित्य अकादमी (संगम), उदयपुर (राज.) 5. 1960-65 (प्रच.) 7 राजस्थान का श्रेष्ठ साहित्यक पत्र। दृष्टव्य—भारतीय 'बाल साहित्य विवेचन विशेषांक' (1967), 'राजस्थानी काव्यांक' 1970, विश्व हिन्दी सम्मेलन विशेषांक (1975), हिन्दी दशा-दिशा परिशिष्टांक, नवीन्द्र अंक, उषनिषद अंक, परिचर्चा अंक, सृजनतीर्थ अंक।

मधु मुस्कान : 1. फि. 2. पा. 3. गोवर्द्धन कपूर, बैकुंठनाथ दुग्गल 4. गुलाब हाउस, मायापुरी, नई दिल्ली 5. 1972-73.

मधुर मासिक : 1. सा. 2. मा. 4. कृष्णनगर, दिल्ली 5. 1959-62.

मधुरलोक : 1. सा., सां. 2. मा. 3. राजपाल सिंह शास्त्री 4. आर्यसमाज मन्दिर, बाजार सीताराम, दिल्ली 5. 1962-65.

मधुरिका : 1. सा. 2. मा. 4. तेलीवाड़ा, उदयपुर 5. 1965-68.

मधुवंती : 1. सा. 2. पा. 3. आर. एम. कौशिक 4. हाईकोर्ट रोड, हैदराबाद 5. 1964-69.

मधुवन : 1. सा. 2. मा. 4. फेयर फील्ड बँगला, हजारीबाग, बिहार 5. 1953.

मधुशाला : 1. फि. 2. मा. 4. रमेशनगर, नई दिल्ली 5. 1960-61.

मधु संचय : 1. सा., धा. 2. मा. 3. रामसुख मंत्री 4. सदाशिव पेठ, नागपुर/पूना 4. 1968.

मधुसूदन : 1. समा. 2. सास. 3. आर. एस. पाण्डेय, सी. एस. पाण्डेय 4. हरीराम गोयनका स्ट्रीट, कलकत्ता 5. 1969.

मध्यप्रदेश : 1. समा. 2. दै. 3. शिवनाथ गुप्त 4. मध्यप्रदेश कार्यालय, घंटाघर, 5. 1959.

मध्यप्रदेश : 2. पा. 4. राजकीय प्रेस, नागपुर 5. 1956.

मध्यप्रदेश काँग्रेस पत्रिका : 1. राज. 2. सास. 3. एस. एल. तिवारी 4. सोफिया कालेज बिल्डिंग, भोपाल 5. 1963.

मध्यप्रदेश कृषक समाज त्रैमासिक पत्रिका : 1. कृ. 2. त्रै. 3. आलोक प्रेस, भोपाल 5. 1963-66.

मध्यप्रदेश चैम्बर आफ कामर्स एण्ड इन्डस्ट्री पत्रिका : 1. व्या. 2. मा. 4. श्यामलाल पाण्ड्या 4. धर्म मंदिर रोड, लश्कर, ग्वालियर 5. 1947.

मध्यप्रदेश टाइम्स : 1. समा. 2. सास. 4. पाण्डे टोला, रीवाँ 5. 1961-65.

मध्यप्रदेश पुलिस पत्रिका : 1. मा., त्रै. 3. श्रीकृष्ण राजबैद्य 4. पुलिस लाइन, भोपाल 5. 1958-60.

मध्यप्रदेश वस्त्र व्यापार पत्रिका : 2. मा. 3. बाबूलाल बहेती 4. एम. टी. क्लाथ मार्केट, इन्दौर 5. 1961.

मध्यप्रदेश वाणी : 1. समा. 2. सास. 3. रमेश चौबे 4. खत्रियाना, झाँसी 5. 1970.

मध्यप्रदेश विधि संवाद : 1. वि. 2. मा. 3. उदय द्विवेदी 4. विधि प्रकाशन, टैगोर रोड, इन्दौर 5. 1968.

मध्यप्रदेश संदेश : 1. समा. 2. सास. 3. अनंतवराल शास्त्री 4. सूचना प्रकाशन निदेशालय, ग्वालियर 5. 1905.

मध्यप्रदेश समालोचक : 1. समा. 2. दै., साप्ता. 3. आर.सी. मिश्र 4. सावरकर वार्ड, कटनी (म.प्र.) 5. 1965.

मध्यप्रदेश सहकारी समाचार : 1. समा. 2. साप्ता. 3. दशरथप्रसाद कनौजिया 5. नेपियर टाउन, जबलपुर 5. 1952.

मध्यप्रान्तीय साप्ताहिक समाचार : 2. साप्ता. 3. रायसाहब मथुराप्रसाद वकील 4. छिन्दवाड़ा (म.प्र.) 4. 1919.

मध्यभारत : 2. साप्ता. 3. सिद्धनाथ माधव सोढे (आगरकर) 4. खण्डवा 5. 1923.

मध्यभारत : 2. साप्ता. 4. इन्दौर 5. 1938.

मध्यभारत प्रकाश : 1. समा. 2. दै. 3. मायाशंकर वर्मा 4. धोठेपुरा का वाड़ा, दौलतगंज, लश्कर, ग्वालियर 5. 1950.

मध्यभारत प्रदेश कांँग्रेस बुलेटिन : 2. साप्ता. 4. इन्दौर 5. 1949.

मध्यभारत ला रिपोर्टर : 1. वि. 2. त्रै. 4. छत्रीबाजार, लश्कर, ग्वालियर 5. 1949.

मध्यभारत संदेश : 1. समा. 2. साप्ता. 3. रुद्रदत्त मिश्र 4. सूचना विभाग म.भा., ग्वालियर 5. 1930 (लगभग)।

मध्यभारत समाचार : 1. समा. 2. त्रै. 4. सूचना विभाग म.भा., ग्वालियर।

मध्ययुग : 1. समा. 2. साप्ता. 4. बालमण्डी, बाँदा 5. 1971.

मन की पुकार : 2. मा. 4. बड़ा मुहल्ला, हिसार 5. 1961-65.

मनचंगा : 2. साप्ता. 4. बूँदी।

मनजीत सन्देश : 1. समा. 2. मा. 3. हरवंशसिंह बग्गा 4. बी. एन. प्रेस, इटावा 5. 1966.

मनन : 1. सा., धा. 2. मा. 3. हरिकृष्णदास अग्रवाल 4. तुलसी मानस प्रकाशन, मैरिन ड्राइव, बम्बई 5. 1959-61.

मनमंथन : 4. हाथरस।

मनमन्दिर : 1. समा. 2. साप्ता. (हि., पं.) 4. डेरा रोड, बटाला 5. 1970.

मनमीत : 2. मा. 4. मोतीनगर, नई दिल्ली 5. 1962-65.

मनमोहन : 1. बा. 2. मा. 3. श्रीनाथ सिंह, सत्यव्रत 4. मायाप्रेस, मुट्ठीगंज, इलाहाबाद 5. 1949-70 7. पर्याप्त लोकप्रिय, प्रतिअंक लगभग 12 हजार प्रतियाँ प्रकाशित।

मनमौजी : 1. समा. 2. साप्ता. 3. महावीरप्रसाद श्रीवास्तव 4. स्टेशन रोड, उरई, जालौन 5. 1963.

मनसुखा : 2. मा. 4. कानपुर 5. 1948.

मनसुखा : 4. दिल्ली 7. कई राज्यों में प्रतिबन्ध, विशेषत: इन्दौर में, फिर भी गुप्त बिक्री। विशेष लोकप्रिय।

मनस्वी : 2. मा. 3. रामसुरेश सिंह, क्षेमचन्द्र 'सुमन', रामकिशोर शास्त्री 4. 'ददन सदन', अमेठी, सुल्तानपुर (अवध, उ.प्र.) 5. 1938-39-54.

मनस्वी : 3. रमणलाल अग्रवाल 4. (महा.)।

मनिता : 1. म. 2. पा. 4. राजेन्द्रनगर, नई दिल्ली 5. 1976 (लगभग)।

मनीषा : 2. समा. 3. साप्ता. 4. जोधपुर विश्वविद्यालय, जोधपुर 5. 1970.

मनीषा : 1. सा. 2. मा. 3. नोखेलाल 4. गाँधीगंज, छिन्दवाड़ा 5. 1966.

मनु : 1. सामा. 2. साप्ता. 3. रामभरोसे बाजपेयी 4. आचार्यनगर, कानपुर 5. 1960-65.

मनु : 2. साप्ता. 4. लोहियानगर, पटना 5. 1971 7. नामान्तर—मनुशक्ति।

मनुष्य परिवार : 2. मा. 4. भिण्ड (म.प्र.) 5. 1963-65.

मनुष्य बनो (बेमान) : 1. सा. 2. मा. 3. वी. पी. मुंशी 4. दयाल कम्पाउण्ड, अलीगढ़ 5. 1935.

मनुष्य : 2. मा. 4. हिन्दी प्रिंटिंग प्रेस, हुबली (महा.) 5. 1950.

मनुहार : 2. पा. 4. जवाहर रोड, खुर्जा, बुलंदशहर 5. 1966-69.

मनोज : 4. छपरा (बिहार)।

मनोबल : 1. समा. 2. साप्ता. 3. रामेश्वर 4. जयपुर 5. 1966.

मनोरंजन : 1. फि. 2. मा. 3. चिरंजीत, सतीशकुमार, संस्था.—प्रो. इन्द्रजी 4. अर्जुन प्रेस, रानी झाँसी रोड, नई दिल्ली 5. 1946-62.

मनोरंजन : 1. समा. 2. मा., साप्ता. 3. गिरीशचन्द्र त्रिपाठी 4. बागल पाड़ा गली, सलकिया, हावड़ा 5. 1940.

मनोरमा : 1. म. 2. मा. 3. भक्तशिरोमणि ज्योतिप्रसाद मिश्र 'निर्मल', 'गिरीश', हीरादेवी चतुर्वेदी, भक्तशिरोमणि महावीरप्रसाद मालवीय वैद्य 4. इण्डियन प्रेस, मुट्ठीगंज, इलाहाबाद 5. 1924-48 6. 6) वा. 7. पर्याप्त प्रसिद्ध पत्र। विशेष—महिलांक, सम्मेलन। प्रमुख स्तम्भ—कुसुमकुंज, वनिता विनोद, फौहारे की छीटें, सामयिक साहित्यावलोकन। मुफ्तखोर पाठकों पर प्राय: व्यंग्य। विचार स्वातंत्र्य का प्रेरक पत्र। 'माधुरी' से सात्विक स्पर्धा।

मनोरमा : 1. म. 2. मा. 3. प्यारेलाल दीक्षित, रामकिशोर गुप्त 4. धनमण्डी, धनौरा (उ.प्र.) 5. 1972 वि. 7. पर्याप्त लोकप्रिय पत्र। क्रम - ध्वनि-1 अलंकार।

मनोवहार : 2. बहु. 3. श्रीकृष्णजी परशुराम 4. बम्बई 5. 1870.

मनोविज्ञान : 2. मा. 3. लालजीराम शुक्ल, श्रीराम बोहरा 4. सिद्धि गिरी बाग, काशी 5. 1951-61.

मनोविज्ञान : 1. तक. 2. मा. 3. शिवप्रसाद पुरोहित 4. अंधेरी, बम्बई 5. मई 1948.

मनोविज्ञान और आप : 1. वि. 2. मा. 3. रामनिवास डालमिया 4. श्रृद्धानंद रोड, भिवानी (हरि.) 5. 1960-65.

मनोहर : 1. समा. 2. साप्ता. 4. गोविन्दनगर, कानपुर 5. 1965-67.

मनोहर : 4. बम्बई 5. 1871.

मनोहर उपन्यास : 1. कथा. 2. मा. 3. अशोक मित्र 4. मित्र प्रकाशन प्रा. लि., मुट्ठीगंज, इलाहाबाद 5. 1966.

मनोहर कहानियाँ : 1. कथा. 2. मा. 3. राजेश्वरप्रसाद सिंह, भैरवप्रसाद गुप्त, रामनाथ 'सुमन', क्षितीन्द्रमोहन मित्र 4. मुट्ठीगंज, प्रयाग 5. 1939-40 7. अत्यंत लोकप्रचलित पत्र।

ममता : 1. मा. 2. कबीरचौरा, बनारस 5. 1955.

ममता : 2. मा. 4. बलिदान चौक, उरई 5. 1956-60.

मयराष्ट्र : 1. समा. 2. दै., साप्ता. 3. मानचंद मित्तल 4. शीशमहल, मेरठ 5. 1958 7. पर्याप्त प्रच.।

मयराष्ट्र (डेली) : 1. समा. 2. दै. 3. चन्द्रमोहन 4. नाईवाला, करोलबाग, दिल्ली 5. 1964.

मयराष्ट्र : 1. समा. 2. दै. 3. रामचन्द्र मित्तल 4. गुरु गोविन्द सिंह मार्ग, लखनऊ 5. 1974.

मयूर : 1. कथा. 2. मा. 3. कृष्णचन्द्र मुद्गल 4. जवाहरगंज, इन्दौर 5. 1960-64.

मरतिया जैन बन्धु : 1. जा. 2. मा. 4. लश्कर, ग्वालियर 5. 1958-60.

मराठा : 2. साप्ता. (हि., अं.) 4. नारायण पेठ, पूना।

मराठा राजपूत : 3. रामचन्द्र राय, रविप्रताप सिंह 4. देवास जूनियर (म.प्र.) 5. 1 जून 1941 7. राजपूत मराठा संघ का मुखपत्र।

मराठा बाड़ा (टाइम्स) : 1. समा. 2. साप्ता. (हि., अं.) 3. नागदकर 5. जूनाबाजार, औरंगाबाद 4. 1968.

मराल : 1. सा. 2. मा. 3. किशोरीदास बाजपेयी, श्यामसुंदरलाल दीक्षित 4. नमकमण्डी, आगरा 5. 1939-40 (2 वर्ष)।

मराल : 1. सा. 2. मा. 3. परेशदत्त, कंचनकुमार 4. यूरेका पब्लिकेशन्स, रामपुरा, वाराणसी 5. 1961-65 7. नवलेखन का लघुपत्र।

मरुगंधा : 1. कथा. 2. मा. 3. राजीव रंजन 4. विकास पथ, अलवर (राज.) 5. 1971.

मरुचेतना : 1. समा. 2. साप्ता. 3. रामशरण 4. पानदरीबा, जयपुर 5. 1963-69.

मरुज्योति : 1. समा. 2. साप्ता. 3. महेशकुमार बंशीवाला 4. हरिजन बस्ती, सरदार शहर, चूरू (राज.) 5. 1962-65.

मरुदीप : 2. साप्ता. 3. जुगलकिशोर जोशी 4. विश्वज्योति निकेत, कोटा 5. 1968.

मरुदीप : 1. समा. 2. साप्ता., पा. 4. नथूसर गेट, बीकानेर 5. 1961-68.

मरुधर प्रदेश : 1. समा. 2. साप्ता. 3. कामेश्वरप्रसाद 4. लोहागढ़ रोड, नई कॉलोनी, अजमेर 5. 1969.

मरुधर मित्र : 1. समा. 2. साप्ता. 3. मुंशी रतनलाल मणियार 4. जोधपुर 5. 1866-69 (महाराजा तख्तसिंह का समकालीन) 7. दो कालम का प्राचीन पत्र। 'मुहिबे मारवाड़' (उर्दूपत्र) से उत्प्रेरित पत्र।

मरुधरा : 1. समा. 2. साप्ता. 3. घासीराम शर्मा 4. बेबाड़ी गेट, सीकर (राज.) 5. 1962.

मरुभारती : 1. सा. 2. त्रै. 3. डॉ. कन्हैयालाल सहल, अगरचन्द नाहटा 4. पिलानी (राज.) 5. 1952 (प्रच.) 7. हिन्दी-राजस्थानीयुक्त उच्चस्तरीय शोधपत्र।

मरुमंथन : 1. समा. 2. साप्ता., मा. 3. दयाराम जोशी 4. बेनासर मार्ग, बाड़मेर 5. 1961-69.

मरुवाणी : 1. सा. 2. मा. 3. रावत सारस्वत 4. राजस्थान भाषा प्रचार सभा, मीरा मार्ग, बनी पार्क, जयपुर 5. 1953 7. राजस्थानी पत्र।

मरुश्री : 1. शो. 2. त्रै. 3. गोविन्द अग्रवाल 4. लोकसंस्कृति शोध संस्थान, चूरू (राज.) 5. अक्टूबर 1971-(प्रच.) 7. भाषा साहित्य, इतिहास एवं संस्कृति सम्बन्धी शोधपत्र।

मरुसेनानी : 4. जयपुर।

मर्द : 1. समा. 2. साप्ता. 3. डॉ. भवदेव पाण्डेय 4. प्रेमघर मार्ग, मिर्जापुर 5. 1970.

मर्यादा : 1. सा. 2. मा. 3. पं. कृष्णकांत मालवीय, पद्मकांत मालवीय, लक्ष्मीधर बाजपेयी, डॉ. सम्पूर्णानन्द (1921), प्रेमचंद, बनारसीदास चतुर्वेदी, राजबल्लभ सहाय 4. अभ्युदय प्रेस, प्रयाग/ज्ञानमण्डल, वाराणसी (1920) 5. नंव 1910, 21-23 7. राष्ट्रीय संस्कृति का प्रतिनिधि पत्र। प्रथम लेख 'मर्यादा' द्वारा राजर्षि पुरुषोत्तमदास टण्डन। अंतिम अंक 'प्रवासी' विशेषांक-संपा. पं. बनारसीदास चतुर्वेदी। उच्चस्तरीय सज्जा। 'सरस्वती' से सात्विक स्पर्धा । अपने युग का श्रेष्ठ पत्र। संचा.—शिवप्रसाद गुप्त। इसमें आर्थिक एवं राजनीतिक विषयों पर उत्कृष्ट सामग्री प्रकाशित।

मर्यादा : 1. समा. 2. साप्ता. 3. शिवशंकरलाल, अनूप शर्मा 4. कर्नलगंज, कानपुर 5. 1962.

मर्यादा परिपाटी समाचार : 1. धा. 2. मा. 3. पं. दुर्गाप्रसाद शुक्ल 4. ग्रंथकार प्रेस (यंत्रालय), बेलनगंज, आगरा 5. सन् 1873-1929 वि. 7. याज्ञवल्क्य स्मृति मिताक्षरा धर्मशास्त्र का आशय प्रिण्ट। शीर्षक में अंग्रेजी, उर्दू। रजि. सं. 46। प्राचीन पत्र 7. 6 रु. 6 आने वा.। अग्रिम पहले 9) वा. पीछे।

मल्हार : 1. समा. 2. साप्ता. 4. जगाधरी रोड, यमुनानगर, पंजाब 5. 1964-65.

मल्लारि मार्तण्ड : 1. समा. 2. साप्ता. (हि., अं., म.) 3. सुखसम्पतिराम भण्डारी (1916) 4. होल्कर शासन, इंदौर 5. 21 नवंबर 1915-23 6. 3) वा. 7. सरकारी पत्र। 16 पृष्ठ, प्रत्येक गुरुवार को प्रकाशित। सरकारी कर्मचारी के लिए खरीद अनिवार्य।

मल्लिका : 1. सा. 2. मा. 3. हरनारायण शास्त्री 4. सम्राट प्रेस, पहाड़ी धीरज, झण्डेवालान, नई दिल्ली 5. 1960-65.

मवाना गन्ना पत्रिका : 1. कृ. 2. मा. 3. के. डी. पुरी 4. मवाना सुगर वर्क्स, मवाना, मेरठ 5. 1968.

मवाना नगरपालिका गजट : 1. समा. 2. पा. 3. विद्यासागर दीक्षित 4. नगरपालिका बोर्ड, मवाना, मेरठ 5. 1968.

मवाना सुगर वर्क्स पत्रिका : 1. श्रम. 2. पा. 3. सतवीर सिंह 4. मवाना, मेरठ 5. 1960-68.

मशहूर : 4. कानपुर।

मशाल : 1. समा. 2. साप्ता. 3. बी. एल. साहू 4. सवाई मानसिंह हाईवे, जयपुर 5. 1955/68.

मशाल : 1. समा. 2. साप्ता., पा. 4. मोतीहारी, मुंगेर/धनबाद 5. 1956-60 (लगभग)।

मशीन उद्योग पत्रिका : 1. व्या. 2. मा. 4. लाटूश रोड, कानपुर 5. 1961-63.

मसखरा : 1. सा. 2. पा. 3. अमृतलाल नागर, नागार्जुन, शिक्षार्थी, रामेश्वर, सूरज कपूर, शारदा कपूर 4. 133, चौक गंगादास, इलाहाबाद /2 26/3 जवाहर नगर, गोरेगाँव, बम्बई 5. जून 1965-67 6. 6) वा. 7. सूक्ति— "हर घड़ी हँसने हँसाने के लिये तैयार है। मसखरा अखबार अपने रंग का अखबार है।।" हास्य-व्यंग्यपरक।

मसखरा मुसाफिर : 2. मा. 3. रामसहाय ब्रह्मभट्ट 4. लाहौर।

मासिदर्पण : 2. मा. 4. कलकत्ता।

मसीह आवाज : 1. धा. 3. गुरुबचन सिंह 4. गास मेमोरियल सेण्टर, रायपुर 5. 1948.

मसीहा : 1. दै. 2. सैयद मोहम्मद 4. अनवरगंज, कानपुर 5. 1970.

मसीही आवाज : 1. धा. 2. मा. 4. रायपुर 5. 1948.

मसीही आवाज : 1. धा. 3. राबिनशॉ पुष्प 4. सनीचर बिल्डिंग, 95 सब्जी बाग, पटना 5. प्रच.।

मसीही जीवन संदेश : 1. धा. 2. द्विमा. 4. यूनाइटेड चर्च कम्पाउण्ड, फतेहगढ़ 5. 1963-67.

मसीही दुनिया : 1. धा., जा. 2. मा. (बहु.) 4. जंगपुरा, नई दिल्ली 5. 1955.

मसीही महिला : 1. धा., म. 2. मा. 4. मिशन प्रेस, जबलपुर 5. 1934-67.

मसीही राजदूत : 1. धा. 4. माल, महू 5. 1971.

मसूरी संदेश : 1. समा. 2. सासा. 3. रतनसिंह 4. नगरपालिका विद्यालय, मसूरी 5. 1969.

मस्त कलंदर : 2. मा. 4. वे. एक्स. एरिया, नई दिल्ली 5. 1958-59.

मस्त बादल : 1. समा. 2. सासा., पा. 4. निकट रेलवे स्टेशन, भिवानी 5. 1962-72.

मस्त मतवाला : 1. सा. 2. मा. 3. नवजादिकलाल श्रीवास्तव, आर. पी. द्विवेदी 4. कलकत्ता 5. अगहन 1986 वि.।

मस्ताना : 2. त्रै. 3. प्रताप सिंह 4. मोहल्ला हरदेवगंज, कन्नौज (उ.प्र.) 5. 1966.

मस्ताना : 4. बेतिया (बिहार)।

मस्ताना : 1. समा. 2. सासा. 3. लक्ष्मण दामोदर, प्रवासीलाल वर्मा मालवीय 4. नंदानगर, इन्दौर 5. 1969.

मस्ताना : 1. समा. 2. सासा. 4. कौंच, जालौन।

मस्ताना जोगी : 1. फि. 2. मा. (हि.,उ.) 3. चेतनकुमार भटनागर 4. जी. टी. रोड, फराशखाना, दिल्ली 5. 1938-60.

मस्ताना जोगी : 4. कानपुर 5. 1922.

मस्ताना मजदूर : 1. समा. 2. सासा. 3. रामचन्द्र उनियाल, सुरेश 4. कोटद्वारा (गढ़वाल) 5. 1968.

मस्ती : 2. मा. 3. अक्षयकुमार 4. बम्बई 5. 1947.

मस्ती : 1. समा. 2. सासा., मा. 3. मोहनी राज 4. पी. डी. टण्डन रोड, इलाहाबाद 5. 1962.

मस्ती : 1. वि. 2. मा. 4. खन्ना (यू. पंजाब) 5. 1954.

महाकाली : 1. समा. 2. सासा. 4. रामबाग, कानपुर 5. 1867-71.

महाकोशल : 1. समा. 2. दै. 3. संस्था.—श्यामाचरण शुक्ल, विश्वनाथ वैशम्पायन, गुरुदेव कश्यप 4. जबलपुर 5. 1953.

महाकौशल : 1. समा. 2. सासा. 3. पदुमलाल पुन्नालाल बख्शी, अंबिकाचरण शुक्ल, स्वराज्य प्रसाद द्विवेदी 4. महात्मा गाँधी रोड, रामपुर 5. 1934-58.

महाजन : 2. मा. 4. कमाटी (नागपुर)।

महाजन : 2. मा. 4. बूँदी 5. 1956 लगभग।

महाजन नीति पत्र : 1. धा. 2. मा. (हि., उ.) 4. सरोजिनीनगर मार्केट, नई दिल्ली 5. 1962-70.

महाजन मित्र (मधुर) : 1. सा. ,सां. 2. मा. 3. सुशीलकुमार महाजन, 4. न्यू रोहतक रोड, नई दिल्ली 5. 1965.

महाजन संजीवनी : 2. मा. 4. रावलपिण्डी 5. 1906.

महात्मा : 1. समा. 2. साप्ता. 4. चौधरी गिरिजादयाल 4. बम्बई 5. 1924.

महात्मा बन्धु (सन्देश) : 2. धा., जा. 3. फतेहचन्द 4. दोबरी मन्दिर किला, चित्तौड़गढ़ 5. 1965-67-72 7. जैन धर्म का प्रचारक।

महादेश : 1. सा. 2. मा. 3. इन्दुरानी शर्मा 4. द्वारकानाथ लेन, सलीमपुर, आरा/पटना 5. 1966-71.

महान् आदर्श : 2. पा. (हि., अं., उ.) 4. मान भवन, फतेहपुर 5. 1966.

महान् तपस्वी : 2. मा. 4. मानिकपुरा, दिल्ली 5. 1958-61.

महान् भारत : 2. दै. 3. बी.के. बिसानी 4. बम्बई 5. 1968.

महान् भारत : 2. समा. 2. साप्ता. (हि., उ.) 4. बानस गेट, करनाल 5. 1970.

महान् युग : 2. समा. 2. साप्ता. 4. गोरदास वासक लेन, कलकत्ता 5. 1971.

महान् लोधी राजपूत धर्मपताका : 2. साप्ता. 2. मास्टर अगनलाल वर्मा 3. आगरा 5. 1922.

महान् शहीद : 1. सां. 2. मा. (हि., उ.) 3. डॉ. आर. एल. छिब्बर 4. लेडी हार्डिंग रोड, नई दिल्ली 5. 1965.

महापालिका पत्रिका : 2. मा. 4. चेतगंज, वाराणसी 5. 1960-68.

महाप्रण : 1. समा. 2. पा. 3. भवानी 4. झुंझुनूँ (राज.) 5. 1961.

महाबली कामिक्स : 1. बा. 2. मा. 3. सुरेन्द्र सुमन 4. ग्रेटर कैलाश/गाँधीनगर, दिल्ली 5. 1971.

महाबौधी : 1. धा. 2. मा. 3. अनागरिका धर्मपाल 4. ए. 4, कालेज स्क्वायर, कलकत्ता 5. जन. 1928 7. बौद्ध धर्म का प्रतिनिधि मा.।

महाभारत : 1. समा. 2. साप्ता. 3. ब्रजेश 4. सहकारी मुद्रणालय, नया परदेशीपुरा, इन्दौर 5. 1950-66.

महाभारत : 1. समा. 3. साप्ता. 4. श्रीपाद दामोदर सातबलेकर 4. औध, सतारा 5. 1922.

महाभारत : 2. मा. 4. सुल्तानिया, राजगढ़ (म.प्र.) 5. 1950-51.

महाभाष्य : 2. साप्ता. 3. बाबूलाल जैन 4. स्नेहलतागंज, इन्दौर 5. 1969.

महामालव : 2. साप्ता. 4. इन्दौर/उज्जैन 5. 1949.

महारथी : 1. समा. 2. साप्ता. 3. यादवराम शर्मा 4. सराय गुसाई, बुलंदशहर (उ.प्र.) 5. 1962.

महारथी : 1. सा. 2. मा., सान्ध्य दै. (9 माह तक), साप्ता. 3. देवव्रत शर्मा विशारद, दुर्गादत्त त्रिपाठी, रामचन्द्र शर्मा, महारथी (स्काउट कमिश्नर), कालिकाप्रसाद दीक्षित 'कुसुमाकर' 4. चाँदनी चौक, दिल्ली 5. 1925 से प्रच. 6. 5) वा., दैनिक का 1 पैसा 7. द्रष्टव्य—शक्ति अंक (1927), राजपूत गाथा अंक (1928), बीरांक। सचित्र सज्जा में अग्रणी। युवाशक्ति के ओज से परिपूर्ण। पुलिस के छापे द्वारा समाप्त। फिर साप्ताहिक आरम्भ और मासिक भी।

महाराणा : 1. सा. 2. मा. (हि.,म.) 3. सुन्दरलाल चौहान 4. नागपुर /गोड़िया (महा.) 5. 1968.

महाराणा प्रताप : 2. मा. 3. प्रभातनगर, मेरठ 4. 1966-68.

महाराणा प्रताप प्रतिज्ञा : 2. मा. 4. शक्तिनगर, दिल्ली 5. 1968-69.

महारानी लक्ष्मीबाई : 1. समा. 2. साप्ता. 3. आनन्दकुमार शर्मा 4. तलैया, झाँसी 5. 1968.

महाराष्ट्र ट्रेड बुलेटिन : 1. व्या. 2. साप्ता. (हि., अं.) 3. कालबा देवी, बम्बई 4. 1968.

महाराष्ट्रध्वनि : 4. पूना।

महाराष्ट्र मानस : 3. का. रा. दुबे 4. महाराष्ट्र शासन, बम्बई (महा.) 5. 2 अक्टूबर 1975.

महालक्ष्मी : 2. साप्ता. 3. कपिलकुमार 4. बम्बई 5. 1968.

महाविद्या : 2. मा. 3. जगन्नारायण शर्मा 4. कवि पुष्कर महाविद्यालय कार्यालय, पाण्डेय घाट, बनारस 5. 1992 वि. 7. विशेष–होली अंक।

महावीर : 2. मा. 3. भुवनेन्द्र 'विश्व' 4. पुरानी चढ़ाई, जबलपुर 5. 1929-59.

महावीर : 2. कश्मीर 5. 1936 7. कश्मीर से प्रकाशित हिन्दी का प्रथम पत्र।

महावीर : 2. साप्ता. 3. ज्ञानचन्द जैन 4. महावीर मार्ग, इटावा 5. 1953-62.

महावीर (श्री) : 1. धा. 2. साप्ता., पा. 3. रघुनन्दन झा, किशनचन्द्र आजाद, स्वामी तुर्यानन्द 4. कृष्णनगर, सहारनपुर 5. 1924-66.

महावीर : 3. विश्वम्भरदयाल शर्मा 4. दिल्ली 7. अल्पायु, लघुपत्र।

महावीर : 3. गंगाधरप्रसाद 4. मुंगेर।

महावीर : 1. समा. 2. दै. 3. जगतनारायणलाल, मथुराप्रसाद सिंह 4. पटना।

महावीर दर्शन : 1. धा. 2. पा. 4. देवास 5. 1970.

महावीर नवजीवन : 1. जा. 2. मा. 3. देवराज गुप्त 4. मुरलीमनोहर मंदिर, चौड़ा रास्ता, जयपुर 5. 1968.

महाशक्ति : 1. धा. 2. मा. 3. बासुदेवप्रसाद मेहरोत्रा, बलदेवराज शर्मा, लीलाधर शर्मा, पाण्डेय, शिवनारायण उपाध्याय 4. त्रिपुरा भैरवी, भदनी, बनारस 5. 1947-56.

महाशक्ति : 1. समा. 2. साप्ता. 4. भरथना, इटावा 5. 1966-71.

महावीर शंख : 1. समा. 2. साप्ता. 4. कछवा, मिर्जापुर 5. 1971.

महावीर सन्देश : 1. जा., धा. 2. पा. 3. केशरलाल जैन, कैलाशचन्द्र शास्त्री 4. अजमेर/ जयपुर 5. 1942.

महाशिवरात्रि : 3. बसंतराम 4. मारिशस 5. विशेष—'मानसु चतुश्शती अंक' (1974).

महासामन्त : 1. समा. 2. साप्ता. 4. खुरजा, बुलंदशहर 5. 1963-65.

महासेठ वीकली किराणा समाचार : 1. व्या. 2. साप्ता. 3. रामचन्द्रप्रसाद गुप्त 4. काटन स्ट्रीट, कलकत्ता 5. 1955.

महाज्ञान : 1. समा. 2. साप्ता., पा. 3. भँवरलाल पुरोहित 4. कोटगेट, बीकानेर 5. 1970.

महिमा : 1. म. 2. मा. 3. रामप्यारीदेवी 4. अजमेर 5. 1931.

महिला : 1. म. 4. आगरा 5. 1921.

महिला : 1. म. 4. ग्वालियर सरकार 5. 1919

महिला : 1. म. 2. मा. 3. लक्ष्मणकुमारी 4. झाँसी 5. 1921.

महिला : 1. म. 2. मा. 3. सीतादेवी 4. न्यू जगन्नाथघाट मार्ग, हरिसन रोड, कलकत्ता 5. अक्टूबर 1938-41.

महिला : 1. म. 2. द्वि., त्रै. 3. रमादेवी 4. महिला विद्यापीठ, प्रयाग 5. 1924-26.

महिला आश्रम (पत्रिका) : 1. म. 2. त्रै. 3. दामोदरदास मून्दड़ा, श्रीमन्नारायण, कमलाताई लेले, भवानीप्रसाद मिश्र, कृष्णबहननाग, आनंदीलाल तिवारी 4. महिलाश्रम, वर्धा 5. 1946-49. 7. सर्वोदय आन्दोलन का मुखपत्रनारी जागरण मुख्य ध्येय। विशेष—सर्वोदय अंक।

महिला उत्थान : 1. म. 2. साप्ता. 3. सुभद्रादेवी 4. मऊ, रानीपुर, झाँसी 5. 1962.

महिला चेतावनी : 1. म. 2. साप्ता. 4. शिवपुरी, बुलंदशहर 5. 1955-71.

महिला जागरण : 1. म. 2. मा. 4. घाटी बहलराय, मथुरा 5. 1956-59 (लगभग)।

महिला दर्पण : 1. म. 2. त्रै., मा. 3. शारदाकुमारी देवी 4. छपरा, सारन 5. 1920-22.

महिला प्रगति के पथ पर : 1. म. 2. मा. 3. श्रीमती मुकुल बनर्जी 4. अखिल भारतीय काँग्रेस कमेटी, जंतरमंतर रोड, नई दिल्ली 5. 1956-57.

महिला मनोरमा : 3. मुंशी बैजनाथ सहाय 4. गाजीपुर 5. 1878.

महिला महत्व : 1. म. 2. त्रै., मा. 3. रमादेवी, पार्वतीदेवी 4. कलकत्ता 5. 1924-25.

महिला संदेश : 1. म. 2. मा. 4. अस्पताल रोड, लश्कर 5. 1961-66.

महिला संसार : 1. म. 2. साप्ता. 3. सरस्वती देवी 4. नौगवाँ, फतेहगढ़ 5. 1921.

महिला समाचार : 1. मा. 2. साप्ता. 3. सत्यवती जैन, अनूप शर्मा 4. 1923

महिला सर्वस्व : 1. म. 2. मा. 3. सुशीलादेवी, उमादेवी शर्मा 4. अलीगढ़ 5. 1924.

महिला सुधार : 1. म. 2. साप्ता. 3. सीतादेवी 4. कानपुर 5. 1923.

महिला हितकारक : 1. म. 2. पा. 3. देहरादून 5. 1911.

महिष्मती : 1. समा. 2. साप्ता. 3. मुरारीलाल 4. नर्मदागंज वार्ड, मान्डला (म.प्र.) 5. 1964.

मही प्रदेश : 2. साप्ता. 4. बाँसवाड़ा 5. 1969.

महुरी मायानक : 1. सा. 2. मा. 3. शिवप्रसाद 4. जी.डी. रोड, न्यू गोडाउन, गया 5. 1965.

महेश : 2. मा. 3. गौरीशंकर चण्डक 4. एजरा स्ट्रीट, कलकत्ता 5. 1967.

महेश मेटल समाचार : 1. व्या. 2. पा. 4. बाबर मुहल्ला, अजमेर 5. 1958.

महेश विचार दर्शन : 2. मा. 4. मानसिंह गेट, अलीगढ़ 5. 1971.

महोर मित्र : 1. जा. 2. मा. 3. गोपीशंकर वैद्य 4. घंटाघर रोड, एटा 5. 1954.

महोर संदेश : 1. जा. 2. मा. 3. रामगोपाल गाडगिल 4. दुर्गा कॉलोनी, लश्कर, ग्वालियर 5. 1959.

माँ : 2. मा. 3. रामचन्द्र शर्मा 4. दिल्ली।

माँ : 3. भुवनेश्वरानंद त्यागी 4. बिजनौर 5. 1954.

माँ : 2. पा. 3. सरस्वती बाई 4. मंडलेश्वर पश्चिम, नीमाड़ (म.प्र.) 5. 1963.

माँ की पुकार : 1. समा. 2. साप्ता. 4. बड़ा मुहल्ला, हिसार 5. 1961-62.

मागधी : 2. त्रै. 4. नया टोला, पटना।

माइनिंग जर्नल : 1. मा. 4. कटरा, सगढ़, धनबाद 5. 1955–59.

माई फ्रैन्ड : 4. कानपुर।

माउथ आफ इण्डिया : 1. त्रै. 2. वि. आर. इनामदार 4. पूना 5. 1963.

माझी : 1. समा. 2. साप्ता. 3. मुनीश्वरानन्द त्यागी, बाबूसिंह चौहान 4. बिजनौर 5. 1950.

मार्डन टाइम्स : 1. समा. 2. साप्ता. 3. सत्यदेव शर्मा 4. शीतलगंज, बुलदंशहर 5. 1967.

मातंगी : 1. धा. 2. मा. 4. डाल्टनगंज, पालामऊ, बिहार 5. 1955–68.

माता : 2. धा. (हि., अं.) 3. मोहन स्वामी 4. स्वामी निवास, दिल्ली गेट, गाजियाबाद 5. 1949–53.

माता : 4. कलकत्ता 5. लगभग 1942 7. अरविन्द दर्शन का प्रचारक पत्र।

मातृक पत्रिका : 1. शि. 2. पा. 4. सांताक्रुज पूर्व, बम्बई 5. 1971.

मातृदूत : 1. समा. 2. साप्ता. 3. कृष्णचन्द्र (किशन) चतुर्वेदी 4. कोटा (राज.) 5. 1962.

मातृदूत : 2. साप्ता. 4. रोलीपाड़ा, कोटा 5. 1962.

मातृभूमि : 1. समा. 2. दै., मा., वा. 3. रघुनाथ विनायक घुलेकर, ब्रजभूषणलाल त्रिपाठी 'निश्चल' 4. झाँसी 5. 1925.

मातृभूमि : 1. समा. 2. साप्ता. 3. रामकुमार 4. बाजार खजाचियाँ, हिसार (हरि.) 5. 1952–60.

मातृभूमि : 1. धा. 2. साप्ता. 3. विश्वम्भरसहाय प्रेमी 'व्याकुल' 4. मेरठ 5. 1923 7. आर्य समाजी पत्र।

मातृभूमि : 4. पटना 5. 1922.

मातृभूमि : 1. सां., सा. 2. साप्ता. (हि., मल.) 3. के. दामोदर मेनोन 4. कोच्चिन, केरल 5. 1941–42 7. हिन्दी का एक अनुभाग जिसमें साहित्यानुवाद को प्रश्रय।

मातृभूमि : 1. समा. 2. साप्ता. 4. सिविल लाइन्स, हरदोई 5. 1944–60.

मातृभूमि : 1. समा. 2. दै. 4. कानपुर 5. 1922.

मातृभूमि : 1. साप्ता. 4. इन्दौर 5. 1950.

मातृभूमि : 1. समा. 2. साप्ता. 4. गाँधी पार्क, बाँदा 5. 1965

मातृभूमि : 1. समा. 2. साप्ता. 3. चन्द्रभूषण शुक्ल 4. सरनजी, बाराबंकी 5. 1965.

मातृभूमि : 3. चन्द्रभूषण शुक्ल 4. गुदड़ी, बहराइच (उ.प्र.) 5. 1947–57.

मातृवाणी : 1. दा., धा. 2. हि., अं. 3. तरणिशंकर चक्रवर्ती 4. तार कुटीर रोड, जूकरगंज, इलाहाबाद 5. 1969.

मातृसेवा : 1. समा. 2. पा. 3. डॉ. एस. नाथ 4. सीताराम मोहल, कानपुर 5. 1966.

माथुर पत्रिका : 2. मा. 3. नारायणप्रसाद 4. आगरा 5. 1925.

माथुर वैश्य सन्देश : 1. जा. 2. मा. 3. जुगराम गुप्ता 'सहाय' 4. नई सड़क, कानपुर 5. 1956.

माथुर वैश्य सुखदायक : 1. जा. 2. मा. 3. ज्वालाप्रसाद 4. फतेहाबाद, आगरा/मथुरा 5. 1899–1903.

माथुर वैश्य हितकारी : 1. जा. 2. मा. 3. श्यामसुन्दरलाल गुप्त 4. आगरा 5. 1916.

माथुर वैश्य हितैषी : 1. मा. 2. जा. 3. श्यामसुन्दरलाल गुप्त, शिवशंकर शास्त्री 4. कलक्टर-गंज, कानपुर 5. 1937–43.

माथुर क्षत्रिय : 1. जा. 2. मा. 3. ठाकुर मूलचन्द जलेसरिया 4. आगरा 5. 1925.

माथुरिया अग्रवाल पत्रिका : 1. जा. 2. मा. 3. रघुवरदयाल भारद्वाज 4. रामघाट रोड, अलीगढ़ 5. 1964.

मादरेवतन : 1. समा. 2. साप्ता. 3. बशीर अहमद कुरेशी 4. राजबाड़ा, इन्दौर 5. 1970.

मादी : 1. द्विभा. 4. मु. टोला, थवालिया, अलमोड़ा 5. 1970.

माधवी : 1. सा., मा. 3. गिरिजादयाल 'गिरीश' 4. लखनऊ 5. 1964.

माधुरी : 1. सा. 2. मा. 3. प्रबन्धक—विष्णुनारायण भार्गव, अध्यक्ष—नवलकिशोर, तेजकुमार, शिवपूजन (1925), पं. कृष्णबिहारी मिश्र (1927), मुंशी प्रेमचन्द्र (1927-33), दुलारेलाल भार्गव, रामसेवक त्रिपाठी तिवारी (1931), पं. मातादीन सुकुल (1933), रूपनारायण पाण्डेय, बांकेबिहारी भटनागर (1937), नन्दकिशोर तिवारी, रामेश्वर शुक्ल 'अंचल', भगवतीप्रसाद बाजपेयी 4. नवलकिशोर प्रेस, लखनऊ 5. श्रावण शुक्ला सप्तमी तुलसी सं. 299/30 जुलाई 1922 6. आरंभिक शुल्क साढ़े छः रुपये वा., प्रति आठ आने 7. छायावाद युग का प्रतिनिधि पत्र। सूक्ति—"सिता मधुर मधु तिय अधर सुधा माधुरी धन्य। पै यह साहित माधुरी नव रसमयी अनन्य।" मुख्य स्तम्भ—साहित्य-समीर (रिव्यू), निकुंज, त्रिधारा, सुमन संचयन, महिला-मनोरंजन, पुस्तक-परिचय, विविध विषय, साहित्य-सूचना, चित्रचर्चा, संगीत सुधा, अन्तर्ज्योति कुसुमकुंज, बालवाटिका, बालविनोद, मधुबन, विज्ञान वाटिका, स्वरलहरी, मसिबिन्दु, मुसकान, कृषि कौशल, जीवन ज्योति, आलोक प्रवाह, दिव्यज्योति, कविचर्चा आदि। मुखपृष्ठ पर मुद्रित—"विविध विषय विभूषित साहित्य संबंधी सचित्र मासिक।" प्रतिअंक 3-4 सुंदर चित्र प्रकाशित।

मुख्य लेखक—प्रेमचंद, प्रेमधन, मिश्रबन्धु, कौशिक, लाला सीताराम, प्रसाद, पदमसिंह शर्मा, सनेही, शिवपूजन सहाय, निराला, कामताप्रसाद गुरु, शिवाधार पाण्डेय, रामनरेश त्रिपाठी, हरिऔध, मैथिलीशरण गुप्त, गौरीशंकर, हीराचन्द ओझा, शंकर, श्रीधर पाठक, रत्नाकर, माखनलाल चतुर्वेदी आदि। अनेकानेक उच्चस्तरीय अमर कृतियाँ इसमें प्रकाशित। माधुरी ने कलाकारों, कवि, लेखकों को पारिश्रमिक देने की प्रथा का आरम्भ किया। विशेषांकों में पहल।

माधुरी : 1. सां. 2. पा. 4. गवर्नमेण्ट पैलेस ई. बैनेट काल मेन कं., कलकत्ता 5. 1965.

माधुरी : 1. फि. 2. पा. 3. अरविन्दकुमार 4. टाइम्स आफ इण्डिया प्रेस, बम्बई 5. 20 जनवरी 1963-64 (प्रच.) 7. पूर्वनाम 'सुचित्रा'। समान्तर की परम्परा। फिल्म कला पर लेखमाला। प्रसार संख्या 111423। सर्वाधिक बिक्रीवाला हिन्दी पत्र।

माध्यम : 1. सा. 2. मा. 3. डॉ. बालकृष्ण राव 4. हिन्दी साहित्य सम्मेलन, पो. बॉ. 60, प्रयाग 5. 1964-69 7. उच्चस्तरीय पत्र। आर्थिक क्षति के कारण समाप्त। द्रष्टव्य—केरल विशेषांक (1966), 'विवेचना' गोष्ठी आन्ध्र विशेषांक (1968).

माध्यमिक शिक्षा संदेश : 1. शै. 2. मा. 4. राजा केदारनाथ स्ट्रीट, चाबड़ी बाजार, दिल्ली 5. 1963-69.

मानक : 2. सा. 3. डॉ. विश्वनाथप्रसाद 4. वाराणसी 5. 1970.

मानगंज टाइम्स : 1. समा. 4. रीवाँ।

मानचित्र : 2. मा. 4. पंजाब शरीफ, कश्मीरी गेट, दिल्ली 5. 1973.

मानदण्ड : 1. समा. 2. साप्ता. 3. शिखरचन्द जैन 4. चौड़ा रास्ता, जयपुर 5. 1970.

मानदण्ड : 1. सा. 2. मा. 4. एम. जी. रोड, मुलन्द, बम्बई 5. 1969.

मानदाता : 1. समा. 2. साप्ता. 3. ठाकुरलाल जेठवानी 4. शंकु मार्ग, माधवनगर, उज्जैन 5. 1966.

मानव : 2. मा. 3. मोतीलाल शर्मा 4. जयपुर 5. 1946.

मानव : 2. मा. 4. नौबस्ता, आगरा 5. 1953-56.

मानव : 2. मा. 4. तमसार, भण्डारा (महा.) 5. 1956-60.

मानव : 1. समा. 2. साप्ता. 4. करौली (राज.) 5. 1956-58 (लगभग)।

मानव : 2. मा. 3. लाल बिहारी मिश्र 4. काशी 5. 1953.

मानव : 1. समा. 2. साप्ता. 4. लश्कर, ग्वालियर 5. 1961-69.

मानव : 3. अरुणकुमार द्विवेदी 4. कानपुर।

मानव अधिकार : 1. समा. 2. साप्ता. 3. विनोदकुमार 4. नेहरू बाजार, जयपुर 5. 1970.

मानव अधिकार : 1. सा. 4. गौरीशंकर रोड, जुगसलाई, जमशेदपुर 5. 1961-65.

मानव उत्थान : 1. समा. 2. साप्ता., मा. 3. सुभाषचन्द्र दुबे 4. मछली टोला, फतेहगढ़, फर्रुखाबाद 5. 1963-65.

मानव जीवन : 1. समा. 2. साप्ता. 4. नवपुरा, वाराणसी 5. 1956-66.

मानव जीवन : 1. पा. 4. पारो मनीपुरे, बहराइच 5. 1958-61.

मानव जीवन कल्याण : 1. धा. 2. मा. 3. परमेश्वरलाल भटनागर 4. मिश्र राजाजी का रास्ता, जयपुर 5. 1958-68.

मानव ज्योति : 1. धा. 2. मा. 3. रघुबीर चतुर्वेदी 4. हीप सर्कस, अलवर 5. 1965.

मानवता : 1. समा. 2. साप्ता. 3. गुरुदयाल सिंह 4. केदारनाथ रोड, मुजफ्फरपुर 5. 1970.

मानवता : 2. साप्ता., मा. 3. राधादेवी, शंकरसहाय वर्मा 4. अकोला, बरार 5. 1947-59.

मानवता : 1. समा. 2. साप्ता. 4. अलवर 5. 1956-57 (लगभग)।

मानवता की झंकार : 2. पा. 3. कांतासिंह, कांतानंद सरस्वती 4. देवीपुरा स्ट्रीट, बुलंदशहर 5. 1968.

मानव धर्म : 1. धा., दा. 2. मा. 3. दीनानाथ भार्गव 'दिनेश', तिलकधर शर्मा 4. दरियागंज, पीपल महादेव, दिल्ली 5. 1936 अग. 1941-71 7. गीता एवं सनातधर्म का प्रचारक। विशेष—बलिदान अंक (1961, संपा. बनारसीदास चतुर्वेदी), प्रेरणा अंक (1963), मातृभूमि अंक (संपा. विष्णु प्रभाकर)।

मानवपथ : 1. समा. 2. साप्ता. (हि., पं.) 4. तलकी गेट, हिसार 5. 1962.

मानवपथ : 2. साप्ता. 4. दीवानहाल, दिल्ली 5. 1952.

मानव भारती : 1. सा. 2. मा. 4. बी. 7/5, राणाप्रताप बाग, दिल्ली 5. 1966-69.

मानव महिमा : 1. धा. 2. मा. 3. नाहर सिंह 4. बटाला, गुरुदासपुर (पंजाब) 5. 1962.

मानव मार्तण्ड : 1. समा. 2. साप्ता. (हि., अं.) 3. रघुनन्दन मिश्र 4. बुन्देलखण्ड प्रेस, झाँसी 5. 1970.

मानवमित्र : 1. सामा. 2. साप्ता. 3. शिवप्रसाद 4. आर. कुली लेन, कलकत्ता 5. जून 1948.

मानव रक्षक : 1. चि. 2. मा. 3. डॉ. कुलदीप लाल 4. कलक्टरगंज, फतेहपुर 5. 1968.

मानवलोक : 1. समा. 2. साप्ता. 4. औरंगाबाद, मथुरा 5. 1971.

मानव वन्दना : 1. सां. 2. मा. 3. सुखवीर सिंह, सत्यभाषी 4. चूनामण्डी, अक रोड/हरि मस्जिद, पहाड़गंज, नई दिल्ली 5. 1970.

मानव शक्ति : 1. समा. 2. साप्ता. 4. पाटणपोल, कोटा 5. 1953-65.

मावन संवाद : 4. मुजफ्फरपुर।

मानव संदेश : 2. मा. 4. गली जमीरवाली, नबाबगंज, दिल्ली 5. 1948-59.

मानव सुधार : 4. इन्दौर।

मानव सेवक : 1. समा. 2. साप्ता. 3. बसंतकुमार पाण्डेय 4. अनंतपुरा कटरा, आजमगढ़ 5. 1947-49.

मानव सेवा : 2. मा. (हि., अं., उ.) 4. काँबरीगंज रोड, अलीगढ़ 5. 1966-68.

मानव हितकारी : 1. सां. 2. मा. 3. धनपतराज भाटी 4. बस्ती जुलाहा, सदर बाजार, दिल्ली 5. 1970.

मानव ज्ञान : 1. सां. 2. मा. (हि., उ.) 3. विनयचन्द गर्ग 4. डिप्टीगंज, दिल्ली 5. 1965-69.

मानवोदय : 1. धा. 2. मा. 3. चिरंजीलाल अरोड़ा 4. बस्ती, चित्तौड़गढ़ 5. 1967-68.

मानस : 1. धा. 2. मा. 3. मोतीलाल 4. भरतपुर 5. 2007 वि.।

मानस उत्थान : 2. पा. 4. उन्नावगेट के भीतर, झाँसी 5. 1959-71.

मानस कल्प : 1. धा. 2. मा. 3. कुंजबिहारी शुक्ल 4. धर्मधाम, 128/डी. 28, किदवई नगर, कानपुर 5. 1964-67.

मानस चतुरशताब्दि : 1. धा., सा. 2. मा. 4. जनकपुरी, नई दिल्ली 5. 1971.

मानस पीयूष : 2. मा. 4. ऋणमोचन घाट, अयोध्या 5. 1954.

मानस पत्रिका : 3. सुधाकर द्विवेदी 4. बनारस 5. 1904.

मानसमणि : 1. दा., धा. 2. मा. 3. सुदर्शन सिंह 'चक्र', शारदाप्रसाद, तरणेन्दुशेखर तिवारी 4. मानस संघ, रामवन, सतना (म.प्र.) 5. 1941 (प्रच.) 7. रामायण सम्बन्धी श्रेष्ठ सामग्री से युक्त पत्र।

मानसमणि : 1. धा. 2. मा. 3. सुदर्शन 4. बम्बई/हरिद्वार 5. 1970.

मानस मयूख : 1. दा. 2. त्रै. 4. जे. एन. मुकर्जी रोड, सलकिया, हावड़ा 5. 1964-67, 68.

मानस वसुन्धरा : 1. धा. 2. मा. 4. बलदेवनगर, मानपुर, सीतापुर 5. 1971.

मानस वसुन्धरा : 2. सा. 3. राजेश अवस्थी 4. सीतापुर 7. तुलसी विषयक पत्र।

मानसवीथिका : 1. सा. 2. मा. 3. उमादत्त त्रिवेदी 4. सिंह स्ट्रीट, यहियागंज, लखनऊ 5. 1973.

मानस संदेश : 1. धा. 2. मा. 4. रामनगर, चंपारन 5. 1965-69.

मानस सन्देश : 1. धा. 2. मा. 3. शिवगोपाल महरोत्रा 4. मोहल्ला धामवाला, देहरादून 5. 1972.

मानस सम्राट : 1. धा. 2. त्रै., वा. 4. टेढ़ी बाजार, स्वर्गद्वार, अयोध्या 5. 1971.

मानसरोवर : 2. मा. 3. सुरेशकुमार सूद 4. इण्डस्ट्रीयल स्टेट, इन्दौर 5. 1966.

मानसरोवर : 3. विश्वनाथ 4. कनाट सर्कस, नई दिल्ली 5. 1949.

मानसरोवर : 2. मा. 3. प्रमिला 4. जमना रोड, इलाहाबाद 5. 1956.

मानस हंस : 2. धा. 3. श्रीमानस शास्त्री 4. हाथरस 5. 'मानसशंका समाधान' विशेषांक अत्यन्त प्रशंसित।

मानसी : 2. मा. 3. ज्योतिप्रसाद जैन 4. लखनऊ 5. 1947.

मानसी : 1. शो. 2. बा. 3. पो. ना. नागप्पा, डॉ. हिरण्यमय, डॉ. राजेश्वरय्या 4. हिन्दी विभाग, मैसूर विश्वविद्यालय 5. 1965-69.

माया : 1. कथा. 2. मा. 3. राजेश्वरप्रसाद सिंह, भैरवप्रसाद गुप्त, क्षितीन्द्रमोहन मित्र, विजय वर्मा, आलोक मित्र 4. मुट्ठीगंज, इलाहाबाद 5. जनवरी 1929 (प्रच.) 7. अत्यंत लोकप्रचलित पत्र।

मायापुरी : 1. फि. 2. मा. 4. मायापुरी, नई दिल्ली 5. 1975 (लगभग) 7. पर्याप्त लोकप्रिय पत्र।

मार: 1. समा. 2. साप्ता. 3. के.पी. श्रीवास्तव 4. अशोक प्रेस, सीधी (म.प्र.) 5. 1968.

(दि.) मारवाड़ गजट : 1. समा. (नामान्तर—जोधपुर गवर्नमेण्ट गजट, 3 जून 1933) 2. साप्ता. (रविवार, शनिवार) (हि.,उ.,अं.) 3. होरीलाल 4. जोधपुर सरकार, जोधपुर 5. 1923 वि. (1866)-मई 1933, 3 जून 1934-49 6. 4) वा., 2 आना प्रति 7. बाबू बालमुकुन्द गुप्त के अनुसार यह राजस्थान का सर्व प्राचीन पत्र (गु. नि.)। शासन की रीति-नीति का प्रचारक पत्र। मुख्य स्तम्भ—समाचारावली, मौसिम और फसल की रिपोर्ट, दरबार के भाषण, विज्ञप्तियाँ। उर्दवी अदालती भाषा।

मारवाड़ चैम्बर बुलेटिन : 2. मा. 4. जोधपुर 5. 1964.

मारवाड़ प्रान्तीय राजपूत संदेश : 2. जा. 3. मोहनसिंह 4. सरदारपुरा, जोधपुर 5. 1965.

मारवाड़ संदेश : 1. समा. 2. साप्ता. 4. शिवगंज (राज.) 5. 1955-59.

मारवाड़ समाचार : 4. जोधपुर।

मारवाड़ समाचार : 1. समा. 2. साप्ता. 4. कडक्का चौक, अजमेर 5. 1956-60.

मारवाड़ी (ओसवाल) : 1. जा. 2. मा., पा. 3. उदयचन्द वैद्य, जगदीशसिंह गहलोत 4. जोधपुर 5. 1925-47.

मारवाड़ी : 2. मा. 3. किसनलाल बलदवा 4. अहमदनगर 5. 1908.

मारवाड़ी (पत्र) : 1. समा. 2. साप्ता. 3. इन्द्रदत्त शर्मा, रुद्रदत्त शर्मा, नन्द कुमारदेव शर्मा, गंगाप्रसाद गुप्त, शिवनारायण, गोवर्द्धन शर्मा, छंगाणी नारायणदत्त कश्यप, सत्यदेव विद्यालंकर 4. नागपुर 5. 1909, 12 6. 1.50 रु. वा.

मारवाड़ी : 1. जा. 2. मा., त्रै. 3. बेणीशंकर शर्मा 4. कलकत्ता 5. जनवरी 1936.

मारवाड़ी अग्रवाल : 1. जा. 2. मा. 3. हेमचन्द जोशी, मातासेवक पाठक, इन्दचन्द मुबालबा, तुलसीराम सरावगी 4. हरिसन रोड, कलकत्ता 5. 1921-23.

मारवाड़ी गौरव : 3. अद्‌भुत शास्त्री 4. जयपुर 5. 1945.

मारवाड़ी डेरी : 1. समा. 2. दै. 3. एम. आर. बिहानी 4. मारवाड़ी बाजार, बम्बई 5. 1912.

मारवाड़ी डेली काटन मार्केट रिपोर्ट : 2. व्या. 2. दै. 4. बम्बई।

मारवाड़ी बन्धु : 1. जा. 2. मा., सात्ता. 3. बासुदेव मिश्र, दुर्गाप्रसाद मिश्र 4. कलकत्ता 5. 1907 7. अल्पायु।

मारवाड़ी ब्राह्मण : 1. जा. 2. सात्ता. 3. हनुमानदत्त जोशी 4. कलकत्ता 5. 1924.

मारवाड़ी भास्कर : 2. मा. 3. रामलाल, बद्रीदास 4. सेलापुर 5. 1905 (लगभग)।

मारवाड़ी मित्र : 4. पूना 5. 1925.

मारवाड़ी रिलीफ : 1. सां. 2. मा. 3. डी.एस. सराबगी 4. मारवाड़ी रिलीफ सोसायटी, कलकत्ता 5. मार्च 1936.

मारवाड़ी लोकहित : 2. सात्ता. 4. मुंशी का रास्ता, जयपुर 5. 1971.

मारवाड़ी समाज : 1. सा. 2. मा. 3. फतहचन्द गुप्त 4. नया फाटक, दिल्ली।

मारवाड़ी समाज : 2. पा. 4. सैय्यद अली लेन, कलकत्ता 5. 1963-65.

मारवाड़ी सुधार : 1. जा. 2. मा. 3. राधामोहन गोकुल जी, शिवपूजन सहाय (1920-22) 4. आरा/कलकत्ता 5. 1920 7. बालकृष्ण प्रेस से मुद्रित। यहीं से मतवाला मण्डल की योजना।

मारवाड़ी हितकार (हितैषी) : 2. मा. 3. जसराज मेहता, छोटेराम शुक्ल, विश्वनाथ सारस्वत 4. धामणगाँव (बरार) 5. 1910-13.

मारिशस मित्र : 1. समा. 4. मारिशस।

मारुति संजीवन : 1. धा., दा. 2. मा. 3. रामनारायण हृदयस्थ 4. गोहद (म.प्र.) भिण्ड, ग्वालियर 5. 1949-50.

मार्केट रिपोर्ट : 1. व्या. 2. सात्ता. 3. पूर्णमल बजाज 4. हैदराबाद।

मार्केट वे : 1. व्या. 2. मा. 3. कुंजलाल 4. कटरा जयमाल सिंह, अमृतसर 5. 1963.

मार्केट सर्किल : 1. बा. 2. सात्ता. 3. विजयशंकर पाठक 4. राजागार्डन, नई दिल्ली 5. 1969.

मार्गदर्शक : 1. समा. 2. सात्ता., मा. 4. गोसाईपुरा, झाँसी 5. 1960-71.

मार्गदर्शन : 2. समा. 2. पा. 4. नौधरा, कानपुर 5. 1959-60.

मार्गदर्शन : 1. मा. (हि., अं.) 4. कूचा तड्डूशाह, दरीबाकलाँ, दिल्ली 5. 1965-69.

मार्तण्ड : 1. समा. 2. सात्ता. 3. नासिरुद्दीन, अंबिकाप्रसाद बाजपेयी 4. इण्डियन प्रेस, पुराना मद्रसा, बैठकखाना स्ट्रीट, कलकत्ता 5. 11 जून 1846 7. हिन्दी, अंग्रेजी, बंगला, फारसी एवं उर्दू 5 भाषाओं में प्रकाशित। 'इण्डियन सन' का भाषान्तर। आकार लगभग 10 पृष्ठ, प्रति पृष्ठ 5 कालम। चार लिपियाँ।

मार्तण्ड : 1. चि. 2. मा. 3. डॉ. ओंकार शर्मा 4. वजीरपुर रोड, मेरठ 5. 1956.

मार्तण्ड : 2. मा. 2. कानपुर 5. 1922.

मार्तण्ड : 1. सा. 2. सात्ता. 3. डॉ. शंकरराम चन्द्र 4. देवास (म.प्र.) 5. 1925, 27 7. राज्याश्रित पत्र।

मार्तण्ड : 1. समा. 2. सात्ता. 4. आजमगढ़ 5. 1955-58.

मार्शल : 1. समा. 2. साप्ता. 3. छोगालाल शर्मा 4. सूरजपोल, उदयपुर 5. 1959.

मालव क्रान्ति : 1. समा. 2. साप्ता. 3. दीनानाथ व्यास 4. कामटी मार्ग, उज्जैन 5. 1967.

मालव प्रहरी : 2. मा. 4. उज्जैन/बेयर हाउस रोड, इन्दौर 5. 1966-68.

मालव भारती : 1. कृ. 2. मा. 3. अचल वर्मा 4. स्टेशन रोड, नीमच (म.प्र.) 5. 1970.

मालव मति : 3. के. एम. कुलश्रेष्ठ 4. माक्षि रोड, फ्रीगंज, उज्जैन 5. 1970.

मूवी मास्टर : 1. फि. 2. साप्ता. (हि., अं.) 3. एम. एन. अरोरा 4. अंधेरी पूर्व, बम्बई 5. 1968.

मूवीलिंक : 1. फि. 2. साप्ता. (बहु.) 4. बाँदरा, बम्बई 5. 1965-69.

मालव मसीही संदेश : 1. धा. 2. त्रै. 4. नंदानगर, इन्दौर 5. 1965-70.

मालव मार्केट रिपोर्ट : 2. पा. 3. बद्रीलाल 4. जनकपुरी, मन्दसौर (म.प्र.) 5. 1960.

मालव मयूर : 2. मा. 3. हरिभाऊ उपाध्याय 4. काशी (1924)/अजमेर (1926) 5. 1924 7. हरिभाऊ जी इसे इन्दौर से प्रकाशित करना चाहते थे, पर अनुमति नहीं मिली। 1927 से इसका नाम 'त्यागभूमि'।

मालवा अखबार : 1. समा. 2. साप्ता. (हि., उ., म.) 3. पं. प्रेमनारायण (वेंकट ओझा), धर्मनारायण (गार्सा दताँसी), वासुदेव गुरुजी, संचालक—श्रीराम शास्त्री 4. महात्मा गाँधी मार्ग, इन्दौर 5. 6 मार्च 1849-73 6. 4 आने प्रति, 12 रु. वा., आकार 11× 8, पृष्ठ 8 7. होल्कर शासन से नियंत्रित। लीथो में मुद्रित। 1973 से मराठी युग प्रतिनिधि पत्र।

मालव माटी : 1. समा. 2. साप्ता. 4. फ्रीगंज, उज्जैन 5. 1970.

मालव समाचार : 1. समा. 2. दै., साप्ता. 3. ठाकुरदास, रुद्रदत्त शर्मा 4. नसिया रोड, इन्दौर 5. 1948-67.

मालव साहित्य : 1. सा. 2. त्रै. (हि., म.) 4. इन्दौर (म.प्र.) 5. 1929.

मालवा : 1. समा. 2. दै. 3. गोपालसिंह नेपाली, मोहनलाल उपाध्याय निर्मोही 4. इन्दौर 5. स्वातंत्र्यपूर्व।

मालवा अखबार : 1. समा. 2. साप्ता. 3. पं. प्रेमनारायण 4. इन्दौर 5. 1948 6. 12) वा. 7. उर्दू-फारसी प्रधान अष्टपृष्ठीय पत्र।

मालवा टाइम्स : 1. सा. 2. साप्ता. 3. हीराराम शर्मा 4. श्रम शिविर, अशोक मार्ग, उज्जैन 5. 1963-66.

मालवा टाइम्स : 4. रतलाम 5. 1950.

मालवीय पत्रिका : 1. जा. 2. मा. 3. रामकिशोर मालवीय 4. इलाहाबाद 5. 1951.

माला : 1. कला. 2 मा. 3. कलावती देवी 4. दारागंज, इलाहाबाद 5. 1947.

मालिक मकान : 1. मा. 3. डॉ. रामस्वरूप गुप्त 4. श्रीनगर, कानपुर 5. 1966.

मालिनी : 3. वी. के. जैन 4. नजीबाबाद।

माली जागरण : 1. जा. 2. मा. 4. सीलावतपुरा, इन्दौर 5. 1971.

माली बन्धु : 1. जा. 2. मा. 3. सत्यनारायण 'सुमन' 4. 2/14, रामपुरा बाजार, कोटा 5. 1972.

माली युवक संदेश : 1. जा. 2. मा. 3. चुन्नीलाल वर्मा 4. हल्दियों का रास्ता, जयपुर 5. 1962.

मालेम : 1. सा. 2. बहु. 4. पउना बाजार रोड, इम्फाल 5. 1969.

मासिक पत्रिका वेस्टर्न यू.पी. चैम्बर आफ कामर्स एण्ड इण्डस्ट्री : 1. वा. 2. मा. (द्विभा.) 3. के. एन. मोदी, मुरारीलाल 4. सेक्रेटरी वेस्टर्न, यू. पी. चैम्बर आफ कामर्स, बम्बई बाजार, मेरठ 5. 1967-72.

मासिक महाभारत : 2. मा. 4. गीता प्रेस, गोरखपुर 5. 1955.

मास्टर आफ मटका : 1. समा. 2. दै. 3. जी. एम. राणे 4. बम्बई 5. 1965.

मास्टर जी : 1. मा. 4. एलनगंज, इलाहाबाद 5. 1965.

माही प्रदेश : 1. समा. 2. साप्ता. 4. नटवरलाल 4. बस स्टैण्ड, बाँसवाड़ा (राज.) 5. 1969.

महुरी मयंक : 1. जा. 2. मा. 3. गोपीचन्दलाल गुप्त 4. झरिया/गौतमबुद्ध रोड, हसुआ (गया) 5. 1919, 65.

माहेश्वरी : 1. जा. 2. मा. 3. बाबू हरशरणदास 4. हापुड़ (मेरठ) 5. 1894, 97.

माहेश्वरी : 4. सहारनपुर।

माहेश्वरी : 1. जा. 2. साप्ता. 3. कर्णकवि रामप्रसाद हुरकट 4. दिल्ली 5. 1921.

माहेश्वरी : 2. साप्ता. 3. धर्मानन्द त्रिपाठी 4. कलकत्ता 5. 1924.

माहेश्वरी : 1. जा. 2. पा. 3. घनश्यामदास पायालिया, विश्वम्भर शर्मा, भगवानदास केला 4. अखिल भारतीय माहेश्वरी महासभा, काटन मार्केट, नागपुर 5. 1892, 1968.

माहेश्वरी : 1. समा. 2. जा. 3. भगीरथदास 4. अलीगढ़ 5. 1912.

माहेश्वरी : 1. जा. 2. साप्ता., मा. 3. विश्वम्भरप्रसाद शर्मा 4. बम्बई 5. 1968.

माहेश्वरी : 1. जा. 2. पा., साप्ता. 4. हिमायतनगर, हैदराबाद 5. 1960-63.

माहेश्वरी गौरव जगत : 1. जा. 2. साप्ता. 3. गणेशप्रसाद सारडा, गोकुलदास बागड़ो 4. कलकत्ता 5. 1924.

माहेश्वरी बन्धु : 1. जा. 2. साप्ता. 3. बंसतीलाल मालपाणी, संपतकुमार मिश्र 4. कलकत्ता 5. 1925.

माहेश्वरी साप्ता. व्यापार समाचार : 1. व्या 2. साप्ता. 4. जयपुर 5. 1956 (लगभग)।

माहेश्वरी सुधारक : 2. साप्ता. 3. राधाकृष्ण तोपनीवा 4. अजमेर 5. 1924.

माहेश्वरी सेवक : 1. जा. 2. अनि. 3. बैअसोहनलाल कोठारी 4. शोभाराम बैशाख स्ट्रीट, कलकत्ता।

माहेश्वरी सेवक : 1. जा. 2. पा. 3. रामचन्द्र भारती 4. स्टेशन रोड, बीकानेर 5. 1956.

माहौर मित्र : 1. जा. 2. मा. 3. चन्द्रशेखर 4. एटा 5. 1918.

माहौर संदेश : 1. जा. 2. त्रै. 4. लश्कर, ग्वालियर 5. 1959.

मिट्टी : 1. समा. 2. साप्ता. 3. सदरबाजार, जमालपुर, मुंगेर 5. 1972.

मितबा : 2. मा. 3. वासुदेवप्रसाद जायसवाल 4. क्रासबेट रोड, इलाहाबाद 5. 1966.

मित्तल : 1. व्या. 2. पा. 3. गुलाब राय 4. नई दालमंडी, कानपुर 5. 1966.

मित्तल रिव्यू : 2. मा. 4. सेक्टर 15-1 चण्डीगढ़ 5. 1967-69.

मिथक : 2. सा. 3. सुरेन्द्र मोहन 4. ए 14, गोपालनगर, जालन्धर।

मिथिला : 2. साप्ता. 4. लहेरिया सराय, पटना 5. 1956 (लगभग)।

मिथिला दर्शन : 2. मा. 3. बाबूसाहब चौधरी, इन्द्रारानी सेन 4. लोकगार्डन, ब्रिजनाथ मित्तल लेन, कलकत्ता 5. 1954.

मिथिला नीति प्रकाश : 2. मा. 4. मिर्जापुर 5. 1889.

मिथिला भूमि : 4. लहरिया सराय।

मिथिला मिहिर : 1. सा. 2. मा., साप्ता. 3. योगानन्दकुमार, विष्णुकान्त झा (1909), जनार्दन झा 'जनसीदन' (1914), नंदकिशोर लाल 4. दरभंगा (1902)/ पटना (1960) 5. 1902, 14, 1960 से पुन: प्रचलित 7. आरम्भ में हिन्दी-मैथिली का समावेश। सम्प्रति यह मैथिली का साहित्यिक साप्ताहिक पत्र।

मिथिला मित्र : 3. शशिनाथ चौधरी 4. दरभंगा।

मिथिला मोद : 2. मा. 3. उपेन्द्रनाथ झा 4. बनारस 5. 1914-20-21.

मिनिस्टर : 1. समा. 2. साप्ता., पा. 3. ओमप्रकाश तिवारी 4. चिन्तामणि स्ट्रीट, फर्रुखाबाद 5. 1962.

मिनी अन्तर्यात्रा : 4. सरस्वती साधना संगम 94/11, 1250, आवासगृह दक्षिण, तात्या टोपे नगर, भोपाल।

मिनी युग : 1. सा. 2. त्रै. 3. जगदीशचन्द्र कश्यप 4. कीर्तनवाली गली, गाजियाबाद 7. मिनी विधा का लघुपत्र।

मिनूटिनू : 1. बा. 2. मा. 3. रमांकात पाण्डेय 4. चक्रधरपुर, सिंहभूम, बिहार 5. 1959-61.

मिर्जापुर गजट : 2. पा. 4. मिर्जापुर 5. 1925.

मिर्जापुर मेटल व्यापार समाचार : 1. समा., व्या. 2. वा. 3. शिवसेवकलाल 4. तुलसी चौक, मिर्जापुर 5. 1969, 71.

मिर्जापुर समाचार : 1. समा. 2. पा. 3. शिवदान सिंह 4. मिर्जापुर 5. 1922.

मिर्धा महान मारवाड़ : 2. जा. 4. अजमेर।

मिलगत समाचार : 2. साप्ता. 3. बी. पी. सावदेकर 4. अमरावती 5. 1966.

मिलन : 1. समा. 2. साप्ता. 4. कूचा शीलचन्द्र, इटावा 5. 1959, 61.

मिल मजदूर सभा पत्रिका : 1. व्या. 2. मा. 3. के. तिरपुडे 4. पटेल टैरस परेल, बम्बई 5. 1957.

मिलिन्द : 2. मा. 3. रत्नप्रकाश 'शील', गुरुचरण सिंह 4. सुभाष मार्ग, दिल्ली 5. 1964-65-71 7. अत्यन्त लोकप्रिय पत्र।

मिलात : 1. समा. 2. साप्ता. (हि., म.) 4. दो टाँकी, बम्बई 5. 1947.

मिल्लत टाइम्स : 1. समा. 2. साप्ता. (हि., उ.) 3. आई. जे. नाँदबी 4. नानापेठ, पूना 5. 1967.

मिष्ठान्न भोजन : 1. समा. 2. पा. 3. महावीरप्रसाद 4. लांगड़टोली, पटना 5. 1964.

मिसाल : 1. समा. 2. साप्ता. 3. नाथूलाल अवस्थी 4. महानगर, लखनऊ 5. 1970.

मित्र : 2. साप्ता., मा. 3. पं. दामोदर विष्णु सप्रे, बालमुकुन्द वर्मा, गंगाप्रसाद गुप्त 4. काशी 5. 1888, 94, 1901.

मित्र : 2. साप्ता. 3. रामकल्प उपाध्याय 4. लखनऊ 5. 1969.

मित्र : 3. हुण्डीलाल 4. रुस्तमगढ़, एटा (यू. पी.) 5. 1915.

मित्र : 1. मा., पा. 3. उदयनारायण बाजपेयी 4. बिठूर, कानपुर, कामटी 5. 1894, 1904.

मित्र : 1. समा. 2. सासा. 4. लखीमपुर खीरी 5. 1960, 61.

मित्रमंडली समाचार : 4. सोहागपुर 5. 1920.

मित्र लाभ : 1. समा. 2. सासा. 3. ओमप्रकाश वर्मा 4. न्यू टाउन, मोंगा (पंजाब) 5. 1968, 71.

मित्र विलास : 1. धा. 2. सासा. 3. मुकुन्दराम, कन्हैयालाल 4. लाहौर 5. 1877-1900 6. 3.50 रु. वा. 7. सनातनधर्म का कट्टर समर्थक। लघु आकार। पर्याप्त प्रचलित। इसने भारतेन्दु संवत चलाने का उपक्रम किया था।

मित्र संगम पत्रिका : 2. पा. 4. विजयनगर, दिल्ली 5. 1971.

मित्र संसार : 1. सा. 2. मा. 3. जे. डी. कपूर 4. डी. 158, झिलमिल, दिल्ली 5. 1969, 71.

मीराँ : 1. समा., सा. 2. सासा. 3. जगदीशप्रसाद 'दीपक' 4. सिविल लाइन्स, अजमेर 5. 1967, 64 7. नारी जागरण का वाहक पत्र। विशेष—'शहीद अंक' (शासन द्वारा जब्त)। शासन द्वारा मीराँ कार्यालय पर अनेक छापे, किन्तु पत्र प्रकाशन अप्रतिहत रहा। इसके अन्य व्यंग्य विशेषांकों 'नेता प्रिय', 'पति-पत्नी' से नेतावर्ग क्षुब्ध। फलतः गम्भीर आर्थिक क्षति, किन्तु यह पत्र पर्याप्त प्रेरक सिद्ध हुआ। इसने अनेक प्रतिभाओं जैसे लक्ष्मीकुमारी चूण्डावत, मेघराज मुकुल, दिनेशनन्दिनी चौरड्डिया आदि को प्रश्रय दिया।

मुंगेर : 2. मा. 4. जिला बोर्ड, मुंगेर 5. 1948-61.

मुंगेर टाइम्स : 1. समा. 2. सासा., पा. (1963-66) 4. छोटी केलाबाड़ी, तोपखाना बाजार, मुंगेर 5. 1963-70 लगभग।

मुन्ना : 1. बा. 2. मा. 3. प्रखरबुद्धि कपूर 4. कृष्ण बाजार, क्लाथ मार्केट, दिल्ली 5. 1970.

मुन्ना मुन्नी : 1. बा. 2. मा. 4. कदमकुआँ, पटना 5. 1953.

मुकदमा : 3. विजयकुमार जैन 4. 131, प्रेमपुरी, मेरठ 5. 1968.

मुकुन्द : 1. धा. 2. मा. 3. रजनीश, अरविंदकुमार।

मुकुल : 1. बा. 2. मा. 3. रामेश्वर 'अशान्त' 4. हाईवे, जयपुर/बीकानेर 5. 1964-69 (अल्पायु)।

मुक्का : 4. फतेहपुर।

मुक्तकंठ : 1. सा. 2. मा., पा. 3. शंकरदयाल सिंह 4. परिजात प्रकाशन, नया डाकबँगला रोड, पटना 5. 1970.

मुक्तधारा : 1. समा. 2. सासा. 3. ददन उपाध्याय, त्रिलोकीप्रसाद शर्मा 4. एफ 24, मगनसिंह मार्केट, नई दिल्ली 5. 1968 7. पर्याप्त प्रचलित पत्र।

मुक्त नेपाल : 2. पा. 4. दरभंगा 5. 1956 (लगभग)।

मुक्त राष्ट्र : 1. समा. 2. सासा. 3. भगवानदास शिवहरे 4. विवेकानंद मार्ग, ग्वालियर 5. 1970.

मुक्त स्वर : 1. समा. 2. सासा. 3. बलवीर व्योम 4. हाउसिंग कॉलोनी, भिण्ड (म.प्र.) 5. 1968.

मुक्ता : 1. वि. 2. पा., मा. 3. विश्वनाथ 4. ई. 3, झण्डेवालान, रानी झाँसी रोड, दिल्ली प्रेस, नई दिल्ली 5. 1955, 60 7. युवक-युवतियों का प्रचलित पारिवारिक पत्र।

मुक्ताँच : 1. सा. 2. त्रै. 4. कौसघाट रोड, हावड़ा 5. 1968.

मुक्तांजलि : 4. सिरसागंज, मैनपुरी।

मुक्ति : 1. समा. 2. साप्ता. 4. बरहामढ़ा, विलासपुर 5. 1955-63.

मुक्तिनाद : 2. साप्ता. 4. हाईकोर्ट रोड, जोधपुर।

मुक्तिपथ : 1. वि. 2. साप्ता. 4. मोती पथ, दिल्ली।

मुक्तिपथ : 1. सा. 2. मा. 4. चौक दिल्ली गेट, फिरोजपुर 5. 1958-65.

मुक्तिपथ : 1. सा. 2. मा. 4. मॉडल टाउन, लुधियाना 5. 1958-59.

मुक्तिबोध : 1. समा. 2. साप्ता. 3. शंभुदयाल रायहंस 4. मुख्य मार्ग, बरेली (म.प्र.) 5. 1966.

मुक्तिमंत्र : 4. फर्रुखाबाद।

मुक्तियुद्ध : 1. समा. 2. पा. 3. शिवकुमार मिश्र 4. गाजियाबाद 5. 1969.

मुक्ति विचार : 4. ललितपुर।

मुक्ति संघर्ष : 1. समा. 2. साप्ता. 3. रमेश सिन्हा 4. केसरबाग, लखनऊ 5. 1970.

मुक्ति समाचार : 1. धा. 2. मा. 3. मलिक बिल्डिंग, पहाड़गंज, दिल्ली 4. 1971.

मुखौटा : 1. सा. 2. अनि. 3. नरेन्द्र चौरसिया 4. गिरीश मुकर्जी स्ट्रीट, कलकत्ता 5. फरवरी 1971.

मुग्धा : 1. सा. 2. मा. 3. त्रिवेणी रोड, नेतानगर, इलाहाबाद 5. 1964-69.

मुचकुन्द : 1. समा. 2. साप्ता. 3. रमेश दीक्षित 4. सेठ पारहा कड़ट्टी, धौलपुर 5. 1968.

मुजफ्फरनगर टाइम्स (बुलेटिन) : 1. समा. 2. साप्ता. 5. 1963-64.

मुजफ्फरनगर व्यापार पत्रिका : 1. व्या. 2. साप्ता. 3. कैलाशचन्द जैन, रानेश्वर गोयल 4. ए 24, नई मण्डी, मुजफ्फरनगर 5. 1960, 65.

मुझे जीने दो : 1. समा. 2. साप्ता. 3. ओमप्रकाश वर्मा 4. सहारनपुर, मुजफ्फरनगर 5. 1963.

मुद्द मुद्दे : 2. साप्ता. 4. अकोला 5. 1965-69.

मुदेश : 1. सा. 2. मा. 3. चन्द्रप्रकाश शर्मा 4. सीहरा, जिला बिजनौर 5. 1966.

मुद्रण प्रकाश : 1. तक. 2. मा. 4. बुधवार पेठ, पूना 5. 1940.

मुद्रिका : 1. फि. 2. पा. (हि., म.) 3. बी. एन. उदासी 4. तिलक रोड, अकोला (महा.) 5. 1966.

मुनि : 2. मा. 3. प्रोफेसर बैजनाथ कोटी, प्रवासीलाल वर्मा मालवीय 4. झाँसी 5. 1922.

मुनि : 3. श्यामलाल पाण्डवीय 4. बाकगदड़पूर्व, खानदेश 5. 1919.

मुरलीधर केसरी : 1. समा. 2. साप्ता. 4. जालौर 5. 1956.

मुरादाबाद एक्सप्रेस : 1. समा. 4. मुरादाबाद।

मुरादाबाद ज्योति : 4. मुरादाबाद।

मुरादाबाद टाइम्स : 1. समा. 2. साप्ता. 3. धर्मात्मा सरन 4. दिलवाली गली, मुरादाबाद 5. 1969.

मुरादाबाद बन्धु : 5. मुरादाबाद।

मुरादाबाद वाणी : 1. समा. 2. साप्ता. (हि.,उ.) 4. दिलवाली गली, मुरादाबाद 5. 1969.

मुरैना पत्रिका : 1. समा. 2. साप्ता. 4. शिकारवाड़ी, मुरैना (म.प्र.) 5. 1964-66.

मुरैना टाइम्स : 1. समा. 2. साप्ता. 4. फण्डा चौक, मुरैना (म.प्र.) 5. 1961-65.

मुसाफिर : 3. राजरानी दीक्षित 4. पो. बॉ. 11429, कलकत्ता/आगरा 5. 1940.

मुसीबत : 1. समा. 2. साप्ता. 4. केशरगंज, अजमेर 5. 1963-69.

मुस्कराते फूल : 1. बा. 2. साप्ता. 3. श्यामविहारी भटनागर 4. छोटा मटयानी, जयपुर 5. 1978.

मुस्कान : 2. मा. 3. सुरेन्द्रकुमार अग्रवाल 4. कटरा, इलाहाबाद 5. 1959.

मुस्लिम सत्यशोधक : 1. जा. 2. त्रै. 3. हमीद दलवाई, मुमताल रहिमतपुरे, गनी फरास, आर. एन. बेग 4. विक्रमनगर, कोल्हापुर, सतारा (महा.) 5. 1871 7. मुस्लिम सत्यशोधक मण्डल का पत्र।

मुहव्बे मारवाड़ : 5.1870.

मून्दड़ा किराणा मार्केट रिपोर्ट : 1. व्या. 2. साप्ता. 3. एस. काशीराम, कालवा देवी रोड, बम्बई 5. 1957.

मूकवाणी : 2. साप्ता. 4. जींद (हरि.) 5. 1970.

मूर्ख : 1. समा. 2. पा., मा. (1970) 4. लालकुआँ, करनाल 5. 1967, 70.

मूर्ख जासूस : 1. मा. 2. शशि 4. बाड़ा मोरीसराय, दिल्ली 5. 1968.

मूर्ख संसार : 2. मा. 4. श्रीगंगानगर 5. 1960-62.

मूलक संदेश : 2. मा. 3. अनन्तराम राघव 4. मदार गेट, अलीगढ़ 5. 1967.

मूल भारतीय जागरण : 2. मा. 4. राजेन्द्रनगर, उरई, जालौन 5. 1964-71.

मूल्यांकन : 1. सा. 2. त्रै. 3. डॉ. शम्भुनाथ चतुर्वेदी तथा अन्य 4. ई मॉडल हाउसेज, लखनऊ 5. 1966 7. नये साहित्य का लघुपत्र।

मूल्यांकन : 1. शै. 2. मा. 4. बिहार स्कूल शिक्षा बोर्ड, पटना 5. 1971.

मेकता बासी : 1. समा. 2. साप्ता. 3. गुलाबचन्द्र अग्रवाल 4. नर्मदागंज वार्ड, माँडला (म.प्र.) 5. 1969.

मेगाटन : 1. समा. 2. साप्ता. 4. रामनगर, उरई 5. 1962-68.

मेघदूत : 2. मा. 4. मदारगेट, उज्जैन 5. 1957-65.

मेजर : 1. समा. 2. साप्ता., पा. 4. दौलतगंज, उज्जैन 5. 1964-66.

मेडीसन समाचार : 1. व्या., चि. 2. मा. 4. ताल रोड, झाँसी 5. 1964-69.

मेटल रिपोर्ट : 1. व्या. 2. साप्ता. 3. एस. एल. अग्रवाल 4. स्टान्ट रोड, कलकत्ता 5. 1952.

मेनका : 1. फि. 2. मा. 3. देवकीनन्दन शर्मा 4. दैबारा, नई सड़क, दिल्ली 5. 1970.

मेरठ एक्सप्रेस : 1. समा. 2. साप्ता. 4. शर्मा रोड, मेरठ 5. 1961-71.

मेरठ की शान : 4. मेरठ।

मेरठ टाइम्स : 1. समा. 2. पा. (हि., उ.) 3. बि. स. विनोद 4. मेरठ 5. 1939, 63-68.

मेरठ मनोरंजन : 3. छोटेलाल 4. लालकुर्ती, मेरठ 5. 1965.

मेरठ समाचार : 1. समा. 2. दै. 3. राजेन्द्रपाल गोयल 4. सुभाषनगर, मेरठ 5. 1953.

मेरवाड़ा गजट : 1. समा. 2. बहु. 4. अजमेर 5. 1918.

मेरा गाँव : 2. मा. 4. भीलवाड़ा (राज.) 5. 1959-64.

मेरा भारत : 1. समा. 2. पा. 4. बबाना, दिल्ली 5. 1966-69.

मेरा वतन : 1. समा. 2. सासा. 3. श्यामबिहारी लाल 4. रावली, आगरा 5. 1967.

मेरा सपना : 1. समा. 2. सासा. 4. प्रेस गली, नारनौल (हरि.) 5. 1968.

मेरा हरियाणा : 1. समा. 2. सासा. 4. यमुनानगर (हरि.) 5. 1971.

मेरी कलम : 1. समा. 2. सासा. 3. जी. एच. मधुप 4. गोहाटी 5. लगभग 1955-59.

मेरी कहानी : 1. फि. 2. मा. 4. स्टेट बैंक के पीछे, चाँदनी चौक, दिल्ली 5. 1961-62.

मेरी धरती : 1. समा. 2. सासा. 3. गंगाराम मानव 4. मारवाड़ जंकशन (राज.) 5. 1969.

मेरी पत्रिका : 2. मा. 4. रांगेयराघव मार्ग, बाग मुजफ्फर खाँ, आगरा 5. 1965-68.

मेरे सुझाव : 1. समा. 2. पा. 3. राधाकृष्ण भारद्वाज 4. राठा रोड, बुलन्दशहर 5. 1970.

मेलमिलाप : 1. समा. 2. सासा. 3. त्रिवेणीदत्त द्विवेदी 4. छोटी पियरी, वाराणसी 5. 1957.

मेलमिलाप : 1. समा. 2. सासा. 3. जगतनारायण 4. बाँकीपुर, पटना 5. 1939-48.

मेलजोल : 3. श्रीप्रकाश 4. कटरा, इलाहाबाद 5. 1967.

मेल मासिक : 1. श्रम. 2. मा. (त्रिभा.) 3. समरेन्द्रनाथ चौधरी 4. गणेश एवेन्यू, कलकत्ता 5. 1955.

मेला : 1. समा. 4. शिकोहाबाद, मैनपुरी 5. लगभग 1955.

मेलाघाट समाचार : 1. समा. 2. सासा. 3. बी. डी. साबदातकर 4. धरणी, मेलाघाट (अमरावती) 5. 1966.

मेवाड़ केसरी : 1. समा. 2. सासा. 3. ब्रजनारायण तिलक 4. बस स्टैण्ड, भीलवाड़ा (राज.) 5. 1962.

मेवाड़ ज्योति : 1. समा. 4. गुमानपुरा, कोटा 5. 1967-70.

मेवाड़ दर्शन : 3. शान्ति भारद्वाज 'राकेश', देव कोठारी 4. राजस्थान विद्यापीठ, उदयपुर 5. 1973.

मेवाड़ सन्देश : 1. समा. 2. पा. 3. अम्बालाल भावसर 4. हाथीपोला, उदयपुर 5. 1967.

मेवात गजट : 1. समा. 2. सासा. 3. किशनगढ़, अलवर 5. 1971.

मेहनत : 1. समा. 2. पा. 3. मदन नोबल 4. पिलानी (राज.) 5. 1960.

मेहनतकश : 1. समा. 2. सासा. 4. सीसामऊ, कानपुर 5. 1966-68.

मेहर पुकार : 1. धा. 2. मा. 3. केशवनारायण निगम 4. नारायण प्रेस, मो. ग्वालतोली, हमीरपुर 5. 1954.

मेहर मोनवानी : 2. अर्द्धवा. 3. चक्रधर देशमुख 4. नागपुर 5. 1964.

मैं और तू : 4. जमालपुर, मुंगेर।

मैगजीन आफ अंजुमान अनहर : 1. धा. 2. मा. 3. चन्द्रनारायण दीक्षित 4. इटावा 5. 1939.

मैढ़ प्रभाकर : 1. जा. 2. मा. 3. प्रो. आयुर्वेदाचार्य चतुरसेन शास्त्री 4. जोधपुर 5. 1919.

मैढ़ प्रभाकर : 1. जा. 2. मा. 3. नानूराम वर्मा 4. भिवानी (हरियाणा) 5. 1928.

मैढ़ मित्र : 1. जा. 2. मा. 4. इंदौर 5. 1945.

मैढ़ क्षत्रिय पत्रिका : 1. जा. 2. मा. 3. कांतिलाल वर्मा 4. अकोला, बरार 5. 1948.

मैढ़ क्षत्रिय समाचार : 1. जा. 2. साप्ता. 4. इंदौर 5. 1949.

मैढ़ सन्देश : 1. जा. 2. मा. 3. श्यामलाल वर्मा, राजेश 4. बाजार रामानन्दी, सहारनपुर 5. 1968.

मैथिलप्रभा : 1. मा. 3. ब्रजमोहन झा, श्रीरामचन्द्र मिश्र 4. ब्रजस्थ मैथिल महासम्मेलन, आगरा 5. 1922, 24.

मैथिलबन्धु : 3. रघुनाथप्रसाद मिश्र 4. अजमेर 5. 1935.

मैथिल मार्तण्ड : 2. मा. 4. झाँसी 5. 1922.

मैथिली : 1. जा. 2. मा. 3. नन्दकिशोर लाल, उदित्तनारायण 4. दरभंगा 5. 1925.

मैथिली प्रकाश : 2. अर्द्धवा. 4. रामकुमार दीक्षित लेन, कलकत्ता 5. 1968.

मैथिली समाचार : 1. समा. 2. साप्ता. 4. बैंक रोड, इलाहाबाद 5. 1963-69.

मैसूर हिन्दी प्रचार परिषद् पत्रिका : 2. मा. 3. के. पी. मानाषा 4. शंकुपुरा, बँगलौर 5. 1970.

मैत्री : 1. सर्वोदयी पत्र 2. मा. 3. विनोबा भावे 4. बुद्ध विद्या मन्दिर, पवनार 5. 12 अक्टूबर 1963 7. लघु, श्रेष्ठ एवं स्वयंसेवी पत्र। इसका प्रकाशन-संचालन आश्रम की अवैतनिक बहनों द्वारा।

मैत्री शांति : 1. सा. 2. मा. 3. उर्मिलाप्रसाद 4. यतीन प्रेस, लंगड़टोली, पटना 5. 1970.

मोटर ट्रान्सपोर्ट : 1. यातायात. 2. मा. 3. कुन्दनलाल 4. ए. 16, आसिफ अली रोड, नई दिल्ली 5. 1957.

मोटर ट्रान्सपोर्ट : 1. व्या. 2. पा. 4. जयपुर 5. 1957-59.

मोटले न्यूज (मोतले) : 1. मा. 3. देवेन्द्र शुक्ल 4. मिसराना, लखीमपुर 5. 1967.

मोतीचूर : 2. मा. 3. मुंशी जमीर हसन (भूतपूर्व संपा. बिहार बन्धु) 4. बाँकीपुर (पटना) 5. 1890.

मोरिशस इंडियन टाइम्स : 2. साप्ता. 3. देवदत्त शर्मा, ए. एफ. फकीर 4. सेन्ट जार्ज स्ट्रीट पोर्ट लुइस 5. 1921.

मोर्चा : 1. समा. 2. साप्ता. 4. छोटी सदरी, चित्तौड़गढ़ 5. 1959-61.

मोहन : 2. मा. 3. छबीलेलाल गोस्वामी 4. मथुरा 5. 1926.

मोहन : 3. अकेल भाई 4. छापमठिया, सीवान।

मोहन चन्द्रिका : 1. धा. 2. साप्ता. 3. विष्णुलाल मोहनलाल पाण्ड्या 4. नाथद्वारा (राज.)/ काशी 4. 1881 7. भारतेन्दु की प्रेरणा से प्रकाशित। पं. बनारसीदास चतुर्वेदी के अनुसार इसकी परिणति 'हरिचन्द चन्द्रिका' रूप में (दे. संस्मरण, 143).

मोहन मंत्र : 2. मा. 4. गाँधी स्मारक निधि, पटना 5. 1961-63.

मोहिनी : 2. साप्ता. (द्विभा.) 3. रामेश्वरदयाल बाजपेयी (1923) 4. कन्नौज, फर्रुखाबाद 5. 1903, 08.

मोहिनी : 1. सा. 2. मा. 4. अभागा (दमोह) 5. 1924.

मोहिनी : 1. म. 2. मा. 3. रामदुलारे शुक्ल, गायत्री देवी, भगवान देवी 4. नया कटरा, इलाहाबाद 5. जून 1947.

मोक्ष सन्देश : 2. मा. 4. पुंगलपाड़ा, जोधपुर 5. 1964-67.

मौजी : 1. सा. 2. सासा., अनि. 3. शिवपूजन सहाय, शांतिप्रिय द्विवेदी, महादेवसिंह शर्मा 4. कलकत्ता 5. 1924-25 7. गाँधीवादी पत्र। भास्करानन्द का प्रतिमाह मनोरंजक लेख।

मौन पालन : 2. मा. 4. मधुमक्खी पालन संघ, जयलाल शाह बाजार, नैनीताल 5. 1967-74.

मौर्य जागृति : 1. जा. 2. त्रै. 3. विजयकुमार, कैलाशचन्द चौधरी, गयादीन मौर्य 4. चितावद, इन्दौर 5. अक्टू. 1974.

मौर्य ज्योति : 1. जा. 2. मा. 4. सिविल लाइन्स, लखीमपुर खीरी 5. 1963-67.

मौर्य भास्कर : 2. मा. 3. बिहारीलाल वर्मा 4. लखनऊ 5. 1925.

मौर्योदय : 1. जा. 2. मा. 3. शिवकरण मौर्य 4. ग्राम व पोस्ट बसखारी, फैजाबाद 5. 1967.

मौला : 1. समा. 2. सासा. 3. किशनलाल शर्मा 4. सासनी गेट, हाथरस 5. 1968.

म्यूनिसिपल गाइड : 4. आगरा 5. 1883.

म्यूर गजट : 4. मेरठ 5. 1871.

मृगांक : 1. समा. 2. सासा. 4. बजीरगंज, राजधानी 5. 1968-71.

मृगाक्षी : 1. समा. 2. सासा. 3. हरमोहन सिंह 4. गुरुद्वारा रोड, सहारनपुर 5. 1970.

मृत्युंजय : 1. समा. 2. सासा. 3. अंजनीकुमार मिश्र 4. जी. टी. रोड, फतेहपुर 5. 1967.

मृत्युंजय आयुर्वेद : 1. चि. 2. मा. (हि., सं.) 4. हुसेनगंज, विधानसभा मार्ग, लखनऊ 5. 1962.

मृत्यु का आलिंगन : 1. चि. 2. पा. 4. जिला अस्पताल, बुलंदशहर 5. 1969.

म्रियमाण : 2. पा. 4. जयपुर 5. 1965-67.

यंग बिहार : 2. द्विभाषी, मा. 4. पटना 5. 1914.

यंग ब्लड : 1. समा. 2. सासा. 4. हींगन कटरा, झाँसी 5. 1960-67.

यंग ब्लड : 1. समा. 2. सासा. 4. दीक्षितपुरा, जबलपुर 5. 1971.

यंग राजस्थान : 4. अजमेर 7. राष्ट्रवादी पत्र।

यंग लवर : 1. समा. 2. सासा. 4. प्रेमसदन, दतिया (म.प्र.) 5. 1971.

यंग लीडर : 1. समा. 2. सासा. (1964), दै. (1967) 3. जितेन्द्रकुमार 4. घी वालों का रास्ता, मालवीय मार्ग, सी स्कीम, जयपुर 5. 1964-67, 70.

यंत्र युग : 1. व्या. 2. मा. 3. रामप्रकाश कपूर 4. ए/1/63, गायघाट, वाराणसी 5. 1965.

यत्नशील : 1. समा. 2. सासा. 4. सूरजपोल, भरतपुर 5. 1967.

यदुकुल सन्देश : 1. जा. 2. त्रै. 3. नवलबिहारी सहाय 4. रामजी का घर, टकसाल, जयपुर 5. 1969.

यमुनाघाटी : 1. समा. 2. सासा. (हि.उ.) 4. जगाधरी रोड, यमुनानगर 5. 1957.

यथार्थ ज्ञान : 1. धा. 2. मा. 4. बी. 4, आनंद पर्वत, दिल्ली 5. 1971.

यशोधरा : 2. मा. 4. लश्कर, ग्वालियर 5. 1966-69.

यह लो : 1. समा. 2. सासा. 4. सर्राफा बाजार, इतवारी, नागपुर 5. 1959-62.

यह समता राज : 1. समा. 2. सासा. 3. यज्ञेन्द्रनाथ मिश्र 4. सरायचौक, हरदोई 5 1966.

यह है आगरा : 1. समा. 2. साप्ता. 4. तरकरिया बाजार, आगरा 5. 1963-67.

यज्ञ योग ज्योति : 1. धा. 2. मा. 3. ज्ञान और सरस्वती 4. वैदिक साधनाश्रम, आर्यनगर, रोहतक।

यज्ञसैनी वैश्य बन्धु : 1. जा. 2. मा. 3. जगन्नाथप्रसाद 4. नूरी दरवाजा, आगरा 5. 1947.

यांत्रिक खेती : 1. कृ. 2. त्रै. 4. बैंक स्ट्रीट, बम्बई 5. 1957.

यातायात : 1. व्या. 2. साप्ता. 4. भार्गव फाइन आर्ट प्रेस, इन्दौर 5. 1950 लगभग।

यातायात टाइम्स : 1. व्या. 2. साप्ता. 4. गनगौर बाजार, जयपुर 5. 1955-65.

यातायात सन्देश : 1. व्या. 2. साप्ता. 3. शंकरलाल शर्मा 4. घी वालों का रास्ता, जयपुर 5. 1951, 54, 60.

यातायात समाचार : 1. व्या. 2. मा. 3. आर. के. शर्मा 4. सूरजपोल बाजार, जयपुर 5. 1968.

यादगार : 1. समा. 2. मा. 3. सुरेशकुमार मुंशी 4. सूरजपोल बाजार, जयपुर 5. 1970.

यादव : 2. मा. 3. रणजीत सिंह 4. दारानगर, वाराणसी/गोरखपुर 5. 1925.

यादव क्रान्ति दल (दूत) : 1. जा. 2. मा. 3. रघुनन्दनसिंह यादव 4. कथघल, बरेली 5. 1968-70.

यादवगढ़ समाचार : 1. जा. 2. मा. 3. डॉ. महराज संध 4. विश्वबन्धु आश्रम, यादवगढ़, अहारन, आगरा 5. 1963-70.

यादव मित्र : 1. जा. 2. मा. 3. कुँवर मिश्रीसिंह यादव 4. शिकोहाबाद 5. 1970.

यादव युवक : 3. रामनारायण याादवेन्दु 5. 1931.

यादव सन्देश : 2. जा. 3. प्रकाशचन्द्र यादव 4. प्रयाग।

यादवेन्द्र : 1. धा. 2. मा. 3. द्वारकाप्रसाद चतुर्वेदी 5. 1965-66 वि.

यादवेश : 2. त्रै. 3. मन्नालाल अभिमन्यु 4. बंगाली टोला, बनारस 5. जन्माष्टमी 1992-2002 वि.।

या निशा सर्व भूखाना : 3. कालूराम मगटाडे 4. खणुवा, चित्रशाला प्रेस, पुस्ता/प्रताप प्रेस, कानपुर।

याम : 1. सा. 2. अनि. 3. तारादत्त 'निर्विरोध' 4. साहित्य संस्थान, 2630, मोहल्ला चूड़ीवालान, जौहरी बाजार, जयपुर 5. स्वांतत्र्योत्तर।

यामा : 3. रामपाल सिंह 'कुँवर मृदुल' 4. लखनऊ।

यात्रा : 1. समा. 2. साप्ता. 3. ज्ञानप्रकाश भटनागर 4. अम्बाला रोड, सहारनपुर 5. 1958.

युग : 1. सा. 3. केशव पाण्डेय 4. मकान नं. एच. 22, सेक्टर 6, भिलाईनगर।

युग अंचल : 1. समा. 2. साप्ता. 3. ललितप्रसाद तिवारी 4. कृष्णानगर, रामनगर, दिल्ली 5. 1965.

युग करवँट : 1. सा. 2. मा. 3. हरिगुप्त 'जलज' 4. कुरुक्षेत्र 5. 1972.

युग करवँट : 1. समा. 2. साप्ता. 3. श्यामसुन्दर बैद 4. दिल्ली गेट, गाजियाबाद 5. 1964.

युग कल्याण : 4. एस. नारायण एण्ड सन्स, 7117/18, पहाड़ी धीरज, दिल्ली।

युग का चमत्कार : 1. समा. 2. साप्ता. 3. जगदीशप्रसाद अग्रवाल 4. तिलकगली, आगरा 5. 1862.

युग की पुकार : 1. सा. 2. मा. 4. प्रदर्शनी रोड, पटना 5. 1964-65.

युग किरण : 1. सा. 2. मा. 3. श्रीहरि गुप्त 'जलज' 4. सब्जीमण्डी, कुरुक्षेत्र।

युग की आवाज : 2. पा. 4. जड़ियों का रास्ता, जयपुर 5. 1971.

युग की ललकार : 1. समा. 2. साप्ता., पा. 3. मदनलाल 4. अलीगंज, कोटला, नई दिल्ली 5. 1969-71.

युग की पुकार : 1. सा. 2. मा. 4. साउथ एक्स., नई दिल्ली 5. 1964-67.

युगक्रान्ति : 1. समा. 2. साप्ता. 4. गुना (म.प्र.) 5. 1949.

युगप्रगति : 1. समा. 2. साप्ता. 3. राज साकेती 4. रायगंज, अयोध्या 5. 1971.

युगचरण : 1. समा. 2. साप्ता. 3. निर्मलकुमार सुराणा 4. नयी कॉलोनी, जयपुर 5. 1966.

युगचर्चा : 1. समा. 2. साप्ता. 3. कालकाप्रसाद चौधरी 4. लहर, भिण्ड (म.प्र.) 5. 1961.

युगचेतक : 1. सा. 2. मा. 3. भरतप्रसाद सागर 4. चौक, मुंगेर 5. 1978 7. विशेष—'प्रसाद विशेषांक' (1970), 'आक्रोश अंक'।

युगचेतना : 1. सा. 2. मा. 3. डॉ. देवराज, कुँवरनारायण, कृष्णनारायण कक्कड़, प्रताप नारायण टण्डन 4. युगचेतना कार्यालय, गोलागंज, लखनऊ 5. 1954-59 6. 8) वा. 7. श्रेष्ठ साहित्यक लघुपत्रिका।

युगचेतना : 1. समा. 2. साप्ता., पा. 4. मुहल्ला मिर्जाजान, गाजियाबाद 5. 1962-65.

युग छाया : 1. फि. 2. मा. 3. सम्पतलाल पुरोहित, बालमुकुन्द मिश्र 4. दरियागंज, दिल्ली 5. 1947.

युग जागृति : 1. समा. 2. साप्ता., पा. 3. कन्हैयालाल 4. दिल्ली रोड, लालकुर्ती, मेरठ 5. 1967-71.

युग जीवन : 1. समा. 2. मा. 3. बालकिशन कछवाहा 4. पुल के ऊपर 'रासभवन', जोधपुर 5. 1959-62.

युग जीवन : 2. द्विमा. 3. रामरतन सिकची 4. झलक पुस्तकालय, अमरावती, बरार 7. अल्पायु।

युग ज्योति : 1. समा. 2. साप्ता. 3. जी. आर. वर्मा 4. कुलीबाजार, कानपुर 5. 1966.

युग टाइम्स : 1. समा. 2. साप्ता. 3. जैन रोड, अलीगढ़ 5. 1966-71.

युग दर्शन : 1. समा. 2. मा., साप्ता. 3. भगवतप्रसाद त्यागी 4. अजमेरी गेट, वेस्ट आजादनगर, दिल्ली 5. 1960, 69.

युगदीप : 1. राज. 2. साप्ता. 3. रामचन्द्र रावत 4. जनसंघ कार्यालय, बिजनौर 5. 1961-62.

युगद्रष्टा : 1. समा. 2. साप्ता. 4. उदयपुर 5. 1961.

युगदृष्टि : 1. समा. 2. पा. 3. सत्य प्रभाकर 4. सिविल लाइन, गोरखपुर 5. 1970.

युगधर्म (1) : 1. समा. 2. दै. 3. भगवतीधर बाजपेयी, राधेश्याम शर्मा 4. श्रीनाथ की तलैया, मराठन वार्ड/जबलपुर 5. 1956.

युगधर्म (2) : 1. समा. 2. दै. 3. भगवतीधर बाजपेयी, सत्यपाल पटाइत 4. 8, फार्मलैण्ड, रामदास पेठ, बाकररोड, नागपुर 5. 25 जुलाई 1948-51 से प्रच. 7. प्रसिद्ध दैनिक। हिन्दी, हिन्दू हिन्दुस्तान का प्रचारक। उक्त दोनों पत्र एक साथ प्रकाशित।

प्रेस रजिस्ट्रार की 1972 की रिपोर्ट के अनुसार प्रसार संख्या की दृष्टि से हिन्दी पत्रों में दसवाँ स्थान।

युगधर्म : 1. समा. 2. दैनिक 4. श्रीनरकेशरी प्रकाशन लिमिटेड, जबलपुर 5. 1956.

युगधर्म : 1. समा. 2. दै. 3. पद्माकर दिनकर भाटे, बदन मिश्र 4. गनेशरामनगर, मालवीय रोड, रायपुर 5. 1961, 72 7. जनसंघ नीति का पोषक पत्र।

युगधर्म : 2. पा. 4. पौड़ी गढ़वाल 5. 1957-61.

युगधर्म : 2. मा. 4. प्रयाग 5. 1951-56 (लगभग)।

युगधारा : 2. मा. 3. पं. कमलापति त्रिपाठी, मुकुन्दीलाल श्रीवास्तव 4. संसार प्रेस, काशी 5. 1947-50.

युगधारा : 1. समा. 2. पा. 4. द्वितीय अज्ञारि लेन, बम्बई 5. 1957-60.

युगध्वनि : 2. मा. 4. फारविशगंज 5. अप्रैल 1975.

युगध्वनि : 1. सा. 2. मा. 3. मंगलप्रसाद शर्मा 4. कचहरी रोड, रायबरेली (उ.प्र.) 5. अगस्त 1975.

युग निर्देशक : 1. समा. 2. सात्ता. 3. राजेन्द्रसिंह 4. नदीगाँव, जालौन 5. 1970.

युगनिर्माण : 1. धा. 2. मा. 3. श्रीराम शर्मा 4. गायत्री तपोभूमि, मथुरा।

युगनिर्माण : 1. समा., सात्ता. 3. कालीचरण 4. लाजपतनगर, कौंच, जालौन 5. 1950-67.

युगनिर्माण योजना : 1. धा. 2. मा. 3. लीलापत शर्मा, श्रीराम शर्मा आचार्य 4. युगनिर्माण प्रेस, अखण्डज्योति संस्थान, मथुरा 5. 1964.

युगपथ : 1. समा. 2. सात्ता. 4. अस्सी, वाराणसी 5. 1971.

युगपथ : 1. समा. 4. गुलाबनगर, बरेली 5. 1854-59.

युगपथ : 1. त्रै. 4. गाँधीनगर, मेरठ 5. 1969-70.

युग परिचय : 1. समा. 2. सात्ता. 3. रवीन्द्र 'शलभ' 4. छीपी टैंक, मेरठ 5. 1969.

युग परिबोध : 3. आनन्द प्रकाश 4. मॉडल टाउन, नई दिल्ली।

युग परिवर्तन : 1. समा. 2. सात्ता. 3. लेबर कॉलोनी, फीरोजाबाद 4. 1962-71.

युग पत्रिका : 2. मा. 4. मूढ़े बालान, पहाड़गंज, नई दिल्ली 5. 1967-69.

युगपुरुष : 2. सात्ता. 4. कोटा 5. 1970.

युगप्रकाश : 1. समा. 2. सात्ता. 4. सब्जीमण्डी, कानपुर 5. 1961-71.

युग प्रतिमान : 2. पा. 4. रामपुरी, जगतगंज, वाराणसी 5. 1969.

युग प्रबोध : 1. सा. 2. त्रै. 3. मदनलाल शर्मा, विष्णुनाथ सिन्हा 4. अंदियप्पा नाइक स्ट्रीट, जी. टी., मद्रास 5. नवंबर 1955, 56 (अल्पायु)।

युगप्रभात : 1. सा., सां. 2. पा. 3. एम. बी. कृष्ण बारियर, रवि वर्मा 4. मातृभूमि कं. बिल्डिंग, पो. बॉ. 46, कालिकट 5. 1956-दिसम्बर 1973 6. 6) वा. 7. पूर्वनाम—'नवप्रभात'। कागज की कमी के कारण 17 वर्ष बाद इसका प्रकाशन बन्द। अपने काल में यह केरल का प्रतिनिधि हिन्दी पत्र मान्य।

युग प्रयाण : 1. समा. 2. सात्ता. 3. चन्द्रभानसिंह आजाद 4. बछरावाँ, रायबरेली (यू.पी.) 5. 1967-71.

युग प्रवर्त्तक : 1. सा. 2. मा. 3. कलावती देवी 4. कलामन्दिर, दारागंज, इलाहाबाद 5. 1962.

युग प्रवर्त्तक : 2. साप्ता. 4. उज्जैन 5. 1946.

युग प्रवाह : 2. पा., मा. 4. सैण्ड हर्स्ट रोड, बम्बई 5. 1960-66.

युग प्रवेश : 2. मा. 3. रामचन्द्र शुक्ल, गोकुलबिहारीलाल वर्मा 4. मद्रास 5. 1925.

युग प्रहरी : 1. समा. 2. साप्ता. 3. उदयवीर शर्मा 4. शहबाजपुरा, बदायूँ 5. 1970.

युग प्रहरी : 1. समा. 2. साप्ता. 4. पुरानी सर्राफा, भिण्ड (म.प्र.) 5. 1958-66.

युगप्रिया : 2. मा. 4.. सार्वभौम संस्कृति विकास केन्द्र, गौसगंज, लखनऊ 5. 1971.

युग प्रीत : 1. समा. 2. साप्ता. 4. ब्रह्मपुरी, मेरठ 5. 1966-69.

युग प्रेरणा : 1. सा. 2. मा. 3. हरिवंश कश्यप 4. ग्वालटोली, कानपुर 5. 1964.

युग बदल : 1. समा. 2. साप्ता., पा. 3. डॉ. अब्दुल रहीम कुरेशी 4. प्रेमनगर, झाँसी 5. 1968-71.

युगबोध : 1. समा. 2. साप्ता. 4. चीतनाथ घाट, गाजीपुर 5. 1967-71.

युग भारती : 1. समा. 2. साप्ता. 4. हजरतगंज, लखनऊ 5. 1954-56.

युग भेरी : 1. त्रिभा. 2. पा. 3. सुभद्रा 4. कोट्टायम 5. 1970.

युग मर्यादा : 2. मा. 4. लक्कड़ बाजार, शिमला 5. 1971.

युग मशाल : 1. समा. 2. पा. 3. चुन्नूलाल गुप्त 4. डाकघर, बाँदा 5. 1961-63.

युग महारथी : 2. मा. (हि., अं.) 4. सनाबाई, सिविल लाइन्स, झाँसी 5. 1971.

युगमान : 4. जयपुर।

युगमित्र : 1. समा. 2. पा. 3. एच.एल. वर्मा 4. दरियागंज, दिल्ली 5. 1968.

युग युग : 1. समा. 2. साप्ता. 4. चटाई मुहाल, कानपुर 5. 1959-61.

युगरानी : 1. सा. 2. मा. 3. विष्णु भगवान गुप्त 4. गोविन्दराम जी का रास्ता, जयपुर 5. 1966.

युगलहरी : 1. समा. 2. साप्ता. 4. बुलंदशहर 5. 1963.

युगवाणी : 1. समा. 2. साप्ता. 3. भगवतीप्रसाद पाथरी (संस्था.), गोपेश्वर कठियाल, बलवीर सिंह 'रंग' 4. क्रास रोड, देहरादून 5. 1946, 47.

युगवाणी : 1. समा. 2. साप्ता. 4. हमीरपुर 5. 1957-59.

युगवाणी : 1. समा. 2. साप्ता. 4. मायागंज, एटा (उ.प्र.) 5. 1945-47.

युगवाणी : 1. सा., राज. 2. त्रै. 3. गंगारत्न, जगदीश 4. मुरादाबाद 5. 1944 (लगभग)।

युगवार्ता : 1. समा. 2. साप्ता. 3. रामशंकर अग्निहोत्री, शिवकुमार गोयल 4. हिन्दुस्तान समाचार कॉर्पोरेशन, मण्डी हाउस, नई दिल्ली 5. 1968.

युग विकल्प : 1. समा. 2. साप्ता. 3. महेन्द्र सिंह 4. महावीर मार्ग, सतना 5. 1967.

युग विचार : 2. पा. 3. अरुण श्रीवास्तव, हरीश पाल 4. आर्यसमाज रोड, गोरखपुर 5. 1973 7. युवा पीढ़ी का वैचारिक पत्र।

युगविराम : 2. पा. 4. नबलपुरा, खुरजा, बुलंदशहर 5. 1966-67.

युगवीणा : 2. पा. 4. रुई की मण्डी, मुरैना (म.प्र.) 5. 1958-60.

युगसंकल्प : 1. समा. 2. साप्ता. 3. कामता तिवारी 4. गाजीपुरा, जबलपुर 5. 1963-65, 70.

युगसंघर्ष : 1. समा. 2. साप्ता., पा. 3. हरस्वरूप बाजपेयी 4. रायल होटल, लखनऊ 5. 1965–69.

युग संचालक : 2. मा. 4. राघवेन्द्र प्रेस, नाका, सुल्तानपुर 5. 1971.

युगसन्देश : 1. समा. 2. साप्ता. 3. जागेश्वर सिंह 4. लालगंज, रायबरेली 5. 1951.

युगसन्देश : 1. शै. 2. त्रै. 3. देवसुन्दर झा 4. यूनिवर्सल प्रेस, श्रीनगर, पूर्णिया।

युगसन्देश : 1. समा. 2. साप्ता. 3. ब्रजपाल सिंह 4. मेमिया टोला, बरेली 5. 1956.

युगसन्देश : 1. समा. 2. साप्ता. 4. बडेला, भोपाल 5. 1958–59.

युगसन्देश : 2. साप्ता. 4. सीताबर्डी, नागपुर 5. 1956.

युगसंस्कृति : 2. मा. 4. संस्कृति संस्थान, बरेली 5. 1962–69.

युगसत्य : 1. समा. 2. साप्ता. 4. खेजवा बाजार, वाराणसी 5. 1964–69.

युगसमाचार : 1. समा. 2. साप्ता. 4. मण्डी रामदास, मथुरा 5. 1953–59.

युगसमाचार : 1. समा. 2. साप्ता. 4. गढ़ाफाटक, जबलपुर 5. 1963–66.

युगसाधना : 1. सा. 2. मा. 3. बद्रीनारायण शास्त्री 4. सिटी स्टेशन के पास, बरखण्डा, कोटा 5. 1959, 62.

युगांचल : 1. समा. 2. सान्ध्य दै. 5. प्रच. 7. सनसनीखेज समाचारों से युक्त।

युगान्तर : 1. समा. 2. पा. 3. प्रहलादचन्द्र जोशी 4. जोधपुर 5. 1918 7. जोधपुर राज्य द्वारा संचालित।

युगान्तर : 1. समा. 2. दै. 3. जवाहरलाल, राजेन्द्रशंकर भट्ट, शिवबिहारी, पूर्णचन्द्र जैन 4. युगान्तर प्रकाशन मंदिर, चौड़ा रास्ता, जयपुर 5. विजयदशमी 1950 7. श्री जमनालाल बजाज की स्मृति में प्रकाशित लोकवाणी का नामान्तर।

युगान्तर : 1. समा. 2. साप्ता. 3. उपेन्द्रनाथ बन्द्योपाध्याय, रामदहिन ओझा 4. कलकत्ता 5. 1922–24.

युगान्तर : 1. समा. 2. साप्ता. 3. वीरभारती सिंह, रामकुमार शुक्ल 4. गाँधीनगर, कानपुर 5. 1941–71.

युगान्तर : 1. समा. 2. साप्ता. 3. मुकुटबिहारी सिंह 4. झरिया (बिहार) 5. 1950.

युगान्तर : 1. समा. 2. साप्ता. 4. गोरखपुर 5. 1922.

युगान्तर : 1. समा. 2. साप्ता. 3. विश्वनाथप्रसाद श्रीवास्तव 4. स्टेशन रोड, बलिया 6. 1956 (प्रच.)।

युगान्तर : 2. मा. 3. संतराम बी. ए. 4. महानन्द, लाहौर 5. 1922–23, 32–35.

युगान्तर : 1. समा. 2. साप्ता. 3. बनारसीलाल 4. लुधियाना 6. 1923.

युगान्तर : 4. हल्दौर, बिजनौर 5. 1931.

युगान्तर : 2. मा. 3. बलदेवप्रसाद, कमलापति त्रिपाठी, मुकुन्दीलाल, राजकुमार 4. संसार प्रेस, काशी 5. जुलाई 1947 7. गाँधीवादी पत्र।

युगारम्भ : 1. सा. 2. मा. 3. व्योहार राजेन्द्र सिंह (1946), नर्मदाप्रसाद खरे, पदुमलाल पुन्नालाल बख्शी 4. मानस मन्दिर, लोकचेतना प्रकाशन, जबलपुर 5. 1947, 26 जनवरी 1950 7. विचार प्रधान। विशेष—'माखनलाल अभिनंदन अंक' (1950).

युगारम्भ : 2. मा. 3. निर्मलकुमार सुराणा 4. चुरू (राज.) 5. 26 अप्रैल 1948.

युगीन : 1. सा., सां. 2. मा. 3. बी. आर. सनम 4. गुरुद्वारा रोड, कोटला, मुबारकपुर, नई दिल्ली 5. 1969.

युद्धविराम : 1. समा. 2. पा. 3. ओमप्रकाश शर्मा आजाद 4. युद्धविराम कार्यालय, नबलपुरा, खुर्जा, बुलंदशहर 5. 1966.

युद्धसमाचार : 1. समा. 2. साप्ता. 3. आर. बी. बेनबर्ट 4. प्रचार विभाग, जोधपुर राज्य 5. 1918.

युद्धसमाचार : 1. साप्ता. 4. इण्डिया ऑफिस, लन्दन 5. 1915.

युधिष्ठिर का विजय शंख : 1. समा. 2. साप्ता. 3. रामनारायण गुप्त 4. रेलवे बाजार, इटावा 5. 1960-68.

युयुत्सा : 1. सा. 2. मा. (1966), साप्ता. (1970) 3. 'शलभ' श्रीराम सिंह, जयंतकुमार, राजाराम शुक्ल 4. पाण्डुलिपि प्रकाशन, मुक्ताराम बाबू स्ट्रीट, कलकत्ता-7 5. अक्टूबर 1966, 70 7. नवलेखन का वामपंथी लघुपत्र। द्रष्ट्रव्य-'बंगला अंक' (1967), 'गोर्की अंक' (1968), 'वियतनाम अंक'।

युवक : 1. राज. 2. मा. 3. रामवृक्ष बेनीपुरी, गंगाशरण सिंह 4. पटना 5. 1928 7. सामयिक चेतना का अभूतपूर्व पत्र। सरकारी नीतियों का विरोध करने के कारण व्यवस्था का कोपभाजन और फलतः समाप्त। विशेष—'शहीद अंक'।

युवक : 1. सा. 2. मा., साप्ता. 3. प्रेमदत्त पालीवाल 4. जॉन्स बंगला नं. 4, जीवनी मण्डी, आगरा 5. 1923, 51, 64.

युवक : 1. समा. 2. साप्ता., पा. 3. सोमदेव शर्मा 4. चूरू (राज.) 5. 1958, 60.

युवक काँग्रेस : 1. राज. 2. पा., मा. 3. रामलाल पारीक 4. अखिल भारतीय काँग्रेस कमेटी, जन्तरमन्तर रोड, नई दिल्ली 5. 1957-59, 66.

युवक चेतना : 2. त्रै. 4. फैमिली सूट, रायल होटल, लखनऊ 5. 1964-68.

युवक ज्योति : 1. समा. 2. साप्ता. 4. उषानगर, इंदौर 5. 1963-64.

युवक दर्पण : 1. समा. 2. साप्ता. 3. जी. एल. कोलोकोलाँव 4. 'सोवियत भूमि' कार्यालय, बारा खम्बा रोड, नई दिल्ली 5. 1967 7. दूतावासी पत्र।

युवकधारा : 2. पा. 4. पार्कव्यू भवन, पोखर, पटना 5. 1971.

युवक मंगल : 2. मा. 3. परमेश्वर जोशी, रामनाथ गुप्त 4. आयोजनाधिकारी, देवरिया 5. 1961.

युवक यूथ : 2. मा. 4. लाजपतनगर, नई दिल्ली 5. 1960-62.

युवकवाणी : 1. शै. 2. मा. 3. सीताराम जायसवाल 4. फलभवन, हसनगंज/महानगर, लखनऊ 5. 1959-62 7. अन्तर्विद्यालय पत्रिका।

युवकवाणी : 1. समा., साप्ता. 2. द्विमा. 3. प्रतापसिंह चौधरी 4. ज्योतिपुरा, हिसार 5. 1960-66.

युवक शक्ति : 1. समा. 2. मा. 3. रामकुमार गोयल 4. पादली बरेरा, बिजनौर 5. 1968.

युवक हृदय : 1. जा. 2. मा. 3. मनोहरलाल 4. गोपालजी का रास्ता, जयपुर 5. 1946 7. अग्रवाल युवा परिषद् का मुखपत्र।

युवकिरण : 2. त्रै. 4. शीतला गली, जालंधर 5. 1958-59.

युवजन : 1. सा. 2. मा. 3. विज्ञान मोदी 4. हैदर बिल्डिंग, सोजती गेट, जोधपुर 5. 1969.

युवराज : 2. त्रै., मा. 3. हर्षकुमार 4. जी 1/7, लाजपतनगर, नई दिल्ली-24 5. 1972 (प्रच.) 7. पत्रकारिता-विषयक पत्र।

युवा : 1. सा. 2. अनि. 3. उदभ्रान्त 4. पाण्डुनगर, कानपुर (उ.प्र.) 5. 1975 7. लघुपत्र।

युवा कवि : 2. सा. 3. विनोदविजय खुल्लर 4. समकालीन प्रकाशन, 2762, राजगुरु मार्ग, पहाड़गंज, नई दिल्ली।

युवाघोष : 2. पा. 4. पुरवियों की टोली, सागर 5. 1971.

युवा दृष्टि : 1. जा. 2. मा. 4. अखिल भारतीय तेरापंथी युवक परिषद् लाडनू (राज.) 6. 15) वा.।

युवा पीढ़ी : 1. समा. 2. साप्ता., पा. 3. अमरनाथ सेठ 4. नया कनाट प्लेस, देहरादून 5. 1968-69.

युवा पोराहम : 2. द्विभा. (हि., ते.) 3. केशवराव जाधव 4. हैदराबाद 5. समाजवादी विचारधारा का पोषक।

युवाप्रहरी : 1. समा. 2. साप्ता. 4. कमलानगर, दिल्ली 5. 1971.

युवामंच : 1. सा. 2. मा. 3. धीरेन्द्रसिंह रंजन 4. प्रयाग 5. 1971-72 7. अल्पजीवी लघुपत्र।

युवालेखन : 3. कौशलकिशोर 4. सुरेमनपुर, बलिया।

युवा वतन : 1. सामा. 2. पा. 3. पी.सी. भाटिया 4. ऋषिनगर, शकूर बस्ती, दिल्ली 5. 1974.

युवावाणी : 2. साप्ता. 4. कोड़िया प्रेस, पूर्णिया 5. 1857-67.

युवा संकल्प : 1. समा. 2. साप्ता. 4. गंजीपुरा, जबलपुर 5. 1970.

युवा संसार : 1. समा. 2. साप्ता. 4. बालविहार, भोपाल 5. 1971.

यूथ ओपीनियन : 1. समा. 2. पा. 3. सुनहरीलाल 4. बल्लभगढ़, हरियाणा 5. 1969.

यूथ एडवाइजर : 1. समा. 2. पा. (हि., अं.) 4. एन. आई. टी., फरीदाबाद 5. 1971.

यूथ काउन्सिल समाचार : 1. समा. 2. पा. 3. प्रफुलचन्द्र सिन्हा 5. कर्नलगंज, इलाहाबाद 5. 1970.

यूनीवर्सिटी एक्सप्रेस : 2. पा. 4. बलरामपुर हाउस, इलाहाबाद 5. 1965-69.

यूगोस्लाविया समाचार : 1. राज. 2. पा. 4. सुंदरनगर, नई दिल्ली 5. 1955-59.

यूनेस्को कूरियर : 2. मा. 3. डॉ. बाबूराम सक्सेना 4. सैण्डी काफलर प्लेस, डी. फाटेनाम, पो. बा. 20, पेरिस, फ्रांस, प्रका.—केन्द्रीय हिन्दी निदेशालय, शिक्षा मंत्रालय, 15/16, नेताजी सुभाष मार्ग, दिल्ली 5. 1967-76.

यूनेस्को दूत : 1. वि. 2. मा. 3. डॉ. हरवंशलाल शर्मा 4. केन्द्रीय हिन्दी निदेशालय, नई दिल्ली 5. 1967 7. 'यूनेस्को कूरियर' का नया नामान्तर।

यूनेस्को वृत्त पत्रिका : 2. मा. 4. रिंग रोड, साउथ एक्स., नई दिल्ली 5. 1957-69.

यू.पी. एक्सप्रेस : 1. समा. 2. पा. 4. मोहम्मद हनीफ खाँ बारहनपर 5. बदायूँ 5. 1970.

यू. पी. एजूकेशन : 1. शै. 2. द्विमा. 3. सुधांशुभूषण 4. शिक्षाधिकारी संघ, लखनऊ 5. 1920.

यू. पी. टाइम्स : 1. समा. 2. सासा. 4. कासगंज, एटा 5. 1967-69.

यू.पी. तार इंजिनियरिंग : 1. व्या. 2. मा. 3. रामसनेही यादव 4. मौलवीगंज, लखनऊ 5. 1963.

योग प्रचारक : 1. धा. 2. मा. 3. अभयानन्द सरस्वती 4. योगमण्डल, काशी 5. 1924.

योग प्रतिमास : 1. सां. 2. पा. 3. डॉ. पारसनार्थ सिंह 4. जगतगंज, वाराणसी 5. 1969.

योगदा सम्वाद : 1. धा. 2. त्रै. 4. योगदा सत्संग सोसाइटी आफ इण्डिया, दक्षिणेश्वर, कलकत्ता 5. 1969.

योगपथ : 1. धा. 2. त्रै. 4. योगाश्रम सेलघाट, लखीमपुर खीरी 5. 1961-69.

योगमाया : 1. धा. 2. मा. 4. पूर्णिया 5. 1956 (लगभग)।

योगरहस्य : 2. धा. 3. रामचन्द्र बलवंत डोगरे 4. काशी 5. 1925.

योगवेदान्त : 1. धा. 2. मा. 3. स्वामी चन्द्रशेखरनन्द, सत्यानन्द सरस्वती 4. शिवानन्द नगर, टेहरी, गढ़वाल/शिवानन्द पब्लिकेशन्स लीग, ऋषिकेश 5. 1951.

योगशक्ति : 1. धा. 2. मा. 3. पं. शीतलाप्रसाद शुक्ल 4. म्युनिसपल मार्केट, कलकत्ता 5. 1962.

योगशक्ति : 1. धा. 2. मा. (हि., अं.) 4. गोंदिया (महा.) 5. 1970.

योगक्षेम : 1. दा. 2. मा. 3. स्वामी विष्णु देवानंद सरस्वती 4. योग स्कूल, रायगढ़ 5. 1970.

योगिक आरोग्य बुलेटिन : 1. चि. 2. मा. (बहु.) 4. दादर, बम्बई 5. 1969.

योगिराज : 1. समा. 2. सासा. (हि., अं.) 4. नयाशहर, सीकर (राज.) 5. 1971.

योगी : 2. मा. 4. प्रोफेसर बैजनाथ 5. 1920.

योगी : 1. समा. 2. सासा. 3. रामरीझत रसूलपुरी, रामवृक्ष बेनीपुरी, ब्रजशंकर वर्मा, प्रधान 4. ब्रह्ममार्ग, पटना 5. 1933 (प्रच.)

योगी रहस्य : 2. मा. 3. रामचन्द्र बलवन्त डोगरे 4. काशी 5. 1925.

योगेन्द्र : 1. धा. 2. मा. 3. गोपीनाथ नटवर, योगी जयनाथ 4. अ.भा. योगीमण्डल, प्रयाग 5. 1945-56 7. योग-विषयक सचित्र सामग्री।

योग्य भूमिका : 1. समा. 2. सासा. (हि., म.) 4. हिंगनघाट (महा.) 5. 1969.

योजना : 1. समा. 2. पा. 3. मन्मथनाथ गुप्त, गुरुदत्त, शरदेन्दु सान्याल, प्रेमचन्द भारद्वाज, जितेन्द्र गुप्त 4. योजना आयोग, प्रकाशन विभाग, ए ब्लाक , पटियाला हाउस, तिलक मार्ग, नई दिल्ली 5. 1957. (प्रच.) 7. महत्त्वपूर्ण सरकारी हिन्दी पत्र।

योजना पंचायत : 2. पा. 4. मुरादाबाद 5. (लगभग) 1956-58.

योजना : 2. मा., पा. 3. पी. एम. मिश्र, शर्मा, 4. कोठी दमदम, मुरादाबाद 5. 1951-63.

योजना : 2. मा. 3. वेद राही 4. योजना विभाग, कश्मीर शासन, श्रीनगर 5. फरवरी 1956 7. कश्मीर सरकार का प्रथम हिन्दी पत्र।

योद्धा : 1. समा. 2. मा. 3. आचार्य विश्वेश्वरानन्द 4. गणेश बाजार, झाँसी 5. 1966 7. बुन्देलखण्डी बोली में प्रकाशित।

रंग : 1. सा. 2. मा. 3. रामऔतार 'चेतन' 4. हिन्दी भवन 63, टैगोर नगर, इलाहाबाद/चैम्बूर, बम्बई 5. 1961-73.

रंग चकल्लस : 1. हास्य. 2. त्रै. 3. रामावतार 'चेतन' 4. शांतिनगर, चैम्बूर, बम्बई 5. 1965, 73.

रंग जीवन : 1. समा. 2. साप्ता. 4. कृष्णनगर, मथुरा 5. 1963-71.

रंगत : 2. मा. 4. भोपाल हाउस, लालबाग, लखनऊ 5. 1971.

रंगद्वार : 1. सा. 2. त्रै. (हि., अं.) 3. देवीदयाल 4. कूचा चेलान, दरियागंज, दिल्ली 5. 1971.

रंगभारती : 1. सा. 2. मा. 3. डॉ. अज्ञात 4. नक्षत्र चौक, लखनऊ/ छायालोक, 111ए/183, अशोकनगर, कानपुर 5. अगस्त 1973 7. रंगमंच विज्ञान का श्रेष्ठ पत्र।

रंगभूमि (सचित्र) : 1. फि. 2. साप्ता. (1932), मा. 3. लेखराम भास्कर, मंगलानन्द गौतम, धर्मपाल गुप्त 4. अंसारी रोड, दरियागंज, दिल्ली 5. 1932, 41 प्रच. 7. हिन्दी का प्रथम फिल्मी पत्र।

रंगभूमि : 1. फि. 2. मा. 3. आचार्य मंगलानंद 'गौतम', देवेन्द्रकुमार 4. शिवाजी पार्क, बम्बई 5. 1941.

रंगमंच : 1. सा. 2. साप्ता. 3. नरोत्तम व्यास 4. श्रीनारायण प्रिंटिंग वर्क्स, कलकत्ता 5. 9 मई 1931.

रंगमंच : 4. काशी 5. 1924.

रंगमंच : 2. मा. 3. अवध अनुपम 4. बड़ा बाजार, बरेली 5. 1959-60.

रंगमंच समाचार : 2. साप्ता. 3. शरद नागर 4. नक्षत्र अन्तर्राष्ट्रीय, लखनऊ 5. 1972 7. नामान्तर—'रंगभारती'।

रंगमहल : 1. फि. 2. मा. 4. लाहोरी गेट, दिल्ली 5. 1956.

रंगयोग : 1. सा. 2. त्रै. 3. मणि मधुकर, डॉ. रामप्रसाद दाधीच, सुधा राजहंस 4. राजस्थान संगीत नाटक अकादमी, पाबटा, जोधपुर 5. अक्टूबर 1969 7. लोकनाट्य कला का प्रतिनिधि पत्र।

रंगरलियाँ : 1. सां. 2. मा. 3. ओमप्रकाश शर्मा 4. गली नं. 10, कैलाशनगर, दिल्ली 5. 1970.

रंगरूप : 1. सा. 2. मा. 4. चितला गेट, चाबड़ी बाजार, दिल्ली 5. 1968-69.

रंगलोक : 1. फि. 2. मा. 3. सुरेन्द्र लोढ़ा 4. सोजतिया गंचिया स्ट्रीट, जोधपुर 5. 1969.

रंगलोक : 2. पा. 4. मकबूलपुरा, जी.टी. रोड, अमृतसर 5. 1965-67.

रंगशाला : 2. मा. 3. शिवनाथ बहल 4. नई बस्ती, कीड़गंज, इलाहाबाद 5. 1958.

रंगायन : 1. कला. 2. मा. 3. डॉ. महेन्द्र भनावत 4. भारतीय लोककला मण्डल, उदयपुर 5. 1967 (प्रच.) 7. राजस्थानी लोकधर्मी कला का प्रतिनिधि पत्र।

रंगीन नजारा : 2. मा. (हि., उ.) 4. यमुनानगर (हरि.) 5. 1966-68.

रंगीन समाचार : 1. समा. 2. साप्ता. (हि.,म.) 3. के. पी. द्विवेदी, त.प. दुबे 4. इतबारी, नागपुर-2 5. 1968.

रंगीला : 1. सा. 2. मा. 3. सूर्यकांत त्रिपाठी 'निराला', शिवशेखर द्विवेदी 4. रामलाल गर्ग 57, बाँसतला स्ट्रीट, कलकत्ता 5. **4 जून** 1932 (अल्पायु) 6. वा. 3) मात्र, 1

आना प्रति फौवारा अंक 7. प्रथम अंक के मुखपृष्ठ पर 'बीती विभावरी जाग री' (प्रसाद) प्रकाशित। 'दहाड़' स्तम्भ में निराला की गुरु गर्जना। प्रथम अंक में टैगोर की खबर। संचालक को यह स्वर अस्वीकार्य, फलत: 'निराला' का सम्बन्ध विच्छेद। इसका निरालाकृत मोटो था—

पुरुष प्रकृति तम ज्योति दिवस-निशि कल्प तल्प पर
एक रँगीला रूप खिला, सब विश्व चराचर।

इसके 'छायाचित्र' स्तम्भ में पारसी नाटकों की आलोचना होती थी। 'मजलिस' में फब्तियाँ कसी जाती थीं। छद्मनाम से निराला की कई रचनाएँ प्रकाशित। कुल 4 अकों का जीवन।

रंगीला : 2. साप्ता. 3. हरिप्रसाद जिजंल 4. गयाधाम 5. द्विवेदीयुगीन (1924) 6. 2)

रंगीला जासूस : 2. मा. 3. सुशीला बहल 4. नई बस्ती, कीड़गंज, इलाहाबाद 5. 1959.

रंगीला टाइम्स : 1. समा. 2. साप्ता. 3. रामप्रकाश अग्रवाल 4. नमक मंडी, चन्दौसी 5. 1970.

रंगीला मुसाफिर : 2. मा. 3. प्यारेलाल शर्मा 4. जगाधरी, अंबाला 5. 1950-60.

रंगीली कहानियाँ : 1. कथा. 2. मा. 4. ओल्ड मिशन रोड, लुधियाना 5. 1952.

रंगून पत्रिका : 2. साप्ता., द्विभा. 3. नूरमुहम्मद 6. 12 पैसे।

रंजना : 1. म. 2. मा. 3. विश्वामित्र पाण्डेय 4. कानपुर 5. 1951-56 लगभग।

रंजना : 1. सा. 2. मा. 4. कश्मीरी गेट, दिल्ली 5. 1956 (लगभग)।

रम्भा : 2. फि. 4. जटाम्बर कोतवाली, वाराणसी 5. 1964.

रक्तक्रान्ति : 1. समा. 2. साप्ता. 3. निरंकारनाथ पांडेय 4. नानककुंज, झाँसी 5. 1966.

रक्तबीज : 3. राजेन्द्र प्रसून, जयप्रकाश जायसवाल 4. पो. राबटी, रतलाम (म.प्र.) 5. फरवरी 1974.

रक्तदान : 1. चि. 2. मा. 4. रायसीना रोड, नई दिल्ली 5. 1962-65.

रक्तरंजित : 1. समा. 2. साप्ता. 4. अमर प्रेस, डोल (म.प्र.) 5. 1965-67

रक्तवीर : 1. सा. 2. मा. 3. दिनेशचन्द्र अग्रवाल 'नवीन' 4. अग्रसेन मार्ग, धामपुर, बिजनौर 5. 1969.

रक्ताभा : 1. सा. 2. मा. 3. जितकुमार शर्मा 4. मोहल्ला लाभाइन, फगवाड़ा (पंजाब) 5. 1968 6. 10) वा.।

रघुवंशी : 1. सा. 2. मा. 3. रामनारायण मौर्य 4. मोहजोगियापुर, जौनपुर 5. 1963.

रचना : 2. सा. 3. नरेशकुमार बचन 4. आजाद हिन्द पार्क, बहराइच 6. 50 पैसे प्रति 7. नवलेखन का लघुपत्र।

रचना : 1. कथा. 2. मा. 4. सी. के. 12/34, ब्रह्मनाल, वाराणसी 5. 1969.

रचना : 1. सा. 2. पा. 3. उमाराव अली खाँ 4. जिला पंचायत अधिकारी, रायबरेली (उ.प्र.) 5. 1951, 58-60.

रचना : 1. पा. 4. बेगमपुल रोड, मेरठ 5. 1952-56.

रचना : 2. मा. 3. प्रेमनाथ मिश्र 4. जिला नियोजन अधिकारी, रामपुर 5. 1956-58.

रचना कथा प्रधान : 2. पा., त्रै. 3. एस. अलीबल 4. ब्रह्मपद, वाराणसी 5. 1970.

रचनाकार : 2. मा. 3. महेन्द्रकुमार शर्मा 4. जनप्रिय लेखक कार्यालय, काजी बाजार, मेरठ 5. 1966.

रजक टाइम्स : 1. जा. 2. सासा. (बहु.) 4. महिम, बम्बई 5. 1968.

रजकण : 1. समा. . सासा. 3. खाकी सादिम 4. मोहल्ला चौबे, बदायूँ 5. 1964-70.

रजक बन्धु : 2. मा. 3. रूपनारायण लाल, राधाकृष्ण 4. प्रयाग 5. 1922.

रजतपट : 1. फि. 2. पा. 3. के. पी. अग्रवाल 4. 179, बड़ा बाजार, महू 5. 1957.

रजत वार्ता : 2. मा. 3. बी. वाय् परित् 4. बम्बई 5. 1961.

रजत शिखा : 2. द्विभा. 3. विजयकुमार बंसल 4. 3878, चर्खेवालान, चाबड़ी बाजार, दिल्ली 5. सितम्बर 1976 6. 10) वा. 7. पारिवारिक पत्र।

रजनीगन्धा : 1. फि. 2. मा. 3. विजयवीर त्यागी 4. बम्बई 5. 1975.

रजनीश दर्शन : 1. धा., दा. 2. द्विभा. 3. रजनीश धर्मचक्र प्रवर्तक, रजनीश फाउण्डेशन प्रकाशन, पूना 5. 1975 6. 5) वा.।

रजनीश फाउण्डेशन न्यूज लेटर : 1. धा. 2. पा. (हि., अं.) 4. 17, कोरेगाँव पार्क, पूना-1 5. 1977 6. 24) वा.।

रणकेसरी : 1. समा. 2. पा. 4. सट्टा बाजार, गुरदासपुर 5. 1966-68.

रणचंडी : 1. समा. 2. सासा. 3. रामेश्वर सेन 4. रामघाट मार्ग, उज्जैन 5. 1967.

रणनाद : 1. समा. 2. सासा. 3. कृष्णबल्लभ पांडेय 4. सिविल लाइन्स, उन्नाव 5. 1965.

रणबाँकुरा : 1. समा. 2. दै., सासा. 3. ओमप्रकाश जायसवाल 4. डिबाई, बुलन्दशहर 5. 1966.

रणभेरी : 1. राज. 2. दै. 3. बाबूराव विष्णु पराड़कर, सीताराम (छद्मनाम) 4. प्रका.—पुलिस सुपरिंटेण्डेन्ट कोतवाली, बनारस 5. 1929-30 6. 1 पैसा प्रति 7. गुप्त पत्रिका। शासन इसका पता लगाने में असफल। मुख्य लेखक—रामचन्द्र वर्मा, दुर्गाप्रसाद खत्री, आचार्य नरेन्द्रदेव आदि। प्राय: चक्रलिखित। आकार—फुलस्केप दो पृष्ठ। सासा. संस्क. 4 पृष्ठों का। राष्ट्रीय आन्दोलन में क्रान्तिकारी भूमिका।

रणभेरी : 1. समा. 2. सासा. 4. दौलतगंज, उज्जैन 5. 1959-65.

रणवीर : 1. समा. 2. दै. 3. भैयालाल सतीदास 4. नागपुर 5. 1924.

रणवीर : 4. कश्मीर 5. लगभग 1930, 40.

रणस्थली : 1. समा. 2. सासा. 4. उन्नाव 5. 1963-65.

रतलाम टाइम्स : 2. साप्ता. 3. गोपालसिंह नेपाली।

रतलाम समाचार : 1. समा. 2. सासा. 3. कारूलाल शंकरलाल देव 4. कसेरा बाजार, रतलाम 5. 1970.

रत्न : 4. जम्मू 5. 1930, 40 (लगभग)।

रत्न : 2. पा. 4. शिवाजी पार्क रोड, बम्बई 5. 1951.

रत्नदीप : 2. बा. 4. माटुंगा, बम्बई 5. 1958-68.

रत्नप्रकाश : 1. सासा., पा. 3. रामकिशोरलाल नागर, पं. किशोरलाल नागर 4. रतलाम 5. 1867-68.

रत्नमाला : 3. चन्द्रशेखर मिश्र 4. चम्पारन।

रत्नसागर : 2. मा. 3. बचनेश मिश्र, लक्ष्मीनारायण गौड़ 4. कालाकाँकार (अवध) 5. 1981 6. 3) वा.।

रत्नाकर : 2. मा. 3. निहालचन्द 4. कलकत्ता 5. 1914.

रत्नाकर : 1. चि. 2. मा. 3. ज्ञानचन्द्र जैन, भूपेन्द्र 4. सब्जीमण्डी, इटावा 5. 1962.

रत्नावली : 1. सा. 2. मा. 4. दरियागंज, दिल्ली 5. 1958-60.

रथ केसरी : 1. समा. 2. साप्ता. 4. अलवर (राज.) 5. 1968.

रफ्तार : 1. समा. 2. साप्ता. 4. भिण्ड (म.प्र.) 5. 1956-59 (लगभग)।

रफ्तारेजमाना : 1. समा. 2. पा. 3. कालेखाँ सिन्धी 4. गढ़ी, बाँसबाड़ा (राज.) 5. 1969.

रमणी : 2. म. 4. दिल्ली।

रमता योगी : 1. समा. 2. साप्ता., पा. 3. संजय शास्त्री 4. किदवईनगर, कानपुर 5. 1962-65.

रवि : 2. पा. 4. यूनाइटेड प्रेस, देहरादून 5. 1962-65.

रवि ज्योति : 1. जा. 2. मा. 3. दुर्गावती 4. जगजीवननगर, जबलपुर 5. 1970.

रवि भारत : 1. समा. 2. साप्ता. 4. टाइम्स आफ इण्डिया प्रेस, बम्बई/बहादुरशाह जफर मार्ग, दिल्ली 5. 1971-72 7. नवभारत टाइम्स का साप्ता. संस्करण।

रविरश्मियाँ : 2. मा. 4. हल्दियों का रास्ता, जयपुर 5. 1958-61.

रविवार : 2. साप्ता. 4. आनंद बाजार पत्रिका प्रका., कलकत्ता 7. स्वातंत्र्योत्तर।

रविवारीय आनन्द : 2. साप्ता. 4. अलंदी रोड, पून्य 5. 1971.

रवीन्द्र ज्योति : 1. सा. 2. मा. 3. डा. केवलकृष्ण पाठक 4. निकट दक्षिण मन्दिर जीन्द (हरि.) 5. 1973 (लगभग)।

रश्मि : 1. सा. 2. मा. 4. केनिंग स्ट्रीट, स्ट्राण्ड रोड, कलकत्ता 5. 1956 (लगभग)।

रश्मि : 2. त्रैमा. 3. अजितनारायणसिंह तोमर।

रश्मिरथी : 1. सा. 2. मा. 3. लाला शीतलाशरण सिंह 4. मवइया, कानपुर रोड, लखनऊ 5. 1969-70.

रश्मिरेखा : 1. समा., धा. 2. पा. 3. डॉ. श्रीमती शान्ती सक्सेना 4. सोतीगंज, मेरठ 5. 1970.

रश्मिलोक : 1. समा. 2. साप्ता. 3. राजनारायण शुक्ल 4. भरहुना, सदर, मिर्जापुर 5. 1969.

रसकलश : 1. सा. 2. मा. 4. बी.के. एवेन्यू, कलकत्ता-5 5. 1964.

रसगुल्ला : 1. समा. 2. साप्ता. 3. वीरेन्द्रकुमार शर्मा 4. कलकत्ता 5. 1924.

रसधार : 1. सा. 2. मा. 4. नयी धर्मशाला, औरैया, इटावा 5. 1970.

रस नटराज : 1. फि. 2. साप्ता. 3. बद्री कराँचीवाला 4. आनन्द निवास, डॉ. मोसेस रोड, बम्बई-18 5. 1963.

रसभरी : 1. फि. 2. मा. 3. मंगलनंद गौतम, देवेन्द्रकुमार, मंगलदेव शर्मा 4. नयी सड़क, जामा मस्जिद डिस्पेंसरी, दिल्ली 5. 1942, 51-63.

रसरंग : 1. फि. 2. पा. 3. अं. दि. पोतनीस 4. आगरा रोड, नासिक 5. 1967-70.

रसरंजन : 2. मा. 3. हरदयाल वर्मा 4. 21, शंकर मार्केट, नई दिल्ली 6. 11) वा. 7. डाइजेस्ट।

रसराज : 1. सा. 2. मा. 3. शिवराज 'शिव' 4. गड़रिया मोहाल, कानपुर 5. 1954-62 7. सुकवि का स्पर्धी समस्यापूर्तिपरक पत्र।

रसवंती : 1. सा. 2. मा. 3. डॉ. प्रेमनारायण टण्डन 4. विद्या मन्दिर, रानी कटरा, लखनऊ 5. 1957-74.

रसायन : 1. चि. 2. मा. 3. डॉ. जी. एम. वर्मा 4. रसायन फार्मेसी, दरियागंज, पो.बॉ. 125, दिल्ली 5. जनवरी 1948-71.

रसायन व्यापार : 1. वा. 2. पा. (हि., अं.) 3. भूपेन्द्र रस्तोगी 4. तिलक बाजार, खारी बाबली, दिल्ली 5. 1970.

रसिक : 2. मा. 4. फर्रुखाबाद 5. 1925.

रसिक चन्द्रिका : 2. सा. 4. लखनऊ।

रसिक पंच : 1. सा., हास्य. 2. मा. 3. बलभद्र मिश्र, शिवनारायण मिश्र 4. लखनऊ प्रयाग 5. 1884, 87-89 7. लोकप्रिय पत्र।

रसिक पत्रिका : 1. सा. 2. सासा. 4. कानपुर 5. 1884 7. प्रसिद्ध प्राचीन पत्र।

रसिकमित्र : 1. सा. 2. मा. 3. मनोहरलाल मिश्र 'रसिक', अबधबिहारी 4. रसिक कविसभा, कानपुर/मिर्जापुर 5. जनवरी 1905, 17 6. 1) वा. 'रईसों से यथेच्छा' 7. सूक्ति— "उठहु उठहु बहु सोचुके देखहु नैन उघार। रसिकमित्र गहि हाथ में पढ़हुँ काव्य ललकार।" समस्यापूर्तिपरक पुस्तकाकार पत्र। इसमें 'सनेही' जी 'शंकर' जी की स्पेशल पूर्तियाँ प्रकाशित। सनेही की प्रथम रचना इसी में छपी।

रसिक रहस्य : 1. सा. 2. मा. 3. काव्याचार्य, भारत सर्वस्व पं. सीताराम शर्मा 4. पिलकिछा, जौनपुर 5. 1907-10, 11 6. 1≡) वा. 7. काव्य समस्यापूर्तियों, साहित्यिक उपाधियों और तुकांत (घनाक्षरी) छंदों से युक्त पुस्तकाकार युगप्रतिनिधि पत्र। मुख-सूक्ति— 'हिंत मनोहारि च दुर्लभंवचः', "काव्य कला दरसाय कै किय बुध गन मन बस्य, जगत माँहि यस दै रहयों धनि धनि रसिक रहस्य"।

रसिक लहरी : 1. सा. 2. मा. 3. रामनाथ गुप्त 4. कानपुर 5. 1903 6. 1) वा.।

रसिक वाटिका : 1. सा. (नवरसमय) 2. मा. (1896) 3. ब्रजभूषणलाल गुप्त, प्रेरक-राय देवीप्रसाद पूर्ण 4. रसिक समाज, नौधरा, कानपुर 5. अप्रैल 1897-1915 6. 1) वा. 7. समस्यापूर्ति कला की प्रतिनिधि पत्रिका। सूक्ति— "माली यहि बाग के सुकवि रखवारे है। ईरसा कुसनि खनि बाहर निसारे है", 'सुकविता यद्यस्ति राज्येनकिम्'। विशेष—पिंगल चर्चा, समस्यापूर्ति से युक्त पत्र। पुस्तकाकार। क्रम भाग 1, क्यारी 1 आदि।

रसिक विनोद : 1. सा. 2. मा. 4. कालवी, सिवनी (मध्यप्रांत)।

रसिक विनोदिनी : 1. सा. 3. साहित्योपाध्याय 'सम', रामावतार मिश्र 4. माणिक, गया 5. 1989 वि.।

रसिक शिरोमणि : 1. सा. 2. मा. 3. श्रोत्रिय राजबल्लभदेव शर्मा 4. कानपुर 5. 1918.

रसीला जासूस : 1. कथा. 2. मा. 3. मोहिनी राज 4. अनुपम जासूस कार्यालय, सरदार पटेल मार्ग, इलाहाबाद 5. 1963.

रसीली कहानियाँ : 1. कथा. 2. मा. 3. नंदगोपाल सहगल 4. चाँद कार्यालय, 28 ऐडमास्टन रोड, प्रयाग 5. 1939.

रसीली कहानियाँ : 1. कथा. 2. मा. 4. तेलमण्डी, अम्बाला 5. 1962-65.

रस्तोगी : 1. जा. 2. मा. 3. बल्लभदास रस्तोगी 4. लखनऊ 5. 1922.

रस्तोगी समाचार : 1. जा. 2. मा. 3. वी. पी. रस्तोगी 4. अंसारी रोड, दरियागंज, दिल्ली 5. 1967.

रहनुमा : 2. मा. 3. एम. कलीम 4. सलीमपुरा, वाराणसी 5. 1965.

रहबर : 2. पा. (हि., उ.) 4. कुम्बल्ला हिल, बम्बई 5. 1940-58.

रहस्य : 1. मा. 3. एस. अब्बास हुसैनी 4. कोलहन टोला स्ट्रीट, इलाहाबाद 5. 1960.

रहस्य : 2. मा. 4. छोटी पहाड़ीवाली गली, धर्मपुरा, दिल्ली 5. 1956-58.

रहस्य चन्द्रिका : 2. पा. 4. काशी 5. 1888 6. 6 पैसे प्रति 7. पर्याप्त प्रसिद्ध पत्र।

रक्षक : 2. मा. 3. भगवतस्वरूप चतुर्वेदी, बलदेवप्रसाद मिश्र 4. हजरतगंज, लखनऊ 5. 1948.

रक्षक : 2. त्रै. (हि., अं.) 4. डिफेन्स कॉलोनी, नई दिल्ली 5. 1962-69.

राँकावत ब्राह्मण : 1. जा. 2. मा. 3. पुरुषोत्तमदास स्वामी 4. जोधपुर 5. 1998 वि.।

राँची इक्सप्रेस : 1. समा. 2. सास्ता. 3. बलवीर दत्त 4. हजारीबाग रोड, राँची 5. 1963.

राँची टाइम्स : 1. समा. 2. सास्ता. 3. दिलीपकुमार 'दर्द' 4. चर्च रोड, राँची 5. 1963.

राँची संवाद : 1. समा. 2. सास्ता. 3. अम्बिकादत्त द्विवेदी 4. सरकुलर रोड, कोर्ट कम्पाउण्ड, राँची 5. 1968.

राईअसां : 2. सास्ता. (हि., उं.) 4. झील कुरजां, गाँधीनगर, दिल्ली 5. 1949.

राकेट हाहाकार : 1. समा. 2. सास्ता. 3. आयोध्यासिंह चौहान 4. श्रीनगर, कानपुर 5. 1966.

राकेश : 2. मा. 3. बी. एन. शर्मा, तूफानी 4. कैलाशनगर, रोहतक 5. 1966.

राकेश : 1. चि. 2. पा. 3. रूपेन्द्रनाथ शास्त्री 4. ब्रह्मलोकपुर, इटावा 5. 1956-70.

रागरंग : 1. सा. 2. मा. 3. राजकमल चौधरी, पृथ्वीनाथ शास्त्री 4. स्वैलो लेन, कलकत्ता 5. 1960-65.

रागरंग : 4. भास्कर प्रेस, देहरादून 5. 1956.

रागिस्तान : 1. समा. 2. सास्ता. 3. दुर्गाप्रसाद मिश्र 4. सिविल लाइन्स, रायबरेली 5. 1970.

रागिनी : 2. मा. 3. आचार्य शम्भुनाथ 4. लीडर रोड, इलाहाबाद 5. 1960.

राजकमल टाइम्स : 1. समा. 2. पा. 3. जी. अग्रवाल 4. बैकुंठ चटर्जी लेन, कलकत्ता 5. 1969, 70.

राजगढ़ पत्रिका : 1. समा. 2. पा. 4. शार्दूलपुर (राज.) 5. 1971.

राजदर्पण (दर्शन) : 1. समा. 2. सास्ता., दै. (हि., म.) 3. आर. एस. श्रीवास 4. महात्मा फूलेनगर, अकोला 5. 1968-71.

राजदूत : 1. समा. 2. सास्ता. 4. ललितपुर, झाँसी 5. 1960-71.

राजदूत : 4. फिजी सरकार 5. 1918.

राजदूत : 2. बा. 3. कमलेश्वर 4. गोहाटी।

राजधर्म : 1. धा., राज. 2. पा., साप्ता., दै. 3. स्वामी अग्निवेश 4. आर्यसभा झज्झर रोड, रोहतक (हरि.) 5. 1968–75 7. क्रान्तिकारी पत्र। आपात स्थिति में समाप्त। आर्यसभा का प्रचारक।

राजधानी : 2. साप्ता. 4. टाउनहाल, दिल्ली 5. 1950.

राजधानी गजट : 1. समा. 2. साप्ता. 3. सुभाष मोदी 4. चौड़ा रास्ता, जयपुर 5. 1964, 66.

राजधानी गाइड : 1. समा. 2. साप्ता. 3. ओमप्रकाश 4. चौड़ा रास्ता, जयपुर 5. 1968–69.

राजनीति : 3. हरीश मित्र 4. शिमला।

राजनीति : 1. समा. 2. साप्ता. 4. अचल रोड, अलीगढ़ 5. 1956–71.

राजनय : 1. राज. 2. मा. 4. प्रेसीडेन्ट चैम्बर, पटना 5. 1968.

राजनीतिक और आर्थिक समीक्षा : 1. समा., राज. 2. साप्ता. 3. एन. सी. जैन 4. अ.भा. काँ. कमेटी, जंतरमंतर रोड, नई दिल्ली 5. 1970.

राजनीतिज्ञ : 2. पा. 4. नबलपुरा, कोकराला, खुर्जा 5. 1956–61.

राजनैतिक संतुलन : 1. समा. 2. साप्ता. 4. रामपुरा, कोटा 5. 1964–65.

राजन्यूज : 1. समा. 2. पा. 3. महेशचन्द्र मोदी 4. एम. डी. रोड, जयपुर 5. 1969.

राजपथ : 1. समा. 2. साप्ता. 3. मुकुटबिहारी लाल 4. सराय रतनलाल, मदारगेट, अलीगढ़ 5. 1966.

राजपत्र बीकानेर : 1. समा. 2. साप्ता. (हि., अं.) प्रति शनिवार 3. पृथ्वीराज सिंह 4. बीकानेर राज्य (राज.) 5. 1888–1949 7. सरकारी पत्र। प्राय: राज्याज्ञाएँ प्रकाशित। बड़ा आकार। ऊपर राजचिन्ह।

राजपाल : 2. मा. 3. भीमसेन विद्यालंकर 4. लाहौर 5. नामांतर—'बलिदान'।

राजपाल राजपूत समाचार : 1. जा. 2. मा. 4. प्रयाग 5. 1919, 22.

राजपूत : 1. समा. 2. साप्ता. 3. रामलगन सिंह 4. अपर इण्डिया प्रेस, कलकत्ता 5. 1935.

राजपूत : 1. जा. 2. पा. 3. शक्तिसिंह, ठाकुर हनुमंतसिंह, राजेन्द्रसिंह, कुँवर हनुमानसिंह, रघुवंशीलाल सिंह 4. राजपूत प्रेस, आगरा 5. 1899–1948.

राजपूत : 2. मा. 3. मोहनसिंह सेंगर 4. सैलाबा (म.प्र.)।

राजपूत जगत : 1. समा., जा. 2. साप्ता. 3. वीरेन्द्रसिंह 4. इन्दरगंज, लश्कर, ग्वालियर 5. 1956.

राजपूत टाइम्स : 1. जा. 2. मा. (हि., उ.) 3. लालचन्द चौधरी 4. जाटबाड़ा, सुभाष मार्ग, दिल्ली 5. 1962.

राजपूत मिश्र : 1. जा. 2. मा. 3. बी. एन. ठाकुर 4. बुधवार पेठ, पूना 5. 1951.

राजपूताना प्रान्तीय : 1. चि. (वैद्य पत्रिका) 2. त्रै., द्विभा. 3. आचार्य नित्यानंद सारस्वत 4. जयपुर 5. 1943.

राजपूताना हेराल्ड : 1. समा. 2. साप्ता. 4. स्टेशन रोड, जोधपुर 5. 1959–66.

राजपूताना गजट : 1. समा. 2. साप्ता. (हि., उ.) 3. मौलवी मुराद अली 'बीमार',

'बेधड़क', 'बेलगाम', मोता बेगम 4. अजमेर 5. 1882, 84–1912 7. जनवादी पत्रकारिता का पुरस्कर्ता तथा परम तेजस्वी पत्र। इसके प्रकाशन काल में बीमार जी को कारावास।

राजभक्त : 2. साप्ता. 3. वीरेन्द्रबहादुर, लाला भगवानदीन 4. काशी 5. 1914.

राजभवन : 1. समा. 2. साप्ता. 4. रसड़ा, बलिया 5. 1963–65.

राजभाषा : 2. साप्ता., पा. 4. संसदीय हिन्दी परिषद्, लोकसभा भवन, नई दिल्ली 5. 1954–69.

राजभाषा : 2. त्रै. 3. डॉ. बदरीदास 4. राजभाषा विभाग, बिहार सरकार सचिवालय, पटना 5. 1970 7. राजभाषा के सैद्धान्तिक पक्ष का पोषक।

राजमंच : 1. समा. 2. साप्ता. 3. उत्तमकुमार गुप्त 4. बी. 3/2, मॉडल टाउन, दिल्ली 5. 1966.

राजमटका : 1. ज्यो. 2. साप्ता. (बहु.) 4. पाईबोनिक, बम्बई 5. 1969.

राजमार्ग : 1. समा. 2. पा. 4. बूँदी 5. 1968.

राजमालव किरण : 1. समा. 2. साप्ता., पा. 3. जयशिव व्यास 4. चित्तौड़गढ़ 5. 1970.

राजरथ : 1. श्रम 2. मा. 3. मोहनलाल अस्थाना 4. कम्युनिटी हाल, दक्षिण तात्या टोपे नगर, भोपाल 5. 1967.

राजर्षि (पत्रिका) : 2. मा. 3. सरस्वतीप्रसाद सिंह 4. भोंजूवीर, वाराणसी (कैण्ट) 5. 1951 (लगभग)।

राजलीला : 1. समा. 2. साप्ता. 4. कनाट प्लेस, दिल्ली 5. 1971.

राजलोक : 1. समा. 2. साप्ता. 3. नंदकिशोर पारीक 4. अमीरों की गली, जयपुर 5. 1968.

राजवैद्य : 2. मा. 3. गोपालदेवी 4. प्रयाग 5. 1925.

राजश्री : 1. सा. 2. मा. 3. सुखराम, दुर्गाप्रसाद गुप्त 4. अपर चितपुर रोड, कलकत्ता 5. 1954, 61–63.

राजसत्ता : 1. समा. 2. साप्ता. 4. दारुलसफा, लखनऊ 5. 1967–71.

राजस्थल : 1. समा. 2. साप्ता. (हि., अं.) 3. सत्यनारायण शर्मा 4. ज्वालानगर, शाहदरा, दिल्ली 5. 1968–72.

राजस्थान : 1. शो., सां. 2. त्रै., पा., साप्ता. 3. किशोरसिंह, रामलोचन शर्मा 4. राज. रिसर्च सोसाइटी, नारायणप्रसाद बाबू लेन, चौरंगी प्लेस, कलकत्ता 5. 1924–56 (लगभग)।

राजस्थान : 1. समा. 2. साप्ता. 3. ऋषिदत्त मेहता, राजेन्द्रशंकर भट्ट, रामनाथ गुप्त 4. बूँदी (राज.) 5. 1919–65 7. नरेशों का निन्दक पत्र।

राजस्थान अनुशीलन : 1. शो. 2. त्रै. (हि., अं., गु.) 3. डॉ. महावीर गहलोत 4. मेड़तिया गेट, जोधपुर 5. 1970 (अल्पायु)।

राजस्थान आफिसियल गजट : 1. समा. 2. ब्यावर (राज.) 4. गैर सरकारी पत्र।

राजस्थान आयुर्वेद समाचार : 1. चि. 2. पा. 4. किशनगढ़, रेनवाल, जयपुर 5. 1963–64.

राजस्थान उद्योग : 2. त्रै. (हि., अं.) 4. उद्योग निदेशालय, जयपुर 5. 1968.

राजस्थान कमल : 2. साप्ता. 4. नसीराबाद (राज.) 5. 1966.

राजस्थान किसान समाचार : 1. कृ. 2. पा. 3. देवेन्द्र शर्मा 4. कृषि निदेशालय, जयपुर 5. 1958.

राजस्थान केमिस्ट पत्रिका : 1. चि. 2. मा. (हिं., अं.) 3. हिम्मतलाल पारीक 5. कोटेगेट, बीकानेर 5. 1967-72.

राजस्थान केसरी : 1. समा. 2. साप्ता. 3. सत्यदेव विद्यालंकार, विजयसिंह 'पथिक', जमनालाल बजाज, अर्जुनलाल सेठी, केसरीसिंह बारहट 4. वर्धा 5. 1920 7. मराठा केसरी से प्रेरित राष्ट्रीय पत्र। प्रजा परिषद् का समर्थक। नागरिक स्वातंत्र्य का उद्घोषक। इस पर अनेक मानहनि के अभियोग। प्रकाशक रामनारायण चौधरी को कारावास का दण्ड।

राजस्थान कृषि समाचार : 1. कृ. 2. मा. 4. सी स्कीम, जयपुर 5. 1963.

राजस्थान खादी पत्रिका : 2. मा. 4. जयपुर 5. 1957-60.

राजस्थान चेम्बर आफ कामर्स एण्ड इन्डस्ट्री न्यूज बुलेटिन : 1. बा. 2. मा. (हि., अं.) 3. गिरधारीगोपाल गुप्त 4. जौहरी बाजार, जयपुर 5. 1966.

राजस्थान टाइम्स : 1. समा. 2. दै. 3. रामकुमार 4. महावर प्रेस, अजमेर/अलवर 5. 1957.

राजस्थान टाइम्स : 1. समा. 2. साप्ता. 3. वासुदेव शर्मा 4. जयपुर 5. 1941 7. तत्कालीन प्रधानमंत्री मिर्जा स्माइल का कोपभाजन होने से अनेक यातनाएँ झेलीं पर समर्पण नहीं किया।

राजस्थान दिग्दर्शन : 2. मा. 4. जयपुर 5. 1970.

राजस्थान दूत : 1. समा. 2. पा. 4. हिंस रोड, बम्बई 5. 1962-63.

राजस्थान न्यूज : 1. समा. 2. पा. 3. युधिष्ठिर शर्मा 4. घीवालों का रास्ता, जयपुर 5. 1968.

राजस्थान पत्रिका : 1. समा. 2. दै. 3. कपूरचन्द कुलिश 4. मोतीसिंह भेमियों का रास्ता, जयपुर 5. 1956 (प्रच.) 7. राजस्थान का शीर्षस्थ दैनिक। साप्ता. इतवारी पत्रिका महत्त्वपूर्ण। विभिन्न स्तंभ।

राजस्थान पत्रिका : 4. अजमेर 5. 1894 7. यह पत्र मानहानि के अभियोग में नीलाम हो गया था।

राजस्थान भारती : 1. शो. 2. त्रै. 3. अगरचन्द नाहटा, नरोत्तम स्वामी, दशरथ शर्मा, प्रकाश परिमल, रमेश जैन, रामसिंह 4. सादूल राजस्थानी रिसर्च इन्स्टीट्यूट, बीकानेर 5. 1946, 53 (प्रच.) 7. राजस्थानी भाषा साहित्य, संस्कृति एवं कला सम्बन्धी श्रेष्ठ शोधपत्र। द्रष्टव्य—पृथ्वीराज विशेषांक, महाराणा कुम्भा विशेषांक, त्रेस्तितोरी विशेषांक, लोककला विशेषांक आदि।

राजस्थान मेल : 1. समा. 2. पा. (बहु.) 4. जयपुर/अजमेर 5. 1961.

राजस्थान राजपत्र : 1. गजट 2. साप्ता. (हि., अं.) 4. जयपुर 5. 7 अप्रैल 1949.

राजस्थान रिपोर्टर : 1. समा. 2. साप्ता. 3. मोहनलाल जैन 4. सखलेचा हाउस, चौड़ा रास्ता, जयपुर 5. 1972.

राजस्थान रेडक्रास न्यूज (समाचारिका) : 2. मा. 3. रावत सारस्वत 4. पुराना हाईकोर्ट, जयपुर 5. 1969.

राजस्थान लघु उद्योग : 1. व्या. 2. मा. 3. मुन्नालाल गोयल 4. दुर्गादास रोड, सी स्कीम, जयपुर 5. 1966.

राजस्थान ला वीकली : 1. विधि. 2. साप्ता. 4. जोधपुर।

राजस्थान लीडर : 2. साप्ता. 4. जयपुर 5. 1970.

राजस्थान विकास : 1. कृ. 2. मा. 3. भगवानसहाय त्रिवेदी 4. जयपुर 5. 1960.

राजस्थान शिक्षक : 1. शै. 2. मा. 3. ए.पी. गौड़ 4. सरदारपुरा, जोधपुर 5. 1954.

राजस्थान शिक्षक : 1. समा. 2. पा. 4. जयपुर 5. 1962-65.

राजस्थान शिक्षालोक : 1. शै. 2. मा. (हि., अं.) 4. बीकानेर 5. 1968-69.

राजस्थान सन्देश : 3. अभिन्न हरि 4. अजमेर (राज.) 7. राष्ट्रवादी पत्र।

राजस्थान समाचार : 1. समा. 2. साप्ता., अर्द्धसाप्ता., दै. (1912) 3. मनीषी (मुंशी) समर्थदान 4. अजमेर 5. 1886, 89 7. आर्यसमाज का राष्ट्रवादी पत्र। महर्षि दयानन्द के प्रभाव से ओत-प्रोत। राजनीतिक सामग्री को प्रश्रय। क्षेत्रीय, राष्ट्रीय समाचारों के अतिरिक्त पुस्तकालोचन को भी स्थान। इसने हिन्दी को 'आर्यभाषा' की संज्ञा दी थी।

राजस्थान समाज : 1. समा. 2. साप्ता., पा. 3. आर. एल. जोशी 4. कालवा देवी रोड, बम्बई 5. 1953-69.

राजस्थान सहकारी वाणिज्य समाचार : 1. व्या. 2. साप्ता. 4. जयपुर 5. 1959-60.

राजस्थान साप्ताहिक : 1. समा. 2. साप्ता. 3. हरिभाऊ उपाध्याय 4. ब्यावर 5. 1935-37.

राजस्थान साहित्य : 1. सा. 2. मा. 3. जनार्दन रामनागर 4. राजस्थान हिन्दी साहित्य सम्मेलन, उदयपुर 5. 1944.

राजस्थान सारस्वत : 2. मा. 3. ताराचन्द ओझा 4. होलीदड़ा, अजमेर 5. 1980 वि.।

राजस्थान स्टेट आयुर्वेद काँग्रेस मैगजीन : 1. चि. 2. मा. 4. जयपुर 5. 1944-69.

राजस्थान स्टैण्डर्ड : 1. समा. 2. साप्ता. 3. जोशी निर्भीक, मथुराप्रसाद 4. काटन स्ट्रीट 143, कलकत्ता/अजमेर 5. 1941-67.

राजस्थान स्वतंत्र पार्टी समाचार : 1. राज. 2. मा. 3. स्वरूपनारायण रावत 4. त्रिपोलिया गेट, जयपुर 5. 1960-68.

राजस्थान स्वायत्त शासन : 2. मा. (हि., अं.) 4. बीकानेर 5. 1966-69.

राजस्थान स्वास्थ्य शासन : 1. चि. 2. मा. 4. जयपुर।

राजस्थान क्षत्रिय महासभा समाचार : 1. जा. 2. मा. 3. कुँवर बचन सिंह 4. अजमेर 5. 1923.

राजस्थान क्षितिज : 1. मा. 3. जैमिनी कौशिक 4. नरेन्द्र भवन, अलवर 5. अप्रैल 1945 7. हिन्दी का प्रथम डाइजेस्ट। अल्पायु।

राजस्थानी : 2. वा. 3. वेदव्यास 4. कांतिनगर, जयपुर 5. 1973.

राजस्थानी : 1. शो. 2. त्रै. 3. नारोत्तम स्वामी, अगरचंद नाहटा, शम्भुदयाल सक्सेना 4. राजस्थानी साहित्य परिषद्, कलकत्ता रिसर्च सोसायटी 5. 1939.

राजस्थानी : 2. मा. 4. धानटोली, नागपुर 5. 1951-60.

राजस्थानी कमल : 1. समा. 2. साप्ता. 3. कमलचन्द्र गुप्त 4. सूलीगंज, नसीराबाद (राज.) 5. 1966.

राजस्थानी महिलामण्डल पत्रिका : 2. म. 4. ठाकुर रोड, बम्बई 5. 1968.

राजस्थानी लोक : 1. समा. 2. दै. 3. आर.एल. जोशी 4. कालवादेवी, बम्बई 5. 1963.

राजस्थानी लोक : 2. साप्ता. 4. अकोला 5. 1964.

राजस्थानी वीर : 2. मा., पा. 3. नारायणदास धूत 4. बुधवार पेठ, पूना 5. 1936-59.

राजस्थानी सपूत : 2. साप्ता. 4. जयपुर।

राजस्थानी समाज : 1. समा. 2. साप्ता., पा. 3. रतनलाल जोशी 4. नारायणप्रसाद बाबू लेन, कलकत्ता 5. 1957-68.

राजस्थानी समाज : 1. समा. 2. साप्ता. 4. कालवादेवी, बम्बई 5. 1963.

राजस्व संग्रह : 2. मा. 4. ब्राह्मणपुरी , मुजफ्फनगर 5. 1965.

राजहंस : 2. मा. 3. वाचस्पति शुक्ल 'विमल' 4. मंगलागौरी, काशी 5. 1943.

राजहंस : 1. समा. 2. साप्ता. 3. अटल अवस्थी 4. चेरीताल, जबलपुर 5. 1956, 59.

राजहंस : 1. समा. 2. साप्ता. 4. कपूर रोड, ग्वालियर 5. 1956-65.

राजा और रंक : 2. साप्ता. 3. बाबूलाल वर्मा 4. रुस्तम का बगीचा, मालवा मिल, इन्दौर 5. 1969.

राजा बेटा : 1. बा. 2. मा. 3. राजकुमार बाही 4. डी. 15/24, मानमन्दिर, वाराणसी 5. 1958 7. पर्याप्त लोकप्रिय। 1965 में 7000 प्रतियों का अंक प्रकाशित।

राजा भैया : 1. बा. 2. मा., पा. 3. दयाशंकर मिश्र 'दद्दा' 4. एस. 461, ग्रेटर कैलाश, नई दिल्ली 5. 1959 7. पर्याप्त लोकप्रिय। प्रतिअंक 8000 प्रतियाँ।

राजीव : 1. समा. 2. पा. 3. मदनलाल, डॉ. परमानंद गुप्त 4. तिलकनगर, नई दिल्ली 5. 1969.

राजीव : 2. मा. 4. माउंटमारी रोड, बाँदरा, बम्बई 5. 1950-65.

राजेश (तारा) : 1. जासूसी 2. मा. 3. सत्यपाल, मोहिन्दर प्रताप 4. चाँदनी चौक, लहोरिया गेट, दिल्ली 5. 1961-62.

राज्य : 2. साप्ता. 3. राजकिशोर वर्मा 4. मेरठ 5. 1922.

राज्य कर्मचारी संदेश : 1. श्रम. 2. मा. (हि., अं.) 4. जयपुर 5. 1967.

राज्यशास्त्र समीक्षा : 1. शो. 2. त्रै. 4. राजनीतिविज्ञान विभाग, राजस्थान विश्वविद्यालय, जयपुर।

राज्य सेवा : 2. मा. 3. एफ. ई. स्किनर 4. घण्टाघर, साउथ एवेन्यू, बम्बई 5. 1969.

राजस्व संग्रह : 1. सा. 2. मा. 3. तेजनारायण मिश्र 4. पोस्ट ऑफिस भवन, झाऊलाल, लखनऊ 5. 1965.

राठौड़ क्षत्रिय संदेश : 1. जा. 2. मा. 3. चिरौंजीलाल 4. पावरपाड़ा, श्रीपुरा, कोटा 5. 1966/68.

राणा प्रताप : 1. समा. 2. साप्ता. 4. यमुनानगर, जगाधरी 5. 1958-69.

राधिका : 1. फि. 2. मा. 3. रामनाथ शर्मा 4. शक्ति प्रिंटिंग प्रेस, 5ए/8, अंसारी रोड, दरियागंज, दिल्ली 5. 1962-(प्रच.)।

रानी : 1. म. 2. मा. 3. कु. विमला, दीनानाथ वर्मा 4. चितरंजन एवेन्यू, कलकत्ता 5. जनवरी 1940 6. 5) वार्षिक।

रानी : 1. सा. 2. मा. 3. दीनानाथ, बी. पी. रस्तोगी 4. 5ए/19, अंसारी रोड, दरियागंज, दिल्ली 5. 1939, 64-71.

रानी बिटिया : 1. बा. 2. मा. 3. शम्भुप्रसाद श्रीवास्तव, शिवनारायण उपाध्याय 4. भदैनी, वाराणसी 5. 1963 (समाप्त) 7. लोकप्रिय एवं उपयोगी पत्र।

राप्ती : 2. सा. 3. आनन्दप्रकाश दीक्षित, रामचन्द्र तिवारी 4. गोरखपुर।

राम : 2. मा. 3. जगन्नारायण शर्मा 4. कोठीलंका, बनारस 5. 1933.

राम : 2. पा., साप्ता. 3. रामप्रीति शर्मा 4. आरा (बिहार) 5. 1923-25.

रामगढ़ टाइम्स : 1. समा. 2. साप्ता. 3. मनोहरप्रसाद मिश्र 4. शांतिसदन, सोनारपाड़ा, रामगढ़ 5. 1967, 69.

रामजन मित्र : 4. काशी 5. 1891.

रामतीर्थ : 1. धा. 2. मा. 3. यू. एम. जोशी 4. बिन्सेण्ट रक्वायर स्ट्रीट, बम्बई 5. 1960-69.

रामपताका : 2. मा. 3. राधामोहन शुक्ल 4. प्रयाग 5. 1889-94.

रामपुर सन्देश : 1. समा. 2. साप्ता. 3. गौरीशंकर राठौर 4. गणेशीराम नगर, रामपुर 5. 1966.

रामपुर समाचार : 1. समा. 2. साप्ता. 3. ओंकार सरन 4. सिविल लाइन्स, रामपुर 5. 1962.

रामराज्य : 1. समा. 2. साप्ता. 3. राघवेन्द्र, प्रेमनारायण शुक्ल, ललितप्रसाद श्रीवास्तव, रामनाथ गुप्त, नरेशचन्द्र चतुर्वेदी, श्रीनिवास 4. 8/34, आर्यनगर, कानपुर 5. विजयदशमी 1942/43-1955/59 7. राजनीति, साहित्य, संस्कृतिपरक पत्र। स्वातंत्र्यान्दोलन में इसकी महत्त्वपूर्ण भूमिका। विशेष-पत्रकार अंक (संपा.—बनारसीदास चतुर्वेदी)।

रामराज्य : 2. साप्ता. 4. इन्दौर 5. 1946.

रामराज्य : 1. समा. 2. साप्ता. 4. छिन्दवाड़ा (म.प्र.) 5. 1950.

रामवाण : 1. समा. 2. साप्ता. 3. मदनलाल प्रसार 4. फुवारा चौक, देवसाहिब की गली, उज्जैन 5. 1966.

रामसन्देश : 1. धा., दा. 2. मा. 3. दीनदयालु, स्वामी गोविन्दप्रकाश, सत्यनारायण मिश्र 4. शाहंशाही प्रेस, रामपुर/देहरादून 5. 1951-52 (प्रच.)।

रामसन्देश : 1. धा., दा. 2. मा. 3. डॉ. कृष्णलाल भटनागर 4. रामकृष्ण कॉलोनी, जी. टी. रोड, गाजियाबाद 5. 1954.

रामानन्द पत्रिका : 2. मा. 3. नारायणदास महन्त 4. दरियापुर, अहमदाबाद 5. 1955.

रामायण : 2. त्रै., मा. 3. बुलाकीदास 4. काशी 5. 1907.

रामायण पत्रिका : 3. दुलारेलाल भार्गव 4. गंगा फाइन आर्ट प्रेस, लखनऊ।

रामायण वेदान्त सन्देश : 1. धा. 2. मा. 3. स्वामी ओमप्रकाश, लक्ष्मीकांत मिश्र 4. रामायण वेदान्त आश्रम, आर्यनगर, कानपुर 5. 1969, 70.

रायबरेली काँग्रेस : 1. समा. 2. साप्ता. 3. अमरेश, गयाप्रसाद शुक्ल 4. जहाँनाबाद, रायबरेली केन्द्रीय जनसम्पर्क कार्यालय, रायबरेली 5. 1970.

रायबरेली डायरी : 1. समा. 2. साप्ता. 3. वर्मा 4. बेलीगंज, रायबरेली 5. 1970.

रायबरेली सत्यवाणी : 1. समा. 2. साप्ता. 3. बसीर नकबी 4. जहानाबाद, रायबरेली 5. 1971.

रावत हितैषी : 1. जा. 2. मा. 3. पन्नालाल रावत 4. दिल्ली 5. 1947.

राव तुलाराम भूमि : 1. समा. 2. साप्ता. 4. नयाबाजार, नारनौल 5. 1967-69.

रावी : 2. मा. 3. दस्यादत्त चावला 4. लाहौर 5. 1907.

रावीरा : 2. त्रै. 4. राजस्थान राजस्व मण्डल, अजमेर 5. 1970.

राष्ट्रकलश : 1. समा. 2. साप्ता., मा. 3. आर. सी. सिंह, मुंशी दयाशंकर लाल 4. स्टेशन रोड, भाण्डुप, बम्बई 5. 1968-69.

राष्ट्रकुल : 1. राज. 2. पा., मा. 3. नई दिल्ली 4. ग्रेट ब्रिटेन हाई कमीशन का पत्र।

राष्ट्र का ठोस कदम : 1. समा. 2. साप्ता. 4. कृष्णनगर, उरई, जालौन 5. 1964-67.

राष्ट्र की आवाज : 1. समा. 2. साप्ता. 4. गोविन्दनगर, कानपुर 5. 1966-69.

राष्ट्र की पुकार : 2. मा. 4. डिप्टीगंज, मुरादाबाद 5. 1971.

राष्ट्र केसरी : 1. समा. 2. साप्ता. 3. रामावतार कौशिक 4. भणोंत, अलवर 5. 1968.

राष्ट्र केसरी : 1. समा. 2. साप्ता. (हि., म.) 3. एम. छाबच्छरिया 4. बामनराव जोशी मार्ग, अकोला 5. 1970.

राष्ट्र गौरव : 2. पा. 4. काजीपुर, नया टोला, पटना 5. 1970.

राष्ट्र घोष : 1. समा. 2. साप्ता. 4. लोहार गली, आगरा 5. 1963-65.

राष्ट्र चिन्तन : 1. समा. 2. साप्ता. 3. लालचन्द बसतानी 4. द्वारा—माधों स्टोर्स, सतना 5. 1966-69.

राष्ट्र चेतक : 1. समा. 2. साप्ता. 4. खट्टर गली, बम्बई 5. 1962-64.

राष्ट्र छाया : 1. समा. 2. साप्ता. 3. मदनलाल पाहवा 4. अशोकनगर, नई दिल्ली 5. 1970.

राष्ट्र जागरण : 2. मा. 4. चाँदनी चौक, रतलाम 5. 1970.

राष्ट्रज्योति : 2. मा. 4. महात्मा गाँधी रोड, कलकत्ता 5. 1963.

राष्ट्रतरंग : 3. डॉ. ज्ञानशंकर पाण्डेय 4. उद्‌बोध हिन्द साहित्य परिषद्, लखनऊ 5. जनवरी 1974.

राष्ट्रदीप : 1. समा. 2. साप्ता. 3. गोविन्ददास 4. भोराई मोहल्ला, संयोगितागंज, इन्दौर 5. 1968.

राष्ट्रदीप : 1. समा. 2. साप्ता. 4. धरबनगंज, लखीमपुर खीरी 5. 1960-63.

राष्ट्रदूत : 1. समा. 2. साप्ता. 3. शीतलाप्रसाद त्रिपाठी 4. आसिफगंज, आजमगढ़ 5. 1958.

राष्ट्रदूत : 3. रामरीझन, रसूलपुरी 4. बिहार।

राष्ट्रदूत : 1. समा. 2. दै., साप्ता. 3. हरिकिशन अग्रवाल 4. धर्म पेठ, नागपुर 5. 1952.

राष्ट्रदूत : 2. मा. 3. श्रीराम पाठक 4. दूध विनायक, बनारस 5. 2007 वि.।

राष्ट्रदूत : 1. समा. 2. दै. 3. बी. एल. शर्मा, राकेश शर्मा 4. जौहरी बाजार, जयपुर/कोटा 5. 1 अगस्त 1947 (प्रच.)।

राष्ट्रदूत : 1. समा. 2. साप्ता. 4. दरगाह बाजार, अजमेर 5. 1968.

राष्ट्रधर्म : 1. सां. 2. मा. 3. बचनेश त्रिपाठी, योगेश 4. पो. 207, डॉ. रघुवीरनगर, राजेन्द्रनगर पूर्व, लखनऊ 5. 1947-64 7. जनसंघ समर्थक प्रचलित पत्र।

राष्ट्रनिर्माता : 1. शै. 2. पा. 3. जगदीश मिश्र 4. बिहार शिक्षक संघ, प्रदर्शनी मार्ग, पटना 5. 1953-56.

राष्ट्रनिर्माता : 1. समा. 2. साप्ता. 4. बँगलाघाट, झाँसी 5. 1966-68.

राष्ट्रपताका : 1. समा. 2. साप्ता. 3. मदनलाल काबरा 4. जोधपुर 5. 1947 7. अल्पायु।

राष्ट्रपति : 1. सा. 2. पा. 3. मंगलानन्द गौतम, मंगलदेव प्रभाकर 4. टीचर्स क्वारटर्स, जामा मस्जिद डिस्पेन्सरी, दिल्ली 5. 1948.

राष्ट्रपरिवार : 1. समा. 2. साप्ता. 3. प्रवीण दीक्षित 4. कानपुर।

राष्ट्रपुरुष : 1. समा. 2. साप्ता. 3. विजयलक्ष्मी 4. अचल मार्ग, अलीगढ़ 5. 1966.

राष्ट्रपुत्र : 1. समा. 2. साप्ता. 4. शिवपुरी, बुलंदशहर 5. 1967-69.

राष्ट्रपूजा : 1. समा. 2. धा. 4. रतनगढ़ (राज.) 5. 1969.

राष्ट्रप्रदीप : 2. साप्ता. 4. भारोई मुहल्ला, इन्दौर 5. 1968.

राष्ट्रबंधु : 1. समा. 2. दै. 4. राष्ट्रबंधु प्रेस, कलकत्ता 5. 30 दिसम्बर 1933.

राष्ट्रभक्त : 2. दै. 3. भानुदत्त द्विवेदी 4. गोसाईपुरा, झाँसी 5. 1960.

राष्ट्रभारती : 1. सा., सां. 2. मा. 3. भदन्तआनन्द कौसल्यायन, हजारीप्रसाद द्विवेदी, मोहनलाल भट्ट, राहुल सांकृत्यायन, बैजनाथ वर्मा, ऋषिकेश शर्मा 4. राष्ट्रभाषा प्रचार समिति, हिन्दीनगर, वर्धा 5. जनवरी 1950-54 7. विशेषांक—भाषा अंक, भारतीय संस्कृति अंक, विश्व हिन्दी सम्मेलन विशेषांक महत्त्वपूर्ण।

राष्ट्रभाषा : 1. सा. 2. मा. 3. हरिप्रसाद शर्मा, जगदीशचन्द्र जायसवाल, यादवेन्द्र झा 'वियोगी' 4. जयपुर 5. 1948, 56-69.

राष्ट्रभाषा : 2. मा. 3. लिंगराज मिश्र, अनुसूयाप्रसाद पाठक 4. उत्कल राष्ट्रभाषा सभा, चाँदनी चौक, कटक 5. 1947-70 7. उड़ीसा का प्रथम हिन्दी पत्र।

राष्ट्रभाषा : 2. मा. 3. मोहनलाल भट्ट, भदंतआनन्द कौसल्यायन, शुकदेव नारायण 4. राष्ट्रभाषा प्रचार समिति, वर्धा 5. 1939, 41-46 से प्रच. 7. इसके नामांतर—'सबकी बोली', 'राष्ट्रभाषा समाचार पत्र' (1941).

राष्ट्रभाषा : 2. त्रै. 3. गणेशबिहारी शास्त्री 4. डिब्रूगढ़ 5. 1951.

राष्ट्रभाषा प्रचार : 3. हृषीकेश शर्मा 4. राष्ट्रभाषा प्रचार समिति, वर्धा।

राष्ट्रभाषा प्रचार समन्वय : 2. मा. 4. पुर्तगाली चर्च के पास, बम्बई 5. 1959-61.

राष्ट्रभाषा प्रदीप : 1. सा. 2. मा. 3. अ.न. द्विवेदी 4. गोबालिया टैंक, बम्बई 5. 1958-71.

राष्ट्रभाषा सन्देश : 1. समा. 2. पा. 3. रामप्रसाद त्रिपाठी, प्रभात शास्त्री 4. हिन्दी साहित्य सम्मेलन, प्रयाग 5. 1965 (प्रच.)।

राष्ट्रभाषा समाचार : 2. मा. 3. श्रीमन्नारायण, भदंतआनन्द कौसल्यायन 4. राष्ट्रभाषा प्रचार समिति, वर्धा 5. 1941-42 7. 'राष्ट्रभाषा' पत्र का नामान्तर।

राष्ट्रभूत : 1. समा. 2. साप्ता. 3. कुमारआनन्द शर्मा 4. दरगाह बाजार, अजमेर 5. 1968.

राष्ट्रभूमि : 2. मा. 4. मेन बाजार, सब्जीमण्डी दिल्ली 5. 1965-68.

राष्ट्रमत : 1. समा. 2. साप्ता. 3. सुशील बाजपेयी, लक्ष्मीधर बाजपेयी 4. हर्षनगर, कानपुर 5. 1937, 58.

राष्ट्रमत : 4. बम्बई 5. लगभग 1908 7. उग्र राष्ट्रदल का पत्र।

राष्ट्रमन : 1. समा. 2. दै. 3. गयाप्रसाद शुक्ल 4. नौरंगाबाद, इटावा 5. 1969.

राष्ट्रमित्र : 1. समा. 2. साप्ता. 3. सुरेशचन्द्र 4. चितरंजन एवेन्यू, 11 कलकत्ता/जयपुर 5. 1970-71 7. विश्वामित्र प्रकाशन की ओर से जयपुर में 3 वर्षों तक प्रकाशित।

राष्ट्रवाणी : 2. बहु. 3. के. वासुदेव, पिल्ले दक्षिणी 4. त्रिवेन्द्रम 5. 1953-54 7. हिन्दी, तमिल, मलयालम-पाठ साहित्यानुवाद, सृजन एवं प्रचारकार्य का समर्थक पत्र।

राष्ट्रवाणी : 1. साप्ता. 3. चिदानन्द सरस्वती, एस. सी. आनन्द 4. श्रद्धानन्द बाजार, दिल्ली 5. 17 जून 1948.

राष्ट्रवाणी : 1. सा. 2. त्रै., मा. 4. खजूरीपोल, कालूपुर, अहमदाबाद 5. 1951.

राष्ट्रवाणी : 1. समा. 2. साप्ता. 3. रामस्वरूप गर्ग, कैलाश बेर्नाबाल 4. जयपुर रोड, अजमेर 5. 1951, 56-57.

राष्ट्रवाणी : 1. समा. 2. दै. 3. देवब्रत शास्त्री, रामजी मिश्र, 'मनोहर', रामाशीष सिंह 4. पटना 5. 1942 7. असहयोग आन्दोलन का प्रेरक पत्र।

राष्ट्रवाणी : 1. सा., शै. 2. मा. 3. गोपाल परशुराम नेने 4. राष्ट्रभाषा सभा, नारायण पेठ, पो. 56, पूना 5. 1947 7. विशेषांक—मुक्तिबोध (1965), नामदेव आदि।

राष्ट्रवाणी : 1. सा. 2. मा. 3. श्री इन्दु 4. गोलादीननाथ, बनारस 5. 1949 7. विशेषांक-'गांधी अंक', 'हैदराबाद अंक', 'दीवाली अंक', 'काँग्रेस अंक'। प्रगातिशील पत्र।

राष्ट्रवासी : 1. समा. 2. साप्ता. 3. महादेव 4. नौधरा, कानपुर 5. 1969.

राष्ट्रविकास : 1. समा. 2. साप्ता. 4. जनघोष प्रकाशन केन्द्र, कानपुर 5. 1962.

राष्ट्रविस्तार : 1. समा. 2. साप्ता. 4. बहादुरगढ़ (हरि.) 5. 1971.

राष्ट्रवीणा : 2. त्रै. 3. जेठालाल जोशी 4. गुजरात प्रान्तीय राष्ट्रभाषा प्रचार समिति, खजूरी, अहमदाबाद 5. 1951.

राष्ट्रवेदना : 1. समा. 2. साप्ता. 3. विश्वामित्र शर्मा 4. बिजनौर 5. 1973.

राष्ट्र संदेश : 1. समा. 2. साप्ता. 3. अवधेश अवस्थी 4. जेल रोड, सीतापुर 5. 1948.

राष्ट्र संदेश : 1. समा. 2. साप्ता., मा. 3. मोतीहारी/पूर्णिया 5. 1956-57.

राष्ट्र संदेश : 2. मा. 3. राममोहन 4. बिजनौर 4. 1948.

राष्ट्र संदेश : 1. समा. 2. साप्ता. 3. लक्ष्मीनारायण सिंह 'सुधांशु' 4. पूर्णिया 5. 1950-58.

राष्ट्र सुमन : 2. पा. 4. महर्षि देवेन्द्र रोड, कलकत्ता 5. 1972.

राष्ट्र सेवक : 1. मा. 3. चित्र महन्त, रजनीकांत चक्रवर्ती 4. असम राष्ट्रभाषा प्रचार समिति, गोहाटी 5. 1951.

राष्ट्र सेवक : 1. समा. 2. मा. 3. विश्वनाथ सारस्वत 4. यवतमाल (बरार) 5. 1975 वि.।

राष्ट्र सेवक : 1. समा. 2. साप्ता. 3. हरिपाल सिंह 4. नादेसर, वाराणसी 5. 1969.

राष्ट्रसेवा : 1. समा. 2. दै. 3. श्रीराम गोयल 4. मेरठ 5. प्रच.।

राष्ट्रसेवा : 1. समा. 2. साप्ता. 3. महावीरप्रसाद शशि 4. पी. एल. रोड, मेरठ 5. 1960.

राष्ट्रहित : 2. साप्ता., मा. 4. जिंदल हाउस, आसफअली रोड, नई दिल्ली 5. 1966, 67, 69

राष्ट्रीय अध्यापक : 2. पा. 3. अम्बिकाप्रसाद बाजपेयी 4. कानपुर 5. 1921.

राष्ट्रीय एकता : 2. पा. 3. एम. एस. चाँद 4. जोधपुर/जयपुर, ब्यावर 5. 1972.

राष्ट्रीय कल्याण : 2. सासा. 4. जी. टी. रोड, बल्लभगढ़ 5. 1968.

राष्ट्रीय गौरव : 2. मा. 4. किशोर प्रेस, बिधूना, इटावा 5. 1965-69.

राष्ट्रीय चेचक उन्मूलन समाचार : 1. चि. 2. मा. 3. आर. सी. रिचार्य 4. महानिदेशक स्वास्थ्य सेवा, नई दिल्ली 5. 1964.

राष्ट्रीय ज्वाला : 3. कीमतीलाल कपूर 4. नजीबाबाद।

राष्ट्रीयता : 1. समा. 2. सासा. 3. ओमप्रकाश आहूजा 4. मोतीबाजार, देहरादून 5. 1961.

राष्ट्रीय मजदूर : 2. पा. 4. जी. टी. रोड, शाहदरा, दिल्ली 5. 1964-66.

राष्ट्रीय मोर्चा : 3. शिवकुमार ठाकुर 4. अलीगढ़।

राष्ट्रीय राजरंग : 1. समा. 2. सासा. 3. डॉ. गंगाप्रसाद तिवारी 4. राजा तालाब, रायपुर 5. 1970.

राष्ट्रीय सम्मुख : 1. समा. 2. सासा. 3. अरुणकुमार अग्रवाल 4. कोतवाली के पास, मेरठ 5. 1968.

राष्ट्रीय समीक्षा : 2. सासा. 4. चाँदी की टकसाल, जयपुर 5. 1971.

राष्ट्रोदय : 2. मा. 4. पूर्णिया 5. 1956 लगभग।

राष्ट्रोत्थान : 2. मा. 3. डी. ई. देशपाण्डे, बी. एस. सातबलेकर 4. उम्बेर, पार्डी, बत्साड (गुज.) 5. 1965-69.

राही : 2. पा. 4. दुमका (बिहार) 5. 1956 लगभग।

राही : 1. समा. 2. सासा. 4. मनोहरगंज, सागर 5. 1959-63.

राहुल : 2. सासा. 4. झुँझुनू (राज.) 5. 1962-69.

रिआया : 2. मा. 3. लालबिहारी टण्डन 'प्रेम' 4. गोंडा 5. 1924.

रिपब्लिक : 1. फि. 2. पा. 4. रायपुर 5. 1957.

रिपब्लिकन आवाज : 2. सासा. 4. रोहतक 5. 1966-69.

रिपब्लिकन भारत : 1. समा. 2. सासा. 4. नौबस्ता, आगरा 5. 1962-71.

रिफार्मर : 1. सा. 2. मा. 3. अमरनाथ 4. दीवानहाल, दिल्ली 5. 1968.

रिफार्मर : 1. समा. 2. सासा. (हि., अं.) 4. न्यू कालोनी, जयपुर 5. 1954, 67.

रिमझिम : 1. फि. 2. मा. 3. देवेन्द्र, हरेन्द्र 4. डी. 6, गरदनी बाग, पटना 5. 15 सितम्बर 1948.

रियासती : 1. समा. 2. दै. 3. सुभनेश जोशी, प्रहलादचन्द्र जोशी 4. जोधपुर 5. 1946 7. जोधपुर रियासत और श्री जिन्ना के बीच गुप्त निर्णयों का भण्डाफोड़ करने के अभियोग के कारण दण्डित और समाप्त। उत्तम साजसज्जा वाला स्मरणीय पत्र।

रिवाज : 2. सासा. 3. अ. न. शेख 4. बम्बई 5. 1966.

रिश्वत : 1. समा. 2. पा. 3. रामभजन निगम, डॉ. साहबलाल शुक्ल 4. बाँदा 5. 1967.

रिसरा महिला मंडल : 1. म. 2. बा. 4. रिसरा, हुगली 5. 1966.

रिसाला निरंकारी : 1. धा. 2. मा. 3. एस. एम. बी. दयालदास 4. अमृतसर/लाहौर 5. 1922.

रिसाला व्यापार : 1. व्या. 2. मा. 3. बनारसीदास सेठी 4. अशोकनगर (म.प्र.)।

रिसाला व्यापार : 1. व्या. 2. मा., साप्ता. 3. बनारसीदास सेठी 4. एफ. 81, कमलानगर, दिल्ली 5. 1956, 62.

रीता : 2. मा. 3. विश्म्भरसहाय जैन 4. हरीनगर 5. 1967.

रीति नीति : 1. समा. 2. साप्ता. 3. दर्शनकुमार कुशवाहा 4. नंदनगर, रोड नं. 6, इंदौर 5. 1969.

रुड़की टाइम्स : 2. दै. 3. ए. के. अफगानी 4. रुड़की, सहारनपुर 5. 1970.

रुद्र अवतार : 1. समा. 2. साप्ता. 3. रवीन्द्रनाथ राठौड़, आर. ए. राठौड़ 4. रेलटोली, गोंदिया (महा.) 5. 1968-70.

रुद्ररूप : 1. राज. 2. साप्ता. 4. कम्यूनिस्ट पार्टी कार्यालय, झाँसी 5. 1971.

रुद्रवाणी : 1. समा. 2. साप्ता. 4. श्रीराम टोली, नीलगली, महू (म.प्र.) 5. 1969.

रुहेलखण्ड पत्रिका : 1. समा. 2. साप्ता. 3. नेपालसिंह आर्य 4. बिजनौर/बिहारीपुर, बरेली 5. 1961-63.

रूहेला : 1. समा. 2. साप्ता. 4. शाहजहाँपुर 5. 1956-67.

रूप : 2. मा. 4. प्रताप स्ट्रीट, पहाड़गंज, नई दिल्ली 5. 1961-62.

रूपम : 2. फि. 4. लाहौर।

रूपक : 3. शान्तिप्रसाद 4. मेरठ।

रूपकला : 2. साप्ता. 3. बैजूलाल शाह 4. धर्मतल्ला स्ट्रीट, कलकत्ता 5. 1953.

रूपनगर : 1. फि. 2. मा. 3. श्यामलाल आहूजा 4. चौक, वैष्णोदेवी, लुधियाना 5. 1968.

रूपमहल : 2. मा. 3. राजेश दीक्षित 4. आगरा।

रूपमाला : 1. समा. 2. साप्ता. 4. गोलागंज, लखनऊ 5. 1966-68.

रूपरंग : 1. कला. 2. मा. 4. भैरोंनाथ, वाराणसी 5. 1958-60.

रूपरानी : 1. म. 2. मा. 3. लज्जारानी 4. दरियागंज, दिल्ली 5. 1847-56.

रूपलेखा : 1. सा. 2. साप्ता., मा. 3. बैजूलाल शाह, सुश्री दीवालीदत्त 4. नवराष्ट्र प्रेस, धर्म तल्ला स्ट्रीट, कलकत्ता 5. 1952-71 7. विशेष— 'निराला अंक' मार्च 1962.

रूपवाणी : 2. मा. 3. बागीश्वर झा 4. चितरंजन एवेन्यू, कलकत्ता 5. 1948.

रूपवाणी : 1. फि. 2. साप्ता. (हि., गु.) 3. मोहनलाल जवेरी 4. महालक्ष्मी पुल के नीचे, बम्बई 5. 1965.

रूपश्री : 2. साप्ता. 4. त्रिभुवन रोड, बम्बई 5. 1965-67.

रूपसंसार : 2. मा. 4. प्यारेलाल शर्मा रोड, मेरठ 5. 1959-60.

रूपसी : 2. मा. 4. रूपसी प्रकाशन 130, त्रिवेणी रोड, इलाहाबाद 5. 1950.

रूपा : 2. मा. 3. कैलाश 4. हमराही प्रकाशन, अलमोड़ा 5. 1945-56.

रूपाम्बरा : 1. सा. 2. मा., द्विभा. 3. शलभ, स्वदेश भारती, शिवकुमार, सुरेन्द्र तिवारी 4. आर्य भवन, चितरंजन एवेन्यू, ग्रांट स्ट्रीट, प्रताप आदित्य रोड/गिरीश मुकर्जी रोड, कलकत्ता 5. 1964-66 (अल्पायु) 7. युयुत्सावादी नवलेखन प्रधान सहकारी प्रयास युक्त लघुपत्र।

रूपाम्बरा : 1. सा. 4. कहानी लेखन महाविद्यालय, गली चौधरियाँ, कैथल (हरि.) अम्बाला।

रूपाभ : 1. सा. 2. मा. 3. सुमित्रानन्दन पंत, नरेन्द शर्मा 4. प्रकाशनगृह, कालाकाँकर (अवध) यू. पी. 5. 1938-39.

रूमानी संसार : 1. फि. 2. मा. 4. दरीबाकलाँ, दिल्ली 5. 1956.

रेखा : 1. कथा. 2. मा. 3. आर.सी. मित्तल, सुखदेव रणदिवे 4. न्यू इतवारी रोड, नागपुर 5. 1955.

रेखा : 2. त्रै. 4. पंजाब हिन्दी साहित्य अकादमी, जालंधर 5. 1957-64.

रेखा और लेखा : 2. मा. (हि., बं., अं.) 3. प्राणगोपाल आचार्य 4. बनारस रोड, सलकिया, हावड़ा 5. 1958-69.

रेखांकन : 1. सा. 2. त्रै. 3. केशव पाण्डेय, सच्चिदानंद 4. भिलाई, सागर 5. 1970.

रेड इण्डिया : 1. समा. 2. साप्ता. 3. सोहनलाल शर्मा 4. अस्पताल मार्ग, भरतपुर 5. 1968.

रेड फ्लैग : 1. समा. 2. पा. 3. सुरेशचन्द्र मिश्र 4. तहसील कचहरी के सामने, जालौन 5. 1968.

रेड फ्लैश : 1. समा. 2. साप्ता. 3. ठाकुरदास वर्मा 4. गणेशगंज, उरई 5. 1970.

रेडियो टाइम्स : 1. तक. 2. मा. (हि., अं.) 3. अमृत पी. पाखे 4. ए 2/15, सफदरजंग इन्कलैब, नई दिल्ली 5. 1967-71.

रेडियो एण्ड टेलीविजन ट्रेड : 2. व्या. 4. श्रीनगर, कानपुर 5. 1969-71.

रेणुका : 1. सा. 2. मा. 3. अरुणकुमार गुप्त 4. पुरानीगंज, मुंगेर 5. 1970-71.

रेल का चक्कर : 1. समा. 2. पा. 3. वासुदेवी पाण्डुरंग मरबारी 4. रानी लक्ष्मीनगर, नागपुर 5. 1964.

रेल क्रान्ति : 1. समा. 2. पा. 3. मुरलीधर व्यास 4. अलखसागर, बीकानेर 5. 1967.

रेल जगत : 1. मा. 4. पूर्वोत्तर रेलवे मजदूर यूनियन, गोरखपुर 5. 1971.

रेल डाक सेवा पत्रिका : 2. मा. (हि., अं.) 4. जयपुर 5. 1965.

रेलदूत : 1. समा. 2. द्वि, पा. (हि., अं.) 3. गोपी किशन 4. उ. रे. मजदूर संघ, जोधपुर 5. 1955, 68.

रेल मजदूर : 1. श्रम. 2. मा. 4. फेजर रोड, पटना 5. 1959.

रेल रोड : 2. मा. (हि., अं.) 4. डायमण्ड हारवर रोड, कलकत्ता 5. 1965-68.

रेलवे कम्पेनियम : 1. जा. 2. मा. (हि., अं.) 3. पी. एन. वर्मा 4. शक्ति मार्केट, अम्बाला रोड, सहारनपुर 5. 1970.

रेलवे मैन : 2. साप्ता. 3. एम. लाल गुप्त 4. डिग्गी बाजार, अजमेर 5. 1954.

रेलवे वकील : 2. मा. 3. पूर्णप्रताप विश्वम्भरिया 4. दिल्ली 5. 1923.

रेलवे वर्कर : 1. श्रम. 2. पा. 4. उ. रेलवे, बीकानेर 5. 1970.

रेलवे समाचार : 1. समा. 2. मा. 3. ब्रजबिहारीलाल गौड़ 4. बेरहना, इलाहाबाद 5. फरवरी 1948.

रेलवे समाचार : 1. समा. 2. मा. 4. रामवन, सतना।

रेलवे समाचार : 2. मा. 3. बी.एल. बाकलीबाल 4. हरिसन रोड, 44 स्टैंड रोड, कलकत्ता 5. 1930.

रेलवे समाचार : 2. सासा. (बहु.) 4. खण्डवा (1877), इन्दौर (1882) अजमेर 5. 1877.

रेवेन्यू निर्णय : 1. वि. 2. मा. 3. हरिहरनिवास द्विवेदी 4. सराफा, ग्वालियर 5. 1953-65.

रेशमा : 1. वि. 2. द्विमा. 3. जगदीश मखीजा 4. विलासपुर 5. 1970.

रैन बसेरा : 2. मा. 4. बगीची अनन्तराम, झण्डेवालान, दिल्ली 5. 1960-62.

रोचक कहानियाँ : 1. कथा. 2. मा. 4. अंसारी रोड, दरियागंज, दिल्ली 5. 1965-66.

रोजगार : 2. मा. 3. श्यामलाल वैश्य 4. चन्दौसी 5. 1921.

रोजगार समाचार : 1. समा. 2. सासा. 5. 1970 (लगभग) 7. अत्यंत लोकप्रिय पत्र।

रोटी : 1. समा. 2. सासा. 3. विश्वम्भरदयाल, महावीर त्यागी 4. मेरठ 5. लगभग 1925 7. स्वातंत्र्य संग्राम में इसकी महत्त्वपूर्ण भूमिका। विश्वम्भर जो स्वयं घूमकर चिल्लाकर यह पत्र बेचा करते थे।

रोटी रोजी : 2. पा. 4. जेल रोड, इन्दौर 5. 1970.

रोड ट्रान्सपोर्ट : 2. मा. (हि., अं.) 4. लालबाजार स्ट्रीट, कलकत्ता 5. 1961.

रोड बाल समाचार : 1. समा. 2. मा. 3. जी.पी. जानी 4. बम्बई 5. 1956.

रोमांच : 2. मा. 3. चन्द्रिकाप्रसाद टण्डन 4. नीता प्रकाशन, न्यू बिराहाना, जी.टी. रोड, इलाहाबाद 5. 1962.

रोमानी सहकार : 2. मा. 3. सरवर हुसैन 4. शाहगंज, इलाहाबाद 5. 1964.

रोशनी : 1. म. 2. मा. 4. मौज प्रिंटिंग ब्यूरो, बम्बई 5. 1947.

रोशनी : 2. मा. 4. भगवानदास रोड, नई दिल्ली 5. 1956-68.

रोशनी : 3. सूरजप्रकाश पापा 4. जोधपुर 7. साम्यवादी विचारधारा से प्रेरित पत्र।

रोशनी : 3. ब्रजेन्द्रनारायण सिंह, बासुदेव नारायण 4. वयस्क शिक्षा विभाग बिहार, पटना/गोल बगीचा, गया।

रोहतक टाइम्स : 1. समा. 2. सासा., पा. 3. डी. एल. एफ. कॉलोनी, रोहतक 4. 1960-65.

रोहतक निर्माण : 1. समा., 2. मा. 4. नया पड़ाव, सिविल रोड, रोहतक 5. 1960-64.

रोहिलखण्ड अखबार : 1. समा. 2. सासा. 4. दरजी चौक, बरेली 5. 1940.

रोहिलखण्ड टाइम्स : 1. समा. 2. सासा. 4. सिविल लाइन्स, बरेली 5. 1965-71.

रौनियार पत्रिका : 2. जा. 3. मा. 4. गया।

रौनियार वैश्य : 2. जा. 4. लहरिया सराय, दरभंगा 7. 19 वीं शती का अन्त्यकाल।

रौनियार वैश्य : 2. जा. 3. रामलोचनशरण 'बिहारी' 4. लहरिया सराय, (बिहार)।

रौनियार सेवक : 1. जा. 2. मा. 3. गुरुप्रतापनारायण 4. अन्सारी रोड, देवरिया 5. 1958.

रौनियार हितैषी : 1. जा. 2. मा. 3. लक्ष्मीनारायण गुप्त 4. मुजफ्फरपुर 5. 1915.

ऋजुता : 2. त्रै. 3. साधना गुप्त 4. कृष्ण मार्केट, लाजपतनगर, नई दिल्ली 7. मुक्त विचारों का लघुपत्र।

ऋतम् : 1. सा. 2. बहु. 4. अ.भा. संस्कृत परिषद्, हजरतगंज, लखनऊ 5. 1969.

ऋतम्बरा : 1. सा. 2. मा. 3. धर्मनारायण आचार्य 4. भारतीय संस्कृति संघ, उदयपुर 5. 1969.

ऋतम्भरा : 4. भाटकररानी, देवरिया 5. 1971.

ऋतुराज : 4. बम्बई 5. 1969.

ऋषि : 2. साप्ता. 3. जगन्नाथशरण 4. बिजनौर 5. 1957 7. मूलतः उर्दू पत्र, फिर हिन्दी संस्करण।

ऋषिकेश दर्शन : 1. धा. 3. श्रीनिधि शर्मा 4. हरिद्वार रोड, ऋषिकेश 5. 1970.

ऋषि जीवन : 1. धा. 2. मा. 3. गनपतराय पारीक 4. पत्थरपुरा, बृंदावन, मथुरा 5. 1956 7. पूर्वनाम—नाम महात्म्य विशेषांक-दर्शनीय।

ऋषि दयानन्द : 1. धा. 2. मा. 3. ज्वालाप्रसाद वर्मा 4. आगरा 5. 1922.

ऋषि दर्पण : 1. समा. 2. साप्ता. 4. ऋषिकेश।

ऋषि भारत : 1. समा. 2. साप्ता. 4. रेलवे रोड, रोहतक 5. 1964.

ऋषि शिक्षा : 1. धा. 2. मा. 3. खेलचन्दानन 4. सतसंग भवन, अम्बाला सिटी 5. 1958-63.

ऋषि संदेश : 1. धा. 2. मा. 4. धनबाद 5. 1956 (लगभग)।

ऋषिहितकारी : 4. जोधपुर।

लंच का दास्तान : 4. फर्रुखाबाद।

लखनऊ डायरी : 4. लखनऊ।

लखनऊ मेल : 1. समा. 2. दै. 3. गयाप्रसाद गुप्त 4. जगतनारायण रोड, गोलागंज, लखनऊ 5. 1966 7. पर्याप्त लोकप्रिय पत्र।

लखपति : 1. सभा. 2. साप्ता. 3. द्वारिकाप्रसाद गोयल 4. सिंहल सदन, सोमबाड़ा, भोपाल 5. 1960.

लखीमपुर समाचार : 1. समा. 2. साप्ता. 4. द्वारिकापुरी, लखीमपुर खीरी 5. 1971.

लगन : 2. साप्ता. 4. अजमेर।

लगन : 1. सा. 2. मा. 4. गया 5. 1956.

लगाम : 2. दै. 3. राजेन्द्रबहादुर पालीवाल 4. स्वरूपनगर, कानपुर 5. 1969.

लघु उद्योग : 2. मा. 4. निर्माण विभाग, नई दिल्ली 5. 1959.

लघुकथा पत्रिका : 1. सा. 2. त्रै., चा. 3. बंधु कुशावर्ती 4. ख्यालीगंज, लखनऊ 5. 1974.

लड़खड़ाती दुनिया : 1. समा. 2. साप्ता. 4. कुँवरमण्डली, इन्दौर 5. 1965-68.

लड़ाई का अखबार : 1. समा. 2. दै., साप्ता. 3. डॉ. गारफिल्ड विलियम्स, सत्यानन्द जोशी 4. प्रयाग 5. 1918.

लतियाब : 4. रायपुर।

लपटें : 1. समा. 2. साप्ता. 3. गुरुदयाल सिंह 4. भिण्ड (म.प्र.)/ 115, जहाँगीराबाद, भोपाल 5. 1969.

लय : 1. सा. 2. त्रै. 3. 'नीरज' गोपालदास 4. मैरिस रोड, अलीगढ़ 5. 1966-68 7. नवलेखन से सम्बद्ध।

ललकार : 1. समा. 2. साप्ता. 3. सुभाषचन्द्र 4. चित्तौड़गढ़ 5. 1955.

ललकार : 1. समा. 2. द्वि., साप्ता. 3. बाबूलाल ठाकुर 4. खुरई, सागार।

ललकार : 1. समा. 2. साप्ता. 3. उगमसी मोदी, गोवर्धन हेडाऊ 4. हाईकोर्ट रोड, जोधपुर 5. 1969.

ललकार : 1. समा. 2. साप्ता. 4. बीकानेर 5. 1948 7. स्वराज्यसाधक पत्र।

ललकार : 2. सा. 3. पी. नारायण 'नरन', एम. एन. राजन 4. ओलबाकोट, पालघट (केरल) 5. 1950-51 7. हिन्दी प्रचार एवं सास्कृतिक समन्वय का पोषक पत्र।

ललितनिकुंज : 2. मा. 4. नयागंज, फतेहपुर 5. 1963-65.

ललिता : 2. मा. 3. मुरारीशरण मांगालिक, शान्तिप्रसाद 4. मेरठ 5. 1918.

ललिता : 2. मा. 4. दरियागंज, दिल्ली 5. 1959.

ललिता : 4. मद्रास।

ललिता : 1. सा. 2. मा. 3. श्रीमती लज्जारानी गुप्त 4. दरियागंज, दिल्ली 5. 1959.

लल्ला : 1. बा. 2. मा. 3. शिक्षार्थी 4. बाई का बाग, इलाहाबाद 4. 1948, 56.

लल्लूपंजू : 1. बा. 2. मा. 3. प्रदीपप्रकाश 4. गौतमबुद्ध मार्ग, चार बाग, लखनऊ 5. 1975-80 7. 1979 में लगभग 11 हजार प्रतियाँ प्रकाशित।

लवलीन : 1. फि. 2. मा. 4. सिद्धार्थनगर, गोरेगाँव, बम्बई 5. 1967-68.

लश्कर समाचार : 1. समा. 2. दै. 3. प्रेमचंद जैन 4. गड़बे की गोठ, लश्कर, ग्वालियर 5. 1962.

लहर : 1. सा. 2. मा. 3. लक्ष्मीमल सिंहबी, जगदीश ललवाणी 4. नवयुवक प्रेस, जोधपुर 5. दिस. 1947.

लहर : 2. मा. 4. पो. बा. 27, काशी।

लहर : 1. सा. 2. मा. 4. गया 5. 1956 (लगभग)।

लहर : 1. सा. 2. मा. 3. प्रकाश जैन, मनमोहिनी 4. महात्मा गाँधी मार्ग, पो. 82, अजमेर 5. 1956, 57 (प्रच.) 7. उच्चस्तरीय लघुपत्र। द्रष्टव्य—'कवितांक' (1966).

लहर : 1. सा. 2. मा. 3. यादवेन्द्रनाथ शर्मा 'चन्द्र' 4. बैन्टिग स्ट्रीट, कलकत्ता 5. 1954.

लहरी : 1. समा. 2. पा. 3. दुर्गाप्रसाद खत्री 4. रामकटोरा रोड, वाराणसी 5. 1929-73.

लहिरा : 2. मा. 4. भरतपुर 5. 1956-57.

लहू और पानी : 1. समा. 2. साप्ता. 3. सैयद शराफत हुसैन, 4. क्रिशनगंज, लाजपतपुरा सागर 5. 1968.

लहू तरंग : 1. समा, 2. दै., साप्ता. (बहु.) 3. बि. बी. देशपाण्डेय 4. टाकीज रोड, कामटी, नागपुर 5. 1968.

लक्ष्मण : 1. समा. 2. साप्ता. 3. बालमुकुन्द बाजपेयी, मदनमोहन शाह 4. चौक, लखनऊ 5. 1917-23.

लक्ष्मण रेखा : 1. धा. 2. मा. 3. सुदर्शनदेव आचार्य 4. बाजार वक़ीलान, हिसार 5. 1969.

लक्ष्मण हठ : 4. अलीगढ़।

लक्ष्मी : 1. सा. 2. मा. 3. गोरेलाल मंजु सुशील, लाला भगवानदीन, ईश्वरीप्रसाद शर्मा, रामानुग्रह सिंह (काशी), प्रका.—माधवप्रसाद, प्रबन्धक—लक्ष्मीनारायण लाल (गया) 4. लक्ष्मी प्रेस, गया 5. 1903-23 6. वा. 1॥), धनी जनों से 3 रु., 4 आने प्रति 7. पूर्वनाम—'लक्ष्मी उपदेश लहरी'/सूक्ति—"धर्मपयोधि निवासिनी कर्मकमल आसीन, सत्यदेव पद सेविनी लक्ष्मी परम प्रवीन।" विशेष—अपने युग

का प्रतिनिधि साहित्यिक पत्र। प्रति अंक 30 पृष्ठ लगभग। सरस्वती के वजन पर प्रकाशित। सज्जा साधारण। प्रमुख स्तंभ—समालोचना, विचारतरंग, साहित्य संवाद। सामग्री का चयन और सम्पादन सुनियोजित।

लक्ष्मी : 1. सा. 2. मा. 3. वीरेन्द्र मरीदु 4. कटरा भैरोंनाथ, फर्रुखाबाद 5. 1956.

लक्ष्मी : 2. मा. 4. गाँधीनगर, इटारसी 5. 1951-56.

लक्ष्मी उपदेश लहरी : 2. मा. 3. संस्था.—रायसाहब, लक्ष्मीनारायण लाल, संपा.—गोरेलाल मंजु सुशील 4. औरंगाबाद 5. 1903 7. कालान्तर में इसका नामान्तर हुआ 'लक्ष्मी' और वह गया से प्रकाशित होने लगी।

लक्ष्मीपूजा : 1. धा., जा. 2. वा. 3. गुलाबचन्द जैन 4. चीराबाजार, बम्बई 5. 1960, 71.

लक्ष्य संगीत : 1. कला 2. त्रै. (हि., अं.) 3. एस. एन. रतनजंकर 4. सब्जीमण्डी, दिल्ली 5. 1954-56.

लक्ष्य संगीत : 1. त्रै. 4. कुम्बल्ला हिल, बम्बई 5. 1954-60.

ला एण्ड जस्टिस : 1. समा. 2. साप्ता. 4. सदरबाजार, करनाल 5. 1967-69.

लाजवंती : 1. कथा. 2. मा. 3. जनार्दनप्रसाद 4. कटघर, इलाहाबाद 5. 1965.

ला रिपोर्ट राजश्री बीकानेर : 1. विधि. 2. त्रै. (हि., अं.) 3. बीकानेर गवर्नमेन्ट 4. बीकानेर 5. 1927 7. महकमे आलियाकौन्सिल और अदालत हाईकोर्ट के नजीरी फैसले प्रकाशित।

लाल : 2. मा. 4. मदार दरवाला, बरेली 5. 1968-69.

लाल कलाम : 1. समा. 2. साप्ता. 3. ईश्वर लालवाणी 4. दिल्ली गेट, अजमेर 5. 1968.

लाल चिट्ठी : 2. मा. 3. शिवकुमार त्रिपाठी 4. मुलतानपुर।

लाल ज्योति : 1. समा. 2. साप्ता. 3. रामचरण भारतीय 4. खलासी लाइन्स, कानपुर 5. 1970-71.

लालदूत : 1. समा. 2. साप्ता. 3. सोहनलाल शर्मा 4. अस्पताल के पास, भरतपुर 5. 1967.

लाल निशान : 1. समा. 2. साप्ता. 4. गली दीवान जी, भरतपुर 4. 1962-69.

लालपत्र : 4 राज. 7. जनवादी पत्र।

लाल बुझक्कड़ : 1. समा. 2. साप्ता. 4. बलिया 5. 1955-57.

लाल मशाल : 1. समा. 2. साप्ता. 3. गुरुदयाल सिंह 4. जहाँगीराबाद, भोपाल 5. 1970.

लाल रोशनी : 4. अजमेर।

लाल लपट : 1. समा. 2. साप्ता. 4. विकास पथ, अलवर 5. 1967-69.

लाल लहर : 1. समा. 2. पा. 4. झज्जर रोड, रोहतक 5. 1964-65.

लालसा : 1. समा. 2. साप्ता. 3. भगवानदास 4. मुरसन रोड, हाथरस 5. 1966.

लाल सितारा : 1. समा 2. पा. 3. बैद्यनाथ झा 4. रेणुका प्रेस, सहरसा (बिहार) 5. 1968.

लालसोत दर्पण : 1. समा. 2. साप्ता. 3. रामेश्वरप्रसाद शर्मा 4. लालसोत, जयपुर 5. 1967.

लाल हिन्द : 2. साप्ता. 4. सब्जीमण्डी, अलवर 5. 1965-68.

लावण्यता : 2. मा. 3. हृदयनारायण शर्मा 'हृदयेश', जगन्नाथप्रसाद गुप्त सर्राफ 4. कानपुर 5. 1924.

लिली : 1. सा. 2. मा., पा. 3. लक्ष्मीबहादुर निगम 4. गाँधीनगर, कानपुर 5. 1956-58.

लिबर्टी : 1. समा. 2. पा. 3. वासुदेव दुग्गल 4. ब्रह्मपुरी, लुधियाना 5. 1967.

लीना : 2. मा. 4. पैलेस रोड, बड़ौदा 5. 1965-68.

लीलम : 1. समा. 2. साप्ता. 3. राजकुमार कपूर 4. कौशलपुरी, कानपुर 5. 1970.

लेकिन : 1. सा. 2. त्रै. 3. विनय अश्म 4. शब्दमहल, रतनपुर, गिद्धौर, मुंगेर 5. 1971 7. नवलेखन का लघुपत्र।

लेखक : 1. सा. 2. मा. 3. प्रेमनारायण अग्रवाल, सत्यजीवन वर्मा, भारतीय एम. ए., महेन्द्रनाथ पाण्डेय 4. हिन्दी लेखक संघ, प्रयाग 5. 1934-38.

लेखन : 1. सा. 2. त्रै. 3. कपिल आर्य 4. हरि सरकार लेन, कलकत्ता 5. 1969 (अल्पायु) 7. नवसाहित्य संकलन, लघुपत्र।

लेखमाला : 1. सा. 2. त्रै. 3. भुवनेश्वर सिंह 'भुवन' (सिंह बन्धु) 4. शांति कुटीर, कच्ची सराय, मुजफ्फरपुर 5. 1930 7. द्रष्टव्य—विद्यापति अंक। कालान्तर में इसका नामान्तरण— 'वैशाली'।

लेख विज्ञान/लेखाकार : 2. मा. 4. जयपुर।

लेखा विज्ञ : 2. मा. (हि., अं.) 4. हरिश्चन्द्र मार्ग, जयपुर 5. 1971.

लेडी फेयर : 1. म. 2. त्रै. (हि., अं.) 4. बर्ली, बम्बई 5. 1967-69.

लैण्ड फैण्ड : 2. साप्ता. 3. यू.बी. महते 4. नागपुर 5. 1964.

लोक आस्था : 4. पटना।

लोक कलम : 5. अजमेर।

लोककला : 1. शो. 2. अर्द्धवा. 3. देवीलाल सागर 4. भारतीय लोककला मण्डल, उदयपुर 5. 1960-(प्रच.) 7. लोकधर्मी शोधपत्र।

लोककला : 2. त्रै. 4. बीकानेर 5. 1953.

लोककल्प : 4. मुरादाबाद।

लोकक्रान्ति : 1. राज. 2. साप्ता. 3. कृष्णबिहारी सिंह भदौरिया 4. लालगंज, रायबरेली (उ.प्र.)/32 बी. दारुलसफा, लखनऊ 5. 1970 (लगभग)।

लोकगुरु : 1. समा. 2. पा. (हि. अं.) 3. समीप रेलवे स्टेशन, भिवानी 4. 1970.

लोकचक्षु : 1. समा. 2. साप्ता. 4. सरदारशहर, चूरू 5. 1963-66.

लोकजीवन : 1. समा. 2. साप्ता. 3. शिवकुमार त्रिवेदी 4. भूपाल, भीलवाड़ा 5. 1952.

लोकजीवन : 1. समा. 2. मा., साप्ता. 3. प्रवीणचन्द्र जैन 4. जौहरी बाजार, जयपुर 5. 1944-47-62.

लोकजीवन : 1. समा. 2. साप्ता. 4. जौनपुर 5. 1960-70.

लोकजीवन : 2. मा. 3. शान्तिचन्द्र द्विवेदी 4. सर्वोदय संघ दिनारा, ग्वालियर 5. 1944-46.

लोकजीवन : 1. समा. 2. साप्ता. 3. इरमल सिंह, श्यामसुन्दर व्यास 4. जोधपुर 5. 1949, 64 7. मेडिकल डिमोक्रेटिक पार्टी से प्रभावित।

लोकटाइम्स : 1. समा. 2. दै. 3. श्याम गाँधी 4. हाथरस 5. 1964.

लोकतंत्र : 1. समा. 2. साप्ता. 3. सत्येन्द्रचन्द्र 4. रहीमखानी, काशीपुर, नैनीताल 5. 1956.

लोकतंत्र : 2. साप्ता. 3. घनश्यामदास 4. हिमा. 5. 1950.

लोकतंत्र : 1. समा. 2. साप्ता. 4. नई बस्ती, लखीमपुर 5. 1958-64.

लोकतंत्र समीक्षा : 1. शो. 2. त्रै. 3. डॉ. सुभाष सी. कश्यप, लक्ष्मीमल्ल सिंघवी 4. सांविधानिक तथा संसदीय अध्ययन संस्थान, बिठ्ठलभाई पटेल हाउस, रफी मार्ग, नई दिल्ली 5. 1969 7. राजनीति विज्ञान का प्रथम श्रेष्ठ हिन्दी पत्र।

लोकदर्पण : 1. समा. 2. साप्ता. 4. सिंधी मार्केट के पीछे, भोपाल 5. 1958-65.

लोकदर्शन : 1. समा. 2. साप्ता. 3. एस. एन. शर्मा 4. मारवाड़ी रोड, भोपाल 5. 1970.

लोक दर्शन : 1. समा., श्रम. 2. साप्ता. 4. खादी ग्रामो. संघ, उज्जैन 5. 1962-65.

लोकदीप : 2. पा. 4. टिस्को, जमशेदपुर 5. 1956 (लगभग)।

लोकधर्म : 1. धा. 2. पा. 3. श्रीराम शृंगदास, श्रीवैष्णव 4. डाकोर (राज.) 5. 1927 7. कट्टर सनातनी पत्र। आर्यसमाज, देवसमाज आदि का विरोधी।

लोकध्वज : 1. समा. 2. साप्ता. 3. घनश्याम पुरोहित 4. विदिशा (म.प्र.) 5. 1971.

लोकध्वज : 1. समा. 2. साप्ता. 4. शाहजहाँनाबाद, भोपाल 5. 1971.

लोकनयन : 1. समा. 2. साप्ता. 4. सती रोड, मिरजापुर 5. 1967-71.

लोकनिधि : 1. सा. 2. मा. 3. कृष्णचन्द्र शास्त्री 4. तेलीवाड़ा, उदयपुर 5. 1967.

लोकनिर्माण : 1. समा. 2. साप्ता. 3. शिवप्रताप श्रीवास्तव 4. पाटनपोल, कोटा (राज.) 5. 1959.

लोकनिर्माता : 1. समा. 3. पा. 3. विष्णुदत्त शास्त्री 4. पण्डितपुर, रतनगढ़, चुरू (राज.) 5. 1970.

लोकनिशान : 1. समा. 2. दै. 3. ब्रजकिशोर गुप्त 4. गली दीवानजी, वार्ड-4, भरतपुर 5. 1962, 68.

लोकनेता : 1. सा. 2. मा. 3. हरभजनलाल 'मजबूर' 4. सिनेट्री रोड, अमृतसर 5. 1970.

लोकपथ : 1. समा. 2. साप्ता. 4. गुसाईपुरा, झाँसी 5. 1963-71.

लोकपरिवर्तन : 1. समा. 2. साप्ता. 4. पलटनबाजार, देहरादून 5. 1957-64.

लोकप्रकाश : 1. समा. 2. साप्ता. 3. जोशी जनार्दन 4. पुरानी कोतवाली, झाँसी 5. 1962, 66.

लोकप्रिय लेखक : 1. कथा. 2. मा. 3. नरेन्द्रकुमार शर्मा 4. कटघर, मुठ्ठीगंज, इलाहाबाद 5. 1967.

लोकप्रिय संवाद : 1. समा. 2. साप्ता. 4. तोपखाना बाजार, मुंगेर 5. 1971.

लोकबन्धु : 1. समा. 2. पा. 4. आनंदलाज, जाखू, शिमला 5. 1964-65.

लोकबिगुल : 1. समा. 3. एन. डी. प्रकाश 4. साले की होली, बीकानेर 5. 1970.

लोकभाषा : 1. समा. 2. साप्ता. 3. रमेश बाजपेयी 4. आजाद चौक, पुरानी बस्ती, कटनी 5. 1970.

लोकभारती : 2. साप्ता. 4. बाबरलेन, नई दिल्ली 5. 1963-66.

लोकभूमि : 1. समा. 2. साप्ता. 3. ईश्वरसिंह भण्डारी 4. शक्तिनगर, दिल्ली 5. 1972.

लोकमंगल : 3. मदनलाल अजमेरी, भँवरलाल, सूरजमल 4. बजाज भवन, सीकर (राज.) 5. 1969.

लोकमत : 1. समा. 2. साप्ता., दै. (1964) 3. ईश्वरदयाल आर्य 4. सिविललाइन्स, बिजनौर 5. 1937, 50.

लोकमत : 1. समा. 2. दै., साप्ता. 3. अम्बाला माथुर 4. हॉस्पिटल रोड, बीकानेर 5. 1947, 67.

लोकमत : 1. समा. 2. दै. 4. डॉ. द्वारकाप्रसाद मिश्र, गोविन्ददास सेठ, सत्यकाम 4. जबलपुर 5. 1923 7. गवर्नर सर मांटेग्यू बटलर आदि को दहला देने वाला निर्भीक दैनिक।

लोकमत : 1. समा. 2. साप्ता. 3. गोपीनाथ दीक्षित 4. छिन्दवाड़ा (म.प्र.)।

लोकमत : 1. समा. 2. दै. 4. कानपुर 5. 1920.

लोकमत : 1. समा. 2. दै, साप्ता. 3. रमाशंकर त्रिपाठी (संचा.— लोकमान्य कलकत्ता), नरेन्द्र विद्यावाचस्पति, कालिकाप्रसाद दीक्षित 'कुसुमाकर' 4. सुभाषचन्द्र मार्ग, नागपुर 5. 1939 7. नामान्तर— 'लोकमान्य'।

लोकमत : 1. समा. 2. साप्ता. 4. रामनगर, उरई 5. 1949-59.

लोकमत : 1. समा. 2. साप्ता. 4. बुलंदशहर 5. (लगभग) 1956.

लोकमत : 1. समा. 2. साप्ता. 4. लोकमत कार्यालय, पटना 5. 1956-60.

लोकमन : 1. समा. 2. साप्ता. 3. जे.एस. जिन्दल 4. बेगम ब्रिज, मेरठ सिटी 5. 1970.

लोकमान्य : 1. समा. 2. साप्ता. 3. नन्दकिशोर वर्मा 4. बाँदा (उ.प्र.) 5. 1924.

लोकमान्य : 1. समा. 2. दै. 3. रामाश्रय उपाध्याय, के. एस. त्रिपाठी 4. सुभाषचन्द्र रोड, नागपुर 5. 1951 7. पूर्वनाम— 'लोकमत'।

लोकमान्य : 1. समा. 2. दै., साप्ता., मा. 3. रामशंकर त्रिपाठी, महादेव शर्मा, मदनलाल चतुर्वेदी 4. लोअर चितपुर रोड, 160, महात्मा गाँधी रोड, कलकत्ता/कानपुर 5. 1930.

लोकमान्य : 2. साप्ता. 3. हरिश्चन्द विद्यालंकार 5. पटौदी हाउस, दरियागंज, दिल्ली।

लोकमान्य : 1. समा. 2. दै. 3. रामप्रसाद त्रिपाठी 4. असम 5. 1962 (अल्पायु) 7. असम का प्रथम दैनिक।

लोकमित्र : 3. गोपीनाथ दीक्षित 4. छिन्दवाड़ा।

लोकमित्र : 1. मा., साप्ता. 3. सुरेन्द्रचन्द्र 'वीर' 4. वीर प्रिंटिंग प्रेस, चंदवार गेट, फीरोजाबाद 5. 1945, 47-62.

लोकमित्र : 1. समा. 2. दै., साप्ता. 3. हरिनारायण मिश्र, बी. एन. मिश्र 4. लाजपतरायनगर, विलासपुर 5. 1953-56.

लोकमित्र : 1. समा. 2. साप्ता. 3. रामनिरंजन 4. बाबागंज, प्रतापगढ़ 5. 1956-71.

लोकमित्र : 2. मा. 4. सिकन्दरा, आगरा 5. 1863 7. शुद्ध हिन्दी का पत्र।

लोकमुक्ति : 1. समा. 2. साप्ता. 3. रमेशकुमार 4. चौक, खागा, फतेहपुर 5. 1970.

लोकमुख : 1. समा. 2. साप्ता. 4. वीरचन्द पटेल पथ, पटना 5. 1968-70.

लोकयुद्ध : 1. समा. 2. साप्ता. 3. गोपाल मजूमदार 4. केशवसेन स्ट्रीट, 60/ए, कलकत्ता-9 5. 1968, 69.

लोकयुद्ध : 1. राज. 2. साप्ता. 3. गंगाधर अधिकारी 4. बी.आर.के. बिल्डिंग, खेतबाड़ी, मेन रोड, बम्बई 7. साम्यवादी नीति का पोषक पत्र।

लोकरंजन : 1. सा. 2. मा. 3. बैकुंठनाथ पाण्डेय 4. शिवठाकुर लेन, बड़तल्ला स्ट्रीट, कलकत्ता 5. 1965.

लोकरथ : 1. समा. 2. साप्ता. 4. बालबिहार, भोपाल 5. 1971.

लोकराज : 1. समा. 2. साप्ता., पा., वा. 3. जगदीश चतुर्वेदी, प्रेमनाथ चतुर्वेदी 4. काकानगर, नई दिल्ली 5. 1972 (प्रच.) 7. पत्रकारों का निजी जोखिम। 'पत्रकारिता विशेषांक' (1976)।

लोकराज : 3. जयनारायण व्यास 4. जोधपुर।

लोकराज : 1. समा. 2. साप्ता. 4. रतलाम 5. 1949.

लोकराज की आवाज : 1. समा. 2. साप्ता. 4. हिसार बाजार, सिरसा 5. 1966.

लोकराज सन्देश : 1. समा. 2. साप्ता. 3. मुनिलाल 4. लक्कड़ बाजार, शिमला 5. 1970.

लोकराज्य : 1. समा. 2. पा., साप्ता. 3. सूचना निदेशक 4. महाराष्ट्र सरकार, बम्बई-32 5. 1952-64.

लोकल : 2. साप्ता. 4. पंपलेन, कैलाशनगर, दिल्ली 5. 1965-66.

लोकलहर : 2. साप्ता. 4. अशोक रोड, नई दिल्ली 5. 1964-65.

लोकवाणी : 1. समा. 2. पा. 3. महेश्वरनन्द द्विवेदी 4. ब्लाक सी 133, गोविन्दनगर, कानपुर 5. 1954.

लोकवाणी : 1. समा. 2. साप्ता. 3. मदनमोहन मिश्र 4. कुंडरी, लखनऊ 5. 1942.

लोकवाणी : 1. समा. 2. दै., साप्ता. 3. देवीशंकर तिवाड़ी, सिद्धराज ढड्ढा, सुधाकर शास्त्री, पूर्णचन्द्र जैन, गोपीनाथ गुप्त, हीरालाल शास्त्री, राजेन्द्रशंकर भट्ट 4. सवाई मानसिंह, हाईवे, जयपुर 5. 1945, 59-67 7. गाँधीवादी सर्वोदयी पत्र।

लोकवार्ता : 1. सा. 2. त्रै. 3. बनारसीदास चतुर्वेदी, कृष्णनन्द गुप्त 4. लोकवार्ता परिषद्, टीकमगढ़ (म.प्र.) 5. 1944 7. लोकसाहित्य एवं नृतत्वशास्त्र की अनूठी पत्रिका।

लोकविज्ञान : 1. वि. 2. मा. 3. कुन्दनलाल कोठारी 4. भूपालपुरा, एच. रोड, उदयपुर 5. 1960-(प्रच.)।

लोकशासन : 1. समा. 2. साप्ता. 3. केशवचन्द्र, ब्रह्मदत्त, देवकृष्ण 4. ज्ञानमन्दिर, बामनिया, इन्दौर 5. 1948.

लोकशिक्षक : 1. समा. 2. पा. 4. अशोक मार्ग, जयपुर 5. 1970.

लोकश्री : 1. सा. 2. मा. 4. जयश्री टेक्सटाइल्स मिल, रिसरा, हुगली 5. 1965.

लोकसंग्रह : 2. मा. 3. रामबृक्ष बेनीपुरी 4. बिहार 5. 1934.

लोकसन्देश : 1. समा. 2. पा. 3. विद्यादेवी समनियाँ 4. पक्की मोरी, गाजियाबाद 5. 1958.

लोकसन्देश : 2. पा. 3. इन्द्रशेखर मिश्र 4. असम।

लोकसम्पर्क : 1. सा. 2. मा. 3. प्रेमचन्द्र गोस्वामी, जगदीश माथुर 'कमल', उर्मिला माथुर 4. गाँधीनगर, जयपुर/अलवर 5. 1968 7. द्रष्टव्य—'युद्ध अंक' (1972).

लोकसंसद : 1. समा. 2. पा. 3. मोतीलाल गिरिया 4. महामीर बहार घाट स्ट्रीट, कलकत्ता 5. 1970.

लोकसंस्कृति : 1. सां. 2. मा. (हि., राज.) 3. कोमल कोठारी, विजय दीनदेघा 4. स्यायन बोरुदा, जोधपुर 5. 1968.

लोकसत्ता : 1. समा. 2. साप्ता. 4. कैलाशपुरी, मेरठ सिटी 5. 1959-63.

लोकसत्ता : 1. समा. 2. साप्ता. 4. कोर्ट रोड, सहारनपुर 5. 1953-63.

लोकसाहित्य : 1. शो. 2. अर्द्धवा. 3. डॉ. रामप्रसाद दाधीच 4. लोकसाहित्य केन्द्र, जोधपुर 5. 1967.

लोकसुधार : 1. समा. 2. साप्ता. 3. बलदेवराम मिर्धा, रामकिशोर, योगराज शास्त्री 4. चौपासनी मार्ग, जोधपुर 5. 24 अक्टूबर 1947.

लोकसुधार : 1. समा. 2. धा. 4. लालबाग, लखनऊ 5. 1950.

लोकसेवक : 1. समा. 2. साप्ता. 3. अभिन्न हरि, देवीचरण 4. लोकसेवक प्रेस, कोटा (राज.) 5. 1942.

लोकसेवक : 1. राज. 2. साप्ता., मा. 3. बैजनाथ 4. इंदौर 5. 1948, 52 7. विज्ञापनों को स्थान न देने वाला गाँधीवादी पत्र।

लोकसेवक : 1. समा. 2. साप्ता. 3. कृष्णराम हृदयेश 4. मोहल्ला नखास, गाजीपुर 5. 1949-65.

लोकसेवा : 1. समा. 2. मा., साप्ता. (हि., म.) 3. एम.एच. पन्तावने, म. ह. रहीम 4. कमाल टाकीज, चौक, नागपुर/पूना 5. 1968-69.

लोकसेवा : 1. समा. 2. साप्ता. 3. मोतीचन्द्र वर्मा 4. हिन्दी भवन, कालपी 5. 1954.

लोकसेवा : 1. समा. 2. साप्ता. 4. चरितताल, जबलपुर 5. 1934, 66-68.

लोकसेवा सन्देश : 1. समा. 2. साप्ता. 3. श्रीरामकुमार शर्मा 5. द्वारा गंगानगर होटल, जयपुर 5. 1970.

लोक स्वराज्य : 1. समा. 2. पा. 4. रामदेव मंदिर, जोधपुर 5. 1969.

लोक स्वराज्य : 1. समा. 2. पा. 3. धानाराम 4. गुलाबसागर, रोमेदे बड़ा मंदिर, जोधपुर 5. 1969.

लोकान्तर : 1. समा. 2. साप्ता. 3. टी.एन. अवस्थी 4. धनकुट्टी, कानपुर 5. 1960.

लोकायन : 3. गणेश चौबे।

लोकार्थ : 1. समा. 2. साप्ता. 3. शोभानाथ 4. ज्वालापुर, सहारनपुर 5. 1962.

लोकालोक : 1. धा. 2. मा. 3. संस्था—'माधवाचार्य', श्रीकंठ शास्त्री 4. धर्मधाम, 103ए, कमलानगर, दिल्ली 5. 1960 (प्रच.) 7. 'सनातन धर्म' दिग्विजय मण्डल का सनातनी मुखपत्र।

लोकोपयोगी : 1. समा. 2. साप्ता. 4. मोतीकटरा, आगरा 5. 1964-65.

लोचन : 2. मा. 4. कृष्णनगर, दिल्ली 5. 1964-66.

लोटपोट : 1. हास्य. 2. मा., पा., साप्ता. 3. ए.पी. बजाज 4. मायापुरी, नई दिल्ली 5. 1969 (प्रच.) 7. हास्यप्रधान पत्र, पर्याप्त लोकप्रिय। लगभग 41 हजार प्रतियाँ प्रसारित।

लोधी जागरण : 1. जा. 2. मा. (बहु.) 4. शिकोहाबाद रोड, एटा 5. 1967.

लोधी पताका : 1. जा. 2. मा. 3. महादेवप्रसाद लोधी 4. ग्राम अहीबरनपुर, महानगर, लखनऊ 5. 1970.

लोधी राजपूत : 1. जा. 2. मा. 3. खुशीलाल रावत 4. कुम्हार मंदिर, बऊगुरुजी, इटावा 5. 1963.

लोधी राजपूत उद्घोष : 1. जा. 2.समा. 3. टीकाराम सिंह 4. गल्लामण्डी, भिण्ड 5. 1967.
लोधी समाज : 1. मा. 2. जा. 3. कालीदीन वर्मा 4. सब्जीमंडी, कानपुर 5. 1955.
लोहागढ़ : 1. समा. 2.साप्ता. 4. डीग, भरतपुर 5. 1960-65.
लोहिया : 1. समा. 2. साप्ता. 4. असुरान, गोरखपुर 5. 1968, 69.
लोहिया एक्सप्रेस : 4. फर्रुखाबाद।
लोहिया दर्शन : 1. समा. 2. साप्ता. 3. कामताप्रसाद वर्मा 4. गोटर स्टैण्ड, क्रौंच, जालौन 5. 1969.
लोहिया पक्ष : 1. राज. 4. दिल्ली 5. स्वातंत्र्योत्तर 7. समाजवादी दल का पत्र।
वंदेमातरम् : 2. दै. 3. पंचशिख भट्टाचार्य 4. कलकत्ता 5. 1922.
वंदेमातरम् आफ लाहौर : 2. साप्ता. (हि., उ.) 4. मेन रोड, मौजपुर, दिल्ली 5. 1966-69.
वन्य : 2. मा. 4. लोअर चितपुर रोड, कलकत्ता 5. 1967.
वन्य जाति : 2. मा., त्रै. (हि., अं.) 4. आदिमजाति संघ, झण्डेवालान, दिल्ली 5. 1953-68 (प्रच.) 7. सर्वोदयी पत्र।
वन्या : 1. सा. 2. मा. 3. वैद्य रामछत्र शुक्ल 4. लोअर चितपुर रोड, कलकत्ता 5. 1967.
वंशीवाला : 2. साप्ता. 3. वंशीधर 4. मुरादाबाद।
वक्त : 1. समा. 2. साप्ता., पा. 3. हनुमान सिंहल 4. जवाहर बाजार, टौंक (राज.) 5. 1966, 69.
वक्त की आवाज : 1. समा. 2. साप्ता. 3. किशनलाल गुप्त 4. हिसार (हरि.) 5. 1953.
वक्त : 1. समा. 2. साप्ता. 3. राजेन्द्रलाल गुप्त 4. कोवी, बिलासपुर 5. 1966.
वक्रदृष्टि : 1. समा. 2. साप्ता. 3. भोलानाथ पाण्डेय 4. किदवईनगर, कानपुर 5. 1967.
वचन : 1. समा. 2. साप्ता. 4. बिरहाना रोड, कानपुर 5. 1961-63.
वज्रघोष : 1. समा. 2. साप्ता. 4. खजूरी, सुधाकर रोड, वाराणसी 5. 1966.
वज्रघोष : 1. समा. 2. साप्ता. 4. उदयपुर 5. 1970.
वज्रनाद : 2. साप्ता. 4. नीमताल, विदिशा 5. 1964-65.
वज्रपात : 1. समा. 2. साप्ता. 3. साहूकारा, 4. बरेली 5. 1960-63.
वज्र प्रहार : 1. समा. 2. साप्ता. 4. बाड़ी धौलपुर, भरतपुर।
वणिक हितकारी : 1. मा. 3. श्यामसुन्दर गुप्त 4. ऐसड़ा, दरभंगा 5. 1924.
वतन की आवाज : 1. समा. 2. साप्ता. 4. बामनपुरी, बरेली 5. 1967-71.
वतन की पुकार : 1. समा. 2. पा. 3. विनोदकुमार 4. पुकारविला, बुलन्दशहर, दादरी 5. 1966, 69-71.
वनलता : 2. मा. 3. गिरिजादत्त शुक्ल 'गिरीश', गुरुदत्त, शिवनन्दन पाण्डेय 4. जैन होस्टल, प्रयाग 5. जून 1923, 24.
वनवासी संदेश : 1. धा. 2. पा. 3. दयानन्द सरस्वती 4. गुरुकुल वैदिक आश्रम, पानपोस (राउरकेला) 5. 1966.
वन संदेश : 2. मा. 3. दिलाराम चिम्मन 4. वनविभाग, हिमाचल प्रदेश, शिमला 5. 1968.
वन संपदा : 4. वनविभाग, जयपुर 5. 1970.

वनस्थली पत्रिका : 2. सा. 3. सुधीन्द्र, डॉ. रामेश्वर गुप्त, डॉ. विजयवर्गीय, डॉ. श्यामा 4. वनस्थली (राज.) 5. 1 जनवरी 1966 7. ज्ञान-विज्ञान की वाहिका, वनस्थली बालिका की पत्रिका।

वनौषधि : 1. चि. 2. मा. 3. केदारनाथ शर्मा 4. चरक अनुसंधान भवन, काशी 5. फरवरी 1934.

वनौषधि दर्पण : 1. चि. 2. साप्ता. 3. कैलाशचन्द्र शुक्ल 4. कनखल, हरिद्वार 5. 1964.

वनौषधि प्रकाश : 2. मा. 3. बाबूराम शर्मा 4. जलालाबाद, मेरठ 5. 1913.

वयम् : 2. सा. 3. विष्णु खरे 4. झालानी कॉलोनी, मित्रनिवास मार्ग, रतलाम।

वरदा : 1. शो. 2. त्रै. 3. डॉ. मनोहर शर्मा, अगरचन्द नाहटा 4. राजस्थान साहित्य समिति, बिसाऊ (राज.) 5. 1959-(प्रच).

वरदा : 1. शो. 2. त्रै. 3. रामनिवास हारित 4. प्राच्यकला निकेतन, जयपुर 5. 2002 वि.।

वरुण : 1. सा. 2. साप्ता., त्रै. (हि., अं.) 4. बहादुरशाह जफर मार्ग, नई दिल्ली 5. 1971 7. सरकारी पत्र।

वर्कर्स : 2. मा. 3. श्रीनगर, कानपुर 4. 1971.

वर्कर्स एजूकेशन बुलेटिन : 1. श्रम 2. द्विमा. 4. पाकलैण्ड रोड, बम्बई 5. 1961.

वर्ग द्वन्द्व : 1. समा. 2. पा. 3. दिगम्बरनाथ भट्टाचार्य 4. आर्यनगर, कानपुर 5. 1969.

वर्ग द्वन्द्व : 2. पा. 4. विश्वेश्वरनाथ रोड, लखनऊ 5. 1969.

वर्ग संघर्ष : 2. मा. 3. श्रीमती पुष्पा मेहता 4. महाशय हाउस रोड, शान्ताक्रुज, पूर्वी बम्बई 5. 1962-66.

वर्णाश्रम : 1. धा. 2. साप्ता. 3. आचार्य विश्वनाथप्रसाद मिश्र, धर्मदत्त त्रिपाठी 4. काशी 5. 1925.

वर्णाश्रम : 2. मा., द्विमा. 4. फीलखाना, हैदराबाद 5. 1962-68.

वर्णी प्रवचन : 1. धा., दा. 2. मा. (हि., अं.) 3. सुमेरचन्द जैन 4. प्रेमपुरी, मुजफ्फरनगर/ दालमण्डी, मेरठ 5. 1958.

वर्णी प्रवचन : 1. धा. 2. मा. 4. प्रमोद प्रेस, जबलपुर 5. 1956-58.

वर्तमान : 1. सा., समा. 2. मा., पा. 3. माँगीलाल माथुर 4. स्टेशन रोड, बीकानेर 5. 1957.

वर्तमान : 1. समा. 2. दै. 3. सनेही 4. जगदलपुर।

वर्तमान : 1. समा. 2. दै., साप्ता. 3. रमाशंकर अवस्थी, रामलाल पाण्डेय, विश्वम्भरनाथ कौशिक, भगवानदीन त्रिपाठी, बालमुकुन्द गुप्त, अनूप शर्मा 4. सिविललाइन्स, कानपुर 5. विजयादशमी 1920/22 6. दो पैसा प्रति 7. सोसलिस्ट दल से सम्बद्ध युगप्रतिनिधि पत्र। सनेही रचित सूक्ति—"शानदार था भूत, भविष्यत भी महान है। अगर सम्भालें आप उसे जो वर्तमान है"। 'मनसुखा को उत्तर' शीर्षक निराला से महत्त्वपूर्ण विवाद। मनोरंजक सम्पादकीय। मनोरंजन स्तंभ की विशिष्ट व्यंग्यात्मक शैली। स्वातंत्र्य आंदोलन में विशिष्ट योग।

वर्तमान उपदेश : 2. मा. 3. अवधबिहारी लाल 4. प्रयाग 5. 1890.

वर्तमान टाइम्स : 1. समा. 2. साप्ता. 4. रामचौक, दरभंगा 5. 1964-65.

वर्तमान राष्ट्रकुल (एशिया संस्करण) : 1. राज. 4. हरकुलिस रोड, बेस्ट मिन्स्टर ब्रिज रोड, लन्दन एस. ई. 7. कामन बेल्थ ऑफ नेशन्स का पत्र।

वर्त्तिका : 1. सा. 2. मा. 4. स्नेहलता 4. आर्यसमाज मंदिर रोड, गणेशगंज, लखनऊ 5. 1952-58.

वर्दमान संजीवनी : 1. समा. 2. मा. 4. वर्दमान।

वर्द्धमान : 1. धा. 2. मा. 4. तेलीवाड़ा, दिल्ली 5. 1930-69.

वर्धा मार्केट : 1. समा. 2. दै. 3. एम. एस. साहुरकर 4. गंगासागर, वार्ड-15, वर्धा 5. 1968.

वर्धा वीकली : 1. समा. 2. साप्ता. (हि., अं.) 3. पी. जे. मुरारका 4. बार्ड नं. 4, वर्धा 5. 1967-69.

वर्मा टाइम्स : 1. समा. 2. साप्ता. 3. नाथूलाल वर्मा 4. फतेहगढ़, फर्रुखाबाद 5. 1970.

वर्ल्ड आब्जर्वर : 1. समा. 2. पा. (हि., अं.) 4. मुंशीपाड़ा, बुलंदशहर 5. 1967.

वर्ल्ड एडवरटाइजर : 1. व्या. 2. मा. 4. अहमदाबाद 5. 1922.

वर्ल्ड फ्रेण्ड : 1. समा. 2. साप्ता. 4. झज्जर रोड, रोहतक 5. 1971.

वर्ल्ड वार्डन : 1. सा., सां. 2. मा. (हि., म.) 3. प्रताप सिंह 4. लालकुर्ती बाजार, मेरठ 5. 1968.

वर्ल्ड साइन्स न्यूज : 1. विज्ञान 2. मा. (हि., म.) 3. आर. डी. कुछल 4. कोहिनूर भवन, कटरा बारियाँ, दिल्ली 5. 1964.

वलिदान : 1. समा. 2. साप्ता. 3. हितपाल सिंह 4. चौक, जोधपुर 5. 1953.

वलिदान : 1. समा. 2. दै. 3. विश्वनाथ शर्मा 4. लाहौर 7. भारतेन्दुयुगीन सांध्य पत्र।

वलिदान : 1. समा. 2. दै. 3. विश्वेश्वरनाथ शर्मा 4. कलकत्ता।

वलिदान : 1. समा. 2. साप्ता. 4. मैनपुरी 5. 1949-65.

वलिदान : 1. क्री. 2. मा. 4. कनाट सर्कस, नई दिल्ली 5. 1962-65.

वल्लभ विज्ञान (श्री) : 1. धा. 2. मा. 4. न्यू पालसिया रोड, इंदौर 5. 1961.

वल्लभ संदेश : 1. धा. 2. मा. 3. रामरतन कोचर 4. गौड़ भवन, कमला मार्ग, सी स्कीम, जयपुर 5. 1972.

वल्लभीय सुधा : 1. धा. 2. त्रै. 3. ब्रजभूषण शर्मा 4. मथुरा 5. 2006 वि.।

वशिष्ट : 1. सा. 2. मा. (हि., अं.) 3. बनवारीलाल 4. ए 104, कमलानगर, दिल्ली 5. 1967.

वसन्त : 2. मा. 3. रामचन्द शर्मा 4. कनखल, हरिद्वार 5. 1925.

वसन्त : 1. सा. 2. मा. 3. श्रीकृष्णप्रसाद 4. वीरगंज, नेपाल 5. जन. 1953.

वसंती चोला : 2. समा. 3. साप्ता. 4. भरतपुर 5. 1966-69.

वसीयत : 2. साप्ता. 3. बालचंद काला 4. महावीर मार्ग, काठेगाँव, देवास (म.प्र.) 5. 1970.

वसुन्धरा : 1. समा. 2. साप्ता. 4. अंसारी रोड, मुजफ्फरनगर।

वसुन्धरा : 2. मा. 3. रामेश्वर अरुण, लक्ष्मीकांत मुक्त 4. धर्मपुरा, दिल्ली 5. फरवरी 1948.

वसुन्धरा : 1. समा. 2. साप्ता. 3. जनार्दनराय नागर, गिरधारीलाल शर्मा 4. उदयपुर 5. 1947.

वसुन्धरा : 2. मा. 3. श्यामसुन्दर दास, वैद्यराम वर्मा 4. चौक, लखनऊ 5. 1902-05.

वसुन्धरा : 2. मा. 3. वीरेन्द्र मालवीय 4. काशी 5. 1936.

वसुन्धरा (श्री) : 1. सा. 2. मा. 3. रमाबाई 4. पो. 808, बड़तल्ला स्ट्रीट, कलकत्ता-7 5. 1922, 50-71.

वसुधा : 1. सा. 2. मा. 3. राजेश्वरप्रसाद गुरु, हरिशंकर परसाई 4. दीक्षितपुरा, जबलपुर (म.प्र.) 5. 1953-61 7. इस पत्र के माध्यम से मुक्तिबोध का प्रथम साहित्य विस्फोट। एक साहित्यिक की डायरी इसी में प्रकाशित।

वसुधा : 2. मा. 3. वंशीलाल संतराम 4. जम्मू, कश्मीर 5. 1932.

वसुमती : 1. सा. 2. मा. (हि., अं.) 3. उदय जैन 4. जवाहर विद्यापीठ, कानोर (राज.) 5. 1961, 67.

वसुमित्र : 1. समा. 2. साप्ता. 3. डॉ. सारुदत्तकुमार 4. जूही, कानपुर 5. 1970.

वस्तीस सुधार : 1. समा. 2. दै. 4. बस्ती (यू. पी.) 5. सम्प्रति प्रचलित।

वाइस आफ इंदौर : 1. समा. 2. साप्ता. 3. राजेन्द्र मित्तल 4. नंदनगर, इंदौर 5. 1968.

वाइस आफ कन्ज्यूमर : 2. मा. (हि., अं.) 4. नेताजीनगर, नई दिल्ली 5. 1966.

वाइस आफ इण्डिया : 2. साप्ता. 4. रेगड़पुरा, नई दिल्ली 5. 1965.

वाइस आफ मटका : 1. समा. 2. साप्ता. 3. रामप्रसाद पोप 4. डॉ. भण्डारी रोड, इंदौर 5. 1968.

वाइस आफ महाभारत : 1. समा. 2. साप्ता. 3. कांतिलाल जैन 4. स्नेहलतागंज, इंदौर 5. 1969.

वाइस आफ महू : 1. समा. 3. रामप्रसाद पोप 4. तेलीखुड़ा, मट्ठू (म.प्र.) 5. 1967.

वाइस आफ मालवा : 1. समा. 2. साप्ता. 4. यशवंत रोड, इंदौर 5. 1969.

वाइस आफ मैन : 1. समा. 2. पा. 3. ओ.पी. कपूर 4. कृष्णनगर, दिल्ली 5. 1968.

वाइस आफ वर्कर्स : 2. मा. (हि., अं.) 4. पहाड़ी धीरज, दिल्ली 5. 1964-69.

वाइस आफ शिवानंद : 1. धा. 2. मा. (हि., अं.) 4. अमर कॉलोनी, लाजपतनगर, नई दिल्ली।

वाइस आफ स्टूडेण्ट्स : 1. समा. 2. साप्ता. 3. जतनकुमार गर्ग 4.. पारसी मोहल्ला, जी. पी. ओ., इंदौर 5. 1970.

वाग्वर : 1. सा. 2. त्रै. 3. गिरीश शर्मा 4. डूँगरपुर (राज.) 5. 1961, 66.

वाण गंगोदर्शन : 1. समा., धा. 2. साप्ता. 3. अर्जुन सिंह, आत्माराम सिंह 4. गोंदिया (महा.) 5. 1967.

वाणिज्य : 1. व्या. 2. साप्ता. 3. बालचर अस्थाना 4. काशी 5. 1924.

वाणिज्य : 1. व्या. 2. मा. 3. नन्दलाल पाण्डेय अटल 4. वाणिज्य मुद्रणालय, कलकत्ता 5. 1948.

वाणिज्य संदेश : 1. वा. 2. साप्ता. 3. गोपीकिशन कोठारी 4. नई मण्डी, मुजफ्फरनगर 5. 1965.

वाणिज्य सुखदायक : 1. व्या. 2. मा. 3. जगन्नाथप्रसाद 4. काशी 5. 1903.

वाणी : 1. सा. 2. मा. 3. विश्वनाथ सखराम खोड़े, हीरालाल शर्मा, लक्ष्मीनारायण दीनदयाल 4. खरगान (होलकर राज्य), इंदौर 5. 1930 7. सूक्ति—"वाक्यावलि सुन्दर सुनार समय सुधा समान, वाणी विज्ञों को करे संतति सुख का दान।"

वाणी सरोवर : 1. सा., धा. 2. पा, त्रै. 3. नन्दकुमार अवस्थी 4. रानीकटरा लखनऊ/इलाहाबाद 5. 1970 7. देवनागरी लिपि का प्रचारक पत्र। विभिन्न रामायणों तथा ग्रन्थों के अनुवाद यथाक्रम छपते हैं (कृतिवास रामायण-बंगला, अेलुत्तच्छन कृत महाभारत-मलयालम, श्रीराम विजय-मराठी, भानुभक्त रामायण-नेपाली, रामावतार चरित-कश्मीरी)।

वातायन : 1. सा. 2. मा., त्रै. 3. हरीश भादानी 4. सेठिया लेन/महात्मा गाँधी रोड, बीकानेर 5. 1961, 64-66 7. प्रगतिशील एवं श्रेष्ठ लघुपत्र। द्रष्टव्य—'गीतअंक' (1966).

वातायन : 1. सा. 2. मा. 4. शिवठाकुर लेन, कलकत्ता 5. 1961.

वातावरण : 1. समा. 2. साप्ता. (हि., अं.) 4. अलवर गेट, अजमेर 5. 1963-70.

वानर : 1. बा. 2. मा. 3. सुरेश सिंह, रामनरेश त्रिपाठी (1931-41) 4. प्रयाग/कालाकाँकर (अवध) 5. जुलाई 1931-41 7. बालसाहित्य का श्रेष्ठपत्र।

वानर : 1. बा. 2. मा. 3. कृष्णबिहारी सहल, ताराचंद वर्मा 4. चौड़ा रास्ता, जयपुर 5. 1955.

वाम : 1. राज., सा. 2. त्रैमा., द्विमा. 3. चन्द्रभूषण तिवारी, मनमोहिनीकांत 4. महाजन टोल नं 1/पच्छिम टोली, आरा (बिहार) 5. 1970 (अल्पायु) 7. सी. पी. एम. पार्टी के सक्रिय प्रगतिशील लेखकों का पोषित लघुपत्र।

वाम मित्र : 4. ईदगाह रोड, रतलाम।

वायरलेस : 1. समा. 2. साप्ता. 4. भैरों बाजार, आगरा 5. 1964-65.

वायस आफ मैन : 2. मा. 4. कृष्णनगर, दिल्ली 5. 1968.

वारली टाइम्स : 1. समा. 2. साप्ता. 3. अ. नं. शेष 4. बम्बई 5. 1967.

वारली की झंकार : 1. ज्यो. 2. साप्ता. 3. राजमहल गुप्त 4. गौतमपुरा, इंदौर 5. 1969.

वारली वंशबोध : 1. समा. 2. साप्ता. 3. नारायण जे. 4. शिवनाथ कैंप, इंदौर 5. 1968.

वाराणसी टाइम्स : 1. समा. 2. साप्ता. 3. मुहम्मद अब्दुल कासिम 4. विक्टोरिया पार्क, वाराणसी 5. 1966-68.

वाराणसी रिपोर्टर : 1. समा. 2. वा. (हि., अं.) 3. प्रभुदत्त चतुर्वेदी 4. भिखारीदास लेन, वाराणसी 5. 1970.

वारुद : 1. समा. 2. साप्ता. 3. हरीश आहूजा 4. चुनाई बाजार, पुलबेगम, मेरठ सिटी 5. 1970.

वार्ता : 1. सा. 3. रमेशचन्द्र सिंह 4. इण्डियन मिरर स्ट्रीट, कलकत्ता-13 7. युवालेखन का लघुपत्र।

वार्षिकी : 1. सा. 2. वा. 3. डॉ. नगेन्द्र 4. दिल्ली 5. 1962 7. इसमें प्रतिवर्ष की विभिन्न विधाओं, कृतियों एवं कृतिकारों की उपलब्धियों का मूल्यांकन प्रकाशित।

वार्षिकी : 1. समा. 2. वा. 3. बालेश्वरप्रसाद अग्रवाल 4. हिन्दुस्तान समाचार, मंडी हाउस, नई दिल्ली 5. 1970.

वालन्टियर : 2. मा. 3. सुरेन्द्रबाबू सक्सेना, श्यामशरण 4. सर्राफा बाजार, मानमल हाउस, लश्कर, ग्वालियर-1 5. सितम्बर 1947.

वाशक : 1. समा. 3. रामशंकर तिवारी 4. बजरिया, पुराना शहर, इटावा 5. 1961.

वासंती : 2. मा. 3. रूपनारायण पाण्डेय 4. लखनऊ।

वासंती : 1. धा. 2. मा. 3. सीताराम चतुर्वेदी, हीरालाल, महेन्द्र 4. साधु बेला आश्रम, भदैनी, वाराणसी 5. 1955-63.

वासुदेव : 1. कृ. 2. साप्ता. 4. गंजबाजार, मुरादाबाद 5. 1965-67.

विन्ध्यकेसरी : 1. समा. 2. साप्ता., पा. 3. ज्योतिषी ज्वालाप्रसाद, पद्मनाभ तैलंग 4. स्टेशन रोड, सागर 5. 26 जनवरी 1947-57.

विंध्यकेहरी : 1. समा. 2. साप्ता. 3. लालजी नामदेव, पद्मनाभ तैलंग 4. पुष्टराज प्रेस, धोधर, रीवाँ 5. 1964.

विंध्य चिनगारी : 1. समा. 2. साप्ता. 4. न्यू बस स्टैण्ड, रीवाँ 5. 1971.

विंध्यभूमि : 2. त्रै. 4. सूचनाप्रचार निदेशालय, रीवाँ 5. 1956 (लगभग)।

विंध्यमेखला : 1. समा. 2. पा. 3. भारतभूषण 4. वेंकट रोड, रीवाँ 5. 1965.

विन्ध्यवाणी : 1. समा. 2. साप्ता. 3. भोलानाथ राव 4. बडुहार रोड, गणेशगंज, शहडोल 5. 1963.

विन्ध्यवाणी : 1. समा. 2. साप्ता. 3. बनारसीदास चतुर्वेदी, प्रेमनारायण खरे 4. कुण्डेश्वर, टीकमगढ़।

विन्ध्यवासिनी : 3. सुरेशचन्द्र मिश्र 4. वेंकट रोड, रीवाँ।

विन्ध्यवासिनी : 1. समा. 2. साप्ता. 4. धमतनी, रायपुर 5. 1969.

विन्ध्य शिक्षा : 1. शै. 2. मा. 3. गंगाप्रसाद श्रीवास्तव 4. शिक्षाविभाग, रीवाँ 5. 1953-64.

विन्ध्यसंदेश : 1. समा. 2. साप्ता., पा. 3. आई. डी. द्विवेदी 4. धोधर, रीवाँ 5. 1960-65.

विन्ध्याचल : 1. समा. 2. साप्ता. 3. लक्ष्मीकांत शुक्ल 4. वेंकट रोड, रीवाँ 5. 1964-65-69.

विन्ध्याचल : 2. मा. 3. दशरथ जैन 4. छतरपुर 5. 1954.

विन्ध्याचल : 1. समा. 2. दै. 4. इंदौर 5. 1949.

विन्नेर : 1. समा. 2. साप्ता. 3. आई. सी. कपाड़िया 4. गोपीपुरा, सूरत-2 5. 1967.

विकराल भारत : 2. मा. 4. लालकुआँ, लखनऊ 5. 1969-70.

विकल : 1. समा. 2. साप्ता. 4. नबाबपुरा, मुरादाबाद 5. 1966-69.

विकल्प : 1. सा. 2. अर्द्धवा. 3. शैलेश मटियानी 4. मोतीलाल नेहरू नगर, इलाहाबाद।

विकास : 1. समा. 2. साप्ता. 3. अखिलेश शर्मा, विश्वम्भरप्रसाद शर्मा, कन्हैयालाल मिश्र 'प्रभाकर' 4. रेलवे रोड,, सहारनपुर 5. 1934.

विकास : 1. समा. 2. साप्ता. 3. देवीदयाल सिंह 4. अशोक मार्केट, पटना 5. 1972, 73.

विकास : 2. साप्ता. 4. करमाल टोला, आरा 5. 1956-60.

विकास : 2. मा. 3. जयपुर 4. 1955-60.

विकास : 2. त्रै. 3. डॉ. फतह सिंह हरिवल्लभ 'अंचल' 4. भारतीय संस्कृति संसद, कोटा 5. 1948.

विकास : 1. समा. 2. साप्ता. (हि., अ.) 4. धर्मपेठ, नागपुर 5. 1945.

विकास : 2. मा. (बहु.) 4. स्टेशन रोड, अहमदनगर, (महा.) 5. 1970.

विकास : 2. मा., त्रै. 3. कुलदीप सहाय, राघवेन्द्र राय 4. शिक्षाविभाग, बिलासपुर 5. 1921-25.

विकास : 1. समा. 2. दै. 3. संचा.—बाबूलाल गुप्त, संपा.—करुणाशंकर पाण्ड्या 4. बम्बई 5. 1942 7. मुख्य स्तंभ—तरंगाघाट।

विकास : 1. समा. 2. पा. 3. प्रहलाद सिंह 4. जिला पंचायत राज अधिकारी, बुलन्दशहर 5. 1957.

विकास : 1. समा. 2. साप्ता. 3. रामशरण शर्मा 4. जौनपुर 5. 1949, 65.

विकास : 2. साप्ता. 4. सूरिनाम।

विकास : 1. समा. 2. साप्ता. 4. मनीश्वर दत्त मार्ग, प्रतापगढ़ 5. 1943-71.

विकास : 1. पा., मा. 4. जिला आयोजन अधिकारी, सीतापुर 5. 1954-68.

विकास किरण : 1. पा., मा. 4. मि. इ. रोड, जयपुर/कोटा 5. 1957-60.

विकास चर्चा : 1. समा. 2. पा. 3. देवीप्रसाद शास्त्री 4. पुखराया, कानपुर 5. 1963 6. 2) वा.।

विकास दूत : 2. मा. 3. शिवकुमार बाजपेयी 4. प्रसार प्रशिक्षण केन्द्र, बख्सी का तालाब, लखनऊ 5. 1973.

विकास दूत : 2. मा. 4. जिला आयोजन अधिकारी, शाहजहाँपुर 5. 1962-69.

विकास पत्रिका : 2. मा. 4. रोहतासनगर, शाहदरा, दिल्ली 5. 1961-63.

विकास मार्ग : 1. समा. 2. साप्ता., पा. 3. यदुनारायण राय 4. जिला नियोजन कार्यालय, बस्ती 5. 1961.

विकास युग : 2. साप्ता. (हि., अं.) 4. ठाकुर का रास्ता, जयपुर 5. 1959-63.

विकास योजना : 1. समा. 2. साप्ता. (हि., अं.) 3. देवकांत शर्मा 4. शिवपुरी, बुलन्दशहर 5. 1963.

विकासशील : 1. समा. 2. साप्ता. 4. कालामहल, आगरा 5. 1971.

विक्टोरिया सेवक : 1. समा. 2. साप्ता. 4. जबलपुर 5. 1887.

विक्रम : 1. समा. 2. दै. 3. नारायणप्रसाद अरोड़ा, भगवतीप्रसाद बाजपेयी 4. कानपुर 5. 1922 6. 12 रु. वा.।

विक्रम : 2. साप्ता. 3. पाण्डेय बेचन शर्मा 'उग्र', शिवचरणलाल, रमापति शर्मा 4. गोविंदबाड़ी, कालवादेवी, बम्बई 5. सितम्बर 1942, 47.

विक्रम : 1. धा. 2. मा. 3. पं. सूर्यनारायण व्यास 4. मोहन प्रिंटिंग प्रेस, उज्जैन 5. 1956.

विक्रयकार निर्णय : 1. विधि. 2. मा. 3. जी. डी. दास 4. जवाहर मार्ग, उज्जैन 5. 1968.

विक्रान्त : 1. समा. 2. साप्ता. 3. एस. पी. शुक्ल 4. देशमुख लेन, बम्बई 5. 1968-70.

विग्रह : 1. सा. 2. मा. 3. सतीशकुमार 4. 37, शंकर मार्केट, कनाट सर्कस, नई दिल्ली 5. 1966 6. 10) वा. 7. श्रेष्ठ लघुपत्र।

विचक्षण : 1. समा. 2. साप्ता. 3. ए. दीक्षित 4. रूपनगर, दिल्ली 5. 1970.

विचार : 1. सा. 2. मा., त्रै. 3. अमृतलाल नागर (1948), देवेश ठाकुर, सत्यांशु विभाव, व्यंपिली 4. हानबी रोड, रा. रुइया कालेज हॉस्टल, रबींब, बम्बई -22/10 सागरतंरग, डॉ मधुरकरवी राउत मार्ग, बम्बई -28 5. 1948, 72 (अल्पायु) 6. 6) वा. 7. लेखकीय नैतिकता से प्रतिबद्ध लघुपत्र।

विचार : 2. मा. 4. सिउनी (म.प्र.) 5. 1956-58.

विचार : 1. सा. 2. साप्ता. 3. भगवतीचरण वर्मा 4. 154/19, हरीसन रोड, कलकत्ता 5. 24 मार्च 1940-42 7. 'हमारी उलझन' स्तम्भ महत्त्वपूर्ण।

विचार : 1. समा. 2. साप्ता. 3. विमलराज अग्रवाल, शकुन्तला 4. ग्वालटोली, कानपुर 5. 1961, 62.

विचारक : 1. सा. 2. मा. 3. प्रताप माथुर 4. त्रिलोक भवन, करौली (राज.) 5. 1967.

विचार क्रान्ति : 1. सा. 2. मा. 3. श्रीनाथ, महावीर सिंह 4. पुरानी बस्ती, भिण्ड (म.प्र.) 5. 1966.

विचार दूत : 1. समा. 2. साप्ता. 4. अमीनाबाद, लखनऊ 5. 1963-64.

विचार पत्रिका : 2. मा. 4. मुरादाबाद 5. 1898.

विचार भारती : 1. साप्ता. 2. समा. 3. चन्द्रदीप सिंह 4. मोहल्ला राधाकुण्ड, गोड़ा 5. 1961.

विचारमाला : 2. पा. 4. कमलानगर, दिल्ली 5. 1952.

विचारवाणी : 1. समा. 2. साप्ता. 4. लक्ष्मी गेट, झाँसी 5. 1968-71.

विचार वेदान्त : 2. मा. 4. जबलपुर 5. 1895.

विचार शक्ति : 2. पा. 4. शिवाजी पार्क, बम्बई 5. 1956.

विचित्र संसार : 1. समा. 2. साप्ता. 3. रामदेव 4. गोहरपुर, बाबड़ी मुजफ्फरनगर 5. 1970.

विचारो : 1. समा. 2. साप्ता. 4. वेस्टपार्क रोड, मालेश्वर, मँगलोर 5. 1955-59.

विचित्र बंधु : 2. मा. 4. अजमेर 5. 1979 वि.।

विचित्रा : 2. मा. 3. गिरिधारीलाल शर्मा 4. पटना 5. 1968.

विजय : 1. समा., राज. 2. दै. (1918), साप्ता. (1919) 3. इन्द्र वाचस्पति, वीरभद्र विद्यालंकार, शंकितदत्त, हरिश्चन्द विद्यालंकार, मंगलदेव शर्मा, सत्यकाम विद्यालंकार 4. नया बाजार, दिल्ली 5. 1919-20 6. 12) वा. 7. दिल्ली का प्रथम सान्ध्य दैनिक समाचार पत्र। मात्र दो अंक प्रकाशित। शासन का विरोध करने के कारण इसका दमन। उग्र राष्ट्रीय विचारधारा का पोषक। रोलेट ऐक्ट का तीव्र विरोध। दिल्ली में उर्दू पत्रकारिता का प्रतिस्पर्धी। विशेष— 'स्वतंत्रता अंक'।

विजय : 2. मा. (हि., उ.) 4. लोदी कालोनी मार्केट, नई दिल्ली 5. 1962-69.

विजय : 2. सा. 3. राजनारायण सिंह 4. मिश्र टोला, विक्रमगंज, शाहाबाद (बिहार) 7. युवालेखन का लघुपत्र।

विजय : 1. समा. 2. साप्ता. 4. एटा 5. 1949-63.

विजय : 1. समा. 2. पा. 3. हरिमोहनलाल श्रीवास्तव 4. स्टेट प्रेस, दतिया (म.प्र.) 5. 1944.

विजय : 1. समा. 2. साप्ता. 4. बुरहानपुर (म.प्र.)।

विजय : 3. दत्तात्रेय 4. अजमेर।

विजय : 3. शंकरदत्त शर्मा, सोम शर्मन, शिवचन्द्र नागर, विश्वम्भर मानव 4. मुरादाबाद 5. 1931, 15 अगस्त 1947.

विजय : 1. सां. 2. मा. 3. बैजनाथ केडिया 4. सरकार लेन, कलकत्ता 5. 1 मई 1935, 36.

विजय : 1. समा. 2. साप्ता. 4. जौनपुर 5. 1959.

विजय : 1. समा. 2. दै. 3. नारायणदत्त कश्यप 4. नागपुर 5. 1923.

विजय : 1. समा. 2. साप्ता. 4. सारन 5. 1937, 38.

विजय : 2. मा. 4. लाहौर।

विजय : 2. पा. 4. गया 5. 1956 (लगभग)।

विजय : 3. बैजनाथ केडिया 4. साक्षी विनायक, वाराणसी।

विजय : 1. समा. 2. साप्ता. 3. कार्तिकेयचरण मुखोपाध्याय, लक्ष्मीनारायण गर्दे, विश्वम्भरनाथ जिज्जा 4. वाणिक प्रेस, कलकत्ता 5. 23 अप्रैल 1931.

विजय : 4. शिवपुरी (म.प्र.) 5. 1948.

विजय आनन्द : 1. धा. 2. द्विभा. 3. पृथ्वीराज जैन 4. अम्बाला 5. 1959.

विजय धोष : 2. साप्ता. 4. जौहरी बाजार, जयपुर 5. 1967.

विजय जासूस : 2. मा. 3. नरेन्द्रकुमार 4. दरीबाकलाँ, दिल्ली 5. 1966.

विजय तिलक : 1. समा. 2. साप्ता. 3. सत्यप्रकाश 4. उर्दू बाजार, जौनपुर 5. 1968-71.

विजय दाता : 2. पा., (हि., अं.) 4. ओल्ड कनाट प्लेस, देहरादून 5. 1970.

विजय पताका : 1. समा. 2. साप्ता. 3. भगवानशरण अवस्थी 4. भारद्वाज कॉलोनी, शाहजहाँपुर 5. 1961.

विजय बन्धु : 1. जा. 2. मा. 3. ओमसरन विजय 4. हनुमानजी का रास्ता, जयपुर 5. 1964-70.

विजय भारत : 2. समा. 3. साप्ता. (उ., हि.) 4. डिसपेन्सरी रोड, देहरादून 5. 1963.

विजय भारती : 1. सा. 4. राष्ट्रभाषा प्रचार समिति, दिल्ली।

विजय माणि : 2. मा. 4. खुरशा दीवान आश्रम, देहरादून 5. 1962-64.

विजयवर्गीय : 1. जा. 2. मा. 3. रघुनाथदास विजयवर्गीय राजौरिया 4. कलकत्ता 5. 1923.

विजयवर्गीय सन्देश : 1. जा. 2. त्रै. 3. दयाकृष्ण विजय 4. नयापुरा, कोटा 5. 1953, 56.

विजय विश्वास : 1. ज्यो. 2. साप्ता. 3. पी. के. शुक्ल 4. बिहारा लालुका, ओलपाद, वाया सूरत 5. 1970.

विजय सन्देश : 1. व्या. 2. त्रै. 4. शिवपुरी (म.प्र.) 5. 1940.

विजयाघोष : 2. मा. 3. कृष्णमुरारी शर्मा 4. जौहरी बाजार, जयपुर 5. 1967 6. 15 पैसे प्रति।

विजयानन्द : 1. धा. 2. मा. 3. पृथ्वीराज जैन 4. एस. ए. जैन कॉलेज क्वाटर्स, अम्बाला सिटी 5. 1956-60, 69.

विजेता : 1. समा. 2. साप्ता. 3. गिरिजाशंकर मिश्र 4. बैजनाथपाड़ा, रायपुर 5. 1966-69.

विजेता : 2. मा. 4. नवीपेठ, पूना 5. 1951.

वितस्ता : 2. सा. 3. डॉ. हरिहरप्रसाद गुप्त, प्रो. रमेशकुमार शर्मा 4. श्रीनगर (कश्मीर) 5. 1961 से प्रचलित 7. कश्मीर का श्रेष्ठ साहित्यिक पत्र।

विदर्भ केसरी : 1. समा. 2. साप्ता. (हि., म.) 4. इटवारा चौक, यवतमाल (महा.) 5. 1969.

विदर्भ ज्योति : 1. समा. 2. साप्ता. 4. कामटी, नागपुर 5. 1971.

विदर्भवाणी : 1. समा. 2. साप्ता. (हि., म.) 3. निर्मला महात्मा 4. धामणगाँव (महा.) 5. 1966.

विदर्भसारथी : 1. समा. 2. साप्ता. (हि., म.) 4. गोयनका नगर, अकोला 5. 1965-67.

विदिशा चिन्गारी : 1. समा. 2. साप्ता. 4. नीमताल, विदिशा 5. 1959-65.

विदिशा सन्देश : 1. समा. 2. साप्ता. 4. धोगर, रीवाँ 5. 1959-65.

विदुर : 1. समा. 2. साप्ता. 4. चाँदपुर, बिजनौर 5. 1971.

विदुषी : 1. म. 2. मा. 3. लल्लीबाई पाण्डिया, रत्नेश्वरी अग्रवाल 4. बनारस 5. 1937.

विदेह : 1. सा. 2. मा. 3. जगन्नाथप्रसाद मिश्र, उपेन्द्र विद्यालंकार 4. साहित्य मंडल कार्यालय, मिरजापुर, दरभंगा 5. 1961-65, 67, पुन: 1967.

विद्या : 2. मा. 3. चन्द्रशेखर विद्यार्थी 4. शाहजहाँपुर 5. 1917.

विद्या : 2. सा. 3. शिवनन्दनप्रसाद 4. गया 7. बीसवीं शती का आरम्भ काल।

विद्या : 2. मा. 3. सुरेन्द्रदेव 4. लालूपुर, बलिया 5. 1934, 57-73.

विद्या : 2. मा. 3. उमाशंकर 4. प्रयाग 5. 1988 वि.।

विद्या : 1. सा. 2. त्रै. 3. डॉ. केसकर 4. वैज्ञानिक तथा तकनीकी शब्दावली आयोग, रामकृष्णपुरम, नई दिल्ली 5. मार्च 1972.

विद्या : 2. मा. 3. शंकरराव, रविशंकर दुबे, गोपीवल्लभ उपाध्याय 4. मालवीय विद्यापीठ राऊगुरुकुल, इन्दौर 5. 1927.

विद्या : 2. पा. (हि., म.) 4. सीताबर्डी, नागपुर 5. 20 नवंबर 1947 7. प्रश्नोत्तर शैली में परीक्षा सामग्री।

विद्या : 2. पा., मा. (हि., अं.) 4. मेन रोड, वर्धा 5. 1953-57.

विद्यादर्श : 2. पा. 4. मेरठ 5. 1869.

विद्याधर्म दीपिका : 2. मा. 3. चन्द्रशेखर मिश्र 4. मफगाँवा बरही (गोरखपुर) 5. 1889-94 6. दो आना प्रति।

विद्या निकेतन : 2. पा. 4. पिलानी।

विद्यापाठी : 2. मा. 3. कन्हैयालाल 4. दरगाह बाजार, अजमेर 5. 1966 6. 10 पैसे।

विद्यापीठ : 2. मा. 3. ओंकारलाल मेवाड़ी 4. काशी 5. 1938.

विद्यापीठ : 2. द्विभा. (हिं., गु.) 3. आर. डी. पारीख, एम. एस. पटेल 4. गुजरात विद्यापीठ, अहमदाबाद 5. 1963.

विद्यापीठ पत्रिका : 1. सा. 2. त्रै. 4. हिन्दी विद्यापीठ, देवधर, बिहार 5. 1951.

विद्या प्रकाश : 2. मा. 3. रामनारायण 4. लखनऊ 5. 1891.

विद्या भास्कर : 1. धा., दा. 2. मा. 3. पं. गिरिधर शर्मा, चतुर्वेदी नवरत्न 4. काशी/जयपुर 5. 1907.

विद्या भास्कर : 2. मा. 4. तिलकनगर, नई दिल्ली 5. 1968-69.

विद्याभास : 1. शै. 2. साप्ता. त्रै. (बहु.) 4. नौरोजी हिल रोड, डोंगरी, बम्बई 5. 1967, 70.

विद्या मार्तण्ड : 3. प. ज्वालादत्त 4. प्रयाग 5. 1888.

विद्यार्थी : 1. बा. 2. मा. 3. रामजीलाल शर्मा, प्रफुल्लचन्द्र ओझा, 'गिरीश' (1952) 4. हिन्दी प्रेस, प्रयाग 5. 1914-46, 52 6. 2) वा.।

विद्यार्थी : 2. मा. 3. साँवरमल 4. बलराम डे स्ट्रीट, कलकत्ता 5. 1951.

विद्यार्थी : 2. मा. 4. वर्मा प्रेस, पटना 5. 1956 (लगभग)।

विद्यार्थी : 1. समा. 2. साप्ता. 4. दरगाहबाजार, अजमेर 5. 1966.

विद्यार्थी चेतना : 2. शै. 3. रामदेव शर्मा 4. गोपालजी का रास्ता, जयपुर 5. 1974 6. 5) वा.।

विद्यार्थी जगत : 1. समा. 2. साप्ता. 3. परबिन्दर मोहन 4. चौक, मीरासन, लुधियाना 5. 1970.

विद्यार्थी जगत : 1. शै. 2. पा. 3. नारायण बाग, इन्दौर 4. 1958-66.

विद्यार्थी जीवन : 2. मा. 3. सिद्धेश्वर शर्मा 4. कराँची 5. 1925.

विद्यार्थी दर्शन : 1. शै. 2. साप्ता. (हि., अं.) 4. शिवपुरी, बुलंदशहर 5. 1867-69.

विद्यार्थी दूत : 1. शै. 2. पा. 4. कोटा 5. 1971.

विद्यार्थी मित्रम् : 1. बा. 2. मा. (हि., अं., मल.) 3. कोशी पी. जान 4. बेकर रोड, पो. बॉक्स 81, कोट्टायम (केरल) 5. 1960.

विद्यार्थी युग : 4. जमालपुर, मुंगेर।

विद्यार्थी लोक : 1. शै., समा. 2. पा. 3. गोविन्दनारायण श्रीवास्तव 4. केशरबाग, लखनऊ 5. 1966.

विद्यार्थी वाहक : 1. शै. 2. मा. 3. नरेन्द्र तिवारी 4. सराय कायस्थान, कोटा 5. 1963.

विद्यार्थी शिक्षा : 1. शै. 2. मा. 3. अशोक श्रीवास्तव, सीताराम श्रीवास्तव 4. अवध प्रिंटिंग प्रेस, रिखबगंज, फैजाबाद 5. 1966-69 6. 6.60 रु. वा.।

विद्यार्थी सन्देश : 1. शै. 2. मा. 3. बजरंगलाल विद्यार्थी 4. विद्यार्थी प्रेस, रुद्रनगर, सुल्तानपुर 5. 1962.

विद्यार्थी सन्देश : 2. मा. 4. रीगल बुक डिपो, नयी सड़क, दिल्ली 5. 1956-58.

विद्यार्थी सखा : 2. मा. 4. रामनगर, काशी 5. 1917.

विद्यार्थी समाचार : 1. समा. 2. मा. 3. गोपालप्रसाद गुप्त 4. सुभाष रोड, अलीगढ़ 5. 1958.

विद्यार्थी समाचार : 1. शै. 2. साप्ता. 3. सुरेन्द्रसिंह सेंगर 4. दीक्षितपुरा, मंजु पथ, जबलपुर 5. 1967.

विद्या विनोद : 1. सा. 2. मा. 3. पं. बद्रीनाथ, चण्डीप्रसाद सिंह 4. खड्ग विलास प्रेस, बाँकीपुर, पटना 5. 1880,95–1912 7. पर्याप्त प्रसिद्ध प्राचीन पत्र।

विद्या विनोद : 2. मा., साप्ता. 3. कृष्णबलदेव वर्मा 4. लखनऊ/आगरा 5. 1897–99.

विद्या विलास : 2. मा. 3. दुर्गाप्रसाद मिश्र 4. कलकत्ता 5. 1885–94.

विद्युत कर्मचारी : 1. श्रम., समा. 2. पा. 3. हरीश तिवारी 4. विश्वेशरनाथ रोड, लखनऊ 5. 1968.

विद्युतवाणी : 1. श्रम. 2. मा. 4. सराय हसनगंज; लखनऊ 5. 1971.

विद्युत श्रमिक वाणी : 1. श्रम. 2. पा. 3. डी. पी. पाठक 4. कोतवाली वार्ड, जबलपुर 5. 1970.

विद्युत सन्देश : 1. तक. 2. मा. (हि., अं.) 4. राजस्थान बिजली बोर्ड, जयपुर 5. 1968.

विद्युत समाचारदर्शन : 1. श्रम. 2. मा. (हि., अं.) 3. सरयूमोहन कपूर 5. नवीन मार्केट, केशरबाग, लखनऊ 5. 1969.

विद्योदय : 2. मा. 3. हरिकेष शास्त्री 4. कलकत्ता 5. 1883 6. 1) प्रति 7. संस्कृत पत्र।

विद्वान : 2. साप्ता. 4. बलिया (यू.पी.) 5. प्रच.।

विद्वान : 2. मा. 4. लाजपतनगर, नई दिल्ली 5. 1969.

विद्रोही : 1. समा. 2. साप्ता., सान्ध्य दै. 3. आर.के. शशि 4. सब्जीमण्डी, रानी झाँसी रोड, नई दिल्ली 5. 1966.

विधवा संसार : 1. म. 2. मा. 4. आगरा 5. 1922.

विधवासहायक : 1. म. 2. मा. 3. दीनानाथ सिद्धांतालंकार 4. लाहौर 5. 1922 6. 2) वा.।

विधवासहायक : 1. म. 2. मा. 4. कलकत्ता 5. 1924.

विधवा हितैषी : 1. म. 2. मा. 4. विधवा विवाह सहायक सभा, जालंधर 5. 1956–57 (लगभग)।

विधा : 1. सां. 2. त्रै. 3. तारादत्त निर्विरोध 4. मोतीसिंह भेमियों का रास्ता, जयपुर 6. 2) वा. 7. नवलेखन का लघुपत्र।

विधि पत्रिका : 2. वि. 4. केन्द्रीय विधि राजभाषा आयोग, नई दिल्ली।

विधु : 2. पा. 4. तिलकनगर, कानपुर 5. 1971.

विध्वंस : 1. सा. 2. अनि. 3. अनल, अनय 4. 24/2, गिरीश मुखर्जी रोड 63, विवेकानन्द रोड, कलकत्ता-25 5. 1966 7. लघुपत्र।

विनती : 2. मा. 3. जे. जी. ओलीवर 4. सिमराला पथ, महूँ 5. 1967.

विनय : 3. शंकरलाल, मगनलाल 4. कानपुर।

विनर : 1. ज्यो. 2. मा. 4. गोपीपुरा, मोटेपोल, सूरत 5. 1967.

विनाश : 1. समा. 2. साप्ता. 4. सासनी, अलीगढ़ 5. 1967–71.

विनिमय : 1. सा. 2. अनि. 3. राम कमलेश्वर, अनिल सिन्हा 4. शिवपुरी अखाड़ा, महेन्द्, पटना-6 / प्रोफेसर्स लेन, दरियापुर, पटना-6 5. 1970 6. 1.25 रु. प्रति 7. नवलेखन का लघुपत्र।

विनियमित मण्डी : 1. समा. 2. मा. 3. राकेश सिंगल 4. चौकबाजार, बुलंदशहर 5. 1970.

विनोद : 1. हास्य. 2. साप्ता., मा. 3. भोलानाथ बिम्ब, रामचन्द्र प्रफुल्ल 4. लोअर चितपुर रोड, कलकत्ता-1 5. 1959-65 6. 6) वा.।

विनोद : 1. हास्य-व्यंग्य 2. मा. 4. हिन्दी प्रेस, प्रयाग 5. 1956-58.

विनोद वाटिका : 2. मा. 3. ठाकुरप्रसाद खत्री 4. काशी 5. 1906.

विनोबा पथ : 1. समा. 2. साप्ता. 3. ओमप्रकाश 4. कन्हैयालाल टोला, बरेली 5. 1965-69.

विपथ : 1. समा. 2. साप्ता. 4. हिण्डोन, सवाईमाधोपुर 5. 1963-68.

विप्रबन्धु : 1. जा. 2. मा. 4. मण्डी सईद खाँ, आगरा 5. 1962-67.

विप्लव : 1. समा. 2. साप्ता. 3. उपेन्द्र त्रिवेदी 4. सिविललाइन्स, लखीमपुर खीरी 5. 1960.

विप्लव : 1. सा. 2. पा. 3. केदारनाथ सिंह 4. 24 सी., कंकड कॉलोनी, पटना-20 5. 1971.

विप्लव : 1. सा. 2. मा. 3. यशपाल 4. साथी प्रेस, लाटूस रोड, लखनऊ 5. 1939 6. 4.50 रु. 7. क्रान्तिकारी प्रगतिशील पत्र। सूक्ति— "तुम करो शान्ति समता प्रसार। विप्लव गा अपना अनल-गान॥" 'कविता सम्मेलन' स्तम्भ में कविताएँ प्रकाशित। राष्ट्रीय आन्दोलन का अग्रसर मोर्चा (1939)। साहित्य में सौन्दर्य (यशपाल) आदि उत्तेजक लेख।

विभक्ति : 1. सा. 2. अनि. 3. निर्भय मल्लिक 4. प्रतापघोष लेन, कलकत्ता-7 5. 1968 अल्पायु 7. विवादास्पद लघुपत्र।

विभाव : 3. ज्योतिरंजन शास्त्री 4. लोकसाधना ज्ञानविज्ञान भवन, 10, सागर।

विभावरी : 1. सा. 2. मा. 3. राजेन्द्रकुमार दीक्षित 4. नौधरा, फीलखाना, कानपुर 5. 1965.

विभावरी : 1. कथा. 2. मा. 4. हरिद्वार रोड, देहरादून 5. 1961-63.

विभीषण : 1. समा. 2. साप्ता. 3. कृष्णनारायण मेहरोत्रा 4. अमरोहा गेट, मुरादाबाद 5. 1963.

विभूति : 2. पा. 3. गोरखपुर 4. 1956 (लगभग)।

विभूति : 2. धा. 2. मा. 4. झवेरी बाजार, बम्बई 5. 1956-61.

विभोर : 1. बा. 2. मा. 3. शिवनन्दन शर्मा 4. हिन्दी प्रेस, कटरा, प्रयाग।

विमका समाचार : 2. मा. 4. बिरहाना रोड, कानपुर 5. 1970.

विमल समाचार : 1. समा. 2. साप्ता. 3. मुनिदेव 4. डिप्टीगंज, मुरादाबाद 5. 1963.

विमला : 2. मा. 4. कलकत्ता 5. 1922 6. 2) वा.।

विमर्श : 1. शो. 2. वा. 3. डॉ. मदनगोपाल गुप्त 4. हिन्दी विभाग, बड़ौदा विश्वविद्यालय, बड़ौदा 5. 1966.

विमका समाचार : 1. चि. 2. मा. 3. शिवप्रसाद सिंह सिंगर 4. बिरहाना रोड, कानपुर 5. 1970.

विरक्त : 1. समा. 2. साप्ता. 3. प्रभुदास 4. सिंहडोल, अयोध्या (फैजाबाद) 5. 1948.

विराट : 1. समा. 2. साप्ता. 4. मेन रोड, शहडोल 5. 1962-63.

विराटपथ : 1. सा. 2. मा. 3. नवलकिशोर शर्मा 4. नथजी की हवेली, उदयपुर 5. 1965.

विरोधी : 1. समा. 2. मा. 3. बलजीत सिंह 'विरोधी' 4. सयाना, बुलन्दशहर 5. 1969.

विरोधी : 1. समा. 2. मा. 3. बलजीत सिंह 4. दाश शिवपुरी, बेदी बस्ती, सहारनपुर 5. 1963, 69.

विरोधी : 1. समा. 2. साप्ता. 4. मुहल्ला कोठी, सोनीपत 5. 1959-62.

विलासपुर टाइम्स : 1. समा. 2. साप्ता. 4. आजादनगर, विलासपुर 5. 1964-65, 70.

विलेज : 1. समा. 2. साप्ता. 4. इमली बाजार, इन्दौर 5. 1965-68.

विवरण पत्रिका : 2. द्विमा. 3. डॉ. सीसोदिया 4. हिन्दी प्रचार सभा, हैदराबाद 5. 1962.

विविध कलाभारती : 1. कला. 2. पा. 3. ताराकुमार शर्मा 4. शेखसराय, बुलन्दशहर 5. 1969 6. 12) वा.।

विविध भारती : 1. सा. 2. मा. 3. राजेश्वरप्रसाद मेहरोत्रा 4. किताबमहल, 56 ए, जीरो रोड, इलाहाबाद 5. 1961-63 6. 3) वा.।

विविध विचित्र : 1. सा. 2. त्रै. 3. गिरिधारीलाल शर्मा, 4. मिर्चई लेन, पटना 5. 1969.

विविधा : 1. समा. 2. साप्ता. 3. राजेन्द्रकिशोर, श्रीराम अवस्थी 4. ड्योढ़ी आगामीर, लखनऊ 5. 1961-65.

विवेक : 1. सा. 3. प्रताप, नचिकेता 4. गिरधर भवन, भरतपुर/सिमली, पटना 7. सामयिक लेखन का लघुपत्र।

विवेक : 2. साप्ता., मा. 4. जालप मोहल्ला, जोधपुर 5. 1952-61.

विवेक ज्योति : 1. धा. 2. मा. 3. स्वामी आत्मानन्द 4. विवेकानन्द आश्रम, रामपुर 5. 1963.

विवेक रश्मि : 1. धा. 2. मा. 3. सुदर्शन सिंह 'चक्र' 4. परमार्थ आश्रम, हरिद्वार 5. 1967-69 6. 10) वा.।

विवेक विकास : 1. धा. 2. मा. 3. रामनिवास स्वामी 4. केशरगढ़, जवाहरलाल नेहरू मार्ग, जयपुर 5. 1968.

विवेचक : 2. मा. (हि., गुज.) 4. भड़ोंच (महा.) 5. स्वातंत्र्यपूर्व।

विवेचना : 2. साप्ता. 4. आदर्शनगर, जयपुर 5. 1966-68.

विवृत्ति : 1. सा. 2. मा. 4. सुलतान बाजार, हैदराबाद 5. 1954.

विशाल आयुर्वेद : 1. चि. 2. मा. 3. पं. त्रिलोकीनाथ शास्त्री 4. सयाना, बुलन्दशहर 5. 1970.

विशाल कीर्ति : 2. साप्ता. (1907) 3. सदानन्द कुकरेती, विशालमणि पपलियाल 4. बद्री केदार प्रेस, पौड़ी (गढ़वाल) 5. 1907, 21 6. 2.25 रु.।

विशाल भारत : 1. सा. 2. मा. 3. संस्था.—रामानन्द चट्टोपाध्याय (बड़े बाबू), संपा.—बनारसीदास चतुर्वेदी (1928-37), श्रीराम शर्मा (दिस. 1940, 46-58), अज्ञेय (1938), मोहनसिंह सेंगर (जन. 1943) 4. अपर सरकुलर रोड, कलकत्ता 5. 6 जनवरी 1928-60, 64 6. 6) वा. 7. 'शुद्ध सात्विक मानसिक भोजन'। अपने युग का प्रभावी एवं कलकत्ता का प्रमुख पत्र। सूक्तियाँ— 'सत्य शिवं सुन्दरम्', 'नायमात्मा बलहीन लभ्य।' विशेष—पद्मसिंह शर्मा अंक, प्रवासी अंक (1930),

राष्ट्रीय अंक, रवीन्द्र अंक, ऐन्डूज अंक, साहित्यिक कला अंक, कहानी अंक, यूरोप अंक, दक्षिण भारत हिन्दी प्रचार अंक। स्तभ—विविध विचार, हमारे ग्रामप्रवासी भारतीय, साहित्य सेवी, साहित्य चर्चा, चौबेजी की चाय, कहीं हम भूल न जाएँ, तरुण भारत, महिला मण्डल, प्रवासी भारतीय, समालोचना, चित्रचयन, चिट्ठी-पत्री, कस्मैदेवाय। गाँधीवाद से प्रेरित, अत: नर्तकियों के चित्र और कदर्थ विषय वर्जित। जनपदीय साहित्य की पहल। 1928 में 'घासलेटी (अश्लील) साहित्य', मुख्यत: उग्र के साहित्य के विरुद्ध 'दिल्ली का दलाल' को लक्ष्य करके राष्ट्रव्यापी आन्दोलन। निराला के 'वर्तमान धर्म' को 'साहित्यिक सन्निपात' की संज्ञा देकर विवाद-संचालन। इसमें सर्वप्रथम पत्रकारिता विषयक लेखमाला। विष्णुदत्त शुक्ल, संत निहाल सिंह, लक्ष्मण गर्दे, इन्द्र बाचस्पति, अम्बिकाप्रसाद बाजपेयी, रुद्रदत्त शर्मा आदि के अनुभव प्रकाशित। 'भारत', 'हिन्दू', 'पंच', 'मतवाला', 'समालोचक' आदि पत्रों की प्रतिक्रिया। हिन्दी के विकेन्द्रीकरण का आन्दोलन। अवनीन्द्रनाथ, नन्दलाल बसु, असितकुमार हल्दार, रविशंकर रावल आदि के चित्र। उत्कृष्ट साज-सज्जा। कुछ पत्रों का आरोप कि यह बंगालियों का अर्थ-पोषण करता है। 25000) का घाटा सहकर यह जीवित रहा। चतुर्वेदीजी को पर्याप्त वैचारिक स्वातंत्र्य प्राप्त। चटर्जी जी ने आचार्य द्विवेदी से सम्पादकीय सीखकर इसे समुन्नत किया।

विशाल भारत : 1. समा. 2. साप्ता. 3. ओंकारलाल बोहरा 4. ग्रे स्ट्रीट, 104/ए, कलकत्ता-5 5. 1969.

विशाल भारत : 1. समा. 2. साप्ता. 3. ओंकारलाल बोहरा, लाखन सिंह 4. नार्थ एवेन्यू, 156, नई दिल्ली 5. 1970.

विशाल मध्यदेश : 1. समा. 2. दै. 3. राधेश्याम अग्रवाल 4. 352, गनपत मार्ग, सतना 5. 1970 6. 5 पैसे।

विशाल मारवाड़ : 2. पा., मा. 4. पूर्वी सिंथीम रोड, कलकत्ता 5. 1965-66.

विशाल मरुधर : 1. समा. 2. पा. 3. नंदकिशोर अग्रवाल 4. महर्षि देवेन्द्र रोड, कलकत्ता 5. 1962-64, 69.

विशाल राजस्थान : 1. समा. 2. साप्ता. 3. ओंकारलाल बोहरा, बसंतकुमार 4. ग्रे स्ट्रीट, कलकत्ता/जनता कॉलोनी, जयपुर/भरतपुर/उदयपुर 5. 1955, 70.

विशाल बागड़ क्रान्ति : 1. जा., समा. 2. मा., साप्ता. 3. अमीर मोहम्मद 4. सगवाड़ा, डूँगरपुर (राज.) 5. 1969.

विशाल हरियाणा : 1. समा. 2. साप्ता. 3. चाँदराम 4. इण्डस्ट्रियल एरिया, चण्डीगढ़ 5. 1970.

विशाल हिमाचल : 1. समा. 2. साप्ता. 3. शमशेरसिंह 4. तितला होटल, शिमला 5. 1966.

विशुद्धि शान्ति मार्ग : 1. धा. 2. मा. 3. डालचन्द वैद्य 4. खैर, अलीगढ़ 5. 1970.

विशेष : 1. सा. 2. अनि. 3. 'शलभ' श्रीराम सिंह 4. कलकत्ता 5. 1965.

विश्लेषण : 2. सा. 3. जयनाथ नलिन 4. कुरुक्षेत्र 7. मात्र 1-2 अंक प्रकाशित।

विश्व : 1. समा. 2. साप्ता. 4. सुभाष बाजार, मेरठ 5. 1962-63.

विश्व : 2. मा. 3. रघुवर शास्त्री 4. प्रयाग 5. 1921.

विश्वम्भरा : 1. शो. 2. त्रै. (हि., राज., सं.) 3. विद्याधर शास्त्री 4. शोध प्रतिष्ठान, बीकानेर 5. 1961-65.

विश्वकथा : 1. धा. 2. मा. 3. वेस्टर्न एक्सटेंशन, नई दिल्ली 5. 1960-63.

विश्वकर्मा : 2. साप्ता. 4. मथुरा 5. 1895.

विश्वकर्मा : 2. मा. 3. ओंकारनाथ शर्मा 4. कानपुर 5. 1924, 25.

विश्वकर्माजगत : 1. जा. 2. मा. 3. रामजीवन शर्मा 4. चंदौली, वाराणसी 5. 1969.

विश्वकर्मा दर्पण : 1. जा. 2. त्रै. 4. फूटा ताल, जबलपुर 5. 1964-71.

विश्वकर्मा मित्र : 1. जा. 2. मा. 4. धनौरा, मुरादाबाद 5. 1961-63.

विश्वकर्मा विकास : 1. जा. 2. मा. (हि., अं.) 3. जगदीश कमल 4. खतौली, मुजफ्फरनगर 5. 1963 6. 5) वा.।

विश्वकर्मा संसार : 1. जा. 2. मा. 3. देवराज 4. सरहिन्द, पटियाला 5. 1969.

विश्वकर्मा हितैषी : 2. मा. 4. जुमेराती, भोपाल 5. 1956-58.

विश्व कल्याण : 1. समा. 2. साप्ता. 3. मनसुखराम शर्मा 4. गाँधी अध्ययन केन्द्र, भिवानी (हरि.) 5. 1958-60.

विश्व कल्याण : 1. धा. 2. मा. 3. स्वामी सत्यव्रत 4. बिंध्याचल, मिर्जापुर 5. जनवरी 1935.

विश्व कल्याण : 1. समा. 2. साप्ता. 4. पो.बॉ. 602, नई दिल्ली 5. 1950.

विश्वकेतु : 2. साप्ता. 3. आनन्द 4. रायबरेली।

विश्वकोष : 3. विश्वनाथ बसु 4. कलकत्ता 5. 1914 6. 4).

विश्वज्योति : 1. सा., धा. 2. मा. 3. आचार्य विश्वबन्धु, संतराम बी.ए. 4. साधु आश्रम, होशियारपुर 5. फरवरी 1952 (प्रच.) 6. 8) वा. 7. वैदिक धर्म का पत्र। विशेष—'मानवता अंक' (1977).

विश्वदर्शन : 2. मा. 3. चन्द्रगुप्त विद्यालंकार 4. प्रकाशन विभाग, भारत सरकार, नई दिल्ली 5. अगस्त 1948-अक्टूबर 1950 6. 6) वा. 7. अन्तर्राष्ट्रीय चेतना से परिपूर्ण राजकीय पत्र।

विश्व दीपक : 1. समा. 2. साप्ता. 3. पृथ्वीधर आचार्य 4. कृष्णापुर, इन्दौर 5. 1952-66.

विश्वदूत : 1. समा. 2. साप्ता. (1961), मा. (1955-60) 3. गंगाप्रसाद अखौरी, राजेन्द्रप्रसाद शुक्ल 4. महात्मा गाँधी रोड, 166, कलकत्ता 5. 1955, 64 6. 6) वा.।

विश्वदूत : 1. साप्ता., मा. 3. रामगोविन्द त्रिवेदी 4. रंगून 5. 1923.

विश्वधर्म : 1. धा. 2. मा. 4. त्रिलोचन, वाराणसी 5. 1959-61.

विश्वधर्म शान्ति : 1. धा., समा. 2. मा. 3. ब्रह्मानन्द ब्रह्मचारी 4. श्रीहनुमान मन्दिर, विनय मार्ग, दिल्ली 5. 1968.

विश्वनाथ : 1. धा. 2. मा. 3. स्वामी महेश्वरानन्द 4. काशी 5. 1934.

विश्वनेता : 2. साप्ता. (बहु.) 4. चहारहाट, दिल्ली 5. 1965.

विश्वपिता : 1. समा. 2. साप्ता. 3. के.के. शर्मा 4. मौजपुर, शाहदरा, दिल्ली 5. 1965.

विश्वपुकार : 1. समा. 2. साप्ता. 4. सराय हाकिम, अलीगढ़ 5. 1971.

विश्व प्रकाश : 4. गोरखपुर।

विश्व प्रभाकर : 1. समा. 2. साप्ता. 3. रामपाल सिंह 4. महेश्वरी प्रेस, बाँदा 5. 1967.

विश्व प्रभात : 1. समा. 2. साप्ता. 4. कानूनगोयान, बुलंदशहर 5. 1967-69.

विश्वबन्धु : 1. समा. 2. साप्ता. 3. भुवनेश्वर सिन्हा 4. ब्रजकिशोर पथ, पटना-1 5. 1960.

विश्वबन्धु : 1. समा., धा. 2. साप्ता. (1933), दै. (1942) 3. प्रेरक—महामना मालवीय जी, गोस्वामी गणेशदत्त, संपा.—वी.पी. गोस्वामी, जयनाथ नलिन, जमनादास, मदनमोहन गोस्वामी, जगन्नाथ प्रभाकर, विश्वप्रकाश दीक्षित 'बटुक' आदि 4. सनातन धर्म प्रतिनिधि सभा, लाहौर (1933)/अमृतसर (1939) 5. 1933-34, 1942 से 13 अगस्त 1947 तक 7. पंजाब प्रान्तीय हिन्दू महासभा का मुखपत्र। सरकार द्वारा इस पर मुकदमे। माधवजी को कारावास। इसके व्यंग्य प्रहारपूर्ण।

विश्वबन्धु : 1. समा. 2. साप्ता. 4. सुलतानपुर 5. 1956-58.

विश्वबन्धु : 2. मा. 4. रघुबीरगंज, हापुड़, मेरठ 5. 1960-61.

विश्वबन्धु : 2. मा. 4. पुरानी कोतवाली, झाँसी 5. 1922, 56-58.

विश्वबंधु : 2. दै. 3. गोपालप्रसाद सिंह, ब्रजकिशोर सिंह 4. 87 ए, राजा दिनेश स्ट्रीट/198 ए, कार्नवालिस स्ट्रीट, कलकत्ता 5. 1939,40.

विश्व बाल कल्याण : 1. बा. 2. साप्ता., मा. 4. नन्दी मलिक लेन, कलकत्ता 5. 1960-64.

विश्व बाल कल्याण : 1. बा. 2. मा., त्रै. 3. भोलानाथ पुरुषोत्तम 4. दक्खिन टोला, मऊनाथ भंजन, आजमगढ़ 5. 1960-64, 65.

विश्वभारती पत्रिका : 1. शो. (सां.,सा.), प्राच्य विद्याप्रधान 2. त्रै. 3. हजारीप्रसाद द्विवेदी, डॉ. रामसिंह तोमर 4. हिन्दी भवन, विश्वभारती, शान्तिनिकेतन 5. जनवरी 1942-47-60 6. 6) वा. 7. उच्चस्तरीय पत्र। टैगोर की प्रेरणा से प्रकाशित। राष्ट्र के श्रेष्ठ साहित्य की संवाहिका। सम्पादकीय महत्वपूर्ण। इसकी गाँधीजी द्वारा प्रशंसा।

विश्वभारती : 3. अभयदेव 4. केरल 5. 1951.

विश्वभूषण : 2. मा. 3. भगवतदयाल मिश्र 4. अयोध्या, फैजाबाद 5. 1920 6. 3.50 रु.

विश्वभ्रमण : 3. घनश्यामदास अग्रवाल 4. इन्दौर 5. 2 फरवरी 1976.

विश्व मजदूर : 2. मा. 4. बल्लभभाई पटेल मार्ग, बम्बई 5. 1953.

विश्व मजदूर : 2. साप्ता. 4. प. रेलवे, जगपुर 5. 1971.

विश्वमत : 1. समा. 2. साप्ता. 4. पथरौरा, मिर्जापुर 5. 1971.

विश्व मानव : 2. दै. 4. बरेली 5. 1975 6. 20 पैसे प्रति।

विश्वमित्र (दैनिक) : 1. समा. 2. साप्ता., मा. (1932) 3. मूलचन्द अग्रवाल (1915), हेमचन्द्र जोशी (1932), इलाचन्द्र जोशी (1932), के.सी. अग्रवाल, मातासेवक पाठक, परमेश्वर सिंह, जगन्नाथप्रसाद मिश्र (1936), शिवदेव सतीश (अक्टूबर

1938), बाबूराम मिश्र (अप्रैल 1941), रामाशीष सिंह (दिस. 1943), देवदत्त मिश्र (1947), प्रदीप, आदित्य मिश्र 'कुमार' 4. शम्भू चटर्जी स्ट्रीट, 12 डलहौजी स्क्वायर, 74 धर्मतल्ला स्ट्रीट, कलकत्ता-1 5. अप्रैल 1915-अक्टूबर 1932 6. वा.) 15 पैसे प्रति।

विश्वमित्र (2) : 1. समा. 2. दै. 3. रामकृष्णकुमार, कृष्णचंद अग्रवाल, मनोरंजनसहाय श्रीवास्तव, माहेश्वरी सिंह 4. विश्वमित्र प्रेस, राजेन्द्र पथ, पटना 5. जनवरी 1917-72 7. हिन्दी का सर्वप्रथम साप्ताहिक। केन्द्रीय कार्यालय कलकत्ता। यहाँ से अनेक पत्रकारों का व्यावहारिक प्रशिक्षण।

विश्वमित्र (3) : 1. समा. 2. दै. 3. श्रीकांत ठाकुर विद्यालंकार, राममनोहर सिंह, सुन्दरलाल त्रिपाठी, कृष्णचन्द्र अग्रवाल 4. पारसी बाजार, फोर्ट, बम्बई 5. 1941-48 से (प्रच.) 6. 7 पै. 7. महाराष्ट्र में अत्यन्त लोकप्रिय।

विश्वमित्र (4) : 1. समा. 2. दै. 3. हरिश्चन्द्र अग्रवाल, देवदत्त मिश्र 4. 182, माल, कानपुर 5. 1948 6. 12 पैसे. 7. प्रेस रजिस्ट्रार की वार्षिक रिपोर्ट-1972 के अनुसार बम्बई, पटना, कानपुर से प्रकाशित। विश्वमित्र का प्रसारण की दृष्टि से छठा स्थान। कुल प्रसारित प्रतियाँ 66413। कानपुर शाखा के सम्पादक देवदत्त मिश्र को 'हिन्दुस्तान समाचार' की रजतजंयती के अवसर पर वरिष्ठ पत्रकार रूप में अभिनन्दित किया गया।

विश्वमित्र : 1. समा. 2. दै. 3. सत्यदेव विद्यालंकार, प्रेमनाथ चतुर्वेदी, रामशंकर भट्ट 4. दिल्ली 5. 1940 (लगभग)।

विश्वमोहन : 3. नन्दकिशोर लाल।

विश्ववाणी : 1. समा. 2. दै. 3. दिवाकर पाण्डेय 4. हैदराबाद 5. स्वातंत्र्योत्तर (अल्पायु)।

विश्ववाणी : 1. समा. 2. साप्ता. 4. देशबन्धु प्रेस, बाराबंकी 5. 1957-65.

विश्ववाणी : 2. मा. 3. विश्वम्भरनाथ, सरंक्षक—पं. सुन्दरलाल 4. साउथ मलाका, आजाद स्क्वायर, इलाहाबाद 5. जनवरी 1941-53, 56 6. 8) वा. 7. विशेष—सोवियत संस्कृति अंक, अन्तर्राष्ट्रीय अंक, बौद्ध संस्कृति अंक (संपा.—महादेवी वर्मा) आदि।

विश्ववाणी : 1. समा., सां. 2. साप्ता., मा. (1931) 3. हेमचन्द्र, इलाचन्द्र जोशी 4. पो. 269, बीसवीं शाताब्दी प्रेस, कलकत्ता 5. नवम्बर 1931, 35 6. 5) वा.।

विश्ववार्त्ता : 1. समा. 2. साप्ता. 3. श्रीकृष्ण त्रिपाठी 4. नेताजी सुभाष मार्ग, दिल्ली 5. 1964-72.

विश्वविद्या प्रचारक : 2. मा. 3. एक देश सेवक 4. लखनऊ 5. 1918-20, 21 6. 1I) वा., ≡) प्रति।

विश्वविलोक : 1. सा. 2. पा. 4. जावरा कंपाउण्ड, इन्दौर 5. 1964-65 7. प्रचलित लघुपत्र।

विश्वव्यापी : 1. समा. 2. पा. 3. परमेश्वरीदयाल खरे 4. कैलाशपुरी, बाँदा 5. 1959-61.

विश्वव्यापी : 2. मा. 4. स्वरूपनगर, कानपुर 5. 1967-69.

विश्वव्यापी सनातन धर्म : 1. धा. 2. मा. 4. अम्बाला।

विश्वशान्ति : 2. मा. 3. जगदीशप्रसाद अग्रवाल 4. मुरादाबाद 5. 1939 6. 3) वा.।

विश्वशान्ति : 1. सां. 2. मा. 4. कन्हैयासागर, लहरयिसराय, बिहार 5. 1949-65.

विश्व संवाद : 1. समा. 2. साप्ता. 4. परसादीलाल रोड, मुरादाबाद 5. 1971.

विश्व सहकार : 1. समा. 2. साप्ता. (हि.,म.) 4. नागपुर 5. 1964-69.

विश्व साहित्य : 2. मा. 3. अखिल विनय 4. होशियापुर 5. 1959-61.

विश्वसाथी : 2. पा. 4. कोटा 5. 1960-63.

विश्व स्वास्थ्य : 1. चि. 2. त्रै. 3. जेलियस 5. ए.बी./9, सफदरगंज, नई दिल्ली 5. 1970.

विश्वहितवाद : 1. समा. 2. पा. 3. एम. ए. रफीक 4. सैदिया रफीक रोड, इतवारा, भोपाल 5. 1969.

विश्वहितैषी : 1. समा. 2. साप्ता. 3. खुशीराम शर्मा 4. 1920, शैशनपुरा, दिल्ली 5. 1948 6. 5) वा.।

विश्वहितैषी : 1. समा. 2. साप्ता. 4. राममन्दिर, जी.टी. रोड, अम्बाला 5. 1964-65.

विश्वहितैषी संदेश : 2. मा. 4. उज्जैन 5. 1956-57,

विश्वज्ञान : 3. कन्हैयालाल मिश्र, मनुदत्त शास्त्री 4. विश्वज्ञान मन्दिर, कनखल, हरिद्वार 5. जून 1935, 36.

विश्वज्ञान : 1. समा. 2. मा. 3. श्यामजी 4. चौकबाजार, नकोदर, जालंधर 5. 1952.

विश्वास : 1. समा. 2. साप्ता. 3. बसंतलाल यादव 4. बुलानाला, वाराणसी 6. 1967-71.

विश्वास : 3. कन्हैयालाल मिश्र 'प्रभाकर' 4. सहारनपुर।

विश्वेश्वर महावीर : 1. जा., धा. 2. मा. 3. लालचन्द पुनीत 4. कपड़ा बाजार, जोधपुर 5. सितम्बर 1975 6. 11) वा.।

विषधर : 1. समा. 2. साप्ता. 3. डॉ. ब्रह्मानन्द शास्त्री 4. बाबू पुरवा, किदवईनगर, कानपुर 5. 1965.

विषय सहोदय : 2. त्रै. 3. एन्न. एच. गुप्त 4. नागपुर 5. 1960.

विष्णु सम्मेलन : 2. मा. 4. इलाहाबाद 5. 1956.

विस्तार : 1. समा. 2. पा. 4. झज्जर, रोहतक 5. 1964-65.

विस्तार समाचार : 1. कृ. 2. मा. 4. कृषि मत्रांलय, नई दिल्ली 5. 1956-61.

विस्फोट : 4. जोधपुर।

विस्फोट : 1. समा. 2. साप्ता. 4. जीवनी मण्डी, आगरा 5. 1963-65.

विस्मिल : 1. समा. 2. साप्ता. 3. श्यामनंद 4. विस्मिल मार्ग, गोलघर, गोरखपुर 5. 1963.

विहंगम : 1. सा. 2. मा. 3. विश्वनाथ दीक्षित, अरुणकुमार तिवारी 4. सरस्वती कला मन्दिर, इटावा 5. 1967 6. 9) वा. 7. डाइजेस्ट।

विहान : 1. समा. 2. साप्ता. 3. प्रभुनाथ मिश्र, शम्भुनाथ मिश्र 4. वोकटी भवन, बलिया 5. 1953-58.

विहान : 2. मा. 3. रामानन्द 4. मगही मण्डल, पटना 5. 1958, 65.

विहान : 1. समा. 2. साप्ता. 3. कमलापति शुक्ल 4. ग्वालटोली, कानपुर 5. 1966.

विहान : 1. सां., सा. 2. मा. 3. श्रीमती कमलामदन बिन्दु 4. 4 एन/12, लाजपतनगर, नई दिल्ली 5. 1969.

विज्ञ : 2. पा. 3. नन्हेलाल गोस्वामी 4. वृंदावन 5. 1892.

विज्ञ वृन्दावन : 2. पा. 3. नन्हेलाल गोस्वामी 4. वृंदावन 5. 1892.

विज्ञप्ति : 4. आर्य प्रतिनिधि सभा, हैदराबाद 7. निजाम शासन के प्रतिबन्ध के कारण यह पत्र शोलापुर में मुद्रित एवं नागपुर से प्रकाशित।

विज्ञान : 1. विज्ञान 2. मा. 3. गंगानाथ झा., पं. श्रीधर पाठक, प्रो. गोपालस्वरूप भार्गव, लाला सीताराम 'भूप' प्रो. ब्रजराज, रामदास गौड़, संतप्रसाद, डॉ. सत्यप्रकाश, युधिष्ठिर भार्गव, डॉ. गोरखप्रसाद, डॉ. रामचरण मेहरोत्रा, हीरालाल निगम 4. विज्ञान परिषद्, टैगोर टाउन, इलाहाबाद 5. 1915 6. 3) वा. 7. विज्ञान सम्बन्धी प्रथम हिन्दी-पत्र।

विज्ञान : 1. धा. 2. मा. 3. महावीर श्रीवास्तव 4. रायबरेली।

विज्ञान : 3. लाला सीताराम, श्रीधर पाठक 4. बड़ी पियरी, वाराणसी।

विज्ञानकला : 1. व्या. 2. मा. 3. निरंजनलाल गौतम 4. श्रद्धानंद बाजार, दिल्ली 5. 15 अगस्त 1947 6. 5) वा.।

विज्ञान की दुनिया : 2. मा. 4. विष्णुघाट, हरिद्वार 5. 1965-67.

विज्ञानजगत : 1. विज्ञान 2. मा. (डाइजेस्ट) 3. आर. डी. विद्यार्थी, श्रीनारायण चतुर्वेदी, रवीन्द्रप्रताप राव, सुरेश सिंह, डॉ. नवलबिहारी 4. इण्डियन प्रेस, प्रयाग 5. 1959, 62, 6. 9) वा.।

विज्ञान ज्योति : 1. ज्यो. 2. मा. (हि., सं.) 3. विशुद्ध गौड़ 4. नवलपुरा, खुरजा, बुलंदशहर 5. 1947-54, 73 6. 1) वा.।

विज्ञान डाइजेस्ट : 1. विज्ञान 4. नैनीताल 5. अक्टूबर 1975-(प्रच.)।

विज्ञान धर्म मूलक : 2. मा. 4. लाहौर 5. 1914.

विज्ञान पत्रिका : 1. वि. 2. मा. 3. मु.वि. कानडे 4. नेपियर टाउन, जबलपुर 6. 1953.

विज्ञान परिषद् अनुसंधान पत्रिका : 3. डॉ. शिवगोपाल मिश्र 4. विज्ञान परिषद् प्रयाग, विश्वविद्यालय, इलाहाबाद 5. 1957.

विज्ञान प्रगति : 1. वि. 2. मा. 3. श्यामसुन्दर शर्मा, रामचन्द्र तिवारी (1952-64), कृष्णमुरारी अग्रवाल 4. सी.एस. आई. आर., सी. आई.डी. बिल्डिंग, हिलसाइड रोड, नई दिल्ली 5. 1952 7. अपने विषय का प्रतिनिधि पत्र। द्रष्टव्य—प्रतिरक्षा विज्ञान, आनुवंशिकी, स्वास्थ्य संकट, खनिजसम्पदा, ऊर्जा विशेषांक।

विज्ञान लोक : 1. वि. 2. मा. 3. शंकर मेहरा, आर.डी. विद्यार्थी 4. श्रीराम मेहरा एण्ड कं., अस्पताल मार्ग, आगरा 5. 1959 (अल्पायु)।

विज्ञान विचित्र : 1. वि. 2. मा. 4. रामपुरा, वाराणसी 5. 1960-61.

विज्ञान शिक्षक : 1. वि. 2. त्रै. (हि., अं.) 3. वी.जी. पितृ 4. अ. भार. विज्ञान शिक्षक संघ, महरौली, नई दिल्ली 5. 1957.

विज्ञान सागर : 2. मा. 3. वैद्य गजानन शर्मा 4. खारी बावली, दिल्ली 5. 1935.

विज्ञापक : 2. मा. 3. ब्रजेन्द्रनाथ गौड़ 4. बड़ौदा 5. 1920.

विज्ञापन : 2. मा. 4. आगरा।

वीकली अग्निवाण : 1. समा. 2. साप्ता. 3. महेशकुमार कश्यप 4. रजवाड़ा, इन्दौर 5. 1964.

वीकली न्यूज लेटर : 1. समा. 2. साप्ता. 4. उद्योग निदेशालय उ.प्र., कानपुर 5. 1949.

वीकली स्टेटमेंट : 2. साप्ता. 4. मि.इ. रोड, जयपुर 5. 1971.

वीकली मध्यप्रदेश वाणी : 1. समा. 2. साप्ता. 3. बाबूलाल वर्मा 4. सराफा बाज़ार, बछराज का वाड़ा, ग्वालियर 5. 1962.

वीणा : 1. सा. 2. मा. 3. अंबिकाप्रसाद त्रिपाठी (1984 वि.), कमलाशंकर मिश्र (1926), रामचन्द्र श्रीवास्तव, कालिकाप्रसाद दीक्षित 'कुसुमाकर' (1986 वि.), उग्र, रामभरोसे तिवारी, शांतिप्रिय द्विवेदी, हरिराम मिश्र, डॉ. सुदर्शन (1946), चन्द्रारानी सिंह, लक्ष्मीनारायण दीनदयाल, गोपीवल्लभ उपाध्याय (नवंबर 1943), प्रयागनारायण संगम (नवंबर 1945), भालचन्द्र जोशी, नेमिचन्द्रजैन, डॉ. श्यामसुन्दर व्यास 4 मध्यभारत हिन्दी साहित्य समिति, 16, टैगोरमार्ग, तुकोगंज, इन्दौर 5. अक्टूबर 1926 (प्रच.) 6. 10) वा. 7. मुख्य विशेषांक— अभिषेकांक, धारअंक (नवंबर 1941), शिक्षांक (नवंबर 1943), सम्मेलनांक (अप्रैल 1934) नववर्षांक (1973), मालवी अंक (1971), तुलसी विशेषांक आदि। सूत्रवाक्य—"तेरे गुन गौरव सुनाऊँ आज भूतल पै, याते मातु सारदे सुधार निज वीणा तू।" 1976 में स्वर्ण जयंती। पर्याप्त स्तरीय एवं दीर्घजीवी पत्र।

वीणापाणि : 2. सा. 4. गौरीनगर, हरदोई 5. 1968-69.

वीमेन वायस : 1. म. 2. पा. (बहु.) 4. कृष्णनगर, दिल्ली 5. 1969.

वीर : 1. धा. 2. पा. 3. ब्रह्मचारी शीतलप्रसाद 4. अ.भा. दिगम्बर जैन परिषद्, बिजनौर 5. 1924.

वीर : 1. जा., धा. 2. साप्ता., पा. 3. परमेठीदास, कामताप्रसाद जैन, अयोध्याप्रसाद गोयलीय 4. दरीबाकलां, मोरी गेट, दिल्ली 5. 1924-59-60.

वीर : 1. जा., धा. 2. पा. 3. राजेन्द्रकुमार जैन 4. अखिल भारतीय दिगम्बर जैन परिषद्, 69 तीरगरान गली, रेलवे रोड, मेरठ 5. 1922 (प्रच.)।

वीर अभिमन्यु : 1. समा. 2. साप्ता. 4. रामघाट मार्ग, उज्जैन 5. 1963-65.

वीर अर्जुन (पूर्वनाम अर्जुन) : 1. समा. 2. साप्ता. (1934), दै. 3. श्रीकृष्ण विद्यालंकार, प्रो. इन्द्र वाचस्पति, कृष्ण महाशय, के. नरेन्द्र, बालमुकुन्द मिश्र, क्षितीशकुमार 4. जालंधर (26 जनवरी 1955)/प्रताप भवन, मथुरा रोड, श्रद्धानंद बाजार, नई दिल्ली 5. 1934-42, पुन: 1943, पुनराम्भ 1954, 55 (प्रच.) 7. प्रतिनिधि समाचार पत्र। स्वत्वाधिकार सम्पादक के अधीन। विशेष—रजतजयंती अंक, प्रजातंत्र अंक। नामान्तर— 'वीरप्रताप' (1 अगस्त 1958).

वीर गुर्जर : 1. समा. 2. मा. 3. यतीन्द्र वर्मा 4. लडौरा हाउस, बुढ़ाना गेट, मेरठ 5. 1929.

वीर तरंग : 1. समा. 2. साप्ता. 4. मानपाड़ा, आगरा 5. 1963-66.

वीर तेजाजी : 1. समा. 2. मा. 3. नन्दराम वर्मा 4. दूधिया, इन्दौर 5. 1968.

वीरत्यागी : 2. पा. 4. बड़ा बाजार, बटाला (पंजाब) 5. 1967.

वीरदूत : 1. समा., धा. 2. साप्ता. 3. नरेन्द्र अग्रवाल 4. अजमेरी गेट, व्यावर (राज.) 5. 1967.

वीर पथ : 2. मा. 4. लाठीमुहाल, कानपुर 5. 1960-63.

वीर परिनिर्वाण : 1. जा. 2. मा. 3. अक्षयकुमार जैन 4. 210, दीनदयाल उपाध्याय मार्ग, नई दिल्ली 5. 1975 6. 10) वा. 7. जैन धर्म का पत्र। महावीर निर्वाण महोत्सव के उपलक्ष्य में।

वीरपुत्र : 2. मा. 4. अजमेर 5. 1941-59.

वीर प्रताप (वीर अर्जुन का नामान्तर 1 अगस्त 1958) : 1. समा. 2. दै. 3. ललितमोहन, वीरेन्द्र 4. नेहरू चितड्रेन रोड, जालंधर 5. 1955 (प्रच.) 7. पर्याप्त लोकप्रिय पत्र। संस्था.—वीरेन्द्र तथा अन्य।

वीरबल : 1. समा. 2. साप्ता. 4. नेशनल प्रेस, राया, मथुरा 5. 1971.

वीरबाला : 2. त्रै. 3. प्रेमनारायण माथुर, कु. शांति 4. वनस्थली (राज.) 5. 1935.

वीरबालक : 1. बा. 2. मा. 3. धवल रामस्वरूप वर्मा, कन्हैया, गीतेश 4. नवजीवन प्रेस, जमालपुर, मुंगेर 5. 1952 6. 3) वा.।

वीर बालक : 1. बा. 2. मा. 3. श्री माधव 4. दिल्ली 5. 1924.

वीरबुन्देला : 1. समा. 2. पा. 3. नौरतनलाल गुप्ता 4. महेश्वरीदेवी रोड, बाँदा 5. 1966-71.

वीर बैसवारा : 1. समा. 2. साप्ता. 3. श्रीरामदेव त्रिवेदी 4. गुलाब रोड, रायबरेली 5. 16 सितं. 1969.

वीरभारत : 1. समा. 2. दै. 3. प्राणनाथ सेठ 4.. लाहौर।

वीरभारत : 2. जा. 3. रूपकिशोर जैन 4. आगरा 5. 1938 6. 4) वा.।

वीर भारत : 2. साप्ता., दै. 4. कलकत्ता 5. 1909 6. 2) वा.।

वीरभारत : 1. समा. 2. साप्ता., दै. 4. दिल्ली 5. 1919 6. 12) वा.।

वीरभारत : 1. समा. 2. दै. 3. बेनीमाधव बाजपेयी, आश्वनीकुमार पण्डित 4. लाठीमोहाल, कानपुर 5. 1925 7. सान्ध्य संस्करण भी प्रकाशित।

वीरभारत : 1. समा. 2. साप्ता. 3. नेमीचन्द जैन 4. बनारसी कुंच, जलेसर, एटा 5. 1933.

वीर भीमसेन : 2. साप्ता. 4. कमान, भरतपुर 5. 1966-68.

वीरभूमि : 1. समा. 2. साप्ता. 3. बलवीरसिंह वर्मा 4. दुर्गानगर, मेरठ सिटी 5. 1964.

वीरभूमि : 1. द्विमा. 3. रतनलाल जोशी 'मधुप' 4. नारायणप्रसाद बाबू लेन, कलकत्ता 5. जनवरी 1942-48.

वीरभूमि (मेवाड़) : 1. सा. 2. त्रै. 3. ओंकारलाल जोशी 4. कन्नौज बारवल, इन्दौर 5. 1958.

वीरभूमि : 3. रामप्रताप शुक्ल 4. महाराष्ट्र।

वीरभूमि : 1. समा. 2. साप्ता. 3. निरंजन शर्मा अजित 4. दिल्ली 5. 1924.

वीरभूमि : 1. समा. 2. साप्ता. 3. वीरेन्द्रपाल सिंह, ज्ञानेश्वर 4. देवगढ़ हाउस, उदयपुर 5. 15 अगस्त 1941 7. 6) वा.।

वीर मण्डल : 3. रामाश्रय पयासी।

वीर मजदूर : 1. समा., श्रम. 2. साप्ता. 4. नजजीवन प्रेस, मुरैना (म.प्र.) 5. 1954-65.

वीरमणि स्टूडियो : 1. व्या. 2. अर्द्धवा. 4. एस. पी. वीरमणि 5. 88, रायमार्केट, अम्बाला कैंट 5. 1968 6. मुफ्त।

वीरयोगी : 1. समा. 2. पा. 3. सुखदेव 4. बड़ा बाजार, बताला (पंजाब) 5. 1967.

वीरंजीत : 2. साप्ता. 4. रामनगर, दिल्ली 5. 1961.

वीरराजपूत : 2. मा. 4. रेलवे रोड, जालंधर 5. 1956-57 (लगभग)।

वीररावत : 1. सा. 2. मा. 3. रक्षासिंह रावत 4. निकट मस्जिद वाला कुआँ, अजमेर 5. 1967.

वीरवाणी : 1. धा., जा. 2. पा. 3. भँवरलाल जैन, सुखदास 4. मनिहारों का रास्ता, जयपुर 5. 1946, 47.

वीर विक्रम साप्ताहिक : 1. समा. 2. साप्ता. 3. लीलाशंकर महाजन 4. शलिनी मार्केट, देवास (म.प्र.) 5. 1970.

वीर शहीद : 1. समा. 2. साप्ता. 3. मोतीलाल आर्य 4. मामुनगंज, कटरा स्ट्रीट, अलीगढ़ 5. 1966.

वीर शैतान : 1. समा. 2. साप्ता. 4. मदनकुमार थानबी, बीर मोहल्ला, जोधपुर 5. 1968.

वीरसंग्राम : 2. पा. 4. कन्हेरा, अहमदगढ़, बुलंदशहर 5. 1962-65.

वीरसन्देश : 1. जा. 2. मा. 3. महेन्द्र, परिपूर्ण वर्मा 4. महावीर प्रेस, बहजोई/आगरा 5. फरवरी 1927-28, 1958-63 7. द्रष्ट्रव्य —'अन्तर्राष्ट्रीय विशेषांक'।

वीरसन्देश : 1. जा., धा., 2. मा. 3. अजितसिंह सत्यार्थी 4. लाहौर 5. 1922, 24.

वीरसम्राट : 1. समा. 2. साप्ता. 4. बास्को बिल्डिंग, जी.टी. रोड, जालंधर 5. 1965-69.

वीरसावरकर : 1. समा. 2. साप्ता. 3. ब्रजमोहननाथ गर्ग 4. चकराता रोड, सहारनपुर 5. 1966-71.

वीर सिपाही : 2. पा. 4. उम्मेद चौक, जोधपुर 5. 1959-61.

वीरसेनानी : 1. समा. 2. साप्ता. 3. गुरुदास सिंह 'आजाद' 4. पोड़ीवारा सराय, बालम, मेरठ 5. 1958.

वीरसैनिक : 1. सा. 2. मा. 3. कन्हैयालाल शर्मा 4. भरतपुर 5. 1950/65/67.

वीर हनुमान : 1. समा. 2. साप्ता. 3. वीरेन्द्रकुमार 4. औरैया, इटावा 5. 1961.

वीरहरि : 1. समा. 2. साप्ता. 4. डिप्टीगंज, बुलंदशहर 5. 1961-68.

वीर हिन्दुस्तान : 1. समा. 2. साप्ता. 4. शाहदरा, आगरा।

वीर हिन्दू : 1. समा. 2. दै. 3. बालमुकुन्द मिश्र 4. दिल्ली।

वीरेन्द्र : 1. समा. 2. साप्ता. 3. गयाप्रसाद गुप्त 4. जगतनारायण रोड, गोलागंज, लखनऊ 5. 1936.

वीरेन्द्र : 1. सना. 2. साप्ता. 4. कोंच, जालौन 5. 1924.

वीरों की पुकार : 1. पा., मा. 3. मालीराम शहाप्रकाश 4. मूरबाद रोड, शाबाद, वाया कल्याण, थाणा (महा.) 5. 1965-69.

वीक्षा : 2. सा. 3. डॉ. शिवप्रसाद सिंह 4. उत्तर प्रदेश ग्रन्थ अकादमी, लखनऊ 5. दिसम्बर 1973 अल्पायु।

वेंकट : 2. त्रै. 4. लक्ष्मणगढ़, सीकर (राज.) 5. 1960-65.

वेंकटेश्वर सभा : 1. समा. 2. साप्ता. 3. रामदास 4. बर्मा 5. 1896.

वेंकटेश्वर समाचार : दे. श्रीवेंकटेश्वर समाचार।

वेद और आयुर्वेद : 1. चि. 2. मा. 4. हैदराबाद।

वेदपथ (पंथ) : 1. धा. 2. मा. 3. स्वामी वेदानन्द 4. ज्वालापुर, सहारनपुर 5. अगस्त 1949 7. आर्यसमाजी पत्र।

वेदप्रकाश : 1. धा. 2. मा. 3. तुलसी राम, स्वामी गोविन्द राम हासानंद, जगदीशचन्द विद्यार्थी 4. मेरठ 5. 1897 7. इसमें धारावाहिक रूप से सामवेद का भाष्य प्रकाशित। सम्प्रति दिल्ली से प्रकाशित।

वेदप्रकाश : 2. मा. 4. आर्य प्रतिनिधि सभा, सोलापुर, नागपुर।

वेदप्रकाश : 1. धा. 2. साप्ता. 4. कानपुर 4. 1884.

वेदप्रकाश : 1. धा. 2. मा. 4. नयी सड़क, दिल्ली 5. 1952.

वेद प्रचारक : 2. मा. 3. पं. कृपाराम 4. काशी 5. 1890.

वेदप्रचारक : 1. धा. 2. मा. 4. रामजस रोड, नई दिल्ली 5. 1965-69.

वेदवाणी : 1. धा., दा. 2. मा. (हि., सं.) 3. ब्रह्मदत्त जिज्ञासु, युधिष्ठिर श्रीमांसक, महेशप्रसाद मौलवी 4. अजमतगढ़ पैलेस जगमबाड़ी, वाराणसी/सोनीपत 5. 1948-57.

वेद विज्ञान : 1. दा. 2. मा. 3. विष्णुदत्त विमल 4. पार्क स्ट्रीट, दयानन्द मन्दिर, भटिण्डा 5. 1964.

वेदान्त केसरी : 2. मा. 3. शंकरलाल कौशल्य 4. आगरा 5. 1922.

वेद स्वाध्याय : 1. धा., दा. 2. मा. (हि., अं.) 3. वेदमित्र 4. आनन्दपुरी, टैंक रोड, देवनगर, करोलबाग, नई दिल्ली 5. 1968-72.

वेदान्त प्रकाश : 1. धा. 2. साप्ता. 4. प्रयाग 5. 1885.

वेदान्त सन्देश : 1. धा. 2. मा. 3. स्वामी मनमोहरदास 4. स्वरूपनगर, कानपुर 5. 1962.

वेदार्थ दीपिक : 4. पंजाब 5. 20 वीं शती का आरंभ काल।

वेदोदय : 1. धा. 2. मा. 3. गंगाप्रसाद उपाध्याय, विश्वप्रकाश 4. जीरो रोड, इलाहाबाद 5. अप्रैल 1930-34 -71 6. 2) वा. 7. वैदिक प्रचार पत्र।

वेलकम : 1. सां. 2. मा. (हि., अं.) 3. मोहेन्दर सिंह छाबड़ा 4. वेस्ट पटेलनगर, नई दिल्ली 5. 1967.

वेश बिरादरी : 2. मा. 4. मटिया महल, गली पन्नालाल, दिल्ली 5. 1967-69.

वैचारिकी : 1. शो. 2. त्रै. 3. सत्यनारायण पारीक, मूलचन्द 4. भारतीय विद्या मन्दिर, बीकानेर 5. जुलाई 1967-71 7. भाषा साहित्य एवं संस्कृति संबंधी शोधपत्र।

वैदिक ज्योति : 1. धा. 2. मा. 3. ब्रह्मचारी विश्वेश्वर 4. गुरुकुल, वृन्दावन 5. 1925.

वैदिक ज्योति : 2. मा. 4. आर्य प्रतिनिधि सभा, हैदराबाद 5. लगभग 1939 7. निजाम शासन के प्रतिबन्ध के कारण यह पत्र शोलापुर से मुद्रित एवं नागपुर से प्रकाशित।

वैदिक धर्म : 1. धा., दा. 2. मा. 3. श्रीपाद दामोदर सातवलेकर, बंसतजी 4. स्वाध्याय मण्डल पारडी, औध बल्साद (सतारा)/सूरत 5. जनवरी 1919-दिंस. 1975 7. आर्यसमाजी पत्र।

वैदिक निबन्धमाला : 1. धा. 2. सा. 3. पं. जगन्नाथप्रसाद पंचौली 4. सागर 5. 1924.

वैदिक पताका : 4. आर्य प्रतिनिधि सभा, हैदराबाद 5. 1940 लगभग 7. निजाम शासन के प्रतिबन्ध के कारण यह पत्र शोलापुर में मुद्रित एवं नागपुर से प्रकाशित।

वैदिक ब्राह्मण : 1. धा. 2. द्विमा. 3. चम्पालाल शर्मा 4. 1982 वि.।

वैदिक मार्तदण्ड : 1. द्विमा. 3. मास्टर आत्माराम अमृतसरी 4. कोल्हापुर 5. 1919 6. 2.25 रु. 7. आर्यसमाजी पत्र।

वैदिक विज्ञान : 2. धा. 3. विश्वनाथ वेदालंकार 4. अजमेर 5. अक्टूबर 1932-34.

वैदिक संदेश : 1. धा. 2. मा. 4. विश्वनाथ विद्यालंकार, चन्द्रमणि विद्यालंकार, देवराज सिद्धांतालंकार, इन्द्र विद्यावाचस्पति 5. 1921 6. 3) वा. 7. आर्यसमाजी पत्र।

वैदिक सन्देश : 1. धा. 2. साप्ता. 3. द्वारकाप्रसाद सेवक, श्रीकृष्ण शर्मा 4. वैदिक धर्मप्रचारिणी सभा, अजमेर 5. 1980 वि. 6. 2.50 रु. 7. आर्यसमाजी पत्र।

वैदिक सन्देश : 2. धा. 3. पं. त्रिलोकचन्द शास्त्री, श्रीरामदेव 4. आर्य प्रतिनिधि सभा, हैदराबाद, शोलापुर 5. 24 अक्टूबर 1937 7. 41 अंकों बाद निजाम सरकार ने राज्य में इसका प्रवेश वर्जित कर दिया, अत: इसने 'वेदप्रकाश', वैदिक ज्योति', 'दिवाकर', 'सुधाकर', 'हनुमान', अंगद', 'सूचनावली विज्ञाप्ति', 'पत्र' 'सत्याग्रह' की गतिविधियाँ, दैनिक 'दिग्विजय', विवृत्ति, 'आयुभानु' जैसे कई नाम धारण किए। हिन्दी पत्रकारिता के इतिहास में इसका अनोखा योगदान रहा है।

वैदिक सर्वस्व : 1. धा. 2. मा. 3. इन्द्रनारायण द्विवेदी (1911-12), द्वारकाप्रसाद चतुर्वेदी (1908), (श्री 1008 श्रीमदनन्ताचार्य स्वामी 1906 ई.) 4. अभ्युदय प्रेस, प्रयाग 5. 1965 वि.-1975 वि. 6. 1) 2) 7. श्री विशिष्टाद्वैत सिद्धान्त का पत्र।

वैदेही कृषि पत्रिका : 1. कृ. 2. मा. 3. काशीप्रसाद उन्मेष 4. पाण्डेय मार्ग, बलिया 5. 1967.

वैद्य : 1. वि. 2. मा. 3. शंकरलाल वैद्य, विष्णुकांत जैन 4. मुरादाबाद 5. अक्टूबर 1912-15, जुलाई 1920 6. 4) वा. 7. विशेष—सिद्धायोगांक।

वैद्यभूषण : 1. चि. 2. मा. 3. वैद्यराज धर्म देव कविभूषण 4. लाहौर 5. 1914, 15.

वैद्यराज : 1. चि. 2. साप्ता. 3. नारायण शर्मा वैद्यराज 4. विजयगढ़ 5. 1927.

वैद्य सम्मेलन पत्रिका : 1. चि. 2. त्रै., मा. 4. प्रयाग 5. 1916.

वैद्यानन्द प्रकाश : 2. मा. 4. कलकत्ता।

वैद्यामृत (वैद्य अमृत) : 1. चि. 2. मा. 3. बलदेव शर्मा 4. लाहौर 5. 1914.

वैनगंगा : 1. साप्ता., पा. (1961) 4. रामगली, बालाघाट, बिहार 5. 1957-61.

वैनगंगा दर्शन : 2. साप्ता. 4. गोदिया (महा.) 5. 1967-69.

वैनगार्ड : 1. समा. 2. साप्ता. (अं., हि.) 3. सुखवीर विश्वकर्मा 4. कनाट प्लेस, देहरादून/माल, मसूरी 5. 1953 6. 9) वा.।

वैभव : 1. समा. 2. त्रै. 3. इन्द्र विद्यावाचस्पति, निरंजन शर्मा 4. दिल्ली 5. 1922.

वैभव : 2. मा. (हि.,म.) 4. खाटवबाड़ी, गिरगाँव, बम्बई 5. 1934-66.

वैराग्य ज्योति : 2. मा. 4. नरसिंहटोला, धूमण्डी, वाराणसी 5. 1965-71.

वैवाहिक सूचनाएँ : 1. समा. 2. मा. 3. अनंत 4. नारियलबाजार, वाराणसी 5. 1964.

वैशाली : 1. सा., समा. 2. मा., साप्ता. 3. भुवनेश्वर सिंह 'भुवन' 4. वर्मन बिल्डिग, मुजफ्फरनगर 5. 1932, 63, 68 6. 3) वा. 7. पूर्वनाम 'लेखमाला'। स्तम्भ-काननकुसुम, विचाररबीथी, रत्नराशि, महिलामण्डल, विद्यार्थी जगत आदि।

वैश्य : 2. मा. 3. श्यामलाल वैश्य 4. फतेहपुर (यू.पी.) 5. 1919 6. 1.50 रु.

वैश्य : 2. मा. 4. मुरादाबाद 5. 1923 6. 1.50 रु.

वैश्य : 1. जा. 2. मा. 3. श्यामलाल गुप्त 4. जगन्नाथ गली, जनरलगंज, कानपुर 5. 1964.

वैश्य गजट : 1. समा. 2. साप्ता. 3. रामदयाल 4. दिल्ली 5. 1923.

वैश्य बंधु : 1. जा. 2. मा. 4. काशी 5. 1920.

वैश्यमित्र : 1. जा. 2. मा. 3. रतीलाल कन्दोई 4. शक्ति प्रेस, रीवाँ।

वैश्य समाचार : 1. जा. 3. मुंशीराम, नंदकिशोर जैन 4. नया बाजार, दरीबाँ, दिल्ली 5. 1917, 38 6. 4) वा.।

वैश्य सहोदर : 1. जा. 2. त्रै. 3. एस. एस. गुप्त 4. हुंसापुरी, भण्डारा रोड, नागपुर 5. 1960, 70.

वैश्य सुदशा प्रवर्तक : 4. मेरठ

वैश्य हितकारी : 1. जा. 2. मा. (हि., अं.) 3. मदनगोपाल सिंहल, रामदयाल 4. वैश्य अनाथालय, शिवाजी मार्ग, मेरठ 5. 1925, 58 6. 10) वा.।

वैश्योपकारक : 1. जा., सा. 2. मा. 3. शिवचन्द बलदेव भारतीय (1904), माधवप्रसाद मिश्र, रामलाल नेमाणी, जावानन्द शर्मा 4. राम प्रेस, कलकत्ता 5. 10 नवंबर 1904 7. प्रतिक्रियाशील दृष्टि। इसके दूसरे अंक में लार्ड कर्जन की प्रशस्ति प्रकाशित। यदाकदा स्वाधीनता आन्दोलन का समर्थन। मिश्र जी के सम्पादन के बाद इसमें साहित्यिकता का समावेश।

वैश्वानर : 1. धा. 2. मा. 4. राजौरी गार्डन, नई दिल्ली 5. 1964-66.

वैष्णव : 1. धा. 2. मा. 4. अलीगढ़ 5. 1956 (लगभग)।

वैष्णव : 1. धा. 2. मा. 4. नलिनीसेन रोड, कलकत्ता 5. 1955, 65.

वैष्णव तेज : 1. धा. 2. मा. 3. उपाध्याय श्रीनरसिंह 4. विसौली, बदायूँ (यू.पी.) 5. 1936.

वैष्णावतोषिनी : 1. धा. 2. मा. 3. भारतेन्दु हरिश्चन्द 4. काशी।

वैष्णवधर्म : 1. धा. 3. राघवाचार्य 4. कुँवरपुर, बरेली।

वैष्णव धर्म दिवाकर : 1. धा. 2. मा. 3. श्रीनिवासाचार्य 4. वृंदावन 5. 1965 वि.।

वैष्णव धर्म पताका : 1. धा. 2. मा., साप्ता. 3. आर. बी. गुरुस्वामी, माधव शर्मा 4. चन्द्रावाड़ी, बम्बई 5. 1973-76 वि.।

वैष्णव पंच : 2. मा. 3. भगवानदास खाकी 4. खाकी अखाड़ा, अयोध्या 5. 1990-92.

वैष्णव पत्रिका : 1. धा. 2. मा. 3. पं. अम्बिकादत्त व्यास 4. काशी 5. 1882-83 7. सनातनधर्म प्रचारक पत्र। पश्चात् यही 'पीयूष प्रवाह' नाम से साहित्यिक पत्र बन गया।

वैष्णव ब्राह्मण भाष्कर : 2. मा. 3. आत्माराम शास्त्री 4. श्री स्वामी आयुर्वेदिक आश्रम, इंदौर 5. 1969.

वैष्णव ब्राह्मण मार्तण्ड : 1. जा., धा. 2. मा. 3. गंगादास दिवाकर 4. आदर्शनगर, अजमेर 5. 1947-59.

वैष्णव मासिक : 1. सा., धा. 2. मा. 3. आचार्यराज 4. 42, नलिनी सेठ रोड, कलकत्ता-7 5. 1955.

वैष्णव वैभव : 1. जा. 2. मा. 3. पुरुषोत्तम शास्त्री, हरिशंकर ओंकारजी 4. ज्ञानमण्डल, काशी 5. 1959 वि., 1980.

वैष्णव संगिनी : 4. एलारो (हुगली)।

वैष्णव सन्देश : 1. धा. 2. मा. 3. राजाराम वैष्णव 4. जालय मोहल्ला, जोधपुर 5. 1962-64.

वैष्णव सर्वस्व : 1. धा. 2. मा. 3. किशोरीलाल गोस्वामी 4. वृंदावन 5. 1911.

वैज्ञानिक : 1. वि. 2. त्रै. 3. एल. सी. चन्दोला 4. भाभा अनुसन्धान केन्द्र, ट्राम्बे, बम्बई 5. 1969, 70 6. 4) वा.।

वैज्ञानिक बालक : 1. बा. 2. मा. 3. सूरजप्रकाश 'पापा', मधुबाला 4. आतिश मार्केट, जयपुर 5. 1964 (प्रच.) 7. विज्ञान की बालोपयोगी जानकारी से युक्त हिन्दी पत्र।

व्यंग्य : 1. हास्य 2. मा., त्रै. 3. अरुणरंजन 4. न्यू एरिया, कदमकुआँ, पटना 5. 1972 7. लघुपत्र।

व्यंग्य और व्यंग्य : 1. हास्य. 2. पा. 3. यदु व्यास 4. हेमिल्टन रोड, इंदौर 5. 1969-71.

व्यंग्यकार : 1. हास्य. 2. साप्ता. (अं., हि.) 4. सिविललाइन्स, बुलंदशहर 5. 1964.

व्यंजना : 1. सा. 2. मा. 4. कमलानगर, दिल्ली 5. 1963-66.

व्यवसाय : 1. व्या. 2. मा. 4. मथुरा 5. 1923 6. 3) वा.।

व्यवसाय : 1. व्या. 2. मा. 3. जगदीशप्रसाद आदि 4. पन्नागंज, अलीगढ़ 5. फरवरी 1948-52, 56.

व्यवसाय जगत : 1. व्या. 2. पा. 3. रघुवीरप्रसाद तिवारी 4. पो. बॉ. 67, हनुमानगंज, कटनी 5. 1955 6. निः शुल्क।

व्यवसायी संघ संदेश : 1. व्या. 2. मा. 4. न्यू मार्केट, पटना 5. 1970.

व्यवस्था : 4. कोतवाली रोड, मिर्जापुर 5. 1965-71.

व्यवहार दर्शन : 2. मा. 4. हैदराबाद।

व्याधिहर : 1. चि. 2. मा. 3. श्यामस्वरूप बाजपेयी 4. लालपुरा, इटावा 5. 1969.

व्यापार : 2. साप्ता. 3. भीष्मदेव शास्त्री 5. 1947.

व्यापार : 1. समा. 2. दै. 3. मुकटलाल 4. हापुड़, मेरठ।

व्यापार : 3. वृन्दावनविहारी मिश्र 4. हैदराबाद 5. निजाम शासनकाल।

व्यापार : 1. व्या. 2. मा. 3. कमलाकुमार चट्टोपाध्याय 4. द्वारिकाधीश रोड, कानपुर 5. 1948.

व्यापार : 1. वा. 2. मा. 3. आर. एस. अग्रवाल 4. लखनऊ 5. 1919.

व्यापार : 1. व्या. 2. मा. 3. तीर्थराम शर्मा 4. गुजरानवाला (पंजाब) 5. 1920.

व्यापार : 1. व्या. 2. पा., मा. 3. पं. रमाशंकर, पद्यराज जैन 4. क्रास स्ट्रीट, कलकत्ता 5. 1923.

व्यापार : 2. साप्ता. 4. दिल्ली 5. 1923.

व्यापार और कर : 2. मा. 4. उमाशंकरबहादुर (1952-53).

व्यापार कला कानून : 2. मा. 4. गाँधी बाग, नागपुर 5. 1959-61.

व्यापार कानून : 1. वि. 2. साप्ता. 3. नेमीचन्द गौतम 4. देहली दरवाजा, आगरा 5. 1942.

व्यापार जगत : 1. व्या. 2. मा. 3. गोवर्धन खन्ना 4. कानपुर 5. अप्रैल 1935.

व्यापार दर्पण : 1. व्या. 2. साप्ता. 4. कलकत्ता 5. 1925.

व्यापार नीति : 1. व्या. 2. साप्ता. 4. कालवादेवी रोड, बम्बई 5. 1971.

व्यापार बंधु : 1. व्या. 2. साप्ता. 3. काशीप्रसाद अवस्थी 4. बम्बई 5. 1883.

व्यापार भविष्य : 1. व्या. 2. मा. 3. हीरालाल दीक्षित 4. मोहल्ला दिल्ली वाला, हाथरस 5. 1939, 56-58 6. 5) वा.।

व्यापार भारती : 1. व्या. 2. साप्ता., दै., मा., 3. कैलाश गुप्त 4. प्रेस रिपोर्टर रूम, चाँदनी चौक, दिल्ली 5. 1968-69.

व्यापार लक्ष्मी : 1. व्या. 2. मा. 4. गोविन्द बनर्जी लेन, हावड़ा, सलकिया 5. जनवरी 1970.

व्यापार वाणी : 1. व्या. 2. मा. 3. रामकुमार गुप्त 4. मोतीबाजार, हिसार 5. 1970.

व्यापार विज्ञान : 1. व्या. 2. मा. 3. नन्दकिशोर शर्मा, भीमसेन कौशिक 4. दालमण्डी, सदर, मेरठ 5. 10 नवंबर 1947/सितम्बर 1948-50 6. 3) वा.।

व्यापार संकेतिका : 1. व्या. 2. पा. 4. ग्रांड होटल, बरेली 5. 1967-71.

व्यापार संदेश : 1. वा. 2. साप्ता. 3. रामलाल अवस्थी, हरिशंकर शर्मा 4. 48/12, लाठी मोहाल, स्नेहमंदिर, कानपुर 5. जनवरी 1935, 55 6. 8) वा.।

व्यापार समाचार : 2. दै. 3. मधुसूदन दयालु 4. भगवतीगंज, हापुड़ (उ.प्र.) 5. 1926 6. 10 पैसे।

व्यापार समाचार : 1. वा. 2. साप्ता. 3. एन. एस. मित्तल 4. मूरगंज, सहारनपुर 5. 1950 6. 6) वा.।

व्यापार समाचार : 1. व्या. 2. मा. 3. हीरालाल निरंजनदास 4. लाहौर 5. 1919.

व्यापार समाचार : 1. व्या. 2. मा. 4. पार्वतीप्रसाद कुलश्रेष्ठ, ग्वालियर 5. 1911, 12.

व्यापार सिन्धु : 1. व्या. 2. मा. 3. गोपालराम गहमरी 4. बम्बई 5. 1891.

व्यापार हितैषी : 1. व्या. 2. साप्ता. 3. हनुमानप्रसाद 4. काशी 5. 1892, 94.

व्यापारिक आकाशवाणी : 1. ज्यो. 2. मा. 4. तिलक द्वार, मथुरा 5. 1948-63.

व्यापारिक संसार : 1. व्या. 2. मा. 3. भूदेव शर्मा 4. हाथरस 5. 1925.

व्यापारी : 1. व्या. 2. मा. 3. भगवानदास गुप्त 4. जुहू, कानपुर 5. जनवरी 1915, 18.

व्यापारी : 4. काशी।

व्यापारी और कारीगर : 1. व्या. 2. मा. 3. बाँकेलाल अख्तर 4. शाहजहाँपुर (यू.पी.) 5. 1908, 19.

व्यापारी कारीगर : 1. व्या. 2. मा., द्विभा. 3. ठाकुरप्रसाद खत्री 4. काशी 5. 1908.

व्यापारी बंधु : 2. मा. 4. टाउनहाल के पास, अकोला 5. 1956-59.

व्यापारी जागो : 1. व्या. 2. पा. 4. झज्जर रोड, रोहतक 5. 1968-71.

व्यापारी समाज : 1. व्या. 2. मा. 4. अनाजमण्डी, रोहतक 5. 1963-69.

व्यायाम : 1. स्वा. 2. पा. (बहु.) 3. मणिकराव 4. जुम्मादादा व्यायाम मंदिर, बड़ौदा।

व्यायाम विज्ञान : 1. त्रै. (बहु.) 4. एच. बी. पी. मंडल, अमरावती 5. 1967.

व्यावहारिक वेदान्त : 1. धा., दा. 2. मा., द्विभा. 3. चक्रधरहंस नौटियाल 4. रामतीर्थ लीग, रामकृष्ण मिशन, लखनऊ 5. जनवरी 1940-41.

व्यास : 2. धा. 4. जालन्धर।

व्यास ग्रन्थमाला : 2. मा. 4. काशी।

व्यास पत्रिका : 2. मा. 4. कालाकाँकर (अवध)।

व्यास भूमि : 1. समा. 2. साप्ता. 3. ब्रजेन्द्रकुमार निगम 4. कालपी, जालौन 5. 1968.

व्योम विहार : 2. मा. 4. कनाट सर्कस, नई दिल्ली 5. 1954-67.

वृती शिक्षक : 1. शै. 2. पा. 4. कोटा 5. 1959-65.

वृत्तान्त : 1. समा. 2. साप्ता. 3. प्राणनाथ अवस्थी 4. जगन्नाथगंज, उन्नाव 5. 1967.

वृत्तान्त दर्पण : 3. सदासुखलाल नियाज 4. प्रयाग 5. 1868 7. विविध विषय भूषित, दो वर्ष बाद विधि-पत्र में रूपान्तर।

वृत्तांत विलास : 2. मा. 4. जम्मू 5. 1867 7. युगप्रतिनिधि पत्र।

वृत्ति : 1. सा. 2. मा., अनि. 3. चेतन आर्य, लतीफ घोंघी 4. प्रथक् प्रकाशन, महासमुन्द्र, रायपुर (म.प्र.) 5. 1972 7. युवतर आकांक्षा का वाहक लघुपत्र।

वृद्धि : 1. समा. 2. मा. 4. पो. बॉ. 235, सूवा, फीजी 6. 3) वा.।

वृश्चिक : 1. कला 2. मा. 4. रेजीडेन्सी बँगला, विश्वविद्यालय क्षेत्र, बड़ौदा 5. 1969.

शंकर : 1. धा. 2. साप्ता. 3. पद्मसिंह शर्मा, नाथूराम शंकर, नरदेव शास्त्री, बद्रीदत्त जोशी 4. हरदुआगंज, अलीगढ़/मुरादाबाद 5. 1924 7. द्विवेदीयुग का प्रतिनिधि पत्र।

शंकर : 1. समा. 2. साप्ता. 4. ग्रांड ट्रंक रोड, लिलुआ, हवड़ा 5. 1963-65.

शंकराचार्य उपदेश : 1. धा., समा. 2. साप्ता. 4. साहित्य मंदिर प्रेस, लखनऊ 5. 1956.

शंकर्स वीकली (हिन्दी) : 2. साप्ता. 3. के. शंकर पितलई, रमेश वक्षी 4. बहादुरशाह जफर मार्ग, नई दिल्ली 5. 1970-72 7. पर्याप्त लोकप्रिय।

शंखध्वनि : 1. समा. 2. साप्ता. 4. सब्जीमण्डी, इटावा 5. 1962-65.

शंखनाद : 2. साप्ता. 4. कानपुर।

शंखनाद : 1. समा. 2. साप्ता. 3. नथमल शर्मा 4. फैसी बाजार, गोहाटी 5. 5 नवंबर 1947.

शंखनाद : 1. बा. 3. कपिल 4. मुंगेर 5. 1950 7. आरम्भ में हस्तलिखित फिर मुद्रित।

शंखनाद : 1. समा. 2. पा. 4. सब्जीमण्डी, मवाना, मेरठ 5. 1960-69.

शम्स (शाम्स) वीकली : 1. सामा. 2. साप्ता. 3. श्याम सक्सेना 4. दारुगर की पुलिया, दतिया 5. 1966.

शंकराचार्य संदेश : 3. श्री शंकराचार्याश्रम 4. अलोपीबाग, प्रयाग।

शकील : 1. फि. 2. पा. 3. अहमद हसन 4. मोहल्ला चूरूगरान, तेलीवाड़ा रोड, बीकानेर 5. 1962-63.

शक्ति : 1. समा. 2. साप्ता. 3. नाथूराम शुक्ल 4. रायपुर 5. 1939.

शक्ति : 2. मा. 4. अजमेरी गेट, दिल्ली 5. 1955-60.

शक्ति : 1. समा. 2. साप्ता. 3. कैलाशचन्द्र, बद्रीनाथ पाण्डे, पूर्णचन्द्र तिवारी 4. डिवेट क्लब, अलमोड़ा 5. 1914-48.

शक्ति : 2. मा. 3. फूलमती शुक्ल, रमाशंकर मिश्र 'श्रीपति', अरुण 4. हुसेनगंज, लखनऊ 5. 1930-31 6. 4) वा. 7. सूक्ति—"सभी साधनों की सदा प्रेरक है जो शक्ति/ वही हमें बल दे करे अपने में अनुरक्ति॥" (महावरीप्रसाद द्विवेदी)।

शक्ति : 4. सिलहट 5. 1922.

शक्ति : 1. समा. 2. दै. 3. सन्नोदेवी, मोहनसिंह सेंगर, जगन्नाथ 'नलिन' (1938), उपेन्द्रनाथ 'अश्क', सुरेन्द्र शर्मा, इन्द्रनाथ आनंद 4. लाहौर 5. आर्यसमाजी सुधारक पत्र।

शक्ति जासूस : 2. मा. 3. दीवानचन्द्र गुप्त 5. रूपनगर, दिल्ली 5. 1968.

शक्ति ज्योति : 2. मा. 3. नफुसिंह गहलावत 4. डी. एल. एफ. एफ. कॉलोनी, रोहतक 5. 1966.

शक्ति टाइम्स : 1. समा. 2. साप्ता., पा. 4. डा. शक्ति, जि. बिलासपुर 5. 1959-63.

शक्ति दल : 1. मा. (बहु.) 2. म. ह. दलाल 4. बालकेश्वर रोड, बम्बई 5. 1960.

शक्ति दीपक : 1. समा. 4. बम्बई 5. 1886 7. मिशनरियों का प्रचारक पत्र। इसकी भाषा उर्दू थी या मराठी यह विवादास्पद है।

शक्ति दूत : 2. साप्ता. 4. भीलवाड़ा 5. 1964-66.

शक्ति पुंज : 1. सा. 2. मा. (हि., पं.) 3. राजकालिया 4. अशोकनगर, लुधियाना 5. 1966.

शक्ति पुत्र : 1. वा. 2. मा. 3. चिरंजीव शास्त्री 4. लड्डोघाटी, पहाड़गंज, नई दिल्ली 5. 1965.

शक्ति पूजा : 2. पा. 3. शरदचन्द्र 4. कानोड की हवेली, काजी का हाता, उदयपुर 5. 1969.

शक्ति पूजा : 1. मा. 2. द्विभा. 3. श्रीमती सगुणा अड़ातिया 4. झबेरीचाल, अँधेरी, बम्बई 5. 1966-71.

शक्ति ब्रह्माश्रम समाचार : 1. धा. 2. द्विभा. 4. बासमत तालूका, पजरजी (महा.) 5. 1966-69.

शक्ति माँ : 1. धा. 2. मा. 3. सरोज शीतल 4. कविनगर, गाजियाबाद 5. 1966.

शक्तिमान् : 1. समा. 2. साप्ता., पा., मा. (हि., उ.) 3. मोहेन्दरसिंह छाबड़ा 4. वेस्ट पटेलनगर, दिल्ली 5. 1966, 71.

शक्ति संदेश : 1. समा. 2. साप्ता. 4. कनखल, हरिद्वार 5. 1951-71.

शतदल : 1. समा. 2. साप्ता. 3. एच. बी. पाण्डेय 4. शतदलनगर, गोरखपुर 5. 1962.

शतदल : 2. मा. 3. सर्वोदय साहित्य संघ, सण्डोला।

शतरंज : 2. मा. (बहु.) 4. बालाजी चौक, साँगली (महा.) 5. 1969.

शताब्दी : 1. सा. 2. मा. 3. ओंकार ठाकुर 4. राइटटाउन, जबलपुर 5. 1965-71 7. युवालेखन का लघुपत्र। विशेष—नव्यालोचानांक (1975)।

शताब्दी चर्चा : 1. सा. 2. पा. 3. शक्तिग्राम नेमा 4. लार्डगंज, जबलपुर 5. 1969.

शताब्दी संदेश : 1. पा. 3. काशीनाथ त्रिवेदी, महेन्द्रकुमार, प्रेमचन्द्र जैन 4. मध्यप्रदेश गाँधी स्मारक निधि कार्यालय, इंदौर 5. 1968 (प्रच.) 7. सर्वोदयी गाँधीवादी पत्रिका।

शताब्दी सम्वाद : 1. सा. 2. मा. 3. डॉ. बेचन, अशर्फी मिश्र, सरोज 4. भगवान पुस्तकालय, भागलपुर 5. 1970 7. राष्ट्रीय लघुपत्र। द्रष्टव्य—गणतंत्र विशेषांक (1973)।

शनिश्चर : 2. पा. 3. श्यामविजय पाण्डेय 4. कानपुर।

शबनम : 1. फि. 2. मा. 3. देवेन्द्रकुमार 4. चाँदनी चौक, दिल्ली 5. 1947-56.

शबाब : 1. समा. 2. साप्ता. (हि., उ.) 3. जमाल 4. मुहम्मदअली रोड, अलीगढ़ 5. 1938, 39.

शब्द : 1. सा. 2. मा. 3. डॉ. शब्दकुमार श्रीवास्तव, श्रीमती मालती श्रीवास्तव, विनोदकुमार 4. रसूलपुर सादात, चिनहट, लखनऊ 5. 1974-78 6. 2) वा.।

शब्द : 1. सा. 2. अनि. 3. ओम प्रभाकर, जुगमंदिर तायल 4. कविता प्रकाशन, अलवर (राज.) 7. नयी कविता का लघुपत्र।

शब्दचित्र : 1. सा. 2. मा. 3. चित्रक ब्रजनन्दन शर्मा 4. मुरादाबाद 5. 1970, 73 7. लीथो-मुद्रण।

शब्दव्यूह : 1. सा. 2. मा. 3. अर्पि ठाकुर 4. सदर, शाहजहाँपुर 5. 1952.

शमशमी पीढ़ी : 1. सा. 2. अनि. 3. निर्भय मल्लिक 4. प्रतापघोष लेन, कलकत्ता 5. 1969.

शरर : 1. सा. 2. पा. (1971-72), मा. (मार्च 72 से) 3. श्रीकांत मंजुल, कमला शर्मा, मोती सिंह 4. जौहरी बाजार, जयपुर 5. 15 अगस्त 1971 7. कविता पत्रिका।

शरद : 1. सा. 2. ना. 4. पटना 5. 1956 लगभग।

शराफत/शरारत : 1. समा. 2. साप्ता. 3. बाकर भाई 4. रानीवाली गली, मंगलबेड़ा, भोपाल 5. 1969.

शर्त : 1. समा. 2. साप्ता. 4. कालपी, जालौन 5. 1971.

शर्मन समाचार : 1. सामा. 2. साप्ता. 4. शर्मन कम्पनी, बम्बई 5. 1906.

शर्वरी : 1. श्रम. 2. पा. 3. मधुकर 4. हिमाचल सरकार कर्मचारी संघ, कुलू 5. 1970.

शवरी (शबरी) : 1. मा., पा. 3. शशिकर 4. सीताराम श्यामनारायण पथ, चक्रधरपुर (बिहार) 5. अप्रैल 1959-62, 66 7. विशेष—भोजपुरी अंक, जागते रहो अंक,

शिवपूजन श्रद्धांजलि अंक, नागपुरी अंक, भारतीय संस्कृति अंक, अहिन्दी भाषा-भाषी हिन्दी कवि अंक, मगही अंक, कुर्माली अंक, सुबोध स्मृति अंक, लघु कथांक, कवितांक, बालगीतांक, परमहंस अंक आदि।

शशि कला : 1. सा. 2. मा. 3. हरिचन्द्र मिश्र, मोहनसहाय 4. गंजापुर, वाराणसी 5. 1966-70.

शस्त्र और शास्त्र : 2. मा. 3. नीरजकुमार शर्मा 4. सी 42, गुलमोहर पार्क, नई दिल्ली।

शहडोल टाइम्स : 1. समा. 2. साप्ता. 3. कैलाशचन्द अग्रवाल 4. भारती प्रेस, शहडोल (म.प्र.) 5. 1968.

शहनाई तरंग : 1. समा. 2. मा. 3. आनन्दकुमार शर्मा 4. त्रियन टाउन, पटियाला 5. 1969.

शहरी समस्याएँ : 1. समा. 2. साप्ता. (हि., अं.) 3. राजेन्द्रप्रसाद शर्मा 4. सराय चौधरियाँ, बुलन्दशहर 5. 1959, 64.

शहर तमन्ना : 1. पा. (हि., उ.) 4. जी. टी. रोड, अलीगढ़ 5. 1968-71.

शहीद : 2. साप्ता. 4. डोमगढ़ी, सिंदरी (बिहार) 5. 1956-59 लगभग।

शहीदों के अरमान : 1. समा. 2. साप्ता. 3. रमेशकुमार सक्सेना 4. तलैया लेन, फतेहपुर, फर्रुखाबाद 5. 1970-71.

शहीदों की पुकार : 1. समा. 2. साप्ता. (हि., अं.) 4. जयपुर 5. 1966-70.

शान्ति : 1. समा. 2. साप्ता., दै. (1940) 3. अशरफी मिश्र 4. भागलपुर 5. 1922.

शान्ति : 1. म. 2. मा., पा. 3. शान्तिदेवी, रेखा, कन्हैयालाल प्रभाकर, वासुदेव वर्मा, ब्रजकिशोर नारायण, वासुदेव शर्मा 4. बाजार सुथ्था, लाहौर/कालान्तर में आनंदपर्वत, नई दिल्ली (दिस. 1949) 5. नवंबर 1930, 31.

शांति : 1. धा. 2. मा. 3. प्रियरतन आर्ष, शीतलाप्रसाद विद्यार्थी 4. सहारनपुर 5. 1924.

शांति : 1. धा. 2. मा. 4. बूँदी 5. 1952.

शांति की देवी : 2. मा. 4. दुर्ग (म.प्र.) 5. 1963.

शांति की राह पर : 2. पा. 4. नाका हिंडोला, लखनऊ 5. 1961-63.

शांति ज्योति : 4. रातानाड़ा, जोधपुर।

शांति दूत : 2. साप्ता. 3. प्रकाशचन्द्र बंसल 4. चाँदपोल, डाकघर के ऊपर, जयपुर 5. 1960.

शान्तिदूत : 1. समा. 2. साप्ता. 3. जी. डी. शर्मा 4. नान्दी, सूवा, फीजी 5. लगभग 1935 से (प्रच.) 6. 10 सेण्ट प्रति।

शान्ति दूत : 2. त्रै., मा. 3. लीलाधर शर्मा 4. अभिमन्यु पुस्तकालय, काशी 5. नवंबर 1950-51.

शान्ति दूत : 1. समा. 2. साप्ता. 4. चाँदपोल, जयपुर 5. 1960.

शान्ति प्रचारक : 1. समा. 2. साप्ता. 3. खलीलअहमद अंसारी 4. अजुध्यागंज, उझानी, बदायूँ 5. 1964.

शान्ति प्रहरी : 2. पा. 4. शान्ति काँग्रेस संगठन, पुराना हलवाईखाना, भिण्ड 5. 1966.

शान्ति प्रहरी : 1. समा. 2. साप्ता. 3. लक्ष्मणसिंह 4. दीनदयाल का पड़ाव, धौलपुर 5. 1967.

शान्ति मार्ग : 1. धा. 2. पा. 3. एस. बाँकोटी 4. इब्राहिम रहमतुल्ला, बम्बई 5. 1968.

शान्ति युग : 1. समा. 2. साप्ता. 3. रियाज अहमद, हकीम अब्दुल सिद्दीकी, 4. जुम्मा स्ट्रीट, दरियागंज, दिल्ली 5. 1967-72.

शान्ति संदेश : 1. समा. 2. साप्ता. (हि., अं.) 3. शान्तिलाल बल्लभदास पाण्डेय 4. पुलगाँव, वर्धा 5. 1963.

शान्ति संदेश : 2. मा. 4. स्टेशन रोड, गडग (कर्णा.) 5. 1955-59.

शान्ति संदेश : 1. चि. 2. पा. 4. धरमपुरा, दिल्ली 5. 1957-59.

शान्ति संदेश : 2. साप्ता. 4. रायबरेली 5. 1956.

शान्ति संदेश : 1. धा. 2. मा. 3. विश्वानंद 4. खगड़िया, मुंगेर 5. अप्रैल 1950.

शान्ति शक्ति : 1. समा. 2. साप्ता. 3. अब्दुल जलील सिद्दीकी 4. गली कासिमजान, पुलबुंगश, दिल्ली 5. 1967.

शान्ति समाचार : 2. पा., मा. 4. कमलामार्केट, आसफअली रोड, नई दिल्ली 5. 1947, 59-63.

शाकम्भरी : 1. समा. 2. मा. 3. डॉ. ओमप्रकाश, दीक्षित, अमृतलाल सचदेवा 4. एस्प्रिट प्रकाशन केन्द्र, पो. 92, सहारनपुर 5. 1968.

शाकद्वीपीय ब्राह्मण बन्धु : 1. जा. 2. मा. 3. प्राणशंकर शर्मा, निरंजन 4. चौपाटी, बम्बई 5. 1980-2011 वि.।

शाकद्वीपीय ब्राह्मण बन्धु : 1. जा. 2. मा. 3. शिवनारायण शर्मा 4. कुशलपोल, उदयपुर 5. 1925.

शाकाहारी सदाचारी बाल संघ : 4. मॉडलहाउस, लखनऊ 5. 1971.

शाकाहारी समाज : 2. मा. 3. स. ह. शाह 4. बम्बई 5. 1956.

शाजापुर समाचार : 1. समा. 2. साप्ता. 3. एल. एन. ब्रेस 4. जवाहर मार्ग, शाजापुर (म.प्र.) 5. 1968-65.

शादी पत्रिका : 1. फि. 2. मा. (हि., अं.) 3. मोहनलाल पहवा 4. अशोकनगर, नई दिल्ली 5. 1970-71.

शाम : 3. करण 4. ए ब्लाक, शक्तिनगर, दिल्ली 5. 1968.

शामली प्रगति : 1. समा. 2. साप्ता. 4. शामली, मुजफ्फरनगर 5. 1960-67.

शारदा : 1. सा. 2. मा. 3. कालीचरण त्रिपाठी 4. औरैया, इटावा 5. 1937-41.

शारदा : 1. सा. 2. मा. 3. कु. कान्ति गुप्त 4. साहित्य सदावर्त, जयपुर 5. जन. 1947.

शारदा : 1. समा. 2. साप्ता. (हि.अं.), पा. 3. सी. पी. अग्रवाल 4. नेहरू रोड, फर्रुखाबाद 5. 1951.

शारदा : 2. मा. 4. हाथरस, अलीगढ़ 5. 1952-56.

शारदा विनोद : 2. मा. 3. नर्मदाप्रसाद मिश्र विशारद 4. जबलपुर 5. 1915-16.

शारदा सदन : 2. मा. 3. राजकीय रसेन्द्र शारदाप्रसाद श्रीवास्तव 4. बाँदा 5. 1921, 22.

शारीरिक शिक्षा : 2. त्रै. 4. हिन्दू कालेज बिल्डिंग, कश्मीरी गेट, दिल्ली 5. 1966-69.

शावक : 1. बा. 2. मा. 3. अंजु बजाज, डॉ. सरोजिनी प्रीतम 4. ए- 5, मायापुरी, नई दिल्ली 5. मई 1973.

शाश्वत धर्म : 1. धा. 2. मा. 4. मन्दसौर (म.प्र.) 5. 1963.

शाश्वत धर्म : 2. मा. 4. निंदाहैड़ा, चित्तौड़गढ़ 5. 1953.

शाश्वत वाणी : 1. सा., सां. 2. मा. 3. गुरुदत्त (संचा.), अशोकवर्धन कौशिक 4. शाश्वत संस्कृति परिषद् 30/90, कनाट सर्कस, नई दिल्ली 5. 1960 (प्रच.)।

शास्त्रार्थ : 2. द्विमा. 3. शिवकुमार शर्मा 4. हरिपुर (बस्ती) 5. 1920.

शाहशाह : 1. धा. 2. साप्ता. 4. सोहागपुर, शहडोल (म.प्र.) 5. 1962-65.

शाहजहाँपुर (समा.) : 1. समा. 2. साप्ता. (हि., उ.) 3. त्रिवेणी सहाय गुप्त 4. कटिया टोला, शाहजहाँपुर 5. 1967.

शिकायत : 1. समा. 2. साप्ता. 4. नटनियों का रास्ता, जयपुर 5. 1959-70.

शिकायत : 2. पा. 4. बीकानेर 5. 1959-62.

शिकारी जासूस : 2. मा. 3. शशि 4. बाड़ा मोरीसराय, दिल्ली 5. 1968.

शिखर संदेश : 4. रानीखेत।

शिखरिणी : 2. मा. 4. कचहरी रोड, कटनी 5. 1966-70.

शिमला अखबार : 1. समा. 2. साप्ता., द्विमा. (1950) 3. शेख अब्दुला 4. शिमला 5. 1848-49 7. लीथो में मुद्रित कई प्रतियाँ निः शुक्ल वितरित। साजसज्जा और भाषा श्रेष्ठ। पहाड़ी जनता से सम्बन्धित रोचक लेख। प्रारम्भ में 50 प्रतियाँ प्रकाशित।

शिमला टाइम्स : 1. समा. 2. साप्ता. 4. माल, शिमला 5. 1963-64.

शिमला वर्कर : 1. समा. 2. साप्ता. 3. जोगेन्द्रसिंह 4. लोवर बाजार, शिमला 5. 1969.

शिरोमणि : 1. समा. 2. साप्ता. 3. राधाचरण रावत 4. तोरिया नरसिंहराव, झाँसी 5. 1965.

शिलालेख : 1. सा. 2. मा. 3. कमलेश्वरी राय 4. खोराइटी कॉलोनी, ग्वालियर 5. 1968-71.

शिल्पकला : 2. मा. 3. शिवनारायण राठी 4. नागपुर 5. 1914.

शिल्प शिक्षा : 2. मा. 3. कालीचरण वर्मा 4. दिल्ली 5. 1921.

शिल्प समाचार : 2. मा. 4. कन्नौज 5. 1978 वि.।

शिल्प सर्वस्व : 1. व्या. 2. मा. 3. चन्द्रिकाप्रसाद अत्रेय 4. कानपुर 5. 1925.

शिव : 2. मा. 4. हैदराबाद।

शिवनाथ : 1. समा. 2. साप्ता. 4. नयापाड़ा, रायपुर 5. 1971.

शिवपुरी समाचार : 1. समा. 2. साप्ता. 3. हरदास गुप्त 4. जनता प्रिंटिंग प्रेस, शिवपुरी 5. 1965.

शिवपुरी दर्पण : 1. समा. 2. साप्ता. 4. गाँधी चौक, शिवपुरी (म.प्र.) 5. 1967-70.

शिवपुरी प्रभात : 1. समा. 2. साप्ता. 4. जीवाजी मार्केट रोड, शिवपुरी 5. 1971.

शिवपुरी संदेश : 1. समा. 2. साप्ता. 3. गोपाल गर्ग गम्भीर 4. छात्र क्रान्तिदल, जीवाजीराव मार्केट, शिवपुरी 5. 1965-71.

शिवप्रेरणा : 1. समा. 2. साप्ता. (हि., म.) 3. डॉ. एस. एम. तिवारी 4. पुलगाँव, वर्धा 5. 1966.

शिवशक्ति : 1. समा. 2. साप्ता. 3. दिवाकर देशपाण्डेय 4. हौजखास, नई दिल्ली 5. 1968-71.

शिवसाहित्य : 1. धा. 2. मा. 4. कोमखान, रायपुर 5. 1955.

शिवहरे वैश्य समाज हितकारी : 1. जा. 2. मा. 3. रामेश्वरप्रसाद शिवहरे 4. राजेन्द्रनगर, उरई, जालौन 5. 1968.

शिवानी : 1. सा. 2. मा. 4. राणाप्रताप बाग, दिल्ली 5. 1965-67.

शिवा : 3. शिवरतन थानबी 4. बीकानेर।

शिवाजी : 4. पूना 5. 1918.

शिविका : 2. मा. 4. भीलवाड़ा (राज.) 5. 1971.

शिविरा पत्रिका : 1. शै. 2. मा. 3. इन्द्रजीत खन्ना, शिवरतन थानबी, पुरुषोत्तमलाल तिवारी 4. शिक्षा निदेशालय, बीकानेर 5. 1960-66 (प्रच.) 7. राजस्थान सरकार का पत्र। प्रसार संख्या लगभग 20 हजार।

शिविरा पत्रिका : 1. समा., शै. 2. मा. 3. हरिमोहन माथुर 4. शिक्षा संचालक कार्यालय, बीकानेर 5. 1966.

शिशु : 1. बा. 2. मा. 3. रमेशचन्द्र, सोहनलाल द्विवेदी, गोपालदेवी, सुदर्शनाचार्य श्रीनाथसिंह (1924) 4. शिशु प्रेस, प्रयाग 5. 1915, 1937 (दीर्घायु पत्र)।

शिशु आलोक : 1. बा. 2. त्रै. 3. ठाकुर विश्वनारायण सिंह 4. सेण्ट्रल ब्रेल प्रेस, राजापुर मार्ग, देहारादून 5. मार्च 1971 7. दृष्टिहीन बालकों की प्रथम हिन्दी ब्रेल पत्रिका।

शिशु बन्धु : 1. बा. 2. मा. 3. सरोजिनी कुलश्रेष्ठ 4. जेपलिग मार्ट, नजीराबाद, लखनऊ 5. 1965, 66-73.

शिशु रंग : 1. बा. 2. मा. 3. करुणेश वर्मा 4. गोविन्दनगर, कानपुर 5. 1976.

शिशु सखा : 1. बा. 2. पा. 3. अवनीन्द्रकुमार विद्यालंकार 4. कनाट सर्कस, नई दिल्ली 5. मार्च 1952.

शिक्षक : 1. शै. 2. मा. (हि., ते.) 3. सुरेशचन्द्र वार्ष्णेय, रमाशंकर, पूडिराजराव, रामनारायण विजयवर्गीय 4. विजयवाड़ा (आंध्र.) 5. फरवरी 1950-52.

शिक्षक (पत्रिका) : 1. शै. 2. मा. 3. एम. एल. शुक्ल, वेदनिधि, वंशीधर 4. पी.सी. द्वादशश्रेणी, अलीगढ़ 5. 1891-94, 1933, 41.

शिक्षक : 2. शै. 4. हिन्दी भाषा प्रचारिणी समिति, सागर 5. 1928.

शिक्षक : 1. शै. 2. मा. (हि., अं.) 3. हृदयनारायण सिंह 4. राष्ट्रीय इण्टर कालिज, चेतगंज, वाराणसी 5. 1957.

शिक्षक : 2. शै. 3. लक्ष्मीनारायण शुक्ल 4. मुरादाबाद 5. 1923.

शिक्षक दूत : 1. शै. 2. मा. 3. वासुदेव शास्त्री 4. अम्बाला योजना, उदयपुर 5. 1970.

शिक्षक बन्धु : 1. शै. 2. त्रै., मा. 3. जगतसिंह सेंगर, रामचन्द्र गुप्त 4. रामलोक, दिल्ली गेट, अलीगढ़ 5. 1933/35.

शिक्षक वाणी : 1. शै. 2. मा. 3. दुलीचन्द त्यागी 4. एम. सी. निमरी कॉलोनी, शक्तिनगर, दिल्ली 5. 1965.

शिक्षक संघ : 1. शै. 2. पा. 3. राधेश्याम शर्मा 4. कामेरा, चित्तौड़गढ़ 5. 1966.

शिक्षक सन्देश : 1. शै. 2. पा. 3. प्रकाश गोयल 4. नया बाजार, अजमेर 5. 1966.

शिक्षक सन्देश : 1. शै. 2. त्रै., मा. 4. हैदराबाद (आन्ध्र)।

शिक्षक संदेश : 1. शै. 2. मा. 3. काशीराम गर्ग 4. नई मण्डी, बरन, मेरठ 5. 1955.

शिक्षक संदेश : 3. श्यामदत्त मिश्र 4. गया।

शिक्षक संसार : 1. शै. 2. मा. 3. राधेश्याम अग्रवाल 4. घीमण्डी, आगरा 5. 1964.

शिक्षण कौमुदी : 1. द्विमा. 3. कृष्णकेशव शिगवेकर 4. जबलपुर 5. फरवरी 1916-21.

शिक्षा : 1. शै. 2. साप्ता. 3. सकलनारायण शर्मा, ब्रजबल्लभ, ईश्वरीप्रसाद शर्मा, चन्द्रशेखर शास्त्री 4. खड़ग विलासप्रेस, बाँकीपुर, पटना 5. लगभग 1887, 1905-37 7. युग प्रतिनिधि पत्र।

शिक्षा : 1. शै. 2. मा. 3. शिवदुलारे दुबे 4. शिक्षा विभाग, इन्दौर 5. जून 1947.

शिक्षा : 1. शै. 2. त्रै. 3. चुन्नीलाल साहनी, इबादुर रहमान, भैरवनाथ झा 4. शिक्षा विभाग यू.पी., इलाहाबाद 5. 1947-55.

शिक्षा : 1. शै. 2. मा. 3. मदनेश शुक्ल 4. शिक्षा विभाग, उत्तरप्रदेश शासन, लखनऊ 5. 1933 7. अधिकारी शिक्षाविदों की सामग्री से परिपूर्ण उच्चस्तरीय पत्र।

शिक्षा : 1. शै. 2. मा. 4. बलिया।

शिक्षा और उद्योग : 1. शै. 2. मा. 4. गोयल आर्ट प्रेस, बरनाला 5. 1957-61.

शिक्षा और प्रबन्ध : 1. शै. 2. मा. 4. कटरा, इलाहाबाद 5. 1971.

शिक्षा और समाज : 2. मा. 4. गंगानगर 5. 1966.

शिक्षा चिन्तन : 1. शो., शै. 2. त्रै. 4. दिल्ली।

शिक्षा जगत : 1. शै. 2. मा. 3. अमरावसिंह 4. सर्वोदय साहित्य प्रकाशन, के. 33/4, गोलघर, वाराणसी 5. 1963.

शिक्षा ज्योति : 1. शै. 2. मा. 4. नागरी भण्डार, बीकानेर 5. 1963-69.

शिक्षा दर्शन : 1. दा. 2. मा. 3. कृष्णशरण श्रीवास्तव 4. गोडवा की गोठ, लश्कर, ग्वालियर 5. 1965.

शिक्षा पथ : 1. शै. 2. मा. 4. हरिरामशंकर वार्ड, सागर 5. 1969-71.

शिक्षा पत्रिका : 2. मा. 4. आगरा 5. 1922.

शिक्षा प्रकाश : 1. शै. 2. साप्ता. 3. रामरघुवरप्रसाद द्विवेदी 4. जबलपुर 5. 1910.

शिक्षा प्रकाश : 2. मा. 4. अबू लेन, मेरठ 5. 1966-69.

शिक्षा प्रदीप : 2. मा. 3. प्रकाशकुमारी 4. हवेला, शहरकोतवाली के पास, भोपाल 5. 1963.

शिक्षा प्रभाकर : 1. शै. 2. पा. 3. फूलचन्द द्वादश 4. अलीगढ़।

शिक्षा प्रसार : 2. मा. 4. किराना बाजार, फर्रुखाबाद 5. 1960-61.

शिक्षा भारती : 2. मा. 4. हमीदा रोड, भोपाल 5. 1961-65.

शिक्षामृत : 1. शै. 2. मा. 4. आनन्दीप्रसाद श्रीवास्तव 4. नरसिंहपुर, 5. 1924.

शिक्षा लोक : 1. शै. 2. मा. 3. ब्रह्मदेव नारायण 4. गुरुहट्टा, पटना 5. 1963.

शिक्षा विवेचन : 1. त्रै. 2. शिक्षामंत्रालय, शास्त्रीभवन, नई दिल्ली 5. 1972.

शिक्षा समाचार : 2. द्विभा. 3. सुच्चासिंह 4. अम्बाला 5. 1959.

शिक्षा समाचार : 1. शै. 2. पा. 3. गौरीशंकर पाण्डेय, सीताराम 4. रिकाबगंज, फैजाबाद।

शिक्षा समीक्षा : 1. शै. 2. त्रै. 3. गोपालकृष्ण शर्मा 4. स्टाक क्वार्टर नं. 153, नार्थ एवेन्यू, नई दिल्ली 5. 1967.

शिक्षा सुधा : 1. शै. 2. मा. 3. पी. एन. शास्त्री, चतुरसेन शास्त्री, क्षेमेन्द्र सुमन, रामनारायण मिश्र, वीरेन्द्रकुमार, अंबाप्रसाद सुमन, आर. के. अग्रवाल, सुभाष विद्यालंकार 4. मण्डी धनौरा, मुरादाबाद 5. 1937.

शिक्षा सेवक : 1. शै. 2. त्रै., मा. 3. महेशचन्द्रप्रसाद, कालिकाप्रसाद, चमारीलाल सिंह, रघुवरप्रसाद, रामप्रीति शर्मा, रामवृक्ष राय 4. टीचर्स एसोसिएशन, पटना 5. जनवरी 1925–27.

शिक्षात्री : 1. शै. 2. मा. (हि., अं., बं.) 4. स्विनहो लेन, जादवपुर, कलकत्ता 5. 1968.

शीघ्र : 1. सा., सां. 2. द्विमा. (हि., अं.) 3. रमेश 4. सिविल लाइन्स, कानपुर 5. 1968.

शीरा उद्योग : 1. वा. 2. मा. (हि., अं.) 3. विद्यासागर शर्मा 4. जे. 17, कृष्णनगर, दिल्ली 5. 1969.

शीराजा : 1. सा. 2. अर्द्धवा. (1964), त्रै. (1973) 3. नरेन्द्र खजूरिया, श्यामलाल शर्मा, रमेश मेहता (1973) 4. ललित कला साहित्य संस्कृति अकादमी, जम्मू कश्मीर, श्रीनगर 5. 1964, 66 (प्रच) 7. द्रष्टव्य— 'नरेन्द्रस्मृति अंक' (1972), 'अरविन्द विशेषांक' (मार्च 74), 'हमारा साहित्य' (वार्षिक अंक, पुस्तकाकार)।

शील दर्शन : 1. समा. 2. साप्ता. 3. बलरामसिंह त्यागी 4. ताजासराय, हापुड़ 5. 1970.

शीला : 2. मा. 3. तिलकचन्द जैन 4. हरीनगर, मेरठ 5. 1966.

शुभंकर : 1. समा. 2. मा. 4. मालूबस्सा, जमशेदपुर 5. 1963–65.

शुक्राचार्य : 1. समा. 2. साप्ता. 3. कामताप्रसाद रस्तोगी 4. सिविल लाइन्स, लखीमपुर खीरी 5. 1970.

शुक्ला साप्ताहिक टाइम्स : 1. समा. 2. साप्ता. 3. गिरीशकुमार शुक्ल 4. बाबर, मैनपुरी, फतेहगढ़ 5. 1966.

शुक्रिया : 1. कथा. 2. मा. 3. हरिदर्शन 4. सेण्ट्रेल होटल, माल रोड, शिमला 5. 1971.

शुचि : 1. चि. 2. मा. 3. ज्ञानप्रकाश जैन 4. कोटे गेट, बीकानेर 5. 1969.

शुद्धि संदेश : 1. धा. 2. मै. 4. रामआश्रम, लोढ़ामल रोड, होशियारपुर, 5. 1969.

शुद्धि समाचार : 1. धा. 2. मा. 3. स्वामी चिदानन्द, गंगाराम, आनन्द भिक्षु सरस्वती 4. केसरबाग, लखनऊ/दिल्ली 5. 1927–33 7. आर्यसमाजी पत्र।

शुभचिन्तक : 1. समा. 2. साप्ता. 3. बद्रीप्रसाद मिश्र 4. रीवाँ 5. 1912.

शुभचिन्तक : 1. सा. 2. साप्ता., अर्द्धसाप्ता. 3. नर्मदाप्रसाद खरे, रामगुलाम अवस्थी, राय रघुवरप्रसाद द्विवेदी, मंगलप्रसाद, हुकुमचंद नारदे, विष्णुदत्त मिश्र 'तरगी',

बालगोविंद गुप्त 4. कोतवाली बाजार, जबलपुर 5. 1880–1906 तथा 1935 7. उच्चस्तरीय साहित्यिक पत्र।

शुभचिन्तक : 1. समा. 2. साप्ता. 3. किशोरीशरण 4. 295, सुभाषगंज, झाँसी 5. 1962.

शुभचिन्तक : 2. सा. 3. सीताराम 4. शाहजहाँपुर 5. 1883.

शुभचिन्तक : 2. साप्ता. 4. प्रयाग 5. 1911.

शुभचिन्तक : 4. कानपुर 5. 18 अप्रैल 1879–90 7. अल्पायु पत्र।

शुभचिन्तक : 4. उरई (यू.पी.) 5. 1925.

शुभसंदेश : 1. सा., सां. 2. मा. (हि. अं.) 3. ओ. पी. भारद्वाज 4. गाँधी रोड, देहरादून 5. 1965–70.

शुभसूचक : 4. सतारा (महा.) 5. 1871.

शुभागमन : 1. समा. 2. साप्ता. 4. नैनीताल 5. 1967–71.

शुभाषिणी : 2. मा. 3. गुलामसिंह परमार 4. जिलाधीश कार्यालय, सिरोही 5. 1966.

शूरवीर : 1. समा. 2. साप्ता. 3. डी. के. दास 4. खैरनगर, मेरठ 5. 1961.

शूरवीर : 1. समा. 2. साप्ता. 4. सुभाष द्वार, गाजियाबाद 5. 1961–63.

शूल फूल : 1. समा. 2. पा. 3. विनोदकुमार सुभाष 4. पथरियावाली गली, हुसैनगंज, लखनऊ 5. 1969.

शेखावटी एक्सप्रेस : 1. समा. 2. साप्ता. 3. पुरुषोत्तम अश्रु 4. चिड़ावा (महा.) 5. 1966.

शेखावटी प्रवासी : 1. समा. 2. साप्ता., पा. 4. इण्डिया एक्सचेंज प्लेस, कलकत्ता 5. 1955, 65–68.

शेखावटी समाचार : 2. पा., 3. साप्ता. 3. रामदोहन होझा, रामनारायण गोयनका 4. कलकत्ता/जयपुर 5. 1922, 23.

शेर बच्चा : 1. बा. 2. मा. 3. नरसिंहराम शुक्ल, यशोविमलानन्द 4. सजनी प्रेस, कटरा, इलाहाबाद 5. अक्टूबर 1947–61.

शेर बच्चा (शेर सखा) : 1. बा. 3. शम्भुप्रसाद श्रीवास्तव 4. कलकत्ता 5. नवंबर 1964 7. नामान्तर—'शेर सखा'। विशेष—शहीदांक, वेशभूषांक, बालस्वास्थ्यांक, विश्वबालकांक (1965), चन्द्रलोक यात्रा अंक, गुदगुदी अंक, वीरगाथा अंक, स्वाधीनता अंक।

शेरेहरियाणा : 2. साप्ता. 4. एन. आई. टी., फरीदाबाद 5. 1970.

शेरेसरहद : 2. पा. (हि., अ.) 4. राजपुर रोड, दिल्ली 5. 1966–69.

शेरेहिन्द : 2. साप्ता. 4. लेहना सिंह मार्केट, नई दिल्ली 5. 1966–69.

शैतानी पंजा : 1. जासूसी 2. पा. 3. रूपचन्द जैन 4. केशरगंज मार्केट, मेरठ 5. 1970.

शैलजा : 1. सा. 2. त्रै. 4. डिफेन्स कॉलोनी, नई दिल्ली 5. 1960–63.

शैलराज : 3. सतीशचन्द्र अग्रवाल 4. रामलीला मोहल्ला, हल्द्वानी 5. 1970.

शैल सुमन : 1. समा. 2. पा. 3. डी. एस. ब्रजवाल 4. के. 10 III, सुजानसिंह पार्क, नयी दिल्ली 5. 1963–71.

शैलोदय : 1. समा. 2. साप्ता. 3. शिवानन्द नौटियाल 4. नया खन्ना बाजार, लोदी कॉलोनी, नई दिल्ली 5. 1967.

शोध पत्रिका : 1. शो. 2. (हि., सं., अं.) 3. डॉ. कृष्णकुमार 4. नैनीताल 5. 1972-73.

शोध पत्रिका : 1. शो. 2. त्रै. 3. पुरुषोत्तम मेनारिया, नरोत्तम स्वामी, देवीलाल पालीवाल, सागर, शम्भुदयाल सक्सेना, डॉ. रघुबीरसिंह, शांति भारद्वाज राकेश, देव कोठारी, भगवतशरण उपाध्याय, कन्हैयालाल सहल 4. साहित्य संस्थान, राजस्थान विद्यापीठ, उदयपुर / बीकानेर 5. मार्च 1947/1966 7. पुरातत्व, दर्शन, साहित्य और कला की अनुसंधानिका। द्रष्टव्य—लोक साहित्य विशेषांक, 'पृथ्वीराज रासो' के प्रामाणिक पाठ संपादन का यत्न।

शोध भारती : 1. शो. 2. त्रै. (हि., अं.), 3. रामनाथ वेदालंकार, विष्णुदत्त राकेश, 4. गुरुकुल काँगड़ी, विश्वविद्यालय, ज्वालापुर, हरिद्वार 5. 1974 (अल्पायु) 7. उच्चस्तरीय पत्र।

शोध स्वर : 1. शो. 2. अर्द्धवा. 3. डॉ. भगवानशरण भारद्वाज 4. पुराना शहर, बरेली 5. 1978.

शोभना : 1. स. 2. मा. 4. बल्लीमारान, दिल्ली 5. 1962-65.

शोभा : 1. सा. 2. मा. 3. अंजुम जाफरी, दिनेश 4. बजीरगंज, गन्दानाला, फैजाबाद 5. सातवाँ दशक 7. नयी पीढ़ी से सम्बद्ध।

शोभा : 1. बा. 2. मा. 3. संतराम 4. निजाम रोड, लुधियाना 5. 1958-61.

शोलमारी : 1. समा. 2. साप्ता. 4. कॉलेज स्ट्रीट, कलकत्ता 5. 1963-65.

शोला : 1. समा. 2. साप्ता. 3. सूर्यनारायण मिश्र 4. दुर्गादेवीशहर, मिर्जापुर 5. 1970.

शोषित : 1. समा. 2. साप्ता. 4. दिमाल, शिमला 5. 1957-59.

शोषित पुकार : 1. समा. 2. साप्ता. 4. मामन चौकी, बुलंदशहर 5. 1963-68.

शोषित पैगाम : 1. समा. 2. साप्ता. 3. हेतीलाल सेवक 4. मदार गेट, अलीगढ़ 5. 1969.

शोषित भारत : 1. समा. 2. साप्ता. 4. चाहसरी, बिजनौर 5. 1971.

शोषित मजदूर : 2. साप्ता. 4. नारनौल (हरि.) 5. 1968.

शोषित संग्राम : 1. समा. 2. पा. 4. साथी प्रेस, लखनऊ 5. लगभग 1956.

शोषितसंदेश : 1. समा. 2. साप्ता. 4. पटेलनगर, उरई 5. 1965-67.

शौकत जाफरी : 2. पा. 3. सैयद हुसैन जाफरी 4. लखनऊ 5. 1890.

श्याम तारा : 1. समा. 2. दै. 3. एस. एन. तिवारी 4. काम्पटी रोड, नागपुर 5. 1969.

श्यामला : 1. सा. 2. मा. 3. गोवर्द्धन अवस्थी 4. सेक्टर 15 सी., चण्डीगढ़ 5. 1968.

शृंखला : 1. समा. 2. साप्ता. 4. गाँधी का टपरा, झाँसी 5. 1960.

शृंगार : 2. मा. 4. वैद्यनाथधाम, देवधर (बिहार)।

शृंगार : 2. मा. 4. शक्तिनगर, दिल्ली 5. 1962-69.

श्रद्धा : 1. धा. 2. साप्ता. 3. स्वामी श्रद्धानन्द 4. गुरुकुल काँगड़ी, हरिद्वार 5. 1920 7. आर्यसमाजी पत्र।

श्रद्धांजलि : 3. लल्लीबाई पाण्डेय 4. काशी 5. 1943.

श्रद्धानन्द : 1. धा. 2. मा. 3. विद्याव्रत शास्त्री, एस. सी. आनन्द, स्वामी चिदानन्द सरस्वती 4. दिल्ली 5. 1932-45 आर्यसमाजी, हिन्दूराष्ट्रवादी पत्र।

श्रम अधिकार : 1. समा. 2. साप्ता. 3. विद्याप्रसाद शर्मा 4. सेठिया कुआँ, जबलपुर 5. 1966.

श्रम गर्जना : 1. समा. 2. साप्ता. 3. रघुवीरसिंह चौहान 4. श्रम शिविर, तानसेन, मार्ग, ग्वालियर 5. 1965, 67.

श्रमजीवी : 2. मा. 3. डॉ. झब्बूलाल सुलतानिया 'अज्ञात' 4. पब्लिकेशन ब्यूरो इन्फॉरमेशन डिपो, लखनऊ 5. 1948, 61.

श्रमजीवी : 2. साप्ता. 4. श्रम आयुक्त, उ. प्र., कानपुर 5. 1938-58.

श्रमजीवी : 2. साप्ता. 3. सत्यभक्त 4. नागपुर 5. 1923.

श्रमण : 1. धा., दा. (जैनी) 2. मा. 3. डॉ. मोहनलाल मेहता, कृष्ण चन्द्राचार्य 4. पार्श्वनाथ विद्याश्रम, बनारस हिन्दू विश्वविद्यालय, वाराणसी 5. 1949 (प्रच.)।

श्रमण संस्कृति : 1. धा. 4. महावीर जयंती समिति, इंदौर।

श्रमणोपासक : 1. जा., धा. 2. पा. 4. बीकानेर।

श्रम दर्शन : 2. पा. 4. बरबीपुरा, इटावा 5. 1963.

श्रमधर्म : 3. सूर्यवंश मिश्र 4. जी. टी. रोड, कानपुर 5. 1960.

श्रमधारा : 1. समा. 2. साप्ता. 4. जी.टी. रोड, कानपुर 5. 1963, 70.

श्रमपत्रिका : 1. श्रम. 2. मा. 3. बी. के. चताना 4. श्रम आयुक्त, दिल्ली प्रशासन, रायपुर रोड, दिल्ली 5. 1960.

श्रम शक्ति : 1. समा. 2. साप्ता. 4. चुन्नीगंज, कानपुर 5. 1961-63.

श्रम शक्ति : 2. मा. 4. जयपुर 5. 1970.

श्रम सीकर : 1. समा. 2. साप्ता. 3. जगदीश कुमुद 4. नयी सड़क, लश्कर, ग्वालियर 5. 1965.

श्रमिक : 2. साप्ता. 4. कलकत्ता 5. 1924 7. जनवादी पत्र।

श्रमिक : 1. श्रम. 2. पा. 3. रामनरेश पाठक 4. श्रम मंत्रालय, बिहार, पटना 5. 1951.

श्रमिक युग : 1. समा. 2. साप्ता. 3. एच. एस. कौशल 4. नया बाँस, दिल्ली 5. 1970.

श्रमिक वार्ता : 1. समा. 2. पा. (हि., बं.) 3. प्रकाशस्वरूप माथुर 4. होम पब्लिसिटी विभाग, राइसर्स बिल्डिंग, कलकत्ता 5. 1957, 67.

श्रमिक संघर्ष : 2. साप्ता. (हि., म.) 3. एस. जी. पाटिल 4. जैन बोर्डिंग सामोर, वर्धा 5. 1969.

श्रमिक संदेश : 1. श्रम. 2. साप्ता. 3. गनपतलाल पारीक 4. संसारचन्द्र रोड, जयपुर 5. 1966.

श्री : 1. सा. 2. मा. 3. शान्ति सिन्हा 4. बी. रामदास रोड, पटना 5. 1962.

श्री अनंत संदेश : 1. धा. 2. मा. 3. देवकृष्णाचार्य 4. फरसावाड़ी, बम्बई 5. 1965.

श्री अमरभारती : 1. धा. (जैनी) 2. मा. 3. श्रीचन्द्र सुराणा 4. ज्ञानपीठ, आगरा 5. 1963.

श्री ओम : 1. ज्यो. 2. साप्ता. 4. डोंगरी, बम्बई 5. 1967-69.

श्री अरविंद कर्मधारा : 1. धा. 2. मा. 3. रमेश गुप्त 4. अरविंद आश्रम, दिल्ली 5. 1971.

श्री काम कोटि कृपा : 1. धा. 2. मा. 4. कामराज एवेन्यू, मद्रास 5. 1968-69.

श्री कुमरावत संदेश : 1. जा. 2. मा. 3. मोहनलाल मोदी 4. बी. ब्लाक, सिविल लाइन्स, नयापुरा, कोटा 5. 1968.

श्रीकृष्ण : 2. मा. 3. माधव शर्मा 4. हजारा स्ट्रीट, कलकत्ता/जंगमवाडी, काशी 5. 1985–2009 वि.।

श्रीकृष्ण चैतन्य चंद्रिका : 1. धा. 2. मा. 3. श्रीकृष्ण चैतन्य गोस्वामी, गोचरण गोस्वामी, 4. पटना/वृन्दावन 5. 1914.

श्रीकृष्ण बलराम संदेश : 2. पा. 4. गली तिलक भवन, फीरोजाबाद 5. 1971.

श्रीकृष्ण संदेश : 1. धा. 2. मा. 3. आचार्य सीताराम चतुर्वेदी, डॉ. विद्यानिवास मिश्र, व्यथित हृदय, पाण्डेय श्रीरामनारायणदत्त शास्त्री, सुदर्शन सिंह 'चक्र' 4. श्रीकृष्ण जन्मस्थान सेवा संघ, कटरा केशवदेव, मथुरा 5. 1965-68 7. प्रेरक—बिड़ला डालमिया आदि।

श्रीकृष्ण संदेश : 1. धा., समा. 2. साप्ता. 3. लक्ष्मणनारायण गर्दे 4. बर्म्मन मेडिकल प्रेस, कलकत्ता 5. 27 दिसंबर 1925, 26 7. प्रति रविवार प्रकाशित। समाज सुधार की दिशा में विशेष सक्रिय। पराड़करजी के अनुसार यह 'आदर्श साप्ताहिक।' इसी पत्र से डॉ. सम्पूर्णानन्द का कर्तृत्व आरम्भ।

श्रीकृष्ण संदेश : 2. मा. 4. कटरा केशवदेव, मथुरा 5. 1965.

श्री खाण्डल विप्र हितैषी : 1. जा. 2. मा. 3. देवीलाल शर्मा 4. मूँडावा (मारवाड़) 5. 1922.

श्री गंगासागर वृतान्त : 1. धा. 2. वा. 3. रामअनन्त पाण्डेय 4. ताराचन्द दत्त स्ट्रीट, कलकत्ता 5. 1965.

श्री गुरुदेव : 1. धा. 2. मा. (हि., म.) 3. आर. बी. कोयले, बाबा मोहेड 4. गुरुकुंज, अमरावती 5. 1943,44.

श्री गुरुदेव वाणी : 1. धा. 2. बा. (हि., अं.) 3. वि. आर. शेट्टी 4. गणेशपुरी, ब्रजेश्वरी, थाना (महा.) 5. 1968.

श्री गुरुदेव सत्संग : 1. धा. 2. साप्ता. (बहु.) 4. ब्रह्मपुरी, चन्द्रपुर (महा.) 5. 1970.

श्री गोपाल पत्रिका : 2. साप्ता. 3. विश्वंभरनाथ 4. लखनऊ 5. 1901.

श्री गोपाल संदेश : 1. धा. 2. मा. 3. श्रीकृष्णचन्द तिवारी 4. गोपाल इण्डस्ट्रीज, कोटा 5. 1968-71.

श्री गौतम : 1. जा. 2. मा. 3. पं. व्यास गणेशराम शास्त्री 4. मूँडवा (मारवाड़) 5. 1978 वि.।

श्री गौतम ब्राह्मण पत्रिका : 2. मा. 3. रूपराम शर्मा 4. अलीगढ़ 5. 1982, 84.

श्री गौरंग : 2. त्रै. 4. लंका, भेलूपुरा, वाराणसी 5. 1960-68.

श्री चित्रगुप्त कैलाश : 2. मा. 3. के. एल. खाशकलम 4. फोटो बाजार, बेतुल (म. प्र.) 5. 1969.

श्री तुलसी पत्र : 1. धा. 2. मा. 3. बालकराम विनायक, छेदीराम द्विवेदी 4. श्री तुलसी सत्संग महासभा अयोध्या, फैजाबाद 5. 1901 (तुलसीदसाब्द 294) 7. सूक्ति —"श्री तुलसी यश धबल ध्वज धर्म सनातन क्षत्र। लोक तथा परलोक सुख साधक तुलसी पत्र॥"

श्री तुलसी सन्देश : 1. धा. 2. मा. 3. फूलसिंह 4. मूला संस्कृत महाविद्यालय, कुरुक्षेत्र 5. 1966.

श्री दरबार साहब : 1. धा. 2. पा. 4. अमृतसर 5. 1867 7. गुरुमुखी लिपि।

श्री प्राणनाथ संदेश : 1. धा. 2. मा. (हि., गु.) 3. वाई. सी. दलाल 4. चौक बाजार, सूरत 5. 1953.

श्री बाल मुकुन्द संदेश : 1. धा. 2. मा. 3. जगद्‌गुरु स्वामी राधवाचार्य 4. अ. भा. रामानुजीय वैदिक श्रीवैष्णव संघ, डीडवाड़ा (राज.), पुष्कर, अजमेर 5. 1953, 67.

श्री भक्तिलता : 1. धा. 2. त्रै., मा. 4. डाकौर 5. 1982.

श्री भृगुनाथ संगीत प्रचारक : 1. सं. 2. मा. 3. शैलेन्द्रकुमार मुखोपाध्याय, गुरुनारायण वर्मा 4. कलकत्ता 5. आश्विन 1988 वि.।

श्री भगवत दर्शन : 1. धा. 2. मा. 3. प्रभुदत्त ब्रह्मचारी 4. मुट्ठीगंज, इलाहाबाद 5. 1970.

श्री भागवत पत्रिका : 1. धा. 2. मा. 3. वेदान्तनारायण केशवजी 4. गौडीयमठ, मथुरा 5. 1956-62.

श्री भारती : 2. मा. 4. भारती प्रेस, मैनपुरी 5. 1954-56.

श्रीमती : 1. सा. 2. पा. 4. राजामण्डी (आंध्र) 5. 1949.

श्रीमद् बल्लभप्रकाश : 1. धा. 2. द्विमा. (हि., गु.) 4. केसवार, मथुरा 5. 1959-69.

श्री महावीर संदेश : 1. धा. 2. मा. 4. दनाउली, लश्कर 5. 1956-61

श्री माथुर वैश्य संघ : 1. जा. 2. मा. 3. बंगालीमल गुप्त 4. फाटक सूरजभान, बेलनगंज, आगरा 5. 1962.

श्री मारवाड़ी जैन सुधारक : 1. धा., जा. 2. मा. 3. बी. पी. सिंधी 4. मारवाड़, जैन सुधारक सभा, आबू रोड (राज.) 5. 1925.

श्रीमाली अभ्युदय : 1. जा. 2. मा. 3. आर. जे. द्विवेदी 4. महुआ, सौराष्ट्र 5. 1912-24.

श्रीमाली नवयुग : 1. जा. 2. पा. 3. झीगुरलाल व्यास 4. कलकत्ता 5. 1984 वि.।

श्रीमाली शुभेच्छुक : 2. जा. 3. टी. एम. त्रिवेदी 4. अहमदाबाद 5. 1920.

श्री माहेश्वरी किराणा मार्केट रिपोर्ट : 1. व्या. 2. साप्ता. 3. बंशीधर चौधरी 4. बी. 44, कालीकृष्ण टैगोर स्ट्रीट, कलकत्ता 5. 1952.

श्री मेहता आयुर्वेद पत्रिका : 1. चि. (हि., अं.) 2. मा. 3. आर. सी. मेहता 4. श्री मेहता रसायनशाला 5. 1965.

श्री यादवेन्द्र : 1. धा. 2. मा. 3. द्वारकाप्रसाद चतुर्वेदी, राधाकृष्ण मिश्र 4. प्रयाग 5. 1909, 14.

श्री रंगनाथ : 1. धा., समा. 2. साप्ता. 3. आचार्य हरीश शर्मा, मुरलीधराचार्य तिलक 4. रंगनाथ प्रेस, भिवानी (हरि.) 5. 1942, 58-61.

श्री राजराजेश्वरी पत्रिका : 1. धा. 2. मा. 3. पुरोहित कुलीन सज्जन 4. लखनऊ 5. 1901/1902.

श्री राधवेन्द्र : 1. धा. 2. मा. 3. द्वारकाप्रसाद चतुर्वेदी, लक्ष्मीनारायण शर्मा 4. प्रयाग 5. 1904-14.

श्रीराम : 1. चि. 2. मा. 4. खारी बावली, दिल्ली 5. 1958-61.

श्रीराम पत्रिका : 1. धा. 2. साप्ता. 3. दीनानाथ दुबे 4. श्रीरामनगर, कोट 5. 1964.

श्रीरामोपासक : 1. धा. 2. पा. 3. जुगराज सेठिया 4. दागरी मोहल्ला, बीकानेर 5. 1963.

श्रीलाल संदेश : 1. धा. 2. मा. 4. एन.आई.टी., फरीदाबाद 5. 1971.

श्री वल्लभ विज्ञान : 1. दा. 2. मा. 3. घनश्यामदास 4. यशोभवन, नयी पलासिया रोड, इन्दौर 5. 1961.

श्री विद्या : 1. धा. 2. मा. 3. रामसहायलाल, लाला भगवानदीन, ईश्वरीप्रसाद शर्मा 4. काशी 5. 1912-23.

श्री विश्वेश्वर : 2. मा. 4. बुलानाला, काशी 5. फरवरी 1940.

श्री वेंकटेश्वर समाचार : 1. समा. 2. साप्ता., दै. 3. अमृतलाल चक्रवर्ती, लक्ष्मणनारायण गर्दे, निरंजन शर्मा, मेहता लज्जाराम शर्मा 1897-1905, विशेश्वरदयाल, सुखसम्पत्ति राय भण्डारी 1916, जगन्नाथप्रसाद शुक्ल, चन्दूलाल हरीकृष्ण, रुद्रदत्त शर्मा, देवेन्द्र शर्मा 4. 36/38, सातवीं गली, बैंक रोड, खेतवाड़ी खम्भाल लेन, बम्बई-4 5. 1896-1973 6. 12) वा. 7. युगप्रतिनिधि पत्र। मेहता लज्जाराम सम्पादक काल में 'सेष' शब्द को लेकर 'भारत मित्र' से विवाद। 1900 के अंक में खड़ीबोली की प्रथम कविता 'वलीवर्द' प्रकाशित। संचालक-खेमराज बजाज। बड़ा आकार-प्रकार। सनातम धर्म का प्रबल प्रचारक पत्र।

श्री वैष्णव : 1. जा., धा. 2. मा. 3. अधिकारी जगन्नाथदास, नारायणदत्त शर्मा 4. अजमेर।

वैष्णव सम्मेलन : 1. धा. 2. मा. 3. द्वारिकाप्रसाद चतुर्वेदी, स्वामी राघवाचार्य, रंगनाथाचार्य, 4. अ. भा. वैष्णव सम्मेलन, मोरी, दारागंज, इलाहाबाद 5. 1941, 48- (प्रच.)।

श्री शंकराचार्य उपदेशामृत : 1. धा. (हि., अं.) 2. मा. 3. बनवारीलाल, दाऊदयाल गुप्ता 4. नयाबाजार, मथुरा 5. 1956, 57.

श्री शंकराचार्य संदेश : 1. धा. 2. मा. 3. स्वामी ब्रह्मानन्द सरस्वती 4. ज्योतिर्मठ, अलोपीमठ, प्रयाग 7. सनातनी पत्र।

श्री शारदा : 1. सा. 2. मा., त्रै. 3. नर्मदाप्रसाद मिश्र (1977 वि.), सेठ गोविन्ददास (संरक्षक), डॉ. द्वारिकाप्रसाद मिश्र, सालग्राम द्विवेदी 4. राष्ट्रीय हिन्दी मंदिर, जबलपुर 5. 1916-24 7. छायावाद युग का श्रेष्ठपत्र। मुखपृष्ठ पर सूक्ति— "गुरुतां नयन्ति हि गुणाः न संहति" (भारवि)। घोषणानुसार यह साहित्य, विज्ञान, राजनीति की सचित्र मासिक पत्रिका। मुख्य स्तंभ—सहयोगी साहित्य, राजनीतिक प्रगति, साहित्य संवाद, समालोचना, आदि। इसने सितम्बर 1920 में छायावाद सम्बन्धी लेखमाला प्रकाशित कर छायावाद को सर्वप्रथम मान्यता प्रदान की।

श्री शैल ज्योति : 1. धा. 2. मा. 4. भक्त विहार, अनंतपुर (आंध्र.) 5. 1962-68.

श्री सज्जन तोषिणी पत्रिका : 1. धा. 2. मा. (हि., अं.) 3. भक्तिकमल पार्वत 4. इन्द्रप्रस्थ गौड़ीयमठ, दीना का तालाब, सब्जीमण्डी, दिल्ली 5. 1955.

श्री सनातन धर्म : 1. धा. 2. साप्ता., मा. 3. याज्ञवल्क्य भारद्वाज 4. आगरा 5. 1924.

श्री सरयूपारीण : 1. जा. 2. मा. 3. इन्द्रदेवप्रसाद चतुर्वेदी 4. प्रयाग 5. 1911.

श्री सुभाष दैनिक व्यापार पत्रिका : 1. व्या. 2. दै. 3. आर.के. शर्मा 4. सर्राफा बाजार, अकोला 5. 1965.

श्री स्वदेश : 2. मा. 3. युधिष्ठिर सिंहनिया, श्रीगोपाल नेबटिया, युगलाल 4. फतेहपुर 5. 1922.

श्री स्वाध्याय : 1. धा. 2. त्रै. 3. हरदेव शर्मा त्रिवेदी 4. सोलन, शिमला 5. 1956-57 (लगभग) 7. विशेष—शरदांक, हेमंतांक, बसन्तांक।

श्री स्वामी नारायण ज्ञान रश्मि : 1. धा. 2. मा. 3. लक्ष्मीनारायण 4. पार्कहाउस, जयपुर 5. 1967.

श्री हरिनाम : 1. धा. 2. पा., त्रैमा. 3. श्यामलाल हकीम 4. बाग बुन्देला, वृंदावन 1970.

श्री हरिश्चन्द्र कौमुदी : 2. मा. 3. पंचमलाल सिंह 4. जमीर, गया 5. 1894.

श्री हरि साप्ताहिक मार्केट रिपोर्टर : 3. द्वारकाप्रसाद अग्रवाल 4. बंसटोला स्ट्रीट, कलकत्ता 5. 1962.

श्री हर्ष : 1. सा. 2. मा. 4. रामनाथ मजूमदार स्ट्रीट, कलकत्ता।

श्रुति बोध : 1. धा. 2. मा. 4. बम्बई।

श्रेय : 2. मा. 3. बालकृष्ण गोस्वामी, इन्द्र ब्रह्मचारी 4. भजनाश्रम, वृन्दावन 5. 1991-94 वि.।

श्रेय : 1. सां. 2. त्रै. 3. अं. रामदत्त भारद्वाज 4. न्यू मार्केट, रमेशनगर, करोलबाग, नई दिल्ली 5. 1970.

श्रेयांस : 1. साप्ता., मा. 4. घीवालों का रास्ता, जयपुर, अजमेर 5. 1970, 71.

श्रेष्ठ बन्धु : 1. समा. 2. साप्ता. 4. पक्की सराय, अलीगढ़ 5. 1962-65.

श्रेष्ठि समाज : 1. जा. 2. त्रै. 3. मिश्रीलाल चंचोरिया 4. मुँदरी मोहल्ला, अजमेर 5. 1968.

श्रोति : 1. समा. 2. दै. 3. महावीरप्रसाद 4. हाथरस 5. 1947.

श्वेत क्रांति : 1. चि. 2. मा. 4. डूँगरपुर (राज.) 5. 1971.

श्वेत नील चक्र : 1. समा. 2. साप्ता. 4. नया गणेशगंज, लखनऊ 5. 1968-71.

श्वेताम्बर जैन : 1. जा. 2. साप्ता., पा. 3. जवाहरलाल लोढ़ा 4. मोती कटरा, आगरा 5. 1947.

षड़यन्त्र : 2. मा. 3. सुरेन्द्र अग्रवाल 4. नयी लश्कर लाइन, इलाहाबाद 5. 1965.

संकलन : 1. सा. 2. अर्द्धवा. 3. छेदीलाल गुप्ता 4. बी 5, साहा लेन, कलकत्ता 5. 1967 (अल्पायु) 7. साम्प्रतिक लेखन का लघुपत्र।

संकल्प : 1. मा. 3. डा. मा. में. सुरतकर 4. कालवादेवी रोड, बम्बई 5. 1915.

संकल्प : 3. डॉ. भगीरथ मिश्र 4. समाज पुस्तकालय, नादानमहल रोड, लखनऊ 5. स्वातंत्र्योत्तर।

संकल्प : 1. सा. 2. त्रै. 3. नरपतसिंह सोढ़ा 4. सिटी कोतवाली के पीछे, बीकानेर 5. 1976.

संकल्प : 2. साप्ता. 4. नागपुर 5. 1918-20.

संकल्प : 1. सा. 2. मा. 3. मधुसूदन चतुर्वेदी 4. आन्ध्रप्रदेश शासन, हिन्दी अकादमी, बेगम बाजार, हैदराबाद 5. सातवाँ दशक 7. लघुपत्र।

संकल्प : 1. सा., कथा. 2. मा. 3. मधुसूदन चतूर्वेदी 4. हिन्दी अकादमी, 14-7-3, बेगम बाजार, हैदराबाद 5. 1970-74.

संकल्प : 2. अनि. 3. मधुसूदन साहा 4. राउरकेला।

संकीर्तन : 2. मा. 3. सुदर्शन सिंह 'चक्र' 4. मानस संघ, सतना 5. 2005 वि.।

संकीर्तन : 1. धा. 2. साप्ता., मा. 3. स्वामी शिवानन्द सरस्वती, दुर्गाप्रसाद 4. मेरठ 5. 1932 (लगभग 25 वर्ष तक) 7. अनेक उत्कृष्ट विशेषांक।

संकेत : 2. त्रै. 4. तालाब नवाबराय, बिरहाना, इलाहाबाद 5. 1968.

संकेत : 1. सा. 3. धीरेन्द्रनारायण सिंह 4. मुरलीगंज, सहरसा (बिहार) 7. अधुनातन युगबोध का लघुपत्र।

संकेतिका : 1. सां. 2. त्रै. 3. तारादत्त 'निर्विरोध 4. मोतीसिंह भोमियों का रास्ता, जयपुर 5. 1967-69.

संक्रमण : 1. समा. 2. साप्ता. (हि., मं.) 4. हिंगनघाट, वर्धा 5. 1964-69.

संक्रान्ति : 1. सा. 2. अनि. 3. मनमोहन ठाकौर 4. ए. 5, ग्रीक चर्च रोड, कलकत्ता 5. 1956.

संक्रान्ति : 1. श्रम. 2. मा. 4. अम्बाला 5. 1963-65.

संक्रान्ति काल : 1. ज्यो. 2. मा. 3. देवभूषण बिहारीलाल शर्मा 4. फीरोजपुर, छावनी 5. 1920.

संग जुक्ता पत्र : 2. बा. 4. सिलचर, कछार 5. 1963-68.

संगठन : 1. समा. 2. साप्ता. 3. एस. प्रकाश जैटिली 4. अटल सराय, कालपी, जालौन 5. 1956.

संगठन : 2. पा. 3. सत्यव्रत शर्मा द्विवेदी 4. सिकन्दरपुर, फर्रुखाबाद 5. 1924.

संगठन : 2. मा. 4. राजसमंद, उदयपुर 5. 1966.

संगम : 1. दा. 2. मा. 3. वीणादेवी, सत्यभक्त, सत्यस्नेही कृष्णानंद, कृष्णराव भोसले, सूरजचन्द्र 4. सत्याश्रम, वर्धा 5. 1941-42.

संगम : 1. सा. 2. मा. 3. इलाचन्द जोशी, कृष्णानन्द गुप्त 4. लीडर प्रेस, इलाहाबाद 5. 1946 7. श्रेष्ठ साहित्यिक पत्र।

संगम : 2. त्रै. 4. सांस्कृतिक संस्थान, विकास मार्ग, कानपुर 5. 1959-63.

संगम : 2. मा. 4. शीशमहल, अयोध्या 5. 1942.

संगम : 1. समा. 2. साप्ता. 3. शिवनंदन शास्त्री 4. घासीबाजार, हैदराबाद 5. 1958-64 7. दक्षिणी हिन्दी पत्रों का कीर्तिमान।

संगम संदेश : 2. मा. 3. डॉ. इन्दर राजवैद 4. साहित्य कला संगम, मद्रास 5. 1969-75 7. चक्र लिखित लघुपत्र, विचारोत्तेजक पत्र, अर्थाभाव के कारण समाप्त।

संगीत : 1. कला. 2. मा. 3. महेशनारायण सक्सेना, प्रभुलाल गर्ग (काका हाथरसी) एल.एन. 4. गर्ग संगीत कार्यालय, हाथरस 5. 1934-अप्रैल 1935 7. विशेष—नृत्यअंक।

संगीत कला : 2. मा. 3. नन्दलाल शर्मा 4. ग्वालियर 5. 1939-44.

संगीत कला विहार : 1. कला. 2. मा. 3. न.वि. महाबल 4. देवघर, 4380 ब्रह्मपुरी, मीरज (महा.) 5. 1954.

संगीत कला विहार : 1. कला. 3. बी.आर. देवघर, विनयचन्द्र 4. फ्रेंच बिजी कार्नर, बम्बई 5. दिसम्बर 1947.

संगीतदर्पण : 1. कला. 2. मा. 3. सिरीज अहमद शेखदौलत 4. तुकोगंज पथ, देवास (म.प्र.) 5. 1970.

संगीत ध्वनि : 1. कला. 2. त्रै. 4. हरि घोष स्ट्रीट, कलकत्ता 5. 1966-70.

संगीत प्रचारक : 2. त्रै. 4. जयपुर 5. 1971.

संगीत प्रिया : 2. मा. 4. जयपुर 5. 1971.

संगीत भास्कर : 1. कला. 2. त्रै. 3. हरिदेव शर्मा 4. सहारनपुर 5. 1922.

संगीत माधुरी : 1. कला. 2. मा. 4. लखनऊ 5. 1948.

संगीतामृत प्रवाह : 1. कला. 2. मा. 3. विष्णुदिगम्बर पलुष्कर, ठाकुरराम श्रीधर, पं. आत्माराम दत्तात्रेय कृष्ण परांजपे 4. लाहौर 5. 1905-10.

संगीतिका : 1. कला. 2. पा., त्रै. 3. हरिश्चन्द श्रीवास्तव 4. साउथ मलाका, इलाहाबाद 5. 1970.

संगीतिका : 2. बा. 4. सूर्यकुण्ड, वाराणसी 5. 1957-63.

संग्राम : 2. साप्ता. 3. पाण्डेय बेचन शर्मा 'उग्र', अनुदत्त त्रिपाठी 4. उज्जैन/बम्बई 5. 1945-48.

संग्राम : 1. समा. 2. साप्ता., अर्द्धसाप्ता. 3. विश्वम्भरदयाल त्रिपाठी 4. उन्नाव 5. 1948 7. स्वातंत्र्य आंदोलन का प्रेरक पत्र।

संग्राम विजय (ए) : 1. शै. 2. अर्द्धवा. (बहु.) 3. एन.एम. शेवले 4. अंबेदकर संस्थान, नागपुर 5. 1958.

संग्राम सार्थी (बी) : 1. समा. 2. साप्ता., पा. 3. जीवनसिंह 4. भवनी सागर, देवास 5. 1965-69.

संघ : 1. समा. 2. साप्ता. 4. बरेली 5. 1956 (लगभग)।

संघ शक्ति : 1. सा. 2. मा. 3. नारायणसिंह 4. शान्तिनगर, खातीपुरा रोड, जयपुर 5. 1960.

संघ सन्देश : 1. राज., समा. 2. पा. 3. जितेन्द्र सिंह 4. राजेन्द्रनगर, पटना-16 5. 1967 7. भा. जनसंघ का पत्र।

संघ संदेश : 1. राज. 2. मा. 4. भोपाल 5. 1971.

संघर्ष : 3. नरोत्तम नागर 4. मेरठ।

संघर्ष : 3. कुमार दीनानाथ सिंह 4. गिरहीवेला, संताल परगना।

संघर्ष : 1. समा. 2. साप्ता. 3. श्रीलाल दुबे 4. तुलाराम चौक, अंधेरदेव, जबलपुर 5. 1957 6. 10 पै.।

संघर्ष : 1. समा. 2. साप्ता. 3. आचार्य नरेन्द्रदेव, सम्पूर्णानन्द, मोहनलाल गौतम, वी.पी. सिन्हा, काशीनाथ 4. लखनऊ 5. 1948-56 7. युगप्रतिनिधि समाजवादी पत्र।

संघर्षयुग : 1. समा. 2. साप्ता. 3. साधुशंकर बनारसी 4. दौलतगंज, उज्जैन 5. 1957.

संघर्ष शोला : 1. समा. 2. साप्ता., पा. 3. माँगीलाल मालू 4. नोलईपुरा, रतलाम 5. 1969-70.

संघर्ष सार्थी : 1. समा. 2. साप्ता. 4. भवनीसागर, देवास 5. 1969.

संघशक्ति : 2. मा. 4. खातीपुरा, जयपुर 5. 1960.

संचय : 1. सा. 2. मा. 4. मुक्ताराम बाबू स्ट्रीट, कलकत्ता 5. 1958-59.

संचयन : 1. सा. 2. अनि. 3. अवधनारायण सिंह, मनमोहन ठाकौर 4. कलकत्ता 5. 1971.

संचार स्तम्भ : 1. श्रम. 2. मा. 3. रामशंकर, पीरजलील 4. घोसियाना, लखनऊ 5. 1967.

संचेतना : 1. सा. 2. त्रै. 3. डॉ. महीप सिंह, सहा.—कुलदीप बग्गा, कँवलनयन, नरेन्द्र मोहन रामदरश 4. एच. 108, शिवाजी पार्क, दिल्ली 5. 1967 7. उच्चस्तरीय लघुपत्र, विशेषांक -'दो दशक कथा-यात्रा', 'विचार कविता' (1903), जापानी अंक। आरंभ में कथापरक पत्र। कई अंक अंग्रेजी में भी प्रकाशित।

संजय : 1. धा. 2. मा. 3. भद्रसेन गुप्त 4. ईश्वरभवन, आर्यसमाज कलाइव स्क्वायर, दिल्ली 5. 1932-33-54 7. आर्यसमाजी पत्र। द्रष्टव्य—'महाभारत अंक'।

संजय : 1. समा. 2. साप्ता. 3. हरिस्वरूप गौड़ 4. प्रेमनगर, बुलंदशहर 5. 1964.

संजय : 1. समा. 2. साप्ता. 3. लालराम आर्य 4. झालड़ापाटन सिटी (राज.) 5. 1957.

संजय : 1. समा. 2. दै. 4. इन्दौर 5. 1949.

संजीवन : 1. धा. 2. साप्ता., मा. 3. चतुरसेन शास्त्री, ए. कुमार 4. फतेहपुरी, दिल्ली/ कैलाश कॉलोनी मार्केट, नई दिल्ली 5. 1925-57.

संजीवनी : 1. सा. 2. त्रै. 3. प्रो. कुमार गुप्त 4. हिन्दी-विभाग, अग्नोर कॉलेज, छपरा 5. जन. 1972.

सण्डे टाइम्स : 1. समा. 2. साप्ता. 3. वि. सं. विनोद 4. मेरठ 5. 1939.

सण्डे स्कूल के पथ का पत्र : 1. धा. 2. साप्ता. 4. जबलपुर 5. 1909.

संत : 1. धा. 2. मा. 3. रामपदार्थ दास 'वेदान्ती' 4. जौहरी बाजार, जयपुर 5. 1940-46.

संत : 1. धा. 2. मा. 3. शिववृत लाल 4. गोपीगंज, वाराणसी 5. 1922.

संत : 1. धा. 2. मा. 4. कटरा, प्रयाग 5. 1949-56.

संत : 1. धा. 2. मा. 4. समाधि मन्दिर, ऐशबाग, लखनऊ 5. 1942-61.

संत निरंकारी : 1. धा. 2. मा. 3. अमरसिंह 4. संतसंग भवन, संत निरंकारी कॉलोनी, दिल्ली 5. 1956.

सन्त वाणी : 1. धा. 2. मा. 3. केशवदास, स्वामी मंगलदास 4. मंगल प्रेस, जयपुर 5. 1947-56 7. विशेष—'संत दादू अंक'।

संत वाणी : 1. धा. 2. मा. 4. शाहाबाद संत साहित्य परिषद्, पटना 5. 1956-65.

संत संदेश : 1. धा. 2. मा. 3. बेनीमाधो सोनकर 4. गाँधीनगर, कानपुर 5. 1953.

संत संदेश : 2. धा. 3. नारायणनन्द सरस्वती 4. गया 5. 1934.

संत समागम : 1. धा., दा. 2. त्रै. 3. श्रीमती सौभाग्यवती गुप्त 4. पचकुई रोड, नई दिल्ली 5. 1959.

संतुलन : 2. सा. 3. शरण उपाध्याय 4. बिरला छात्रावास, बनारस हिन्दू विश्वविद्यालय, वाराणसी।

संतुलन : 3. विश्वनाथ योगी 4. महासमन्द, रायपुर।

संतुलन : 2. सा. 3. राजेन्द्र मिलन 4. माईथान, आगरा।

संदर्भ : 2. सा. 3. कृष्णकुमार भट्ट 'पथिक' 4. तार बाहर, तालाबपार, विलासपुर 5. 1914 7. युवालेखन का लघुपत्र।

संदर्भ : 1. सा. 2. अनि. 3. अवधनारायण सिंह, सकलद्वीप सिंह 4. साहित्य परिषद् स्ट्रीट, कलकत्ता 5. 1963-64.

संदर्भ भारती : 2. सा. 2. द्विमा. 3. कृष्णाचार्य, डॉ. वीरेन्द्रकुमार भट्टाचार्य 4. भारतीय भाषा परिषद्, जवाहरलाल नेहरू रोड, कैम्पस स्ट्रीट, कलकत्ता 5. जन. 1975 (प्रच.) 7. सर्वभाषा सरस्वती लघुपत्र।

संदेश : 1. समा. 2. साप्ता. 3. रामसहाय गोस्वामी 4. गाँधीनगर, महोबा, हमीरपुर 5. 1958.

संदेश : 2. मा. 3. रामजीवन शर्मा 4. साहित्य सदन, बम्बई 5. सितम्बर 1929.

संदेश : 1. समा. 2. साप्ता., पा. 3. आर.ए. दिल 4. बाजार सफात पोटा, अमरोहा 5. 1956, 57-61.

संदेश : 3. मथुराप्रसाद दुबे, कालीचरण पाण्डेय 4. आगरा 5. 1940.

संदेश : 1. समा. 2. दै. 3. श्रीनारायणप्रसाद शुक्ल 4. यशवंत रोड, इन्दौर 5. 1948.

संदेश : 1. समा. 2. साप्ता. 3. सैयद कासिम अली 4. अस्पताल के सामने, भोपाल।

संदेश : 1. समा. 2. साप्ता. 3. सतीशचन्द्र शर्मा 4. मुफ्तीबाड़ा, मेरठ 5. 1952.

संदेश : 3. लालचन्द्र हितैषी 4. जालंधर।

संदेश : 2. साप्ता. 3. पं. नेकीराम शर्मा 4. भिवानी (हरि.) 5. 1924.

संदेश : 2. मा. 3. रामपरीक्षा सिंह 4. रानीगंज, बर्दमान।

संदेश : 1. सा. 2. मा. 4. बेतिया, बिहार 5. 1956-57 लगभग।

संदेश : 2. मा. 4. पीपरिया, होशंगाबाद 5. 1957-58.

संदेश : 2. साप्ता. 4. सी. स्कीम, जयपुर 5. 1956-60.

संदेश : 1. समा. 2. साप्ता. 3. श्यामापति पांडेय 4. प्रभात प्रिंटिंग कॉलेज, आजमगढ़ 5. 1934.

संदेश : 3. परमेश्वरीलाल गुप्त, परिपूर्णानंद वर्मा 4. काशी।

संदेश दूत : 2. साप्ता. 4. जयपुर 5. 1962-65.

संदेशवाहक : 1. समा. 2. साप्ता. 3. बद्रीप्रसाद शर्मा 4. ए 25, कृष्णदास पाल लेन, कलकत्ता 5. 1961.

संदेशवाहक : 2. मा. 4. माणिक चौक, झाँसी 5. 1949-56 (लगभग)।

संदेश सागर : 1. समा. 2. साप्ता. 4. साहूकारा लाइन, हलद्वानी 5. 1967.

संध्या : 2. मा. 3. डॉ. महेन्द्र भटनागर 4. उज्जैन 5. 1948 (अल्पायु)।

संध्या : 1. समा. 2. मा. 3. आदित्यकुमार बाजपेयी 4. गोरहीपुरा, इटावा 5. 1958.

सन्नाटा : 1. समा. 2. साप्ता. 4. आजादनगर, बिलासपुर 5. 1967-71.

संन्यासी : 2. समा. 2. साप्ता. 3. वीरेन्द्र 4. हरदुआगंज, अलीगढ़ 5. 1922.

संन्यासी : 2. मा. 3. चन्द्रशेखर शर्मा 4. प्रयाग।

संन्यासी : 1. दा. 2. साप्ता., मा. 3. टेकचन्द्र आर्य 4. कलकत्ता 5. मार्च 1927.

सम्पर्क : 2. सा. 3. प्रहलाद दुबे 4. ब्राह्मणपुरी, साकची, जमशेदपुर।

सम्पर्क : 1. समा. 2. पा. 4. क्रास स्ट्रीट, कलकत्ता 5. 1956-57 (लगभग)।

सम्पदा : 1. व्या. 2. मा. 3. कृष्णचन्द्र विद्यालंकार 4. शक्तिनगर, दिल्ली 5. 1952 7. अर्थशास्त्र-पत्र।

सम्प्रति : 1. सा. 2. द्विमा. 3. रामसेवक श्रीवास्तव, हरिहर सिंह, रामसिंह 'अनिल' 4. छोटे काजीपुर, गोरखपुर 5. 1960 लगभग 7. नवलेखन का लघुपत्र।

सम्प्रति : 1. सा. 2. मा. 3. ब्रजमोहन शर्मा 4. हनुमानगढ़ (राज.) 5. 15 अगस्त 74 7. युवालेखन से संबद्ध।

सम्प्रदाय : 1. सा. 2. मा., पा. 3. गोवर्धननाथ मूलजीभाई मेहता 4. सावली, बड़ौदा 5. 1922-24.

संप्रेषक : 2. मा. (हि., अं.) 4. जगन्नाथगंज, उन्नाव 5. 1968.

सम्प्रेषण : 1. सा. 2. त्रै. 3. चन्द्रभानु भारद्वाज 4. राजा मिश्रजी का रास्ता, जयपुर 7. प्रगतिशीलता से प्रतिबद्ध लघुपत्र। द्रष्टव्य—अंधी पीढ़ी विशेषांक (1975).

सम्बोधन : 1. सा. 2. त्रै. 3. कमर मेवाड़ी, गुलफाम, समर्थन जैन 4. काँकरोली (राज.) 5. 1966 7. उच्चस्तरीय लघुपत्र।

सम्बोधन : 2. पा. 3. विनोदकुमार सिंहल 4. सिनेमा मार्ग, खुर्जा 5. 1967.

सम्बोधि : 1. शो. 2. वा. 3. डॉ. कुँवर चन्दप्रकाश सिंह 4. हिन्दी विभाग, मगध विश्वविद्यालय, बोधगया 5. 1974.

सम्भल टाइम्स : 1. समा. 2. पा. 3. कृष्णकुमार अग्रवाल 4. मोहम्मद खाँ सराय, सम्भल 5. 1968-71.

संभाल : 1. वा. 2. मा. 3. रामप्रकाश त्रिपाठी 4. कश्मीरी मुहल्ला, फैजाबाद 5. 1960-63.

सम्भावना : 1. सा. 2. द्विमा. 3. माधव मधुकर, आनन्दस्वरूप, डॉ. विश्वनाथ तिवारी 4. पंजाब होटल, गोलघर, गोरखपुर 5. फरवरी 1968 (अल्पायु) 7. नवलेखन का लघुपत्र।

सम्भावना : 1. शो. 2. अर्द्धवा. 3. डॉ. रामेश्वरलाल खण्डेलवाल 4. हिन्दी विभाग, कुरुक्षेत्र विश्वविद्यालय, कुरुक्षेत्र 5. 1972 (प्रच.) 7. द्रष्टव्य—मानस विशेषांक 1973, शोधतंत्र अंक 1977.

सम्मति : 2. मा. 4. राउज एवेन्यू, नई दिल्ली 5. 1963.

सम्मति वाणी : 2. मा. 4. हुकुमचन्द मार्ग, इन्दौर 5. 1981.

सम्मति संदेश : 1. धा. 2. मा. 3. प्रकाश हितैषी शास्त्री 4. गाँधीनगर, दिल्ली 5. 1960.

सम्मति संदेश : 1. धा. 2. मा. 3. सहजानन्द, श्रीप्रकाश, 'हितैषी' शास्त्री 4. जैन बड़ा मंदिर, जबलपुर 5. 1954 7. 'जैन संत विशेषांक' (1958).

सम्मन : 1. समा. 2. साप्ता. 3. मदनगोपाल गुप्त 4. पुरानी मंडी, अजमेर 5. 1966.

सम्मान : 1. समा. 2. साप्ता. 4. पुरानी मण्डी, अजमेर 5. 1966.

सम्मार्ग : 1. धा. 2. पा. 3. नूतन 4. सी. 1, राजेन्द्रनगर, पटना, 5. 1970.

सम्मार्ग : 1. समा., धा. 2. दै. (1956), साप्ता. (1947), मा. (1939) 3. विजयानन्द त्रिपाठी, दुर्गादत्त त्रिपाठी, लक्ष्मणनारायण गर्दे, गंगासागर मिश्र, गोविन्द नरहरि, पारसनाथ सिंह, 4. टाउनहाल, काशी 5. 1939-64 7. 'धर्मसंघ' का मुखपत्र।

सम्मार्ग : 1. दै. 2. समा. 3. गणेशशंकर, अनन्त मिश्र, हरिशंकर द्विवेदी, गंगाप्रसाद मिश्र 4. सी. 106, चितरंजन एवेन्यू, कलकत्ता 5. 1946-48.

सम्मार्ग : 2. धा. 3. चन्द्रशेखर शास्त्री (पुरी के जगद्गुरु शंकराचार्य, स्वामी निरंजनदेव तीर्थ) 4. दिल्ली।

सम्मार्ग : 1. धा. 2. साप्ता. 3. सवाई सिंह 4. साधना प्रेस, जयपुर।

सम्मेलन गजट : 1. सा. 2. मा. (बहु.) 3. के. ब्रजमोहनदेव शर्मा 4. मणिपुर सुधी संगठन, पो. इम्फाल, मणिपुर 5. 1964.

सम्मेलन पत्रिका : 1. सा., शो. 2. मा. (1913), त्रै. (2006 वि.) 3. गिरिजाकुमार घोष (1970-72 वि.), इन्द्रनारायण द्विवेदी (1972-83), वियोगी हरि (1980-82), भगीरथप्रसाद दीक्षित (1982-84), धीरेन्द्र वर्मा (1985-87), गुरुप्रसाद टण्डन, उदयनारायण तिवारी, भगवतीचरण वर्मा, रामकुमार वर्मा (1990-96), ज्योतिप्रसाद निर्मल (1996-2000), रामचन्द्र टण्डन (2000-2002), माताप्रसाद गुप्त, ज्योतिप्रसाद निर्मल (2003-2006), अज्ञेय (2006), दयाशंकर दुबे, रामनाथ सुमन (2008-11), रामप्रताप त्रिपाठी, सुधाकर पाण्डेय 4. हिन्दी साहित्य सम्मेलन, प्रयाग 5. 1912 7. विशेष—भारतेन्दु अंक (2006 वि.), साहित्य निर्माण अंक।

सम्मोहन : 1. सा. 2. मा. 3. ए. दीक्षित 4. रूपनगर, दिल्ली 5. 1967.

समृद्ध भारत : 1. समा. 2. साप्ता. 3. कृष्णचन्द्र अग्रवाल 4. नजीबाबाद रोड, कोटद्वारा, गढ़वाल 5. 1970.

समृद्धि : 1. समा. 2. साप्ता., पा. 4. जौहरी बाजार, जयपुर 5. 1959-69.

सम्यक् दर्शन : 1. धा. 2. मा. 4. सैलानी (म.प्र.)।

सम्यक् दृष्टि : 2. मा. 4. अजमेर 5. 1967.

सम्यक् मनोविज्ञान : 2. त्रै. 3. कीर्तिस्वरूप रावत 4. रामभवन, पाली बाजार, व्यावर (राज.) 5. 1976 7. परामनोविज्ञान सम्बन्धी प्रथम हिन्दी पत्र।

सम्यक् ज्ञान : 1. जा. 2. मा. 3. मोतीचन्द जैन 4. दिगम्बर जैन संस्थान, पहाड़ी धीरज, दिल्ली 5. 1970.

सम्यक् ज्ञान : 1. समा. 2. साप्ता. 4. परिहेया टोला, इटावा 5. 1956-58 (लगभग)।

संयम : 1. समा. 2. साप्ता. 4. कासमरान, बरेली 5. 1965.

संयुक्त धारा : 1. समा. 2. साप्ता. 4. धामपुर, बिजनौर 5. 1967-71.

संयुक्त प्रान्तीय समाचार : 1. समा. 2. पा. 3. जगमोहन मिश्र 4. प्रकाशन विभाग (उ.प्र.), लखनऊ 5. 1946 7. सरकारी पत्र। विशेष —'स्वतंत्रता दिवस अंक'।

संयुक्त भारती : 1. समा. 2. साप्ता. 3. भँवरलाल 4. गिरदीकोट, जोधपुर 5. 1968.

संयुक्त मोर्चा : 1. समा. 2. साप्ता. (हि.अं.) 3. शैलेन्दकुमार 4. मदार गेट, अलीगढ़ 5. 1956.

संयुक्त राजस्थान : 2. मा. 3. राजेन्द्रशंकर भट्ट 4. जनसम्पर्क कार्यालय, जयपुर 5. जन. 1950-62.

संयुक्त राजस्थान राजपत्र : 1. गजट 2. द्विभा. (अं., हि.) 4. उदयपुर 5. 1949 7. राज्याज्ञाएँ, सूचनाएँ, निर्णय आदि प्रकाशित। बड़ा आकार। क्रम-कला (वर्ष) मयूख (अंक)।

संयुक्त राष्ट्र साप्ताहिक समाचार पत्र : 1. समा. 2. साप्ता. 3. रूडोल्फ 4. यू.एन. सूचना सेवा, कर्जन रोड, नई दिल्ली 5. 1953.

संरक्षक : 1. समा. 2. साप्ता. 3. राजेन्द्रप्रसाद कौशिक 4. हनुमान टीला, खुरजा, बुलंदशहर 5. 1966.

संवाद (चन्द्रिका) : 2. त्रै. 3. विक्रमसिंह सोलंकी 4. ओ.टी.जी. 21 आर.पी.एम. कॉलोनी, रावतभारा (कोटा), राज. 5. अप्रैल 1972 7. युवालेखन का लघुपत्र।

संवाद : 3. चन्द्रभूषण शर्मा 4. असम 7. द्रष्टव्य—'नलिनविलोचन शर्मा' अंक।

संवाद : 1. समा. 2. साप्ता. 4. मटिया महल, सहारनपुर 5. 1971.

संवाददाता : 1. समा. 2. साप्ता. 4. तारादास रोड, रामपुर 5. 1966-69.

संवाद प्रभाकर : 2. साप्ता. 3. ईश्वरचन्द गुप्त 5. 1885.

संवाहक : 2. पा. 4. अशोक पार्क, दिल्ली 5. 1967-70.

संविधा : 1. सा. 2. मा. 3. रमाकान्त मुकुल, जया पाठक 4. रैनबसेरा दधोध्याश्रम, छपरा, बिहार 5. 1968 (अल्पायु) 7. 'चिरायतावादी' कड़वी कविताओं का संकलन।

संसदीय पत्रिका : 1. राज. 2. त्रै. 4. लोकसभा सचिवालय, नई दिल्ली 5. 1960.

संसार : 1. राज., सा. 2. मा. 3. उदयनारायण बाजपेयी, नारायणप्रसाद अरोड़ा, भगवतीप्रसाद बाजपेयी 4. हटिया, कानपुर 5. 1919-22 7. इसके संपा. उच्चनारायणजी को जेल। अर्थसंकट के कारण समाप्त।

संसार : 1. समा. 2. साप्ता. 3. बाबूराव विष्णु परड़कर, रा. र. खाडिलकर (1944) 4. बम्बई 5. 1943.

संसार : 1. समा. 2. साप्ता. (1942), पा., दै. 3. संस्था.—बाबूराव पराड़कर (1943-47), संपा.—कमलापति त्रिपाठी, गंगाप्रसाद सिंह, काशीनाथ 'भ्रमर', मोहनलाल गुप्त, मुकुन्दीलाल श्रीवास्तव, अशोकजी, प्रबन्धक—श्री बलदेवदास 4. संसार प्रेस, वाराणसी 5. 1942-43 7. प्रतिनिधि राष्ट्रीय पत्र। विशेष—'क्रांति अंक', 'जेल अंक', 'हैदराबाद अंक'।

संसार : 3. अयोध्याप्रसाद अचल 4. पटना।

संसार चक्र : 1. समा. 2. पा. 3. ललितप्रसाद शर्मा 4. पोस्टपुर, भीलवाड़ा, राज. 5. 1961.

संसार दर्पण : 2. साप्ता. 4. झाँसी 5. 1895.

संसार दर्शन : 2. मा. (हि., अं.) 4. पश्चिमी पटेलनगर, दिल्ली 5. 1968-70.

संसार दीपक : 1. समा. 2. साप्ता. 3. ब्रजनन्दनलाल 4. पटना 5. 1922.

संसारप्रिय : 2. साप्ता. 4. रघुबीरनगर, नजफगढ़ रोड, नई दिल्ली 5. 1971.

संसारमित्र : 2. मा. 4. प्रयाग 5. 1906.

संसारमित्र : 1. समा. 2. पा. 3. सागर शर्मा 4. काटन स्ट्रीट, कलकत्ता 5. 1966.

संसार संघ : 1. धा. 2. मा. 3. शिवकुमार, महेन्द्रप्रताप सिंह 4. काशीघाट, वृंदावन 5. 1946-71.

संसार संघ : 1. समा. 2. साप्ता. 4. देहरादून 5. 1956 (लगभग)।

संसार संघ : 2. पा. 4. साउथ एवेन्यू, नई दिल्ली 5. 1946-63.

संस्कारपथ : 1. धा. 2. द्विभा., मा. (हि., सं.) 3. ए.वी. शास्त्री, एन.एल. पुरे 4. खेतबाड़ी, बान्द्रा, पूर्वी बम्बई 5. 1968.

संस्कार विधि : 2. मा. 4. प्रयाग 5. 1885.

संस्कृत रत्नाकर : 2. मा. 4. कमला मार्केट, दिल्ली 5. 1956.

संस्कृति : 1. सं. 2. त्रै. 3. देवेन्द्र शर्मा, भानुकुमार जैन 4. चैम्बूर, बम्बई 5. 1966.

संस्कृति : 2. त्रै. 3. शिक्षा मंत्रालय 4. सी., शास्त्री भवन, नई दिल्ली 5. 1959.

संस्कृति : 1. सां. 2. मा. 4. नया टोला, पटना 5. 1953.

संस्कृति : 1. सां. 2. मा. 4. मुंगेर 5. 1956.

संस्कृति संदेश : 1. धा. 2. मा., दा. 3. बलदेव 4. शुक्रताल, योगाश्रम, मुजफ्फरनगर 5. 1969.

संस्थाकुल : 2. सर्वोदयी 3. देवेन्द्रकुमार गुप्त 4. गाँधी स्मारक निधि राजघाट, नई दिल्ली 5. 1971 6. 1.20 रु. वा.।

संस्थान : 2. सा. 3. देवेन्द्रकुमार कर्णावट 4. राजसमन्द (राज.) 5. 1966.

संहार : 2. द्विमा. (हि.अं.) 3. प्रकाशनारायण तिवारी 4. दारागंज, इलाहाबाद 5. 1966.

संज्ञा : 1. सा. 2. मा. 3. शंकर अभय 4. गौरक्षिणी पथ, सासाराम (बिहार)।

संज्ञा : 3. हरि ठाकुर 4. कालीपारा, रामपुर।

संज्ञा : 1. ज्यो. 4. नेहा, 607 यशकमल, बड़ौदा 5. 1977 7. गुजराती पत्रिका का समानान्तर प्रकाशन। दोनों भाषाओं की सेतु पत्रिका।

सकल सम्बोधिनी पत्रिका : 1. सा., धा. 2. मा. 3. सरदार सन्तोषसिंह 4. अमृतसर (पंजाब) 5. 1875 7. पंजाब की पर्याप्त प्राचीन हिन्दी पत्रिका।

सक्रिय : 1. समा. 2. साप्ता. 3. दयाराम थारू 4. मसूरिया कॉलोनी, जोधपुर 5. 1972.

सखयारपत्रिका : 1. सा., सां. 2. त्रै. 3. कु. सुनीता शर्मा 4. अम्बफाला, जम्मू तबी 5. 1969.

सघन विकास : 2. मा. 4. उदयपुर 5. 1959-61.

सच : 1. समा. 2. दै. 3. नंदकिशोर पंडित 4. सराय हाकिम, अलीगढ़ 5. 1968.

सचाई सरकार भलाई : 1. समा. 2. साप्ता. 3. इन्द्रजीत सिंह 4. मोहल्ला धोवियावाला, फीरोजपुर सिटी 5. 1969-71.

सचिव : 2. मा. 4. कानपुर 5. 1918.

सचिव : 1. समा. 2. साप्ता. 4. वत्सगंज, सीतापुर 5. 1961.

सचिवालय : 1. सा., समा., 2. त्रै. 3. रमेशचन्द्र दुबे 4. उ.प्र. सचिवालय हिन्दी परिषद्, लखनऊ 5. 26 जनवरी 1977.

सचिवालय पत्रिका : 1. सा. 2. त्रै. (हि., अं.) 4. उद्योग निदेशालय, जयपुर 5. 1963.

सचित्र आयुर्वेद : 1. चि. 2. मा. (बहु.) 3. रामनारायण शर्मा., श्रीकांत शास्त्री, कामेश्वर शर्मा 'कमल' 4. वैद्यनाथ भवन, गुप्ता लेन, कलकत्ता/पटना 5. जुलाई 1948.

सचित्र संसार : 2. मा. 3. एन. सी. चतुर्वेदी 4. इण्डियन प्रेस, इलाहाबाद 5. जून 1941-दिसम्बर 1943.

सचेतक : 1. समा. 2. साप्ता., मा. 3. मुशीसिंह भदौरिया 4. मछली टोला, फतेहगढ़ फर्रुखाबाद 5. 1960-61.

सच्चा देशभक्त : 1. समा. 2. साप्ता. 3. एस. एल. तिवारी 4. शंकर भवन, भाजी बाजार, अकोला 5. 1969.

सच्चा भविष्य : 1. ज्यो. 2. वा. 3. वंशीधर शर्मा 4. बाईजी का मंदिर, जयपुर 5. 1970.

सच्ची कहानियाँ : 1. कथा. 2. मा. 4. डिफेन्स कॉलोनी, नई दिल्ली 5. 1963-65 7. तथोक्त सत्य घटनाओं पर आधारित लोकप्रिय पत्र।

सच्ची खबरें : 1. समा. 2. साप्ता. 3. रामसुमिरनलाल 4. सिविल लाइन्स, सुल्तानपुर 5. 1960.

सच्ची खोज : 1. समा. 2. पा. 3. ओ.पी. शर्मा 4. शिवदत्त लेन, बर्दवान 5. 1968.

सच्ची झाँसी : 1. समा. 2. पा. 4. ग्रे स्ट्रीट, कलकत्ता 5. 1971.

सच्ची बात : 1. समा. 2. साप्ता. 4. तोपखाना बाजार, मुंगेर 5. 1958.

सजग : 1. समा. 2. साप्ता. 4. नवीन कुंज, फर्रुखाबाद 5. 1863-64.

सजग प्रहरी : 2. पा. 4. लल्लू पोखर, मुंगेर 5. 1963-65.

सजत लोक : 2. मा. 4. कटरा, मकबूलगंज, लखनऊ 5. 1939-71.

सजनी : 1. कथा. 2. मा. 3. नरसिंहराय शुक्ल 4. सजनी प्रेस, सोभाटिया बाग, जार्ज टाउन, इलाहाबाद 5. 1943-56 7. पुस्तक संस्करण 'साजन' पर्याप्त लोकप्रिय।

सजीला : 1. फि. 2. पा. 3. आश्वनीकुमार द्विवेदी 4. शिवाजी मार्ग, लखनऊ 5. 1971.

सज्जन : 2. सां. 2. मा. 3. गिरीशचन्द्र जोशी 4. जवाहर प्रेस, कलकत्ता 5. जनवरी 1941.

सज्जन कीर्ति सुधाकर : 1. समा. 2. साप्ता. (प्रति चन्द्रवार), द्विभा. 3. बंशीधर बाजपेयी, प्रबन्ध—बाबू मंगल सिंह 4. उदयपुर 6. 3) वा. 7. पूर्वनाम—'उदयपुर गजट। महाराणा सज्जनसिंह के नाम पर आधारित। इसमें 'मेवाड़ गजट समाविष्ट। क्रम-कला (वर्ष) मयूख (अंक)। ऊपर राजचिन्ह और उसकी व्याख्या। बड़ा आकार। सूक्ति—'जो दृढ़ राखे धर्म को तिहि राखे करतार', 'शीततनोभुविचामृतमिच्छेलोक जनः कुशलो रससाद्रि। आशु पठेन्तुपपत्र मिदं यत् सज्जन कीर्ति सुधाकर संज्ञाम् श्री एकलिंगों बिजयेते'। इस पत्र में इश्तिहारात, नोटिस, बाजार भाव प्रकाशित।

सज्जन विनोद : 1. धा., दा. 2. पा. 3. पं. कृष्णलाल शर्मा 4. आगरा 5. 1894 6. 1.50 रु. वा. अग्रिम, सालवार 2), राजा महाराजाओं से 5) वा. 7. सम्पूर्ण धर्म सम्बन्धी सनातन शास्त्रोक्त उपदेश, राजनीति, ज्ञान, विचार, स्त्री शिक्षा, बालोपदेश,

मातृभाषा की उन्नति, विविध समाचार, आश्चर्य वार्ता, मत-निरूपण, कृषि कर्म, सर्वोपकारी, विज्ञापन से युक्त। भाषा सरल, सामग्री वैविध्यपूर्ण। ऊपर श्री राजराजेश्वरी विक्टोरिया की मुद्रा। शीर्षक अंग्रेजी में भी। लिथो प्रिण्ट। सूक्ति—"सज्जन मनसुविनोद कर उदय भयो यह पत्र, दुर्जन मान निदाध हर छाय रहौ जिमि छत्र"।

सज्जन सुधापान : 2. साप्ता. 3. बैजनाथ शर्मा 'व्यास' 4. तिलहारा 5. 1890.

सतगुरु : 2. मा. 4. गाँधीनगर, कोंच, जालौन 5. 1962-67.

सतगुरु संदेश : 1. धा. 2. मा. 3. तुकमन सिंह 4. रेणुका भवन, इटावा 5. 1965.

सतना संदेश : 1. समा. 2. दै. 4. सनातन प्रेस, बिहारी चौक, सतना 5. 1964.

सतना समाचार : 1. समा. 2. दै. 3. छकुरीलाल अग्रवाल 4. अनुपम प्रेस बिल्डिंग, सतना 5. 1963.

सतपुड़ा संदेश : 1. समा. 2. साप्ता. 3. पूरनचंद 4. कोटी बाजार, बैतुल (म.प्र.) 5. 1967.

सतयुग : 1. धा. 2. मा. 3. सत्यभक्त हेमचन्द्र जोशी, भोलानाथ दास 4. बहादुरगंज, इलाहाबाद 5. सितम्बर 1938-49.

सतयुग : 2. मा. 4. जबलपुर 5. 1956-68.

सतरंग जीवन : 1. समा. 2. साप्ता. 4. बीघा, ऋषिकेश 5. 1968-69.

सतरंगी : 1. सा. 2. मा. 3. सूर्यप्रताप सिंह 4. बी. 25/1, रतन सरकार गार्डन स्ट्रीट, जोरबागान, कलकत्ता 5. 1952.

सतवती : 1. धा. 2. पा. 3. रामानन्दप्रसाद 4. सत्संग, देवधर (बिहार) 5. 1959.

सत संदेश : 1. धा. 2. मा. 3. कान्ताबेन्जी 4. उड़ीसा 5. 1958-67 7. राधास्वामी मत का पोषक पत्र।

सत संदेश : 1. धा. 2. मा. 4. सावन आश्रम, सब्जीमण्डी, दिल्ली 5. 1955.

सत्कार : 2. द्विमा. 3. अ.न. शेख 4. बम्बई 5. 1967.

सत् पथ : 1. धा. 2. मा. 3. बिहारी लालटाटिया 4. धर्मसंघ, श्रीगंगानगर 5. 1956.

सत्य : 4. कलकत्ता।

सत्य : 4. मुरादाबाद 5. 1890.

सत्य : 2. साप्ता. 4. कानपुर 5. 1923.

सत्यकथा : 1. कथा. 2. मा. 3. उत्तेजक तथा कथित सच्ची घटनाओं पर आधारित अत्यन्त लोकप्रिय पत्र।

सत्यकाम : 1. समा. 2. साप्ता. 4. कलक्टर गंज, हापुड़ 5. 1970.

सत्य के मार्ग पर चलना : 1. समा. 2. साप्ता., पा. 4. सखा रोड, बुलन्दशहर 5. 1961-66-68.

सत्यगुप्त : 1. समा. 2. साप्ता. 4. नवली काठेरा, बरेली 5. 1966-71.

सत्यघोष : 1. समा. 2. साप्ता. 3. मदनप्रकाश 'सुमन' 4. अहीरों का पुरबा, बुढ़ाना गेट, मेरठ 5. 1970.

सत्य दर्शन : 1. समा. 2. साप्ता. (हि., म.) 3. डी.पी. पाण्डेय 4. तुमसार (महा.) 5. 1962.

सत्य देन : 1. समा. 2. साप्ता. 3. डॉ. विनोद कोचर 4. विनोद हॉस्पिटल, बालघाट (म.प्र.) 5. 1967.

सत्यदीप : 1. समा. 2. साप्ता. 3. रामनारायण बाजार, कानपुर 4. 1965-68.

सत्यदीपक : 4. बम्बई 5. 1866.

सत्यदूत : 1. धा. 2. मा. 3. के. थॉमस 4. देशबन्धुपुरा, इटारसी 5. 1959.

सत्यधर्म : 1. समा. 2. पा. 3. ओमप्रकाश अग्रवाल 4. शाहपुरा, भीलवाड़ा (राज.) 5. 1967.

सत्यधर्म पताका : 2. पा. 4. दामखेड़ा (रायपुर) 5. 1920.

सत्यधर्म पत्र : 4. बरेली 5. 1890.

सत्यधर्म मित्र : 2. मा. 4. आगरा 5. 1920.

सत्यपंच : 1. समा. 2. साप्ता. 4. नागोरी गेट, हिसार 5. 1962-65.

सत्यपथ : 1. समा. 2. साप्ता. 3. ललितप्रसाद नेथानी वकील 4. कोटद्वारा, गढ़वाल 5. 1956 7. गाँधीजी के आदर्श, नेहरूजी की प्रगतिशील विचारधारा और गुरुदेव के चिन्तन से युक्त श्रेष्ठ साप्ता. पत्र।

सत्य पीठ : 1. समा. 2. साप्ता. 4. कोटद्वारा, गढ़वाल 5. 1956-57.

सत्यपुकार : 2. समा. 3. दयानन्द कटारिया 4. दीक्षितपुरा, जबलपुर 5. 1969.

सत्यप्रकाश : 3. भगवतदीन 4. थॉमसनगंज 5. मार्च 1887.

सत्य प्रकाश : 4. कौंच, उरई 5. 1912.

सत्यप्रकाश : 2. मा. 3. रायबंशीलाल 4. बरेली 5. 1883.

सत्यप्रकाश : 2. मा. 4. फतेहगढ़ 5. 1885.

सत्यप्रेम : 1. समा. 2. साप्ता. 4. सपनावत, गाजियाबाद 5. 1971.

सत्यभंडार : 1. समा. 2. साप्ता. 3. सी.एस. दुबे 4. गन पुरबा, जबलपुर 5. 1963-66.

सत्य भामा : 1. समा. 2. साप्ता. 4. रायगढ़ 5. 1969.

सत्यभाषा : 2. पा. 4. शामली, सहारनपुर 5. 1971.

सत्यमार्ग : 2. साप्ता. 3. रमाशंकर 4. रामबाग, कानपुर 5. 1970.

सत्यमार्ग दर्शक : 1. धा., दा. 2. मा. 3. यशवंत सिंह 4. भोलानाथनगर, शाहदरा, दिल्ली 5. 1970.

सत्यमित्र (सत्यामृत) : 4. बम्बई 5. 1875 7. इसकी भाषा हिन्दी थी या मराठी यह प्रश्न विवादास्पद।

सत्यमित्र : 1. समा. 2. पा. 4. राजेश मार्ग, जयपुर 5. 1971.

सत्यमेव : 1. समा. 2. साप्ता. 4. घनश्यामपुरी, अलीगढ़ 5. 1971.

सत्यमेव जयते : 1. समा. 2. साप्ता. 4. कोटा 5. 1966-70.

सत्यम् : 2. साप्ता. 4. आर्यनगर, बरेली 5. 1963-69.

सत्ययुग : 2. मा. 4. बरेली 5. 1992.

सत्ययुग : 1. धा. 2. मा. 3. जगन्नाथप्रसाद पाण्डेय, डॉ. हेमचन्द जोशी 4. राँची/मुजफ्फरपुर 5. सितम्बर 1915.

सत्यवक्ता : 1. समा. 2. साप्ता. 3. शिवप्रसाद वर्मा 4. सेद का टीला, केदलगंज, अलवर 5. 1967.

सत्यवक्ता : 1. समा. 2. साप्ता. 4. शुजालपुर मण्डी, जि. शाजापुर (म.प्र.) 5. 1958-64.

सत्यवक्ता : 4. जबलपुर 5. 1918.

सत्यवक्ता : 2. मा. 4. गोपालप्रसाद, होशंगाबाद 5. 1893.

सत्यवचन : 1. समा. 2. साप्ता. 3. हिम्मतसिंह शर्मा 4. सोजना हाउस, कृष्णनगर, बुलंदशहर 5. 1960.

सत्यवाणी : 1. समा. 2. साप्ता. 3. कुजबिहारी पोद्दार 4. रायबरेली।

सत्यवाणी : 1. समा. 2. साप्ता. 4. राम प्रिंण्टिग प्रेस, रामपुर 5. 1962-65.

सत्यवादी : 2. मा., साप्ता. 3. उदयलाल काशलीबाल, खूबचन्द जैन 4. हीरा बागभिर गाँव, बम्बई 5. सितम्बर 1912-20.

सत्यवादी : 3. भीमसेन विद्यालंकार 4. लाहौर 5. 1925.

सत्यवादी : 1. समा. 2. साप्ता. 3. इन्द्र विद्यावाचस्पति 4. दिल्ली 5. 1923.

सत्यवादी : 1. समा. 2. साप्ता. 3. श्रृद्धानंद, इन्द्रदत्त शर्मा, रुद्रदत्त शर्मा, पद्मसिंह शर्मा 4. हरिद्वार 5. 1904.

सत्यवादी : 1. समा. 2. मा., साप्ता. 3. रामस्वरूप शर्मा 'विशारद' (1920) 4. अलीगढ़ 5. 1914-22.

सत्यवादी : 1. धा. 2. मा. 3. श्यामनारायण जैन 4. रेलवे रोड, इटावा 5. 1955.

सत्यवान : 1. समा. 2. साप्ता. 4. नयाशहर, सीकर 5. 1965.

सत्यविचार : 1. समा. 2. साप्ता. 3. शुभय पटवा 4. बीकानेर 5. 1964.

सत्यविजय : 2. मा. 4. अहमदाबाद।

सत्यसंदेश : 1. समा. 2. साप्ता. 4. पुर्विया टोला, इटावा 5. 1956-65.

सत्य शान्ति संदेश : 2. मा. 4. लाल बाजार, अलमोड़ा 5. 1965-69.

सत्य संदेश : 2. मा., पा. 3. दरबारीलाल 4. सत्याश्रम, वर्धा 5. 1925-40.

सत संदेश : 1. धा., दा. 2. मा. 3. एच.सी. चड्ढा 4. सेवाश्रम, शक्तिनगर, दिल्ली 5. 1955.

सत्य सनातनधर्म : 1. धा. 2. साप्ता. 3. राधामोहन गोकुलजी 4. कलकत्ता 5. 1908 7. सनातन धर्म (काशी) के प्रत्युत्तर में प्रकाशित।

सत्य समाचार : 2. मा. 4. वृंदावन 5. 1915.

सत्य सागर : 2. मा. (हि., पं.) 4. टैगोर स्कूल, मंडी फूल, भटिण्डा 5. 1964.

सत्य साहित्य : 2. मा. 4. कश्मीरी गेट, दिल्ली 5. 1961-65.

सत्य सिंधु : 2. मा. 4. कानपुर 5. 1914.

सत्य सेतु : 2. पा. 3. हरिदत्त शास्त्री 4. शाहजहाँपुर 5. 1918.

सत्याग्रह : 1. समा. 2. साप्ता. 4. शिकोहाबाद, मैनपुरी 5. 1960-65.

सत्याग्रह की गतिविधियाँ : 4. आर्य प्रतिनिधि सभा, हैदराबाद 5. 1940 (लगभग) 4. निजाम शासन के प्रतिबन्ध के कारण शोलापुर से मुद्रित एवं नागपुर से प्रकाशित।

सत्याग्रह समाचार : 1. समा. 3. महेन्द्र, सतीशचन्द शर्मा (1916) 4. बिहार।

सत्याग्रही : 2. साप्ता. 3. मोहनदास कर्मचन्द गाँधी 4. बम्बई/नागपुर 5. 1919-22 7. सर्वोदयी पत्र। मुख्यत: अंग्रेजी और अंशत: हिन्दी में प्रकाशित। यह एक पन्ने का बुलेटिन था जो सत्याग्रह का प्रेरक सिद्ध हुआ।

सत्यानाश : 2. पा. 4. जवाहरनगर, दिल्ली 5. 1967-69.

सत्यायन : 1. समा. 2. साप्ता. 3. हरिराम बहार 4. नयाशहर, सीकर (राज.) 5. 1965.

सत्यार्थ : 1. धा. 2. पा., मा. (1967) 3. कैलाशचन्द्र जैन 4. चौक, लखनऊ 5. 1965-67, 69.

सत्यार्थ (पत्रिका) : 2. मा. 3. एफ.जे. एगडरसन 4. महू 5. 1908.

सत्योपकारी : 2. साप्ता. 4. बरेली 5. 1894.

सत्संग : 2. मा. 4. सत्संग कार्यालय, हाथरस, अलीगढ़ 5. 1958-65.

सत्संग : 1. धा. 2. सा. 3. गोकुलानन्द 4. भागलपुर कैथोलिक प्रेस, राँची 5. 1938-59.

सत्संग सुधा : 1. धा. 2. पा. 3. कुजबिहारी लाल 4. गीता वाटिका, गोरखपुर 5. 1970.

सदाकत : 1. समा. 2. साप्ता. 4. धानमण्डी, कोटा 5. 1965-67.

सदाचार टाइम्स : 1. समा. 2. साप्ता. 3. सोहनलाल 'दिनकर' 4. राजघाट, कनखल हरिद्वार/सहारनपुर 5. 1965.

सदाचार भारती : 2. साप्ता. (बहु.) 3. बी.बी. परांजपे 4. आदर्शनगर, बर्ली, बम्बई 5. 1965.

सदाचार मार्तण्ड : 2. मा. 3. शास्त्री बालचन्द्र शर्मा 4. आगरा/जयपुर 5. 1887.

सदादर्श : 1. समा. 2. साप्ता. 3. श्रीनिवास दारा 4. दिल्ली 5. 1874-76 6. 2.50 रु. वा. 7. लेखों और समाचारों से युक्त। कालान्तर में यह 'कविवचनसुधा' में समाविष्ट।

सदी : 2. मा. 3. छबीलेदास 4. बसावना लेन, व्यास बैंक के पीछे, एवेन्यू रोड क्रास, बंगलौर 5. 1966.

सदुपकारी : 2. मा. 4. बरेली 5. 1977.

सद्गुरु मौज : 3. डॉ. चित्रे 4. कौंच, उरई, जालौन।

सद्गुरु संदेश : 1. धा. 2. मा. 3. सदाफल देवजी, धर्मचन्द्र 4. बुनियादगंज, गया 5. 1940-65.

सद्भावना : 1. सा. 2. मा. 3. आचार्य पुष्पराज 4. गुप्ता कॉटेज, पतवार, दिल्ली 5. 1964.

सद्भावना : 1. समा. 2. साप्ता. 4. सीहोर, भोपाल 5. 1956-59 (लगभग)।

सद्धर्म प्रचारक : 1. धा. 2. साप्ता. 3. महात्मा मुंशीराम (श्रद्धानंद), सुखसम्पतिराम भण्डारी (1914), इन्द्र विद्यावाचस्पति, हरिश्चन्द विद्यालंकार 4. गुरुकुल काँगड़ी, हरिद्वार/बिजनौर, चावड़ी बाजार, दिल्ली 5. 1907-13 (लगभग) 7. राष्ट्रीयतावादी स्वातंत्र्य आन्दोलन का प्रेरक पत्र। पहले (1889 से) उर्दू में प्रकाशित। पंजाब का यह प्रथम हिन्दी साप्ताहिक।

सद्धर्म प्रचारक : 1. धा. 2. मा. 3. गोस्वामी गोवर्द्धनलाल 4. बल्लभकुल सम्प्रदाय, नाथद्वारा (राज.) 5. 1882-83.

सद्धर्म स्मारक : 2. धा. 3. गोस्वामी गोवर्द्धन लाल 4. नाथद्वारा 5. 1883.

सद्धर्मामृत वर्षिणी : 2. मा. 3. ज्वालाप्रसाद भार्गव 4. आगरा 5. 1 अक्टूबर 1975 वि. 6. 62 पैसे प्रति।

सद्वैद्य कौस्तुभ : 2. मा. 3. शंकरदास जी शास्त्री 4. बम्बई 5. 1905.

सन आफ इण्डिया : 1. समा. 2. साप्ता. 3. बाबूलाल सेठ 4. मिश्राजी मोहल्ला, सवाई माधोपुर 5. 1963/65.

सन आफ मटका : 1. समा. 2. दै. 3. के.एम. अब्दुल 4. महा. 5. 1966.

सनसनीखेज : 1. समा. 2. साप्ता. (हि., अं.), मा. 4. टेहरी बाजार, गाजीपुर 5. 1968-70.

सनाढ्य : 1. जा. 2. मा. 4. अलीगढ़ 5. 1914.

सनाढ्य (श्री) : 1. जा. 2. मा. 3. डालचंद 4. जबलपुर 5. 1921.

सनाढ्य जीवन : 1. जा. 2. मा. 3. प्रभुदयाल शर्मा 4. शर्मन प्रेस, इटावा 5. 1934-49.

सनाढ्य बंधु : 1. जा. 2. मा. 3. रामगोपाल सनाढ्य 4. आगरा 5. 1922.

सनाढ्य हितकारी : 1. जा. 2. मा. 4. झाँसी।

सनाढ्योपकारक : 1. जा. 2. साप्ता., पा. 3. ब्रजबिहारीलाल, श्यामसुन्दरलाल दीक्षित 4. आगरा 5. 1894-99.

सनातन : 1. धा. 2. पा. 3. संपतकुमार मिश्र 4. जयपुर।

सनातन : 1. समा. 2. साप्ता. 4. सुलतानपुर 5. 1956-58.

सनातन : 1. धा. 2. त्रै. 3. शाह गोवर्द्धनलाल, मोतीलाल शास्त्री, सत्यनारायण मिश्र, नित्यानंद शास्त्री 4. जोधपुर 5. 1942.

सनातन जैन : 1. धा., जा. 3. शीतलप्रसाद, मनोहरनाथ जैन 4. बुलंदशहर 5. 1928 6. 2) वा.।

सनातन ज्योति : 1. धा. 2. साप्ता. 3. तिलकधर शर्मा 4. शिवमंदिर, फैज रोड, करोलबाग, नई दिल्ली 5. 1968.

सनातन धर्म पताका : 1. धा. 2. मा. 3. रामचन्द शर्मा गौड़, पं. रामस्वरूप गौड़ 4. मुरादाबाद/कानपुर 5. 1950.

सनातन धर्म प्रकाश : 2. धा. 4. फीरोजपुर।

सनातन धर्म (श्री) : 2. मा. 3. अम्बिकाप्रसाद बाजपेयी, अमृतलाल चक्रवर्ती 4. कलकत्ता।

सनातन धर्म (श्री सनातन धर्म) : 1. धा. 2. मा. (1905), साप्ता. (1933) 3. मदनमोहन मालवीय (संरक्षक), भुवनेश्वर 'माधव', सीताराम चतुर्वेदी, आचार्य पं. विश्वनाथ मिश्र 4. अखिल भारतीय सनातनधर्म महासभा, काशी 5. 1905, 20 जुलाई 1933 7. ज्ञान-विज्ञानपूर्ण। बंसत अंक, रामनवमी अंक, कृष्ण अंक, होली अंक, आदि।

सनातन धर्म : 1. धा. 2. मा. 4. नया बाँस, दिल्ली 5. 1956-69.

सनातन धर्म प्रचारक : 1. धा. 2. साप्ता. 4. अमृतसर, लाहौर।

सनातन धर्म मण्डल : 1. धा. 2. मा. 3. रामचन्द्र शर्मा 4. कराँची 5. 1913.

सनातन धर्मार्थ : 2. समा. 4. मारिशस 7. अल्पायु।

सनातन पथ : 1. धा. 2. त्रै. 3. सोमप्रकाश शाडिल्य 4. गली राजन, जगाधरी 5. 1970.

सनातन संदेश : 1. धा., समा. 2. मा. 3. विवेकानन्द शर्मा 4. फीजी।

सनातन सारथी : 1. धा. 2. मा. 3. देवीप्रसाद शुक्ल 4. जेपलिग रोड, लखनऊ 5. 1966.

सनीचर : 1. सा. 2. मा. साप्ता. 3. ललितकुमार शर्मा 4. अद्वैत मलिक रोड/महात्मा गाँधी रोड, कलकत्ता 6. 1957.

सनीचर : 2. सा. 3. चेलापति राव, अमृतलाल नागर, भगवतीचरण वर्मा 4. लखनऊ 5. 1949 7. पर्याप्त प्रसिद्ध पत्र।

सपना : 1. समा. 2. साप्ता. 4. श्री भारतीय प्रेस, मैनपुरी 5. 1956-59.

सपूत : 2. मा. 4. पटना 5. 1956 लगभग।

सप्तक : 1. समा. 2. साप्ता. 3. अजितकुमार ऋषि 4. बहेटी, बरेली 5. 1970.

सप्तक्रांति : 1. समा. 2. साप्ता. 3. किशन पंत 4. शीशमहल, भोपाल 5. 1966-70.

सप्तगिरी : 1. धा. 2. मा. (बहु.) 3. एम. चन्दमौलि रेड्डि 4. तिहमल तिरुपति देवस्थानम् 5. 1970-76.

सप्तभूमि : 1. ज्यो. 2. मा. 4. रेलवे रोड, जालंधर 5. 1962-66.

सप्तवर्ण : 1. समा. 2. साप्ता. 3. जुगलबिहारी अग्निहोत्री 4. हाथीखाना, भोपाल 5. 1967.

सप्तसिन्धु : 1. सा. 2. मा. 3. त्रि. ना. रंजन, डॉ. परमानंद 4. भाषा विभाग, पंजाब सरकार, पटियाला/हरियाणा सरकार, सेक्टर 15, चण्डीगढ़ 5. 1953-69, 66 (प्रच.) 7. उच्चस्तरीय साहित्यिक शोध-समीक्षा का पत्र।

सप्तऋषि : 1. ज्यो. 2. मा. 4. न्यू रेलवे रोड, जालंधर 5. 1962-69.

सप्तांशु : 1. सा. 2. मा. 3. परमानंद गुप्त 4. मीनाक्षी कोझल स्ट्रीट, क्रास गोलार गंगन्ना लेन, तिगलर पेठ, बगनौर 5. मई 1972-मार्च 1973 7. साम्प्रतिक चेतना का संवाहक। कुल 11 अंक प्रकाशित। हिन्दी कहानी विशेषांक।

सप्ताहान्त : 1. समा. 2. साप्ता. 4. शुभू पटवा, सम्पत जैन, गंगाशहर रोड, बीकानेर 5. 1967-68.

सफल जीवन : 2. मा. 3. दीनानाथ सिद्धान्तालंकार 4. वीयर्ड रोड, नई दिल्ली 5. 1953-58.

सफलता संदेश : 2. मा. 4. अजय प्रेस, कालपी, जालौन 5. 1968-69.

सफल परिवार : 2. मा. 3. बनारसीदास बहल 4. सदर थाना रोड, दिल्ली 5. 1969.

सफाई दर्शन : 2. मा. 4. हरिजन आश्रम, अहमदाबाद 5. 1959-65.

सफाई मजदूर : 1. समा. 2. पा. 3. मनोहरलाल 4. नोहर, श्रीगंगानगर (राज.) 5. 1969.

सब सेवक : 2. मा. (बहु.) 4. चर्च रोड, भोगल, नई दिल्ली 5. 1971.

सब की बात : 1. समा. 2. पा. 4. बल्लीमारान, दिल्ली 5. 1962-64.

सबकी बोली : 2. मा. 3. काका कालेलकर, श्रीमन्नारायण अग्रवाल, हृषीकेश शर्मा 4. राष्ट्रभाषा प्रचार, वर्धा 5. अक्टूबर 1939-41 7. हिन्दुस्तानी प्रचारक सर्वोदयी पत्र।

सबरी : 1. समा. 2. पा. 3. शुशीकर 4. सीताराम, श्यामनारायण, प्रा.लि. चक्रधारपुर (बिहार) 5. 1960-66.

सबल : 1. समा. 2. साप्ता. 3. रामचन्द्र दुबे 4. रेलवे रोड, फर्रुखाबाद 5. 1967.

सबल राष्ट्र : 1. समा. 2. साप्ता. 4. स्टेशन रोड, भरतपुर 5. 1970.

सबल सिपाही : 1. समा. 2. साप्ता. (बहु.) 3. सी.आर. गायकवाड़ 4. काँग्रेस भवन, सांगली (महा.) 5. 1966.

सबेरा : 1. सा. 2. साप्ता. (हि., उ.) 3. वेदगुप्त 4. पीर मिट्ठा स्ट्रीट, जम्मू 5. 1950-56.

सबेरा : 1. समा. 2. साप्ता. 4. धर्मसमाज रोड, मोतीहारी, बिहार 5. 1956- 65.

सबेरा : 1. समा. 2. साप्ता., पा. 4. राजनादगाँव, दुर्ग 5. 1956-63.

सबेरा संकेत : 1. समा. 2. साप्ता. 3. शरद कोठारी 4. रामधुन मार्ग, राजनादगाँव, दुर्ग 5. 1968.

सभ्यता : 1. समा. 2. साप्ता. 3. विजयकुमार अस्थाना 4. दौलतगंज, ग्वालियर 5. 1964-67.

सभ्यता : 2. मा. 3. शेरसिंह, आर्योपदेशक 4. मुजफ्फरनगर 5. 1919.

सभा पत्र : 3. ठाकुर हरसहाय मल, मास्टर मृगमल 4. मुरादाबाद/जयपुर 5. 1888.

समकालीन : 1. कथा. 2. मा., अनि. 3. अनय 4. रासबिहारी एवेन्यू, लार्ड सिन्हा रोड, कलकत्ता 5. 1970-71.

समग्र नई शिक्षा : 1. शै. 2. द्विमा., मा. 3. धर्मनन्दन शर्मा 4. गज्जू कटरा, शाहदरा, दिल्ली 5. 1957-69.

समग्र नई शिक्षा : 1. शै. 2. मा. (हि., प.) 4. न्यू रेलवे रोड, जालंधर 5. 1956-69 (लगभग)।

समग्र ग्राम विकास : 2. पा. 4. हिसोती, बुलंदशहर 5. 1968-69.

समझ : 3. बसंतकुमार 4. रामकृष्ण एवेन्यू, राजेन्द्रनगर, पटना।

समता : 1. समा. 2. साप्ता. 3. विसनप्रसाद 4. हरि निवास, अल्मोड़ा 5. 1934.

समता : 2. मा. 3. नंददुलारे बाजपेयी, रामेश्वर 'अंचल', शिवदानसिंह चौहान, मुक्तिबोध, गोपीकृष्ण 4. जबलपुर 5. दिसम्बर 1957.

समता : 2. पा. (हि., म.) 4. घोरपड़े पेठ, पूना 5. 1952-66.

समता दर्पण : 2. मा. 4. न्यू राजेन्द्रनगर मार्ग, नई दिल्ली 5. 1960-63.

समता सैनिक : 1. समा. 2. पा. 3. रामदुलारे 4. अम्बेदकरनगर, बड़ा बाड़ा, लखनऊ 5. 1968-69-71.

समता सौरभ : 2. त्रै. 3. गणेशदत्त शर्मा 'इन्द्र'।

समता संदेश : 1. समा. 2. साप्ता. 3. रामनारायण परमार 4. शुजालपुर, मण्डी (म.प्र.) 5. 1965-68.

समता संदेश : 1. धा. 2. मा. 3. प्रो. कुन्दनलाल 4. समता योग आश्रम, अम्बाला 5. 1960-72.

समता स्वरिक : 1. समा. 2. साप्ता. 4. कानपुर 5. 1956.

समदर्शी : 1. समा. 2. साप्ता. 3. हंसराजलाल 4. मालवीय रोड, खलीलाबाद, बस्ती 5. 1962-71.

समन्वय : 1. सा. 3. रामकृष्ण दीक्षित 4. मलयगंज, दोस्तपुर, रायबरेली 5. 7वाँ. दशक 7. लघु अल्पायु पत्र।

समन्वय : 2. मा. 4. हनुमानवाटिका, अयोध्या, फैजाबाद 5. 1960-61.

समन्वय : 1. दा., धा. 2. मा. 3. स्वामी माधवानंद, विश्वेश्वरानंद, शिवपूजन सहाय 4. कॉलेज स्ट्रीट मार्केट, कलकत्ता/उद्बोधन कार्यालय, बाग बाजार, 23 शंकर घोष लेन, कलकत्ता 5. 1922 7. वेदान्ती पत्र। सहायक सम्पा.—सूर्यकांत त्रिपाठी निराला। इसमें निराला कृत 'रामकृष्ण बचनामृत' और विवेकानंद आदि ग्रन्थ धारावाहिक रूप में प्रकाशित। द्रष्टव्य—'संग्रह' (निराला)। आचार्य महावीरप्रसाद द्विवेदी की संस्तुति पर निरालाजी को वृत्ति प्राप्त। वे इसके ढाई वर्षों तक परोक्ष सम्पादक। यहाँ से उन्हें दार्शनिक उपलब्धि। यह पत्र बालकृष्ण भट्ट प्रेस से मुद्रित। वहीं से 'निराला' जी का सम्बन्ध 'मतवाला' से स्थापित। कालान्तर में 'समन्वय' से त्यागपत्र।

समन्वय : 2. मा. 3. श्री मनमोहनाचार्य 4. अहमदाबाद 5. 1951.

समन्वय : 2. मा. 3. श्रीनारायणदास 4. बाड़ीगाम, दरियापुर 5. 1952.

समन्वय : 1. सा. 2. वा. 4. केन्द्रीय हिन्दी संस्थान, आगरा 5. 1960.

समान्वति : 2. सा. 4. विश्वविद्यालय ग्रन्थ निर्माण निदेशालय, दिल्ली 5. जनवरी 1974 7. द्रष्टव्य—नई समीक्षा 'विशेषांक'।

समझ : 3. बसंतकुमार 4. राजेन्द्रनगर चौराहा, पटना।

समय : 1. समा. 2. साप्ता. 3. रामेश्वरप्रसाद सिंह, दिनेशकुमार 4. मोहल्ला रास मण्डल, जौनपुर 5. 1927.

समय : 2. मा. 4. कलकत्ता।

समय : 1. समा. 2. साप्ता. 3. पद्मनाथपति त्रिपाठी 4. शहडोल, सिन्धी (म.प्र.) 5. 1959.

समय : 1. समा. 2. मा., पा. 3. श्यामलाल पाण्डवीय 4. मुरार, ग्वालियर 5. 1921.

समय का परिवर्तन : 1. समा. 2. साप्ता. 3. कामताप्रसाद गुप्त 4. छमछम गली, गुदड़ी मंसूर खाँ, आगरा 5. 1966-70.

समय वाणी : 1. ज्यो. 2. साप्ता. 3. राधेश्याम भारद्वाज 4. बिहारीपुर, बरेली 5. 1960-70.

समय विनोद : 2. पा. 3. जयदत्त जोशी 4. नैनीताल 5. 1869.

समय संदेश : 2. मा., त्रै. 4. गोखले रोड, दादर, बम्बई 5. 1963-65, 69.

समय सार : 1. समा. 2. साप्ता. 4. कूचा मण्डा, बदायूँ 5. 1971.

समयान्तर : 1. समा. 2. पा. 3. शेरसिंह बिष्ट 4. ए. 79, दिलशाद बाग, दिल्ली 5. 1970-71.

समयुग दर्शन : 2. पा. 3. रतनलाल दोषी 4. सैलाना (म.प्र.) 5. 1950.

समर्थक : 1. समा. 2. साप्ता. 4. तेलीमण्डी, अम्बाला, 5. 1971.

समर्थन : 2. सा. 4. जम्मू 3. प्रच.।

समर्पण : 2. साप्ता. 4. कच्चा बाजार, अम्बाला 5. 1971.

समवाय : 2. साप्ता. 4. नार्थ एवेन्यू, नई दिल्ली 5. 1967-69 7. समाजवादी विचारों का संवाहक।

समवेत : 1. सा. 2. त्रै. 3. राजा दुबे, अशोक बाजपेयी आदि 4. समवेत प्रकाशन, सागर (म.प्र.)/ पान बाजार, सिकन्दराबाद 5. 2014 वि. (अल्पायु) 6. 6) वा. 7. नव साहित्य का लघुपत्र।

समवेत : 1. सा. 2. त्रै. 3. अनय, सिद्धेश 4. शिल्पी प्रकाशन, विवेकानंद, कलकत्ता 5. 1968 7. लघुपत्र।

समवेत स्वर : 2. मा. 4. दिल्ली।

समसमाज : 1. समा. 2. साप्ता. 3. जवाहरलाल अग्निहोत्री 4. सनीचरी, हिलसागर 5. 1969-71.

समस्या : 2. पा. 4. सियागंज, इन्दौर 5. 1953.

समस्यापूर्ति : 2. सा. 3. ब्रजनंदन सहाय, ब्रजबल्लभ 4. बाँकीपुर, पटना 5. 25 मार्च 1897 7. प्रसिद्ध प्राचीन पत्र।

समस्यापूर्ति प्रकाश : 1. सा. 2. मा. 3. ब्रजबल्लभ 4. काशी कवि समाज, काशी 7. भारतेन्दुयुगीन समस्यापूर्ति कला का प्रमुख पत्र।

समान्तर : 2. सा. 3. कामतानाथ 4. क्वारटर्स कम्पाउड, रिजर्व बैंक ऑफ इण्डिया, माल रोड, कानपुर 5. 7 वाँ दशक।

समाचार : 2. समा. 2. साप्ता. 3. रामलाल 4. सूचना विभाग, लखनऊ।

समाचार : 1. समा. 2. दै. 4. सम्बलपुर (उड़ीसा)।

समाचार चन्द्रिका : 3. गोविन्द रघुनाथ भत्ते 4. कलकत्ता।

समाचार चक्र : 1. समा. 2. मा. 4. करनाल 5. 1971.

समाचार टाइम्स : 1. समा. 2. साप्ता. 3. ईश्वरदेव मिश्र 4. टाउन हाल, वाराणसी 5. 1967.

समाचार दर्पण : 1. समा. 2. साप्ता. 4. जीरापाड़ा, रायपुर 5. 1964-67.

समाचार दर्शन : 1. समा. 2. साप्ता. (हि., अं.) 3. पृथ्वीनाथ गोविल 4. अंसारी रोड, बुलंदशहर 5. 1964.

समाचार प्रकाश : 1. समा. 2. साप्ता. 3. बनवारीलाल गुप्त 4. जहाँगीराबाद, बुलन्दशहर 5. 1966.

समाचार बुलेटिन : 2. पा. 4. पूर्णिया 5. 1956 लगभग।

समाचार बोध : 1. समा. 2. साप्ता. 4. बटलर हाल, विश्वविद्यालय, लखनऊ 5. 1968-70.

समाचार भारती : 3. धर्मवीर गाँधी 5. 1969- प्रच.।

समाचार भूमि : 2. साप्ता. 4. इण्डियन प्रेस, जी.बी. रोड, गया 5. 1971.

समाचार मार्तण्ड : 1. समा. 2. मा. 3. शास्त्री बालचन्द शर्मा 4. जयपुर 5. 1883.

समाचार साप्ताहिक : 1. समा. 2. साप्ता. 3. यशवंतराज रुचिर 4. अजमेर 5. 1966.

समाचार सुधावर्षण : 1. समा. 2. दै. (हि., बं.) 3. श्यामसुंदर सेन 4. म. 16/10-13, बड़ा बाजार, वसल नैन की गली, कलकत्ता 5. जून 1854 से 1868 तक 7. हिन्दी

का प्रथम दैनिक। आरम्भ के दो पृष्ठ हिन्दी के, शेष बंगला के। द्रष्टव्य— 'बंगीय साहित्य परिषद्' एवं 'राष्ट्रीय पुस्तकालय', कलकत्ता में सुरक्षित फाइलें। यह सनातन धर्मावलम्बियों का पत्र। ईश्वरचन्द्र विद्यासागर ने जब 987 व्यक्तियों के हस्ताक्षर करवाकर सरकार से विधवा-विवाह को मान्यता दिलाने की प्रार्थना की तो इस पत्र ने असहमति प्रकट की। सर्वांशत: युग प्रतिनिधि पत्र।

समाचारिका : 2. मा. 4. प्रौढ़ शिक्षण समिति, सरस्वती पार्क, बीकानेर।

समाज : 2. साप्ता. 3. नरेन्द्रदेव, राधाबल्लभ सहाय 4. काशी विद्यापीठ, ज्ञान मण्डल, संतकबीर मार्ग, वाराणसी 5. 18 जुलाई 1946, 55-61 7. 'आज' का नामान्तर।

समाज : 2. मा. 3. महावीर अधिकारी 4. कनाट प्लेस, नई दिल्ली 5. 1954-61.

समाज : 2. धा. 3. रूपनारायण पाण्डेय 4. कानपुर 5. 1931 7. सुधारवादी पत्र।

समाज : 3. कन्हैयालाल मिश्र 'प्रभाकर' 4. सहारनपुर।

समाज : 2. मा. 3. चन्द्रशेखर शास्त्री 4. प्रयाग 5. 1917 6. 2) वा.।

समाज : 1. समा. 2. दै. 4. इन्दौर 5. 1947.

समाज उन्नायक : 2. मा. 4. मोतीलाल नेहरू रोड, आगरा 5. 1962-64.

समाज और संस्कृति : 2. मा. 4. प्रकाशन विभाग, पुराना सचिवालय, नई दिल्ली 5. 1956-58.

समाज कल्याण : 2. मा. 3. महावीर अधिकारी, राकेश जैन 4. केन्द्रीय समाज कल्याण बोर्ड, जीवन दीप भवन, संसद मार्ग, नई दिल्ली 5. 1955.

समाज कल्याण : 2. मा. 4. राज. समाज कल्याण, जयपुर 5. 1958-69.

समाज कल्याण पत्रिका : 2. मा. 4. समाज कल्याण सलाहकार बोर्ड, विधानसभा मार्ग, लखनऊ 5. 1958-64.

समाज की धार : 2. मा. 3. अहमद शाह 4. हजरयाना, झाँसी 5. 1968.

समाज के गुरु : 1. धा. 2. मा. 3. इन्द्रपालसिंह राठौर 4. खीमशेपुर, फर्रुखाबाद 5. 1963.

समाज जीवन : 1. समा. 2. साप्ता. 4. समाज शिक्षा बोर्ड, बिहार, पटना।

समाज दर्पण : 2. मा. (हि., म.) 4. गाँधी बाग, नागपुर 5. 1959-60.

समाज दूत : 2. मा. 4. झाँझा, बिहार 5. 1956 लगभग।

समाज दूत : 1. समा. 2. पा. 3. गंगाप्रसाद शास्त्री 4. रामगढ़, शेखावाटी (राज.) 5. 1959.

समाज निर्माता : 2. मा. 3. रामेश्वरप्रसाद शिवहरे 4. राजेन्द्रनगर, उरई, जालौन 5. 1968.

समाजवाणी : 2. मा. 3. आर. मन्वर, स. ज. सिघानिया 4. मारवाड़ी सम्मेलन, कालवादेवी रोड, बम्बई 5. 1959.

समाजवाद : 1. समा. 2. साप्ता. 4. चमनगंज, कानपुर 5. 1956-57.

समाजवाद की आवाज : 2. पा. 4. चूरू (राज.) 5. 1969.

समाजवाद की ओर : 1. समा. 2. पा. 3. जगदीशकुमार अग्रवाल 4. कुम्हेर गेट रोड, भरतपुर 5. 1970.

समाजवादी : 1. समा. 2. साप्ता. 4. चमनगंज, कानपुर 5. 1963-67.

समाजवादी जयहिन्द : 1. समा. 2. साप्ता. 4. मणिगंज, कालपी 5. 1963-65.

समाजवादी आन्दोलन : 2. मा. 4. रोहतक 5. 1966-71.

समाजवादी जर्मनी : 1. राज. 2. पा. 3. मैन्फ्रेड रोडोल्फ 4. जर्मन दूतावास, कौटिल्य **मार्ग,** नई दिल्ली 5. 1967.

समाजवादी दुनिया : 1. समा. 2. साप्ता. 4. पंजाबीपुरा, गेट चेतराम, बरेली 5. 1967-69.

समाजवादी भारत : 1. समा. 2. पा., साप्ता. 3. कृष्णलाल 4. साउथ एवेन्यू, विजयनगर, दिल्ली 5. 1968.

समाजवादी फोरम : 2. मा. 4. दिल्ली गेट, चित्तौड़गढ़ 5. 1971.

समाजवादी युग : 1. समा. 2. साप्ता. 4. गुंसाईपुरा, झाँसी 5. 1965-67.

समाज विकास : 1. जा. 2. त्रै., मा. 3. जगदीश, देवनारायण शर्मा, नन्दकिशोर जालान, कमलाकांत पाठक, बुद्धूमल श्यामसखा 4. बी. 152, महात्मा गाँधी, रोड, कलकत्ता 5. 1948-58 प्रच. 6. 10) वा. 7. अ.भा. मारवाड़ी सम्मेलन का पत्र।

समाज विकास : 2. मा. 4. मारवाड़ी सम्मेलन, तिनसुकिया (असम) 5. 1974 प्रच.।

समाजशास्त्र : 2. त्रै. 3. प्रेमनारायण माथुर 4. वनस्थली (राज.) 5. 1951.

समाजशास्त्रीय पत्रिका : 2. त्रै. 4. गौतमबुद्ध मार्ग, लखनऊ 5. 1971.

समाज शिक्षण : 2. मा. 4. राजस्थान विद्यापीठ, उदयपुर 5. 1950-56.

समाज संगठन : 2. मा. 4. शीतलामाता बाजार, गौरा कुण्ड, इन्दौर 5. 1961.

समाज संदेश : 2. मा. 3. आचार्य हरिश्चन्द्र 4. गुरुकुल विद्यापीठ, हरियाणा मैसवाल, कालान, रोहतक 5. 1960.

समाज सुधार : 3. सूर्यनारायण शर्मा 4. जयपुर।

समाज सेवक : 2. मा. 4. हैदराबाद।

समाज सेवक : 1. समा. 2. साप्ता. 3. बैजनाथ केडिया, बद्रीनारायण शर्मा 4. बनिक प्रेस, 151 बी., हरीसन रोड, कलकत्ता 5. 8 अगस्त 35, 1944 7. मारवाड़ी समाज का मुखपत्र।

समाज सेवक : 1. समा. 2. साप्ता. 3. लाला राधामोहन गोकुलजी, प्रका.—सतीदास मून्दड़ा 4. नागपुर 5. 1921 7. मारवाड़ी समाज का सुधारक पत्र।

समाज सेवक : 3. रामजीलाल सहाय 4. इलाहाबाद।

समाज सेवक : 1. व्या. 2. साप्ता. 3. फतहचन्द्र गुप्त 4. नया बाँस, दिल्ली।

समाजसेवा : 4. म.प्र. शासन।

समाज हितैषी : 2. पा. 4. विसाऊ (राज.) 5. 1963-65.

समाजीकरण : 2. साप्ता. 4. भरतपुर 5. 1971.

समाजोदय : 2. मा. (हि., म.) 4. निकट चित्रा टाकीज, नागपुर 5. 1966.

समाधान : 1. समा. 2. साप्ता. 4. मन्तूराम कटरा, सिलीगुड़ी 5. 1956-60.

समाधि : 3. रश्मि त्रिवेदी 4. ब्लाक-लल्लूभाई पार्क, अँधेरी, बम्बई 5. 1962.

समानता : 1. समा. 2. साप्ता. 3. नारायणदास मौर्य 4. भगत सिंह वार्ड, पिपरिया, होशंगाबाद 5. 1967.

समारम्भ : 1. सा. 2. त्रै. 3. **भैरवप्रसाद गुप्त** 4. लूकरगंज, इलाहाबाद 5. 1972 7. नामान्तर—प्रारंभ।

समारोह : 1. समा. 2. साप्ता. (हि., अं.), पा. 3. रामस्वरूप सिन्दूर 4. नौधरा, कानपुर 5. 1963-69.

समिति : 1. समा. 2. मा. 3. श्रीमती कमलेश गुप्त 4. लोक कल्याण समिति, 11 ए, राउज एवेन्यू लेन, नई दिल्ली 5. 1963.

समिति वाणी : 2. त्रै. 4. भरतपुर 5. 1963-68.

समालोचक : 2. सा. 4. बलिया (यू.पी.)।

समालोचक : 1. सा. 2. मा. 3. चन्द्रधर शर्मा गुलेरी, जवाहरलाल जैन वैद्य, गोपालराम गहमरी 4. जौहरी बाजार, जयपुर 5. 1902-05 6. 1.50 रु. वा. 7. राजस्थान की प्रथम श्रेष्ठ साहित्यिक पत्रिका। पुस्तक सार, अनुवाद एवं निबंध आदि प्रकाशित।

समालोचक : 1. सा. 2. मा. 3. डॉ. रामविलास शर्मा 4. बाग मुजफ्फर खाँ, आगरा 5. 1958-60 6. 5) वा. 7. उच्चस्तरीय साहित्यिक आलोचना प्रधान पत्र। विशेष—सौन्दर्यशास्त्र, यथार्थवाद।

समालोचक : 2. सा. 4. सागर 5. 1920.

समालोचक : 1. सा. 2. मा. 4. सिकन्दरपुर/फर्रुखाबाद 5. 1924.

समालोचक : 1. सा. 2. मा. 4. मुंगेर (बिहार) 5. 1920.

समिधा : 1. सा. 2. अनि. 3. कृष्णबिहारी मिश्र 4. कलकत्ता 5. 1965.

समीक्षक : 1. सा. 2. मा. 3. उदयभानु मिश्र 4. रामतेनुक बोस लेन, कलकत्ता 5. 1961-65.

समीक्षा : 1. सा. 2. त्रै., मा. 3. देवेन्द्रनाथ शर्मा, गोपालराय 4. रानीघाट, राजेन्द्र यूनिवर्सिटी कॉलोनी, पटना 5. 1967 प्रच. 7. पुस्तक समीक्षा का प्रतिनिधि पत्र।

समीक्षा : 2. सा. 3. ओंकार शरद 4. लहर प्रकाशन, इलाहाबाद 5. 1957 6. 1.50 रु. वा.।

समीक्षा : 1. सा. 2. मा. 3. वंशीधर मिश्र 4. दारुकट, अलवर 5. 1959-60.

समीक्षायन : 1. सा. 2. मा. 3. डॉ. ओमानन्द सारस्वत 4. पिलानी (राज.) 5. 1970.

समीक्षा लोक : 1. सा. 2. द्विमा., त्रै. 3. रामगोपाल शर्मा 4. मोती कटरा, आगरा-3 5. 1965-70 6. 8) वा. 7. विशेषांक-कबीर, जायसी, इतिहास अंक आदि।

समीक्षा सन्दर्भ : 1. सा. 2. मा. 3. श्रीमती शिरोमणि देवी 4. वाणी प्रकाशन, 4697/5, 21-ए, दरियागंज, नई दिल्ली 5. जनवरी 1977.

सम्राट : 1. समा. 2. पा., साप्ता., दै. (1910) 3. कु. रमेश सिंह 4. कालाकाँकर स्टेट (अवध) 5. 1909-10 6. 2) वा. 7. 'हिन्दीस्थान' का रूपान्तरण करके इसे पा. से साप्ता. बनाया और फिर दै. रूप प्रदान किया पर प्रजातांत्रिक आन्दोलन के बीच अपने नाम के कारण अप्रचलित सिद्ध हुआ। (दे. धर्मयुग, 26 दिसम्बर 1965, पृ. 19).

सम्राट : 1. समा. 2. सान्ध्य दै. 4. दिल्ली 5. विभाजनकालीन 7. शरणार्थियों में प्रचलित, पर अल्पायु।

सम्राट ज्योति : 1. समा. 2. साप्ता. 4. बेरी मार्केट, लुधियाना 5. 1966-70.

सरकार : 1. समा. 2. पा., साप्ता. 3. चम्पतलाल शर्मा 4. नबलपुरा, खुर्जा, बुलंदशहर 5. 1956-68.

सरकारी अखबार : 2. समा. 5. 1870.

सरकारी हिन्दी : 2. मा. 3. दिवाकर माझी 4. गोवर्द्धन सराय, काशी 5. 1948.

सरगना : 2. मा. 4. गोलागोकर्णनाथ, खेरी 5. 1961-63.

सरगम : 1. फि., सा. 2. मा. 3. ख्वाजा अहमद अब्बास 4. चैम्बर्स फीरोजशाह मेहता रोड, बम्बई 5. नवंबर 1948-52.

सरगुजा टाइम्स : 1. समा. 2. पा. 3. दर्शनसिंह 4. अम्बिकापुर, सरगुजा (म.प्र.) 5. 1969.

सरगुजा सन्देश : 1. समा. 2. त्रै., पा. 3. रवीन्द्रप्रताप सिंह, चण्डिकेश्वरशरण 4. अम्बिकापुर, सरगुजा (म.प्र.) 5. 1938-41, 68.

सरदार शहर टाइम्स : 1. समा. 2. साप्ता. 4. चूरू 5. 1971.

सरपंच : 3. हास्यरसयुक्त 4. हरिद्वार 7. अल्पायु।

सरयू द्विज : 1. जा. 2. मा. 3. के. जी. पाठक 4. जूना, बिलासपुर 5. 1968.

सरयूपारीण : 1. जा. 2. मा. 3. श्रीनिवास उपाध्याय 4. फैजाबाद 5. 1939.

सरस कहानियाँ : 1. मा. 2. के. एस. कीड़गंज, इलाहाबाद 5. 1959-65.

सरस्वती : 1. सा. (25 वर्षों तक 10 करोड़ हिन्दी जनता का साहित्यिक नेतृत्व करने वाली पत्रिका) 2. मा. 3. संस्थापक संपादक मंडल- जगन्नाथदास 'रत्नाकर', डॉ. श्यामसुन्दरदास, राधाकृष्णदास कार्तिकप्रसाद खत्री, किशोरीलाल गोस्वामी (जन. 1900-01), डॉ. श्यामसुंदरदास (दिसं. 1902 तक), आचार्य महावीरप्रसाद द्विवेदी (जन. 1903-जन. 1921), कामताप्रसाद गुरु (1918), पदुमलाल पुन्नालाल बख्शी (1921-25, जुलाई 1927 तथा जन. 1952), देवीदत्त शुक्ल (जन. 1925-29), हरिकेशव घोष, व्यवस्थापक—इण्डियन प्रेस (1926), श्रीनाथ सिंह (1934-35), उदयनारायण बाजपेयी (सहा.), गणेशशंकर विद्यार्थी, देवीदयाल चतुर्वेदी 'मस्त', हरिभाऊ उपाध्याय, देवीप्रसाद शुक्ल, शम्भुनाथ शुक्ल, ठाकुरप्रसाद मिश्र (1928-33), लल्लीप्रसाद, उमेशचन्द्र मिश्र (संयुक्त संपा. 1935-45) एवं पं. श्रीनारायण चतुर्वेदी (1955-76) 4. प्रवर्त्तक-बाबू चिन्तामणि घोष, इण्डियन प्रेस, इलाहाबाद 5. 1 जनवरी 1900-फरवरी 1976, पुनः मई 76 6. 25 पैसे प्रति, 3) वा. 7. हिन्दी जगत का मूर्धन्य साहित्यिक पत्र। आरम्भ में नागरी प्रचारिणी सभा, काशी के अनुमोदन से प्रकाशित। 1905 तक इसके मुखपृष्ठ पर सभा का नाम। कालान्तर में यह 'अनुमोदन' निरस्त। द्विवेदीजी के सम्पादन काल में यह पत्र चरम उत्कर्ष पर। वे 150) मासिक की नौकरी छोड़कर बीस या पच्चीस रु. मासिक वृत्ति स्वीकार करके इसमें नियुक्त हुए थे। आरंभ के 15 अंकों में 5 सम्पादकों के अतिरिक्त 10 लेखकों ने लिखा। कलेवर 16 से 21 पृष्ठों तक। जनवरी 1910 के सम्पादकीय में उन्होंने स्वीकार किया कि इस पत्र के 50-60 पृष्ठों के प्रति अंक में 40-50 पेज मैंने जुहू (कानपुर) के मैदान में बैठकर लिखे हैं। उनके छद्मनाम थे-कल्लू अल्हैत, गजानन गणेश गर्वखंडे, पर्यालोचक, कमलकिशोर त्रिपाठी आदि। प्रमुख स्तम्भ—सामयिक प्रसंग, विचार प्रवाह, मातृमण्डल, विज्ञान की करामात, चारु

चयन, आलोचक चित्रण, बालक विनोद, कामिनी कौतूहल (1903), पुस्तक परीक्षा, हास्य-विनोद, जाग्रत महिलाएँ, नावक के तीर, चिट्ठीपत्री आदि। द्विवेदीजी ने इसे परिपूर्ण बनाया। उनके द्वारा सम्पादित सरस्वती की मूल प्राचीन प्रतियाँ 'भारत कला भवन', वाराणसी में द्रष्टव्य। प्रवेशांक का 4 आने मूल्य। इकरंगा आवरण। मण्डल की ओर से बाबू श्यामसुंदर का सम्पादन। मुखपृष्ठ पर तुलसी, सूर, भारतेन्दु, सितारे हिन्द तथा वीणापाणि सरस्वती के चित्र। आकार 10 × 7। प्रथम संस्करण की 700 प्रतियाँ प्रकाशित। घोषणा—''परम कारुणिक सर्वशक्तिमान जगदीश्वर की अशेष अनुकम्पा ही से ऐसा अनुपम अवसर आकर प्राप्त हुआ है कि आज हम लोग हिन्दी भाषा के रसिक जनों की सेवा में नये उत्साह से उत्साहित हो एक नवीन उपहार लेकर उपस्थित हुए हैं जिसका नाम 'सरस्वती' है।'' इस अंक में भूमिका के साथ 'भारतेन्दु चरित्र', शेक्सपियर नाटिका, आलोकचित्रण आदि रचनाएँ प्रकाशित। प्रथम वर्ष में ज्ञान-विज्ञान, इतिहास, भूगोल, भाषा, जीवन-चरित्र आदि से सम्बंधित 56 लेख, हिन्दी की प्रथम कहानी 'इन्दुमती' और कविताएँ छपीं। इनमें श्रीधर पाठक की कविताएँ, किशोरीलाल गोस्वामी कृत पहली खड़ी बोली कविता और दूसरी महावीरप्रसाद द्विवेदी रचित कविता महत्वपूर्ण है। प्रथम वैज्ञानिक कहानी 'चन्द्रलोक की यात्रा' इसी में छपी।

पत्रिका के आर्थिक स्तर से खिन्न और समयाभाववश अवैतनिक संपा. डॉ. श्यामसुंदर ने 1901 से मुक्ति ले ली। इसी बीच इण्डियन प्रेस द्वारा शिक्षा-विभाग की एक पाठ्य पुस्तक की खरी आलोचना करने के कारण बाबू चिन्तामणि घोष, आचार्य महावीरप्रसाद द्विवेदी के प्रति आकृष्ट हुए। जनवरी 1903 से द्विवेदीजी सक्रिय। उन्होंने 2 वर्षों में 55 लेख एवं 4 कविताएँ स्वयं लिखीं। नई प्रतिभाएँ खोजीं। निर्देशानुसार लिखवाया और शिष्यमण्डल तैयार किया। उन्होंने ब्रजभाषा की शृंगार-हास्यपरक रचनाओं को हतोत्साह कर परिष्कृत खड़ी बोली की विविध विषयक रचनाएँ प्रस्तुत कीं। 1916 से साढ़े चार रु. वा. शुल्क पर 72 पृष्ठों के अंक प्रकाशित। लेखकों को पारिश्रमिक दिया। मुख्य लेखक —प्रसाद , पन्त, बच्चन, महादेवी, दिनकर, नरेन्द शर्मा, नाथूराम शंकर, सनेही, मैथिलीशरण गुप्त, देवीप्रसाद 'पूर्ण', हितैषी, माखनलाल चतुर्वेदी, रामकुमार वर्मा, सुभद्राकुमारी, बालकृष्ण शर्मा 'नवीन', वियोगी, मिलिन्द, प्रेमचन्द, वृन्दावनलाल वर्मा आदि। बहिष्कृत लेखक—बालमुकुन्द गुप्त, जगन्नाथप्रसाद चतुर्वेदी, गोविन्दनारायण मिश्र, माधवप्रसाद मिश्र आदि, फलतः कई विवाद। महत्वपूर्ण विशेषांक—कहानी अंक, स्वराज्य अंक, श्राद्धांक, द्विवेदी स्मृति अंक आदि।

सरस्वती ने कहानी विधा को मान्यता दी और बंग महिला की 'इन्दुमती', गुलेरीजी की 'उसने कहा था', रामचन्द्र शुक्ल कृत 'ग्यारह वर्ष का समय', प्रेमचंद एवं वृन्दावनलाल की पहली-पहली कहानियाँ प्रकाशित कीं। 'कामायनी' के कई सर्ग, मधुशाला, पंत, महादेवी आदि की छायावादी कविताएँ इसमें छपीं। इनके अतिरिक्त राजपूत शैली, काँगड़ा शैली, मुगल शैली, रवि वर्मा के अनेक

दुर्लभ चित्र प्रकाशित। उद्देश्य—'सरस्वती श्रुति महती न हीयताम्'। वस्तुतः 'सरस्वती' द्विवेदी युग की प्रवर्त्तक, नवीन भाव-भाषा की प्रेरक, सम्पादकीय निष्ठा (तपस्या) की प्रतीक हिंदी की सर्वाधिक महिमामयी पत्रिका है।

सरस्वती प्रकाश : 2. मा. 3. बनवारीलाल 4. काशी/कलकत्ता 5. 1890, 92.

सरस्वती विलास :2. साप्ता., मा. 3. नन्हे लाल 4. काशी/नागपुर 5. 1890.

सरस्वती विलास : 2. मा. 3. नन्हेलाल 4. नरसिंहपुर 5. 1884.

सरस्वती संवाद : 2. सा. 2. मा. 3. डॉ. रामगोपाल शर्मा 'दिनेश', राजेश्वरप्रसाद चतुर्वेदी 4. मोती कटरा, आगरा 5. 1952-67.

सरहद का सिपाही : 1. समा. 2. पा. 4. जालोरी गेट के भीतर, जोधपुर 5. 1970.

सरहदी : 1. समा. 2. साप्ता. 3. नरेन्द्रसिंह भंडारी 4. महमूदाबाद मौन्सन, हजरतगंज, लखनऊ 5. 1960.

सरहदी आवाज : 2. साप्ता. 4. थानवी भवन, जैसलमेर।

सरहदी जीवन : 1. समा. 2. साप्ता. 4. बाड़उमेर 5. 1971.

सरिता : 1. सा. 2. मा. 3. बलदेवप्रसाद मिश्र, शिवप्रसाद मिश्र 'रुद्र', बलदेव राज 'गुलशन'/ 'उपवन', सीताराम चतुर्वेदी, करुणापति त्रिपाठी, रामचन्द्र वर्मा, कमलाप्रसाद अवस्थी 4. काशी 5. अगस्त 1940-51 6. 5) वा. 7. कई विशेषांक।

सरिता : 2. मा., पा. 3. विजयनारायण, शम्भुनाथ सक्सेना, विश्वनाथ 4. ई. 3, झण्डेवालान (दिल्ली प्रेस), पो.बॉ. 17, नई दिल्ली-1 5. नवंबर 1945, 65 7. लोकप्रिय एवं विचारोत्तेजक पारिवारिक पत्र। प्रसार संख्या 67818.

सरोज : 1. सा. 2. मा. 3. मुंशी नवजादिकलाल, रामप्रसाद पाण्डेय 4. भूतनाथ प्रेस, मछुवा बाज़ार गली, कलकत्ता 5. 1928 7. अपने समय का श्रेष्ठ साहित्यिक पत्र।

सरोज : 2. मा. 4. जबलपुर 5. 1956.

सरोज : 2. सा. 3. रामचन्द्र शुक्ल, रामकृष्ण दास, जयशंकरप्रसाद 4. मर्यादा प्रेस, इलाहाबाद/काशी 5. 1910 (प्रवेशांक मात्र)।

सरोवर : 2. मा. 4. तेलीवाड़ा, दिल्ली 5. 1958-61.

सर्पदमन : 2. साप्ता. 4. जींद (हरि.) 5. 1970.

सर्वआनन्द : 1. समा. 2. साप्ता., पा. (हि., अं., उ.) 4. कोशलभवन 5. 1965-69, 70.

सर्वनाम : 3. राजेन्द्र अडिग 4. रोशनगंज, 202 कटियाटोला, शाहजहाँपुर।

सर्वनाम : 1. सा. 2. मा. 3. विष्णुचन्द्र शर्मा 4. जी. 112, कृष्णनगर (यूसुफ सराय), नई दिल्ली-16 5. 1972 (अल्पायु) 6. 10) वा. 7. वर्गसंघर्ष चेतना का प्रतिनिधि लघुपत्र। द्रष्टव्य—'अफ्रीका विशेषांक' (1973).

सर्वजनोपकारक : 3. पं. पूर्णचंद 4. बेलनगंज, आगरा 5. 1867.

सर्व शिक्षक : 1. समा. 3. मुकुटबिहारीलाल 4. प्रयाग 5. 1916.

सर्वसखा : 1. सा. 2. मा. 3. रामकृष्णदास 'रसिक' 4. बाजार सीताराम, दिल्ली 5. 1966.

सर्वसेवा साहित्य : 2. त्रै. 4. राजघाट, वाराणसी 5. 1965-68.

सर्वहारा युग : 1. समा. 2. पा. 3. शंकरसिंह, सुभाष कनऊ 4. बोरिग रोड, पटना 5. 1968.

सर्वहित : 1. सा. 2. पा. 3. मेहता लज्जाराम शर्मा (3-1/2 वर्षो तक 12, 13 अंकों का सम्पादन), रामप्रताप शर्मा 4. बूँदी रियासत (राज.) 5. 20 फर. 1889-1904 (लगभग 14 वर्ष) 7. राजस्थान का प्रथम श्रेष्ठ साहित्यिक पत्र। इसकी कुछ प्राचीन प्रतियाँ 'सूर्यमल स्मारक समिति', बूँदी के सचिव डॉ. ओंकारनाथ चतुर्वेदी के पास सुरक्षित। विशेष विवरण हेतु दृष्टव्य—'शताब्दी मंजूषा (बूँदी) एवं राष्ट्रदूत (जयपुर), 24 नवंबर 1974, 1दिसं 1974 के अंकों में हरिलाल ठाकोर के लेख। राधाकृष्णदास के अनुसार इसके सम्पादक कन्हैयालाल, मन्नालाल (दे.क्ष. ग्र.)। इस भ्रम का निराकरण बालमुकुन्द गुप्त द्वारा (गु.नि. 375)।

सर्वहित प्रकाशन तत्कालीन शिक्षा मंत्री पं. गंगासहाय की सहायता से आरम्भ। कालान्तर में इसका भार मेहताजी पर। मेहताजी की आत्मकथा 'आपबीती' (पृ. 86, 99) में इसका विवरण।

सर्वहित : 2. मा. 3. पं. रामस्वरूप 4. मुरादाबाद 5. 1894.

सर्वहितकारक : 3. शिवनारायण 4. आगरा 5. 1855 7. हिन्दी-उर्दू युक्त पत्र।

सर्वहितकारक : 2. पा., साप्ता. 4. अल्मोड़ा 5. 1899, 1900.

सर्वहितकारी : 1. सा. 2. मा. 3. सच्चिदानन्द 'द्विजहंस', धर्मानन्द शास्त्री 4. रायबरेली/ राजापुर (देहरादून) 5. 1947.

सर्वहितैषी : 2. मा. साप्ता. 4. मुरादाबाद 5. 1894.

सर्वहितैषी : 2. मा. 3. रमाशंकर बाजपेयी 4. चमरौली अजगैन, उन्नाव 5. 1920.

सर्वहितैषी : 1. समा. 2. दे. 3. महावीरप्रसाद गहमरी 4. बाँकीपुर, पटना 5. 1890 (अल्पायु) 7. बिहार का प्रथम हिन्दी दैनिक।

सर्वज्ञ : 1. समा. 2. साप्ता. 3. शिवनन्दन मिश्र 4. रानी महल, खत्रियाना, झाँसी 5. 1962-70.

सर्विस : 2. त्रै. (हिं., अं.) 4. बोडन स्ट्रीट, कलकत्ता 5. 1958.

सर्वेश्वर(श्री) : 1. धा. 2. मा. 3. बृजबल्लभ शरण 4. प्रताप बाजार, वृन्दावन 5. 1952.

सर्वेश्वरी टाइम्स : 1. समा. 2. पा. 3. हरिप्रसाद सिंह, सिंहेश्वरनाथ 5. पड़ाव राजघाट, कुष्टसेवा आश्रम, वाराणसी 5. 1965.

सर्वेक्षण : 1. समा. 2. मा. 3. जगनाराण सिंह 4. कैलाशनगर, कानपुर 5. 1970.

सर्वोदय : 1. सर्वोदयी पत्र 2. मा. 3. विनोबा भावे, दादा धर्माधिकारी, काका कालेलकर, लक्ष्मीनारायण मूँदड़ा 4. सेवाश्रम, बजाजाबाड़ी, वर्धा (महा.) 5. अगस्त 1938-अगस्त 1942, पुन: 1949-जून 1955 7. गाँधीदर्शन, स्वाधीनता आन्दोलन और अहिंसात्मक नवरचना का यशस्वी पत्र। 42 के आन्दोलन के कारण इसका प्रकाशन समाप्त। इसमें किशोरलाल मश्रुवाला द्वारा 'आश्रम का उल्लू' नाम से लिखित व्यंग्य स्तंभ पर्याप्त प्रभावोत्पादक।

सर्वोदय : 2. साप्ता. 4. श्री प्रिंटिंग प्रेस, स्वामगाँव, गुजरात 5. 1956 (लगभग)।

सर्वोदय : 3. तोशयोतनका 4. जापान।

सर्वोदय : 1. समा. 2. साप्ता. 4. समता भवन, इटावा 5. 1958-65.

सर्वोदय दर्शन : 2. मा. 4. सर्वोदय मण्डल, गाँधी आश्रम, गढ़ रोड, मेरठ 5. 1963-69.

सर्वोदय परिवार : 1. समा. 2. साप्ता. 3. ओमप्रकाश दीक्षित 4. दीक्षित प्रेस, इटावा 5. 1961.

सर्वोदय वाहक : 2. मा. 3. चम्मनलाल 4. कस्टम रोड, बाँसबाड़ा (राज.) 5. 1960.

सर्वोदय संदेश : 2. मा. 3. हेमनाथ सिंह 4. चौक बाजार, मुंगेर 5. 1955-65.

सर्वोदय साधना : 2. पा. 4. लेबुरनुम रोड, बम्बई 5. 1959-61.

सर्वोपकारक : 4. आगरा 5. 1861.

सलाहकार : 2. पा. 4. परेल, बम्बई 5. 1951.

सलोनी : 2. मा. 4. पं. पटेलनगर, नई दिल्ली 5. 1964-69.

सवा लाख : 2. मा. 3. मुल्कराज 4. सिविल लाइन्स, बिलासपुर 5. 1968.

सविता : 1. धा. 2. मा. 3. स्वामी विद्यानन्द विदेह, अभयदेव शर्मा, विश्वदेव शर्मा 4. वेद संस्थान, अजमेर 5. 1948-50 (प्रच.) 7. आर्यसमाज का वेद-प्रचारक पत्र।

सविता : 2. मा. 3. देवीप्रसाद धवन 'विकल' 4. कानपुर 5. जुलाई 6. 1952-53.

सविता (बन्धु) : 2. मा. (हि., अं.) 3. आर.सी. भारती 4. कनाट, प्लेस, चूड़ीवालान, दिल्ली 5. 1968-70.

सविता संदेश : 1. जा. 2. मा. 3. रामचन्द्र भारती 4. जोगी बाड़ा, नई सड़क, दिल्ली 5. 1941.

सव्यसाची : 1. समा. 2. साप्ता. 4. संत बाजार, इंदौर 5. 1964-68.

सहअस्तित्व : 1. समा. 2. साप्ता. 4. रेलवेगंज, हरदोई 5. 1962-71.

सहकार : 7. सहकारिता विभाग, हिमाचल सरकार, शिमला।

सहकार : 2. मा. 4. बेलनगंज, जौनपुर 5. 1961-63.

सहकार : 2. पा. (हि., म.) 4. धूली (महा.) 5. 1956.

सहकार दर्पण : 2. मा. 3. जयबिहारी खाँची 4. ढल्ली, पो. मशोबा, जि. महासू (हिमा.) 5. 1968.

सहकार दर्शन : 2. मा. 3. कमलाकांत शर्मा 4. जिला सहकारी संघ, दुर्ग (म.प्र.) 5. 1970.

सहकार पथ : 2. पा. 4. जोरबाग, नई दिल्ली 5. 1965, 69.

सहकार परिचय : 2. मा. 3. मोतीलाल चौधरी 4. पोलोविकट्री के पास, जयपुर 5. 1961.

सहकार वाणी : 2. पा. 4. अमीनाबाद, लखनऊ 5. 1966-68.

सहकार संवाद : 2. मा. 4. कचहरी रोड, जोधपुर 5. 1960-65.

सहकार सूचना पत्रिका : 2. मा. 4. जयपुर 5. 1960-61.

सहकारिता : 2. मा. 3. शम्भुशरण मिश्र, सच्चिानन्द शरण 4. विधानसभा मार्ग, लखनऊ 5. 1948-49.

सहकारिता : 2. मा. 4. काँकोरीली (राज.) 5. 1956-61.

सहकारिता भारत : 2. मा. 4. पुरानी पसेरठ, झाँसी 5. 1960-61.

सहकारी : 2. मा. (हि., उ.) 3. अम्बाप्रसाद 4. दिल्ली राज्य सहकारी संघ, 31 नेताजी सुभाष मार्ग, दरियागंज, दिल्ली 5. 1959.

सहकारी : 2. त्रै. 4. म. प्र. सहकारी संघ, नागपुर 5. 1951.

सहकारी कृषक : 1. कृ. 2. साप्ता. 4. वकार, शाहाबाद 5. 1963-66.

सहकारी जागृति : 1. समा. 2. साप्ता. 4. मारबाड़ी रोड, भोपाल 5. 1964-66.

सहकारी जनयुग : 2. पा. 4. दुदपिया, इंदौर 5. 1963-65.

सहकारी जीवन : 1. समा. 2. साप्ता. 4. तिलक रोड, मेरठ 5. 1960-63.

सहकारी ज्योति : 1. समा. 2. साप्ता. (हि., सं., अं.) 4. शीशमहल, मेरठ 5. 1964-70.

सहकारी मध्य प्रदेश : 2. मा. 3. दशरथप्रसाद कनौजिया, दिनेश पाठक 4. नेपियार टाउन, जबलपुर 5. 1958.

सहकारी युग : 1. समा. 2. साप्ता. 3. महेन्द्रप्रसाद गुप्त 4. मेस्टनगंज, रामपुर 5. 1959.

सहकारी संदेश : 1. समा. 2. मा., पा. 3. प्रकाशन प्रेस रजिस्ट्रार, उ.प्र. 4. जिला सहकारी संघ लि., कापरगंज, कानपुर 5. 1958, जन. 59, 66.

सहकारी संदेश : 1. समा. 2. पा. 3. शिवशंकरलाल शुक्ल 4. करवालीनगर, वाराणसी 5. 1966.

सहकारी सखा : 2. मा. 4. नरसिंहपुर 5. 1925.

सहकारी समाज : 2. मा. (बहु.) 4. हीराबाग, सी. पी. टैंक, बम्बई 5. 1956.

सहकारी सुमन : 2. मा. 3. रामेश्वरप्रसाद दुबे 4. जिला सहकारिता संघ, सिविल लाइन्स, दमोह 5. 1965.

सहकारी हिन्दी प्रचारक : 4. केरल हिन्दी सांस्कृतिक सहकारी संघ 5. 1963-64.

सहजमार्ग : 1. दा., धा. 2. अर्द्धवा. (हि., अं.) 3. एस. पी. श्रीवास्तव 4. श्री रामचन्द्र मिशन, शाहजहाँपुर 5. 1966 6. 6) वा.।

सहजीवन : 1. समा. 2. पा. 3. रणजीत सिंह 4. एस. के. प्रेस, दारानगर, वाराणसी 5. 1963.

सहपाठी : 2. पा. 3. देवमूर्ति पाण्डेय 4. अरिपाँव शाहाबाद/आरा 5. नवंबर 1952, 1956 लगभग।

सहमत : 1. समा. 2. साप्ता. 4. खानपुरा मोहल्ला, जालौर 5. 15) वा.।

सहयोग : 1. बा. 2. मा., पा. 3. आर. एन. श्रीवास्तव 4. तांग्रा रोड, कलकत्ता 5. 1951-60.

सहयोग : 2. मा. 4. हिमाचल प्रदेश सहकारी संघ, माल रोड, शिमला 5. 1952-60.

सहयोग दर्शन : 1. सह. 2. मा. 3. नन्दकुमार दानी 4. सहकारिता संस्थान, रायपुर 5. 1961.

सहयोगी : 1. समा. 2. साप्ता. 3. सुंदरलाल शर्मा, गोपीनाथ, गुप्त, विष्णुदत्त शुक्ल 4. बिरहाना रोड, कानपुर /29/11 ए, माहेश्वरी मोहाल, कानपुर/111/173, अशोकनगर, कानपुर 5. 1946, 48, 49 6. 9) वा.।

सहयोगी : 2. मा. 4. जे. पी. सिंहल, एम. हरप्रसाद 4. बुलन्दशहर 5. 1953.

सहयोगी : 2. मा 4. सुधारक संस्था, बाजार किला, बरेली 5. 1956-58.

सहयोगी श्रमिक : 2. मा. 3. एस. एम. जबीर 4. मोहननगर, गाजियाबाद 5. 1970.

सहस्त्रबाहु : 1. सा. 2. मा. 3. रामसिंह 4. नाहरगढ़ का रास्ता, जयपुर 5. 1961, 66.

सहारा : 2. पा. 4. ई. पटेलनगर, नई दिल्ली 5. 1960-61.

सही बात : 2. साप्ता. 4. धमाणी मार्केट, जयपुर 5. 1961-64.

सही रास्ता : 1. समा. 2. साप्ता., पा. 4. शेखपुरा, जौनपुर/पाली/दिल्ली 5. 1959-60, 67.

सही समाचार : 1. समा. 2. साप्ता. 3. रामदरश त्रिपाठी 4. आनंदनगर, गोरखपुर 5. 1967.

सहेली : 1. म. 2. मा. 3. रूपकुमारी वाँचू, विजय वर्मा, रामेश्वरी देवी 4. सहेली संघ, बहादुरगंज/प्रयाग स्ट्रीट, ला. जर्नल प्रेस, इलाहाबाद 5. अप्रैल 1930-35.

सत्र भारती : 2. साप्ता. 4. गाँधी गली, जींद (हरि.) 5. 1970.

सत्राति संदेश : 1. कृ. 2. त्रै. 4. कदबघाट, इंदौर 5. 1958-63.

सांख्यकीय त्रैमासिक पत्रिका : 1. व्या. 2. त्रै. 4. अर्थ एवं संख्या प्रभाग यू. पी., लखनऊ 5. 1936 प्रच.।

साईं बाबा समाचार पत्र : 2. धा. 2. साप्ता. 3. गोविन्दराम 4. कसेरा बाजार, बुरहानपुर (म.प्र.) 5. 1969.

सान्ध्य जीवन : 2. मा. 4. इटावा 5. 1956 (लगभग)।

साम्यदण्ड मार्तण्ड (सामदण्ड) : 1. समा. 3. युगलकिशोर शुक्ल 4. कलकत्ता 5. 1850 7. 'उदंत मार्तण्ड' के समाप्त हो जाने पर आरम्भ।

साम्य योग : 4. भूदान समिति, वर्धा।

साम्यवादी : 1. समा. 2. दै. (सान्ध्य) 3. मूलचन्द्र अग्रवाल 4. कलकत्ता 5. 1920.

साम्यवादी : 2. मा. 4. कानपुर 5. 1924.

साम्य संदेश : 2. मा. 4. गोखले रोड, बम्बई 5. 1963-66.

सांइसिया : 1. वि. 4. राजकीय कालेज, अलवर 5. 1957.

सांसारिक कल्याण : 1. चि. 2. मा. 4. श्रीकृष्ण औषधालय, तीसहजारी, दिल्ली 5. 1959-61.

साइकिल ट्रेड (डेली कानपुर साइकिल मार्केट रिपोर्ट) : 1. बा. 2. दै. (हि., अं.) 3. हरिशंकर शर्मा 4. बिरहाना रोड, कानपुर 5. 1962.

साइकिल समाचार : 2. व्या. 3. डी. एस. मेहता 4. अजमेर 5. 1975 6. 20) वा.।

साइक्लोन : 1. समा. 2. साप्ता. 4. निशातगंज, लखनऊ 5. 1968-71.

साकी : 2. मा. 4. अर्दली बाजार, वाराणसी 5. 1959-62.

साकेत : 1. समा. 2. साप्ता. 3. पूर्णिमा पाण्डेय 4. चरहा, इटावा 5. 1965.

साकेत : 2. मा. 4. राजीवलोचन मंदिर, सिंहाढ़त, अयोध्या, फैजाबाद 5. 1920-61.

साकेत जीवन : 2. मा. 3. रामनारायण सिंह 4. अयोध्या, फैजाबाद 5. 1892-94.

साकेत समाचार : 1. समा. 2. साप्ता., मा. (1969) 4. नियाबा रोड, फैजाबाद 5. 1966-69.

साख्यार पत्रिका : 2. त्रै. 4. अम्बफल, जम्मूतवी 5. 1969.

सागर : 1. सा. 2. मा. 4. नेताजी सुभाष रोड, कलकत्ता 5. 1956-59 (लगभग)।

सागर की नई तरंग : 1. समा. 2. साप्ता. 3. भाई कनछेदीलाल 4. समाज प्रिंटिंग प्रेस, सागर 5. 1964.

सागर दर्शन : 1. समा. 2. साप्ता. 4. गोपालगंज, सागर 5. 1970.

सागर मंथन : 2. रा. 3. तेजनारायण त्रिवेदी 4. लखीमपुर खीरी 5. 1972.

सागर मित्र : 1. समा. 2. साप्ता. 3. परमलाल 4. जवाहरगंज, सागर 5. 1965.

सागर सरोज : 1. समा. 2. साप्ता. 3. सुंदरलाल तिवारी 4. नजरबाग, परकोटा, सागर 5. 1970.

सागर सहकारी समाचार : 1. समा. 2. पा. 3. वासुदेवप्रसाद श्रीवास्तव 4. कटरा बाजार, सागर 5. 1964.

साज : 1. फि. 2. मा. 4. भगीरथ प्लेस, चाँदनी चौक, दिल्ली 5. 1966-69.

साजिश : 1. कथा., जासूसी 2. मा. 3. अनीस देहलवी 4. तुर्कमान गेट, दिल्ली 5. 1968.

सात दिन : 1. समा. 2. साप्ता. 4. दरभंगा 5. 1956 लगभग।

सात्विक जीवन : 1. दा. 2. मा. 3. महेन्द्रनाथ वर्मा, काशीराम मनोहर मालवीय, बनारसीलाल, रूलियाराम, गुप्तनाथ 4. 83, पुराना चीना बाजार, कलकत्ता 5. 1940.

साथ चलो : 2. पा. 4. ई ब्लाक, किदवईनगर, कानपुर 5. 1964-69.

साथी : 1. कथा. 2. मा. 3. मनोहर मिश्र 4. पो.बॉ. 26, मुरादाबाद 5. 1948-60.

साथी : 1. समा. 2. साप्ता. 4. हुसैनआलम, हैदराबाद 5. 1958-59.

साथी : 2. साप्ता. 4. कानपुर।

साथी तोताराम : 1. ज्यो. 2. साप्ता. 3. डी. एम. महाजन 4. मॉडर्न रोड, भुसावल, जलगाँव (महा.) 5. 1970.

साधक : 1. धा., दा. 2. मा. 4. वे. एक्स एरिया, दिल्ली 5. 1963-64.

साधन : 1. धा. 2. मा. 3. डॉ. चतुर्भुजसहाय, मिहीलाल 4. डेम्पियरनगर, मथुरा 5. 1932-34-43 6. 5) वा. 7. विशेष—'ऐतिरेयोषनिक्रषदांक'।

साधना : 1. सा. 2. मा. 3. डॉ. सत्येन्द्र, हरिशंकर शर्मा, पुवासीलाल वर्मा 4. आगरा 5. नवंबर 1939-43.

साधना : 1. सा. 2. मा. 3. परमानंद शर्मा 4. 15, भवानी लेन भगवानदत्त लेन, कलकत्ता 5. 1948 7. निराला सम्बन्धी विशेष लेख।

साधना : 2. मा. 3. प्रकाश आतुर 4. उदयपुर 5. 1949.

साधना : 2. मा. 3. टेकचंद गुप्त 4. देहरादून 5. 1957.

साधना : 1. सा. 2. मा. 3. राधेश्याम 4. पहाड़गंज, नई दिल्ली 5. 1949-56.

साधना रहस्य : 1. धा. 2. मा. 3. कुबेरप्रसाद गुप्त 4. डी 12/4, राजेन्द्रनगर, लखनऊ 5. 1967.

साधना संदेश : 1. समा. 2. दै. 3. घनश्यामदास 4. गोसाईपुरा, झाँसी 5. 1960, 61-63.

साधु : 1. धा. 2. मा. 3. शिवव्रतलाल, महन्त मथुरादास 4. वैष्णव साधु सुधारिणी सभा, बड़ौदा 5. 1914 (श्रावण 1867) वि. 6. 2) वा.।

साधु : 1. धा. 2. मा. 3. पं. श्रीदत्त शर्मा, ब्रह्मानंद शुक्ला, वेणीशंकर शर्मा गौड़ 4. बाबा कालीकमली वाला पंचायती क्षेत्र, हरीसन रोड, कलकत्ता/सदर बाजार दिल्ली 5. 1941-46, दिसंबर 1951-60 (लगभग)।

साधुमत : 2. मा. 4. भदैनी, वाराणसी 5. 1971.

साधु समाचार : 1. धा. 2. मा. 3. उमराव सिंह 4. फर्रुखाबाद 5. 1909.

साध्वी सर्वस्व : 1. म. 2. साप्ता. 3. रघुनन्दन झा 4. प्रयाग 5. 1922.

सानधा सौरभ : 1. जा. 2. पा. 3. किशोरीलाल देवलिया 4. मरवारा बाजार, कोटा 5. 1970.

सानी बिगुल : 2. मा. 4. सिनेमा रोड, बिजनौर 5. 1970.

साप्ताहिक : 1. समा. 2. साप्ता. 3. हर्षदेव द्विवेदी 4. देवरिया 5. प्रच.।

साप्ताहिक जय ग्वालियर रिपोर्टर : 1. समा. 2. साप्ता. 3. रामजीलाल शर्मा 4. सर्राफा बाजार, ग्वालियर 5. 1967.

साप्ताहिक जय भारत ज्योति : 1. समा. 2. साप्ता. 3. ठाकुर रतनसिंह 4. परेली, भोपाल 5. 1966.

साप्ताहिक नीमाड़ : 1. समा. 2. साप्ता. 4. तिलकपथ, खरगोन 5. 1965.

साप्ताहिक नीलकान्त : 1. समा. 2. साप्ता. 3. पुरुषोत्तम कसेरा 4. भगतसिंह रोड, महू (म.प्र.) 5. 1960.

साप्ताहिक बागी : 1. समा. 2. साप्ता. 3. बद्रीसिंह बागी 4. मानवसेवा मठ, बक्सर, शाहाबाद 5. 1970.

साप्ताहिक बुलेटिन भारतीय राष्ट्रीय काँग्रेस : 1. राज. 2. साप्ता. 4. जंतरमतंर रोड, नई दिल्ली 5. 1966-68.

साप्ताहिक फाल्गुनी समाचार : 1. समा. 2. साप्ता. 4. गुरुद्वारा रोड, विधायक निवास के सामने, लखनऊ 5. 1959-63.

साप्ताहिक लखनऊ : 1. समा. 2. साप्ता. 3. आर्य प्रिंटिंग प्रेस, लखनऊ 4. 1962-65.

साप्ताहिक वाणिज्य दूत : 1. समा. 2. साप्ता. 3. श्रीकृष्ण खंडेलवाल 4. सीतासदन नियाजी, सुभाष मार्ग, इन्दौर 5. 1968-69.

साप्ताहिक सिने तस्वीर : 1. फि. 2. साप्ता. 3. रामेश्वरप्रसाद 4. ए 135, चितरंजन एवेन्यू, कलकत्ता 5. 1950.

साप्ताहिक हलधर : 1. समा. 2. साप्ता. 3. गौरीनाथ झा, हवलदार रामगुप्त 4. दौलतगंज, पालामऊ, भागलपुर 5. 1936-50.

साप्ताहिक हिन्दुस्तान : 2. साप्ता. 3. मुकुटबिहारी वर्मा (1950-52, 53), बाँकेबिहारी भटनागर (1953-68), मनोहरश्याम जोशी (1968), शीला झुनझुनवाला (1982) 4. हिन्दुस्तान टाइम्स प्रेस, नई दिल्ली 5. 2 अक्टूबर 1950 से प्रच. 7. अत्यधिक लोकप्रिय पत्र। श्रेष्ठ विशेषांक, वैविध्यपूर्ण सामग्री। मुख्य स्तंभ-तालबेताल (हास्य-व्यंग्य)

साफ बात : 1. समा. 2. साप्ता. (हि., अं.) 3. एस. एस. भटनागर 4. मोहल्ला चाहशिरिन, बिजनौर 5. 1966.

साबर संदेश : 1. समा. 2. पा. (हि., अं., गु.) 4. रायगढ़ वाया मदौसा तालूक, हिम्मतनगर (गुज.) 5. 1962.

सामयिक : 1. सा. 2. त्रै. 3. विमल वर्मा 4. फैटटक्यू 10/40/1 टैंगरा रोड/बी पृथ्वीनाथ सेन लेन, कलकत्ता 7. जनवादी लघुपत्र।

सामयिक साहित्य : 1. व्या. 2. मा. 3. अरविंदकुमार 4. राधाकृष्ण प्रकाशन, अंसारी रोड, दरियागंज, दिल्ली 5. 1971.

सामयिकी : 2. सा. 3. भूपेन्द्र, अविनाश 4. गोरक्षिणी, सासाराम/लक्ष्मीकुण्ड, वाराणसी 5. 7 वाँ दशक।

सामयिकी : 2. मा. 3. एस.एन शर्मा 4. पूर्वोत्तर रेलवे, गोरखपुर 5. 1953/57.

सामाजिक आजादी : 2. पा. 3. नरसिंहदेव 4. बागर मोहल्ला, जोधपुर 5. 1969.

सामाजिक क्रान्ति : 1. समा. 2. साप्ता. 3. भुवेन्द्रकुमार आर्य 4. मामूगंज, अलीगढ़ 5. 1969.

सामाजिकी : 2. शो. 4. समाजशास्त्र विभाग, गोरखपुर विश्वविद्यालय।

सामाजिकी : 4. भारतीय सामाजिक विज्ञान काँग्रेस, बस्ती 5. 1973.

सायंकाल : 1. समा. 2. दै. 3. ब्रजनंदन गुप्त 4. गाँसपुरा, ग्वालियर 5. 1970.

सारंग : 1. संगीत 2. पा. 3. एस. एम. घोष 4. आल इण्डिया रेडियो, कर्जन रोड, नई दिल्ली 5. 1935-63 7. प्राय: रेडियो कार्यक्रम प्रकाशित।

सारण सरोज : 2. मा. 3. भवानी मुखोपाध्याय, अम्बिकादत्त व्यास, अवधबिहारीशरण 4. छपरा, सारण 5. 1888-94 6. 1.25 रु. वा.।

सारथी : 1. जा. 2. मा. 4. एम. जी. रोड, हैदराबाद 5. 1960-61.

सारथी : 1. समा. 2. साप्ता. 3. डॉ. द्वारकाप्रसाद मिश्र 4. जबलपुर (1942), धर्मपेठ इक्स, नागपुर (1954) 5. 1942-54 7. विद्रोही एवं साहसी पत्र। विदेशी शासन के प्रति व्यक्त विक्षोभ का दर्पण।

सार समाचार : 1. समा. 2. दै. 3. मायाराम सुरजन 4. सर्राफा, जबलपुर 5. 1956.

सार समाचारदर्शन : 2. साप्ता. 4. राइटटाउन, जबलपुर 5. 1971.

सार सुधानिधि : 1. समा. 2. साप्ता. 3. पं. सदानन्द मिश्र, दुर्गाप्रसाद मिश्र, शम्भुनाथ मिश्र, गोविन्दनारायण मिश्र 4. बड़ा बाजार, कलकत्ता 5. 17 नवंबर 1878 (माघ चन्द्रवार) 1935 वि.) 12 सितंबर / 1883 (हि.प.वि. आ. 124) 15 जनवरी 1890 समाप्ति 13 जनवरी 1879-1890 (हि.प. कृष्णबिहारी) 6. 5) वा., विदेश हेतु मात्र 6 रु. 10 आना 7. तेजस्वी पत्र। मुख्य स्तंभ –'इश्तिहार', 'प्रेरित पत्र', 'समाचारावली', 'रेखागणित' आदि। सूक्तियाँ—"सगुण सुचित व्योहार विविध विषय अरु देश हित दर्शन दृश्य उदार यह नीति सार सुधा निधि। कुमुद रसिक मन मोद कर, हरि दुख तम सरवत्र। जग पथ दरसाबै अचल, 'सार सुधानिधि" पत्र। काव्यरसायन यत्र तत्र सुदर्शन नृप चरित। सार सुधानिधि पत्र दीप व्यसन विषय हर ॥ श्री हरि चरण प्रसाद ते जगमग जगत प्रसिद्ध। अक्षर नभ शुभ शरद में सार सुधानिधि सिद्ध।' इस पत्र की अर्थव्यवस्था से खिन्न सम्पादक के शब्दों में—" जैसी अवस्था हिन्दी भाषा की है, इस पर ऐसी आशा नहीं होती है कि लोग शौक से हिन्दी भाषा के अनुरागी होकर हिन्दी पत्रों को सहायता की दृष्टि से

लिया करें।" (5 जनवरी 1880) इस सम्पादक ने 23 जून 1879 के अंक में विदेशी शासन के अन्त की घोषणा की थी। दयानंद सरस्वती से यह पत्र प्राय: असहमत। कट्टर सनातनी विचारधारा का किन्तु समग्रत: युग प्रतिनिधि पत्र।

सारस्वत : 1. जा. 2. मा. 3. पाठक ज्योतिप्रसाद शर्मा 4. काशी 5. 1909-17.

सारस्वत खत्री सेवक : 1. जा. 3. पं. प्रयागनारायण 4. सीतापुर 5. 1970.

सारस्वत खत्री सेवक : 1. जा. 2. मा. 3. मनोहरलाल भार्गव 4. लखनऊ 5. 1918.

सारस्वत खत्री हितैषी : 1. जा. 2. मा. 4. कलकत्ता।

सारस्वत प्रकाश : 1. जा. 2. पा. 4. कलकत्ता 5. 1889, 94.

सारस्वत सर्वस्व : 1. जा. 2. मा. 3. गोविन्दनारायण मिश्र 4. कलकत्ता 5. 1903.

सारस्वत समाचार : 1. जा. 2. मा. 3. ब्रजनाथ शर्मा सारस्वत 4. वजीरपुरा, आगरा 6. 1981 वि.।

सारिका : 1. कथा. 2. मा. 3. राजेन्द्र अवस्थी (1960), मोहन राकेश, कमलेश्वर (1967-77), कन्हैयालाल नंदन 4. टाइम्स आफ इण्डिया प्रेस बम्बई/दिल्ली 5. 1960 से (प्रच.) 7. लोकप्रिय भारतीय कहानियों की पारिवारिक पत्रिका। युवा कथालेखन की पोषक। नए प्रयोगों की समर्थक। प्रति अंक वितरण लगभग 33642। आकारप्रकार में कई प्रयोग-परिवर्तन। मुख्य स्तंभ-कबिरा खड़ा बाजार में (हरिशंकर परसाई), समान्तर साहित्य। 1978 में आन्तरिक विवाद के कारण कमलेश्वर इससे पृथक।

सारी दुनिया : 2. मा. 4. डेरा बाबा जयमल सिंह, व्यास, अमृतसर 5. 1956-57 लगभग।

सार्थक : 1. जा. 2. मा. 3. डॉ. देवेन्द्र दीपक 4. कीर्तिमान प्रकाशन, अम्बिकापुर (म.प्र.) 5. 1972.

सार्थक : 1. सा. 2. द्विमा. 3. हरिमोहन, प्रेम जनमेजय 4. ब्लू स्टार क्लब, बाई 322, सरोजिनीनगर, नई दिल्ली 5. मई 1976.

सार्वदेशिक : 1. धा. 2. साप्ता. (1965), मा. 3. लाल देशबन्धु, धर्मदेव सिद्धान्तालंकार, कविराज हरनामदास, प्रो. सुधाकर रामगोपाल शालवाले, रघुनाथप्रसाद पाठक 4. आर्य प्रतिनिधि सभा, पटौदी हाउस, दयानंद भवन, रामलीला मैदान, नई दिल्ली 5. 1925 (दयानन्दाब्द 129) 1951-68 7. आर्यसमाजी पत्र, विदेशों में भी प्रचलित।

सावधान : 2. साप्ता. 4. सर्वोदय कुटी, पन्ना 5. 1956-62.

सावधान : 2. मा. 4. सीतावर्डी, नागपुर 5. 1956 लगभग।

सावधान : 1. समा. 2. साप्ता. 3. मदन शर्मा माधव, शर्मनलाल 4. भिवानी 5. 1920.

सावधान : 1. सां. 2. वा. (हि., अं.) 3. टेरीटोरियल आर्मी 4. नई दिल्ली 5. 1950.

सावधान : 1. समा. 2. साप्ता. 3. श्रीराम मधुकर 4. पुखरायाँ, कानपुर।

सावधान : 1. समा. 2. साप्ता. 4. एटा 5. 1956 (लगभग)।

सावन भादों : 1. सा. 2. मा. 3. विशनकुमार गुप्त, प्रभुदयाल अमर 4. माला गली, मथुरा 5. 1962.

सावन भादों : 2. मा. 3. अशोकजी (1952) 4. अरविन्द कुटीर, गोदिया (महा.) 5. जनवरी 1951.

साहस : 1. समा. 2. साप्ता. 3. रामेश्वरप्रसाद शर्मा 4. झाँसी 5. 1920-24.

साहिणी : 2. द्विभा. 3. नामदेव 4. सिन्धुनगर, भावनगर।

साहित्य : 2. मा. 3. देवीप्रसाद द्विवेदी 4. कानपुर 5. 1924.

साहित्य : 1. व्या. 2. मा. 4. साहित्य प्रकाशन, देहरादून 5. 1954-56.

साहित्य : 1. सा. 2. मा. 3. छविनाथ पाण्डेय 4. हिन्दी पुस्तक एजेन्सी, 60 स्ट्रीट मिर्जापुर, कलकत्ता 5. श्रावण 1971 वि.।

साहित्य : 1. शो., सा. 2. त्रै. 3. लक्ष्मीनारायण सिंह 'सुधांशु', नलिनविलोचन शर्मा, शिवपूजन सहाय 4. हिंदी साहित्य सम्मेलन / कदमकुआँ, पटना 5. 1936-51.

साहित्यकला साधना : 1. सा. 2. मा. 3. हीरालाल जायसवाल 4. बजाज वार्ड नं. 17, गोदिया (महा.) 5. 1974.

साहित्यकार : 1. सा. 2. मा. 3. इलाचन्द्र जोशी, महादेवी वर्मा 4. साहित्यकार संसद, प्रयाग 5. स्वातंत्र्यपूर्ण 7. उच्च स्तरीय किन्तु अल्पायु पत्र।

साहित्यकार : 1. सा. 2. त्रै. 4. केनिंग लेन, नई दिल्ली 5. 1954.

साहित्य चर्चा : 1. सा. 2. पा. 3. एस. एन. कँवल 4. ए-114, सुभद्रा कॉलोनी, सराय रोहिल्ला, दिल्ली 5. 1968.

साहित्य दर्पण : 1. सा. 2. मा. 4. कालकाजी, नई दिल्ली 5. 1965-69.

साहित्य दर्शन : 1. सा. 2. त्रै., मा. 3. कैलाश भार्गव 4. नाहन/फायर वुड, अपर कैथू, शिमला 5. 1962.

साहित्य धारा : 1. सा. 3. वेंकटेशनारायण श्रीवास्तव 4. लाला लक्ष्मीनारायण डिग्री कालेज, सिरसा, इलाहाबाद 5. 1973.

साहित्य निर्झर : 3. रमेश बत्रा 4. 2863/22 सी., चण्डीगढ़ 7. लघुपत्र।

साहित्य पत्रिका : 3. मनोरंजनप्रसाद 4. शाहाबाद।

साहित्य पत्रिका : 1. सा. 2. मा. 3. ब्रजबल्लभ 4. नागरी प्रचारिणी सभा, आरा 5. 1905-15.

साहित्य परिचय : 1. व्या. 2. मा. 3. विनोदकुमार अग्रवाल 4. विनोद पुस्तक मन्दिर, रांगेयराघव मार्ग, आगरा-2 5. 1965-66, 7. पुस्तक प्रकाशन व्यवसाय का पत्र। द्रष्टव्य—'भाषा समस्या' विशेषांक (1968), 'शिक्षा और भारतीय संस्कृति' विशेषांक (1971), पाठ्यक्रम विशेषांक (1973), 'शिक्षा और राजनीति' (1974), 'शैक्षिक प्रगति' विशेषांक (1974).

साहित्य परिचय : 2. मा. 4. नवादा, इलाहाबाद 5. 1957-60.

साहित्य परिषद् पत्रिका : 1. सा. 2. मा. 3. के. वी. चतेरी 4. सरस्वती प्रेस, फालतू लाइन, देहरादून 5. 1960.

साहित्य पर्यवेक्षक : 1. व्या. 2. मा. 3. बाल्मीकि त्रिपाठी 4. ग्रन्थम् 104/ए 215, रामबाग, कानपुर 5. 1971.

साहित्य प्रसून : 2. मा. 4. धोबी तालाब, बम्बई 5. 1960-62.

साहित्य मण्डल पत्रिका : . सा. 2. त्रै. 3. डॉ. विश्वनाथ अय्यर विजयन, डॉ. शेणाय, टी. एन. विश्वम्भर 4. हिन्दी साहित्य मण्डल, कोच्चिन 5. 1973.

साहित्य मार्ग : 1. सा. 2. त्रै. 3. प्रो. गुलवन्त सिंह 4. पंजाब यूनिवर्सिटी, पटियाला 5. 1968.

साहित्य माला : 1. सा. 2. मा. 3. कन्हलाल, गुरुद्वागयाबाल 4. गया 5. 1920.

साहित्य रत्न माला : 2. मा. 3. दामोदरदास खत्री 4. कलकत्ता 5. 1911.

साहित्य लोक : 1. सा. 2. मा. 3. तोताराम शर्मा 'पंकज' 4. बाग मुजफ्फ़र खाँ, आगरा 5. 1962.

साहित्य संगम : 2. मा. 3. रामसिया रमेश 4. साहित्य मंदिर, हिंगोल 5. 1953.

साहित्य संगम : 1. बा. 2. मा. 3. प्रकाश पण्डित 4. हिन्द पाकेट बुक्स, प्रा. लि., जी. टी. रोड, शाहदरा, दिल्ली 5. 1964.

साहित्य संदेश : 1. सा. 2. मा. 3. गुलाबराय (1937-58), सत्येन्द्र, महेन्द्र (1937), लक्ष्मीसागर वार्ष्णेय (1944) 4. साहित्य रत्न भण्डार, 5-महात्मा गाँधी रोड, आगरा 5. 1937-68 7. आलोचनापरक पत्र। विशेषांक–द्विवेदी विशेषांक (1938), आचार्य शुक्ल अंक, विद्यार्थी अंक, उपन्यास अंक (1940), प्रान्तीय सम्मेलनांक (1941), श्यामसुन्दरदास विशेषांक (1945), भारतेन्दु अंक (1950), आलोचनांक (1951), परिशिष्टांक (1954), प्रान्तीय नाटकांक (1955), प्रगति विशेषांक (1959), निराला विशेषांक (1961), साहित्यशास्त्र विशेषांक (1962), विद्यापीठ विशेषांक (1967), साधना विशेषांक (1968).

साहित्य संसार : 1. व्या. 2. मा. 3. अमरनाथ 4. हिन्दी सेण्टर, 4/5 बी, आसफ अली रोड, नई दिल्ली 5. 1963-69.

साहित्य समालोचक : 1. सा. 2. द्विमा., त्रै., पा. 3. पं. कृष्णबिहारी मिश्र, विपिनबिहारी मिश्र, नवलबिहारी मिश्र 4. सिधौली, सीतापुर (अबध) 5. 1922, 25-28 7. महत्वपूर्ण स्तंभ—साहित्यिक मनोरंजन, खोज, समालोचना, सूक्तिसुधा, जिज्ञासा, निकुंज, शंका समाधान, संकलन आदि। अपूरणीय आर्थिक क्षति के कारण 4 वर्षों बाद बंद।

साहित्य समालोचन : 1. सा. 2. त्रै., मा. 4. गागहा (गोरखपुर) 5. 1912.

साहित्य सरोज : 1. सा. 2. पा. 3. गोपालराम गहमरी 4. मेरठ 5. दिसम्बर 1895.

साहित्य सरिता (पूर्वनाम-मृदुला) : 2. सा. 3. सुभाषचन्द्र दीक्षित 4. अमेठी, सुल्तानपुर।

साहित्य सरिता : 1. सा. 2. मा. 4. बीकानेर 5. 1965-69.

साहित्य सलिला : 1. सा. 2. मा. 3. भोलानाथ शास्त्री 4. कोर्ट रोड, सहारनपुर 5. जनवरी 1954.

साहित्य सरोज : 1. सा. 2. मा. 3. लाला प्रयागदास 4. मेरठ 5. 1895.

साहित्य सरोज : 1. सा 2. मा. 3. दीनानाथ 4. कलकत्ता 5. 1924.

साहित्य सरोज : 1. सा. 2. मा. 3. ठाकुर त्रिभुवननाथ सिंह, सरोज 4. विसबाँ, सीतापुर।

साहित्य सरोवर : 1. सा. 2. मा. 3. बालगोविन्द मिश्र 4. दानापुर (गया) 5. 1914.

साहित्य सारथी : 1. सा. 2. मा. 3. डॉ. उपेन्द्र 4. पी. रोड, जवाहरनगर, कानपुर 5. 1971.

साहित्य सुधा : 1. सा. 2. मा. 3. विद्यासागर 4. अजमेर मार्ग, बीकानेर 5. 1968.

साहित्य सुधानिधि : 1. सा. 2. मा. 3. जगन्नाथदास 'रत्नाकर', देवकीनंदन खत्री 4. काशी 5. 1883-94 7. युगप्रतिनिधि पत्र।

साहित्य सुधार : 1. सा. 2. मा. 4. कानपुर।

साहित्यालोचन : 1. सा., व्या. 2. मा. 3. प्रियदर्शी प्रकाश, मिश्रीलाल शर्मा, 4. सरस्वती प्रेस बुक डिपो, नेताजी सुभाष रोड, दिल्ली 5. जनवरी 1973 7. पुस्तक समीक्षा का प्रतिनिधि पत्र।

साहित्यिक संकेत : 1. साम. 2. साप्ता. 3. कृष्णमोहन 'जौहरी' 4. चौबे, बदायूँ 5. 1968.

साहित्यायन : 1. सा. 2. मा. 4. रामसमण्डल, जौनपुर 5. 1962-65.

साहित्यारोहण : 1. सा. 2. मा. 3. मंजु दुबे 4. जोधन निवास, सुल्तानगंज, पटना।

साहित्य सौरभ : 1. सा. 2. मा. 3. मनोहर छाजड, भारतीय 4. बंगलौर, कर्नाटक 5. जनवरी 1972-अप्रैल 1974 (4 अंक) 7. मिनी पत्रिका।

साक्षर : 1. सा. 2. त्रै. 3. सुनीता शर्मा 4. जम्मू 5. अप्रैल 1969 (प्रच.)।

साक्षर दीप : 1. शै. 2. (हि., म.) 3. जी.के. गावकर 4. नरीमन पाइण्ट, वर्ली, बम्बई 5. 1941-60.

साक्षरता संदेश : 1. शै. 2. मा. 3. सेवामंदिर, उदयपुर, 4. प्रौढ़ शिक्षा की पत्रिका।

साक्षात्कार : 1. सा. 2. त्रै. 3. ज्ञानी 4. मध्यप्रदेश शासन, साहित्य परिषद्, प्रोफेसर्स कॉलोनी, भोपाल 5. 1976 (प्रच.)।

साक्षी : 1. राज., कृ. 2. साप्ता. 3. धर्मवीर गाँधी, विजयकुमार भाटिया 4. प्रेम हाउस, कनाट प्लेस, नई दिल्ली 5. 1964.

सिण्डीकेट : 1. समा. 2. साप्ता 4. गुदड़ी, बहराइच 5. 1967-71.

सिन्दरी न्यूज (समाचार) : 2. मा. 3. एस. एल. आनन्द 4. रसायन कारखाना, सिन्दरी, धनबाद 5. 1955-65.

सिन्दूर : 1. सा. 2. मा. 4. कृष्णानगर, दिल्ली 5. 1960-61.

सिन्दूरगिरि : 2. मा. (हि., म.) 4. रामटेक, नागपुर 5. 1968-91.

सिन्धु संघर्ष : 1. समा. 2. दै. 3. चमनदासचंचलानी कटारिया 4. प्रिंटिंग प्रेस कटारिया, इन्दौर 5. 1970.

सिन्धु भास्कर : 2. मा. 4. हैदराबाद, सिंध (पाक.) 5. 1912.

सिन्धु भूमि : 2. मा. 4. पाइप रोड, कुर्ला, बम्बई 5. 1966-69.

सिन्धु लोक : 2. हि., सिं. 4. सिन्धु प्रिंटिंग वर्क्स, वाराणसी 5. 1963.

सिन्धु वाणी : 1. समा. 2. साप्ता. (हि., सि.) 4. सिख मुहल्ला, इन्दौर 5. 1969.

सिन्धु समाचार : 2. साप्ता. 3. पं. सिद्धेश्वर शर्मा 4. शिकारपुर, कराँची 5. 1919.

सिंह : 2. मा. 3. अनिरुद्ध द्विवेदी 4. झाँसी 5. 1940 (लगभग)।

सिंह गर्जना : 1. समा. 2. साप्ता. 4. जंगलात, मेरठ सिटी 5. 1965-67.

सिंहनाद : 1. समा. 2. साप्ता. 3. भगवतीप्रसाद त्रिवेदी, गंगाशंकर पाण्डेय 4. कलाकौशल प्रेस, खालीसदूर, रायबरेली गल्लामण्डी, रायबरेली 5. 1956, 57, 70.

सिंहनाद : 2. साप्ता. 3. रामदत्त राय, महेन्द्र 4. वाराणसी घोष स्ट्रीट, कलकत्ता 5. 1934. 7. राष्ट्रीय पत्र।

सिंहावलोकन : 1. समा. 2. पा. 3. किशन गर्ग 4. चिटमिस की गोठ, लश्कर, ग्वालियर 5. 1967.

सिकन्दर : 1. समा. 2. साप्ता. 3. रामसिंह चौहान 4. चोपुलावाजिया, बरेली 5. 1968.

सिखभूमि : 1. जा. 2. मा. 3. ज्ञानी हरननाम सिंह 4. दिल्ली।

सिखवाल हितैषी : 1. जा. 2. मा. 4. लखनकोटड़ी, अजमेर 5. 1951-56 (लगभग)।

सिखवीर : 1. जा. 2. मा. 3. ज्ञानी हरननाम सिंह 4. कर्नवेस्टन रोड, नई दिल्ली 5. 1935 7. विशेष – 'नानक अंक' (1935).

सिख समाचार : 1. जा., धा. 2. मा. 4. गुरुद्वारा, मढ़ाताल, जबलपुर 5. 1966.

सिगनल : 2. साप्ता. 4. कलकत्ता 5. 1925, 26.

सिगनल मैन : 2. त्रै. 4. जनरल स्टाफ ब्राँच, नई दिल्ली 5. 1956-57 (लगभग)।

सिटी रिपोर्टर : 1. समा. 2. साप्ता. 3. रमेश गोयल 4. इन्दौर।

सिताया : 2. मा. 4. न्यू गाँधीनगर, गाजियाबाद 5. 1968-71.

सितारा : 1. ज्यो. 2. मा. 4. बाजार नसरुल्ला खाँ, रामपुर 5. 1948.

सितारों की दुनिया : 1. फि. 3. दयाशंकर मिश्र 4. एम. 461, ग्रेटर कैलाश होटल, नई दिल्ली 5. 1971.

सितारों से आगे : 1. समा. 2. साप्ता. 4. अंसारी रोड, मुजफ्फरनगर 5. 1963-65.

सिद्धांजना : 1. सा. 2. अनि. 3. छविनाथ मिश्र, परमानंद शर्मा 4. कलकत्ता 5. 1955-56.

सिद्धार्थजगत : 2. साप्ता. (हि.,मा.) 3. श्रीमती ऊषा वाफले 4. सिद्धार्धनगर, वर्धा 5. 1961.

सिद्धान्त : 2. मा. 3. रामजीलाल मोदी 4. चौक, कानपुर/मुंगेर 5. 2005 वि.।

सिद्धान्त : 1. धा., दा. 2. पा., मा. (1963), साप्ता. 3. स्वामी हरिहरानंद (करपात्री) दीनानाथ शास्त्री, गंगाशंकर मिश्र, दुर्गादत्त, गोविन्द नरहरि त्रिपाठी, जानकीनाथ शर्मा, बैजनाथ अग्निहोत्री 4. टाउन हाल, वाराणसी/सन्मार्ग प्रेस, के. 60/14, दुल्हनजी रोड, वाराणसी 5. अप्रैल 1940, 43 7. सनातन धर्मी पत्र।

सिने आम्रपाली : 1. फि. 2. साप्ता. 3. शालिग्राम भट्ट 4. फिल्म कॉलोनी, इन्दौर 5. 1969.

सिने एक्सप्रेस : 1. फि. 2. साप्ता. 4. इन्दौर 5. 1959.

सिने गाइड : 1. फि. 2. मा. 3. माताप्रसाद पाण्डेय 4. इंडस्ट्रियल स्टेट, रायपुर 5. 1968.

सिनेचित्र (चित्र) : 1. फि. 2. साप्ता., मा. (1966) 3. श्यामसुंदर गौर 4. वासक दीधी/दीनबन्धु लेन/सुखलाल जौहरी लेन, कलकत्ता 5. 1955-59, 66.

सिने टाइम्स : 1. फि. 2. साप्ता., मा. (1961-64) 4. सुखलाल जौहरी लेन, कलकत्ता 5. 1941, 63-66.

सिने तस्वीर : 1. फि. 2. मा. 3. रामचन्द्रप्रसाद, श्रीकृष्ण खत्री 4. अपर चितपुर रोड, कलकत्ता 5. 1946.

सिने तस्वीर : 1. फि. 2. मा. 4. अजमेर 5. 1960-61.

सिने तारिका : 1. फि. 2. मा. 4. महर्षि देवेन्द्र रोड, कलकत्ता 5. 1963-66.

सिने दर्शन : 1. फि. 2. साप्ता., मा. 4. सब्जीमण्डी, दरियागंज 5. 1969-70.

सिनेदीप : 1. फि. 2. पा. 4. सी. बी. रोड, बम्बई 5. 1960-62.

सिने न्यूज : 1. फि. 2. पा. 4. सीतावर्डी, नागपुर 5. 1959-61.

सिनेमा : 1. फि. 2. मा. 3. भास्कर, सुरेशचन्द्र मिश्र 4. महात्मा गाँधी मार्ग, कानपुर 5. अप्रैल 1948.

सिनेमा एक्स्प्रेस : 1. समा. 2. साप्ता. 4. गेस्टहाउस, इन्दौर 5. 1965-69.

सिनेमा संसार : 1. फि. 2. मा. 3. धनराज भैवानीवाला 4. रामशंकर प्रेस, कलकत्ता 5. मई 1934.

सिनेमा संसार : 1. फि. 2. साप्ता. 4. राधाकृष्ण शुक्ल, रामप्रताप शुक्ल 5. गोविन्दवाड़ी, कालवादेवी रोड, बम्बई।

सिनेमा समाचार : 1. फि. 3. रसूल अहमद, नागर, चन्द्रमणि 4. इन्डियन कामर्सियल प्रेस, लखनऊ।

सिनेमा सौगात : 1. फि. 2. मा. 3. एन. के. सिंह 4. कार्नवालिस, स्ट्रीट, कलकत्ता 5. 1950.

सिने रिपोर्टर : 1. फि. 2. मा. 4. कनाट प्लेस, नई दिल्ली 5. 1964.

सिनेलता : 1. फि. 2. मा. 4. नेताजी सुभाष मार्ग, नई दिल्ली 5. 1974.

सिनेलीडर : 1. फि. 2. पा. 3. ओमप्रकाश बंसल 4. कोटगेट के भीतर, बीकानेर।

सिनेवर्कर : 1. फि. 2. पा. 3. एम. श्रीवास्तव 4. फेमस सिने बिल्डिंग, महालक्ष्मी, बम्बई 5. 1969.

सिनेवाणी : 1. फि. 2. साप्ता. 3. बी. पी. जोशी 4. नाज सिनेमा भवन, बम्बई 5. 1956.

सिने संसार : 1. फि. 2. साप्ता. 4. पंडारी नाथ रोड, इंदौर 5. 1959-62.

सिने संसार : 1. फि. 2. मा. 4. हल रोड, कुर्ला, बम्बई 5. 1956-57.

सिने समाचार : 1. फि. 2. मा. 3. सुमतप्रसाद जैन 4. सर्विस प्रेस, मेरठ 5. 1971.

सिने सवित्री : 1. फि. 2. पा. 3. सरोजेश गाजीपुरी 4. जापलिग मार्ट, नजीराबाद, लखनऊ 5. 1965.

सिने सितारा : 1. फि. 2. मा. 3. बैकुण्ठनाथ त्रिवेदी 4. जमनालाल बजाज स्ट्रीट/महात्मा गाँधी रोड, कलकत्ता 5. 1957-68.

सिने हलचल : 1. फि. 2. पा. 3. अनन्त भास्कर 4. चाँदबाड़ी, अजमेर 5. 1969-71.

सिने हलचल : 1. फि. 2. मा. 4. चौक, पहाड़ी धीरज, दिल्ली 5. 1971.

सिपाही : 1. समा. 2. मा., साप्ता., दै. 3. प्रकाशचन्द्र यादव 4. कानपुर 5. 1902.

सिपाही : 2. साप्ता. 3. कृपाशंकर पाठक, स्वामी कृष्णानंद, अमृतलाल 'अकिंचन' 4. सागर 5. 2 अक्टूबर 1947.

सिपाही : 1. समा. 2. साप्ता. 4. खत्राना, फर्रुखाबाद 5. 1959-60.

सिपाही : 1. समा. 2. साप्ता. 4. चाँदपोल, जयपुर 5. 1959-63.

सिनेपायल : 1. फि. 2. मा. 3. अशोककुमार 'निकुंज' 4. गाँधीनगर, मुरादाबाद 5. 1970.

सिनेपोस्ट : 1. फि. 2. मा. 4. नाहरखाँ स्ट्रीट, दरियागंज, दिल्ली 5. 1968-70.

सिपाही संदेश : 2. पा. 4. उम्मेद चौक, जोधपुर 5. 1963-64.

सियासत : 1. राज. 2. साप्ता. (हिं., उ.) 4. स्टेशन रोड, औरंगाबाद 5. 1971.

सिरमौर बुलेटिन : 1. समा. 3. महिमा मुमगाई 4. सिरमौर (हिमा.) 5. 1947.

सिरोही समाचार : 2. साप्ता. 4. सिरोही 5. 1971.

सिर्फ : 1. सा. 2. मा. 3. नन्दकिशोर नवल 4. रानीघाट, महेन्द्रू, पटना 7. युवा लेखन का लघुपत्र।

सिलाई मशीन रिपोर्ट : 1. व्या. 2. मा. 3. जयचन्द कीर्ति 4. हालिक प्रकाशन, रोहन रोड, लुधियाना 5. 1969.

सिलक वर्कर : 1. श्रम. 2. मा. 4. सांताक्रुज पूर्व, बम्बई 5. 1961-63.

सिविल सर्जन : 2. मा. 3. डॉ. जी. एल. प्रेमी 4. सहारनपुर 5. 1924.

सिसकता राजस्थान : 2. साप्ता. 4. डीग (राज.) 5. 1971.

सी. आई. डी. : 1. कथा. 2. मा. 3. नरेन्द्र गुगलानी, इकबालबहादुर 4. माल रोड, किंग्सवे कैम्प, दिल्ली 5. 1961.

सीकर संदेश : 1. समा. 2. साप्ता. 3. केसरदेव शर्मा 4. सीकर (राज.) 5. 1966.

सीक्रेट पावर : 2. मा. 3. सुमतप्रसाद जैन 4. हरीनगर, मेरठ 5. 1968.

सीक्रेट बॉस : 2. मा. 3. विजयकुमार जैन 4. प्रेमपुरी, मेरठ 5. 1970.

सीक्रेट सर्विस : 2. मा. 3. तिलकचन्द्र जैन 4. हरीनगर, मेरठ 5. 1966.

सीता : 2. मा. 3. अमर कौर 4. पंजाब।

सीता भूमि : 1. समा. 2. साप्ता. 4. महमूदाबाद, सीतापुर 5. 1963-65.

सीधा रास्ता : 2. साप्ता. 4. नाथीबाबू कोठी, जयपुर 5. 1958-65.

सीधी टक्कर : 1. समा. 2. साप्ता. 3. चन्द्रप्रकाश गौड़ 4. नेहरूनगर, ब्यावर (राज.) 5. 1970.

सीधी संदेश : 1. समा. 2. साप्ता. 3. के.पी. श्रीवास्तव 4. अशोक प्रिंन्टिग प्रेस, सीधी (म.प्र.) 5. 1970.

सीधी समाचार : 1. समा. 2. साप्ता. 3. राजबालक सिंह 4. सीधी (म.प्र.) 5. 1968.

सी. पी. न्यायादर्श : 3. नारायणराव नाखेर 4. हरदा (होशंगाबाद) 5. 1890.

सीमा : 1. समा. 2. साप्ता. 3. मातुलाल शर्मा, ऋषिकेश शर्मा 4. आसनसोल, बर्दवान 5. जून 1948.

सीमांचल : 1. समा. 2. साप्ता. 3. ब्रह्मानंद 4. ए. 50, बड़ा बाजार, नैनीताल 5. 1967.

सीमान्त : 2. त्रै. 3. श्रीराम चिरालिया 4. सीमान्त प्रकाशन, मुकुन्दगढ़ (राज.)।

सीमान्त एक्सप्रेस : 1. समा. 2. दै., साप्ता., पा. 3. ओमप्रकाश गोयल 4. मातृभूमि प्रिंन्टिग प्रेस, जयपुर/ नौहर, श्रीगंगानगर 5. 1964-65.

सीमान्त टाइम्स : 1. समा. 2. साप्ता. 3. मदनेश बाफना 4. बालोतरा (राज.)।

सीमान्त प्रहरी : 1. सा., समा. 2. साप्ता. 3. हरवचन सिंह 4. मसूरी 5. 1964 7. द्रष्टव्य—'अमृतलाल नागर अंक' (1966).

सीमान्त राजस्थान : 1. समा. 2. साप्ता. 4. बीकानेर 5. 1969-70.

सीमा टाइम्स : 1. पा. 4. स्ट्रीट नं. 1 ए, अबोहर, फीरोजाबाद 5. 1963-64.

सीमा रक्षा : 2. पा. 4. टाउन हाल, दिल्ली 5. 1963-65.

सीमा संदेश : 1. समा. 2. दै., साप्ता. 3. कमलनैन शमा 4. श्रीगंगानगर 5. 1950.

सीमा संदेश : 2. साप्ता. 4. सी. 3 रोड, जयपुर 5. 1966.

सीमा सपूत : 1. समा. 2. साप्ता. 4. फलौदी (राज.)।

सीमेन्स हिन्दुस्तान विचार समाचार : 1. त्रै. 3. पी. चटर्जी 4. सीमेन्स इण्डिया लि., 134 ए., डॉ. अनीवसंत रोड, वर्ली, बम्बई-18 5. 1965-68.

सीसगंज : 1. धा. 2. मा. (हि., पं.) 4. गुरुद्वारा, सीसगंज, दिल्ली 5. 1964.

सीहोर टाइम्स : 1. समा. 2. साप्ता. 4. सीहोर (म.प्र.) 5. 1964-67.

सुंदर श्रृंगार (समाचार) : 2. साप्ता. 3. जगन्नाथदास 4. मथुरा 5. 1908.

सुकवि : 1. सा. 2. मा. 3. बद्रीनाथ भट्ट, कामताप्रसाद गुरु, गयाप्रसाद शुक्ल 'सनेही', बजरंगलाल सुलतानिया (1939-40), मोहनप्यारे शुक्ल (1945) 4. फीलखाना, लाठी मोहाल, कानपुर 5. अगस्त 1927, 28, फरवरी 1945-51 6. 3) वा. 7. छन्दोबद्ध समस्यापूर्तिपरक बृजभाषा-काव्य की प्रतिनिधि पत्रिका। प्रतिवर्ष विशेषांक। विशेष द्रष्टव्य—स्मृति अंक (1932), चित्रांक, नववर्षांक (1941) सूक्ति—'सुकविता यद्यास्ति राज्येनकिम्।' प्राय: समस्या पूर्तियों पर पुरस्कार।

सुकवि विनोद : 1. सा. 2. मा. 3. डॉ. लक्ष्मीशंकर मिश्र 'निशंक' 4. जयनारायण मिश्र कालेज छात्रावास, लखनऊ 5. अगस्त 1973 7. 'सनेही' जी की स्मृति में प्रकाशित युक्त छंदोबद्ध रसपूर्ण कविता की पत्रिका। द्रष्टव्य—'गीत विशेषांक' (1974), 'होली बसंत विशेषांक' आदि।

सुकवि संबोधिनी : 2. साप्ता. 4. पंजाब 5. 1875.

सुकुमारिका : 1. सा. 3. योगेन्द्रनाथ चतुर्वेदी 4. सरोजनीनगर, कानपुर 5. 1966.

सुकेत टाइम्स : 1. समा. 2. साप्ता. 3. मोहनसिंह सोढ़ी 4. सुन्दरनगर, मण्डी (हिमाचल) 5. 1970.

सुखत पत्रिका : 1. समा. 2. मा., पा. 3. उमाशंकर कुलश्रेष्ठ 4. पंजाबीपुरा, बरेली 5. 1968, 69.

सुखदायकसभा : 4. रावलपिण्डी 5. 1883.

सुखमार्ग : 1. धा. 2. मा. 3. श्यामलाल 'सहृदय' 4. बरानदी, बुडासी, अलीगढ़ 5. 1922-24.

सुखसंधान : 2. मा. 4. गोरेगाँव, बम्बई 5. 1971.

सुख संवाद : 2. मा. 3. लक्ष्मणप्रसाद ब्रह्मचारी 4. लखनऊ 5. 1886, 94.

सुखी बालक : 2. मा. 3. लालजीराम शुक्ल 4. बाल शिक्षा समिति, काशी 5. फरवरी 1949-जून 1950.

सुगंध समाचार : 2. मा. 3. सहदेव वर्मा 4. कन्नौज 5. 1922.

सुगंध समाचार : 1. सां. 2. मा. 3. मदनमोहन दुबे 4. लोअर चितपुर रोड, कलकत्ता 5. 1954-64.

सुगम संदेश : 2. मा. 4. पीपलमण्डी, आगरा, 5. 1965-69.

सुगम समाचार : 1. समा. 2. साप्ता., वा. 3. कासिम रिजवी 4. गौरीगंज, फैज रोड, वाराणसी 5. 1966-70.

सुगृहिणी : 1. समा. 2. पा. 3. प्रेमलता शर्मा 4. जयपुर 5. 1964.

सुगृहिणी : 1. म. 2. मा. 3. हेमन्तकुमारी चौधरी 5. रतलाम (म.प्र.) 5. फरवरी 1888 (अल्पायु)।

सुगृहिणी : 2. मा. 3. नवीनचन्द्र राय 4. शिलाँग/लाहौर 5. 1888-89 7. अल्पायु।

सुघरनी : 1. म. 2. मा. 4. दिल्ली।

सुचित्रा : 1. फि. 2. पा. 3. अरविन्दकुमार 4. टाइम्स ऑफ इण्डिया, बम्बई 5. 1963 7. नामान्तर—'माधुरी'।

सुजाता : 2. मा. 4. सामने सूर्य सिनेमा, परेल, बम्बई 5. 1959-61.

सुदर्शन : 2. मा. 3. कर्मचन्द गुल्लानी 4. अमृतसर 5. 1920.

सुदर्शन : 1. समा. 2. साप्ता. 3. परिपूर्णानंद वर्मा, बृजेन्द्रकुमार जैन, खेतीलाल अग्निहोत्री 4. सुदर्शन प्रेस, एटा 5. 1907-41.

सुदर्शन : 1. धा. 2. मा. 3. माधवप्रसाद मिश्र, देवकीनंदन खत्री 4. लहरी प्रेस, वाराणसी 5. 1900 6. 2) वा. 7. प्रसिद्ध पत्र। सूक्ति— 'बन्धुरेष जगतां सुदर्शनः।' मुख्य स्तम्भ—विशुद्ध चरितावली। लगभग 50, 60 पृष्ठ। अंक संख्या 11 में अम्बिकादत्त व्यास, भारतेन्दु आदि के मृत्यु-संवाद प्रकाशित।

सुदर्शन : 1. धा. 2. मा. 3. रामनारायणदत्त शास्त्री 4. निम्बार्क महासंघ, वृन्दावन 5. 1992 वि. 7. कुम्भांक।

सुदर्शन : 3. यादवजी वाश्रक्षणे 4. वर्धा 5. 1925.

सुदर्शन : 2. साप्ता. 4. कलकत्ता।

सुदर्शन : 2. साप्ता., पा. 3. गोपीवल्लभ उपाध्याय 4. देहरादून 5. 1925.

सुदर्शन : 1. धा. 2. मा. 3. के. राम आचार्य 4. मेरठ 5. 1928 (लगभग 20 वर्ष तक) 7. विशेष-श्री राधा अंक (1937)।

सुदर्शन चक्र : 2. साप्ता. 3. पं. ठाकुरप्रसाद शर्मा 4. मथुरा 5. 1890-94

सुदर्शन चक्र : 2. साप्ता. 3. निरंजन शर्मा 'अजित' 4. बम्बई 5. सितम्बर 1937.

सुदर्शन समाचार : 4. प्रयाग 4. 1875.

सुधरो सुधरो : 2. मा. 3. सूर्यपाल तोमर 4. रावतपाड़ा, आगरा 5. 1963.

सुधा : 1. सा. 2. मा. (अगस्त 1927), पा. (1933-34) 3. दुलारेलाल भार्गव, सूर्यकांत त्रिपाठी (1932), रूपनारायण पाण्डेय 4. गंगा ग्रन्थागार, 36 लाटूस रोड, लखनऊ 5. श्रावण 305 तुलसी संवत् अगस्त 1927 ई. 6. सस्ता संस्क. 5) वा., राज. संस्क. 10), प्रति अंक 4 आने/8 आने। लगभग 160 पृष्ठ 7. विविध विषय भूषित साहित्य सम्बन्धी, प्रतिसंस्करण 72000। अपने युग का श्रेष्ठ साहित्यिक पत्र। सूत्र- "कीन्हेंहु सुलभ सुधा बसुधा हूँ"। "सिन्धु मथै सुरही लही नैकु न सत जुग माहि। सहल सुलभ सोई सुधा सबै समैं सब काहि"। विशेषांक—

ओरछांक , साहित्यांक आदि। प्रायः दो संस्करण असामान्य व राज. संस्करण। प्रवेशांक की 7200 प्रतियाँ। अनेक लेखकों की दुर्लभ चित्रावली। इसमें माधुरी मंजुल सक्रिय। स्तम्भ–परीक्षा (बुक रिव्यू), विचार समीरण, कुसुमकुंज, चयन, विदेश, महिला समाज, स्त्री समाज, चिकित्सा , बालक (शिशुपाल), पाकशास्त्र, सीना पिरोना, सौरभ, सम्पादकीय, सम्मति, विज्ञान वैचित्र्य, ललितकला। बहुरंगे भावचित्र तथा भावसाम्य का दोहा। व्यंग्य चित्र। मुखपृष्ठ पर व्यक्ति चित्र। मुख्य लेखक - रत्नाकर, कौशिक, भगवतीचरण वर्मा, ऋषभचरण जैन, निराला, पंत, मैथिलीशरण गुप्त, महादेवी वर्मा, वृन्दावनलाल वर्मा, चतुरसेन शास्त्री आदि।
1931 में द्विवेदीजी को डी. लिट्. देने का प्रस्ताव। आरंभ में छायावाद पर आक्रमण, फिर निराला के प्रवेश के बाद छायावाद का समर्थन। अदालती विज्ञापन —प्रकाशन की शुरुआत। राष्ट्रीय आंदोलन, भारतीय भाषाओं और सामाजिक प्रगति हेतु प्रतिबद्ध। हिन्दी पत्रों में विशेषांक —प्रकाशन का श्रेय इस पत्र को दिया जा सकता है।

सुधा : 2. मा. 3. मधुरप्रसाद शर्मा 4. हमीरपुर 5. 1918.

सुधा : 2. साप्ता., मा. 3. महेन्द्रप्रसाद जोशी 4. पो. बॉ. 2, शिमला (हिमा.) 5. 1947.

सुधांशु : 1. सा. 2. बा. 4. बिल्सन कॉलेज, बम्बई 5. 1959-63.

सुधाकर : 2. साप्ता. 4. आगरा 5. 1920-22.

सुधाकर : 2. मा. 3. वीरेन्द्रपाल सिंह 4. जयपुर।

सुधाकर : 2. धा. 4. आर्य प्रतिनिधि सभा, हैदराबाद 5. 1940 लगभग 7. निजाम शासन के प्रतिबन्ध के कारण यह पत्र शोलापुर में मुद्रित एवं नागपुर से प्रकाशित।

सुधाकर : 2. साप्ता. 4. पृथ्वीपुर, कदमकुआँ, पटना 5. 1956 लगभग।

सुधाकर : 1. ज्यो. 2. मा. 3. शान्तिनाथ, भोलादत्त, ज्योतिर्विद 4. निस्वत रोड, लाहौर 5. अक्टूबर 1936.

सुधाकर : 1. समा. (हि, बं.) 2. साप्ता. 3. तारामोहन मित्र (मैत्र) 4. सुधाकर प्रेस, काशी 5. 1850 6. 1) मा. 7. 'बनारस अखबार' के विरोध में 1853 से बंगला हिन्दी में प्रकाशित। हिन्दी प्रदेश का प्राचीन पत्र। लीथो में मुद्रित। मुद्रक—रत्नेश्वर तिवारी। प्रसार संख्या 74। प्रत्येक माह की लागत लगभग 50)। इसी पत्र के आधार पर हिन्दी के प्रसिद्ध ज्योतिषी लेखक पं. सुधाकर द्विवेदी का नामकरण। लेखों की भाषा उच्चस्तरीय।

सुधाकर : 3. गंगालहरी शर्मा 4. मोमनाबाद, सासनी, अलीगढ़ 5. 1926.

सुधाकर : 2. सा. 3. श्यामचरण दत्त, सुमित्रानंदन पन्त, इलाचन्द्र जोशी 4. इलाहाबाद 5. 1916 7. हस्तलिखित पत्र। इसमें पंतजी की प्रारम्भिक कविताएँ प्रकाशित।

सुधानिधि : 1. चि. 2. पा. (1948), मा. (1952) 3. जगन्नाथ प्रसाद शुक्ल, बदरीदत्त झा, शिवदत्त शुक्ल, योगेशचन्द्र शुक्ल 4. दारागंज, सम्मेलन मार्ग, इलाहाबाद 5. जून 1909-68 (लगभग 50 वर्षों तक) 7. आयुर्वेद - पत्र।

सुधा बिन्दु : 1. सा. 2. मा. 4. राजस्थान सेवा समिति, शाहीबाग रोड, अहमदाबाद 5. 1962.

सुधाभूषण : 2. साप्ता. 4. बंगाल 5. 1863.

सुधार : 1. समा. 2. साप्ता. 4. गाजीपुर 5. समाप्त।

सुधार : 2. मा. 4. वाह, आगरा 5. 1962-69.

सुधारक : 2. मा. 3. भगवानदेव आचार्य 4. गुरुकुल झज्जर, जि. रोहतक 5. 1953.

सुधारक : 1. समा. 2. साप्ता. 4. सासनी, अलीगढ़ 5. 1926.

सुधावर्षक : 2. मा. 3. रामचन्द वैद्य शास्त्री 4. अलीगढ़ 5. 1916.

सुधांशु : 2. मा. 3. बाबूराम शर्मा 4. आगरा 5. 1910.

सुधासागर : 2. मा. 3. छदम्मीलाल दुबे , डॉ. भैरवप्रसाद, पं. महादेवप्रसाद वैद्य (1906) 4. कानपुर 5. 1893/98-1906 6. 2) वा.।

सुधासिंधु : 2. मा. 3. वैद्यनाथ शर्मा 4. प्रयाग 5. 1908.

सुधी संदेश : 1. धा. 2. त्रै. 3. बक्शीराम, रामआश्रय 4. लोढ़ा रोड, होशियारपुर 5. 1969.

सुनहरी भारत : 1. समा. 2. दै., साप्ता. 3. जसदेव अग्रवाल, पुरुषोत्तम लाल, बी.पी. अग्रवाल 4. गाँधी चौक, गुडगाँव 5. 1957-59 (लगभग)।

सुनीता : 1. समा. 2. साप्ता. 3. सतीशचन्द्र मिश्र 4. मीठापुर, कदमकुआँ, पटना 5. 1968.

सुनीति : 2. द्विभा., द्विमा. 3. अमृतलाल नागर आदि 4. लखनऊ 5. 1934 (1 अंक)।

सुनों गुनों : 1. समा. 2. पा. 4. कालभैरों, वाराणसी 5. 1965-67.

सुनों सुनाता हूँ : 2. पा. 3. एच. एम. भारद्वाज 4. सांताक्रुज, बम्बई 5. 1967-69.

सुपथ : 1. समा. 2. साप्ता. 4. कायमगंज, फर्रुखाबाद 5. 1959-61.

सुपथगा : 1. सा. 2. त्रै., मा. 3. प्रभाकर तनवार, नीलू तँबर 4. कोटे गेट, दर्जी गली, बीकानेर 5. 1967.

सुपर बाजार पत्रिका : 1. व्या. 2. मा. 4. कनाट प्लेस, नई दिल्ली 5. 1967.

सुप्रभात : 1. सा. 2. मा. 3. रामखेलावन पाण्डेय, जनार्दन मिश्र 4. भागलपुर 5. 1908-22.

सुप्रभात : 1. सा. 2. मा. 3. रामगोविन्द मिश्र, पृथ्वीनाथ शास्त्री 4. अपर चितपुर रोड, कलकत्ता 5. 1955-59.

सुबह की बात : 1. समा. 2. साप्ता. 4. चुगर गेट, दतिया 5. 1971.

सुबोध सिन्धु : 2. साप्ता. 3. लक्ष्मण राव 4. खण्डवा 5. 1868 वि.।

सुबोध सिन्धु : 1. समा. 2. साप्ता. 4. जबलपुर 5. 1884.

सुब्रती : 1. राज. 2. साप्ता. 3. लक्ष्मीनारायण मिश्र 4. सम्बलपुर (उड़ीसा)।

सुभग : 2. साप्ता. 4. गोल बाजार, गंगानगर 5. 1962-64.

सुभाषा : 1. समा. 2. साप्ता. 4. लालबाग, सीतापुर 5. 1962-69.

सुभाष वाद : 1. समा. 2. पा. 3. विनोदकुमार जैन 4. रेलवे रोड, सैयदवाली गली, रोहतक 5. 1970.

सुभाषिनी : 2. मा. (हि., अ.) 4. जिलाधीश कार्यालय, सिरोही (राज.) 5. 1966.

सुमति : 1. समा. 2. साप्ता., पा. 3. सुमेरमल 4. चूरू (राज.) 5. 1956-64.

सुमति : 2. मा. 3. श्यामसुंदर द्विवेदी 4. बैरिया, बालिया 5. जनवरी 1954.

सुमति दर्शन : 2. पा. 4. छिंदवाड़ा 5. 1862-67.

सुमति दर्शन : 2. मा. 4. निवारदगंज, जबलपुर 5. 1959-65.

सुमन : 2. मा., पा. 3. देवर्षि सनाढ्य 4. धामपुर (यू.पी.) 5. 1936-39 7. विशेष— विजयांक, महिलांक।

सुमनांजलि : 2. मा. 4. बान बाजार, कानपुर 5. 1961-64.

सुमनांजलि : 1. सा. 2. मा. 4. बरकित रोड, त्यागराजनगर, मद्रास 5. 1958-61.

सुमित्रा : 1. कथा. 2. मा. 3. देवीप्रसाद धवन 'विकल्प', बिट्ठलदास शर्मा, कैलाशनाथ भार्गव 4. स्टार प्रेस, महात्मा गाँधी रोड, कानपुर 5. 1948,49-1953-1956 7. कहानी प्रधान साहित्यिक सुरुचि सम्पन्न पत्र। द्रष्टव्य-'कौशिक स्मृति अंक', 'प्रसाद अंक' (संपा. बाचस्पति पाठक), साहित्यांक (संपा. बनारसीदास चतुर्वेदी)। संचालकों के साहित्यानुराग की कमी के कारण इसका प्रकाशन समाप्त।

सुरभारती : 2. मा. 4. बम्बई 5. 2004 वि.।

सुरति : 4. चंपारन।

सुरभि : 2. मा. 3. ज्योतिचन्द घोष 4. चम्पारन, भागलपुर 5. 1922.

सुरभि : 2. मा. 4. वी.एन.एस.डी. कॉलेज, कानपुर 5. 1960-61.

सुरभि पताका : 4. कलकत्ता।

सुरभिपत्र : 1. सा. 2. त्रै. 3. शारदा राकेश 4. शंकर बाजार, नई दिल्ली 5. 1969.

सुर संदेश : 1. कला (संगीत) 2. मा. 4. उभोलकार रोड, बम्बई 5. 1969-70.

सुरक्षा कर्मचारी समाचार : 1. श्रम. 2. मा. (हि., अं.) 3. के.के. श्रीवास्तव 4. सेण्ट्रल कार्यालय, इण्डियन नेशनल डिफेन्स वर्कर्स फेडरेशन, 28/19 कराचीखाना, कानपुर 5. 1959.

सुरक्षा संदेश : 1. समा. 2. साप्ता. 3. जयनारायण व्यास 4. बीकानेर 5. 1967.

सुराग : 2. फि. 3. साप्ता. 4. खेतवाड़ी, बम्बई 5. 1971.

सुराज वीकली रिपोर्ट : 1. बा. 2. साप्ता. 3. राधेश्याम गोयल 4. बड़ौत, मेरठ 5. 1966.

सुराज्य : 1. समा. 2. साप्ता. 4. सी. स्कीम, जयपुर 5. 1957-66.

सुरेन्द्रनगर व्यापार पत्रिका : 1. व्या. 2. पा. 3. एस.एल. शाह 4. मेहता मार्केट, सुरेन्द्रनगर (गुजरात) 5. 1968.

सुर्ख सवेरा : 1. समा. 2. पा. (हि., उ.) 4. सिटी रोड, मोगा 5. 1967-68.

सुलभ संगीत : 1. कला. 2. मा. 4. राजामण्डी, आगरा 5. 1971.

सुलभ समाचार : 1. समा. 2. साप्ता. 4. कलकत्ता 5. 1971 7. युगप्रतिनिधि पत्र।

सुलभा : 1. सा., सां. 2. मा. 4. लक्ष्मीकांत सरस, पुरुषोत्तमदास चण्डक 5. जनवरी 1967 (अल्पायु, मात्र 1 अंक) 7. हिन्दी विरोधी आन्दोलन के कारण समाप्त।

सुलाभ : 2. मा. 4. मिंट स्ट्रीट, मद्रास 5. 1967-69.

सुल्तानपुर संदेश : 1. समा. 2. साप्ता. 4. जनमत प्रेस, बस स्टेशन, सुल्तानपुर 5. 1971.

सुल्तानपुर समाचारपत्र : 1. समा. 2. साप्ता. 3. शिवशरण सिंह 4. चौक, सुल्तानपुर 5. 1963.

सुवार्ता प्रचारक : 2. पा. 4. कैण्ट रोड, लखनऊ 5. 1963-67.

सुशिक्षक : 2. मा. 3. बालमुकुन्द उपाध्याय 4. ब्रह्मनाल, काशी 5. जनवरी 1949.

सुषमा : 1. फि., सां. 2. मा. 3. एम.यूनुस देहलवी, करुणाशंकर 4. 'शमा' कार्यालय, आसफअली रोड, नई दिल्ली 5. 1959 7. 'शमा' उर्दू का हिन्दी रूपान्तर। फिल्मी पत्रिका रूप में आरम्भ। सम्प्रति लोकप्रिय। प्रसारसंख्या लगभग 54 हजार।

सुसमाचर : 1. पा. 2. मा. (हि., अ.) 4. चंदनगर गली, दिल्ली 5. 1971.

सुसमाचार प्रकाशिनी : 2. मा. 4. गोरखपुरा, जबलपुर 5. 1960-66.

सुहागिन : 2. मा. 3. मोहिनी राज 4. सरदार पटेल मार्ग, इलाहाबाद 5. 1963.

सूचना : 1. समा. 2. साप्ता. 3. मगनलाल 'दिनेश' 4. जनसूचना विभाग, भोपाल 5. 27 मार्च 1948.

सूचनावली : 4. आर्य प्रतिनिधि सभा, हैदराबाद 5. लगभग 1940 7. निजाम शासन के प्रतिबन्ध के कारण यह पत्र शोलापुर में मुद्रित एवं नागपुर से प्रकाशित।

सूझबूझ : 1. समा. 2. पा. 3. बद्रीनाथ शर्मा 4. गोविन्द बनर्जी लेन, सलकिया, हावड़ा 5. 1951.

सूझबूझ : 1. समा. 2. साप्ता. 4. फैक्ट्री एरिया, कानपुर 5. 1965-67.

सूबेदार : 2. साप्ता. 4. गोदिया, भण्डारा 5. 1966-69.

सूरजप्रकाश : 4. आगरा 5. 1961.

सूरत : 1. समा. 2. साप्ता. 3. किशनकुमार कालरा 4. पक्का बाग, जालंधर 5. 1965.

सूरमा : 1. समा. 2. साप्ता. 4. मुहल्ला मुकरयाना, कोतवाली, झाँसी 5. 1968-71.

सूरसेन : 1. सा. 2. मा. 3. बलदेवप्रसाद गुप्त 4. आजादगंज, सीपी बाजार, झाँसी 5. 1963, 68

सूर्य : 1. समा. 2. द्वि., दै., साप्ता. 3. हेरम्ब मिश्र, जानकीशरण त्रिपाठी, रामनरेश उपाध्याय 4. बुलानाला, काशी 5. 1918-21.

सूर्य : 1. जा. 2. त्रै. 3. साकलद्वीप सिंह 4. ए 15, क्लाइव रोड, कलकत्ता 5. 1856-57.

सूर्यमुखी : 1. समा. 2. साप्ता. 3. गौतमराज मेहता 4. आनंद सिनेमा के पीछे, जोधपुर 5. 1967.

सूर्यवंशी : 1. धा. 2. मा. 4. चमनलाल सोनी एण्ड कं, खूकौडिया, अमृतसर 5. 1961.

सूर्या : 1. समा. 2. साप्ता. 3. मेनका गाँधी 4. दिल्ली।

सूर्योदय : 2. पा. 3. चिन्ध्येमरप्रसाद शास्त्री 4. काशी।

सूत्रकार : 1. सा. 2. त्रै., मा. (1968) 3. बजरंग, स्नेही आत्मा 4. शिवठाकुर गली, कलकत्ता 5. 1963-65-68. 7. नये साहित्य का लघुपत्र।

सूत्रधार : 2. साप्ता. 3. इन्द्रदत्त शर्मा 4. सीतापुर।

सेण्ट्रल एजूकेशन गजट : 2. शै. 2. मा. 4. उत्तमनगर, दिल्ली 5. 1958-64.

सेन्ट्रल टाइम्स : 1. समा. 2. साप्ता. 3. कृष्णमूर्ति 4. राघवेन्द्रनगर, विलासपुर 5. 1968-69.

सेकेण्डरी एजूकेशन गजट : 1. शै. 2. मा. (हि.अं.) 3. श्रीमती सुभद्रारानी 4. ख्वाजा कुतुब, बरेली 5. 1966.

सेक्स कन्सल्टैन्ट : 2. मा. 3. ज्ञान प्रकाश 4. अम्बाला रोड, सहारनपुर 5. 1969.

सेतुपथ : 1. समा. 2. साप्ता. 3. गोविन्द भट्ट 4. निजामपुर, भिवांड़ी, थाना (महा.) 5. 1967-69.

सेनानी : 1. समा. 2. साप्ता. 3. सेखरचन्द्र सक्सेना, अरुण सक्सेना 4. फड़ बाजार, बीकानेर (राज.) 5. 1948-50.

सेनानी : 4. अलीगढ़ 7. गाँधीवादी पत्र।

सेनापति : 1. धा. 2. साप्ता., मा. 3. रामगोविन्द द्विवेदी, 4. निहाल एण्ड कं. 1, नारायणप्रसाद बाबू लेन, श्रीकृष्ण प्रेस, कलकत्ता 5. 5 नवंबर 1926-27 7. अपने युग का प्रतिनिधि पत्र। 1927 में 'विश्वमित्र' में यह पत्र समाविष्ट। सिद्धान्ततः यह सनातन धर्म का पोषक तथा उग्र राष्ट्रीय, जातीय विचारधारा का समर्थक।

सेवक : 1. सां. 2. मा. 3. बैजनाथ केडिया 4. बनिक प्रेस, कलकत्ता 5. जुलाई 1929-60.

सेवक : 1. धा. 2. मा. 3. देवन सिंह 4. देवसमाज, लाहौर 5. 1916.

सेवक : 2. मा. 4. प्रयाग 5. 1920.

सेवक : 2. मा. 3. बनवारीलाल 4. कासगंज 5. 1977 वि.।

सेवक : 1. समा. 2. साप्ता. 3. पूरनचंद मित्तल 4. मेरठ रोड, मुजफ्फरनगर 5. 1923.

सेवक : 2. मा. 4. हैदरगुड़ा, हैदराबाद 5. 1952-56.

सेवक : 1. समा. 2. साप्ता. 4. कपूरथला 5. 1956 लगभग।

सेवक : 1. समा. 2. साप्ता. 4. सतरोद खुर्द, हिसार 5. 1949-56 लगभग।

सेवक : 3. पारसनाथ सरस्वती 4. जोधपुर।

सेवक : 3. राजबहादुर सक्सेना 4. अलीगढ़।

सेवक : 1. समा. 2. साप्ता. 4. श्रीगंगानगर (राज.) 5. 1956-65.

सेवक : 3. युदनंदन शर्मा 4. दरभंगा 5. 1937, 38.

सेवक : 2. मा. 4. अहमदाबाद 5. 1921.

सेवक : 1. समा. 2. साप्ता. 4. बदायूँ 5. 1955-64.

सेवक बंधु : 2. साप्ता. 4. लाहौर 5. 1920.

सेवक समाचार : 2. मा. 4. लखनऊ 5. 1917.

सेवा : 2. मा. 3. रामप्रसाद चिल्डियाल 'पहाड़ी', जानकीप्रसाद वर्मा, हरिदास माणिक, श्रीराम बाजपेयी, ठाकुर छेदीलाल, हरिकृष्ण प्रेमी 4. बालचरमण्डल, प्रयाग 5. मार्च 1920-35 7. हिन्दुस्तान स्काउट एसोसिएशन का मुखपत्र।

सेवा : 2. मा. 4. राष्ट्रभाषा प्रेस, पूना 5. 1946-52.

सेवाजलि : 1. श्रम. 2. मा. 4. बी.पी. कल्याण 4. न्यू मार्केट, पटना 5. 1960.

सेवा की ओर : 2. पा. 4. बलिया 5. 1956 (लगभग)।

सेवा ग्राम : 1. कृ. 2. साप्ता. 3. ज्ञानेन्द्रप्रसाद 4. दरियागंज, दिल्ली 5. 1954 7. समाजकल्याणपरक ग्रामीण पत्र। राष्ट्रीय पुरस्कार विजेता।

सेवादल संदेश : 2. साप्ता., मा. 3. बी.ए. अंकलवार 4. वार्ड 14, नागपुर 5. 1967-69.

सेवादल सैनिक : 1. समा. 2. साप्ता. 3. भगवानदास दुबे 4. नंदानगर, इन्दौर 5. 1970-71.

सेवापथ : 1. सामा. 2. पा. 4. भोपाल 5. 1966-69.

सेवामंडल : 2. मा. 3. मूलचंद 4. जवाहर मार्ग, इंदौर 5. 1970.

सेवाश्रम : 1. समा. 2. साप्ता. 4. रामनगर, उरई, जालौन 5. 1964-67.

सेवासमाज : 1. समा. 2. साप्ता. (बहु.) 3. प्रमिला ओसवाल 4. एसलेनेड मैंशन, बम्बई 5. 1954.

सेवा साहित्य समाचार : 1. धा. 2. पा. 3. नंदकिशोर दास, श्री वैष्णव 4. चन्द्रभागा, इंदौर 5. 1968.

सैनिक : 1. समा. 2. दै. 3. शान्तिप्रसाद पाठक 4. इन्द्रगंज, ग्वालियर 5. 1970.

सैनिक : 1. समा. 2. दै., साप्ता. 3. श्रीकृष्णदत्त पालीवाल, हरिकृष्ण त्रिवेदी, परमेश्वरीलाल गुप्त, मायाशंकर वर्मा, रामगोपाल, स. ही. वात्स्यायन 'अज्ञेय', हरिशंकर शर्मा, जीवाराम पालीवाल, गणपतिचन्द्र, शांतिप्रसाद 4. खन्दारी रोड, आगरा 5. 1925-58 7. विवादपरक राष्ट्रीय पत्र। स्वाधीनता संग्राम का प्रेरक पत्र। अनेक पत्रकारों का प्रशिक्षण केन्द्र। द्रष्टव्य—पद्मसिंह शर्मा विशेषांक (जुलाई 1938)।

सैनिक समाचार : 2. साप्ता. 3. ले. कर्नल जे. एस. गुलेरिया 4. जनसम्पर्क निदेशालय, रक्षा मंत्रालय, भारत सरकार, नई दिल्ली 5. 2009.

सैनी शुभचिन्तक : 2. मा. 3. कुँवर जगदीशसिंह गहलोत 4. जोधपुर 5. 1919.

सैनी समाचार : 1. जा. 2. पा. 3. ईश्वरसिंह सैनी 4. मोहल्ला सैनीपुरा, रोहतक/अम्बाला 5. 1968.

सैनी समाचार : 1. जा. 2. मा. 4. सुमेर सकूल, जोधपुर 5. 1919.

सैनी समाज : 3. लालमन सिंह 4. श्रीराम भवन लेन, 125, शक्तिनगर, पो. गणेशपुरा, त्रिनगर, दिल्ली।

सैयदुल अखबार : 4. दिल्ली 5. 1881 7. उर्दू प्रधान प्राचीन पत्र।

सैलानी : 2. पा. 4. शाहदरा, दिल्ली 5. 1965-68.

सैलाब : 1. समा. 2. साप्ता. 4. राठी मार्केट, वर्धा 5. 1964-69.

सोच विचार : 1. समा. 2. साप्ता. 4. भैरों बाजार, वाराणसी 5. 1971.

सोने का सिक्का : 2. मा. 4. गौतमपुरा, इंदौर 5. 1971.

सोपान : 2. मा. 4. परमत, कानपुर 5. 1963-64.

सोम साप्ताहिक : 1. समा. 2. साप्ता. 3. एम. बी. सोमप्पा 4. हिन्दुस्तान आर्ट प्रेस, हाईकोर्ट के सामने, ग्वालियर 5. 1970.

सोमसी : 4. भाषा विभाग, हिमाचल सरकार, शिमला।

सोमास : 2. मा. 4. कोट आलासिंह, अमृतसर 5. 1966-70.

स्त्रोतस्वनी : 1. मा. 2. त्रै. 3. मधुर शास्त्री 4. चरणदास स्ट्रीट, हौज कॉजी, दिल्ली 5. अगस्त 1975 7. वर्ल्ड कौंसिल थाट कलचरल रिलेसन्स का मुखपत्र।

सोवियत दर्पण : 1. राज. 2. साप्ता. 3. व. र. कुल्लान्दा 4. सोवियत दूतावास, बाराखम्भा रोड, नई दिल्ली 5. 1966-73.

सोवियत देश : 4. गोवियत दूतावास, नई दिल्ली।

सोवियत नारी : 1. म. 2.मा. 4. सोवियत दूतावास, बाराखम्भा रोड, नई दिल्ली 5. प्रच.।

सोवियत भूमि : 1. राज. 2. पा. 3. जी. कोचेर्यान्त्ज, जी.एल. कालोकोलोव 4. सोवियत दूतावास, बाराखम्भा रोड, नई दिल्ली 5. 1950.

सोवियत संघ : 1. राज. 2. मा. 3. निकोलाँई ग्रिबाचोव 4. मास्को सोवियत दूतावास, नई दिल्ली 5. 1956 7. प्रसिद्ध राजनीतिक पत्रिका।

सोवियत संघ के विचार और समाचार : 1. समा. 2. दै. 3. वी.पी. नैयर 4. सोवियत दूतावास, बाराखम्भा रोड, नई दिल्ली 5. 1947.

सोशलिस्ट : 1. समा. 3. कुलमणि सिंह 4. धामपुर, बिजनौर 5. 1947.

सोशलिस्ट : 1. समा. 2. साप्ता. 3. बजरिया 4. राहा, इटावा 5. 1957-60.

सोशलिस्ट टाइम्स : 1. समा. 2. साप्ता. 4. छोटापाड़ा, रामपुर 5. 1971.

सोशलिस्ट पेनोरमा : 2. पा. 4. पुराना राजेन्द्रनगर, नी दिल्ली 5. 1970.

सोशलिस्ट फोरम : 1. समा. 2. साप्ता. 4. कचहरी रोड, रायबरेली 5. 1966-71.

सोशलिस्ट भारत : 1. समा. 2. साप्ता. 3. बी.एन. मल्होत्रा, नवलकिशोर शर्मा 4. अखिल भारतीय काँग्रेस कमेटी, डॉ. राजेन्द्रप्रसाद मार्ग, विन्डसर प्लेस, नई दिल्ली 5. 1970 7. सर्वाधिक प्रचलित राजनीतिक पत्र।

सोशलिस्ट वाणी : 1. समा. 2. साप्ता. 4. फर्रुखाबाद रोड, इटावा 5.1967-71.

सोशलिस्ट समाचार : 1. समा. 2. साप्ता. 3. सीताशरण देवलिया, गणेश मंत्री (1957-62) 4. मक्तारा बाजार, कोटा 5. 1957.

सोशलिस्ट साइन्टिस्ट : 2. मा. 3. नवलकिशोर 4. विट्ठलभाई पटेल हाउस, रफी मार्ग, नई दिल्ली 5. 1974.

सोहनी बहार : 2. मा. 3. शमशुद्दीन 4. शांतिगंज, इलाहाबाद 5. 1969.

सोहिन्दर : 1. म. 2. मा. 4. दरियागंज, दिल्ली 5. 1967-69.

सौन्दर्य : 1. फि. 2. साप्ता., मा. 4. सुखलाल जौहरी लेन, कलकत्ता 5. 1961, 63-66.

सौन्दिक : 1. जा. 2. मा. 3. जगमोहनलाल गुप्त, के. प्रसाद 4. महेन्द्रू, पटना (1947), लोहरदंगा, राँची (1956 लगभग) 5. 1947-55, 58.

सौदिक मित्र : 1. जा. 2. मा. 3. श्यामसुंदर गुप्त 4. गया आर्ट प्रेस, कलकत्ता 5. अग. 1926.

सौम्य संदेश : 1. समा. 2. पा., साप्ता. 3. मुसद्दीलाल 4. मॉडल टाउन, बी., गाजियाबाद 5. 1967-70.

सौगात : 2. मा. 4. राजा दिनेन्द्र स्ट्रीट, कलकत्ता 5. 1956-59 (लगभग)।

सौदागर : 1. व्या 2. मा. 4. कानपुर 5. 1921.

सौभाग्य : 1. धा. 2. मा. 3. आशुकवि जगमोहननाथ सम्बन्धी 4. मानव कल्याण मिशन, कनखल, हरिद्वार 5. दिसम्बर 1971 (अल्पायु)।

सौरचक्र : 1. दा., ज्यो. 2. मा. 4. (हि., अं.) 3. जयनारायण शर्मा 4. पो. 98, मालेगाँव, नासिक 5. 1971.

सौरभ : 1. सा., सां. 2. त्रै., मा. 3. लक्ष्मीकांत मुक्त, पी.डी. जैन 4. नई सड़क, दिल्ली 5. 1948-70.

सौरभ : 1. सां. 2. मा. 3. रामनिवास शर्मा 4. झालरापाटन, झालावाड़, राज. 5. सितम्बर 1922.

सौरभ : 1. वि. 2. मा. 3. रक्षाकुमारी कौशल, विनोद शाही 4. डोगरा स्ट्रीट, पटियाला 5. 1971.

सृजन : 1. सा. 3. पारितोष चक्रवर्ती 4. विवेकानंद मुद्रणालय, विलासपुर (म.प्र.)।

सृजन साधना : 2. पा. 4. जयपुर 5. 1967.

स्काउट : 2. मा. 4. जयपुर 5. 1937.

स्काऊट : 2. त्रै. 4. जंगपुरा बी., मथुरा रोड, नई दिल्ली 5. 1957-60.

स्काउट रेल : 4. कोइलाघाट स्ट्रीट, कलकत्ता 5. 1968.

स्काउट लीडर : 2. मा. 3. क्रान्तिकुमार शुक्ल 4. होमिल्टन रोड, इंदौर 5. 1966.

स्क्रीन : 1. फि. 2. साप्ता. 3. एम.पी. पोद्दार, श्यामसुंदर गौर 4. बासक दीघी, सुखलाल जौहरी लेन, कलकत्ता 5. 1960.

स्कूल मास्टर : 1. बा. 2. मा. 3. फूलचंद द्वादशश्रेणी 4. अलीगढ़ 5. 1919.

स्टार : 1. फि. 2. साप्ता. 4. दशाश्वमेध घाट, वाराणसी 5. 1966-69.

स्टार टाइम्स : 2. साप्ता. (हि., उ.) 4. मेन बाजार, ऊना (काँगड़ा) 5. 1970.

स्टूडियो : 1. फि. 2. पा. 4. स्टेशन रोड, बान्द्रा बम्बई 5. 1965-69.

स्टूडेण्ट टाइम्स : 1. समा. 2. मा. 3. अशोककुमार निगम 4. गंगाप्रसाद रोड, लखनऊ 5. 1961.

स्टूडेण्ट न्यूज : 1. समा. 3. एस. डी. क्षितीश 4. रामबाग, कानपुर 5. 1963.

स्टैण्डर्ड टाइम्स : 1. समा. 2. दै. 4. चितपुर रोड, कलकत्ता 5. 1967.

स्थानीय निकाय समाचार : 1. समा. 2. साप्ता. 3. के. सी. पंत इस्टेट, झुवाली, नैनीताल 5. 1966-68.

स्थानीय स्वराज्य : 2. मा. 4. नगरपालिका, उदयपुर 5. 1961-64.

स्थापना : 1. सा. 2. मा. 3. शिवचन्द्र शर्मा 4. भुवनेश्वर कुटी, आर्यकुमार रोड, राजेन्द्रनगर, पटना/शतू रोड, राँची 5. 1970.

स्थिति : 1. सां. 2. मा. 3. बाबूलाल शर्मा 4. सकाराममाता जी, सीकर (राज.) 5. 1974.

स्नातक : 1. समा. 2. साप्ता. 3. कमलकुमार सिंह 4. वैरन बाजार, रायपुर 5. 1966.

स्नेहदीप : 1. सा. 2. द्विमा., मा. (हि., म.) 3. श्यामदशरथ बजेरिया, श्यामदर्शन लायबरे 4. बजरिया, नागपुर 5. 1967.

स्नेह संदेश : 2. द्विमा. (हि., अं.) 3. श्रीमती सावित्री मदन 4. गणेशखिण्ड रोड, पूना 5. 1959.

स्पार्क : 1. समा. 2. साप्ता. (हि., अं.) 4. छीपी तालाब, मेरठ 5. 1954.

स्पुतनिक : 1. समा. 2. साप्ता. 3. दिनेश अवस्थी 4. दक्षिण तुकोगंज, इन्दौर 5. 1958.

स्पेन चयनिका : 1. राज. 2. वा. 4. अमेरिकी सूचना सेवा, नई दिल्ली।

स्पेशल सितारा : 2. साप्ता. 3. स.टी. ताडे 4. बम्बई 5. 1964.

स्पेशल सीरीज : 2. मा. 3. देवीदयाल गम्भीर, अफजुल रहीम 4. मेरठ 5. 1969.

स्फुलिंग : 1. समा. 2. साप्ता. 3. धीरेशगुहा नियोगी 4. डॉ. यदु खुशीपारा मार्केट, भिलाई, दुर्ग (म.प्र.) 5. 1968.

स्वच्छन्द : 2. मा. 3. राजवैद्य, केदारनाथ चतुर्वेदी 4. हाथरस 5. 1980 वि.।

स्वतंत्र : 1. समा. 2. दै. 3. पं. अम्बिकाप्रसाद बाजपेयी 4. कलकत्ता 5. कृष्ण जन्माष्टमी: 4 अगस्त 1920-30 7. गाँधीयुग का तेजस्वी राष्ट्रीय पत्र। पाँच हजार की जमानत न देने से यह पत्र बंद।

स्वतंत्र : 1. सा. 2. द्विमा., साप्ता. 3. जगदीशनारायण की स्मृति में संपा. गुरुदेव 4. भारती साहित्यपीठ, घाटनपुर, कानपुर 5. 1921 7. कथा प्रधान पत्र।

स्वतंत्र : 1. समा. 2. साप्ता. 4. लखनऊ 5. 1895.

स्वतंत्र : 1. समा. 2. दै. 4. मथुरा (यू.पी.) 5. 1920.

स्वतंत्र : 1. समा. 2. साप्ता. 3. बनारसीदत्त शर्मा 'सेवक', जगदीशनारायण 'रुसिया', अयोध्याप्रसाद 'अचल', पूर्णचंद गुप्त 4. झाँसी 5. 1940.

स्वतंत्र आवाज : 1. समा. 2. दै. 3. उमेशचन्द्र सोती 4. बिजनौर 5. 1969.

स्वतंत्र आवाज : 1. श्रम. 2. पा. 4. श्रम आयुक्त, मोतीहारी 5. 1956-58 लगभग।

स्वतंत्र किसान : 2. पा. (हि., म.) 4. पाण्डुरंग विट्ठल कं., नागपुर 5. 1959-63.

स्वतंत्र ज्योति : 1. समा. 2. पा. 3. एम.आर. आर्य 4. डी. 199, वेस्ट पटेलनगर, नई दिल्ली 5. 1965.

स्वतंत्र टाइम्स : 1. समा. 2. साप्ता. 3. भवरीलाल शर्मा 5. 1967.

स्वतंत्र पक्षी : 2. साप्ता. 4. सेक्टर 10 डी., चण्डीगढ़ 5. 1967.

स्वतंत्र पक्षी : 1. सामा. 2. साप्ता. 3. प्रहलादकुमार सूर्य 4. शाहाबाद, बरेली 5. 1967-71.

स्वतंत्र पथ : 1. समा. 2. साप्ता. 4. संग्रहालय के निकट, लखनऊ 5. 1964-67.

स्वतंत्र प्रवाह : 1. समा. 2. साप्ता. 3. बच्चूलाल 4. दारु माँडेला, झाँसी 5. 1965.

स्वतंत्र प्रहरी : 1. समा. 2. साप्ता. 4. गाड़ीखाना, काठघर, मुरादाबाद 5. 1965, 71.

स्वतंत्र बालक : 1. बा. 2. मा. 3. जोगेन्द्र पाठक, रत्नप्रकाश शील 4. नेताजी सुभाष रोड, दिल्ली 5. 1957-74 6. वा. 6 रुपये 7. आरंभ में लोकप्रिय। 1960 में 6 हजार प्रतियाँ प्रसारित।

स्वतंत्र भारत : 1. समा. 2. साप्ता. 3. कृपादयाल 4. काँग्रेस कमेटी कार्यालय, अलवर 5. 1946-58.

स्वतंत्र भारत : 4. उज्जैन, भोपाल 5. 1948 (प्रच)।

स्वतंत्र भारत : 1. समा. 2. दै. 3. अम्बिकाप्रसाद बाजपेयी, अशोकजी (1947-53, 1972), योगेन्द्रपति त्रिपाठी 4. पायनियर लिमिटेड, विधानसभा मार्ग लखनऊ 5. 15 अगस्त 1947 से प्रच. 7. पायनियर को अप्रैल 1983 में 117 वर्षों के सफल प्रकाशन पर अंतर्राष्ट्रीय पुरस्कार प्राप्त। इससे 'स्वतंत्र भारत' भी लाभान्वित। उत्तर भारत का प्रतिनिधि दैनिक। रविवासरीय अंक महत्वपूर्ण।

स्वतंत्र भारत : 1. समा. 2. दै. 3. निरंजन शर्मा 'अजीत' 4. बम्बई 5. 1930.

स्वतंत्र भारत : 1. समा. 2. साप्ता. 4. जयपुर 5. 1969.

स्वतंत्र वाणी : 1. समा. 2. साप्ता. 4. नवकिया, फतेहगढ़, फर्रुखाबाद 5. 1971.

स्वतंत्र संवाद : 1. समा. 2. साप्ता. 3. हीरालाल व्यास 4. तिलकनगर, जयपुर 5. 1966.

स्वतंत्र सचेतक : 1. समा. 2. साप्ता. 4. सिठलापुर, बरेली 5. 1968-71.

स्वतंत्र समाचार : 1. समा. 2. साप्ता. 3. मोतीसिंह हाड़ा 4. लोधपुरा, कोटा 5. 1961.

स्वतंत्रता : 4. जीन्द (हरि.)।

स्वतंत्रता : 2. साप्ता. 4. अदालत रोड, पटना 5. 1961-65.

स्वतंत्र दीप : 1. समा. 2. साप्ता. 3. आदित्यकुमार बाजपेयी 4. गउद्दीपुरा, इटावा 5. 1961.

स्वतंत्रता दूत : 1. समा. 2. साप्ता., दै. 3. यदुपालशरण 4. बाँसमण्डी, मुरादाबाद 5. 1961, 66.

स्वतंत्रता सेनानी : 2 समा. 2. साप्ता., पा. 4. रतनगंज, मिर्जापुर 5. 1964-71.

स्वतेज भारती : 1. समा. 2. साप्ता. 3. गुलाबचन्द्र गुप्त 4. गोविन्द रजियो का रास्ता, जयपुर 5. 1969.

स्वदेश : 1. समा. 2. साप्ता., दै. (1966) 3. सत्यव्रत रस्तोगी, मणिकचन्द्र बाजपेयी 4. तिलक पथ, इंदौर/ग्वालियर 5. 1948-64 7. लोकप्रिय पत्र। प्रायः शासन विरोधी। जनसंघ समर्थक।

स्वदेश : 1. समा. 2. साप्ता. 3. दशरथप्रसाद द्विवेदी (1918-22), पाण्डेय बेचन शर्मा 'उग्र' (दशहरा अंक) 4. गोरखपुर 5. 1925-39 7. विद्रोही सामग्री। विशेषांक जब्त और जेलयात्रा 'उग्र' जी की 1924 में। द्विवेदीजी को कारावास। प्रेरक— विद्यार्थीजी। सिद्धान्त वाक्य—''स्वर्गालय के लिए आत्मबलि हम न करेंगे। जिस स्वदेश में जिए उसी में सदा मरेंगे।'' पूर्वांचल का उत्प्रेरक पत्र।

स्वदेश : 1. समा. 2. साप्ता. 4. स्वदेश प्रेस, आगरा, 5. 1956.

स्वदेश : 2. साप्ता. 3. कोटा 4. 1956-61.

स्वदेश : 1. समा., राज. 2. दै. 3. अटलबिहारी बाजपेयी 4. राष्ट्रधर्म प्रकाशन, सदर बाजार, लखनऊ 5. 1951 7. राष्ट्रीयतावादी पत्र।

स्वदेश : 1. समा. 2. साप्ता. 3. शिवकुमार शर्मा 4. बिजनौर 5. 1955 7. नामान्तर — 'कृषि संसार'।

स्वदेश : 3. रामदयाल पाण्डेय 4. बिहार।

स्वदेश निर्माण : 2. मा. 4. राजेन्द्रनगर, नई दिल्ली 5. 1956-58.

स्वदेश बंधु : 1. समा. 2. साप्ता. 4. लाहौर 5. 1905.

स्वदेश बान्धव : 2. मा. 3. हनुमंतसिंह रघुवंशी, पं. पन्नालाल 4. आगरा 5. अप्रैल 1905-20 6. 1.75 रु. वा.।

स्वदेश मित्र : 1. समा. 2. साप्ता., मा. (1954) 3. रुद्रनारायण अग्रवाल 4. लोअर चितपुर रोड, कलकत्ता 5. 1941-65, 67.

स्वदेश वस्तु प्रचारक : 2. मा. 4. पंजाब 5. 1897.

स्वदेश वार्ता : 1. समा. 2. साप्ता. 3. गोरीशंकर अग्रवाल 4. सिख मोहल्ला, इंदौर, जबलपुर 5. 1964-69.

स्वदेशी : 2. साप्ता 4. बम्बई 5. 1906 5. 1.50 रु. वा.।

स्वधर्म : 1. धा. 2. मा. (1934), साप्ता. (1935) 3. मदनगोपाल सिंहल, शिवानंदजी 4. अ.भा. श्री हरिनाम संकीर्तन महामंडल, मेरठ 5. 1934.

स्वधर्म : 2. मा. 5. कटरा बाजार, सागर 5. 1956-59.

स्वप्नद्रष्टा : 1. समा. 2. साप्ता. 4. चौक, फतेहगढ़ 5. 1967-71.

स्वप्नरेखा : 1. समा. 2. मा. 3. कर्णसिंह, लालताप्रसाद सिंह 4. अयोध्या, फैजाबाद (उ.प्र.) 5. 1975.

स्पप्नलोक : 1. समा. 2. साप्ता. 3. मौजीराम 4. फर्रुखाबाद, फतेहगढ़ 5. 1967.

स्वयंम्भू : 1. समा. 2. साप्ता. 3. सतीशचन्द्र 4. रोड 2, राजेन्द्रनगर, पटना 5. 1970.

स्वयं वेद : 2. मा. 3. मोतीदास, चेतनदास, 4. सीयाबाग, बड़ौदा 5. 1930.

स्वयं सेवक : 2. मा. 3. नंदकुमार देव, हार्डीकर, रमेन्द्र वर्मा, मोतीदास चैतन्य, लीलाधर पर्वतीय कं. 4. काँग्रेस कमेटी कार्यालय, बालाकदर मार्ग, लखनऊ 5. फरवरी 1948.

स्वयं सेवक : 2. द्विमा. (हि., अं.) 3. एन. एस. हार्डिकर 4. हिन्दुस्तानी सेवादल, मद्रास 7. दक्षिण से प्रकाशित पहला हिन्दी पत्र।

स्वयं सेवक : 2. मा. 4. कलकत्ता 5. 1925.

स्वर : 1. समा. 2. साप्ता., मा. 3. धमेन्द्र शर्मा 4. पंच एण्ड पीठ, विराटनगर, जयपुर 5. 1967.

स्वराज्य : 1. समा. 2. साप्ता. 3. सत्यस्वरूप 4. सिविल लाइन्स, बरेली 5. 1947.

स्वराज्य : 1. समा. 2. साप्ता. 3. संस्था.—रायजादा शांतिनारायण भटनागर, संपा.—रामदास (प्रकाशानन्द सरस्वती), होतीलाल वर्मा, बाबू रामहरि, मुंशी रामसेवक, नंदगोपाल चोपड़ा, लड्डाराम कपूर, अमीचंद बंववाल 4. भारतमाता सोसायटी, इलाहाबाद 5. 1907-10 (ढाई वर्ष, 75 अंक) 7. स्वातंत्र्य आन्दोलन का सूत्रधार बलिदानी पत्र। इसके आठ संपादकों को कुल 125 वर्षों की जेल सजा। अमानुषिक अत्याचार। कई बार प्रेस की नीलामी। हजारों की जमानत। लड्डाराम को कालापानी की सजा, बाबू रामहरि को 21 वर्ष का देशनिकाला, श्री वर्मा को 10 वर्ष की कैद, श्री चोपड़ा को 30 वर्ष का देशनिकाला और अन्य को यातनाएँ पर ''इस मुगल सिंहासन पर बैठने के लिए कई दीवाने तत्पर। एक बार स्वराज्य में उसके सम्पादक पद का विज्ञापन प्रकाशित हुआ था—स्वराज्य अखबार के लिये ऐसा संपादक चाहिए जिसे दो सूखी रोटियाँ, एक गिलास सादा पानी और हर सम्पादकीय लेख पर दस वर्ष की सजा मिलेगी।''

(द्रष्टव्य—'उत्तर प्रदेश' मार्च-अप्रैल 76, पृ. 47)।

स्वराज्य : 1. समा. 2. मा., दै., साप्ता. 3. श्री माधव 4. दिल्ली 5. 1920, 25.

स्वराज्य : 1. समा. 2. साप्ता. 4. बिजनौर 5. 1920-25.

स्वराज्य : 2. साप्ता., दै. 3. विश्वम्भरनाथ बाजपेयी 4. उन्नाव 5. 1921-22.

स्वराज्य : 2. साप्ता. 4. गोरखपुर 5. 1922.

स्वराज्य : 1. समा. 2. साप्ता. 3. आनंद शर्मा 4. बेलनगंज, आगरा 5. 1956.

स्वराज्य : 3. पाण्डेय बेचन शर्मा 'उग्र', शिवचरण लाल 4. इंदौर।

स्वराज्य सन्देश : 1. राज. 2. साप्ता. 3. रामकृष्ण शर्मा 4. नार्थ एवेन्यू, नई दिल्ली 5. 1964 7. आरम्भ में स्वतंत्र पार्टी का पत्र। 1974 से सत्तारूढ़ दल से सम्बद्ध और ग्रामीण रूप में प्रचलित।

स्वराज्य संदेश : 1. कृषि 2. साप्ता. 4. 28, अंसारी रोड, दरियागंज, दिल्ली/310, रायल होटल, विधानसभा मार्ग, लखनऊ 6. 20) वा.

स्वर्ण उद्योग : 1. व्या. 2. मा. 3. सुमेरचन्द्र वर्मा 4. बाजार सर्राफा, सहारनपुर 5. 1969.

स्वर्णकारजागरण : 1. जा. 2. मा. 4. बिहारशरीफ, पटना 5. 1968.

स्वर्णकार रक्षक : 1. जा. 2. मा. (हि., अ.) 4. राईवाला, सहारनपुर 5. 1968.

स्वर्ण केसरी : 1. समा. 2. साप्ता. 4. उपेरनगंज, जबलपुर 5. 1967-69.

स्वर्णकार सर्वस्व : 1. जा. 2. मा. 4. जयपुर 5. 1967.

स्वर्णज्योति : 1. समा. 2. साप्ता., मा. 4. सिविल लाइन्स, कानपुर 5. 1965-71.

स्वर्णप्रभा : 1. जा. 2. मा. 3. श्यामलाल वर्मा 4. बनी पार्क, जयपुर/जोधपुर 5. 1967, 68.

स्वर्णभूमि : 1. समा. 2. पा. 3. उमाशंकर वर्मा 4. सराय हसनगंज, लखनऊ 5. 1968.

स्वर्णमाला : 2. मा. 3. पुरुषोत्तम विश्राम मावजी 4. बम्बई 5. 1912-25.

स्वर्णमाला : 2. मा. 3. महावीरप्रसाद 4. काशी 5. 1914.

स्वर्णमाला : 2. मा. 4. बाँकीपुर, पटना 5. 1916-17.

स्वर्ण युग : 2. साप्ता. (हि., उ.) 4. यमुनानगर (हरि.) 5. 1962.

स्वर्ण रेखा : 1. समा. 2. साप्ता. 4. राँची 5. 1956 लगभग।

स्वर्ण रेखा : 1. सा. 2. मा. 4. मंगा दीघना रोड, जमशेदपुर 5. 1960-65.

स्वर्ण संदेश : 2. मा. 4. आर्यभवन शगुना, दीनापुर कैण्ट, पटना 5. 1965.

स्वर्ण हंस : 4. अमर सिंह महता 5. 1949-50.

स्वर्णिम प्रकाश : 1. समा. 2. साप्ता., पा., मा. 3. ब्रजेन्द्रपाल 4. कायस्थान, अम्बाला रोड, सहारनपुर 5. 1961-64, 69.

स्वालोक : 2. मा. 3. शिवकुमार गर्ग 4. सरस्वती प्रेस, हापुड़ 5. 1969.

स्वसंवेद : 1. धा. 2. मा. 4. सीया बाग, बड़ौदा 5. 1934-56.

स्वस्ति पत्रिका : 3. मा. 4. लोणार बेड़ा (खानदेश), अफगानिस्तान 5. 1913.

स्वस्थ कैसे रहें : 1. चि. 2. मा. 3. डॉ. राधिकाप्रसाद खरे 4. कार्यालय बलदेव चौक, उरई, जालौन 5. 1968.

स्वस्थ जीवन : 1. चि. 2. मा. 3. देवेन्द्रकुमार गुप्त, बलीरामसिंह 4. गाँधी स्मारक निधि, राजघाट, नई दिल्ली 5. 1955-56 7. प्राकृतिक चिकित्सा का पत्र।

स्वस्थ जीवन : 1. चि. 2. मा. 3. राधाकृष्ण नेपाटिया 4. एस्प्ले रोड ई., कलकत्ता 5. 1956-66.

स्वस्थ जीवन : 1. चि. 2. मा. 4. ठठेरी बाजार, वाराणसी 5. 1966-69.

स्वस्थ जीवन : 1. चि. 2. मा. 4. दानापुर, छावनी, पटना 5. 1953.

स्वस्थ भारत : 1. चि. 2. मा. (हि., अं.) 3. डॉ. ए.एस. मौर्य 4. मनोविज्ञान संस्थान, 922-23, फैजा रोड, नई दिल्ली 5. 1968.

स्वस्थ राजमंत्र : 1. समा. 2. साप्ता. 4. गाँधी रोड, सीहोर (म.प्र.) 5. 1971.

स्वस्थ वाणी : 1. चि. 2. मा. 3. गणेशप्रसाद माहेश्वरी 4. कलकत्ता 5. नवंबर 1937.

स्वातंत्र्य वीर : 3. साप्ता. 3. द. न. जुक्कापर, ओ.के. ग़ोलगाँवकर 4. हैदराबाद 5. 1948 7. अल्पायु।

स्वाधीन : 1. समा. 2. साप्ता. 3. वृंदावनलाल वर्मा (1922), बालाप्रसाद वर्मा (1924), सत्यदेव वर्मा, लालाराम बाजपेयी 4. स्वाधीन प्रेस, झाँसी 5. 1921.

स्वाधीन : 2. साप्ता. 4. दिल्ली 5. 1922.

स्वाधीन : 2. साप्ता. 3. भँवरलाल सनाढ्य 4. फर्रुखाबाद 5. 1923.

स्वाधीन : 1. समा. 2. साप्ता. 4. नाल भैरों, आगरा 5. 1958-68.

स्वाधीनता : 1. समा. 2. साप्ता. 3. हिमकर देव, अयोध्यासिंह, सूर्यदेव उपाध्याय 4. अलीमुद्दीन स्ट्रीट, कलकत्ता 5. 1941-54-61 7. साम्यवादी नीति का पोषक पत्र।

स्वाधीनता गजट : 1. समा. 2. साप्ता. 4. चौक, आजमगढ़ 5. 1967.

स्वाधीनता गजट : 1. समा. 2. पा. 3. सूर्यवंश पुरी 4. चौक, आजमगढ़ 5. 1967-69.

स्वाधीन प्रजा : 1. समा. 2. साप्ता. 3. पूरनचन्द्र तिवारी 4. मोहल्ला चौसट, अल्मोड़ा 5. 1967.

स्वाधीन भारत : 1. समा. 2. दै. 4. प्रतापनारायण बाजपेयी 5. कलकत्ता।

स्वाधीन भारत : 1. समा. 2. दै. 3. काकासाहब खडिलकर, निरंजन शर्मा, काशीप्रसाद सिंह 4. बम्बई 5. 1930 7. महाराष्ट्र का सर्वप्रथम हिन्दी दैनिक (अल्पायु)।

स्वाधीन भारत : 1. समा. 3. रामायणप्रसाद, बनारसीप्रसाद भोजपुरी, प्रतापनारायण बाजपेयी 4. आरा (बिहार) 5. 1937.

स्वाधीन भारत : 1. समा. 2. साप्ता. 4. सराय कुतुब, अलीगढ़ 5. 1965-71.

स्वाधीन भारत : 1. समा. 2. साप्ता. 4. बीकानेर 5. 1970.

स्वाभिमान : 2. साप्ता. 3. कामताप्रसाद शुक्ल, गयाप्रसाद शुक्ल 4. हुसैनगंज, लखनऊ 5. वसंतपंचमी 1947.

स्वाभिमान : 1. समा. 2. पा. 4. नारायण प्रेस, लखीमपुर खीरी 5. 1960-63.

स्वार्थ : 1. वि. 2. मा. 3. शिवप्रसाद गुप्त (संस्था.), पं. जीवनशंकर याज्ञिक, मुकुन्दीलाल श्रीवास्तव, नरसिंह दास 4. ज्ञानमण्डल, वाराणसी 5. 1919-21 6. 4) वा. 7. अर्थशास्त्र, समाजशास्त्र, राजनीति, इतिहास आदि से सम्बद्ध प्रथम श्रेष्ठपत्र।

स्वास्थ्य : 1. चि. 2. मा. 3. ब्रहमानंद त्रिपाठी, बलदेव शर्मा, कृष्णगोपाल 4. कालेड़ा, अजमेर 5. सितम्बर 1953-68.

स्वास्थ्य : 1. चि. 2. मा. 3. मुरलीधर वर्मा 4. कानपुर 5. 1924.

स्वास्थ्य : 1. चि. 2. मा. 3. ब्रजेन्द्रनाथ गांगुली 4. कार्नवालिस स्ट्रीट, कलकत्ता 5. जून 1928.

स्वास्थ्य और जीवन : 1. चि. 2. मा. 3. अनिलकुमार कच्छप, श्री राजू 4. सिलिसवरी पार्क, पो. बॉ. 35 पूना 5. 1949-50 (प्रच.)।

स्वास्थ्य और सौन्दर्य : 1. चि. (हि., अं.) 2. मा. 3. योगेन्द्रनाथ मिश्र 4. शक्तिनगर दिल्ली सिविल लाइन्स, आगरा 5. 1966 7. प्राकृतिक चिकित्सा एवं मनोचिकित्सा पर उपयोगी सामग्री।

स्वास्थ्य दर्पण : 2. मा. 3. वैद्यरत्न श्री गंगाविष्णु पाण्डेय 4. जबलपुर 5. 1920.

स्वास्थ्य मेरे वश में : 1. चि. 2. मा. 3. डॉ. महावीरप्रसाद गुप्ता 4. महात्मा गाँधी मार्ग, कानपुर 5. 1970.

स्वास्थ्य वाणी : 2. त्रै. (हि., अं.) 4. वजीरगंज, लखनऊ 5. 1971.

स्वास्थ्य शासन : 2. मा. 4. भार्गव प्रेस, ग्वालियर 5. 1957-59.

स्वास्थ्य शिक्षा समाचार : 1. चि. 2. मा. 3. कोटिला रोड, नई दिल्ली 4. 1965-68.

स्वास्थ्य सरिता : 1. चि. 2. मा. 3. गोविन्दनारायण 4. स्टेशन रोड, बीकानेर 5. 1962.

स्वास्थ्य संदेश : 1. चि. 2. मा. 4. आयुर्वेद कार्यालय, विक्रम, पटना 5. 1941-58.

स्वास्थ्य सुधा : 1. चि. 2. मा. 4. लेडी हार्डिंग रोड, नई दिल्ली 5. 1948-56.

स्वास्थ्य सुधार : 1. चि. 2. मा. 3. रामचन्द्र महाजन, हरिश्चन्द्र 4. चूनामण्डी, पहाड़गंज, नई दिल्ली 5. 1947.

स्वास्थ्य सेवक : 1. चि. 2. त्रै. 3. वी. डब्ल्यू, मोरगरे 4. भण्डारा रोड, नागपुर/बम्बई 5. 1967-69.

स्वास्थ्य सेवा : 1. चि. 2. मा. 3. काशीराम शर्मा 4. गजनेर रोड, बीकानेर 5. 1967.

स्वास्थ्य त्रिवेणी : 1. चि. 2. मा. 4. जयपुर।

स्वाहा : 1. त्रै. 3. डॉ. फतेहसिंह 4. प्राच्य विद्याप्रतिष्ठान, जोधपुर 5. 1969 (लगभग)।

स्त्री : 1. म. 2. मा. 4. अंसारी मार्केट, दरियागंज, दिल्ली 5. 1963, 71.

स्त्री चिकित्सक : 2. मा. 3. यशोदादेवी 4. प्रयाग 5. 1911.

स्त्री दर्पण : 1. म. 2. मा. 3. परशुराम मेहरोत्रा, विष्णुकुमारी श्रीवास्तव, राधिकाकिशोरी देवी, राजाराम 'राष्ट्रीय आत्मा' 4. नवाबगंज, कानपुर 5. 1923-30 7. पारिवारिक विषयों से परिपूर्ण पत्र।

स्त्री दर्पण : 1. म. 2. मा. 3. रामेश्वरी नेहरू 4. जार्ज टाउन, प्रयाग 5. 1904-29.

स्त्रीदशा सुधारक : 1. म. 2. मा. 4. मुरादाबाद।

स्त्री धर्म : 1. म. 3. डा. मुत्तलक्ष्मी रेड्डी, शारदादेवी, ऋषिकेश 4. मद्रास 5. स्वातंत्र्यपूर्व।

स्त्री धर्म शिक्षक : 2. मा. 3. यशोदादेवी 4. कर्नलगंज, प्रयाग 5. 1967 वि. (1924 ई.)।

स्त्री धर्म शिक्षा : 1. म. 2. मा. 3. सूर्यदत्त शर्मा 4. मिर्जापुर (चुनार) 5. 1923.

स्त्री पुरुष : 1. चि. 2. मा. 4. गंगसर बाजार, करतारपुर, जालंधर 5. 1964-68.

स्त्रीभूषण : 1. म. 2. मा. 3. भागवतीदेवी 4. नादानमहल रोड, लखनऊ 5. 1932 (1919 वि.)।

स्त्री शिक्षा : 1. म. 2. मा. 3. महावीरप्रसाद द्विवेदी 4. कानपुर 5. 1913–14.

स्त्री ज्ञान दीप : 1. म. 2. मा. 4. महाराष्ट्र 5. 1970.

हंगामा 4. ग्वालियर 5. 1974.

हंगामा : 1. समा. 2. साप्ता. 4. बेलनगंज, आगरा 5. 1960–67.

हण्टर : 1. समा. 2. साप्ता. 4. कटरा, सागर 5. 1951–63.

हथौड़ा : 1. समा. 2. साप्ता. 4. पटेल सीड़ कं., मोतीहारी 5. 1968–70.

हथियार : 1. सा. 2. अनि. 3. कालिकाप्रसाद सिंह, वीरेन्द्रप्रताप सिंह 4. बी.जी. रोड, वी गार्डेन, हावड़ा 5. जून 1972 (अल्पायु) 7. साम्प्रतिक भारतीय जनमानसिकता के प्रति आक्रोशी लघुपत्र।

हंस : 1. सा. 2. मा. 3. प्रेमचंद (1930–36), जैनेन्द्र (1937), शिवरानीदेवी (1936), के.एम. मुंशी, शिवदानसिंह चौहान (1942), श्रीपत राम (1938), प्रवासीलाल वर्मा, अमृतराय (1943), नरोत्तम नागर, बालकृष्ण राव, रामविलास शर्मा (कविता संपा.), परामर्श–महात्मा गाँधी, राजर्षि टण्डन, मैथिलीशरण गुप्त, रामनरेश त्रिपाठी, काका कालेलकर, सज्जाद जहीर आदि। 4. पो. बॉ, सरस्वती प्रेस, काशी/हंस लिमि., बम्बई 5. मार्च 1930 6. 3.50 रु. वा. 7. एक उठते हुए राष्ट्र का मासिक। भारतीय साहित्य का मुखपत्र। विविध विषय सम्पन्न कहानियों का सचित्र मा.। अन्तर्प्रान्तीय सहित्यिक प्रगति का परिचायक। विशेष— 'आत्मकथा विशेषांक' (1931), 'काशी विशेषांक' (1933), 'प्रगति अंक', (1942), 'प्रेमचंद स्मारकांक' (1936, संपा. पराड़कर), 'एकांकी अंक', 'कहानी अंक', 'रेखाचित्र अंक', 'शान्ति अंक'। मुख्य स्तम्भ—मुक्ता मंजूषा (सम्पादकीय), हंसवाणी (सूचना), नीरक्षीर (समीक्षा) आदि। मुख्य लेखक— रामकुमार वर्मा, वासुदेवशरण अग्रवाल, सोहनलाल द्विवेदी, सियारामशरण गुप्त, दिनकर, उदयशंकर भट्ट, मिलिन्द आदि। प्रगतिवाद का पुरस्कर्ता एवं एकांकी, रेखाचित्र, रिपोर्ताज आदि विधाओं का प्रेरक पत्र।

हँसती दुनिया : 1. बा. 2. मा. 3. पी.एल. बजाज 4. संतनिरंकारी कॉलोनी, दिल्ली 5. 1973 7. पर्याप्त प्रचलित। 1980 में 3741 प्रतियाँ प्रसारित।

हंसदेश : 1. सा. 2. मा. 3. एम. सत्यानंद 4. प्रेमनगर, ज्वालापुर, हरिद्वार 5. 1970.

हंस मयूर : 1. समा. 2. साप्ता. 3. गणेश अजनबी 4. दालमण्डी, सदर, मेरठ 5. 1969.

हँसमुख : 3. मा. 4. शीतला गली, आगरा 5. 1962–64.

हंसराज : 2. मा. 3. एच. आर. राव 4. बम्बई 5. 1963.

हंसा देश : 2. मा. 4. ज्वालापुर, हरिद्वार 5. 1952–70.

हंसा देश : 1. धा. 2. मा. 4. शक्तिनगर, दिल्ली 5. 1952–69.

हँसोड़ : 2. मा. 3. लंठ आजमगढ़ी 4. राँची 5. 1960.

हकदार : 1. समा. 2. पा. 3. पन्नालाल प्रेमी 4. कुचलापुरा, अमरसिंहपुरा, बीकानेर 5. 1969.

हकदार : 3. पा., 4. बीकानेर 5. 1969.

हकीकत : 1. पा., मा. 4. पुराना किला, दिल्ली 5. 1961-65,66.

हजामत : 1. हास्य 2. साप्ता. 3. श्यामसुन्दर व्यास 4. इंदौर 5. 1949 6. 'यह हजामत' (मूल्य) 7. क्रम-हाथ, (वर्ष) रगड़ (अंक)। स्तम्भ—'उल्टे उस्तरे', 'हजामत का हाथ', 'आन हज़ामत पोस्टल सर्विस', 'अलीबाबा की बातें' आदि। पर्याप्त लोकप्रिय पत्र।

हजारीबाग समाचार : 1. समा. 2. साप्ता. 4. मेन रोड, रामगढ़, हजारीबाग (बिहार) 5. 1970.

हटकेश्वर समाचार : 2. त्रै. 3. विष्णुप्रसाद नागर 4. छोटा सराफा, उज्जैन 5. 1970.

हठ : 1. समा. 2. साप्ता. 4. मिण्टो रोड, इलाहाबाद 5. 1971.

हत्याकांड : 2. मा. 4. रैगड़पुरा, नई दिल्ली 5. 1967-69.

हनुमान 4. आर्य प्रतिनिधि सभा, हैदराबाद 5. लगभग 1940 7. निजाम शासन के प्रतिबन्ध के कारण यह पत्र शोलापुर में मुद्रित एवं नागपुर से प्रकाशित।

हम : 1. सा. 2. त्रै. 3. मंजुल उपाध्याय, हरिमहर्षि, डॉ. विनय 4. कुंदीगरों के भैरोंजी का रास्ता, जौहरी बाजार, सी 185, ज्ञानमार्ग, तिलकनगर, जयपुर/ई. 174, कमलानगर, नई दिल्ली 5. नवंबर 1970-72 7. समकालीन कविता का उच्चस्तरीय लघुपत्र।

हम आप : 1. समा. 2. साप्ता. 4. फैजाबाद 5. 1971, 75.

हम आप : 1. समा. 2. साप्ता. 4. साहिबगंज, इलाहाबाद 5. 1971.

हम कहाँ हैं : 1. समा. 2. साप्ता. (हि., अं.) 4. नवलपुरा, खुरजा 5. 1968-1969.

हमजोली : 1. सा. 2. मा. 3. सुभाष गुप्त 4. पुरानी मण्डी के नीचे, जम्मू तवी 5. 1970 (प्रच.)।

हमजोली : 1. समा. 2. साप्ता. 4. साधा रोड, बुलंदशहर 5. 1965-68.

हमदम : 2. मा., अनि. 3. श्रीराम निवास चौधरी, ज्ञानचंद जैन, रमेश गुप्त 'नीरद' 4. श्री अग्रवाल नवयुवक संघ, मद्रास 5. सितम्बर 1970 (अल्पायु)।

हमदर्द : 2. मा. 3. मौलाना मोहमदअली 4. दिल्ली 5. गोखले के नेतृत्व में स्वातन्त्र्य प्राप्ति हेतु यत्नशील।

हमदर्द बुलेटिन : 1. चि. 2. पा. 3. अब्दुल मुईद 4. हमदर्द दवाखाना, लालकुआँ, दिल्ली 5. 1958.

हम दोनों : 1. वि. 2. मा. 3. द्वारिकाप्रसाद 4. महात्मा गाँधी मार्ग, राँची 5. 1967 7. कामकला विषयक पत्र।

हम दोस्त : 1. श्रम. 2. त्रै. (हि., अं.) 3. एच. श्रीवास्तव 4. पाण्डुनगर, कानपुर 5. 1970.

हम भारती : 1. समा. 2. साप्ता. 3. हरवंश सिंह 4. गुमानपुरा, कोटा 5. 1969.

हमराही : 1. समा. 2. साप्ता., पा. 3. रामस्वरूप 4. पाणिग्राम, अजमेर 5. 1958, 64-67.

हमराही : 1. समा. 2. साप्ता. 4. विजय प्रिंटिंग प्रेस, रामपुर 5. 1960-71.

हमराही : 1. समा. 2. साप्ता. 4. उदयपुर 5. 1950.

हमराही : 1. समा. 2. साप्ता. 4. बहरोर (राज.) 5. 1956-69.

हम लोग : 1. समा. 2. साप्ता. 3. एस. शुक्ल 4. जगतगंज, वाराणसी।

हम लोग : 2. साप्ता. 4. पो. 7027, बम्बई 5. 1956 (लगभग)।

हम लोग 4. भीलवाड़ा।

हमसफर : 2. मा. 4. जुगसलाई, जमशेदपुर 5. 1962-65.

हम सब : 1. बा. 2. मा. 3. बी. जे. ओस्ता 4. चम्पारन 5. 1956.

हमारा अभियान : 1. समा. 2. साप्ता. 4. शास्त्रीनगर, कानपुर 5. 1971.

हमारा गाँव : 2. मा. 4. ए. एन. सिंह कृषि संस्थान, इलाहाबाद 5. 1948.

हमारा गाँव : 1. शै. 2. मा. 3. कृष्णा सोबती 4. शिक्षा निदेशालय, दिल्ली प्रशासन, पुराना सचिवालय, दिल्ली 5. 1952, 64.

हमारा गाँव : 2. मा. 4. सहायक जिलाधीश, देवरिया 5. 1952-62.

हमारा घर : 2. मा. 3. स्वास्थ्य मंत्रालय, भारत सरकार, नयी दिल्ली 5. प्रच. 7. परिवार कल्याण नियोजन विषयक।

हमारा जनपत्र : 1. समा. 2. साप्ता. 3. रामसनेही गौड़ 4. शामली (मुजफ्फरनगर) 5. 1969-71.

हमारा जबलपुर : 1. समा. 2. साप्ता. 3. गोविन्द सिंह 4. शहीद स्मारक पथ, जबलपुर 5. 1967.

हमारा देश : 1. समा. 2. साप्ता. 4. कुमार प्रिंटर्स, गाजियाबाद 5. 1954-69.

हमारा देशकाल : 4. सरकार बाई लेन, कलकत्ता 5. 1966.

हमारा निशाना : 1. समा. 2. साप्ता. 3. शीतलाप्रसाद मिश्र 4. एम. एल. ए. रेस्टहाउस, भोपाल/इटारसी 5. 1949-65 7. समाजवादी दल का पत्र।

हमारा बलिदान : 2. मा. 4. शास्त्रीनगर, कानपुर 5. 1970.

हमारा बोल : 1. सा. 2. मा. 3. पं. ब्रजेन्द्र भारती 4. एल्गिन रोड, इलाहाबाद 5. 1965 7. भोजपुरी पत्र।

हमारा मन : 1. सा. 2. मा. 4. मेन रोड, राँची 5. 1961-65.

हमारा मुल्क : 1. समा. 2. साप्ता. (हि., उ.) 3. अहमद हुसैन (काजमी) 4. गली संगत्राशन, वाड़ा हिन्दूराव, दिल्ली 5. 1966.

हमारा युग : 1. समा. 2. दै. 3. महावीर जैन 4. रेलवे रोड, मेरठ 5. प्रच.।

हमारा राजस्थान : 1. समा. 2. साप्ता. (हि., अं.) 4. भूपालपुरा, उदयपुर 5. 1951.

हमारा राज्य : 1. समा. 2. साप्ता. 3. काशीराम 4. विवेकानंद मार्ग, ग्वालियर 5. 1967.

हमारा रास्ता : 1. समा. 2. साप्ता. 4. चमनवाला स्ट्रीट, देहरादून 5. 1957-59.

हमारा रास्ता : 2. पा. 4. ओल्ड कनाट प्लेस, देहरादून 5. 1957-61.

हमारा वतन : 1. समा. 2. साप्ता. 3. राजेन्द्रकुमार 'अजेय' 4. गोपालजी का रास्ता, जयपुर 5. 1965, 74.

हमारा शहर : 1. शै. 2. पा. 4. शिक्षा निदेशालय, पुराना सचिवालय, दिल्ली 5. 1952-65.

हमारा शिशु : 1. बा. 2. मा. 3. सुमन शर्मा 4. बालनिकुंज, स्वरूपनगर, कानपुर 5. 1960-61.

हमारा संघर्ष : 1. समा. 2. साप्ता. 3. नंदकिशोर 4. नाका हिंडोला, लखनऊ 5. 1960-70.

हमारा संदेश : 1. समा. 2. पा. 3. सतीशकुमार श्रीवास्तव 4. मो. मेस्कोट, मोतीहारी, चम्पारन 5. 1968.

हमारा समाज : 2. मा. 3. देवदत्त शर्मा 4. टेढ़ी नीभ, बनारस 5. अगस्त 1921.

हमारा समाज : 1. समा. 2. साप्ता. 4. शामतपुर, करौल, इटावा 5. 1959-67.

हमारा साथी : 1. समा. 2. साप्ता. 4. होरामनगर, मेरठ 5. 1965-67.

हमारा हरियाणा : 1. समा. 2. साप्ता. 3. प्रेमकुमार 4. फैजाबाद, सोनीपत 5. 1968.

हमारा हिन्दुस्तान : 1. समा. 2. साप्ता. 3. उदयसिंह झोटा 4. कोलपोल, उदयपुर 5. 1959.

हमारा हिन्दुस्तान : 1. सा. 2. मा. 3. ईश्वरप्रसाद माथुर 4. बाजार बालाबाई, लश्कर, ग्वालियर 5. 1912.

हमारी आवाज : 1. समा. 2. साप्ता. (हि.,अं.) 3. काशीनाथ चतुर्वेदी 4. चमार स्ट्रीट, शकील रोड, बदायूँ 5. 1947-73.

हमारी आवाज : 1. समा. 2. साप्ता. (1910), दै. (1952) 3. मणिकचंद जैन, निशंक शर्मा 4. जयेन्द्रगंज, लश्कर, ग्लावियर 5. 1950-52.

हमारी जिन्दगी : 1. समा. 2. साप्ता. 4. स्टेशन रोड, जयपुर 5. 1962-64.

हमारी दुनिया : 1. समा. 2. साप्ता. 3. नानूमल 4. सीमेंट रोड, पिपरिका (म.प्र.) 5. 1967-71.

हमारी पीढ़ी : 2. द्विभा. 4. ईश्वर गंगी, वाराणसी 5. 1954-55.

हमारी बात : 1. समा. 2. साप्ता. 3. गोपीनाथ दीक्षित 4. हजरतगंज, लखनऊ।

हमारी बात : 1. पा. 3. गो. पे. मेने 4. राष्ट्रभाषा भवन, नारायणपेठ, पूना 5. 1953 7. राष्ट्रभाषा प्रचारक पत्र

हमारी भाषा : 3. सिद्दीकी 4. मुरादाबाद।

हमारी मातृभूमि : 1. समा. 2. साप्ता. 4. कोलपोल, उदयपुर 5. 1969.

हमारी मातृभूमि : 1. समा. 2. साप्ता. 3. अमरसिंह झोटा 4. कोलपोल, उदयपुर 5. 1959.

हमारे अधिकार : 1. समा. 2. दै. 4. इंदौर 5. 1948.

हमारे गाँव : 2. मा. 3. राधादेवी गोयनका 4. अकोला (महा.) 5. जून 1949-51.

हमारे बापू : 1. बा. 2. मा., त्रै. 3. अचल वर्मा 4. बालकसंघ, स्टेशन रोड, नीमच 5. 1966.

हमारे बालक : 1. बा. 2. मा. 3. रामकृष्ण खद्दर, दिनेश भैया 4. अजमेरी गेट, दिल्ली 5. 1941-46.

हमीरपुर समाचार : 1. समा. 2. साप्ता. 4. राठ, हमीरपुर 5. 1964-67.

हरकारा : 1. सा. 3. छंदराज 4. बेकापुर, मुंगेर (बिहार) 5. 7 वाँ दशक।

हरदिल अजीज़ : 3. हुसैन 4. बिजनौर।

हरदोई समाचार : 1. समा. 2. साप्ता. 3. महेशचन्द्र सरल 4. महात्मा गाँधी मार्ग, हरदोई 5. 1965.

हरमिलाप : 1. समा. 2. साप्ता. 3. कृष्णलाल साहनी 4. पंजाबी मार्केट, पुल बेगम, मेरठ 5. 1959.

हरहर : 1. समा. 2. मा. 4. जगन्नाथपुर, गोरखपुर 5. 1971.

हरहर महादेव : 2. मा. 4. जयपुर 5. 1965-67.

हराबल : 2. मा. 3. चन्द्रप्रकाश जोशी 4. मलाड, बम्बई 5. 1969, 70 7. राजस्थानी पत्र।

हरिओम् : 1. धा. 2. पा. (हि., अं.) 3. स्वामी देवानंद 4. दरियागंज, दिल्ली 5. 1969.

हरिऔध : 1. सा. 2. त्रै. 4. कला भवन समिति, सिविल लाइन्स, आजमगढ़ 5. अप्रैल 1956, 58-60.

हरिजन अधिकार : 1. जा. 2. मा. 3. श्रीमती करतारदेवी 4. गाँधी हरिजन सेवा आश्रम, रोहतक 5. 1970.

हरिजन केसरी : 1. समा. 2. पा. 3. सुरजनसिंह भूषण 4. नया बाजार, भिवानी 5. 1970.

हरिजन केसरी : 2. मा. 4. देहरादून 5. लगभग 1956.

हरिजन पुकार : 2. मा. 3. श्रीमति करतार देवी 4. गाँधी हरिजन सेवाश्रम, रोहतक 5. 1960-65.

हरिजन बंधु : 2. मा. 4. डी. एम. सी. खामपुर, दिल्ली 5. 1958-59.

हरिजन मित्र : 2. पा. 4. उमादास लेन, कलकत्ता 5. 1957-68.

हरिजन वार्ता : 2. मा., त्रै. 4. जयपुर 5. 1954-65.

हरिजन विकास : 1. समा. 2. साप्ता. 4. क्विंटो रोड, लखनऊ 5. 1963-65.

हरिजन वीर : 1. समा. 2. साप्ता. 4. सवितगंज, इटावा 5. 1957-61.

हरिजन संदेश : 2. मा. (बहु.) 4. ऐन्रेजली ग्राँट रोड, बम्बई 5. 1960-65.

हरिजन संदेश : 1. समा. 2. पा. 3. श्यामलाल शर्मा 4. पुस्तकालय प्रेस, पटना 5. 1970.

हरिजन सहायक : 2. मा. 4. जालौन 5. लगभग 1956.

हरिजन सेवक : 2. साप्ता. (हि., म.) 3. गे.र. अग्रवाल, वियोगी हरि, प्यारेलाल, किशोरीलाल 4. दिल्ली 5. 23 फरवरी 1933-56 7. गाँधीजी की प्रेरणा से प्रकाशित। आर्थिक संकट से ग्रस्त। इसमें गाँधीजी के प्रार्थना प्रवचन प्रकाशित (1947).

हरिजन सेवक : 2. साप्ता. 3. मगनभाई 4. नवरंगपुरा, अहमदाबाद 5. 1933 (लगभग)।

हरिजन सेवक : 2. पा. (हि., म.) 4. स्टेशन रोड, मिरज (महा.) 5. 1954, 58.

हरिजन सेवा : 1. मा., पा. (हि., अं.) 3. जीवनलाल, जैरामदास 4. हरिजन सेवक संघ, किंग्सवे, दिल्ली -9 5. 1951, 65.

हरिजन हितैषी : 1. जा. 2. मा., साप्ता. 3. बालमुकुन्द मिश्र 4. हरिजन सेवा संघ, दिल्ली 5. स्वा. पूर्व।

हरिजन हितैषी : 2. मा. 4. गया 5. 1956 लगभग।

हरिद्वार दर्शन : 1. समा. 2. साप्ता. 3. नानकचंद गुप्त 4. विष्णुघाट, हद्विार 5. 1966.

हरिनाम सुधा : 1. धा. 2. मा. 4. विजयकर वाड़ी, मलाड़, बम्बई 5. 1964-66.

हरिमिलाप संदेश : 1. धा. 2. मा. 3. डॉ. रामदासकुमार 4. कमान, भरतपुर 5. 1964.

हरि मेहमा : 2. मा. 4. जट्टपुरा, कपूरथला (पंजाब) 5. 1965-69.

हरियाणा : 2. मा. 4. सैयद अली लेन, कलकत्ता 5. 1966-68.

हरियाणा काँग्रेस पत्रिका : 1. समा., राज. 2. पा. 3. बनारसीदास गुप्त 4. कोठी नं. 140, सेक्टर 9 बी., चण्डीगढ़ 5. 1970.

हरियाणा की आवाज : 4. चण्डीगढ़ 5. 1973.

हरियाणा केमिस्ट : 1. चि. 2. मा. (हि., अं.) 4. रोहतक 5. 1971.

हरियाणा केसरी : 1. समा. 2. साप्ता. 3. मुंशीराम विद्यावाचस्पति 4. चौताला, भिवानी (हरि.) 5. 1954, 58-62.

हरियाणा खुशहाल : 1. समा. 2. साप्ता. 3. माँगेराम राणा 4. पाड़ा मोहल्ला, रोहतक 5. 1970.

हरियाणा खेती : 1. कृ. 2. मा. 3. के. मेहता 4. प्रसार निदेशालय, पंजाब कृषि विश्वविद्यालय, हिसार 5. 1969.

हरियाणा चित्र : 1. समा. 2. मा. 3. आई. ई. एन. चौहान 4. जनसम्पर्क कार्यालय, हरियाणा, चण्डीगढ़ 5. 1961, 71.

हरियाणा जगत : 2. साप्ता. 4. तलाकी गेट, हिसार 5. 1967-70.

हरियाणा टाइम्स : 1. समा. 2. दै. 3. विषमदास भारद्वाज 4. तिरनपुरा स्ट्रीट, नारनौल 5. 1964-1970.

हरियाणा तरंग : 1. समा. 2. पा. 4. एन. आई. टी., फरीदाबाद 5. 1971.

हरियाणा तिलक : 1. समा. 2. साप्ता. 4. सेवाश्रम, रोहतक 5. 1961.

हरियाणा दर्पण : 1. राज. 2. साप्ता. 3. टीकाराम सुखन 4. मॉडल टाउन, करनाल 5. 1964 7. कम्यूनिस्ट पार्टी का प्रचार पत्र।

हरियाणा दर्शन : 1. समा. 2. साप्ता. 4. जी. टी. रोड, करनाल 5. 1966-69.

हरियाणा पूत : 1. समा. 2. साप्ता. 3. विशनदास भारद्वाज 4. जोकमपुरा, गुड़गाँव 5. 1969.

हरियाणा नायक : 1. समा. 2. साप्ता. 4. जींद (हरि.) 5. 1967-70.

हरियाणा निर्माण : 1. समा. 2. दै. 3. रामकिशन शर्मा 4. मानसरोवर कॉलोनी, सिविल लाइन्स, रोहतक 5. 1966 (समाप्त)।

हरियाणा परिचय : 1. समा. 2. साप्ता. 3. नानपाल 4. एन. आई. टी., फरीदाबाद 5. 1970.

हरियाणा पत्रिका : 1. समा. 2. दै. 3. के. सी. 'कुलिस', मनुहरि पाठक 4. एस. सी. एफ. 19, सी. सेक्टर, चण्डीगढ़ 5. 13 अप्रैल 1970-72.

हरियाणा प्रकाश : 1. समा. 2. साप्ता. 4. धर्मशाला भारामल, अम्बाला 5. 1967-70.

हरियाणा भूमि : 1. समा. 2. साप्ता. 3. बी. एन. सुधाकर 4. पानीपत (हरि.) 5. 1968.

हरियाणा मिलाप : 1. समा. 2. साप्ता. 4. वीधल, गोहाना, रोहतक 5. 1962-65.

हरियाणा मित्र : 1. समा. 2. साप्ता. 4. मार्ला कॉलोनी, गुड़गाँव 5. 1966-68.

हरियाणा रिपोर्टर : 1. समा. 2. पा. 4. नवजीवन प्रेस, हिसार 5. 1968-70.

हरियाणा लीडर : 1. समा. 2. साप्ता. 3. रमेशचन्द्र शास्त्री 4. हरियाणा प्रिंट्स, कैथल 5. 1966.

हरियाणा लोकवाणी : 1. समा. 2. साप्ता. 3. जगदीशचन्द्र यादव 4. शिवाजीनगर, गुड़गाँव 5. 1968.

हरियाणा शिरोमणि : 2. दै. 3. रामेश्वरदास मदन 4. घनश्याम कुटी, झज्जर रोड, रोहतक 5. 1969.

हरियाणा संदेश : 1. समा. 2. साप्ता. 3. सेठ महेशचन्द्र 4. थाना रोड, हिसार 5. 1950 (प्रच.)।

हरियाणा सम्राट : 1. समा. 2. साप्ता. (हि.,अं.) 4. मॉडल टाउन, रिवाड़ी 5. 1966.

हरियाणा संवाद : 4. निदेशक लोक सम्पर्क विभाग, हरियाणा, चण्डीगढ़ 7. द्रष्टव्य— 'रामचरितमानस चतुश्शती' विशेषांक (1974).

हरियाणा समाचार : 1. समा. 2. साप्ता. 3. रामधारी गौड़, रतिराम 4. गोहाना, रोहतक 5. 1957-58-61 7. सरकारी पत्र।

हरियाणा सहकारी प्रकाश : 2. साप्ता. 3. प्रेमसिंह 'निडर' 4. इण्डस्ट्रियल बिल्डिंग, चण्डीगढ़ 5. 1970.

हरिलोक : 1. सा. 2. साप्ता. 3. रामजीसरन दीपक 4. इस्लामगंज, रामपुर 5. 1966.

हरिश्चन्द : 1. सा. 2. मा. 3. अमीरचंद रस्तोगी, वासुदेवसरन 4. कटरा करवाली कोठी, नई सड़क, दिल्ली 5. 1937 7. हरिश्चन्द्रवंशीय सभा का पत्र।

हरिश्चन्द कला : 1. सा. 3. नरेन्द्रनारायण सिंह, रामदीन सिंह 4. खड्ग विलास प्रेस, पटना 5. 1885 (लगभग 35 वर्षों तक प्रकाशित) 6. 3) वा. 7. इसमें मुख्यत: भारतेन्दु की रचनाएँ प्रकाशित।

हरिश्चन्द्र (चन्द्राज) मैगजीन : 1. सा. (हि., अं.) 2. साप्ता. (5 सितम्बर 1873), पा. (15 अक्टूबर 1973), मा. 3. हरिश्चन्द (भारतेन्दु) "श्री हरिश्चन्द्र प्रकाशिता समालोचना सम्भूषिता"। 4. मेडिकलहालप्रेस, बनारस/कुछ अंकों का प्रकाशन नाथद्वारा से 5. 15 अक्टूबर 1873- 6 जनवरी 1885 6. 6) वा. (कविवचन सुधा समेत 10) वा.) 7. बड़ा आकार डिमाई (पुस्तकाकार)। लगभग 24 पृष्ठ, प्रति पृष्ठ 2 कालम। साप्ता. रूप में "रायल आठ पेजी 20, 30 पृष्ठ" (स.प. का. 30 पृ. 500)। प्रथम संस्करण की 500 प्रतियाँ छपीं। हिन्दी भाषा शीर्षक अंग्रेजी लेख, श्री राधा सुधाशतक, भक्ति, समस्यापूर्ति, शतरंज खेल, उर्दूलिपि में शेर, गद्य, कवित्त, धनंजय विजय नाटक आदि रचनाएँ। विद्यकुलीय लस्वन्त कमुदामोद दायिका। आर्य ज्ञान समोहन्त्री श्री हरिश्चन्द चद्रिका। सूक्ति—"कविजन कुमदगन हिय विकासि चकोर रसिकन सुख भरै। प्रेमिन सुधा से सीचि भारत भूमि आलस तन हरै। उद्यम सुऔषधि जीखि विरहिन दाहि खल चोरन दरै। हरिचंद की (यह) चद्रिका परकासि जग मंगल करै।"

विशेष—हिन्दी गद्य का पोषक पत्र। हिन्दी भाषा के नए स्वरूप का उद्घोषक। भारतेन्दु के शब्दों में 1873 से हिन्दी नई चाल में ढली। यह कथन आज इतिहास का सत्य है। वस्तुत: यह युग प्रवर्तन का संवाहक पत्र। अत्यन्त लोकप्रिय। शासन द्वारा 100 प्रतियाँ प्रसारित। राष्ट्रीयतापरक सामग्री के भय से यह सहायता समाप्त। 1880 में मोहनलाल विष्णुलाल पाण्ड्या के आग्रह पर यह मोहनचन्द्रिका में रूपान्तरित। 1884 में भारतेन्दु द्वारा 'नवोदिता हरिश्चन्द चंद्रिका' नाम से इसका

पुनः प्रकाशन। भारतेन्दु के निधन (6 जनवरी 1885) के बाद समाप्त। समग्रतः यह एक दिशादर्शक पत्र।

इस पत्र में विविध विषयों से युक्त ऐतिहासिक महत्व की रचनाएँ। पुस्तकाकार सामग्री। समस्यापूर्ति, कवित्त, नाटक, शेर, गद्य लेख आदि से परिपूर्ण। प्रवेशांक ना. प्रा. सभा काशी में द्रष्टव्य। इस अंक में हिंदी भाषा शीर्षक अंग्रेजी लेख, उर्दू शेर, श्री राधा सुधाशतक (श्लोक) और शतरंज खेल सम्बन्धी सामग्री एक साथ प्रकाशित।

हरिश्चन्द्र चन्द्रिका की घोषणा—काव्य प्राचीन वृत्त, राज्य सम्बन्धी विषय, नाटक, विद्या और कला पर लेख, लोकोक्ति, इतिहास, परिहास, गप्प और समालोचना सम्भूषित। पत्र की भाषा संस्कृत, अंग्रेजी, हिन्दी, गद्य, पद्य। इसका मुद्रण-कलकत्ता सत्यमंत्र में। मुखपृष्ठ (शीर्षक) पर अर्द्धचन्द्र का प्रतीक। वस्तुतः हरिश्चन्द्र मैगजीन और 'हरिश्चन्द्र चन्द्रिका' एक ही पत्र। 'मैगजीन' में अंग्रेजी की रचनाएँ भी छपती थीं। 'चन्द्रिका' में उनका निषेध। अधिकांश रचनाएँ भारतेन्दु की। नवम्बर 1874 के अंक में 31 सहायक संपादकों के नाम। वे वस्तुतः पत्र के विशिष्ट लेखक थे। यह पत्र हिन्दी पत्रकारिता का गौरवस्तंभ है।

हरि संदेश : 1. पा. 4. वजीर हाउस, जल्लेखा, जम्मू 5. 1971.

हरिहर ज्योति : 1. धा. 2. मा. 3. देवदत्त शास्त्री 4. गीताभारती आश्रम, बादशाही मण्डी, इलाहाबाद 5. 1967.

हर्ष : 2. मा. (बहु.) 4. समीप थाना पहाड़गंज, नई दिल्ली 5. 1965-66.

हल : 1. कृ. 2. मा. (हि.,उ.) 3. जाकिर हुसैन, वेंकटेशनारायण तिवारी, पंत, शुकदेवविहारी मिश्र, महावीर त्यागी, तारा पाण्डेय, श्रीनाथ सिंह, अनंतप्रसाद विद्यार्थी 4. ग्रामसुधार विभाग, संयुक्तप्रान्त, लखनऊ 5. 1938.

हलकारा : 1. समा. 2. पा. 3. जीवराज मानकचंद टाँका 4. सादड़ी, पाली (राज.) 5. 1963.

हलकारा : 4. बम्बई।

हलचल : 1. समा. 2. पा. 4. घियामण्डी, मथुरा 5. 1956-58 (लगभग)।

हलचल : 1. समा. 2. पा. 4. अमरोहा 5. 1952-56 (लगभग)।

हलचल : 1. समा. 2. साप्ता. 3. राजकिशोर उपाध्याय 4. गोण्डा।

हलचल : 1. समा. 2. साप्ता. 4. पटेलनगर, उरई 5. 1952, 71.

हलधर : 2. साप्ता. 3. गोविन्दनारायण 4. इटावा 5. 1924.

हलधर की ललकार : 3 सूर्यमल 4. जयपुर।

हलवाई : 1. जा. 2. साप्ता. 3. वासुदेव शर्मा 4. सोंधी वालों का रास्ता, जयपुर 5. 1960-66.

हलवाई कान्यकुब्ज वैश्य हितैषी (संरक्षक) : 1. मा. 2. जा. 3. अम्बिकाप्रसाद गुप्त, संकटाप्रसाद साहू 4. वैश्य सभा, काशी 5. 1914-22-37.

हल्दीघाटी : 1. समा. 2. साप्ता. 4. भूपालपुरा, उदयपुर 5. 1960-63.

हल्लौर संदेश : 1. समा. 2. साप्ता. 4. हल्लौर, बस्ती 5. 1971 (प्रच.)।

हर्षिता : 1. समा. 2. साप्ता. 3. नारायण दुबे 4. कचहरी रोड, जगतदल, चौबीस परगना (बंगाल) 5. 1969-70.

हसीना : 1. समा. 2. मा. 3. अजहरहुसैन राही 4. तुर्कमान गेट, दिल्ली 5. 1970.

हस्ताक्षर : 1. सा. 2. त्रै. 3. विभुकुमार 4. गेट इस्टर्न रोड, तालापारा, रायपुर (म. प्र.) 7. नवलेखन का लघुपत्र।

हाँसी टाइम्स : 1. समा. 2. मा. 3. मेहता तोताराम 4. हाजी सराँय, हाँसी 5. 1970.

हाकर : 1. समा. 2. साप्ता. 3. तिलकराज 4. फरीदकोट (पंजाब) 5. 1970.

हाड़ौती दर्शन : 1. सा., सा. 2. वा. 3. नाथूलाल जैन, शांति भारद्वाज 'राकेश' 4. हाड़ौती शोध प्रतिष्ठान, राजस्थान विद्यापीठ, कोटा 5. 1972.

हाड़ौती वाणी : 1. सां. 2. मा. 3. अनूपचन्द जैन 4. भारतेन्दु समिति, लादूपुरा, कोटा 5. 1966.

हाड़ौती हुँकार : 1. पा. 4. कोटा 5. 1967.

हादी : 1. धा. 2. मा. 4. मोह. पुरानी खण्डसार, कानपुर 5. 1962.

हाथरस की हलचल : 4. मोतीलाल शर्मा 5. हाथरस।

हाथरस टाइम्स : 1. समा. 2. दै. 3. श्यामसुंदर वर्मा 4. जवाहरनगर, हाथरस 5. 1962.

हाथरस व्यापार समाचार : 1. व्या., समा. 2. साप्ता. 3. पूनमचंद जैन 4. सादाबाद गेट, हाथरस 5. 1970.

हाथरस समाचार : 1. समा. 2. साप्ता. 3. भोजराज सिंह 4. हाथरस 5. 1972.

हापुड़ एक्सप्रेस : 1. समा. 2. साप्ता. 3. त्रिलोकचंद शर्मा 4. खारी कुआँ, हापुड़ 5. 1967.

हार्टीकल्चरल बुलेटिन : 1. कृ. 2. मा. 4. पंजाब राज्य सहकारी फल विकास संघ, पटियाला 5. 1963.

हालचाल : 1. समा. 2. साप्ता. 4. मातृमंदिर, मेवतीपुर, गोरखपुर 5. 1964-67.

हालात : 1. समा. 2. पा. 3. सर्वजीतकुमार 4. पी. 1/41, विश्वासनगर, शाहदरा, दिल्ली 5. 1968.

हास परिहास : 2. मा. 4. स्टेशन रोड, मुरादाबाद 5. 1971.

हास देव टाइम्स : 1. समा. 2. साप्ता. 4. जूना, विलासपुर 5. 1970.

हासी टाइम्स : 1. समा. 2. मा. 4. हासी (हरि.) 5. 1970.

हास्य और हास्य : 1. हास्य. 2. वा. 3. संयो.—अर्जुन उपाध्याय 4. दिल्ली।

हास्य कलश : 1. सा. 2. वा. 3. निर्मला साधना 4. रौली रोड, बिजनौर 5. 1964, 69.

हास्यम : 1. हास्यपरक 2. बा. 3. मुकुल उपाध्याय 4. सुनीता कुलाबा, बम्बई 5. अल्पायु 7. लघुपत्र।

हाहाकार : 2. साप्ता. 4. सीतामढ़ी 5. 1956 लगभग।

हिन्द : 1. समा. 2. साप्ता., मा., पा. 4. श्रीगंगानगर (राज.) 5. 1956-65, 69.

हिन्द : 1. समा. 2. साप्ता. 4. गोपालजी का रास्ता जयपुर 5. 1959-66.

हिन्द केसरी: 1. समा. 2. साप्ता. 3. शिवनारायण पाण्डेय 4. वेलजलीगंज, फिरोजाबाद 5. 1965.

हिन्द केसरी : 1. समा. 2. साप्ता. 3. हेरम्ब मिश्र, गंगाप्रसाद गुप्त 4. काशी 6. 1914 7. नागपुर के हिन्दी केसरी का प्रतिरूप।

हिन्द केसरी : 1. समा. 2. साप्ता. 4. रायपुर 5. 1956 (लगभग)।

हिन्द केसरी : 1. समा. 2. साप्ता. 4. तोड़िया नरसिंह राव, झाँसी 5. 1952-62.

हिन्द केसरी : 1. समा. 2. साप्ता. 4. मिर्जापुर 5. 1965.

हिन्द टाइम्स : 1. समा. 3. श्यामसुंदर 4. नई दिल्ली।

हिन्द देश : 2. मा. 3. डी. के. जोगदिया 4. फोर्ट, बम्बई 5. 1964.

हिन्द न्यूज सर्विस : 1. समा. 2. साप्ता. 3. रामावतार आनंद 4. पुराने अस्पताल के पास, भिण्ड (म.प्र.) 5. 1968.

हिन्द मजदूर : 1. श्रम. 2. मा. 4. सरदार पटेल रोड, बम्बई 5. 1958-59.

हिन्द मोटर पत्रिका : 1. व्या. 2. मा. 3. आदित्यनारायण अवस्थी 4. इण्डिया एक्सचेंज प्लेस, कलकत्ता 5. 1959.

हिन्द विकास : 1. समा. 2. साप्ता., मा. 4. हलीम मुस्लिम कॉलेज रोड, कानपुर 5. 1959-60/1962-68.

हिन्द समाचार : 1. समा. 2. दै. 3. लाला जगतनारायण, रमेशचन्द्र 4. पंजाब।

हिन्द समाज : 2. साप्ता. 4. साउथ एवेन्यू, नई दिल्ली 5. 1963-64.

हिन्द सागर : 3. महेश अग्रवाल 4. तुषार (महा.)।

हिन्द सिपाही : 1. समा. 2. साप्ता. 4. तीनबत्ती, सागर 5. 1966-70.

हिन्द सेवक : 1. समा. 2. त्रै, साप्ता. (बहु.) 3. शब्तो देसाई 4. नौरोजी हिल रोड, बम्बई 5. 1963-70.

हिन्दी : 2. मा. 3. चन्द्रबली पाण्डेय 4. नागरी प्रचारिणी सभा, काशी/जतनवर, काशी 5. दिसम्बर 1940 6. प्रारंभ में नागरी प्रचारिणी के तत्वावधान में, फिर स्वतंत्र रूप में प्रकाशित हिन्दी प्रचारक पत्र।

हिन्दी : 2. मा. 4. राजस्थान प्रेस, बम्बई 5. 1950.

हिन्दी : 1. जा. 2. मा., साप्ता. 3. पं. भवानीदयाल सन्यासी, अंग्रेजी विभाग मातावल 'विदेशी महाराज' 4. जगरानी प्रेस, जेकब (नेंटाल), दक्षिण अफ्रीका 5. 1902-1905 6. 15 शि. 4 पैनी 7. हिन्दुत्व एवं भारतीयता का प्रचारक। विशेष-'दीपावली विशेषांक' पुरस्कृत।

हिन्दी अनुशीलन : 1. शो. 2. त्रै. 3. विश्वनाथ मिश्र, नगेन्द्र, रामकुमार वर्मा, रघुवंश, रामस्वरूप चतुर्वेदी, लक्ष्मीसागर वार्ष्णेय 4. हिन्दी विभाग, प्रयाग विश्वविद्यालय, इलाहाबाद 5. 1947, 49 (प्रच.) 7. अनियमित किन्तु उच्चस्तरीय पत्र। विशेष-भाषा अंक, डॉ. धीरेन्द्र वर्मा विशेषांक।

हिन्दी आउटलुक : 2. साप्ता. 3. महेशचरण सिंह 4. लखनऊ 5. 1922.

हिन्दी उर्दू समाचार : 2. साप्ता. 4. इटावा 5. 1904.

हिन्दी कामिक्स : 1. बा. 2. मा. 3. नजीर सईद 4. उर्दू बाजार, दिल्ली 5. 1971.

हिन्दी केसरी : 1. समा. 2. साप्ता., मा. 3. माधवराव सप्रेजी, प्रका.—डॉ. बालकृष्ण

शिवराव मुंजे, सहायक–लल्लीप्रसाद पाण्डेय, जगन्नाथप्रसाद शुक्ल, राजा नाना पाण्डेय, लक्ष्मीधर बाजपेयी, गंगाप्रसाद गुप्त, रामचन्द्र वर्मा आदि। 4. नागपुर 5. 1907-09 6. 2) वा. 7. लोकमान्य तिलक के दैनिक पत्र केसरी का हिन्दी रूपान्तर। तिलक पर अभियोग। सप्रेजी द्वारा क्षमायाचना फलत: तिलक को क्षोभ और हिन्दी केसरी समाप्त। गरम दल का अखबार। समग्रत: युगप्रेरक राष्ट्रीय पत्र।

हिन्दी गल्प माला : 1. कथा 2. साप्ता. 3. माधवराव सप्रे, कौशल्यादेवी 4. काशी 5. 1906, 1918.

हिन्दी चित्रमय जगत : 2. मा. 3. लक्ष्मीधर बाजपेयी, पं. उदयचन्द वैद्य, प्रका.–वासुदेवराव जोशी 4. चित्रशाला प्रेस, पूना 5. 1911 7. मराठी 'चित्रमय जगत' से प्रेरित पत्र। आकार 15×10.

हिन्दी जगत : 2. मा. 4. गणेशबाग दार्श सेठ, अम्वारी गली, बम्बई 5. अगस्त 1947 7. बम्बई प्रान्तीय हिन्दी साहित्य सम्मेलन का मुखपत्र।

हिन्दी टाइम्स : 1. समा. 2. दै., साप्ता. 4. कमलानगर/रोहतक रोड, नई दिल्ली 5. 1958-58.

हिन्दी ट्रान्सपोर्ट समाचार : 1. व्या. 2. मा. 4. करोलबाग, नई दिल्ली 5. 1961-66.

हिन्दी ट्रिव्यून : 1. समा. 2. साप्ता. 4. चाँदगंज गार्डन स्कीम, लखनऊ 5. 1967-71.

हिन्दी तूफान : 1. सा. 2. साप्ता. 3. राधामोहन गोकुल 4. कृष्णनारायण प्रेस, कलकत्ता 5. 8 दिसं 1933.

हिन्दी दरोगा दफ्तर : 1. जासूसी 2. मा. 3. रामलाल वर्मा, नरोत्तम व्यास (कलकत्ता 1926), कार्तिकचरण मुखोपाध्याय 4. चितपुर रोड, कलकत्ता/छपरा 5. 1925 7. उपन्यासपरक पत्र।

हिन्दी दर्पण : 2. मा. 3. भवानीदयाल 4. डरवन (द. अफ्रीका) 5. 1911.

हिन्दी दीप्ति प्रकाश : 1. समा., सा. 2. साप्ता. 3. कार्तिकप्रसाद खत्री 4. कलकत्ता 5. 1871, 72 (अल्पायु) 6. 1.50 रु. वा. 7. प्रसिद्ध प्राचीन पत्र।

हिन्दी दैनिक : 1. समा. 2. दै. 3. हरिप्रसाद शास्त्री 4. माया बाजार, गोरखपुर (उ.प्र.) 5. 1925, 66 7. पूर्वांचल का प्रतिनिधि पत्र।

हिन्दी नवजीवन : 1. समा. 2. साप्ता. (प्रति सोमवार प्रकाशित) 3. मोहनदास कर्मचन्द गांधी, हरिभाऊ उपाध्याय, मृत्युंजयप्रसाद। 4. नवजीवन ट्रस्ट, अहमदाबाद 5. 19 अगस्त 1921–3 नवंबर 1932 7. 'युग इण्डिया' तथा 'नवजीवन' गुजराती का हिन्दी रूपान्तर। आर्थिक क्षति। आरम्भ में ग्राहक लगभग 12000 फिर कम। गांधीजी की गिरफ्तारी (1932) के बाद इस पर प्रतिबन्ध। स्वातंत्र्य संग्राम में इसकी अभूतपूर्व भूमिका। इसके कुछ सम्पादकीयों के कारण गांधीजी को कारावास। अत: प्रकाशन बाधित। अन्तत: 'हरिजन' में इसका विलयन।

हिन्दी पंच : 1. हास्य-व्यंग्यपरक 2. पा. 3. पाण्डेय बेचन शर्मा 'उग्र' 4. दिल्ली 5. 15 जनवरी 1956 7. विशेष–'पंचायत', 'टिप्पणी', 'उल्टी सीधी', 'पंचायत' (चुटकले) आदि स्तम्भ।

***हिन्दी परिचय* :** 1. शि. 2. द्विमा. 3. रघुनाथप्रसाद शर्मा 4. केन्द्रीय सचिवालय, सरोजनीनगर, नई दिल्ली 5. 1962 7. सरकारी कार्यालयों में हिन्दीकरण का मार्ग निर्देशक पत्र।

***हिन्दी परीक्षा प्रदीप* :** 1. शि. 2. मा. 4. प्रिंसेज स्ट्रीट, बम्बई 5. 1955.

***हिन्दी पत्रिका* :** 1. शै., सा. 2. मा. (हि., त.) 3. रघुवरदयाल मिश्र (1941), राम अय्यर, टी.पी. बीराघवन, अवधनंदन, जी. सुब्रह्मण्यम, एस. आर. शास्त्री 4. दक्षिण भारत हिन्दी प्रचार सभा, हाई कोर्ट रोड, तैनूर तिरुचिरापल्ली (तमिल) 5. 1938 7. हिन्दी तमिल पर्यायवाची शब्दों एवं लेखों, कहानियों का पत्र।

***हिन्दी पत्रिका (मैगजीन)* :** 2. मा., त्रै. 3. आर. वीझिनाथन 4. दिल्ली 5. 1908 7. विभिन्न भारतीय भाषाओं की अनुवादिका।

***हिन्दी पुष्कर* :** 2. मा. 3. ब्रजेन्द्रचन्द्र शास्त्री 4. बरेली 5. 1924.

***हिन्दी प्रकाश* :** 2. साप्ता. 4. अमृतसर 5. 1873.

***हिन्दी प्रकाशक* :** 1. व्या. 2. मा. 3. पी.डी. मोदी 4. दरियागंज, दिल्ली 5. 1962.

***हिन्दी प्रचारक* :** 2. मा. 3. सुधाकरपाण्डेय, शिवनारायण शर्मा 4. भानमंदिर, वाराणसी 5. 1952-55.

***हिन्दी प्रचारक* :** 2. पा., मा. 3. ऋषिकेश शर्मा तेलंग (1923-26), बी.एम. कृष्णस्वामी, देवदत्त विद्यार्थी (1927-28), मोट्टरी सत्यनारायण (1928), हरिहर शर्मा (1931, नागेश्वर मित्र, रघुवरदयाल मिश्र, के.जी. हरिदास, ए. आर. शास्त्री, मालचन्द्र आप्टे, पी. वेंकटाचल शर्मा 4. दक्षिण भारत हिन्दी प्रचार सभा, ट्रिप्लिकेन, मद्रास 5. जनवरी 1923–सितम्बर 1937, पुन : 1939 6. 75 पैसे प्रति 7. नामान्तर—हिन्दी प्रचार समाचार (1939), 'हिन्दुस्तानी प्रचार समाचार'। गांधीजी के हिन्दुस्तानी प्रचार के कारण इसका नाम 1939 में हिन्दुस्तानी प्रचार समाचार हो गया। प्रवेशांक उत्तम। मुख्य उद्देश्य—दक्षिण भारत में राष्ट्रभाषा का प्रचार, शान्तिपूर्ण संगठन तथा शिक्षा संस्थाओं में हिन्दुस्तानी का प्रचलन। भाषा सरल। विद्यार्थियों में हिन्दी प्रेरणा। यत्र तत्र अंग्रेजी सामग्री। दक्षिणियों का परमप्रिय पत्र।

***हिन्दी प्रचारक पत्रिका* :** 2. मा. 3. कृष्णचन्द्र बेरी 4. पो. 70 ज्ञानवाणी, पिशाचमोचन, काशी 5. 1973.

***हिंदी प्रचार पत्रिका* :** 2. मा. 3. हरिशंकर मधुप 4. हिंदी विद्यापीठ गिरगाँव, बम्बई 5. 1942.

***हिंदी प्रचार समाचार* :** 2. मा. 4. दक्षिण भारत हिन्दी प्रचार सभा, मद्रास 5. 1939.

***हिन्दी प्रदीप* :** 1. सा. 2. मा. 3. पं. बालकृष्ण भट्ट 4. हिन्दी वर्चिनी सभा, इलाहाबाद/प्रका. विक्टोरिया प्रेस, प्रयाग। कालान्तर में वर्नाक्यूलर प्रेस ऐक्ट से विवश हो 'बनारस लाइट प्रेस' से मुद्रित। 5. 9 सितम्बर 1877-1909 6. 4 आने प्रति, 2) वा. तथा 14 आने वा. (सुपररायल आठ पेजी, 16 पृष्ठ) 7. भारतेन्दु द्वारा, उद्घाटित, उनकी प्रेरणा से और उनका मोटो लेकर प्रकाशित। हिन्दी गद्य का पुरस्कर्ता पत्र। निरन्तर सरकारी प्रतिबन्ध में प्रकाशित। गरम विचारों से परिपूर्ण सामग्री। तेजस्वी पत्र। इस

पर सरकार की कड़ी दृष्टि, किन्तु भट्टजी के असाधारण पुरुषार्थ के कारण यह पत्र 33 वर्षों तक घाटा सहकर चलता रहा। पं. बनारसीदास चतुर्वेदी के अनुसार हिन्दी प्रदीप का ॥) शुल्क आने पर भट्टजी के घर में घी खरीदा जाता था (संस्मरण-143)। इसकी रचनाएँ प्राय: क्रान्तिकारी। माधव शुक्ल की कविता— "जरा सोचो तो यारों यह बम क्या है' (अप्रैल 1908) पर सरकारी आपत्ति। अक्टूबर 1908 में 'वायलेन्स ऐक्ट' के अन्तर्गत फरवरी 1910 में सरकारी कोप द्वारा बन्द। मूल नीति– "शुभ सरस देश सनेहपूरित प्रकट ह्वै आनंद भरे। बचि दुसह दुर्जन वायु सौ मणि दीप सार्माभिरनहि टरें। सूझे विवेक विचार उन्नति कुमति सब पाये जरै। हिन्दी प्रदीप प्रकाश मूरख तारि भारत तम हरै। पत्रकारिता-इतिहास में इसका प्रकाशन एक क्रान्तिकारी घटना। साहित्य सम्बन्धी प्रभूत सामग्री। मुख्य लेखक-अम्बिकादत्त व्यास, मालवीयजी, टण्डनजी, भगवानदीन, राधाचरण गोस्वामी, महावीरप्रसाद द्विवेदी, काशीप्रसाद जायसवाल आदि। रचनाएँ मँगाने का आग्रह–"पुस्तक पठवन काज देत बहुत धनवाद तोहि। यह विनती तोहि आज, नव रचना भैजत रहो।" अत्यन्त निर्भीक पत्र। टिप्पणी, प्राय : व्यंग्यात्मक, जैसे-स्वर्ग क्या है, विलायत? महापापी कौन?–देश भाषा के अखबारों का एडीटर। उर्दू-संस्कृत मिश्रित पैरोडियाँ प्राय: प्रकाशित। उर्दू का 'स्थापा' कई बार छपा। समाचारों की व्यंग्यात्मक भाषा अत्यन्त रोचक एवं प्रेरक।

हिन्दी बंगदूत : 1. समा. 2. साप्ता.–प्रति रविवार। अंग्रेजी, फारसी, बँगला हिन्दी - इन चार भाषाओं से युक्त। 3. प्रेरक-संस्थापक राजा राममोहन राय, संपादक नीलरतन हालदार 4. बाँस तल्ला गली, हिन्दू हेराल्ड प्रेस, कलकत्ता 5. 10 मई 1829–30 जुलाई 1829 (फूल 11–12 अंक) 6. 9) वा. 7. 'बंगाल हेराल्ड' का भाषान्तर। बाजार भाव भी प्रकाशित, उदा. - 'गावा घी 24) मन। भैंसी घी 29) मन।' अपने युग का प्रसिद्ध पत्र। सूक्ति— "दूतनि की यहि रीति बहुत थोरे में भाखैं। लोगनि को बहुलाभ होय याही तै लाखैं। बंगाला को दूत पूत यह वायु को जानौं। होय विदित सब देश क्लेश को लेश न मानौं।"

सूचना— "भारत खण्ड की ठकुराई और राजनीति और बनज वैपार और विद्या अभ्यास के प्रकार और सब देश के समाचार और देशान्तरनि की विद्या और सुघरता के प्रसंगनि के शास्त्रार्थ युक्त यह समाचारपत्र बंगला और काम पड़े तो फारसी और हिन्दी भाषा में प्रति सतवारे छपेगा, जिस करके बहुत भान्ति के मूल संजीव होने की सम्भावना है।" (हिन्दी पत्रकारिता 448) वस्तुत: प्रसिद्ध ऐतिहासिक पत्र।

हिन्दी बंगवासी : 1. समा. 2. साप्ता., दै. 3. पं. अमृतलाल चक्रवर्ती, बालमुकुन्द गुप्त, विष्णुराव पराड़कर (1906), लक्ष्मण गर्दे, अम्बिकाप्रसाद बाजपेयी (1905), रुद्रदत्त शर्मा 4. कलकत्ता 5. 1890–1933 6. 2) वा., एक आना प्रति 7. हिन्दी का अभूतपूर्व साजसज्जावाला नए ढंग का अखबार। भाषा पर बंगाली प्रभाव। ग्राहक सं. लगभग 2000। श्रेष्ठ पत्रकारों को इसमें पत्रकारिता का व्यावहारिक प्रशिक्षण।

बाजपेयीजी के अनुसार यह पत्रकारों का प्राथमिक विद्यालय। सम्पादकीय नीति नरम। अत : प्रगतिशील राष्ट्रीय पत्रकार इससे पृथक। यह दीर्घजीवी लोकप्रिय पत्र। जमीन्दारी उन्मूलन की प्रतिक्रिया के कारण कुख्यात। यों बिहार में इसका एकाधिकार। इसकी विचारधारा सनातन धर्मी/सुधारकों पर व्यंग्य।

हिन्दी बाल सुधा : 2. मा. 3. यशवंतमुकुन्द शोले 4. होशंगाबाद 5. 1909.

हिन्दी बिहारी : 2. दै., अर्द्ध. साप्ता. 3. बाबू गोकुलानन्द 4. बाँकीपुर, पटना 5. 1913, 14.

हिन्दी बिल्टज : 1. समा. 2. साप्ता. 3. एन. बी. मिस्त्री, मुनीश सक्सेना, आर. के. करजिया, नन्दकिशोर नौटियाल 4. कोवा सजी पटेल स्ट्रीट, फोर्ट, बम्बई 5. 17 फरवरी 1962 (प्रच.) 7. लोकप्रिय पत्र। मुख्यत: जनता से सम्बद्ध। करंजिया को कई बार कारावास। 15 अगस्त और 26 जनवरी को विशेषांक।

हिन्दी मनोरंजन : 2. मा. 3. ईश्वरीप्रसाद शर्मा 4. आरा 5. 1910–15.

हिन्दी मनोरंजन : 2. मा. 3. विश्वम्भरनाथ शर्मा 'कौशिक' 4. कानपुर 5. 1920.

हिन्दी मास्टर : 2. मा. 4. नरसिंहपुर 5. 1901 6. 75 पैसे।

हिन्दी मिलाप : 1. समा. 2. दै., साप्ता. 3. युद्धवीर 4. मुकामजाही रोड, हैदराबाद 5. 1945/58–66 7. दक्षिण भारत का एकमात्र हिन्दी दैनिक।

हिन्दी मिलाप : 1. समा. 2. दै. 3. संचा. खुशहालचंद खुरसंद, संपा. रणवीर, ब्रजकिशोर नारायण (लाहौर), विश्वम्भरनाथ जिज्जा, संतराम, आर्यस्वरूप शर्मा, श्रीयंशहरि, कृष्णप्रेमी, जयनाथ नलिन आत्मस्वरूप शर्मा 4. लाहौर/बहादुरशाह जफर मार्ग, नई दिल्ली/जालंधर (23 सितम्बर 1949) 5. 11 सितंबर 1919, 29, 47 7. प्राय: महिलोपयोगी। उर्दू साप्ता. 'मिलाप' से प्रेरित। पंजाब में मुख्य खपत। नारी जागरण का विशेष अभियान। पंजाब का प्रथम हिन्दी दैनिक।

हिन्दी मित्र : 1. सां. 3. जी. नीलकंठन नायर 4. मद्रास, त्रिचूर (केरल) 5. 1941–42 7. केरल का प्रथम हिन्दी पत्र।

हिन्दी मेल : 1. समा. 2. साप्ता. 3. अरोरामल सिंघल 4. निहाल कोठी, धौलपुर (राज.) 5. 1967.

हिन्दी मेवात : 1. समा. 2. दै. 3. गुंमानीराम आर्य 4. चाँदनी चौक, गुड़गाँव 5. 1953.

हिन्दी यात्री मित्र : 2. त्रै., मा. 3. बलवन्तसिंह महता 4. बीकानेर 5. 1923.

हिन्दी राजस्थान : 2. साप्ता. 3. रामशरणदास 4. दिल्ली 5. 1981 वि.।

हिन्दी लाजर्नल : 1. विधि 2. मा. 4. कानपुर 5. 1922.

हिन्दी वांग्मय : 2. मा. 4. नरबारा चौक, गोरखपुर 5. 1955–57.

हिन्दी वाणी : 2. मा. (अ., हि., कन्नड़) 4. मेन रोड, चामराज पेठ, बँगलौर 5. 1956–59.

हिन्दी विद्यापीठ पत्रिका : 2. मा. 4. हिन्दी विद्यापीठ, उदयपुर 5. दिसम्बर 1946.

हिन्दी विधि साहित्य समाचार : 1. विधि 2. मा. 3. महेन्द्र सेन 4. विधि साहित्य प्रकाशन, विधि न्याय और कम्पनी कार्य मंत्रालय, भारतसरकार, नई दिल्ली 5. जनवरी 1976 (प्रच.)।

हिन्दी विमर्श : 2. त्रै. 3. सत्यदेव विद्यालंकार 4. प्रादेशिक हिन्दी साहित्य सम्मेलन, दिल्ली 5. 1962.

हिन्दी विश्व भारती : 4. चारबाग, लखनऊ 5. 1940-56.

हिन्दी वैद्य कल्पतरु : 1. चि. 2. मा. 3. पं. जासशंकर लीलाधर त्रिवेदी 4. अहमदाबाद 5. जनवरी 1913-22.

हिन्दी शब्द प्रतियोगिता मित्र : 2. मा. 4. कपूं रोड, लश्कर, ग्वालियर 5. 1951.

हिन्दी शिक्षक : 1. शै. 2. मा. 3. हरिशंकर 4. गिरगाँव, वेलासिस रोड, बम्बई 5. 1955 (प्रच.)।

हिन्दी शिक्षण पत्रिका : 1. बा. 2. मा. 3. काशीनाथ त्रिवेदी, ताराबाई 4. हिन्दू कॉलोनी, दादर, बम्बई/नूतन बाल शिक्षण संघ, बड़ौदा, इन्दौर (1934) 5. 1934.

हिन्दी संदेश : 1. सा. 2. मा., त्रै. 3. भीमसेन विद्यालंकार 4. पंजाब प्रान्तीय हिन्दी लाहौर साहित्य सम्मेलन, अम्बाला 5. 1949-57, 60 7. देशभक्तिपूर्ण लेख प्रकाशित करने के अभियोग में श्री भीमसेन की दो बार जमानतें जब्त।

हिन्दी सचित्र भारत : 1. सा. 2. साप्ता., पा. 3. श्रीनारायण झा, परेन्द्र मुखोपाध्याय 4. धर्मतल्ला स्ट्रीट, कलकत्ता 5. 1955 7. 'सचित्र भारत' (बंगला का मुख्य हास्य पत्र) का हिन्दी रूपान्तर। द्रष्टव्य-व्यंग्य चित्र और 'चाचा उवाच', 'लबड़ घोघों' आदि स्तम्भ।

हिन्दी समाचार : 1. साप्ता. 2. दै. (अल्पकाल हेतु) 3. शिवनारायण द्विवेदी, राजारामपाल सिंह 4. दिल्ली 5. 1920.

हिन्दी समाचार : 2. मा. 4. मद्रास 5. 1923.

हिन्दी समाचार : 4. भागलपुर 5. 1883-90.

हिन्दी समाचार जगत : 1. शि. 2. मा. 4. हिन्दी निदेशालय, नई दिल्ली 5. 1966.

हिन्दी समाचार जगत : 3. परशुराम शर्मा 4. नेताजी सुभाष मार्ग, दिल्ली 5. 1965.

हिन्दी सर्वस्व : 2. मा. 3. गणेशदत्त शर्मा गौड़ 4. आगर (मालवा) 5. 1915.

हिन्दी साहित्य : 1. सा. 2. मा. 3. गंगाप्रसाद गुप्त 4. काशी 5. 1913.

हिन्दी साहित्य ग्रन्थावली : 2. मा. 4. आबू रोड 5. 1910.

हिन्दी स्पोर्ट्स वीकली : 1. क्री. 2. साप्ता. 3. खालिद अंसारी, हरिमोहन शर्मा, 4. ताखदेव रोड, बम्बई 5. नवंबर 1971 (समाप्त) 7. अंग्रेजी 'स्पोर्ट्स वीकली' का हिन्दी रूपान्तर।

हिन्दी स्वराज्य : 1. समा. 2. साप्ता. (प्रति मंगलवार) 3. सिद्धनाथ माधव जागरकर 4. जवाहरगंज, खण्डवा, महाराष्ट्र 5. 1931-59 6. 3) वा. 7. मुख्य स्तंभ— 'साहित्य-विभाग,', 'विश्वविहार', 'न्यायमंदिर', जनता की पंचायत', 'मध्यभारत', 'कृषि और उद्योग', 'स्वास्थ्य और सौन्दर्य', 'रियासती स्वराज्य' आदि। राष्ट्रीय नीति और राष्ट्रभाषा का श्रेष्ठ पत्र।

हिन्दी स्वास्थ्य समाचार : 1. चि. 2. मा. 3. कार्तिकचन्द्र वसु 4. कलकत्ता 5. 1914, 17.

हिन्दी हरिजन : 2. साप्ता. 3. मोहनदास कर्मचन्द गाँधी, महादेव देसाई, प्यारेलाल, वियोगी हरि, रामनारायण चौधरी, हरिभाऊ उपाध्याय, काशीनाथ त्रिवेदी, किशोर लाल, मधुबाला, काकसाहब कालेलकर, आनन्दीलाल तिवारी 4. वर्धा 5. 1933, पुन:

18 जनवरी 1942-8 अगस्त 42, पुन : 1944 मई-1947 7. सर्वोदयी पत्र। समाचार पत्र की अपेक्षा विचार पत्र। मुख्यत : गांधीजी के विचारों का वाहक। यह अहिंसा का मुख्य प्रचारक और हरिजन कल्याण का सर्वाधिक प्रेरक। गाँधीजी की गिरफ्तारी (8 अगस्त 1942) के कारण बंद। सारी फाइलों को नष्ट कर देने का आदेश। गांधीजी के दिल्ली, नौआखाली प्रवास के कारण व्यवधान पर प्रकाशन चलता रहा। यदाकदा न्यास (ट्रस्ट) के सहयोगियों से स्वामित्व का विवाद। गांधीजी के बलिदान के पश्चात् इसका प्रभाव मंद।

हिन्दी ज्ञानदूत : 2. मा. 4. होमजी स्ट्रीट, फोर्ट, बम्बई 5. 1959-61.

हिन्दी हिन्दू पंच : 1. समा. 2. साप्ता. 3. गोविन्द शास्त्री दुगवेकर (काशीवासी) 4. थाणा 5. 1908 7. लोकमान्यतिलक के एक साथी द्वारा सम्पादित मराठी साप्ता.। हिन्दू पंच का हिन्दी भाषान्तर। कार्टू नों और व्यंग्यों के लिये विशेष प्रसिद्ध।

हिन्दी हेराल्ड : 2. पा. 4. बरखेड़ी, भोपाल 5. 1963-70.

हिन्दू बान्धव : 2. मा. (हि., उ.) 3. शिवनारायण अग्निहोत्री 4. लाहौर 5. 1 जून 1875-दिसम्बर 1876.

हिन्दुस्तान : 1. समा. 2. साप्ता. 3. कपिलदेव शर्मा, मोहनसिंह सेंगर 4. कलकत्ता 5. 29 सिंत. 1934.

हिन्दुस्तान : 1. समा. 2. दै. 3. कालिकाप्रसाद दीक्षित 4. पोद्दार उद्योग समूह, बम्बई।

हिन्दुस्तान : 1. समा. 2. साप्ता. 4. बड़ा बाजर, लालकुर्ती, मेरठ 5. 1956-58.

हिन्दुस्तान (दैनिक) : 1. समा. 2. दै. 3. सत्यदेव विद्यालंकर, मुकटबिहारी वर्मा, हरिकृष्ण त्रिवेदी, ब्रजकिशोर नारायण, रत्नलाल जोशी (1963), चन्दूलाल चंद्राकर (1976) 4. हिन्दुस्तान टाइम्स प्रेस, कनाटसर्कस, नई दिल्ली/बम्बई। बैनेट कोलमैने एण्ड कम्पनी बम्बई द्वारा नियंत्रित 5. 1933, 60 से प्रचलित। लखनऊ काँग्रेस' के समय पर प्रकाशित। 1942 के आन्दोलन में 6 माह बंद। पुन : आरम्भ। 7. हिन्दी का प्रतिनिधि समाचार पत्र। प्रसार संख्या की दृष्टि से द्वितीय स्थान। कुल दैनिक प्रतियाँ 161088 (प्रेस रजिस्ट्रार को रिपोर्ट 1972)। मूलत : सरकार समर्थक पत्र। गाँधी जी के प्रार्थना प्रवचन नियमित प्रकाशित। राष्ट्रनायकों के निर्देशानुसार प्रेरित श्री बिड़ला संचालित हिन्दुस्तान टाइम्स की राष्ट्रवादी नीति से निर्धारित। श्री बी. जी. बर्गीज के सम्पादन काल से इसकी दृष्टि परिवर्तित। सम्प्रति इसकी सम्पत्ति और साख साहु जैन के अधीन।

समाचारों की दृष्टि से समृद्ध पर क्लिष्ट भाषा, पण्डिताऊ पद्धति और मध्यम स्तर के मुद्रण के कारण अपेक्षाकृत कम लोकप्रिय। मुख्य स्तम्भ-गोपालप्रसाद व्यास लिखित हास्य-व्यंग्य 'नारदजी खबर लाए हैं', 'यत्रतत्र सर्वत्र' आदि। रविवारीय संस्करण विशेष आकर्षक।

हिन्दुस्तान पंच : 1. समा. 2. साप्ता. 3. एम. ताहिर 4. भवनपुल, मोहा, भोपाल 5. 1968.

हिन्दुस्तान समाचार : 1. समा. 2. पा. 3. धर्मवीर गाँधी, बालेश्वरप्रसाद अग्रवाल, महेन्द्र (1930) एम. एस. मेहरा 4. एन 1, जनपद 4, मेट्रो बिल्डिंग, नई दिल्ली 5. 1949, 1961 (प्रच.) 7. विशेष-हिन्दुस्तान समाचार वार्षिकी।

हिन्दुस्तानी : 1. शो. 2. त्रै. 3. रामचन्द्र टण्डन, डॉ. धीरेन्द्र वर्मा, हरदेव बाहरी, सत्यव्रत सिन्हा 4. हिन्दुस्तानी एकेडेमी, इलाहाबाद 5. 1931-45 (प्रच.) 7. उच्चस्तरीय शोधपत्र।

हिन्दुस्तानी : 2. साप्ता. 3. गंगाप्रसाद वर्मा 4. लखनऊ 5. 1883.

हिन्दुस्तानी : 1. समा. 3. डॉ. मणिलाल, श्रीराम सामी, नरसिंहदास, (1909-42) रामअवध शर्मा, आत्मराम 4. मारिशस 5. 1907-2 मार्च 1913 7. पूर्वनाम 'हिन्दुस्तानी समाचार' (गुज.)। विश्वन्धुत्व और स्वातंत्र्य का प्रेरक। मारिशस का प्रथम पत्र। गांधी जी की प्रेरणा से प्रकाशित। सामी ने पत्र पर हुए जुर्माने की पूर्ति अपनी सम्पत्ति बेचकर की थी। द्वितीय विश्व हिन्दी सम्मेलन मारिशस में मंच पर इसके प्रवेशांक का चित्रांकन।

हिन्दुस्तानी अखबार : 2. साप्ता. 3. प्रयाग 5. 1920-1921.

हिन्दुस्तानी जबान : 3. ए. एम. दलवी 4. महात्मा गाँधी स्मारक शोध केन्द्र, नेताजी सुभाषरोड, बम्बई 5. 1969.

हिन्दुस्तानी पत्रिका : 2. मा. 3. अवधनंदन, राम अय्यर 4. हिन्दी प्रचार सभा तामिलनाडु, तिरुचिरापल्ली 5. 1949.

हिन्दुस्तानी समाचार : 1. समा. 2. मा. 3. पी. वेंकटाचल शर्मा, सत्यनारायण मोटूरि 4. दक्षिण भारत हिन्दुस्तानी प्रचार सभा, त्यागरायनगर, मद्रास 5. पूर्वनाम 'हिन्दी प्रचारक', 'हिन्दी प्रचार'।

हिन्दू : 1. धा. 2. साप्ता. 3. हरिश्चन्द्र सिंह भाटी, भाई परमानंद, इन्द्रप्रकाश, ऋषि गोपाल 4. पुल लालता राव, रेलवे रोड, हरिद्वार 5. 4 सितम्बर 1934, 35-58.

हिन्दू : 2. साप्ता. 3. बी.जी. देशमुख 4. ओडियन बिल्डिंग, कनाट सर्कस नई दिल्ली 5. 1934.

हिन्दू : 2. मा. 3. कालूराम शास्त्री 4. इटावा 5. 1925.

हिन्दू : 1. समा. 2. साप्ता. 4. सोहागपुर 5. 1920.

हिन्दू : 1. समा. 2. साप्ता. 3. भेखदत्त शर्मा 5. 1924.

हिन्दू : 1. समा. 2. दै., साप्ता. 3. महावीरप्रसाद शास्त्री 4. शर्मा रोड, खंडक, मेरठ 5. 1956-68.

हिन्दू : 1. धा. 2. मा. 3. पं. कालूराम शास्त्री 4. अमरौधा, कानपुर।

हिन्दू आबजर्वर : 1. समा. 2. साप्ता. 4. पुराना डाकघर, जालंधर 5. 1965-68.

हिन्दू की ललकार : 1. समा. 2. साप्ता. 4. भिवानी 5. 1969-71.

हिन्दू गजट : 2. साप्ता. 4. हरिद्वार 5. 1922.

हिन्दू धर्म : 2. साप्ता. 3. ठाकुरप्रसाद मिश्र 4. बिऔले, मारिशस।

हिन्दू पंच : 1. समा. 2. साप्ता. 3. पं. गोविन्द शास्त्री दुगवेकर, ईश्वरीप्रसाद शर्मा, नवजादिकलाल श्रीवास्तव, कार्तिकेयचरण मुखोपाध्याय, मुकुन्दलाल वर्मा, रामलाल वर्मा, पाण्डेय बेचन शर्मा 'उग्र', प्रद्युम्न कृष्णकौल आदि 4. अपर चितपुर रोड, कलकत्ता/वाराणसी। प्रका.—डा. एस. के. वर्मन 5. 1908/26 पुन : 1936 6.)॥ प्रति, 6) वा. 7. मराठी 'हिन्दूपंच' का हिन्दी संस्करण। सूत्र—"लज्जा रखने

को हिन्दू की हिन्दू नाम बचाने को, आया हिन्दू पंच हिन्द में हिन्दू जाति जगाने को"। विशेष–होलिकांक, रामांक, काँग्रेस अंक, विजयांक, बलिदान अंक आदि 5-6 विशेषांक वर्ष में प्रकाशित। अपने युग का बहुचर्चित पत्र। मुख विषय–अछूतोद्धार, हिन्दी प्रचार, समाजसुधार आदि।

हिन्दू प्रकाश : 2. जा. 4. कानपुर 5. 1871.

हिन्दू प्रकाश : 4. लाहौर 5. 1873.

हिन्दूबांधव : 2. मा. 3. सहायक–नवीनचन्द्र राय, संपा.—शिवनारायण, राधाचरण गोस्वामी 4. लाहौर 5. 1876, 1914 7. ब्राह्म समाजियों का पत्र।

हिन्दू मित्र : 2. मा. 4. अजमेर।

हिन्दू रंजिका : 2. मा. 4. राजशाही (बंगाल)।

हिन्दू राष्ट्र : 3. शिवकुमार ठाकुर 4. जोधपुर।

हिन्दू विजय : 1. समा. 2. साप्ता. 3. यशवंतराव जोशी 4. गोलीगुड़ा, हैदराबाद 5. 1954.

हिन्दू विश्व : 1. धा., दा. 2. मा. (हि., अं.) 3. नारायणराव तर्टे 4. विश्व हिन्दू परिषद, आर्यसमाज मार्ग, करोलबाग, नई दिल्ली 5. 1966-70 7. कई विशेषांक। पर्याप्त प्रचलित।

हिन्दूविश्व : 2. मा. 3. जी. एच. जोगलेकर 4. बम्बई 5. 1966.

हिन्दू वीर वाणी : 1. समा. 2. साप्ता. 3. रामआसरेलाल 4. सुनहरी मस्जिद चूनामंडी, पीलीभीत 5. 1965-68.

हिन्दूसंघर्ष : 1. समा. 2. साप्ता. 4. जवाहर मार्ग, इन्दौर 5. 1963-68.

हिन्दू संदेश : 1. समा. 2. साप्ता., दै. 3. खैराती अग्रवाल 4. सोजती गेट, जोधपुर 5. 1942.

हिन्दू संसार : 1. समा. 2. दै. 3. गणेशसिंह भदौरिया, बाबूराम मिश्र, पं. झाबरमल शर्मा, निरंजन शर्मा 4. दिल्ली 5. 1925 7. सनातनी पत्र। अत: लोकप्रिय। शुद्धि समर्थक, सुधार विरोधी।

हिन्दू सम्बन्ध सहायक : 1. पा., साप्ता. 3. हरिदेव शर्मा 4. सहारनपुर 5. 1922, 24.

हिन्दू सर्वस्व : 2. साप्ता. 3. लक्ष्मीनारायण शास्त्री, रघुनंदन झा 4. दिल्ली/कनखल (हरिद्वार) 5. 1923-1925.

हिन्दू सेवक : 2. मा. 4. व्यावर 5. 1925.

हिन्दोस्थान : 1. समा. 2. त्रै. (बहु. हिन्दी, उर्दू, अंग्रेजी 1883-85), साप्ता. (1885), दै. (जुलाई 1887) 3. संचालक-राजारामपाल सिंह, प्रधान संपा. मदनमोहन मालवीय (1885-89), बालमुकुन्द गुप्त, प्रतापनारायण मिश्र, गोपालराम गहमरी, अमृतलाल चक्रवर्ती, आदि। 4. लंदन (1883-85), त्रै., कालाकाँकर, प्रतापगढ़ (उ.प्र.), साप्ता., दै. 5. 1883-1909 6. 10 रु. वा., आकार-रायलशीट, 2 पृष्ठ, 7. अत्यन्त प्राचीन पत्र। लगभग पचासहजार की क्षति उठाकर हैण्डप्रेस के सहारे 22 वर्षों तक चलाया, 130 ग्राहकों के आसरे पर। कालान्तर में 'सम्राट' नामक पाक्षिक पत्र में रूपान्तरित और फिर समाप्त।

आरंभ में प्रति संस्करण इसकी 500 प्रतियाँ प्रकाशित। विस्तृत विवरण हेतु द्रष्टव्य

—'सरस्वती' मई 1904, धर्मयुग 26 सितम्बर 1965 पृ. 19। इस पत्र की प्रशंसा में कहा गया था— "हिन्दी भाषा में जदपि प्रचलित पत्र अनेक, पै है हिन्दुस्तान ही तामें दैनिक एक।" हिन्दी भाषा की सुबोधता का समर्थक पत्र। पत्रकारिता-कला का भी प्रतिपादक। भारतीय राष्ट्रीय कांग्रेस का समर्थक और ब्रिटिश सरकार का भी। समाज-सुधार की नीति से प्रेरित।

हिंसा विरोध : 1. धा. 2. मा. 3. बी. जी. शाह 4. हिंसा विरोधक संघ, नगर सेठ की वाड़ी, अहमदाबाद 5. 1949-50 (प्रच.)।

हितकारिणी (पत्रिका) : 1. सा. 2. मा., त्रै. 3. रघुवरप्रसाद द्विवेदी, नर्मदाप्रसाद मिश्र, मातादीन सुकुल, भवानीप्रसाद तिवारी 4. जबलपुर (म.प्र.) 5. 1911-1925.

हितकारी : 1. जा. 2. म. 3. रामनाथ गुप्त 4. राम प्रिंटिंग प्रेस, अनाथालय, स्टेशन रोड, बालखण्डीनाका, बाँदा 5. 1954.

हितकारी : 2. मा. 4. मुलतान 5. 1914, 17.

हित चिन्तक : 2. साप्ता. 4. इंदौर 5. 1950.

हित चिन्तक : 1. चि. 2. मा. 3. प्रभुदयाल शर्मा 4. इटावा/छपरा 5. 1924, 25.

हितवाणी : 3. रुद्रदत्त शर्मा, सखारामगणेश, देउस्कर 4. कलकत्ता 5. 1904 7. प्रसिद्ध प्राचीन पत्र।

हितवार्ता : 1. समा. 2. साप्ता., मा. 3. बाबूराव विष्णु पराड़कर (1907-10), रुद्रदत्त शर्मा, जगन्नाथप्रसाद चतुर्वेदी 4. कलकत्ता 5. 1907-18.

हितवार्ता : 1. समा. 2. साप्ता. 3. शिवशरण शुक्ल 4. प्रभुटाउन, रायबरेली 5. 1963.

हित संदेश : 2. साप्ता. 3. दु. ना. खरे, नंदराम पटेल 4. केवलारी, पथरिया, सागर 5. सितंबर 1947 7. अनेक विशेषांक।

हितसुधा : 2. मा. 4. अधिकारीजी की हवेली, आठखम्भा, वृन्दावन 5. 1964-67.

हितैषी : 2. मा. 4. जयपुर 5. स्वातंत्र्यपूर्व.।

हितैषी : 2. मा. 3. एम. के. शर्मा 4. कपड़ा बाजार, अकोला 5. 1958-59.

हितैषी : 2. मा. 4. कानपुर 5. 1956 (लगभग)।

हितैषी : 2. मा. 3. रामदेवी तिवाड़ी 4. सिमखनी, पो. मेरीगंज, पूर्णिया, 5. 1918.

हितैषी : 2. मा. 3. शिवनारायण, रामप्रताप, लक्ष्मीनारायण, दीनदयाल अवस्थी 4. सांरगपुर, म.प्र. 5. 1923, 24.

हितोपदेशक : 2. मा. 3. मिश्रीलाल 4. हाथरस 5. 1915, 17.

हिप्रस : 1. सा. 3. डा. अभय 4. हिन्दी प्रचार सभा, मथुरा।

हिफाजत : 1. समा. 2. साप्ता. 3. कैलाश बागड़ 4. चूड़ी महल, कानपुर 5. 1969.

हिमकर : 1. समा. 2. पा. (हि., अं.) 4. आचार्य स्ट्रीट, भिवानी 5. 1970.

हिम कर्मचारी : 1. समा. 2. पा. 3. अमरनाथ शर्मा 4. नाहन, विलासपुर (हिमा.) 5. 1967.

हिमकाया : 1. समा. 2. साप्ता. 4. ठाकुर होटल, शिमला 5. 1971.

हिम केसरी : 1. समा. 2. साप्ता. 3. शम्भुनाथ शुक्ल 4. जनपथ, नई दिल्ली 5. 1960-71.

हिमकेसरी : 1. समा. 2. पा. 4. दिमाल, शिमला 5. 1960-62.

हिम चेतना : 1. समा. 2. साप्ता. 3. देवकीनंदन शर्मा 4. सनवर्धी, तत्याहर, सदर मण्डी, (हिमा.) 5. 1966.

हिमदूत : 1. समा. 2. साप्ता. 4. गाँधी रोड, अलमोड़ा 5. 1967-71.

हिम प्रताप : 1. समा. 2. साप्ता. 4. रिज, शिमला 5. 1971.

हिम प्रदीप : 1. समा. 2. पा. 3. शान्ताकुमार 4. काँगड़ा (हिमा.) 5. 1967.

हिमप्रस्थ : 1. सा. 2. मा. 3. हरिकृष्ण मिट्ठू, रामदयाल शर्मा 4. लोकसम्पर्क, पर्यटन विभाग, हिमाचलसरकार, शिमला 5. 1955 (प्रच.) 7. प्रतिनिधि पत्र। पर्याप्त सुसज्जित।

हिमबाला : 1. म. 2. मा., त्रै. 3. श्रीमती विद्यावती शर्मा 4. होलीलॉज एनेक्स 4, शिमला 5. 1969-71.

हिम भारती : 1. शै., सां. 2. त्रै. 3. जी. एल. शर्मा 4. शिक्षा विभाग, हिमाचल प्रदेश सरकार, शिमला 5. 1969.

हिम युवक : 1. पा. 4. जाखू, शिमला 5. 1971.

हिमवन्ती : 1. सा. 2. पा., त्रै. 3. महेशचन्द्र 4. तिलकनगर, खलासी लाइन, सहारनपुर 5. 1970-71.

हिमवाणी : 1. समा. 4. सहारनपुर।

हिमवाणी : 1. समा. 2. साप्ता. 3. दिमाल, शिमला 4. 1962-63.

हिमवान : 1. समा. 2. सा. 3. महेन्द्रप्रताप जोशी 4. दिल्ली गेट के पास, नहान 5. 1967.

हिमशिक्षा : 1. शै. 2. त्रै. (हि., अं.) 4. शिक्षा विभाग, हिमाचल सरकार, शिमला 5. 1971.

हिम संदेश : 1. समा. 2. साप्ता. 3. सन्तोषकुमार आचार्य 4. मुख्य बाजार, पालमपुर, काँगड़ा (हिमा.) 5. 1970-71.

हिमसुमन : 1. सा. 2. त्रै. (बहु.) 4. धर्मशाला (हिमा.) 5. 1970.

हिमाचल : 1. समा. 2. साप्ता. 3. सत्यप्रसाद रतूड़ी 4. कचहरी रोड, देहरादून/मसूरी 5. 1848.

हिमाचल : 2. समा. 2. साप्ता. 4. जनसाहित्य प्रेस, लखनऊ 5. 1956.

हिमाचल कृषि सूचना : 1. कृ. 2. मा. 3. गंगाशरण अग्रवाल 4. कृषि सूचना सेवा, हिमाचल प्रदेश, शिमला 5. 1961.

हिमाचल गौरव : 1. साप्ता., मा. 4. चरनदास मार्ग, हौजकाजी, दिल्ली 5. 1966-69.

हिमाचल जनता : 1. समा. 2. साप्ता. 3. कमलेश्वर पण्डित 4. स्किप्टन किला, शिमला 5. 1968.

हिमाचल टाइम्स : 1. समा. 2. साप्ता. 3. एस. पी. गाँधी 4. माल रोड, मसूरी 5. 1954.

हिमाचल टाइम्स : 1. समा. 2. साप्ता. 3. तुर्कमान गेट/जोशी रोड, करोलबाग, नई दिल्ली 5. 1958.

हिमाचल दर्पण : 1. समा. 2. साप्ता., पा. 3. रामरतन पाल 4. लक्कड़ बाजार, शिमला 5. 1962, 64-89.

हिमाचल निर्माता : 2. मा. 4. हिमा. 5. 1972 7. अपने युग का अत्यन्त लोकप्रिय।

हिमाचल संदेश : 1. समा. 2. साप्ता. 3. हीरासिंह पाल 4. हिमा. 5. 1947.

हिमाचल समाचार : 2. पा. 4. लोअर बाजार, सोलन 5. 1958 (लगभग)।

हिमाचल सुप्रभाती : 2. पा. 4. धर्मशाला (हिमा.) 5. 1966-69.

हिमाचल सौन्दर्य : 1. सां. 2. मा., त्रै. 3. खुशीराम शर्मा 4. दि. रिज, शिमला 5. 1968-70.

हिमाद्रिमजा : 1. सा. 2. मा., त्रै. 3. जगत भण्डारी 4. मोरिसनगर, लॉसर्स रोड, दिल्ली 5. 1964-69.

हिमाधिराज : 4. दिल्ली 5. 1969.

हिमानी : 1. समा. 2. साप्ता., मा. 3. परिपूर्णानन्द 4. डी.पी.ओ. कार्यालय, लिटन रोड, देहरादून 5. 1956-64.

हिमायती : 1. समा. 2. पा., मा. 3. सोहनपाल 4. प्रेस रोड, राणाप्रतापबाग, नई दिल्ली 5. 1962-63.

हिमालय : 1. सा. 2. मा. 3. संस्था.-रामलोचनशरण, रामवृक्ष बेनीपुरी, रामधारी सिंह दिनकर, शिवपूजन सहाय, जगन्नाथ मिश्र, हवलदार त्रिपाठी 4. पुस्तक भण्डार हिमालय प्रेस, पटना 5. जनवरी 1947.

हिमालय : 2. मा. 4. करणश्री, देहरादून 5. 1956-59 (लगभग)।

हिमालय : 2. मा. 3. अम्बिकादत्त पंत 4. रानीखेत (अल्मोड़ा) 5. 1919.

हिमालय : 4. अमरावती।

हिमालय : 1. समा. 2. साप्ता. 3. जयकृष्ण 4. गली शहीद, मुरादाबाद 5. 1964.

हिमालय : 1. समा. 2. साप्ता. 4. गंगाक्षेत्र, मुनी की रेती, ऋषिकेश 5. 1957-62.

हिमालय कल्पदुम : 3. विद्यासागर 4. डेजीबैंक, शिमला 5. 1960 (लगभग)।

हिमालय का दानव : 2. साप्ता. 4. रामगंज बाजार, जयपुर 5. 1963-64.

हिमालय की आवाज : 1. समा. 2. साप्ता. 4. मुनी की रेती, टेहरी, गढ़वाल 5. 1968-71.

हिमालय की पुकार : 1. समा. 2. साप्ता. 3. सुभापचन्द्र चतुर्वेदी 4. रुद्रपुर, नैनीताल 5. 1967.

हिमालय की ललकार : 1. समा. 2. साप्ता. 3. हरिराम मिश्र 4. काशीरामपुर, कोटद्वारा, गढ़वाल 5. 1958-65.

हिमालय जनता : 1. समा. 2. साप्ता. 4. स्किप्टन किला, शिमला 5. 1968.

हिमालय टाइम्स : 1. समा. 2. साप्ता. 3. द्वारकाप्रसाद उनियाल 4. जोशी रोड, करोलबाग, नई दिल्ली/रुद्रपुर 5. 1958.

हिमालय टाइम्स : 2. साप्ता. 4. रघुनाथ बिला, शिमला 5. 1969.

हिमालय ध्वनि : 1. समा. 2. साप्ता. 4. मेन बाजार, काँगड़ा 5. 1963-65.

हिमालय संदेश : 1. समा. 2. साप्ता. 4. कदमकुआँ, पटना 5. 1959-65 7. नेपाली जनता हेतु।

हिमालय होर्टीकल्चर : 1. कृ. 2. त्रै. (हि., अं.) 4. नौबहार, शिमला 5. 1960-71.

हिमालेशिया : 1. समा. 2. साप्ता. 3. दुर्गाप्रसाद 4. फेजर रोड, पटना 5. 1969.

हिसार टाइम्स : 1. समा. 2. साप्ता. (हि.,अं.) 4. हिसार 5. 1962.

हिसार मिल पत्रिका : 1. व्या. 2. पा. 3. जे.पी. सिगल 4. टेक्सटाइल मिल, हिसार 5. 1962.

हीरा नगापुर : 1. समा. 2. साप्ता. 3. गोपाल मंजल 4. नागा बाबा मठ अपर बाजार, मेन रोड, राँची 5. 1968.

हीरा मोती : 1. सा. 2. साप्ता. 4. कैदलगंज, अजमेर 5. 1967-71.

हुंकार : 1. समा. 2. साप्ता. 3. यमुना (जमना) कार्यी, सहजानंद, राहुल सांकृत्यायन 4. गोविन्द मित्र मार्ग, न्यूमार्केट, पटना 5. मई 1940, 42 (10-12 वर्ष तक) 7. विहार किसान सभा का मुखपत्र। राष्ट्रीयतावादी। विशे. 'दीपावली अंक,' 'आजाद अंक'।

हुकुम का इक्का : 1. समा. 2. दै. 3. सी. के. पाण्डेय 4. बम्बई 5. 1968.

हुकूमत (एक्सप्रेस) : 1. समा. 2. साप्ता. (हि., उ.) 3. शैदाअली जैदी 4. मुगलपुरा, मुरादाबाद 5. 1930.

हुकूमत से इंसाफ : 2. मा. 4. करनाल 5. 1968.

हुड़दंग : 2. पा. 4. शहडोल (म.प्र.) 5. 1960-66.

हेमकुंठ : 1. समा. 2. पा. (हि., उ.) 4. अजमल खाँ रोड, देहरादून 5. 1967.

हेमगंगा : 2. मा. 4. कमलानगर, दिल्ली 5. 1964-66.

हेमलेट : 1. फि., सां. 2. मा. 3. माया मिश्र 4. कैसरबाग, लखनऊ 5. 1970.

हेयर स्कूल पत्रिका : 1. बा. 2. मा. 3. देवतासिंह सेवक 4. कलकत्ता 5. 1916-17.

हेलो : 2. त्रै. 4. बीकानेर।

हैदराबाद आज : 2. मा. 4. हैदराबाद।

हैदराबाद समाचार : 1. समा. 2. साप्ता. 3. मुनीन्द्र 4. चारकमान, हैदराबाद 5. 1973-74.

हैपी एजूकेशन : 1. शि. 2. मा. (हि., अं.) 3. रामकुँवर गुप्त 4. दरियागंज रोड, दिल्ली 5. 1942.

हैहय वंश प्रहरी : 1. जा. 2. द्विमा. 4. बाग मुजफ्फर खाँ, आगरा 5. 1965-68.

हैहय वंश समाचार : 1. जा. (कलवार) 2. मा. 3. पुत्तुलाल 'इकदिल' (इटावा निवासी) श्री वंशीधरात्मज, पुत्तुलाल वर्मा, 4. मुरार, लश्कर, ग्वालियर 5. 1919.

हैहय क्षत्रिय मित्र : 1. जा. 2. मा. 5. 1903.

होम्योदय : 1. चि. 2. मा. 4. मढ़ाताल, जबलपुर 5. 1966-68.

होम्यो दिग्दर्शन : 1. चि. 2. मा. 3. लक्ष्मीदेवी नशीने 4. रायपुर।

होम्योदूत : 1. चि. 2. द्विमा. बहु. 3. कि. वि. मुले 4. वाडकर स्ट्रीट, नासिक (महा.) 5. 1960-71.

होम्योपैथिक अग्रदूत : 2. मा. 4. बुलानाला, वाराणसी 5. 1949-57.

होम्योपैथिक दर्शन : 1. चि. 2. मा. 4. भूसाटोली, कानपुर 5. 1949-56 (लगभग)।

होम्योपैथिक दुनिया : 1. चि. 2. मा. 4. दुगरवान, लखनऊ 5. 1956-69.

होम्योपैथिक नवनीत : 1. चि. 2. मा. (हि., अं.) 3. शान्तिस्वरूप सिंह 4. सदरबाजार, हरदोई 5. 1968.

होम्योपैथिक लीडर : 1. चि. 2. मा. 4. भारत होम्योफार्मेसी, आउट्रम रोड, लखनऊ 5. 1964-69.

होम्योपैथिक विकास : 1. चि. 2. त्रै. 4. लश्कर 5. 1961.

होम्योपैथिक विचार : 1. चि. 2. त्रै. (हि., अं.) 4. दाउद बीघा, कुम्हरार, पटना 5. 1970.

होम्योपैथिक विज्ञान : 1. चि. 2. मा. (हि., अं.) 3. डी. सी.एल. सैनी 4. बांदीविलास, माक्रोवर्टगंज, कानपुर 5. 1965.

होम्योपैथिक विज्ञान : 1. चि. 2. मा. (हि.अ.) 4. बाजार वकीलां, हिसार 5. 1961-64.

होम्योपैथिक संदेश : 1. चि. 2. मा. (हि.अं.) 3. डॉ. सहदेव, डॉ. युद्धवीर सिंह 4. चाँदनी चौक, दिल्ली 5. 1947, 48.

होम्योपैथी : 1. चि. 2. मा. (हि., अं.) 3. डॉ. एस. पी. शुक्ल 4. होम्योपैथिक चिकित्सा परिषद् (उ.प्र.), लखनऊ 5. 1955.

होम्योपैथी जगत : 1. चि. 2. साप्ता. 3. डॉ. काज. 4. हरिद्वार 5. 1976.

होम्योसेवक : 1. चि. 2. मा. 4. जयपुर।

होम्योवाणी : 1. चि. 2. मा. 4. सब्जीबाग, पटना 5. 1970.

होम्योसुधा : 1. चि. 2. त्रै. 3. आर.एन. भाटी 4. गजनेर रोड, बीकानेर 5. 1957.

होजरी टैक्सटाइल टाइम्स : 1. व्या. 2. मा. 4. वे. पटेलनगर, दिल्ली 5. 1968.

होजरी रिपोर्टर : 1. वा. 2. साप्ता. 3. शान्तिस्वरूप 4. जोरावरसिंह मार्ग, गली मुगलान, दिल्ली 5. 1968-69.

होजरी संदेश : 2. पा. 4. सब्जीमण्डी, दिल्ली 5. 1968-70.

होंड सोमवाद : 1. समा. 2. साप्ता. 3. डोमन साहु समीर 4. साहित्य प्रेस, वैद्यनाथ, बिहारसरकार, देवधर 5. 1946 7. विशेष—सोहराम अंक, वाहा अंक, स्वतंत्रता अंक, बापू अंक। देवनागरी में संथाली रचनाओं का प्रकाशन।

होनहार : 1. बा. 2. साप्ता., पा. 3. सूर्यदेव अनुरागी, रामलोचनशरण, प्रेमनारायण टण्डन 4. हरीसनरोड, कलकत्ता 5. 1948 7. हिन्दुस्तानी समर्थक पत्र।

होनहार : 1. बा. 2. पा. (1944), मा. (जन. 1947) 3. तेजनारायण, प्रेमनारायण टण्डन, 'बालबन्धु', अभिमन्यु सिंह, गंगानारायण 4. विद्यामंदिर, रानीकटरा, लखनऊ 5. मार्च 1944, पुन: 1947.

होममेकर : 1. म. 2. त्रै. 4. उदयपुर 5. 1961-69.

होली : 1. सा., सां. 2. वा., मा. 3. सेठ केदारनाथ 4. सी.के. 52/2, राजा दरवाजा, वाराणसी 5. 1964-66.

होली टाप : 1. समा. 2. साप्ता. 4. पक्कीसराय, अलीगढ़ 5. 1965-68.

होल्कर सरकार गजट (ग्याजेट) : 2. साप्ता., त्रिभा. (हिन्दी, मराठी, अंग्रेजी) 3. मुंशी लक्ष्मनदास, रामचरणदास, ब्रजमोहनलाल, कामताप्रसाद, उमानाथ बागची 4. होल्करसरकार, इंदौर 5. 21 अप्रैल 1873, हिन्दी संस्क. 1905 से 1948 6. 6) वा., प्रति 2 आने 7. मुखपृष्ठ पर होल्कर सरकार की छाप। सूत्रवाक्य "प्राहोमेशोलभ्या श्री : कर्तु प्राख्यात्।" सरकारी कर्मचारियों के लिए इसकी खरीद अनिवार्य। लीथो में मुद्रित फिर प्रेस द्वारा। साप्ताहिक पंचांग तथा राजकीय गतिविधि की जानकारी। 1861 के पूर्व सिन्धिया शासन से प्रकाशित। हरिहरनाथ द्विवेदी के अनुसार इसका आरंभ 1853 से और 95 वर्षों का जीवन (मध्य भारत का इतिहास)। बाद में नामान्तर— 'मध्यभारत शासन गजट'।

होशियार : 1. समा. 2. साप्ता. 4. नवीन मार्केट, परेड, कानपुर 5. 1964-71.

होशियार जासूस : 1. कथा. 2. मा. 3. मो. शमशुद्दीन 4. शाहगंज, इलाहाबाद 5. 1966.

होशियार पुर टाइम्स : 1. समा. 3. अविनाशचन्द्र 4. होशियारपुर।

होर्टीकल्चर बुलेटिन : 1. कृ. 2. मा. 3. डॉ. किरपाल सिंह 4. खाद्य विकास, पटियाला 5. 1963.

हृदय : 3. शान्तिप्रसाद 4. मेरठ।

हृदय : 1. पा. 3. महेशनन्द थपल्याल 4. लैन्सडौन 5. 1922.

हृदय परिवर्तन : 1. समा. 2. साप्ता. 3. जोहरीलाल आर्य 4. कसरहट्टा, फतेहगढ़ 5. 1968.

हृदयोद्‌गार : 2. मा. 4. गाँधीनगर, मुरादाबाद 5. 1967-71.

क्षणिक : 1. अनि. 3. सुशीला दाहिमा 4. राजगंगापुर (उड़ीसा)।

क्षत्रज्ञ : 1. सा. 2. त्रै. 3. सरोजशरण, रमादेवी आर्य 4. रमेश मार्ग, सी स्कीम, जयपुर 5. 1968.

क्षत्राणी : 1. जा. 2. पा. 3. रामपाली भाटी 4. जोधपुर 5. मई 1948.

क्षत्राणी : 1. जा., म. 2. मा. 4. इंदरगंज, ग्वालियर 5. 1960-63.

क्षत्रिय : 3. अमीरचंद सिंह, जीतसिंह, सूर्यप्रसाद सिंह, मगरूप्रसाद सिंह 4. गोरखपुर 5. 1906.

क्षत्रिय : 1. जा. 2. मा. 3. आर. के. सिंह 4. साहित्य परिषद् स्ट्रीट, कलकत्ता 5. 1907, 57, 66.

क्षत्रिय गौरव : 1. जा. 2. साप्ता. 3. रावत सारस्वत 4. राजपूत प्रेस, जयपुर 5. 1945.

क्षत्रिय तेज : 1. समा. 2. पा. (हि., उ.) 3. सुखराम शाद, परसराम चाहंग 4. बाजार वकीलाँ, होशियारपुर 5. 1933, 34.

क्षत्रिय पत्रिका : 1. जा. 2. मा. 4. खड्‌गविलास प्रेस, बाकीपुर, पटना 5. गंगा दशमी 1880. 7. सूत्र— "विकसित भारत पत्रिका भारत सरबर माँह। करहिं कृपा यापर सदा जौ क्षत्रिय नरनाह"॥ अपने युग का लोकप्रिय जातीय पत्र।

क्षत्रिय पत्रिका : 1. जा. 2. मा. 4. मोची गेट, लाहौर 5. 1900.

क्षत्रिय बंधु : 1. जा. 2. मा. 3. प्रताप चन्द्र 4. ग्रे स्ट्रीट, कलकत्ता 5. 1970.

क्षत्रिय बन्धु : 1. जा. 2. मा. 3. पी. चौधरी 4. नील्हीबाग, बनारस 5. 1939.

क्षत्रिय मित्र : 1. जा. 2. मा. 3. प्रसिद्धनारायण सिंह, शम्भुनाथ सिंह, लाल सिंह 4. क्षत्रिय हितकारिणी महासभा, अर्दली बाजार, वाराणसी 5. 1908-44.

क्षत्रिय वीर : 1. जा. 4. पौड़ी।

क्षत्रिय वीर : 1. जा. 2. साप्ता. 3. रूपसिंह भाटी 4. जोधपुर 5. 1946.

क्षत्रिय वीर : 1. जा. 2. मा. 3. दुर्गाशंकरलाल जायसवाल 4. कलकत्ता 5. 1923.

क्षत्रिय समाचार : 1. जा. 3. रामपूरन चंद 4. धर्मशाला घाट, पटना 7. 19 वीं शती का अंतिम चरण।

क्षत्रिय सेवक : 1. जा. 4. आगरा।

क्षत्रिय हितकारी : 1. जा. 3. अमीरचंद्रप्रसाद 4. शिवगंज, आरा, पटना 5. 1907.

क्षात्रधर्म : 3. डॉ. नारायण सिंह 4. गुलाबबाड़ी, अजमेर 5. 1937.

क्षात्र धर्म संदेश : 1. जा. 2. मा. 3. भूपसिंह राठौड़ 4. जौधपुर/जयपुर 5. जनवरी 1942.

क्षितिज : 1. सा. 3. श्री बसंत 4. बसंत प्रेस, मुरलीगंज, सहरसा 7. युवतर लेखन का लघुपत्र।

क्षितिज : 1. सा. 2. मा. 4. सी. 219 पुराना चाइना बाजार स्ट्रीट, कलकत्ता 5. 1956-59.

क्षितिज : 1. सा. 2. त्रै. 4. राघवेन्द्रनगर, विलासपुर 5. 1960-62.

क्षिप्रास तरंग : 2. साप्ता. 4. मुहल्ला निकास, उज्जैन 5. 1964-65.

क्षीरसागर : 1. समा. 2. पा. 3. रतनलाल निगोढ़ 4. भैरों बाजार, आगरा 5. 1962.

क्षेमकर : 1. समा. 2. साप्ता. 3. आशु कवि जगमोहननाथ अवस्थी 4. लखनऊ 5. फरवरी 1974.

क्षेत्र आयोजन : 1. समा. 2. पा. 4. पुरवारायाँ, कानपुर 5. 1962-69.

क्षेत्रकारी कृषि हितकारक : 2. मा. 3. सखाराम गणेशनारायण 4. अमरावती 5. 1890.

त्रिकाईस : 2. साप्ता. 3. रामेश्वर 4. परदेशीपुरा, इंदौर 5. 1969.

त्रिकाल : 3. ललिताप्रसाद शुक्ल 4. नीमतलाघाट, कलकत्ता 5. 1950.

त्रिकालदर्शी : 1. ज्यो. 2. मा. 3. तुलसीराम शर्मा 4. जूनारिसाला, इंदौर 5. 1965-66.

त्रिकोण : 1. सा. 2. अनि. 3. प्रकाशशंकर 4. कलकत्ता 5. 1964.

त्रिगढ़ : 1. सां. 2. त्रै. 3. जगदीश गुप्त 4. गऊघाट, मथुरा 5. 1965-71.

त्रिज्या : 3. ललित अग्रवाल 4. राधा निकुंज निवास, पिपरिया (म.प्र.)।

त्रिनेज : 1. समा. 2. साप्ता. 4. बछराँवा, रायबरेली 5. 1965-67.

त्रिपथगा : 1. सा. 2. त्रै., मा. 3. काशीनाथ उपाध्याय 'भ्रमर' 4. सूचना विभाग, (उ.प्र.), लखनऊ 5. 1955-70 7. उच्च स्तरीय सज्जा और सामग्री युक्त। विशेषांक 'निराला संस्मरण अंक', मार्च 1962.

त्रिमूर्ति : 1. धा. 2. मा. 4. करोलबाग, नई दिल्ली 5. 1956-59.

त्रिमूर्ति संदेश : 1. समा. 2. पा. (हि., अं.) 3. प्रमोदकुमार भसीन 4. गोपालवाड़ी, जयपुर 5. 1970.

त्रिलोकदर्शी : 1. ज्यो. 2. त्रै. 4. जूना रिसाला, इंदौर 5. 1965-70.

त्रिलोचन : 3. मोहनलाल महतो 'वियोगी' 4. गया 5. 1938.

त्रिवेणी : 1. म. 2. मा. 3. फूलवती शुक्ल, रमाशंकर मिश्र, श्रीपति मिश्र 4. 28, हैवट रोड, हुसैनगंज, लखनऊ 5. नवंबर 1931-32 7. दृष्टव्य—'विदुषी अंक'।

त्रिवेणी : 2. मा. 4. माधवपुर, प्रयाग 5. 1953-56 (लगभग)।

त्रिशूल : 1. समा. 3. विष्धु 'विमल' 4. बछराँवा, रायबरेली 5. छठवाँ दशक (अल्पायु)।

त्रिसंवित प्रश्न : 1. शो. 2. त्रै. (हि., अं.) 3. डा. तेजप्रकाश भारद्वाज 4. डॉ. सम्पूर्णानन्द आयुर्विज्ञान महाविद्यालय, जोधपुर 5. जनवरी 1975 अल्पायु 7. हिन्दी वैज्ञानिक पत्र।

ज्ञान : 2. मा. 3. सत्यभक्त 4. कानपुर 5. 1954 (प्रच.)।

ज्ञान : 2. मा. 4. दरियागंज, दिल्ली 5. 1947-56.

ज्ञान : 2. साप्ता. 4. जौहरी बाजार, जयपुर 5. 1968-71.

ज्ञान अमृत : 1. धा. 2. मा. 3. जगदीशचन्द्र 4. एस-11, राजौरी गार्डन, नई दिल्ली 5. 1963-68.

ज्ञान एवं ज्योति : 1. सा. 4. लखनऊ विश्वविद्यालय 5. स्वातंत्र्योत्तर।

ज्ञान कोष : 1. मा. 4. कटरा रोड, इलाहाबाद 5. 1962-63.

ज्ञान किरा : 1. समा. 2. साप्ता. 3. एस. एम. श्रीवास्तव 4. सी., तिलकनगर, जयपुर 5. 1968.

ज्ञान कीर्ति : 1. जा., धा. (जैनी.) 2. मा. 3. नंदकिशोर जैन 4. चौक, लखनऊ 5. 1974.

ज्ञान गंगा : 2. मा. 4. हैदराबाद।

ज्ञान जिज्ञासा : 1. सा. 2. मा. 3. पी. के. चटर्जी 4. तलैया, झाँसी 5. 1964-71.

ज्ञानदा : 1. दा. 2. मा., त्रैमा. 3. राधेश्याम द्विवेदी 4. भारतीय अनुसंधान भवन, मथुरा 5. 1969.

ज्ञान दिवाकर : 2. मा. 4. काराखेल, नरसिंहपुर (म.प्र.) 5. 1957-69.

ज्ञानदीप : 1. अली 4. कलकत्ता 5. 1946.

ज्ञानदीप : 1. समा. 2. साप्ता. 3. ओमप्रकाश अग्रवाल 4. झरिया, बिहार 5. 1968.

ज्ञानधारा : 3. सत्यदेव परिब्राजक 4. ज्वालापुर, सहारनपुर 5. 1949.

ज्ञानधारा : 1. समा. 2. साप्ता. 3. एम. राजपूत 4. संत निरंकारी कॉलोनी, दिल्ली 5. 1970.

ज्ञानपीठ पत्रिका : 1. सा. 2. मा. 3. लक्ष्मीचन्द्र जैन, जगदीश 4. अलीपुर पार्क, प्लेस, कलकत्ता/भारतीय ज्ञानपीठ, दुर्गापीठ, दुर्गाकुण्ड रोड, वाराणसी 5. 1962-71 7. अधुनातन दिशी प्रवृत्ति की परियाचनी लोकप्रिय पत्रिका।

ज्ञानप्रकाश : 1. सा. 2. द्विमा. (हि., अं.) 4. मधुवन, शिमला 5. 1970.

ज्ञानप्रदायिनी पत्रिका : 1. धा. 2. मा., द्विभा. 3. नवीनचन्द्र राय 4. लाहौर (पंजाब) 5. 1 मार्च 1866 7. गार्सादताँसी के अनुसार यह शुद्ध हिन्दी पत्रिका। 1967 से उर्दू का भाग समाप्त। कालाक्रमानुसार यह पंजाब की प्रथम पत्रिका।

ज्ञान भारती : 1. सा., सां. 2. मा. 3. लल्लनप्रसाद व्यास 4. पो. 151, चौलक्खी विश्वेश्वरनाथ रोड, लखनऊ 5. 1959.

ज्ञानमूल : 2. मा. 4. राजौरी गार्डन, नई दिल्ली 5. 1965-70.

ज्ञानमित्र : 1.. सा. 2. त्रै. 3. रामावतार सेठ 4. गुदड़ी बाजार, चूरू (राज.) 5. 1960.

ज्ञानयज्ञ : 1. धा. 2. मा. 3. गिरिजा सहाय 4. किलावार्ड, जूना, विलासपुर 5. 1962.

ज्ञानशक्ति : 1. धा., दा. 2. मा., साप्ता. 3. योगेश्वर, शिवकुमार शास्त्री, सत्यपाल मुनि 4. ज्ञानशक्ति प्रेस, गोरखपुर 5. 1913-67.

ज्ञान शिखा : 1. सा. 2. त्रै. 3. आचार्य नरेन्द्रदेव, डॉ. ब्रजमोहन शर्मा, डॉ. बलजीत, डॉ. रामधर मिश्र, डॉ. मुरारिशंकर मंगालिक, प्रो. अय्यर, डॉ. नंदलाल चटर्जी, डॉ. दीनदयालु गुप्त, पं. हरिकृष्ण अवस्थी 4. हिन्दी विभाग, लखनऊ विश्वविद्यालय 5. 1950 (लगभग)।

ज्ञान साधन : 2. त्रै. 4. पोकरण, जैसलमेर 5. 1958-62.

ज्ञान सागर समाचार : 3. किशनलाल 4. ज्ञानसागर प्रेस, बम्बई 5. 1906.

ज्ञान स्रोत : 1. शि. 2. अर्द्धवा. (हि., अं.) 3. एस. के. भारद्वाज 4. सुमन प्रिंटिंग वर्क्स, काँगड़ा (हिमा.) 5. 1968.

ज्ञानेन्द्र : 1. शि. 2. मा. 3. ज्ञानेन्द्र 4. लक्ष्मणगंज, झाँसी।

ज्ञानोदय : 1. सा., सां. 2. मा. 3. लक्ष्मीचन्द जैन, हीरालाल, मुनिकांत सागर जगदीश, फूलचंद शास्त्री, कन्हैयालाल मिश्र 'प्रभाकर', झाबरमल, रमेश वक्षी 4. 8 ए, वेवोर्न रोड/10 श्याम गली / गुरुदास मार्ग, अलीपुर पार्कप्लेस, कलकत्ता / भारतीय 6. 10) वा. 7. विशेषांक–इतिहास अंक, परिवार अंक, महानगर अंक, विज्ञान अंक, गणिका अंक, आदि। नवीन प्रवृत्तियों का अग्रवर्ती पत्र। नवलेखन के विविध प्रयोगों एवं साहित्य की नयी चेतना का उदार प्रस्तोता।

ज्ञानोदय : 1. समा. 2. साप्ता. 3. भानुदत्त शर्मा 4. हिसार 5. 1907–48.

ज्ञानोदय : 3. कन्हैयालाल मिश्र 'प्रभाकर' 4. सहारनपुर।

ज्ञानोदय : 1. व्या. 2. मा. 3. शम्भुनाथ पाण्डेय 4. कानपुर।

ज्ञापन ज्योति : 2. मा. 4. जी.टी. रोड, लिलुआ, हबड़ा 5. 1956–58 (लगभग)।

■■